을 하리라는 것만은 약속할 수 있다."

9월 13일, 제네바 시의회의 공식 요청으로 제네바로 귀환하다.

11월 20일, 그가 작성에 참여한 새로운 교회 법규가 제네바 시의회의 승인을 받다.

1542년 7월, 『기독교 강요』 라틴어판과 프랑스어판이 모두 프랑스에서 금서 조치되다.

7월 28일, 아들 자크 출생(조산아로 태어나 곧 사망).

1543년 『기독교 강요』 라틴어 개정판(제3판)이 출간되다(여기서 4개의 장이 늘어나 총 21장이 되며 1545년 다시 프랑스어로 출간된다).

1월 28일, 그가 제정 위원으로 참여한 시민법이 제네바 총회에 의해 채택되다.

1549년 3월 29일, 아내 이들레트 드 뷔르 사망.

1550년 『기독교 강요』 라틴어 개정판(제4판)이 출간되다(양심에 관한 설명 등이 추가되어 다시 한번 분량이 늘어난다).

1555년 5월 16일, 그의 반대파가 선동한 폭동이 실패하여 주요 지도자들이 체포되거나 추방되다.

1559년 『기독교 강요』 라틴어 최종판이 출간되다(서문은 같은 해 8월 1일자로 되어 있다. 지독한 병마에 시달리면서도 그는 새로운 책이라 말할 수 있을 정도의 최종판을 완성하고 곧이어 1560년에 프랑스어로 출간한다).

6월 5일, 제네바 대학의 전신인 제네바 아카데미를 설립하여 신학과 법학 및 인문 교육을 하다.

1564년 초, 건강 악화로 인해 대부분의 활동을 중단하다.

2월 6일, 생 피에르 교회에서 마지막 설교를 행하다.

4월 2일 부활 주일, 마지막으로 성찬에 참여하다.

5월 27일, 제네바 목회자들이 지켜보는 가운데 54세의 나이로 세상을 떠나다(다음 날, 유언에 따라 제네바 왕립 묘지의 아무 표지 없는 무덤에 묻힌다). "나는 하나님의 말씀을 순전하게 가르치고 하나님께서 내게 주신 은총의 분량에 따라 신실하게 성경을 해석하고자 노력했음을 밝힙니다. 그분의 무한한 선하심이 없었다면, 내 모든 열정적인 노력은 연기에 불과했을 것입니다."

복 있는 사람

오직 여호와의 율법을 즐거워하여 그 율법을 주야로 묵상하는 자로다.
저는 시냇가에 심은 나무가 시절을 좇아 과실을 맺으며 그 잎사귀가 마르지 아니함 같으니
그 행사가 다 형통하리로다.(시편 1:2-3)

칼뱅의 『기독교 강요』는 1536년 라틴어 초판과 1559년 최종판이 여러 번역자의 손을 거쳐 국내에 소개되어 이제는 잘 알려져 있다. 그러나 방대한 『기독교 강요』 전체를 얼마나 많은 독자가 실제로 읽었는지는 알 수 없다. 우리가 손에 잡은 이 책은 한 권으로 읽을 수 있는 『기독교 강요』다. 1539년 라틴어 개정판을 칼뱅이 직접 번역하여 출간한 1541년 프랑스어 초판의 영역본이 이 책의 대본이다. 1539년과 1541년 판본은 칼뱅이 제네바를 떠나 스트라스부르의 프랑스 난민 교회에서 목회할 때 저술했기 때문에 신학적 엄밀성을 유지하면서도 초판보다는 훨씬 더 목회적이며, 1559년 최종판보다는 훨씬 덜 논쟁적이다. 더구나 프랑스어 초판은 라틴어판과는 달리 프랑스어를 쓰는 사람들을 염두에 두고 한 번역이기 때문에 훨씬 부드럽고 활기찬 어투로 쓰였다는 평을 받는다. 우리는 이 책을 통해 그리스도를 따라 생각하고 그리스도를 따라 살아간 칼뱅의 '기독교 철학'을 매우 간결하면서도 전체적으로 볼 수 있게 되었다. 라틴어 초판과 최종판의 내용을 이미 아는 독자에게는 기존 판본과 비교하며 읽어 가는 즐거움을 선사해 줄 것이다. 목회자와 신학생은 물론 일반 신자에게도 유익한 독서가 되리라 믿는다.

강영안 미국 칼빈신학교 철학신학 교수, 서강대학교 철학과 명예교수

칼뱅은 신학을 공부하는 이유에 대해서 성경을 보다 잘 알기 위해서라고 말한 적이 있다고 한다. 그렇다면 좋은 신학책이란, 하나님의 말씀인 성경을 보다 잘 읽고 싶은 순전한 욕망을 일으키는 책이 아닐까. 이런 의미에서 1541년 프랑스어 『기독교 강요』 초판은 신학을 공부하기에 매우 좋은 책이라 할 수 있다. 이 책은 초판과 최종판 사이에 출간된 여러 판본 중 가장 중요하고 널리 읽히는 작품일 뿐 아니라, 청년 시절 칼뱅이 보여주던 우아한 문체를 단단하면서도 유려한 논증과 더불어 맛보게 해준다. 이미 국내에 역간된 적지 않은 수의 『기독교 강요』 중 어떤 것을 고를지 몰라 길 잃은 듯한 느낌을 줄곧 받아 왔는데, 이번 기회에 프랑스어 초판 역본을 접하니 학문적 엄밀성의 성실한 번역과 꼼꼼하고 유려한 편집력의 결과로 바른길을 찾았다는 안도감이 마음을 채운다. 이 책을 통해 많은 독자가 성경을 보다 잘 알고 싶은 욕망을 품고, 그리스도인은 언제나 말씀의 학생으로 남아야 한다는 겸허함을 배우는 소중한 계기가 마련되기를 기대한다.

김진혁 횃불트리니티신학대학원대학교 조직신학 교수

칼뱅이 『기독교 강요』를 먼저 라틴어로 저술하고 다시 프랑스어로 번역한 이유는, 학문적 언어인 라틴어를 모르는 일반 신자를 위한 목회적 배려였다. 라틴어판과 프랑스어판은 청중이 달랐기 때문에 제목, 표현 방식, 언어 선택 등의 차이가 있다. 1541년 프랑스어 초판은 청중과 눈높이를 맞추려 했던 칼뱅의 노력의 산물이다. 이 책이 우리말로 번역된 것은 칼뱅의 의도에 가장 어울리는 결실이다.

흔히 칼뱅을 '책 한 권의 사람'이라 부른다. 이때 한 권의 책은 물론 『기독교 강요』다. 다소 과장된 표현이기는 하지만 절반의 진실을 담고 있다. 1536년 라틴어 초판 이후 1560년 프랑스어 최종판이 나오기까지 24년 동안 칼뱅은 『기독교 강요』를 보완·확장해 갔다. 그만큼 칼뱅과 『기독교 강요』는 불가분의 관계다. 이번에 번역된 1541년 프랑스어 초판은 1539년 라틴어 제2판의 짝으로 칼뱅의 종교개혁 사상의 변화 과정을 추적할 수 있는 귀중한 자료이며, 가장 가독성이 뛰어난 『기독교 강요』라는 점에서 그 의미가 크다.

금서에 관심 있는 이들도 이 책을 읽어 보라. 1542년 7월, 칼뱅의 라틴어판과 프랑스어판 『기독교 강요』는 프랑스에서 금서로 지정되었다. 아마도 로마가톨릭교회 체제에 위협이 된다고 판단했기 때문일 것이다. 왜 그리고 어떻게 『기독교 강요』가 그런 위협이 되었는지, 칼뱅이 어떤 대안을 제시했는지 알고 싶다면 이 책을 펼쳐 보라. 우리를 프로테스탄트 신앙의 진수로 인도하는 최고의 안내자를 만나게 될 것이다.

박경수 장로회신학대학교 역사신학 교수, 아시아칼뱅학회 회장

1541년판 『기독교 강요』는 개인적으로 유난히 애착이 가는 판본이다. 1536년 쾌조의 출발이나 1559년 장엄한 대단원과 달리, 여기서는 한 실패한 개혁자가 난민 공동체에서 균형 감각을 갖춘 온유한 목회자로 거듭난 사연이 구절마다 배어 있는 까닭이다. 바르트부르크에 루터의 독일어 성경이 있다면, 스트라스부르에는 칼뱅의 프랑스어 『기독교 강요』가 있다.

눈에 띄게 넓어지고 깊어지던 칼뱅 신학의 양생 과정을 생생히 담아낸 걸작이 마침내 오늘의 감수성이 가득한 우리말로 갈아입었다. 칼뱅의 글결을 잘 살린 번역과 탁월한 편집 덕분에 이 책은 더욱 빛난다. 앞으로 칼뱅 관련 수업에서는 꼭 이 책을 추천할 것이다. "내가 당한 일이 도리어 복음 전파에 진전이 되었다"는 바울을 빼닮은 칼뱅의 고백이 울려 퍼지는 드넓은 평원으로 당신을 초대한다.

송용원 장로회신학대학교 조직신학 교수

1536년 라틴어 『기독교 강요』 초판은 장르적으로 볼 때 일종의 자세한 교리문답서에 가까웠다. 하지만 그 책이 비범한 성공을 거두자, 칼뱅은 자신이 미처 다 설명하지 못한 주제들을 보다 꼼꼼하게 설명하고 싶은 바람을 갖게 되었다. 그리하여 그는 1539년 훨씬 증보된 두 번째 라틴어판을 출간하는데, 이 판본은 초판과 최종판 사이에서 가장 중요한 판본이 된다. 여기 우리가 마주하는 책은 1539년판 라틴어 『기독교 강요』를 칼뱅이 직접 프랑스어로 풀어 쓴 1541년판 『기독교 강요』다. 칼뱅은 세 가지 목적을 가지고 이 책을 세상에 내놓았다. 첫째, 신앙의 기초를 배우고 싶은 독자뿐 아니라 신학의 모든 주제를 좀 더 깊이 이해하고 싶은 신학도에게도 도움이 되고자 했다. 둘째, 간단한 교리문답서 정도가 아니라, 성경을 보다 깊이 있게 이해하는 데 유익한 책을 저술하고자 했다. 셋째, 라틴어를 모르는 고국의 일반 신자도 프랑스어로 된 이 책을 읽고 신앙의 핵심을 배우게 되기를 바랐다. 이 책을 읽는 독자들은 칼뱅의 의도와 목적이 성공했음을 충분히 알게 될 것이다.

'최종판으로 족하지 않은가?'라고 생각하는 이들에게도 이 책을 더욱 권하고 싶은 이유가 있다. 우선, 칼뱅의 사상이 어떻게 발전해 가는지를 추정하는 데 중요한 자료가 되기 때문이다. 30대 초반의 칼뱅이 어떤 생각을 가졌는지 이 책은 뚜렷이 보여준다. 다음으로, 라틴어 전문 용어에 대해서 칼뱅이 직접 일상어로 설명해 주기 때문이다. 이 책은 처음부터 일반 독자를 겨냥해서 썼기 때문에 어려운 신학적 내용도 보다 쉽게 이해되도록 배려했다. 마지막으로, 최종판은 그 복잡성 때문에 독자를 질리게 만들 수 있는데, 이 책은 그렇지 않기 때문이다. 칼뱅이 주석에서 추구했던 '간결성'(*brevitas*)과 '용이성'(*facilitas*)이 이 책에 아주 제대로 구현되어 있다. 기독교 신앙과 성경을 잘 배우고 싶은 모든 독자에게 적극 추천한다.

우병훈 고신대학교 교의학 교수

1541년 출간된 프랑스어판 『기독교 강요』는 칼뱅 신학에 있어서 관점과 방법론의 명확한 전환을 증거한다. 1536년 초판 이후 칼뱅은 로마서를 연구하여 1540년에 주석을 출간했다. 그리고 1541년판 프랑스어 『기독교 강요』에서 그는 교리와 성경 연구 사이의 유기적인 관계성을 강조한다. 교리는 성경을 바르게 이해하는 해석의 서곡이며 동시에 이해된 성경의 요약이다. 상호 보완적인 '절친'이다. 칼뱅은 1539년 라틴어판과 1541년 프랑스어판에 성경론을 추가했다. 하나님과 인간 그리고 구원에 대한 기독교 진리를 확증하기 위함이다. 모든 교리는 성경에서 비롯되고 성경에 뿌리를 내려야 안전하기 때문이다. 추가된 성경론은 특별히 구약과 신약의 통일성을 강조한다. 또 섭리론도 추가된다. 섭리론은 영원 속에서의 예정과 시공간 속에서의 통치를 포괄한다. 성경론과 섭리론은 한분 하나님의 통일적인 계시와 역사를 설명하고 기독교 진리 전체를 아우르는 인식의 토대와 준거틀을 제공한다. 32세의 젊은 나이에 구축한 완성도 높은 기독교 진리 체계, 종교개혁 신학의 뜨겁고 비장한 심장이 박동하는 고전의 한국어판이 우리 손에 주어진 것을 큰 기쁨으로 생각하며 일독을 추천한다.

한병수 전주대학교 선교신학대학원 교의학 교수

칼뱅은 양심적인 주석가, 엄격하고 건실한 사상가, 그리고 부단히 그리스도인의 실천적 삶을 고민하는 신학자였다. 그는 교회사에서 유례를 찾아보기 힘든 탁월한 스승으로, 사려 깊은 독자들이 그의 연구 결과를 그대로 받아들이는 것이 아니라 그 연구를 이어받아 새로운 결과를 향해 계속해서 전진하도록 몰아댄다. 『기독교 강요』를 통해서, 칼뱅이 주목했던 진리를 추구하되 자신의 눈과 귀를 사용하여 그 이상으로 나아갈 줄 아는 사람, 오직 그런 사람만이 '칼뱅주의자'라 할 수 있다.

칼 바르트

『기독교 강요』만큼 개신교 신학에 커다란 영향을 준 저작은 없었다. 탁월하고 고상한 사상에 더하여, 이 책의 문체는 대단히 감동적이며 때로는 온몸을 전율케 할 정도다. 우리 모두가 이 책을 읽어야 하는 가장 긴박한 이유는 우리가 사는 시대 속에서 찾아야 한다. 기초부터 흔들리고 있는, 어떤 궁극적 권위도 없는 오늘날 우리 세상에서 이 책보다 더 필요한 것은 없다.

마틴 로이드 존스

칼뱅은 그의 생애 후반과 사후 한 세기 동안 세상에서 가장 영향력 있는 인물이 되었다. 그 기간 동안 칼뱅 사상이 어느 누구의 사상보다 역사의 흐름에 커다란 영향을 미쳤다는 점에서 이는 과언이 아니다. 칼뱅 신학은 영국의 청교도, 프랑스의 위그노, 네덜란드의 '거지들', 스코틀랜드의 언약도, 뉴잉글랜드의 순례자 교부들을 탄생시켰고, 스코틀랜드 봉기, 네덜란드 반란, 프랑스 종교 전쟁, 영국 내전 등에도 어느 정도 직접적인 책임이 있었다. 그 외에 입헌대의제 정부의 이상을 확립하고 신민의 권리와 자유의 명시적 승인을 이끌어 낸 것 역시 칼뱅의 하나님의 종으로서 국가론이었다. 다른 어떤 신학자도 세계 역사에서 이토록 중요한 역할을 한 적이 없었다.

제임스 패커

칼뱅은 무엇보다도 목사였다. 그는 정신적으로나 도덕적으로 매우 혼란스러웠던 사회의 문화적·종교적 암흑 속에서 하나님의 말씀을 명쾌하게 이해하고 싶어 하는 신자들을 위해 글을 썼다. 신학교 교재를 쓴 것도, 박사 학위 논문에 인용될 책을 쓴 것도 아니다. 그는 직업과 가정을 가진 평범한 신자들이 교회 안에서 풍문으로 주워듣는 온갖 왜곡과 미신적 행위에서 완전히 벗어나, 하나님과 예수와 성령에 대해 생각하고 말할 수 있게 하려고 『기독교 강요』를 썼다.

유진 피터슨

『기독교 강요』는 하나님의 은혜를 가장 위대하고 가장 심오하고 가장 광범위하게 다루는 작품이다. 나는 칼뱅이 참된 기독교 신앙의 기초란 예수 그리스도 안에서 우리를 향한 하나님의 자비롭고 무조건적인 사랑을 마음으로 느끼고 붙잡는 것이라고 여러 번 말하는 것에 큰 충격을 받았다. 단순히 교리만 이해하는 것이 아니라, 하나님의 사랑을 붙잡아 우리 마음의 내적 구조와 동기를 변화시켜 참으로 거듭날 것을 칼뱅은 촉구하고 있다.

팀 켈러

칼뱅은 역사상 다른 어떤 개신교 저자보다도 훨씬 풍부한 신학적 유산을 남겼다. 리처드 백스터, 조나단 에드워즈, 칼 바르트는 서로 매우 다른 방식으로 칼뱅 사상이 수 세기에 걸쳐 개신교의 자기 이해를 형성하는 데 핵심적 역할을 했음을 증명했다. 칼뱅이 자양분을 공급하고 지속시키고자 많은 노력을 기울였던 운동의 유산을 계승하지 않고 현대 개신교를 이해하기란 불가능할 것이다.

알리스터 맥그래스

칼뱅의 도움에 힘입어 종교개혁은 그리스도인의 삶의 전체 초점을 새롭게 할 수 있었다. 그의 가르침과 설교와 교리 교육으로 인해 신자와 하나님의 관계는 날로 성장해 나갔다.

조엘 비키

『기독교 강요』는 기독교 문헌 중 가장 귀중하고 영원히 남아야 할 작품이며, 깊은 영적 능력을 소유한 조숙한 천재의 걸작이다.

필립 샤프

칼뱅은 역사상 가장 탁월한 신학자였다. 칼뱅이 그런 지위를 차지하게 된 것은 그가 가진 장점들의 조합 덕분이었다. 그는 활발한 지성, 불굴의 정신, 논리적 사고, 민첩한 통찰력, 다채롭고 기이한 경험에 의해 자극을 받은 인간 마음에 대한 철저한 지식을 갖추고 있었고, 무엇보다 신성의 장엄함에 대한 남자답고 강렬한 감각이 있었다. 문체의 간결함, 정확함, 명료함, 방법론적 정확성, 폭넓은 지식, 깊은 종교적 감정, 본문의 맥락에 대한 세심한 주의, 그리고 거의 성경 전체를 다루었다는 사실은 칼뱅을 수많은 신학자들 사이에서 우뚝 솟게 한다.

프레데릭 파라

기독교 강요

John Calvin

Institutes of the Christian Religion

The first French edition of 1541

장 칼뱅

1541년
프랑스어 초판

기독교 강요

김대웅 옮김

INSTITUTES OF THE CHRISTIAN RELIGION
THE FIRST FRENCH EDITION OF 1541

복 있는 사람

기독교 강요

2021년 12월 22일 초판 1쇄 발행
2024년 10월 25일 초판 4쇄 발행

지은이 장 칼뱅
옮긴이 김대웅
펴낸이 박종현

(주) 복 있는 사람
주소 서울특별시 마포구 연남동 246-21(성미산로23길 26-6)
전화 02-723-7183(편집), 7734(영업·마케팅) 팩스 02-723-7184
이메일 hismessage@naver.com
등록 1998년 1월 19일 제1-2280호

ISBN 979-11-974676-2-2 03230

Institutes of the Christian Religion
by John Calvin

차례

서문

칼뱅의 주요한 신학 작품 『기독교 강요』는 오랫동안 많은 번역본을 통해 영어권 독자에게 소개되어 왔다. 첫 번역본은 1561년으로 거슬러 올라가는 토머스 노턴Thomas Norton의 것인데, 사소한 사항들만 수정되며 거의 이백 년 넘는 기간 동안 재판을 거듭함으로써 그 작품성을 널리 인정받았다. 그러다가 노턴의 번역이 19세기에 이르러 존 앨런John Allen, 1813의 번역으로 대체되었고, 다시 나중에 헨리 베버리지Henry Beveridge, 1845의 번역으로 대체되었다. 최근에 이 번역본들 대부분은 존 맥네일John T. McNeill이 편집한 기독교 고전 총서*Library of Christian Classics* 중 포드 루이스 배틀즈Ford Lewis Battles가 1960년에 두 권으로 출간한 번역본으로 대체되었다.[1]

이 모든 번역본은 1559년 로베르 에띠엥Robert Estienne이 제네바에서 출판한 『기독교 강요』 라틴어 최종판 본문에서 나왔다. 칼뱅이 준비한 프랑스어판은 이듬해 1560년에 나왔다. 확정된 최종판 『기독교 강요』는 보기 드물게 빼어난 수작이며, 오늘날까지도 성경신학에 대한 포괄적 서론과 개혁신학에 대한 권위 있는 진술을 제공해 준다.

『기독교 강요』의 초판과 최종판 사이에는 거의 사반세기의 간격이 벌어져 있다. 1536년 라틴어로 처음 출판된 작품은 간략한 지침서나 입문서가 되는 것이 목적이었다. 그래서 칼뱅은 "몇 가지 기초 원리들"로 불리던 기독교 신앙의 핵심만 제시했다. 칼뱅이 이 책을 저술한 가장 중요한 목적은, 비록 아직은 복음에 관해 아는 바가 거의 없지만 "그리스도를 향한 배고픔과 갈증에 시달리기" 때문에 궁극적으로는 "참된 경건으로 훈련받게 될" 사람들의 필요를 채워 주는 것이었다.[2] 그래서 칼뱅의 논증은 자세한 교리 교육서의 형식을 갖추고 있다. 실제로 처음 다섯 장은 율법과 믿음과 기도, 참된 성례와 거짓된 성례에 할애되어 있는데, 모두 루터의 교리 교육서가 취한 고전적 형식을 따른다.[3] 저자 칼뱅은 이단자나 반역자라는 비난에 저항하며 핍박당하는 신자들을 옹호했고, 로마교회나 일부 급진적 단체의 가르침을 복음에 근거한 믿음과 대조했다. 초판의 이런 변증적 논조는 이 책의 유익을 더해 주었다.

칼뱅은 1536년 『기독교 강요』 라틴어 초판 출간의 성공과 믿음에 대해서 더 충분히 설명하고 싶은 열정 때문에 1539년에 훨씬 증보된 두 번째 라틴어판을 출간했다. 1541년에는 라틴어를 말하는 사람들뿐 아니라 고국에 있는 훨씬 많은 청중이 "하나님의 학교에서 더욱더 유익을 얻을" 수 있도록 프랑스어판을 출간하게 된다.[4] 이후로 칼뱅의 꾸준한 지식 축적과 주석적인 진보와 목회 경험, 그리고 개혁 진영 안팎에서 벌어진 신학적 논쟁이 준 엄청난 부담감 때문에 칼뱅의 『기독교 강요』는 판을 거듭할수록 점점 더 원숙해졌다. 기존 내용을 확장하고 새롭게 내용을 추가함으로써 1543년과 1550년에 주요 라틴어 개정판이 출간되었고, 이 개정판들의 프랑스어판도 1545년과 1551년에 잇따라 출간되었다. 요약하면, 『기독교 강요』는 완전한 최종본의 모습을 갖추기까지 모두 여섯 차례의 라틴어판과 세 차례의 프랑스어판이라는 단계를 거쳤다고 할 수 있다.[5]

우리가 1559년판 『기독교 강요』뿐만 아니라 1536년 『기독교 강요』 초판을 영어 번역본으로 읽게 된 것은 모두 포드 루이스 배틀즈의 노고 덕분이다.[6] 그래서 영어권 독자들은 칼뱅의 첫 번째 본격적인 신학 논증과 마지막 논증 사이에 존재하는 차이를 가늠해 볼 수 있다. 양적인 면에서 볼 때, 그 차이는 매우 크다. 총 네 권, 여든 장에 달하는 이 엄청난 논증은 처음엔 여섯 장으로 구성된 평범한 분량이었으나 이후로 다섯 배가 넘는 분량이 되었다. 이처럼 외형이나 주제 배열에 있어서 차이점은 매우 두드러진다. 그러나 질적인 면에서 볼 때 차이는 그리 크지 않아서 신학이 다루어지는 방식이 근본적으로 달라 보이지는 않는다. 개혁자로서 칼뱅의 목표는 처음부터 끝까지 은혜와 영광의 신학을 확립하는 것이었고, 오직 성경이 자기의 신학적 기획의 내용과 범위를 결정하게 하는 것이었다.

초판과 최종판 사이에 출간된 여러 판본의 『기독교 강요』 중에서는 1539년 라틴어 제2판과 그것과 짝지어진 1541년 프랑스어 초판이 가장 중요하다. 우선, 앞에서 자주 언급되었듯이 칼뱅은 『기독교 강요』를 새롭고 차별화된 형식으로 개작하고 싶었다. 그래서 칼뱅은 어떤 기초 수준의 교리 문답서보다는 주요 교리들이 주제별로 망라된 훨씬 더 야심찬 논증집을 작성했다. 그 결과 독자는 하나님과 인간을 아는 지식이라는 주제에서 출발하여 회개, 이신칭의,以信稱義 구약과 신약의 관계, 기도, 성례, 교회의 권세, 세속 정부와 그리스도인의 삶 등의 주제로 체계적인 독서를 하게 된다. 계시, 율법의 효용, 믿음의 본질, 삼위일체, 기독론과 교회 등 칼뱅이 예전에 다룬 주제들은 훨씬 심화된다. 재세례파의 반대에 맞서기 위해 유아세례에 대한 강력한 변증도 추가된다. 섭리 교리의 당연한 결과로서 선택과 유기遺棄라는 이중 교리가 최초로 소개된다. 신자의 내적 삶을 다룬 마지막 장은 자기 부인 및 그리스도께 드리는 복종의 필요성을 강조한다. 이것은 예민한 목회자가 갖추어야 할 모범적 덕성인데, 『기독교 강요』 최종판에 거의 그대로 수록된다.

1539년판 라틴어 『기독교 강요』와 1541년판 프랑스어 『기독교 강요』는 기존의 초판보다 두 배 반이 더 길고, 1559년 이전에 칼뱅이 내놓았던 어떤 개정판보다 많은 개정 부분을 보여준다. 그러나 동시에 이 두 『기독교 강요』는 칼뱅이 대상으로 삼은 독자층에 있어서도 중요한 확대가 있었음을 주지해야 한다. "그리스도에 대한 배고픔과 갈증"을 가진 일반 독자를 고려하면서, 동시에 칼뱅은 "모든 분야에 있어서 신앙의 종합"을 배우고 싶어 하는 진지한 신학생까지도 도우려고 한다. 칼뱅은 그런 신학생들이 성경을 읽고 이해할 때 자신의 책이 반드시 도움이 될 것을 약속하면서, "이 책에 제시된 교훈의 형식을 이해하는 사람이라면 누구든……자신이 성경에서 찾아야 할 것이 무엇인지, 그리고 어떤 목적으로 성경의 내용을 말해야 할지 쉽게 판단할 수 있을 것이다"라고 말한다.[7] 새로운 모양을 갖춘 칼뱅의 이 논증서는 완성된 신학 자료집이 되기 위한 과정을 거치고 있었다. 초심자는 『기독교 강요』 중에서 '구원론'을 가장 먼저 찾아보았겠지만, 이제는 그보다 수준 높은 독자, 곧 신학에 대한 열정을 가진 사람까지 똑같은 『기독교 강요』를 읽게 된 것이었다. 프랑수아 방델François Wendel의 말을 빌면, 개정된 『기독교 강요』는 "성경에 대한 본격적 신학 서론"이 된다.[8]

『기독교 강요』가 지닌 또 다른 중요성은 개혁자 칼뱅의 새 작품이 칼뱅만의 참신한 사상으로 넘어가는 전환을 알렸다는 사실에 있다. 칼뱅을 저술가 정도로만 폄하하고 싶은 사람들에게는 거슬리겠지만, 『기독교 강요』는 더 이상 '소수에게만 인정받는 걸작'으로 치부될 수 없게 되었다. 1539년에 자신의 첫 번째 성경 주석인 『로마서 주석』 집필을 완료했을 무렵, 칼뱅은 『기독교 강요』와 『로마서 주석』 사이에 긴밀한 상호 보완적 관계를 설정한다. "내 주석들에서……다루어진 주제에 대해 내가 장황하게 논증할 필요가 전혀 없습니다. 도움을 바라는 사람들에게 이 책(『기독교 강요』)이 전반적인 지침을 제시해 주기 때문입니다."[9] 불필요한 어구가 반복될 위험도 편리한 방식으로 말끔히 제거되었다. 칼뱅은 『기독교 강요』에서는 교의학자로서 교리를 진술하고 『로마서 주석』에서는 주석가로서 본문을 설명하되, 두 책의 상호 의존적 관계를 적절히 암시하는 방식을 취했던 것이다. 그래서 『기독교 강요』는 칼뱅의 성경 주석 전체에 대한 한 편의 안내서 역할을 해주고, 동시에 칼뱅의 성경 주석 전체 역시 『기독교 강요』

에 대한 안내서 역할을 한다고 말할 수 있다. 『기독교 강요』는 칼뱅이 주석가로서 성경 본문으로부터 얻어낸 진리를 압축하여 개념화한 주요 교리들을 체계적으로 설명해 준다. 『기독교 강요』는 독자로 하여금 성경 본문을 차근차근 이해하도록 돕기 위해 마련된 일반적 안내서인 것이다. 칼뱅의 『기독교 강요』는 그가 인고의 노력으로 성경을 분석하고 해석하여 얻어낸 최상의 열매다.

각각 나름의 방식으로 1539년판 라틴어 『기독교 강요』와 1541년판 프랑스어 『기독교 강요』는, 범위나 구성에 있어서는 차이가 있지만, 그 이후에 출간된 라틴어 및 프랑스어 『기독교 강요』의 기본 형식을 마련해 주었다. 하지만 이 후속작들은 노턴이나 앨런, 베버리지나 배틀즈의 예에서 볼 수 있듯이, 영어권 번역자들의 관심을 끄는 데는 대체로 실패했다. 방금 예로 든 영어권 번역자들은 칼뱅의 『기독교 강요』 최종판을 뚜렷하게 선호했던 것이다. 그러나 독자 모두가 칼뱅의 『기독교 강요』 최종판을 칼뱅의 사상 세계로 들어가는 쉽고 편리한 출발점으로 생각해 오지는 않았다. 그래서 칼뱅의 숭고한 사상이 더 많은 독자들에게 알려지도록 하기 위해서 16세기 이후로 줄곧 『기독교 강요』를 적당한 분량으로 줄인 수많은 요약본과 개요서들이 출판되었다. 『기독교 강요』를 "원시림"으로 비유했던 칼 바르트Karl Barth의 표현에 모든 사람이 고개를 끄덕이진 않겠지만, 『기독교 강요』를 읽게 될 독자들이 당면할 수많은 어려움을 알려 주기에는 적합한 표현이다.[10]

이 책의 출간 준비는 몇 해 전에 시작되었는데, 1539년판 라틴어 『기독교 강요』와 1541년판 프랑스어 『기독교 강요』의 영어 번역본들이 너무 오래되었다는 확신에서 비롯되었다. 그리고 라틴어 『기독교 강요』보다 친숙한 문체로 기술된 프랑스어 『기독교 강요』가 훨씬 폭넓은 독자층을 확보했기 때문에 번역 대본으로 채택되었다. 내가 1541년 프랑스어 『기독교 강요』 초판을 가지고 작업하는 동안 나는 몇몇 오탈자들을 찾아냈고, 그래서 초판 이후 출간된 개정판들에서 칼뱅이 직접 수정한 내용을 참고

했다. 또한 초판에 대한 후대 편집자들이 제안한 많은 교정 사항들도 내 번역 속에 포함시켰다.[11] 1541년판 프랑스어 『기독교 강요』는 적어도 세 가지 편집본이 존재한다. 1911년에 아벨 르퐁Abel Lefranc과 앙리 샤틀레Henri Chatelain와 자크 파니Jacques Pannier가 출간했고, 이후 1936년부터 1939년 사이에 자크 파니가 다시 출간했으며, 그리고 가장 최근에는 2008년에 올리비에 미에Olivier Millet가 출간했다.[12]

번역자는 원저자가 사용하는 독특한 단어들을 옮길 때 종종 어려운 결정을 내려야만 한다. 칼뱅은 프랑스어 amour와 dilection과 charité를 사실상의 동의어로 사용하기 때문에, 나는 이 세 단어를 모두 '사랑'love으로 옮기되, 가끔씩만 '자선'charity이라는 용어를 쓰기도 했다. 이와 달리 나는 한 단어로 등장하는 프랑스어 concupiscence를 가끔 '색욕'lust으로 옮기기도 했지만, '악한 욕망'이나 '천박한 취향'으로 더 자주 번역했다. 나는 이 단어를 한 두 곳에서만 '탐욕'covetousness으로 번역함으로써 어느 특정한 죄가 아니라 모든 죄의 근원, 곧 하나님의 은혜를 상실한 타락한 인류로 하여금 그릇 선택하고 행동하게 만드는 사곡한 원리를 가리키려고 했다. 프랑스어로 justice는 '공의'justice와 '의'righteousness를 동시에 뜻한다. 칼뱅은 『기독교 강요』 대부분에서 이 단어를 거의 모든 문맥에 걸쳐 '의'라는 뜻으로 사용하는데, 나는 다만 그가 예정론에 관해 논의할 때만 '공의'로 옮겼다. 나는 특정한 성인숭배와 관련된 대목만 빼고 나머지 모든 곳에서 '성'聖이라는 호칭을 생략했다. 나는 '소르본'Sorbonne이라는 고유어를 더 좋아하지만, 칼뱅이 이 용어를 사용해 그와 나의 모교를 경멸조로 지칭할 때는 '궤변론자'Sophist나 '소르본주의자',Sorbonist '소르본주의자의'Sorbonic 같은 단어들로 옮겨야 했다.

나는 『기독교 강요』의 저자가 프랑스어로 자연스럽게 말했듯이 영어로도 자연스럽게 말하려고 애썼다. 하지만 그의 연령이나 그가 다루는 주제의 심각성을 고려할 때 그가 우리와 완벽하게 같은 방식으로 말할 수 없을 것이고, 또 반드시 그렇게 말해야 되는 것도 아니다. 경험에 바탕을 둔 보편타당한 번역 원칙은 1813년에 존 앨런John Allen이 자신의 작품을 통해 천명했던 것처럼, "노예처럼 추종하는 경향과 마음껏 자유로운 경향의 중간"쯤 되는 원칙이 아주 괜찮다.[13] 너무 원문에 노예처럼 매이다 보면 영어답지 못하게 될 것이고, 너무 영어식 번역만 하려다 보면 칼뱅의 작품이 아닐 수도 있다.[14]

각 장 제목은 원저자 칼뱅이 만든 것이지만, 덧붙여진 부제들은 내가 만들었다. 이 부제들이 독자에게 도움이 되었으면 좋겠다. 또 나는 칼뱅의 작품에서 난외주로 처리된 성경 장절 표기를 본문 속에 포함시켰고, 칼뱅이 인용하거나 풀어서 사용하는 방식으로 번역하기도 했다. 간혹 칼뱅이 사용한 성경의 장절은 영어 성경의 장절과 맞지 않을 경우도 있을 것이다. 문장이나 단락의 구분은 최근의 구두법 관례를 따랐다. 1539년판 라틴어 『기독교 강요』와 1541년판 프랑스어 『기독교 강요』의 많은 부분이 각각 1559년과 1560년에 편집·출간된 최종판으로 보존되어 있고, 게다가 1560년 프랑스어 최종판 본문은 이미 이전 편집자들이 달아 놓은 많은 주들을 수록하고 있기 때문에, 나는 정말 필요하다고 판단된 부분에만 새 주들을 추가했다. 추가된 주들은 주로 칼뱅 자신이 언급한 저술들, 칼뱅이 논쟁을 벌이는 대적이나 소수의 친구, 그리고 칼뱅이 염두에 둔 특정한 역사적 사실들을 구체적으로 밝히기 위해 필요했다. 프랑스어에 친숙한 독자들은 올리비에 미에의 탁월한 주해 편집본에서 많은 도움을 얻을 것이다. 1541년판 프랑스어 『기독교 강요』를 1560년 최종판 프랑스어 『기독교 강요』와 대조하고 싶은 독자들을 위해 나는 이 책 부록에서 비교표를 제공했다. 더 충분하고 정확한 비교표를 보려면, 장-다니엘 브느와Jean-Daniel Benoit의 비평본을 참조하라.[15]

이 책은 다양한 독자에게 편리를 제공하기 위해 만들어졌다. 이미 칼뱅과 친숙한 독자는 개혁자 칼뱅이 한 번 더 새롭게 영어권에 소개되는 것을 기뻐할 것이다. 종교개혁이 남긴 교훈을 있는 그대로 발견하려는 일반 독자는, 종교개혁을 단순한 성직 계급의 독재나 부패에 대한 항거가 아니라 기독교의 핵심 진리를 재정립하려는 지속적 노력으로 규정하고 싶을 것이다. 『기독교 강요』가 판을 거듭할 때마다 보여준, 칼뱅의 지성과 영성이 거쳐 간 여정을 뒤따라 걷고 싶은 학생들에게 그렇듯이, 이 책이 제공하는 간명한 내용은 그런 독자들이 원하는 바를 이룰 수 있도록 돕는 훌륭한 길잡이가 될 것이다. 교리사나 성경신학의 본질 및 범위에 대해 보다 전문적 관심을 가진 독자는 이 책에서 직접적인 도움을 많이 얻어낼 것이다. 특정 관심사에 상관없이 모든 독자는 하나님의 위대한 영광의 신비 및 자녀에 대한 하나님의 선하심의 신비를 적확한 언어로 옮기고 싶어 했던 개혁자 칼뱅의 열정에 한결같이 감동받을 것이다.

1541년판 프랑스어 『기독교 강요』에 덧붙여진 "개요"에서 칼뱅은 여느 저자들처럼 자신의 책의 가치에 대해 지나치게 주장하지 않는 겸손을 보여준다. 거기서 칼뱅은, "나는 이 책에 대해 섣부른 자신감을 갖고 말하거나, 이 책을 읽고 얻을 유익을 강조하다가 스스로 자기 작품을 지나치게 높이 평가하는 사람으로 비쳐지고 싶지 않다"라고 말한다. 그럼에도 칼뱅은 자신의 이 책이 "하나님의 모든 자녀로 하여금 성경을 참되고 바르게 이해하게 해줄 문이요 열쇠"로 증명되었으면 좋겠다는 기대를 밝힌다.[16] 『기독교 강요』가 기독교회의 삶과 사상에 미친 영향, 그리고 서양 문화 전반에 끼친 영향력은 칼뱅의 그런 소망이 절대로 헛되지 않았음을 증명해 준다.

로버트 화이트

개요

나는 독자들이 이 책을 잘 활용할 수 있도록 돕기 위해 이 책의 적절한 사용법을 간단하게 설명하고 싶다. 그렇게 하면서 나는 독자들이 목표로 삼아야 할 것이 무엇인지, 독자들이 이 책을 읽을 때 얻으려고 애써야 할 것이 무엇인지 제시하겠다. 우리 주님께서 성경을 통해 그 지혜의 무한한 보배를 나타내려 하셨기 때문에 성경에 들어 있는 완벽한 교훈에 아무것도 추가할 필요가 없다. 그럼에도 아직 성경으로 잘 훈련받지 못한 사람은 일정 정도의 안내와 지도가 필요하다. 그런 사람은 자신이 무엇을 추구해야 할지, 피해야 할 실수들이 무엇이며 그가 흔들림 없이 고수해야 할 길, 곧 성령께서 그를 부르신 목적을 이루기 위해 확신해야 할 길이 무엇인지 알기 위해 지도를 받아야 한다.

하나님에게서 오는 빛을 다른 이들보다 많이 받은 사람들이 아직 미숙한 사람들을 도와야 하는 이유도 바로 그것이다. 그들은 미숙한 사람들에게 손을 뻗어서 하나님께서 그분의 말씀으로 그들에게 간절히 선사하려 하신 교훈 전체를 발견하도록 이끌며 도와줄 책임이 있다. 사람이 성경을 통해서 그렇게 하고 싶을 때, 기독교 철학을 구성해 줄 성경의 근본적이고 가장 중대한 주제들을 연구하는 것이 가장 좋은 방법이다. 이 주제들을 이해한 이들은 하나님의 학교에서 다른 사람들이 석 달 걸려 나갈 진도보다 많은 진도를 단 하루 만에 나갈 수 있을 정도로 준비를 잘 한 셈이다. 그 사람들은 무엇이 각 주제와 관련되는지 어느 정도 알고 있고, 자기에게 제시된 모든 것을 세심하게 따져 볼 수 있는 기준을 가졌기 때문이다.

나는 이 도움이 구원의 교리를 배우고 싶은 모든 사람에게 꼭 필요하다고 확신했고, 그래서 주님께서 내게 주신 능력에 따라 바로 그 도움을 주려고 노력했다. 그것이 이 책을 쓴 목적이다. 처음에 나는 라틴어로 이 책을 써서 국적에 상관없이 학문을 좋아하는 모든 사람의 필요에 맞추려고 했다. 나중에는 우리 프랑스인들에게 이 책이 줄 수 있는 모든 유익을 전해 주고 싶어서 이 책을 모국어로 번역했다.

나는 이 책에 대해 섣부른 자신감을 갖고 말하거나, 이 책을 읽고 얻을 유익을 강조하다가 스스로 자기 작품을 지나치게 높이 평가하는 사람으로 비쳐지고 싶지 않다. 다만 나는 이 책이 하나님의 모든 자녀로 하여금 성경을 참되고 바르게 이해하게 해줄 문이요 열쇠 역할을 하리라는 것만은 약속할 수 있다. 그래서 앞으로 우리 주님께서 내게 주석서를 쓸 수 있는 수단과 기회를 주신다면, 나는 최대한 간단하게 쓰고 싶다. 내가 이 책에서 기독교 신앙에 관한 거의 모든 부문을 자세하게 설명했기 때문에, 주석서에서는 논점을 벗어난 긴 이야기를 전혀 할 필요가 없을 것이기 때문이다. 우리는 모든 진리와 건전한 교리가 오직 하나님에게서 나온다는 사실을 인정해야 한다. 그래서 나는 이 책이 내 것이라기보다는 하나님 것이며 이 책에 대한 모든 찬사는 하나님이 받으셔야 함을 인정하면서, 내 책에 대한 나 자신의 생각을 감히 솔직하게 밝히고자 한다.

여러분이 기독교 교리의 개요를 먼저 배운 다음 구약과 신약을 읽어서 유익을 얻고 싶다면, 나는 주님의 말씀을 경외하는 모든 사람이 그 말씀을 읽고서 신중하게 기억에 새겨 넣도록 권하고 싶다. 그렇게 한다면, 그들은 내가 말로 그들을 속이려 하지 않았음을 직접 확인하게 될 것이다. 누구든 성경 속에 들어 있는 모든 내용을 이해할 수 없다 해서 그것 때문에 용기를 잃어서는 안 된다. 한 소절이 다른 소절을 더 잘 설명해 주리라 기대하면서 성경 연구를 꾸준히 지속해야 한다. 무엇보다, 내가 성경에서 인용하는 증언들을 독자들이 확증하기 위해서는 성경을 의지하는 것이 좋다.

프랑수아 1세께 드리는 헌정 서한

가장 높고 가장 강하고 가장 뛰어나신 군주이며,

프랑스의 가장 그리스도인다운 왕이요 군주요 주재이신 프랑수아께

장 칼뱅이 하나님 안에서 평화와 구원을 기원드리나이다.

고귀하신 왕이여, 제가 이 책을 쓰기 시작했던 초기에는 폐하께 바칠 무언가를 쓸 생각이 전혀 없었습니다. 제 유일한 목표는 하나님을 향한 정직한 감정에 끌리는 사람들이 진정한 경건을 배울 수 있게 해줄 몇 가지 기초들을 가르치는 것이었습니다. 저는 우선적으로 저의 이런 노력을 통해 우리 프랑스인들이 유익을 얻기 바랍니다. 제가 본 많은 프랑스인들은 예수 그리스도에 대한 배고픔과 목마름에 시달리고 있지만, 아주 적은 소수 사람들만 예수 그리스도에 대한 바른 지식을 갖고 있습니다. 저는 이 책에 제가 할 수 있는 가장 간결한 교훈의 형식을 입혔기 때문에 이들에 대한 제 그런 뜻을 뒷받침할 증거를 이 책에서 쉽게 확인할 수 있을 것입니다.

그러나 저는 어떤 사악한 자들이 폐하의 왕국 안에서 극심한 분노를 일으켜 건전한 교리가 그 어느 곳에도 남아 있지 못하게 하는 모습을 똑똑히 보았습니다.[1] 그래서 저는 이 책이 제가 처음에 가르치려 마음먹었던 사람들을 위한 교육용으로만 쓰일 것이 아니라, 요즘 폐하의 왕국을 불과 칼로 혼란에 빠뜨리는 자들을 격앙시키는 이 교훈이 도대체 무엇인지 폐

하께서 직접 아실 수 있도록 폐하께 드리는 신앙고백용으로 쓰여도 좋겠다고 생각하게 되었습니다. 왜냐하면 그들이 투옥이나 추방, 파문이나 화형의 징벌을 당해 마땅하다고 여기는 바로 그 교훈, 육지에서도 해양에서도 모두 쫓아내야 한다고 그들이 악을 쓰는 바로 그 교훈의 거의 완전한 개요를 제가 이 책에 담았기 때문입니다. 저는 이렇게 말씀드리는 것이 전혀 부끄럽지 않습니다.

핍박받는 자들의 고통

폐하께서 우리의 논지를 완전히 혐오하게 만들기 위해 그들이 당신의 귀와 마음을 어떤 고약한 소식들로 채웠는지 저는 익히 잘 알고 있습니다. 하지만 당신의 아량과 자비로 사려해 주소서! 만약 그 교훈이 비난받아 마땅하다면 말이든 행위든 그 어떤 일말의 결백함도 있을 수 없을 것입니다. 확신컨대, 제가 당신께 설명드리려 하는 이 교리에 대한 혐오감을 조장하고 싶은 자는, 모든 사회 계급이 이 교리를 정죄하기로 협의했으며 이미 이 교리에 대한 여러 부정적 판결들이 선고되었다고 주장할 것입니다. 하지만 그것은 단지 이 교리가 자기 대적들의 권세와 공모에 의해 야만적으로 질타당했다는 사실, 더 나아가 그 대적들의 거짓말과 속임수와 중상과 배신에 의해 이 교리가 악의적으로 억압당하고 있다는 사실을 말해 줄 뿐입니다. 이 교리가 어떤 변호도 얻지 못한 채 잔혹한 판결만 당하고 있는 사태는 야만적 폭력이라고 밖에는 달리 규정할 수 없습니다. 이 교리가 선동적이고 사악한 것으로 부당하게 낙인찍혔다는 사실은 한낱 사기요 기만이라고 밖에 설명할 수 없습니다.

부디 우리의 불평이 근거 없다 여겨지지 않도록, 가장 높으신 왕이여, 우리의 교리에 대한 거짓 중상들이 매일 당신 앞에 보고되고 있다는 우리의 주장에 대해 폐하께서 증인이 되어 주소서. 이 교리의 목표는 오로지 정부와 선한 질서를 파괴하고 평화를 교란하고 법을 폐지하고 모든 영주와 영지들을 흩어 버리는 것뿐이라는 주장, 모든 것을 유린하는 것이 이 교리의 유일한 목표라는 주장을 저들은 꾸며 대고 있습니다. 그뿐만 아니라 폐하께서는 저들이 하는 주장 중 극히 일부분만 들으셨습니다. 평민들 사이에서는 우리의 교훈에 대한 끔찍한 소문들까지 퍼지고 있습니다. 만약 이 소문들이 사실이라면, 만인의 눈앞에서 이 교훈을 정죄하고 이 교훈의 주창자들을 천 번이라도 화형시키거나 교수형에 처해도 마땅할 것입니다. 만인이 그런 사악한 중상자들을 믿고 있으니, 온 세상이 우리의 교훈을 미워하는 것이 지금 무슨 놀라운 일이겠나이까? 그것이 바로 모든 계층이 단결하여 우리와 우리의 교훈을 정죄하려고 공모하고 있는 이유입니다. 배심원단을 주재하는 자들은 이런 열정에 사로잡혀서 자기들이 가정에서 품었던 편견을 믿고 평결을 내립니다. 또 그들은 자백이나 다른 사람들의 확실한 증언에 입각하여 유죄 판결을 받은 자들에게 사형 선고만 내리면 자기들의 의무를 훌륭히 감당했다고 자부합니다. 그러나 과연 어떤 범죄에 대해서 그렇다는 것입니까? 저들은 그 저주받은 교리에 대한 범죄라고 말할 것입니다. 하지만 그 교리는 도대체 어떤 법에 따라 저주받았다고 판정된 것입니까? 사실, 이 교리를 변호한 자들의 핵심 의도는 이 교리를 부인하는 것이 아니라 오히려 이 교리를 참되다고 인정하는 것이었습니다. 하지만 어느 재판정에서도 그들은 입을 떼는 것조차 허락받지 못하고 있습니다!

가장 빛나는 왕이시여, 제가 폐하께 이 문제를 차근차근 이해해 주시기를 요청드리는 것은 바로 이런 이유 때문입니다. 지금까지 이 문제는 법률적 절차에 대한 어떤 고려도 없이, 사법적 냉엄함과 신중함보다는 경박한 열정에 좌지우지되어 엉망으로 다루어져 왔습니다. 폐하, 바라옵건대 제가 지금 고국으로 돌아갈 권리를 얻기 위해 자신을 변호한다고 여기지 말아 주소서. 비록 저는 조국에 대한 당연하고 올바른 애정을 느끼고 있지만, 현 상황에서 저는 조국에서 떨어져 있음을 심하게 비통해하지 않습니다. 다만 저는 그리스도 자신의 논제이자 곧 모든 신자의 공통된 논제를 변호하고 있나이다. 이 논제는 오늘날 폐하의 왕국에서 완전히 찢겨지고 무참히 짓밟힌 채 절망 상태에 빠져 있는 것처럼 보입니다. 사실 이 상황은 폐하가 의도하신 결과라기보다는 일부 바리새인들의 독재 때문에 빚어진 결과입니다. 이 모든 사태가 어떻게 생겼는가 하는 문제는 제가 굳이 지금 설명드려야 할 것은 아닙니다. 중요한 문제는 우리의 논제가 심각하게 학대당한다는 사실입니다. 그리스도의 진리가 상실되거나 산산조각 나지는 않았다 하더라도, 하나님의 대적들이 부리는 권세가 그리스도의 진리를 감춰지고 묻혀야 할 수치거리로 전락시켰기 때문입니다. 또 하나님 교회의 가련한 여러 성도들은 잔혹하게 사형당하여 제거되었거나, 위협과 공포에 질린 채 한마디도 입 밖에 내지 못하고 있습니다. 게다가, 저들은 더욱 심하게 광란에 빠져서 자기들이 이미 밑을 파놓은 벽을 허무는 짓과 자기들이 시작한 파괴를 마치려는 목표에 집요하게 매달리고 있습니다.

그러는 동안 아무도 한 발이라도 앞으로 나아가 저들의 광포한 공격에 맞서서 변호하지 않았습니다. 만약 누구든 남들이 보는 앞에서 그 진리에 대한 자신의 동감을 흔쾌히 당당하게 드러낸다 해도, 단순한 사람들의 실수와 무지는 어떻게든 용서받아야 한다는 정도의 말만 할 수 있을 뿐입니다. 그렇게 말하는 사람들이 누구인지는 그들이 쓰는 용어를 통해 알 수 있습니다. 하나님께서 확증하신 진리를 설명할 때 그들이 쓰는 용어는 "실수"와 "무지"입니다. 그리고 주님께 아주 소중해서 주님이 하늘의 지혜에 속한 비밀들을 나눠 주신 사람들을 가리켜 그들이 쓰는 표현이 "단순한 사람들"입니다. 이는 곧 그들 모두가 복음에 대해 큰 부끄러움을 느끼고 있다는 사실을 방증해 줍니다.

가장 자비하신 왕이여, 폐하께서 이처럼 정당한 변호로부터 폐하의 귀와 마음을 피하지 아니하심이 마땅하시나이다. 특히, 매우 중대한 문제, 곧 하나님의 영광이 세상에서 어떻게 유지될지, 하나님의 진리가 그 명예와 품위를 어떻게 보존할지, 그리스도의 왕국이 어떻게 온전히 머무를지에 관한 문제에 있어서는 더욱 폐하의 귀와 마음을 돌리면 아니 되십니다. 이런 문제는 폐하의 귀가 듣기에 얼마나 합당한지요! 이 문제야말로 폐하의 판결과 폐하의 왕좌에 참으로 합당하나이다. 참된 왕이란 자기 왕국을 다스림에 있어서 자기가 하나님의 참된 대신임을 인정하는 왕입니다. 달리 말하면, 누구든 하나님의 영광을 섬기기 위해 통치하지 않는 자는 통치자의 직무를 행하는 것이 아니라 강도 행각을 벌이는 것입니다. 자기의 왕권이 하나님의 지휘를 따르지 않을 때 계속 번영하고 싶은 자는 사실은 속고 있습니다. 예언이 없으면 백성이 흩어질 것이라고 말씀하는 하늘의 칙령은 거짓말이 아니기 때문입니다.[잠 29:18]

폐하, 우리의 비천한 처지를 경멸하며 물러나시지 말아 주소서. 우리는 우리가 가난하고 멸시받는 사람임을 잘 알고 있습니다. 우리는 하나님이 보시기에는 비참한 죄인이요 사람들 보기에는 경멸받아 쫓겨난 자이며, 심지어 세상의 찌끼와 쓰레기이거나 혹은 더 비열한 어떤 호칭으로도 부를 수 있는 자입니다. 그렇기에 우리는 하나님 앞에서 하나님의 자비하심 밖에는 자랑할 것이 없습니다. 우리는 우리의 어떤 공로가 아닌 오직 하나님의 자비로 구원받았습니다.[고후 10:17-18, 딛 3:5] 또 우리는 모든 사람이 커다란 수치의 증표로 여기는 우리의 연약함 외에는 사람들 앞에서 자랑할 수 있는 것이 없습니다.[고후 11:30, 12:5, 9]

그럼에도 불구하고 우리의 교훈은 참으로 견고하며 온 세상의 영광과 권능보다 더 높아서 아무도 우리의 교훈을 이길 수 없습니다. 이 교훈이 우리의 것이 아니라 살아 계신 하나님과 그의 그리스도에게서 나왔기 때문입니다. 성부는 그리스도를 바다 이쪽에서 저쪽까지, 강물들로부터 세상 모든 끝까지 통치하는 왕으로 임명하셨고,[시 72:8] 그래서 그리스도는 그 입의 유일한 막대기로 세상을 치면서[사 11:4] 그의 권능과 영광으로 세상을 질그릇처럼 산산이 깨뜨리십니다. 그처럼 선지자들도 그리스도 통치의 찬란함을 예언하기를, 그가 철과 구리처럼 단단하고 은과 금처럼 빛나는 왕국들을 폐하실 것이라고 선포했습니다.[단 2:32-35] 분명히, 우리의 대적들은 우리가 하나님의 말씀을 일부러 훼손시키면서 하나님의 말씀에 대해 거짓된 주장을 한다고 고소할 것입니다. 그러나 폐하께서는 우리의 고백을 읽으신 후 이 고소가 단지 사악한 중상의 수준을 넘어 일종의 끔찍한 뻔뻔함이라는 사실을 지혜롭게 분별하실 수 있을 것입니다.

그럼에도 불구하고 폐하께서 장차 읽으실 내용에 관해 폐하께 도움이 될 만한 것을 미리 말씀드림이 옳은 것으로 사료됩니다. 모든 예언은 믿음의 유비와 형상에 부합해야 한다고 바울이 주장했을 때,롬 12:6 그는 모든 성경 해석을 검증할 매우 확실한 규정을 제시한 셈이었습니다. 이제 만약 우리의 교훈이 이 믿음의 규정에 따라 판단받는다면, 우리는 이미 승리한 것이나 마찬가지입니다. 우리가 하나님으로 옷 입혀지기 위해서 아무 미덕도 갖추지 못했음을 인정하는 자세보다 그 무엇이 더 믿음에 합당하겠습니까? 하나님으로 채워지기 위해 우리 속에 어떤 선함도 들어 있지 않음을 인정하는 것보다, 그에게 구원받기 위해 우리가 죄에게 노예임을 인정하는 것보다, 그의 빛을 받기 위해 우리가 눈이 멀었음을 인정하는 것보다, 그가 우리의 발을 펴시기 위해 우리가 절름발이임을 인정하는 것보다, 그의 붙잡아 주심을 받기 위해 우리가 허약함을 인정하는 것보다, 그리고 오직 그 홀로 영광을 얻으시고 우리가 그 안에서 영광스럽게 되기 위해 우리가 헛된 영광을 위한 온갖 동기를 내버리는 것보다 무엇이 더 믿음과 어울릴 수 있겠습니까?

우리가 이러한 것이나 이와 비슷한 것을 주장하면, 우리의 대적들은 이 주장이야말로 자연에서 나오는 어떤 애매하고 맹목적인 빛이나 거룩한 준비 행위나 자유의지, 적절한 분량을 넘는 행위를 수단으로 영원한 생명을 얻게 해주는 공로 등을 뒤엎는 주장이라고 소리를 지릅니다. 그들은 온갖 선에 대한 완전한 찬미와 영광, 미덕과 의와 지혜가 오직 하나님께만 속해야 한다는 진리를 용납할 수 없습니다. 그러나 우리는 생명수의 샘 깊은 곳에서 물을 마셨기 때문에 누가 비난받았다는 기록을 읽어 보지 못했습니다. 오히려 물을 비축할 수 없는 메마른 샘을 스스로 팠던 자들이 혹독한 책망을 당할 따름입니다.렘 2:13 더욱이, 그리스도께서 우리의 형제와 중재자로 인정되실 때, 인자하고 은혜로우신 성부 하나님을 아버지로 모시는 선택보다 무엇이 믿음에 더 적합하겠습니까? 우리에게 크신 사랑으로 찾아오셔서 자기의 친아들도 아끼지 않으시고 우리를 위해 넘겨주신 하나님 안에서 우리가 모든 복과 형통을 추구하는 것보다 무엇이 믿음에 더 적합하겠습니까?[롬 8:32] 성부 하나님께서 그리스도를 우리에게 주셨고 그리스도 안에 이러한 보배들이 숨겨져 있음을 믿으면서 우리가 구원과 영생에 대한 확고한 소망 중에 머무르는 것보다 무엇이 믿음에 더 적합하겠습니까?

이런 진리를 싫어하는 우리의 대적들은 그런 식의 믿음의 확신은 분명 교만하고 성급한 것이라고 주장합니다. 그러나 우리가 자신에 대해서 아무것도 당연한 것으로 여기지 말아야 한다면, 그와 반대로 우리는 바로 그렇게 하나님에 대해서는 어떤 것이든 당연한 것으로 여겨야 마땅합니다. 우리는 하나님 안에서 자랑하기 위한 단 하나의 목적을 위해 다른 모든 헛된 영광을 잃었습니다.[고후 10:17, 렘 9:23-24]

제가 무엇을 더 말씀드리겠습니까? 가장 고결하신 왕이여! 만약 폐하께서 우리 소송 전체를 다 살펴보신 후에도, 우리가 억압받고 학대당하고 모독당하는 이유는 우리가 소망을 살아 계신 하나님께 두기 때문이며, 또한 영생은 유일하신 한분 하나님과 그가 보내신 자 예수 그리스도를 아는 것이라고 주장하기 때문임을 폐하께서 분명히 알지 못하게 되신다면, 그땐 우리를 가장 패괴한 자들로 선고하셔도 좋습니다. 이 소망 때문에 우리 중 어떤 이는 감옥에 갇히게 되었고, 또 어떤 이는 태형에 처해지거나 사람들 앞에서 믿음을 포기하도록 강요당했으며, 추방당하거나 잔인하게 고문을 받았고, 때로는 목숨을 부지하기 위해 도피하지 않을 수 없었습니다. 우리는 다 고난을 받고 있고, 저주받은 가증한 자 취급을 당하고 있으며, 모욕을 당하며 짐승 취급을 당하고 있습니다. 하지만 우리의 대적들, 무엇이든 말하거나 바라기만 해도 모든 사람으로 하여금 우리를 괴롭히게 할 수 있는 저 사제 계급들을 생각해 보소서! 그리고 잠시 저와 함께 저들을 주도하고 있는 영에 대해 생각해 보소서!

우리 대적들의 동기

성경이 우리에게 가르쳤고 그래서 우리 모두가 근거로 삼기로 마땅히 합의해야 할 참된 신앙을 저들은 자신이나 남들이 무시하거나 방치하거나 경멸하도록 기꺼이 허락합니다. 만약 우리가 (저들이 그렇게 부르듯) 절대적 믿음으로 교회의 판결에 정신적으로 복종하고 있다면, 하나님과 그리스도에 관해 우리가 가져야 할 믿음과 갖지 말아야 할 믿음을 정하는 문제는 저들에게 그다지 중요하지 않습니다. 우리의 거룩한 어머니로서 교회가 갖는 권위에 대항하는 말이 나오지 않는 한, 혹시 하나님의 영광이 공공연한 신성 모독 행위 때문에 빛을 잃게 된다 하더라도 저들은 개의치 않습니다.

하지만 저들은 미사와 연옥, 성지참배 및 그와 유사한 하찮은 것들을 위해서라면 어째서 그토록 완고하고 무도한 태도로 투쟁한단 말입니까? 저들은 하나님의 말씀에 입각한 어떤 근거도 제시하지 않으면서 단지 그런 모든 것이 가장 명백한 믿음으로 인정되고 지켜지지 못하면 참된 경건은 존재할 수 없다고 항변합니다. 진정 저들의 배가 저들의 신이고 저들의 주방이 저들의 신앙이 아니라면,빌 3:19 어떻게 그럴 수 있습니까? 이것들을 빼앗기면 저들은 더 이상 자신을 그리스도인이라고 생각하지 않을 것이며, 더 나아가 인간이라는 생각도 하지 않을 것입니다! 비록 어떤 사람은 넘치는 진미를 누리고 또 어떤 사람은 겨우 빵 부스러기를 조금씩 떼어 먹으며 연명이나 하는 처지이긴 하지만, 그들 모두가 한 솥에서 나는 것을 먹으며 살고 있고 그 솥 안에 음식은 그런 도움이 없으면 차가워질 뿐만 아니라 쉽게 얼어붙기 때문입니다! 그러므로 저들에게는 자기 배를 가장 세심하게 돌보는 자야말로 자기의 믿음을 위해 가장 열정을 내는 자입니다.

간략히 말씀드려서, 저들 모두의 동기는 단 하나입니다. 저들의 권력을 계속 공고히 유지하는 것이거나 혹은 저들의 배가 계속 꽉 차 있게 하는 것입니다. 저들 중 단 한 사람도 참된 열정을 지극히 조금도 증거해 주지 못하지만, 사람들이 우리의 교훈을 혐오하고 의심하게 만들기 위해서라면 저들은 언제나 우리의 교훈을 헐뜯으며 가능한 모든 수단을 동원해 우리의 교훈을 힐난하고 업신여깁니다. 저들은 우리의 교훈이 최근에 만든 새로운 것이라고 주장합니다. 저들은 우리의 교훈이 의심스럽고 불확실하다고 공격합니다. 저들은 우리의 교훈이 어떤 기적으로 확증되었냐며 다그칩니다. 저들은 우리의 교훈이 과연 수많은 고대 교부들의 합의나 유구한 관례보다 더 타당할 수 있냐며 따집니다. 우리의 교훈은 교회와 투쟁을 벌이는 것이라면서 저들은 이 교훈이 분리주의적임을 인정하라고 요구합니다. 저들은 우리의 교훈이 전혀 알려지지 않았던 오랜 세월 동안 교회 자체가 죽어 있었는지 우리에게 대답하라고 몰아붙입니다. 마지막으로, 저들의 주장에 따르면, 우리의 교훈은 장차 그 열매로 심판받을 것이기 때문에 우리 교훈의 문제에 대한 진위 여부를 증명할 필요가 없다고 말합니다. 다시 말해, 이 교훈은 엄청난 분파를 양산할 것이고 수많은 소동과 분리와 뻔뻔스러운 악행을 야기하리라는 주장입니다. 물론 저들이 방치되고 파기된 소송에 있어서 우위를 차지하는 것은 쉽습니다. 특별히 무지하고 잘 속아 넘어가는 대중을 설득하는 문제에 있어서는 더욱 그렇습니다. 하지만 만약 우리에게도 발언의 기회가 주어진다면, 저들이 우리에게 맹렬히 퍼붓는 분노가 반드시 조금은 식게 될 것입니다.

새 교훈인가, 옛 교훈인가?

우선, 우리의 교훈을 새 교훈이라고 부름으로써 저들은 하나님께 큰 잘못을 저지르고 있습니다. 하나님의 거룩한 말씀은 참신하다는 이유로 비난받을 까닭이 없기 때문입니다. 사실, 저는 우리의 교훈이 저들 입장에서는 새롭다는 것을 의심하지 않습니다. 그리스도 자체와 그리스도의 복음이 저들에게는 새롭기 때문입니다. 하지만 누구든 "예수 그리스도께서 우리 죄를 위해 죽으시고 우리의 의롭다 함을 위해 부활하셨다"롬 4:25라는 바울의 설교 메시지를 잘 알고 있는 사람이라면, 이 복음이 얼마나 오래된 것이며 우리 중에서는 전혀 새롭지 않음을 인정할 것입니다. 이 복음의 메시지가 오래토록 감춰졌고 알려지지 않게 된 사태는 인간의 불경건함 때문입니다. 이제 이 메시지가 하나님의 선하심 덕분에 우리에게 회복되었으므로 이 복음은 최소한 그 오랜 권위에 걸맞은 방식으로 수용되어야 합니다.

저들이 우리의 교훈을 의심스럽고 불확실하다고 여기는 이유도 이와 비슷한 저들의 몽매함이 설명해 줍니다. 이것이 바로 우리 주님께서 그의 선지자를 통해 안타까워하신 바이기도 합니다. "소는 그 임자를 알고 나귀는 그 주인의 구유를 알건마는 하나님의 백성은 하나님을 알지 못하도다." 사 1:3 저들이 비록 우리의 교리가 불확실하다며 조롱하지만, 만약 저들이 저들의 교리를 자기들의 피로 인정하고 그 교리를 위해 자기들의 생명을 대가로 치러야 했다면, 저들이 저들의 교리에 어떤 가치를 부여했는지를 우리도 알게 될 것입니다. 우리의 확신은 아주 다릅니다. 우리의 확신은 죽음의 공포나 하나님의 심판을 무서워하지 않기 때문입니다.

기적에 관한 질문

우리에게 기적에 대해 질문할 때 저들은 상식을 완전히 벗어나고 있습니다. 우리는 무슨 새로운 복음을 만들고 있지 않기 때문입니다. 우리는 단지 예수 그리스도와 그의 사도들이 행한 모든 기적이 확증한 복음의 진리를 굳게 붙들 따름입니다. 우리의 대적들은 오늘날까지 계속되는 불변의 기적들로 어떻게 해서든지 저들의 교훈을 확증하려고 애쓰는데, 사람들은 저들의 그런 태도야말로 우리와 저들을 갈라놓았다고 말할 것입니다. 그러나 실상은 저들이 내세우는 기적들이 너무 하찮거나 심히 거짓되어서 오히려 그냥 놔두면 완전히 평온할 마음속에 온갖 의심과 불안의 씨앗을 뿌리고 있습니다. 설사 저들의 기적이 엄청나서 상상할 수 있는 가장 놀라운 기적이라 하더라도, 그 기적은 어떤 방식으로든 하나님의 진리를 압도하려고 하면 안 됩니다. 언제 어디서나 하나님의 이름은 기적으로든지 혹은 사물의 자연적 질서를 통해서든지 오직 합당한 방식으로 거룩히 여겨져야 하기 때문입니다.

이 점에 있어서 만약 성경이 우리에게 기적의 합당한 사용법을 일러 주지 않았다면, 아마 우리 대적들의 주장은 더 많은 설득력을 얻었을 것입니다. 마가는 우리에게 사도들이 행한 기적이 그들의 선포를 확증하기 위해 이루어졌다고 말해 줍니다.[막 16:20] 비슷하게 누가도 우리 주님이 그런 기적을 통해 그 은혜의 말씀을 증거하시려 했다고 선포합니다.[행 14:3] 하나님께서 놀라운 이적과 능력으로 복음을 증거하셨을 때 복음이 선포한 구원이 확증되었다고 기록한 사도 역시 똑같은 요점을 말해 줍니다.[히 2:4] 기적의 목적은 복음의 참됨을 인치는 것임을 우리가 알게 된 후, 과연 우리가 복음을 변조하여 그 권위를 훼멸할 수 있겠습니까? 기적의 목적은 진리를 확고히 하는 것임을 우리가 알게 된 후, 과연 우리가 기적을 동원하여 거짓을 세우려 할 수 있겠습니까? 복음서 저자가 말해 주듯이, 우리가 가장 먼저 배운 바를 자세히 조사해야 할 이유도 바로 그것입니다. 그것이 기적보다 우선하기 때문입니다. 만약 우리가 가장 먼저 배운 바가 사실로 드러난다면, 그 확증을 위해 기적이 필요해질 것입니다. 그리스도가 말씀하시듯이, 어떤 교훈이 사람이 아닌 하나님께 영광을 돌리려고 한다면, 바로 그것이야말로 그 교훈의 진실성을 확인해 주는 표징입니다.[요 5:41, 44] 그리스도가 이것을 참된 교훈을 가리는 시금석으로 선포하셨으므로, 하나님의 이름이 아니라 다른 목적 때문에 기적이 행해질 때 슬프게도 그 기적은 잘못 사용되고 있는 것입니다.

설령 참된 능력의 역사가 아닌 환상적 사건에 지나지 않는다 하더라도 마귀에게도 순박하고 무지한 사람들을 속일 수 있는 기적이 있음을 우리는 항상 기억해야 합니다. 마술사와 점술사는 언제나 기적으로 악명이 높았습니다. 이교의 우상숭배는 이적과 기사로 즐비하지만, 그중 어느 하나도 마술사나 우상숭배자의 미신을 믿을 수 있게 해주지는 못합니다. 옛적에 많은 기적들을 행했던 도나투스주의자들[Donatists]은 이런 계책으로 순박한 무리를 주술에 걸려 있게 했습니다. 그러므로 우리는 일찍이 아우구스티누스가 도나투스주의자들에게 했던 것과 똑같이 우리 대적들에게 대답해 주려 합니다. 우리 주님께서는 이런 기적을 행하는 자들을 대항하여 우리를 그 커다란 팔로 감싸 안으시고, 거짓 선지자들이 나타나 할 수만 있다면 택한 자들도 큰 기적과 신기한 일로 미혹할 것이라고 경고하셨습니다.마 24:24 [2] 바울도 우리에게 경고하기를, 적그리스도의 통치는 큰 권능과 속이는 이적과 기사가 특징이라고 말해 줍니다.살후 2:9

우리의 대적들은, "그럼에도 불구하고 우리의 기적은 우상이나 점술사나 거짓 선지자의 역사가 아니라 성인聖人의 역사"라고 말합니다. 마치 저들은 얼마든지 마귀도 자신을 광명의 천사로 가장할 수 있음을 우리가 모른다고 여기는 것 같습니다!고후 11:14 지난 날 이집트인들은 자신들의 땅에 장사된 예레미야를 신격화했습니다. 그들은 예레미야에게 제사를 드릴 때 평소 자기 신들에게 하듯 예레미야에게 극진한 경의를 표했습니다. 저들은 우상을 숭배하듯 하나님의 거룩한 선지자를 거짓되게 대우하지 않았습니까? 게다가, 뱀에게 물리기라도 하면 저들은 그의 무덤에서 경배함으로써 고침받곤 했습니다.[3] 그렇다면 우리는 어떻게 말해야 마땅합니까? 하나님께서 항상 그의 원수에게 보복하셨고 또한 앞으로도 가장 공의로운 방식으로 보복하실 것이로되, 특별히 진리의 사랑을 받지 못한 자들을 혹독한 망상에 빠뜨려 거짓을 믿게 하심으로써 보복하실 것이라고 말해야 하지 않겠습니까?살후 2:11 그러므로 만약 기적이 매우 확실하여 어떤 조롱도 당하지 않는다면, 우리는 그 기적을 무시하면 안 됩니다. 하지만 우리 대적들이 기적이라 주장하는 것들은 마귀의 미혹에 지나지 않을 뿐입니다. 그것은 사람들을 하나님께 영광 돌리는 데서 떠나 헛된 것에게 끌어가기 때문입니다.신 13:2-4

교부들의 증거

저들이 교회의 초기에 저술했던 고대 교부들을 이용하여 우리를 비난하는 행위 역시 마찬가지로 불공평한 처사입니다. 저들은 그 교부들이 자기들처럼 불경건한 사람들인 줄로 아는 것 같습니다. 만약 우리와 저들 간의 다툼을 해결하기 위해 굳이 교부들의 권위가 동원되어야 한다면, 승리는 거의 확실히 우리에게 돌아올 것입니다.

초대 교부들은 지혜롭고 경이로운 진술들을 많이 남겼습니다. 그러나 모든 사람에게 일어난 일들이 대부분 그들에게도 일어났습니다. 그들도 실수와 잘못을 저질렀던 것입니다. 그래서인지 이 교부들의 착하고 고분고분한 자녀들은 철저한 정신력과 결단과 의지를 갖고서 오로지 교부들의 실수와 잘못만을 숭배합니다. 반대로, 이 자녀들은 교부들이 기록한 가치 있는 것들에는 전혀 관심을 기울이지 않거나 혹은 찾아내지 못하거나 혹은 나쁘게 변조시켜 버립니다. 저들의 유일한 관심은 금 무더기 속에서 똥만 골라 모으는 것으로 보입니다. 저들은 돌이켜 우리를 공격할 때, 우리가 교부들을 경멸하고 대적한다고 큰소리로 떠들어 댑니다.

우리는 전혀 교부들을 무시하지 않습니다. 지금이라도 제가 마음만 먹으면 그들의 증언을 능숙하게 인용함으로써 오늘 우리가 갖고 있는 확신 대부분이 교부들의 가르침과 일치함을 증명해 낼 수 있습니다. 하지만 교부들의 저작을 읽을 때 우리는 바울의 경고를 명심해야 합니다. 바울은 경고하기를, 만물이 우리들의 것임은 만물이 우리를 섬기기 위함이지 오히려 만물이 우리를 주관하기 위해서가 아니며, 또한 우리 모두는 우리의 온전하고 완벽한 복종을 받으시기에 합당하신 한분 그리스도께 속했다고 일러 주었습니다.고전 3:21-23 이 원리를 존중하지 않는 사람은 그 안에 확실한 믿음이 없는 것입니다. 우리가 말하는 그 거룩한 사람들은 사실 많은 것을 몰랐고 서로의 견해가 달랐던 때가 자주 있었으며, 심지어 견해들이 서로 모순되기도 했습니다. 그들은 말하기를 우리에게 선조들이 세운 경계선을 넘지 말라고 했던 솔로몬의 권면은 옳았다고 합니다.잠 22:28 하지만 논밭의 경계 표지에 대한 교훈이 믿음의 순종에도 적용될 수 있는 것은 아닙니다. 믿음의 순종이란 우리로 하여금 우리의 민족과 우리 아버지의 집까지도 잊게 만드는 것이어야 하기 때문입니다.시 45:10 그뿐만 아니라, 풍유를 그토록 좋아한다는 우리의 대적자들은 어찌하여 절대로 옮겨질 수 없을 경계선을 만든 사도들을 다른 누구보다 우선적으로 자기들의 조상으로 삼지 않는 것입니까? 그것이 바로 그 성경 구절에 대한 히에로니무스Hieronymus의 해석이고, 저들이 그들의 법전에서 인용하는 말도 히에로니무스의 말이기 때문입니다.[4] 다시 말씀드리지만, 만약 저들이 존중해야 한다고 주장하는 교부들이 그 한계를 지정했고 지금 저들의 의도가 우리로 하여금 그 한계를 존중하게 만들려는 것이라면, 어째서 저들은 자기들 이익을 위해 필요할 때마다 그토록 대담하게 그 한계를 침범하는 것입니까?

하나님은 마시지도 먹지도 않으시기 때문에 접시나 잔이 필요하시지 않다고 말했던 사람도 그 교부들 중 한 사람입니다.[5] 또 다른 교부는 말하기를, 기독교 성례에는 금이나 은이 꼭 필요하지 않으며 하나님은 그들의 금을 기뻐하지 않으신다고 했습니다. 그러므로 저들이 금과 은과 대리석과 상아와 보석과 비단을 기뻐하며 여러 예전에 임할 때, 또 하나님은 반드시 그런 풍부한 귀중품으로만 제대로 경배받으실 수 있다고 생각할 때, 저들은 이러한 경계선을 침범하는 꼴이 됩니다. 다른 사람들이 사순절 기간 중에 금식하더라도 그리스도인으로서 담대히 자유롭게 고기를 먹었다고 고백한 사람도 바로 그 교부들 중 한 사람이었습니다. 따라서 저들이 사순절 기간에 고기를 입에 댔다 하여 사람을 출교시키는 것은 교부들이 제정한 경계선을 지우는 것입니다. 자기 손으로 일하지 않는 수도승은 도둑으로 여겨 마땅하다고 가르쳤던 사람도 그 교부들 중 한 사람입니다. 또 어떤 교부는 비록 수도승들이 명상과 기도와 연구에 몰두하는 중이라 해도 다른 사람의 물품에 의존하여 생활하는 것을 불법이라고 말했습니다. 저들이 배불뚝이 수도승들을 매춘굴(수도원)에 살게 하여 다른 사람들의 재산을 한껏 먹어 치우게 만든 짓 역시 경계선을 옮긴 행동이었습니다.

교회 안에 그리스도의 형상이나 어떤 성자의 형상을 바라보는 것은 끔찍한 가증함이라고 주장한 사람도 교부들 중 한 사람이었습니다. 저들의 교회당 공간마다 빈틈없이 빼곡하게 인간의 형상들로 가득 채움으로써 저들은 이런 경계선을 전혀 지키지 않고 있습니다. 또 다른 교부 한 사람은 권면하기를 일단 우리가 죽은 자들에게 합당한 장사를 지내 줌으로써 우리 본연의 의무를 다하고 나면, 그 죽은 자들을 편히 쉬게 해주어야 한다고 했습니다. 저들은 죽은 자들이 우리의 끝없는 돌봄을 받아야 한다고 주장하면서 모든 경계선을 침범하고 있습니다.

교부들 중에는 주님의 성찬에서 그리스도의 실제 몸이 빵 속에 채워지게 됨을 부정한 사람이 있었습니다. 그 대신 그는—그가 직접 사용한 표현을 빌면—"성체의 신비"corporal mystery에 관해 말했습니다. 따라서 저들은 그리스도의 몸이 공간적으로 채워진다고 말함으로써 그 경계를 넘어가고 있습니다. 성찬예식 중 한 순서에만 참여할 뿐 나머지는 거절하는 자들을 성찬에서 금지시켜야 한다고 명한 교부도 있었습니다. 또 다른 교부의 주장에 따르면, 그리스도인이 자기도 마땅히 주님을 위해 피를 흘려야 한다는 뜻으로 그리스도께 대한 믿음을 고백할 때 그 그리스도인에게 성찬식 중 주님의 피를 못 받게 해서는 안 됩니다. 그들은 한 교부가 성찬금지로 형벌했고 또 다른 교부도 강력한 논증으로 정죄했던 바로 그것을 저들은 오히려 철저하게 권장함으로써 이런 경계선을 제거해 버렸습니다!

확실하고 명백한 성경의 증거 없이 어떤 모호한 문제를 일방적으로 결정하는 것은 경솔하다고 선포한 사람도 다름 아닌 고대 교부들 중 한 사람입니다. 저들은 무수한 제도와 법전과 권위 있는 결정들을 전혀 하나님의 말씀과 상관없이 인준했을 때, 이 경계선을 간과했습니다. 여러 이단의 교주들 중에서 몬타누스Montanus를 가리켜 그가 최초로 금식법을 강요했다고 비판한 사람도 고대 교부들 중 한 사람입니다.[6] 저들이 금식을 법률로 엄격히 요구했을 때 저들은 이러한 한도를 또다시 넘어간 것입니다. 합법적 아내와의 친밀함을 경건이라 부르면서 교회 성직자에게 결혼이 금지되어서는 안 된다고 선포했던 사람도 역시 교부였습니다. 다른 교부들도 이 결정에 동의했습니다. 저들이 사제에게 결혼을 금하라고 명령할 때 저들은 이 경계선을 한참 벗어났습니다.

옛 교부들 중 한 사람의 저술에 따르면, 하늘 아버지께서 "그의 말을 들으라"고 하셨던 그리스도에게만 우리가 청종해야 하며, 그래서 우리는 다른 사람들이 이미 우리보다 먼저 말했거나 행한 것이 아니라 만물의 처음인 그리스도가 명령하신 것에만 관심을 기울여야 합니다. 저들은 이러한 제한을 지키지 않았을 뿐만 아니라, 다른 사람들도 그리스도 이외의 교사들을 자기들을 위해 모시게 함으로써 이 제한을 지키지 못하도록 막았습니다. 모든 교부는 하나님의 거룩한 말씀을 궤변론자들의 교활한 술책으로 더럽히는 관습을, 그리고 철학자들의 말다툼이나 논쟁으로 그 술책을 더 복잡하게 만드는 관습을 한마음으로 혐오했고 한 목소리로 증오했습니다. 그러나 저들이 끝없는 논쟁과 고도의 궤변적 말다툼으로 성경의 명료함을 덮고 감싸느라 항상 분주할 때, 저들은 과연 이 경계선 안에 머무르고 있는 것입니까? 저들의 그런 행각은 너무 심각해서 만일 교부들이 지금 살아나서 저들이 사변 신학이라고 부르는 온갖 난투극을 목도하게 된다면, 교부들은 결코 그런 논쟁을 하나님의 역사라고 인정하지 않을 것입니다.

만약 제가 교부들의 착한 자녀로 자처하는 저들이 도리어 교부들이 지워 준 멍에를 거부하는 교만함에 대해 따진다면, 저는 우리의 논의가 과연 얼마나 더 길어져야 될지 모르겠습니다. 제 이야기가 다 끝나려면 아마도 수개월이나 수년은 족히 필요할 것입니다. 그러나 저들은 오히려 우리가 옛 경계선을 넘었다고 비난하며 그 뻔뻔한 민낯을 당당히 드러낼 자들입니다.

관습은 전혀 진리를 대신할 수 없다

우리의 대적들이 우리에게 관례를 참조하라고 하는데, 그런 요구로는 그들이 아무것도 얻어 내지 못할 것입니다. 우리가 관례에 강제로 복종해야 한다면 그 관례야말로 더없이 부당하기 때문입니다. 물론 사람의 판결이 정당했다면 관례는 그 건전한 판결 위에서 근거를 가질 것입니다. 하지만 오히려 그와 정반대인 경우가 흔합니다. 다수 사람들이 행한다고 보이기만 하면 무엇이든 다 관례법으로서 효력을 얻었기 때문입니다. 인간 삶의 질서가 정말로 잘 잡혔던 적은 없었기 때문에 사람들 대부분은 그나마 질서가 가장 괜찮게 잡혀 있는 생활을 선호했습니다. 그 결과 다수 사람들의 개인적 결점들이 집단적 병폐나 악에 대한 공동의 음모로 이어졌는데, 지금은 이런 병폐와 음모가 법으로 행세하고 있는 실정입니다. 눈이 완전히 멀어 버린 사람이 아니라면 밀물처럼 세상을 뒤덮은 죄악들이 온 세상을 온갖 치명적인 전염병으로 멍들게 하고 있는 모습을 볼 수 있을 것입니다. 간단히 말씀드려서, 만물이 다 망가져 버린다면 우리는 모든 인간사에 대해 절망하게 될 것이지만, 혹시 그게 아니라면 아무리 혹독한 해결책이라 하더라도 모두 동원하여 이 모든 것을 바로잡아야만 합니다. 하지만 인간에게는 해결책을 마련할 여유가 전혀 없습니다. 우리가 이미 오래토록 이 재앙에 익숙해져 버렸기 때문입니다.

집단적 오류가 인간 사회에 만연해 있다 하더라도, 하나님의 왕국 안에서만큼은 인간이 하나님의 영원한 진리에 합당한 관심을 기울이고 복종해야 합니다. 아무리 오래된 규정도, 어떤 고대의 관습이나 음모도 하나님의 진리를 이길 수는 없습니다. 똑같은 이유 때문에, 오래전 시대에 이사야는 하나님의 선택을 얻은 자들에게 백성이 음모라 부르는 것을 음모라고 부르지 말라고 명함으로써 그들로 하여금 백성의 속임수에 사로잡히거나 다른 사람들처럼 공포심에 빠지지 말아야 한다고 말했습니다. 그 대신, 하나님의 선택을 얻은 자들은 만군의 주님을 거룩하게 하고 오직 여호와만 두려워해야 했습니다.[사 8:12-13] 그러니 우리의 대적들도 과거 일이든 현재 일이든 저들이 원하는 만큼 얼마든지 우리에게 사례들을 제시해도 좋습니다. 만약 우리가 만군의 여호와를 거룩하게 한다면, 저들은 우리를 크게 두렵게 하지 못할 것입니다. 불경건함을 승인했던 세대들이 아무리 많았다 해도, 주님은 능히 그의 원수를 삼사 대까지 갚으실 것입니다. 비록 온 세상이 똑같은 악을 행하려고 공모를 꾸미고 있기는 하지만, 우리는 다수와 함께 죄를 범하는 자들에게 여호와께서 내리신 심판을 경험을 통해 분명히 목격해 왔습니다. 여호와께서는 홍수로 인류를 쓸어 버리셨으나, 유일하게 믿음으로 행하며 온 세상을 정죄했던 노아와 그의 가족은 보존하셨

습니다.창7:1, 히11:7

요약하면, 악한 관습은 한낱 민간에 퍼진 전염병일 뿐입니다. 이 전염병 때문에 많은 사람들 속에서 죽어 가는 사람들은 홀로 죽어 가는 사람들과 마찬가지로 반드시 죽습니다.

참된 교회와 거짓된 교회

저들은 또한 교회가 수년 동안 죽어 있었고 우리가 그런 교회와 갈등에 빠져 있다고 주장하는데, 그렇다고 해서 우리가 그런 저들의 주장을 인정해야 할 입장에 처한 것은 아닙니다. 분명히 그리스도의 교회는 지금 살아 있고, 또한 그리스도께서 그 아버지의 우편에서 통치하시는 동안 교회는 계속 살아 있을 것입니다. 교회는 그리스도의 손으로 든든해지고, 그리스도의 보호로 무장하며, 그리스도의 권능으로 강해집니다. 그리스도는 그의 백성을 세상 끝까지 도우시겠다고 이미 선포하신 약속을 반드시 지키실 것입니다.마28:20 우리는 결코 교회와 전쟁을 벌일 수 없습니다. 우리는 그리스도의 종들이 언제나 그를 예배하듯이,고전8:6 모든 믿는 사람과 한뜻으로 한분이신 하나님과 한분 그리스도를 예배하고 경외하기 때문입니다. 그러나 우리의 대적들은 가시적으로 드러나지 않는 교회를 교회로 인정하지 않거나, 교회를 불가능한 제한 속에 가두려고 함으로써 이런 진리로부터 크게 벗어나 있습니다.

우리와 저들 사이에 벌어지고 있는 논의의 쟁점들은 이렇습니다. 첫째, 저들은 교회가 항상 가시적으로 관찰될 수 있는 형태이어야 한다고 요구합니다. 둘째, 저들은 가시적 교회 형태를 로마 주교 관부나 고위 성직자회와 동일시합니다. 반면 우리는 교회가 가시적 모습 없이 존재할 수 있으며, 그 모습은 저들이 너무도 어리석게 흠모하는 외양상의 거창한 요소들로는 결코 평가될 수 없다고 주장합니다. 교회에는 아주 다른 표지가 있습니다. 그 표지는 하나님의 말씀을 있는 그대로 선포하는 설교요, 또한 합당한 절차에 따른 성례 시행입니다. 만약 교회를 직접 가리킬 수 없는 사람들이 있다면 그들은 정말로 불행합니다. 유대인들 중에서는 교회가 그 외관이 너무 자주 손상되어서 이제는 아무런 모습도 남아 있지 않습니다! 엘리야가 오직 자기만 남았다며 불평했을 때 과연 교회의 어떤 형태가 눈에 보일 수 있었다고 해야 할까요? 왕상 19:10 그리스도께서 세상에 오신 이후로 교회가 정령 그토록 자주 형체도 없이 감춰졌다는 것입니까? 전쟁과 분리와 이단에게 억눌리면서 교회는 얼마나 자주 그 일부조차 보이지 않게 되곤 했습니까? 만약 이 사람들 각자가 그 당시에 살고 있었다면, 과연 이들은 교회가 존재한다고 믿었을까요? 그러나 엘리야는 바알에게 무릎을 꿇지 않은 칠천 명이 아직 남았다는 하나님의 말씀을 들었습니다. 왕상 19:18

예수 그리스도께서 하늘로 승천하신 후 세상에 대한 그의 통치를 멈추지 않으셨음을 우리는 의심하지 말아야 합니다. 그러나 교회가 황폐해진 시대에 만약 신자들이 교회에 대한 명징한 현현顯現을 어떻게든 확인하고 싶어 한다면, 그들은 낙심하게 되지 않겠습니까? 그래서 일찍이 힐라리우스Hilarius는 자기 시대 사람들이 감독직의 위엄에 대한 맹목적 존경심 때문에 분별력을 송두리째 잃고서 감독직의 위엄이 때때로 감추는 전염병들을 못 보게 되는 사태가 참으로 심각한 문제라고 통탄했습니다. 힐라리우스는 이렇게 말합니다. "여러분께 권하노니 적그리스도를 조심하십시오! 아름다운 건물들 속에서 하나님의 교회를 찾는 여러분은 벽장 저 너머를 전혀 볼 수 없으면서도 저 건물들 속에는 신자들의 교제가 있으리라 상상합니다. 바로 이곳이 적그리스도가 자기 자리를 차지한 곳인지 우리가 과연 의심이라도 할 수 있을까요? 나는 산악이나 숲이나 호수나 토굴이나 사막이 더 안전하고 더 믿을 만하다고 생각합니다. 선지자들이 그런 곳들에 숨어서 예언했으니 말입니다."[7]

오늘날의 세상이 이런 뿔 달린 감독을 경외할 때, 더 큰 도시를 관할하는 감독일수록 더 뛰어난 자리를 차지하지 않습니까? 우리는 이런 부조리한 존중의 풍토를 청산했으면 좋겠습니다. 주님께 다 맡겨 드리면 좋겠습니다. 오직 주님만 그의 사람이 누구인지 알고 계시니, 주님이 친히 원하실 때마다 인간으로 하여금 더 이상 교회를 외면에 따라서 인식하지 못하게 하시도록 우리가 주님께 맡겨 드립시다. 고백드리건대, 저는 그것이 주님께서 세상에 내리시는 끔찍한 보복이라고 믿습니다. 만약 인간의 불경함이 마땅히 이 보복을 당해야 한다면, 우리가 어찌 하나님의 공의를 한사코 반대할 수 있겠습니까? 이것은 수 세기 전 주님께서 인간의 배은망덕함을 자주 벌하셨던 수단입니다. 그들이 주님의 진리를 따르지 않으려 했고 주님의 빛을 꺼뜨렸기 때문에, 주님은 그들의 총명이 눈멀게 하사 터무니없는 거짓에게 속아 가장 짙은 어둠에 파묻히도록 놔두셨고, 결국 참된 교회의 형태가 그 어디에서도 분명할 수 없게 하셨습니다. 그럼에도 불구하고 주님은 그런 시대 내내 흩어지고 숨겨졌던 그의 사람들을 거짓과 어둠 한가운데서도 보존하셨습니다. 이것은 놀랍지 않습니다. 주님은 바벨론이 일으킨 혼란과 풀무불 속에서도 그들을 보호하시는 방법을 알고 계셨기 때문입니다.

교회의 형태는 허망한 외양으로 결정되어야 한다는 저들의 주장에 대해서 너무 길어지지 않도록 간략하게나마 그 주장이 얼마나 위험한지 지적하고 싶습니다. 저들은 사도권을 가진 로마 교황과 기타 감독들이 교회를 대표하며 따라서 그들이 곧 교회로 여겨져야 한다고 주장합니다. 그들은 잘못을 저지를 수 없다는 것입니다. 왜 그렇습니까? 그들이 교회의 목자요 하나님께 바쳐졌기 때문이라고 합니다. 아론과 이스라엘의 다른 지도자들 역시 목자였습니다. 하지만 아론과 그의 자손이 하나님의 제사장으로 선택받은 후에 송아지를 만들어 죄를 지었습니다.[출 32:4] 이런 논증을 따른다면, 어째서 아합을 속였던 사백 명의 선지자들은 교회를 대표하지 못했습니까? 아합은 교회를 대표했습니까? 오히려 교회는 경멸받는 단 한 사람에 불과했으나 그 입술로부터 진리가 나왔던 사람 미가야의 편에 함께 있었습니다.[왕상 22:12-14] 율법이 제사장에게서, 모략이 현자에게서, 말씀이 선지자에게서 끊어질 수 없다고 떠벌이면서 예레미야를 대적했던 선지자들이 있습니다.[렘 18:18] 그들은 특정 형태를 갖춘 "교회"였습니까? 제사장과 교사와 경건한 자들이 예수 그리스도의 죽음에 대해 논의하려고 모였던 공의회에서도 교회와 비슷한 겉모습이 있지 않았습니까? 요 11:47 우리 대적들은 이런 외양적 표지들에 대한 집착을 당당히 내세우며 그리스도와 살아 계신 하나님의 모든 선지자를 분리주의자로 누명을 씌우고 오히려 마귀의 종을 성령의 시종으로 둔갑시킵니다. 우리는 이 대적들을 그냥 내버려 두고자 합니다.

만약 저들이 참되게 저들의 마음을 말하고 싶다면, 바젤 공의회 Council of Basel 가 내린 공식 판결에 따라 에우게니우스 Eugenius 가 로마 교황직에서 폐위되고 사보이의 백작 아마데우스 Amadeus 가 그의 자리에 오른 이래로 과연 어느 곳 어떤 사람들 속에 교회가 자리 잡고 있는지 저에게 진실하게 말해 달라고 해주십시오.[8] 목숨이 달린 문제이기 때문에 저들은 그 공의회가 외적인 엄숙함에 있어서 합법적이고 유효하다고 하지만, 실상은 교황 한 사람이 아니라 두 사람에 의해 소집되었다는 사실을 절대 부인할 수 없습니다. 거기서 에우게니우스는 그와 함께 공의회를 해산시키려고 공모한 추기경 및 감독 무리들과 함께 분파주의자요 반역자요 완고한 자로 정죄당했습니다. 그럼에도 에우게니우스는 나중에 대공들의 선의로 지지를 얻게 되고 교황직도 계속 유지하게 되었습니다. 이 거룩한 공의회의 권위로 엄숙히 인준되었던 아마데우스의 선출은 수포로 돌아갔고, 아마데우스는 마치 짖어 대던 개가 빵 조각 하나를 입에 물고 잠잠해지듯이 추기경 감투를 차지한 다음에는 분노를 누그러뜨렸습니다. 이후의 모든 교황과 추기경과 감독과 수도원장과 사제가 바로 이런 패역하고 고집스러운 이단들로부터 나왔던 것입니다.

이 점에 있어서 나의 대적들은 자기들이 놓은 덫에 걸리고 맙니다. 도대체 어느 쪽에다 저들은 "교회"라는 이름을 붙이려 할지요? 그 공의회는 두 사람의 교황이 발행한 교서로 엄숙하게 소집되었고, 임명된 로마 교황청 특사는 그 공의회를 성별했으며, 그는 공의회를 합당한 절차에 따른 예식으로 진행하고 공의회 기간 내내 동일한 엄숙함을 유지했습니다. 그러니 이 공의회가 외적 위엄에 따라 전혀 문제가 없었음을 저들이 과연 부인할까요? 에우게니우스와 그가 성직을 서품해 준 추종자들을 과연 저들은 분파주의자라고 부를 수 있을까요? 그러므로 나의 대적들은 교회의 형태를 다르게 정의해야 합니다. 만약 그렇게 하지 않는다면 우리는 공의회 당시 그들의 숫자가 얼마나 많든 상관없이 저들의 표현 그대로 분파주의자라고 선언할 것입니다. 왜냐하면 저들은 알면서도 고의로 이단자들로 하여금 성직을 서품하도록 허락했기 때문입니다. 비록 교회가 외적 모양과 상관없음을 보여주는 이른 시기의 증거가 전혀 없다고 하지만, 사실 저들이야말로 그에 대한 확고하고 풍성한 증거를 제공하는 셈입니다. 자기들이야말로 교회에 치명적 역병이면서도, 저들은 "교회"라는 호칭을 오만하게 남용하여 내세우며 사람들을 위협해 온 것입니다. 저는 지금 저들의 도덕성이라든가 저들 삶의 모든 면면을 채운 그 소름끼치는 행각들에 대해서는 아무것도 말하지 않았습니다. 저들은 자기들을 가리켜 말은 듣더라도 행동은 따르지 말아야 할 바리새인으로 자처하기 때문입니다.

하지만 폐하께서 약간의 틈을 내어 우리가 가르치는 바를 읽고자 하신다면, 저들이 자기들을 교회와 동일시할 권리를 얻기 위해 만든 바로 그 교리가 사실은 잔혹한 고문이요 영혼의 학살자요 타오르는 횃불과 패망이요 온 교회의 파멸이라는 사실을 폐하께서 친히 아시게 될 것입니다.

마귀의 목표: 복음을 믿지 못하게 하는 것

마지막으로, 저들은 우리 교훈의 전파가 가져온 여러 문제와 혼란과 갈등과 그 결과를 구실 삼아 우리를 사악하게 공격합니다. 이러한 문제들에 대한 비난이 정당하지 못한 방식으로 우리의 교훈에 쏠리고 있습니다. 무릇 하나님의 말씀이 나갈 때에는 언제든 마귀가 깨어 일어나 분규를 일으키기 마련인데, 그것이 곧 하나님 말씀의 속성이기도 합니다. 이것이야말로 하나님의 말씀을 온갖 거짓 교훈과 구별시켜 주는 아주 확실한 표증입니다. 거짓 교훈은 모두에게 환영받고 모두의 기호에 맞는다는 사실로 쉽게 드러납니다. 그러므로 모든 것이 어둠 속에 묻혔던 최근 몇 해까지 이 세상의 주는 사람들을 자기 멋대로 농락했고, 마치 사르다나팔루스 Sardanapalus 처럼 마음껏 편안하게 안식했습니다.[9] 자기 왕국을 분란 없이 조용히 다스렸으니 그가 놀고 농담하는 일 말고 달리 무엇을 했겠습니까?

하지만 이제 위로부터 비추는 빛이 어둠을 어느 정도 몰아냈고 또한 강한 분께서 그의 치세를 공격하여 흔들어 놓았기 때문에, 이제 이 세상의 주는 노곤한 잠에서 화들짝 깨어나 전쟁을 준비했습니다. 무엇보다, 그는 인간의 능력을 끌어 모아서 점점 더 분명하게 드러나고 있는 진리를 무력으로 제압했습니다. 하지만 무력이 아무 소용 없게 되자, 그는 매복 작전으로 전략을 바꿨습니다. 그래서 재세례파 Catabaptists 및 그들과 비슷한 사람들을 통해 이 세상의 주는 많은 분파와 반대하는 목소리들을 일으켜서 이 진리를 모호하게 하고 마침내 억눌러 버리려고 했습니다.[10] 그는 지금도 이 두 가지 수단들을 동원하여 진리를 허물려는 수작을 지속하고 있습니다. 폭력이나 인간적 수단들로 그는 어떻게 해서든 이 참된 씨앗을 근절시키려 하고 있고, 이 참된 씨앗을 쭉정이와 뒤바꿈으로써 나중에 쭉정이가 자라서 열매를 맺게 하고 싶어 합니다. 하지만 우리가 주님께서 주신 경고들에 마음을 쏟는다면 그의 모든 노력은 수포로 돌아가고 말 것입니다. 주님께서는 우리가 무분별하게 되지 않도록 오랫동안 그가 쓰는 속임수들의 위험을 우리에게 알려 주셨고, 그의 전략들에 대응하도록 광범위한 방어책들로 우리를 대비시키셨기 때문입니다.

나머지 다른 것들에 관해서라면, 미치광이들과 정신병자들이 야기한 증오나 반란을, 혹은 거짓말쟁이들이 낳은 종파들을 하나님의 말씀에서 나왔다고 하는 것이야말로 얼마나 패괴한 짓입니까! 그러나 여기에는 새로운 것이 전혀 없습니다. 엘리야는 그가 이스라엘을 괴롭히는 유일한 자가 아니냐는 질문을 받았습니다.왕상 18:17 유대인들은 그리스도에게 문제를 조장하는 자라고 낙인을 찍었습니다.눅 23:2, 5, 요 19:7, 12 사도들은 백성을 교사하여 폭동을 일으킨 죄로 기소를 당했습니다.행 24:5 우리가 문제와 혼란과 갈등을 조장한다며 우리를 비난하는 사람들도 오늘날 똑같은 짓을 저지르지 않습니까? 엘리야는 우리가 그들에게 어떻게 대답할지를 가르쳐 줍니다. 오류를 조장하고 문제를 일으키는 사람들은 우리가 아닙니다. 하나님의 권능에 고의로 저항하는 바로 그자들입니다.

오직 이런 이유 하나만으로도 충분히 그들의 무도함을 부끄럽게 할 수 있듯이, 마찬가지로 그들이 꾸며 낸 추문들 때문에 고통당하며 흔들리는 자들의 연약함도 고쳐질 수 있습니다. 그런 약한 사람들은 절망으로 치닫거나 용기를 잃지 않기 위해서 우리가 지금 증거하는 일들이 과거 사도 시대에도 이미 발생했음을 묵상해야 합니다. 베드로가 말해 주듯이, 하나님이 감동하신 바울의 말들을 왜곡하여 많은 자들을 멸망에 빠뜨리는 어리석고 견고하지 못한 자들이 그 당시에도 있었습니다.[벧후 3:16] 하나님을 멸시했던 자들, 곧 죄가 넘치는 곳에 은혜가 더욱 넘쳤음을 들은 후 즉시 "그러면 은혜가 더하기 위해 우리가 계속 범죄하자!"[롬 6:1] 라고 외쳤던 자들이 있었습니다. 믿는 자들은 더 이상 율법의 지배를 받지 않고 은혜의 지배를 받게 됨을 알게 되자마자, 저들은 "우리가 법 아래에 있지 아니하고 은혜 아래에 있으니 계속 죄를 짓자!"고 선포했던 것입니다.[롬 6:15] 그래서 어떤 사람들이 바울을 가리켜 악을 종용하는 자라고 불렀습니다. 거짓 선지자들 역시 바울이 세운 교회들을 파괴하기 위해 은밀히 침투했습니다.[고후 11:13, 갈 1:6-7] 어떤 사람들은 순전하지 못하게 증오와 다툼으로 복음을 전했고,[빌 1:15, 딤전 6:3-4] 심지어 수감 중인 바울을 더 괴롭히려는 악한 의도로 복음을 전했습니다. 어떤 지역에서는 복음이 거의 진전되지 못했습니다. 각자 예수 그리스도를 섬기려는 생각이 전혀 없이 자기 이익만 구할 따름이었습니다.[빌 2:21] 그 외의 나머지 사람들은 마치 진흙탕에 도로 눕는 돼지나 토한 것에 돌아가는 개처럼 반역했습니다.[벧후 2:22] 많은 사람들이 영적인 자유를 육적인 방종으로 변질시켰습니다. 가만히 들어온 많은 거짓 형제들은 믿는 자들을 엄청난 위험에 빠뜨렸습니다.[고후 11:3] 형제들 중에서도 많은 언쟁들이 생겼습니다.[행 6:1, 11:2-3, 15:1-2]

그때 사도들이 무엇을 해야 했습니까? 사도들이 보기에 온갖 갈등의 온상이요 여러 위험의 원천이요 수많은 추문들의 원인이었던 복음을 저들이 잠시 위장하거나 혹은 포기하며 완전히 부정하는 것이 더 나았을까요? 한창 고통당하는 상황 속에서 사도들은 바로 그리스도 자신이 많은 사람의 멸망이나 부활과 비방의 표적이 되기 위해 놓인, 넘어지게 하는 돌이요 거치는 바위임을 기억했습니다.사 8:14, 눅 2:34, 롬 9:33, 벧전 2:8 이 확신으로 무장한 사도들은 담대히 전진했고, 소동과 추문의 모든 위험을 뚫고 지나갔습니다. 우리도 같은 생각을 품고 스스로 강해져야 합니다. 바울이 증거한대로, 복음은 멸망하는 자에게는 항상 사망에 이르게 하는 냄새이지만, 구원받는 자에게는 생명의 향기일 것이기 때문입니다.고후 2:15-16

결론

가장 관대하신 왕이여, 이제 다시 폐하께 말씀을 드립니다. 폐하께서는 우리 대적들이 폐하를 공포와 두려움에 빠뜨리기 위해 자주 악용하는 이런 거짓된 상소들에 때문에 마음이 흔들리시면 안 됩니다. 그 상소들에 따르면, 저들이 칭하는바 이 새로운 복음이 악행하는 자들에게 반란의 기회를 제공함으로써 그들에게 완벽한 면책의 혜택을 주려 한다고 꾸며 대고 있습니다. 하나님은 불화의 하나님이 아니라 평화의 하나님이시며,고전 14:33 하나님의 아들은 죄를 섬기는 자가 아니시며 오히려 마귀의 일들을 파괴하여 종식시키려고 오셨습니다.갈 2:17, 요일 3:8 또한 우리는 혐의를 받을 이유가 전혀 없는 일임에도 불구하고 악을 모의하고 있다는 부당한 비난을 당하는 중입니다. 지금까지 반란이라는 단어도 입에 올린 적이 결코 없었고, 다만 폐하의 선정善政을 누리며 소박하고 평화롭게 살고 있다고 알려졌던 우리가 이제는 정말 모든 나라를 전복시킬 음모를 꾸미는 자들로 비쳐지고 있습니다. 우리는 고향에서 쫓겨난 지금도 하나님께서 폐하와 폐하의 왕국을 형통케 해주시기를 쉬지 않고 기도드리고 있습니다. 그런 우리가 온갖 악을 한없이 마구 저지르는 자유를 갈망한다는 소문이 있고, 이 소문이 점점 설득력을 얻고 있습니다. 비난받을 짓이라곤 전혀 하지 않았고 그런 흉악한 비난을 당할 하등의 이유가 없는 우리가 말입니다!

그뿐만 아니라—하나님께 감사드리는데—우리는 우리를 힐난하는 자들에게 순결이나 관대함, 자비나 절제, 인내나 겸손 및 다른 모든 미덕에 있어서 모범을 보이지 못할 만큼 복음에 있어서 제대로 진전을 이루지 못한 사람들이 아닙니다. 우리가 우리의 삶과 죽음으로 하나님의 이름이 거룩해지기를 바랄 때, 우리가 그를 두려워하고 경외하고 있다는 진실이 분명하게 밝혀지고 있습니다. 그래서 우리 중 어떤 사람들은 특별한 칭찬을 들어 마땅한 일 때문에 오히려 죽음의 형벌을 당했는데, 우리를 시기하는 자들의 입술조차 그들의 무죄함과 바른 시민정신을 인정하지 않을 수 없었던 것입니다.

이제 만약 복음을 빌미로 당신의 왕국에서 이제껏 없었던 모종의 혼란을 조장하거나 혹은 저도 알고 있는바 하나님의 은혜로 선사된 자유의 이름으로 육체의 방종을 요구하는 자들이 있다면, 저들의 범죄에 대해 엄히 처벌할 수 있는 법률과 합법적인 형벌이 있습니다. 오직 하나님의 복음이 인간의 사악한 처신 때문에 모독을 받는 일이 없게 하소서!

가장 관대하신 왕이여, 폐하께서는 여기서 우리를 헐뜯는 자들의 사악한 독을 알리는 충분한 말씀을 들으셨습니다. 그러니 폐하께서는 그들에게 귀를 기울이시거나 그들의 상소를 신뢰하실 이유가 하나도 없습니다. 사실 저는 이 서문이 거의 한 편의 변호문이 될 정도로 길어졌기에, 혹시 제가 너무 장황하지 않았는지 염려됩니다. 제가 쓰려고 했던 것은 변호문이 아니었습니다. 저는 오직 폐하 마음에서 진노를 누그러지게 하여 드림으로써 폐하께서 우리의 소송에 귀를 기울이시게 되기를 원했을 뿐입니다. 비록 폐하의 마음은 현재 우리와 달라서 멀리 떨어져 계시고, 감히 말씀드리건대 혹시 크게 분노하고 계실 수도 있겠으나, 그럼에도 불구하고 청하오니 일단 폐하의 분과 노가 지난 후에는 우리가 다시 폐하의 은총을 얻게 해주시고 우리를 변호하여 폐하께 바치는 우리의 신앙고백인 이 책을 읽어 주소서.

그러나 만일 저 악랄한 자들의 중상모략이 폐하의 귀를 막아 고소당한 자가 항변할 기회조차 박탈당하게 된다면, 더 나아가 만약 폐하께서 투옥과 채찍질과 고문, 신체절단과 화형으로 잔혹한 형벌을 내리는 자들의 광란을 종식시키지 못하게 되신다면, 정령 우리는 마치 죽이기로 작정된 양처럼 더없이 끔찍한 처지에 내몰리게 될 것입니다. 하지만 그럼에도 우리는 인내로 우리의 영혼을 얻게 될 것이고,[눅 21:19] 주님의 강한 손을 기다릴 것입니다. 주님의 손은 그 마땅한 때에 반드시 나타날 것이며, 가난한 자를 그 고난에서 건지고 모든 멸시하는 자를 벌하기 위해 무장을 하고서 나타날 것입니다.

가장 능하시고 탁월하신 왕이여, 만왕의 왕이신 주님께서 폐하의 보좌를 정의로써, 폐하의 왕권을 공평으로써 굳건히 해주시기를 바라나이다.

바젤에서,

1535년 8월 23일

일러두기

- 이 책은 장 칼뱅(John Calvin)의 『기독교 강요』 1541년 프랑스어 초판(*Institution de la religion chrétienne*)의 영역본 *Institutes of the Christian Religion*(Banner of Truth Trust, 2014)을 텍스트로 삼아 번역한 것이다.
- 이 책에 인용된 성경 본문은 칼뱅이 주로 사용한 성경과 그 사용 방식에 따라 옮긴이가 번역했으므로, 우리말 성경과 표현 및 장절 구분에 차이가 있다.
- 지명, 인명 등은 『성경전서 개역개정』 제4판(대한성서공회, 2005)을 따랐다.

제1장

하나님을 아는 지식

우리가 가진 참되며 확실하다고 불릴 만한 지혜 전체는 크게 두 부분, 곧 하나님을 아는 지식과 우리 자신을 아는 지식으로 이루어져 있다.

하나님을 아는 지식의 목적은 모든 사람이 예배하고 경외해야 하는 한분 하나님이 계시다는 것과, 그 하나님께서 온갖 진리와 지혜, 선과 의와 공평, 자비와 권능과 거룩함의 근원이심을 보여주는 것이다. 따라서 우리는 이것들을 하나님께 기대하고 요청하는 법과, 이것들이 하나님께로부터 온다는 사실을 찬양과 감사로 고백하는 법을 배워야 한다. 우리 자신을 아는 지식의 목적은 우리의 연약함과 비참함과 허영과 사악을 스스로 알게 하고 자신에 대한 절망과 불신과 미움으로 우리를 채워서, 마침내 우리 속에 하나님을 구하는 열망이 타오르게 하는 것이다. 우리가 강제로 빼앗겼고 그래서 우리에게 없는 온갖 선한 것을 오직 하나님 안에서 발견하기 때문이다.

그런데 이 두 가지 지식 중 무엇이 먼저인지, 그래서 무엇이 다른 하나를 유발하는지를 가늠하기란 쉽지 않다. 무릇 사람 속에는 너무나 비참한 세계가 자리하고 있어서, 우리는 자신의 불행을 고통스럽게 느껴야 한다. 그리고 먼저 우리의 시선이 하나님을 향함으로 하나님에 대한 최소한의 부분적인 지식이라도 얻어야 우리 자신을 제대로 파악하는 것이 가능하다. 그래서 우리가 자신의 패역함과 부패함을 비롯하여 비천함과 무지와 허영심을 인정하면, 진정한 위대함과 지혜와 진리와 의와 정결함은 하나님께 있다는 사실을 깨닫게 된다. 결국 우리는 자신의 비참함 때문에 주님의 선한 은사들에 관해 깊이 생각하지 않을 수 없고, 자신을 좋아하지 않기로 결심하고 나서야 비로소 하나님을 진심으로 갈망할 수 있게 된다. 과연 어떤 사람이 자신을 믿지 않기로 스스로 결심하겠는가? 자신에 대해서는 아무것도 모르고 자신의 능력에만 흠뻑 취해서 자신이 처한 재난을 제대로 파악하지 못하는 한, 자신만만한 태도를 갖지 않을 사람이 누가 있겠는가? 자신에 대한 지식이 하나님을 구하도록 동기를 부여하고, 더 나아가 하나님을 발견하기까지 친절하고도 실제적인 안내자 역할을 하는 이유가 바로 여기에 있다.

자신에 대한 지식은 하나님에 대한 지식 없이는 불가능하다

달리 말해, 먼저 주님의 얼굴에 시선을 고정한 후 돌이켜 자신을 보지 않는다면 그 누구도 자신에 대한 분명한 지식을 얻지 못한다고 말할 수 있다. 자신을 의롭고 진실하며 지혜롭고 거룩하다고 믿게 하는 교만이 우리 모두의 내면에 깊이 뿌리내리고 있다. 우리가 불의하고 거짓되며 어리석고 더럽다는 분명한 증거만이 그와 정반대의 진실을 수긍하게 한다. 만약 우리가 자신만 바라볼 뿐 주님을 바라보지 않으면 결코 그런 확신을 가질 수 없다. 주님이 바로 그런 분이시며 우리가 내리는 판단의 유일한 기준이시다. 그러나 우리 모두는 태생적으로 위선에 익숙하기 때문에, 참된 의보다는 공허한 겉모습만 가진 의에 충분한 만족을 느낀다. 게다가, 우리 주변에는 심각하게 오염되지 않은 것이 아무것도 없기 때문에, 자신의 타락한 인성의 한계에만 관심을 제한하는 동안에는 무엇이든 조금이라도 덜 추잡하다 싶으면 그것이 순결 그 자체처럼 비쳐지기 마련이다. 마치 검은색 사물만 바라보던 눈이 어렴풋이 희게 보이거나 거의 회색에 가까운 사물을 순백의 물체로 잘못 판단하는 경우와 비슷하다.

우리는 육안과 관련된 추가적인 비교를 통해 자신의 영혼의 능력을 얼마나 심각하게 오인하는지 더 잘 이해하게 될 것이다. 우리가 한낮에 땅을 내려다보거나 주변에 있는 것들을 자세히 쳐다보면, 자연스럽게 이것들을 아주 선명하고 뚜렷하게 보고 있다고 믿을 것이다. 그러나 우리가 태양을 향해 눈을 들면, 땅에서는 큰 도움이 되던 그 능력이 강렬한 빛에 압도되어 마비된다. 결국 지상의 사물을 뚜렷하게 보는 우리의 능력이란 너무 연약해서, 일단 태양을 주시하는 순간 그 능력은 미미해진다는 사실을 인정하지 않을 수 없다. 이것이 바로 우리의 영적인 강점을 평가할 때 생기는 현상이다. 우리가 지상의 한계 너머를 보지 못하는 동안에만 우리는 자신의 의와 지혜와 능력에 완전히 만족한다. 그러면서 자신에게 아부하고 축하하며, 자신을 반신반인[半神半人]으로 생각한다고 해도 과언이 아니다. 그러나 우리의 생각을 돌이켜 주님을 향한 후에 우리가 기준으로 삼아야 할 주님의 의와 지혜와 능력이 진실로 완벽하다는 것을 깨닫게 되면, 전에 의라고 여겼던 것은 더럽고 끔찍하게 악한 것으로 드러날 것이다. 우리가 지혜의 기적으로 오인했던 것이 터무니없는 어리석음으로 보일 것이다. 우리가 능력으로 여겼던 것은 형편없는 연약함으로 밝혀질 것이다. 우리가 완벽하게 흠 없는 것으로 여겼던 것도 하나님 안에서 발견되는 정결함과는 비교조차 할 수 없을 것이다.

그렇기 때문에, 성경이 자주 증언하듯 신자들은 하나님의 임재를 느낄 때마다 공포와 두려움에 사로잡혔다. 주님과 떨어져 있을 때는 확신하며 당당했으나 주님의 영광과 갑자기 대면할 때는 무서워 떨며 마치 죽음이나 소멸에 가까운 고통에 사로잡혔던 사람들을 우리는 성경을 통해 잘 알고 있다. 우리가 스스로를 하나님의 위엄에 비추어 헤아릴 때만 자신의 취약함을 인정하게 된다는 사실이 그들의 경우를 통해 명백해진다. 이런 종류의 두려움을 보여주는 예는 사사기와 선지서 안에 아주 많이 있다. 그래서 하나님의 백성은 "주님이 우리에게 나타나셨으므로 우리는 반드시 죽을 것이다"라고 자주 말했을 정도다.삿 6:22-23, 13:22, 겔 1:28 등 동일한 이유로 욥기 역시 사람들의 우매함과 연약함과 더러움을 보게 함으로써 그들을 낮추기 위해, 주로 하나님의 지혜와 권능과 정결함에 대한 통찰을 동원하여 증거들을 제시한다. 성경이 그렇게 하는 데는 충분한 이유가 있다. 우리가 성경에서 읽은 대로, 아브라함은 주님의 영광을 더 깊이 묵상할수록 자신이 재와 티끌에 불과하다는 사실을 더 많이 깨달았다.창 18:27 비슷하게, 엘리야는 자기 얼굴을 가리지 않고서는 하나님의 현현을 기다릴 수 없었는데, 그것은 하나님을 바라보는 것이 너무나 무서웠기 때문이다.왕상 19:13 그룹들조차 자기 얼굴을 큰 두려움과 경외함으로 가려야 한다면, 한낱 벌레와 썩은 존재밖에 안 되는 사람이 과연 무엇을 할 수 있는가?사 6:2-5 이사야 선지자가 선포했듯이, 만군의 여호와께서 통치하실 때 태양이 수치를 당하고 달이 당황할 것이다.사 24:23 달리 말해, 하나님께서 그의 빛을 높여서 비추실 때, 가장 빛나던 다른 만물은 상대적으로 어두워질 것이다.

이처럼 하나님에 대한 지식과 우리 자신에 대한 지식이 참으로 상호적으로 관련되지만, 우리는 적합한 순서에 따라 하나님을 아는 지식에 우선적으로 관심을 기울여야 한다. 그렇게 한 다음 우리 자신에 대한 지식으로 돌아오려 한다.

하나님에 관한 의식은 모두에게 동일하다

인간의 마음에는 신성에 대한 어떤 타고난 느낌이 있어서, 이것을 모른다고 주장하며 피할 수 없다는 사실은 너무나 분명하다. 주님은 모든 사람 속에 주님의 위엄에 대한 어떤 이해를 채워 주셨다. 그래서 사람은 오직 한분 하나님이 계신 것과 그가 자신의 창조주이심을 알게 된다. 사람에게는 그런 자각이 증거가 되지만, 창조주를 경외하며 그분의 뜻을 행하는 삶을 드리지 못한 이유로 그들은 정죄당해야 한다. 진정으로 하나님을 의식하지 못하고 그분에 관한 지식을 전혀 갖지 못한 인간이 존재한다는 것을 입증할 증거를 찾으려면, 문명과 인류로부터 가장 멀리 격리된 사람들 중에서도 가장 우매한 사람들에게서 혹시 발견될 수도 있을 것이다. 그러나 실제로는 아무 증거도 찾지 못할 것이다. 게다가 이교도들조차 인정하듯이, 하나님이 계심을 느끼는 마음속 인상조차 갖지 못할 정도로 미개한 민족은 없으며 또한 그 정도로 거친 종족도 없다.[1] 삶의 기타 영역에서 야생동물과 거의 달라 보이지 않는 사람들까지도 종교의 씨앗 같은 것을 간직하고 있는데, 이러한 보편적 관념은 모든 의식에 깊이 뿌리를 내리며 모든 마음속에 굳건히 자리 잡고 있다.

따라서 세상이 생긴 이래로 어떤 나라나 마을이든 심지어 가정도 종교 없이 생활한 적이 없기 때문에, 모든 인간의 마음에 신성에 대한 느낌이 새겨져 있음을 암묵적으로 인정해야 한다. 우상숭배 자체가 이 관념에 대한 풍성한 증거를 제공한다. 사람이 과연 어느 정도까지 온갖 노력으로 자신을 비천하게 하는지, 혹시 자기 의지와 상관없더라도 사람이 얼마나 적극적으로 자신보다 다른 피조물들을 더 존중할 수 있는지 우리는 잘 알고 있다. 아무 신도 갖지 않기로 하기보다는 차라리 나무와 돌을 존중하는 것이 인간이기에, 신성한 위엄에 대한 인간의 지각이 얼마나 강력한지를 분명히 알 수 있다. 사람은 자신의 천성을 부인할지언정 자기 마음에서 신성에 대한 자각을 없애지는 못한다. 인간이 하나님을 경외하기 위해 자신의 불손한 오만함을 버리고 땅에 있는 가장 비천한 피조물들 앞에서 기꺼이 자신을 낮출 때, 비로소 자신의 천성을 진정으로 부인하게 된다.

어떤 사람들의 주장에 따르면, 고대의 소수 인간들은 하나님에 대한 의식도 없으면서 남들에게는 하나님을 경외하라고 선동했고, 대중을 통제하기 위해 종교를 술책과 간교함으로 조작했다고 한다.[2] 그러나 인간의 선천적 종교성은 이 주장이 거짓임을 잘 드러낸다. 이교도 중 일부 개인들이 간사하게 책략을 부리며, 종교에 관해 많은 것을 조작함으로 평범한 사람들을 위협하여 그들 마음을 온갖 염려로 채우고 그들을 더 온순하게 해서 복종하려 했음을 나는 기꺼이 인정한다. 그러나 사람이 하나님의 존재를 확실히 받아들이지 않았다면, 그들의 책략 역시 통하지 않았을 것이다. 이것이 바로 사람들이 하나님에 대해서 무엇을 듣든지 쉽게 믿는 이유다. 우리는 종교를 구실 삼아 자기보다 어리숙한 사람들을 속인 자에게는 하나님의 존재에 대한 관념이 전혀 없을 것이라고 오해하면 안 된다. 고금을 막론하고 신성에 관한 개념 자체를 부인하는 자들이 있기는 해도, 그들 역시 자신이 알고 싶지 않은 것에 대해서 원하든 원하지 않든 계속 자각하고 있음이 분명하기 때문이다.

우리가 기록을 통해 아는 바로는 로마 황제 가이우스 칼리굴라Gaius Caligula보다 더 뻔뻔하게 광분하며 하나님을 경멸한 사람은 없었다. 그러나 동시에, 하나님의 진노의 징후가 있을 때마다 그보다 더 비참하게 떨던 사람도 없었다. 따라서 칼리굴라는 사실상 자신도 모르게 자신이 의식적으로 업신여기려고 했던 하나님에 대해서 두려움을 가졌던 셈이다.[3] 칼리굴라와 비슷한 사람들도 마찬가지다. 공공연하게 하나님을 업신여기는 사람일수록, 떨어지는 나뭇잎 소리에도 더 크게 놀라기 마련이다. 왜 그런가? 하나님의 위엄이 그런 자들을 보복하시기 때문이다. 저들은 하나님의 임재에서 자신을 보호할 온갖 은신처를 두루 찾아다니면서, 하나님의 임재에 대한 모든 기억을 마음에서 없애려고 애쓴다. 하지만 그렇게 해봐야 스스로 함정에 빠질 뿐이다. 때로는 그런 기억이 잠시 사라진 듯 보이지만, 그 기억은 반드시 다시 돌아와 그들을 전보다 더 세게 압박한다. 그 결과 저들이 양심의 고통에서 놓여 다소 편안해져도, 그 편안함은 기껏해야 술주정뱅이나 정신이상자의 잠과 사실상 똑같다. 그런 사람들은 무서운 환상이나 꿈에서 계속 쫓겨 다니기 때문에 잠들 때에도 제대로 쉬지 못한다. 그러므로 가장 사악한 사람에 대한 사례조차 하나님에 대한 지식이 만인의 마음에서 활동하는 보편적 힘이라는 사실을 드러낸다.

완고함이 종교의 씨를 변질시킨다

앞에서 우리는 하나님에 대한 지식이 참으로 강력해서 우리 마음에 어떤 종교의 씨를 반드시 심어 놓는다고 주장했다. 그 결과로 우리는 하나님을 두려워하고 경외하는 것을 배운다. 또한 모든 선한 것을 반드시 하나님 안에서 찾아야 함을 배운다. 우리는 모든 선한 것에 대하여 마땅히 하나님께 감사드려야 한다. 만약 당신이 하나님의 작품으로서 창조의 권세를 가진 분의 다스림에 복종하고 의존해야 함을 즉시 깨닫지 못한다면, 당신이 하나님을 섬기기 위해 그분께 인생을 드려야 하고 당신이 말하고 행하려는 모든 것을 그분께 의뢰해야 함을 즉시 깨닫지 못한다면, 당신의 마음은 하나님을 지각할 수 없기 때문이다. 만약 그렇다면, 이어지는 결론도 분명하다. 당신의 인생이 창조주의 거룩한 의지에 복종함으로 그분의 다스림을 받지 않는다면, 당신의 인생은 끔찍할 만큼 썩어 있다. 마찬가지로, 하나님이 모든 선의 원천임을 모르고 있다면, 당신은 하나님을 분명하게 이해할 수 없다. 만약 우리의 완고함이 우리 마음을 얽매어 지속적으로 죄악을 갈구하게 하지 않는다면, 이 생각(하나님이 모든 선의 원천이라는 생각—옮긴이)은 반드시 하나님과 연합하고픈 마음을 우리에게 줄 것이다.

하지만 이런저런 방식으로 우리는 자신의 엄청난 허영심과 우매함을 드러낸다. 평생 한결같이 하나님께 순종하는 태도를 지키는 대신, 거의 모든 행동으로 하나님께 저항하며 참으로 하찮은 몇몇 달라진 행동으로 그분의 진노를 누그러뜨리려고 애쓴다. 우리는 마음의 성별과 순수함으로 하나님을 기쁘게 해드리지 않고, 하찮은 예전들을 이것저것 만들어 그것으로 그분의 관심을 얻으리라 기대한다. 그뿐만 아니라 우리는 하나님께만 집중해야 할 신뢰를 우리 자신이나 다른 피조물에게 쏟는다. 무엇보다 우리는 자신을 너무나 많은 실수와 나쁜 신념으로 얽매어 놓았기 때문에, 우리를 일깨워 하나님의 위엄을 보도록 이끄는 진리의 불꽃이 감춰지고 꺼져 버렸다. 결국 그 불꽃은 우리를 하나님에 대한 참된 지식으로 이끌 수 없다. 그저 완전히 제거될 수 없는 최초의 씨앗만 남을 뿐이다. 달리 말해,

우리는 하나님이 존재하심을 알지만, 그럼에도 그 씨는 심하게 썩어서 기껏해야 썩은 열매만 맺을 뿐이다.

미신과 비겁한 두려움이라는 쌍둥이 재앙

이런 면에서 볼 때 우리는 주로 두 가지 방식으로 죄를 범한다. 첫째, 사람은 아쉽게도 하나님의 진리를 추구하면서 자기가 극복해야 할 천성의 한계를 극복하지 못한다. 오히려 하나님의 위대하심을 자기의 조야한 이해에 맞추어 판단한다. 인간은 하나님이 자신을 알리신 그대로 이해하지 않고 자기가 교만하게 만든 형상에 따라 이해한다. 그렇게 하면서 인간은 어느 쪽으로 가든 필연적으로 빠질 수밖에 없고 결국에는 자기를 파멸시킬 심연의 아귀를 연다. 그 후에는 어떤 방식으로 하나님을 섬기려 하든 상관없이, 인간은 하나님의 신임을 전혀 얻지 못한다. 이때 인간이 경외하는 것은 하나님이 아니라 그저 자기 개인의 상념이기 때문이다. 따라서 많은 사람들이 자신의 미신을 옹호하려고 흔히 사용하는 허망한 변명은 하나도 쓸모없게 된다. 인간은 어떤 종류이든 혹은 얼마나 혼란스러운 것이든 상관없이 신앙적 의향이라면 뭐든지 충분하다고 생각하기 때문이다. 참된 종교는 항구적 규준에 있어서 하나님의 뜻에 부합해야 함을, 그리고 하나님은 항상 자신에게 진실하신 분임을 인간은 도무지 심각하게 고민하지 않는다. 하나님은 각 사람이 상상하는 무슨 형체든 취할 수 있는 귀신이 아닌데도 말이다!

참으로 쉽게 드러나듯이, 미신이 하나님을 기쁘시게 하려고 할 때마다 그것이 만들어 낸 허망한 공상들 때문에 하나님께서 조롱을 당하신다. 미신은 당신께 아무것도 아니라고 하나님이 분명히 말씀하신 것들과만 굳게 연결되어 있다. 미신은 하나님께서 명령하신 것들을, 그리고 그분이 받는다고 말씀하신 것들을 무시하거나 대놓고 거절한다. 하나님을 경외하고 싶은 마음으로 자기 종교를 고안한 모든 자는 기껏해야 자기 환상의 산물들을 예배하고 있을 따름이다. 그들이 각자의 변덕스러운 감정에 따라 하나님의 형상을 조작해 내지 않았더라면, 감히 하나님을 우습게 여기는 짓도 저지르지 않았을 것이다. 그러므로 사도는 "너희가 하나님을 몰랐을 때는 본질상 전혀 신이 아닌 것들을 섬겼다"고 편지했다.갈 4:8 다른 본문에서는 에베소 교인들이 하나님에 대한 참된 지식이 없었던 시기에 하나님 없이 살았다고 말한다.엡 2:11-12 이런 견지에서 볼 때, 우리가 한분 하나님을 생각하든 여러 신들을 생각해 내든 차이가 없다. 결국 참되신 하나님에 대한 믿음을 포기하거나 떠나기 때문이다. 일단 우리가 그분을 내버리면, 남은 것은 무엇이든 저주받을 우상숭배일 뿐이다. 어떤 종교든 진리에 부합하지 않는 것은 쓸모없다고 한 락탄티우스Lactantius에게 우리가 동의하는 이유가 바로 여기에 있다.[4]

인간이 저지르는 두 번째 실수는, 당연히 그래야 할 때조차 하나님에 대해서 억지로 생각함으로 저지르는 실수다. 하나님의 위엄을 경외하기 위해 선천적으로 지니고 있는 두려움조차 인간의 마음을 움직이지 못한다. 다만, 하나님의 심판은 인간이 피할 수 없기 때문에 공포에 빠뜨리는데, 이 심판이 주는 두려움은 인간의 마음을 움직인다. 그럼에도 인간은 그 심판을 저주한다. 한 이교도 시인이 쓴 시구가 이 불경함에, 아니 이 불경함에만 제대로 어울린다. "하나님께 대한 공경을 세상에 처음으로 들여온 것은 두려움이다."[5] 확실히, 마음이 하나님의 의에서 멀리 떨어져 있는 자들은 그들 생각의 모든 불의를 형벌하려고 놓인 하나님의 심판의 보좌가 뒤집힐 때 기뻐할 것이다. 그들이 하나님과 전쟁을 벌이는 것도 그런 일이 생기기를 바라기 때문이다. 그러나 하나님께서 친히 심판주가 아니시라면 더 이상 하나님으로 존재하실 수 없다. 그러나 그들은 하나님의 능력이 반드시 자신을 압도할 수밖에 없음을 알기 때문에, 그리고 하나님의 능력을 스스로 억누르거나 회피할 수 없기 때문에 하나님의 능력을 두려워한다. 하나님의 위엄을 완전히 멸시하지는 않는 듯 보이기 위해 그들은 모종의 종교 형식을 준수한다. 그러나 그러는 동안 주님의 거룩한 법을 완전히 위반하여 주님의 의로우심을 몰아낼 때까지, 그들은 온갖 종류의 악으로 자신을 더럽히고 지속적으로 죄를 쌓는다. 최소한 확실한 것은, 그들은 과도한 육욕을 성령의 다스림에 복종시키지 않고 오히려 자신을 그 육욕에 방임하거나 스스로 그 육욕을 추구하면서 어떤 두려움을 느끼는 시늉만 하는데, 그런 두려움은 그들이 그들의 죄 속에 얌전히 머무는 것을 멈추기에는 역부족이다.

참된 경건의 열매

이런 모든 것은 종교의 텅 빈 그림자요 사실상 그림자라고 부를 가치조차 없는 것들이다. 그렇기 때문에, 우리는 신자의 마음속에만 불어넣어진 하나님에 대한 특별 지식 및 그 지식에 뒤따르는 경건을 향한 충동에 관해서 이제 간략히 논의하고자 한다.

우선, 믿는 마음은 자기를 위한다며 무슨 신이든 아무렇게나 만드는 짓을 하지 않는다. 그 대신 참되고 유일하신 하나님만 기대한다. 믿는 마음은 자기가 바라는 하나님의 속성들을 무조건 그분께 투사하기보다는 하나님이 자신을 보여주시는 그대로 영접하는 것에 만족한다. 믿는 마음은 무모한 자만심 때문에 하나님의 뜻을 떠나지 않도록 항상 조심한다. 믿는 마음은 그런 태도로 하나님을 알아 가면서 하나님이 만물을 그분의 섭리로 다스리심을 이해하며, 확신을 갖고 그분을 자신의 후견자와 보호자로 모신다. 이처럼 믿는 마음은 하나님을 모든 선한 것의 창시자로 인정하기 때문에 하나님의 돌보심에 자기를 맡긴다. 만약 급한 필요에 봉착하면 믿는 마음은 도움을 얻기 위해 즉시 하나님께 의뢰하며, 하나님을 그의 이름으로 부른 후에는 그의 도우심을 기다린다. 하나님께서 인자하시고 친절하심을 이해하기 때문이다. 믿는 마음은 하나님의 긍휼에 확고히 의존하면서, 모든 고난에는 하나님의 자비하심이 베푸시는 해결책이 있음을 결코 의심하지 않는다.

믿는 마음은 하나님을 주님과 아버지로 인정하기 때문에, 하나님의 명령에 복종하고 그의 위엄을 경외하며, 하나님의 영광을 힘써 널리 알리고 그의 뜻을 당연히 따라야 할 것으로 여긴다. 믿는 마음은 하나님께서 언젠가 모든 범죄자에게 엄중한 보복을 내리시는 의로운 재판장이심을 알고 있기 때문에, 하나님의 심판의 보좌를 언제나 주시하면서 혹시 그의 진노를 자극할 수 있는 것이면 무엇이든 멀리한다. 그렇지만 자신이 받을 재판을 생각하면서 너무 큰 두려움에 빠져 그 재판을 피하려 하거나 혹은 그 재판에서 도망칠 수단이 있으리라는 상상을 하지는 않는다. 오히려 하나님을 선한 자에게 보상하시는 분으로 인정하듯이, 하나님께서 악한 자를 징계하시는 분임도 기꺼이 받아들인다. 왜냐하면 하나님이 죄인을 형벌하시는 것과 신자를 영생으로 보상하시는 것이 똑같이 하나님의 영광에 속해 있음을 알기 때문이다.

그뿐만 아니라, 믿는 마음으로 하여금 죄를 범하지 않도록 물러서게 하는 것은 단순히 하나님의 보복에 대한 두려움이 아니다. 그것은 믿는 마음이 하나님을 자기 아버지로 사랑하고 경외하기 때문이요, 또한 자신의 주님으로 공경하기 때문이다. 만에 하나 지옥이 존재하지 않는다 해도 하나님을 거역하기를 두려워할 것이다. 이것이 바로 순결하고 진실한 신앙, 곧 하나님에 대한 꾸밈없는 두려움과 하나된 믿음이다. 이것이 바로 하나님이 율법으로 명하신 의에 대한 사랑이 하나님의 위엄에 대한 자발적이고 진심 어린 경외와 연합하여 만들어 내는 "두려움"이다.

자, 만약 우리 모두가 마땅히 하나님을 알아야 하는 상황에서 태어난다면—하나님을 아는 이 지식이 멀리까지 진보하지 못하면 그저 허망하고 열매 없는 지식에 그칠 터인데—무릇 자기 삶의 모든 생각과 행동으로 하나님을 안다는 목표를 지향하지 않는 사람은 자기를 창조한 질서에 미치지 못하거나 혹은 그 질서에 맞출 수 없게 된다. 이것은 철학자들도 몰랐던 사실이 아니다. 플라톤은 영혼의 최고선은 신을 닮는 것이며, 영혼이 진정으로 신에 대한 사색에 이르렀을 때 완전히 신으로 변화된다고 여러 번 가르쳤다. 이때 플라톤은 하나님을 아는 지식에 관해 논한 셈이었다.[6] 플루타르코스Ploutarchos의 저서에 등장하는 그릴루스Gryllus 역시 통찰력 있게 주장했다. 그릴루스는 만약 종교가 인간의 삶에서 없어진다면 인간은 야생 동물보다 우월하지 못하게 되고, 더 나아가 그들보다 더 비참하게 될 것이라고 했다. 왜냐하면 인간은 온갖 종류의 해악에 능숙해서 거추장스럽고 고달픈 인생을 살게 되기 때문이다. 따라서 하나님을 아는 지식만이 인간을 야생 동물보다 우월하게 해주고 불멸을 열망하게 해준다.[7]

다양한 창조 역사로 계시되시는 하나님

하나님은 복된 삶의 주요 목적이 하나님의 이름을 아는 것이기를 참으로 바라신다. 그러므로 하나님은 모든 사람에게 자신을 분명히 계시하심으로 어떤 사람을 복락에 들어가지 못하게 하시는 모습을 보이지 않으신다. 비록 하나님은 본질상 불가해하시며 인간의 이해로 닿을 수 없는 분이지만, 그분은 우리의 적은 능력에 맞추어 우리에게 자신의 위엄을 알리시되 그의 위엄을 나타내는 어떤 표지들을 각 피조물에 새겨 놓으셨다. 이 표지들은 아주 친숙하고 분명해서, 인간들 중에서 가장 심하게 눈먼 자들과 가장 교육을 받지 못한 사람들조차 모른다는 변명을 할 수 없을 정도다. 따라서 아무리 하나님의 본질이 가려져 있다 하더라도, 우리가 구원받기 위해 알아야 할 하나님은 우리에게 지속적으로 열려 있는 그분의 속성을 통해 계시된다.

그 결과, 우리가 어떤 방향으로 눈을 돌리든 상관없이, 아무리 적더라도 하나님 영광의 광채가 전혀 비추지 않는 곳은 이 세상에 없다. 특히, 세상이라는 하나님의 아름다운 걸작을 그 길이와 너비에 따라 살펴볼 때, 거기서 홍수처럼 흘러나오는 무한한 빛에 완전히 눈이 멀지 않고서는 계속 주시할 수 없다. 그래서 히브리서에서 사도는 세상을 가리켜 보이지 않는 것들의 거울이라고 적절하게 표현했다. 세상의 구조가 마치 거울과 같은 역할을 하고, 우리는 그 거울이 아니면 보이지 않는 하나님을 바라보는 것이다.히 11:3 선지자가 천체들을 모든 민족에게 익숙한 언어로 표현했던 것도 동일한 이유 때문이다. 신성에 대한 천체들의 증거는 매우 뚜렷해서, 신성은 인간들 중 가장 단순하고 야만적인 자들에게조차 알려지지 않을 수 없었던 것이다.시 19:1-4 바울은 다음과 같은 기록으로 이 사실을 더욱 분명하게 표현한다. "하나님에 대해서 알려질 필요가 있는 것은 분명하게 나타났나니, 이는 그가 만드신 세상에 관하여 생각할 때 하나님에 관한 보이지 않는 것들이 우리에게 분명해지기 때문이다."롬 1:19-20

하늘과 땅에는 하나님의 경이로운 지혜를 증언하는 헤아릴 수 없는 증거가 존재한다. 이 증거들은 이해하기 어려운 것이 아니며, 천문학과 의학과 자연과학 연구를 통해서만 알 수 있는 것도 아니다. 이 증거들은 가장 둔하고 무식한 사람들의 눈에도 보이는데, 일단 그들의 눈이 뜨이면 이 증거들을 알 수밖에 없도록 만든다. 학교에서 인문학 교육을 받거나 인문학을 조금 공부해 본 사람들이 하나님 지혜의 신비들을 헤아려 볼 때 특별한 도움을 받는 것은 분명하다. 하지만 인문학을 모른다는 이유로 하나님의 피조물에 담긴 섬세한 구성을 충분히 관찰하지 못한 채 그의 솜씨에 경탄하지 못할 사람은 없다.

예를 들어, 별들의 움직임을 추적하거나 별들의 궤도를 정하거나 별들 사이의 거리를 측정하거나 각 별의 독특한 특징을 기록하려면 특별한 능력과 기구가 필요하다(그런 작업은 하나님의 섭리를 더 잘 계시하기 때문에 인간의 마음을 바르게 고양시켜 하나님의 영광을 더 충분히 보게 해준다). 그럼에도 자신을 위해서 오로지 눈만 갖고 있는 사람이라 하더라도 무한한 동시에 질서 정연한 무수한 별들을 통해 쉽게 관찰되는 하나님의 빼어난 지혜를 반드시 볼 수밖에 없기 때문에, 하나님께서 가장 알맞은 방식으로 지혜를 계시해 주지 않은 사람은 하나도 없다는 결론이 나온다. 비슷하게, 인간 신체의 구조에서 갈레노스Galenos가 그 존재를 입증했듯이, 그토록 균형 잡히고 아름다우며 유용한 요소들의 결합체인 신체를 확인하려면 상당한 지성이 필요하다.[8] 그럼에도 인간의 몸은 아주 정교하게 만들어졌기 때문에 몸의 제작자를 기적을 행하시는 분으로 규정하는 일은 당연하다. 이 사실을 깨닫지 못하는 사람은 하나도 없을 것이다.

하나님의 권능은 어떠한가? 하나님의 권능이 우리로 하여금 하나님을 주목하게 하는 경우가 얼마나 많은가! 하나님의 말씀은 그의 권능으로 천지의 무한한 공간을 홀로 유지하며, 하나님은 그의 권능으로 때때로 천둥을 명하여 하늘을 울리게 하시며, 그가 원하시는 무엇이든 번갯불로 태우시며, 번개로 하늘을 섬광처럼 번뜩이게 하시며, 다양한 우레가 땅이나 기타 여러 가지를 그가 원하실 때 공포에 떨게 하시며, 또한 땅을 순식간에 평화롭고 고요하게 되돌려 놓기도 하신다. 만약 우리가 하나님의 이러한 권능에 대해 전혀 모른다면 그토록 자주 하나님의 권능에 주목하지 않을 것이다. 때때로 하나님은 동일한 권능으로 바다를 공중에 매달려 있게 하셔서, 그 엄청난 높이가 땅을 파괴하려고 위협하더라도 그렇게 하지 못하게 하신다. 또한 하나님은 그의 권능으로 바다를 강한 바람으로 무섭게 휘젓기도 하시며, 바다의 물결을 즉시 고요하게 하여 잠잠하게 하신다. 하나님의 이러한 권능은 틀림없이 영원에서 시작되었을 것이며, 또한 그 시작은 분명 하나님 자신 안에 있었을 것이다. 그 외에도, 우리가 하나님이 만물을 단번에 창조하시고 그것들을 창조된 그대로 유지하시는 이유를 묻는다면, 하나님을 사랑하도록 우리를 충분히 이끌고도 남을 그의 선하심, 마치 하나님의 유일한 속성처럼 느껴지는 그의 선하심 외에는 다른 어떤 이유도 찾지 못할 것이다. 선지자가 가르치듯이, 하나님이 그의 자비를 쏟아붓지 않으신 피조물은 하나도 없다.[시 145:9]

섭리적 활동으로 계시되시는 하나님

두 번째 범주에 속한 하나님의 활동은 일반적인 자연의 방식을 초월하여 일어난다. 이 활동에서도 하나님의 권능을 나타내는 표적들은 앞서 진술한 하나님의 활동에서만큼 분명하게 나타난다. 하나님께서 인간을 다스리실 때 그러한 표적들이 나타나도록 섭리하시기 때문이다. 그러므로 하나님께서 일반적으로 모든 면에서 모든 사람에게 자비하시고 관대하시지만, 그가 인도하시는 선한 사람들에게는 그의 의로우심을 날마다 나타내시고 악한 사람들에게는 그의 심판을 나타내신다. 하나님께서 죄를 심판하시는 보응은 은밀하지도 않고 감춰지지도 않는다. 마찬가지로 하나님은 죄 없는 자를 지키시는 확고한 보호자와 수호자로 나타나신다. 하나님은 그의 복을 통해 선한 사람들에게는 번영을 주시고 궁핍한 시기에 그들을 도우시며, 그들의 고난을 덜어 주시고 그들의 불행을 바로잡아 주시며, 그들에게 늘 구원을 베푸시기 때문이다.

비록 하나님이 잠시 악인과 행악자들을 처벌하지 않은 채로 놔두시고, 심지어 선한 사람과 죄 없는 사람들이 많은 역경을 당하고 악인들에게 억눌리는 일을 용인하실지라도, 하나님은 항상 공의로 다스리신다는 사실을 간과해서는 안 된다. 우리는 이것을 매우 다르게 추론해야 한다. 하나님께서 어떤 특정한 죄악에 대해 분명하게 진노하실 때, 사실은 모든 종류의 죄악을 혐오하신다는 사실을 인식해야 한다. 그리고 하나님께서 많은 죄악에 대해서 형벌을 내리지 않으신 채로 놔두시기 때문에, 우리는 처벌이 유예된 상황에서 훗날에 있을 심판을 예상해야 한다. 마찬가지로, 우리가 하나님의 자비하심을 숙고하기에 아주 좋은 기회가 있다. 바로, 자비하신 하나님이 비참한 죄인들에게 끝까지 다가가셔서, 그들의 완고함이 그의 자애로우심에 굴복할 때까지 아버지의 측량할 수 없는 다정함으로 그들을 자기에게 돌이키실 때다!

하나님의 권능이나 지혜 역시 우리 시야에서 감춰지지 않는다. 인간적으로 보기에 철옹성과 같은 악인들의 잔인함이 순식간에 박살이 나서 파괴되고, 그들의 오만함이 길들여지며, 그들의 방어물이 와해되고, 그들의 무기가 흩어져 산산조각 나며, 그들의 힘이 소진되고, 그들의 음모가 그들의 무모함 때문에 좌절되어 수포로 끝나며, 하늘로 치솟던 그들의 대담함이 땅속 한가운데로 끌려 내려갈 때 하나님의 권능은 분명하게 나타난다. 멸시받던 사람들이 티끌에서 다시 일으켜지고, 가난한 사람들이 오물 속에서 건짐을 받으며, 억압받고 괴로워하는 사람들이 끔찍한 고통에서 구출되고, 절망하는 사람들이 다시 희망을 얻으며, 무방비 상태에 있는 소수의 사람이 무장한 다수의 사람에게 승리하고, 약한 사람이 강한 사람에게 승리한다.

하나님의 지혜는 모든 것을 가장 시기적절하게 다스림으로 분명해진다. 즉, 하나님의 지혜는 세상의 모든 지혜를 혼란에 빠뜨리고, 지혜자들이 스스로의 간교함 때문에 함정에 빠지게 하며, 비길 수 없는 이치로 세상만사를 결정한다.

그러므로 우리가 보기에는, 하나님의 위엄을 설명하고 증명할 만한 증거를 수집하려는 어떠한 상세한 논증도 필요 없다. 우리의 논의가 아무리 간략하더라도 그 증거들은 매우 친숙하고 명백해서, 우리가 어느 곳으로 향하더라도 우리의 시선이 그 증거들을 즉시 파악할 것이고, 우리의 손가락은 즉시 그 증거들을 가리킬 것이다.

마음에 알려지시는 하나님

하지만 여기서 한 가지를 제대로 짚고 넘어가려 한다. 하나님에 대한 지식은 공허한 사변으로 이루어진 것이 아니다. 이 지식은 우리가 그 지식을 참되게 이해하고 나면 풍성하게 열매를 맺는 유익한 지식이다. 하나님은 그가 하시는 일들을 통해 우리에게 알려지신다. 그러므로 우리는 우리 안에서 그분이 권능 있게 행하시는 일들을 감지하며 그의 일들로부터 혜택을 얻는다. 이때 하나님의 일들을 통해서 우리가 알게 된 하나님에 대한 지식은 우리가 하나님을 실재로 경험할 수 없는 어떤 비현실적 존재로 느낄 때보다 우리를 더욱 예민하게 만든다. 따라서 하나님을 추구하는 바른 방법이요 진보하는 최선의 방법은, 그분을 그가 행하시는 일들 속에서 바라보는 것이다. 하나님은 그 일들을 통해 우리에게 가까워지고 친숙해지시며, 참으로 자신에 대한 무언가를 전해 주신다.

하지만 우리는 하나님 본질의 위대함을 그저 성급한 호기심으로 몰래 들여다보려는 태도를 지녀서는 안 된다. 하나님 본질의 위대함은 경배를 위한 주제이지 면밀하게 조사해야 할 주제는 아니다. 하나님께서 그의 권능으로 우리 각자 속에서 살아 계시므로 멀리까지 그를 찾아 나서지 않아도 된다고 사도가 말했을 때, 그는 바로 이 점을 염두에 두고 있었다.행 17:27-28 다윗은 형언할 수 없는 하나님의 위대하심을 주장한 다음 하나님의 일들을 기록했다. 다윗 역시 하나님께서 그의 일들을 통해 알려지신다고 선포한다.시 145:3, 5-6 우리도 부지런히 하나님을 추구해야 한다. 우리의 추구가 우리 마음을 경이로 채워서 다윗처럼 하나님에 대한 참된 감정으로 감동되도록 말이다.

이런 종류의 지식은 우리로 하나님을 알고 섬기게 하며, 더 나아가 우리를 일깨워 미래의 생명을 향한 소망을 자각하게 한다. 하나님의 인자하심과 엄정하심을 보여주기 위해 그분이 주신 표지들이 부분적이라는 것, 그래서 기껏해야 절반만 온전하다는 것을 우리가 알기 때문이다. 그 표지들은 정해진 날에 완전하고 최종적으로 드러날 것들에 대한 표본에 불과하다. 게다가, 우리는 착하고 무고한 사람들이 고난에 짓눌려 쓰러지고 모욕당하고 아파하고 중상과 끊임없는 경멸과 수치로 피를 흘리지만, 이와 대조적으로 악인은 형통하고 번성하여 아무 문제없이 안락과 존경을 누리는 현실을 본다. 그러므로 우리는 죄악이 형벌당하고 의가 보상받는 내세의 삶이 있을 것이라고 결론짓지 않을 수 없다. 또한 우리는 주님께서 그의 매로 신자들을 종종 징치懲治하시는 분임을 안다. 그러므로 우리는 악인이 그의 징계를 피하기가 더욱 어렵다는 사실을 확신해야 한다. 따라서 우리는 주님이 하시는 각각의 일들 속에서, 아니 그의 모든 일들 속에서, 주님의 권능이 마치 그림으로 표현되듯이 재현되며, 이 그림을 통해 온 세상이 하나님을 알도록 이끌리고, 하나님을 아는 것은 곧 최고의 복락을 누리는 것이라고 주장하고 싶다.

이런 권능이 매우 분명하게 나타남에도 하나님께서 우리 속에서 그의 생명과 지혜와 권능을 나타내시는 방식을 숙고하지 않는다면, 우리를 향하신 하나님의 의로우심과 선하심과 자비하심을 베푸시는 방식을 숙고하지 않는다면, 우리는 자주 그 권능의 궁극적인 의미와 중요성과 목적을 이해하지 못하게 될 것이다.

슬프게도 인간은 하나님의 행사를 통해 전달되는 메시지를 읽지 못한다

우리가 하나님이 행하시는 일들을 바라볼 때 우리에게 빛이 비친다. 그러나 그 빛이 무엇이든 상관없이 우리 마음이 하나님과 그의 영원한 나라를 그리려고 할 때 우리는 극심한 육욕에 빠진다. 그 결과, 이런 분명한 증거들조차 하나님과 그의 나라에 대해서 우리에게 아무것도 전해 주지 못한다. 드넓은 온 세상의 구조를 예로 들어 보자. 우리 중 얼마나 많은 사람들이 하늘로 눈을 드는가? 세상에 있는 모든 나라를 두루 살펴보면서 과연 얼마나 많은 사람들이 창조주를 기억하는가? 얼마나 많은 사람들이 단순한 피조물이 아니라 피조물 너머를 바라보지 못한 채 그 피조물의 창조자를 무시하는가? 자연의 순리 안에 존재하는 것을 예로 들어 보자. 하나님의 섭리가 인간을 실제로 다스리는 것이 아니라 우연이 작용하여 인간을 온갖 변덕스러운 상황으로 몰아넣고 있다고 판단하는 사람들이 세상에는 얼마나 많은가! 모든 사람에게 반드시 일어나기 마련이듯, 이 모든 것에 대한 하나님의 역할을 생각해야 할 때가 오면, 우리 역시 이런저런 신에 대해서 짐작하게 되고, 그러면 우리는 즉시 육체에 대한 어리석은 관념으로 되돌아와서 하나님의 순결한 진리를 우리의 허영으로 썩게 만든다.

한편으로 우리는 자기만의 독특한 방식으로 뭔가 새로운 문제를 만들어 내기 때문에 서로 다르다. 그러나 또 다른 면에서 보면 우리 모두는 서로 닮았다. 우리는 한 사람도 예외 없이 참되신 한분 하나님을 떠나 자신의 거짓된 사상을 좇는다. 이것이 평범한 사람이나 이해력이 부족한 사람들뿐만 아니라 지혜와 학식이 가장 뛰어난 사람들까지 괴롭히는 해악이다. 이런 견지에서 볼 때, 철학자 전부가 얼마나 어리석고 아둔한 자들로 드러났던가! 엄청난 실수들을 저지른 여러 철학자들은 그렇다 치더라도, 가장 침착하고 합리적이며 또한 신앙에 가장 근접했던 플라톤조차 육체적 신을 찾느라 제정신을 잃었다.[9] 그러한 신 개념은 하나님께 온당치 못하며 하나님의 위엄에도 어울리지 못한다. 우리를 깨우치는 일이 임무였던 지도자들이 그처럼 심각한 오류에 빠졌음을 감안할 때, 나머지 우리들은 과연 어찌 되겠는가?

마찬가지로, 인간 역사의 방향이 부인할 수 없는 하나님의 섭리를 선명하게 가리키고 있지만, 우리는 역사의 흥망성쇠가 그저 우연에 따른 결과라고 여길 뿐 더 이상 유익을 얻지 못하고 있다. 허망하고 잘못된 것을 지향하는 우리 자신이 그 점을 말해 준다. 지금 나는 자신의 어리석음 때문에 터무니없을 정도로 하나님의 진리를 왜곡하고 훼손했던 평범한 지성인들을 말하는 것이 아니다. 탁월한 정신을 가졌던 사람들을 말하는 중이다.

창조주의 영광을 드러내는 수많은 등불들이 세상 속에 거주하는 우리에게 헛되이 비치고 있다. 제아무리 멀리까지 빛을 비추어도 우리를 바른길로 인도해 줄 수는 없다. 그 등불들이 몇몇 불꽃을 내 뿜는 것도 사실이지만, 이 불꽃들은 완전한 광채를 내기 전에 사그라지고 만다. 그래서 사도는 세상을 보이지 않는 것들의 형상으로 묘사한 그 대목에서, 사람은 믿음으로 세상이 하나님의 말씀으로 창조되었음을 이해한다고 말했다.히 11:3 이는 곧 보이지 않는 신성이 세상이라는 형체로 반영되고 있지만, 우리 눈이 하나님의 내적인 계시로 밝아지기 전에는 그 신성을 볼 수 없다는 뜻이다. 바울은 하나님을 알려 주는 것이 세상의 피조물 속에서 나타난다고 선포했는데,롬 1:19-20 이때 바울이 말한 것은 인간의 정신이 이해할 수 있는 나타남이 아니라 인간으로 하여금 핑계할 수 없게 하는 나타남의 유일한 효과였다. 비록 사도가 "하나님께서 우리 속에 거하시기 때문에 너희가 그를 멀리서 찾을 필요가 없다"고 말했지만,행 17:27-28 다른 본문에서는 이 가까움이 낳는 결과를 보여준다. 그는 "지금까지는 하나님이 모든 민족으로 자기들의 길을 가게 방임하셨으나 자기를 증언하지 않으신 것은 아니니, 곧 그들에게 하늘로부터 복을 내려 주셔서 비를 내리시며 열매의 풍성함을 주시고 사람을 음식과 기쁨으로 채우셨다"고 말한다.행 14:16-17

하나님은 크신 인자하심으로 자신을 알도록 인간을 자상하게 초대하신다. 하지만 설령 하나님이 그에 대한 증거들을 남겨 두시더라도, 인간은 자기 길만 고집하다가 끝내 죽을 길로 빠져 버린다. 비록 지금 우리에게는 하나님을 아는 순수하고 건전한 지식에 이르기 위한 선천적 능력이 없지만, 그럼에도 우리가 무지한 것은 오로지 우리의 잘못이기에 결코 도망칠 수 없다. 무관심과 배은망덕의 죄책을 인정하지 않는 한, 우리는 무지조차도 바르게 주장할 수 없다. 누구든 자기에게는 말 못하는 피조물이 가장 크고 분명한 소리로 선포하는 진리를 들을 귀가 없다고 말하거나, 혹은 앞 못 보는 피조물이 선명하게 계시하는 것을 볼 눈이 없다고 말하거나, 혹은 모든 이성 없는 피조물이 가르치는 바를 알지 못한 것을 자신의 박약한 정신 탓으로 돌린다면, 그것은 궁색한 변명이요 주장할 가치조차 없는 발언이다.

그리하여 우리를 둘러싼 만물이 우리가 가야 할 길을 가리키고 있음에도, 우리는 마치 길 잃은 영혼처럼 도처에서 넘어진다. 이 점을 고려할 때, 우리가 변명의 여지를 하나도 갖지 못하게 된 것은 당연할 뿐이다. 물론 이 모든 사태는 인간의 실패 때문에 생긴다. 자연은 경이로울 만큼 능숙하게 인간의 정신 속에 하나님을 아는 지식의 씨앗을 심어 주었지만, 인간은 그 씨앗을 즉시 썩게 만들기 때문이다. 그 결과, 그 씨앗은 선한 열매를 맺는 데 실패한다. 동시에 하나님의 위대하심에 대한 창조 세계의 명백하고 단순한 증거를 통해서 우리가 제대로 배우지 못한다는 점 역시 사실이다. 왜냐하면 우리는 세상을 연구하여 신성에 대한 무엇을 아주 조금 맛보자마자 참되신 하나님을 내버리기 때문이다. 우리 머리가 생각해 낸 온갖 환상이 하나님이 계셔야 할 자리를 차지하며, 우리는 하나님의 의로우심과 지혜와 선하심과 권능에 돌려야 할 신뢰를 그 환상들에게 주고 만다. 더욱이 우리는 하나님께서 일상적으로 하시는 일들을 모호하게 만들거나 최소화하여 무시해 버리기 때문에, 하나님께서는 우리에게서 마땅히 받으셔야 할 찬미와 감사를 빼앗기고 몰수당하신다.

하나님의 말씀은 그분의 역사에 꼭 필요한 첨언이다

주님께서는 그의 창조로 재현된 위엄의 광휘를 한 사람도 예외 없이 모두에게 계시하심으로 인간의 불경함이 어떤 변명도 할 수 없게 하신다. 마찬가지로, 주님은 당신이 택하신 자들에게 자신을 구원으로 계시하시며 그들의 연약함을 돕기 위해 더 확실한 교정책을 은혜로 주신다. 하나님은 그들을 가르치시기 위해 말없는 피조물들 외에 더 많은 것들을 사용하신다. 당신의 거룩한 입술을 여시는 하나님은 그가 택하신 자들에게 그들이 어떤 신을 경배해야 하는지 선포하실 뿐만 아니라, 경배받아 마땅한 그 신은 바로 하나님 자신이심을 계시해 주신다. 하나님은 그들이 한분이신 하나님을 인정하도록 가르치실 뿐만 아니라, 하나님은 인간이 내버리면 안 될 존재라는 진리를 그들에게 나타내신다.

처음부터 주님은 그의 종들을 부르실 때 이런 방식을 쓰셨다. 내가 이미 설명한 교훈 외에도 하나님은 자신을 알리기 위한 더 확실하고 친밀한 표지로 그의 말씀을 사용하신다. 이것이 바로 아담과 노아와 아브라함과 다른 족장들이 하나님의 말씀으로 깨우침을 얻어 하나님을 알게 된 방식이었다. 그 말씀이 그들에게 신탁으로 임했든지 이상으로 임했든지, 혹은 선진들이 먼저 들은 바를 후예들에게 대대로 전파했든지, 그들이 그 말씀이 하나님께로부터 왔음을 인정했다면 그들이 하나님의 말씀을 공유한 방식은 그리 중요하지 않다. 주님은 계시된 말씀이 이루어지게 하려 하셨을 때마다 언제나 그런 확신을 주셨다. 그래서 하나님은 자신을 소수의 사람들에게만 알리셨고, 그들에게 당신의 현존에 대한 명백한 표지를 주시고 하나님의 보배로운 구원의 메시지를 위탁하심으로, 그들로 하여금 그 메시지를 그들의 후손에게 전하게 하셨다.

그러므로 우리가 성경을 읽어 알고 있듯이, 아브라함은 하나님께서 자기와 맺으신 영원한 생명의 언약을 자기 가족들과 나누어 가졌으며, 미래의 후손을 위해 그 언약을 조심스럽게 보존했다.[창 18:19] 그 이후로 줄곧 무언가 다른 것이 아브라함의 자손을 다른 민족들과 구별했다. 즉, 하나님이 베푸신 독특한 은혜로 아브라함의 자손은 말씀의 교제 속으로 들어왔던 것이다. 주님께서 훨씬 더 엄격한 성별로 교회를 세우기를 기뻐하셨을 때, 주님은 당신의 말씀을 더욱 엄중한 형식으로 선포하셨고 그 말씀이 공식적인 헌장으로 기록되게 하셨다. 그래서 전에는 신자들 안에서 서로에게 전달되고 보존되던 모든 하나님 말씀의 신탁과 계시가 이때부터는 추가될 때마다 책에 기록되기 시작했다. 이런 수단을 통해 그의 특별한 섭리로 주님께서는 아브라함 후손의 안녕을 준비하셨던 것이다.

하나님의 진리는 오직 성경을 통해 알려진다

만약 우리가 인간의 마음이 어느 정도로 하나님을 잊고 싶어 하는지, 인간이 얼마나 쉽게 실패에 빠지는지, 인간이 어떤 자유분방한 몽상에 빠져서 매시간 새롭고 조작된 종교들을 지어내는지 생각해 본다면, 인간의 망각 때문에 소멸되지 않고 그의 실수 때문에 유실되지 않으며 그의 뻔뻔스러움 때문에 부패하지 않도록 하늘의 가르침이 기록의 형식으로 안치安置되는 것이 얼마나 절실한지 쉽게 이해할 것이다. 하나님은 인간에게 유익한 교훈을 선사하려 할 때마다 그의 말씀을 사용하셨다. 세상을 건축하실 때 새겨 넣은 하나님의 얼굴과 형상이 충분하지 않았음을 보셨기 때문이다. 만약 온 마음으로 간절하고 올바르게 그의 진리를 숙고하기를 원한다면, 우리가 마땅히 택해야 할 방법은 하나님의 말씀이어야 함이 분명하다.

다시 말하건대, 활동들을 통해 우리에게 풍성하게 계시되고 생생하게 묘사되시는 하나님은 다름 아닌 그의 말씀을 사용하신다. 그렇기 때문에 우리가 자신의 그릇된 견해들이 아니라 영원한 진리의 규범으로 하나님의 활동들에 대해 판단해야 한다면, 반드시 하나님의 말씀으로 돌아가야 한다. 만약 우리가 하나님의 말씀을 떠나면, 우리는 아무리 멀리 가더라도 우리의 목적을 이룰 수 없을 것이다. 너무 멀리 길을 벗어나기 때문이다. 우리는 사도가 하나님의 빛을 "다가갈 수 없는" 빛이라고 부른 것을 기억해야 한다.딤전 6:16 우리가 하나님의 말씀으로 하여금 우리를 인도하여 그 빛속을 통과하도록 하지 않는다면, 우리는 미로 같은 그 빛 속에서 길을 잃게 될 것이다. 사실, 그 빛 속으로 돌진해 들어가는 것보다는 차라리 이 길 위에서 넘어지는 것이 우리에게 더 낫다. 다윗은 먼저 하늘이 하나님의 영광을 선포하고 궁창이 그의 손이 만드신 것을 선포하며, 그의 위엄이 낮과 밤의 질서 정연한 흐름으로 계시된다고 선포한다. 그런 다음 하나님의 말씀을 찬미하면서 다음과 같이 말한다. "주님의 법은 흠 없고 영혼을 개종시키나이다. 주님의 법은 진실하여 겸손한 자들에게 지혜를 주고, 주님의 의로운 행사들은 정직하여 마음을 기쁘게 하나이다. 주님의 가르침들은 순결하여 눈을 밝게 하나이다."시 19:7-8 다윗이 말하고 싶은 바는 하나님의 창조가 주는 메시지는 모든 민족을 위한 보편적인 것이지만, 그 말씀의 가르침은 하나님의 자녀들만 다니는 학교와 같다는 것이다.

성경의 권위는 교회에 의해 결정되지 않는다

선포된 말씀이 하나님에게서 나왔음을 인정한다면, 가장 완고한 악당이라 하더라도 본성과 인성을 전혀 갖지 못한 사람이 아닌 한 그 말씀을 믿을 수 없는 것이라고 감히 헐뜯지 못할 것이다. 그러나 새로운 말씀의 신탁은 매일 하늘에서 내려오는 것이 아니다. 즉, 성경은 우리가 가진 모든 것이고 하나님은 그의 진리를 언제나 기록해 놓고자 하셨다. 그러므로 어째서 성경이 신자가 하나님의 음성을 직접 듣는 것과 똑같은 권위를 갖는지에 대해서 간략히 논의하고자 한다. 이 주제는 더 충분히 고민하고 신중하게 다룰 가치가 있지만, 내가 이 주제의 중요성보다는 이 책의 의도에 더 충실하더라도 독자는 양해해 주기 바란다.

마치 하나님의 영원하고 불가침한 진리가 인간의 선한 즐거움에 달려 있기라도 한 것처럼, 많은 사람들은 성경의 가치가 오직 교회가 성경을 따르기로 동의하는 것으로만 제한된다고 믿는 치명적 실수에 빠진다![10] 그들은 성령을 크게 모독하는 태도로 이렇게 묻는다. "성경이 하나님에게서 왔음을 누가 우리에게 증명하는가? 성경이 우리 시대까지 온전하게 보존되어 왔음을 누가 우리에게 믿게 하는가? 교회가 성경의 모든 책에 긍정적인 평결을 내리지 않으면 어떤 책은 수용되거나 복종되고 또 어떤 책은 거절된다는 사실을 누가 우리에게 설득할 수 있는가?" 그래서 그들은 성경에 대해서 가져야 할 경외심과 성경을 구성하는 책들을 결정하는 것은 바로 교회라고 결론짓는다. 이 신성모독자들은 이런 식으로 교회가 원하면 뭐든지 할 수 있다고 무지한 자들을 믿게 만들고 싶어 한다. 그들은 어떻게든 교회라는 미명 아래 괴물 같은 폭정을 추구함으로써 자신과 타인을 옭아맨 부조리 따위에는 아무 상관도 하지 않는다.

과연 그렇다면, 영원한 생명에 대한 견고한 확신을 추구하는 그 가련한 양심들은 그 모든 약속이 오직 인간의 판결에 달려 있음을 알게 될 때 대체 어찌 될 것인가? 그것이 그들이 생각하는 바라면, 그들은 흔들림과 두려움을 멈출 수 있겠는가? 그렇다면 우리의 믿음은 불신자들의 조롱을 피할 수 있겠는가? 사람들이 믿음이란 인간의 친절과 선의 위에 세워진 것이라고 생각한다면, 그 믿음은 세상의 안목에서 의심스럽게 비치지 않겠는가?

그러나 이 사기꾼들은 "교회가 선지자들과 사도들의 토대 위에서 튼튼하다"는 바울의 한 마디 진술로 단박에 할 말을 잃는다.엡 2:20 만약 선지자들과 사도들의 가르침이 교회의 토대라면, 그 교훈은 교회가 출현하기 훨씬 전부터 권위를 가졌음이 틀림없다. 비록 교회가 그 교훈의 토대 위에서 시작되기는 했으나, 어떤 책을 선지자들과 사도들의 저술로 확신할지 여부는 교회의 결정으로만 알 수 있다는 저들의 생트집은 말이 안 된다. 처음부터 교회가 선지자들의 저술과 사도들의 선포 위에 세워졌다면, 어디서 발견되든 상관없이 그들의 교훈은 교회 자체보다 더 이른 시기에 확립되고 증명되었어야 한다. 그들의 교훈 없이는 교회가 절대로 존재할 수 없었을 것이기 때문이다. 따라서 교회가 성경을 판결하기 위해 권능을 받아 자유롭게 성경의 신뢰성을 결정할 수 있다는 주장은 환상이고 단순한 거짓말일 뿐이다. 교회가 성경을 받고 승인할 때, 교회는 예전에 의심스럽고 불확실했던 책에 진정성을 부여하지 않는다. 자기 임무에 충실한 교회는 성경이 주님의 진리임을 인정하기 때문에 성경을 즉시 존중한다.

저들은 "교회의 평결에 의존하지 않고 우리가 어떻게 성경이 하나님에게서 온다는 것을 알겠는가?"라고 질문한다. 그렇다면 저들은 차라리 우리가 어떻게 빛과 어둠을 구별하며, 흰색과 검은색을 구별하고, 신맛과 단맛을 구별하는 법을 배우는지 물어보는 편이 더 나을 것이다. 왜냐하면 희거나 검은 물체가 그 색채에 대해 증거를 제시하고 달거나 쓴 음식이 그 맛에 대해 증거를 제시하는 것 못지않게, 성경은 그 자체의 진리에 대해서 충분한 증거를 제시하기 때문이다.

성경은 성령의 내적 증거로 인증된다

우리가 사람의 양심이 끝없는 의심에 사로잡히지 않도록 진정으로 돕고 싶다면, 우리는 성경의 권위를 인간의 추론이나 증거 혹은 짐작보다 더 고상한 원천에서 끌어내야 한다. 다시 말해, 우리는 성경의 권위의 토대를 성령의 내적 증거 위에 두어야 한다.

비록 성경 자체의 위엄은 우리의 외경심을 요구할 만큼 충분하지만, 성경의 위엄은 오직 성령께서 우리 마음에 그 위엄을 인쳐 주셔야 참으로 효력을 발휘하기 시작한다. 우리는 성령의 능력으로 조명을 받은 후에야 더 이상 자신의 힘이나 다른 누구의 힘을 의지하지 않고도 성경이 하나님에게서 온다는 것을 깨닫게 된다. 우리는 모든 인간의 판단을 넘어서서, 성경이 인간의 사역을 통해 하나님 자신의 입으로부터 우리에게 주어졌음을 의심 없이 확신한다. 그것은 우리가 성경 안에서 우리 눈으로 직접 하나님의 본질 자체를 바라보는 것과 같다. 그러므로 우리는 우리 판단의 근거로 삼을 증거나 가능성을 찾기를 중단하고, 그 대신 판단의 필요성까지도 없앨 만큼 고상한 원천인 성경에 우리의 판단과 지성을 복종시킨다. 그 이유는 우리가 낯선 것들을 무분별하게 수용하다가도 일단 그것들을 더 잘 알게 되면 즉시 싫증을 내버리는 사람들이기 때문은 아니다. 오히려, 하나님의 분명한 권능이 성경 안에서 나타나 어떤 인간의 의지나 지식만 관계될 때보다 더 강력하게 우리를 자극하여, 우리로 하여금 의식적이고 자발적으로 복종하고 싶도록 하는 것을 우리가 자각하기 때문이다.

그렇다면 이것은 아무 이유도 필요 없는 확신이다. 그럼에도 그것은 또한 확실한 이유에 근거한 지식인데, 그 이유 때문에 우리의 마음이 더 견고하고 확실한 안식을 얻기 때문이다. 그것은 바로 하늘의 계시에서만 흘러나올 수 있는 느낌이다. 나는 여기서 모든 신자가 자기 속으로 경험하는 것, 곧 그 주제가 아주 고귀해서 말로는 제대로 다룰 수 없고 설명하기에도 극히 부적절한 것을 말하고 있다.

성경의 권위에 대한 부차적 증거: 성경의 지혜와 진리

우리가 인간의 어떤 판단이 줄 수 있는 것보다 더 고상하고 견고한 확실성을 갖지 못한 채, 한낱 이성적 주장으로 성경의 권위를 증명하는 것은 전혀 의미가 없다. 성경의 권위는 교회의 합의라는 근거 위에 세워질 수 없으며, 다른 어떤 증거로도 확증될 수 없기 때문이다. 만약 성경의 권위의 근거가 우선적으로 놓이지 않는다면, 성경의 권위는 계류될 수밖에 없다. 그러나 우리가 성경을 마땅히 복종하며 받아들이고 성경을 모든 의심 바깥에 놓는다면, 전에는 우리 마음에 확신을 줄 만큼 강하지 못했던 근거가 마침내 소중한 도움으로 드러나기 시작한다. 하나님께서 성경 안에 그의 지혜로운 역사를 얼마나 잘 배열하고 배치하셨는지 조심스럽게 상고할 때, 성경의 모든 곳에서 드러나는 교훈이 지상적인 것은 전혀 없고 얼마나 천상적인지를 깨달을 때, 그리고 기록된 본문들에 권위를 부여하는 다른 요인들과 성경의 모든 부분이 얼마나 잘 조화되는지를 깨달을 때, 우리가 얻는 확증은 말로 표현할 수 없다.

우리를 그런 경이감으로 채우는 것은 성경 언어의 우아함이 아니라 성경의 내용이 뿜어내는 찬란함이다. 이 사실을 숙고할 때, 우리는 성경의 권위를 확신할 수 있는 추가적인 도움을 얻는다. 하나님께서 우리에게 하늘 왕국의 숭고한 신비들을 평범하고 소박한 말들로 내려 주신 것은 아무 이유 없는 섭리가 아니었다. 그렇지 않고 그 신비들이 유창한 어법으로 채워지고 다듬어졌다면, 사악한 자들은 성경의 모든 능력이 바로 그런 어법에 담겨 있다며 조롱했을 것이다. 세상의 위대한 수사학자들의 모든 유창함보다 성경의 투박하고 꾸미지 않은 분명함이 우리로 하여금 거대한 경외감을 갖게 만든다면, 우리는 성경이 아무런 언어적 기교도 필요로 하지 않는 진리의 힘을 가졌음을 당연히 인정해야 하지 않겠는가? 이것이 바울 사도가 고린도 교인들에게 "사람의 지혜의 설득력 있는 말들로 설교하지 않았고 성령과 능력의 나타남으로 그 설교가 증명되었기" 때문에, 고린도 교인들의 믿음이 "사람의 지혜에 있지 않고 하나님의 능력에 있다"고 바르게 주장했던 이유다.고전 2:4-5 진리는 모든 의심으로부터 벗어난다. 진리는 다른 어떤 것의 도움도 필요하지 않으며 그 자신을 유지하기에 완전히 충분하기 때문이다.

성경이 가진 이 능력이 얼마나 독특한지는, 모든 인간의 저술들이—그것이 아무리 세련되고 화려하다 할지라도—우리를 그처럼 감동시킬 힘이 없다는 사실로 증명된다. 우리가 데모스테네스Demosthenes나 키케로, 플라톤이나 아리스토텔레스, 혹은 그런 부류의 사람들의 글을 읽으면, 고백하건대 그들은 우리의 마음을 매료시키며 우리의 관심을 사로잡고 황홀하게 하면서 놀라운 방식으로 깊은 인상을 남긴다. 그러나 우리가 그들의 저술을 읽은 후 성경을 읽게 되면, 성경은 우리가 원하든 원하지 않든 우리를 꼼짝 못하게 한 다음 우리를 신속하게 가르고 우리 깊은 곳에 들어와 자리를 잡는다. 성경의 이런 능력과 비교하면 수사학자나 철학자들의 모든 능력은 한낱 그을음에 지나지 않는다. 이를 보건대, 성경은 인간이 노력해서 얻은 모든 세련된 재능을 훨씬 압도한다. 따라서 성경은 인간을 감동시키는 어떤 신성한 속성을 가지고 있음을 분명히 알 수 있다.

성경의 권위에 대한 부차적 증거: 교회의 역사

물론 교회의 합의가 중요하지 않다는 것은 아니다. 성경이 만들어진 이후로 수 세기의 세월이 흘렀지만 성경이 당연히 받아야 할 복종에 대해서 지속적인 동의가 있었다는 사실은 결코 사소하게 여길 일이 아니다. 마귀는 여러 방법으로 성경을 억누르거나 뒤엎고, 심지어 인간의 기억에서 지워 버리려고 온갖 간계를 다 썼다. 그럼에도 성경은 마치 종려나무처럼 쓰러뜨릴 수 없는 강인함을 과시하며 당당하게 남아 있다. 재능 있는 철학자나 수사학자들 중에서 성경을 남용하면서 자기 지혜를 과시하지 않은 사람은 거의 없었다. 하지만 그들 중 누구도 제대로 득을 본 사람은 없었다. 세상이 모든 대단한 권세자들을 호출해서 하나님의 진리를 부수려고 했지만, 그 모든 시도들은 연기처럼 사라져 버렸다. 만약 성경이 인간의 도움에 의지했다면, 어떻게 사방에서 오는 그 광포한 습격을 견딜 수 있었겠는가? 따라서 우리가 지금 가지고 있는 성경은 하나님께로부터 왔다고 결론짓는 것이 바람직하다. 인간의 지혜와 능력에도 불구하고 성경은 오직 자기의 힘으로 승리했기 때문이다. 그뿐만 아니라 성경을 받아들이기로 결정한 도시나 민족은 하나도 없었지만, 성경은 드넓은 세상 곳곳에서 모든 민족의 합의에 따라 그 권위를 구축했다. 그 민족들은 성경의 권위에 대한 합의에 동참한 것 외에는 다른 공통점이 전혀 없다.

각자의 태도와 생활 방식에 따라 나뉠 법한 여러 다양한 인종들이 성경에 관해서만은 자발적으로 합의에 이르렀다는 사실은 분명히 우리의 마음을 크게 움직여야 마땅하다. 그 합의에 영향을 끼친 것은 틀림없이 하나님의 능력이기 때문이다. 우리가 성경을 즐거이 받은 사람들의 진실성과 거룩함을 음미할수록, 이 사실의 가치는 점점 더 커진다. 나는 지금 모든 사람을 가리켜 말하는 것이 아니라, 우리 주님께서 그의 교회에 등불처럼 세우셔서 그들의 거룩한 빛으로 교회를 비추게 하신 사람들을 가리켜 말하고 있다.

그토록 많은 거룩한 개인들이 인쳤고 또 그들의 피로 증거하기도 했던 이 교훈을 과연 어떤 확신으로 받아야 할지 깊이 생각해 보라. 그들은 자기들이 받았던 진리를 위해 용감하게, 심지어 즐겁게 죽는 것도 주저하지 않았다. 그 진리가 이처럼 확고한 보장 및 보증과 더불어 우리에게 온다면, 어찌 그 진리를 견고한 불굴의 확신으로 받지 않을 수 있겠는가? 성경이 그처럼 많은 증인들의 피로 확증되었다는 것은 성경의 권위에 대한 결코 적지 않은 확증의 표지다. 종종 잘못된 것에 대한 집착 때문에 미쳐 버린 사람들도 있었지만, 이 증인들은 그런 광분이나 과도한 열정에 빠지지 않았고 오히려 냉철하고 침착하며 꿋꿋하고 당당하게 자신들의 믿음을 증명하기 위해서 죽음도 감수했다. 우리가 이 사실을 알게 되면, 이 확증의 표지는 더욱더 특별해진다.

매우 분명한 많은 이유들 때문에 믿는 마음은 성경의 존엄과 품위를 확증할 뿐만 아니라, 악한 자들의 중상에 맞서서 그 존엄과 품위를 지지한다. 하지만 이런 이유들이 믿는 마음속에 성경의 확실성을 제대로 확립하려면, 하늘 아버지께서 반드시 그의 신성이 성경에서 빛나게 하셔서 모든 의심과 갈등을 몰아내심으로 성경이 분명한 경외의 대상이 되게 해주셔야 한다. 그리하여 성령의 내적 확신이 성경의 확실성을 지탱하게 되면, 성경은 하나님을 아는 구원의 지식을 우리에게 충분히 선사할 것이다. 성경을 확증하는 데 유용한 모든 인간적 증거는 우리의 연약함을 돕는 부차적인 지원과 수단이며, 오직 성령의 내적 확신이라는 근본적인 최상의 증거를 뒤따를 때에야 효과를 낼 것이다.

성경을 포기한 성령파의 실수

성경을 내팽개쳐 두고 하나님께 다가가는 다른 길을 꿈꾸는 자들은 실수로 속았다기보다는 광폭한 분노에 사로잡혀 있다.[11] 이런 부류의 사람들은 참으로 악독한 자들인데, 그들은 성령께 배웠다고 거만하게 주장한다. 그들은 모든 성경 읽기를 경멸하고, 자기들이 "죽이는 죽은 문자"라고 비방하는 것을 따르는 사람들의 순박함을 조롱한다. 도대체 이 영은 무엇이며 누구의 영감이 그들을 환희에 빠뜨렸기에, 감히 그들은 성경 교육 전반을 가리켜 유치하고 저열하다고 경멸하는가? 그들이 나에게 직접 대답해 주면 좋겠다.

만약 저들이 그 영은 그리스도의 영이라고 대답한다면, 그들의 확신은 전적으로 모순이다. 예상컨대 저들은 초대교회의 사도들과 신자들이 그리스도의 영에 감동되었음을 인정할 것이다. 하지만 그들 중 어느 누구도 하나님의 말씀을 경멸하도록 배우지 않았다. 오히려 그들의 글이 뚜렷이 증언하듯이, 그들 각자는 하나님의 말씀을 더욱더 경외하도록 인도함을 받았다. 더 나아가, 나는 혹시 저들이 주님께서 제자들에게 약속하신 성령이 아니라 다른 어떤 영을 받은 것은 아닌지 그들이 말해 주었으면 좋겠다. 아무리 저들이 미쳤다고 하더라도, 나는 저들이 그 정도로 교만해질 만큼 미친 것은 아닐 것이라 생각한다. 자, 주님께서는 그가 보내기로 약속하신 성령에 대해서 어떻게 말씀하셨는가? 주님은 성령께서 스스로에 대해 말하지 않으실 것이요, 주님께서 가르치신 말씀을 사도들에게 생각나게 하시리라고 말씀하셨다.요 16:13 그러므로 우리에게 예고되신 대로, 성령의 역할은 새롭고 참신한 계시들을 우리가 생각해 내게 하거나 우리가 이미 받은 복음의 메시지로부터 우리를 떠나게 할 뭔가 새로운 교훈을 만들어 내는 것이 아니다. 오히려 그분의 역할은 복음이 우리에게 제시하는 그 교훈을 우리 마음에 인치고 확증하시는 것이다.

이 사실에 근거하여, 우리가 하나님의 영으로부터 어떤 열매와 혜택을 얻고자 한다면, 우리는 부지런히 힘써서 성경을 듣고 읽어야 함을 쉽게 이해할 수 있다. 한편으로 어떤 영이 하나님의 말씀에 있는 지혜를 내팽개치면서 뭔가 다른 것을 제시하려고 한다면, 우리는 그것을 허영과 거짓의 영으로 의심해야 마땅하다. 마귀가 자기를 광명의 천사로 가장할 수 있다면, 그 영이 허영과 거짓의 영이 아니라면 무엇이 될 수 있겠는가? 만약 성령께서 확실한 표적으로 분별되지 않으신다면, 성령께서 우리 중에서 어떤 권세를 가지시겠는가? 의심할 바 없이, 주님의 목소리가 우리를 위해 성령을 아주 분명하게 드러내신다. 하지만 이 혼란에 빠진 가련하고 비참한 자들은 하나님의 능력이 아니라 자기의 능력으로 성령을 구하면서 스스로 잘못을 저지르기로 결정한 셈이다.

그러나 저들은 만물에게 복종을 받으셔야 할 하나님의 영께서 스스로 성경에 복종하신다면, 그것은 완전히 어처구니없는 노릇이 될 것이라고 반박한다. 마치 성령께서 언제나 동일하시고 일관되시며 영원히 신실하시고 결코 변하지 않으신다는 사실이 무슨 부끄러움이라도 되는 양 말이다! 물론 성령께서 더 열등한 대상, 곧 인간이나 천사 혹은 다른 어떤 존재에게 복종하신다면, 성령은 비천하게 되셔서 노예의 처지로 전락하실 것이라고 말할 수 있다. 그러나 성령이 오직 자기와 비교되시고 자기에 의해서만 숙고되신다면, 과연 누가 성령께서 곤란에 처하게 되셨다고 주장할 수 있겠는가? 그럼에도 저들은 항변하기를, 이런 논의를 하는 것 자체가 그를 우리의 검증에 복종시키는 것이라고 한다. 나도 동의하지만, 우리의 검증은 성령께서 우리 위에 당신의 존엄하심을 확립하려고 친히 택하신 방법임을 지적하고 싶다. 우리는 성령께서 자신을 우리에게 계시하심에 온전히 만족해야 한다. 그러나 마귀의 영이 성령으로 가장하여 우리에게 오지 못하도록 성령은 성경에 당신의 이미지를 찍어 놓으셨고, 우리로 하여금 성경으로 성령을 알아보게 하신다. 성령은 성경의 저자이시다. 성령은 자기를 바꾸시거나 혹은 자신과 다를 수 없고, 따라서 그가 항상 성경에서 자신을 보이신 그대로여야 한다. 만약 우리가 성령께서 친히 자기를 낮추심을 그의 영광으로 여긴다면, 성령의 한결같으심은 오히려 성령을 더욱 믿을 수 있게 해주리라!

성경은 그리스도의 은혜와 결합할 때 결코 죽은 글자가 아니다

저들은 우리더러 죽이는 문자에만 멈춰 있다고 비난한다. 이 비난은, 성경을 경멸하므로 하나님의 형벌을 피할 수 없게 된 저들의 미래를 오히려 명확히 보여준다. 이 점은 그리스도와 분리된 헐벗은 율법을 높이는 거짓 교사들을 바울이 공격하는 말씀에서 분명히 드러난다. 주님께서는 신자들에게 "그의 율법을 그들의 내면에 새기고 그들의 마음에 기록하겠다"고 새 언약으로 약속하셨는데, 거짓 교사들은 이 새 언약의 은혜로부터 하나님의 백성을 멀리 벗어나게 만들었다.렘 31:33, 고후 3:3, 히 8:10 그러므로 하나님의 율법이 그리스도의 은혜와 분리되었을 때, 그리고 우리의 마음을 감동시키지 못하고 우리의 귀만 울릴 때, 하나님의 율법은 율법을 따르는 자들을 죽이는 죽은 문자다. 그러나 하나님의 영에 의해서 율법이 의지에 생생하게 새겨진다면, 그리고 율법이 예수 그리스도를 우리에게 전해 준다면, 하나님의 율법은 영혼을 변화시키고 겸비한 자에게 지혜를 선사하는 생명의 말씀이다.

사실, 동일한 구절에서 바울은 자신의 설교를 가리켜 "성령의 사역"이라고 부른다.고후 3:8 바울이 말하고 싶었던 바는, 하나님의 영이 그가 성경에서 계시하신 그의 진리와 매우 잘 결합하여 계시기 때문에, 사람이 그 말씀을 온전히 합당하게 경외함으로 받아들일 때 그의 권능이 충만하게 계시된다는 것이다. 이 점은 앞에서 제시한 것처럼, 말씀이 성령에 의해 확증되지 않으면 우리에게 어떤 확실성도 갖지 못한다는 점과 상충되지 않는다. 왜냐하면 주님께서는 마치 상호 연맹 관계를 맺은 것처럼 성령의 확실성과 말씀의 확실성을 하나로 통합하셔서, 우리의 마음이 복종하여 그 말씀을 받음으로 성령의 빛을 보고 하나님의 얼굴을 응시하도록 하시기 때문이다. 그러므로 우리는 실수를 저지르거나 속게 될 것을 두려워하지 않고 하나님의 영을 그의 형상, 곧 그의 말씀으로 분별하면서 하나님의 말씀을 받을 수 있는 것이다.

이것이 이 문제의 진실이다. 하나님은 그분의 영이 오시자마자 그가 사람들에게 주신 자기의 말씀을 취소하지 않으셨다. 오히려 하나님은 그 영의 능력으로 말씀을 나눠 주셨고, 그 말씀을 통해 당신의 사역을 종결지으시려고 그의 영을 보내셨으며, 그리하여 매우 효과적으로 그 말씀을 확증하셨다. 두 제자들의 마음을 여신 그리스도께서 그들이 성경을 거부하며 스스로 지혜로워지게 놔두지 않으시고 오히려 그들이 성경을 이해하도록 도우셨던 것도 동일한 이유 때문이다.[눅 24:45] 비슷하게, 바울이 데살로니가 교인들에게 성령을 소멸하지 말라고 지시할 때, 그는 교인들을 말씀과 유리된 헛되고 비현실적인 추측에 근거해서 이끌지 않았고, 오히려 한 걸음 더 나아가 예언을 멸시하지 말도록 그들에게 경고했다.[살전 5:19-20] 바울이 하고 싶었던 말은 분명하다. 즉 예언이 멸시를 받고 있으면 성령의 빛도 꺼진다는 것이다.

하나님의 말씀을 제쳐 두고 경멸하면서 마치 가치 있는 계시라도 되는 듯 자기들의 몽롱한 머릿속에서 만들어지는 온갖 생각에는 달려들어 환호하는 이 교만한 몽상가들에게 무슨 대답을 듣게 될까? 틀림없이 하나님의 자녀들은 그들과 철저히 구별되는 절제력을 보여주어야 한다. 하나님의 자녀들은 하나님의 영을 갖지 못할 때 자기들에게 진리의 충만한 빛이 없음을 안다. 그들은 말씀이 곧 주님께서 신자들에게 성령의 빛을 비추시는 도구임을 알고 있다. 하나님의 자녀들은 사도들 속에 거주하셔서 그들의 입을 통해 말씀하신 하나님 외에는 다른 어떤 영도 인정하지 않는다. 그들은 이 성령에 의해 꾸준히 말씀으로 되돌아오고 그들의 귀는 말씀에 열려 있게 된다.

성경은 창조 세계의 증거와 일치한다

지금까지 우리는 하나님을 아는 지식이 세상 곳곳에 자유롭게 또한 모든 피조물 속에 아주 충분하게 나타나 있지만, 그의 말씀을 통해서 더욱 친근하게 계시된다고 주장했다. 이제 우리는 하나님이 성경으로 자기를 계시하신 것이 전에 그의 역사들이 우리에게 계시했던 형상과 어울리는지 숙고할 차례가 되었다. 우리가 잠깐 멈추고 이 주제를 신중하게 다룬다면, 우리는 이 주제가 좀 더 길게 다루어져야 함을 알게 될 것이다. 하지만 나는 그 윤곽만 제시하는 것으로 만족하고 싶다. 나는 믿는 자들이 성경을 통해 하나님에 대해 주로 알아야 할 것들과 또한 신자들이 어떻게 안전하게 그 목적을 위해 안내받을 수 있는지를 믿는 자들의 마음에 제시하려고 한다.

먼저, 주님은 자신을 천지를 창조하시고 온 인류에게 은혜와 무한한 은사를 널리 베푸시는 하나님으로 선포하신다. 그러나 그분은 신자들을 양육하고 지원하시며 그의 특별한 은혜로 지켜 주시는 사역을 한순간도 쉬지 않으신다. 그렇게 함으로써 하나님은 신자들에게 알려지시고 영광을 얻으신다. 동일한 이유로 하나님은 모든 시대의 역사 속에서 신자들을 향한 당신의 선하심이 얼마나 한결같으신지, 어떠한 섭리로 신자들을 지켜 주시는지, 신자들에게 어떠한 선을 베풀기 원하시는지, 얼마나 강력하게 신자들을 도우시는지, 얼마나 열정적으로 신자들을 사랑하시는지, 얼마나 인내하시며 신자들의 실수를 용납하시는지, 아버지의 어떠한 온화함으로 신자들을 징계하시는지, 어떤 방식으로 신자들에 대한 당신의 약속을 영원히 지키시는지를 그림처럼 생생하게 나타내신다. 이와 대조적으로, 우리는 죄인들에 대한 하나님의 갚으심이 얼마나 철저한지, 오랜 인내 뒤에 하나님의 무서운 진노가 어떻게 불붙게 되는지, 어떤 능력으로 하나님의 손이 죄인들을 혼미하게 하고 흩으시는지 바라본다. 우리가 말한 바와 정확히 일치하는 하나님의 이러한 모습은 세상을 구성하는 모든 것 속에서 촘촘히 계시되었다.

하나님의 속성은 여러 곳에서 그 얼굴의 생생한 형상을 제시하므로 우리는 그 형상을 분명히 바라보게 된다. 그래서 모세가 하나님을 설명했을 때, 모세는 마치 사람이 하나님에 대해 알 수 있는 모든 것을 우리에게 일목요연하게 전해 주고 싶어 함을 우리는 느낀다. "여호와로라. 여호와로라. 자비와 동정이 가득하고, 인내하고 온전히 선하며 진실한 하나님이라. 인자를 천대까지 베풀며 악과 과실과 죄를 사하리라. 그러나 벌을 면제하지 않으며, 부모의 죄악을 자녀와 자녀의 자녀에게 갚는 이라."출 34:6-7 이 구절에서 우리는 하나님 안에 거하는 영원과 본질이 처음 그분이 가지신 이름에 의해 제시됨을 숙고하게 된다. 그의 이름은 여기서 히브리어로 두 번

사용되는데, 이는 '홀로 계신 자'를 뜻한다.[12]

그 후 모세는 우리에게 하나님의 속성들을 알려 주는데, 이 속성들은 하나님을 계시하되 하나님이 계신 그대로가 아니라 우리를 향하여 하나님이 어떤 분이신지를 계시한다. 이런 종류의 지식은 공허한 추측으로 얻는 것이 아니라 생생한 체험으로 얻는다. 더욱이 우리는 동정, 선하심, 자비, 의, 공의와 진리 등 여기에 나열된 하나님의 속성들이 하늘과 땅에서 비추는 그의 속성들과 동일함을 알게 된다. 이 모든 권능은 그의 세 번째 호칭으로 사용된 히브리어에 나타나는데, 이 히브리어는 '자기 속에 모든 속성을 내포하는'이라는 뜻을 지닌다.[13] 선지자들 역시 하나님의 거룩한 이름에 충만한 찬미를 돌릴 때, 하나님을 가리키는 똑같은 호칭들을 사용했다. 너무 많은 본문을 예로 들지 않기 위해서, 여기서는 하나의 시편 시 145편 으로도 충분할 것이다. 이 본문에는 하나님의 모든 속성의 종합이 온전히 다시 나열되며, 아무 속성도 빠짐이 없다. 하지만 이 시편은 창조 세계에서 관찰할 수 없는 것은 전혀 언급하지 않는다. 그러므로 하나님은 그의 말씀을 통해 자기를 계시하셨고, 우리가 그 말씀 그대로 하나님을 경험하여 알도록 허락하신다. 예레미야에도 우리가 하나님을 알 때 필요한 그분의 속성이 선포되어 있다. 여기서 하나님은 아주 충분하게 자기를 묘사해 주지는 않으신다. 그럼에도 내용은 동일하다. "무릇 자랑하는 자는 그가 나를 땅에서 긍휼과 의와 심판을 행하는 하나님으로 아는 것, 이것을 자랑할지니라." 렘 9:24

분명히 다음 세 가지는 우리가 우선적으로 알아야 할 것들이다. 첫째, 우리 구원의 전적인 토대로서 하나님의 자비하심. 둘째, 하나님께서 매일 악인들에게 내리시고, 또한 악인들을 영원한 수치에 두기 위해 엄중하게 예비하신 하나님의 심판. 셋째, 하나님의 신실한 백성을 사랑스럽게 보존하시는 하나님의 의로우심. 선지자들은 이 세 가지 모두를 근거로 우리가 하나님을 자랑할 엄청난 이유를 지닌다고 증언한다. 하지만 그렇게 할 때 하나님의 권능이나 진리 혹은 거룩함이나 선하심 중 그 어떤 것도 간과해서는 안 된다. 하나님의 불변하는 진리에 토대를 두지 않는다면, 어떻게 하나님의 의로우심과 자비하심과 공의로우심을 이해할 수 있겠는가? 이런 것들을 우리가 이해하려면, 하나님의 진리가 토대여야 한다. 우리가 하나님의 권능에 대해서 듣지 못했다면, 하나님께서 온 세상을 의와 공의로 통치하신다는 것을 어떻게 상상할 수 있겠는가? 하나님의 선하심 말고 그 어디에서 하나님의 자비하심이 생길 수 있겠는가? 만약 하나님의 모든 행하심이 자비와 의와 공의라면, 그의 거룩하심도 그의 자비와 의와 공의 속에서 빛을 낸다.

그러므로 성경이 우리에게 제시하는 하나님을 아는 지식은 모든 피조물에서 발견되는 것과 동일한 목적을 지닌다. 하나님을 아는 지식은 우리로 하나님을 경외하게 하고 그분을 신뢰하게 하며, 그 결과 정결한 생활과 순수한 복종과 하나님의 선하심에 대한 전적인 의존으로 하나님을 섬기고 영예롭게 한다. 그러나 하나님은 믿음의 눈으로만 볼 수 있는 그리스도의 얼굴 외에는 그분을 곧장 가까이 바라보도록 허락하지 않으시기 때문에, 하나님을 아는 지식에 관하여 더 다루어져야 할 것들은 이후에 믿음에 대한 이해를 논의할 때까지 잠시 남겨 두는 것이 좋겠다.[14]

제2장

인간을 아는 지식과 자유의지

옛 격언이 자기 자신을 알라고 강력히 촉구한 데는 충분히 그럴 만한 이유가 있다. 우리가 인생의 실질적인 문제들을 전혀 몰라서 부끄러움을 느낀다면, 자신에 대한 무지는 훨씬 더 치욕스럽게 여겨야 마땅하다. 우리는 자신에게 꼭 필요한 것을 생각하다가 끔찍할 정도로 잘못되거나, 자기 바로 앞도 못 보는 사람이 되는 경우가 흔하기 때문이다. 그러나 이 권고가 유용할수록 그것을 오해하지 않기 위해 더욱 세심한 태도가 요구된다. 우리가 아는 대로, 어떤 철학자들은 자기 자신을 알고 자신의 가치와 탁월성을 깊이 생각하도록 촉구하다가, 결국에는 사람들을 부추겨 자기 자신을 믿고 교만으로 우쭐대게 만들었다.

하나님의 진리는 우리가 자신에 대해 생각할 때 이와 다른 지식을 찾게 한다. 이 지식은 자기 힘을 믿는 거만함을 몰아내며, 헛된 영광을 좇는 온갖 핑계를 걷어 낸다. 그럼으로써 우리를 겸손하게 한다. 이것은 우리가 제대로 사고하고 행동하는 목표를 이루려면 꼭 지켜야 할 규칙이다. 내가 알기에 무릇 인간이란 자신의 궁핍과 수치와 사악함과 연약함을 직시하고 이해하는 것보다는 자신의 재능과 장점을 깨닫는 것을 너무도 좋아하는 존재다. 우리 마음은 꿀처럼 달콤한 말과 아첨으로 칭송받기를 가장 사모한다. 그래서 우리 마음은 자기의 재능이 크게 칭찬받으면, 자기에게 잘 보이려 하는 무슨 말이든 얼른 믿어 버린다. 너무 당연하게도, 대다수 사람들이 잘못되는 지점이 바로 여기다. 인간은 맹목적이고 과도하게 자신을 사랑하기 때문에, 자기 속에 책망받아야 할 것이 하나도 없다는 말에 정말 쉽게 넘어간다. 따라서 자신의 변호자로 자처하는 사람마다 본질상 인간은 자기 힘으로 선하고 복된 삶을 영위할 수 있다는 그릇된 생각에 쉽게 걸려들곤 한다.

만약 자신에 대해 보다 냉철하게 생각하고, 하나님께 의지함으로써 무엇이든지 자기에게 좋은 쪽으로만 주장하는 태도를 버린 사람들이 있다면, 그들은 오히려 하나님의 여러 사역에 참여하여 더욱 큰 권능과 지혜와 의를 얻게 된다. 인간은 간지러운 거짓 칭찬보다 즐거워하는 것이 없을 정도로 자기를 좋게 평가하는 습성이 너무 강하다. 그래서 가장 환영받는 사람은 인간 본성의 탁월함을 가장 그럴싸하게 칭찬하는 자다. 그럼에도 자기 자신을 믿으라고 부추기는 온갖 교훈은 전부 속임수일 뿐이다. 이 속임수는 굉장히 심각해서, 거기에 빠진 사람은 전부 멸망한다.

이처럼 우리에게는 뭐라도 제대로 이해하거나 성취할 능력이 전혀 없다. 그런데도 우리가 소중하게 여기는 묘안들을 계획하고 정리하며 시작하고 실행할 능력을 헛되이 신봉한다면, 과연 우리는 무엇을 얻게 될까? 우리는 처음부터 그런 능력과 묘안을 갖고 있지 못하면서 계속 자기 방식만 고집해 나가다가 결국에는 일을 완전히 망쳐 버린다. 이것은 자기 힘으로 무엇이든 할 수 있다고 믿는 사람이라면 누구도 피할 수 없는 결과다. 아무 소용도 없는 자기 의나 능력에 골몰하게 하는 선생들에게 마음을 빼앗기면, 우리는 결국 자기가 가진 지식으로 아무것도 이루지 못한 채 가장 끔찍한 무지로 눈이 멀게 될 뿐이다.

인간에 대한 하나님의 관점

이처럼 자기를 아는 지식이 지혜의 두 번째 부분이라는 보편적 견해가 하나님의 진리와 조화를 이루지만, 그 지식을 얻는 방식에 대해서는 견해차가 많다. 욕망에 찬 마음은 인간이 자기의 이해와 능력을 의지함으로써 확고한 의지로 자기 임무를 수행하는 것이야말로, 어떤 모양이든 악을 버림으로써 바르고 명예로운 일을 애써 해내는 것이야말로 자기를 완전히 아는 방법이라고 주장한다. 그러나 하나님의 기준으로 자기를 조심스럽게 살피는 자는 자기에게 믿을 만한 것이 전혀 없음을 깨달으며, 자기에 대해 자세히 연구할수록 더욱 절망하게 된다. 그는 결국 희망을 송두리째 잃은 채 자기 힘으로는 질서 정연한 생활을 전혀 못하게 된다.

그렇다고 해서 내가 우리 본성 속에서 우리로 하여금 의와 성실을 추구하게 하는 약간의 고결한 씨앗까지도 부정하는 것은 아니다. 다만 하나님의 영원한 나라에 대해서 생각하도록 따끔하게 자극을 받거나 귀찮을 정도로 들들 볶이지 않으면, 우리의 더 오래된 기원이나 우리가 창조된 목적을 고민하지 않는 병폐를 지적하고 싶을 뿐이다. 그리고 이런 자각 자체는 우리의 영혼을 고양하는 데 아무 도움이 안 되고 우리를 낮추고 견책할 수만 있을 뿐이다. 우리의 기원은 무엇인가? 우리가 타락하여 그로부터 멀어진 것이 아닌가? 우리가 창조된 목적은 무엇인가? 그 목적에서 우리는 너무 멀리 떠나 있지 않은가? 이제 우리에게 남은 것이란 그저 우리의 곤고한 상태를 헤아려 보고 신음하는 것이요, 잃어버린 위엄을 한숨 쉬며 괴로워하는 것뿐이다.

인간은 자신의 영을 고양하기 위해 무엇이든 자기 속에서 찾지 말아야 한다. 이는 곧 인간에게 자랑할 것이 아무것도 없다는 뜻이다. 다만, 독자가 허락한다면 나는 자기를 아는 지식 문제를 다루기에 적합한 두 가지 접근법을 제안하고 싶다. 첫째, 인간을 창조하실 때 하나님이 인간에게 특별한 은사들을 부여하며 맡기신 목적을 깊이 생각하라! 그러면 인간은 내세를 묵상하게 되고 하나님을 섬기고 싶은 마음을 갖게 된다. 둘째, 자기의 극심한 궁핍함보다는 차라리 참된 부유함이 얼마나 될지 추정해 보라! 일단 이 부분이 명확해지면, 인간은 엄청난 충격에 빠진 채 마치 이 세상에 없는 자처럼 지극히 작아질 것이다. 첫째 접근법의 목적은 인간이 자기의 임무와 역할을 배우는 것이다. 둘째 접근법의 목적은 인간이 자기의 당연한 의무를 얼마나 감당할 수 있을지 직접 확인하는 것이다. 나는 내 주장을 펼치다가 적당한 상황이 되면 이 두 가지 접근법을 자세히 논의할 생각이다.

인간 창조: 하나님의 형상으로 지음받음

인간의 비참한 상태를 정의하기 전에, 우리는 우선 인간이 처음 창조되었을 때 어떠했는지부터 알아야 한다. 인간의 천성적 결함을 밝히려다 자칫 이 결함을 천성의 창조자이신 하나님 탓으로 보이게 할 위험이 있기 때문이다. 불경건한 사람들은 그들의 온갖 결함이 다 하나님에게서 왔다고 주장하면 자신을 변명할 수 있다고 믿는다. 누가 그들을 꾸짖기라도 하면, 주저 없이 하나님을 비난하면서 자기가 비난을 감수해야 할 모든 잘못을 하나님에게 떠넘긴다. 하나님에 대해서 신중하게 말할 줄 안다 하는 사람들도 그들의 본성을 핑계 삼아 잘못을 무마할 기회를 얻으면 좋아한다. 그렇게 하면 아무리 미약하더라도 하나님의 명예를 실추시키게 된다는 생각을 못한다. 그들의 행동이 하나님의 명예를 실추시키는 이유는, 하나님께서 만드신 천성에 결함이 있다면 그 결함은 부분적으로나마 하나님에 대한 나쁜 인상을 주게 될 것이기 때문이다.

우리가 아는 대로, 육신은 어떻게든 자기의 죄악을 남의 탓으로 돌릴 수단을 찾는다. 이 점을 참작하여 우리는 육신의 그런 사악함을 가까이하지 말아야 한다. 우리는 육신이 꾸며 대는 온갖 핑계를 무력화시키는 방식으로, 곧 육신의 비난뿐 아니라 온갖 비방과 불평과 상관없이 하나님의 의로우심을 드러내는 방식으로 인간이 처한 곤경을 논하는 것이 좋을 것이다. 다만 그렇게 할 때 순결한 진리를 희생시켜서는 안 될 것이다. 순결한 진리는 그런 부조리함과 절대로 어울리지 않을 뿐만 아니라, 우리가 진리를 제대로 이해하기만 하면 그 부조리함을 충분히 반박할 수 있기 때문이다.

우리 모두의 아버지 아담이 하나님의 형상과 모양으로 창조된 것은 사실이다. 따라서 아담이 하나님의 지혜와 의와 능력과 거룩함과 진리에 참여하도록 지음받은 것도 분명하다. 그런데 하나님과 아담의 유사성이 마치 아담이 짐승을 다스리도록 지음받은 사실에만 국한되기라도 한다는 듯이, 하나님의 형상을 짐승에 대한 아담의 지배권과 우월함에서 찾는 자들이 있다. 우리는 그들의 잘못된 주장을 받아들일 수 없다. 아담이 하나님의 형상으로 창조되었다는 사상이 중대한 주제가 아니었다면, 오경에서 그렇게까지 자주 등장하지 않았을 것이다. 바울도 그의 글 곳곳에서 볼 수 있듯이 그 사상을 전혀 의심하지 않았다. 바울은 에베소 교회에 "오직 너희의 마음속 영혼이 새롭게 되어 하나님을 따라 의와 참된 거룩함으로 지으심을 받은 새 사람을 입으라"고 썼다.엡 4:23-24 또한 골로새 교회에는 "너희가 서로 거짓말을 하지 말라. 옛사람과 그 행위를 벗어 버리고 새 사람을 입었으니 이는 자기를 창조하신 이의 형상을 따라 지식에서도 회복된 자"라고 썼다.골 3:9-10 여기서 바울은 우리 영혼이 주님을 닮았다는 견지에서 하나님의 형상에 대해 설명한다. 그에 따르면, 하나님의 형상은 세상의 더러움에서 정결케 되어 오직 영적인 순결함만 갈망한다.

아담은 하나님의 형상으로 창조되었으며, 창조주께서 아담에게 베푸신 특별한 아량을 증명하는 여러 은사와 뛰어난 능력들을 선사받았다. 아담은 하나님의 은혜에 참여함을 통해 그분과 가까이 있었다. 만약 아담이 자기에게 부여된 온전함을 계속 유지했다면 영원히 살았을 것이다. 하지만 그의 온전함은 오래가지 못했다. 아담은 자신의 배은망덕한 행동으로 인하여 하나님이 베푸신 모든 혜택을 누릴 자격이 없는 자로 즉시 전락해 버렸다. 그 결과 아담이 지닌 하늘의 형상은 지워졌다. 이제 아담은 죄 때문에 하나님에게서 멀어진 채, 오직 그분에게만 있는 복들에 참여할 자격을 빼앗긴 것이다.

아담은 하나님을 닮았기 때문에 지혜와 능력과 거룩함과 진리와 의로움을 누릴 수 있었으나, 이제 아담에게는 그 대신 끔찍한 무지의 재앙과 연약함과 불결과 허영과 불의함이 찾아왔다. 그것은 아담 한 사람만 받는 고통이 아니라 아담의 후손 전체가 져야 할 짐이 되었다. 아담의 후손 전체가 아담을 닮았기 때문이다. 그들은 아담에게서 나와서, 아담의 더러움을 지닌 채 태어나기 때문이다.

이것이 바로 인간이 물려받는 부패함이요, 고대의 저자들이 원죄라고 불렀던 것이다. 그들은 건강하고 순수했던 우리 천성의 타락한 상태를 원죄라는 용어로 표현했다. 이것은 훗날 펠라기우스주의자들Pelagians과 벌이게 될 격렬한 논쟁을 유발했다. 펠라기우스주의자들은 죄가 첫 사람에게서 그의 모든 후손에게 내려온다는 성경의 명백한 증거들을 납득한 후에도, 죄는 번식이 아니라 모방을 통해 내려온다며 트집 잡던 이단자들이다.[1] 그 이단자들 때문에 고대의 저자들은 우리가 타락한 것이 다른 사람들의 본보기에서 배운 사악함 때문이 아니라, 모태로부터 인간이 지닌 부패함 때문이라는 것을 애써 입증했다. 세상 누구보다 더 거만한 사람이 아니라면 감히 이 사실을 부정하지 못할 것이다. 그러니 우리가 아우구스티누스의 책을 읽으며 펠라기우스주의자들의 짐승 같은 무지와 부끄러움 모르는 뻔뻔함을 접하게 되더라도, 인간 타락에 대한 진실을 다루며 그들이 보인 대담함에 지나치게 놀라지 않아도 될 것이다. 우리는 다윗의 진술 하나로도 모든 의심을 충분히 걷어 낼 수 있다. 다윗은 "죄악 중에 출생했고 죄 중에서 어머니에게 잉태되었다"고 기록한다.시 51:5 여기서 다윗은 자기 부모가 저지른 잘못을 비난하려는 것이 아니다. 그는 다만 그런 자신을 선하게 대우하시는 하나님께 더욱 올바르게 영광을 돌리고 싶었고, 그래서 태어난 순간부터 가졌던 완고함만 기억한다.

이 완고함은 다윗에게만 있는 본성이 아니다. 다윗은 모든 인간의 보편적 상태를 반영하는 표본이다. 불결한 씨에서 나오는 우리 모두가 죄에 오염되어 더러워진 채로 태어난다. 모태 바깥으로 나오기도 전에 우리는 하나님 보시기에 더러운 존재다. 욥기가 전해 주듯이, "누가 더러운 것에서 나오는 것을 깨끗하게 할 수 있겠는가?" 욥 14:4

인류는 아담에게 선사된 하나님의 은사를 상실했다

아담은 인간 본성을 모든 후손에게 물려준 조상이었을 뿐 아니라 이른바 인간 본성의 그루터기이자 뿌리이기도 했다. 그 결과 아담의 부패함 속에서 인류 자체가 부패하게 되었음을 우리는 확실히 인정해야 한다. 바울 사도는 아담과 그리스도를 비교함으로써 이에 대한 보다 분명한 증거를 제시한다. "한 사람을 통해 죄가 온 세상에 들어왔고, 그 죄로 인해 모든 사람이 범죄함으로써 사망이 죄를 통해 모든 사람에게 이르렀듯이, 그리스도의 은혜를 통해 의와 생명도 우리에게서 회복되었다." 롬 5:12, 17

그런데도 어떻게 펠라기우스주의자들은 인류가 아담을 흉내 냈기 때문에 죄가 세상 전체로 퍼졌다는 이야기를 지껄일 수 있는가? 그리스도의 은혜는 따라야 할 모범으로 우리 앞에 제시될 때에만 우리에게 유익하단 말인가? 이런 신성모독은 누구도 참을 수 없을 것이다! 그리스도의 은혜가 우리 것이 되도록 전달되어서 그 은혜를 통해 우리가 생명을 가진다는 것이 확실하다면, 은혜와 생명이 그리스도 안에서 우리에게 회복되듯이 아담 안에서 이미 상실된 것도 분명해지며, 죄와 죽음이 그리스도를 통해 소멸하듯이 아담을 통해 그때 우리에게 태어난 것 역시 분명해진다.

이 사실을 이해하기 위해 굳이 초대 교부들을 크게 괴롭혔던 골치 아픈 논쟁에 관여할 필요는 없다. 그 논쟁은 성자의 영이 과연 성부의 영의 본질로부터 나오느냐는 문제를 놓고 벌어졌다.[2] 원죄의 거처는 다름 아닌 영혼이기 때문이다. 주님께서 아담에게 부여한 은사와 은혜들이 그분이 인간 천성에 부여하고 싶으셨던 것들이어서, 아담이 그것들을 잃었을 때 아담 혼자만 아닌 우리 모두가 잃어버렸다는 사실만 알아도 충분하다. 하나님은 오직 아담 한 사람에게만 은총을 베푸시려 했던 것이 아니라 그의 후손 전체가 다 함께 그 은총을 누리기 바라셨기 때문에, 아담이 잃어버린 은총은 아담뿐 아니라 우리 모두를 위한 은총이었다. 이 사실을 제대로 깨달았다면, 어찌 우리 영혼의 기원에 대해 더 걱정할 필요가 있겠는가? 아담이 처음 하나님께 받은 은사들을 잃었기 때문에 인간 본성 자체가 상실되었다는 사상, 혹은 아담이 죄로 더럽혀졌기 때문에 죄의 오염이 우리 모두에게 퍼졌다는 사상은 충분한 개연성이 있다. 썩은 뿌리에서 썩은 줄기들이 자라나서 나중에는 그 줄기들에 달린 모든 잔가지와 잎사귀에까지 부패함을 전달하듯이, 아담의 자녀들도 아버지 아담 안에서 더럽혀졌고 이제는 그들의 후손에게로 그 더러움을 물려주기 마련이다.

이는 곧 아담 속에서 발원한 부패함이 지속적으로 흘러나와서 조상에게서 후손에게로 퍼졌음을 뜻한다. 따라서 믿는 부모에게서 태어난 자녀의 경우, 부모의 순결이 그들을 순결하게 만들기 때문에 부패함을 물려받지 않는다는 펠라기우스주의자들의 허술한 반론은 쉽게 퇴치될 수 있다. 믿는 자의 자녀는 성령이 하나님의 종의 영혼을 태어나게 하는 방식이 아니라, 아담에게서 얻은 육체의 출생을 통해 나온다는 것이 그들의 반론에 대한 우리의 응답이다. 물론 하나님께서 믿는 자를 위해 그 자녀를 성별하시는 것도 사실이다. 그러나 자녀의 성별은 그들 본성의 힘이 아니라 하나님 은혜의 힘으로 이루어진다. 그러므로 이 성별은 어디까지나 영적 복이며, 원죄의 저주가 모든 인간의 천성에서 활동하는 것을 막지는 못한다.

원죄 정의

나의 말이 너무 즉흥적인 느낌을 주지 않도록 여기서 원죄를 정의하는 것이 좋겠다. 다만, 나는 원죄를 논의한 사람들이 제시했던 모든 정의를 빠짐없이 다루지는 않을 것이다. 내가 진리에 부합하는 정의로 믿는 단 한 가지만 제시하고 싶다.

우리는 원죄가 유전되는 부패함이요 우리 본성의 타락이라고 분명히 밝힌다. 원죄는 우선 우리를 하나님의 진노를 받아 마땅한 죄인으로 만든 후에, 성경이 "육체의 일들"갈 5:19 이라 부른 것을 우리 속에서 만들어 낸다.

엄밀히 말해, 육체의 일들은 바울이 자주 "원"原이라는 수식어 없이 "죄"라고 통칭했던 것이다. 그런 이유로 나는 죄가 일으키는 간음, 호색, 도적질, 증오, 살인, 탐욕 등을 죄의 열매들로 부른다. 비록 성경은 그런 각종 죄의 열매를 일률적으로 "죄"라고 명명하지만 말이다.

여기서 우리가 각각 별도로 살펴보아야 할 두 가지 요점이 있다. 첫째, 우리는 우리 천성의 모든 부분에서 심히 부패했으며, 그 부패함 때문에 우리가 하나님 앞에서 정죄받는 것은 정당하다. 의로움과 결백함과 순결함은 오직 하나님께만 어울린다. 우리는 마치 아무 잘못이 없는데도 우리의 최초 조상의 죄를 떠맡기라도 했다는 듯이, 우리 자신의 책임을 다른 누군가의 잘못으로 설명하려 들면 안 된다. 성경은 우리가 아담을 통해 하나님의 심판을 받게 되었다고 선포하기는 하지만, 그것이 곧 우리가 무죄하다거나 혹은 벌을 받을 합당한 이유도 없이 아담의 죄로 인해 터무니없이 가혹한 대가를 치르고 있다는 뜻은 아니다. 이는 아담의 범죄를 통해 우리 모두가 아담의 파멸에 사로잡혔기에, 아담이 우리 모두를 그 범죄의 책임을 져야 할 처지로 만들었다는 뜻이다.

그러나 여기서 우리는 아담이 그의 죄를 우리에게 전가하지도 않았는데 우리가 형벌에 처하게 되었다고 생각하면 안 된다. 아담에게서 온 죄는 참으로 우리 속에 살고 있다. 따라서 우리가 감당해야 할 형벌도 정당한 것이다. 비록 아담의 죄가 그 후손인 우리의 죄라는 것을 더욱 분명하게 드러내기 위해 아담의 죄를 "다른 이의 죄"라고 때때로 부르지만, 아우구스티누스는 아담의 죄가 우리 각자의 죄라고 잘라 말한다.[3] 바울 사도 역시 "모든 사람이 죄를 지었으므로 사망이 모든 사람에게 이르렀다"고 증언한다.롬 5:12 다시 말해, 모든 사람이 죄에 얽매인 채 죄의 오염으로 더럽혀진다는 말씀이다. 그러므로 정죄는 자녀들에게도 뻗어 나가게 된다. 다른 이의 죄가 아니라 그들 자신의 죄 때문이다. 자녀들이 아직 죄악의 열매를 맺지는 않았다 하더라도, 그들도 자기 속에 죄악의 숨겨진 씨앗을 품고 있다. 더욱이 그들의 천성은 그 자체가 죄의 씨앗이므로 하나님을 불쾌하게 하거나 그분께 역겨운 것이 될 뿐이다.

우리가 깊이 생각해야 할 두 번째 요점은, 우리 천성의 타락이 우리 속에서 결코 그냥 있는 것이 아니라 새로운 열매, 곧 우리가 앞에서 육체의 일들로 불렀던 것을 지속적으로 만들어 낸다는 사실이다. 이것은 불타는 용광로가 언제나 화염과 불꽃을 쏟아 내고, 샘이 물을 내뿜는 것과 동일하다. 원죄를 원의原義의 결핍으로 규정한 사람들은 그 규정을 통해 원죄의 본질을 포착하기는 했으나, 원죄의 세력을 있는 그대로 적절히 표현하지는 못했다.[4] 우리의 천성은 선한 것을 전혀 가지지 못한 채 텅 비어 있을 뿐만 아니라, 온갖 종류의 악을 언제나 부지런히 생산하고 있기 때문이다. 그렇기에 원죄를 "탐욕"으로 부르는 자들이 지나치게 어색한 용어를 사용한 것은 아니다. 다만 우리는 많은 사람들이 거부하고 싶을 사실, 곧 지성에서 의지까지 영혼에서 육체까지 인간을 구성하는 모든 부분이 더러워진 채 바로 그런 탐욕으로 가득 차 있다는 사실을 덧붙일 필요가 있겠다. 더 간단히 말하면, 인간은 그 자체가 탐욕일 뿐이다.

하나님은 유죄가 아니다

어떤 사람들은 인간이 천성적으로 악하다는 말을 들을 때마다, 감히 하나님을 인간의 죄를 만든 당사자로 몰아간다. 나는 그런 자들이 모조리 사라져 버렸으면 좋겠다! 그들은 그 비뚤어진 사고방식 때문에, 하나님의 작품을 아담이 부패하기 전에 하나님께 받은 천성으로 보지를 못하고 자신의 타락한 상태로 보게 된다. 우리의 파멸은 하나님이 아닌 우리 육신의 잘못 때문이다. 우리가 상실된 이유는 우리가 창조된 본래 상태에서 이탈했기 때문이다. 우리는 하나님이 아담의 범죄를 예지하여 우리의 구원을 더 잘 준비하실 수도 있었다는 식으로 항의해서는 안 된다. 믿는 자라면 그런 대담하고 뻔뻔한 반론일랑 머릿속에 떠올리지도 말아야 한다. 게다가 그런 생각은 하나님의 예정과 관련된 것으로서 나중에 적절한 시점에 별도로 다루어야 할 주제다.[5] 우선 여기서는 처음에 하나님이 인간에게 부여하신 천성이 아니라 우리 자신의 부패한 천성이 우리를 곤경에 빠뜨렸음을 명심하자. 마치 하나님이 우리의 불행을 조장했다는 듯이 그분을 비난하면 안 된다.

물론 죄의 치명적인 상처가 우리의 본성 속에 깊이 깔려 있음은 틀림없는 사실이다. 하지만 우리 본성이 그런 상처를 처음부터 지녔다는 주장과 이 본성이 나중에 다른 근원에서 생겨났다는 주장은 분명히 서로 다르다. 의심할 여지 없이 본성의 손상은 본성을 덮친 죄 때문에 생겼다. 그렇기에 우리 자신 외에는 불평할 이유가 하나도 없다. 바로 그것이 성경이 신중하게 가르치는 메시지다. 전도서는 "하나님께서 사람을 선하게 만드셨으나, 사람이 많은 악한 꾀들을 만들었다"고 선언한다.[전 7:29] 따라서 인간이 하나님에게서 완전한 본성을 선사받았으면서도 파멸에 처한 것은 분명히 자신의 잘못 때문이며, 인간이 허영에 빠져든 것도 분명히 자신의 어리석음 때문이다.

인간이 본성상 사악하고 부패하기는 해도, 사악함이 본래부터 인간 속에 들어 있던 것은 아니다. 인간이 본래부터 사악하지는 않다고 단언하는 이유는 그 사악함이 처음부터 인간 속에 심어진 본질적 속성이라기보다는 후천적으로 획득한 추가적 성질임을 입증하려는 목적 때문이다. 그렇다 해도 혹시라도 누가 이 사악함을 잘못된 관습이나 본보기에서 파생된 어떤 것으로 생각하지 못하도록, 우리는 인간의 사악함을 "본성적"이라고 명명하겠다. 이 사악함은 우리 각자가 출생하는 그 순간부터 성장하기 때문이다. 이 문제에 대해서 우리 자신의 권위로 말하지 말자. 바울 사도 역시 동일한 논리에 근거하여 우리를 "하나님의 진노의 상속자들"로 부른다.[엡 2:3, 롬 2:5]

하나님이 지으신 가장 작은 피조물조차 하나님을 기쁘시게 한다면, 어찌 하나님께서 가장 고귀한 피조물에게 진노하실 수 있는가? 이 물음에 대한 대답은 하나님이 진노하시는 대상은 그분의 피조물이 아니라 그 피조물의 부패함이라는 것이다. 그러므로 만약 인간을 본성상 하나님께 가증한 존재로 규정할 근거가 있다면, 인간은 본성상 결함이 있고 사악하다고 말해도 타당할 것이다. 우리의 부패한 본성 때문에, 우리가 하나님의 은혜 바깥에 있을 때 우리 육체를 지배하는 죄들을 아우구스티누스는 주저 없이 "본성적"이라고 불렀다.[6] 인간의 본질이 사악하다고 생각하는 마니교도Manicheans는 하나님을 악의 근원으로 삼지 않기 위해 하나님 이외의 존재가 인간을 창조했다고 주장한다.[7] 우리가 하나님은 인간 자체가 아니라 그의 부패함에 진노하신다고 구별해서 말하면, 마니교도의 그런 어리석은 주장도 물리치게 된다.

인간은 얼마나 자유로운가?

지금까지 우리는 죄의 지배가 첫 사람을 압도한 이후 인류 전체를 노예로 삼았음을 확인했다. 예속 상태에 놓인 우리에게는 과연 자유와 해방이 송두리째 없어진 것인지, 혹은 그 일부라도 남아 있다면 과연 어느 정도까지 남아 있는지 찾아내야 할 차례가 되었다.

먼저 우리의 논의를 통해 지향하는 목적을 규정하고 나면, 이 문제의 실체도 더욱 분명해질 것이다. 그리고 양쪽에 놓인 두 가지 위험을 숙고하다 보면, 우리의 목적이 무엇인지도 드러날 것이다. 한쪽에 놓인 위험은 인간이 모든 선을 결여하고 있을 때 종종 보이는 무관심한 태도와 관련된다. 그때 인간은 선을 행할 능력이 없다는 평가를 받기 때문에, 마치 선행은 인간이 전혀 상관할 일이 아닌 것처럼 선을 행하려는 노력도 하지 않을 것이다. 이와 반대편에 놓인 위험은 인간이 그릇된 확신과 과도한 뻔뻔함에 도취된 채, 무언가를 마지못해 인정하는 태도와 관련된다. 그때 인간은 하나님에게서 그분의 명예를 강탈한다. 우리는 이 두 종류의 함정에 빠지지 않기 위해서 중도를 취할 것이다. 인간은 자기 속에 선이 하나도 없으며 비참과 결핍으로 에워싸여 있을 뿐임을 배워야 한다. 하지만 동시에 인간은 자신에게 결여된 선과 배제된 자유를 성취할 방법을 알아야 한다. 인간은 세상 모든 능력을 가진 존재라는 착각에 빠지게 하는 것보다는, 이처럼 보다 예리한 방식을 통해 사람을 격려하고 일깨워서 선과 자유를 추구하게 하는 것이 더 바람직하다.

이 두 번째 요점, 곧 인간을 무관심과 게으름에서 일깨우는 일의 중요성은 모두가 수긍할 것이다. 하지만 첫 번째 요점, 곧 인간의 완전한 빈곤을 입증하는 문제에 있어서는 많은 사람이 필요 이상으로 주저한다. 아무도 인간이 처음부터 가진 것을 그에게서 빼앗으면 안 된다. 달리 말해, 아무도 인간을 그가 가진 것보다 적게 평가하면 안 된다. 그러나 인간에게서 그의 거짓되고 허망한 자랑거리를 빼앗을 필요는 분명하다. 인간은 하나님의 선하심을 통해 가장 숭고한 은사들로 입혀져 치장되었을 때조차 자랑하는 것을 허락받지 못했다. 그렇다면, 인간이 그의 옛 탁월함을 상실한 채 배은망덕으로 끝없는 수치에 처한 지금은 더욱더 자신을 낮추는 것이 너무도 당연하지 않은가!

성경에 따르면 인간은 그에게 허용된 최고 명예의 수준까지 높아진 순간에도 "하나님의 형상으로" 창조되었다는 소개보다 큰 칭찬을 얻지 못했다.[창 1:27, 약 3:9] 이 점을 고려하면 타락한 인간이 마땅히 겸비해야 한다는 사실은 더욱 쉽게 이해될 것이다. 이는 곧 인간이 자기의 여러 재능 덕분에 부유했던 것이 아니라 하나님과의 동반 관계로 얻은 복 덕분에 부유했다는 뜻이다. 자신의 모든 자랑을 빼앗겨 버린 인간에게는 이제 그의 하나님을 인정하는 것밖에는 아무것도 남은 것이 없다. 하나님의 풍요한 은혜를 즐거워해야 마땅했던 때도 인간은 그분의 자비하심과 관대하심을 깨닫지 못했다. 인간이 하나님께 받은 은사들을 인정함으로써 그분께 영광을 돌리지 못했으니, 이제 자기의 빈곤함을 자인해서라도 그분께 영광을 돌려야 할 것이다.

우리가 자신의 지혜와 능력을 칭송하기를 그칠 때 얻는 유익이 적지 않다. 하나님의 영광을 옹호하기 위해서라면 그렇게 하는 것이 좋다. 합당한 분량 이상을 우리에게 돌리는 자들은 하나님을 모독하는 동시에 우리 자신을 파멸시킬 음모를 꾸미는 셈이다. 우리에게 자신의 힘과 능력으로 살아가라고 부추기는 자들은, 사실 우리를 제대로 지탱도 못할 갈대 하나에 기대게 만든 뒤 그 갈대가 순식간에 부러져 버리면 굴러떨어지게 할 것 아닌가? 아니, 갈대 비유조차 우리의 힘을 지나치게 과장한다. 자기 능력에 대한 인간의 신뢰는 기껏해야 연기에 지나지 않는다. 그래서 아우구스티누스도 "자유의지를 옹호하는 자들은 자유의지를 확보하는 것이 아니라 오히려 망쳐 버린다"는 인상적인 발언을 아주 여러 번 해야 했다.[8]

나는 이런 서론을 써야 한다는 의무감을 느꼈다. 그 이유는 인간의 능력이 퇴색하여 사라지는 대신, 인간 속에 하나님의 능력이 서는 것을 도저히 용납할 수 없다는 사람들 때문이다. 그들은 이런 논쟁이 불필요하고, 심지어 굉장히 위험하다고 여긴다. 하지만 우리는 이 논쟁이 매우 유익하고, 더 나아가 신앙의 한 토대임을 알고 있다.

지성과 의지에 관한 철학적 이론

인간의 능력들을 조사하기 위해 우리는 우선 그 능력들을 할 수 있는 한 간단히 분류하려 한다. 이때 철학자들의 여러 현학적인 방법을 따를 필요는 전혀 없다. 나는 플라톤의 견해가 갖춘 이성적 형식을 얼마든지 인정한다.[9] 플라톤에 따르면, 인간에게는 다섯 가지 감각이 있다. 플라톤은 그 감각들을 기관이라고 불렀다. 이 기관들을 통해 다섯 감각 전체의 저장고인 공통 감각은 시각, 청각, 미각, 후각, 촉각이 미치는 모든 외부 사물을 감지한다. 그다음에는 공통 감각이 감지하고 활용한 것을 상상력이 식별한다. 그리고 이성이 작동하여 이 모든 것을 판별한다. 마지막으로, 이성 위에 지성이 존재한다. 지성은 이성이 숙고한 모든 것을 침착하고 냉철하게 응시하며 관조한다. 이처럼 영혼 속에는 앎과 이해에 관련된 상상력과 이성과 지성 등 세 가지 능력이 존재하며, 이 능력들이 수행하는 기능 때문에 인식 능력이라 불린다. 이 세 가지 능력에 상응하여 욕망과 관련된 또 다른 세 가지 능력이 있다. 지성과 이성이 제안하는 것을 욕망하는 의지, 이성과 상상력의 자극을 따르는 분노, 그리고 상상력이 제시하는 것을 포착하는 탐욕이다.

이 사상들의 진정성이나 개연성의 정도와 상관없이 우리는 그런 사상들에 시간을 낭비할 필요가 없다. 도움이 거의 안 되면서도 우리를 위험에 빠뜨리거나, 그 모호성이 우리를 대단히 힘들게 할 것이기 때문이다. 이 사상들 대신 다른 사람들이 사용한 구분 방식을 적용할 수도 있다. 예를 들면, 아리스토텔레스가 보기에 영혼은 서로 다른 두 부분, 곧 그 자체로는 이성적이지 못하지만 이성의 안내를 받을 수 있는 부분과 이성에 실제로 참여하는 부분으로 구성된다. 그리고 아리스토텔레스는 인간의 모든 행동이 유래하는 근원을 감각과 지성과 욕망이라는 세 가지로 구분하여 제시한다.[10]

이제 우리의 임무는 철학자들이 취한 방식과 달리 모두가 이해할 수 있는 방식으로 영혼에 관해 논의하는 것이다. 철학자들은 간단한 용어로 설명하기 위해 영혼을 지성과 욕망이라는 두 부분으로 나눈다. 그들은 이 두 부분에 각각 두 가지 기능을 할당한다. 관조적 지성은 행동에까지 이르지는 못한 채 오직 관찰에만 관심을 가진다. 키케로Cicero에 따르면 이것이 바로 "지성"이라는 단어가 뜻하는 바다.[11] 또 다른 지성은 실제적이어서, 일단 선이나 악을 이해하면 의지로 하여금 선을 따르거나 악을 쫓아내게 한다. 선한 인생에 대한 앎은 이 실천적 지성의 범주에 속한다. 동일한 방식으로 철학자들은 욕망을 탐욕과 의지로 나눈다. 그들은 인간의 욕망이 이성에 순복하면 "의지"로, 도가 지나쳐 절제의 멍에를 벗어던지고 방종에 빠지면 "탐욕"으로 부른다. 어쨌든 철학자들은 여전히 인간이 이성이라는 은사를 유지함으로써 질서 정연한 생활을 유지할 수 있다고 생각한다. 하지만 인간 이성은 부패했다. 따라서 인간 영혼에 대한 우리의 설명도 철학자들의 설명들과 달라야 한다.

지성과 의지에 대한 기독교의 관점

우리는 철학자들의 구분과 다른 구분을 제시하고자 한다. 우리의 영혼은 지성과 의지라는 두 부분으로 구성된다. 지성은 우리가 인지하는 많은 것들을 각각 구별하면서, 무엇을 승인하고 무엇을 정죄할지 결정하려고 한다. 한편으로 의지의 역할은 우리 지성이 선하다고 판단하는 것마다 선택하고 따르는 것이요, 다른 한편으로는 우리 지성이 책망하는 것을 거절하고 물리치는 것이다. 아리스토텔레스는 지성 자체는 인간에게 동기를 부여하는 힘이 없으며, 인간을 움직이게 하는 것은 선택이라고 주장했다.[12] 하지만 여기서 굳이 아리스토텔레스의 주장에 관해 논의하느라 머뭇거릴 필요는 없다. 필요 이상의 여러 사안들에 얽매이지 말자. 다만, 지성은 마치 영혼의 조타수나 선장과 같다는 것, 그리고 의지는 지성의 선한 즐거움에 의존하므로 일단 지성이 무엇을 판단하면 다른 아무것도 욕망하지 않는다는 것만 잘 알아 두자. 아리스토텔레스가 그의 다른 책에서 피하거나 욕망하는 것은 욕구에 속한 일이고, 거절하거나 승인하는 것은 지성에 속한 일이라고 한 주장은 매우 정확했다.

의지에 올바른 방향을 제시하면서 지성을 신뢰할 수 있는 한계는 우리 논의의 적절한 지점에서 확인될 것이다. 그때까지 인간 영혼의 모든 능력이 이 두 가지 요소로 집약된다는 것을 입증하는 데만 목표를 두려 한다. 철학자들은 감각이 육체적 욕망을 지향하지만, 이에 비하여 지성은 성실과 미덕을 지향한다고 가르침으로써 지성과 감각을 분리한다. 그러나 우리는 감각을 지성의 범주에 집어넣을 것이다. 또한 다른 사람들이 "욕망"이라 부르는 것을 보다 평범한 용어인 "의지"로 부르겠다.

자유의지: 문제 제시

이제 각 요소의 능력들을 고찰해 보자. 철학자들은 이성이 인간 영혼 속에 자리 잡고 있으며, 인간 영혼은 마치 지성을 인도하는 등불과 같고 의지를 다스리는 여왕과 같다고 한결같이 믿는다. 그들은 이성이 신적인 빛으로 충만하므로 선과 악을 구별할 수 있고 명령할 능력도 지니고 있다고 상상한다. 그에 비하여 미숙하고 몽매한 감각은 세상 것들에만 자신을 제한하므로, 보다 뛰어나고 예외적인 것들을 연구할 수 없다. 철학자들에 따르면, 일단 욕망이 이성에 복종하여 감각의 지배를 받지 않기로 선택하면, 선하고 명예로운 것을 추구하는 자연스러운 경향을 띠게 됨으로써 곧은길을 지킬 수 있게 된다. 그러나 만약 욕망이 감각의 노예가 되면, 욕망은 감각 때문에 부패하여 더럽혀지고 온갖 종류의 해악을 탐닉한다.

결국, 철학자들은 인간이 자기의 고결함을 유지하고 자연이 인간 속에 심어 준 능력에 복종하는 한, 이성은 인간의 지성 속에서 발견되어야 하는 것이요, 인간을 바르고 행복하게 살도록 해주는 것이라고 단언한다. 그러나 그들은 감각이라 불리는 보다 저급한 충동이 존재하고, 이 충동에 따라 지성이 제 방향을 잃고 실수와 무지에 빠지게 됨을 인정한다. 하지만 감각은 이성으로 길들 수 있고 점차 제거될 수도 있다. 또한 철학자들은 의지를 이성과 감각의 중재자로 설정한다. 의지는 자기가 바라면 이성에 자유롭게 복종도 하고 감각에 굴복도 한다.

사실, 인간은 이성으로 자기를 완벽하게 통제하기가 매우 어렵다. 철학자들도 실제 경험을 통해 종종 이 사실을 인정해야만 했다. 인간은 어떤 때는 감각적 즐거움에 만족하다가도, 또 어떤 때는 성공에 대한 거짓 예감에 속아 넘어간다. 인간은 다스릴 수 없는 감정들에 휘둘리기도 하는데, 플라톤이 말한 대로 이 감정들은 인간을 이리저리 조이거나 당기는 밧줄과 같다. 이것이 바로 키케로가 다음과 같이 주장한 이유다. 키케로에 따르면, 우리는 선에 대한 지극히 작은 불씨만 갖고 있을 뿐이다. 이 불씨는 마음속 본성이 붙여 준 것이며, 우리는 우리의 거짓된 사상들과 나쁜 습관들로 그 불씨를 곧잘 부패시킨다.[13] 그뿐만 아니라, 철학자들은 일단 그런 질병이 우리 마음에 고통을 주게 되면, 그것은 너무나 강력하게 우리를 지배하기 때문에 통제하기가 어렵다는 사실을 인정한다. 마치 길들지 않은 말이 자기 위에 탄 자를 내던진 후 미친 듯이 발로 차듯이, 영혼 역시 이성을 거부하고 온갖 탐욕에 굴복한 채 모든 제지를 뿌리치고 달아나 버리는 것이다.

이 주장 외에도 철학자들은 미덕과 악덕이 둘 다 우리 능력의 한도 내에 있다는 견해를 고수한다. 그 이유는 만약 우리가 선행이나 악행을 자유롭게 선택할 수 없다면, 이 둘을 그만두는 것도 선택할 수 없기 때문이라는 것이다. 같은 맥락에서, 우리가 선행이나 악행을 자유롭게 그만둘 수 없다면, 그것은 곧 우리가 선행이나 악행을 자유롭게 행하는 것도 불가능하다는 뜻이기 때문이다. 따라서 우리는 우리가 행하는 것을 자유로운 선택에 의해 행하며, 우리가 행하지 않는 것 역시 자유로운 선택에 의해 행하지 않는다. 이는 결국 우리가 행하는 선이나 악을 그만두는 것도 우리 능력의 한도 내에 있고, 그만둔 것을 다시 행하는 것도 우리 능력의 한도 내에 있다는 결론으로 이어진다. 사실, 어떤 철학자들은 지나치게 어리석은 나머지, 그들에게 생명을 선물로 주신 분은 하나님이지만 선한 생활은 그들 스스로 해야 하는 별도의 것이라고 떠벌렸다.

철학자들의 입장을 요약하면 이렇다. 인간 지성에 거주하는 이성은 인간을 충분히 바르게 이끌 수 있으며, 그럼으로써 마땅히 행할 올바른 것을 보여줄 수 있다. 의지는 이성보다 열등하므로 감각의 유혹에 속아 결국 악을 행하게 된다. 그러나 의지가 선택의 자유를 행사하는 한, 의지가 이성을 전적으로 따르는 것을 막을 수 없다.

교부들은 자유의지 문제에서 불확실한 안내자다

교회 교부들은 이성이 죄 때문에 인간 속에서 심각하게 타격을 입었다는 사실과, 의지가 매우 많은 욕구들에 복종한다는 사실을 다 인정했다. 그런데도 교부들 대다수는 필요 이상으로 철학자들을 추종했다. 내가 생각하기에는 초대 교부들을 그렇게 만든 두 가지 이유가 있다. 첫째, 교부들은 그들이 인간에게서 선을 행할 자유를 송두리째 제거하면 그들의 가르침이 철학자들의 웃음거리가 될까 염려했다. 둘째, 교부들은 경솔해지는 성향이 너무 강한 육체가 혹시 선행을 경멸할 기회를 얻게 될까 염려했다. 그래서 교부들은 지배적인 견해를 정면으로 거스를 발언은 어떤 것이든 지양하면서, 성경의 가르침의 절반을 철학자들의 가르침과 일치되게 하려고 애썼다.

교부들의 노력이 어떠했든 상관없이, 그들이 주로 두 번째 이유에 관심을 쏟았다는 사실은 그들 자신의 발언을 통해 자명해진다. 크리소스토무스Chrisostomus에 따르면, "하나님은 선과 악에 대한 능력을 우리 속에 두셔서 둘 중 어떤 것이든 선택할 자유의지를 우리에게 주셨다. 하나님은 억지로 우리를 강요하지 않으시고, 우리가 기꺼이 그에게 나아가면 우리를 맞아 주신다."[14] 다른 곳에 나오는 그의 말에 따르면, "악인은 자기의 선택으로 선하게 될 수 있고, 선인도 악인으로 바뀔 수 있다. 하나님께서 우리 본성에 자유의지를 부여하셔서, 우리를 강요하는 대신 우리가 원하면 사용할 수 있는 교정책들을 권유하시기 때문이다." 또한 그는 "우리가 하나님 은혜의 도움 없이는 어떤 선도 행할 수 없듯이, 우리 자신의 것을 전혀 꺼내지 않으면 하나님의 은혜도 우리를 도울 수 없을 것이다"라고 말했다. 더 일찍이 그는 "모든 것이 하나님의 도움에 달린 것은 아니지만, 우리에게는 우리가 공헌해야 할 부분이 있다"고 말했다. "우리는 우리 것을 가져가자. 그러면 하나님께서 그 나머지를 공급하실 것이다"와 같은 진술은 크리소스토무스의 저작에서 자주 나타난다. 히에로니무스도 견해가 동일했다. 그는 "시작은 우리가 하고 마무리는 하나님이 하신다. 우리의 일은 우리가 할 수 있는 것을 드리는 것이요 하나님의 일은 우리가 할 수 없는 것을 성취하시는 것이다"라고 말했다.[15]

이러한 진술들을 통해 교부들은 인간에게 적정 수준 이상의 큰 능력을 부여했다. 교부들의 생각에는, 우리가 선한 삶을 영위하느냐 마느냐는 전적으로 우리 자신에게 달렸다고 주장하는 것이야말로 우리를 무기력에서 깨워 일으키는 유일한 방법이었기 때문이다. 그들이 과연 이런 방식으로 행한 것이 정당했는가의 문제는 이후에 더 철저히 따져 보겠다. 미리 솔직히 말해 두면, 우리가 인용한 교부들의 발언은 상당히 잘못된 것임이 분명해질 것이다.

누구보다도 그리스 교부들, 특히 크리소스토무스는 인간의 능력을 이

성보다 높였다. 하지만 아우구스티누스를 제외한 초대 교부들 대다수가 이 문제에 대해 견해차가 심하거나 그들이 말한 것이 너무 모호하고 불확실하기 때문에, 그들의 저작에서는 설득력 있는 해결책을 얻을 수 없다. 그럼에도 우리는 교부들 각자의 견해를 계속 논의하되, 꼭 필요할 때만 간략하게 다루면서 다양한 교부들의 여러 진술을 인용할 것이다. 이 교부들 이후에 등장한 학자들은 하나같이 자신의 명석함을 과시함으로써 사람들에게 깊은 인상을 남기려고 애썼다. 하지만 그들은 인간의 능력을 옹호할 때 굉장히 나쁜 방향으로 빠져 버렸다. 그들은 모든 인간이 감각적 본성만 부패하여 이성은 손상되지 않았고, 의지도 대부분 자유롭다고 믿게 했다.

자유의지란 무엇인가?

"자유의지"라는 용어는 라틴 교부들 사이에서 항상 인기였다. 자유의지를 표현하는 데 훨씬 거만한 단어를 썼던 그리스 교부들은 인간이 자기 속에 능력을 지니고 있다고 암시했다.[16] 평범한 이들을 비롯한 모든 사람이 인간은 모두 자유의지를 지녔다는 사상에 물들어 있는데, 정작 학자인 척하고 싶어 하는 사람들 대부분은 이 자유의지의 한계에 관한 분명한 확신이 없다. 이 점을 참작하여 먼저 "자유의지"라는 용어의 뜻부터 깊이 생각해 보자. 그런 다음, 선이나 악을 행하는 인간의 능력이 어느 정도인지, 성경의 순결한 교훈에 근거하여 결정해 보자.

사람들이 모두 자유의지라는 용어를 여기저기에다 갖다 붙이지만, 이 용어를 제대로 정의하는 경우는 아주 드물다. 그나마 오리게네스Origenes는 자유의지를 가리켜 "선과 악을 구별하는 이성의 능력이요 그 둘 중 어느 하나를 선택하는 의지의 능력"이라고 묘사함으로써 그의 동시대인 모두가 받아들일 수 있는 하나의 정의를 내렸던 것 같다.[17] 아우구스티누스는, 자유의지는 이성과 의지의 능력이며, 이 의지로 우리가 하나님 은혜의 도움을 받아 선을 택하고 하나님의 은혜가 그칠 때도 이 의지로 악을 택한다고 주장함으로써 오리게네스의 견해에 이의를 제기하지 않는다. 베르나르 드 클레르보 Bernard of Clairvaux 는 자유의지를 더욱 섬세하게 정의하려 했지만, "의지의 양도할 수 없는 자유에서 기인한 동의요 이성의 변하지 않는 판단"이라는 그의 정의 역시 그다지 명확하지 못했다. "자유의지는 올바름 그 자체를 위해 올바름을 유지하는 능력"이라고 했던 안셀무스 Anselmus 의 정의 역시 기존의 것들보다 결코 더 쉽게 이해되지 않는다. 결국 『명제집』 *Sentences* 을 저술한 거장과 스콜라학자들은 아우구스티누스의 자유의지 정의를 선호했는데, 그의 정의는 단순했고 하나님의 은혜를 배제하지 않았다. 그들은 하나님의 은혜 없이는 인간 의지가 아무 능력이 없음을 잘 알고 있었다. 그런데도 자신들의 생각을 아우구스티누스의 정의에 추가함으로써 자유의지에 대한 그들의 정의를 더 잘 표현하려 하거나, 다른 이들의 진술을 더 잘 설명하려 했다.

그들은 "의지"라는 용어가 반드시 이성을 가리켜야 하며, 이때 이성의 역할은 선과 악을 구별하는 것이요, 또한 "의지"와 결합하는 용어 "자유로운"이나 "얽매이지 않은"은 본래 의지에 귀속되며, 이때 의지는 이리저리 동요할 수 있다는 데 가장 먼저 합의했다. 그래서 토마스 아퀴나스도 자유는 의지와 좀 더 긴밀한 관계에 있다고 보면서, "자유의지는 지성과 의지의 중간에 있지만, 의지 쪽으로 더 기운다"는 적절한 정의를 내린다. 그렇다면 자유의지의 힘은 오직 이성과 의지에 있다고 해야 할 것이다. 이제 자유의지의 한계를 살펴볼 차례다.

자유의지와 은혜

하나님의 나라와 상관없는 외부적인 것은 흔히 인간의 결정과 자유로운 선택에 맡겨진다. 진정한 의로움은 하나님의 영적 은혜와 성령의 중생시키는 역사에 의해 가능하다. 이것은 『이방인들의 소명』 *The Calling of the Cientiles* 의 저자가 세 가지 의지에 관해 논의할 때 내세운 주장이다.[18] 그는 첫 번째 의지를 "감각적" 의지로, 두 번째 의지를 "동물적" 의지로, 세 번째 의지를 "영적" 의지로 부른다. 그의 추론에 따르면, 첫 번째와 두 번째 의지는 인간의 자유로운 선택에 속한 의지이고, 세 번째 의지는 성령의 역사에 달린 의지다. 우리는 나중에 그의 주장이 정당한지 검증할 것이다. 그전에 먼저 자유의지에 관한 다른 저자들의 진술을 간략히 살펴보기로 하자. 미리 말해두면, 이 문제를 다룬 저자들은 육체의 삶에 관계된 외부 일들에는 그다지 관심을 두지 않았음이 드러날 것이다. 그들은 주로 하나님의 의지에 복종하는 주제에 관심을 쏟았기 때문이다. 나는 자유의지 문제에서 하나님의 의지에 대한 인간의 복종이 가장 중요함을 인정하지만, 그와 동시에 육체의 삶에 관계된 일들 역시 소홀히 다루어서는 안 된다고 본다. 적절한 때가 오면 나의 이런 주장을 입증하겠다.

신학 학파들은 흔히 세 가지 자유를 구별하여 규정한다. 첫 번째 자유는 필연으로부터의 자유요, 두 번째 자유는 죄로부터의 자유이며, 세 번째 자유는 곤고함으로부터의 자유다.[19] 그들은 천성이 첫 번째 자유를 인간 속에 너무 깊이 심어 놓아서 제거될 수 없다고 말한다. 또 그들은 두 번째와 세 번째 자유가 죄 때문에 상실되었음을 인정한다. 자유를 이런 방식으로 구분하는 것이 필연성과 강제성을 혼동시키지 않는 한 나도 이 구분을 기꺼이 인정한다. 적당한 때와 장소에서 우리는 필연과 강제가 사뭇 다르다는 사실을 확인할 것이다.

따라서 중생을 통해 택하심을 입은 자들에게만 베풀어지는 하나님의 특별한 은혜의 도움 없이는, 인간이 옳은 것을 행할 자유의지를 결코 가질 수 없다는 사실이 인정되어야 한다. 다만, 인간이 선을 행할 능력을 전적으로 빼앗겼는지, 혹은 아무리 작고 미약하더라도 인간이 그 능력의 일부를 유지하고 있으므로 하나님의 은혜의 도움만 입으면 무언가 스스로 해낼 수 있는지 여부가 아직 분명하지 않다. 이 문제를 결정하기 위해 『명제집』을 저술한 거장은 "인간에게는 선을 행할 수 있게 해주는 두 가지 은혜가 필요하다"고 천명했다. 그가 "작동하는 은혜"operating grace로 부른 것은 우리가 선을 효과적으로 갈망하게 해준다. 그가 "협력하는 은혜"cooperating grace로 부른 것은 선을 행하려는 의지를 뒤따르면서 그 의지를 도와준다. 그러나 나는 이런 구분을 받아들일 수 없다. 우리로 하여금 선한 것을 효과적으로 갈망하게 하는 것은 하나님의 은혜라는 그의 주장과 달리, 비록 갈망만으로는 선을 행할 수 없더라도 우리 본성 속에 선에 대한 어떤 갈망은 존재한다는 암시를 그가 주기 때문이다. 베르나르 역시 거의 동일한 주장을 한다. 베르나르의 가르침에 따르면, 선을 행하려는 의지의 모든 발현은 오직 하나님께서 하시는 것이지만, 그럼에도 인간은 선을 행하려는 의지를 자발적으로 추구할 수 있다. 『명제집』을 저술한 거장은 그런 방식으로 자유를 구분할 때 자신이 아우구스티누스를 따르고 있다고 여겼지만, 오히려 아우구스티누스를 오해했다. "협력하는 은혜"에 관한 『명제집』 저자의 진술에 대해 나 역시 문제를 제기하고 싶다. 그 진술 때문에 스콜라학자들이 보기에, 『명제집』 저자는 인간이 하나님의 은혜와 협력한다고 주장하고 있었다. 이는 곧 하나님의 은혜가 베풀어질 때 인간이 그 은혜를 거절 또는 취소할 수 있는 능력을 지녔다고 주장하거나, 순종하는 행동을 통해 하나님의 은혜를 받아들일 수 있는 능력을 지녔다고 주장하는 셈이었다. 이것은 『이방인들의 소명』 저자의 견해이기도 하다. 그는 이성적 판단을 하도록 능력을 받은 자들은 은혜로부터 자유롭게 떠날 수 있다고 단언한다. 이는 아주 분명해서 그들이 하나님의 은혜를 떠나지 않는 행동은 미덕으로 인정된다. 또한 그들이 원했다면, 하지 않아도 되는 일을 행한 덕분에 그들은 어떤 공로까지 얻게 된다. 사실, 그런 행동은 하나님의 협력하는 은혜 없이는 불가능한데도 말이다!

내가 어떤 방식으로 스콜라학자들과 견해를 달리하는지 독자가 알 수 있도록 지나가는 말로 이 주장들을 언급하고 싶었다. 스콜라학자들은 그들 뒤에 출현한 궤변가들보다 건전한 교리를 가르쳤다.[20] 우리는 이 궤변가들과 더욱 심각한 논쟁을 벌여야 한다. 그들이 선배들의 순수함에서 심하게 멀어져 버렸기 때문이다. 어찌 되었든, 우리는 앞에 소개된 구분에 근거하여 과연 어떤 요인 때문에 그들이 인간에게 자유의지를 허락하게 되었는지 쉽게 이해할 수 있다. 『명제집』을 저술한 거장이 내린 결론에 따르면, 인간이 자유의지를 지녔다고 말할 수 있는 이유는 인간이 악한 생각과 행동을 할 수 있듯이 선한 생각과 행동도 할 수 있기 때문이 아니다. 오히려 인간이 그런 행동을 강제로 하지 않아도 되기 때문이다. 비록 우리는 악하고 죄의 노예이므로 오직 악만 행할 뿐이지만, 그런 자유는 방해받지 않는다.[21]

자유의지: 지양하는 것이 바람직한 용어

스콜라학자들에 따르면, 인간이 자유의지를 지녔다고 할 수 있는 이유는 인간이 선이나 악을 자유롭게 선택하기 때문이 아니라, 강요받지 않고 자발적으로 선이나 악을 행하기 때문이다. 이 견해 자체는 전적으로 옳다 하더라도, 그 장엄한 제목을 그토록 하찮은 것에다 덧붙인 것은 우습지 않은가? 자기 의지와 달리 강제로 죄에 종노릇하는 인간이 훌륭한 자유를 유지하고 있다면, 자기 의지가 죄의 사슬에 사로잡힌 노예의 자발적 의지는 훨씬 더 훌륭한 자유를 유지하고 있다는 말인가? 나는 용어를 놓고 벌이는 언쟁을 끔찍이 싫어한다. 그런 언쟁이 쓸데없이 교회를 괴롭히기 때문이다. 그러나 내가 생각하기에는, 우리는 다소 부조리하게 느껴지는 용어를 지양해야 한다. 그 용어가 우리를 미혹에 빠뜨릴 위험이 있을 때는 더욱 그래야 한다.

인간에게 자유의지가 주어지면, 자신이 직접 판단과 의지의 주인이 되어 자기 힘으로 선한 방향이든 악한 방향이든 정할 수 있다고 즉시 확신하지 않을 사람이 과연 얼마나 될까? 만약 그들이 "자유의지"라는 용어가 무슨 뜻인지 알게 되면, 혹시 그 위험을 피할 수 있을지도 모른다. 그러나 나는 그렇게 못할 것이라고 주장하고 싶다. 우리는 본성적으로 속임수와 거짓말에 넘어가는 성향이 있어서, 긴 논문에서 진실을 배우기보다는 오히려 단어 하나를 오해하기가 십상이기 때문이다. "자유의지"라는 용어에 얽힌 역사를 통해, 우리는 혹시 요긴할 만한 것을 얻기보다는 인간의 그런 성향을 입증하는 충분한 증거를 얻게 된다. 일단 이 용어가 만들어진 뒤로 사람들은 이 용어 자체만 즐겨 사용한 나머지, 아무도 그에 대한 교부들의 설명에는 관심을 기울이지 않았기 때문이다. 그들은 모두 이 용어를 사용함으로써 자신의 교만을 정당화할 수 있다고 보았다.

주목할 만한 교부: 아우구스티누스의 자유의지론

하지만 제아무리 교부들의 권위가 인상적이라 하더라도, 그리고 교부들이 자유의지에 관해 아무리 많은 말을 하더라도, 그들이 자유의지라는 용어에 어느 정도로 가치를 두는지는 쉽게 드러난다. 가장 우선하고 중요한 교부는 아우구스티누스다. 그는 자유의지를 가리켜 노예가 된 의지라고 서슴없이 불렀다.[22] 잘 알려진 대로 어느 저술에서 아우구스티누스는 자유의지를 부인하는 자들을 논박했다. 그는 "누구도 감히 죄를 변명하려는 목적으로 자유의지를 부인하지 못하게 막기 위해서"라며 그들을 논박한 의도를 분명히 했다.[23] 다른 곳에서 아우구스티누스는 인간의 자유가 하나님의 영과 상관없이 자유로울 수 없는데, 이는 그 자유가 자기의 탐욕을 이길 수 없기 때문이라고 진술한다. 또 그는 "일단 의지가 자기를 지배하는 죄에서 추방되면, 우리 본성도 자기의 자유를 상실한다"고 진술했으며, "인간은 자유의지를 오용함으로써 자유의지와 자기 자신을 상실했다", "자유의지는 사로잡혀 있고 선을 행할 힘도 없는 상태다"라고 진술했다. 또 다른 곳에서 아우구스티누스는 비록 인간 속에 자유의지가 확실히 존재하지만 의에는 자유롭고 죄에는 노예이기 때문에, 그 자유의지는 자유를 성취하지 못했다고 주장한다. 그렇다면 과연 아우구스티누스는 단지 자유의지라는 용어를 조롱하려 했던 것일까? 만약 누가 인간의 자유의지란 의를 포기하고 자신의 멍에를 거부하며 죄를 섬기기 위한 힘일 뿐이라고 생각한다면, 그 사람이야말로 그 힘을 "자유의지"라는 널리 쓰이는 용어로 부름으로써 그 용어를 조롱하는 셈이 아닐까? 따라서 누군가 "자유의지"의 뜻을 잘 이해하고 사용하려 한다면, 나는 그와 논쟁할 것이 아무것도 없다. 그러나 나는 이 용어 사용이 심각한 위험을 수반할 수밖에 없기 때문에 이 용어를 제거하는 것이 교회에 큰 유익을 주리라 믿는다. 그래서 나 자신은 이 용어를 사용하고 싶지 않다. 누구라도 내게 조언을 구한다면, 이 용어 사용을 그만두라고 권할 것이다.

어떤 사람들에게 나는 마치 아우구스티누스를 뺀 교회의 모든 권위자가 이 문제에 대해 너무 불확실하고 일관성 없게 말해 그들의 가르침에서 확실한 것을 전혀 얻지 못한다고 주장하는 듯 보일 것이고, 그래서 내가 나의 주장을 크게 훼손했다고 느낄 것이다. 그 사람들은 그 권위자들이 나와 반대 견해를 취한다는 이유로 내가 그들의 권위를 박탈하려 한다고 단정할 것이다. 나는 단지 독자의 유익을 위해 선한 믿음으로 그들에게 현 상황을 알림으로써 경고를 보내고 싶었을 따름이다. 그리하여 독자가 교부들에게서 얻을 수 있는 것보다 지나치게 더 많은 것을 기대하지 않게 해주고 싶었을 뿐이다. 그들에게 교부들은 언제까지나 불확실한 교훈만 남긴 자들로 보일 것이다. 왜냐하면, 교부들은 인간에게서 모든 능력을 빼앗아 버린 다음 오직 하나님의 은혜에서만 피난처를 찾아야 한다고 가르치기도 하고, 다른 때에는 인간에게 어떤 능력을 부여하거나, 아니면 마치 그렇게 하는 듯 보일 때가 있기 때문이다.

비록 교부들의 표현이 모호하기는 하지만, 나는 몇몇 교부들의 진술을 토대로 그들이 인간의 능력을 전혀 고려한 바가 없었다는 사실, 그리고 설령 그들이 인간의 능력을 고려했다 하더라도 그 고려는 너무 미약해서 모든 선한 일에 대한 찬미를 성령에게만 드렸다는 사실을 쉽게 증명할 수 있다. 아우구스티누스가 매우 자주 인용했던 키프리아누스Cyprianus의 "우리에게 선한 것이 전혀 없으므로 우리는 아무것도 자랑할 수 없다"는 선언이야말로 그 사실을 뚜렷이 증명해 주지 않는가?[24] 키프리아누스의 이 선언은 인간을 여지없이 무너뜨림으로써 만사를 오직 하나님께만 구하도록 가르친다. 동일한 사상이 한때 리옹의 주교였던 에우케리우스Eucherius에게서 확인된다. 그는 "그리스도는 생명나무요 무릇 자기 손을 그에게 뻗는 자마다 살 것이지만, 자유의지는 선악을 알게 해주는 지식의 나무여서 무릇 이 나무의 맛을 보려는 자마다 죽으리라"고 기록한다. 크리소스토무스의 글을 인용하면, "인간은 본성상 죄인일 뿐만 아니라 죄에 불과하다."[25]

그러므로 만약 인간 속에 어떤 선도 없고 머리부터 발끝까지 죄뿐이며, 자유의지가 무엇을 할 수 있는지 알려 하는 것조차 잘못이라면, 선한 일에 대한 찬미를 인간과 하나님께 나누어 드리는 것을 어찌 적법하다고 할 수 있겠는가? 나는 이런 증거들을 더 충분히 확보하기 위해 다른 교부들도 참조할 수 있다. 그러나 혹시 내 목적에 도움되는 것만 선별하고 내 주장에 반대되는 것은 다 빼 버렸다고 누가 꼬투리를 잡지 못하도록 더 자세한 내용 소개는 피하겠다. 그렇더라도 감히 말하건대 비록 교부들이 자유의지를 지나치게 찬양할 때도 종종 있었지만, 그들의 변함없는 목적은 자기 힘을 신뢰하지 않도록 인간을 설득하는 것이요 모든 능력이 오직 하나님께만 있음을 가르치는 것이었다.

겸손: 인간 본성에 대한 이해의 열쇠

자, 이제 인간의 본성을 솔직하고 진실하게 설명해 보자. 나는 이 장 서두에서 이미 제기했던 주장, 곧 자신을 아는 지식으로 최대 이익을 얻는 사람은 자신의 불행과 빈곤과 헐벗음과 수치를 자각하며 겸손히 대경실색하는 자라는 주장을 여기서 반복하지 않을 수 없다. 인간이 자기 속에 없는 것을 하나님 안에서 회복해야 함을 알고 있다면, 아무리 비천해져도 전혀 위험하지 않다. 반면, 인간에게 합당한 선보다 손톱만큼이라도 더 많은 선을 자기 것으로 가져가면, 그는 반드시 거짓 확신과 하나님의 영광을 가로챈 신성모독 때문에 멸망할 것이다. 우리 지성이 하나님 안에 없고 우리 안에는 있는 어떤 것을 자기를 위해 갖고 싶은 생각으로 불타오를 때마다, 그 생각은 우리의 조상을 설득하여 "선악을 아시는 하나님처럼" 되고 싶게 했던 바로 그 상담자로부터 흘러나온다.창 3:5 인간 속에서 인간을 찬미하는 것이 마귀의 부추김에서 나온다면, 우리가 그 원수의 조언을 받고 싶지 않은 한 반드시 그 찬미를 배격해야 한다.

우리 모두는 우리 속에 그런 힘이 있어서 우리의 현재 모습에 만족하고 싶어 한다. 하지만 성경은 그런 거짓 확신으로부터 우리를 치료하는 말씀들로 풍성하다. "인간을 신뢰하며 육체에서 힘을 구하는 자는 저주를 받을 것이라"는 말씀을 숙고해 보라.렘 17:5 시편 기자는 "하나님은 말馬의 힘이나 강한 사람의 다리에 있는 힘을 기뻐하지 아니하시고, 하나님을 두려워하여 그의 선하심을 인정하는 자들을 사랑하신다"고 노래했다.시 147:10-11 이사야는 "그가 피곤한 자에게 힘을 주시고 용기를 잃은 자들을 회복시키신다"고 증언한다.사 40:29 또한 이사야는 "그가 젊음이 한창인 자들을 피곤하게 하여 겸비케 하신다. 그는 강한 자를 몰락시키지만, 그에게 소망을 두는 자는 강하게 하신다"고 알려 준다.사 40:30-31 이 본문들의 가르침에 따르면, 인간이 "교만한 자를 물리치시고 겸비한 자에게 은혜를 베푸시는" 하나님을 자기의 돕는 자로 삼고 싶다면,약 4:6 그는 혹시라도 자기에게 있으리라고 짐작되는 지극히 작은 힘조차 절대로 의지해서는 안 된다.

그런 다음, 성경에 있는 이 약속들을 기억하자. "내가 갈한 땅에 비를 쏟을 것이며, 내가 메마른 땅을 강들로 적시리라."사 44:3 "모든 목마른 자들아, 와서 물을 길라!"사 55:1 이외에도 다른 비슷한 약속들이 있으며, 그 모든 약속은 오직 쇠잔하여 비틀거리며 자기 필요를 의식하는 자들 외에는 아무도 하나님의 복을 받을 수 없다고 증언한다. 우리는 다음과 같은 이사야의 약속도 잊지 말아야 한다. "너희에게는 낮에 너희를 비출 해도 없을 것이요 밤에 빛날 달도 없으리니, 오직 너희 하나님께서 영원히 너희의 빛이 되시리라."사 60:19 당연히, 주님은 그의 종들에게서 해와 달의 광채를 빼앗지 않으신다. 하지만 주님은 자신의 영광이 오직 그의 종들 가운데서만 나타나기를 바라시기 때문에, 그들이 가장 소중하다고 믿는 것을 의지하지 못하게 하신다.

그래서 나는 "우리 철학의 토대는 겸손"이라는 크리소스토무스의 말을 언제나 애호해 왔다.[26] 아우구스티누스의 다음 말은 나를 훨씬 더 기분 좋게 해준다. "그리스의 웅변가 데모스테네스는 유창함의 제일 원칙이 무엇이냐는 질문에 전달이라고 대답했다. 두 번째로 질문받았을 때도 그는 똑같이 대답했고, 세 번째로 질문받았을 때도 그의 대답은 똑같았다. 그러니 만약 당신이 내게 무엇이 기독교 신앙의 원칙이냐고 묻는다면, 나는 첫째도 둘째도 셋째도 겸손이라고 대답하겠다."[27] 아우구스티누스에게 겸손이란 사람이 자기에게 어떤 힘이 있다고 믿으면서도 그 힘을 자랑하지 않는 태도를 뜻하지 않는다. 겸손이란 하나님 앞에서 자기를 낮추는 것 외에는 아무것도 의지할 것 없는 자가 다름 아닌 자기 자신임을 확실히 아는 것이다. 그래서 아우구스티누스는 다른 곳에서 이렇게 말했다. "아무도 자만하지 말지니 각 사람은 마귀요, 그가 가진 유일한 선은 하나님에게서 온다. 죄 외에 당신이 가진 것이 무엇인가? 만약 당신이 당신 것을 취하려거든, 죄를 취하라. 의는 하나님에게서 온다." 또 그는 "왜 우리는 우리의 타고난 능력이 그처럼 많으리라 추정하는 것일까? 그 능력들은 손상되고 무너지고 흩어지고 파괴되어 버렸다. 필요한 것은 이에 대한 솔직한 고백이지 거짓된 옹호가 아니다"라고 말했다.

그러므로 마치 우리가 어떤 식으로 빈곤해지기라도 했다는 듯이, 우리의 권리를 놓고 하나님과 논쟁을 벌이지 말자. 우리의 낮아짐이 그의 높아지심이듯이, 우리 비천함의 고백은 언제나 하나님의 즉각적인 치유의 자비로 이어진다. 그렇다고 해서 우리가 하나님에 대한 모든 정당한 주장을 포기해야 한다는 말이 아니다. 겸손을 얻기 위해 어떤 것이든 우리가 가진 강점을 일부러 무시해야 한다는 주장도 아니다. 나는 단지 우리의 눈을 너무 자주 멀게 하는 열정, 곧 자아에 대한 모든 어리석은 사랑과 온갖 거만함과 야망을 다 제쳐 놓고, 오직 성경이라는 거울에 비친 우리 자신을 바라보자고 당부할 뿐이다.

인간의 지성, 그 능력과 한계

앞에서 우리는 인간의 영혼을 지성과 의지로 구분했다. 이 중에서 먼저 지성의 능력을 조사함으로써 우리의 주장을 계속해 보려고 한다.

지성이 너무 심하게 눈이 멀어 버려서 이 세상 것들에 대한 지식을 전혀 갖지 못하게 되었다는 주장은 하나님의 말씀뿐만 아니라 인간의 보편적 경험과도 전혀 맞지 않는다. 우리가 알듯이, 인간의 지성에는 진리를 추구하는 어떤 갈망이 담겨 있다. 인간의 지성이 전에 그 진리를 조금이라도 맛보지 않았다면 이처럼 진리를 추구하려 하지 않을 것이다. 그렇다면 우리의 지성은 이미 어떤 불씨, 곧 진리에 대한 본성적 사랑을 품고 있다고 할 수 있겠다. 야생 동물은 이 진리를 경멸한다. 이 점은 야생 동물에게 지각과 이성이 없다는 사실을 뚜렷이 드러낸다. 하지만 진리에 대한 우리의 사랑은 아직 시작도 하기 전에 비틀거리게 된다. 이 사랑이 허영으로 이어지기 때문이다. 인간의 지성은 그 무지함 때문에 진리를 추구하는 확실한 길을 따를 수 없다. 오히려 인간의 지성은 여러 가지 실수를 저지른다. 마치 눈먼 사람이 어둠 속 여기저기서 넘어지다가 완전히 길을 잃어버리는 것처럼, 인간의 지성도 진리를 추구하는 동안 진리를 추구하고 얻는 일이 얼마나 자기에게 안 어울리며, 얼마나 자신이 그 일에 준비되지 않았는지를 드러낸다. 또한 인간의 지성은 종종 자기가 무엇을 알려고 힘써야 하는지도 분별 못한 채, 쓸데없는 사소한 것을 궁금해하는 어리석은 충동에 시달린다. 하지만 인간의 지성은 진실로 중요한 것은 경멸하거나, 관심 없이 그냥 지나치면서 흘낏 눈길만 던진다.

확실히, 인간의 지성은 의식적인 연구에 거의 몰입하지 못한다. 세상의 모든 작가는 그 무능함을 초래하는 인간 자신의 고집스러움을 불평한다. 하지만 우리는 그 작가들도 바로 그런 고집스러움에 사로잡힌 자들임을 잘 알고 있다. 그래서 전도서에서 솔로몬은 인간의 흥미를 끌거나 인간이 지혜롭게 여기는 모든 것을 사색한 다음, 그 모든 것이 허망하고 덧없을 뿐이라고 결론짓는다.전 6:11-12 그럼에도 인간의 지성이 전념할 때는 아무런 유익이 없을 만큼 헛된 수고를 하는 것은 아니다. 주로 인간의 지성이 아래에 있는 것들에 대해 관심을 향할 때 그렇다. 인간의 지성이 위에 있는 것들을 추구할 때 부주의하기는 하지만, 위에 있는 것들을 조금도 맛보지 못했을 정도로 지각없는 것은 아니다. 다만, 인간의 지성은 한 영역에 대해 가진 능력을 또 다른 영역에서도 똑같이 발휘하지는 못한다. 현재 삶의 영역 위로 올라가려 할 때마다, 인간의 지성은 거의 언제나 자기의 연약함을 인정하지 않을 수 없기 때문이다. 그러므로 우리가 인간의 지성이 위의 영역과 아래의 영역에서 도달할 수 있는 한계를 발견하려면, 이 두 영역을 반드시 구별해야 한다.

땅의 것들과 하늘의 것들

따라서 우리는 땅의 것들에 대한 이해와 하늘의 것들에 대한 이해를 구별함으로써 이 두 가지 이해의 차이를 제시하겠다. 땅의 것들은 하나님과 그분의 나라와 관련이 없는 것들이요, 참된 의로움이나 미래의 불멸하는 생명과도 관련이 없는 것들이다. 그 대신 땅의 것들은 현재 삶이나 그 삶의 테두리 안에 들어 있는 것들과 다양한 방식으로 관련된다. 하늘의 것들은 진정한 의로움의 원칙이나 유형, 하늘나라의 신비들이다. 땅의 것들은 정부에 관한 이론, 가정 운영 방법, 공예, 철학, 인문학으로 불리는 기타 여러 가지 분과들로 구성된다. 하늘의 것들은 하나님과 그분의 뜻에 대한 지식, 우리가 하나님의 뜻에 따라 생활할 때 지키는 원칙들이다.

하늘의 것들에 관해서라면, 우리는 사회적 존재인 인간이 사회를 유지하고 보존하려는 본성적 경향을 지녔음을 인정해야 한다. 우리는 모든 인간의 지성에 예절과 사회질서에 관한 공통된 관념들이 각인되어 있음을 본다. 그래서 모두가 인정하듯이, 모든 인간 공동체는 반드시 법률에 따라 운영되어야 하며, 모든 인간의 의식 속에는 법에 대한 어떤 개념이 내재해 있다. 따라서 각 민족뿐만 아니라 각 민족에 속한 개개인도 언제나 법률을 따르기로 동의해 왔다. 우리 각자 속에는 교사나 입법자의 도움 없이도 본성에서 유래한 법률의 씨앗이 내재해 있기 때문이다.

도둑이나 강도의 경우처럼 일부 사람들은 자신의 탐욕을 채우려 모든 법을 무시하고 모든 예절을 뒤엎으며, 모든 공의를 억누르기도 한다. 그 결과 사람들 간에 다툼이나 갈등이 갑자기 터져 나올 수 있다. 그렇다 하더라도 모든 인간의 내면에 법률의 씨앗이 내재한다는 사실을 부정하지는 못한다. 흔히 볼 수 있듯이, 어떤 사람들은 입법자가 바르고 정당하다고 선언한 것을 부당하게 여기며 무시하거나, 입법자가 악으로 금지한 것을 선하다고 여긴다. 첫 번째 부류의 사람들은 자신이 거룩하거나 선하다고 인정할 수 없어서 법률과 대립하는 것은 아니다. 그들은 마치 이성과 투쟁하는 어떤 광포함과 같은 탐욕에 사로잡혀 지배받고 있을 뿐이다. 그들의 지성이 권하는 것을 그들의 마음은 혐오한다. 악이 가장 강성한 곳이 바로 마음인 것이다. 두 번째 부류의 사람들은 비록 논쟁을 좋아하기는 해도 앞서 설명한 공정성에 대한 본래적 감각조차 없을 정도로 심하게 분열되어 있지는 않다. 그들 내부에서 가장 탁월한 법률이 무엇인가에 대한 논쟁이 벌어진다는 것은 그들이 대체로 공정성에 대한 일반적 개념에 동의한다는 뜻이기 때문이다. 이 모든 것에서 우리는 인간의 지성이 얼마나 부실한지를 확인한다. 올바른 길을 따르기로 시작하는 단계에서조차 인간의 지성은 비틀거리고 절룩일 뿐이다.

그럼에도 모든 인간의 내면에 정치적 질서의 씨앗이 들어 있다는 사실은 부정되지 않는다. 이 점은 지금 여기서 삶을 영위하고 있는 우리 가운데 이성의 빛을 갖지 못한 자는 아무도 없다는 사실을 증명해 준다.

공예와 학예에 대한 인간의 통달

공예와 학예에 관해 논하자면, 우리가 이 분야에 익숙한 학습자라는 사실 자체가 우리에게 어떤 지적 능력이 있음을 알려 준다. 어떤 개인도 이 분과들을 전부 다 배워서 갖출 수는 없지만, 우리의 지성에 학습 능력이 있음을 보여주는 믿을 만한 표지가 있다. 그 표지는 이런저런 분과들을 재빨리 통달하는 우리 각자의 뛰어난 능숙함이다. 이것은 단지 우리의 학습 활동에 있어서 능력이나 수완에 관한 문제만은 아니다. 우리가 아는 대로, 모든 개인은 각자가 속한 특정 분야에서 새로운 어떤 것을 아주 빈번히 발견하거나, 다른 이들로부터 배운 것을 증진하고 정련한다. 비록 플라톤은 이런 종류의 이해는 영혼이 육신에 들어오기 전에 획득했던 지식에 대한 회상일 뿐이라고 오해했으나, 우리는 그 능력들이 인간의 지성에 새겨진 어떤 것에 근거해 있음을 이성을 통해 인정할 수밖에 없다.[28]

이런 예들은 본성이 모든 인간 속에 심어 놓은 이성적 지각 능력을 보여준다. 이 능력은 매우 보편적이어서 인간의 지성에 하나님께서 베푸신 특별한 은사들을 우리 모두 개인적으로 인정해야 한다. 우리가 그 은혜를 인정할 수 있도록 하나님은 충분히 분명하게 우리를 격려해 주신다. 하나님은 광인과 정신장애인을 창조하심으로써, 만약 모든 인간에게 관대하고 풍성하게 선사된 본성 속 하나님의 빛이 인간의 영혼을 비춰 주지 않는다면 그 영혼이 도달할 수 있는 수준이 어떠할지를 마치 거울로 비추듯 드러내신다. 학예의 발견, 학예를 교육하는 방식, 학문 간의 질서, 이들에 대한 상세한 지식과 탁월함은 오직 소수의 영역이기 때문에, 인간 본성의 재능이 무엇인지를 결정적으로 증명하지는 못한다.

따라서 우리가 이교도 작가들의 작품 속에서 그 놀라운 빛을 발견할 때, 비록 그 온전함을 상실하고 심각하게 부패하기는 했어도 인간 본성은 여전히 하나님께서 베푸신 수많은 은사들로 장식되어 있음을 우리는 확인한다. 만약 우리가 하나님의 영을 진리의 고유한 원천으로 인정한다면, 그분의 영을 진노케 하고 싶지 않은 한 어디서 진리가 나타나든 상관없이 진리를 멸시하지 않을 것이다. 우리가 성령의 은사들을 멸시하면 반드시 그분의 경멸과 책망을 받을 것이기 때문이다.

고대 법학자들이 그토록 질서 정연하고 공정한 행정조직을 구성할 때 활용했던 예리한 지혜의 빛을 어떻게 우리가 부정하겠는가? 어떻게 우리가 자연의 신비를 세심하게 연구하고 능숙하게 기록했던 철학자들을 가리켜 눈이 멀었다 하겠는가? 어떻게 우리가 이성적인 토론법인 논쟁술을 우리에게 교육한 사람들을 가리켜 전혀 이해력이 없다고 하겠는가? 의학을 개척한 사람들을 미쳤다고 할 수 있는가? 그 외 다른 학문 분야들을 그저 바보짓으로 여길 수 있는가? 오히려 우리는 이 모든 분야를 다룬 서적들을 경이로움을 느끼지 않고는 읽을 수 없다. 우리는 이 분야들에 담긴 지혜를 인정할 수밖에 없을 때마다 경이로움을 느끼게 된다. 사실, 우리가 빼어나다거나 칭찬할 만하다고 판단하는 것은 모두 하나님에게서 나오는 것임을 인정해야 한다. 그렇게 인정하지 않는다면, 철학과 법학과 의학과 기타 분과들을 전부 다 하나님의 은사로 선언했던 이교도 시인들보다 못하게, 우리야말로 끔찍한 배은망덕을 저지르게 될 것이다. 오직 천성의 도움만으로 지상의 열등한 것들을 참으로 능숙하게 이해했던 이 사람들은, 최고의 선한 것을 상실한 인간 본성에 하나님께서 남겨 두신 선한 은사가 얼마나 풍성한지 짐작하게 해준다.

본성의 재능은 부패했어도 하나님의 영이 주신 은사들

우리는 하나님의 영이 그 모든 은사를 그의 뜻에 따라 인류 공동의 선을 위해 골고루 나눠 주셨음을 반드시 기억해야 한다. 하나님의 영이 광야에 성막을 지은 자들에게 특별한 지식과 기술을 베푸실 필요가 있었다면,출 31:2-11, 35:30-35 인간 삶에 필수적인 것을 아는 지식을 우리에게 주신 분도 동일한 성령이라 말해도 전혀 문제없다.

만약 하나님에게서 완전히 멀어진 악인에게 하나님의 영이 무엇을 하실 수 있는지 묻는다면, 나는 그런 추론은 문제가 있다고 대답하겠다. 성경은 성령께서 오직 믿는 자 안에만 머무신다고 말한다.롬 8:9 이 말씀은 우리를 성별하여 하나님의 성전으로 삼으신 분이 성별의 영이라는 뜻이다.고전 3:16 그러나 하나님은 그와 동일한 영의 능력으로 모든 피조물을 채우시고 움직이시고 일깨우실 수 있다. 이때 하나님은 각 피조물을 창조할 때 부여하셨던 본성에 따라 그렇게 하신다. 만약 주님께서 죄 많고 신앙 없는 자가 우리에게 자연철학이나 변증학, 그 밖의 학문 분과들을 가르치도록 허락하신다면, 하나님의 은사들이 어떤 분야에서 제공되든 상관없이 우리는 그 은사들을 활용함으로써 혹시라도 그것들을 업신여긴 태만함 때문에 하나님께 벌을 받지 않도록 조심해야 한다. 우리는 인간이 부패한 세상의 저급한 것들을 잘 이해할 능력이 있음을 인정했다. 그러나 누군가 단지 이것만을 근거로 인간은 완전히 행복한 존재라고 여긴다면, 우리는 인간의 이해력과 그에 따른 지식이 하나님의 진리 위에 굳건히 세워지지 못했을 때는 그분 보시기에 허망하고 없는 것과 다름없다는 것을 추가로 언급해야겠다. 『명제집』을 저술한 거장도 인정해야만 했듯이, 아우구스티누스의 말은 매우 타당하다. 아우구스티누스에 따르면, 인간에게 처음 부여된 은사들과 이후 그의 본성에 추가된 은사들이 그가 죄에 빠졌을 때 취소되었듯이, 인간 속에 남은 본성적 은사들도 이미 부패해 버렸다.[29] 이는 하나님에게서 나온 은사들이 더럽혀질 수 있다는 뜻이 아니다. 다만, 일단 인간이 더럽혀진 후에는 하나님의 은사들이 그 속에서 순결을 계속 유지할 수 없었기 때문에, 인간은 그 은사들로 인한 어떤 칭찬도 얻을 수 없게 되었다는 뜻이다.

타락한 인간은 하늘의 것들을 이해할 수 없다

이제 우리는 인간 이성이 하나님의 나라를 추구할 때 무엇을 찾을 수 있는지, 그리고 세 가지 요소, 곧 하나님을 앎과 하나님의 뜻을 이해함과 그분의 뜻에 맞추어 우리 삶에 질서를 세우는 것으로 구성된 영적 진리를 과연 인간의 이성이 얼마나 이해할 수 있는지 설명할 차례가 되었다.

앞의 두 요소, 특히 두 번째 요소인 하나님의 뜻을 이해함에 관해서라면, 가장 현명한 지성을 갖춘 사람들이 시각장애인보다 더 눈이 멀어 있다. 나는 철학자들의 저서 곳곳에도 하나님에 관한 잘 표현된 진술들이 있음을 부인하지 않는다. 하지만 언제나 그 진술들은 너무 일관성이 없고, 기껏해야 하나님에 관한 혼란스러운 견해들에 불과하다는 것이 여실히 드러난다. 사실, 하나님은 철학자들에게 그분의 신성을 약간은 맛보게 하셨다. 따라서 그 철학자들은 자신의 불경건함을 핑계로 하나님의 뜻에 대한 무지를 변명할 수 없다. 또한 하나님은 철학자들이 어떻게든 자기 자신을 설득할 수 있을 사상들을 표현하게 하셨다. 그러나 철학자들은 자신이 볼 수 있는 것만 보았을 뿐이므로, 그들을 진리로 이끌기에는 충분하지 못했다. 그들이 본 것은 하나님을 아는 참된 지식으로 그들을 인도하기에는 더욱 역부족이었다.

이 점은 하나의 유비를 통해 가장 잘 설명할 수 있다. 번개가 심하게 치는 밤 누군가 들판 한가운데 서 있다고 하자. 섬광은 그 사람에게 잠깐이나마 드넓은 주변을 보여줄 것이다. 하지만 그가 갈 길을 알아내는 데는 섬광이 도움이 되지 못할 것이다. 섬광의 불빛은 그 사람이 길을 쳐다보기도 전에 사라져 버리고, 다시 어둠 속으로 빨려 들어간 그는 영영 집으로 돌아가지 못할 것이다. 그뿐만 아니라, 철학자들의 저서 여기저기에 흩어져 있는 지극히 미미한 진리들조차 너무나 끔찍한 거짓 때문에 흐려지게 됨을 우리는 잘 알고 있지 않은가! 두 번째 요소와 관련하여 내가 이미 말했듯이, 철학자들은 하나님의 뜻에 대해서는 최소한의 확실성조차 전혀 경험하지 못했을 정도로 무지하다. 하나님의 뜻 없이 인간의 지성은 절망적인 혼란 상태에 버려진다. 따라서 인간의 이성은 하나님이 실제로 누구이며 우리가 어떤 존재이기를 원하시는지에 대한 진리에 가까이 다가갈 수 없고, 그 진리를 얻기 위해 애쓰거나 목표로 삼을 수도 없다.

하나님의 빛 없이 지성의 영적 시야는 캄캄하다

하지만 우리는 거짓된 자만심에 취해 있다. 인간의 이성이 하나님의 것들에 관해 심하게 눈멀고 무감각하다는 진실을 우리는 대단히 믿기 힘들어한다. 나는 단순한 논증보다는 성경의 증거에 호소함으로써 이 진실을 더 잘 입증할 수 있다고 생각한다. 요한은 "태초부터 생명이 하나님 안에 있었고 이 생명이 사람들의 빛이었는데, 그 빛이 어둠에 비추었으나 어둠이 빛을 받아들이지 않았다"고 기록함으로써 이 진실을 아주 분명하게 알려 준다.[요 1:4-5] 이 말씀을 통해 요한은, 인간의 영혼이 하나님의 빛으로 분명히 조명받기 때문에 어떤 불꽃이나 최소한의 불씨 정도는 반드시 지니고 있다는 것을 보여준다.

그뿐만 아니라, 요한은 인간이 하나님을 이해하기에는 이 조명이 충분하지 않다고 기록한다. 그 이유가 무엇인가? 하나님을 앎에 관해서라면 인간의 지성이 기껏해야 몽롱함에 지나지 않기 때문이다. 성령께서 사람들을 "어둠"이라고 부르면서 그들로부터 모든 영적 이해력을 박탈하시기 때문이다. 그래서 요한은 그리스도를 영접한 신자들은 피나 육체의 의지나, 남자의 의지에서 태어나지 않고 오직 하나님에게서 태어난다고 단언한다.[요 1:13] 실제로 요한의 증거에 따르면, 육체는 성령에게서 나온 빛을 얻지 못하면 하나님이나 하나님께 속한 것들을 이해하는 데 필요한 지극히 고상한 지혜에 결코 이를 수 없다. 마찬가지로, 예수 그리스도께서 베드로에게 확증해 주셨듯이, 베드로가 예수를 알 수 있었던 것은 오직 예수의 아버지이신 하나님에게서 얻은 영적 계시 덕분이었다.[마 16:17]

우리 주님은 그가 택하신 사람들에게 중생의 영을 통해 인간 본성에 없는 모든 것을 베푸신다. 우리가 이 사실을 일말의 의심도 없이 확신한다면, 결코 어떤 일에도 흔들릴 이유가 없을 것이다. 오히려 믿는 자는 선지자의 입을 빌려 "주님, 당신에게 생명의 근원이 있으며 당신의 빛으로 우리가 밝히 보나이다"라고 고백할 것이다.[시 36:9] 바울은 누구든 오직 성령에 의해서만 그리스도에 대해 진실하게 말할 수 있음을 확인해 준다.[고전 12:3] 자기 제자들의 무지함을 응시하던 세례 요한은 하늘로부터 받지 못하면 아무것도 이해할 수 없다고 선포한다.[요 3:27] 여기서 세례 요한이 "받는다"는 말로 알리려 한 것은 영적 계시이지 본성을 통해 얻는 일반적 이해가 아니다. 이 점은 그가 꾸준히 그리스도를 자기 제자들에게 선포했으나 결국 아무것도 얻지 못했다며 탄식할 때 분명해진다. 아마도 그는 "하나님께서 그의 영으로 사람들을 가르치시지 않는다면, 하나님에 관한 것을 가르친 내 말들은 무력할 따름임을 내가 잘 안다"고 말하고 싶었을 것이다. 마찬가지로 모세도 백성의 잘 망각하는 습성을 꾸짖었다. 모세는 그들이 은혜를 얻어야만 하나님의 비밀을 이해할 수 있다고 알려 준다. "너희 눈은 심히 큰 표적과 기적들을 보았으나, 주님은 너희에게 이해하는 마음과 듣는 귀와 보는 눈을 주시지 않았다." 신 29:3-4 혹시 모세가 백성을 나무토막들로 불렀다면 어땠을까? 만약 그랬다면, 모세는 하나님의 역사에 대한 백성의 관심을 조금 더 잘 표현한 셈이 되었을까?

동일한 이유로 주님은 그분의 선지자를 통해 이스라엘 사람들에게 주님을 알 수 있도록 총명을 주리라는 특별한 은혜를 약속하셨다. 렘 24:7 그 약속은 하나님께서 인간의 마음을 밝혀 주셔야만 인간이 더욱 큰 영적 통찰력을 얻을 수 있음을 알려 준다. 이 문제는 바울 서신에서 가장 분명하게 다루어진다. 바울은 "육욕적인 사람은 성령의 일들을 이해할 수 없는데, 성령의 일들은 그에게 어리석은 것이며 그의 능력이 전혀 미치지 못하기 때문이다"라고 결론을 내린다. 고전 2:14 바울은 "육욕적인 사람"이라는 표현으로 무엇을 말하고자 했을까? 바울은 자기 본성의 빛에 의지하는 자를 가리켜 "육욕적인 사람"이라고 표현했다. 인간은 본성상 영적인 것들을 알 수 없다. 그 이유는 인간이 단지 영적인 것들을 무시하기 때문만은 아니다. 인간은 자기가 할 수 있는 최선의 노력을 다하더라도 결코 영적인 것들을 알지 못한다. 바울이 말하듯이, 그러려면 인간이 영적 분별력을 갖추어야 하기 때문이다. 따라서 바울은 영적인 것들이 인간의 지성으로부터 감추어져 있으므로 오직 성령의 계시를 통해서만 드러나게 되며, 인간의 지성이 하나님의 은혜로 깨우침을 받기 전까지는 그분의 모든 지혜가 한낱 어리석음으로만 보인다고 가르친다.

일찍이 바울은 들음이 보는 것보다 낫다고 말했으며, 하나님께서 그분의 종들을 위해 예비하신 것을 아는 지식을 우리의 지적 능력보다 훨씬 우위에 놓았다. 더 나아가 바울은 인간의 지혜가 마치 인간이 하나님을 분명히 볼 수 없도록 막는 베일과 같다고 증언했다. 우리에게 증거가 더 필요한가? 바울은 이 세상 지혜는 하나님께서 의도하셨던 대로 어리석음이 되어야 한다고 말한다. 우리가 세상의 지혜를 고상한 전략이라고 여긴다면, 과연 하나님과 그 나라의 모든 비밀에까지 이를 수 있을까? 그런 미친 짓은 이제 그만두자!

본성의 법: 그 목적은 죄를 용서받을 수 없는 처지로 만드는 것

이제 우리는 영적 지혜의 세 번째 요소에 대해 논할 것이다. 이 요소는 질서 정연한 생활을 위해 필요한 법칙을 아는 지식, 곧 행위의 참된 의를 구성하는 것에 관한 지식이다. 여기서 인간의 지성은 내가 이미 논의했던 영역들에서는 지니지 못한 능력을 어느 정도 발휘하는 것 같다. 바울 사도는 "율법을 갖지 못한 사람들은 자신이 스스로에게 율법이 되어 율법의 행위가 그들 마음에 기록되어 있음을 나타내는데, 그들의 양심이 증언하고 그들의 생각이 그들의 행동을 재판하시는 하나님 앞에 그들 자신을 비난하거나 변호하기 때문이다"라고 단언한다.롬 2:14-15 만약 이방인들이 그들 마음에 새겨진 하나님의 의를 본래부터 지니고 있었다면, 마땅히 따라야 할 생활 방식을 그들이 전혀 모른다고 할 수 없다.

분명히, 사람들은 대체로 사도가 본성의 법으로 부른 것이 올바른 생활 문제에 관해 적절하게 안내해 준다고 알고 있다. 그러나 우리는 율법을 아는 지식이 인간에게 주어진 목적이 무엇인지부터 먼저 질문해야 한다. 그런 다음에야 비로소 이 지식이 과연 어느 정도까지 이성과 진리의 목표를 향해 우리를 인도할 수 있을지 판단하게 된다. 우리가 앞에서 인용한 대목에 나타난 바울의 논증 과정을 자세히 살피면, 바로 그 목적을 발견할 수 있다. 로마서 2:14-15의 몇 구절 앞에서 바울은 "율법 아래서 범죄한 자들은 율법으로 심판받을 것이요 율법 없이 범죄한 자들은 율법 없이 멸망하리라"고 기록한다.롬 2:12 혹시 우리가 이 마지막 사상, 곧 진리의 빛을 빼앗긴 가난하고 무지한 자들이 즉시 멸망해야 한다는 사상을 부당하게 여긴다면, 바울은 그들의 양심이 율법 역할을 할 수 있으므로 그들을 충분히 정당하게 정죄할 수 있다고 덧붙일 것이다. 그러므로 본성의 법의 목적은 인간이 변명할 구실을 얻지 못하게 하는 것이다.

따라서 우리는 본성의 법을 다음과 같이 적절히 규정할 수 있다. 본성의 법은 인간이 선과 악을 충분히 선명하게 구별하게 해주는 양심의 활동이다. 양심의 활동 때문에 인간은 자기 자신이 하는 증거로 책망을 받으며, 따라서 무지를 구실로 변명할 수 없게 된다. 하지만 인간은 자기 자신에게 아첨하는 습성이 너무 강해서, 항상 자기의 지성을 어떻게든 설득하여 자기의 죄를 인정하지 못하게 하고 싶어 한다. 내 생각에는, 인간이 죄를 범하는 이유는 오직 무지 때문이라는 플라톤의 주장에도 바로 그런 목적이 있었을 것이다.[30] 만약 인간이 위선적으로 자기의 잘못을 감출 수 있어서 그의 양심이 하나님의 심판을 벗어날 수 있다면, 플라톤의 말은 타당하다 할 것이다. 그러나 죄인의 마음은 선과 악을 구별하지 못하고, 매 순간 명백한 죄의 실체에 강제로 붙잡혀 온다. 죄인은 자기 눈을 감을 수도 없고, 때로는 자신이 원하지 않아도 눈을 뜰 수밖에 없기도 하다. 따라서 인간이 무지해서 범죄한다는 플라톤의 말은 틀렸다.

이기적 관심과 열정 때문에 명료할 수 없는 우리의 도덕적 판단

또 한 사람의 철학자 테미스티우스Themistius는 좀 더 진실에 가깝게 말했다. 그의 가르침에 따르면, 인간의 지성이 일반적 범주에서 사물을 바라볼 때는 여간해서 틀리지 않지만, 개인적인 범주에서 구체적으로 바라볼 때는 자주 실수를 범한다.[31] 예를 들어, 우리가 살인이 근본적으로 잘못인지 아닌지 질문을 받는다면, 모두 잘못이라고 대답할 것이다. 그렇지만 자기 개인의 원수를 죽이려고 음모를 꾸미는 사람은 살인을 잘못으로 여기지 않을 것이다. 비슷하게, 사람들은 일반적으로는 간음을 부도덕으로 정죄하지만, 자신의 간음에 대해서는 더할 나위 없이 관대하다. 이것이야말로 무지의 참모습이 아닌가? 인간은 건전한 일반적 판단을 내리고 난 다음, 자신의 개인적 이해를 원칙과 혼동한다. 그러면서 자기 자신에 대해 생각할 때는 자신이 이미 따랐던 원칙을 잊어버린다. 아우구스티누스는 시편 57편 주석에서 이 문제를 탁월하게 처리한다.

그러나 테미스티우스의 이 주장도 모든 상황에 해당하지는 않는다.

일단 비열한 사악함이 죄인의 양심을 심히 둔감하게 하면, 죄인은 선에 대한 그릇된 개념을 가졌기 때문이 아니라 알면서도 일부러 악에 투항하기 때문에 넘어진다. 이교도 작가들 역시 바로 그런 성향이 있었기 때문에 "나는 더 좋은 것을 알고 인정하지만, 더 나쁜 것을 멈추지 않고 따라간다"와 같은 말을 남겼다.[32] 이와 비슷한 표현들이 더 있다. 아리스토텔레스는 이 문제에 대한 오해의 소지를 조금이라도 남기지 않기 위해서 무절제와 방종을 날카롭게 구별했다. 그의 지적에 따르면, "무절제가 만연한 곳에서 사람은 자신의 다룰 수 없는 탐욕 때문에 선과 악에 대한 구체적인 지식을 잃어버린다. 그 이유는 사람이 흔히 다른 이들에 대해서는 정죄하는 악을 자신의 죄에서는 볼 수 없기 때문이다. 방종은 더 위험한 질병인데, 방종한 사람은 자기가 잘못하는 줄 알면서도 자기의 악한 의지를 그만두지 않고 오히려 훨씬 더 고집스럽게 지속하기 때문이다."[33]

옳음과 그름에 대한 우리의 의식은 하나님의 법을 이해할 수 없다

설령 우리가 선과 악을 구별하는 은사가 모든 곳에서 모든 사람에게 공유되어 있음을 안다 하더라도, 이 은사가 완전히 제 역할을 한다고 생각해서는 안 된다. 선과 악을 분별하는 지성의 능력이 인간에게서 무지라는 핑곗거리를 빼앗는 역할이라도 해준다면, 인간은 진리를 상세하게 알아야 할 의무가 없을 것이다. 인간이 자기 잘못을 어물쩍 넘어가려 하면 반드시 자기 양심의 증거에 따라 정죄받는다는 사실을 잘 알기만 해도 충분하기 때문이다.

우리가 인간의 "의" 관념이 완벽한 의로움의 기준인 하나님의 율법에 어느 정도나 일치할지를 철저히 따져 본다면, 인간의 "의" 관념이 얼마나 어두운지를 실감하게 될 것이다. 인간의 "의" 관념은 하나님을 신뢰하고 그분의 권능과 의로우심을 찬양하며, 그분의 이름과 그분의 안식일을 존중하라는 율법 첫 돌판의 핵심과 너무 동떨어져 있다.[출 20:3-11] 자기의 통찰을 의지하는 인간 지성이 언젠가 단 한 번이라도 "여기가 바로 하나님의 명예와 예배가 참으로 머무는 곳이라고 ("알았던" 적이라고는 못하더라도) "상상이라도 했던" 적이 있는가? 악인들이 하나님을 공경하려 할 때, 그들은 이미 헤아릴 수도 없을 만큼 여러 번 도피처로 삼았던 괴상한 망상들에 언제나 사로잡히고 말 것이다. 하나님께서 받으실 유일한 예배는 영적 예배라는 것을 그들은 결코 받아들일 수 없다. 선한 충고를 이해하지도 주의하지도 못하는 지성을 어떻게 우리가 칭찬할 수 있겠는가? 이것이 바로 인간 지성의 정확한 실태다. 아주 분명히 밝혀진 대로, 인간의 지성에는 이해력이 전혀 없다.

율법의 둘째 돌판에 새겨진 계명들은 어떠한가? 인간은 이 계명들은 약간 더 잘 이해한다고 말할 수 있다. 그것들은 일상생활과 시민사회에 좀 더 밀접하기 때문이다.출 20:12-17 비록 여기서도 우리의 이해가 때때로 너무 부족할지라도 말이다. 빼어난 정신을 가진 사람들은 조금이라도 거부할 수 있는데, 지나치게 많은 명령에 순종하는 태도를 미친 짓으로 여기는 것 같다. 필연적으로 우리는 그런 명령을 감수하는 것은 비굴하고 유약한 마음의 징표요, 명령을 거역하는 것이야말로 명예롭고 당당한 의무라고 판단하게 된다. 주님은 그런 거만한 마음을 정죄하시며, 그의 백성에게 사람들이 매도하고 험담하는 바로 그 인내심을 가질 것을 명령하신다.

그뿐만 아니라, 인간의 지성은 이 점에서 하나님의 율법에 완전히 눈이 멀어서 지성의 여러 욕구가 얼마나 사악한지 분별하지 못한다. 육욕적인 인간은 돌이켜 자기 내면의 갈등을 절대로 인정할 수 없다. 그가 자기 심연의 아귀 언저리에 다가가기도 전에 본성의 빛이 완전히 꺼져 버린다. 철학자들이 길들일 수 없는 마음의 충동에 대해 논할 때, 그들은 분명히 확인할 수 있는 충동을 말한다. 앞에서 우리가 모든 죄를 무지의 탓으로 돌린 플라톤을 바르게 비판했듯이, 모든 죄를 의도적인 사악함 탓으로 돌리는 자들의 견해도 거부해야 마땅하다. 우리는 인간이 그 선한 의도와 상관없이 얼마나 쉽게 실패하는지를 우리 자신의 경험을 통해 잘 알고 있기 때문이다. 인간의 이성과 지성은 무지함에 너무 복잡하게 얽매여 있어서 그런 실수를 범하기 쉽고, 수많은 장애물에 넘어져 너무 자주 혼란에 빠져 버린다. 결과적으로, 우리의 이성과 지성은 우리를 안전하게 안내할 수 없게 된다. 바울은 "우리 자신에 관하여, 우리는 어떤 것이든 우리 자신에게서 나올 수 있다고 생각할 자격이 없다"고 기록함으로써,[고후 3:5] 우리의 이성과 지성이 우리 인생을 지휘하기에 얼마나 무능한지를 분명하게 제시한다. 바울은 여기서 의지나 감정을 가리켜 말하는 것이 아니다. 그는 행위의 올바른 과정을 지각할 가능성이 우리에게 전혀 없다는 것을 말하고 있다.

어떤 사람은 묻고 싶을 것이다. "그렇다면 우리가 수고한 일과 지혜와 지식과 신중함이 너무나 더럽혀져서, 우리가 생각하고 계획하는 모든 것이 하나님 보시기에 선할 수 없다는 것인가?" 그것이 우리에게 극단적일 만큼 가혹하다는 것을 나도 인정한다. 인간의 가장 탁월한 속성으로 여겨지던 신중함과 지혜를 사실은 이미 오래전에 빼앗겨 버렸음을 깨닫게 되면, 우리는 격렬한 분노를 느낄 수밖에 없다. 그러나 성령에게 이 사실은 완전히 공의롭다. 성령은 모든 인간의 생각이 헛됨을 아시기 때문에, 인간의 마음이 행하려고 꾀하는 바는 무엇이든 다 악하다고 분명하게 말씀해 주신다.[창 6:5, 8:21] 인간의 지성이 지각하고 사고하고 의도하고 고안하는 모든 것이 항상 악하다면, 어떻게 우리가 오직 의로움과 거룩함만을 받으시는 하나님을 기쁘게 할 무언가를 생각해 낼 수 있겠는가? 오히려 우리는 인간 지성의 이성적 능력이 어느 쪽으로 향하든 상관없이 공허함에 희생되는 것을 본다. 다윗도 이것을 잘 알고 있었다. 그는 하나님께서 자신에게 그분의 교훈을 바르게 습득할 수 있는 총명을 주셨다고 밝힌다.[시 119:34] 무릇 새로운 이해를 얻고자 갈망하는 자마다 자신이 이미 가진 이해는 부적절한 이해라고 고백해야 한다. 아우구스티누스는 이성이 하나님에 관한것들을 이해할 수 없다고 굳게 확신했다. 그래서 그는 우리 눈에 태양 빛이 필요하듯이, 우리 지성에도 성령의 비추심이 필요하다고 가르쳤다. 그 정도로 만족할 수 없었던 아우구스티누스는 "우리는 육신의 눈을 떠서 태양 빛을 얻지만, 주님께서 지성의 눈을 열어 주시지 않으면 그대로 닫혀 있게

된다"는 설명을 덧붙였다.[34]

자유의지는 본성적 의향이 아니라 의식적 선택의 문제다

우리는 앞에서 선택 능력은 지성이 아니라 의지에 속한 능력임을 확인했다. 이제, 인간 내면에서 자유가 머무르는 거처로서 의지를 고찰할 차례다.

철학자들은 만물이 본래부터 선을 갈망한다고 주장한다. 이 주장은 대체로 대중의 신뢰를 얻고 있다. 그러나 그런 주장은 의지가 어떤 방식으로든 정직함을 나타내는 증거가 될 수 없다. 우리가 잘 알듯이, 선에 대한 갈망은 자유의지의 능력과 아무 관련이 없기 때문이다. 이 갈망은 신중한 의도에서 나오기보다는 본성의 충동에서 나온다. 스콜라 신학자들조차 이성이 다양한 견해의 가치를 측정할 수 있는 영역 바깥에서는 자유의지가 제 역할을 하지 못함을 인정한다.[35] 따라서 그들은 욕망의 대상이 선택에 복종해야 하며, 선택을 돕기 위해서 먼저 작정이 되어 있어야 한다고 주장한다.

우리가 인간 속에서 선을 향한 본성의 어떤 욕망을 찾아보려 한다면, 그 욕망이 인간과 미개한 짐승이 함께 가진 욕망임을 알게 될 것이다. 인간과 짐승 둘 다 자기에게 유익한 것을 욕망한다. 그리고 어떤 것이 자기에게 유익을 줄 것 같다고 느낄 때 그것을 따라간다. 이 본성의 욕망에 이끌려 갈 때, 인간과 짐승은 무엇을 추구해야 할지 이성적으로 분별하지 못한다. 만약 인간이 불멸하는 탁월한 본성을 여전히 지니고 있다면 추구할 수 있었을 바로 그것을 지금의 인간은 분별하지 못한다. 인간이 그것을 생각하는 방식 속에는 실제적인 지혜가 전혀 없다. 오히려 이성과 분별력을 잃은 인간은 짐승처럼 자기 본성의 여러 충동을 따른다. 인간이 본성적 느낌에 자극되어 선한 것을 욕망한다는 사실은 자유의지와 전혀 상관이 없다. 인간은 이성을 적절히 사용함으로써 선을 분별해야 한다. 선을 분별하게 되면, 인간은 선을 선택해야 하고, 선을 선택하고 나면 선을 따라야 한다.

우리가 앞으로 이해의 과정에서 온갖 어려움을 다 해결하기 위해, 사람들이 자주 오해하는 두 가지 요점을 여기서 미리 지적해 두자. 흔한 표현으로 말하면, 우리는 "욕망"이라는 단어를 의지의 정상적인 행위가 아니라 본성의 의향으로 이해해야 한다. 또 우리는 "선"이라는 단어를 의로움이나 미덕으로 이해하지 말고, 모든 피조물 각자의 본성에 일치하는 편안함에 대한 욕망으로 이해해야 한다. 이런 종류의 본성적 욕망은 인간이 자유의지를 발휘할 수 있음을 증명해 주지 못한다. 오히려 그런 본성적 욕망은 지각없는 짐승의 성향이 그들의 본성을 자유롭게 해준다는 것을 더 잘 증명해 준다. 따라서 우리는 인간의 의지가 극히 부패하고 더러워져서 오직 악만 만들어 내는 것인지, 혹은 인간 의지의 일부분은 아직 손상되지 않아서 선한 의지도 발휘할 수 있는지를 판단하기 위해 별도의 방법을 마련해야 한다.

자유의지에 대한 바울의 가르침은 스콜라학자들의 가르침을 반박한다

제2장

어떤 사람들은 하나님이 주신 본래의 은혜가 우리에게 효과적으로 의지를 발휘하게 한다고 가르친다. 그들의 주장에 따르면, 영혼은 자율적으로 선을 갈망할 능력을 갖추었지만, 그 능력이 너무 약해서 인간이 선을 갈망하게 할 정도로 강한 자극으로 발전하지 못한다. 대다수의 스콜라학자들이 고수했던 이 관점은 오리게네스를 위시한 여러 교부들에게서 전해 내려온 것이 틀림없다. 그 교부들은 원초적 본성을 지닌 인간에 관해 사색할 때, 바울이 로마서 7장에서 인간을 묘사하며 사용한 표현들을 활용한다. "나는 원하는 선을 행하지 않고, 오히려 원하지 않는 악을 행한다. 나는 의지를 갖추었지만, 실행하지 못한다."롬 7:15, 19 [36] 이것이 바로 그들이 이 구절에서 바울이 주장한 바를 왜곡한 방식이다. 바울은 신자가 성령과 육체 사이에서 겪는 내면의 갈등을 거론함으로써 그리스도인의 분투에 관해 말하고 있기 때문이다. 바울은 이 갈등을 갈라디아서에서는 더 간략하게 언급했다.갈 5:17 신자는 본성이 아닌 중생을 통해 성령을 받게 된다. 바울은 여기서 중생에 관해 논의하고 있다. 이 사실은 바울이 자기 속에 어떤 선한 것도 거하지 않는다고 선언한 다음, 자기의 육신에 관한 논의를 이어 가는 것으로 확인된다. 그래서 바울은 자기 속에 죄가 거주하고 있으며, 따라서 악을 행하는 것은 자신이 아니라고 주장한다. "내 안에, 곧 내 육신에" 롬 7:18 라는 말로 바울이 의도한 바는 정확히 무엇인가? 아마 바울은 다음과 같은 의도로 말했을 것이다. "나 자신 속에는 선이 전혀 존재하지 않는다. 내 육체 속에서 어떤 선도 찾을 수 없기 때문이다." 롬 7:22-23

이는 자기 영혼의 중요한 부분으로 열심히 선을 추구하는 신자들에게만 해당하는 태도다. 이 점은 다음과 같은 바울의 결론을 통해 더욱 분명해진다. "내 속사람으로는 하나님의 법을 즐거워한다. 그러나 나는 내 지체들 속에 있는 또 다른 법이 내 마음의 법과 싸우는 것을 본다." 롬 7:22-23 하나님의 성령으로 새로 태어났지만 자기 육신의 잔존물을 지니고 있는 자가 아니면 도대체 누가 그런 내면적 갈등을 겪겠는가? 그래서 이 성경 구절이 인간의 본성을 거론한다고 여러 차례 해석했던 아우구스티누스는 나중에 자기의 그런 해석이 잘못되고 부적절하다며 취소했다.[37] 지극히 미미한 수준이라 하더라도 선을 행하고 싶은 충동이 하나님의 은혜와 상관없이 인간 속에 있을 수 있다고 인정한다면, 인간은 선한 생각을 전혀 할 수 없다는 바울의 반대 견해에 과연 우리는 어떤 식으로 응답해야 할까? 주님은 모세를 통해서 인간의 마음이 꾀하는 모든 것이 전적으로 악할 뿐이라고 선포하셨다. 그 주님께 과연 우리가 무슨 응답을 할 수 있을까? 창 8:21

스콜라학자들은 이 성경 구절을 잘못 해석하여 오류에 빠져 버렸다. 우리는 그들의 망상을 논의하느라 여기서 더 시간을 지체할 필요가 없다. 그저 우리는 "죄를 범하는 사람마다 죄의 종이라" 요 8:34 고 하신 그리스도의 말씀을 받기만 하면 된다. 우리는 모두 본성상 죄인이다. 우리는 죄의 멍에 아래 있다. 더욱이, 모든 사람이 죄의 노예로 단단히 묶여 있다면, 죄의 주요한 대리자인 의지 역시 틀림없이 죄의 족쇄에 단단히 묶인 채 저지를 받을 것이다.

인간의 부패함에 대한 성경의 추가 증거

성경이 인간에게 붙인 호칭들을 우리도 인간에게 사용하자. 이것이야말로 인간 영혼의 두 요소를 가장 잘 이해하는 방법이다. 만약 주님의 말씀이 인간 전체를 "육신에서 난 것은 육신"이라고 묘사한다면,요 3:6 쉽게 증명되듯이 인간은 분명히 비참한 피조물일 것이다. 바울 사도는 육체의 모든 생각은 하나님과 원수 관계에 있으므로 사망이라고 말한다. 육체의 모든 생각은 하나님의 법에 복종하지도 않고 복종할 수도 없기 때문이다.롬 8:7-8 육체가 너무 방종하여 어떻게든 하나님과 원수가 되려 한다면, 육체가 하나님의 의로우심을 받아들일 수 없다면, 한마디로 육체가 사망밖에는 낳을 수 없다면, 인간의 본성은 그런 육체에 불과할진대 우리가 지극히 미미한 선이라도 그 육체로부터 쥐어짜서 얻을 수 있겠는가?

어떤 사람은 "육체"라는 말이 영혼의 고상한 부분을 제외한 육욕적인 부분만 가리킨다고 반대 이견을 제기할 수 있다. 하지만 나는 그 이견을 그리스도의 말씀과 사도의 말씀으로 쉽게 해결할 수 있다고 확신한다. 주님은 "사람이 육체이기 때문에 다시 태어나야 한다"고 강조하신다.요 3:3 주님의 이 말씀은 사람이 몸으로 다시 태어나야 한다는 뜻이 아니다. 혹시 영혼이 일부분만 의롭게 된다면, 우리는 그것을 다시 태어났다고 말할 수 없다. 오직 영혼 전체가 새롭게 되어야만 그렇게 말할 수 있다. 이 점은 주님의 이 말씀 외에도, 성령과 육신을 대비한 바울 사도의 말에서도 확인된다.롬 8:6-9 성령도 아니고 육신도 아닌 그 둘 사이에 또 다른 무엇이 있을 가능성은 전혀 없다. 그렇게 따지면 인간 속에 영적이지 않은 것은 모두 육적인 것인 셈이다. 지극히 작은 영적인 것이라 해도 중생을 거치지 않는 한 우리는 그것을 결코 가질 수 없다. 그러므로 우리가 본성으로부터 물려받은 것은 무엇이든 다 육체임이 분명하다.

나는 인간의 허망함에 관한 다윗과 선지자들의 모든 말을 낱낱이 인용하고 싶지는 않다. 다만 이에 적당한 시편 말씀 한 구절을 제시하고 싶다. "사람과 허망함을 서로 재어 본다면, 사람이란 허망함 자체보다 더 허망함이 밝혀지리라." 시 62:9 이 말씀은 인간 지성에 대한 심각한 책망이다. 지성에서 나오는 모든 생각이 아둔하고 사소하고 멍청하고 부패했다고 조롱받기 때문이다. 마음을 가리켜 "만물 중에 가장 더 거짓되고 완고하다"고 하는 말씀에서도 마음이 지성 못지않게 책망을 받는다.렘 17:9 되도록 간결하게 설명하기 위해서 마치 환한 거울처럼 우리 본성의 완전한 모습을 보여주는 말씀 한 구절만 더 다루고 싶다. 바울 사도는 인간의 교만함을 낮추려고 이렇게 증언한다. "의로운 자도, 참으로 이해하는 자도, 하나님을 찾는 자도, 아무도 없다. 다 치우쳤고, 다 가치 없으며, 선을 행하는 자 아무도 없으니, 단 한 사람도 없다. 그들의 목구멍은 열린 무덤 같고 그들의 혀에는 속임수가 가득하다. 그들의 입술 밑에는 독사의 독이 있고 그들의 입은 중상과 악독으로 가득하다. 그들의 발은 피 흘리는 데 빠르고 그들의 길에는 패망과 재앙이 있다. 그들의 눈앞에는 하나님을 두려워함이 전혀 없다." 롬 3:10-18

바울이 이처럼 엄중한 표현들로 호통치는 대상은 일부 사람들만이 아니라 아담의 후손 전체다. 바울은 어느 한 시대의 부패한 풍습을 꾸짖는 것이 아니라, 우리 본성의 실로 오래된 부패함을 비난하고 있다. 바울이 그로써 이루려 한 목표는 인간을 꾸짖어 변화되게 하려는 것만은 아니었다. 그의 또 다른 목표는 가장 높은 자부터 가장 낮은 자까지 모든 인간이 너무나 심각한 재난을 당해서 하나님의 자비 없이는 아무도 빠져나올 수 없음을 가르치려는 것이었다. 우리의 본성이 파멸 상태라는 것을 입증할 다른 확실한 방법이 없기에, 바울은 이런 증언들을 통해 우리의 본성이 본래 상태를 상실한 처지보다 훨씬 나쁜 처지에 빠졌음을 알려 준다.

자, 바울의 이 주장을 받아들이자. 바울이 인간을 그런 방식으로 설명한 것은 인간의 습관뿐만 아니라 인간의 본성 역시 부패했기 때문이다. 그렇지 않다면, 바울의 주장은 성립되지 않을 것이다. 바울은 인간 전체가 그 자체로 상실되고 파멸했기 때문에 하나님의 자비 외에는 인간에게 어떤 구원도 없음을 증명하려 한다. 나는 여기서 바울의 증언들이 적당했는지 여부를 따지고 싶지 않다. 나는 이 증언들을 선지서에서 인용된 것이 아니라, 바울 자신이 직접 제시한 진술로 본다. 우선 그는 인간에게서 의로움, 곧 진실성과 순수성을 박탈한다. 그다음으로 총명을 박탈하고, 인간에게 총명이 없다는 증거로서 모든 인간이 지혜로 가는 첫걸음인 하나님 찾기를 그만두고 그분에게서 떠나버렸음을 선포한다. 이어서 바울은 믿음의 부재가 초래한 결과들을 제시한다. 모두가 치우쳤고 모두가 부패해 버렸고, 따라서 "선을 행하는 자가 하나도 없게 되었다"는 것이다. 바울은 불의함에 치우친 모든 인간의 육체 구석구석을 더럽히는 온갖 사악함을 낱낱이 나열한다. 마지막으로, 바울은 모든 길에서 바른 방향을 알리는 규칙과 같은 "하나님을 경외함"이 모든 인간에게 "없다고" 항변한다.

만약 인류가 바로 이런 것들을 풍부하게 상속했다면, 우리의 본성에 선한 것이 있는지 찾는 것은 무의미한 일이다. 물론 각 사람마다 온갖 사악함을 전부 가지고 있는 것은 아니다. 신체는 비록 겉으로 드러나는 증상이나 통증이 없더라도 그 속에 질병의 원인과 실체가 있으면 결코 건강하다고 할 수 없다. 마찬가지로 영혼 속에 그런 찌꺼기가 생기면, 영혼이 건강하다고 여길 수 없을 것이다. 다만, 이것은 전적으로 타당한 직유直喩는 아니다. 신체에 생길 수 있는 결함이 무엇이든 상관없이 신체는 계속해서 어떤 생명력을 유지한다. 이와 달리, 영혼은 일단 죄악의 심연 속에 가라앉게 되면, 영혼에 단순히 결함이 생기는 정도가 아니라 선함 자체가 영혼에서 사라져 버린다.

하나님의 은혜가 인간의 악한 의지를 제한한다

앞에서 논의한 문제와 약간 비슷한 또 다른 문제가 발생한다. 본성에 따라서 미덕을 자기 생애의 목표로 삼았던 사람이 시대마다 몇몇은 있었다. 비록 그들의 행동이 완전무결했다고 평가할 수는 없지만, 그들의 동기는 칭찬할 만하다. 그들의 본성 속에는 어떤 천진함이 들어 있었을 것이다. 하나님께서 그런 미덕들을 얼마나 가치 있게 평가하셨는지는 나중에 행위의 공로에 관해 논의할 때 충분히 설명하겠다. 지금은 우리가 관심을 둔 문제에 필요한 만큼만 그것을 다루도록 하자.

그 일부 사람들이 보여준 사례는 인간 본성을 완전히 악한 것으로 여기지 않도록 우리를 일깨워 준다. 그들은 본성에 따라 칭찬받을 만한 일을 많이 했을 뿐만 아니라, 올바른 생활을 일관되게 영위하기도 했기 때문이다. 그러나 하나님의 은혜는 우리가 말한 바로 그 보편적 부패함 속에서 역사하고 있었음을 명심해야 한다. 그 역사의 효과는 우리 본성의 부패함을 교정하는 것이 아니라, 그 부패함을 은밀하게 제한하고 억제하는 것이었다. 만약 하나님께서 인간이 자기 욕망대로 행하도록 내버려 두셨다면, 바울이 인간 본성을 두고 정죄한 그 모든 결함을 모조리 드러내지 않을 사람은 하나도 없었을 것이기 때문이다. 과연 누가 자신을 인류로부터 따로 떼어 놓을 수 있을까? 바울이 모든 사람을 책망하는 다음의 말을 들어 보라. 그 책망을 피하고 싶은 사람이 있다면, 그가 할 일은 인류로부터 자신을 따로 떼어 놓는 것밖에 없을 것이다. "그들의 발은 피 흘리는 데 빠르고, 그들의 손은 도적질과 살인으로 더러워지며, 그들의 목구멍은 열린 무덤 같고, 그들의 혀에는 속임수가 가득하고 그들의 입술에는 독이 가득하며, 그들의 행동은 가치가 없고 악하고 부패하다. 그들의 마음속에는 하나님이 없고, 사악함만 있을 뿐이다. 그들의 시선은 함정 파기에 사로잡혀 있고, 그들의 마음은 욕설만 쏟을 뿐이다." 롬 3:12-18, 1:29 간단히 말해, 우리 몸의 모든 지체가 악을 행하는 데만 재빠르다.

바울 사도가 담대히 선포하듯이, 모든 인간의 영혼이 이토록 기괴한 악행의 주체라면, 주님께서 인간의 탐욕이 제멋대로 굴도록 허락하실 때 무슨 일이 생길지 짐작할 수 있다. 그 엄청난 재앙을 일으킬 수 있을 정도로 미친 짐승은 없다. 아무리 빠르고 도도하게 물살이 흘러도 그 정도로 혼탁한 급류를 쏟아 낼 수 있는 강도 없다. 이 질병들은 주님께서 택하신 사람들 중에서는 우리가 앞으로 설명할 방식으로 치료된다. 유기된 사람들 중에서는 하나님께서 온 세상을 보존하는 데 편리하다고 판단하심에 따라 이 질병들이 곪아 터지지 않도록 억제만 된다. 그 결과 비록 자신의 악한 탐욕을 일정 부분 드러낼 수밖에 없기는 해도, 어떤 사람들은 수치심 때문에, 또 어떤 사람들은 법이 두려워서 지나친 악을 저지르지 못하게 된다. 어떤 사람들은 정직한 생활을 하는 것이 자기에게 이익이라 믿고서, 어떻게든 그 생활을 유지해 보려고 노력한다. 어떤 사람들은 그보다 한 걸음 더 나아가 자기의 모범적 성품을 남들에게 과시한다. 그래서 그들은 평범한 이들에게 위압감을 주어 자기에게 복종케 하고 싶어 한다. 주님은 이런 섭리 방식을 통해 우리의 완고한 본성을 통제하시지만, 그 본성을 완전히 깨끗하게 해주시지는 않는다.

악인도 은혜로 주어진 특정 은사를 누린다

어떤 사람들은 이것으로는 문제를 완전히 해결할 수 없다고 주장할 것이다. 왜냐하면 카틸리나Catiline와 카밀루스Camillus가 전혀 다르지 않았다고 우리가 믿어야 하거나, 혹은 제대로 지도만 받으면 본성에 조금이나마 선함이 남아 있다는 증거를 카밀루스에게서도 얻게 되기 때문이다.[38] 나는 카밀루스에게서 나타나는 미덕들은 하나님의 은사였으며, 그 미덕들 자체만 놓고 보면 충분히 칭찬할 가치가 있다고 인정한다. 그러나 카밀루스의 미덕들은 그가 본성상 정직했다는 것을 증명해 줄 수 있을까? 이것을 입증하려면 카밀루스의 마음속을 들여다보아야 하지 않을까? 사람들은 한 개인이 천성적으로 정직한 마음을 부여받았기 때문에, 인간 본성은 선을 갈망하는 능력을 아주 조금이나마 지니고 있다고 주장한다. 하지만 그의 마음이 비뚤어지고 패역하다면, 그리고 정직함은 그가 기울인 최소한의 관심이었다면, 우리는 어떻게 말해야 할까? 그가 자기의 본성 덕분에 그런 사람이 되었다고 인정한다면, 그의 마음은 분명히 그러했을 것이다. 우리에게 있는 가장 모범적인 정직함조차 언제나 부패함으로 기우는 것을 본다면, 우리는 과연 인간 본성 속에 선을 지향하는 어떤 의지가 있다고 말할 수 있을까? 그 누구도 악덕을 미덕으로 위장한 자를 존경하지 않는다. 그러므로 우리는 인간 의지가 악과 굳게 결탁해 있지만, 여전히 선을 갈망할 수 있다는 주장을 거부한다.

이 주장보다 건전하고 쉬운 해결책이 있다. 일반적으로 그런 미덕들은 인간의 본성 속에서 발견되지 않는다. 하지만 주님께서 기뻐하시는 방식과 분량에 따라서 악인도 그런 미덕들을 특별한 은사로 부여받을 수 있다. 그래서 우리는 어떤 사람은 잘 태어났는데 어떤 사람은 나쁘게 태어났으며, 또 어떤 사람은 성품이 좋고 어떤 사람은 성품이 나쁘다고 일상 속에서 주저 없이 말하곤 한다. 하나님은 한 사람에게는 특별한 은사를 주시고 다른 한 사람에게는 보류하신다. 우리는 신중하게 이 두 부류의 사람 모두를 부패한 인간이라는 일반적 범주 속에 집어넣는다.

인간은 자기 의지가 포로 상태에 있기 때문에 불가피하게 범죄한다

의지는 죄의 노예로 묶여 있으므로 선을 향하여 조금도 다가갈 수 없다. 그렇게 하려고 시도조차 할 수가 없다. 그런 움직임은 우리가 하나님께 돌이키는 첫걸음을 떼는 것인데, 성경은 그 움직임이 온전히 성령의 은혜로만 된다고 가르친다. 그래서 예레미야는 주님께서 예레미야를 돌이키려 하신다면 돌이켜 달라고 기도한다.[렘 31:18] 같은 장에서 예레미야가 믿는 자들의 영적인 구속을 말할 때 그들이 "더 강한 자의 손에서 구속되었다"고 한 것도 마찬가지 이유다. 죄인이 하나님에게서 버려져 있는 동안에는 마귀의 멍에 아래 단단히 묶여 있다는 뜻이다.

그런데도 인간은 자신의 의지를 유지하며, 그의 온갖 의지의 충동은 전적으로 죄를 지향한다. 이 강제적인 제한으로 인간에게 박탈된 것은 자신의 의지가 아니라 그 의지의 건전함이기 때문이다. 베르나르는 이 문제를 아주 잘 지적했다. 그는 모든 인간에게 다 의지가 있지만, 선을 원함은 개선의 증표요, 악을 원함은 결함의 증표라고 단언했다. 그러므로 무엇을 원한다는 것은 인간에게 속하지만, 악을 원함은 부패한 본성에 속하고, 선을 원함은 은혜에 속한다.[39] 만약 내가 인간의 의지에는 전혀 자유가 없고 필연적으로 악에 빠질 따름이라고 주장한다면, 어떤 사람은 내 주장을 억지라고 할 것이다. 하지만 나는 초대 교부들이 직접 사용한 용어들을 다시 활용할 뿐이므로, 내 주장은 합리적이라 하겠다.

어떤 사람들은 이런 주장이 필연과 강제를 전혀 구분하지 않는다며 불쾌해한다. 하지만 그들에게 하나님이 선에 속하신다는 것은 필연인지 아닌지, 그리고 마귀가 악에 속하는 것은 필연인지 아닌지를 묻는다면, 과연 그들은 어떤 대답을 할까? 분명히, 하나님의 선하심은 너무도 확고히 그분의 신성과 결합해 있어서, 그런 사실은 그분이 하나님이시라는 사실만큼이나 필연적이다. 그리고 마귀는 타락함으로써 그가 선에 참여하는 것을 송두리째 포기했기 때문에 오직 악만 행할 수 있다. 만약 어떤 신성모독자가 하나님은 강제로 그분의 선하심을 유지하기 때문에 그로 인해서 많은 찬미를 받으실 자격이 없다는 식으로 지껄인다면, 그에 대한 우리의 대답은 쉽지 않을까? 하나님이 악을 전혀 행하지 않으시는 이유는 어떤 불가항력적인 강제 때문이 아니라 그분의 무한한 선하심 때문이다. 그러므로 비록 그것이 필연이라 하더라도 하나님이 선을 행하실 때 그분의 의지를 자유롭지 못하게 할 것은 아무것도 없다. 마귀의 경우, 비록 그가 행할 수 있는 것은 악이 전부라 하더라도 마귀는 언제나 자발적으로 죄를 범한다. 그렇다면, 과연 누가 인간은 단지 필연에 굴복해 범죄하기 때문에 자발적으로 범죄하는 것이 아니라고 주장할 수 있는가?

아우구스티누스는 필연에 대한 이런 가르침을 여러 곳에서 전하고 있다. 이 점을 고려하면, 켈레스티우스Celestius가 그의 가르침을 혐오스럽게 만들려고 공격했을 때 아우구스티누스는 그 공격을 제대로 방어했던 것으로 보인다. 아우구스티누스의 구체적 진술에 따르면, 인간은 자기의 자유 때문에 죄에 빠지며, 그에 뒤따르는 부패함은 인간의 자유를 필연으로 바꾼다.[40] 그렇다면 우리는, 자기의 타락 때문에 부패한 인간은 자기도 모르게 범죄하거나 강제로 범죄하는 것이 아니라, 오직 자기의 의지로 범죄한다는 사실을 분명히 말해야 한다. 다시 말해, 인간은 강요에 의해 어쩔 수 없이 범죄하는 것이 아니라 의향에 따라 범죄하며, 외부의 힘에 의해서가 아니라 자기의 탐욕에 이끌려 범죄한다. 인간의 본성은 참으로 부패했기 때문에 인간은 악을 향해 움직여지거나 밀려가거나, 끌려갈 수만 있을 뿐이다. 이것이 진실이라면, 인간이 범죄함에 굴복하는 것은 분명히 필연이다.

하나님의 교정책: 옛 마음과 옛 지성을 대신할 새 마음과 새 지성

하나님은 우리의 악한 본성을 고치기 위해 역사하신다. 이때 하나님이 사용하시는 은혜로운 교정책에 관해 논의할 차례가 되었다. 주님은 우리의 부족함을 풍성하게 채우심으로써 우리를 도우신다. 그분이 우리 안에서 행하시는 일에 관해 곰곰이 생각하다 보면, 결국 우리의 궁핍함이 어느 정도인지도 깨닫게 될 것이다.

바울 사도는 빌립보 교인들에게 "그들 속에서 선한 일을 시작하신 분이 그것을 예수 그리스도의 날에 온전케 하시리라"는 자신의 확신을 전한다.빌 1:6 의심할 여지 없이, "시작된 선한 일"이라는 표현을 통해서 바울은 빌립보 교인들의 의지가 하나님을 향하여 돌이켜졌던 회심의 출발점을 가리켰다. 그러므로 주님은 우리 각자의 마음속에 사랑을 불어넣으시고, 또한 선함과 의로움에 대한 갈망과 열심을 불어넣으심으로써 우리 안에서 그분의 일을 시작하신다. 더 적절히 말하면, 주님은 우리 각자의 마음이 의로움으로 기울어지도록 훈련하시고 지시하신다. 주님은 끝까지 인내하며 그것을 이루어 내도록 우리를 강하게 하신다. 그런 방식으로 주님은 그분의 일을 완수하신다. 선은 우리의 연약한 의지를 도우시는 하나님의 일로서 우리 안에서 시작된다. 어떤 사람이 이 사실을 두고 트집을 잡는다면, 성령은 우리의 의지가 그 자체로는 전혀 유익이 없음을 다른 성경 구절을 통해 그 사람에게 가르치실 것이다. 성령은 "내가 너희에게 새 마음을 주리니 내가 네 속에서 새 영을 창조하리라. 나는 네 속에 있는 돌로 된 마음을 가져갈 것이요, 너에게 살로 된 마음을 줄 것이다. 나는 네 속에 내 영을 둘

것이요, 내가 너를 내 명령에 따라 행하게 하겠다"고 가르치신다.겔 36:26-27

이처럼 인간의 의지 전체가 반드시 다시 만들어지고 새로워져야 한다. 연약한 인간의 의지가 힘을 보충받아 선을 택하려는 담대한 노력 정도만 할 수 있게 될 뿐이라는 주장은 누구도 할 수 없다. 우리 손으로 구부려서 어떤 모양이든 원하는 대로 만들 수 있을 정도로 부드러운 돌이 과연 세상에 존재하는가? 만약 있다면, 인간의 마음도 그 연약함만 치료되면 하나님께 순종할 수 있는 자발성과 성향을 띤다는 주장에 나도 동의하겠다. 그러나 우리 주님은 에스겔의 비유를 통해 우리 마음이 완전히 달라지지 않으면 어떤 선에도 복종할 수 없음을 증명하셨다. 그렇다면, 하나님이 오직 자신의 것으로만 주장하시려는 공로를 감히 우리가 조금이라도 나누어 가지려고 애쓰지 말아야 할 것이다. 주님께서 우리를 선한 방향으로 돌이키실 때, 그것은 마치 돌이 살로 변하는 것과 같다. 그러므로 우리 자신의 의지에 속한 것은 무엇이든 다 제거되는 것이 분명하며, 그 의지를 대신하는 것은 무엇이든 다 하나님께 속한 것도 분명하다.

은혜의 역사를 갱신하지 않으면 인간의 의지는 무력하다

아마도 어떤 사람들은 인간의 의지가 오직 하나님의 권능에 의해서만 의로움과 정직함 쪽으로 돌이켜진다는 사실, 그리고 인간의 의지 단독으로는 매우 다른 길을 택하게 된다는 사실에 흔쾌히 동의할 것이다. 그러나 그들은 인간의 의지가 일단 준비만 갖추어지면 자기를 위해 움직인다고 믿는다. 그래서 아우구스티누스는 "은혜가 모든 선한 일 앞에서 간다. 선을 행하는 데서 의지는 은혜를 따라가지 은혜를 이끌지는 않는다. 의지는 따라간다. 의지는 앞서가지 않는다"라고 지적했다.[41] 이제 나는 선지자들의 여러 말씀에서 암시된 두 가지를 주장하고 싶다. 첫째는 주님께서 우리의 패역한 의지를 교정하시거나 아예 제거하신다는 점이고, 둘째는 그분 자신에게서 나오는 온전한 다른 의지를 우리에게 주신다는 점이다. 우리의 의지가 어떻게 할지는 주님의 은혜 안에서 예상된다는 전제 아래, 나는 우리의 의지가 "하녀"로 불리는 것에 반대하지 않겠다. 다만, 우리의 의지가 다시 만들어지는 한, 그것은 오직 하나님의 일이다. 그러므로 우리는 의지보다 앞서가는 은혜에 인간이 자신의 의지로 복종한다고 생각해서는 안 된다.

크리소스토무스는 의지가 은혜 없이는 아무것도 못하는 것처럼 은혜도 의지 없이는 아무것도 못한다고 주장했다. 그의 생각은 틀렸다. 그는 의지란 은혜가 낳고 형성해 준 것에 불과함을 부정하고 싶었던 것 같다.[42] 아우구스티누스는 어떤가? 아우구스티누스는 인간의 의지를 "은혜의 하녀"로 불렀다. 그리하여 인간이 행하는 선한 일에 대한 칭찬을 인간이 나누어 갖지 못하게 하려 했다. 그는 인간의 공로를 구원의 최고 원인으로 삼았던 펠라기우스의 사악한 가르침을 반박하고 싶었다. 그래서 아우구스티누스는 자기의 그런 목표에 맞추어 은혜가 모든 공로보다 앞선다고 논증했다. 하지만 그는 그 은혜가 우리에게 끼치는 항구적인 영향에 관해서는 다루지 않고 보류해 두었다. 그는 이 문제를 다른 곳에서 신중하게 고찰한다. 아우구스티누스가 여러 번 주장한 바에 따르면, 만약 주님께서 사람이 원하지 않을 것을 미리 아시면 주님 자신이 원하시고, 사람이 원하면 주님께서 그를 도우셔서 그의 원함이 헛되지 않게 하신다. 아우구스티누스는 하나님을 모든 선의 유일한 창시자로 삼는다.[43]

은혜의 최우선성에 관한 성경의 가르침

이제 우리는 문제의 핵심에 도달했다. 성경의 증거로 우리의 주장을 뒷받침하면서 요약적인 방식으로 논증을 시작해 보자. 그러면서 혹시라도 성경을 훼손한다는 비난을 받지 않도록 우리가 주장하는 진실이 그 거룩한 사람이 직접 가르쳤던 교훈임을 보여주자. 여기서 택한 성경 구절들이 나머지 언급하지 않은 구절들의 뜻을 밝힐 수 있다면, 우리의 주장을 입증하기 위해 성경의 모든 구절을 일일이 인용할 필요는 없을 것이다. 따라서 교회가 공경해야 마땅한 그 거룩한 사람에게 나 역시 충실히 동의하고 있음을 보여줌으로써 내 논증을 보강하려 한다.

주님은 그분의 백성의 회심을 위해서 "돌로 된 백성의 마음"을 제거하시고 "살로 된 마음"을 베푸신다. 이때 주님은 그 두 가지를 구별하신다. 주님은 우리를 선으로 돌이키기 위해 우리 자신에게 속한 모든 것이 제거되어야 한다는 것, 그리고 그것을 대신하는 것은 무엇이든 다 그분의 은혜에서 나와야 함을 분명하게 깨우쳐 주신다. 주님은 이 점을 에스겔에게만 선포하지 않으셨다. 우리는 예레미야에게서도 동일한 주님의 말씀을 듣는다. "내가 그들에게 한마음과 한 길을 주리니 그들은 그들의 모든 날 동안 나를 경외할 것이요, 그러면 나는 그들이 내게서 돌이키지 않도록 내 이름 경외함을 그들의 마음에 두리라." 렘 32:39-40 이와 유사하게, 주님은 에스겔에게 다시 말씀하신다. "내가 그들 모두에게 한마음을 주고, 내가 그들의 가장 은밀한 곳에서 새 영을 창조하리라. 내가 돌로 된 그들의 마음을 취할 것이요, 살로 된 마음을 그들에게 주리라." 겔 11:19 주님은 우리의 회심을 새로운 영의 창조와 새로운 마음의 창조라고 부르신다. 우리의 의지 속에 있는 선하고 정직한 것에 대한 공로를 우리 것이 아니라 마땅히 자신의 것으로 삼으시려는 주님의 뜻을 이보다 더 분명히 밝힐 수 있을까? 그러므로 우리의 의지가 다시 만들어질 때까지 우리의 의지에서는 어떤 선도 결코 나올 수 없다. 만약 다시 만들어진 우리의 의지가 선하다면, 그 의지는 우리 것이 아니라 하나님 것이다.

그래서 우리는 솔로몬의 이 기도처럼 주님께 기도드리는 경건한 사람들을 보게 된다. "주님께서 우리 마음을 주님께로 돌이키사 우리가 주님을 경외하고 주님의 계명을 지키게 하소서." 왕상 8:58 이 기도에서 솔로몬은 우리의 마음이 정반대 방향으로 돌이키지 않으면 본성적으로 하나님과 그분의 법에 반역하게 된다는 것을 증언하면서 우리 마음의 완고함을 보여준다. 비슷하게, 다윗도 "자기 속에 새로운 마음을 창조하시고 정직한 영을 새롭게 해주시기를" 하나님께 간절히 간구함으로써 시 51:10 그의 마음의 모든 부분이 오물과 부정함으로 가득 차 있으며, 그의 영은 악에 에워싸여 있음을 확실하게 인정했다. 그뿐만 아니라, 다윗은 그가 간구한 정결함을 하나님의 창조라고 부름으로써 그 정결함이 온전히 하나님의 권능에만 달려 있다는 것을 선포한다.

하나님이 우리의 오만함에 대해 요구하시는 것이 단지 우리의 수고를 그치고 그분의 안식을 준수하는 정도의 부담에 불과하다는 사실이 내게는 정말 놀랍다. 그러나 안타깝게도, 하나님의 일을 위한 여지를 마련하기 위해 우리 자신의 모든 일을 중단하는 것이야말로 우리가 가장 하기 싫어하는 일이다. 우리의 일에 그렇게 집착하지 않는다면, 우리에게 베푸신 은사들에 대한 주 예수의 풍부한 증거를 못 알아듣게 할 수 있는 것은 아무것도 없다. 주 예수는 "나는 포도나무요 너희는 가지들이며 내 아버지는 포도원 농부이시다. 가지가 포도나무에 머무르지 않으면 스스로 열매를 맺을 수 없듯이, 너희가 내 안에 머무르지 않으면 이와 마찬가지다. 나 없이는 너희가 아무것도 할 수 없기 때문이다"라고 말씀하신다.요 15:1, 4-5 만약 우리가 땅에서 뽑혀 모든 습기를 빼앗겨 버린 포도나무 가지처럼 혼자서는 아무 열매도 맺을 수 없다면, 우리의 본성이 선을 행할 수 있는지 여부는 심각하게 따져 볼 만한 문제가 될 수 없다. 주 예수 없이는 아무것도 할 수 없다는 것이 우리의 유일한 결론이기 때문이다.

주님은 우리가 너무 약해서 무언가 스스로 행하는 것을 감당할 수 없다고 말씀하지 않으셨다. 오히려 우리가 전혀 보잘것없다는 것을 강조하심으로써, 우리에게 약간의 능력이라도 남아 있다는 관념 자체를 제거해 버리신다. 우리가 그리스도에게 접붙여진 다음에 마치 땅의 습기나 하늘의 이슬, 태양의 온기로부터 힘을 끌어내는 포도나무 가지처럼 열매를 맺는다면, 결코 어떤 선한 일에 대해서도 우리가 참여한 부분이 있다고 주장할 수 없을 것이다. 우리가 모든 영광을 하나님께만 돌리고 싶다면 말이다.

선을 원하고 행함은 온전히 하나님의 일이다

그러므로 사도는 모든 찬양을 오직 하나님께만 올려 드린다. 그는 "우리 안에서 원하고 행하도록 일하시는 분은 오직 하나님이시다"라고 기록한다.빌 2:13 선한 일의 절반은 의지이고, 나머지 절반은 그 일을 행하려는 노력과 능력이다. 하나님은 그 둘 모두의 창시자이시다.

따라서 원함에서나 행함에서 사람이 자기 것이라고 주장하는 것은 무엇이든 다 하나님에게서 빼앗은 것인 셈이다. 만약 성경이 하나님께서 우리의 약한 의지를 도우신다고 가르친다면, 무언가 우리에게 남게 되는 것이 있을 것이다. 그러나 성경이 하나님께서 우리의 의지를 창조하신다고 가르친다면, 그 의지 속에 있는 선한 것은 모두 우리 아닌 다른 데서 오는 것임이 분명하다. 그러나 선한 의지는 우리 육체의 극심한 육중함에 눌려 저하된다. 따라서 바울은 주님께서 무언가를 행할 결심과 능력을 주셔야만 우리가 모든 장애물을 극복할 수 있다고 가르친다. 다른 곳에서도 바울이 준 가르침은 완전히 옳다. 모든 사람 속에서 모든 일을 행하시는 이는 오직 하나님 한분뿐이다.고전 12:6 바로 그렇게 하나님은 우리 안에서 그분의 선한 일을 시작하시고 완수하신다. 우리의 의지는 하나님의 은혜로 선한 것을 사랑하도록 감동되고, 선한 것을 욕망하도록 설득되며, 선한 것을 추구하고 열망하도록 인도받는다. 그런 다음에도 이 사랑과 욕망과 열망은 그치지 않는다. 자기 일을 다 마치기까지 지속한다. 그리하여 인간은 선을 추구하고 끝까지 선 안에 인내하며 머물게 된다.

사람들이 오랫동안 배우고 믿어 온 사상에 따르면, 일단 하나님께서 우리의 의지를 움직이시면 그 이후 우리는 그분의 자극에 순종하거나 저항하는 것을 택할 수 있다. 그러나 실상은 그렇지 않다. 하나님은 우리의 의지를 매우 효과적으로 움직이시기 때문에 우리의 의지는 그분을 따를 수밖에 없다. 따라서 자주 인용되기는 하지만, "하나님은 당신에게 기꺼이 인도함을 받으려는 사람들만 인도하신다"라는 크리소스토무스의 견해는 거부되어야 한다.[44] 그의 견해에 담긴 암시에 따르면, 하나님은 우리에게 손 내미실 때 우리가 그분의 도움을 받기로 선택할지 여부를 확인하려고 기다리신다. 물론 인간이 전혀 죄에 물들지 않은 채로 남아 있다면, 인간은 둘 중 어느 쪽이든 스스로 어떤 의향을 가질 수 있는 상태일 것이라는 데 우리는 동의한다. 그러나 아담의 예는 곤궁해지고 비참해진 자유의지를 여실히 보여준다. 하나님께서 우리 안에서 의지를 갖지 않으심으로써 마땅히 이루어져야 할 모든 것을 그분이 행하지 않으신다고 해보자. 만약 하나님께서 베푸시는 은혜가 기껏해야 그런 것일 뿐이라면 과연 그분의 은혜가 우리에게 무슨 쓸모가 있겠는가? 하나님은 우리에게 그분의 은혜를 충만히 부어 주시지만, 배은망덕한 우리는 그분이 받으셔야 할 찬미를 빼앗아 버린다.

바울 사도의 가르침에 따르면, 하나님은 선을 원하는 의지의 은사를 아무 이유 없이 우리에게 주신 것이 아니다. 하나님은 그 의지를 주신 후 우리 안에서 그 의지를 창조하고 조성하신다. 이는 곧 하나님께서 그분의 영으로 우리의 마음을 훈련하시고 지향하게 하시며, 마치 하나님 자신의 소유인 것처럼 우리의 마음을 지배하신다는 뜻이다. "내 아버지께 배우는 사람마다 내게로 오느니라"고 하신 그리스도의 말씀도 동일한 뜻을 전해준다.요 6:45 이 말씀의 의미는 다름 아니라, 하나님의 은혜가 그 자체로 충분히 강력해서 그분의 일을 성취하고 효과를 낸다는 것이다. 아우구스티누스도 비슷하게 가르쳤다. 그의 주장에 따르면, "무릇 자기 속에 있는 것을 행하는 사람이라면 은혜를 받은 것이 틀림없다"는 속담에도 불구하고, 하나님은 모든 개인에게 은혜를 주시는 것은 아니다.[45] 우리는 하나님의 자비가 그것을 찾는 사람 모두에게 예외 없이 베풀어질 수 있음을 가르쳐야 한다. 그러나 하늘로부터 감동받지 못한다면 누구도 하나님의 자비를 얻으려는 노력을 할 수 없다. 따라서 우리가 그렇게 가르칠 때, 하나님의 은혜를 축소하려는 어떤 것도 절대 용납해서는 안 된다. 하나님의 자비를 구하는 특권은 택하심을 입은 사람에게만 허락되므로, 하나님의 영으로 다시 태어난 이들은 그분의 영의 인도와 다스리심을 받을 것이다.

우리의 협력을 끌어내기 위한 보상이 아닌 은혜의 열매로서 견인堅忍

의심의 여지 없이, 우리는 견인을 하나님께서 값없이 베푸시는 은사로 보아야 한다. 하지만 견인은 우리 각자의 공로에 따라서 얻는 것이라는 믿음, 달리 말해 우리가 하나님이 은혜로 베푸신 첫 은사에 대해 배은망덕하지 않음을 증명해야만 견인의 은혜를 얻는다는 거짓된 믿음이 인간의 마음속 깊이 자리 잡고 있다. 이 거짓 믿음은 우리가 하나님의 은혜가 주어질 때 거절할 수도 있고 받을 수도 있다는 사상에 기인한다. 우리는 그런 추론이 틀렸다는 것을 이미 증명했기 때문에, 이 거짓 믿음은 쉽게 반박될 수 있을 것이다.

그 추론 속에는 이중적 오류가 들어 있다. 우리를 반대하는 자들의 대담한 주장에 따르면, 사람은 하나님의 첫 은혜를 유익하게 사용함으로써 그 보상으로 뒤따르는 다른 은사들을 받을 자격이 있다. 그뿐만 아니라, 하나님의 은혜는 그 자체만으로는 우리 안에서 역사하지 못하고 단지 협력만 할 뿐이다.[46] 첫 번째 주장에 대해서 말하면, 주 하나님은 분명히 그분의 종들 안에 은사들을 풍성케 하시고 그들에게 매일매일 새로운 은사를 베푸신다. 하나님께서 그분의 종들 안에서 시작하신 일이 하나님 자신을 기쁘게 하므로, 그분은 그 종들 안에 은사들을 더욱 풍성케 하기 위한 이유와 기회를 찾으실 것이다. 이것이 바로 "있는 자에게 주어질 것이다"마 13:12와 "네가 작은 것들에서 너를 충성스러운 종으로 나타내었으므로 내가 네게 더 많은 것을 맡기리라"마 25:21와 같은 성경 구절들에 담긴 뜻이다. 그런데 여기에는 우리가 주의해야 할 두 가지 사항이 있다. 첫째, 우리는 이 말씀들을 근거로 인간이 자신의 노력으로 하나님의 은혜를 효과적으로 만들 수 있을 만큼 그분의 은혜를 활용할 수 있다고 단정하면 안 된다. 둘째, 마치 하나님께서 값없이 베푸는 선하심이 그분의 첫 은혜의 근원이 아니라는 듯이, 우리는 신자로서 누리는 하나님의 은사들을 신자가 그 은혜를 바르게 활용한 데 대한 보상이라고 주장해서는 안 된다.

사실, 신자는 하나님의 은사를 잘 사용한 후에는 더 새롭고 더 큰 다른 은사들이 날마다 덧붙여지는 복을 기대한다. 하지만 나는 신자가 하나님의 은사를 올바르게 사용하는 것도 하나님께서 하시는 일이요, 그분이 선한 의지를 신자에게 값없이 베푸시는 것이야말로 신자가 누리는 보상이라고 주장하고 싶다. 바울도 이 점을 명확하게 가르친다. 그는 "우리 안에서 원하게도 하시고 행하게도 하시는 분은 하나님이시라"고 기록하면서, 하나님은 "그의 선하신 뜻대로" 그 둘을 행하신다고 덧붙인다.빌 2:13 바울은 여기서 공로와 상관없이 하나님께서 베푸시는 자비를 가리켜 말하고 있다.

우리의 반대자들의 주장에 따르면, 일단 사람이 첫 은혜가 제 역할을 하게 한 다음부터는 하나님과 협력한다. 이 주장에 관해서 나는 이렇게 말하고 싶다. 만약 그들의 주장이, 하나님의 권능이 우리를 의로움에 복종하게 한 이후에는 우리가 그분의 은혜의 인도를 기꺼이 따른다는 것이라면, 나는 그들의 주장에 동의하겠다. 분명 하나님의 은혜가 지배할 때는 즉각적인 순종이 뒤따른다. 그러나 신실하신 하나님의 성령이 우리 안에 처음부터 심어 주신 순종의 욕구를 양성하고 강화하시지 않는다면 어떻게 그 일이 가능하겠는가? 만약 그들의 주장이 인간 자신의 힘으로 하나님의 은혜와 협력할 능력을 갖출 수 있다는 것이라면, 내가 보기에 이 주장에는 치명적인 오류가 들어 있다.

그런데도 그들은 "내가 다른 모든 사람보다 많이 일했어도, 그것은 내가 아니라 나와 함께 계시는 하나님의 은혜"고전 15:10라는 바울의 말이 무슨 뜻이냐며 따지듯이 다그친다. 그들의 주장에 따르면, 바울은 자기를 다른 모든 사람보다 내세워 지나치게 거만한 모습으로 비치지 않기 위해 하나님의 은혜를 찬양하여 자신의 발언을 누그러뜨리고, 그렇게 함으로써 사실상 자신을 하나님의 동역자로 부르고 있다. 그토록 많은 사람들이 다른 문제들에 대해서는 건전한 입장을 견지하면서도 유독 이런 작은 문제에는 걸려들고 만다는 사실이 내게는 믿을 수 없을 정도로 놀랍다. 바울은 하나님의 은혜가 그와 함께 일했기 때문에 자기가 그분의 은혜의 동반자가 되었다고 말하지 않는다. 오히려 바울은 그가 행한 일에 대한 모든 칭송을 하나님께 돌려 드리며, "일한 것은 내가 아니라 나를 도우신 하나님의 은혜였다"고 기록한다.고전 15:10 우리의 반대자들은 평범하고 의심스럽기까지 한 번역에 만족하기 때문에 이토록 명백한 오류에 빠진 것이다. 하지만 바울의 헬라어 본문은 그 뜻이 자명해서 논란의 여지를 전혀 주지 않는다.

도움받지 않은 인간의 의지: 은혜가 모든 것을 행한다

이제 아우구스티누스의 말을 들어 보자. 그러면 우리 시대 펠라기우스주의자들인 소르본의 궤변론자들이 우리가 모든 초대 교부와 반대되는 견해를 가지고 있다는 습관적 비난을 다시 할 수 없게 될 것이다. 여기서 그들은 참으로 그들의 조상 격인 펠라기우스를 따른다. 펠라기우스도 아우구스티누스를 그들과 똑같은 중상모략적인 주장으로 압박했다. 아우구스티누스는 이 문제를 그의 저서 『책망과 은혜에 관하여』*On Rebuke and Grace*에서 길게 다루었다. 그중 일부를 아우구스티누스 자신의 표현을 써서 간략히 인용해 보겠다.[47]

아우구스티누스의 주장에 따르면, 만약 아담이 그 은혜를 사용하기를 원했다면 꾸준히 선을 행하는 은혜가 아담에게 주어졌을 것이다. 우리가 그 은혜를 원할 수 있도록, 그리고 우리가 그 은혜를 원함으로써 우리의 악한 탐욕을 극복할 수 있도록 그 은혜가 주어졌다. 만약 아담이 그 능력을 사용하기를 원했다면, 아담은 그 능력을 갖게 되었을 것이다. 하지만 아담에게는 그런 원함이 없었고, 따라서 능력도 없었다. 우리에게는 원함과 능력 둘 다 주어진다. 인간의 본래 자유는 죄를 짓지 않을 자유였지만, 우리가 지금 가진 자유는 죄를 지을 수 없는 훨씬 위대한 자유다. 소르본주의자들은 이 자유가 내세에서 우리를 기다리는 온전함을 뜻한다고 본다. 그러나 그들의 이해는 아우구스티누스의 말을 계속 들어 보면 터무니없는 공상이다. 아우구스티누스의 진술에 따르면, 믿는 자들은 그 의지가 성령의 인도하심을 받으며 선을 행하기를 원하게 되므로 결국 선을 행할 수 있게 된다. 이처럼 믿는 자들이 선을 행하기 원하는 것은 하나님께서 그들 속에서 그런 의지를 만드시기 때문이다. 아우구스티누스의 또 다른 진술에 따르면, "만약 그런 연약함 중에서도 그들이 그렇게 선택하기만 하면 그들은 하나님의 도우심을 입어 선을 행하기에 충분한 의지가 그들에게 남게 된다. 그리고 만약 그토록 많은 시험 중에 하나님께서 그들에게 그 의지를 주지 않으셨다면 그들의 연약한 의지는 무너져 버렸을 것이요, 끝까지 버틸 수 없었을 것이다."

하나님은 인간의 연약한 의지를 돕기 위해 찾아오셔서 그 의지를 지휘하심으로써 이리저리 구부러질 수 없게 하시며, 그 의지를 압도하심으로써 탈선할 수 없게 해주신다. 따라서 인간의 의지는 약하면서도 결코 완전히 무너질 수는 없다. 계속해서 아우구스티누스는 하나님께서 우리 각자의 마음을 이끄실 때 그 마음이 하나님의 인도하심을 따를 수밖에 없는 상황에 대해 설명한다. 아우구스티누스는 하나님께서 사람들을 강제하지 않고 그들의 의지에 따라 이끄신다고 주장하는 동시에, 각 사람의 의지는 하나님께서 직접 그들 속에서 조성하시는 의지라고 주장하기도 한다. 따라서 아우구스티누스가 직접 한 말들은 지금까지 우리가 논증해 온 중심 요지를 잘 뒷받침해 준다. 은혜란 하나님께서 우리에게 주시는 것이지만, 그분은 우리 마음대로 그 은혜를 받거나 거절하게 하시지는 않는다. 우리 각자의 마음이 하나님의 유도를 받게 하고, 선택하게 하고, 원하게 하는 것이야말로 그분이 주시는 은혜다. 뒤따르는 선한 일들은 모두 그 은혜의 열매이며, 이 은혜가 살아 있는 사람의 마음을 순종에 길들인 후에야 비로소 받을 수 있다.

그래서 아우구스티누스는 그의 저서 다른 곳에서 우리가 행하는 선은 모두 하나님의 은혜의 역사일 뿐이라고 선언한다.[48] 또 다른 곳에서 아우구스티누스는 은혜가 의지를 파괴하지는 않지만 나쁜 의지를 선한 의지로 변화시키며, 일단 의지가 선해지게 되면 도우심을 받아들인다고 말한다.

아우구스티누스는 하나님께서 인간을 마치 감각 없는 돌덩이에 하듯이 외적인 힘으로 강요하지 않으시며, 오히려 인간이 자발적으로 순종하게 되는 방식으로 끌려갈 뿐이라고 가르쳤다. 또한 아우구스티누스는 보니파키우스Bonifacius에게 보낸 편지에서, 특별히 은혜가 택하심을 입은 사람들에게는 값없이 베푸는 선물로 주어진다고 기록했다. 그에 따르면, "하나님의 은혜는 모두에게 주어지지는 않으며, 하나님의 은혜가 누구에게 주어질 때는 그의 의지의 공로가 아니라 하나님의 값없는 은혜에 따라서 주어진다. 누구에게 이 은혜가 보류된다면, 그것은 하나님의 의로우신 판단에 따라서 된 일이다." 어떤 사람들은 자신이 첫 은혜를 거절하지 않았기 때문에 후속적인 다른 은혜들을 누릴 가치를 증명했다고 믿었으며, 따라서 그 후속적인 은혜들을 자신의 공로에 대한 하나님의 보상으로 여겼다. 아우구스티누스는 같은 책에서 그들을 엄중하고 강력하게 정죄한다. 그래서 아우구스티누스는 펠라기우스를 압박하여, 은혜는 모든 각각의 일마다 필요하며 결코 공로에 대한 보상이 아니라 순수하고 단순하게 그저 은혜로 여겨야 함을 인정하게 했다.

이 문제를 신속하게 요약하기 위해 우리가 할 수 있는 가장 좋은 방법은 아우구스티누스의 저서『책망과 은혜에 관하여』제8장을 읽는 것이다. 거기서 아우구스티누스가 가르치는 것은 다음과 같다. 첫째, 인간 의지는 자신의 자유의지를 통해 은혜를 얻는 것이 아니며, 오직 하나님의 은혜를 통해 자유를 얻는다는 사실이다. 둘째, 인간 의지는 은혜로 선을 더욱 굳세게 하면서 선을 사랑하고 끝까지 선에 머무른다는 사실이다. 셋째, 인간 의지는 악에 저항하는 불굴의 힘으로 보강된다는 사실이다. 넷째, 인간 의지가 이 힘으로 다스림을 받으면 절대로 흔들리지 않을 것이지만, 이 힘의 다스림을 받지 못하게 되면 즉시 넘어진다는 사실이다. 다시 말해, 아우구스티누스의 한 가르침에 따르면, 하나님께서 값없이 주시는 자비를 통해 인간 의지가 선을 향하게 되고, 그렇게 선을 향하게 된 이후로는 끝까지 선에 머무른다. 아우구스티누스의 또 다른 가르침에 따르면, 인간 의지가 하나님의 인도하심 아래 선을 지향하게 된 이후로 그 선을 더욱 확고히 한다면, 그 이유는 오직 하나님의 은혜 때문이지 다른 어떤 공로 때문이 아니다. 그러므로 인간에게 남아 있는 유일한 자유의지는 아우구스티누스가 그의 저서에서 설명한 그런 자유의지뿐이다. 하나님을 향할 수 없는 인간을 하나님께 향하게 하여 하나님 곁에 머무를 수 있게 해주는 그분의 은혜, 바로 이 은혜가 인간의 유일한 자유의지다. 인간이 행할 수 있는 모든 것은 다 하나님의 은혜로만 된다.

신자 안에 있는 지속적인 죄의 문제

하나님의 은혜는 우리가 죄의 속박에서 풀려날 때는 구원으로 불리고, 우리가 옛 본성을 버리고 하나님의 형상으로 돌아갈 때는 회복으로 불린다. 또한 하나님의 은혜는 우리가 새로운 피조물이 될 때는 중생으로 불리고, 하나님께서 우리를 자아에 대해 죽게 하시고 그분의 능력으로 일으켜 살게 하시면 부활로 불린다. 그러나 이 구원은 완전하지 못하다. 그래서 우리의 일부분은 여전히 죄의 멍에 아래 남아 있다. 그 회복 역시 땅에 속한 사람의 모든 흔적을 없애거나 옛 성품을 온전히 제거해 주는 것은 결코 아님을 반드시 이해해야 한다. 우리가 육신이라는 감옥에 갇혀 있는 동안에는 우리의 자유를 제한하는 육신의 잔존물을 항상 지니고 다닌다. 믿는 영혼이 중생한 이후로 줄곧 지속적인 전쟁을 벌이는 두 부분으로 나뉘는 이유가 바로 여기에 있다. 하나님의 영이 믿는 영혼을 지배하시고 통치하시는 한, 믿는 영혼은 자기를 의와 성결과 거룩함을 향하여 이끌고 자극하는 불멸을 사랑하고 욕망하기 때문이다. 믿는 영혼은 하늘 왕국의 복락에 관해서만 생각하며 하나님과의 사귐을 전적으로 열망한다. 하지만 믿는 영혼이 본성적 성향도 여전히 유지하는 한, 땅의 진창에 더러워지고 악한 욕망에 사로잡히고 만다. 그래서 무엇을 목표로 해야 하는지, 어디에 참된 행복이 있는지를 알지 못한다. 믿는 영혼은 죄의 포로가 된 채, 하나님과 그분의 의로우심을 거부하게 된다.

이런 상태는 믿는 자를 평생 시험하는 갈등을 유발한다. 믿는 자는 성령에 의해 높이 올림을 받지만, 육신에 의해 낮아지기 때문이다. 믿는 자는 성령으로는 불멸을 열렬히 갈구하지만, 육신으로는 사망의 길로 빠진다. 믿는 자는 성령으로는 정직한 생활을 목표로 삼지만, 육신으로는 악을 행하도록 유혹받는다. 믿는 자는 성령으로는 하나님께 인도함을 받지만, 육신으로는 그분에게서 뒷걸음질 친다. 믿는 자는 성령으로는 세상을 멸시하지만, 육신으로는 세상의 즐거움을 갈구한다. 이것은 우리의 인생 경험과 동떨어진 공허한 사색이 절대로 아니다. 이는 실제적인 교훈이다. 우리가 하나님의 자녀라면 이 교훈의 진실을 직접 경험할 것이다.

우리가 보기에 육체와 성령은 마치 믿는 영혼에게 상반된 요구를 함으로써 그 영혼을 전쟁터로 바꿔 버리는 두 투사와 같다. 이 전쟁의 최종적 승리는 성령이 거두신다. 육신이 영혼을 하나님에게서 떠나게 하고, 불멸에서 떼어 놓고, 거룩함과 의로움을 따르지 못하게 막고, 하나님의 왕국에서 멀리 떨어지게 만들 때, 우리는 육신의 시험이 성령의 일을 폐지하고 파괴하거나, 성령의 권능을 소멸시킬 정도로 강하다고 생각해서는 안 된다. 절대로 그럴 수 없다! 물론, 육신이 인간을 좌절시키려고 애쓰면서 성령의 일을 짓누를 수는 있다. 육신이 인간을 탈선시키려고 애쓰면서 성령의 일을 더디게 하거나 방해할 수도 있다. 육신이 인간 속에서 의에 대한 그의 모든 사랑을 억누르려 할 때 성령의 일을 약하게 할 수도 있다. 육신이 성령의 일을 완전히 없애 버리려고 음모를 꾸밀 때 그것을 약간 쇠퇴시킬 수도 있다. 그러나 이 난관들 속에서 하나님의 종은 반드시 떨치고 일어나게 되어 있다. 비록 하나님 종의 육신은 그가 마땅히 담당해야 할 의무에 복무하도록 허락하지 않겠지만, 바로 그것 때문에 그 마음의 주된 소망과 성향은 하나님을 열망하면서 그분을 찾으려 노력하게 되어 있고, 끊임없이 한숨 쉬며 탄식하게 되어 있다.

이것이 바로 "만약 우리가 하나님의 자녀들이라면 육신에 따라 행하지 말고 성령에 따라 행하자"라는 사도 바울의 말씀의 요점이다.[롬 8:12-14] 바울은 성령과 육신의 갈등에 관해 말하면서 하나님의 영이 더 강하시므로 그가 반드시 승리하실 것을 확신한다. 그렇다면 본성적 인간과 중생한 인간 사이의 차이는 알기가 쉽다. 본성적 인간도 자기 양심의 찔림을 당하며 괴로워하기 때문에 자신의 죄악 속에 완전히 잠들어 버리지는 못한다. 그런데도 본성적 인간은 온 마음으로 죄악을 즐기면서 죄악 속에 뒹굴며 마음껏 죄를 범하는 성향이 있다. 그런 인간은 모든 죄인에게 예정되었다고 그가 알고 있는 형벌 외에는 아무것도 두려워하지 않는다. 그와 반대로 중생한 인간은 율법의 의로움에 관심을 천착하면서 자신의 연약함 때문에 저지르는 죄를 증오하고 꺼린다. 중생한 인간은 죄를 괴로워하면서 죄를 묵인할 수 없지만, 하나님의 율법을 즐거워하고 기뻐하며 세상의 어떤 유혹보다 그분의 율법에서 더욱 깊은 달콤함을 느낀다. 그뿐만 아니라 중생한 인간이 알고도 죄를 범할 때는 반드시 자신의 성향을 거스르게 되는데, 그의 양심뿐만 아니라 부분적인 감정들까지도 악을 반대하기 때문이다.

죄와 무관하다고 주장하는 성령파가 당할 정죄

믿는 자의 영적 중생 대신 어떤 열광적인 방탕함을 상상하는 재세례파 사람들이 있다. 그들은 하나님의 자녀들이 순진무구한 상태로 회복되기 때문에 육체의 탐욕을 억제하는 데 신경 쓰지 않아도 되고, 다만 그들이 잘못될 수 없게 막아 주는 성령의 인도하심만 따르면 된다는 공상에 빠져 있다. 그들이 그 교훈을 뻔뻔하게 공표하고 있다는 사실은 믿기지만, 어떻게 그런 광기가 인간의 지성을 사로잡을 수 있는지는 도저히 믿기지 않는다. 정말이지, 놀랍기 그지없다. 하지만 하나님의 진리를 거짓말로 바꾸는 뻔뻔한 자들은 바로 그런 방식의 형벌을 받는 것이 맞다. 내가 그들에게 묻고 싶다. 과연 부패함과 온전함, 의로움과 불의함, 선함과 악함, 미덕과 악덕이 전혀 차이가 없다는 것인가? 재세례파 사람들은 그런 것들 간의 차이는 옛 아담이 받은 저주에서 나오는 것인데, 그리스도께서 이제 우리를 그 저주로부터 해방하셨다고 주장한다. 그래서 그들은 호색과 순결, 정직함과 교활함, 진리와 거짓, 공평한 거래와 도둑질 사이에서 어느 하나를 선택할 필요가 없다고 주장한다. 그들은 "헛된 두려움을 피하라! 우리가 성령의 인도하심을 따른다면 우리에게 그 어떤 나쁜 것도 요구하지 않으실 성령을 담대히 따르자!"고 호도한다.

그들의 이 얼빠진 주장에 경악하지 않을 수 있는 사람이 과연 누구인가? 하지만 이런 생각은 우매한 탐욕에 눈이 멀어서 상식을 송두리째 상실한 사람들에게는 호평받는 인기 있는 생각이다. 도대체 그들은 어떤 거짓 그리스도와 어떤 거짓 성령을 만들어 냈는가? 우리는 선지자들이 약속했고 복음서에서 확증해 준 대로 오직 한분 그리스도와 그의 성령만을 인정하지 않는가! 그러나 그들이 만든 그리스도와 성령에는 약간의 유사성조차 없다. 성경이 계시하는 성령은 결코 살인, 방탕, 술 취함, 교만, 갈등, 탐욕, 속임의 친구가 아니다. 그는 사랑, 순결, 단정함, 금주, 평화, 절제, 진리의 창시자이시다. 그는 망상의 영이 아니며, 선과 악 주변을 마구 휘젓고 다니는 폭풍의 영도 아니다. 그는 지혜와 총명으로 충만하시며, 선과 악을 분별하신다. 그는 인간을 악과 무제한의 방탕함으로 끌고 가는 분이 아니며, 그 자신이 선과 악을 구별하시듯이 우리에게도 어느 하나를 따르고 다른 하나를 피하라고 가르치신다.

나에게는 이 야만적인 광기를 정말 열심히 반박해야 할 분명한 이유가 있다. 그리스도인들에게 하나님의 영은 그들이 꾸며 내거나 다른 사람들에게서 슬쩍 훔쳐 온 허망한 망상 따위가 결코 아니다. 그리스도인들은 성경이 보여주는 그대로 성령을 안다. 성경에서 성령은 우리를 성별하심으로써 우리에게서 오물과 부정함을 제거하여 하나님의 의에 순종하도록 이끄시는 분으로 계시된다. 재세례파 사람들은 탐욕을 완전히 내버려 두지만, 우리의 탐욕이 길들여지고 통제되지 않는 한 순종은 불가능하다. 성경의 가르침에 따르면, 비록 성령께서 그의 성별하심을 통해 우리를 정결케 하신다고 해도, 우리가 이 죽을 몸에 갇혀 있는 동안에는 많은 연약함이 우리 안에 그대로 남아 있다. 그러므로 온전해지기까지 아직도 갈 길이 먼 우리는 날마다 계속 앞으로 나아가야 하며, 우리를 얽매는 많은 악덕에 맞서 싸워야 한다.

육신이 우리를 놀라게 하거나 속이지 못하도록 철저히 조심하자. 거룩한 삶에 있어서 우리가 바울보다 뛰어나다고 자부할 수 있을까? 그렇지 못하다면, 우리는 더 이상의 위험이 전혀 없다는 듯이 여유를 부리면 안 될 것이다. 바울은 마귀의 가시들에 시달리는 그의 연약함 중에서도 오히려 능력으로 온전해질 수 있었다.고후 12:7-9 우리도 이미 아는 대로, 바울은 앞에서 우리가 다룬 성령과 육신 사이의 투쟁이 자기 속에도 있음을 매우 엄숙하게 고백했다.롬 7:22-23

인간은 죄인이기 때문에 마귀에게 매여 있다

이제 나는 인간이 죄의 멍에에 너무나 완벽하게 붙잡혀 있으므로 자신의 본성이나 의지로는 선을 욕망하거나 행하려고 노력할 수 없다는 것을 입증해 주는 자료를 충분히 제시했다고 생각한다. 그뿐 아니라, 나는 강제와 필연을 구별함으로써, 인간이 필연적으로 죄를 범할 뿐 아니라 고의로도 죄를 범한다는 사실을 증명했다. 그러나 인간이 마귀를 섬기게 될 때에는 스스로 그렇게 하기보다 마귀의 통제를 받는 듯 보이기 때문에, 우리는 이제 어떻게 그런 일이 발생하는지를 잠시 숙고해 보아야겠다. 그런 다음 대체로 많은 혼란을 일으키는 한 가지 문제를 해결해야 한다. 즉, 성경이 보여주듯이, 하나님께서 그분의 권능 있는 섭리로 인간의 악한 일들에 관여하시는 방식에 관한 문제를 해결해야 한다.

첫 번째 문제와 관련해 아우구스티누스는 그의 저서 한 곳에서 인간의 의지를 자기 주인의 통제에 복종하는 말에 비유한다.[49] 그러면서 아우구스티누스는 하나님과 마귀를 기사에 비유한다. 선하고 능숙한 기사이신 하나님께서 인간의 의지에 올라타시면, 그분은 인간의 의지가 너무 게으를 때는 재촉하시고 너무 날뛸 때는 억제하신다. 또한 인간의 의지가 너무 변덕스럽게 굴면, 그분은 얌전히 굴지 못하는 인간 의지의 고삐를 당겨서 본래 자리로 돌아가게 하신다. 그렇게 하나님은 인간의 의지를 적절하게 몰고 가신다. 그러나 못되고 난폭한 마귀가 인간의 의지에 올라타면, 마귀는 인간의 의지를 마구 몰아 울타리를 뚫고 들판으로 달리게 하며, 도랑으로 뛰어들게 하거나 깊은 골짜기로 달려가 굴러떨어지게 한다. 그렇게 함으로써 마귀는 인간의 의지를 반역하고 불순종하도록 훈련한다.

보다 나은 비유가 없으므로 지금은 이것으로 만족하자. 본성에 따라 살아가는 인간의 의지는 마귀가 끌고 통제하는 대로 복종한다. 우리가 이 사실을 대할 때, 마치 아무리 따르기 싫어도 억지로 자기 임무를 수행할 수밖에 없는 노예처럼 그런 사람의 의지도 마지못해 복종한다고 생각해서는 안 된다. 그런 사람의 의지는 마귀의 궤계에 속은 채 자신이 선하게 여기는 즐거움에 필연적으로 복종하게 되지만, 결코 강요 없이 그렇게 하기 때문이다. 주님의 성령의 다스리심을 받는 은혜를 그분께 받지 못한 사람들은 마귀에게 남겨져 마귀에게 끌려간다. 바울이 말하듯이, 그것이 바로 이 세상의 신 마귀가 불신자들의 지성의 눈을 어둡게 함으로써 그들이 복음의 빛을 보지 못하게 되는 이유다.고후 4:4 다른 곳에서 바울은 마귀가 악한 자들과 불순종하는 자들 중에서 다스린다고 기록한다.엡 2:2 따라서 우리는 악을 행하는 자들의 눈멂과 그로 말미암는 온갖 사악함을 마귀의 일로 부를 수 있다. 그렇지만 그 사태의 원인은 오직 그 사람들의 의지 속에 있으며, 그 의지로부터 악의 뿌리가 자라나고, 그 의지 위에 마귀의 권력인 죄가 자리한다.

인간 속에서 하나님께서 행하시는 활동에 관해서라면, 그 효과는 아주 다양하다 할 것이다. 이 점은 갈대아인들이 욥에게 범한 잘못을 고찰해 보면 더 잘 이해된다.욥 1:17 그들은 욥의 목자들을 살해한 다음 그의 가축 떼를 빼앗았다. 벌써 우리는 이 범죄를 자행한 자들을 선명하게 그려 볼 수 있다. 우리는 주저 없이 강탈과 살인을 범한 도적들에게 죄과를 돌리며 그들을 정죄하기 때문이다. 욥기는 이 사건이 마귀의 짓이라고 기록한다. 그렇다면 여기서 마귀가 일하고 있음이 분명하다. 그러나 욥은 이 사건이 하나님의 일도 된다는 것을 인식한다. 갈대아인들이 취한 재산은 하나님이 자신에게서 빼앗은 것이라고 욥은 단언한다. 마귀가 하나님과 연관된 것으로 보인다는 사실에 근거해서 마귀를 용서하지 않는다면, 혹은 하나님을 악의 창시자로 여기지 않는다면, 과연 어떻게 단 하나의 사건이 동시에 하나님과 마귀와 인간의 일이었다고 말할 수 있을까?

먼저 우리가 하나님의 목적을 고려하고, 그다음에는 이 목적을 위해 활용된 수단을 고려하면 이 문제는 쉽게 해결될 수 있다. 하나님의 목적은 그의 종을 역경이라는 수단을 통해 인내하도록 훈련시키는 것이었다. 그러나 마귀는 욥을 좌절감에 찌들어 버리게 하려 했다. 그리고 갈대아인들은 타인의 재산을 훔쳐 부를 획득하려고 했다. 이처럼 확연한 차이를 보이는 목적들 때문에 이 셋의 일은 서로 뚜렷하게 구별된다. 활용된 수단의 측면에서도 분명한 차이가 있다. 주님은 마귀에게 그의 종을 넘겨주셔서 그를 괴롭히게 하셨다. 또한 갈대아인들을 이 임무의 수행자로 삼으시고, 마귀가 그들을 활용하도록 허락하신다. 마귀는 사악한 갈대아인들을 그의 독침으로 자극하여 죄를 저지르게 한다. 갈대아인들은 자신의 영혼과 몸을 더럽히며 악을 저지른다. 그러므로 마귀가 유기된 자들을 악하게 다스리면서 그들 중에 역사하고 있다고 말해도 매우 정확하다. 그뿐만 아니라, 이때 하나님도 어떤 방식으로 역사하신다고 말해도 된다. 하나님의 진노의 도구인 마귀가 하나님의 뜻과 명령에 따라 갈대아인들을 그렇게 하도록 유도함으로써 하나님의 심판을 수행하기 때문이다.

내가 지금 설명하고 있는 것은 모든 피조물을 유지하고 힘을 주시며, 각자 자기 의무를 수행하게 하시는 하나님의 보편적 활동은 아니다. 나는 다만 각각의 사건에서 명확히 드러나는 하나님의 특별한 활동을 다루는 중이다. 따라서 하나님과 마귀와 인간이 모두 동일한 행동을 한다고 말하면 적절치 못하다. 의도와 목적 간의 차별성을 뚜렷이 전제해야만, 하나님의 의로우심은 언제나 흠이 없으나, 마귀의 사악함과 인간의 사악함은 항상 수치스럽게 드러난다는 사실이 명확해진다.

우리가 성경에 충실하면 하나님의 주권적 의지를 인정할 수밖에 없다

초대 교부들은 종종 이 문제의 진실을 밝히기를 꺼렸다. 혹시라도 악을 행하는 자들에게 하나님의 일을 중상모략 할 수 있는 구실이나 부적절하게 말할 수 있는 구실을 주게 될까 봐 우려했기 때문이다. 나는 성경이 가르치는 것을 있는 그대로 따르는 데는 아무런 어려움이 없다고 생각하지만, 그들의 신중함만은 칭찬하고 싶다. 아우구스티누스는 악한 자들이 눈멀고 강퍅해지는 것은 하나님의 활동이 아니라 하나님의 예지를 알려준다고 말했다. 이때 아우구스티누스도 다른 교부들과 비슷한 우려를 지니고 있었다.[50] 하지만 그들의 주장이 아무리 현명하다 하더라도, 하나님의 예지 아닌 다른 어떤 것이 이 문제와 연루된다고 명확히 알려 주는 성경의 진술과 그들의 주장은 서로 부합할 수 없다. 마찬가지로, 하나님은 악을 허용하지만 보내지는 않으신다는 또 다른 사람들의 주장 역시 인정될 수 없다. 하나님은 때때로 악인들을 눈멀게 하시거나 완고하게 하시고, 그들의 마음을 돌리거나 기울이거나 움직이신다. 그런 성경 구절들을 설명할 때에는 하나님의 예지나 허용을 거론하지 않는 것이 바람직하다.

우리는 이 문제에 대한 답을 두 가지로 설명하고 싶다. 첫째, 우리 안에서 하나님의 빛이 제거되면 오직 어둠과 눈멂만 남게 되듯이, 하나님의 영이 떠나시면 우리의 마음은 돌처럼 굳어진다는 것이다. 하나님께서 인도하기를 중단하시면 우리는 산과 골짜기를 방황할 수밖에 없다. 그러므로 하나님께서 어떤 사람들에게서 알고 순종하고 바르게 행동하는 능력을 거두어 가셨다면, 그분이 그들을 눈멀게 하고 강퍅하게 하고 움직이신다고 말해도 된다. 둘째는 첫 번째 설명을 보다 적절한 어법으로 표현한 것이다. 하나님은 심판을 내리실 때 마귀를 그 심판을 실현하는 자로 활용하시는데, 그분의 뜻대로 악인의 궤계를 주장하시고 악인의 의지를 자극하시며 악인의 노력을 허용하신다. 첫 번째 설명은 다음과 같은 욥의 말에 담긴 의미와 어울린다. "그는 유창한 자들에게서 말을 거두어 가시며, 늙은 자들과 지혜로운 자들에게서 모략을 거두어 가신다. 그는 땅의 통치자들에게서 용기를 거두어 가셔서 그들로 길을 잃게 하시도다."욥 12:20, 24 바울의 말도 첫 번째 설명에 적합하다. "하나님이 그들에게 강한 미혹을 보내사 그들로 거짓을 믿게 하시도다."살후 2:11 이사야의 말도 마찬가지다. "여호와여, 어찌하여 우리에게서 이성을 거두어 가시나이까? 어찌하여 우리의 마음을 완고하게 하사 우리로 주를 경외하지 않게 하시나이까?"사 63:17

이 모든 성경 말씀의 목적은 인간 가운데 하나님께서 일하시는 방식에 대해 알려 주는 것이 아니다. 오히려, 하나님께서 인간을 저버리고 유기하심으로써 그들을 어떤 존재로 만드시는지 알려 주는 것이 그 목적이다. 바로의 강퍅함에 관하여 언급하는 말씀은 이 말씀들보다 강력하다. 주님은 "내가 바로의 마음을 강퍅하게 한 것은 그가 네 말을 듣고 내 백성을 놓아주지 않게 하려 함이라"고 말씀하신다. 이어서 주님은 자신이 바로의 마음을 "굳세고 완강하게" 만들었다고 말씀하신다.출 4:21, 7:3-4, 10:1, 20, 27 그렇다면 우리는 이 말씀을 하나님께서 바로의 마음을 부드럽게 만들지 않으심으로써 그를 강퍅하게 하셨다는 뜻으로 읽어야 하는가? 틀림없이 그런 뜻이다. 하지만 하나님은 무언가 다른 일도 하셨다. 하나님은 바로를 마귀에게 넘기셔서 그의 완고함을 굳게 하셨다. 이것이 하나님께서 "내가 그의 마음을 휘어잡으리라"고 선언하신 이유다. 비슷한 사례로, 이스라엘 백성이 이집트를 떠난 뒤 들어간 나라의 거주민들이 그들을 해치려는 의도로 마중 나왔다. 누가 그들을 충동질했다고 할 수 있을까? 모세는 여호와께서 그들의 마음을 완악하게 하셨다고 확실하게 말한다.신 2:30 똑같은 이야기를 전해 주는 선지자는 여호와께서 그들의 마음을 바꾸어 그분의 백성을 미워하게 하셨다고 주장한다.시 105:25

그러므로 그들이 죄를 범한 이유는 오직 하나님의 조언을 빼앗겼기 때문이라는 주장은 성립할 수 없다. 만약 그들이 확고한 결심으로 그 일들을 저질렀다면, 주님께서 어떤 방식으로 그들을 이끌고 지시하셨을 것이기 때문이다. 더욱이, 하나님께서 자기 백성의 범죄를 벌하기로 하셨을 때는, 언제나 사악한 자들을 형벌의 수단으로 삼지 않으셨던가! 그렇게 하실 때 하나님은 그 역사의 권능과 효과가 그분에게서 나오는 방식으로 행하셨고, 그 사악한 자들은 단지 그분의 역사를 이루는 대리자들에 불과했다. 그래서 하나님은 종종 믿지 않는 민족들을 불러들여 이스라엘을 멸하겠다고 위협하셨는데, 사 5:26, 7:18 때로는 그 민족들을 올가미에, 때로는 망치에 비유하셨다. 겔 12:13, 17:20, 렘 50:23

하나님은 그 올가미와 망치를 쓰지 않은 채 내버려 두지 않겠다고 말씀하신다. 그래서 악하고 고집스러운 산헤립을 도끼에 비유하시며, 자기의 기쁘신 뜻대로 그를 휘둘러 자르는 데 쓰기로 선포하신다. 사 10:15

아우구스티누스는 그의 어느 작품에서 악인의 행동과 하나님의 주권을 보다 적절히 구별한다. 아우구스티누스에 따르면, 악인의 범죄는 악인 자신이 저지른 것이지만, 어둠을 당신이 보기에 좋도록 분리하신 하나님의 권능이 없이는 그들의 온갖 범죄는 일어날 수 없었다.[51]

하나님의 대리자 마귀

하나님께서 다양한 방식으로 악인들의 생각을 사로잡아 이끄실 때, 마귀를 사용하여 그들을 부추기신다는 사실이 성경 한 곳에서 명백하게 드러난다. 하나님에게서 나온 악한 영이 사울을 사로잡기도 하고 떠나기도 했음을 우리는 성경을 여러 번 읽어서 잘 알고 있다. 삼상 16:14, 18:10, 19:9 그러나 이 구절을 성령에 관한 말씀으로 오해하면 안 된다. 더러운 영이 하나님의 목적과 권능에 응했음을 고려할 때, 우리는 그 더러운 영이 하나님께 지시를 받았음을 알게 된다. 그것은 자기 스스로 활동하는 배우가 아니라 하나님께서 그분의 의지를 이루려고 쓰신 도구다. 그런데도 앞에서 다루었듯이, 동일한 하나의 사건에서조차 하나님께서 행하신 일과 마귀나 악인이 행한 일 사이에는 엄청난 차이가 존재한다. 하나님께서 정하신 목적을 이루기 위해 권능으로 통제하실 수 있는 도구들은 오직 그분의 의로우심을 위해 사용된다. 마귀와 행악자들은 사악하므로 어떤 악이든 그들의 지성이 고안한 것을 적극적으로 만들어 낸다.

이제 하나님의 위엄에 관련된 문제가 남아 있다. 인간은 하나님의 위엄을 중상모략 하고, 간계를 동원하여 모독한다. 나는 이 점을 하나님의 섭리를 다루는 장에서 설명하겠다. 여기서 내 목적은 마귀가 악인들을 지배하는 방식 및 하나님께서 마귀와 악인들 속에서 역사하시는 방식을 간략히 제시하는 것이다.

하나님의 뜻은 삶의 세속적 행위도 철저히 지배한다

어떤 행위들은 그 자체로는 선하지도 악하지도 않지만, 영적 생활보다는 세상의 생활과 더 많이 관련된다. 나는 아직 그 행위들과 관계된 인간 자유의 본질을 전혀 설명하지 않았다. 어떤 사람들은 우리가 그런 문제들에서 선택의 자유를 갖고 있다고 주장한다. 내가 짐작하기에 그들이 그렇게 주장한 이유는 그것을 진실로 강하게 주장하고 싶었기 때문이라기보다는, 사람들이 중요하지 않게 여기는 문제를 놓고 굳이 논쟁하고 싶지 않았기 때문이다. 내 생각을 말해 보겠다. 자신의 힘으로는 의롭게 될 수 없다고 생각하는 사람들은 구원을 위해 무엇이 필요한지 알고 있다고 주장한다. 나도 동의한다. 그렇더라도 우리에게 좋은 것을 우리가 선택하고 갈망하기로 할 때, 그와 반대로 우리의 온 마음과 온 뜻으로 우리에게 해로운 것을 피할 때도, 하나님의 특별한 은혜가 개입한다는 사실을 무시해서는 안 된다.

하나님의 섭리는 참으로 광범위해서 그분이 필요하다고 여기시는 것을 충분히 이루어지게 할 뿐만 아니라, 바로 그런 목적에 맞도록 인간이 의지를 갖게 할 수도 있다. 우리가 우리 자신의 이성으로 외부 사건의 과정을 판단하면, 그 사건을 인간 의지와 능력의 한도 안에 있는 것으로 여기게 될 것이다. 그러나 우리가 바로 이곳에서도 주님께서 인간의 마음을 다스리신다는 성경의 증거를 따르면, 인간의 능력을 하나님의 특별한 지시에 복종하는 것으로 여기게 된다. 이집트 사람들의 마음을 움직여 이스라엘 백성에게 그들의 가장 소중한 기물을 빌려주게 한 분이 누구였는가?출 11:2-3

만약 이집트 사람들에게만 달린 일이었다면, 어떤 것도 그들이 그렇게 하도록 만들지 못했을 것이다! 따라서 이집트 사람들 자신의 충동이나 의향이라기보다는 하나님께서 직접 그들의 마음을 이끄셨다고 보아야 맞다. 평소에는 복음의 진리처럼 강력했던 아히도벨의 모략을 압살롬이 거절하게 만든 분이 누구였는가?삼하 17:14 누가 르호보암이 젊은이들의 권고를 따르게 했는가?왕상 12:10, 14-15

이들 모두가 개인적인 사례이기 때문에 이 사례들에 근거하여 일반 원칙을 끌어낼 수는 없다는 이의가 제기될 수도 있다. 하지만 나는 주장하겠다. 하나님께서 외부적인 사건에서도 그분이 원하실 때마다 인간이 그 기뻐하시는 뜻대로 의지를 갖고 움직이도록 섭리하실 수 있다. 인간이 하나님의 섭리를 인정하든 그렇지 않든 상관없이, 인간의 선택 능력은 그분이 인간을 지배하지 못하게 할 정도로 자유롭지는 않다. 나는 앞에서 소개한 사례들이 나의 이 주장을 충분히 입증한다고 생각한다. 우리의 일상적 경험을 통해 분명히 알 수 있듯이, 우리 마음은 우리의 자유로운 선택을 따르지 않는다. 오히려, 우리 마음은 하나님이 움직이시는 대로 끌려간다. 그리 배우기 어렵지 않은 것들에서도 우리는 자주 우리의 이성과 지성만으로는 감당하지 못할 때가 있고, 쉽게 해낼 수 있는 일들에서도 자주 절망에 빠지기 때문이다. 반면, 우리가 가장 애매하고 의심스러운 문제에 당면하게 되면, 즉시 마음을 결단하고 재빨리 해결책을 찾는다. 우리는 중요하고 아슬아슬한 문제에서는 강인하고 두려움 없는 마음 자세를 갖춘다. 왜 그런 것일까? 그때마다 하나님께서 일하시기 때문 아닐까?

나는 "주님께서 귀를 듣게 하고 눈을 보게 하신다"는 솔로몬의 말을 바로 그 관점에서 해석한다.잠 20:12 나는 솔로몬이 여기서 창조 사역에 관해 말한다고 생각하지 않는다. 그는 하나님께서 매일매일 인간에게 베푸시는 특별한 은혜에 대해서 말하고 있다. 그뿐 아니라, "주님께서 왕들의 마음을 마치 시냇물처럼 그의 손으로 쥐고 계시다가 그가 원하시는 곳마다 쏟으신다"고 선언한다.잠 21:1 여기서 솔로몬은 틀림없이 모든 사람을 일괄적으로 표현하고 있다. 만약 타인에게 복종하지 않는 의지를 가진 어떤 사람이 있다면, 그 의지는 모든 사람 위에 군림하는 왕으로서 누리는 특권적 의지일 것이다. 그런데 하나님의 권세가 왕의 의지를 결정한다면, 우리의 의지도 예외는 아닐 것이다. 이와 관련하여 아우구스티누스가 훌륭하게 서술했다. "신중하게 살펴보면, 성경은 인간의 선한 의지를 창조하신 이후로 그것을 그의 권능으로 선한 일과 영원한 생명을 향하여 이끄시는 하나님을 계시할 뿐만 아니라, 현세를 살아가는 모든 사람의 의지에 대해서도 하나님께서 동일하게 행하신다는 사실을 계시해 준다. 그처럼 하나님은 그가 원하시는 대로 모든 사람이 행동하게 하시되, 때로는 다른 사람에게 이로움을 끼치게도 하시고, 만약 그가 누구에게 벌을 내리시려 할 때는, 다른 사람을 해치게도 하신다. 이 모든 일을 하나님은 그의 은밀하고 공의로운 판단에 따라 행하신다.[52]

성공과 실패는 자유의지 주제와 무관하다

이쯤에서 독자들은 인간의 자유의지 능력은 사건의 결과에 따라 평가될 수 없음을 기억해야 한다. 일부 무지한 사람들은 그렇다고 믿는다. 그들은 세상의 가장 유명한 군주들조차 자기 하고 싶은 대로 행동하지 못하거나, 노력하지만 아무 결과도 낼 수 없을 때가 자주 있음을 강조한다. 그렇게 함으로써 인간 의지의 속박 상태를 증명할 수 있다고 여긴다. 그런데 우리가 여기서 관심을 기울이는 능력과 자유는 인간 자체와 관련되는 것이지, 인간 바깥의 일들과는 상관이 없다. 자유의지를 논의하며 우리가 제기하는 주장은, 인간이 아무 방해도 받지 않고 자신의 야망을 이루어 낼 수 있는지에 대한 것이 아니기 때문이다. 다만 우리는 과연 인간이 모든 일에 있어서 자신의 판단을 통해 선이나 악을 자유롭게 선택하고 그 둘을 구별할 수 있는지, 자유롭게 어느 한쪽을 인정하고 다른 한쪽을 부정할 수 있는지, 혹은 인간 의지가 자유롭게 선을 갈망하고 찾고 따르면서 악을 미워하고 피할 수 있는지를 조사하는 중이다. 인간이 정말로 그렇게 할 수 있다면, 설령 그가 감옥에 갇힌다 하더라도 온 세상을 다스리는 것 못지않게 자유로운 셈이다.

자유의지 교훈에 대한 첫 번째 반대: 필연적인 죄는 결코 죄가 아니다

인간 영혼이 속박된 상태에 대해서는 충분히 다루었지만, 자유의지에 관한 거짓된 사상으로 우리를 속이려 하는 자들은 반대 주장으로 우리의 견해를 공격할 것이다. 우선, 그들은 우리의 주장이 상식을 무시하는 끔찍한 것처럼 비치게 하려고 몇몇 우스꽝스러운 이견들을 제시한다. 그런 다음 성경을 증거로 제시하며 우리의 견해를 정죄하려 들 것이다. 그러니 우리도 이 순서에 따라 그들의 이견에 응답해 보자.

우선, 그들이 하는 추론에 따르면, 만약 죄가 필연의 문제라면 죄는 결코 죄가 아니며, 죄가 자발적이라면 죄를 피할 수 있다. 펠라기우스가 아우구스티누스를 공격하려고 사용한 막대기도 바로 이것이었다.[53] 하지만 일단 그들이 충분히 자신을 변호하게 해준 뒤에 우리가 반박하더라도 전혀 문제가 없을 것이다. 그러므로 죄가 필연적이기 때문에 죄로 간주될 수 없다는 그들의 주장을 나는 부정한다. 죄가 자발적이라면 피할 수 있다는 그들의 추론도 부정한다. 만약 하나님을 고발하는 어떤 사람이 자신이 어쩔 수 없이 그렇게 한다는 간교한 핑계를 댄다면, 다음과 같은 하나님의 응답이 즉시 준비될 것이다. "이스라엘아, 너의 행위는 파멸이요, 너의 구원은 오직 내 안에 있느니라."호 13:9 이 전형적인 무력함은 인간의 부패한 본성이 아니면 과연 어디서 나올 수 있겠는가? 인간의 부패함은 인간이 자신의 창조주에게서 멀리 떠난 상황이 아니면 과연 어디서 나올 수 있겠는가? 만약 모든 인간이 창조주에게서 멀리 떠난 잘못으로 죄인 신분이라면, 악이 필연이라는 핑계를 대며 변명할 생각을 절대로 해서는 안 된다. 그들은 악의 필연성이야말로 그들이 당한 정죄의 원인이라 여긴다.

그들의 주장의 두 번째 요소도 전혀 타당성이 없다. 그들은 모든 자발적인 행동이 완전히 자유롭다고 주장하기 때문이다. 우리가 이미 입증했듯이, 비록 많은 일이 자발적으로 행해진다 하여도 자유로운 선택의 결과는 아니다.

자유의지 교훈에 대한 두 번째 반대
: 보상과 형벌 개념은 결코 성립되지 않는다

그들은 여기서 한 걸음 더 나아가, 만약 인간이 비행과 미덕을 자유롭게 선택하여 행하는 것이 아니라면, 그에 따라 보상이나 형벌을 받는 것도 맞지 않다고 주장한다. 그들의 추론이 아리스토텔레스에게서 나오기는 하지만, 내가 알기로 이 추론은 크리소스토무스와 히에로니무스가 자신들의 저서 어느 곳에서 소개한 것이다.[54] 히에로니무스는 그 주장이 펠라기우스주의자들 사이에서 널리 통용되고 있다고 알려 주는데, 다음과 같이 그들의 말을 인용한다. "만약 하나님의 은혜가 우리 속에서 일하고 있다면, 그 보상은 일하지 않는 우리가 아니라 은혜에 내려져야 한다."

하나님께서 악행에 대해 내리려고 예비하신 형벌 문제를 다루자면, 우리 속에 있는 죄는 우리의 잘못이므로 나는 그 악행으로 벌을 받는 것은 당연하다고 대답하고 싶다. 우리가 죄를 범하도록 이끈 결정이 자유로운 결정이었느냐 혹은 강요된 결정이었느냐 하는 문제는, 우리가 그 결정에 대하여 의지와 욕망을 가지는 한 중요하지 않다. 그 이유는 특별히 인간이 죄에 속박된 죄인으로 정죄받은 상태에 있기 때문이다. 선행에 대한 보상 문제를 다루자면, 무릇 보상이란 우리의 공로 때문이 아니라 하나님께서 그분의 자비에 따라 베푸신 것임을 우리가 인정하고 나면, 그 밖에 다른 모든 주장은 궁색해진다.

아우구스티누스는 다음과 같은 진술을 아주 여러 번 했다. "하나님은 우리의 공로가 아닌 우리에게 주신 그분의 은사에 상을 베푸신다." 우리가 받는 보상을 "보상"으로 부르는 이유는 그것이 우리의 공로에 대한 대가여서가 아니라, 하나님께서 이미 우리에게 베푸신 은사들에 그분이 보상하는 한 가지 방식이라서 그렇다.[55]

우리의 반대자들은 만약 선한 일이 인간이 가진 자원에서 나오지 못하면 공로다운 공로는 전혀 없다고 날카롭게 지적한다. 하지만 우습게도 그들 자신은 그런 생각을 아주 이상하게 취급한다. 그들이 우리의 복된 소망과 영원한 영광을 제시하는 바울 사도의 원칙을 깨닫게 된다면, 자신의 어리석은 생각을 반드시 그만두게 될 것이다. 바울 사도는 "하나님은 그가 택하신 자들을 부르셨고, 그가 부르신 자들을 의롭게 하셨으며, 그가 의롭게 하신 자들을 영화롭게 하셨다"고 기록한다.롬 8:30 그렇다면, 신자가 상을 얻는 이유가 무엇인가? 바울 사도에 따르면, 신자가 택하심을 받고 의롭다 하심을 얻는 것은 분명히 그 자신의 노력이 아니라 주님의 자비 덕분이다. 따라서 자유의지가 유지되지 않으면 공로도 사라져 버린다는 어리석은 걱정은 완전히 해소된다. 성경이 안내하는 결론을 회피하는 것보다 터무니없는 짓은 없다. 바울은 "만약 너희가 모든 것을 받았을진대, 어찌하여 전혀 받지 않은 것처럼 자랑하느냐"라고 말씀한다.고전 4:7 바울은 자유의지의 능력을 부인함으로써 어떤 형식의 공로도 소거해 버린다. 하지만 풍성하고 관대하게 선을 행하시는 하나님은 그분이 우리에게 베푸신 은사들을 우리 것으로 삼아 주셨고, 그래서 마치 그 은사들이 우리 자신의 미덕이라도 되는 듯이 우리에게 보상을 주신다.

자유의지 교훈에 대한 세 번째 반대: 선과 악은 절대 구별되지 않는다

그들이 제기하는 또 다른 이견은 아마도 크리소스토무스에게서 빌려온 생각 같다. 그들이 말하는 대로 우리에게 선이나 악을 선택하는 능력이 없다면, 모든 인간은 다 선하거나 다 악해야 할 것이다. 그들 모두가 한결같은 본성을 갖고 있기 때문이다. 이 견해는 흔히 암브로시우스Ambrosius가 썼다고 여기는 『이방인들의 소명』의 저자도 견지하고 있다.[56] 그 저자의 주장에 따르면, 하나님의 은혜가 인간 의지가 바뀔 수 있도록 해주지 않으면 누구도 믿음에서 떠날 수 없다.

이처럼 저명한 사람들이 그런 오류에 빠졌다니 정말로 놀랍다. 각 사람을 구분하는 것은 하나님의 선택이라는 사실을 어째서 크리소스토무스는 알지 못했을까? 모든 사람이 부패했고 악에 넘겨진 것이 사실이라고 강조하는 바울의 주장을 우리는 결코 부끄러워해서는 안 된다.롬 3:12 그와 동시에, 우리는 하나님의 자비를 힘입은 일부 사람들도 존재하므로 모든 사람이 부패한 상태에 머무르는 것은 아님을 인정해야겠다. 우리는 모두 태어나면서부터 같은 질병에 걸리기 때문에, 하나님께서 치료해 주시려는 사람들 외에는 누구도 이 질병으로부터 안전하지 못하다. 하나님은 그 나머지 사람들을 그분의 의로운 판단에 따라 버려두신다. 그들은 소멸하기까지 계속 부패한 상태에 남는다.

사람에 따라 한결같이 지속하기도 하고 중도에 실패하기도 하는 이유는 오직 그것밖에 없다. 견인은 하나님의 은사이지만, 모든 사람에게 차별 없이 베푸시는 은사가 아니며 그분이 기뻐하시는 이들에게만 해당하는 은사다. 견고하고 지속적인 사람들과 이리저리 바뀌는 사람들 사이에 차이가 생기는 이유를 묻는다면, 오직 다음과 같은 한 가지 이유만 있을 뿐이다. 전자는 하나님의 권능으로 보호를 받아 멸망하지 않지만, 후자는 하나님의 권능을 얻지 못하기 때문이다. 하나님은 후자를 인간의 변덕스러움을 나타내는 전형으로 삼으려 하신다.

자유의지 교훈에 대한 네 번째 반대: 권고나 견책은 소용없다

그들은 죄인에게 순종할 힘이 없다면 모든 권면이 헛되고 훈계도 쓸데없으며 견책도 이치에 맞지 않는다고 항변한다. 아우구스티누스 역시 동일한 이견들에 부딪혔을 때, 『책망과 은혜에 관하여』라는 제목의 책을 출판하여 응수한다. 그 책에서 아우구스티누스는 모든 이견에 충분히 대답했지만, 이 문제에 대해서는 다음과 같이 짧게 핵심만 제시한다. "사람이여, 그대가 따라야 할 계명에서 배우라. 따르지 못해서 책망받을 때는 그대의 실패를 통해 그대의 무력함을 배우라. 하나님께 드리는 기도를 통해 그대에게 필요한 것을 어디서 얻어야 하는지 배우라."[57]

가장 먼저 확인할 것은 이 근거를 옹호하는 이들 중에는 우리만 있지 않다는 사실이다. 그리스도와 그의 사도들 모두 우리처럼 이 근거를 옹호했다. 그러니 우리의 반대자들은 그리스도와 그의 사도들을 상대로 이길 수 있을지 고민해야만 한다. 그리스도는 그가 없이는 우리가 아무것도 할 수 없다고 선포하셨으나,요 15:5 다른 사람들에게 선한 일을 계속 권면하면서도 정작 자기는 그리스도와 상관없이 악만 행하는 자들을 책망하신다. 바울은 고린도 교인들의 사랑 없음을 아주 신랄하게 꾸짖는다.고전 3:3 하지만 나중에는 하나님께서 그들을 사랑으로 채워 주시도록 기도한다. 바울은 의로움이란 그것을 원하는 자나 그것을 향해 달리는 자가 얻는 것이 아니라, 오직 하나님의 자비를 입는 자만 얻는 것임을 로마 교인들에게 확신시킨다.롬 9:16 하지만 역시 나중에는 그들을 훈계하고 권면하며 교정하는 일을 잊지 않는다.

어찌하여 그들은 오직 주님만 줄 수 있는 것을 인간에게 쓸데없이 요구하는 시간 낭비를 그만두시도록 주님께 요청하지 않는가? 어찌하여 그들은 단지 주님의 은총을 받지 못했기 때문에 잘못을 범한 자들을 쓸데없이 책망하시는 시간 낭비를 그만두시도록 주님께 요청하지 않는가? 실패할 때 하나님의 자비를 덧입지 못하는 자들은 바르게 의지를 갖거나 행동하기 위한 하나님의 자비를 자기 속에 지니고 있지 못하거늘, 어째서 바울과 함께 그들을 용서해 달라고 하나님께 탄원하지 않는가? 하나님의 교훈이야말로 가장 합당한 추론에 근거해 있으므로 그런 우매한 사변들은 완전히 요점에서 벗어나 있다. 하나님의 교훈은 신중하게 그 뜻을 헤아려 보아야 한다.

사실, 바울 역시 교훈과 권면과 책망은 사람의 마음을 바꾸는 데 거의 소용이 없다고 주장한다. 그는 "심는 자는 아무것도 아니요, 물 주는 자도 아무것도 아니로되, 효과적인 사역은 오직 자라게 하시는 주님의 것"이라고 기록했다.고전 3:7

제2장

보론: 권면의 긍정적 역할

그렇다면 도대체 권면의 유익이 무엇인지 누군가는 묻고 싶을 것이다. 내 대답은 이렇다. 만약 사람들이 완고한 마음으로 권면을 경멸한다면, 그 완고한 마음이야말로 하나님의 심판 때에 그들을 정죄할 증거가 될 것이다. 사실, 아직 현세에 머무는 동안에도 어떤 사람들의 불편한 양심은 권면을 통해 가책도 느끼고 설득도 받는다. 그들의 양심이 권면을 비웃기는 하더라도 완전히 대놓고 비난하지는 못하기 때문이다. 그렇다면, 어떤 사람은 "순종에 필요한 심리적 자발성을 지니지 못한 비참한 죄인들이 과연 무엇을 할 수 있느냐"며 반문하고 싶을 것이다. 그에 대한 응답으로 오히려 내가 이렇게 묻고 싶다. 그런 사람은 자기 마음의 완고함을 다른 누가 아닌 오직 자신의 잘못으로만 받아들여야 할 텐데, 과연 무슨 변명을 할 수 있겠는가? 요컨대, 악인들은 어떻게든 하나님의 교훈과 경고를 조롱하려 하겠지만, 그들의 바로 그 능력 때문에 자기 의사와는 상관없이 하나님의 심판 때에 패배하게 되어 있다.

이와 달리, 신자에게는 권면이 대체로 유익하다. 주님께서 신자 중에서는 그분의 영으로 만사를 다 행하시기는 하더라도, 신자 속에서 그 일을 성취하실 때 주님은 그분의 말씀을 수단으로 사용하신다. 주님은 바로 이 일을 가장 효과적으로 행하신다. 당연히 그래야 하겠지만, 우리가 의인은 자신의 모든 힘을 하나님의 은혜를 통해 얻는다고 확신한다면, 다음과 같은 질문을 하게 될 것이다. 성령께서 의인들을 인도하기 위해 그들과 함께 계실 때, 왜 의인들은 자신이 마땅히 해야 할 일에 관하여 성령의 권면을 듣는가? 의인들은 오직 성령께서 인도하시는 만큼만 속도를 낼 수 있는데, 왜 의인들은 권면으로 재촉받는가? 의인들이 자기 육신의 연약함 때문에 넘어질 수밖에 없는데, 왜 의인들은 실수 때문에 징계받는가? 이 질문들에 대하여 우리는 다음과 같이 응답하겠다. "사람아, 네가 누구이기에 감히 하나님께 법을 요구하느냐? 만약 하나님께서 우리가 하나님의 은혜를 입어 그의 권면을 순종하게 되도록 우리를 그의 권면으로 준비하려 하신다면,

왜 너는 이처럼 으르렁거리며 불평하는가?"

설령 권면의 용도가 신자의 잘못을 책망하는 것밖에는 없다 하더라도, 권면을 쓸데없는 것으로 무시하면 안 된다. 그 책망 덕분에 우리의 마음은 의로움에 대한 사랑이 불붙기 시작하고, 동시에 죄에 대한 미움과 혐오 역시 격렬해지기 때문이다. 성령께서 인간을 구원하기 위해 이런 외적인 수단을 사용하시며 우리 속에서 일하시는데, 누가 감히 권면을 가리켜 불필요한 것이라 업신여긴단 말인가?

내가 더욱 분명하게 대답해야 한다면, 이렇게 간략히 설명하고 싶다. 하나님은 우리 안에서 두 가지 방식으로 활동하신다. 내적으로는 그분의 성령으로 활동하시고, 외적으로는 그분의 말씀으로 활동하신다. 하나님은 그분의 성령으로 인간의 지성을 깨우치고 인간의 마음이 의와 순결을 사랑하도록 훈련하심으로써, 중생을 통해 인간을 새 피조물로 만드신다. 또한 하나님은 그분의 말씀을 통해 인간을 움직이고 격려하셔서 이 중생을 갈망하며 바라보게 하신다. 하나님은 그와 동일한 말씀을 악인과 유기된 자들에게 주심으로써, 비록 그 말씀이 그들을 나아지게 하지는 못하더라도 그 나름의 역할, 곧 이생에서는 그들의 양심을 찌르고 심판 날에는 핑계대지 못하게 하는 역할을 수행하게 하신다.

자유의지를 옹호하거나 반대하는 성경의 증거: (1) 율법과 율법의 명령

그들은 애써 수고하며 성경에서 많은 증거를 수집한다. 그래서 비록 그들은 우리가 성경에서 제시한 증거보다 적확한 관련 본문으로 우리를 이길 수는 없더라도, 최소한 본문의 양적 측면만큼은 우리보다 앞설 수 있게 되었다. 이는 마치 어떤 장군이 단지 적을 위압하겠다는 목적으로 전쟁에 참여하지도 않을 일반 백성을 모으는 것과 같다. 전쟁 시작 전에는 그들이 용맹스러운 외양을 자랑하겠지만, 전투가 시작되어 적이 달려들면 단 일격 만에 궤멸하고 말 것이다. 그러므로 겉보기에는 괜찮을지 몰라도 허세에 불과한 그들의 모든 반론을 우리는 쉽게 퇴치해 버릴 수 있다.

그들이 성경에서 인용하는 모든 본문은 여러 다양한 범주로 나뉜다. 우리는 그들이 열거한 본문들에 일일이 설명을 달기보다는 그것들을 범주별로 구별한 뒤 응답을 제시함으로써 우리의 응답 하나가 그들의 다른 여러 반론을 충분히 응수할 수 있게 하겠다.

그들이 선호하는 회피책은 하나님의 계명이다. 그들은 하나님의 계명이 우리의 능력과 아주 잘 어울리기 때문에, 그 계명이 요구하는 모든 것을 우리가 감당할 수 있다고 믿는다. 그래서 여러 계명들을 차곡차곡 쌓아 올려서 그 계명 하나하나마다 인간의 능력을 연결한다. 그들의 주장은 이렇게 펼쳐진다. "하나님께서 거룩함과 성결과 순종과 순결과 사랑과 친절을 명령하시고 더러움과 우상숭배와 방탕함과 분노와 도적질과 교만 등을 금하셨다면, 그분이 우리를 조롱하시거나 혹은 우리 능력의 한도 안에 있는 것을 요구하시는 것이다." 그들이 모은 전체 계명들은 세 부류로 나뉠 수 있다. 인간을 하나님께 돌아오게 하는 계명, 단순히 율법을 준수하라는 계명, 우리가 이미 얻은 하나님의 은혜 안에서 계속 살아가라는 계명 등이다.

우선 이 세 부류를 총괄적으로 논의한 다음, 한 부류씩 각기 따로 숙고해 보자.

하나님의 계명을 가지고 인간 능력의 한도를 헤아려 보는 것은 오래전부터 해온 일이고, 어느 정도는 이성적으로도 타당하다. 그렇지만 나는 이 일이 엄청난 무지 때문에 생긴 것이라고 주장하고 싶다. 하나님의 계명은 순종할 수 없는 불합리한 것이라고 말하는 자들은 근거가 너무 빈약한 주장을 내세운다. 그들은 아무도 율법을 순종할 수 없다면, 율법은 공연히 주어진 것이라고 말한다. 그들은 마치 바울이 율법에 대해서 한마디도 하지 않았던 것처럼 주장한다. 그렇다면, 내게 대답해 달라. 바울은 율법이 "범죄를 더하기 위해" 주어졌고, "율법을 통하여 죄를 아는 지식이 온다"고 말함으로써 무슨 뜻을 전하려 했는가? 율법이 "죄를 낳고," "죄를 더하기 위해 들어왔다"는 바울의 말이 대체 무슨 뜻인가? 롬 3:20, 5:20, 7:7 율법은 공연히 주어지지 않았기 때문에 인간의 능력과 일치한다는 것이 바울이 전하려는 뜻인가? 오히려 그와 반대다. 바울은 이 모든 구절을 통해 하나님께서 우리의 무력함을 깨닫게 해주기 위해 인간의 능력을 벗어나는 것을 명령하셨다고 깨우쳐 준다.

만약 성경이 율법을 우리의 행동이 기준으로 삼아야 할 생활 규칙만 가르친다면, 나는 즉시 진심으로 그들의 견해에 동의하고 싶다. 하지만 성경은 율법의 다양한 쓰임새를 신중하게 설명하므로, 우리 자신의 공상보다는 성경 자체의 설명에 주의를 기울여야 한다. 이 문제의 경우, 율법은 우리가 마땅히 해야 할 일을 요구한 다음, 그 요구에 따르는 데 필요한 능력이 하나님의 은혜에서 나온다는 사실을 곧바로 계시해 준다. 율법이 우리에게 기도로 그 능력을 구하라고 가르치는 것도 바로 그 이유 때문이다. 만약 약속의 말씀 없이 오직 계명만 주어졌다면, 과연 그 계명이 우리가 따르기에 적합한지 우리 자신의 능력을 확인해 보아야 할 것이다. 하지만 계명에는 약속이 첨부되어 있으며, 그 약속은 우리를 지탱해 주는 하나님의 도우심뿐만 아니라 우리의 모든 힘은 하나님의 은혜에 있다는 사실도 계시해 준다. 계명은 우리가 그것을 지키기에 너무도 무능하고 부적합한 자들임을 여실히 드러낸다. 마치 하나님께서 의에 대한 그분의 기준을 우리의 연약함과 왜소함에 맞추기라도 하신 듯이, 우리의 능력이 하나님의 계명에 비례한다는 생각은 그만두자. 그 대신, 그 계명에 딸린 약속을 통해 우리는 언제 어디서나 하나님의 은혜가 절박하게 필요하다는 사실을 직시하면서, 우리가 얼마나 준비되지 못한 존재인지를 배우자.

그들은 하나님께서 그분의 율법을 기껏해야 나무나 돌에 쓰시려 했다는 것을 누가 믿을 수 있겠냐고 묻는다. 우리는 누군가에게 그것을 믿게 하려는 것이 아니다. 율법은 악한 사람들에게 그들의 악한 욕망이 하나님과 거슬림을 가르치고, 그러면 그들은 양심을 통해 자신의 유죄를 인정하게 된다. 이때 악한 사람들은 보잘것없는 돌이나 나무가 아니다. 마찬가지로, 믿는 자들 역시 자신의 연약함을 알게 되면 하나님의 은혜를 구하게 되는데, 이때 믿는 자들은 돌이나 나무가 아니다. 다음과 같은 아우구스티누스의 표현들이 이 문제를 다룰 때 가장 적절하다. "하나님은 우리가 할 수 없는 것을 명령하시고, 그 결과 우리는 그에게 무엇을 구해야 할지 알게 된다."[58] "하나님의 가르침은 우리가 자유의지를 매우 높이 평가함으로써 하나님의 은혜가 지극히 명예로워질 때 가장 유익하다." "하나님께서 우리에게 믿음을 요구하시지만, 그가 찾으려 하시는 것을 우리 속에 먼저 두신 후에야 그가 요구하시는 것을 찾으신다." "하나님 자신이 명령하시는 것을 베푸시게 한 다음, 그가 뜻하시는 것이 무엇이든 명령하시게 하라."

성경의 증거: (2) 하나님께 돌아오라는 명령

이 점은 이미 언급된 세 부류의 계명을 숙고하면 더욱 명확해질 것이다. 주님은 율법과 선지서를 통해 그분께로 돌아오도록 부르신다. 그런데 선지서는 약간 다른 맥락에서 대답한다. "주님, 나를 돌이키소서. 그러면 내가 돌이키게 되리이다. 주께서 나를 돌이키셨으니, 내가 회개했나이다." 렘 31:18-19 하나님은 우리에게 마음의 할례를 하라고 명령하시지만, 이 할례는 모세를 통해 그분의 손에서 받게 됨을 선포하신다.신 30:6 하나님은 사람에게 수차례에 걸쳐 새로운 마음을 요구하시지만, 오직 하나님만 사람의 마음을 새롭게 하실 수 있다고 증언한다.겔 11:19, 36:26, 렘 31:33 우리가 아는 대로, 하나님의 명령을 이루는 것은 오직 은혜뿐이다. 이 은혜를 완전히 가리고 인간의 능력을 찬미하기 위한 목적으로 하나님의 계명을 거론하는 자들은 이제 과연 무엇이라 말할 것인가?

우리가 설명한 두 번째 부류의 계명은 분명하다. 그 계명들은 하나님을 경외하고, 하나님의 뜻에 따라서 섬기고, 그분의 명령에 복종하고, 그분의 교훈을 따르는 것이다. 수없이 많은 성경 구절들이 보여주듯이, 우리가 의와 거룩함과 경건과 순결의 형태로 가지고 있는 모든 것은 하나님이 값없이 주신 은사다.

바울과 바나바가 신자들에게 하나님의 은혜 안에서 인내하며 머물라고 권면한 것은 세 번째 유형에 속한 명령의 한 가지 사례다.행 13:43 그런데 또 다른 곳에서 바울은 이 힘의 근원을 분명하게 알려 준다. "내 형제들아, 주의 능력으로 강할지어다."엡 6:10 또한 그는 하나님의 성령을 근심시키지 않도록 경고하면서, "우리의 구속을 기다리는 동안 우리가 성령으로 인치심을 받았다"고 주장한다.엡 4:30 그런데 바울은 자신이 에베소 교인들에게 명령했던 그 일을, 다른 교인들의 경우에는 기도로 주님께 간구한다. 그 일이 인간의 능력을 넘어서는 것이기 때문이다. 그래서 바울은 하나님께서 친히 데살로니가 교인들을 그분의 부르심에 합당한 자들로 삼아 주셔서 그 선하신 뜻을 그들 중에 이루시고 믿음의 역사를 완성하시기를 간구한다.살후 1:11

더욱 간교하고 악랄한 자들은 이런 증거들에 대해서조차 트집을 잡는다. 우리 연약함을 도우시는 하나님의 은혜를 우리의 힘과 결합하지 못하게 하는 것은 아무것도 없다고 그들은 말한다. 그들은 하나님께서 돌이키는 능력을 당신과 우리에게 둘로 배분하시는 것으로 보이는 선지서 몇 구절을 사례로 사용한다. 예를 들어, 그들은 "내게 돌아오라. 그러면 내가 네게로 돌아가리라"는 구절을 제시한다.슥 1:3 그들은 하나님께서 인간에게 율법에 복종하도록 명령하신다는 사실만을 근거로 인간이 율법을 성취할 능력이 있다고 주장한다. 우리는 인간이 하나님에게서 얻는 도움을 이미 설명했고, 여기서 그 설명을 다시 반복할 필요는 없다. 여기서 우리의 유일한 관심은 우리 반대자들의 헛된 주장을 입증하는 데 있다. 분명히, 우리가 하나님의 명령을 행함에 있어서 그분의 은혜가 필수적이고, 그 목적을 위해 그분의 은혜가 약속되어 있다.

"내게 돌아오라. 그러면 내가 네게로 돌아가리라"는 말씀에 대해 설명하면, 이는 그들의 오류를 전혀 뒷받침해 줄 수 없다. 하나님께서 사람의 마음을 새롭게 하셔서 거룩한 생활을 하도록 베푸시는 은혜는, 그가 "돌아오라"고 말씀하실 때 뜻하신 은혜와 다르기 때문이다. "돌아오라"고 말씀하실 때 하나님께서 뜻하신 것은 우리를 형통케 하시려고 베푸신 사랑과 선한 의지다. 하나님께서 우리에게 고난을 보내실 때, 우리를 떠나신다고 말씀하신 것도 그와 비슷한 이유다. 오랫동안 비참한 재난을 당했던 이스라엘은 하나님께서 그들에게 등 돌리셨다고 불평했기 때문에, 하나님은 만약 그들이 정직한 생활과 모든 의의 원칙인 하나님 자신에게 돌아오면 그 선하심이 반드시 그들을 실망시키지 않을 것이라고 대답하신다. 따라서 이 구절에서 우리가 하나님께로 돌이키는 행위가 하나님과 일을 효과적으로 분담하는 것을 뜻한다고 해석하면, 우리는 이 구절을 왜곡하게 된다. 다만 우리는 율법에 관한 장에서 이 문제를 상세하게 다룰 것이므로 지금까지는 약간 조심스럽게 우회했을 뿐이다.

성경의 증거: (3) 하나님의 약속

그들이 내세우는 두 번째 부류의 주장은 첫 번째 부류의 주장과 큰 차이가 없다. 그들은 하나님께서 우리의 의지와 언약을 맺는 것처럼 보이는 약속들을 지적한다. 그들이 찾아낸 성경 구절 중에는 다음과 같은 것들이 있다. "의를 구하고 악을 구하지 말라. 그러면 살리라."암 5:14 "만약 너희가 내 말에 주의하면, 내가 너희에게 좋은 것들을 풍성히 주겠지만, 너희가 내 말에 주의하지 않으면, 내가 너희로 칼에 망하게 하리라."사 1:19-20 "만약 너희가 이 가증한 것들을 내 앞에서 제거하면 쫓겨나지 않으리라."렘 4:1 "만약 너희가 주님의 목소리를 듣고 그의 계명들을 행하고 지키면, 그가 너희를 땅에서 첫째 민족으로 삼으시리라."신 28:1, 레 26:3, 6 이와 비슷한 구절들이 더 있다. 만약 우리가 이런 명령들을 행할 능력이 없다면, 하나님께서 그 명령들을 우리의 의지에 맡기심으로써 우리를 조롱하시는 셈이 된다고 그들은 믿는다.

인간의 관점에서 바라보면, 사실 이 주장은 그럴듯하다. 하나님께서 실제로는 힘이 없는 우리가 마치 온전히 자력으로 하나님의 은혜와 그의 모든 복을 얻을 수 있는 것처럼 말씀하셨다면, 그 하나님은 잔혹한 하나님이라는 결론으로 이어질 것이다. 만약 하나님께서 우리가 결코 즐길 수 없는 혜택들을 제시하셨다면, 그것은 정말 터무니없는 일이라는 결론으로 이어질 것이다. 요약하면, 만약 하나님께서 하신 약속들의 실현 여부가 불가능성에 달려 있다면, 그 약속들은 너무나 불확실하다고 말할 수 있다.

불가능한 조건이 덧붙여진 약속들에 관해서는 우리가 나중에 더 논의하게 될 것이다. 그때 우리는 비록 그 약속들은 성취될 수 없더라도 약속들 자체가 불합리하지는 않음을 증명할 것이다. 지금 다루는 문제에 관해서라면, 우리가 그 명령을 따를 능력이 없음을 아시면서도 주님께서 우리에게 그분의 은사와 혜택들에 합당하도록 권면하시는 것은 잔인하거나 냉정하다는 그들의 주장을 나는 거부하겠다. 약속들은 신자와 악인 모두에게 제시되었으므로 그 둘 다에게 유용하다. 주님은 그분의 계명으로 악을 행하는 자들의 양심을 찔러 일깨워 주셔서, 그들이 하나님의 심판이 없다는 핑계로 죄악에 안주하지 못하게 하신다. 이와 마찬가지로, 하나님은 그분의 약속을 통해서 악을 행하는 자들이 그분의 자비를 얻기에 얼마나 자격이 없는지 깨닫게 해주신다. 하나님께서 자신을 경외하는 자들에게 선을 행하시지만, 자신의 위엄을 경멸하는 자들에게는 혹독하게 보복하시는 정당성을 누가 부정할 수 있겠는가?

우리 주님께서 죄의 멍에에 붙잡힌 악인들에게 이 약속을 주시는 것은 그분의 정당한 행위다. 주님은 그들이 악에서 떠나자마자 온갖 복을 내려 주실 것이다. 아마도, 그들이 하나님의 종들에게만 허락된 혜택을 얻지 못하는 것이 정당함을 깨우치시는 것 외에는 주님이 그렇게 하시는 다른 이유가 없을 것이다. 반면, 하나님은 신자들을 격려하여 그들이 온갖 방식으로 그분의 은총을 간절히 구하기를 바라신다. 그래서 우리가 앞에서 보았듯이, 하나님께서 그분의 계명을 수단으로 삼아 행하심과 동일한 방식으로 그분의 약속을 수단으로 삼아 행하시는 것이 그리 놀라운 일은 아니다. 하나님께서 그분의 계명을 수단으로 삼아 그분의 뜻을 우리에게 가르치실 때, 그분은 우리의 비참함을 통해 우리가 그 계명을 얼마나 거부하는지 일깨워 주신다. 동시에 하나님은 그분의 성령을 구하게 하심으로써 우리를 바른길 위에 세워 주신다. 그러나 하나님의 계명은 우리가 나태함을 떨치고 나오게 하기에는 부족하다. 그래서 하나님은 약속을 추가해 주신다. 이 약속의 달콤함을 통해 하나님은 우리가 그분의 명령을 사랑하도록 하신다. 그래서 이제 우리가 의를 사랑하면 할수록 하나님의 은혜를 더욱 열심히 구하게 된다. 우리가 언급했던 성경 구절들에서 하나님은 우리가 그분의 명령대로 할 수 있다고 암시하시지도 않고 우리의 연약함을 조롱하시지도 않는다. 이 모든 계명을 통해 하나님께서 이루시려는 목적은 그분의 종들을 이롭게 하는 것이요, 악인들이 핑계 댈 수 없게 하는 것이기 때문이다.

성경의 증거: (4) 하나님의 책망

세 번째 부류의 주장도 이전 주장들과 다르지 않다. 우리의 반대자들은 성경에서 일부 구절들을 찾아낸 다음, 하나님은 이스라엘 때문에 악화된 사태에 대해서는 오직 이스라엘에게만 책임을 물으신다고 주장한다. 그들은 다음의 성경 구절들을 제시한다. "아말렉과 가나안 사람들이 너희 앞에 있도다. 너희는 그들의 칼에 죽으리니 이는 너희가 주님을 따르지 않았음이라."민 14:43 "내가 너희를 불렀어도 너희가 응답하지 않았으므로 내가 실로를 멸한 것처럼 너희를 멸하리라."렘 7:13-14 "이 백성은 그들의 하나님의 소리를 듣지 않았고 하나님의 말씀을 받지도 않았도다. 그러므로 그들이 버림을 당하리라."렘 7:28 "너희가 너희 마음을 굳게 하고 주님을 순종하려 하지 않았으므로 이 모든 악이 너희에게 임하였느니라."렘 32:23

그들은 하나님의 이 책망들이 다음과 같이 즉시 응수하는 백성에게 어떻게 해당할 수 있겠느냐고 묻는다. "우리는 우리의 형통함만 구했고 재앙을 두려워했습니다. 만약 우리가 주님께 순종하지도 않고 주님의 소리에 주의하지도 않아 형통하거나 재앙을 피하지 못하였다면 그 이유는 우리가 죄에 매여 자유롭지 못한 까닭입니다. 그러므로 하나님께서 우리가 당한 재난이 우리의 잘못이라고 꾸짖으심은 잘못입니다. 우리는 그 재난을 피할 힘이 없기 때문입니다."

나는 이 질문에 대답하기 위해 전혀 중요하지 않은 사소한 필연을 내세운 그들의 핑계는 일단 제쳐 놓겠다. 그리고 과연 그들이 아무 잘못도 저지르지 않았다고 주장하면 완전히 책임을 회피할 수 있는지부터 묻고 싶다. 만약 그들이 죄를 범했다면, 하나님께서 그들이 형통하지 못하게 하신 것은 오직 그들의 완고함 때문이라는 하나님의 주장은 옳다. 그들은 그 완고함이 그들 자신의 부패한 의지에서 비롯된다는 사실을 부인하는가, 인정하는가? 그들이 이 질문부터 대답하게 하자. 그들이 재앙은 인간 자신이 초래하는 것으로 결론을 내린다면, 어째서 그들은 인간이 자신의 재앙의 원인이 아님을 증명하려고 다른 원인들을 찾는가?

만약 죄인들이 자기의 실수 때문에 하나님의 복을 상실하고 하나님께 벌을 받는다면, 죄인들이 받는 그 책망은 당연한 것이다. 그들이 악을 지속한다면, 그들은 하나님께서 너무 혹독하시다는 푸념을 늘어놓을 것이 아니라 그들이 당한 재앙의 책임이 자기의 사악함 때문임을 먼저 배워야 한다. 그들이 완전히 완고하지는 않아서 아직 가르침을 받을 수 있는 상태라면, 그들은 자신을 비참하게 만든 죄악을 혐오하며 가증히 여겨야 마땅하고, 하나님께서 책망하시는 그들 속의 잘못을 인정함으로써 의로운 길로 돌이켜야 마땅하다. 하나님의 책망이 신자에게 유익하다는 사실은 다니엘의 기도를 통해 잘 드러난다.단 9:4-19

그런 책망의 첫 번째 유익은 예레미야가 유대인들을 찾아간 이야기에서 입증된다. 하나님의 명령을 받은 예레미야는 그 유대인들이 고난을 겪는 이유를 알려 준다. 바야흐로 하나님께서 전에 말씀하셨던 일이 이루어지려는 상황이었다. 하나님께서 말씀하셨으나 그들은 듣지 않았고, 하나님께서 부르셨으나 그들은 대답하지 않았던 것이다.렘 7:27 아마 누군가는 "그렇다면 하나님께서 듣지 못하는 자들에게 말씀하시는 목적이 무엇인가?"라고 이견을 제시할 것이다. 그 목적은 그 유대인들의 태도와 상관없이 하나님께서 그들에게 말씀하신 것이 사실임을, 그리고 자기 속에 원인이 있는 재난을 하나님 탓으로 돌리는 일이 끔찍한 신성모독임을 그들이 배우는 데 있었다.

하나님의 은혜를 대적하는 자들은 자기의 주장을 뒷받침하기 위해 율법의 명령이나 약속, 혹은 하나님이 죄인에게 하신 책망을 모조리 수집하지만, 누구든 이 세 가지 설명을 참조하면 그들의 무수한 증거 구절을 쉽게 반박할 수 있을 것이다. 그들은 인간 속의 자유의지를 입증하려 했지만 실패했다. 어디서도 자유의지를 찾을 수 없다.

보론: 신명기 30:11-12, 14의 난해함

그런데도 그들은 우리의 설명을 아주 잘 반박하는 것으로 보이는 모세 율법 한 구절을 인용한다.[59] 모세는 하나님의 율법을 선포한 다음 백성에게 이렇게 말한다. "내가 오늘 너희에게 주는 계명은 숨겨져 있지 않다. 그것은 너희에게서 멀리 떨어져 있지도 않고 하늘 위 높이 있지도 않으며, 너희 가까이에 너희 입속에 너희 마음속에 있으므로 너희가 행할 수 있으리라."신 30:11-12, 14 이 말씀이 오직 계명에만 해당한다면, 고백하건대 나는 이에 대해 무슨 말을 할지 알기 어려울 것이다. 아마도 이 말씀을 통해 하나님은 우리가 가진 능력이 그분의 계명을 순종하는 능력이라기보다는 이해하는 능력임을 알려 주고자 하신 것 같다. 그러나 혹시 우리가 그렇게 주장하더라도 여전히 어떤 의혹에 시달리게 된다. 그래서 우리에게는 모든 있을 법한 의심을 제거해 주는 건전한 해석자 바울이 있다. 바울은 모세가 이 신명기 본문에서 복음의 메시지를 말하고 있다고 주장한다.롬 10:8 아마도 일부 고집스러운 사람들은 바울이 이 본문의 자연스러운 뜻을 억지로 복음에 적용했다고 반박할지 모르겠다. 비록 그런 악의에 찬 비난에 대응할 의무는 없지만, 사도의 해석을 옹호하는 데 필요한 모든 것을 우리는 이미 갖추고 있다. 모세가 율법의 계명에 대해서만 말한 것이라면, 그는 백성을 헛된 확신으로 기만했다고 말할 수 있다. 백성이 온 힘을 다해 율법을 지키는 것을 쉬운 일로 여겼다면, 그것이야말로 그들에게 재앙이지 않았을까? 우리는 바로 이 순간까지 우리의 본성이 실패하고, 걸으려 하는 자마다 다 넘어지고 마는 것을 본다. 그런데 도대체 우리에게 무슨 율법을 지킬 능력이 있다고 할 수 있는가?

따라서 모세는 이 말씀을 통해 그가 일찍이 율법과 함께 선포했던 자비의 언약을 암시했음이 참으로 분명하다. 구원이란 복음이 우리에게 주는 것임을 바울은 알고 있었다. 바울에게 구원의 근거는 율법이 요구하는 가혹하고 골치 아프고 심지어 불가능하기까지 한 조건들이 아니라, 쉽게 이해할 수 있는 조건들에 있었다. 그래서 바울은 하나님의 자비가 얼마나 풍성하게 우리에게 베풀어지는지를 확증하기 위해 이 신명기 본문을 사용했다. 따라서 이 본문은 인간에게 자유의지가 있음을 뒷받침하는 증거가 전혀 될 수 없다.

성경의 증거: (5) 하나님의 형벌

우리의 주장을 반박하려고 그들이 흔히 제시하는 또 다른 성경 구절들에서, 하나님은 때때로 인간이 어느 길로 돌이키는지를 보시기 위해 인간에게서 그분의 은혜를 거두어 가신다. 예를 들어, 호세아서에는 이런 말씀이 기록되어 있다. "나는 그들이 나를 따르기로 결심하기까지 그들에게서 물러나 있으리라."호 5:15 그들은 인간이 자기 힘으로 마음을 특정 방향으로 향할 수 없다면, 주님께서 인간이 그분의 길을 따를지 여부를 알기 위해 기다리시는 것은 모순이라고 주장한다. 하나님은 그분의 선지자들을 통해 자기 백성이 길을 바르게 하지 않으면 그들을 거절하여 버려두실 것이라고 경고하신다. 우리의 반대자들은 마치 하나님께서 자기 백성에게 그런 방식으로 경고하는 데 익숙하신 분이 아닌 것처럼 주장한다. 자, 그들은 이 말씀을 어떻게 해석하는지 확인해 보자. 그들이 하나님께서 버리신 백성이 스스로 돌이킬 수 있다고 주장한다면, 성경 전체가 그들과 반대되는 셈이다. 그리고 그들이 인간이 하나님께 돌이키려면 하나님의 은혜가 반드시 필요하다고 주장한다면, 그들이 제시하는 성경 구절들은 우리의 주장을 반박하는 데 사용될 수 없다.

그들은 은혜가 반드시 필요하다는 데는 흔쾌히 동의하면서, 동시에 인간의 능력도 어떤 역할을 할 수 있다고 주장한다. 그들은 어디서 이 주장의 근거를 찾는가? 이 호세아 본문은 분명히 아니다. 비슷한 다른 구절들에서도 아니다. 하나님께서 홀로 남겨진 인간이 무엇을 할지 보시려고 인간에게서 은혜를 거두심은, 그분이 인간의 허약함을 강하게 하시려고 연약한 인간을 도우시는 것과 전혀 상관이 없기 때문이다. 그런데도 그들은 묻는다. "그렇다면 그 성경 구절들은 무슨 뜻인가?" 내 대답은 이렇다. 그 구절들을 통해 하나님은 마치 이렇게 말씀하신 셈이다. "나는 경고나 권면이나 책망으로는 이 반역하는 백성을 전혀 얻을 수 없음을 알기 때문에, 잠시 물러나 한마디 말도 하지 않은 채 그들이 고난을 받도록 놔두겠다. 많은 고생을 한 후에 과연 그들이 나를 기억하고 찾을지 지켜보리라." 여기서 하나님이 물러나 있겠다 하심은, 하나님이 그분의 말씀을 거두신다는 뜻이다. 인간이 하나님 없이 무엇을 할지 기다리며 지켜보겠다 하심은, 하나님이 자신을 나타내지 않으시면서 인간에게 잠시 고난을 주시겠다는 뜻이다. 하나님은 우리를 더욱 낮추기 위해 이 두 가지 일을 행하신다. 하나님께는 그분의 성령으로 우리를 훈육하여 배울 수 있는 자로 만드시는 것보다 차라리 십만 번의 형벌과 징계로 우리를 멸하시는 편이 더 쉬울 것이다.

그러므로 인간에게 하나님께로 돌아갈 수 있는 어떤 능력이 있다는 추론은 틀렸다. 우리의 완고함과 고집으로 모욕을 당하신 하나님은 우리에게 하나님의 임재를 전달해 주는 그의 말씀을 거두어 가시는 분이요, 그때 우리가 무엇을 할지 기다리며 지켜보시는 분임을 성경이 증언하고 있기 때문이다. 하나님은 우리가 본래부터 혼자서는 아무것도 아니요, 아무것도 할 수 없음을 증명하기 위해 이 모든 일을 행하신다.

성경의 증거: (6) 하나님의 일은 우리의 일도 된다

그들은 사람들과 성경이 일반적으로 사용하는 표현들을 추가적인 증거로 제시한다. 즉, 선한 일들은 "우리 것"으로 불리고, 우리는 선한 일이나 악한 일 모두를 행하는 자로 나타난다는 것이다. 죄악이 우리 것으로서 우리에게 올바르게 전가되는 것이라면, 동일한 맥락에서 선행 역시 우리 것으로 간주해야 맞는다고 그들은 말한다. 하나님이 우리를 감동하셔서 어떤 일을 행하게 하실 때 우리가 마치 자발적으로 행동할 수 없는 돌과 같다면, 그것은 전혀 무의미하기 때문이다. 그래서 그들은 비록 하나님의 은혜가 더욱 강한 힘이기는 하지만, 이와 같은 표현들은 우리가 천성적으로 선을 행할 어떤 능력을 갖추었음을 암시한다고 추론한다.

우리가 첫 번째 반대 주장, 곧 선한 일들은 "우리 것"으로도 불린다는 주장부터 다루어야 한다면, 나는 하나님께 구하는 일용할 양식도 "우리 것"으로 부른다는 말로 응수하고 싶다.마 6:11 이 말씀이야말로 결코 우리에게 당연하지 않았던 것이 하나님의 변함없는 선하심을 통해 우리 것이 된다는 사실을 가장 분명히 전해 주지 않는가? 그렇다면 우리의 반대자들은 이런 방식으로 말씀하시는 주님을 책망해야만 할 것이다. 그러지 않겠다면, 비록 우리에게는 하나님의 자비를 힘입어 참여하는 선한 일들 밖에 없다 하더라도 그 선한 일들을 정당하게 "우리 것"이라 부를 수 있음을 우리의 반대자들은 절대로 이상하게 여기지 말아야만 한다.

그러나 두 번째 반대 주장은 약간 더 심각하다. 그들의 말에 따르면, 신자는 하나님을 섬기고 그분의 의를 지키고 그분의 율법에 복종하며 선을 행하기 위해 온갖 노력을 다한다고 성경이 자주 확증해 준다. 그래서 그들은 묻는다. "그것이 인간 지성과 의지의 실제 역할이라 한다면, 우리의 능력과 하나님의 은혜가 어떤 식으로든 연결되어 있지 않은데도 어떻게 그 역할이 성령의 역할도 되고 동시에 우리의 역할도 될 수 있는가?"

하나님이 그분의 종들 안에서 일하시는 방식을 바르게 성찰하기만 하면, 그런 모든 질문에서 빠져나오기는 어렵지 않을 것이다. 일단, 그들이 우리에게 강요하는 비교는 부적절하다. 만약 돌을 던지는 것과 똑같은 방식으로 하나님이 어떤 사람을 떠미신다면, 그것은 누구나 생각하기도 싫을 만큼 화나게 하는 일일 것이다. 그런 생각은 우리가 가르친 내용과도 결코 어울리지 않는다. 우리가 확실히 말했듯이, 인간은 동의하거나 거절할 능력, 원하거나 원하지 않을 능력, 애쓰거나 거부할 능력, 달리 표현하면, 헛된 것에 동의하고 진정 선한 것을 거절할 능력, 악을 원하고 선을 원하지 않을 능력, 죄를 애쓰고 의를 거부할 능력을 타고난다. 자, 이 모든 일에서 주님의 역할이 무엇인가? 만약 하나님이 인간 의지를 그분의 진노를 이루는 도구로 쓰고자 하신다면, 그분은 그 의롭고 선한 일들을 악인의 손을 통해 완성하기 위해 인간의 의지를 하나님이 적합하다고 보시는 대상으로 향하게 하시고 지시도 하신다. 그러므로 악인이 하나님의 목적을 그런 방식으로 섬길 때, 그리고 악인이 자신의 사악함을 기뻐할 때, 과연 우리는 인간이 어떤 외적인 힘에 의해 던져지기는 했어도 그 속에 아무 충동이나 감정, 의지가 없는 돌과 같다고 말할 수 있을까? 아니다. 인간과 돌 사이에는 분명히 대단한 차이가 있다.

하지만 우리가 여기서 주로 살펴본 선한 인간의 경우는 어떤가? 주님은 그들을 확고하게 다스리실 때 그 의지를 억제하고 지배하신다. 그래서 그들의 의지는 본성의 성향인 방종한 탐욕에 붙잡히지 않는다. 또한 주님은 선한 인간의 의지가 거룩함과 순결함을 사랑하도록 교육하시면서, 그 의지를 다듬고 모양을 만드시며 하나님의 의로운 통치를 향하도록 안내하시고 지시하신다. 마침내, 하나님은 성령의 능력으로 그 의지를 확인하고 강하게 하심으로써 흔들리거나 떨어지지 않게 하신다.

결론: 우리는 성령이 우리 안에서 행하시는 일을 행한다

지금까지 보건대 하나님의 은혜는 성령께서 인간 의지를 훈련하고 지배하기 위해 사용하시는 띠나 굴레와 같다. 하나님이 훈육하시고 개조하시고 회복시켜 주셔야만 인간 의지가 하나님의 지배를 받을 수 있다. 그래서 우리는 중생의 시작은 우리 것이 제거되는 때라고 말한다. 비슷하게, 하나님이 감동하시고 움직이시고 안내하시고 유지해 주셔야만 우리 의지가 하나님의 훈육을 받는다. 그러므로 우리는 인간 의지에서 나오는 모든 행동이 완전히 하나님의 일이라고 주장한다.

다만 우리는 하나님의 은혜가 우리 의지를 파괴하지 않고 복구한다고 했던 아우구스티누스의 말에 담긴 진실을 부인하지는 않는다.[60] 인간 의지는 일단 그 완고함이 고쳐진 후 의로움의 원칙을 향하게 될 때 회복된다는 사상, 그리고 그 과정에 새로운 의지가 인간 속에서 창조되는 이유는 본성적 의지가 너무 패역하고 부패해서 온전한 중생이 아니면 창조가 이루어질 수 없기 때문이라는 사상이 서로 완벽하게 조화되기 때문이다. 따라서 비록 우리 스스로 하나님의 은혜와 협력하지는 못하지만, 하나님의 영이 우리 안에서 행하시는 일들을 우리가 행한다는 주장을 아무것도 막을 수 없다. 그 이유는 첫째, 하나님이 우리 안에서 행하시는 모든 것이 우리 자신에게서 나오지 않음을 이해하는 한, 그분은 그 모든 것이 우리 것이 되기를 원하시기 때문이다. 둘째, 본성상 우리는 지성과 의지와 결단력을 지녔는데 하나님이 우리의 결단의 방향을 올바르게 지도하셔서 선한 열매를 맺게 하시기 때문이다.

자유롭지 못한 의지를 반박하기 위한 성경의 추가 주장 : 창세기 4:7

평범한 수준의 지성인이 앞에서 우리가 제시한 설명들을 잘 기억한다면, 우리의 반대자들이 여기저기서 가져온 기타 증거에 대해서도 그다지 우려할 점은 없을 것이다. 그들은 "너의 욕망이 너의 다스림을 받으리니, 너는 그것을 지배할지니라"고 기록된 창세기 한 구절을 꺼내 온다.[창 4:7]

그들은 이 구절이 죄를 가리켜 말한다고 해석한다. 가인이 그의 마음을 정복하려고 애쓴다면 죄가 그 마음을 지배하지 않을 것이라고 하나님이 약속해 주셨다는 것이다. 그러나 우리는 이 구절이 가리키는 대상이 아벨이라고 생각한다. 그 이유를 설명하면, 이 구절에서 하나님은 자기 형제에게 질투를 느낀 가인을 책망하시되, 두 가지 이유로 그렇게 하신다. 첫째, 가인은 오직 의와 정직만을 평가하시는 하나님 앞에서 그가 자기 형제보다 낫다고 오해했다. 둘째, 가인은 그의 동생이요 그가 책임져야 할 형제를 용납하지 못함으로써 하나님에게서 얻은 복을 전혀 감사하지 않았다.

그렇더라도, 우리가 단지 반대 주장을 하기 위해 이런 해석을 한다는 그들의 비난을 방지하기 위하여, 하나님께서 지금 죄에 관해 말씀하고 있다는 그들의 주장대로 한번 생각해 보자. 그렇다면, 이 구절에서 하나님은 가인이 아벨을 이기게 하겠다고 약속하시거나, 혹은 가인에게 아벨을 이기라고 명령하시는 셈이 된다. 하나님이 가인에게 아벨을 이기라고 명령하시는 것이라면, 앞에서 이미 제시했듯이 우리의 반대자들은 이 구절을 자유의지의 현존을 입증하는 증거로 활용할 수 없다. 하나님이 가인에게 약속을 주시는 경우라면 어떨까? 가인은 죄를 정복했어야 하지만 오히려 패배했다. 이 사실을 고려할 때, 하나님의 약속이 과연 이루어졌다고 할 수 있는가? 그들에게 마치 하나님이 "네가 싸운다면, 이길 것이다"라고 말씀하셨다는 듯이, 그들은 이 약속 안에 암묵적 조건이 들어 있다고 말할 것이다. 하지만 그들의 이런 임기응변은 정말이지 아무도 참을 수 없는 수준이다. 우리가 이 구절을 죄와 관련된 내용으로 본다면, 이는 하나님이 가인에게 말씀하시는 권면임에 틀림없다. 이 구절은 인간의 능력에 대해서는 아무것도 말해 주지 않는다. 비록 인간이 감당할 수 없는 의무이기는 해도, 이 구절은 오직 인간의 의무에 관해서만 말하고 있다.

로마서 9:16

우리의 반대자들은 "구원은 원하는 자의 손에 있지 아니하고 달리는 자에게도 있지 아니하며, 오직 하나님의 긍휼히 여기심에 있다"는 바울 사도의 말씀을 부여잡는다.[롬 9:16] 이 말씀에서 그들은 인간의 원함이나 달리는 행위도 일정한 역할을 하되 그 나머지 부분은 하나님의 긍휼히 여기심이 담당한다는 결론을 끌어낸다. 하지만 그들이 바울 사도가 이 구절로 표현한 주제를 신중하게 생각했더라면, 그의 의도를 그렇게까지 무분별하게 오해하지는 않았을 것이다.

나는 그들이 자신의 해석을 뒷받침하기 위해 오리게네스나 히에로니무스의 말을 인용하리라는 것을 잘 알고 있다.[61] 그러나 우리는 바울이 무엇을 말하고 싶었는지 이해하기 때문에, 그들의 생각에 대해서 걱정하지 않는다. 바울은 하나님께서 긍휼히 여기시는 자만 구원을 얻을 것이며, 그분의 택하심을 입지 못한 자마다 파멸과 수치를 당하게 될 것을 말하고 싶었다. 바울은 버림받은 자들의 종국을 설명하는 데는 바로를 본보기로 사용하고, "내가 긍휼로 받아들일 자를 긍휼히 여기리라"는 모세를 통한 주님의 말씀을 인용함으로써 신자에 대한 하나님의 자유로운 선택에 대해 증언한다.출 33:19, 롬 9:15 그래서 바울은 구원이 원하거나 달리는 자에게 있지 않고, 오직 긍휼을 베푸시는 하나님께 있다고 결론짓는다.

우리가 바울의 말을 우리의 의지와 노력은 그리 충분하지 못하다는 뜻으로 간주하고서, 그런 바울의 말에 근거하여 인간에게 어느 정도는 의지와 능력이 있다고 주장한다면, 그것은 그릇되고 어리석은 주장일 것이다. 우리는 그와 같은 교활하고 비논리적인 개념을 배척해야 한다. 구원이 원하거나 달리는 자의 손에 있지는 않더라도 약간의 원함과 약간의 달리는 행동은 있다고 말하는 것이 도대체 무슨 의미가 있겠는가? 바울이 강조한 내용은 그보다 훨씬 단순하다. "원함도 달림도 우리에게 주지 못하는 구원을 오직 하나님의 긍휼은 줄 수 있다." 또 다른 한 곳에서 바울이 말할 때도 바로 이 점을 분명히 말해 준다. "인간을 향한 하나님의 선하심과 사랑은 우리가 행한 의로운 일들에 따라 나타나지 않고 오직 하나님의 무한한 긍휼에 따라 나타난다."딛 3:4-5 내가 이 본문의 의미에 근거했다면서 다음과 같이 주장한다면 사람들은 어떻게 반응할까? "바울이 부인하는 것은 우리가 자신의 의로운 행위를 통해 은혜를 얻었다는 것이다. 따라서 우리는 일부 선한 일들을 자신이 행한 것으로 여길 수 있다." 우리의 반대자들이 가장 먼저 비웃을 것이다. 그런데 바로 그들이 이와 흡사한 주장을 하고 있다. 그들은 자기가 무엇을 말하고 있는지 철저히 따져 보아야 하며, 그런 엉성한 논리에 근거한 주장을 그만했으면 좋겠다.

집회서 15:14-17

또 그들은 집회서의 한 구절을 지적한다. 우리가 아는 대로 집회서 저자의 권위는 의심스럽다. 비록 우리는 집회서 저자를 정당하게 제외할 수 있지만, 혹시 그렇게 하지 않더라도 과연 그것이 그들의 주장에 도움을 줄 수 있을까? 집회서 저자의 가르침에 따르면, 인간은 창조된 이후 인간 자신의 의지에 맡겨졌다. 하나님은 인간에게 계명을 주셔서 인간이 그 계명을 준수하면 자기 자신을 보존할 수 있게 해주셨다. 인간 앞에 생명과 죽음, 선과 악이 놓여 있었고, 그는 자기에게 좋아 보이는 무엇이든 선택할 수 있었다.집회서 15:14-17

창조되었을 때 인간이 생명이나 죽음을 선택할 능력을 지녔다고 하자. 그러나 우리가 지금의 인간은 그 능력을 잃었다고 대답하면 어떻게 되는가? 솔로몬은 태초에 인간이 선하게 창조되었지만 자기 스스로 악한 방법들을 고안했다고 선포한다.전 7:29 나는 솔로몬의 주장을 결코 반박하고 싶지 않다. 타락하여 하나님에게서 멀어진 인간은 자신과 자신의 모든 특권을 망쳐 놓았기 때문에, 인간의 첫 창조와 관련된 어떤 기록도 현재의 부패하고 타락한 인간의 본성에 적용될 수 없다. 따라서 나는 우리의 반대자들뿐만 아니라, 누가 되었든 집회서 저자에게도 이렇게 대답하고 싶다. "만약 인간이 구원 얻을 능력을 자기 속에서 찾아야 한다는 것이 당신의 주장이라면, 나에게 당신의 권위는 그다지 중요하지 않고, 당신의 권위는 당신에게 명백히 반대되는 하나님의 말씀을 해치고 있을 뿐이오. 자신의 실수를 하나님 잘못으로 돌림으로써 책임을 모면하려는 육신의 온갖 신성모독을 억제하는 것이 당신의 의도라면, 하나님에게서 받은 본성이 선했음에도 인간 스스로 몰락을 자초했다고 주장하는 것이 당신의 의도라면, 나는 당신의 요지에는 동의하겠소. 다만, 지금의 인간은 처음 하나님에게서 받은 재능과 은사를 잃어버렸다는 데 우리 둘이 동의한다는 조건으로 말이오."

누가복음 10:30

그러나 우리의 반대자들의 입에서 가장 많이 오르내리는 소재는 강도들이 절반쯤 죽은 상태로 길에 내버린 사람에 관한 예수의 비유다.[눅 10:30] 내가 알기로 이 사람에 관한 이야기는 인간을 덮친 재난을 나타낸다고 흔히 설명된다. 우리의 반대자들은 이 사람이 절반만 죽은 것으로 비유에 등장한다는 사실에 근거하여, 인간이 죄나 마귀에게 완전히 살해당한 것은 아니며 인간 속에 생명이 모조리 없어진 것도 아니라고 추론한다. 그들은 묻는다. "그 사람이 어느 정도의 올바른 이해와 의지를 지니고 있지 못하다면, 그에게 절반의 생명은 어떻게 남아 있을 수 있는가?"

자, 우선 내가 그들의 풍유[allegory]를 받아들이지 않는다면, 과연 그들은 어떻게 반응할까? 의심의 여지 없이, 이 풍유는 성경에 대한 문자적이고 자연스러운 의미를 거부했던 초대 교부들이 생각해 낸 것이다. 풍유는 성경에 확고한 근거가 있을 때만 겨우 용인될 수 있다. 그리고 풍유는 교리를 확립하기에는 그보다 훨씬 비효율적이다. 더욱이, 우리에게는 그들의 주장을 반박하기에 충분한 근거가 있다. 하나님의 말씀은 절반쯤 죽은 상태의 인간을 가르치지 않는다. 오히려, 하나님의 말씀은 복된 생명에 있어서 인간이 완전히 죽었다고 선포한다. 바울은 우리의 구속에 대해 말하면서, 우리가 절반쯤 죽은 상태로 구원받은 것이 아니라 죽은 자 가운데서 살림을 받았다고 선포한다. 바울은 절반쯤 살아 있는 상태의 사람들이 아니라, 죽은 채로 묻혀 있는 사람들에게 그리스도를 영접하도록 권면하고 있다.[엡 2:5-6] 바울의 말은 주님의 말씀과 일치한다. "죽은 자들이 그의 음성에 일어날 때가 왔다."[요 5:25]

성경의 이토록 많은 증거들을 거스르는 안타깝고 하찮은 풍유를 꾸며낸 자들은 마땅히 부끄러워해야 하지 않을까? 그들의 풍유가 옳다고 하더라도, 그들은 과연 이 풍유의 어떤 교훈을 근거로 우리의 입장을 반박한다는 것인가? 그들은 인간이 절반쯤 살아 있고, 따라서 생명의 일부가 인간 속에 남아 있다고 주장한다. 비록 인간 지성이 하나님의 천상의 지혜에 미칠 수는 없더라도, 인간에게 지성을 가진 영혼이 있다는 것을 나도 인정한다. 인간은 선과 악을 어느 정도는 분별한다. 비록 인간에게 하나님을 아는 참된 지식이 없더라도, 하나님이 계시다는 것을 어느 정도는 이해한다. 그렇다 해도 이 모든 것이 무슨 소용이 있는가? 구원에 속한 값없는 은사들은 인간의 타락 이후에 소거되었으며, 인간을 구원까지 이끌 수 없는 본성적인 자질들도 부패하고 타락해 버렸다는 아우구스티누스의 참된 교훈을 이 모든 것은 절대로 반박하지 못한다.[62]

그렇다면 우리는 어떤 것도 흔들지 못하는 다음과 같은 믿음을 굳게 붙들자. 인간의 지성은 철저히 하나님의 의로우심으로부터 소외되어 있으므로, 상상하고 계획하고 감당할 수 있는 것은 오직 악과 불의와 부패뿐이다. 마찬가지로, 인간의 마음은 죄에 깊이 중독되어 있어서 더러움만 만들어 낼 뿐이다. 설령 인간의 마음에서 겉보기에 선한 어떤 것이 나온다 하더라도, 위선과 허영에 사로잡힌 지성과 온갖 모양의 악에 빠진 마음은 여전히 그대로 남는다.

제3장

율법

앞에서 우리는 하나님에 관한 참된 지식에 필요한 것들을 설명하면서 다음과 같은 몇 가지 요점을 지적했다. 첫째, 최고의 경배에 합당한 위엄을 지닌 존재는 오직 하나님 한분이라는 확신을 분명히 하지 못하면 아무도 위대하신 하나님을 제대로 인식할 수 없다. 둘째, 우리 자신에 대한 지식에서 중심 문제는 인간의 능력에 대한 온갖 환상을 우리 속에서 제거하고 인간의 의로움에 대한 온갖 신뢰를 포기하는 것이다. 우리는 인간의 극심한 빈궁함을 생각하며 겸비해야 하고, 자신을 낮추고 모든 자랑을 그만두기 위해 완전한 겸손을 익혀야 한다.

이와 같은 하나님에 대한 지식과 인간에 대한 지식을 우리는 하나님의 율법에서도 살펴볼 수 있다. 우선, 율법에서 주님은 명령하는 능력을 독점하신다. 그런 다음 주님은 우리를 가르치셔서 그분의 신성을 경외하게 하시고, 그분을 경외하는 자가 얻을 결과를 알리신다. 이어서 주님은 의로운 규칙을 제정하시고, 우리의 연약함과 의롭지 못함을 꾸짖으신다. 우리의 부패하고 음탕한 본성은 우리 자신에게도 혐오스러울 뿐만 아니라 하나님의 의를 온전히 반대하기 때문이다. 우리는 완전한 의와 어울릴 수가 없다. 우리의 선을 행할 능력이 연약하고 유명무실하기 때문이다. 이 책을 시작하면서 우리가 대강 소개했던 계획에 맞추어 이제 하나님의 율법을 논의할 차례가 되었다.

성문법의 필요성

우리가 앞에서 말했듯이, 각 사람 마음에 기록되고 새겨지는 내면의 법은 우리가 율법에 대해 배워야 할 모든 것을 어느 정도는 가르쳐 준다. 우리의 양심은 우리가 아무것도 못 느끼는 상태에 빠져 영원히 잠들도록 내버려 두지 않는다. 우리의 양심은 우리가 하나님께 진 빚을 입증하며 깨우쳐 주고, 선과 악의 차이를 알려 주며, 의무를 행하지 못한 잘못도 이해시킨다. 하지만 인간은 극심한 무지에 갇혀 있어서 이런 본성의 법으로는 하나님을 제대로 섬기며 즐거워하기가 거의 불가능하다.

인간은 자신이 하나님을 바르게 아는 지식으로부터 멀리 떨어져 있다는 사실만 겨우 말할 수 있을 따름이다. 그뿐만 아니라 인간은 자만심과 욕망에 한껏 부풀어 오른 채 자기 사랑에 눈이 멀어 절대로 자신을 성찰할 수 없고, 내면세계 깊은 데로 내려가 겸비함을 배워서 자신의 비참한 처지를 인정할 수도 없다. 바로 이런 우리의 소야한 이해력과 끔찍한 교만함 때문에 주님은 반드시 그분이 기록하신 법을 우리에게 선사해 주실 필요가 있다. 그리하여 주님은 우리에게 여전히 모호한 점들을 적극적으로 증거해 주시고, 우리의 지성과 기억력을 더욱 예리한 권능으로 감동시키신다.

이제 우리는 율법에서 알아야 할 다음 사실들을 이해할 만한 자리에 와 있다. 하나님은 우리의 창조자이시므로 우리의 주와 아버지가 될 권한을 가지셨으며, 우리는 그분께 영광과 존귀와 사랑과 공경을 바쳐야 한다. 그러므로 비록 우리 마음의 욕망이 끌어가는 방향에서 벗어날 수 없다 하더라도, 우리는 우리의 하나님께 완전히 의존하고 있기에 그분을 기쁘시게 하는 일에 전념해야 한다. 하나님은 공의와 정직을 사랑하시지만, 죄악은 미워하신다. 우리가 고의적인 배은망덕으로 우리의 창조주를 떠나고 싶지 않다면, 살아 있는 동안 언제나 의를 소중히 여기면서 의에 도달하도록 애써야 한다. 우리가 자신의 의지보다 하나님의 의지를 따르려 애쓰며 하나님만 공경하는 것이 당연하다면, 우리가 그분께 바칠 수 있는 최선의 명예는 의와 거룩함과 순결을 실천하는 것이기 때문이다. 이 점에서, 인간은 결코 무능함을 내세워 자신을 변명하거나, 파산해 버린 채무자처럼 하나도 갚을 수 없게 된 자기 처지를 핑계 삼을 수 없다. 우리의 처지가 어떠하든 상관없이 하나님은 언제나 의의 벗이요 악의 대적이시다. 이 사실을 우리가 알고 있기에, 우리 자신의 힘으로 하나님의 영광을 측량하는 것은 잘못이다. 그분이 무엇을 요구하시더라도 우리는 당연히 복종해야 한다. 하나님께서 불의한 것을 요구하실 리가 전혀 없기 때문이다.

우리가 하나님의 요구에 복종하지 못하는 것은 우리 자신의 잘못이다. 비록 우리가 죄가 부리는 이기적 욕망에 포로로 붙잡혀서 우리 아버지께 마음껏 복종하지 못하는 처지라 하더라도, 우리 속에 죄가 도사리고 있고 그 죄가 우리에게 전가된다는 필연을 빌미로 자신을 변명해서는 안 되기 때문이다.

율법은 하나님의 자비가 절실한 우리의 처지를 드러낸다

우리가 율법의 가르침을 받아 그 정도까지 이르게 되었다면, 이제는 율법의 안내를 받으며 우리 내면 깊숙이 들어가야 한다. 그러면 다음 두 가지 결론을 얻게 될 것이다. 첫째, 우리가 율법의 의를 우리의 현재 생활과 하나님의 뜻에 얼마나 따르고 있지 못한지 알게 될 때, 우리는 하나님의 자녀로 인정될 자격도 없거니와 하나님의 피조물들 중 우리 본연의 위치와 지위조차 누릴 자격도 없음을 인정하게 된다. 둘째, 인간 능력의 정도를 가늠해 보면서 우리는 그것이 율법을 성취하기에는 역부족일 뿐만 아니라 사실상 전혀 없다는 사실을 받아들이게 된다. 결국, 우리는 자신의 능력을 불신하게 되고, 우리 마음은 고통에 시달리며 위축된다. 우리의 양심은 일단 죄의 부담에 눌리게 되면 반드시 하나님의 심판을 떠올리게 되고, 그 심판에 대한 생각은 죽음의 공포를 몰고 오기 때문이다. 마찬가지로, 일단 양심이 경험을 통해서 자기의 무력함을 깨닫게 되면, 자기가 가진 능력에 대해서 완전히 절망해 버린다. 우리 내면의 이 두 가지 반응은 결국 허탈감과 겸비함으로 이어진다.

의를 갖지 못한 보응으로서 자신의 죽음을 내다보며 공포에 질려 버린 인간이 바로 그 죽음이 가까이 있음을 느끼게 되면, 마침내 유일한 피난처로서 하나님의 자비를 구하게 된다. 또한 율법에 진 빚을 갚을 수 없다는 것을 깨닫게 되면, 인간은 자신에게 절망하게 되고, 자기 바깥에서 오는 도움을 갈망하게 된다.

그러나 주님은 우리에게 그분의 의로움을 가르치는 것에서 멈추지 않으시고, 우리 마음이 그분의 의를 사랑하고 죄악을 미워하도록 훈련하신 후, 약속과 위협을 추가해 주신다. 우리 마음의 시력은 대단히 형편없어서 아름답고 순결한 미덕으로는 우리가 감동하지 못하기 때문에, 자비로우신 주님은 달콤한 보상을 제시함으로써 우리가 그분을 사랑하고 갈망하도록 이끌기 원하신다. 그래서 하나님은 우리의 미덕에 즐거이 상을 베푸실 것이며, 또한 그분의 계명을 지키는 사람의 수고는 절대로 헛되지 않으리라고 말씀해 주신다. 이와 달리, 하나님은 불의를 미워하실 뿐만 아니라 그분의 존엄을 멸시하는 자들에게 보복하기로 결정하셨기 때문에 그들은 결코 형벌을 피할 수 없다는 것을 계시하신다. 또한 어떻게든 우리를 권면하시기 위해서, 한편으로 그분의 계명을 지키는 자에게 현세의 삶에서 복 주실 뿐만 아니라 영원한 복락까지도 베풀기로 약속하시고, 다른 한편으로 그분의 계명을 위반하는 자에게 영원한 죽음의 형벌에 버금가는 재앙을 그 육체에 내릴 것이라 위협하신다. 하나님의 약속으로 "이것들을 행하는 자는 그로써 살리라"레 18:5는 말씀과, 이 약속에 상응하는 위협으로서 "죄를 범하는 영혼은 참으로 죽으리라"겔 18:4는 말씀은 틀림없이 끝없는 불멸이나 미래의 죽음을 가리킨다.

사실, 주님의 선한 뜻이나 그분의 진노가 언급되는 곳에서는 결코 다함없는 생명이 반드시 먼저 강조되고 영원한 파멸은 언제나 그 뒤에 다루어진다. 율법에는 성도가 현세에서 받는 여러 가지 복과 저주가 길게 낭송된다.레 26:3-39, 신명기 28장 하나님께서 경고하신 형벌들은 그분의 위대한 순결하심을 우리에게 분명히 알려 준다. 그 형벌들은 그가 결코 사악함을 용납할 수 없는 분임을 명백하게 드러내기 때문이다. 또한 하나님께서 하신 약속들은 그가 의로움을 가장 사랑하시는 분임을 명백히 보여준다. 하나님은 어떤 의로움이든 반드시 그에 맞는 상을 주시기 때문이다. 하나님의 놀라운 자비도 증명된다. 우리 자신과 우리의 소유물이 모두 하나님의 존엄하심에 빚지고 있으므로, 그분이 우리에게 무엇을 요구하시더라도 그것은 우리가 빚진 것에 대한 당연한 요구이기 때문이다. 우리가 그 빚을 갚아도 무슨 보상을 기대하지 않는 것은 당연하다. 그러나 하나님은 우리의 순종에 대해 어떤 상급을 주실 때마다 그분의 당연한 권리를 포기하신다. 마치 순종이 하나님께 갚아야 할 빚이 아니라는 듯이 우리는 억지로 순종하지만 말이다!

머지않아 우리는 하나님께서 주신 이 약속의 혜택을 얻는 방법을 알게 될 것이다. 다만 여기서는 율법에 담긴 약속들이 의에 대한 강력한 보증이며, 그래서 이 약속들은 하나님께서 매우 분명하게 그 율법의 시행을 승인하셨음을 보여준다는 사실을 우리가 믿고 이해하는 것으로 충분하다. 또한 형벌의 기능은 불의의 가증함을 더욱 무겁게 하여 자기 죄의 달콤함에 흠뻑 빠져 버린 죄인에게 이미 예비된 하나님의 심판을 망각하지 않게 해주는 것임을 여기서 반드시 이해해야 한다.

율법: 완전한 의로움의 한 가지 기준

주님께서 완벽한 의로움의 기준을 제시하실 때 모든 면에서 그 기준을 그분의 뜻과 연결하신다는 사실은 순종 외에 어떤 것도 그분을 기쁘게 할 수 없음을 여실히 알려 준다. 지나치게 교만해진 자신의 이성에 홀린 인간이 하나님의 은혜를 얻겠다는 명목으로 순종이 아닌 어떤 명예와 선의를 그분께 드리고 싶어 할 때 이 사실은 더욱 그 진가가 드러난다. 모든 시대마다 경건을 가장하며 나타난 이러한 불경건은 우리 마음에 처음부터 뿌리내려 있는 것이고, 우리 시대에 그렇듯이 인류 안에서 항상 그 모습을 드러내 왔다. 인간이란 언제나 하나님의 말씀과 상관없이 의를 얻을 방법을 만들어 내려는 존재다.

그래서 대체로 선행이라고 인정되는 일들 중에서 율법이 명하는 것은 가장 왜소한 자리만 차지할 뿐이다. 반면, 엄청나게 많은 인간의 가르침들은 선행의 가장 첫 번째 목록을 당당히 차지한다. 모세가 "너희 하나님 눈앞에서 선하고 유쾌한 일을 행함으로써 너희와 너희 뒤의 자녀들이 형통하기 위하여 내가 명령하는 것에 주의하고 귀를 기울이라"신 12:28 고 말하며 가장 억제하려 했던 것이 바로 이 악한 욕망 아니었는가? 조금 앞에서 모세가 했던 선포에 따르면, 이스라엘 백성은 주님께 공의와 예법을 받았고, 지상 모든 민족보다 먼저 지혜와 명철을 얻었다. 그러면서 모세는 이렇게 덧붙였다. "너희와 너희 생명을 신중하게 지키라. 그리고 너희의 눈이 본 말씀들을 잊지 말라. 그것들이 너희 마음에서 떠나게 하지 말라."신 4:9 사실, 주님은 이스라엘 백성을 단단히 제어해 주지 않으면 그들이 이 율법을 받은 후에 그분을 섬기는 무언가 새로운 방식을 반드시 만들어 내리라는 것을 미리 아셨다. 그래서 주님은 그분의 말씀 안에 완벽한 의가 들어 있으며, 이스라엘 백성은 오직 이 의만 단단히 붙잡아야 함을 선포하셨다. 그런데도 이스라엘 백성은 그들에게 금지된 바로 그 방자함을 그치지 않았던 것이다.

그렇다면 우리는 어떠한가? 분명히 우리도 동일한 말씀에 매여 있다. 의심의 여지 없이 주님은 언제나 그분의 율법이 의에 대한 완벽한 가르침이 되기를 바라셨다. 하지만 우리는 주님의 율법에 만족하지 못한 채, 새로운 선한 행위 목록을 놀랍도록 길게 고안하고 만들어 낸다. 주님께서 우리에게 완벽한 의로움을 가르치려고 율법을 주셨다는 사실, 그 율법은 우리가 그분의 뜻에 순복해야 한다는 것 외에는 다른 어떤 것도 가르치지 않는다는 사실을 우리 마음판 위에 굳게 고정해 놓는 것이야말로 이 잘못을 고치는 가장 좋은 방법이다. 또한 율법의 가르침에 따르면, 하나님에 대한 적법한 예배는 오직 순종뿐이므로 그분의 은혜를 얻기 위해서 새로운 모양의 선행을 만들어 내는 온갖 기발한 발상은 아무 소용이 없다. 하나님의 율법과 상관없는 선한 행위를 추구하는 것도 그분의 참된 의로움을 심각하게 모욕하는 짓일 뿐이다. 우선 하나님의 율법 내용을 잘 파악해 보자. 그런 다음 율법의 기능과 용도를 논의하는 것이 보다 적절하고 유익할 것이다.

율법의 첫 번째 특징: 전적인 순종 요구

우리가 모든 사항의 세세한 논의를 시작하기 전에, 우선 율법의 전반적 속성을 이해하는 것이 바람직할 것이다. 우리는 먼저 율법이 인간의 삶을 외면적 정직성뿐만 아니라 내면적이고 영적인 의로움에도 일치시킨다는 것을 인정해야 한다. 아무도 이 점을 부인하지는 않지만, 동시에 이 점에 대해 진지한 사람도 거의 없다. 율법의 특징은 율법을 제정하신 분을 생각하면서 판단해야 하지만, 아무도 그분에 대해서 제대로 관심을 기울이지 않기 때문이다.

만약 어떤 왕이 칙령을 반포하여 간음과 살인과 도적질을 금지했는데 어떤 사람이 음란해지거나 훔치거나 살인하고 싶은 욕망을 느꼈으나 실제 행동으로 옮기지는 않고 즉시 그 욕망을 그쳤다면, 나는 그 사람이 규정된 형벌을 받을 필요가 없다는 것을 인정한다. 도덕적 법령의 제정자는 오직 겉으로 드러나는 품행에만 관심을 두기 때문이다. 다시 말해, 아무 잘못도 저지르지 않는 한, 그 법령은 침해되지 않는 것이다. 그러나 만물이 그분의 눈을 피할 수 없고 미덕의 외면이 아니라 마음의 정결함에 관심을 기울이시는 하나님은 간음과 살인과 도적질을 금지하실 때 온갖 육체적 욕망과 미움, 타인의 소유에 대한 탐욕, 거짓, 기타 그와 같은 모든 것을 금지하신다. 하나님은 영적인 법령의 제정자이시기 때문에, 그는 육체에만 아니라 영혼에도 말씀하신다. 영혼과 관련되는 한 분노와 미움은 살인이며, 절제하지 못하는 사랑은 간음이다.

아마도 어떤 사람은 인간의 법령도 우발적인 사건뿐만 아니라 인간의 의지와 의도까지 규제한다고 말하고 싶을 것이다. 나도 이에 동의한다. 하지만 인간의 법령이 공개적으로 다루는 것은 의도의 문제다. 그 경우에 인간의 법령은 각 행동의 목적만 고려할 뿐이지 그 행동 속에 들어 있는 숨겨진 동기를 알아내려 하지는 않기 때문에, 겉으로 드러나지 않게 범죄하는 사람들도 민사법은 준수하는 셈이 될 것이다. 이와 대조적으로, 하나님의 율법은 우리 영혼에 말하기 때문에, 우리가 율법에 순종하려면 반드시 우리 영혼이 율법에 의해 구체적으로 규제되어야만 한다. 대다수의 사람들은 특히 율법에 대한 경멸감을 숨기고 싶을 때, 어떤 식으로든 그들의 눈과 발과 손과 다른 지체들을 율법의 명령을 지키도록 만든다. 그러는 동안 그들의 마음은 순종에 대해서 하나도 알지 못한다. 하지만 그들은 하나님께는 보이는 것을 사람들에게만 숨기면 책임이 없다고 생각한다. "너는 살인하지 말지니라. 간음하지 말지니라. 도적질하지 말지니라"는 말씀을 그들도 듣는다. 그래서 그들은 칼을 빼서 죽이지 않고, 문란한 사람과 사귀지 않고, 타인의 소유물에 손을 대지도 않는다. 다 문제없고 좋지만, 그들의 마음은 살인으로 가득하고 육체의 욕망으로 불탄다. 그들은 이웃의 소유물에 곁눈질만 할 뿐이지만 탐욕에 잡아먹힌다. 하지만 나는 묻고 싶다. 만약 그들이 율법을 제정하신 분을 무시하며 그분의 고결한 의를 자신의 하찮은 수준으로 낮추지 않았다면, 어떻게 그런 식으로 자기를 정당화하는 사상이 가능하겠는가?

바울은 율법이 영적임을 주장하면서 그 사상을 크고 분명한 목소리로 반대했다.[롬 7:14] 이때 바울은 율법은 우리에게 단지 영혼과 이성과 의지에서 비롯된 순종 정도가 아니라, 온갖 육체의 더러움이 하나도 없이 오직 성령만을 따르는 천사 수준의 순결을 요구한다고 알려 준다.

바로 이것이야말로 율법의 의미임을 밝히면서, 우리는 스스로 만든 어떤 새로운 설명을 제시하는 것이 아니라 율법을 아주 바르게 해설해 주신 그리스도를 따른다. 바리새인들은 어떤 외적인 위반도 저지르지 않는 한 인간이 율법을 충실하게 준수할 수 있다는 악한 사상을 널리 퍼뜨렸기 때문에, 그리스도는 그들의 오류를 책망하신다. 그래서 여성을 음탕한 눈으로 쳐다보는 것도 부도덕하며, 자기 형제를 미워하는 자마다 살인자라고 규정하신다.[마 5:21-22, 27-28] 마음속에 미움을 품고 있는 자마다 심판받을 혐의가 있다고 정죄하신다. 불평하며 원한을 드러내는 사람마다 공회 앞에 죄인이며, 중상모략으로 나쁜 마음을 증명하는 자마다 지옥 불에서 형벌을 받는다. 이것을 이해 못하는 사람들은, 두 번째 모세인 그리스도께서 모세의 율법에 빠진 것을 보충하려고 복음의 율법을 가져오셨다는 엉뚱한 상상에 빠진다. 그래서 복음의 율법의 완전함이 옛 율법의 완전함보다 훨씬 뛰어나다는 속담을 만들었다.[1]

이런 태도야말로 가장 그릇된 오류다. 우리가 나중에 모세 율법의 핵심을 고찰하면서 모세 자신의 말로 확인하게 되듯이, 이는 하나님의 율법에 대한 심각한 음해다. 이 태도가 옳다면 고대 족장들의 거룩함은 거의 위선과 같다는 결론에 빠진다. 율법에 대한 이런 태도에 빠지면 우리는 하나님께서 율법을 제정하실 때 선포하신 의의 유일하고 영원한 통치를 떠나게 되고 만다. 하지만 이 오류는 쉽게 퇴치할 수 있다. 그런 사람들은 그리스도께서 모세 율법에 무엇을 더하셨다고 생각하지만, 사실 그분은 율법을 가리고 훼손한 바리새인들의 거짓과 누룩을 율법에서 제거함으로써 그 완전성을 회복시키셨다.

율법의 두 번째 특징: 명령과 금지는 분리되지 않는 하나

그다음으로 우리는 하나님의 계명이 말로 표현된 것보다 많은 내용을 담고 있다는 것을 살펴보아야 한다. 그렇다 해도 우리는 그분의 계명을 우리에게 좋은 쪽으로 해석하다가 자칫 이런저런 방식의 왜곡을 저지르게 되지 않도록 언제나 절제하며 행동해야 한다. 실제로, 이런 종류의 방종에 빠져서 율법의 권위를 조롱하는 사람들이 있으며, 그들은 마치 율법을 믿을 수 없는 것이나 납득할 만한 뜻을 전해 주지 못하는 것으로 비쳐지게 한다. 그러므로 가능하다면 우리는 하나님의 뜻을 우리에게 안전하고 확실하게 알려 주는 해석 방법을 마련해야 하겠다. 달리 말해, 율법에 대한 해설이 그 기록된 말들 너머로 과연 얼마나 멀리 나아갈 수 있는지를 확인해 주고, 그다음에는 하나님의 율법에 인간이 만든 해설이 추가되지 않았고 오직 율법을 제정하신 분의 순수하고 자연스러운 의미만 충실하게 표현되어 있다는 것을 밝히는 해석 방법이 있어야 한다.

율법의 모든 계명은 각 부분이 온전한 전체를 구성하고 있음이 더할 나위 없이 분명하다. 따라서 율법을 그 문자적 의미에만 국한시켜 해석하려는 사람은 조롱을 받아도 마땅하다. 분명히 가장 건전한 율법 해석은 문자 자체의 뜻 너머로 나아가야 하나, 우리가 어떤 기준을 결정하지 않는 한 과연 얼마나 멀리 나아갈 수 있는지는 분명하지 않다. 나는 어떤 율법 조항이 제정된 이유에 대한 숙고가 그 율법 해석을 위한 최선의 기준이라고 믿는다. 즉, 각 계명을 다룰 때 하나님께서 그 계명을 우리에게 주신 목적을 숙고해야 한다.

예를 들어, 모든 계명은 무엇을 명령하거나 금지하려 한다. 우리는 각 계명과 관련된 동기나 목적을 고려할 때, 그 명령과 금지를 바르게 이해할 수 있다. 다섯째 계명의 목적은 하나님 보시기에 존중받을 가치가 있는 사람을 존경하는 것이듯이, 이 계명의 핵심도 바로 그것이다. 즉, 이 계명에 담긴 하나님의 뜻은 하나님께서 우월성을 부여하신 사람을 우리가 존중하는 데 있다. 따라서 그런 사람을 경멸하거나 일부러 거역하는 것은 하나님께 가증한 일이다. 또한 오직 하나님만 존중받으셔야 한다는 것이 첫째 계명의 의도다. 이 두 계명을 종합해 볼 때, 다섯째 계명은 하나님의 존엄하심을 존중하는 참된 경건이야말로 하나님을 기쁘시게 한다는 것을 가르쳐 준다. 우리는 먼저 각 계명의 내용을 살펴볼 것이다. 그런 다음 각 계명의 가르침을 기준으로 할 때 그와 상반되는 주장들을 상정해 보겠다. 즉, 어떤 것이 하나님을 기쁘시게 한다면, 그와 반대되는 것은 틀림없이 그분을 분노케 할 것이다. 어떤 것이 하나님을 분노케 한다면, 그와 반대되는 것은 틀림없이 그분을 기쁘시게 할 것이다. 하나님께서 어떤 것을 명령하신다면, 틀림없이 그와 반대되는 것을 금지하실 것이다. 하나님께서 어떤 것을 금지하신다면, 틀림없이 그와 반대되는 것을 명령하실 것이다. 죄악은 정죄되더라도 그와 반대되는 미덕은 언제나 권장된다는 사실이 널리 알려져 있기 때문이다.

그러나 우리는 그렇게 말하는 사람들이 흔히 이해하는 것보다 많은 어떤 것을 요구한다. 미덕을 죄악의 정반대라고 말하는 사람들은 기껏해야 죄악을 삼가는 행동 정도를 미덕으로 본다. 죄악에 상응하는 정반대 행동을 규정할 때 우리는 사람들보다 좀 더 나아간다. 내가 말하고 싶은 것을 보다 분명히 하기 위해 한 가지 예를 들고 싶다. 평범한 정신을 가진 사람들에게 "너는 살인하지 말지니라"는 명령은 타인에게 나쁜 행동을 하지 않도록 조심하거나 해치려는 의도를 피하라는 뜻일 뿐이다. 하지만 나는 이 명령이 좀 더 많은 뜻을 내포하고 있다고 주장하고 싶다. 이 명령은 우리가 가진 모든 힘을 다해서 이웃의 생명을 보호해야 함을 뜻하고 있기 때문이다. 사람들이 내 말을 지나치다고 생각하지 않도록 그 주장의 진실성을 증명해 보겠다. 주님은 우리가 우리 이웃을 해치거나 아프게 하지 않도록 금지하셨다. 주님은 우리가 우리 이웃의 생명을 존귀하고 소중하게 대하기를 바라시기 때문이다. 이것이 바로 주님께서 우리에게 사랑할 의무를 부여하셔서 생명이 보존되게 하신 이유다. 이처럼 이 계명의 목적을 이해함으로써 우리가 하도록 명령받거나 혹은 못하도록 금지된 일에 관해서 잘 배울 수 있다.

왜 주님은 그분이 뜻하신 바를 분명하게 표현하지 않고 그 절반만 암시해 주셨을까? 만약 우리가 이렇게 묻는다면, 몇 가지 이유를 찾을 수 있을 것이다. 다만 다른 이유들보다 내가 가장 중요하게 생각하는 이유가 있다. 우리 죄의 사악함이 어떤 식으로든 여실히 드러나지 못한다면, 육체는 그 사악함을 위장하거나 감추려고 항상 쓸데없이 회피할 것이다. 따라서 하나님은 온갖 죄악 중 가장 나쁘고 가장 저열한 것들을 강조하심으로써, 그것들을 듣기만 해도 죄를 경멸케 하는 두려움이 우리 마음속 깊은 곳에서 생기게 하신 것이다. 우리는 도덕적 실수를 제대로 분별하지 못한 채 속아 넘어가곤 하는데, 그 원인은 어떤 이유로 우리 눈에 잘 안 띄는 그런 실수를 우리가 최소화시키기 때문이다. 그래서 주님은 우리를 그 오류에서 구하시기 위해 우리가 각각의 실수를 특정 유형과 관련시킬 수 있도록 훈련하셔서, 우리가 당연히 끔찍하게 느껴야 할 것들을 더욱 잘 분별하게 하셨다. 예를 들어, 우리가 미움이나 분노를 단지 말로만 미움이나 분노라고 부를 때는, 그것이 얼마나 끔찍하게 나쁜지 모르는 것 같다. 하지만 주님께서 미움과 분노를 살인이라고 부르며 금지하실 때, 우리는 그분이 미움과 분노를 얼마나 혐오하시는지 더욱 분명하게 깨닫게 된다. 주님께서 미움과 분노를 그토록 무서운 범죄로 명명하셨기 때문이다. 이처럼 하나님의 심판에 대해 경각심을 가져야 우리는 전에 가볍게 치부했던 실수의 심각함을 제대로 이해하는 방법을 배운다.

율법의 세 번째 특징: 율법의 두 돌판

우리는 율법의 의미가 두 돌판에 나뉘어 제시되었음을 고려해야 한다. 이 두 돌판은 성경에서 자주 언급되는데, 분별력을 가진 사람이라면 누구나 그래야 한다고 판단할 것이다. 그 이유는 쉽게 이해되는 것이어서 의심의 여지가 전혀 없다. 주님은 그분의 율법으로 모든 의로움을 가르치려 하셨고, 그 의를 두 가지로 나누시되, 첫째 돌판에는 우리가 주님의 존엄을 경외해야 할 의무를 할당하시고, 둘째 돌판에는 우리 이웃에게 갚아야 할 사랑의 수고를 할당하셨다.

분명히 의로움의 첫 번째 토대는 하나님을 경외하는 것이다. 이 토대가 붕괴하면, 폐허가 된 건물의 잔해들처럼 다른 모든 것도 산산이 부서져 흩어져 버린다. 우리 이웃이 절도나 약탈로 아무것도 잃은 것이 없지만, 우리가 하나님의 존엄에 돌려야 할 영광을 사악하게 빼앗는다면, 과연 그것이 무슨 의로움이 되겠는가? 우리가 간음으로 우리 몸을 더럽히지 않아도 하나님의 이름을 모독적 언사로 더럽힌다면, 과연 그것이 무슨 의로움이 되겠는가? 우리가 살인하지 않았지만, 하나님에 대한 모든 기억을 지워 버리려고 한다면, 과연 그것이 무슨 의로움이 되겠는가? 신앙심 없이 의로움을 이루려는 노력은 마치 머리 잘린 시체를 아름답게 보이려고 하는 짓처럼 아무 소용이 없다! 진실을 말하면, 신앙심은 의로움과 미덕의 머리와 같을 뿐만 아니라, 어떤 의미에서 의로움과 미덕에 생명을 불어넣는 영혼과도 같다. 인간은 하나님을 경외함 없이는 서로에 대한 공의와 사랑을 절대로 유지하지 못할 것이다.

이것이 바로 우리가 하나님을 향한 예배를 가리켜 의로움의 시작이자 기초라고 하는 이유다. 하나님을 향한 예배가 사라져 버리면, 인간이 바르고 순결하고 신중하게 살아가려고 애쓰는 모든 것이 하나님 보시기에 완전히 허사가 된다. 동일한 이유로, 우리는 하나님을 향한 예배를 의로움의 근원이자 영혼으로 부른다. 인간이 하나님을 선과 악의 심판주로 경외할 때에만, 순결하고 정직한 생활을 영위하는 법도 배우게 되기 때문이다. 그래서 주님은 첫째 돌판에서 우리에게 경건과 신앙을 가르치심으로써 그분의 존엄을 경외하게 하신다. 둘째 돌판에서 주님은 우리가 그분을 경외하는 마음으로 우리 이웃에게 마땅히 행해야 할 도리가 무엇인지 보여주신다. 복음서 기자들이 기록하듯이, 그래서 우리 주 예수께서도 율법을 두 개 조항으로 요약해 주신다. 즉, 우리는 온 마음과 온 뜻과 온 힘으로 하나님을 사랑해야 하고, 우리의 이웃을 우리 자신처럼 사랑해야 한다.[마 22:37, 39, 눅 10:27] 우리가 볼 수 있듯이, 율법 전체를 구성하는 이 두 부분 중에서 하나는 하나님을 향한 명령이고, 다른 하나는 인간을 향한 명령이다.

십계명의 구조

율법 전체가 이 두 부분에 다 담겨 있지만, 우리 주님은 인간이 할 수 있는 모든 변명을 제거하기 위해 하나님의 신성에 대한 인간의 경외와 사랑과 존중에 관련된 모든 것과, 그분의 이름을 위해 이웃에 대해 보이도록 명령하신 사랑에 관련된 모든 것을 십계명으로 충분하고 간단하게 계시하셨다. 따라서 우리가 인간은 스스로 자유롭게 결정할 수 있음을 기억하면서, 그리고 우리와 다른 견해를 가진 이들과 논쟁하지 않도록 조심하면서 그 계명들이 나뉜 방식을 탐구해 간다면 그 수고가 헛되지 않을 것이다. 혹시 어떤 사람이 내가 제안하는 율법의 구분을 새로 만든 구분이라 여기며 놀라게 될지도 몰라서, 여기서 이 점을 언급해 둔다.

주님께서 말씀을 통해 논란의 여지가 없도록 하셨기 때문에, 모두 몇 개의 계명인지는 아주 분명하다. 단지 계명을 나누는 방식에만 이견이 있다(로마가톨릭과 루터교는 첫 두 명령[이방신 숭배 금지와 신 형상 금지]을 한 계명으로 파악하고, 탐욕의 마지막 명령을 두 계명으로 파악했다. 반면에 그리스 정교회와 개혁파 교회는 첫 두 명령을 각각의 계명으로, 마지막 명령을 하나의 계명으로 파악했다—옮긴이). 앞의 세 가지 계명을 첫째 돌판에 할당하고 나머지 일곱 가지 계명을 둘째 돌판에 할당하는 사람들은, 주님께서 형상에 대한 계명을 독립적인 계명으로 구별하셨음에도 그것을 나머지 다른 계명들로부터 분리하거나 첫째 계명 속에 포함시킨다. 그뿐만 아니라, 그들은 이웃의 소유를 탐내지 말도록 명령한 열째 계명을 함부로 둘로 나눈다. 그런 자들의 방식을 거부해야 할 또 다른 이유가 있는데, 우리가 보게 되듯이 초대교회에서는 전혀 그렇게 구분한 적이 없었다는 것이다. 또 다른 사람들은, 우리가 하듯이 앞의 네 계명을 첫째 돌판에 할당하되, 첫째 계명을 명령이 들어 있지 않은 단순한 약속으로 취급한다. 나는 모세의 열 가지 선포를 열 가지 계명으로 간주할 뿐이다. 나는 또한 이 열 가지 계명을 하나씩 구별해서 다룰 수 있다고 믿는다. 율법 구분 문제에서 다른 사람들은 그들 나름의 입장을 정할 것이고, 나는 내가 생각하기에 가장 개연성 높은 해결책을 택하겠다.

사람들이 첫째 계명 안에 포함시키는 구절은 내가 보기에는 율법 전체에 대한 일종의 서문이다. 이 서문 다음에 열 가지 계명이 이어지는데, 앞의 네 계명은 첫째 돌판에, 나머지 여섯 계명은 둘째 돌판에 각각 우리가 다루게 될 순서에 따라 할당되었다. 오리게네스는 그의 시대에 가장 널리 통용되던 이 구분 방식을 아무 거리낌 없이 선택한다. 아우구스티누스 역시 보니파키우스에게 보낸 그의 서신에서 오리게네스의 구분 방식을 인정한다.[2] 아우구스티누스가 그의 다른 저작에서는 첫 번째 구분 방식을 선호했던 것도 사실이다. 하지만 그는 그 세 계명이 첫째 돌판에 포함되었다는 것 자체가 삼위일체를 대변한다는 대단히 희박한 추론을 근거로 그렇게 했다. 바로 그 저작에서조차 아우구스티누스는 우리가 취하려는 구분 방식을 모든 면에서 더 선호했다는 것도 모두가 잘 아는 사실이다. 초대교회의 또 한 사람의 교부 역시 우리와 의견이 같다. 그는 완성하지 못한 마태복음 주석의 저자 요세푸스 Josephus 다. 그는 두 돌판에 각각 다섯 계명을 할당한다. 누구나 짐작할 수 있듯이, 그것이 요세푸스의 시대에 흔했던 한 가지 구분 방식이다. 하지만 그런 구분 방식은 논리적 결함을 안고 있다. 그 구분 방식이 하나님에 대한 경외와 이웃에 대한 사랑 사이의 구별을 약화시키기 때문이다. 이는 예수 그리스도의 권위도 거스른다. 예수께서는 부모를 공경하라는 계명을 둘째 돌판에 속한 것으로 나열하시기 때문이다.마 19:19

이제 주님이 직접 해주시는 말씀을 들어 보자.

첫째 계명

나는 너를 이집트 땅, 종 되었던 집에서 인도해 낸 네 하나님 여호와이니라. 너는 내 앞에서 다른 어떤 신도 있게 하지 말라.출 20:2-3

우리가 위 첫 구절을 율법 전체에 대한 서문으로 이해하는 한, 그것을 첫째 계명의 일부로 간주하든지 첫째 계명과 분리하든지 전혀 문제가 안 된다. 우선, 법령이 시행되려면 그 법령이 업신여김이나 경멸 때문에 효력을 잃으면 안 된다는 명령부터 내려 두어야 한다. 그래서 주님은 시작 부분에서 아무도 그분의 율법의 존엄을 경멸해서는 안 된다는 사실부터 확실히 해두는 것으로 그 위험을 방지하시는 것이다.

주님은 그런 목적으로 서문을 활용하시되, 그 서문을 다음 세 가지 사항의 근거로 삼으신다. 우선 주님은 명령할 권리와 권세가 주님 자신에게만 있음을 주장하심으로써 우리를 오로지 복종할 의무에만 제한하신다. 그다음, 주님은 우리를 도우실 것을 약속하시며 그분의 뜻에 따르도록 온화하게 설득하신다. 마지막으로, 주님은 우리에게 그분이 이미 베푸신 복들을 기억하게 하심으로써, 우리가 주님의 명령을 업신여기면 그 배은망덕 때문에 책망받아 마땅함을 깨우치신다.

율법 서문

"여호와"라는 이름은 우리에 대한 주님의 다스림과 의로운 주권을 나타낸다. 만약 모든 것이 그분에게서 왔고 그 안에 유지된다면, 바울이 말하듯이, 만물은 그분을 가리키고 있음이 옳다.롬 11:36 그렇다면, 이 이름은 우리가 당연히 주님의 멍에를 져야 한다는 사실을 계시한다. 주님의 다스림 없이는 우리가 존재할 수 없는데도 그 다스림을 저버리는 것은 흉측할 일이기 때문이다. 주님께서 명령할 권리를 가지셨고 우리는 그분께 온전히 순종할 의무가 있음을 가르치신 다음, 그분은 그저 당연히 그래야 한다는 논리로만 우리를 강요하지 않으신다. 그래서 주님은 온화하게 우리를 주님께로 이끄시면서 자기를 우리의 하나님이라고 선언하신다. 이 서문에는 하나님과 백성 상호 간의 합의라는 특징이 있는데, 이 합의는 "내가 그들의 하나님이 되고 그들이 내 백성이 될 것이다"라는 약속의 말씀에도 표현되어 있다.렘 31:33 하나님께서 아브라함과 이삭과 야곱에게 그들의 하나님이 되겠다는 약속을 하셨으므로 그들이 구원과 영생을 얻었다고 하실 때 예수 그리스도 역시 바로 이 점에 관해 증거해 주셨다.마 22:32 마치 예수께서 이렇게 말씀하시는 것과 같다. "내가 너희를 내 백성으로 택한 것은 단지 내가 너희의 현재 인생에 선을 행하기 위해서만 아니라 너희를 내 나라의 영원한 복락 안으로 인도하기 위해서니라." 하나님의 은혜가 이루려 했던 장래 목표는 이제는 성경 여러 곳에 계시가 되어 있다. 주님께서 우리를 그분의 백성과 교제하도록 부르실 때, 모세가 말하듯이, 주님은 우리를 그분의 영광을 위해 성별하심으로써 그분의 계명을 지키게 하신다.신 7:6, 14:2, 26:17-18 그래서 주님은 자기 백성을 이런 말씀으로 권면하신다. "내가 거룩하니 너희는 거룩하라."레 19:2 그분의 한 선지자를 통해 하나님은 이 두 가지 사실에 근거한 준엄한 경고를 내리신다. "아들은 그의 아버지를 공경하고 종은 그의 주인을 공경한다. 내가 너희의 주인이라면, 너희의 경외함은 어디에 있느냐? 내가 너희의 아버지라면 너희의 사랑함은 어디에 있느냐?"말 1:6

주님은 그분의 종들에게 베푸셨고 그들 마음에 더욱 효과적인 자극을 줄 수 있는 여러 복락에 대해 계속 말씀하신다. 배은망덕은 가장 가증스러운 범죄이기 때문이다. 그런 다음, 주님은 이스라엘 백성이 그분께 얻은 혜택들을 기억하게 하신다. 그 혜택들이 대단히 크고 놀라워서 그들은 이를 마땅히 항상 기억해야 한다. 또한 이 계명들이 반포에 맞추어 기록되어야 하는 것도 아주 자연스럽다. 바로 그렇게 하실 요량으로 주님께서 이스라엘 백성을 구출하셨고, 그들이 주님을 자유의 창시자요 명예와 순종을 바쳐야 할 분으로 인정하게 하셨음을 분명히 밝히기 때문이다. 그러나 이 모든 것이 우리와는 상관없다고 느끼게 되지 않도록, 우리는 이스라엘이 이집트에서 종노릇하던 기간은 주님께서 그분의 강한 손으로 우리를 자유롭게 하시고 그 자유의 나라로 옮기시기까지 우리 모두를 지치게 하는 일종의 영적 속박이었음을 깨달아야 한다. 예전에는 주님께서 이스라엘을 바로의 잔인하고 억압적인 통치로부터 구출하셔서 그들 속에 그분의 교회를 일으키려 하셨다. 그와 마찬가지로, 오늘날에도 주님은 마치 이스라엘의 육체적 속박과 같은 마귀의 끔찍한 결박에 오래도록 붙잡힌 그분의 백성에게 자신이 그들의 하나님임을 나타내신다.

그러므로 모든 피조물의 마음은 율법에 귀를 기울이고 싶은 열망으로 뜨겁게 타올라야 한다. 율법은 주 여호와에게서 나오기 때문이다. 율법이 만물의 기원이신 이에게서 나오므로 그들의 목적은 그분께 향해야 옳다. 그뿐만 아니라, 모든 한시적인 혜택과 함께 불멸하는 생명의 영광을 바라보며 이 계명들을 지키도록 택정되었음을 알게 된 자라면 누구나 다 특별한 감동을 하고 이 율법의 제정자를 영접한다. 마지막으로, 우리가 지옥에서 벗어나 자유롭게 된 것은 오직 하나님의 자비와 권능 덕분임을 알게 되는 순간, 우리는 우리 하나님께 복종하고 싶어진다.

이처럼 하나님은 그 율법의 권위의 토대를 놓으신 뒤 그분의 첫째 계명을 반포하신다. 우리는 하나님 앞에서 다른 어떤 신도 가져서는 안 된다.

첫째 계명의 목적

이 계명의 목적은 자기 백성 중에서 유일한 지존자로 높임을 받으심이 하나님의 뜻임을 보여주는 것이다. 이 목적을 위해 하나님은 그분의 신성을 가리고 축소하려는 온갖 형태의 불경건과 미신을 우리에게서 멀리 떨어지게 하려 하신다. 그래서 하나님은 우리가 참으로 경건한 감정으로 그분을 경외하도록 하신다. 바로 이것이 이 계명의 명쾌한 어휘들이 전달하는 내용이다. 당연한 하나님의 소유를 그분께 돌리지 않고서는 그분을 우리 하나님으로 주장할 수 없다. 하나님은 우리가 이방 신들을 갖지 못하도록 하심으로써 그분께 속한 것을 다른 대상에게 돌리지 말아야 함을 알리신다.

우리가 하나님께 갚아야 할 것이 셀 수 없을 만큼 많기는 해도, 그 모든 것은 예배와 신뢰와 기도와 감사라는 네 가지로 요약할 수 있다. 나는 하나님의 위대하심에 순복하는 모든 피조물이 드리는 경배를 "예배"로 정의한다. "신뢰"는 하나님을 아는 깊은 지식에서 나오는 진정한 확신이다. 이 확신으로 우리는 모든 지혜와 의와 선과 권능과 진리를 하나님께 돌려드리면서, 우리의 행복이 그분과의 사귐 속에 있다고 믿는다. "기도"는 무엇이 필요하게 된 상황에서 우리 영혼이 유일한 소망이신 하나님을 향해 도움을 구하는 것이다. "감사"는 우리가 받은 모든 복에 관해 찬미하는 것이다. 우리가 하나님께 마땅히 드려야 할 감사를 다른 누가 가져가는 것을 하나님은 결단코 용납지 않으신다. 하나님은 우리의 모든 감사가 오직 하나님 자신에게만 드려지기를 바라신다. 그래서 우리가 오직 하나님만 의뢰하지 않는다면, 다른 신들을 멀리하는 것은 큰 의미가 없다. 실제로 어떤 악한 사람들은 온갖 형식의 종교를 너무도 쉽게 조롱하면서도 정작 하나님만 의뢰하는 자세는 갖지 않는다. 그러나 우리가 참으로 이 계명을 준수한다면, 우리 영혼을 하나님께 향하게 하는 참된 종교를 가져야 한다. 그럼으로써 일단 우리 영혼이 하나님을 알고 나면, 우리 영혼은 그분의 존엄하심을 경외하고 그분께 신뢰를 두게 되며, 그분의 도움을 간절히 구하게 되고, 그분이 주신 은사들을 찬미하게 되고, 결국 오직 그분만을 향해 열망하게 된다.

혹시라도 우리 영혼이 여러 가지 경로로 다른 신들에게 끌리게 되지 않도록 어떤 형태의 악한 미신이든지 조심하고 멀리하자. 은밀한 불경건이 겉모습을 꾸미며 우리를 속일 수 있으니, 우리는 신중하게 그것의 본질을 들여다볼 줄 알아야 한다. 은밀한 불경건이 우리를 다른 신들에게 끌고 가더라도, 우리는 살아 계신 하나님을 송두리째 배신하는 것처럼 느끼지는 못한다. 그런 불경건에 빠져 있을 때조차 우리는 하나님을 여전히 가장 크게 경외한다. 하지만 다른 덜 중요한 신들도 같이 경외하게 되며, 심지어 그 신들이 하나님의 여러 가지 권능을 가진 것으로 생각한다. 결국, 하나님의 신성의 영광이 여러 갈래로 흩어지고, 급기야 완전히 사라져 버린다. 이처럼 고대 유대인이나 이방인 중 우상숭배자들은 다른 신들을 낳고 지배하는 주권자 신이 존재하고, 그 신의 지배를 받는 여러 신들이 그 신과 함께 세상을 지배한다고 믿었다.

과거에 이와 똑같은 일이 죽은 성자들에게도 벌어졌다. 그들은 사람들에 의해 떠받들어져 하나님의 동역자로 추인되고, 하나님처럼 경외심을 불러일으키며 그들이 하사했다는 온갖 복에 대해 감사를 받으며 기도 중에 이름이 불려진다. 이 신성모독이 하나님의 영광을 가리지만 우리에게는 그렇게 느껴지지 않는다. 하나님께서 그 모든 성자를 지고한 권능으로 다스리신다고 우리가 느끼는 한, 이 신성모독은 계속해서 하나님의 영광을 광범위하게 억압하며 지워 없앨 것이다. 그러므로 우리가 오직 한분 하나님만 모시려 한다면, 하나님의 영광이 축소되어서는 결코 안 되며 오히려 그분께 속한 모든 권능이 반드시 그분 것으로만 인정되어야 함을 기억하자.

그다음, 우리가 하나님 앞에서 다른 신들을 가져서는 안 된다는 사실이 이 본문을 통해 밝혀진다. 그래서 하나님은 우리가 불경건에 다시 빠질 때마다 우리의 신성모독을 보시고 증언하겠다고 경고하신다. 더 악랄한 불경건은 은밀한 수단을 동원하면 하나님을 속일 수 있는 줄로 생각하지만, 그럴수록 불경건은 더욱 뻔뻔해질 따름이다. 오히려 주님은 우리가 꾸미고 고안한 모든 것을 알고 계시다고 선포하신다. 우리가 하나님께 우리 신앙의 정당성을 증명해 드리려고 한다면, 우리 양심은 악한 생각이 전혀 없이 청결해야 하며, 미신이나 우상숭배에 빠지려는 생각을 마음속에 떠올리지도 말아야 한다. 주님은 우리가 외적인 고백으로만 아니라, 만물이 눈에 보이게 나타나는 주님 면전에서도 그분의 영광을 유지하라고 명령하시기 때문이다.

둘째 계명

너는 너를 위해 새긴 우상을 만들지 말며, 위로 하늘이나 아래로 땅 위나 혹은 땅 아래 물속에 있는 어떤 것의 형상도 만들지 말라. 너는 그것들을 숭배하지도 말고 공경하지도 말라. 출 20:4-5

첫째 계명에서 하나님은 자신이 유일하신 하나님이므로 우리가 그분

외에 다른 어떤 신을 갖거나 상상해서는 안 된다고 계시해 주셨다. 이제 둘째 계명에서 하나님은 우리가 그분을 지나치게 육체적인 형상으로 생각하지 않도록 그가 어떤 분이며 어떻게 그분을 경배해야 하는지 더욱 분명하게 알려 주신다. 이 계명의 목적은 미신적 관행이 하나님께 올바로 드려져야 할 경외를 더럽히도록 그분이 결코 허용하지 않으실 것을 선포하는 것이다. 요약하면, 하나님은 우리가 지나치게 물질적인 접근을 멈추도록 설득도 하시고 단념도 시키셔서, 우리 마음이 하나님에 대한 너무 저급한 상상에 빠지지 않게 해주신다. 그런 다음 하나님은 우리가 그분께 당연히 드려야 할 바른 예배, 곧 그분이 제정하신 형식에 일치하는 영적인 예배로 돌아오게 하신다. 그래서 하나님은 바로 이런 면에 있어서 우리가 저지르는 가장 노골적인 실수인 외적 우상숭배에 우리가 관심을 기울이도록 하신다.

하나님을 물질로 재현하는 행위 금지

모세는 다음과 같은 말로 이 계명의 첫 부분을 설명한다. "여호와께서 호렙 골짜기에서 말씀하신 것을 기억하라. 너희는 그분의 음성은 들었으나 그분을 형체로 보지는 못했다. 그러니 그분에 대하여 어떤 형상도 만들지 말라."신 4:10, 15 이사야 역시 이 점을 강조한다. 우리가 영이시요 눈에 보이지 않으시며 모든 피조물을 움직이시는 분을 어떤 육체를 지닌 형체나 가시적이고 감각이 없는 형상물로 설명하려 든다면, 그것은 하나님의 존엄을 업신여기는 짓이라고 모세는 주장한다. 마찬가지로 우리가 하나님의 무한한 본질을 작은 나무 조각이나 돌, 은에다 비유하면 그를 모욕하는 짓이 된다.사 40:18-20, 41:7, 45:20, 46:5-7 바울은 아테네 사람들에게 설교하면서 비슷한 논증을 펼친다. "우리는 하나님의 소생이기 때문에, 그분의 신성이 금과 은이나 조각된 돌이나 인간의 기술로 만들어진 어떤 것과 비슷하다고 생각해서는 안 되니라."행 17:29 이 점은 하나님을 재현하기 위해 제작된 온갖 신상이 그분께 혐오스러운 것이며 그 존엄에 모욕을 끼치는 것임을 분명히 해준다.

하나님은 때때로 어떤 표적들을 통해서 그분의 현존을 알리신다는 것도 틀림없는 사실이다. 그래서 하나님을 대면한 사람이 있다고 말할 정도로 이 표적들은 매우 명백한 것이다. 그러나 동시에 그 모든 표적은 하나님의 임재가 설명될 수 없음을 보여주었다. 하나님은 거의 언제나 구름 속이나 불 속, 연기 속에서 나타나셨는데, 이 사실은 사람이 그분의 얼굴을 똑똑히 알아볼 수 있을 만큼 충분한 시야를 확보할 수 없다는 것을 암시하기 때문이다. 그래서 누구보다 친밀하게 하나님께서 말씀하셨던 모세도 그 얼굴을 보는 것은 결코 허락받지 못했다. 모세는 단지 사람이 그분의 임재에서 나오는 엄청난 빛을 감당할 수 없다는 말씀만 들었을 뿐이다.출 33:20 주님께서 자신의 임재 능력을 계시하신 속죄소의 구조 역시 동일한 사실을 암시하기 위해 설계되었다. 그룹들이 날개로 속죄소를 덮고 휘장이 그것을 가렸다. 속죄소가 놓인 장소는 너무 어둡고 멀어서 속죄소 자체가 매우 은밀했다. 이 구조가 암시하는 대로, 그분의 신성을 한번 쳐다보는 순간 우리가 보일 최선의 반응은 마치 우리의 이해력이 도저히 미치지 못하는 것을 바라볼 때처럼 그저 경탄을 자아내는 것에 불과할 것이다.

어떤 사람들은 하나님과 성인들을 나타낸 신상 제작을 옹호하기 위해 하나님께서 그룹들을 만들도록 명령하셨다고 강조한다. 틀림없이 그들은 제정신이 아니다. 속죄소의 그룹들은 그 날개로 모든 것을 덮음으로써 사람이 호기심을 갖고 하나님을 쳐다보지 못하도록 제작되었다. 따라서 그룹들의 형상은 단지 어떤 것도 하나님에 관한 신비들을 바르게 상징할 수 없음을 알려 줄 뿐이다. 그 외에 우리는 화상畫像도 새긴 형상물과 다름없이 철저히 금지되었다는 것을 확인함으로써, 화상과 조각을 어리석게 구별한 그리스인의 태도를 반박해야 한다. 그들은 하나님을 망치로 조각하는 것만 피하면 충분히 도리를 다했다고 여기면서, 색칠한 형상들에 대해서는 어떤 민족보다 많은 미신적 외경심을 품는다. 그러나 주님은 조각가들이 그분의 모양을 재현하지 못하도록 금지하셨을 뿐만 아니라 어떤 종류의 형상도 허락하지 않으셨다. 그것은 그분의 존엄을 위조하여 모욕하는 짓이기 때문이다.

계속해서 본문은 이방인들이 하나님을 재현하기 위해 관습적으로 사용하는 모양을 설명한다. "하늘에 있는 것들"은 태양과 달과 별들을 뜻하며, 신명기 4장에서처럼 새들도 포함될 수 있다. 거기서 모세는 별들과 함께 새들을 언급함으로써, 새들 역시 하늘에 있는 것임을 분명히 밝힌다.[신 4:17, 19] 만약 내가 아는 어떤 사람들이 이 본문을 천사들과 관련시키지 않았다면, 나는 이 상세한 내용을 생략했을 것이다. 따라서 나는 이 본문에서 아주 잘 알려진 나머지 부분들을 설명 없이 그냥 지나가겠다.

형상 숭배: 왜곡된 신앙

두 번째 계명의 후반부는 숭배에 관해 다룬다. 하나님의 형상물에 대한 숭배는 악한 짓이며, 남녀를 막론하고 성자들의 형상물에 대한 숭배는 배나 더 끔찍하다. 우상숭배에는 여러 단계들이 있다. 교만과 성급함으로 가득한 인간 지성이 하나님을 자기 감각에 의존하여 상상하는 것이 그 첫 단계다. 그 상상은 조야하고 무지하기 때문에, 고작해야 공허한 환상만 꾸며 낸다. 이것은 또 다른 대담한 행동으로 이어진다. 이때 인간은 자기 내면으로 생각했던 하나님의 형태와 똑같은 형태로 하나님을 외적으로 재현하려 한다. 그 결과, 인간 지성은 우상을 잉태하고, 인간의 손은 그 우상을 낳게 된다.

바로 그것이 우상의 기원이다. 인간은 하나님께서 어떤 식으로든 육체적인 모양을 갖지 않으시면 그분이 인간에게 가까이 계시다고 절대로 믿지 못한다. 이스라엘 사람들이 아론에게 "우리는 모세에게 무슨 일이 생겼는지 모르노라. 우리 앞에서 행할 신들을 만들라"고 말했던 사건이 이 점을 분명히 알려 준다.[출 32:1] 물론, 여러 기사들을 통해 그분의 권능을 경험한 이스라엘 사람들은 그분이 진실로 하나님이심을 잘 알고 있었다. 하지만 그들은 하나님께서 자신들 앞에서 행하고 계심을 증명하는 어떤 육체적 모양을 눈으로 직접 보지 않고는 그분이 자신들 가까이 계시다고 믿을 수 없었다. 이스라엘 사람들은 하나님께서 자신들에게 길을 보여주고 계심을 확신하기 위해 자신들 앞에서 행하는 어떤 형상물이 필요했다. 우리도 매일 비슷한 일을 경험한다. 무릇 육체란 무엇이든 자기의 본성을 닮은 허상을 찾을 때까지 절대로 가만히 있지 못한다. 육체는 마치 하나님의 형상이라도 대하듯 그 허상을 기뻐한다. 그러므로 세상이 시작된 이래로 거의 모든 시대마다 인간은 무언가 가시적 표적을 통해 하나님께서 자신과 가까이 계시다는 확신을 얻기 위해 하나님을 형상물로 만들려는 욕망에 굴복했던 것이다. 그들은 그런 형상물을 통해 하나님을 본다고 생각하면서, 그 형상물로 그분을 예배했다. 그리고 마침내 모든 안목의 힘과 마음의 힘을 그 형상물에 집중시키면서 인간은 훨씬 야만스러워졌다. 돌이나 나무에 무슨 신성이 머물고 있기라도 한 듯이 인간은 그것 앞에서 존경심과 두려움을 품게 되었다.

이제, 인간이 형상물을 숭배하게 되려면 그 전에 먼저 거짓된 육체의 모양을 일부러 상상한다는 사실이 분명해졌다. 인간은 그 형상물을 실제 신으로 여기기보다는, 그 형상물이 신과 같은 어떤 능력을 지닌다고 상상한다. 따라서 누군가 하나님을 어떤 모양이나 피조물의 형체로 표현하고 그것에 엎드려 경배할 때 그는 이미 미신에 깊이 빠져든 셈이다. 이것이 바로 주님께서 신상의 모양으로 그분을 상징하지 못하게 하신 이유요, 비문이나 돌을 숭배하지 못하게 하신 이유다.

우상숭배의 과거와 현재

기나긴 세월 동안 신앙을 훼손하고 망쳐 온 가증한 우상숭배를 합리화하려고 헛된 핑계를 찾고 있는 자들은 그들의 듣고 깨닫는 능력을 증진해야 할 것이다. 그들은 "우리는 형상물을 신으로 생각하지 않는다"며 항변할 것이다. 황금 송아지를 만든 유대인들도 자신들을 이집트의 노예 신분에서 벗어나게 하신 하나님이 계심을 잊을 만큼 어리석지는 않았다.[레

26:45 송아지 상들이 만들어진 후, 아론이 그들에게 이집트에서 그들을 구원한 신들에게 와서 경배하라고 말했을 때, 그들은 기꺼이 아론의 말을 따랐다. 그 송아지 상들이 하나님을 기억하게 하는 한, 그들은 자신들을 구원한 살아 계신 하나님 곁에 머무르고 싶었음이 분명하다. 마찬가지로, 우리는 이방인들이 나무나 돌로 된 신들 이외에 또 다른 하나님이 존재하리라는 것을 모를 만큼 무지하다고 생각하면 안 된다. 그래서 그들은 원할 때마다 자신들이 만든 조형물을 바꾸었지만, 그들 마음속에는 항상 똑같은 신들이 자리 잡고 있었다. 더욱이 그들은 같은 신을 위해 많은 형태들을 만들어 냈지만, 그 형태들을 서로 다른 신으로 여기지 않았다. 그들은 매일매일 새로운 신상을 봉헌했으면서도, 새로운 신을 만들기 위해 그렇게 한다고는 전혀 생각하지 않았다.

그렇다면 이것이 무엇을 뜻하는가? 우리가 이미 말했듯이, 유대인과 이방인을 막론하고 모든 우상숭배자는 똑같은 환상의 희생자였다. 하나님에 대한 영적인 앎에 만족하지 못한 채, 그들은 조형물을 만듦으로써 보다 확실한 지식을 얻을 수 있다고 생각했다. 하나님을 상기시키는 온갖 거짓되고 사악한 것이 유입된 이후로 줄곧 그런 관습은 더 악화되었고, 심지어 사람들은 꼬리를 물고 이어지는 오류를 알면서도 하나님께서 자신의 능력을 그분을 표현한 형상물 속에 계시하셨다고 믿게 되기에 이르렀다. 유대인들은 그 형상물을 숭배할 때 하늘과 땅의 창조주이신 그들의 주 하나님을 경외한다고 여겼고, 이방인들은 그들이 하늘에 존재한다고 상상하는 그들의 신들을 숭배한다고 여겼다.

똑같은 일이 일찍이 교황제를 통해 발생했고 지금도 발생하고 있음을 부인하는 자들은 끔찍한 사기꾼이다. 그들은 왜 형상물 앞에 무릎을 꿇는가? 마치 하나님의 귀에 가까이 다가가기라도 하겠다는 듯이 왜 그들은 형상물 앞으로 가서 기도하는가? 왜 그들은 동일한 하나님을 재현한 여러 형상물들 중에서 어떤 것에는 가차 없는 경멸이나 적당히 경의를 표하면서도 또 다른 것에는 극진한 존경과 경배를 바치며 그토록 큰 차별을 행하는가? 왜 그들은 자기 집에도 비슷하게 생긴 우상들이 있으면서, 어떤 우상들을 찾아가기 위해 그토록 힘든 순례까지도 마다하지 않는가? 왜 그들은 마치 아내와 자녀들과 자기 목숨을 위해 싸우기라도 하는 듯이 그 우상들을 위해 처절한 전쟁을 치르는가? 그들의 열정은 참으로 굉장해서 그들은 그 형상물과 헤어지기보다는 차라리 하나님과 헤어지는 것을 더 다행으로 여길 것이다.

지금까지 나는 아직 일반인의 조잡한 미신들에 대해서는 하나도 말하지 않았다. 그 미신들의 양은 거의 무한하며 대다수 사람들의 마음속에 깊이 뿌리내려 있다. 나는 그들이 우상숭배 혐의를 반박하고 벗어나기 위해서 하는 주장들을 간단히 언급만 하고 싶다. 그들은 "우리는 형상물들을 우리의 신으로 부르지 않는다"고 말한다. 고대에 유대인들과 이방인들도 똑같이 말했다. 그러나 선지자들과 성경 전체는 그들이 나무와 돌을 따르며 간음한다고 끊임없이 꾸짖었는데, 그 이유는 오늘날 자칭 그리스도인들과 똑같이 그들도 하나님을 나무와 돌로 된 육체적 형상의 기념물로 만들어 숭배했기 때문이다.

형상은 문맹자의 책인가?

끝내 그들은 형상물이 문맹자들의 책이라고 말하며 핑계를 댄다. 교황제 아래서 형상물은 오로지 숭배를 받으려고 존재할 뿐이므로 그런 말은 한낱 거짓에 불과하지만, 그들의 주장을 받아들인다면 나는 하나님의 형상물이 문맹자들에게 끼치는 혜택이란 오직 그들을 신인동형론파, 곧 육체를 가진 하나님을 신봉하는 자들로 만드는 것뿐임을 간과하게 될 것이다.[3] 우리는 락탄티우스Lactantius와 에우세비우스Eusebius가 이 문제에 관하여 쓴 저작들을 읽어야 한다. 조형물의 형태로 설명될 수 있는 온갖 것들은 죽을 인간에 불과하다고 그들은 주저 없이 결론짓는다.[4] 아우구스티누스는 형상물에 경배하는 행위뿐만 아니라 하나님을 형상물로 제작하는 것 자체가 사악하다고 짧고 분명하게 지적한다. 겉치레와 타락의 모범을 보여주는 것 말고 성인들을 재현한 형상물이 하는 역할이 도대체 무엇인가? 무릇 그런 성인들을 흉내 내고 싶어 하는 자들은 채찍을 맞을 필요가 있다! 사창가의 윤락 여성들이 교회당에 있는 처녀들의 형상물보다 단정하고 아담하게 치장한다는 사실은 우리에게 말할 수 없이 큰 수치심을 느끼게 한다. 순교자들도 너무 지나치게 장식된다. 그들의 형상물이 약간이라도 단정해서 그것이 거룩한 책이라고 뻔뻔스럽게 거짓을 주장하지 못하게 되면 좋겠다!

설령 그렇게 된다 하더라도, 우리는 그것은 결코 교회 안의 그리스도인들을 가르치는 방법이 아님을 주장하겠다. 하나님은 그들을 이 쓰레기 교리와는 매우 다른 교리로 가르치려고 하셨다. 하나님의 말씀을 전파하고 그분의 성례를 시행하는 것을 모든 그리스도인이 공통의 핵심 가르침으로 삼는 것이 그분의 뜻이기 때문이다. 그러나 형상물들을 둘러보고 쳐다보며 시간을 허비하는 것은 누구에게도 거의 매력이 없는 가르침이다. 그리스도는 우리의 죄악을 위해 십자가 처형을 당하심으로써 십자가 위에서 우리의 저주를 짊어지셨고 우리의 범죄를 도말하셨다.갈 3:13 사람들이 이 진리를 마음에 확고히 새겨 놓은 이후에 그처럼 수많은 나무와 돌과 은과 금으로 된 십자가들을 세운 목적이 대체 무엇인가? 순박한 사람들은 나무나 돌로 만든 수천 개의 십자가보다는 이 단순한 성경 한 구절에서 훨씬 더 많은 것을 얻을 것이다. 금이나 은으로 만든 십자가들에 관해서라면, 탐욕스러운 자들은 하나님의 어떤 말씀보다도 그 십자가들을 훨씬 선호한다는 사실을 나는 인정해야 하겠다. 마지막으로, 나는 그들이 누구를 문맹자로 부르는지 내게 말해 주었으면 좋겠다. 무지함 때문에 그런 형상물이 아니면 교육을 받을 수 없는 자들이 도대체 누구인가? 주님은 교회의 모든 지체가 그분의 성령과 그분의 말씀으로 가르침을 받음으로써 그분께 직접 배우는 자들로 나타날 것이라고 확실히 선포하셨다.요 6:45 이것이 우리가 형상에서 얻을 수 있는 엉뚱한 혜택, 어떤 상도 받을 가치가 없는 혜택이다!

하나님은 자기 명예를 철저히 지키신다

모든 우상숭배가 주님께 얼마나 혐오스러운 일인지를 보다 정확히 알려 주기 위해 두 번째 계명 다음에는 "주 우리 하나님은 전능하시고 질투하신다"라는 설명이 뒤따른다.출 20:5 달리 말해, 하나님은 우리가 좇아야 할 유일한 분이다. 우리가 그렇게 하도록 격려하기 위해서, 하나님은 결코 무시받도록 허용하지 않으실 그분의 권능을 드러내신다. 그다음, 하나님은 자신을 "질투하는 이"로 부르심으로써 그 어떤 것이라도 그분과 동등하게 취급되는 것을 용납하지 않겠다고 알리신다. 또한 하나님은 그분의 존엄과 영광을 피조물이나 우상에게 주는 자에게 반드시 보복하기로 선포하신다. 하나님의 보복은 일회적 행위가 아니라, 자기 조상의 불경건한 생활을 따르는 자녀와 손자와 증손자에게도 지속된다. 반대로, 하나님을 사랑하고 그분의 율법을 지키는 자에게는 수천 세대까지 그분의 자비와 선한 뜻을 베풀기로 약속하신다.

하나님께서 우리에게 남편 역할을 하신다는 선포는 전혀 새롭지 않다. 하나님께서 우리가 교회에 들어온 것을 환영하시고 우리와 연합하시는 하나됨은 마치 영적인 결혼과 같아서 상호 간 정절이 반드시 지켜져야 하기 때문이다. 그러므로 주님께서 언제나 모든 면에서 충실한 남편의 의무를 행하시듯이, 그분은 우리 편에서도 사랑과 결혼의 정조를 지키도록 요구하신다. 달리 말해, 우리는 우리 영혼을 마귀와 육체의 정욕에 내어 주면 안 된다. 그것은 간음과 같다. 따라서 하나님께서 유대인들의 믿음 없음을 책망하실 때, 그분은 그들이 간음을 저지르고 결혼의 법을 더럽혔다고 말씀하신다.렘 3:1-3, 호 2:1-7 그래서 하나님은 선한 남편이시므로, 그분이 충실하고 믿음직할수록 아내가 다른 연인을 따라갈 때마다 더욱 크게 분노하신다. 우리와 참으로 결혼하신 주님은 우리가 결혼의 정조를 업신여기며 우리 자신을 악한 욕망으로 더럽힐 때마다, 곧 우리가 오직 그분께 드려야 마땅한 그 영광을 다른 것에 넘길 때마다 그분은 놀랍게 질투하신다는 사실을 확증한다. 하나님께서 우리에게 그렇게 하지 않으시면, 우리의 미신적 관습으로 그분의 영광을 더럽히게 된다. 그런 관습을 따름으로써 우리가 결혼 맹세를 위반할 뿐만 아니라, 우리의 영혼을 난잡함으로 오염시키기 때문이다.

조상의 죄악

우리는 하나님께서 조상의 죄악을 자손 삼사 대까지 갚겠다고 말씀하신 뜻을 반드시 신중하게 이해해야 한다. 다른 사람의 잘못 때문에 결백한 사람을 벌하는 것은 하나님의 공의에 맞지 않을 뿐만 아니라, 아들이 아버지의 죄를 담당하는 것을 허락하지 않겠다고 주님께서 직접 선언하셨기 때문이다.겔 18:20 그럼에도 아버지의 죄악 때문에 자녀가 벌을 받는다는 주장이 자주 제기된다. 모세는 거듭 이렇게 말한다. "주님은 아비의 죄를 자녀에게 보응하시는 분이니."출 34:7, 민 14:18 예레미야도 비슷하게 말한다. "주님은 천대까지 자비를 베푸시지만 아비의 죄악을 자녀의 머리에 갚으시는 분이니."렘 32:18 이 문제를 해결하지 못한 어떤 사람들은 이 구절이 자녀가 부모 때문에 적절히 감당하는 일시적인 형벌을 뜻한다고 설명한다. 그 형벌이 유익을 주기 때문이라는 것이다. 이 점은 사실이다. 이사야는 히스기야 왕에게 그가 저지른 죄악 때문에 그의 자녀가 나라를 빼앗긴 채 타국 땅으로 유배를 당할 것이라고 선포했다.사 39:6-7 마찬가지로 바로의 가족과 아비멜렉의 가족은 그들의 통치자인 바로와 아비멜렉이 아브라함에게 저지른 잘못 때문에 고통받았다.창 12:17, 20:3 이와 비슷한 다른 많은 사례들이 있다.

그러나 그런 설명은 본문의 참된 해석이라기보다는 본래 의미를 회피하는 태도에 지나지 않는다. 여기서 주님은 현재 인생에만 국한될 수 없을 정도로 매우 혹독한 보복을 선포하시기 때문이다. 바로 이 점이 이 구절을 바르게 이해할 수 있는 관점을 제공한다. 하나님의 저주는 악을 행하는 자의 머리에 떨어질 뿐만 아니라 그의 온 가족에게로 확대된다. 그런 경우라면, 하나님의 영에게 버림받은 아버지가 악하게 살아가리라는 것은 아주 쉽게 예상할 수 있지 않은가? 자기 아버지의 죄 때문에 하나님께 버림받은 아들 역시 똑같은 파멸에 이르게 되리라는 것도 너무 자명하지 않은가? 저주받은 악인의 가문 출신의 손자와 이후 후손들도 폐망하리라는 것은 아주 분명한 사실 아닌가?

우선, 그런 보복 행위가 하나님의 공의와 어울리는지 여부부터 살펴보자. 인간 본성 전체가 정죄받은 처지이기 때문에, 주님께서 은혜를 베풀지 않는 자들에게는 분명히 파멸만 예비되어 있다. 하지만 그렇다 하더라도 그들이 멸망하는 이유는 그들 자신의 불의함이지 하나님의 불의한 증오는 아니다. 그들은 하나님께서 다른 이들을 도우시듯이 그들에게도 은혜를 베풀어 구원을 얻도록 돕지 않으신다며 불평할 수 없다. 악인들이 수년 동안 자신의 가정 위에 하나님의 은혜를 입지 못함으로써 자기 죄악 때문에 형벌을 받는다면, 과연 누가 하나님께 잘못을 따질 수 있겠는가? 그럼에도 이것은 "자녀는 그 아버지의 죄악 때문에 형벌을 받지 않을 것"이라는 주님의 말씀과 대조된다는 이의가 제기될 것이다.겔 18:20 우리는 이 에스겔서 말씀이 무슨 뜻인지 신중하게 헤아려 보아야 한다. 오랜 기간 심각한 재난을 당했던 이스라엘 사람들 사이에는 "아버지가 신 포도를 먹었는데 자녀들의 이가 시다"는 속담이 유행했다.겔 18:2 그 부모들이 범한 죄악으로 인해 그들이 받는 고통이 정도 이상으로 심하고, 하나님도 이 경우에는 과도한 분노와 혹독함을 보이신다는 것이 이 속담에 담긴 뜻이었다. 그러자 에스겔 선지자는 결코 그렇지 않고, 그들이 받는 고통은 그들 자신이 저지른 불의한 행동 때문이며, 의롭고 흠 없는 자녀를 아버지의 죄악 때문에 벌하는 것은 결코 하나님의 공의가 아님을 확인해 준다.

하지만 이것이 이 구절에서 다루는 내용은 아니다. 만약 여기서 언급된 형벌이 하나님께서 그분의 은혜, 진리의 빛, 구원을 위해 필요한 그 외의 여러 도움을 악인들의 가정에서 거두어 가실 때 내려진다면, 그들의 자녀는 하나님에 의해 앞을 못 보게 된 처지로 선조의 전철을 답습한다는 점에서 그분의 저주를 받기 때문이다. 하나님께서 이후에 그들을 일시적 고통이나 영원한 죽음으로 벌하심은 다른 사람의 죄 때문이 아니라 그들 자신의 죄 때문이다.

신자의 자녀에 대한 하나님의 자비

이와 달리, 하나님은 그분을 사랑하는 자에게는 그분의 자비를 천대까지 확장하기로 약속하신다.출 20:6 이 말씀은 성경 안에 흔한데, 하나님께서 그분의 교회와 맺으신 엄숙한 언약에도 들어 있다. "나는 너의 하나님이 될 것이고 네 다음 네 후손의 하나님이 될 것이다."창 17:7 의인이 죽으면 그 자녀가 복을 받을 것인데, 이것은 그들이 (인간적 표현을 하면 사람을 매우 행복하게 해주는) 좋은 양육과 교육을 받았기 때문이기도 하지만, 하나님께서 그 종들의 가족에게 그분의 자비를 영원히 머물게 하리라는 복을 약속하셨기 때문이기도 하다.잠 20:7 솔로몬이 이 잠언을 기록했을 때, 그도 바로 그 사실을 염두에 두고 있었다. 이 점은 신자에게 특별한 위로가 되지만, 악을 행하는 자에게는 상당한 경고임이 틀림없다. 하나님의 목전에 어떤 사람의 의로움에 대한 기억과 또 어떤 사람의 죄악에 대한 기억이 그토록 뚜렷해서 그들 각자가 얻은 복락과 저주가 죽음 이후에도 지속된다면, 선한 인생을 산 사람이 누릴 하나님의 무한한 복과 악한 인생을 산 사람이 받을 저주야말로 두말할 나위 없이 더욱 엄청나지 않겠는가?

때로는 악한 무리 중에서도 의인이 나오고, 또 때로는 신자 중에서도 악인이 나타나는 것이 사실이지만, 이 점을 부정하지는 못한다. 여기서 주님의 목적은 그분의 선택권을 저해하는 어떤 영구적 법칙을 제정하는 것이 결코 아니기 때문이다. 비록 이 계명의 선포가 언제나 효력을 발휘하는 것은 아니라 하더라도 이 선포는 결코 헛되지도 하찮지도 않기 때문에, 의인을 위로하고 악인을 공포에 떨게 만들기에는 충분하다. (비록 많은 사람들이 현세에 형벌을 받지 않고 살아가지만) 하나님께서 어떤 사람들에게 내리시는 일시적 형벌은 죄에 대한 하나님의 진노와 모든 죄인에게 임할 미래의 심판을 증거해 준다. 마찬가지로, 하나님은 신자의 자녀들에게 그 부모를 위해 지속적으로 은혜와 선하심을 나타내심으로써 그분의 복을 내리신다. 그로써 하나님은 그분의 종들에게 베푸시는 자비가 얼마나 확고하고 영원한 자비인지 증명해 주신다. 반대로, 때에 따라 부모의 죄악을 그 자녀들에게 갚으심으로써 악인이 자신의 죄악 때문에 받게 될 심판이 얼마나 엄중한지를 알려 주신다. 바로 이것이 이 말씀에 담긴 주요 관심이다. 덧붙이면, 하나님은 천대까지 이르도록 그분의 위대한 은혜를 베푸시는 반면, 그분의 보복은 오직 사 대까지로 제한하신다는 점을 우리에게 이해시키려 하신다.

셋째 계명

너는 네 하나님 여호와의 이름을 헛되이 일컫지 말라. 출 20:7

이 계명의 목적은 주님께서 그 이름의 존엄함이 우리에게 거룩하고 신성해지기를 원하심을 나타내는 것이다. 그러므로 이 계명의 요점은 우리가 그분 이름을 경멸하거나 불손하게 대함으로써 더럽히지 말라는 가르침에 있다. 이 금지 명령의 이면에는 우리가 그분 이름을 특별히 존중하고 경외해야 한다는 명령이 있다. 그러므로 우리는 언행과 마음가짐에 있어서 경외심이나 세심한 절제 없이는 하나님과 그분의 신비들에 대해 생각하거나 말하지 않는 법을 배워야 하고, 하나님의 행사를 판단하는 데 있어서 그분을 명예롭게 하는 것만 숙고하는 법을 배워야 한다.

우리는 다음 세 가지를 조심하며 지켜야 한다. 첫째, 우리가 하나님에 대해 품는 모든 생각과 우리가 하나님에 대해 하는 모든 말은 그분의 탁월하심과 그 이름의 거룩하심과 일치해야 하며, 그분의 위대하심을 높이는 것이어야 한다. 둘째, 우리는 하나님의 거룩하신 말씀을 남용하거나, 우리의 탐욕과 야망과 어리석음을 위해 그분의 신비들을 훼손해서는 안 된다. 하나님 이름의 위엄은 그분의 말씀과 신비들에 새겨져 있으므로, 우리는 언제나 그 말씀과 신비들을 존중하고 경외해야 한다. 셋째, 우리는 어떤 악한 사람들이 습관적으로 경멸하며 말하듯이, 하나님의 행사를 업신여겨서는 안 된다. 오히려, 우리는 하나님의 행사로 알려진 모든 것에 담긴 그분의 지혜와 의와 권능을 찬미해야 한다. 이것이 하나님의 이름을 거룩하게 하는 것이다.

하나님의 이름에 대한 남용: 맹세와 관련된 문제

우리가 그렇게 하지 못하면 하나님의 이름은 악랄하게 더럽혀진다. 그분 이름이 본래의 적법한 방식으로 사용되지 못하기 때문이다. 심지어 더 이상의 위해가 하나님의 이름에 끼쳐지지 않는다 하더라도, 그 이름의 품위가 감소되어 계속 멸시를 받게 된다. 부주의함 때문에 하나님의 이름을 경솔히 사용하는 것이 잘못이라면, 하나님의 이름을 마술이나 초혼술, 불법한 주문 같은 데 쓰면서 그분 이름을 완전히 악한 목적에 활용하는 것은 훨씬 더 심각한 죄악이다.

그러나 여기서 하나님의 이름이 가장 끔찍스럽게 남용되는 경우는 특별히 맹세와 관련된다. 우리는 맹세할 때 어떤 식으로든 결코 하나님의 이름이 남용되지 않도록 두려워해야 한다. 우선, 우리는 맹세가 무엇인지 잘 이해해야 한다. 맹세란 우리의 말이 진실임을 확증하기 위해 하나님을 증인으로 삼는 행위다. 명백한 신성모독적 발언은 하나님을 진노케 하는 것이 목적이므로 맹세라고 부를 가치가 없다. 성경의 여러 부분에서 계시하는 대로, 올바른 방식으로 하나님을 증인으로 설정하는 행위는 하나님을 영광스럽게 하는 한 가지 방법이 된다. 그래서 이사야가 하나님의 교회에 들어오도록 초대된 앗수르 사람들과 이집트 사람들에 대해서 말할 때, "그들은 가나안의 말을 할 것이요, 주님의 이름으로 맹세할 것"이라고 선포한 것이다.[사 19:18] 달리 말해, 그들은 주님의 이름으로 맹세함으로써 하나님을 그들의 하나님으로 당당히 영접할 것이다. 다른 곳에서, 이사야는 하나님의 나라가 확장되는 방식에 관하여 말한다. "무릇 형통하려는 자마다 하나님께 형통함을 구할 것이요, 맹세하려는 자마다 참되신 하나님으로 맹세할 것이라." 사 65:16 예레미야도 비슷하게 선포한다. "만약 그 교사들이 전에 바알로 맹세하도록 내 백성을 가르쳤듯이 이제는 내 이름으로 맹세하도록 가르친다면, 나는 그들이 내 집에서 형통하게 할 것이라." 렘 12:16

그러므로 하나님의 이름을 증거로 내세울 때 우리는 그분께 드리는 우리의 헌신을 증명하는 셈이라고 말해도 좋다. 그렇게 함으로써 우리는 하나님이 영원하고 불변하는 진리 되심을 고백하는데, 이때 우리는 하나님을 진리 자체의 증거자로만이 아니라 진리를 대변하시고 은밀한 것을 밝히 드러내실 수 있는 유일한 분, 더 나아가 우리 마음을 아시는 유일한 분으로도 요청하기 때문이다. 인간의 증언이 실패할 때, 우리는 하나님을 우리의 증거자로 모신다. 특히, 양심 속의 은밀한 것을 확증하는 문제에 있어서 가장 그렇다. 따라서 주님은 낯선 신들로 맹세하는 자들에게 가장 진노하시며, 그런 종류의 맹세를 그들이 하나님의 이름을 포기한 증거로 삼으신다. 그래서 하나님은 "너희 자녀들이 나를 버리고 신이 아닌 것들로 맹세한다"고 말씀하신다. 렘 5:7 그뿐만 아니라, 하나님은 위중한 형벌을 내리심으로써 그런 맹세가 얼마나 가증한 죄악인지를 알려 주신다. 하나님은 그분의 이름으로 맹세하고 동시에 우상의 이름으로 맹세하는 자를 모두 멸하겠다고 선포하신다. 습 1:4-5

우리가 아는 대로, 주님은 우리가 맹세할 때 그분 이름의 명예가 높아지기를 진실로 바라신다. 그러므로 우리는 하나님의 이름을 명예롭게 하는 대신 오히려 그 명예를 축내거나 업신여기지 않도록 각별히 조심해야 한다. 우리가 하나님의 이름으로 하는 거짓된 맹세야말로 엄청나게 끔찍한 모독이다. 그래서 율법은 거짓 맹세를 "욕되게 함"이라고 부른다. 레 19:12 만약 하나님께서 그분의 진실성을 빼앗기신다면 과연 무엇이 그분께 남겠는가? 하나님은 더 이상 하나님이 되지 못하실 것이다. 하나님께서 거짓에 대한 증인으로 호명되고 거짓을 승인하시는 분으로 호명되면, 그분은 참으로 진실성을 빼앗기신다. 그래서 여호수아는 아간이 진실을 고백하도록 압박하려 할 때, "내 아들아, 이스라엘의 하나님께 영광을 돌리라"고 말한다.수 7:19 이때 여호수아는 사람이 하나님의 이름으로 거짓을 맹세하면 하나님께서 심각한 모독을 당하신다는 것을 암시한다. 이 점은 놀랍지 않다. 우리가 그처럼 거짓을 맹세하여 하나님이 거짓말쟁이로 업신여김을 받게 한다면, 그 책임은 우리에게 있다. 요한복음에서 바리새인이 하는 비슷한 말들을 살펴보면, 맹세하며 증언을 하는 유대인들 중에 그런 거짓 맹세가 흔했다는 것을 알 수 있다.요 9:24 그래서 성경은 여러 곳에서 우리가 거짓으로 맹세하는 것을 두려워해야 한다고 가르친다. "주님께서 살아 계심을 두고 맹세하노니."삼상 14:39 "주님께서 나에게 벌 위에 벌을 내리심이 마땅하니라."삼하 3:9 "내가 내 목숨을 걸고 하나님을 불러 증언하시게 하나니."고후 1:23 이 모든 말씀은 우리가 하나님을 증인으로 언급하며 거짓으로 맹세하면 반드시 하나님의 보복을 받게 된다는 것을 알려 준다.

맹세가 하나님을 모독하는 경우

우리가 하나님의 이름으로 정직하게 맹세하되 만약 불필요하게 맹세하게 되면, 그분 이름이 모독을 당하지는 않더라도 업신여김을 받게 되고 그 이름의 명예도 손상된다. 이것이 바로 하나님의 이름을 헛되이 사용하는 두 번째 종류의 맹세다. 그러므로 거짓 맹세만 삼간다고 해서 충분한 것은 아니다. 우리는 맹세가 인간의 무분별한 쾌락을 위해서가 아니라 꼭 필요한 이유가 있을 때만 사용되어야 함을 반드시 기억해야 한다. 그 외의 경우에는 맹세하지 말아야 한다. 전혀 중요하지 않은 문제에도 맹세를 남발하는 자는 적절하고 합법적인 한도를 무시하며 맹세한다. 신앙과 사랑의 의무 외에는 다른 어떤 것을 위해서도 맹세할 필요가 없다. 이 점에서 요즘 사람들은 너무 심각한 문제에 빠져 있다. 하나님의 기준은 훨씬 더 엄중한데도, 지나친 친근감 때문에 맹세를 사소하게 여기는 것은 인간이 저지르는 더욱 큰 잘못이다. 인간은 어리석고 쓸데없는 잡담을 하며 하나님의 이름을 분별없이 남용하지만, 그것이 끼치는 해악은 알지 못한다. 그들은 어느 정도 자유롭게 그렇게 할 권리가 있다고 믿기 때문이다. 그러나 하나님의 셋째 계명은 여전히 유효하며, 이 계명에 수반된 위협도 흔들리지 않는다. 언젠가 그들은 이 계명을 온전히 체감하게 될 것이다. 이 계명은 하나님의 이름을 헛되이 일컫는 모든 자에게 특별한 보복을 선언하기 때문이다.

또한 사람들은 하나님의 이름 대신 성 야고보나 성 안토니우스 같은 성인들의 이름을 언급하여 맹세함으로써 잘못을 저지른다. 그런 맹세는 명백히 불경건한 행동인데, 하나님의 영광이 그 맹세를 통해 성인들에게로 넘어가기 때문이다. 하나님께서 우리에게 그분의 이름으로 맹세하도록 엄중히 명령하신 데는 충분한 이유가 있다.[신 6:13, 10:20] 하나님은 우리가 이방 신들로 맹세하는 것을 금지하며 특별한 명령을 주셨다.[출 23:13] 사도의 글 역시 같은 사실을 가르친다. 인간은 하나님을 자신보다 뛰어난 분으로 부르며 맹세하지만, 하나님은 자신보다 위대한 존재가 전혀 없기 때문에 스스로 맹세하신다.[히 6:16-17]

재세례파의 맹세 금지

맹세에 대한 제재를 따르려 하지 않는 재세례파는 예외 없이 모든 맹세를 저주한다. 그들은 "도무지 맹세하지 말지니 너희 말은 '옳다, 옳다' 혹은 '아니라, 아니라' 하라"고 말씀하신 그리스도의 금지 명령이 모든 맹세에 다 해당한다고 보기 때문이다.[마 5:34, 37] 하지만 그러면서 재세례파는 마치 그리스도께서 하나님의 계명을 폐지하러 세상에 오시기라도 한 듯이, 그리스도를 그 아버지의 대적으로 삼는 부당한 짓을 저지른다. 하지만 주님은 그분의 율법에 있어서 맹세가 합법임을 허가하셨을 뿐만 아니라(이것만으로도 너무 충분하지만), 필요할 때마다 우리가 맹세하도록 명령까지 내리셨다.[출 22:10-11]

그리스도는 그의 아버지와 하나이며, 아버지께서 명령하지 않으신 것은 그가 아무것도 가져오지 않았으므로 그의 모든 교훈은 자기 것이 아니라는 점 등을 증언하신다.[요 7:16, 10:18, 30] 그렇다면 재세례파는 어떻게 할 것인가? 하나님께서 언제나 명령하시고 입증하셨던 것을 스스로 금하고 정죄하시게 함으로써 그들은 하나님을 그 자신과 상충되는 분으로 만들 것인가? 따라서 그들의 해석은 받아들일 수 없다. 그러나 그리스도의 말씀은 어떤 면에서 난해하기 때문에, 그 말씀을 조금 더 자세히 들여다보아야 하겠다.

우리가 그리스도의 말씀을 확실히 이해하기 위해서는 반드시 그 목적을 헤아려 보면서 그리스도께서 의도하신 바를 깊이 사색해야 한다. 사실, 그리스도는 율법을 확장하거나 제한하시려 한 것이 아니라, 서기관과 바리새인이 심하게 훼손한 율법의 자연스러운 의미를 밝히시려고 했다. 이 점을 염두에 둔다면, 우리는 그리스도께서 맹세 자체가 아니라 맹세에 대한 율법 규정을 위반하는 자들을 정죄하시려 했다고 생각하게 될 것이다. 그리스도께서 하신 말씀들이 분명히 드러내듯이, 당시 백성은 어떻게든 거짓 맹세만 하지 않으려고 조심했지만, 실제로 율법은 거짓 맹세만이 아니라 불필요한 맹세도 금하고 있었다. 이것이 바로 율법의 참된 해석자 주 예수께서 거짓 맹세만이 아니라 맹세하는 것이 잘못이라고 경고하신 이유다. 여기서 예수는 "맹세"라는 표현을 통해 아무 이유 없이 하는 맹세를 가리켰던 것이다. 그는 율법이 보장하는 맹세들을 제한 없이 완전히 자유롭게 허용하신다.

그러나 재세례파는 "도무지"라는 표현을 계속 들먹인다. 이 표현은 "맹세하다"라는 단어 자체가 아니라 뒤에 따라오는 맹세 형식과 관련된다. 유대인들이 저지른 실수들 중 하나는, 하늘과 땅으로 맹세하는 것은 하나님의 이름을 범하지 않는다고 생각한 것이다. 그래서 주님은 그들의 주요한 잘못을 고쳐 주신 후, 하나님의 이름 대신 하늘과 땅으로 맹세하면 도망갈 길이 있다고 여기지 못하도록 그들이 둘러댈 수 있는 어떤 핑계도 미연에 차단하셨던 것이다.

그러므로 지각이 있는 사람이라면, 이 본문에서 주님은 율법이 금지한 맹세만을 반대하고 계심을 결코 의심하지 못한다. 주님은 생애 내내 그가 명령한 온전함을 체현하셨고, 맹세가 필요할 때면 언제나 주저 없이 맹세하셨다. 그리고 그리스도의 규정을 의심 없이 지켰던 그의 제자들도 동일한 모범을 따랐다. 맹세가 완전히 금지되었는데도 바울은 맹세를 했다고 감히 말할 자가 누구인가? 맹세가 반드시 필요할 때마다 바울은 거리낌 없이 맹세했으며, 때때로 저주를 덧붙이기도 했다.[롬 1:9, 고후 1:23]

공적인 맹세와 사적인 맹세 모두 역할이 있다

하지만 아직 문제가 다 해결되지 않았다. 어떤 사람들은 재판관이 사람들에게 요구하는 맹세, 사람들이 상급자에게 하는 맹세, 상급자가 백성에게 하는 맹세, 군인이 지휘관에게 하는 맹세, 통치자가 동맹을 맺을 때마다 서로에게 하는 맹세만 허용되는 맹세라고 믿기 때문이다. 그 사람들은 바울이 했던 맹세들을 (올바르게) 그런 종류의 맹세에 해당한다고 본다. 사도들은 사적인 개인이 아니라 하나님의 공적 대표자로 일했기 때문이다.

물론 나는 공적인 맹세가 가장 안전한 맹세임을 부정하지 않는다. 성경이 공적인 맹세를 보다 확고한 증거로 승인하기 때문이다. 성경은 재판관에게 명령하여 논쟁이 되는 문제에서 증인이 맹세하도록 만든다. 그러면 증인은 의무적으로 따라야 한다. 마찬가지로, 사도는 맹세를 사람들 간의 다툼을 해결하는 방책으로 설명한다.[히 6:16] 따라서 재판관과 증인 모두 그들이 하는 맹세에 있어서 성경의 허가를 충분히 받는다. 그뿐만 아니라, 우리가 아는 대로 과거에 이방인들도 공적으로 엄숙하게 한 맹세를 크게 존중했지만, 사적으로 한 맹세는 그것이 하나님께도 전혀 중요하지 않기라도 한 듯 거의 존중하지 않았다. 그렇다 하더라도 반드시 필요할 때 엄숙하고 겸손한 자세로 하는 사적인 맹세를 업신여기는 태도는 대단히 위험하다. 사적인 맹세는 성경에 근거한 합당한 이유와 선례를 가지기 때문이다. 사적인 개인이 한 말을 판단해 주시도록 하나님을 호명하는 것이 허락된다면, 그가 하나님을 자신의 증인으로 강조할 권리는 더욱 확실히 보장되지 않겠는가?

예를 들어, 만약 당신 이웃이 당신의 어떤 정직하지 못한 행동을 비난한다면, 당신은 사랑의 마음을 갖고서 당신의 결백함을 보이려 할 것이다. 하지만 그 이웃이 어떤 주장도 만족하며 받아들이지 않는다 하자. 그때 그 이웃이 잘못된 확신에 집착하면서 당신의 아름다운 명예를 훼손할 위기에 몰아넣는다면, 당신은 하나님께 당신의 결백함을 드러내는 판결을 내려 달라고 호소할 것이다. 그러므로 나는 하나님이 증인으로 호명되는 맹세 형식을 반대할 이유가 없다고 본다. 아브라함과 이삭도 하나님을 부르며 아비멜렉에게 맹세했다.[창 21:24, 26:31] 누가 그 둘의 맹세는 공적인 성격의 맹세였다고 주장한다면, 나는 야곱과 라반은 분명히 사적인 개인이었으나 맹세로 언약을 확증했다고 말하겠다.[창 31:44-50] 보아스는 한 사람의 시민이었지만 룻과 결혼하겠다는 그의 약속을 맹세로 승인했다.[룻 3:13] 비슷하게, 성경이 하나님을 두려워하는 사람으로 묘사한 의인 오바댜는 그가 엘리야에게 자신을 위해 부탁할 때 맹세로 증거했다.[왕상 18:10]

결론

그러므로 나는 성급하고 경솔하게 하찮은 내용이나 지나친 의도로 맹세하지 않도록 절제하는 것이야말로 가장 좋은 규칙이라고 생각한다. 하나님의 영광을 지키는 문제나 인간에 대한 사랑을 보전하는 문제 등과 같이 꼭 필요한 목적이 맹세에 담겨 있어야 한다. 그것이 세 번째 계명의 목적이다.

넷째 계명

안식일을 기억하여 거룩하게 하라. 너는 엿새 동안 일하고 너의 모든 일을 행하라. 일곱째 날은 주 너의 하나님의 안식일이니, 너나 네 아들이나 네 딸이나 네 남종이나 네 여종이나 네 가축이나 네 문 안에 머무는 객이라도 아무 일도 하지 말라. 이는 엿새 동안에……출 20:8-11

이 계명의 목적은 정욕과 일에 죽은 자로서 우리가 하나님 나라에 관해 묵상해야 하며, 하나님께서 정하신 수단을 그 묵상에 활용해야 함을 가르치는 것이다. 그러나 이 계명에는 나머지 계명들과 다른 조건이 들어 있기 때문에 약간 다르게 설명해야 한다.

안식일: 쉼의 원리

초대교회 교사들은 이 계명을 "그림자 같은" 계명이라고 부르곤 했다. 이 계명이 날에 대한 외적인 준수를 다루는데, 이날은 다른 여러 상징적 예식들처럼 그리스도의 오심과 더불어 폐지된 날이기 때문이다. 그 교사들의 설명은 확실히 옳지만, 문제의 절반만 다루었다. 우리는 좀 더 높은 수준에서 설명을 시작해야 하며, 이 계명 속에 담긴 원리들을 숙고해야 한다.

하나님은 안식일의 쉼을 통해 이스라엘 백성에게 영적인 쉼을 다음 몇 가지 의미로 알려 주려 하셨다. 첫째, 신자들은 주님께서 그들 대신 친히 일하실 수 있도록 자기 일을 멈추도록 요구받았다. 둘째, 하나님은 신자들이 함께 모여 그분의 율법을 듣고 그분이 정한 의식들에 참여하는 날을 정해 놓으려 하셨다. 셋째, 하나님은 다른 사람의 권세 아래 있는 종들과 일꾼들에게 하루 안식을 주셔서 그들이 노동에서 놓여 잠시 쉴 수 있도록 하셨다. 그러나 우리가 여러 구절에서 보는 대로, 이 계명에서는 영적 안식의 이미지가 가장 중요한 자리를 차지한다. 하나님께서 가장 엄격하게 준수하도록 요구하신 계명은 바로 이 계명이기 때문이다. 민 15:32-36, 출 31:13-16, 35:2-3 예를 들어, 하나님은 그분의 선지자들을 통해 모든 신앙이 파괴되었음을 분명히 하시며, 안식일이 더럽혀지고 침범을 받거나 제대로 준수되어 성별되지 않았음을 슬퍼하신다. 렘 17:21-23, 27, 겔 20:12, 16, 20-21, 사 56:2 마치 이 계명이 버려지면 어떤 것으로도 그분이 경외를 받지 못하실 것처럼 말씀하신다. 그뿐만 아니라, 하나님께서 안식일 준수를 크게 칭찬하셨기 때문에, 신자들은 자신에게 허락된 다른 복락들보다 안식일 계시를 더욱 특별한 것으로 평가했다. 그래서 느헤미야에 따르면, 레위인들은 "당신은 우리 조상에게 당신의 거룩한 안식일과 당신의 계명들과 당신의 예식들을 알리셨고, 그들에게 모세의 손으로 율법을 주셨나이다"라고 선포한다.느 9:14 우리는 여기서 그들이 다른 계명들보다 이 계명을 얼마나 특별히 존중했는지를 보는 것이다.

이 모든 것은 안식일에 담겨 있던 대단한 품격과 탁월성을 보여준다. 모세와 에스겔도 분명히 그렇게 설명했다. 우리는 출애굽기에서 이 말씀을 읽는다. "내 안식일을 지키라. 이는 나와 너희 각 세대 사이에 있는 표징이니, 내가 너희를 성별한 하나님임을 너희가 이해하리라. 그러므로 내 안식일을 지키라. 내 안식일이 너희에게 거룩해야 하기 때문이다. 이스라엘의 자녀들은 대대로 그것을 지키며 준수하여야 하리니, 이것이 항구적인 언약이며 영원한 표징이기 때문이니라."출 31:13-17 에스겔은 훨씬 더 길게 똑같이 말한다. 다만, 에스겔이 말한 내용의 핵심은, 안식일은 하나님께서 이스라엘을 거룩하게 하시는 분임을 이스라엘에게 알리는 표징이라는 사실이다.겔 20:12

만약 성별됨이 우리 자신의 의지를 포기하는 것이라면, 분명히 외적 표징과 내적 실재 사이에 유사성이 존재한다. 하나님께서 우리 안에서 일하시도록 우리는 완전히 쉬어야 한다. 다시 말해, 우리는 우리 자신의 의지를 내려놓고, 우리 마음을 비우고, 우리 육신의 온갖 욕망을 부인하며 내버려야 한다. 요약하면, 하나님께서 우리 안에서 일하시게 함으로써 그분과 하나로 연합하도록, 우리는 우리 자신의 이성이 우리에게 알려 주는 모든 것을 중단시켜야 한다. 사도가 우리에게 가르치는 것도 바로 그것이다.히 3:10-11, 4:9-10 이스라엘에서 안식일의 쉼이 바로 그것을 상징했으며, 우리 주님은 안식일 준수를 종교적으로 더욱 강력히 승인하기 위해 친히 모범을 보이심으로써 그 명령을 확증하신다. 인간이 자신의 창조주를 닮기 위해 가르침을 받는다는 것은 결코 사소한 자극이 아니기 때문이다.

왜 안식일인가?

누가 숫자 "칠"의 은밀한 뜻을 알아야 한다면, 성경에서는 이 숫자가 완전성을 상징하고, 이 계명에서는 항구성을 뜻하기 위해 사용되었다고 적절히 말해 줄 수 있다. 우리가 모세에게서 보는 것 역시 이 항구성과 잘 어울린다. 모세는 주님께서 일곱째 날에 쉬셨다고 말한 다음 아무것도 더 설명하지 않음으로써 그분의 행사에만 목적을 고정시키기 때문이다. 이에 대한 개연성 있는 추론을 하나 더 제안할 수 있다. 아마도 주님은 이 숫자를 상세히 설명하시며, 신자들을 위한 안식이 마지막 날까지는 결코 완전히 이루어지지 않을 것임을 우리로 이해하게 하시려 했던 것 같다. 우리가 여기서 안식일을 시작하고 날마다 추구하기는 하지만, 이사야의 예언, 곧 만유 안에서 하나님께서 만유가 되시는 하나님의 나라에서 안식일이 영원히 지속되리라는 예언이 성취될 때까지는 우리가 벌이고 있는 우리 육신과의 싸움이 끝이 없을 것이기 때문이다.[사 66:23, 고전 15:28] 따라서 주님은 일곱째 날이 마지막 날 성취될 안식일의 완성을 그분의 백성에게 나타내는 상징이 되도록 하신 것 같다. 그로써 하나님은 그분의 백성이 생애 동안 꾸준히 마지막 날에 이루어질 종말의 안식을 목표로 삼도록 도우신다.

만약 어떤 사람들에게 이 설명이 너무 복잡해서 받아들여지지 못한다면, 나는 기꺼이 보다 쉬운 설명을 제시하고 싶다. 주님은 한 날을 지정하셔서 그분의 백성이 율법의 지도를 통해 다함이 없는 영적 안식을 묵상하게 하셨고, 그처럼 일곱째 날을 성별하심으로써 백성이 주님 자신의 모범을 따라 이 관례를 준수하도록 격려하는 것이 충분히 바람직하다고 생각하시거나, 안식일의 유일한 목적은 백성이 창조주를 닮는 것임을 나타내는 것이 바람직하다고 생각하신 것이다.

이 신비의 의미, 곧 하나님의 백성이 자기 일을 멈추는 법을 배워야 한다는 의미가 보존된다면, 그것은 거의 중요하지 않다. 선지자들이 유대인들을 항상 지도하던 사상 역시 바로 그것이었다. 그때마다 유대인들은 손으로 하는 일을 멀리함으로써 흠 없음을 추구했다. 우리가 인용한 본문들

외에 이사야도 이렇게 기록하고 있다. "만약 네가 안식일에 삼가서 나의 거룩한 날 네 뜻을 따르지 않는다면, 네가 안식일을 신중하게 거룩한 날로 삼아 영광의 주님을 즐거워한다면, 그리고 네가 네 일을 그만두고 너 자신의 필요에 몰두하지 않는다면, 너는 하나님 안에서 형통하리라."사 58:13-14

안식일은 그리스도 안에서 성취되었으나 안식과 예배는 아직 그대로 남아 있다

의심의 여지 없이 이 계명의 예전적인 내용은 그리스도의 오심과 더불어 폐지되었다. 그리스도가 진리이시고, 그의 인내를 통해 안식일에 담긴 모든 상징을 사라지게 하셨기 때문이다. 그는 실체이시며, 그에 관련된 모든 그림자는 완전히 사라졌다. 그리스도는 안식일의 참된 실현이시다. 우리가 세례를 통해 그리스도와 함께 장사된 후 그의 죽으심과 사귀도록 접붙임을 받았고, 그리하여 우리는 그의 부활에 참여하는 자로서 새로운 생명으로 들어가게 되었다.롬 6:4 그것이 바로 사도가 안식일은 다가올 것의 그림자였으며, 그 실체는 그리스도 안에 있다고 말한 이유다.골 2:17 골로새서의 말씀이 잘 설명하듯이, 그리스도는 참되고 단단한 실체이시다. 이것은 단순히 어떤 날에 관한 문제가 아니다. 이는 우리가 자신에게 죽은 후 하나님의 생명으로 충만해지기까지 우리의 전 인생에 걸쳐 영향을 끼치기 때문이다. 그러므로 그리스도인은 날에 대한 미신적 준수에 관해 결코 관심을 두어서는 안 된다.

그러나 이 계명이 이루려는 나머지 두 목적은 고대의 그림자로 다루어져서는 안 된다. 이 두 목적은 모든 세대마다 동등하게 적용되기 때문이다. 비록 안식일이 폐지되기는 했어도, 설교를 듣고 공적인 기도를 드리고 성례를 거행하기 위해 특정한 날을 정하여 모이는 관례나, 종들과 일꾼들을 위해 특정한 날을 정하여 쉼을 얻게 해주는 관례는 금지되지 못한다. 주님께서 안식일 규정을 공포하셨을 때도 틀림없이 이 두 가지를 의도하셨다. 첫 번째 관례에 대한 엄청난 증거가 유대인들 자신의 관습 가운데 발견된다. 둘째 관례는 신명기에 기록된 모세의 말들 중에 언급된다. "너의 종과 하녀가 너처럼 쉴 수 있기 위해서, 네가 이집트에서 종이었음을 기억하라." 신 5:14-15 출애굽기에서 다시 반복된다. "네 소와 네 나귀와 네 가족이 쉴 수 있도록." 출 23:12 이 두 가지가 유대인들에게 적합했듯이 우리에게도 적합함을 과연 누가 부인할 수 있는가?

하나님의 말씀은 우리에게 교회 모임을 명하고, 그 모임이 우리에게 얼마나 절실한지는 우리의 경험 자체가 증명한다. 만약 지정된 날이 하나도 없다면, 사람들이 언제 모일 수 있겠는가? 사도는 우리 중에서 모든 것이 적당하고 질서 있게 이루어져야 한다고 선포한다. 고전 14:40 그러나 이렇게 매주 정해진 제도 없이는 예절과 질서가 결코 유지될 수 없을 것이다. 이 제도가 없어지면, 우리는 교회 안에서 상상할 수 없는 문제와 혼란에 즉시 봉착하게 될 것이다. 그러므로 만약 주님께서 유대인들에게 안식일을 지정하셨을 때 하신 것과 동일한 방식으로 우리의 필요를 채우시려 한다면, 이 법이 우리에게 전혀 소용없다는 주장을 누구도 해서는 안 된다. 우리 인자하신 아버지께서 유대인들의 필요를 채워 주셨던 것에 결코 부족하지 않도록 우리의 필요를 공급하심이 아주 확실하기 때문이다.

그렇다면 어떤 사람은 묻고 싶을 것이다. 두 날 사이의 이런 구별을 제거하기 위해서 왜 우리는 매일 모이지 않는가? 나는 그렇게 해도 정말 기쁠 것이다. 하루 중에 영적 지혜를 위해 따로 지정된 시간이 있다면, 영적 지혜의 목적이 진실로 제대로 이루어질 것이다. 그러나 많은 사람들의 연약함 때문에 매일의 회합이 이루어질 수 없다면, 하나님께서 우리에게 계시하신 합리적 방식을 마땅히 따라야 하지 않겠는가?

주일 준수는 율법주의인가?

우리는 이 문제에 조금 더 길게 시간을 할애해야 한다. 오늘날 어떤 변덕스러운 영혼들이 주일에 관련된 끔찍한 혼란을 야기하고 있기 때문이다. 그들은 그리스도인이 특정한 날을 계속 존중함으로써 일종의 유대교를 유지하고 있다며 불평한다.[5] 내가 대답하겠다. 유대교는 우리가 주일을 지키는 사실과 전혀 관계가 없다. 우리와 유대인들 사이에 큰 차이가 있기 때문이다. 우리는 주일을 마치 어떤 영적 신비로 가득한 예식이라 여기며 무슨 엄격한 종교적 부담감 때문에 지키지는 않는다. 다만, 우리는 교회 안에서 선한 질서를 유지하기 위해 필요한 방책으로 주일을 활용할 뿐이다. 그렇다 하더라도 바울은 그리스도인이 날을 준수하는 것 때문에 판단을 받지 말아야 한다고 했는데, 그 이유는 그런 날이 장차 올 것의 그림자였기 때문이다. 그래서 바울은 갈라디아인들 중에서 자신이 행한 사역이 헛되게 될까 봐 두려워했다. 갈라디아인들은 특정한 날을 계속 준수했기 때문이다.갈 4:10-11, 골 2:16 그리고 바울은 로마인들에게 어떤 날을 다른 날과 구별하는 것은 미신임을 주지시킨다.롬 14:5

건전한 상식을 가지고 있다면 바울이 말하는 그런 준수를 이해하지 못할 사람이 과연 누가 있겠는가? 갈라디아인들은 위에서 우리가 설명한 교회의 아름다운 행정이나 질서를 존중하지 않고 있었다. 오히려 그들은 영적인 것들의 그림자인 축제일을 지키며 그리스도의 영광과 복음의 빛을 흐리는 데 관심을 기울였다. 그들은 육체노동을 삼가기는 했으나, 그랬던 이유는 그들이 노동 때문에 하나님의 말씀을 제대로 숙고하지 못했기 때문이 아니라, 쉼을 가짐으로 하나님께 잘 보일 수 있다는 환상에 빠져서 우매한 헌신에 집착했기 때문이었다. 바울이 책망한 것 역시 이 왜곡된 교훈이었지, 그리스도인의 평화로운 교제를 유지하기 위해 제정된 합법적 제도를 책망한 것은 아니었다. 바울이 세운 교회들이 안식일을 지켰던 것도 바로 그 목적 때문이었다. 바울이 고린도 교인들에게 연보를 교회에 가져오는 날을 따로 정해 두라고 했던 것이 바로 이 점을 입증한다.고전 16:2

우리가 미신을 우려한다면, 그 우려는 주일에 대해서보다는 유대인의 절기에 대해서 더 많이 해야 할 것이다. 미신이 폐지되는 것은 당연했으므로 유대인들이 지키던 그날도 폐지되었다. 그리고 교회에서 질서와 선한 행정과 평화를 유지할 필요가 있었기 때문에, 다른 날이 안식일을 대신했다. 나는 "일곱째"라는 숫자를 고집하면서 교회를 어떤 예속 상태에도 빠뜨리고 싶지 않다. 아무 미신과도 상관없는 한, 모임을 위해 다른 엄숙한 날들을 지정한 교회들을 나는 정죄하고 싶지 않기 때문이다. 사실, 권징을 유지하는 것이 유일한 목적이라면 어떤 미신과도 관련되지 않는다.

요약하면, 이 계명의 뜻은 다음과 같다. 첫째, 진리가 유대인들에게는 상징 형식으로 계시되었으나 지금은 상징 없이 계시되었기 때문에, 우리는 그 진리를 알 수 있게 되었다. 하나님께서 그분의 성령으로 우리 속에서 일하실 수 있도록 우리는 평생토록 자기 일에서 벗어난 영원한 안식에 대해서 생각해야 한다. 둘째, 우리는 말씀을 들음과 성례의 시행과 엄숙한 기도에 있어서 교회의 정당한 질서를 준수해야 한다. 셋째, 우리는 우리의 권위 아래 놓인 사람들에게 지나친 부담을 지우면 안 된다. 이런 방식으로, 과거에 평범한 사람들에게 유대인의 신념을 주입했던 거짓 교사들의 거짓말이 퇴치될 것이다. 그들은 예전에 강제적이었던 일곱째 날이 폐지되었으나 주일과 안식일 중 한 날이 준수되어야 한다고 말하면서, 주일과 안식일이 전혀 다르지 않다고 가르쳤다. 그런 가르침은 유대인들을 괴롭히기 위해 날이 바뀌었다고 주장하는 것과 마찬가지요, 바울이 정죄한 미신에 집착하는 것과 마찬가지다. 그 가르침은 안식일을 구약성경 테두리 안에 있는 사안으로만 다루면서 무언가 거기에 비밀스러운 뜻을 보존하려는 것이다.

확실히, 우리는 그 거짓 교사들의 가르침이 맺은 열매들을 볼 수 있다. 이사야가 자신의 시대에 꾸짖었던 사람들보다 그 거짓 교사들의 가르침을 따르는 사람들이 더욱 많은 책망을 받아야 할 정도로, 그 사람들은 안식일을 육체적으로 믿는 데 있어서는 유대인들을 능가한다.사 1:13, 58:13

다섯째 계명

네 부모를 공경하라. 그리하면 주 너의 하나님께서 네게 주실 땅에서 네 날이 길어지리라.출 20:12

하나님은 그분이 제정하신 질서가 보존되기를 원하시기 때문에, 이 계명의 목적은 우리가 하나님께서 세우신 연장자의 우선순위를 존중해야 함을 알리는 것이다. 그러므로 이 계명의 요지는, 주님께서 우리 위에 세우신 자들을 존경해야 하고, 그들이 우리에게 한 선행을 인정함으로써 그들을 존중하고 복종해야 한다는 데 있다. 이를 고려할 때 우리가 경멸이나 무례나 배은망덕으로 그들의 품위를 손상하는 행동을 하지 말아야 함을 알 수 있다. 성경은 "공경"을 매우 폭넓은 뜻으로 이해한다. 그래서 사도가 잘 다스리는 장로들을 배나 공경해야 할 자로 말할 때는, 그들이 받아야 할 공경뿐만 아니라 그들의 수고에 합당한 대가도 가리킨다.딤전 5:17

우리의 연장자들에게 복종하라고 명령하는 계명은 야망과 교만이 터질 듯 가득하여 결코 자발적으로 복종하려 하지 않는 우리의 완고한 본성과 매우 뚜렷하게 부딪친다. 그래서 우리가 가장 적게 미워하고 가장 기쁨을 느끼는 우월함의 모범이 우리 앞에 제시되었다. 이 모범이 우리 마음을 보다 잘 흔들어 부드럽게 한 후 고분고분 순종하게 할 수 있기 때문이다. 그래서 주님은 우리가 감당하기에 가장 부드럽고 쉬운 복종을 사용하셔서 우리로 온갖 복종에 익숙해지게 하신다. 그 모든 복종이 동일한 원리에 입각하기 때문이다. 하나님께서 어떤 사람에게 우월함을 두실 때는 그 우월함이 유지되어야 하므로 그것에 그분의 이름을 부여하신다. "아버지", "하나님", "주님" 같은 칭호는 하나님께 아주 적합하다. 그런 호칭이 쓰일 때마다 우리 마음은 하나님의 존엄하심을 의식하며 감동되지 않을 수가 없기 때문이다.

사람들이 하나님처럼 그런 칭호를 쓰게 될 때, 하나님은 그들에게 그분의 광휘에서 난 어떤 불꽃을 주셔서 그들을 고귀하게 하시고 그들의 지위에 따라 존중받을 만하게 만드신다. 그러므로 우리는 무릇 "아버지"라고 불리는 자에게는 하나님께서 부여하신 어떤 명예가 있음을 인정해야 한다. 하나님께서 지니신 칭호를 그 사람이 지녔기 때문이다. 비슷하게, 누구든 군주나 주로 불리는 자는 얼마간 하나님의 명예를 나눠 가진다. 따라서 주님께서 이 칭호들에 보편적인 규정을 부여하셨음이 확실하다. 하나님께서 어떤 사람을 우리보다 우월한 지위에 임명하셨다면, 우리는 그 사람에게 명예와 공경과 사랑을 보여야 하고, 우리가 할 수 있는 봉사라면 어떤 것이든 그를 위해 해야 한다는 규정이다. 또한 우리는 상급자들이 그 명예를 받을 가치가 있는지 따져서도 안 된다. 그들이 어떠하든 상관없이, 우리 주님께서 공경하라 명하신 지위를 그들이 얻은 데는 그분의 뜻이 없지 않기 때문이다.

부모에 대한 특별한 존중은 당연하다

하나님은 우리를 이 세상에 낳아 준 부모를 공경하도록 분명하게 명령하신다. 본성 자체가 우리에게 이것을 가르친다. 무릇 부모의 권위를 경멸하거나 거역하여 범하는 자는 괴물이요 사람이 아니다. 우리 주님께서 부모를 거역하는 자는 죽임을 당해야 한다고 명령하신 것도 바로 그 이유 때문이다. 자신을 이 세상에 있게 한 부모를 인정하지 않는 자는 분명 살 가치가 없다.

율법의 많은 구절들이 우리가 말한 내용을 참되다고 증언한다. 여기서 우리가 부모와 관련해 말하고 있는 존중은 모두 세 부분으로 되어 있다. 공경, 순종, 받은 혜택을 인정하는 마음에서 우러난 사랑이다. 아버지와 어머니를 저주하는 자를 사형에 처하도록 규정하실 때, 하나님은 공경을 명령하신다.[출 21:17, 레 20:9, 잠 20:20] 그로써 부모에 대한 우리의 모든 경멸과 업신여기는 표현을 벌하신다. 또한 부모를 거역하고 불순종하는 자녀에게 사형을 언도하는 규정을 통해, 하나님은 순종을 명령하신다.[신 21:18-21] 받은 혜택을 인정하는 마음에서 우러난 사랑은, 마태복음 15장에서 예수 그리스도께서 우리가 자신의 부모를 섬기며 봉사해야 한다는 하나님의 명령을 언급하시는 말씀에서 확인된다.[마 15:4] 바울은 이 계명을 언급할 때마다 우리가 부모에게 순종하도록 권면한다.[엡 6:1-3, 골 3:20]

그뿐만 아니라, 한 가지 약속이 이 계명의 지위를 높여 주고, 우리가 이 계명에 복종하면 하나님을 대단히 기쁘게 할 것임을 알려 준다. 바울은 이 계명을 약속이 첨부된 첫째 계명이라 설명하면서, 이 약속으로 우리를 자극하고 격려한다.엡 6:2 이미 첫째 돌판에서 언급된 약속은 특정한 한 계명에만 국한되지 않고 율법 전체로 확장된다. 우리는 넷째 계명에 첨부된 이 특별한 약속을 다음과 같은 방식으로 이해해야 한다. 주님은 이스라엘 사람들에게 기업으로 주기로 약속하신 땅에 관해 말씀하고 계셨다. 그들이 그 땅 얻는 것을 하나님의 선하심이 보증해 주었다면, 하나님께서 그들에게 장수를 약속하여 그분의 혜택을 더욱 오랫동안 누리게 함으로써 그들에게 베푸실 은혜를 증명하려 하신 것은 그리 놀라운 일이 아니다. 하나님은 마치, "너의 아버지와 어머니를 공경하라. 그리하여 네가 장수함으로써 네게 베푼 내 은혜의 증거인 그 땅을 더 오래도록 즐기라"고 말씀하시는 것 같다.

나아가, 온 세상이 신자들에게 복되기 때문에 우리가 현재 삶을 하나님께서 베푸신 여러 가지 복 가운데 하나로 여기는 것이 올바르다. 그래서 인생의 길이가 우리를 향하신 하나님의 선한 뜻을 증명하므로 이 약속 역시 우리를 위한 것이다. 장수는 그 자체로 더없는 행복이므로 우리나 유대인에게 약속된 것은 아니다. 장수는 의인에 대한 하나님의 선한 뜻을 나타내는 표적으로 약속되었을 뿐이다. 그러므로 흔히 생기는 일이지만, 만약 자기 부모에게 바르게 순종하는 자녀가 젊어서 죽게 된다 하더라도, 하나님은 여전히 그분의 약속에 대해 확고하시다. 그분은 2에이커(1에이커는 약 4,047㎡이다—옮긴이)의 땅만 약속한 사람에게 100에이커의 땅을 주는 경우 못지않게 충분히 약속을 지키신다.

형벌을 받는 불순종

문제의 핵심은 이렇다. 여기서 장수는 그것이 복이 되는 한에서만 우리에게 약속된다. 더 나아가, 장수는 하나님의 은혜를 알려 주는 증거인 한에서만 복이다. 하나님은 그분의 종들에게 죽음에 있어서는 그분의 은혜를 십만 번 이상 밝히 보여주신다. 반대로, 하나님은 부모에게 순종한다고 인정되는 자들에게 이생에서 복 주기로 약속하시지만, 순종하지 않는 모든 자에게는 저주가 내릴 것을 확실히 해두신다. 그 심판의 확실성을 강조하기 위해 그런 자들이 심판받아야 한다고 그분의 율법을 통해 명령하신다. 그들이 사람의 손을 피한다면 그분은 이런저런 수단을 통해 그들에게 보응하실 것이다. 우리가 아는 대로, 이런 자들 중에는 전쟁이나 분규, 다른 이유로 멸망하는 경우가 있다. 하나님께서 그 사례들을 통해 일하셔서 그들을 불행하게 죽게 하셨음이 확실히 드러난다. 설령 어떤 사람들이 노년에 이르기까지 갖은 애를 쓰며 죽음을 피한다 하더라도, 그들은 이생에서 하나님의 복을 빼앗긴 채 점점 지쳐 가며 장차 올 더욱 큰 형벌을 위해 준비될 따름이다. 그들은 결코 이 약속에 참예하지 못한다.

결론적으로, 우리가 부모에게 순종하도록 명령받을 때 그것은 어디까지나 하나님 안에서 행해야 할 순종임을 짚어 두어야 하겠다. 우리가 제시한 근거를 생각할 때, 이 점은 더할 나위 없이 명확해진다. 우리는 앞에서 부모가 자녀에게 권위를 가지는 것은, 하나님께서 그들을 높이셔서 그분 명예의 한 부분을 나눠 주셨기 때문이라고 설명했다. 부모에게 복종함으로써 우리는 주님이신 아버지 하나님을 경외하는 자로 성숙해 가야 한다. 따라서 만약 부모가 우리로 하여금 하나님의 율법을 위반하게 한다면, 우리는 그들을 더 이상 부모로 인정할 수 없으며, 오히려 우리를 참되신 아버지께 순종하지 못하도록 끌어가려는 낯선 자로 여겨야 마땅하다. 우리의 통치자와 주와 상급자에 대해서도 우리는 동일한 판단을 할 수 있어야 한다. 그들의 우월함이 그 우월함의 근거가 되는 하나님의 고결하심을 낮추기 위해 어떤 영향력을 행사한다면, 그것은 완전히 도리에 어긋난 일이다. 그들의 우월함은 하나님의 고결하심을 줄이기보다는 오히려 늘려야 하며, 침범하기보다는 더욱 높여야 한다.

여섯째 계명

너는 살인하지 말라. 출 20:13

하나님은 인류를 하나로 연합하게 하셨으므로 인류 전체의 안전과 보전을 우리 모두가 소중히 여겨야 한다는 것이 이 계명의 목적이다. 그러므로 요점은 우리 이웃에게 육체적으로 위해를 가하는 어떤 폭력과 비행과 손해도 금지된다는 데 있다. 따라서 이 계명의 내용으로 들어가면서, 우리는 다음과 같은 말씀을 듣는다. 만약 우리가 우리 이웃의 생명을 보존하기 위해 무슨 일이든 할 수 있다면, 무엇이든 그의 필요를 공급하고 무엇이든 불필요한 것을 금함으로써 충성스럽게 그 일을 하도록 애써야 한다. 비슷하게, 만약 우리 이웃이 위험이나 고통에 처하게 된다면, 그를 돕고 조력해야 한다.

외면적 행위와 내면적 동기

여기서 우리에게 말씀하시는 분이 다름 아닌 율법 제정자 하나님임을 기억한다면, 우리는 하나님께서 이 법을 우리 영혼에 말씀하고 계신다고 판단해야 한다. 마음의 생각을 감찰하시고 그 생각에 깊이 관심하시는 분이 오로지 우리 몸의 참된 의로움에 대해서만 가르치신다고 하면 앞뒤가 맞지 않기 때문이다. 그래서 이 계명은 마음으로 하는 살인도 금지하며, 우리 이웃의 생명을 보호하는 데 필요한 내면적 성향에 대해 명령한다. 비록 살인을 낳는 것은 손이지만, 마음이 분노와 미움으로 더럽혀지면서 살인 행위를 품기 때문이다. 당신의 형제를 해치기 바라지 않고서도 그에게 화를 낼 수 있는지 따져 보라. 당신의 형제에게 화를 낼 수 없다면, 당신에게 화내려는 욕망이 없기 때문에 그를 미워할 수도 없는 것이다. 미움이란 오직 깊은 곳에 자리한 분노이기 때문이다. 아무리 당신이 거짓된 핑계를 대며 겉을 꾸미고 회피하려 하더라도, 미움과 분노는 해를 끼치려는 욕망과 반드시 이어질 수밖에 없다. 만약 당신이 여전히 이의를 제기하려 한다면, 자기 형제를 미워하는 자마다 살인자임을 성령께서 이미 오래전에 선포하셨음을 기억하라.요일 3:15 누구든지 자기 형제를 미워하는 자마다 심판으로 단죄되고, 누구든지 자기 형제에게 화내는 자마다 공회에서 정죄되며, 누구든지 자기 형제를 욕하는 자마다 지옥 불을 당하리라는 선포는 다른 누가 아닌 그리스도께서 친히 하셨다.마 5:22

성경은 이 계명의 토대로 두 가지 이유를 제시한다. 첫째, 인간은 하나님의 형상이다. 둘째, 그렇다면, 그는 우리 자신의 육신이기도 하다. 따라서 하나님의 형상을 해치고 싶지 않다면, 우리 이웃에게 어떤 위해도 가해서는 안 된다. 우리가 인간의 모든 감정을 부정하지 않을 것이라면, 다른 인간을 자기 육신처럼 여기며 도와주어야 한다. 우리로 그렇게 할 수 있도록 권하는 그리스도의 구속 사역의 혜택은 이 책의 다른 곳에서 논의될 것이다.[6] 주님은 인간에 관하여 앞에서 언급된 두 가지를 우리가 자연스럽게 깊이 묵상한 후 다른 인간에게 선을 행하게 되기를 바라셨다. 우리는 어떤 사람을 대하더라도 그 사람 속에 새겨진 하나님의 형상을 존중해야 하고, 그 사람을 우리 자신의 육신처럼 사랑해야 한다.

그러므로 누구든지 피를 흘리려 하지 않았다고 해서 단지 그 이유로 살인죄에 대해 무죄한 것은 아니다. 실제로 살인을 한 사람이든 혹은 살인을 하려 한 사람이든, 자기 이웃의 유익에 반하는 어떤 것이든 마음에 품은 자라면 누구든지 하나님 보시기에는 살인자다. 더욱이, 우리의 능력과 환경이 허락하는 한도 안에서 우리 이웃에게 선을 행하려고 애쓰지 않으면, 우리는 인간의 잔인함 때문에 이 율법을 범하게 된다. 주님께서 우리 각 사람 몸의 안전에 관심을 가지신다면, 우리는 주님 보시기에 훨씬 더 소중한 우리 영혼의 안전을 위해 우리에게 명령하신 의무를 바르게 이해해야 한다.

일곱째 계명

너는 간음하지 말라. 출 20:14 7

이 계명의 목적은 하나님께서 순결과 정절을 사랑하시기 때문에 우리가 온갖 더러움을 떠나야 함을 명령하는 것이다. 그러므로 요점은 우리가 육신의 어떤 부정함이나 지나침으로 오염되지 않아야 한다는 데 있다. 이 점은 우리의 생명이 그 모든 행위에 있어서 순결함과 금욕을 따라야 한다는 긍정적 명령과 짝을 이룬다. 특히, 이 계명은 온갖 방탕함으로 빠지게 되는 성적 부도덕을 금지한다. 그리하여 부패와 (우리 몸을 욕되게 하는 부도덕 때문에 더욱 분명해지는) 외설적 추잡함 때문에 우리는 결국 온갖 방탕함을 다 혐오하게 된다.

결혼은 하나님의 해결책이다

인간은 홀로 살 수 없는 상태로 창조되었으며 자신과 같은 돕는 자를 가져야 한다. 죄의 저주를 통해 인간이 더욱더 이런 필요성이 강해졌기 때문에, 주님은 우리에게 결혼 제도를 적합한 해결책으로 내려 주시되 그 제도를 그분의 권위로 승인하신 후 복되게 성별하셨다. 따라서 남자와 여자가 혼외 관계에서 행하는 어떤 성관계도 하나님 보시기에 저주받을 일이라는 사실과, 우리가 정욕을 제어하는 고삐를 풀어 버리지 않도록 결혼 관계 안에서의 성관계가 우리의 필요를 위한 해결책으로 허락되었다는 사실이 분명하다. 그러므로 남자가 자신과 결혼 관계에 있지 않은 여인과 함께 살게 되면 반드시 하나님의 저주를 자초할 수밖에 없다는 말을 들을 때 우리 자신을 속이지 않도록 조심하자. 그렇다면, 우리는 이 해결책이 갑절로 필요하다. 우리의 본성에 결부된 조건 때문에 필요하기도 하고, 본성에 뒤따라온 죄악 때문에 필요하기도 하다. 하나님의 특별한 은혜를 받은 사람 외에는 누구도 이 해결책이 불필요하지 않다. 우리 각자는 하나님께서 자신에게 무엇을 베푸셨는지 신중하게 생각해야 한다. 금욕이라는 특별한 은사를 받지 않은 사람들이 자신에게 제공된 그 해결책을 사용하는 데 실패하면, 하나님과 전쟁을 벌이며 그분의 법을 거절하게 될 것이기 때문이다.

많은 사람들이 습관적으로 그렇게 하듯이, 이 문제에 있어서는 누구도 하나님의 도우심으로 모든 것을 할 수 있다며 반박해서는 안 된다. 그런 도움은 오직 그들의 모든 길로 행하는 사람들, 곧 자신의 소명에 따라 걷는 자들만 받게 된다.[시 91:11] 하나님께서 주신 모든 수단을 내버린 채 무모하게 인간의 필요를 정복하려 애쓰는 사람들은 자신의 소명에 참되지 못하다. 주님은 금욕이 그분의 온 교회에 차별 없이 주어진 특별한 은사이기는 하지만 그 지체들 중 극소수에게만 주어진다고 선언하시며, 천국을 위해, 곧 하나님의 영광을 더욱 자유롭게 섬기기 위해 스스로 고자가 된 특별한 부류의 사람들에 대해 설명하신다. 그러나 그분은 우리 중 누구든 그 일을 스스로 할 수 있다고 상상하지 못하도록, 모두가 그럴 수는 없고 오직 그 은사가 하늘로부터 베풀어진 사람들만 그럴 수 있다고 이미 설명하셨다. 그래서 그 은사를 사용할 수 있는 자는 그렇게 하라고 말씀하신다.[마 19:11-12] 바울은 동일한 사실을 보다 분명하게 말해 준다. "각자 자신의 은사를 하나님께 받았으니, 이 사람은 이 은사를 저 사람은 저 은사를 받았도다."[고전 7:7]

우리의 사제와 수사와 수녀들은 바로 이 가르침을 제쳐 두고서 그들이 스스로 절제할 수 있다고 맹신한다. 그러나 영원히 충실하겠다며 언약한 정절을 그들이 평생 지킬 수 있다고 그들을 확신시킨 자가 도대체 누구인가? 그들은 인간의 보편적 상태에 관한 말씀, "사람이 혼자 있는 것은 좋지 않다"는 하나님의 선언을 듣고 있다.[창 2:18] (하나님에 대해서는 그들이 그렇게 하려는 자신을 느끼지 않았으면 좋겠지만!) 그들은 방탕하려는 충동이 그들의 육신 안에서 얼마나 거센지를 잘 알고 있다. 그들은 금욕의 은사가 대개 특정한 때 그런 절제가 특별히 요구될 경우에만 허락된다는 것을 알면서도, 도대체 어떤 대범함을 갖고서 모든 사람이 받은 이 소명을 평생 거절하겠다는 것인가? 그 완고한 충동과 맞설 때 그들은 하나님께서 자신을 도와주시기를 기대해서는 안 되며, "너는 너의 주 하나님을 시험하지 말라"고 기록된 말씀을 기억해야 한다.신 6:16 하나님께서 주신 본성을 우리가 거스르려고 애쓸 때마다, 마치 그분이 주신 수단들이 전혀 소용없다는 듯이 우리가 그것들을 업신여길 때마다 우리는 하나님을 참으로 시험하는 셈이다.

결혼은 로마교회에 의해 경멸당한다

그 사람들이 바로 그렇게 하나님을 시험한다. 그뿐만이 아니다. 주님은 결혼을 모든 사람 중에서 존중받아야 할 것으로 삼으셨고, 그분의 임재로 결혼을 승인하시고 그분의 첫 이적으로 결혼을 품위 있게 하셨다.히 13:4, 요 2:1-11 그처럼 우리 주님은 결혼 제도를 그분의 존엄에 어울리지 못하는 것이라 하지 않으셨지만, 그들은 너무나 뻔뻔하게도 결혼을 가리켜 "오염"이라고 부른다. 그들이 이런 짓을 저지르는 목적은 결혼을 포기하고서 차지한 그들의 신분을 드높이려는 데 있을 뿐이다. 마치 그들은 자신의 삶이 결혼 포기나 처녀성과는 상관없는 무언가 다른 종류의 삶이라는 사실을 분명하게 나타내고 싶지만, 자신이 하고 있는 현재의 생활 태도로는 그렇게 할 수 없다고 여기는 듯하다. 그들은 정말 뻔뻔해서 자신의 생활을 "천사"와 같은 것으로 설명한다. 그러면서 자신을 방탕한 자나 간음하는 자, 심지어 흉악한 범죄자와 비교하며 하나님의 천사들을 엄청나게 모욕한다.

이 진리 자체가 그들의 유죄를 선고하기 때문에, 다른 자세한 증거가 더 필요 없다. 우리는 주님께서 그분이 주신 은사들에 대한 인간의 오만과 경멸을 얼마나 무섭도록 책망하시는지 우리 눈으로 직접 보았다. 이미 그 절반 정도는 잘 알려지게 될 것이지만, 여전히 깊이 숨겨진 그런 것들을 내가 들추어내면 즉시 새어 나올 악취 때문에 나는 부끄러움을 느낀다.

그들은 사제의 결혼 금지를 입증하려고 다음과 같이 주장한다. 만약 레위 지파 제사장이 제단에 다가갈 때 더욱 정결한 제사를 드리기 위해 자기 아내와 동침하지 않았다면, 그 제사보다 고상하고 뛰어난 기독교 예전들을 결혼한 사람이 집전하는 일은 잘못이라는 것이다. 그들은 마치 복음 사역과 레위 지파 제사장의 임무가 완전히 똑같기라도 한 것처럼 취급한다. 레위 지파 제사장은 다만, 하나님과 인간의 중재자가 되셔서 그의 가장 온전한 정결함을 통해 우리를 아버지와 화해시키실 예수 그리스도의 인격을 대변했을 뿐이다. 레위인들은 죄인인데다가 아무리 상징적인 형식으로 예수 그리스도의 인격을 대변하려 해도 그의 거룩함에 필적할 수 없으므로, 성소에 접근하는 사람들에게 관례적으로 요구되었던 것보다 더욱 자신을 성결하게 하도록 명령받았던 것이다. 보다 적절하게 말하면, 레위 지파 제사장이 그 명령을 받은 것은, 하늘 성전을 어느 정도 상징한 성막 안에서 그들이 백성을 대표하여 하나님 앞에 중재자로 나왔다는 점에 있어서 그리스도의 형상을 지녔기 때문이다. 교회 목사는 이 직무를 받거나 그리스도의 인격을 대변하지 않으므로 레위 지파 제사장과 목사를 비교하는 것은 이치에 맞지 않다. 그래서 사도는 결혼은 한 사람의 예외도 없이 모두에게서 존중받아야 하며, 하나님은 부도덕한 자와 간음하는 자들을 심판하실 것이라고 확인해 준다.[히 13:4]

그뿐만 아니라, 그들은 너무나 뻔뻔해서 정절을 반드시 준수해야 할 의무라고 고집한다. 그렇게 함으로써 순수한 교리에 있어서 탁월했을 뿐만 아니라 거룩함에 있어서도 더욱 번영했던 초대교회에 엄청난 수치를 끼쳤다. 우리가 아는 대로, 모든 고대 교부는 주교의 결혼을 용인하기도 했지만 공식적으로 승인까지도 했다. 과연 그들은 교부들에 대해서 무엇이라고 말할 것인가? 아마도 그들은 교부들이 하나님의 신비들이 더럽혀지도록 방관했다는 결론에 도달하게 될 것이다. 그들이 보기에 교부들은 결혼을 정결하게 취급하지 못했기 때문이다. 이 문제가 니케아 공의회Council of Nicaea에서 논쟁거리였고, (대중의 환호를 끌어내려고 무언가 새로운 공상 속으로 빠져드는 소수의 미신적인 사람들은 항상 있기 마련이므로) 어떤 사람들이 제사장의 결혼을 금지하고 싶었던 것은 분명한 사실이다. 그러나 공의회는 무엇을 결정했던가? 정절은 남자와 여자가 함께 생활하는 것이라는 파프누티우스Paphnutius의 견해가 채택되었다.[8] 그래서 거룩한 결혼은 그대로 유지할 수 있게 되었다. 결혼한 상태의 주교들에게 결혼이 불명예스러운 것으로 간주되지도 않았고, 결혼이 그들의 사역에 흠으로 여겨지지도 않았다.

비슷하게, 히에로니무스의 경우만 예외일 뿐, 이후의 교부들도 결혼의 타당성을 강력하게 비난하지 않았다. 우리는 크리소스토무스의 증언에 만족할 것이다. 아무도 크리소스토무스가 결혼에 대해 지나치게 호의적이었다고 의심하지 않기 때문이다. 오히려 그는 동정童貞을 지나치게 높이 평가하며 찬미하곤 했었다. 그는 이렇게 말했다. "최고의 정절은 흠 없는 동정이다. 그다음으로 뛰어난 정절은 신실하게 유지된 결혼이다."[9] 따라서 결혼 관계 안에서 진실하게 생활하는 남편과 아내의 사랑은 두 번째 종류의 동정이다.

다른 모든 행위와 마찬가지로 결혼에서도 절제하라

결혼한 사람들이 하나님께서 그들의 성관계를 복되게 하셨음을 인정한다면, 그들은 수치를 모르는 무절제함으로 결혼을 더럽히지 않도록 조심해야 한다. 비록 결혼의 타당성이 무절제함의 부끄러움을 덮어 주겠지만, 결혼이 무절제함을 조장해도 된다는 말은 결코 아니다. 따라서 결혼한 사람들은 모든 것이 그들에게 허락되었다 하더라도, 결혼의 성스러움에 저해되는 어떤 일도 삼가면서 모든 남편은 자기 아내와, 모든 아내는 자기 남편과 냉철하게 처신해야 한다. 이것이 바로 하나님의 규율이 올바르게 적용되고 균형을 이루어, 자칫 음탕함으로 빠지지 않게 해주는 방법이기 때문이다.

마지막으로, 우리는 간음을 정죄하신 분이 과연 어떤 입법자인지를 숙고해야 한다. 그는 우리를 온전히 소유하시는 분이다. 따라서 그분은 우리가 몸으로만 아니라 혼과 영으로도 순결하라는 정당한 요구를 하신다. 그분이 부도덕함을 금지하실 때, 그것은 곧 선정적인 옷이나 단정치 못한 처신, 차림새, 추잡한 발언처럼 다른 사람을 악으로 끌어들이는 성향이 있는 모든 것을 다 금지하시는 셈이다. 철학자 아르켈라오스Archelaus의 말이 옳았다. 그는 너무 요란하게 치장한 젊은이에게 "음란함을 과시하려 할 때는 몸의 어느 부분으로 하든지 별 차이가 없다"고 말했다.[10] 나는 이런 정서가 하나님 보시기에도 바르다고 말하고 싶다. 하나님은 영혼이나 육체의 어느 부분에 있는 더러움이든 다 혐오하시기 때문이다. 이에 대해 조금의 의심도 없도록, 하나님께서 이 계명을 통해 우리에게 정절을 명령하고 계심을 깊이 생각하자. 이것이 그분의 계명이기 때문에 그분은 그 계명을 거스르는 것은 무엇이든지 다 정죄하실 것이다. 그러므로 우리가 이 계명에 순종하고 싶다면, 마음속에 사악한 욕정이 타올라서도 안 되며, 우리의 차림새가 선정적이어서도 안 되며, 우리의 얼굴을 음녀처럼 꾸며서도 안 되며, 우리 혀의 음란하고 악한 말로 타인을 유혹해서도 안 되며, 입술로 방탕한 소리를 내어서도 안 된다. 이 모든 악은 얼룩과 같아서 그들의 정절과 절제를 더럽히고 정결함을 손상시키기 때문이다.

여덟째 계명

너는 도적질하지 말라. 출 20:15

이 계명의 목적은 우리 각자의 소유권을 인정해야 함을 나타내는 것이다. 하나님은 모든 불의를 기뻐하지 않으시기 때문이다. 그러므로 이 계명의 요지는 하나님께서 우리가 타인의 재산을 자기 것으로 삼으려는 태도를 금지하시며, 타인의 재산을 충실하게 보존해 주라고 명령하셨다는 데 있다. 우리는 사람이 무엇을 소유하든 그것은 우연히 그렇게 된 것이 아니라 하나님의 공급을 받아 된 것으로 알아야 하며, 따라서 그 사람에게서 재산을 빼앗는 일은 그것을 주신 하나님을 거스르는 죄악임을 인정해야 한다.

도적질에는 여러 형식이 있다. 우리가 위력이나 거의 강탈에 가까운 수단으로 타인의 재산을 훔치고 갈취할 때, 도적질은 폭력의 형식을 띤다. 사기를 치거나 속여서 이웃을 간교한 방법으로 빈궁하게 만들 때, 도적질은 기만의 형식을 띤다. 어떤 사람의 재산을 합법적인 자신의 소유인 양 꾸며서 갈취하면, 도적질은 훨씬 더 은밀한 교활함을 띤다. 우리가 듣기 좋은 말로 타인의 소유물을 마치 선물이나 그와 비슷한 어떤 것으로 주장할 때, 도적질은 아첨의 형식을 띤다.

타인의 권리와 소유에 대한 존중

도적질의 여러 형식을 설명하는 데 너무 많은 시간을 쓸 필요는 없다. 그 대신, 우리가 타인을 희생시켜 부유하게 되려고 활용하는 방법이 소중한 기독교적인 정직에서 벗어날 때, 그리고 그 방법이 어떤 교활하고 해로운 목적을 위해 조작될 때, 그 방법은 도적질로 규정되어야 한다는 점에 관해서 간략하게 살펴보자. 비록 이런 식으로 처신하는 자들이 종종 재판관 앞에서 승소하지만, 하나님은 그들을 결코 도적과 다르게 보시지 않는다. 그분은 간교한 자들이 무지한 사람들을 그물로 사로잡으려고 미리 설치해 놓은 함정을 알고 계신다. 그분은 힘이 더 강한 자들이 약한 자들을 짓밟으려고 얼마나 거칠게 요구하는지 알고 계신다. 그분은 사람들을 속이려고 유혹하는 자들의 아첨이 얼마나 악독한지 알고 계신다. 인간의 지성은 이런 것들을 간파하지 못한다.

더욱이, 이 계명을 범하는 것은 단지 금전이나 재화, 재산에 있어서만 사람을 해치는 것이 아니라, 그 사람의 권리의 일부 혹은 전부를 해치는 것이다. 우리가 이웃에게 마땅히 해야 할 봉사를 거부하면, 이웃의 소유를 빼앗는 것과 마찬가지이기 때문이다. 그러므로 만약 관리인, 소작인 혹은 농지 임차인이 자기 주인의 재산을 지키는 대신, 자신의 생계를 지탱해 주는 주인의 복지를 아랑곳하지 않은 채 마냥 게으르게 생활한다면, 그가 자신에게 맡겨진 것을 탕진하거나 사치품을 얻으려고 마구 써 버린다면, 만약 종이 자기 주인을 조롱하며 주인의 은밀한 일들을 폭로하며 주인의 금전이나 명예나 생명을 해치려는 음모를 꾸민다면, 입장을 바꿔서 그 주인이 자신의 식솔들을 잔인하게 학대한다면, 그것은 하나님 보시기에 도적질이다. 누구든 이웃에게 자신의 소명에 따른 직무를 다하지 못한 사람은 그들의 것을 돌려주지 않는 셈이기 때문이다.

그러므로 우리가 처한 삶에 만족하면서 정직하고 합법적인 수단으로만 이익을 얻으려고 노력한다면, 우리 이웃을 해쳐서 부자가 되려는 욕망을 그친다면, 우리 이웃을 멸하고 그 재산을 갈취하려는 음모를 꾸미지 않는다면, 우리 자신의 피와 땀을 흘려서 얻은 재산을 우리 손에 넣으려고 안달하지 않는다면, 이곳저곳에서 깨끗한 수단으로든 비열한 수단으로든 우리의 탐욕을 채우려고 가능한 온갖 재산을 쌓아 올리거나 혹은 그 재산을 헤프게 쓰면서 모조리 탕진해 버리지 않는다면, 그때서야 우리는 이 계명을 준수하게 될 것이다. 그리고 우리가 최선을 다하여 우리의 조언과 물질로 항상 모든 사람 돕기를 애씀으로써 그들이 자신의 소유를 보존하게 된다면, 우리는 이 계명에 특별히 더 잘 순종하게 된다. 또한 우리가 어쩌다 악하고 속이는 인간들과 거래해야 할 경우가 생긴다면, 그들과 똑같은 악한 의도로 그들과 다투지 말고 차라리 우리 것을 기꺼이 포기하도록 하자. 더 나아가, 우리가 어떤 빈궁한 사람을 보게 되면 그의 필요를 채워 주고, 우리 것으로 그의 고통을 덜어 주도록 하자.

삶의 모든 영역에서 상호 책임

마지막으로, 우리 각자는 자기 일의 어떤 부분으로 다른 사람들을 위해 봉사할지 고민하면서 각자의 임무를 충실하게 수행해야 한다. 따라서 사람들은 지도자들을 공경하면서 즐거운 마음으로 그들에게 복종하며 그들의 법과 명령에 따르고, 하나님을 거스르지 않는 한 그들이 하는 모든 봉사를 거절하지 말아야 한다. 지도자들 역시 장차 존엄한 재판관이신 하나님께 자신의 행사를 회계해야 할 자답게 조심하고 근신하면서 자신에게 맡겨진 백성을 다스려야 할 것이며, 어느 곳에서든지 평화를 보존하면서 선한 자를 보호하고 악한 자를 벌해야 할 것이다. 신 17:19, 대하 19:6-7

교회 목사는 구원의 교리를 더럽히지 말고 그 순수성을 보호하면서, 충성되게 하나님의 말씀을 나눠 주도록 하자. 그들은 백성을 가르칠 때에 건전한 교훈으로만 아니라 생활의 모범으로도 가르쳐야 한다. 한마디로, 그들은 선한 목자답게 양을 보살펴야 하는 것이다. 딤전 3:1-7, 딤후 4:1-5, 딛 1:7-9, 벧전 5:2-4 또한 백성은 목사를 하나님의 사자요 사도로 영접하면서, 주님께서 그들에게 주신 명예를 부여하고 그들에게 생계 수단도 베풀어야 할 것이다. 마 10:9-11, 롬 10:15, 고전 9:3-14, 갈 6:6, 살전 5:12-13, 딤전 5:17-18 부모는 하나님께서 그들에게 위탁하신 자녀들을 먹이고 가르치고 다스리되, 너무 엄격하게 다루어 용기를 잃어버리게 하지 말고 자녀들의 나이에 맞는 온유함과 자애로움으로 다루도록 하라. 또한 자녀들은 앞에서 언급한 것처럼 부모를 공경하고 복종해야 한다. 엡 6:4, 골 3:21 다시 말해, 젊은이는 노인을 존경해야 한다. 우리 주님께서 사람의 나이를 존경받을 가치가 있는 것으로 선포하셨기 때문이다. 또한 노인은 젊은이를 이끌 때 그들이 얻은 지혜로 하려고 애쓰되, 너무 거칠게만 하지 말고 준엄함에 온유함과 평온함을 더하도록 하라. 종은 힘써 일하며 그 주인을 기쁘게 하고 도움을 끼치되, 겉으로 보이기 위해서가 아니라 하나님을 섬기듯 마음으로 해야 할 것이다. 주인 역시 자기 종을 위협하거나 거만한 태도로 대하면서 너무 까다롭게 요구하는 자가 되지 말고, 오히려 종을 인간답게 대함으로써 그들이 자기 주인을 하나님을 섬기는 일의 동역자요 형제로 여기도록 해야 할 것이다. 엡 6:9, 골 3:22-24, 딛 2:9-10, 벧전 2:18-20, 몬 16

이와 같이 우리 각자는 자신의 지위와 위치에 따라 이웃에게 돌려주어야 할 것이 있음을 인정해야 하며, 또한 이웃에게 필요한 것을 전해 주어야 한다. 그뿐만 아니라, 율법 제정자의 생각을 늘 우리 마음속 가장 중요한 자리에 두도록 하자. 이 규칙은 몸을 위해서만 아니라 마음을 위해서도 제정되었기 때문에, 우리 각자는 의지를 가지고 모든 사람의 이익과 행복을 보존하고 증진하는 데 노력을 다해야 함을 명심하도록 하자.

아홉째 계명

너는 네 이웃을 거슬러 거짓 증언을 하지 말라. 출 20:16

이 계명의 목적은 진리이신 하나님께서 거짓을 혐오하시기 때문에 우리는 어떤 위선도 없이 진리를 고수해야 함을 보이는 것이다. 그러므로 이 계명의 요지는 중상모략이나 거짓 보고로 사람의 명예를 훼손해서는 안 되며, 거짓말이나 사기로 그 사람에게 실질적인 손해를 끼쳐서는 안 된다는 데 있다. 다시 말해, 우리는 결코 누구에게든 비방이나 조롱으로 잘못을 범하지 말아야 한다. 이 금지 명령은 다음과 같은 긍정적인 명령과 잘 어울린다. 즉, 우리는 서로의 재산이나 명예를 보호하기 위해서, 진리를 유지함에 있어서 서로 충실하게 도와야 한다.

우리 주님은 출애굽기 23장에서 이 계명의 뜻을 분명하게 설명하시면서, "너희는 거짓된 말을 하지 말고, 틀린 증거나 거짓 증거를 하려고 연합하지 말라"고 말씀하셨다.1절 그리고 "너는 거짓과는 아무 상관도 하지 말라"고 말씀하셨다.7절 다른 곳에서는 우리에게 쓸데없는 험담과 중상과 뒷전에서 하는 욕을 금지하시고, 더 나아가 우리의 지체를 속이지 말도록 명령하셨다. 하나님은 이 두 가지 모두에 대해 명확하게 말씀하신다.레 19:16

우리 이웃을 섬기는 진리

전혀 의심의 여지가 없는 사실은, 앞에서 주님께서 잔혹함과 음탕함과 탐욕을 엄히 꾸짖으려 하셨듯이, 여기서는 우리가 방금 말한 두 가지 안에 포함된 거짓을 끝장내려 하신다는 점이다. 우리는 중상모략으로 이웃의 명예를 훼손하거나, 거짓말이나 왜곡으로 이웃의 이익을 저해한다. 이 점은 재판관 앞에서 하는 엄숙한 맹세에서든, 사사로운 대화에서든 전혀 차이가 없다. 언제나 그렇듯이, 우리 주님은 한 가지 사례로 온갖 종류의 사악함을 제시하신다. 다른 모든 사악함이 그 한 가지 사례로 언급되는 것이다. 비록 하나님께서 가장 분명한 사악함을 택하여 제시하시지만, 나는 이 계명을 보다 보편적인 의미로 해석하고 싶다. 법정에서의 거짓 증거는 언제나 거짓 맹세와 연결되어 있고, 그렇다면 거짓 증거 문제는 율법의 첫째 돌판에 대한 우리의 논의의 일부분이기 때문이다.

이제 우리는 우리의 입술이 참으로 이웃을 섬기며 이웃의 선한 이름과 형통함을 보호해야만 이 아홉째 계명을 제대로 준수할 수 있다는 것을 알게 되었다. 선한 이름이 어떤 보화보다 더 소중하기 때문에, 이 계명의 공의로움은 매우 분명해진다.잠 22:1 우리는 종종 도적질하는 것보다 거짓말하는 것으로 이웃에게 더 큰 해를 끼친다. 그런데도 우리는 이런 식으로 저지르는 범죄에 대해 이토록 유별나게 무신경하단 말인가! 이 사악함으로 심하게 오염되지 않는 사람은 거의 없다. 모두가 다른 이들의 사악함을 찾아내고 밝히는 데는 능숙하기 때문이다. 우리가 직접 거짓말을 하지 않는다는 구실로 정죄를 면할 수 있다고 착각하면 안 된다. 이웃을 중상모략 하는 거짓말을 금지하신 하나님은 이웃의 명예가 가능한 한 최대한으로 참되게 유지되기를 원하시기 때문이다. 비록 하나님께서 우리 이웃의 선한 이름을 훼손하는 거짓말만을 금하셨지만, 이런 방식의 명령은 그분이 우리에게 무엇을 원하시는지 알려 주기 때문이다. 그러므로 우리가 주님께서 우리 이웃의 이름이 훼손될까 봐 염려하시는 것을 안다면, 이때 우리는 주님의 더 넓은 의중을 알기 때문에 그분의 그 염려를 충분히 이해한다고 할 수 있다.

그러므로 온갖 종류의 험담은 더할 나위 없이 분명하게 정죄를 받는다. "험담"은 우리가 누군가의 잘못을 깨우치려고 하는 책망이나, 누군가의 그릇된 행동을 바로잡기 위해 취하는 법정의 고소나, 혹은 범죄자를 교화하기 위해 공포심을 주려는 공개적인 책망이나, 악행자가 체포되지 않으려면 어떻게 해야 할지 알려 주기 위해 하는 비난을 뜻하지는 않는다. 여기서 "험담"은 악의나 중상모략 하려는 욕구로 야기되는 끔찍한 비난을 뜻한다.

사실, 이 계명이 우리에게 주는 가르침의 폭은 훨씬 더 넓어진다. 이 계명은 마치 누군가를 모욕할 때 희열을 느끼는 자들이 취하는 태도처럼, 악의 없이 농담하는 태도나 농담에서조차 상대를 풍자하거나 공격할 때 해롭지 않은 우아한 태도를 갖지 말도록 명령한다. 그런 태도를 취하는 데 뛰어난 사람에게는 그 과도한 모욕이 남기는 표시가 있다. 우리가 율법의 제정자께서 우리의 마음과 혀에 하시듯이 우리의 귀도 길들이셔야 한다고 생각한다면, 그분은 중상모략 하는 자들에게 귀를 기울이려는 우리의 욕망, 그들의 악독한 이야기에 솔깃하여 성급하게 믿어 버리는 우리의 경박함 역시 중상 자체만큼 금지하고 계심을 인정하게 될 것이다. 그러므로 우리가 하나님을 참으로 두려워하고 사랑한다면, 최대한 가능하고 적절하게, 그리고 최대한 타인을 긍휼히 여기는 태도로 우리의 귀나 혀를 험담이나 중상모략이나 우롱에 쓰지 말아야 할 것이며, 마음으로 악한 의심을 품지도 말아야 할 것이다. 그보다, 모든 사람의 말과 행동의 좋은 부분만 취하면서, 그들의 명예를 모든 방법으로 지켜 주도록 하자.

열째 계명

너는 네 이웃의 집을 탐내지 말고, 그의 아내나 그의 남종이나 그의 여종이나, 그의 소나 그의 나귀나 그에게 속한 어떤 것도 탐내지 말라. 출 20:17

하나님은 우리의 온 영혼이 사랑의 감정들로 충만하기를 원하신다. 그러므로 우리는 사랑을 방해하는 모든 욕망을 우리 마음에서 물리쳐야 한다. 바로 이것이 이 계명의 목적이며, 따라서 그 요지는 우리 마음에서 탐욕을 부추기는 온갖 생각을 없애야 한다는 데 있다. 우리 마음의 탐욕 때문에 우리 이웃이 해를 입거나 소유를 잃게 되기 때문이다. 이 계명과 어울리는 긍정적인 교훈은, 우리가 생각하고 소망하고 추구하는 모든 것이 우리 이웃의 행복이나 이익과 불가분의 관계 속에 있다는 것이다.

추가된 명령인가?

그러나 여기서 우리는 어려운 문제와 마주하게 된다. 우리가 앞에서 확인한 대로 우리 주님께서 간음과 도적질을 금지하실 때 음란한 행동이나 해를 끼치려는 의도, 속이려는 의도, 훔치려는 의도까지 금지하신 것이 진실이라면, 여기서 또다시 이전과 완전히 별개로 이웃의 소유를 탐내지 말도록 명령하실 필요가 없기 때문이다. 하지만 우리가 고의故意와 탐욕의 차이를 자세히 검토하면 이 문제를 해결할 수 있다. 사람의 마음이 시험에 빠져 휘둘릴 때, 그 사람의 확고한 목적을 지닌 의지를 "고의"라고 부른다. 하지만 탐욕 자체에는 그런 목적이나 동기가 없으며, 마음이 자극되어 악한 행동을 저지를 뿐이다. 그러므로 앞에서 주님께서 인간의 의지나 노력이나 노동이 사랑의 규칙을 따르기를 참으로 바라셨듯이, 여기서도 그분은 우리 마음의 생각이 그 규칙을 따름으로써 어떤 것도 우리를 사랑과 정반대 방향으로 몰고 가지 않기를 바라신다. 앞에서 주님께서 우리 마음을 금하여 시험에 빠져 화를 내거나, 미워하거나, 부도덕해지거나, 강탈하거나, 거짓말하지 못하게 하셨듯이, 이제 그분은 우리 마음이 자극받고 고무되어 바로 그런 일을 저지르지 못하도록 금지하신다.

하나님께서 이처럼 높은 기준의 정직을 명령하시는 데는 그럴 만한 선한 이유가 있다. 영혼이 온 힘을 다해 사랑에 집중하는 것을 옳지 않다 할 사람이 과연 있겠는가? 만약 영혼이 지닌 힘의 일부가 사랑에서 벗어나게 된다면, 그 일부는 부패한다는 것을 누가 부정할 수 있겠는가? 당신의 이웃을 해치려는 욕망이 당신의 의식 속으로 들어오는 사태가 왜 생기는가? 당신이 자신의 이익만 좇다가 타인을 생각하지 못하게 되기 때문이다. 당신의 마음이 사랑에 고정되어 있다면, 그런 생각은 절대로 당신의 의식 속으로 들어올 수 없을 것이다. 우리는 그런 생각에는 사랑이 전혀 없다고 말해야 한다. 그 생각은 탐욕스러운 욕망 주변을 맴돌기 때문이다.

우리의 의식 속에서 이리저리 떠돌다가 사라져 버리는 모든 일시적인 생각을 마음속에 자리 잡은 탐욕으로 정죄하는 것은 잘못이라며 누군가는 항변할 수도 있다. 내 대답은 이렇다. 여기서 다루어지는 생각은 의식을 스쳐 지나가기만 하지 않고, 탐욕적인 갈망으로 마음을 꿰뚫기도 한다. 우리가 마음으로 어떤 기대나 바람을 품을 때는 반드시 그 결과나 열정을 느끼기 마련이기 때문이다. 그래서 주님은 우리에게 특별히 열정적으로 사랑하라고 명령하신다. 그분은 지극히 사소한 탐욕의 감정이라 할지라도 사랑을 방해하도록 놔두지 않으실 것이다. 그분은 특별히 우리의 마음이 평온하기를 명령하신다. 그런 주님은 우리 마음을 부추겨서 사랑의 율법에 저항하게 할 단 한 번의 자극조차 용납하지 않으실 것이다. 만약 사람들이나 혼자만 이런 견해를 갖고 있다고 생각한다면, 나에게 이 계명의 뜻을 처음으로 명확하게 가르쳐 준 것은 아우구스티누스였다고 말하고 싶다.[11] 여기서 하나님의 목적은 모든 악한 욕망을 금지하시는 것이었지만, 그분은 우리를 가장 빈번하게 유혹하고 속이는 것들을 그 욕망의 사례로 선별하셨다. 하나님은 인간의 탐욕을 조금도 용인하지 않으신다. 인간은 자신이 가장 끌리는 것들을 탐욕이 아니라고 부정하기 때문이다.

이처럼 율법의 둘째 돌판은 우리의 사랑의 토대가 되는 하나님의 사랑을 위해서 우리가 타인에 대해 행해야 할 의무가 무엇인지 충분히 알려 준다. 우리의 교훈이 먼저 하나님에 대한 두려움과 공경 위에 든든히 서 있지 못하면, 둘째 돌판이 가르치는 것을 계속 반복해도 전혀 소용이 없을 것이다.

율법의 본질: 완전한 의

이제 율법의 목적이 무엇인지 판단하기가 어렵지 않을 것이다. 율법의 목적은 인간의 삶이 하나님의 순결하신 모범에 부합하기 위한 완전한 의다. 우리 주님은 그분의 속성을 율법으로 설명하셨으므로, 만약 사람이 그 명령을 준행하려 하면, 그는 자신의 삶 속에서 하나님의 형상 자체를 구체적으로 나타낼 것이다. 모세는 이스라엘에게 하나님의 계명을 기억하게 해주면서 이와 같이 요약한다. "이스라엘아, 하나님께서 너에게 명하시는 것은 오직 그를 두려워하며 그의 길에서 걸으며, 그를 사랑하고 그를 네 온 마음과 온 영혼으로 섬기며, 그의 계명을 지키는 것이 아니냐?"신 10:12-13 이것이야말로 모세가 율법의 목적을 가르치고 싶을 때마다 항상 반복하여 말하던 주제다. 또한 율법의 교훈이 바라보는 목적은 다음과 같다. 율법은 인간이 거룩한 삶을 통해서 그의 하나님과 연합하게 하고, 모세가 다른 곳에서 말하듯이, 인간이 하나님께 굳게 붙어 있게 하는 것이다.신 11:22 여기서 거룩함은 두 가지 측면에서 성취된다. 하나는 우리의 온 마음과 온 영혼과 온 힘으로 주 우리 하나님을 사랑하는 것이고, 다른 하나는 우리 이웃을 자기 자신처럼 사랑하는 것이다.신 6:5, 레 19:18, 마 22:37-39

그러므로 첫째 요지는 우리 영혼이 하나님을 향한 사랑으로 온전히 충만해져야 한다는 것이다. 그 뒤에 우리 이웃을 향한 사랑이 따라온다. 바울도 이 계명들의 목적이 순결한 양심과 거짓 없는 믿음에서 나오는 사랑이라고 기록할 때 그렇게 이해했다.딤전 1:5 여기서도 우리는 선한 양심과 믿음, 곧 경건과 하나님 경외가 가장 먼저 나오고, 그다음에 사랑이 뒤따라오는 순서를 본다. 그러므로 우리가 율법은 몇 가지 의의 사소한 기초 사항만 가르침으로써 인간을 온전한 길로 이끌지는 않고 겨우 시작 단계에만 이르게 한다고 믿는다면, 우리는 어리석은 자가 될 것이다. 누구도 모세와 바울이 말하는 온전함보다 위대한 온전함을 바랄 수 없기 때문이다. 하나님을 경외함으로, 하나님의 존엄하심에 대한 영적 예배로, 하나님의 계명에 대한 순종으로, 하나님의 의와 그분의 모든 길로, 순결한 양심으로, 그리고 믿음과 사랑의 순전함으로 훈련하고 양육하기 위해 마련된 교훈에 만족하지 못하는 사람이 있다면, 과연 그 사람은 무엇을 더 원한다는 것인가? 우리가 율법의 계명들에 대해 앞에서 했던 설명은 다음과 같이 확인된다. 그 계명들은 경건과 사랑에 필요한 모든 것을 담고 있다. 마치 율법이 하나님의 뜻의 절반만 가르치기라도 하는 듯이, 어떤 사람들은 율법의 한두 요소에만 집착하는데, 사도가 말한 대로 그들은 율법의 목적을 완전히 오해하고 있다.

첫째 돌판은 종종 성경에 암시된다

그리스도와 사도들이 율법을 요약할 때, 그들은 때때로 첫째 돌판에 대해서는 언급을 생략한다. 우리는 이 문제를 다룰 필요가 있다. 많은 사람들이 이 문제에 대해서 실수를 저지르면서, 율법의 절반에만 해당하는 말씀들을 율법의 전체 내용으로 가리키기 때문이다. 마태복음에서 그리스도는 율법의 주요 부분이 자비와 공의와 믿음으로 되어 있다고 선포하신다.마 23:23 여기서 "믿음"이라는 단어는 틀림없이 '진리'를 뜻한다. 그런데도 어떤 사람들은 이 말씀을 율법 전체로 확대하기 위해서 "믿음"을 "신앙"으로 이해한다.

그것은 부자연스러운 해석이다. 거기서 그리스도는 사람이 자신의 의를 드러내어 나타내기 위해 내세우는 행위들을 설명하고 계시기 때문이다. 우리가 이 주장을 따른다면, 성경 다른 곳에서 그리스도께서 영생에 들어가기 위해 어떤 계명들을 지켜야 하는지 질문을 받으셨을 때, 다음과 같이 대답하시는 것에 놀라지 않을 것이다. "너는 살인하지 말라. 너는 간음하지 말라. 너는 도적질하지 말라. 너는 거짓 증언하지 말라. 너는 네 아버지와 어머니를 공경하라. 너는 네 이웃을 자기 자신처럼 사랑하라."마 19:18-19 첫째 돌판의 명령에 대한 준수는 마음의 내적 성향이나 의식 참여에 관련되었기 때문이다. 마음의 성향은 눈으로 볼 수 있는 것이 아니다. 위선자들은 의식 준수에는 누구보다 세심했다. 그러므로 사랑이라는 행위야말로 의를 더욱 믿음직스럽게 증거해 준다.

우리가 의를 얻는 데 있어서 사람들과 더불어 선하고 정직하게 살아가는 것이 하나님을 두려워하며 경건으로 그분의 이름을 높이는 것보다 더 중요하다고 할 수 있을지 아마 누군가는 묻고 싶을 것이다. 나는 "그렇지 않다"고 대답하겠다. 하나님을 먼저 두려워하지 않으면 누구라도 결코 사랑하며 살아갈 수 없기 때문이다. 사람이 하는 사랑의 행위들은 그 사람의 경건을 증명해 준다. 또한 선지자가 말하듯이, 하나님은 우리에게서 선한 것을 받으실 필요가 하나도 없기 때문에,[시 16:2] 우리에게 그분을 위해서 할 수 있는 선한 일을 하는 데 애쓰라고 명하지 않으신다. 다만, 이웃에 대해 선한 행위를 하라고 명령하시며 우리를 훈련하신다. 바울이 신자가 온전히 완성되기 위한 핵심이 사랑이라고 말했던 충분한 이유가 여기에 있다.[엡 3:19] 다른 곳에서 바울은 사랑을 율법의 완성으로 부르면서, 자기 이웃을 사랑하는 사람은 율법을 이루었다고 말한다.[롬 13:8] 또한 그는 율법이 "너는 네 이웃을 네 자신처럼 사랑하라"는 한 말씀 안에 온전히 다 들어 있다고 기록한다.[갈 5:14] 바울은 오직 우리 주님께서 다음과 같이 선포하신 말씀만 가르쳤을 뿐이었다. "사람들이 네게 해주기를 바라는 대로 너도 그들에게 해주어라. 여기에 모든 율법과 선지자들이 들어 있기 때문이다."[마 7:12] 분명 율법과 선지자들은 믿음과 하나님의 이름에 대한 공경을 우선했고, 그다음으로 이웃에 대한 사랑을 명령했다. 여기서 하나님은 우리가 그분을 참으로 두려워한다면, 그 증거로 다른 사람에게 의와 공평을 행하라고 명령하신다. 율법에 있어서 주님께서 우리에게 알려 주시려는 것이 바로 그것이다.

자기 사랑과 이웃 사랑

여기서 잠시 이 점에 대해 깊이 생각해 보자. 우리의 인생이 모든 방법을 동원하여 이웃에게 유익을 끼친다면, 우리의 인생은 하나님의 뜻에 진정으로 일치하게 될 것이다. 반대로, 율법의 말씀 중 단 한 음절도 사람이 자신에게 이익을 끼치기 위해 무엇을 해야 한다거나 하지 말아야 한다고 명령하지 않는다. 참으로, 인간이란 천성적으로 아주 심하게 자신을 사랑하는 성향을 갖고 있기 때문에, 율법은 그처럼 본질적으로 과도한 자기 사랑을 자극할 필요가 전혀 없었던 것이다. 그래서 계명을 지키는 것은 자신을 사랑하라는 뜻이 아니라, 하나님과 우리의 이웃을 사랑하라는 뜻임이 분명하다. 무릇 자신을 위한 삶이 적은 사람일수록 선하게 생활하고 있다고 할 수 있다. 반대로 자신의 이익만을 생각하며 자기 자신을 위해 사는 사람이야말로 가장 엉망인 사람이라 하겠다.

우리가 이웃에게 마땅히 품어야 할 사랑의 감정들이 무엇인지 조금 더 잘 설명해 보면, 사실 주님은 우리의 자기 사랑을 언급하시며 그것을 규칙과 모범으로 우리 앞에 제시하신다. 우리는 이 점을 신중하게 잘 묵상해야 한다. 이 비유는 어떤 궤변론자들이 해석하듯이 해석해서는 안 된다. 그들은 우리 각자가 먼저 자신을 사랑한 후에 이웃을 사랑하라는 것이 주님의 첫째 명령이라고 주장한다. 하지만 우리가 자신을 위해 남에게 요구하는 사랑을 먼저 남에게 베풀어야 한다는 것이 주님의 뜻이다. 그래서 사도는 사랑이 자기 유익을 구하지 않는다고 선포한다.고전 13:5 궤변론자들의 그런 유추는 지푸라기 한 오라기만큼의 가치조차 없다. 그들은 그들의 규정으로 측정된 어떤 것보다 그들의 규정이 더 우월하다고 주장한다. 그들의 주장에 따르면, 주님은 우리 자신에 대한 사랑으로 이웃에 대한 사랑을 측정하신다. 나는 그들에게 이렇게 대답하겠다. 우리 주님은, 마치 이웃에 대한 사랑이 자기에 대한 사랑보다 못하다고 여기시는 것처럼, 자기에 대한 사랑을 규칙으로 세운 후 이웃에 대한 사랑을 그 규정에 따라 언급하지 않으신다. 오히려 사랑에 대한 우리 천성의 의지가 자신에게 집중되어 있기 때문에, 우리 자신에 대한 사랑이 멀리 확장되어서 자신에게 선을 행하는 것 못지않게 다른 사람에게도 기꺼이 선을 행해야 한다고 가르치신다.

더욱이, 선한 사마리아인의 비유에서 예수 그리스도는 "이웃"이라는 단어로 우리가 가장 낯설게 여기는 사람들 모두를 가리키셨다.눅 10:36 그러므로 우리는 우리와 무슨 관계가 있거나 친밀한 사람에게만 사랑의 의무를 행하기로 제한해서는 안 된다. 물론 가까운 사람일수록 그 사람을 도와야 할 의무가 더욱 당연해진다는 사실을 나도 부정하지 않는다. 인간에 대한 율법은 가족 관계나 우정, 지역적으로 가깝게 연결되어 있을수록 우리가 더욱 서로에게 많은 것을 베풀어야 한다고 가르친다. 그것은 하나님을 거스르는 것이 아니며, 그분은 우리가 그렇게 행하도록 섭리하며 이끄신다. 그러나 나는 우리가 사랑의 영으로 단 한 사람도 예외 없이, 그리스인과 야만인을 구별하지 않고, 그들이 그럴 만한 가치가 있는지 없는지 따지지 말고, 그들이 친구이든 원수이든 상관없이 모든 인간을 품어야 한다고 지적하고 싶다. 우리는 이웃을 그 모습 그대로 보는 것이 아니라, 하나님 안에서 바라보아야 하기 때문이다.[12] 우리는 이웃을 그렇게 대하는 태도를 그만둘 때 여러 가지 실수를 저지르게 된다. 그것은 놀랍지 않다. 우리가 사랑의 곧은길을 계속 걸어가려면 우리의 시선, 곧 너무 자주 우리가 그들을 사랑하기보다는 미워하게 하는 관심을 그들에게 고정해서는 안 된다. 우리는 우리의 시선을 하나님께 고정해야 한다. 하나님은 그분에 대한 우리의 사랑을 모든 사람에게로 확장하도록 명령하심으로써, 우리가 그분을 사랑한다면 어떤 사람이든 상관없이 사랑해야 한다는 원칙을 항상 고수하게 해주신다.

사랑의 법에 대한 스콜라학자들의 주장

그러므로 스콜라학자들이 원수에게 복수하려 하지 말고 도리어 사랑하라는 주님의 명령을 단순한 "권고들"로 변질시킨 것은 그들의 무지나 방자한 악의 때문이다.

스콜라학자들은 우리가 이 "권고들"에 순종해도 되고 순종하지 않아도 된다고 말한다.[13] 그들은 수사들이 일반 그리스도인보다 완벽한 의를 지닌다고 보면서, 수사들은 그들이 복음적 권고라고 부르는 이 권고들을 지키기 위해 헌신한 자들이기에 오직 수사들만 이 권고들을 철저히 따라야 한다고 주장한다. 스콜라학자들은 그들이 이 권고들을 계명으로 여기지 않는 이유를, 은혜의 법이 다스리는 그리스도인에게는 이 권고들이 매우 무겁고 어렵기 때문이라고 설명한다.

그들이 이웃 사랑에 대한 하나님의 영원한 율법을 감히 폐지하기 위해 취하는 방식이 이런 것인가? 성경 어디에서 그런 구별을 찾을 수 있다는 것인가? 오히려 성경에서는 그와 정반대로, 우리의 원수를 사랑하도록 준엄히 명령하는 많은 계명들이 발견되지 않는가? 우리의 원수가 굶주릴 때 먹여 주어야 한다는 명령, 우리 이웃의 소나 나귀가 길을 잃으면 길로 돌아가게 해주어야 한다는 명령, 그 가축이 길에서 쓰러지면 일으켜 주어야 한다는 명령이 우리의 원수에 대한 사랑 말고 무엇을 달리 뜻할 수 있는가?잠 25:21, 출 23:4-5 우리 원수의 가축에게는 잘해 주더라도 원수에게는 아무런 사랑도 베풀지 말아야 하는가? 그런가? 원수 갚는 것은 오직 하나님께만 속한다는 말씀과,신 32:35 하나님께서 각 사람에게 합당하게 갚으실 것이라는 말씀은히 10:30 하나님의 영원한 말씀이 아니란 말인가? 동일한 요지가 성경의 다른 곳에서 더욱 분명하게 말씀되었다. "너는 복수하려 하거나, 네 이웃이 네게 행한 잘못들을 기억하려 하지 말라".레 19:18

스콜라학자들은 이 율법 조항들을 지워 버리거나, 아니면 하나님께서 그들이 상상하는 대로 겨우 조언자로서가 아니라 율법의 제정자로서 진실하게 행하셔서 이 조항들을 명령하셨음을 인정해야 할 것이다. 또한 그들이 어리석은 설명으로 변질시켜 버린 다음과 같은 주님의 말씀은 무엇을 뜻하는가? "너희 원수를 사랑하고, 너희를 미워하는 자들에게 선을 행하고, 너희를 핍박하는 자들을 위해 기도하고, 너희를 비방하는 자들에 대해서 좋게 말하라. 그리하면 너희가 하늘에 계신 너희 아버지의 자녀가 되리라."마 5:44-45, 눅 6:27-28 크리소스토무스는 이 말씀이 권면이 아닌 명령이라는 사실은 필연적으로 명백하다는 결론을 내렸다.[14] 과연 누가 크리소스토무스와 다른 결론을 내릴 수 있겠는가?

율법에 대한 성경의 증거와 아버지의 증거

만약 주님께서 그분의 자녀들 중 우리를 제거하신다면 우리에게 무엇이 남겠는가? 이 랍비 행세하는 자들이 보듯이, 하나님의 자녀가 되기에 적합한 수사들만 하나님을 감히 그들의 아버지라고 부를 것이다! 그건 그렇다 치더라도, 그러면 교회는 어떻게 되는 것인가? 그 추론에 따른다면, 교회는 이방인들과 세리들과 더불어 추방되고 말 것이다! 우리 주님은 계속해서 이렇게 말씀하시기 때문이다. "만약 너희가 너희 친구들만 사랑한다면, 너희가 무슨 호의를 기대하겠느냐? 이방인들과 세리들도 똑같이 하느니라."마 5:46 우리가 "그리스도인"이라는 이름을 가졌으면서도 정작 하늘의 유산을 송두리째 빼앗기는 꼴을 정말 당해야 하겠는가?

그러므로 우리가 설명하는 그런 부류의 인간들은 하나님의 모든 자녀가 함께 지고 있는 멍에를 서슴없이 거절하기 때문에 자신이 마귀의 진짜 자식임을 보여주고 있는 셈이다. 솔직히 말해, 나는 저들이 그 주장을 퍼뜨리며 과시한 멍청함과 뻔뻔함 중에서 무엇에 더 놀라야 할지 모르겠다. 초대 교부들 중에서 이 교훈들이 모두 실제로 확실한 계명이라고 말하지 않는 사람은 아무도 없기 때문이다. 사실 우리가 잘 아는 대로, 그레고리우스Gregorius는 이 교훈들을 아무 거리낌 없이 계명으로 간주했고,[15] 이후로 줄곧 이 문제에 대해 아무런 논쟁도 없었다. 그들의 논증이 얼마나 어리석은지 한번 들어 보라. 그들은 이 교훈들을 가리켜 그리스도인이 지기에 너무 무거운 짐이라고 한다. 마치 우리가 우리의 온 마음과 온 영혼과 온 힘으로 하나님을 사랑하라는 계명보다 무언가 더 힘든 계명을 상상할 수 있다는 듯이 말이다! 이 계명과 비교하면, 우리의 원수를 사랑해야 할 의무이든, 복수하려는 온갖 욕망을 버릴 의무이든 쉽지 않은 것은 없다. 물론 우리는 연약해서, 율법에 들어 있는 모든 것은 그 가장 작은 세부 사항까지 포함하여 우리에게 고상하고 어렵다. 우리가 고결하게 살 수 있는 능력은 오직 하나님을 통해서만 얻는다. "하나님은 그가 명령하시는 것을 주시며, 그가 원하시는 것을 명령하신다."[16]

그들은 그리스도인이 은혜의 법의 통치를 받는다고 주장하는데, 그것은 그리스도인이 모든 제약에서 벗어나 제멋대로 살아도 된다는 뜻이 아니다. 오히려 그리스도인은 그리스도에게 접붙여진 자들로서, 그리스도의 은혜로 율법의 저주에서 구속된 후 그리스도의 영이 그들 마음에 쓰신 법을 지니고 있다. 바울은 성경 어디에서 한 법과 또 다른 법을 비교하며 그가 했던 비유를 지속하려는 요량으로 이 은혜를 대략적으로 가리켜 "법"이라고 부른다.롬 8:2

모든 율법 위반은 당연히 정죄된다

이 바보들은 참 어이없게도 여기 "법"이라는 용어에서 고차원적인 신비를 본다. 가벼운 죄에 대한 그들의 진술 역시 똑같이 무의미하다. 그들은 율법의 첫째 돌판을 위반하는 은밀한 불경건과 마지막 계명에 대한 공공연한 위반을 가리켜 둘 다 "가벼운 죄"로 부른다. 그들의 정의에 따르면, 가벼운 죄는 고의적 동의가 빠진 악한 욕망이요, 마음에 오래 머무르지 않는 악한 욕망이다. 나는 정반대로 주장하고 싶다. 어떤 악한 욕망이든 우리 마음에 들어오게 되면 우리는 그때마다 율법의 요구를 행하지 못하게 된다.

율법은 우리가 이방 신들을 두지 못하도록 금지한다. 그래서 영혼이 하나님을 불신하고 머뭇거리며 이리저리로 시선을 돌릴 때, 흔들리는 영혼이 하나님 안에서가 아닌 다른 데서 자기의 행복을 찾으려 할 때, 분명히 그런 충동은 아무리 미미하다 하더라도 그 유혹에 접하게 된 영혼 속의 어떤 공허함에서 나오기 마련이다. 이것이 바로 영혼의 전부나 일부의 힘이 하나님을 사랑하는 데 집중하지 않을 때 우리가 율법에 순종하지 못하는 이유다. 하나님의 통치를 싫어하고 반대하게 하려는 시험이 우리를 뒤흔들 정도로 강력하거나, 혹은 우리에게 미세하게 속삭임으로써 결국 우리가 하나님께 온전히 순종하지 않고 그분의 뜻을 온 마음을 다해 받아들이지 않게 된다면, 그것은 하나님의 통치가 우리 양심 안에 확고히 세워지지 못했음을 알리는 신호다. 우리가 이미 말했듯이, 마지막 계명이 확실히 지적하는 것이 바로 이 부분이다. 우리의 마음이 이미 어떤 악한 욕망의 자극을 느꼈는가? 그렇다면 우리는 이미 그 탐욕 때문에 정죄된 상태에 있으며, 따라서 율법을 범한 상태에 있다. 주님은 우리 이웃의 소유를 잃게 하는 어떤 계책이나 수단도 금지하셨을 뿐만 아니라, 우리 속에 탐욕을 일으키거나 확산시킬 수 있는 것도 금지하셨기 때문이다. 율법을 범하는 곳에 하나님의 저주도 임박해 있다. 그러므로 제아무리 사소한 탐욕이라 할지라도 죽음의 형벌을 면하지는 못한다.

나에게 동의하지 않는 자들은 그리스도의 이 말씀이 무슨 뜻인지 말해 주기 바란다. "율법의 지극히 작은 것 하나를 범하고 사람들에게 그렇게 가르치는 자는 천국에서 전혀 쓸모가 없으리라."마 5:19 율법 위반이 사형에 해당되지 않는다는 듯이 그것을 감히 사소하게 취급하는 사람들이야말로 바로 그런 자와 한통속이 아니겠는가? 그들은 명령된 것 자체만 아니라 그 명령을 하신 분이 누구인지에도 깊은 관심을 기울여야 한다. 아무리 사소한 위반이라 하더라도 하나님의 권위를 손상시키지 않는 율법 위반은 존재하지 않는다. 하나님의 존엄이 어떤 방식으로든 침범되는 것이 그들이 보기에는 작은 일이란 말인가? 나아가, 주님께서 그분의 뜻을 율법으로 계시하셨다면, 율법을 위반하는 것은 무엇이든 다 하나님을 불쾌하게 할 것이다. 저들은 하나님의 진노가 미미하고 무력해져서 어떤 보복도 즉시 뒤따르지 않을 것으로 생각하고 있는가? 저들이 그 볼품없는 간교한 계략으로 하나님의 진리를 가리기보다는 그분의 소리에 귀를 기울이기만 해도, 다음과 같은 하나님의 아주 분명한 말씀을 들을 수 있을 것이다. "범죄하는 영혼은 반드시 죽으리라."겔 18:4, 20 "죄의 삯은 사망이니라."롬 6:23

이 사람들은 탐욕을 부인할 수 없기 때문에 탐욕을 죄로 인정한다. 하지만 그들은 탐욕이 도덕적 범죄는 아니라고 주장한다. 그들이 오래도록 자신의 어리석음에 집착하고 있음을 고려할 때, 나는 그들이 이제 최소한 회개라도 했으면 좋겠다. 하지만 그들이 완고한 태도를 계속 고집한다면, 하나님의 자녀들은 그들이 계속 그렇게 간계를 부리도록 내버려 두어야 한다. 그리고 하나님의 자녀들은 모든 죄가 하나님의 뜻에 대한 반역이요 그분의 진노를 반드시 일으키게 되어 있으므로, 모든 죄는 죽어야 할 죄임을 인정해야 한다. 죄는 하나님께서 단 하나의 예외 없이 영원한 죽음을 선포하신 율법 위반과 관련되기 때문이다. 성도와 신자들이 저지르는 죄악에 대해서라면, 그 죄들은 분명 용서받을 만하다. 다만, 그 용서는 그 죄들의 본질 때문이 아니라 하나님의 자비 때문에 이루어지는 것이다.

율법의 저주와 율법의 약속

앞에서 우리는 율법이 우리에게 완벽한 의를 가르친다고 확정했고, 따라서 온전한 율법 준수여야 하나님 보시기에 온전히 의롭다는 결과가 뒤따른다. 그렇게 해야 사람이 하나님의 하늘 보좌 앞에서 의롭다고 인정될 수 있기 때문이다. 율법을 공표한 모세가 즉시 하늘과 땅을 불러서 그가 이스라엘 사람들 앞에 생명과 죽음, 선과 악을 두었음을 증언하게 한 것도 바로 그 이유 때문이었다.신 30:19 주님께서 약속하셨듯이, 온전한 율법 순종에 대하여 영원한 생명이 상으로 주어진다는 것은 어떤 부정도 있을 수 없다.

한편으로, 우리는 과연 우리가 구원받았다고 굳게 확신할 수 있을 정도로 율법을 성취할 수 있을지 질문해야 한다. 만약 우리가 율법에 순종하여 구원을 얻을 수 있음을 알지 못한다면, 율법 순종의 대가로 영생을 바랄 수 있다는 말씀을 듣는 의미가 무엇인가? 율법의 연약함이 정확히 바로 여기서 드러난다. 이와 같은 순종은 우리 중 누구에게도 해당하지 않으므로, 우리는 생명의 약속으로부터 제외되어 있으며, 영원한 저주 아래로 떨어진다. 내가 지금 말하는 것은 장차 있을 일이 아니라 장차 반드시 있어야 할 일이다. 율법의 가르침은 인간 능력을 훨씬 멀리 벗어나는 것이므로, 우리는 멀리 떨어져서 율법에 담긴 약속들을 바라보기만 할 뿐 결코 그 혜택을 받을 수는 없다. 그러므로 우리는 가치 있는 아무것도 얻을 수 없다. 다만, 우리가 그렇게 하는 과정 중에 모든 구원의 소망이 사라지고 다가올 죽음만이 드러나기 때문에, 우리는 인간의 비참함을 더욱 확실히 보게 될 따름이다. 율법 자체는 우리 앞에 두려운 위협을 놓는다. 이 위협은 우리 중 일부만이 아닌 우리 전부를 송두리째 덮친다. 우리를 덮친 이 위협은 무자비하고 잔혹하게 우리를 쫓아다니고, 우리는 오직 율법의 확고한 저주만을 의식하게 된다. 그래서 우리가 율법만 바라본다면, 우리가 할 수 있는 일이란 낙심하는 것뿐이요 혼란과 절망뿐이다. 율법으로는 우리 모두가 저주와 정죄를 받게 되어, 우리 중에서 율법을 지키는 자에게 약속된 복에서 제외되지 않는 사람은 아무도 없기 때문이다.

혹시 누군가 하나님께서 우리를 속이기를 즐기시는지 물을지도 모른다. 하나님께서 인간에게 행복의 소망을 계시하셔서 인간이 그 행복을 얻고 싶어 하도록 자극하고 격려하시며 그 행복이 인간을 위해 준비되어 있다고 약속하시지만, 결국 그 행복으로 들어가는 문을 닫아 버리시는 것은 마치 조롱처럼 보이기 때문이다. 내 대답은 이렇다. 율법의 약속들이 헛되이 주어지지는 않았지만 그것들은 조건적이며, 모든 의, 곧 인간 중에서 발견될 수 없는 의를 획득한 자들을 위해서만 그 약속들이 이루어질 수 있다. 일단 우리는 하나님께서 그분의 선하심으로 우리를 우리의 행위와 상관없이 받아 주지 않으시면 율법의 약속들이 우리에게 아무것도 해줄 수 없음을 먼저 이해해야 하고, 또한 하나님께서 우리에게 복음으로 베푸신 그분의 선하심을 받아들여야 한다. 그러고 나서야 비로소 조건적인 성격의 그 약속들이 헛되지 않게 된다. 그런 다음 주님은 그분의 자비로 우리의 불완전한 순종을 어떻게든 거절하지 않기 위해 일하시고, 우리에게 부족한 것을 이해하고 용서하심으로써 우리의 불완전한 순종을 선하고 완전한 것으로 받으시며, 율법의 약속들에 첨부된 조건이 이루어진 것으로 간주하셔서 그 열매를 우리에게 베푸신다. 이와 같은 정도로 하나님은 우리에게 모든 것을 참으로 값없이 주신다. 이 문제는 내가 믿음으로 얻는 의로움에 대해서 논의할 때 보다 충분히 다루게 될 것이다. 그러니 여기서는 더 이상 다루지 않기로 하겠다.[17]

성취될 수 없는 율법

우리는 여기서 율법 준수가 불가능하다고 했던 우리의 주장을 간략히 확인하고 설명해야겠다. 이 주장은 히에로니무스에게 대단히 불합리한 사상처럼 보였고, 그래서 히에로니무스는 이 사상을 서슴없이 악하다고 정죄했을 정도다.[18] 나는 히에로니무스가 그렇게 한 이유에 대해서는 관심이 없다. 단순한 진리를 그냥 이해하는 것만으로 충분할 것이다. 또한 나는 가능성의 다양한 등급을 중요하게 구별하지도 않을 것이다. 나는 지금까지 나타나지 않았던 것, 그리고 앞으로도 하나님의 말씀과 법으로 결코 나타나지 않을 것을 가리켜 "불가능"으로 부른다. 우리가 기억할 수 없는 시점으로부터 아무리 멀리 거슬러 가더라도 성도들 중 단 한 사람도 죽을 몸의 감옥에 있는 동안 자신의 온 마음과 온 영혼과 온 힘으로 하나님을 사랑할 만큼 완전한 사랑을 소유한 적이 없다고 나는 주장한다. 더 나아가, 나는 어떤 악한 욕망에도 얼룩지지 않은 채로 남았던 사람은 하나도 없다고 주장한다.

나는 성자들을 하늘의 천사도 미치지 못할 순결한 사람으로 보는 미신적 관점에 대해서 잘 알고 있다. 하지만 그 관점은 성경과 경험에 위배된다. 더욱이, 나는 인간이 자기 육체로부터 해방되기 전까지는 결코 완벽함이라는 목표에 도달할 수 없다고 강력히 주장한다. 성경의 많은 증언들이 이 점을 명백하게 입증해 준다. 솔로몬은 성전을 봉헌하면서 세상에 범죄하지 않는 자가 없다고 주장했다.[왕상 8:46] 다윗은 아무도 하나님 보시기에 의로울 수 없다고 선언했다.[시 143:2] 그런 말씀은 욥기에서도 자주 반복된다.[욥 9:2, 25:4] 바울은 누구보다 더 이 점을 분명하게 밝힌다. 그는 "육체는 성령을 거슬러 욕망하고, 성령은 육체를 거슬러 욕망한다"고 기록한다.[갈 5:17] 바울은 율법 아래 있는 모든 사람이 저주를 받음을 증명하기 위해, "언제나 계명들에 복종하지 않는 사람은 누구나 저주를 받는다"고 기록된 단 하나의 사실로부터 추론을 전개한다.[갈 3:10, 신 27:26] 이것으로 바울이 뜻한 것 혹은 절대적 사실로 진술한 것은, 아무도 언제나 순종할 수는 없다는 것이다.

성경이 선포하는 것은 모두 영원한 진실로, 그리고 필연적인 것으로 받아들여져야 한다. 펠라기우스주의자들은 바로 이 점을 악용하는 방식의 주장으로 아우구스티누스를 공격하곤 했다. 그들의 중상을 피하고 싶었던 아우구스티누스는, 주님께서 원하신다면 죽을 인간을 천사와 같은 완전함에까지 고양시키실 수 있었으나 결코 그렇게 하신 적이 없고 미래에도 그렇게 하지 않으실 것인데, 그 이유는 그분이 이와 다르게 말씀하셨기 때문임을 인정했다.[19] 나는 아우구스티누스가 한 말을 부정하지는 않지만, 하나님의 권능을 굳이 하나님의 진리와 충돌하게까지 만들 필요는 없다고 덧붙이고 싶다. 우리 주님께서 불가능하다고 선포하셨던 것은 지금도 여전히 불가능하다. 이 사실을 부정할 자는 아무도 없을 것이다. 혹시 어떤 사람들이 이 사실을 놓고 더 따지고 싶다면, 우리는 예수 그리스도의 말씀을 그들에게 제시하고자 한다. 누가 구원받을 수 있느냐는 제자들의 질문을 받으신 예수 그리스도는 사람으로는 그것이 불가능하지만 하나님으로는 모든 것이 가능하다고 대답하셨다.마 19:25-26 아우구스티누스는 우리가 이생에서는 하나님께 마땅히 드려야 할 사랑을 결코 드릴 수 없음을 확고하게 논증했다. 아우구스티누스의 진술에 따르면, "아무도 하나님의 선하심을 먼저 경험하지 못하면 하나님을 온전히 사랑할 수 없을 만큼, 사랑은 지식에서 나온다. 이제 우리가 세상에서 순례자로 있는 동안, 우리는 그것을 마치 거울로 보는 것처럼 희미하게만 알 수 있다.고전 13:12 그러므로 우리가 하나님에 대하여 가진 사랑은 불완전하다."[20] 그렇다면 이제 바울이 다른 곳에서 설명하듯이롬 8:3 우리가 이 세상에 사는 동안에는 율법을 이룰 수 없음을 절대적으로 확신하도록 하자.

율법의 첫째 기능: 죄를 확신시킴

우리가 이 모두를 분명하게 이해하기 위해 율법의 기능과 역할을 요약적으로 정리해 보자. 내가 판단할 수 있는 한, 율법은 세 부분으로 구성되어 있다.

첫째, 율법은 하나님께서 인정하시는 의를 계시함에 있어서 우리 각자에게 자신의 불의함을 일깨워 주고, 율법이 유죄와 정죄를 가져온다는 것을 명확히 한다. 율법이 그렇게 하지 않으면 자기 사랑에 눈멀고 취해 있게 될 인간은 억지로라도 자신의 사악함과 부정함을 인정하고 고백해야만

하는 처지가 된다. 인간은 자신의 허영이 드러나지만 책망받지 못하면 자신의 능력에 대한 어리석은 맹신에 빠져 교만하게 되고, 그 결과 그 능력을 자신을 위해 판단함으로써 실제로는 그것이 얼마나 작고 연약한지 깨닫지 못한다. 그러나 인간이 자신의 능력을 시험해 보며 하나님의 율법을 지키는 것이 얼마나 어려운지 알게 될 때, 자신의 교만함을 낮추어야 할 이유가 생긴다. 한때 자신의 능력을 얼마나 높게 여겼든 상관없이 인간은 이제 너무 무거운 짐에 짓눌려 비틀거리고 요동하며 쓰러져 마침내 실패하기 때문이다. 이처럼 인간은 율법의 교훈을 배움으로써 본성적으로 가득 가지고 있는 지나친 자신감에서 물러난다. 또한 인간은 우리가 앞에서 말했던 또 다른 악덕인 거만함을 말끔히 씻어 내야 한다.[21] 인간이란 자기 자신의 판단만 의지하는 동안에는 참된 의로움이 아닌 위선을 생각해 낸다. 이 위선은 인간이 하나님의 은혜를 대항하며 꾸며 낸 몇 가지 의식에 근거하여 적절히 만족하던 위선이다. 그러나 인간이 하나님의 율법을 기준으로 자신의 인생을 판단해야 할 처지가 되면 의로움에 대한 거짓된 관점을 내버리게 되고, 더 나아가 자신이 참된 거룩함과는 상상도 못할 만큼 거리가 멀고, 오히려 한때 깨끗이 씻어 낸 줄 알았던 여러 실수들로 자신이 가득 차 있음을 깨닫게 된다.

악한 욕망은 너무도 은밀하고 간교해서 인간의 눈을 쉽게 속인다. 사도는 율법이 "너는 탐내지 말라"고 말해 주지 않았다면 악한 욕망이 무엇인지 알지도 못했을 것이라고 아주 정확하게 지적한다.[롬 7:7] 율법이 욕망을 그 은신처에서 끌어내어 환히 드러내 주지 않는다면, 욕망은 아무것도 감지하지 못하게 된 가련한 자를 살해한다.

그러므로 율법은 우리에게 거울과 같다. 우리는 처음에 그 거울로 우리의 연약함을 비추어 보고, 그 후에는 그 연약함 때문에 생긴 악을, 또 그 후에는 그 연약함과 악이 결합하여 야기한 저주를 비추어 보게 된다. 이것은 마치 우리가 거울로 얼굴에 있는 얼룩을 보는 일과 똑같다. 의롭게 살 능력이 없는 사람은 계속 죄로 더럽혀진 채 남을 수밖에 없다. 율법이 우리가 저지른 위반을 더욱 심각하게 고소하면 할수록, 율법은 우리가 정죄와 형벌을 받아야 할 정당성을 더욱 강하게 보여준다. 바로 이것이 사도가 율법을 통해 죄를 아는 지식이 온다고 했던 말씀의 뜻이기도 하다.롬 3:20 거기서 사도는 중생하지 못한 죄인들에게 계시된 율법의 첫째 기능을 정의해 준다. 다음 본문들이 이와 동일한 사상을 전해 준다. "율법이 온 것은 죄를 더하기 위해서니라."롬 5:20 "그것은 하나님의 진노를 일으켜 우리를 죽이는"롬 4:15 "죽음의 처방이다."고후 3:7 양심이 자기의 죄를 인식하며 받는 고통이 심하면 심할수록, 그만큼 범죄도 더욱 확대된다. 율법 위반에는 율법을 제정하신 분에 대한 반역이 뒤따르기 때문이다. 그 결과 율법은 죄인에 대한 하나님의 보복을 더욱 격렬하게 하여 죄인을 파멸하게 만든다. 율법이 할 수 있는 것이란 오직 고소하고 정죄하고 멸망시키는 것이기 때문이다. 아우구스티누스가 말하듯이, 만약 은혜의 성령이 떠나신다면 율법은 오직 고소하고 죽이는 데만 쓸모가 있을 것이다.[22]

지금 이렇게 말하는 것은 율법에 의문을 제기하는 것도 아니고, 율법의 가치를 어떤 식으로든 손상시키는 것도 아니다. 우리가 율법에 온전히 순종하려는 의지로 율법의 다스림을 받는다면, 구원받기 위해 율법의 가르침에 친숙해지는 것만으로도 충분할 것이다. 그러나 부패하고 육신적인 우리 본성은 하나님의 영적인 법에 정면으로 대치하는 상태이며, 그 율법의 지시를 받는 것으로는 우리 본성이 개선될 수 없기 때문에, 우리가 받아들였다면 구원을 위해 주어졌을 율법이 이제 우리에게 죄와 죽음의 원인이 된다. 우리 모두는 율법을 위반하여 유죄가 확정된다. 그러므로 율법이 우리에게 하나님의 의를 더욱 많이 드러내면 낼수록, 그만큼 우리의 죄악을 더욱 많이 드러내며, 또한 율법이 의를 위해 예비된 증거를 더 많이 증언하면 할수록, 악을 행하는 자에게 예비된 파멸 역시 더욱 확고히 한다. 따라서 우리가 이렇게 말하는 것은 율법에 의문을 제기하는 것이 결코 아니며, 오히려 하나님의 선하심에 대한 가장 빼어난 찬미를 올려 드리는 것이다. 이로써 우리는 우리를 막아 율법에서 선사된 영원한 복락을 얻지 못하게 하는 것은 다름 아닌 우리 자신의 완고함임을 분명하게 알게 되었다. 따라서 우리는 마땅히 하나님의 은혜를 훨씬 더 감사히 받아들여야 한다. 하나님의 은혜는 율법이 실패할 때 우리를 도우러 찾아오며, 우리에게 이 은혜를 베푸신 하나님의 자비를 더욱 사랑하게 한다. 하나님은 우리에게 선을 베푸시는 데 결코 지치지 않으시며, 언제나 복에 복을 더해 주시는 분임을 우리가 알기 때문이다.

율법의 증거가 우리의 죄와 정죄를 확증하고 봉인한다는 사실은 우리가 그 때문에 깊은 좌절에 빠져 파멸을 자초해야 한다는 뜻이 아니다. 우리가 율법을 우리의 가장 좋은 유익을 위해 쓴다면 그런 일은 일어나지 않는다. 악인들은 그런 식으로 고통받기는 하지만, 그것은 그들의 완고한 마음 때문이다. 그러나 하나님의 자녀들은 바울이 하는 말에 관심을 기울이며 무언가 다른 것을 목표로 삼아야 한다. 바울은 우리가 율법의 정죄를 받는 것은 "모든 입이 닫혀서 온 세상이 하나님께 책임을 지기 위해서"라고 주장한다.[롬 3:19] 다른 곳에서 그는 "하나님께서 모든 것을 믿지 않음에 가두어 두신 것은 모두를 파괴하거나 멸망하도록 놔두기 위해서가 아니라 모두에게 자비를 베풀기 위해서"라고 가르친다.[롬 11:32] 그러므로 하나님의 목적은 인간이 자신의 능력에 대한 모든 신뢰를 포기하고 자신을 지탱하는 것은 오직 하나님의 손임을 인정하게 하는 것이요, 또한 인간이 온전히 빈손으로 하나님의 자비를 완전히 믿고 그 자비의 그늘에 숨은 채 오직 그 자비만이 자신의 의와 공로임을 믿게 하는 것이다. 이것이야말로 참된 믿음으로 예수 그리스도를 추구하고 바라고 기다리는 모든 사람에게 예수 그리스도 안에서 분명하게 증거된 하나님의 자비다. 율법 안에서 주님은 온전한 의에 대해서만 상을 주시는 분이며, 따라서 우리는 온전한 의가 전혀 없는 자로 드러나기 때문이다. 달리 말해, 하나님은 우리의 허물이 마땅히 당해야 할 형벌을 강력하게 시행하는 분으로 자신을 나타내시지만, 그리스도 안에서는 우리가 가련하고 쓸모없는 죄인임에도 하나님의 얼굴은 우리에게 그분의 충만한 은혜와 온유함을 비추시는 것이다.

아우구스티누스는 율법이 우리를 이끌어 하나님의 도우심을 간구하게 한다고 자주 가르친다. 그래서 그는 "율법이 명령하므로 우리는 그 계명들을 순종하도록 강요받지만 우리의 연약함 때문에 실패하게 되고, 그 결과 하나님의 도우심을 간구하는 법을 배우게 된다"고 말한다.[23] 또한 그는 "율법의 유익함은 그것이 사람에게 자신의 연약함을 확신시켜서 그리스도 안에 있는 은혜라는 치료제를 구하게 하는 데 있다"거나 "율법은 명령하고, 은혜는 옳은 것을 행할 힘을 준다"고 말하며, "하나님은 우리가 할 수 없는 것을 명령하심으로써 우리가 그분께 무엇을 구해야 할지 알게 하신다"고도 말한다.

아우구스티누스는 율법의 두 번째 유익함에 대해서는 다소 덜 분명하게 설명하는데, 아마도 한 유익함이 다른 유익함을 통해 파악될 수 있다고 여겼기 때문이거나, 혹은 그 자신도 어느 정도 확신이 없었기 때문일 것이다. 비록 우리가 설명한 대로 율법의 유익함은 하나님의 자녀들에게 적절히 적용되기는 하지만, 유기된 자들에게도 마찬가지로 적용된다. 신자들의 경우처럼 그들 역시 성령 안에서 능력을 얻기 위해 육체에 절망하지만, 그들은 두려움과 무력감에 완전히 실신해 버린다. 그들의 양심이 그 고통을 받는 것은 하나님의 심판의 공의로움을 증명해 주므로 선한 것이다. 유기된 자들은 어떻게든 하나님의 심판을 피하려고 항상 애쓰기 때문이다. 비록 하나님의 심판이 드러나게 나타나지는 않을지라도, 그들은 율법의 증거와 자기 양심이 하는 증거로 아주 겸비하게 되어 자신이 마땅히 당해야 할 것이 무엇인지 솔직하게 드러낸다.

율법의 둘째 기능: 죄의 독성을 완화함

율법의 둘째 기능은 강제해야 겨우 선을 행하려는 자들을 설득함으로써, 그들이 율법에 포함된 끔찍한 위협을 들은 후 그 형벌에 대한 두려움 때문에 자신의 사악함에서 최소한이라도 물러서게 하는 데 있다. 그들이 그 사악함에서 물러서는 이유는 마음이 내적으로 움직여지거나 감동되기 때문이 아니라, 강제로 억제되어 그들의 악한 목적을 이루지 못하도록 차단되기 때문이다. 그렇지 않으면 그들은 완전히 방종에 빠져 그 악한 목적을 추구할 것이다. 따라서 그들은 어떤 면에서든 하나님 보시기에 더 의롭지도 않고 더 선하지도 않다. 그들이 두려움이나 수치심에 억제되어 마음의 욕망을 잠시도 이루지 못하고 다스릴 수 없는 격분을 쏟아 내지는 못하더라도, 그들의 마음은 결코 하나님께 승복하여 그분을 두려워하거나 순종하지는 않는다. 오히려 그들의 정욕은 억제를 당하면 당할수록 더욱 뜨겁게 불타오르며, 그들을 억제하는 율법의 공포가 없다면 그들은 온갖 사악한 일을 저지르려는 자세를 더욱더 잘 갖추게 된다.

그들은 그 마음이 악한 채로 남게 될 뿐만 아니라, 하나님의 율법에 대해 풀리지 않는 증오를 품게 된다. 하나님께서 율법을 제정하신 분이므로 그들은 하나님을 참으로 증오하게 되고, 할 수만 있다면 그분을 기꺼이 제거하려 한다. 그들은 하나님께서 선하고 거룩하고 의로운 것을 명령하셨으며, 그분의 존엄을 경멸하는 모든 자에게 보응하실 것이라는 진실을 생각하는 것조차 싫어하기 때문이다. 이 충동은 사람에 따라 감추어져 있기도 하고, 보다 뚜렷하게 나타나기도 하다. 그러나 그 충동은 중생하지 못한 모든 사람 안에 들어 있다. 그들은 마음이 움직여서 어느 정도 율법에 복종하기도 하지만, 자신의 자유로운 의지가 아니라 억지로 저항하며 그렇게 한다. 율법에 따르도록 그들을 설득하는 것은 오직 하나님의 준엄하심에 대한 두려움뿐이다. 비록 강요되고 억제되는 것이기는 해도 이런 의로움은 인간 사회에 필요하다. 주님은 우리 모두가 제멋대로 처신하면 발생할 혼돈 속으로 빠지지 않도록 만물을 억제하심으로써 인간 사회에 평화를 베푸시기 때문이다.

더욱이 하나님의 자녀들이 아직 하나님의 영을 얻지 못한 채 육신의 어리석음에 따라 생활하는 동안에는 율법의 미숙한 가르침의 다스림을 받는 것이 유익하다. 마찬가지로 종종 우리 주님은 신자들에게 즉각적으로 자신을 계시하지 않으시고, 그분이 그들을 부르시기 전에 무지함 속에서 일정 기간을 지내게 하신다. 비록 노예와 같은 두려움 때문에 부패하지 않도록 억제되기는 하더라도 그들은 아주 조금의 유익을 얻을 수 있다. 그들의 마음이 아직 조련되고 정복되지 못했기에 점차 조금씩 주님의 멍에를 지는 데 익숙해질 것이고, 주님께서 부르시는 때에 그들이 그분의 명령을 마치 새롭고 낯선 것인 양 대하며 지나치게 무지해서 순종하지 못하게 되는 것을 막아 주기 때문이다. 이 율법의 효용은 아마도 사도가 율법에 대해 진술할 때도 염두에 두었을 것이다. 사도의 진술에 따르면, 율법은 의인에게 주어진 것이 아니라, 불의한 자와 거역하는 자, 믿지 않는 자와 죄인, 악인과 더러운 자, 부모를 죽이는 자와 살인자, 간음하는 자, 거짓말하는 자와 위증하는 자, 죄에 오염되어 건전한 교훈을 배척하는 모든 자에게 주어졌다.[딤전 1:9-10] 사도가 이런 방식으로 설명하듯이, 율법은 억제되지 않으면 모든 통제를 떨쳐 내려 하는 육체의 욕망을 제어하는 고삐 역할을 한다.

율법의 셋째 기능: 신자에게 순종을 권면함

율법의 셋째 기능이자 중심 기능은 율법이 수여된 목적과 가장 긴밀하게 연결된 기능인데, 그 마음이 하나님의 성령에게 이미 다스려지고 일깨워져 있는 신자들과 관계되어 있다. 비록 하나님의 손가락이 신자들의 마음에 율법을 기록했다 하더라도, 다시 말해 신자들이 성령에게 이끌려 하나님께 순종하려는 의지로 움직이게 된다 하더라도 그들은 여전히 두 가지 측면에서 율법의 혜택을 입는다.

첫째, 율법은 신자들이 열망하는 하나님의 뜻을 더욱 분명하고 확신 있게 이해하도록 매일매일 도와주는 대단한 도구요, 또한 하나님의 뜻에 대한 신자들의 지식을 확증해 주는 대단한 도구다. 마찬가지로 종 역시 마음으로는 자신의 주인을 잘 섬기고 모든 일에서 주인을 기쁘게 하려고 노력하지만, 아직은 주인의 성품과 행동을 친숙하게 이해하고 제대로 고려함으로써 그의 성품과 행동에 적응할 필요가 있다. 우리 중에서 그럴 필요가 없는 사람은 단 한 사람도 없다. 날마다 율법의 가르침을 받으며 하나님의 뜻을 점점 더 확실히 이해하게 해주는 지혜를 아직 아무도 획득하지 못했기 때문이다. 하나님의 종 된 우리는 가르침뿐만 아니라 권면도 필요하기 때문에, 율법을 자주 묵상하며 하나님께 순종하려는 의욕을 갖게 됨으로 인내하고 순종에 머무르고 자신의 허물에서 떠나는 데 율법이 유용하다는 사실을 깨닫게 될 것이다. 바로 그렇게 성도는 열심을 다해서 계속 밀고 나가야 한다. 아무리 그들이 선을 행하려 할지라도 육체의 나태함과 육중함에 항상 붙잡힌 채로 결국에는 자신의 임무를 절대로 충분히 이행하지 못하기 때문이다.

율법은 우리 육체를 쳐서 일하게 하는 채찍질과 같다. 마치 나귀를 앞으로 움직이게 하는 데 필요한 지속적인 매질과 비슷하다. 보다 쉽게 설명하면, 영적인 사람도 자기 육체의 짐에서는 벗어나지 못하기 때문에, 율법은 그를 항상 자극하여 졸리거나 둔해지지 못하도록 막아 주는 것이다. 열정적인 찬미로 하나님의 율법을 드높인 다윗도 율법의 이 기능을 염두에 두고 있었다. 다윗은 "주님의 율법은 흠이 없어서 영혼을 돌이키게 하며, 하나님의 계명들은 의로워서 마음을 기쁘게 한다"고 노래한다.[시 19:7-8] 또한 그는 "주님의 말씀은 내 발의 등불이요, 내게 내 길을 보여주는 빛"이라고 고백하고,[시 119:105] 같은 시편의 뒤따르는 여러 구절에서도 이 사실을 노래한다. 여기 다윗의 시구들은 앞에서 인용된 바울의 가르침과 전혀 상충하지 않는다. 거기서 바울은 이미 중생한 신자가 아니라 모든 사람에게 주는 율법의 혜택을 다루었다. 반면, 여기서 선지자 다윗은 주님께서 그분의 종들의 속마음을 감동하셔서 율법을 따르게 하실 때에 그분이 교훈하시는 율법의 가르침이 얼마나 유용한지를 표현한다.

그리스도인은 율법 준수에 얽매이는가?

어떤 무지한 사람들은 이런 구별을 못해서 성급하게 모세를 거절하며 우리도 율법을 알지 못하게 하려 한다. 그들은 그리스도인이 그 속에 죽음의 처벌이 들어 있는 교훈에 집중하는 것이 올바르다고 믿지 않기 때문이다.[24] 우리는 그런 사상과는 아무런 상관도 하지 말아야 한다. 모세는 율법이 비록 죄인에게는 죽음을 가져다주더라도 신자에게는 전혀 다른 종류의 유익과 혜택을 선사한다고 아주 분명하게 밝혔기 때문이다. 임종에 가까웠을 무렵 모세는 이 점을 백성에게 다음과 같이 선포한다. "너희 지성과 마음에 내가 오늘 너희에게 증언하는 말들을 잘 간직하여 너희 자녀들에게 가르쳐야 할 것이요, 그들이 이 말들을 잘 지키도록 가르쳐 이 책에 기록된 모든 것을 행하게 하라. 너희에게 명한 말씀들은 결코 헛된 것이 아니요, 너희가 그 말씀들로 살게 하기 위함이니라."신 32:46-47

참으로 율법이 완벽한 의의 온전한 모습을 실제로 제시한다는 것이 누구도 부정할 수 없는 진실이라면, 우리는 의로운 생활에 대한 아무런 규정이 우리에게 없다고 주장하거나, 혹은 우리가 그 규정에 계속 매여 있어야 한다는 주장을 해야 한다. 의로운 삶을 위해서는 많은 규정이 아니라, 오직 영원하고 불변한 하나의 규정만 존재하기 때문이다. 그러므로 의인은 낮에도 밤에도 율법을 묵상한다는 다윗의 진술은 어느 한 시대만이 아니라 모든 시대와 세상 끝까지 해당된다.시 1:2 또한 율법은 우리가 육체의 감옥에 갇혀 있는 동안 획득할 수 있는 거룩함보다 완벽한 거룩함을 요구하고, 그래서 우리는 율법의 가르침을 포기하게 된다. 그렇다고 해서 우리는 놀랄 필요가 없다. 우리가 하나님의 은혜의 통치를 받을 때에는, 율법이 우리를 궁극적 극단까지 몰고 갈 정도로 엄격하지 않기 때문이다. 그때에 율법은 그것이 요구하는 모든 것을 우리가 이루어야만 만족하려 하지 않는다. 율법은 우리에게 완벽함을 요청하고 그것을 이루도록 재촉하면서 우리가 평생 지향해야 할 목표를 보여준다. 우리가 그 목표를 이루기 위해 끝까지 지속한다면 그것으로 충분하다. 우리의 평생은 경주와 같다. 비록 여전히 가야 할 길이 멀기는 하지만, 우리가 이 경주의 끝에 도달할 때 주님은 우리가 현재 추구하고 있는 그 목표에 도달하게 하심으로써 복을 베푸실 것이다.

그리스도께서 폐지하신 것은 율법 자체가 아니라 율법의 저주다

율법은 저주로 신자들의 양심을 마비시키지 않는다. 오히려 율법은 신자들의 양심에 호소하여 무기력에서 깨어나게 하고 불완전함에 형벌을 내림으로써 그들을 격려하는 역할을 한다. 그래서 어떤 사람들은 율법의 저주로부터의 해방을 표현하기 위해, 신자들에게는 율법이 폐지되고 취소되었다고 주장한다. 그들은 율법이 선하고 거룩한 것을 계속 요구하지 말아야 한다고 주장하지 않는다. 그들은 율법이 그들에게 더 이상 예전과 같은 것이 아니라고 주장한다. 즉, 이제는 율법이 죽음의 공포로 그들의 양심을 압도하지 못한다는 주장이다.[25] 바울이 율법의 폐지를 가르친 것은 분명한 사실이다.[롬 7:6] 더욱이, 율법을 억제하거나 멸하려는 것이 아니라고 하신 예수 그리스도께서도 동일한 사실을 말씀하신 것처럼 보인다.[마 5:17] 만약 사람들이 비난하지 않았다면, 예수께서는 그렇게 말씀하지 않으셨을 것이다. 분명 예수께서 그런 말씀을 하시게 된 어떤 이유가 있었을 것이다. 모든 오류는 어느 정도 진실에서 유래하듯이, 예수의 그 말씀은 그의 가르침에 대한 사람들의 틀린 해석에서 비롯되었을 가능성이 가장 높다.[26]

동일한 문제에 빠지는 위험을 피하려면, 우리는 율법에서 폐지된 것과 여전히 효력을 지닌 채 남은 것을 신중하게 구별해야 한다. 그리스도께서 오신 것은 율법을 폐하기 위함이 아니라 성취하기 위함이라는 말씀, 그리고 하늘과 땅이 머물러 있는 한 율법에 기록된 모든 것이 성취되기까지는 한 글자도 사라지지 않을 것이라는 말씀을 통해, 주 예수께서는 그가 오심으로써 우리가 율법에 대해 취해야 할 존중과 순종이 절대로 줄어들지 않음을 분명히 하신다.[마 5:17-18] 그것은 당연히 그러한데, 그리스도는 율법에 대한 위반을 교정하러 오셨기 때문이다. 그러므로 그리스도는 율법의 명령을 조금도 침해하지 않으신다. 율법은 우리를 가르치고 경고하고 징계함으로써 온갖 선한 일을 위해 우리를 준비시킨다. 율법의 저주에 대한 바울의 언급은 율법의 가르치는 의무와는 아무 상관이 없으며, 오직 양심을 속박하고 지배하는 의무만을 가리킨다. 율법은 본질적으로 그 명령을 가르칠 뿐만 아니라 철저히 요구도 하기 때문이다. 우리가 율법의 명령을 행하지 못하면, 심지어 율법의 궁극적인 수준에까지 이르지 못하면, 율법은 즉시 우리에게 소름 끼치는 신중함으로 저주를 선고한다. 그래서 사도는 율법 아래 있는 모든 사람이 다 저주받는다고 말한다. "무릇 율법이 명령한 모든 것을 이루지 않는 자마다 저주를 당하느니라." 갈 3:10 계속해서 사도는 율법의 엄중함에서 해방하는 죄의 용서가 자신의 의로움 위에 있지 못한 모든 사람은 다 율법 아래 있다고 말한다. 그러므로 우리는 율법에 속박되어 비참하게 죽고 싶지 않다면 그 속박에서 벗어나야 한다.

그 속박이 무엇인가? 그것은 율법이 우리를 습격하며 사용하는 무기로서 무자비한 요구인데, 아무것도 용서하지 않으며 단 하나의 흠도 형벌을 받지 않은 채로 내버려 두지 않는다. 우리를 이 처참한 저주에서 구속하기 위해 그리스도는 우리의 저주를 당하셨다. 그래서 "나무에 달린 자는 저주를 받았느니라"고 기록한다. 갈 3:13, 신 21:23 다음 장에서 바울은 그리스도께서 율법에 매여 있던 자들을 구속하려고 율법에 복종하게 되셨다고 선언하면서, 그것은 "우리가 양자 됨의 권리를 누림으로써 하나님의 자녀가 되기 위함"이라고 덧붙인다. 갈 4:5 그것이 무슨 뜻인가? 그것은 우리 양심을 족쇄와 같은 죽음의 공포로 묶어 놓은 포로 상태에 우리가 항상 붙잡혀 있어야 하는 것은 아님을 뜻한다. 그렇지만 율법의 권위는 언제든 결코 이의를 제기받은 것이 아니며, 우리는 율법을 언제나 동일한 존중심과 경외심으로 받아야 마땅하다.

도덕법 대對 예식법

성경의 또 다른 부분인 골로새서는 약간 더 어려운 질문을 제기한다. 바울은 이렇게 기록한다. "너희가 너희 죄 가운데서 죽었을 때, 그리고 너희 육체의 무할례 상태에 있었을 때, 하나님께서 그리스도와 함께 너희를 살리셨도다. 그가 너희의 모든 허물을 용서하시고, 그 법조문들로 너희를 거스르고 대적하는 기록된 증서를 지우시고, 그것을 십자가에 못 박으시

고" 등등. 골 2:13-14

여기서 바울은 율법 조항들이 우리에게 전혀 적용되지 않는다고 할 정도로 율법의 폐지를 확대하는 것으로 보인다. 어떤 사람들은 비록 도덕법의 내용은 폐지되지 않았지만 그 지나친 엄격함은 폐지되었다고 주장하면서, 바울의 이 말은 본질적으로 도덕법을 뜻한다고 본다. 바울의 말들을 보다 자세히 살펴본 다른 사람들은 그것이 정확히 예식법을 가리킨다고 설명한다.[27] 그들은 바울이 예식법에 대해서 말할 때마다 "법조문"이라는 용어를 쓰는 경향이 있다고 지적한다. 그래서 바울은 "예수 그리스도는 우리를 연합하신 우리의 평화이시요, 법조문들로 된 법령을 폐지하셨느니라"고 기록한다. 엡 2:14-15 이 말씀이 예식을 가리키는 것으로 이해해야 한다는 데는 의심의 여지가 없다. 바울이 율법을 유대인과 이방인을 분리하는 벽으로 설명하기 때문이다.

내가 믿기로 폐지된 율법에 대한 둘째 견해를 옹호하는 사람들이 첫째 해석을 비판하는 것은 옳지만, 그들 역시 사도의 말을 제대로 설명하지 못하는 것 같다. 나는 이 두 본문을 마치 완전히 똑같은 것으로 취급하며 두 본문의 뜻을 혼란스럽게 만들고 싶지 않다. 바울은 에베소 교인들이 이스라엘 백성과의 교제 속으로 들어오도록 허락되었음을 확신시키고 싶었고, 그래서 전에 그 둘을 분리했던 장애물이 제거되었다고 진술한다. 이것이 에베소서 본문의 뜻이다. 유대인이 자신을 성별하려고 사용했던 정결예법과 제사들이 그들과 이방인을 분리했던 것이다. 그러나 골로새서에서 바울이 설명하는 것은 이보다 숭고한 신비에 관한 것임이 누구에게나 분명하다. 골로새서에서는 거짓 교사들이 그리스도인을 강요하여 지키게 하려 했던 모세 율법의 규례들이 다루어진다. 바울은 갈라디아서에서도 동일한 논쟁을 다루며 이 문제를 더욱 심화하고 그 근거를 추적하는데, 골로새서에서도 똑같이 한다. 만약 예식과 관련된 문제가 오직 그 시행의 필요성에만 국한된다면, 어째서 바울이 그 예식을 증서, 곧 우리를 대적하는 기록된 증서라고 부르겠으며, 그가 우리의 구원 전체를 그 증서가 폐지되고 취소되었다는 사실로 대체한 것을 어떻게 정당하다 하겠는가?

그러므로 여기서 우리는 예식의 외적인 측면 이외의 어떤 다른 면을 들여다보아야 함이 분명하다. 아우구스티누스가 그의 책 어느 곳에 남긴 다음과 같은 매우 참된 진술을 우리가 정확한 것으로 받아들인다면, 나 역시 예식법에 관한 바른 해석을 찾았다고 확신한다. "유대인의 예식 속에는 죄를 씻기보다는 오히려 죄의 고백이 들어 있었다."[28] 결국, 유대인들이 죽인 짐승으로 자신을 대신함으로써 자신의 죽을죄를 인정하는 것 외에 과연 그들이 제사를 드리며 했던 것이 무엇이겠는가? 그들이 정결 예법을 지키면서 자신의 더러움과 오염을 인정하는 것 외에 했던 것이 무엇이 있겠는가? 그런 방식으로 유대인들은 자신의 부정함과 죄악들이 야기한 채무를 고백했던 것이다. 다만 그 고백으로 죄악에 대해 무엇을 갚았던 것은 전혀 없었다. 따라서 사도는 그리스도께서 우리를 죄악에서 구속하기 위해 자신의 죽음을 대가로 치르셨다고 주장하는데, 그 죄악은 옛 언약 아래 남아 있다가 아직 지워지지 않았던 죄악이다.[히 9:15] 그러므로 바울이 예식을 가리켜 그것을 행하는 자들에게 해로운 "증서"라고 부른 것은 올바르다. 그들은 예식을 통해 자신이 정죄받았음을 확증하고 증언했기 때문이다.

이 점은 옛 선조들이 우리가 가진 은혜에 참여했다는 사실과 상충되지 않는다. 옛 선조들도 이 은혜를 그리스도를 통해 얻었으며, 바울이 이 본문에서 그리스도와 구별하는 예식법 준수를 통해 얻지 않았기 때문이다. 일단 복음이 계시된 다음부터 예식법 준수는 그리스도의 영광을 흐리게 한다. 예식법이 양심을 강제하여 인간이 진 채무를 인정하게 하는 이른바 공식 문서라면, 예식은 그 자체로 볼 때 인간 구원에 대치되는 "증서"로 부르는 것이 정확하다. 동일한 이유로 거짓 교사들이 그리스도인의 교회가 예식법을 준수하도록 강요하려 할 때, 바울은 이 예식법의 본래 목적에 주의하며 만약 골로새 교인들이 그 강요에 굴복하면 빠져들게 될 위험을 제대로 알려 주었던 것이다. 그 위험에 빠졌더라면 골로새 교인들은 그리스도의 은혜를 빼앗겼을 것이다. 인간은 외적인 예식을 준수함으로써 자신이 하나님께 갚을 채무에서 벗어나지 못한 빚진 자임을 인정했지만, 그리스도께서 자신의 죽으심으로 정결케 하는 은혜를 최종적으로 효력 있게 하심으로써 그 모든 외적인 예식 준수를 폐지하셨기 때문이다.

제4장

믿음 및 사도신경 해설

우리는 앞 장의 논의를 통해 주님께서 그분의 율법으로 우리에게 무엇을 요구하시는지 쉽게 이해하게 되었다. 우리가 율법의 가장 작은 요구라도 따르는 데 실패하면, 하나님은 우리에게 그분의 진노와 영원한 죽음이라는 끔찍한 심판을 선고하신다. 더욱이, 율법 성취는 인간에게 매우 어려운 것일 뿐 아니라, 인간의 능력이 미치지 못하는 것임이 드러났다. 그래서 우리가 자신만을 바라보면서 마땅히 감당해야 할 것이 무엇인지 따져보면, 우리에게는 일말의 희망조차 남아 있는 것이 없으며, 오로지 두렵게 확실한 죽음만 남아 있음을 깨닫는다. 하나님께서 우리를 완전히 거절하셨기 때문이다. 그런 다음 하나님의 자비를 확실한 믿음으로 받아 그 속에 우리의 분명한 소망을 둔다면, 우리가 이 재앙을 피할 수 있는 유일한 길은 하나님의 자비임을 확인했다.

믿음은 단순한 신념보다 크다

주님께서 그분의 자녀로 택하신 모든 사람은 믿음을 통해 하늘나라의 소유자가 되는데, 이제 우리는 그 믿음을 구성하는 것이 무엇인지 설명할 때가 되었다. 잘 알려져 있듯이, 하나님에 대한 단순한 신념이나 확신은 그처럼 위대한 복을 선사하기에 충분하지 못하기 때문이다. 그러므로 우리는 믿음의 참된 본질을 알기 위해 노력할 때 더욱더 신중해야 한다. 오늘날의 사람들은 믿음에 대해서 위험스러울 정도로 무지하기 때문이다. 그런 사람들 대다수에게 믿음이란 기껏해야 일상에서 흔히 경험하는 경솔한 믿음 정도로 치부된다. 그 경솔한 믿음으로 사람은 복음이 자신에게 말하는 것에 쉽게 동의한다. 수많은 다른 죄악들처럼 이 죄악도 궤변론자들과 소르본 신학자들의 잘못임이 틀림없다. 그들은 믿음을 모호하고 흐릿하게 정의하여 믿음의 능력을 축소했을 뿐만 아니라, "성숙한" 믿음과 "미성숙한" 믿음이라는 쓸데없는 구별까지 했다.[1] 그들은 "믿음"이라는 말을 하나님 경외와 순전한 경건이 전혀 없는 신념에다 갖다 붙인다. 그런 생각은 성경 전체와 배치된다.

나는 그들의 정의를 굳이 공격하려는 것은 아니지만, 다만 주님의 말씀으로 우리에게 계시된 믿음의 본질만은 제시하고 싶다. 그러면 그들이 믿음에 대해서 얼마나 어리석게 떠들고 있는지 밝혀질 것이다. 비록 우리가 하나님에 대한 악인의 지식을 설명하며[2] 교육상 필요하다는 판단 때문에 그런 두 가지 믿음이 있다는 데 마지못해 인정은 하겠으나, 하나님의 자녀들 중에는 오직 한 가지 믿음만 있음을 우리는 바울과 함께 인정하고 고백한다.

많은 사람들이 진실로 하나님이 계심을 믿고, 복음의 내용이 진실이라고 생각한다. 하지만 그들이 그렇게 할 때, 누구든 이야기책을 읽어서 알게 되는 진실이나 눈으로 보고서 알 수 있는 진실을 받아들일 때 사용하는 것과 똑같은 판단으로 하나님을 믿기도 하고 복음을 생각하기도 한다. 어떤 사람들은 이보다 좀 더 나아간다. 그들은 하나님의 말씀을 논쟁할 여지가 없는 예언으로 여긴다. 그들은 선포된 계명을 전혀 업신여기지 않으며, 어느 정도 그 계명에 첨부된 약속에 감동도 받는다. 대체로 우리는 그런 사람들이 믿음이 없지 않다고 말하기는 하지만, 그것은 부적절한 표현이다. 그들은 하나님의 말씀에 대해 드러나게 불경한 방식으로 의문을 제기하거나 거절하거나 조롱하지도 않고, 하나님의 말씀에 순종하는 모습을 보여준다. 하지만 그것은 아무 가치 없는 믿음의 그림자나 겉모습에 불과하며, "믿음"으로 불릴 자격이 없다.

우리는 앞으로 이것이 참된 믿음과 얼마나 다른지를 제대로 길게 논의하겠지만, 여기서 미리 요점만 간략히 제시하는 것도 좋을 것 같다. 마술사 시몬은 믿은 후에 즉시 자신의 믿지 않음을 증명했다고 한다.[행 8:13, 20-23] 성경이 그의 믿음을 사실로 증언하기 때문에, 그의 믿음은 말로 시늉만 했을 뿐 마음속에는 믿음이 전혀 없었다고 하는 어떤 사람들의 주장에는 동의할 수 없다. 오히려 우리는 시몬이 복음의 위엄에 압도되어 복음을 어느 정도 믿게 되고, 기꺼이 그리스도를 생명과 구원의 주로 인정하며 받아들였다고 믿는다. 그래서 우리 주님은 누가복음 8장에서 선포하시기를, 어떤 사람들은 잠깐은 믿지만 그 사람 속에서 말씀의 씨앗이 뿌리를 내리기도 전에 질식해 버리거나, 열매를 맺기 전에 말라 죽는다고 하셨다.[눅 8:13-14] 우리는 그런 사람들이 말씀을 조금 맛보기도 하고 약간의 기쁨으로 말씀을 영접하며 말씀의 능력에 깊은 인상을 받았기에, 그들의 위선이 다른 사람들뿐만 아니라 자신의 마음까지도 기만하게 됨을 의심하지 않는다. 공공연히 말씀을 험담하고 업신여기는 것 정도가 그들이 상상할 수 있는 가장 큰 불경건함이기에, 그들은 하나님의 말씀에 대한 자신의 경외야말로 가장 참된 형식의 경건이라고 스스로 확신하기 때문이다. 하지만 그들이 복음을 어떻게 받아들이든 상관없이, 복음은 결코 그들의 마음을 뚫고 들어가 거기서 단단히 심기지 못한다. 비록 복음이 그들 마음속에서 간간이 뿌리를 내리는 듯 보이지만, 그 뿌리 속에는 생명이 없다. 사람의 마음이란 굉장히 하찮고 온갖 간교한 은신처로 가득하며, 아주 단단하게 위선에 묶여 있기 때문에 마음 자체까지도 속인다. 이런 믿음의 핏기 없는 모습을 자랑하는 자들은 바로 그 자랑하는 태도 때문에 마귀와 전혀 다를 바 없음을

깨달아야 한다.약 2:19

확실히, 우리가 언급한 첫째 부류의 사람들은 몹시 연약하다. 그들은 마귀를 떨게 하는 것들에 대해 들을 때도 마음이 여전히 둔하고 소극적이기 때문이다. 둘째 부류의 사람들도 이것들에 대해서 그들이 마침내 갖게 되는 감정이 공포와 두려움으로 끝난다는 점에서 첫째 부류의 사람들과 다르지 않다.

참된 믿음

대조적으로 그리스도인의 믿음은 "믿음"이라고 부를 가치가 있는 유일한 믿음이며, 이야기를 아는 정도에 그치지 않는다. 그리스도인의 믿음은 인간의 마음속 깊은 곳에 계속 머무르면서 마음에서 가식과 거짓과 위선을 씻어 내고, 마음을 강하게 사로잡은 채 마음에서 쉽사리 사라지지 않는다.

우선 우리는 믿음의 본질과 권능을 이해하기 위해 하나님의 말씀에 우리의 관심을 기울일 줄 알아야 한다. 믿음은 하나님의 말씀과 가깝고 친밀해서, 믿음 이외의 어떤 것도 그분의 말씀을 측량할 수 없다. 하나님의 말씀은 믿음이 영원토록 바라보아야 할 대상이요 목적이기 때문이다. 믿음이 하나님의 말씀을 떠나면, 믿음은 이제 믿음이 아니요 우유부단한 어리숙함과 오락가락하는 오류에 지나지 않는다. 말씀은 믿음이 세워진 토대요 믿음의 지지대다. 말씀이 없어지면 믿음은 즉시 무너진다. 말씀이 떠나가면 믿음도 남지 못한다.

여기서 우리는 믿음을 잉태하는 말씀의 씨앗을 뿌리기 위해 인간의 직분이 필요한지 아닌지를 논의하고 싶은 것이 아니다. 이 문제는 다른 곳에서 논의할 예정이다.[3] 말씀은 어디서 오든지 상관없이 우리에게 거울과 같고, 그래서 우리의 믿음은 그 말씀 속에서 하나님을 보고 응시해야 함을 우리는 확신한다. 그러므로 하나님은 인간의 도움을 활용하시든 혹은 그분의 능력만으로 역사하시든, 자신에게로 이끄시려는 사람들에게 언제나 그분의 말씀을 통해 자신을 보이신다. 믿음은 하나님이 존재하신다는 단순한 지식 이상으로 더 많은 것들에 대해 이해하게 하기 때문이다. 우리를 향한 하나님의 뜻이 무엇인지 이해하는 것이 중요하게 요구된다. 우리에게는 하나님이 어떤 분인지에 관한 지식뿐만 아니라, 그분이 우리에게 어떤 분이 되고자 하는지에 관한 지식도 유익하기 때문이다.

그렇다면 우리는 이미 믿음이 하나님의 말씀에서 나오는 하나님의 뜻에 대한 지식임을 알게 된다. 믿음의 토대는 하나님의 진리에 대한 우리의 확신이다. 마음에 분명한 확신이 없는 한, 우리에게 미치는 말씀의 권위는 너무 약하거나 혹은 아예 없다. 더욱이, 하나님에게서 오는 모든 것이 확실하고 양도될 수 없는 진리라는 확신이 없다면, 하나님께서 진실하셔서 거짓말하거나 속이지 못한다고 믿는 것은 충분하지 않다. 그러나 하나님의 모든 말씀이 인간 마음속에 있는 믿음을 확고하게 하는 효력을 내지는 않기 때문에, 우리는 한 걸음 더 나아가 믿음이 실제로 말씀 속에서 무엇을 찾아야 하는지 질문해야 한다.

하나님의 음성은 아담에게 "너는 반드시 죽을 것이다"라고 말씀했다.창 2:17 하나님의 음성은 가인에게 "네 형제의 피가 땅에서 내게 부르짖는다"라고 말씀했다.창 4:10 이 모든 말씀은 믿음을 확립하기는커녕 오히려 믿음을 흔들기만 할 수 있다. 하지만 우리는 믿음의 임무가 하나님께서 언제 어떤 방식으로 진리를 말씀하시더라도 그 진리에 동의하는 것임을 부인하지 않는다. 우리가 지금 알아야 할 것은 믿음이 하나님 말씀에 머무르고 의지하기 위해서 찾는 것이다. 우리 양심이 하나님의 분노와 보복 이외에 아무것도 느끼지 못한다면, 어찌 두려움에 떨지 않을 수 있겠는가? 우리 양심이 하나님에 대해서 공포심만 느낀다면, 어찌 하나님을 피하지 않겠는가? 믿음은 하나님을 추구하지, 그분에게서 도망치지 않는다. 그러므로 우리는 아직 믿음의 완전한 정의를 내리지 못한 것이 분명하다. 하나님께서 각각의 모든 사례마다 무엇을 뜻하시는지 아는 것을 믿음이라 생각할 수는 없기 때문이다. 만약 "뜻하심" 대신 "선하신 뜻"이나 "자비"라고 한다면,

우리가 무엇이라 말할 수 있을까? 그러면 우리는 믿음의 본질에 좀 더 다가가게 된다. 우리는 우리를 위한 모든 좋은 것이 하나님 안에서 발견된다는 사실을 알게 되면, 하나님을 찾으려는 마음을 갖게 되기 때문이다. 하나님은 자신이 우리의 구원에 대해 염려하고 계심을 확증하심으로 이 점을 우리에게 알리셨다. 이것이 바로 우리가 하나님의 은혜의 약속을 가져야 하는 이유다. 우리의 마음은 오직 이 약속에만 의지할 수 있으므로, 하나님은 우리에게 그분이 자비로우신 아버지임을 은혜로 증언하신다.

또한 하나님의 선하심을 아는 지식은 그것이 우리를 이끌어 그 선하심에 의지하게 하기 전에는 거의 무의미하므로, 우리는 의심과 뒤섞인 이해를 제거해야 한다. 그런 이해는 절대로 굳건히 있지 못하고 우유부단하게 요동한다. 앞을 보지 못한 채 어두운 인간 지성은 하나님의 뜻을 파악하고 이해하기가 매우 어렵다. 의심과 불안 속에서 끊임없이 허둥대는 마음은 그 고요한 확신을 얻을 수 없다. 따라서 하나님의 말씀이 우리 속에 충분한 믿음을 일으키기 전에, 인간 지성이 성령의 조명을 받아야 하며 인간 마음은 다른 근원에서 확신을 얻어야 한다.

그렇다면, 우리는 여기서 믿음에 대한 한 완전한 정의를 얻게 된다. 즉, 예수 그리스도 안에서 주어진 은혜의 약속 위에 근거하여 우리 지성에 계시되고 성령에 의해 우리 마음에 날인되는, 우리를 향한 하나님의 선한 뜻에 대한 굳건하고 확실한 지식이 믿음이다.

믿음의 핵심은 확신이다

이제 각 단어를 순서대로 살펴보자. 우리가 이 정의를 구성하는 단어들을 조심스럽게 조사해 보면, 더는 어떤 어려움도 남지 않으리라고 생각한다. 우리가 믿음을 하나님의 뜻을 아는 지식으로 부를 때, 이 믿음은 인간이 자신의 감정에 영향을 주는 것들에 대해서 가지는 일종의 지각을 뜻하지는 않는다. 믿음은 인간의 모든 이해를 초월하므로, 지성은 믿음을 갖기 위해서 자기보다 높이 올라가야 한다. 지성이 믿음을 정말로 얻게 될 때조차, 지성은 자기가 지각하는 것을 파악하지 못한다. 오히려 지성은 자기가 파악할 수 없는 것의 진리를 절대적으로 확신하게 되고, 만약 이해해야 한다면 기껏해야 인간적인 자기의 능력으로 이해하기보다는 이 확신에 대한 확실함을 통해서 이해한다.

우리에게 "모든 지식을 초월하는 그리스도의 사랑의 길이와 넓이와 깊이와 높이"를 알라고 권했던 바울의 말이 가장 적합하다.엡 3:18-19 바울은 이 두 가지 사상을 전하고 싶었다. 즉, 하나는 우리 지성이 믿음을 통해 하나님을 이해하는 것이 모든 면에서 무한하다는 사상이요, 다른 하나는 이런 방식의 앎은 모든 이해를 초월한다는 사상이다. 그런데 우리 주님은 그분의 종들에게 모든 세대에 걸쳐 감추어져 있던 그 뜻의 신비를 계시하셨으므로, 믿음은 여기서 올바르게도 지식으로 불린다. 신자들은 자신을 하나님의 자녀로 알고 있다고 기록하는 요한 역시 믿음을 지식으로 부른다.요일 3:2 신자들은 참으로 믿음을 확실하게 알고 있는데, 그것은 그들이 인간의 설명이나 증거로 가르침을 받았기 때문이라기보다는 하나님의 진리를 강하게 확신하기 때문이다. 바울은 동일한 사상을 이렇게 표현했다. "우리는 몸으로 살아가는 동안 마치 순례자처럼 하나님에게서 멀리 떨어져 있으니, 우리가 보는 것으로 행하지 않고 믿음으로 행함이니라."고후 5:6-7 그래서 바울은 우리가 믿음으로 이해하는 것은 우리에게 없는 것이요, 우리 시야에 가려져 있는 것이라고 지적한다. 따라서 우리는 믿음으로 하는 이해가 이해에 관련된 일이라기보다는 확신에 관련된 일이라고 결론짓는다.

우리는 이 지식이 얼마나 확고하고 단호한지를 보이기 위해, 그것은 확실하고 견고한 지식이라는 말을 덧붙이고 싶다. 믿음은 어떤 덧없는 믿음이나 의심하는 믿음 정도로 결코 만족할 수 없다. 그와 비슷하게, 믿음은 어떤 어둡고 혼란스러운 지각과 함께 있을 수 없다. 믿음은 충분하고 안정된 확신, 곧 우리가 충분히 시험해 보고 이해하는 것들에 대해서 흔히 갖게 되는 확신을 요구한다. 많은 사람들이 하나님의 자비를 깨닫되, 그 자비에서 약간의 소중한 위로만 얻는 방식으로 깨닫는다. 그들이 하나님의 자비를 의심하며 비참한 고통에 사로잡혀 있는 동안, 그들 스스로 하나님의 자비를 잘 안다고 여기면서 거기에 지나치게 엄격한 한계를 정하기 때문이다. 그들은 하나님의 자비를 그렇게 상상한다. 그들은 하나님의 자비가 넓고 풍성해서 많은 사람들을 품는 것이요, 모든 사람에게 준비되어 있다고 믿는다. 하지만 그와 달리, 그들은 그 자비가 자신에게까지 이르게 될지를 의심한다. 보다 낫게 말해, 그들은 자신이 하나님의 자비에 이를 수 있을지를 의심한다. 이런 생각은 중도에서 끝나 버린 채, 전체의 절반밖에 형성하지 않는다. 결국, 그 생각은 지성을 고요함과 확신으로 무장시키기보다는 오히려 의심과 걱정으로 괴롭히기만 할 뿐이다.

확신은 매우 다른 성향을 띤다. 성경에서 확신은 언제나 믿음과 결합하며, 확신의 목적은 어떤 의심이든 뛰어넘어 하나님의 선하심을 우리 앞에 있게 하는 것이다. 그럴 때 우리 속에서 확신의 부드러운 영향력을 느끼지 않거나 경험하지 않는 것은 불가능하다. 믿음의 사도는 우리가 예수 그리스도를 믿는 믿음을 통해 나아가는 담대함과 확신을 얻는다고 선언할 때, 하나님의 선하심에서 확신을 끌어내고 확신에서는 담대함을 끌어낸다.[엡 3:12] 이 점은 분명한 진실이어서 "믿음"이라는 단어는 자주 확신을 뜻한다.

믿음은 시험을 당할 때도 실패하지 않는다

우리는 주님께서 주신 자비의 약속들을 우리 바깥에서만 참되고 우리 안에서는 참되지 않다고 여기지 말아야 한다. 그 대신, 우리는 그 약속들을 마음속으로 받아들여 우리 것으로 삼아야 한다. 이것이 믿음에 관한 주된 요점이다. 하나님께서 주신 자비의 약속들을 받아들이는 행위는 확신으로 이어진다. 혹시 어떤 사람들은 평화를 확신에서 나오는 것으로 생각하고 싶겠지만, 바울은 다른 곳에서 확신을 "평화"와 동일시한다.[롬 5:1] 그 평화는 양심이 하나님의 심판에 마주할 때 안식과 기쁨을 가져다줌으로써 양심의 보호가 된다. 평화 없는 양심은 하나님과 자신을 잊고 잠깐 잠들게 될 때를 제외하면 언제나 심한 고통을 받으며 갈가리 찢긴다. 나는 조심스럽게 "잠깐"이라고 말하는데, 양심은 그 비참한 망각을 그리 오래는 즐기지 못하고, 결국에는 매시간 반복하여 되살아나는 하나님의 심판에 대한 기억으로 가차 없이 찔리고 베이기 때문이다.

간단히 말해, 사도가 "끝까지 믿음을 지키며 우리의 소망을 자랑스럽게 여기며"라고 말하듯이,[히 3:6] 참된 신자는 하나님께서 자신에게 친절하고 자비로운 아버지이심을 굳게 확신하는 자요, 모든 일에 하나님의 선하심을 바라보는 자요, 하나님의 선하신 뜻의 약속들을 의지하며 결코 의심 없이 그분의 구원을 기다리는 자다. 사도는 이 말을 통해서 자신이 하늘나라의 상속자임을 확신 있게 자랑하지 않는 사람은 누구도 하나님을 참되게 소망할 수 없음을 알려 준다. 반복하거니와, 참된 신자는 자신의 구원에 대한 확신에 의지하여 마귀와 사망에 굽힘 없는 자세로 담대히 대항하는 자다. 로마서 결론부에서 사도가 바로 그렇게 설명한다. "내가 확신하나니, 천사나 권세자들이나 주관자들이나, 죽음이나 생명이나, 현재 일들이나 장래 일들이나 그 어떤 것도 하나님께서 우리를 예수 그리스도 안에서 받으신 그 사랑에서 우리를 분리할 수 없느니라."[롬 8:38-39] 따라서 사도는 우리가 상속하도록 부르심받은 영원한 기업에 대한 소망을 볼 때까지는 우리 지성의 눈도 진정으로 밝혀지지 않으리라고 생각한다.[엡 1:18] 사도가 모든 곳에서 가르치듯이, 우리가 하나님의 선하심을 온전히 확신하기 전에는 그것을 참으로 이해하지 못한다.

아마도 어떤 사람들은 이런 내 견해에 반대할 테지만, 신자들의 경험이 각기 다른 이유는 그들이 자신에 대한 하나님의 은혜를 인정하면서 흔히 그렇듯이 단지 혼란을 겪거나 의심에 시달리기 때문만은 아니고, 때때로 신자들을 뒤흔들려고 위협하는 혹독한 시련을 받으며 심하게 놀라고 공포에 사로잡히기 때문이기도 하다. 그런 일은 우리가 설명한 믿음의 확신과 거의 일치하지 않는 것 같다. 그래서 우리가 앞에서 간략히 제시한 가르침이 수정되지 않고 유지되기를 바란다면, 먼저 이 난제부터 해결해야 하겠다.

우리는 믿음은 확실해야 하고 확신되어야 한다고 가르치면서, 의심과 전혀 상관없는 확신이나, 염려와 완전히 분리된 확고한 감정을 제시하지는 않는다. 오히려 우리는 신자들이 자신의 믿음 없음과 끊임없이 전쟁을 치러야 한다고 주장한다. 신자들의 양심이 모든 폭풍에서 벗어나 어떤 평화로운 휴식을 누리는 것은 우리가 하려는 일이 전혀 아니다. 하지만 우리는 신자들이 어떻게 공격을 받더라도 그들이 처음에 하나님의 자비에 대해 가졌던 확고한 신뢰에서 떨어져 나가거나 떠나게 될 것이라는 입장에는 동의하지 않는다. 이 점은 우리가 다른 곳에서 영과 육의 구분에 관하여 했던 논의를 기억하면 너욱 쉽게 이해될 것이다. 그 구별은 여기서도 쉽게 드러난다.[4] 신자들의 마음도 그 속에 있는 이 구분을 느낀다. 그래서 그 마음 일부는 하나님의 선하심을 아는 즐거움으로 가득하고, 또 다른 일부는 자신의 재난을 생각하며 괴로움에 시달린다. 일부는 복음의 약속을 신뢰하지만, 또 다른 일부는 자신의 연약함을 보며 떤다. 일부는 즐거이 생명을 붙잡지만, 또 다른 일부는 죽음을 두려워한다. 모든 불신에서 벗어난 믿음의 충만을 내면에 가져야만 비로소 가능한 지극한 복락을 우리가 현재 세상을 사는 동안에는 가질 수 없다는 사실을 고려할 때, 결국 이런 차이는 우리 믿음의 불완전한 속성 때문에 발생한다고 할 수 있다. 그런 마음의 분리야말로 육체 안에 남은 불신이 일어나 믿음을 공격하고 뒤엎을 때 우리 속에서 벌어지는 전쟁의 근원이다.

여기서 혹시 누군가 내게 이렇게 질문할 수 있을 것이다. "신자의 마음속에서 그런 의심이 확신과 섞여 있다면, 이것은 결국 믿음은 하나님의 뜻에 대한 확실하고 명료한 지식이 아니라, 어둡고 혼란스러운 어떤 것이라는 개념으로 되돌아가는 것 아닌가?" 나는 그렇지 않다고 대답하겠다. 우리가 서로 충돌하는 생각들 때문에 아무리 심하게 찢기더라도, 우리 자신이 믿음에서 나뉘는 상황으로까지 이어지지는 않는다. 우리가 때때로 믿지 않음에 공격받기는 하더라도, 믿지 않음의 구렁텅이로 빠지는 데까지 이어지지는 않는다. 혹시 우리가 심하게 요동한다 하더라도, 그것이 곧 우리가 넘어져 쓰러질 것이라는 뜻은 아니다. 비록 믿음이 온갖 시험에 에워싸여 위험에 처한 듯 보일 때가 있더라도, 전쟁은 늘 믿음이 그 모든 시험을 이기고 자랑하는 것으로 마무리되기 때문이다.

믿음의 진보

요약하면, 상상할 수 있는 가장 작은 믿음이라 할지라도 일단 그것이 우리 영혼에 머무르기만 하면, 우리는 즉시 우리를 자비롭고 선하게 비추시는 하나님의 얼굴을 바라보기 시작한다. 참으로, 우리는 하나님의 얼굴을 멀리서 바라보지만, 흔들림 없는 시선으로 응시하기 때문에 우리가 속고 있지 않음을 알고 있다. 우리는 항상 앞으로 나아가며 진보하고 있으므로, 우리가 앞으로 더 가까이 가면 갈수록 우리의 시야도 점점 더 분명해진다. 인내도 하면서 우리의 앎이 점점 더 친밀해진다. 그래서 우리는 처음에 엄청난 무지에 휩싸여 있던 지성이 하나님에 대한 지식으로 빛을 받게 되면서 점차 제거되어 가는 것을 본다. 그렇더라도, 우리 지성의 무지나 그것이 확실히 보는 것을 더 분명하게 보지 못하는 무능과 상관없이, 우리 지성이 하나님의 뜻을 아는 명백한 지식을 누리지 못하는 것은 아니다.

이것이 믿음에 관한 첫 번째 중심 요점이다. 믿음은 마치 깊은 감옥에 갇힌 채 높고 좁은 창문을 통해 비스듬히 일렁이는 햇빛 외에는 전혀 태양을 볼 수 없는 사람과 비슷하다. 그 사람은 가려지지 않은 완전한 모습을 볼 수 없다. 하지만 그는 태양의 확실한 빛과 그 혜택을 즐거워한다. 마찬가지로, 비록 우리가 이 세상 육신의 감옥에 갇힌 채 사방으로 짙은 어둠에 에워싸여 있기는 하지만, 하나님의 자비를 계시해 주는 그분의 빛의 가장 작은 불꽃만이라도 얻게 되면, 우리는 충분히 조명을 받아 견고한 확신에 이른다. 사도가 이 두 가지를 여러 군데서 분명하게 가르친다. 그는 우리가 부분적으로 알고, 부분적으로 예언하며, 거울로 보듯 희미하게 본다고 기록할 때,[고전 13:9, 12] 현세에서는 하나님의 지혜의 매우 적은 일부만 우리에게 부여된다고 지적한다. 그러나 다른 곳에서 그는 우리가 지닌 가장 작은 믿음 속에도 참으로 위대한 확신이 들어 있음을 강조한다. 거기서 사도는 복음을 통해 우리가 하나님의 영광을 방해물 없이 밝히 보기 때문에 그분의 형상으로 변화된다고 선포한다.고후 3:18

우리의 무지를 고려할 때, 많은 염려와 두려움은 필요하다. 우리 마음이 천성적으로 불신으로 기우는 경향을 띠기 때문이다. 더욱이, 매시간 우리를 특별한 방식으로 에워싸는 시험이 헤아릴 수 없을 만큼 많고 다양하다. 모든 양심은 자기 죄의 무게에 크게 짓눌리는데, 그중 대부분은 처음에는 속으로 애통하고 신음하다가 나중에는 자기를 정죄한다. 때로는 남몰래 찔리지만, 때로는 드러나게 고통받는다. 역경이 하나님의 진노를 알려주는 것처럼 보이기 때문에, 혹은 양심이 스스로 핑계를 찾아내기 때문에, 결국 불신은 스스로 무장하고 믿음과 전쟁을 벌인다. 불신은 자기의 모든 무기를 다 동원해 우리를 설득하여, 하나님께서 우리에게 거세게 분노하셨으므로 그분께 아무것도 소망할 수 없고 그분을 우리의 치명적인 대적으로 두려워해야 한다고 믿게 만든다. 그 공격에 대항하기 위해 믿음은 하나님의 말씀으로 무장한다. 하나님께서 우리를 괴롭히시니 그분을 우리의 대적으로 여기도록 시험받아 공격을 당할 때면, 믿음은 하나님의 형벌이 진노보다는 사랑에서 나오는 것이므로 그분이 우리를 괴롭히실 때조차 그분의 자비는 충만하다는 방어를 한다. 하나님께서 온갖 죄악에 형벌을 내리는 습성이 있는 공정한 재판관이시라는 생각에 짓눌릴 때면, 믿음은 죄인이 주님께 돌아와 자비를 구하면 모든 범죄에 베풀어질 자비가 준비되어 있다는 방패를 내민다. 이런 식으로 믿는 영혼은 아무리 사무치는 고통을 받더라도 마침내 모든 난관을 극복하며, 결코 하나님의 자비를 믿는 자기의 신뢰를 잃어버리거나 빼앗기도록 허용하지 않는다. 오히려 믿는 영혼을 멍들게 하는 모든 의심은 전보다 훨씬 강한 확신으로 변화된다.

성도들이 이 점을 증명한다. 성도들은 하나님의 보복에 심하게 억눌릴 때마다 언제나 자신의 고통을 그분 앞으로 가지고 오며, 하나님께서 절대 들어주시지 않는 것 같을 때도 여전히 하나님을 부른다. 성도들이 하나님께 그처럼 불평했던 것은 그분께 위안을 얻으리라는 확신 때문이지 않겠는가? 하나님께서 그들을 어떻게든 도우시리라는 소망을 붙잡지 않았다면, 어떻게 그들이 하나님을 부르도록 인도하심을 받았겠는가? 마찬가지로, 예수 그리스도께 약한 믿음을 책망받은 제자들은 그들이 죽어 간다고 울부짖으며 그의 도우심을 간청했다.[마 8:25-26] 그러므로 우리도 앞에서 진술된 사실을 확인하자. 믿음의 뿌리는 믿는 마음에서 결코 완전히 뽑히지 않으며, 언제나 거기에 남아 굳건히 심겨져 있다. 믿음이 흔들릴 때면 이리저리 기울어지는 것처럼 보이겠지만, 믿음의 빛은 절대로 완전히 꺼지지 않아서 최소한 믿음의 불꽃은 여전히 남는다. 혹시 하나님께서 자신을 죽이시더라도 그분께 계속 소망을 품겠다고 맹세하던 욥이 바로 이 사실을 보여준다.[욥 13:15] 성도들이 현실의 사건을 바라보며 하나님께서 그들을 멸하려고 손을 드셨다고 느끼게 되는 상황이야말로 그들을 가장 절망스러운 상황으로 몰아넣는다.

두려움은 결코 믿음의 장애물이 아니다

믿음의 확신을 감소시키기는커녕 오히려 확고히 하는 두려움과 떨림이 한 가지 더 있다. 하나님께서 악인에게 보복하신 예들을 통해 그와 비슷한 죄로 하나님을 진노케 하지 말아야 함을 배운 성도들은 스스로 악을 멀리하려고 더욱 조심한다. 이때 그들은 두려움과 떨림을 느낀다. 혹은 자신의 비참함을 깨닫고 온전히 하나님만 의지하는 법을 배우며 하나님 없는 자신을 한 줄기 바람보다 더 연약하고 불안한 존재로 여길 때, 성도들은 두려움과 떨림을 느낀다. 그래서 사도는 고린도 교인들에게 하나님께서 어떻게 이스라엘 백성을 벌하셨는지 기억하게 하면서, 그들도 똑같은 죄에 빠지지 않도록 근심케 한다.[고전 10:11] 하지만 그렇게 하면서 사도는 결코 그들의 확신을 약하게 하지 않으며, 다만 믿음을 확립하기보다는 파묻어 버리는 나른함에서 그들을 깨우려 한다. 이와 비슷하게, 사도는 유대인들의 실패에 관한 이야기에서 서 있는 자들은 넘어질까 조심하라는 교훈을 끌어낸다.[롬 11:20] 그러나 바울은 마치 우리의 견고함이 확실하지 못하기라도 한 것처럼 요동하라고 권하지는 않는다. 그는 단지 이방인으로서 유대인의 자리를 대신 차지한 우리가 유대인에 대해 비방하지 않도록 우리 자신의 능력에 대해 가진 모든 교만과 그에 대한 성급한 신뢰를 제거한다. 반복하지만, 바울이 우리에게 두려움과 떨림으로 우리의 구원을 이루라고 가르칠 때,[빌 2:12] 우리 자신을 완전히 낮추어 오직 주님의 능력만 의지하는 습관을 기르라는 것 이외의 어떤 것도 그는 일절 가르치지 않는다.

우리가 처한 재난을 깨달은 후에 알게 되는 고통과 자기 부인이야말로 우리를 큰 확신과 신념으로 하나님을 신뢰하도록 이끌어 주는 가장 강력한 힘이다. 우리는 "내가 당신의 많은 축복을 입고 당신의 전으로 들어갈 것이며, 두려움 중에서 당신을 예배하겠나이다"라는 선지자의 말을 바로 그 관점에서 해석해야 한다.[시 5:7] 여기서 선지자는 하나님의 자비에 의존하는 믿음의 담대함을 두려움과 거룩한 떨림과 매우 적절히 관련시킨다. 이 두려움과 떨림은 우리가 우리의 모든 더러움을 비추는 하나님의 빛 속에서 그분의 존엄하심 앞에 나타날 때 우리에게 확실한 영향을 끼친다. 솔로몬은 "지속해서 자기 마음을 두렵게 하는 자는 복되나니, 마음의 완악함을 통해 재난이 오느니라"고 선언하며 바로 그 진실을 말한다.[잠 28:14] 물론 그가 의미한 것은 우리를 조심스럽고 지혜롭게 하는 두려움이지 좌절시키는 두려움이 아니다. 그래서 우리 마음은 놀라게 되면 하나님에게서 힘을 얻고, 낙심하면 하나님 안에서 일으켜지며, 자기에 대한 불신으로 가득하면 하나님을 소망하며 굳게 선다. 따라서 신자들이 두려움과 떨림을 느끼면서 아주 확실한 위로를 동시에 누리지 못하도록 어떤 것도 막을 수 없다. 한편으로는 신자들이 자신의 공허함을, 다른 한편으로는 하나님의 진리를 생각하기 때문이다.

경건한 두려움의 두 가지 원천

성경 전체에서 신자들은 하나님에 대한 두려움을 느낀다. 여러 상황에서 "지혜의 시작"시 111:10, 잠 1:7 으로도 불리고 "지혜 자체"잠 15:33, 욥 28:28 로도 불리는 이 두려움은, 비록 한 가지 두려움이지만 그 이중적 속성에서 흘러나온다. 하나님은 자신 안에 아버지에게 합당한 외경畏敬과 지배자에게 합당한 외경을 동시에 지니고 계신다. 그래서 하나님을 바르게 경외하려는 사람은 하나님께 순종하는 아들이 되도록 힘써야 하고, 동시에 자신의 의무를 신속히 이행하는 종이 되도록 힘쓰기도 해야 한다. 하나님은 그분이 우리 아버지로서 받으시는 순종을 선지자를 통해 "공경"이라 부르시고, 우리의 지배자로서 받으시는 섬김을 "두려움"이라 부르신다. 그분은 말씀하신다. "아들은 그의 아버지를 공경하고 종은 그의 지배자를 공경한다. 내가 너희 아버지라면, 너희가 내게 마땅히 품을 공경함이 어디 있느냐? 내가 너희 지배자라면, 두려움이 어디 있느냐?"말 1:6

그러나 하나님은 이 둘을 구분하시기는 해도, 우선 그 둘을 "공경"이라는 용어에 포함시켜 결합하신다. 이것이 바로 하나님에 대한 두려움이 우리에게는 공경과 두려움을 결합한 경외심을 뜻하게 되는 이유다. 하나의 마음이 공경과 두려움 모두를 잘 안다는 사실이 놀랍지 않다. 하나님께서 우리에게 어떤 아버지이신지 이해하는 사람에게는—혹시 지옥이 존재하지 않는다 하더라도!—죽음 자체보다 하나님께 죄 범하기를 더 두려워해야 할 충분한 이유가 있다는 것은 엄연한 사실이다. 하지만 우리 육신은 죄가 제멋대로 굴도록 방임하는 데 능숙하므로, 우리를 권능으로 다스리시는 주님께서 모든 죄악을 미워하신다는 생각, 그리고 악한 행동으로 하나님의 진노를 불러일으킨 자들은 그분의 보응을 피할 수 없으리라는 생각에 의해 억제될 필요가 있다.

"사랑이 있는 곳에는 두려움이 없으나, 완전한 사랑은 두려움을 내쫓느니라"는 요한의 말은요일 4:18 내가 지금 했던 말과 상충되지 않는다. 요한은 신자들이 느끼는 두려움과는 전혀 상관이 없는 불신앙의 떨리는 두려움을 가리켜 말하기 때문이다. 악인들은 하나님께 죄를 범하더라도 처벌받지 않을 수 있다고 생각하지만, 그들이 하나님을 두려워하는 것은 그분을 진노케 하는 것이 싫어서가 아니다. 하나님께서 보응을 실행할 권능 있는 분임을 알고서, 그분의 진노에 대한 언급이 있을 때마다 공포에 사로잡히기 때문이다. 특히, 그들이 하나님의 진노를 두려워하는 이유는 그들이 그 보응이 임박했다고 생각하기 때문이고, 또한 하나님의 보응이 그들을 덮칠 것이라고 매시간 예감하기 때문이다. 이와 달리, 신자들은 앞에서 설명된 것처럼 하나님의 징계를 받는다는 생각 때문에 두려워하기보다는 그분께 죄를 범한다는 생각 때문에 가장 두려워한다. 신자들을 두려움으로 채우는 것은 마치 지옥이 그들을 당장 집어삼킬 듯이 놓여 있는 것과 같은 그런 형벌이 아니다. 신자들은 두려움에 억제됨으로써 자신을 어떤 위험 속에도 방임하지 않는다. 사도가 신자들에게 "이런 일들에 속지 말라. 하나님의 진노는 불순종의 자녀들에게 임하기 마련이다"라고 알려 줄 때, 바로 그 점을 말하고 있다.[엡 5:6] 사도는 하나님의 진노가 그들에게 떨어질 것이라고 위협하는 것이 아니다. 사도는 자신이 앞에서 설명한 죄악들 때문에 행악자들을 위해 준비된 하나님의 진노가 있음을 생각하도록 그들에게 권하고 있다. 신자들은 그들을 닮지 않도록 조심함으로써 그들과 똑같은 멸망을 당하지 말아야 한다.

믿음은 하나님의 사랑을 수용한다

더 나아가, 우리는 우리의 주장처럼 믿음이 그 시선을 향하는 하나님의 선하신 뜻 덕분에 우리가 구원과 영원한 생명을 소유하게 됨을 이해해야 한다. 우리에게 호의를 베푸시는 하나님을 깨닫기만 해도 더는 아무것도 부족하지 않다. 그렇다면 우리의 구원이 확실하다는 것, 곧 하나님께서 우리를 위한 그분의 사랑을 확증해 주신 것만으로도 너무나 충분한 셈이다. 그래서 선지자는 "그의 얼굴을 비치시게 하라. 그러면 우리가 구원을 얻으리라"고 말한다.[시 80:3] 성경은 구원을 이 한 말씀으로 요약한다. "주님께서 우리의 모든 원수된 것을 제거하셨고, 우리를 그의 은혜로 받으셨도다." 엡 2:14 하나님께서 우리와 화해하셨으므로, 만물이 다 우리의 유익을 위하는 것은 지극히 당연하다는 것이 이 말씀의 의미다.

그러므로 인간은 하나님의 사랑을 붙잡을 때 그 사랑 안에서 현재와 미래 삶의 약속들을 받아들임으로써 복음의 말씀으로부터 얻을 수 있는 온갖 복락을 최대한 굳게 확신한다. 믿음은 장수나 대단한 명예나 굉장한 부유함을 현세에서 확실하게 약속하지는 않는다. 주님께서 그런 것들 중 어느 하나도 우리에게 정하지 않으셨기 때문이다. 믿음은 비록 많은 도움이 현세에서는 우리를 저버릴지라도 하나님만은 결코 우리를 저버리지 않으시리라는 확신으로 만족한다. 믿음의 주요한 확신은 하나님의 말씀이 우리의 모든 불확실한 것 저 너머에 두신 내세의 생명에 대한 기대에 놓여 있다. 주님께서 그분의 사랑으로 영원히 받아 주신 자들에게 어떤 재난이나 불행이 닥친다 하더라도, 그분의 선하신 뜻만은 그들에게 완전한 복이 되어 줄 것이다. 따라서 모든 복의 총화를 설명하려 할 때, 우리는 하나님의 은혜를 우리에게 오는 모든 선한 것의 근원으로 확정해야 한다. 이 주제는 성경에서 쉽게 추적될 수 있으며, 이 주제가 영원한 구원뿐만 아니라 우리가 즐거워하는 온갖 선한 것에 대해 말할 때마다 우리에게 하나님의 사랑을 기억하게 한다. 그래서 다윗도 믿는 마음이 느끼는 하나님의 선하심은 생명 자체보다 더 달콤하고 낫다고 증언한다. 시 63:3

하나님의 값없는 약속 위에 서 있는 믿음

우리는 하나님의 값없는 약속이 믿음의 토대라고 주장한다. 믿음이 제대로 머무르는 곳이 바로 그 약속이기 때문이다. 비록 믿음은 하나님께서 무엇을 하도록 명령하시거나 하지 말도록 금지하시거나, 혹은 무엇을 약속하시거나 위협하시거나, 언제나 영원하고 진실하시다고 이해하지만, 또한 비록 믿음이 하나님의 계명을 순종하며 받아 그분이 금지하신 것들을 존중하고 그분의 위협을 두려워하지만, 엄밀히 말해 믿음은 약속에서 시작하고 약속을 굳게 붙잡고 약속 안에서 마친다. 믿음은 하나님 안에서 생명을 찾기 때문이다. 생명은 계명들이나 위협들 속에서 발견되지 않고, 오직 값없이 베풀어진 자비의 약속들 안에서만 발견된다. 우리를 자신의 행위로 되돌려 보내는 조건적인 약속들은 우리 자신 속에서 발견하는 생명 외에 다른 어떤 생명도 약속하지 않기 때문이다.

만약 우리가 믿음이 두려워 떨며 이리저리 요동하기를 바라지 않는다면, 우리는 우리 자신의 가치보다는 비참함을 인정하면서 주님께서 기꺼이 자비롭게 베푸신 구원의 약속 위에 그 믿음의 토대를 놓아야 한다. 그래서 사도는 복음을 믿음의 말씀이라고 구체적으로 말한다.[롬 10:8] 그는 믿음의 말씀이라는 호칭을 계명들에 붙이지 않고 율법의 약속들에도 붙이지 않는다. 선하신 하나님께서 세상을 그분과 화해하게 하시려고 파송하신 사절들의 선포 외에는 다른 아무것도 믿음에 확신을 주지 않기 때문이다. 그래서 바울은 믿음과 복음이 맺는 관계를 자주 거론한다. 바울은 이방인들을 "믿음에 순종하게 하려고" 복음이 그에게 위탁되었으며,[롬 1:5] "복음은 믿는 모든 자에게 하나님의 구원 능력"이며,[롬 1:16] "복음 안에는 하나님의 의가 믿음에서 믿음으로 계시되었다"고 주장한다.[롬 1:17] 그리고 당연하게도, 복음은 우리와 하나님의 화해를 위한 직분이므로,[고후 5:18] 복음 이외의 어떤 다른 것도 믿음에 필수적인 지식인 우리에 대한 하나님의 선하신 뜻을 충분히 증언하지 못한다. 따라서 우리가 믿음은 하나님의 값없는 약속에 의존해야 한다고 선포할 때, 우리는 신자들이 하나님의 말씀을 온전히 그 자체로 받아들이고 경외해야 함을 부정하지 않되, 다만 하나님의 자비로운 약속을 믿음의 고유한 목적으로 말하고 싶을 따름이다. 사실, 신자들은 하나님을 악행하는 자들의 심판자요 형벌자로 확실히 인정하면서도, 그분의 자비하심에 특별히 주목한다. 성경은 하나님을 마음이 부드럽고 자비로우시며, 노하기를 더디 하시며, 선을 즉시 행하시며, 모든 자에게 관대하시며, 그분이 만든 모든 것에 긍휼을 베푸시는 분으로 보여주기 때문이다.[시 86:5, 103:8, 145:9]

오직 그리스도 안에서만 유효한 하나님의 약속들

우리가 하나님의 약속들을 그리스도 안에 담아 두는 것 역시 매우 좋은 이유가 있다. 사도가 복음 전체를 그리스도를 아는 지식 안에 집어넣는 이유와 같다.롬 1:17 다른 곳에서 사도는 하나님의 많은 약속들은 그리스도 안에서 "예"와 "아멘", 곧 인준된다고 가르친다.고후 1:20 그 이유는 분명하다. 하나님께서 약속하시는 복이라면 무엇이든 다 그분의 선하신 뜻을 증언하며, 하나님의 약속 하나하나를 그분의 사랑에 대한 증표로 만든다. 이 점은 악인이 하나님의 손에서 혜택을 얻으면 얻을수록 그들이 자초한 심판도 더욱 혹독해진다는 사실과 모순되지 않는다. 악인은 자신이 가진 선한 것들이 하나님의 손에서 난다는 사실을 믿지도 않고 인정하지도 않기 때문이다. 만약 그들이 그 사실을 인정한다 하더라도 그들은 마음속으로는 하나님의 선하심에 대해서는 아무것도 생각하지 않을 것이므로, 그들은 하나님의 선하심을 이해하면서도 야생 동물과 전혀 다르지 않다. 야생 동물은 각기 종류별로 하나님께서 후히 베푸신 똑같은 열매를 받지만, 그분의 후히 베푸심을 조금도 이해하지 못한다.

악인이 자신에게 하신 약속들을 부인하며 더욱 나쁜 보응을 자기 자신에게 쌓는다는 사실 역시 우리가 제시한 요점을 부정하지 않는다. 하나님의 약속들은 우리가 받아들일 때에야 마침내 유효한 것으로 나타나기는 하더라도, 그 약속들의 진실과 속성이 우리의 믿음 없음과 배은망덕 때문에 소멸하는 일은 절대로 생기지 않는다. 주님은 그분의 약속으로 모든 사람을 불러 그 자비의 열매들을 받게 하시고 또 평가도 하고 감상도 하게 하시는데, 그와 동일한 방법으로 주님은 그들에게 그분의 사랑을 알리신다. 그것이 바로 모든 약속은 하나님께서 우리에게 가지신 사랑에 대한 증거라는 사실을 우리가 한 번 더 강조해야 하는 이유다. 여기서 그리스도 바깥에서는 아무도 하나님의 사랑을 받지 못한다는 사실에 조금의 의심조차 있을 수 없다. 그리스도는 아버지의 기뻐하심이 그 위에 머물러 있는 몹시 사랑받는 아들이시기 때문이다.마 17:5 따라서 하나님의 그 사랑은 아들을 통해서 우리에게 온다. 그래서 사도는 그리스도를 "우리의 평화"라고 부르고, 다른 곳에서는 아버지의 뜻을 우리에게 연결하여 묶는 끈으로 표현한다.엡 2:14, 롬 8:3-4 그렇다면 무엇이 약속되더라도 우리는 언제나 그리스도만 바라보아야 한다는 뜻이 된다. 바울이 하나님의 약속들은 그리스도 안에서 확증되고 성취된다고 한 말은 옳았다.롬 15:8

믿음은 성령이 지성과 마음 모두를 조명하시도록 요구한다

우리가 하나님의 말씀 안에서 갖는 단순한 계시는, 우리의 눈멂과 완고함이 그 계시의 활동을 방해하기는 하더라도 충분히 우리 안에서 믿음을 생산한다. 허영에 기울어지는 성향을 가진 우리 지성은 결코 하나님의 진리와 굳게 결합하지 못하듯이, 완전히 혼란에 빠진 우리 지성은 하나님의 빛을 분별하지 못한다. 그래서 성령의 조명이 없는 말씀 자체로는 도움이 되지 못한다. 그렇다면 믿음이 인간의 이해보다 우월함이 분명하다는 뜻이다. 그렇다 하더라도 마음이 성령의 능력으로 강해지지 못하면, 지성이 성령의 조명을 받는 것도 충분하지 못하다.

이 점에 있어서 소르본 신학자들은 심각한 오류에 빠져 있다. 그들은 마음의 신뢰와 확신의 중요성을 완전히 제쳐 놓은 채, 믿음은 한낱 하나님의 말씀에 대한 동의일 뿐이며 오직 이해에만 근거한다고 생각하기 때문이다. 우리는 하나님께서 주시는 은사로서 믿음이 두 가지 면에서 특별하다고 주장한다. 첫째, 인간이 하나님의 진리를 이해하려면 인간 지성이 성령의 조명을 받아야 하므로 믿음이 특별하다. 둘째, 인간의 마음은 진리로 견고해지므로 믿음이 특별하다. 사실, 믿음을 갖도록 특별히 허락된 자가 아니라면 아무도 그리스도를 믿을 수 없다는 사실은 세상에는 참으로 이상하게 들릴 것이다.요 6:65 그 부분적인 이유는 인간이 하늘의 지혜를 이해하는 일이 얼마나 고상하고 어려운지, 하나님의 신비들을 이해하기에는 인간이 얼마나 무지하고 연약한지 전혀 모른다는 데 있다. 또 다른 부분적인 이유는 믿음의 주요 구성 요소인 마음의 확고함을 인간이 전혀 알지 못한다는 데 있다.

이제는 오류가 쉽게 해결될 수 있을 것이다. 바울이 가르치듯이, 만약 인간 속에 있는 영혼만이 인간의 뜻을 안다면,[고전 2:11] 피조물이 어떻게 하나님의 뜻을 확실히 알 수 있겠는가? 우리가 눈에 보이는 것들 속에 있는 하나님의 진리를 확실히 알지 못한다면, 우리 눈이 볼 수 없거나 우리 지성이 이해할 수 없는 것들을 주님께서 약속하실 때 어떻게 우리가 확실하고 틀림없이 알 수 있겠는가? 인간의 지혜는 무척 당혹스럽고 어리벙벙한 것이어서 주님의 학교에서 진보하고 싶은 자는 지혜를 송두리째 내버리는 것부터 시작해야 한다. 지혜는 어린아이에게만 계시되는 하나님의 신비들을 우리가 이해하지 못하게 막는 가림막 역할을 하기 때문이다.[마 11:25, 눅 10:21] 육과 혈도 하나님의 신비들을 계시하지 못한다.[마 16:17] 자연인은 영적인 것을 이해할 수 없다. 하나님의 가르침은 영적으로만 알 수 있으므로, 자연인에게 그것은 어리석음일 뿐이다.[고전 2:14]

따라서 우리는 이 일에 성령의 도우심이 필요하다. 더 낫게 말해, 성령의 능력만이 해낸다. 아무도 하나님의 신비들을 알았던 적이 없고, 하나님의 조언자가 된 적도 없다. 그러나 성령은 모든 것, 곧 감추어진 것까지도 감찰하시니,[고전 2:10] 성령을 통해 우리는 그리스도의 뜻을 안다. 주 예수께서는 "어떤 사람도 나를 보내신 아버지께서 내게 그를 이끌지 아니하시면 내게 올 수 없다. 누구든지 내 아버지께 듣고 배운 사람이어야 내게 오느니라"고 말씀하시며,[요 6:44-45] "아버지께서 보내신 자를 제외하면 아버지를 본 자가 아무도 없다"고 말씀하신다.[요 1:18, 5:37] 하나님의 성령께서 이끌지 않으시면 우리가 그리스도에게 다가갈 수 없듯이, 우리는 인도하심을 받을 때 우리의 이해 너머로 완전히 옮겨진다. 전에는 하늘 비밀의 광채가 영혼을 눈멀게 했으나, 성령의 조명을 받은 영혼은 하늘 비밀을 보는 새로운 시력을 얻는다. 이처럼 성령의 빛으로 조명을 받은 인간 지성은 전에는 눈치도 챌 수 없던 하나님 나라의 일들을 이제야 드디어 맛보기 시작하는 것이다. 그래서 비록 우리 주 예수 그리스도는, 누가가 설명한 대로 두 제자에게 그 나라의 신비를 충분히 설명해 주셨지만, 그가 그들의 지성을 열어 성경을 이해하도록 해주시기 전에는 아무것도 이루지 못하셨다.눅 24:27, 45 비슷하게, 사도들은 그리스도의 신적 입술의 가르침을 받은 후에도 여전히 진리의 영이 그들에게 파송받기를 구했고, 진리의 영은 그들이 귀로 들었던 가르침이 그들의 지성을 꿰뚫고 들어가게 하셨다.요 16:13

하나님의 말씀은 마치 태양과 같다. 하나님의 말씀은 그것이 선포된 모든 사람에게 빛을 비추지만, 눈먼 사람에게는 아무 영향도 주지 못한다. 이런 견지에서 보면 우리 모두는 선천적으로 눈이 멀었으며, 내면의 교사인 하나님의 영께서 지성을 조명해 주셔야만 하나님의 말씀이 우리 지성 속으로 들어올 수 있다.

성령은 우리 마음에 믿음을 인치신다

그다음으로, 지성이 받아들인 어떤 말씀이든 마음속에 심겨지는 문제를 다룰 차례다. 하나님의 말씀이 머릿속에만 맴돈다면, 믿음이 아직 그 말씀을 받지 않았음을 뜻한다. 하나님의 말씀이 마음속 깊이 뿌리를 내려서 그 말씀을 공격하는 모든 시련을 견디고 물리치는 난공불낙 요새가 되었을 때 비로소 믿음은 그 말씀을 참으로 받은 것이다. 우리 지성이 하나님의 영으로 조명을 받을 때에야 참으로 이해할 수 있다는 주장이 옳다면, 마음이 이런 방식으로 강해질 때 하나님의 능력도 더 분명히 나타난다고 해야 할 것이다. 지성이 눈멀게 되는 것보다 마음이 훨씬 쉽게 불신에 무너지기 때문이고, 지성이 교훈을 받아들이는 것보다 마음이 확신을 가지기는 훨씬 어렵기 때문이다.

그래서 성령은 우리의 마음에 이중으로 인을 치신다. 그가 우리 지성에 각인하신 동일한 약속들에 처음으로 인을 치시고, 그 약속들을 확인하고 인준하시는 보증자로서 다시 인을 치신다. 사도는 "너희가 믿었을 때 약속의 성령으로 인치심이 되었으니, 그는 너희 유업의 보증자시니라"고 기록한다.엡 1:13-14 바울이 신자들의 마음이 성령에 의해 인치심을 얻는 방식을 알려 주며, 우리가 복음에 관해 품을 수 있는 어떤 의심이든 성령께서 다 제거하시기 때문에 그를 약속의 성령으로 부르고 있음을 잘 관찰하라. 바울은 고린도 교인들에게도 똑같이 말한다. 그는 하나님께서 "우리를 기름 부으셔서 우리에게 인치시고 우리 마음에 보증으로 그의 영을 주셨다"고 선포한다.고후 1:21-22 다른 곳에서 사도는 우리 소망의 확신과 담대함에 대해서 말하면서, 하나님의 성령이야말로 소망의 토대를 보증하시는 분임을 밝힌다.고후 5:5

따라서 우리는 궤변론자들의 교훈이 얼마나 해로운지 판단할 수 있을 것이다. 그들은 우리 안에 하나님의 은혜가 있는지 여부는, 오직 각 사람이 그 은혜를 받기에 부족하지 않다고 믿을 때 가지는 도덕적 추정으로만 판단할 수 있다고 주장한다.[5] 참으로, 하나님께서 우리에 대해 어떻게 느끼시는지를 우리가 우리의 행위로 판단해야 한다면, 고백하건대 그 추정적인 요소가 얼마나 미미하든 상관없이 뭐라 말하기가 불가능할 것이다. 하지만 믿음은 하나님의 분명하고 값없는 약속에 응답해야 하므로 여기에는 의심의 여지가 전혀 없다. 만약 하나님께서 우리에게 호의적이신 것은 우리가 그분의 호의를 받을 만하기 때문이라 믿는다면, 우리는 과연 무슨 확신으로 무장하여 마귀를 대항할 수 있겠는가? 하지만 이 주제는 별도의 장에서 다루어질 예정이므로,[6] 여기서는 우리가 이 주제를 고찰하지 않으려고 한다. 특히, 추정 혹은 의심이나 모호함과 비슷한 어떤 것보다 분명하게 믿음을 대적하는 것은 없기 때문이다.

이 오류를 뒷받침하기 위해 그 궤변론자들은 "아무도 자신이 미움을 받을지 사랑을 받을지 모른다"전 9:1는 전도서의 구절을 지치지 않고 인용하며 사악하게 변조한다. 나는 이 본문이 흔한 역본에서 나쁘게 번역되었다는 사실에 대해서는 전혀 말하지 않겠다. 하지만 어린아이도 솔로몬이 무슨 말을 했는지 알 수 있다. 다시 말해, 만약 누가 현실에 근거하여 하나님께서 사랑하시는 자와 미워하시는 자를 판단하려 한다면, 그의 노력은 아무 소용이 없는데, 형통과 역경이 의인과 악인 모두에게, 그리고 하나님을 섬기는 자와 하나님을 무시하는 자 모두에게 해당하기 때문이다. 이는 곧 이 세상에서 그분이 형통케 하시는 자에 대한 사랑을 하나님께서 항상 증명해 주시는 것은 아니며, 또한 그분이 괴롭히는 자에 대한 미움도 항상 분명히 나타내시지는 않는다는 뜻이 된다. 다음과 같은 솔로몬의 진술은 아무도 피할 수 없는 것에 대한 평가에서 많은 혼란에 빠지는 인간 지성의 헛됨을 꾸짖는다. "아무도 사람의 영혼과 짐승의 영혼 간의 차이를 분별할 수 없으리니, 각각 똑같은 죽음을 당하기 때문이라." 전 3:19 누가 영혼 불멸에 대한 믿음이 오직 추론에 근거해 있다는 주장을 이 말씀에서 끌어내려 한다면, 우리는 그 사람을 미치광이로 취급해야 당연하지 않겠는가? 궤변론자들은 인간이 하나님의 은혜를 확신할 수 없는데, 그 이유는 육신의 눈으로 현실을 보며 하나님의 은혜를 파악할 수 없기 때문이라고 주장한다. 그렇다면 이 궤변론자들이 정상적인 지성을 가지고 있는 것인가?

믿음과 성령에 관한 스콜라 신학 교리의 오류

그러나 궤변론자들은 만약 누가 하나님의 뜻에 대한 틀림없는 지식을 주장한다면 그것은 성급한 추정이라고 반박한다. 우리가 지금 하나님의 불가해한 작정을 가장 보잘것없는 인간 지성에 억지로 끼워 맞추려 하고 있다면, 나는 그들의 주장을 인정하겠다. 그러나 우리는 바울과 함께 우리가 이 세상에 속하지 않으신 성령을 받았다고 말하고 있을 뿐이다. 성령은 하나님께로부터 나오시며, 그를 통해 우리는 하나님께서 우리에게 베푸신 혜택들을 안다. 고전 2:12 그렇다면 그들은 하나님의 성령을 모독하지 않고서 과연 무엇을 반대할 수 있겠는가? 이제 하나님에게서 온 어떤 계시를 거짓이나 불확실함이나 모호함으로 의심하는 것이 끔찍한 신성모독이라면, 하나님께서 우리에게 주신 계시의 확실성을 인정하는 것이 어떻게 죄가 될 수 있겠는가?

또한 궤변론자들은 우리가 이렇게 그리스도의 영을 자랑하는 것은 무모한 짓이라고 반대하지만, 오히려 그렇게 함으로써 그들은 자신의 어리석음을 스스로 분명히 증명한다. 온 세상의 교사로 자처하는 자들이 너무 나 무지해서 기독교의 기초조차 오해한다고 그 누가 상상이라도 할 수 있을까? 그들이 직접 쓴 책들도 그들의 반대 견해를 확증하지 못한다는 사실이 참으로 믿어지지 않을 정도다. 바울은 "오직 하나님의 영으로 인도하심을 받은 자들만 하나님의 자녀다"라고 진술한다.롬 8:14 이 궤변론자들은 하나님의 자녀들이 하나님의 영을 빼앗긴 채로 자신의 영으로만 인도함을 받는다고 이해한다. 바울의 가르침에 따르면, 오직 하나님께서 우리가 그분의 자녀임을 우리 영혼에 증언하실 수 있으므로, 성령이 아버지라는 이름을 우리에게 새겨 주시지 않으면 하나님을 아버지로 부를 수 없다.롬 8:16 비록 이 궤변론자들은 우리가 하나님을 부르는 것을 금하지는 않지만, 우리를 이끌어 하나님을 부르게 하실 수 있는 성령을 우리에게서 빼앗는다. 바울은 그리스도의 영으로 인도하심을 받지 않는 자는 그리스도의 종이 아니라고 주장한다.롬 8:9 그러나 이 궤변론자들은 그리스도의 영과 전혀 상관없는 기독교를 추정해 낸다. 바울은 우리가 우리 안에 거하시는 성령을 느끼지 못한다면 복된 부활에 대한 소망도 없다고 말한다.롬 8:11 이 궤변론자들은 그 느낌이 완전히 빠져 있는 소망을 상상한다.

아마 그들은 우리에게 성령이 필요하다는 것을 부정하지 않지만, 우리가 겸손하고 절제한다면 성령을 모셨다고 생각하지는 말아야 한다고 대답할 것이다. 그렇다면 사도가 고린도 교인들에게 예수 그리스도께서 그들 중에 거하시는지 스스로 조사하고 시험해 보라고 명령하면서 누구든 이 지식이 없는 자는 버림받았다고 덧붙일 때 과연 무엇을 암시한 것일까? 고후 13:5 요한이 말하듯이, 이제 우리는 하나님께서 우리에게 주신 성령으로 말미암아 그리스도가 우리 안에 거하심을 알고 있다.요일 3:24, 4:13 예수 그리스도는 그에게 속한 모든 사람에게 성령을 부어 주시겠다고 말씀하셨다.욜 2:28 그런데 우리가 예수 그리스도의 성령과 상관없이 그를 섬기려고 한다면, 그것은 그의 약속들을 의심하는 것이 아니면 무엇이겠는가? 이런 일들은 우리의 신앙에서 우리가 처음으로 배워야 할 교훈이므로, 성령의 임재를 자랑하는 그리스도인을 교만하다고 비난하는 태도는 전혀 앞을 못 보는 상태를 드러낸다. 성령 없이는 기독교가 존재하지 않는다. 궤변론자들은 그들의 사례를 통해 "세상은 내 영을 알 수 없나니, 그는 오직 그가 그 가운데 거하시는 자들에만 알려지신다"는 주님의 말씀이 참으로 진리임을 나타낸다.요 14:17

믿음의 토대를 사방에서 파괴하려는 궤변론자들은 믿음을 또 다른 방향에서 좀 더 깊숙이 공격해 들어온다. 비록 그들은 우리가 지금 즐거워하고 있는 의로운 상태에 따라 하나님의 은혜를 평가한다고 말하겠으나, 우리가 견지하는 확신은 여전히 긴장 속에 있다. 만약 그들이 "도덕적 추론"이라는 것만으로 구원을 확신한다면, 그 확신으로 우리가 현재 하나님의 은혜 안에 있는지를 판단할 수 있겠으나, 내일도 그러할지는 분간할 수 없는 그런 확신일 것이다. 사도는 아주 다르게 말한다. "내가 확신하나니, 천사나 권세자들이나 주관자들이나, 죽음이나 생명이나, 현재 일들이나 장래 일들이나 그 어떤 것도 하나님께서 우리를 예수 그리스도 안에서 받으신 그 사랑에서 우리를 분리할 수 없느니라."롬 8:38-39 그들은 사도가 이 말씀을 특별 계시로 받았다는 하찮은 제안으로 어려움을 모면하려 한다.[7] 하지만 그들은 너무 단단히 몰려 있어서 쉽게 도망칠 수 없다. 그 구절에서 바울이 논의하는 것은 모든 신자에게 믿음이 보편적으로 베푸는 혜택이지 그 자신만의 특별한 경험이 아니기 때문이다. 그들은 "오, 그렇지요. 하지만 바울이 '서 있는 자는 넘어지지 않도록 조심하라'고 선포하면서 고전 10:12 우리의 연약함과 견고하지 못함을 지적하며 우리를 두렵게 하고 있다"고 말한다. 그것은 참으로 사실이다. 하지만 바울은 우리를 두려움에 빠뜨리려고 걱정하게 하는 것이 아니다. 베드로도 설명하듯이, 바울은 우리가 하나님의 전능하신 손 아래 겸손할 것을 가르치려고 우리를 걱정하게 한다.벧전 5:6

어떠하든 간에, 믿음은 현재 생애를 넘어 미래의 불멸에 이르려는 것인데, 그 믿음의 확신을 일부 시간에만 제한하는 것은 지나친 허상이다. 신자들은 성령의 조명으로 자신이 믿음을 통해 장래에 얻을 생명을 내다보며 즐거워하는 것을 하나님께서 주신 은혜의 선물로 여긴다. 이때 신자들이 하는 자랑은 교만으로 치부될 수 없다. 오히려 만약 누가 이 진리를 고백하기 부끄러워한다면, 그 사람은 신중하고 겸손하다기보다는 끔찍한 배은망덕을 보여주는 셈이 된다. 그 사람은 마땅히 드높여야 할 하나님의 선하심을 부인하고 흐리게 하고 있기 때문이다.

똑같은 논리로 궤변론자들이 내세우는 다른 두 가지 거짓을 뒤엎을 수 있다. 첫째 거짓은 하나님에 대한 지식에 진심이 더해져야만 믿음이 "성숙하다"고 보는 그들의 신념이다.[8] 둘째 거짓은 "믿음"이라는 말을 하나님에 대한 무지와 지식의 결핍과 조화시키려 하면서 그들이 평범한 사람들을 속이는 신념인데, 그들은 무지가 그들이 "절대적" 믿음이라고 부르는 것에 아무 장애물도 아니라는 인상을 풍기기 때문이다. 첫째 거짓에 관해서라면, 그들은 하나님의 진리를 받기 위해 믿음이 어떤 동의를 요구하는지 이해하지 못했음을 명백히 드러낸다. 그들이 단순하고 하찮은 동의로 "미성숙한" 믿음을 만들어 내기 때문이다. 우리가 이미 말했듯이, 믿음은 머리의 문제라기보다는 마음의 문제이며, 이해의 문제라기보다는 의향의 문제다. 이런 이유로 믿음은 "순종"이라고 불린다.[롬 1:5] 주님께서 가장 기뻐하시는 예배는 순종이다. 그 이유는 당연하게도, 세례 요한이 말했듯이 신자들에게 인쳐지고 입증된 주님의 진리야말로 가장 소중하기 때문이다.[요 3:33]

그러므로 이처럼 사소한 의심만 남게 된다. 따라서 우리는 성경이 규정하는 동의는 진심 없이 존재할 수 없음을 고려하여, 믿음이 "성숙해"지기 위해 동의가 반드시 진심과 결합해야 한다고 주장하는 소르본 신학자들이 어리석다고 신속히 결론지을 수 있다. 하지만 훨씬 명백한 이유가 있다. 아버지께서는 그리스도를 의와 죄 용서와 평화뿐만 아니라 성별과 생수의 근원으로 주셨고, 믿음은 그리스도를 아버지께서 주신 그대로 영접하기 때문에, 믿음이 그리스도를 올바르게 인정하려면 반드시 성령의 성별을 주장하게 되어 있다. 더욱 분명히 말해, 믿음은 그리스도를 아는 지식 안에 있으며, 그리스도는 성령의 성별하심 없이는 알려질 수 없다. 그래서 믿음은 결코 진심과 나뉠 수 없다.

성경은 "미성숙한" 믿음이나 "절대적" 믿음을 알지 못한다

궤변론자들은 "만일 누가 산을 옮길 만큼 완전한 믿음을 가졌으나 사랑이 없다면, 그 믿음은 아무것도 아니다"라는 바울의 진술을 습관적으로 인용한다.고전 13:2 그들은 이 말씀을 근거로 "미성숙한" 믿음, 곧 사랑 없는 믿음을 만들지만, 이 구절이 뜻하는 "믿음"에 대해서는 아무 생각도 없이 그렇게 한다. 여기서 바울은 방금 방언이나 능력이나 예언 같은 성령의 다양한 은사들을 설명했고, 고린도 교인들에게 가장 유익하고 좋은 은사들, 곧 교회의 몸 전체를 위해 유익하고 풍성한 은사들을 추구하도록 권했다. 그리고 이제 바울은 자신이 훨씬 탁월한 길을 그들에게 보이겠다고 말한다. 바울은 이 모든 은사는 그 자체로 제아무리 찬란하다 해도 사랑을 돕지 않는다면 아무 소용없는데, 그 은사들 모두가 교회를 세우는 데 선사되기 때문이다. 그 역할을 행하지 않게 되면, 이 은사들은 즉시 가치와 매력을 잃어버린다.

바울은 이것을 증명하기 위해 그가 이미 말했던 동일한 은사들을 포함하는 질서 정연한 은사 항목을 작성하되, 그 은사들을 전과 다르게 설명한다. 그래서 그가 앞에서 "능력"이라 불렀던 것을 여기서는 "믿음"이라 부르는데, 이 두 용어 모두 이적을 행하는 힘을 뜻한다. "믿음"이라 부르든지 "능력"으로 부르든지 상관없이 악한 인간조차 (방언이나 예언, 기타 은사들에서도 그렇듯이) 이 힘을 오용할 수 있기 때문에, 이 힘은 당연히 사랑과 구별되어야 한다. 이 불행한 자들이 오류에 빠지는 지점은 "믿음"이라는 단어가 가질 수 있는 다양한 의미들을 구별하지 못한다는 데 있지 않다. 오히려, 그들은 마치 믿음에 단 하나의 의미만 있는 것처럼 주장하면서 오류를 범한다. 그들이 자신의 오류를 뒷받침하기 위해 인용하는 야고보서 본문

은 내가 다른 곳에서 설명하려고 한다.약2:21 9

그들이 "절대적 믿음"이라고 이름 지은 허구는 진정한 믿음을 매장해 버릴 뿐만 아니라 완전히 파괴해 버린다.[10] 우리가 마음으로 교회에 복종하는 한 믿음은 아무것도 이해하지 않는 것이라는 주장이 타당할까? 대체로 믿음은 무지로 구성되지 않고 지식으로 구성되는데, 이 지식은 하나님을 아는 지식이요, 동시에 자신의 의지를 아는 지식이다. 우리는 교회가 결정하는 바를 다 참되다고 기꺼이 받아들이는 자세 때문에 구원을 얻는 것이 아니다. 혹은 우리가 교회의 결정을 탐구와 지식의 임무로 받아들였기 때문에 구원을 얻는 것도 아니다. 우리는 그리스도 안에서 우리와 화해하신 하나님을 우리의 자비로우신 아버지로 아는 지식에 의해 구원을 얻으며, 의와 성결과 생명을 위해 우리에게 주어진 그리스도를 영접하기 때문에 구원을 얻는다. 우리는 바로 이 지식을 통해 하늘나라에 들어가며, 우리 지성을 알지 못하는 것들에 넘겨줌을 통해 들어가는 것이 아니다. 사도는 우리가 마음으로 믿어 의에 이르고, 입술로 고백하여 구원에 이른다고 선언했는데,롬 10:10 이 선언은 누구든 자신이 이해도 못하는 것을 절대적으로 믿기만 하면 된다는 뜻이 결코 아니다. 오히려 사도는 우리 의가 머무는 하나님의 선하심에 대해 충분하고 분명하게 알라고 요구한다.

분명히, 지금 우리가 무지에 빠져 있으므로 많은 것들을 알지 못하고 있다는 사실과, 이 죽을 몸을 벗고 하나님께 더 가까이 나아가기까지는 여전히 알지 못할 것이라는 사실을 나는 부정할 수 없다. 그 문제에서 나는 우리가 해야 할 가장 유익한 일은 우리의 판단을 보류한 채 교회의 일치를 유지하기로 결심하는 것이라는 데 동의한다. 하지만 그것을 핑계로 끔찍한 무지를 "믿음"으로 부르는 것은 억지에 지나지 않는다. 믿음은 하나님과 그리스도를 아는 지식에 있지, 교회에 대한 경애에 있지 않기 때문이다. 정말이지, 저들이 이 절대적 신앙 교리를 빌미로 얼마나 끔찍한 심연을 열어 놓았는지 우리가 잘 보고 있다. 무지한 자들은 "교회"라는 딱지만 붙어 있으면 누가 그들에게 무엇을 주더라도, 심지어 그들에게 가장 중대한 오류를 가르치더라도 막무가내로 전부 받아들인다. 사람들은 설령 자신의 단순한 마음가짐 때문에 고통을 받으며 파멸에 이르게 된다 하더라도, 그 마음가짐을 변명한다. “만약 교회의 믿음이 그러하다면”이라는 조건이 붙지 않으면 아무것도 굳게 믿지 않기 때문이다. 이런 방식으로 저들은 오류를 진리로, 어두움을 빛으로, 무지를 지식으로 가장한다. 우리는 그런 어리석음을 반박하는 데 시간을 헛되이 낭비하지 않고 싶다. 그러기 위해 우리는 독자들이 저들의 가장을 우리의 교훈과 비교해 보도록 부탁드린다. 진리의 찬란한 빛은 저들을 혼란에 빠뜨리기에 충분한 증거를 제공해 줄 것이다.

믿음은 “보이지 않는 것들의 증거”다

내가 보기에는 약속들의 실체로 믿음의 본질을 설명하는 것이 가장 낫다. 믿음은 약속들에 굳게 입각해 있어서 일단 이 약속들이 없어져 버리면 믿음도 실패하거나 소멸된다. 이와 같은 믿음의 본질은 우리가 제시하는 믿음의 정의의 배경이다. 우리가 제시하는 믿음의 정의는 사도가 내린 믿음의 정의와 비슷하다. 사도는 “믿음은 바라는 것들의 실체요 보이지 않는 것들의 증거”라고 가르친다.[히 11:1] 사도는 신자의 영혼을 지탱하는 사상을 전하기 위해 ‘휘포스타시스’(*hypostasis*, 본질)라는 단어를 사용하는데, 그는 마치 믿음을 가리켜 하나님께서 우리에게 약속하신 것들에 대하여 확실하고 분명한 소유물로 말하는 것 같다. 다른 한편으로 그는 덧붙이기를, 우리는 우리가 바라는 것들이요 보이지 않는 것들에 대해서 확신하되, 그런 것들이 완전히 계시되는 마지막 날까지 우리 마음으로 그것들을 이해할 수 없고, 우리 눈으로 볼 수도 없으며, 우리 손으로 만질 수도 없다고 말한다. 그때까지 우리가 그것들을 소유하는 유일한 방법은, 세상 모든 것 위로 우리 지성을 높이는 것, 간단히 말해, 우리 자신 위로 높이 올라가 우리 정신 능력의 한계를 초월하는 것뿐이다.

바울이 지적하듯이, 보이는 것은 소망이 아니요, 소망은 우리가 볼 수 있는 것이 아니다.[롬 8:24] 믿음을 보이지 않는 것의 "증명"이나 "증거"로 부를 때, 사도는 믿음이란 분명하지 못한 것에 빛을 비추는 것이요, 나타날 수 없는 것에 대한 시야요, 희미한 것에 대한 분명한 초점이요, 부재한 것에 대한 현존이며, 감추어진 것을 알려 주는 것이라고 암시하는 것 같다. 우리는 하나님의 신비들과 주로 우리의 구원에 관련된 것들을 그 본질 그대로 바라볼 수 없기 때문이다. 우리는 그것들을 오직 하나님의 말씀으로만 바라보며 하나님의 진리를 굳게 확신함으로써, 그분의 말씀이 알려 주는 것은 다 성취된 사실로 간주할 수 있게 된다. 그렇다면 우리 마음이 위로 올라가 하나님의 위대한 선하심을 인정하고 맛보고서 어찌 그분을 향한 사랑으로 불타지 않겠는가? 오직 하나님께서 자신을 두려워하는 자를 위해 감추어 두신 풍성한 달콤함이 우리 마음을 감동해 주어야만 비로소 우리는 그 달콤함을 이해할 수 있다. 하나님의 풍성한 달콤함이 우리 마음을 감동하면, 우리 마음은 반드시 자기 자신을 뛰어넘는다. 당연하게도, 이 감정은 완고하고 비뚤어진 마음속에는 절대로 들어가지 않는다. 이 감정은 우리 눈을 열어서 우리가 하나님의 온갖 보배를 얻게 하고 그 나라의 거룩한 비밀을 알게 하기 때문이다. 부정한 마음은 결코 그 나라로 들어가서 오염시키지 못한다.

소르본 신학자들은 사랑이 믿음과 소망을 앞선다고 가르친다. 그러나 우리 속에 먼저 사랑이 생기게 하는 것은 오직 믿음임을 고려하면, 그들의 가르침은 순전히 환상일 뿐이다.[11] 나는 이 문제와 관련된 다른 사항들을 다른 곳에서 다룰 계획이다.[12] 그때까지 우리는 믿음이 무엇인지 이해하는 것으로 충분하다.

믿음은 오직 그리스도 안에서 하나님을 추구하고 발견한다

비록 믿음의 본질은 믿음이 복음을 목표로 삼았을 때 분명히 설명되는 것이 사실이라 하더라도, 우리는 믿음이 복음 안에서 주로 무엇을 바라보아야 하는지를 숙고해야 한다. 우리는 앞에서 복음 전체가 예수 그리스도 안에서 요약된다고 설명할 때 이 점을 간략히 암시했었다. 그렇게 하여 우리는 모든 약속이 예수 그리스도 안에 담겨 있기만 하지 않고 제시까지 되어 있다고 주장했다.[고후 1:20] 하지만 이 주제는 보다 분명히 설명될 가치가 있으므로, 여기서 이 주제를 좀 더 탐구하기로 하자.

"오직 한분이신 하나님과 그가 보내신 자 예수 그리스도를 아는 것이 영원한 생명이다."[요 17:3] 그러므로 성부와 그리스도를 아는 바른 지식을 갖는 것이 무척이나 중요한 문제다. 우리가 성부에 관해서 이해해야 하는 것은 오직 성자 안에서만 제공될 수 있다. 성부는 다가갈 수 없는 빛 속에 거하시지만, 그분의 아들을 통해 그 빛의 광휘를 우리에게 비추시기 때문이다. 이것이 바로 사도가 하나님을 아는 지식의 빛을 온전히 예수 그리스도의 얼굴에만 두는 이유다.[고후 4:6] 만약 그리스도를 통해 하나님의 영광의 광채가 인간에게 알려지지 않았다면, "세상의 빛"이라고 올바르게 불리지 않으셨을 것이다.[요 8:12] 그러므로 사도가 그리스도를 "그의 아버지의 영광의 광채요 그의 실체의 살아 있는 형상"으로 말한 것은 참되다.[히 1:3] 다만 우리는 그리스도 안에서 아버지의 영광이 우리에게 계시되고, 그 실체의 형상이 우리에게 드러났음을 덧붙여야 하겠다. 아버지가 가지신 만물을 아버지는 그리스도 안에 두기로 하셨고, 그리하여 그리스도를 통해 그분은 우리에게 자신을 주시고 그분의 이름을 영광스럽게 하셨다.[요 13:20, 31, 17:8] 따라서 우리가 아버지께 다가가려 한다면, 아버지를 우리에게 계시할 수 있는 유일한 분을 수단으로 하여 다가가야 한다. 그는 자신을 가리켜 "길"로 부르심으로써,[요 14:6] 오직 자신만 우리를 인도하심을 분명히 밝히신다. 또한 그는 자신을 가리켜 "문"으로 부르심으로써,[요 10:7] 우리를 들어가게 함이 그의 역할이라는 것을 알리신다. 성경이 다른 곳에서 말하듯이, 성부 외에는 누구도 성자를 알지 못하며, 성자가 성부를 계시하려는 자와 성자 외에는 아무도 성부를 알지 못한다.[마 11:27, 눅 10:22]

우리가 앞에서 말했듯이, 우리가 감화를 받아 예수 그리스도를 추구하고 영접하려면 반드시 아버지의 영의 인도하심을 받아야 한다. 마찬가지로, 우리는 아버지의 형상이신 예수 그리스도 이외의 다른 어디서도 보이지 않는 아버지를 찾으려 하지 말아야 한다. 그리스도를 참되게 아는 것이란, 아버지께서 우리에게 선사하시는 바로 그 그리스도, 곧 그가 우리를 위한 복락과 영원한 선의 보화가 되실 만큼 하늘의 부유함의 모든 충만이신 그리스도를 영접하는 것이다. 그러나 그리스도의 부유함을 붙잡기 위해, 우선 우리는 그리스도의 순종을 통해 그 부유함을 얻으셨음을 알아야 한다. 그리스도는 우리의 구원을 위해 필요한 모든 것을 행하고 성취하셨을 때 자신의 순종을 입증하셨다.

사도신경: 서론

믿음에 대한 흠 없는 설명을 위해 우리는 그리스도 안에서 믿음을 확증하는 데 도움이 되는 것에 시선을 고정해야 한다. 일단 우리가 믿음의 내용과 실체를 배우면, 마치 그림을 보듯이 믿음의 특징과 본질도 쉽게 이해할 것이기 때문이다. 그래서 우리는 사도신경을 그림을 보듯 바라볼 것이다. 사도신경의 모든 세부 사항에는 우리의 구원의 전체 계획 중 어느 하나도 빠짐없이 총망라되어 있다.

나는 사도신경의 저자가 누구였는지에 크게 개의치 않고 단순히 사도신경으로 부르겠다.

고대인들 대다수는 이것을 사도들의 저작으로 보는 데 동의했다. 고대인들이 이것을 사도신경으로 부른 것은 사도신경을 사도들이 다 함께 기록했거나, 혹은 사도들의 교훈을 다른 사람들이 모아서 요약하여 편집했다고 생각했기 때문인데, 그렇게 하여 그들은 사도신경에 권위를 부여하고 싶었다. 고대인들의 생각이야 어떤 것이든, 나는 교회의 이른 시기부터, 아마도 사도들의 시대 이후부터 줄곧 사도신경이 공적이고 신뢰받는 신앙고백으로 받아들여졌다고 확신한다. 사도신경은 어느 개인에 의해 사사로운 목적으로 작성되었을 리가 없는데, 모든 시대마다 신자들 가운데 의심의 여지 없는 권위를 누렸기 때문이다. 우리에게 다음과 같은 중심 요지는 논쟁의 여지 없이 분명하다. 즉, 사도신경은 우리 믿음의 모든 내용을 간결하고 훌륭한 순서로 나열하며, 성경의 확실한 증거로 입증되는 것만 담고 있다. 이 점을 인정하면, 우리는 저자에 대해 골몰할 필요가 없고, 혹시 누군가 성령에게서 나온 확고한 진리에 만족하지 못하여 사도신경이 누구의 입에서 나왔는지, 누구의 손으로 기록되었는지 알고 싶다고 요구하지 않는다면 굳이 다른 사람들과 다툴 필요도 없다.

사도신경 설명에 들어가기 전에, 다음 두 가지를 먼저 고려해야겠다. 첫째, 사도신경에 나열된 서사narrative는 우리 속에 사건들 자체에 대한 지식을 심어 주려는 것이라기보다는, 우리 지성을 고양하여 보다 고상한 것을 이해하도록 하기 위함이다. 사도신경은 우리에게 두 가지 사항, 곧 보이는 것과 보이지 않는 것을 제시하는데, 우리는 이 두 가지 모두를 진리로 인정하기 때문이다. 하나님의 권능, 성령, 죄 용서 등은 눈으로 볼 수 없는 영적인 것이다. 사도신경에서 우리가 그처럼 눈으로 볼 수 없는 것을 다시 말하게 될 때, 단지 그것이 참되다고 믿는 것만으로는 충분하지 않다. 우리는 그 보이지 않는 것에 대한 믿음으로부터 신뢰와 소망을 일으키는 동기들을 끌어냄으로써 하나님을 전능하신 분으로 생각만 할 것이 아니라, 더 나아가 그분의 능력으로 우리를 지탱하시는 분으로도 인정해야 하며, 우리 지성의 눈으로만 아니라 그분의 능력으로도 성령을 받아야 한다.

사도신경에 들어 있는 다른 비슷한 조항들도 동일한 방식으로 다루어야 한다. 우리가 앞으로 그 조항들을 적절한 시간과 장소에서 설명할 것이므로, 지금은 간단한 사례만 제시하겠다. 그리스도의 탄생과 죽음, 부활과 승천은 인간이 목격한 분명한 사건들이다. 이제 그 사건들에 관심을 가질 때 믿는 영혼은 밖에서 그것을 바라보는 데 그치지 말아야 한다. 믿는 영혼은 하나님의 모든 행사가 지혜로 이루어진 줄 알고 있으므로, 그 행사들이 이루어진 이유를 세심하게 헤아려 보아야 한다. 따라서 우리 믿음의 목적과 핵심은 사건들을 담은 이야기다. 우리가 볼 수 없고 이해할 수 없는 것들을 이 이야기에 근거하여 묵상하는 것이야말로 이 이야기의 궁극적 대상이요 목적이다. 예를 들어, 우리 영혼은 그리스도의 죽음에서 속죄하심에 대한 확신을 끌어내며, 그리스도의 부활에서 불멸에 대한 소망을 끌어낸다.

사도신경의 네 부분

우리가 주의해야 할 두 번째 요점은 사도신경의 구조다. 사도신경의 성부와 성자와 성령에 대한 설명은 세 부분으로 구성되며, 우리 구원의 신비 전체가 그에 달려 있다. 사도신경의 넷째 부분을 구성하는 설명은 우리의 구원에 대해서 알려 준다. 우리는 이 질서 잡힌 차례를 가벼이 여기지 말아야 한다. 우리의 구원에 대한 지식을 얻기 위해, 우리는 먼저 우리의 구원의 토대요 요약인 다음 세 가지를 조사해야 한다.

첫째, 하늘 성부의 위대한 선하심과 자비하심, 인간에 대한 사랑이다. 성부는 그분의 독생하신 성자를 아끼지 않으시고 우리를 위해 죽음에 넘겨주어 우리의 생명을 회복하심으로 그 사랑을 증명하셨다.[롬 8:32] 둘째, 성자의 순종하심이다. 성자의 순종은 우리의 구원을 완성하려는 하나님의 자비의 성취다. 셋째, 성령의 권능이다. 이 권능을 통해 하나님의 선하심이 예수 그리스도 안에서 우리에게 부여된다. 바울은 고린도 교인들이 하나님의 사랑과 그리스도의 은혜와 성령의 교제를 알도록 기도할 때 이 세 가지를 언급했다.[고후 13:14] 우리가 가진 모든 선한 것은 하나님의 사랑에서 나오며, 은혜의 유일한 원천 예수 그리스도 안에서 우리에게 선사된다. 우리는 하나님의 선하심이 그 성령의 능력을 통해 우리에게 베푸시는 모든 복에 참여하게 된다. 교회와 죄의 용서, 육체의 부활과 영생 등 사도신경의 넷째 부분에 대한 우리의 믿음도 바로 여기에서 나온다.

우리의 목적과 방법

마귀는 믿음 전체를 뿌리째 박멸하고자 때로는 예수 그리스도의 신성에 관해서, 때로는 하나님의 위격의 구별에 관해서 언제나 많은 문제를 불러일으켰다. 거의 모든 시대마다 마귀는 악한 지성들을 충동질하여 신자들을 이런 논쟁으로 불안하게 만들고, 성경 전체를 타도하려고 애써 왔다. 그래서 나는 바로 이 점으로부터 사도신경 설명을 시작하는 것이 가장 좋다고 생각한다. 내 목적은 반역하는 자들과 싸우기보다는 스스로 배우려는 자세를 가진 사람들에게 교훈을 주는 것이므로, 내 주장은 주제의 중요성이 요구하는 것보다는 그리 구체적이지 않을 것이다. 나는 여기서 우리가 고수해야 할 것과 피해야 할 것을 제시하는 데 만족하되, 진리로 악한 자들의 중상모략을 막는 방식을 취하겠다. 다만 내가 이미 말했듯이, 기꺼이 진리에 순종하려는 사람들에게 참되고 건전한 교훈을 가르치는 것이 나의 주된 관심이다.

가장 먼저, 성경의 고상한 신비들을 알려면 최선의 신중한 조사를 행해야 한다. 이런 신비는 다른 어떤 것보다 특별한 종류의 신중함을 요구하므로, 우리는 우리의 사상이나 언어가 하나님의 말씀의 경계를 넘어가지 않도록 통제할 것이다. 일정하게 나타나는 태양의 부피조차 이해할 수 없는 인간 지성이 하나님의 무한한 본질을 어찌 자기의 작은 범위 안으로 끌어내릴 수 있는가? 인간 지성이 자기 자신의 실체도 모르는데, 어떻게 하나님의 실체를 찾을 수 있는가? 그러므로 하나님 자신이 우리에게 알리시도록 하자. 힐라리우스Hilarius가 말했듯이, 하나님은 그분 자신에게만 알려지시므로, 오직 하나님만 자기를 바르게 증언하실 수 있다.[13] 우리도 하나님을 그분이 우리에게 자기를 계시하신 그대로 생각함으로써 그분께 그렇게 하실 권리를 드릴 것이며, 하나님을 오직 그분의 말씀을 통해서만 찾을 것이다. 크리소스토무스는 바로 이런 방식의 훌륭한 설교들로 아노모이오스파Anomoeans라 불리는 이단 종파를 논박했다.[14] 그렇다고 해도, 이 설교들로는 저 무도한 궤변론자들의 혀를 놀리지 못하도록 막아 하나님의 존엄에 대해 쓸데없는 말을 지껄이지 못하게 하기에 역부족이었다. 그들은 다른 어디서도 흔히 그랬듯이 여기서도 전혀 겸손하게 처신하지 못했다. 하나님께서 그들이 끊임없이 실수하며 어슬렁거리도록 내버려 두셔서 그들의 만용을 벌하셨으므로, 우리는 이 사례를 통해 경고를 받아 성경이 가르치는 것을 배우지 않고 스스로 지혜롭게 되려는 실수에 빠지지 말아야 한다. 특히 우리는 하나님의 말씀 아닌 다른 수단으로 하나님을 알려는 사상이나, 하나님의 말씀과 상관없이 하나님에 관해 생각하려는 사상, 하나님의 말씀의 도움 없이 하나님에 관해 말하려는 사상을 피해야 한다.

아주 빈번하고 분명하게 성경은 유일하신 한분 하나님을 선포한다. 그분의 본질은 영원하고 무한하고 영적이어서 세심하게 증명할 필요가 전혀 없다. 마니교도들이 두 가지 신적 원리를 수립하기 위해 특정 성경 구절들을 왜곡한 것은 상상도 못할 멍청한 짓이었다. 비슷하게, 성경이 하나님의 입과 귀와 손과 발에 대해 언급한다는 이유로 하나님을 육체적 형상으로 제시한 신인동형론파Anthropomorphites 역시 심각한 오류에 빠져 버렸다.[15] 아무리 이해력에 한계가 있다 하더라도, 마치 유모가 아기의 미성숙함에 맞추려고 일부러 더듬거리며 말을 걸 듯이, 주님께서도 우리의 능력에 맞도록 자신을 낮추어 일부러 그런 형식을 취하시고 자신에 대해 설명하셨음을 그들은 어떻게 모를 수가 있는가? 성경의 신인동형론적 화법은 하나님을 계신 그대로 알려 주는 것이 아니라, 하나님에 대한 지식을 무지한 우리의 수준에 맞추어 알려 주는 표현이다. 하나님은 그렇게 하시면서 자신의 위대하심과 숭고하심을 상상할 수 없이 낮추셔야 했다. 따라서 하나님의 본질을 신인동형론적 묘사에 근거하여 판단하려 하는 자들은 말이 안 되는 주장을 하고 있음이 분명하다.

하나님의 말씀들과 영원한 말씀

그러므로 앞에서 다룬 하나님의 한분이심과 그분의 무한하심, 그분의 영원하시고 영적인 본질은 좋은 주제였고 제대로 해결되었다고 나는 주장한다. 그러나 신성에서 성부가 성자나 성령과 구별되심은 이해하기가 쉽지 않고, 그래서 여러 지성인들이 골치를 썩였다. 우리는 이 문제를 두 가지 쟁점으로 나누기로 하겠다. 첫째, 성자와 성령의 신성을 확증하는 문제,

둘째, 성부와 성자, 그리고 성부와 성령을 구별하는 본질을 설명하는 문제다.[16]

이 두 가지 진리를 입증하는 증거들이 성경에 전혀 없는 것은 아니다. 우리가 성경을 읽으며 하나님께서 말씀하시는 음성을 들을 때, 마치 선견자들과 선지자들이 옛 조상에게 들려주었던 말씀이 그랬듯이, 그 음성이 허공에 던져져 점점 사라져 가는 상황은 상상만 해도 어처구니없이 느껴질 것이다. 그 음성은 본래 옛 신탁과 예언들에서 유래하여 이제는 하나님 안에 거하는 영원한 지혜를 전하려 한 것이다. 베드로가 설명하듯이, 구약성경의 선지자들은 그들 이후에 나타난 사도들이나 사람들에게 하나님의 진리를 전했던 모든 사람처럼, 그리스도의 영에 순종하여 말했다.[벧전 1:10-11] 모세는 세상 창조는 하나님께서 시간 속에서 갑작스럽게 변덕을 부리셔서 생긴 일이 결코 아니라, 그분의 영원하신 작정에 따라, 혹은 내가 좀 더 잘 표현하면, 그분의 영원하고 불변하시는 마음에 따라 하신 행동이라고 주장한다. 하지만 하나님의 증거가 어떤 사람들에게 의심스럽거나 명확하지 않게 보인다면, 솔로몬이 그들에게 이 문제를 좀 더 분명하게 정리해 줄 것이다. 솔로몬은 영원 전에 나셔서 세상 창조를 관장하셨고 이제도 하나님의 모든 역사를 관장하고 계시는 하나님의 지혜를 소개한다.[잠 8:22-31] 요한도 똑같이 말한다. 다만 요한은 베드로나 솔로몬보다 쉽게 말한다. 요한은 태초부터 하나님 안에 계셨던 말씀이 하나님 자신이라고 선언한다.[요 1:1] 잠언과 요한복음의 이 두 구절 각각에서 하나님께서 그분의 말씀에 영원한 본질을 부여하신다. 따라서 비록 우리가 하늘에서 온 모든 계시를 마땅히 "하나님의 말씀들"로 불러야 하겠지만, 모든 계시가 흘러나오는 그 본질적인 말씀을 우리는 특별히 인정해야만 한다. 이 말씀은 어떤 변화도 겪지 않고, 하나님 안에 언제나 머무르며, 참으로 하나님이시다.

그런데도, 비록 하나님의 아들에게서 감히 그의 신성을 드러나게 강탈하지는 못하지만 은밀하게나마 그의 영원성을 훔치려는 자들이 있다. 그들은 세상을 창조하시던 하나님께서 그분의 입을 열어 만물이 이루어지도록 명령하셨을 때에야 그 말씀이 비로소 존재하기 시작했다고 주장한다. 그들은 무분별하게도 새로운 어떤 것을 그분의 본질에 추가하려는 망상에 빠짐으로써 하나님의 존엄하심을 범하는 죄를 짓는다. 왜냐하면 사역과 관련된 하나님의 칭호들은, 예를 들어 "하늘과 땅의 창조주"라는 칭호처럼 본래 그분의 사역이 있기 시작했을 때에 부여되어도, 경건한 자들은 그때 하나님 자신 안에 무언가 새로운 사건을 알려 준 칭호가 있다고는 전혀 인정하지 않기 때문이다. 그들은 이런 식으로 트집을 잡는다. "모세가 하나님께서 말씀하기 시작하셨다고 선포하는 것은, 그때까지 하나님 안에 어떤 말씀도 계시지 않았음을 그가 전하는 것이다." 이제 내가 당신에게 묻고 싶다. 어떤 것이 특정한 시점에 인지되었다고 하여 그것을 이전에는 존재하지 않았던 것으로 추론해야 한다는 말인가? 나는 정반대로 말하겠다. 빛이 나타난 바로 그 순간에 그 말씀의 권능이 명백해졌으므로, 그 말씀은 이미 존재하셨던 셈이다. 그가 얼마나 오랫동안 존재하셨는지 우리가 알려고 해도, 우리는 그의 시작을 전혀 찾을 수 없을 것이다. 그 말씀이신 예수 그리스도는 "아버지여, 땅이 만들어지기 전 내가 당신과 함께 영원히 가졌던 영광으로 당신의 아들을 영광스럽게 하소서"라고 말씀하시며,요 17:5 시간 속에 정해진 한계를 전혀 갖지 않으시기 때문이다. 이 말씀을 하시며 그리스도는 시간 전체의 이면으로 들어가 모든 연대를 가로질러 가신다. 다시 말해, 우리는 하나님의 이 말씀이 시작이 없이 하나님 안에서 착상되셨으므로 항상 영원무궁하셨다고 결론을 내린다. 바로 여기에 그의 영원성과 존엄하심과 참된 신적 본질에 대한 증거가 있다.

하나님의 아들의 영원성을 대적하는 주장들

일단 성자의 신성이 확정되고 나면 나머지 문제들이 뒤따르게 되므로, 우리는 우선 어떤 의미에서 그가 하나님의 아들로 불리시는지를 잠시 숙고한 뒤 그 신성의 증거를 제시하는 작업에 집중해야 한다.

예수 그리스도께서 영원한 출생으로 성부로부터 나셨다고 주장한 가장 초기의 권위자들은 "누가 그의 출생을 설명하리요?"라는 이사야의 증언으로 그 주장을 확증하려고 노력했다.사 53:8 그러나 그들은 이 이사야 구절을 틀리게 해석했다. 여기서 이사야는 성자가 성부로부터 나셨다는 것에 대해서가 아니라, 대단히 광대한 후손이 그리스도의 왕국을 확장하게 될 미래에 대해서 논하고 있기 때문이다. "내가 너를 새벽별보다 먼저 내 태에서 너를 낳았노라"는 시편 구절에 대한 그들의 해석도 거의 믿을 수 없다.시 110:3 이 시편 구절은 히브리어 본문을 제대로 옮기지 못한 라틴어역 불가타에서 가져왔기 때문인데, 본래는 "네 유년의 이슬은 마치 새벽별의 나옴과 같도다"로 읽어야 한다. 따라서 가장 믿음직한 성경의 증거는 "만물이 성자를 통해 피조되었나이다"라고 한 사도의 진술이다.골 1:16 만약 성자가 그때 존재하지 않으셨다면, 그의 능력을 보여주지도 못하셨을 것이다. 그럼에도 다른 비슷한 표현들에서도 분명하듯이 이 주장은 그리 확실하지 못한데, 우리 중 누구도 "그리스도"라는 칭호가 유대인들이 광야에서 지내던 시절 우리 주 예수를 가리켰다고 받아들이지 않기 때문이다. 이 칭호는 본질상 그의 인성에 구체적으로 적용된다.

알려진 대로, 바울은 역사의 그 시점에서 사용된 칭호와 그리스도를 일치시켰고,고전 10:4 우리도 성경 다른 곳에서 비슷한 내용을 읽는다. "예수 그리스도는 어제 계셨고, 오늘도 계시며 항상 계실 것이니라."히 13:8 그럼에도 누구든 우리를 설득하여 "그리스도"라는 칭호가 언제나 우리 구주에게 사용되었다고 믿게 하려 한다면, 그 사람은 시간 낭비만 하고 있다. 성경 구절들의 자연스러운 의미가 우리의 목적에 거의 부합하지 않는데도 그것들을 왜곡한다면, 우리 믿음의 조항을 이단들의 조롱거리로 전락시키는 일 외에 무엇을 더 얻을 수 있겠는가? 나 자신에게는, 다음 한 가지 주장이 하나님의 아들의 영원성에 대한 내 믿음을 확증함에 있어서 천 가지 주장만큼이나 강력하다. 즉, 하나님은 그 외아들의 중재를 통하지 않으면 어떤 사람에게도 아버지가 아니시니, 오직 그 아들에게만 영예를 드림이 합당하고, 그 아들을 통해 은혜가 우리에게 온다. 분명히, 하나님은 언제나 아버지로 불리기를 택하셨다. 따라서 아들을 통해 맺어진 이 관계성도 그 전에 이미 존재했다는 뜻이다.

그리스도의 신성에 대한 구약성경의 증언

자, 이제 그리스도의 신성을 증명해 보도록 하자. 그의 신성은 두 가지로 입증된다. 성경의 분명한 증거에 따르면, 하나님의 이름과 위엄이 그분의 아들에게 분명하게 부여되었고, 그가 행하신 일들을 통해서도 입증된다.

첫째, 다윗은 그에게 이렇게 말했다. "하나님이여, 당신의 보좌는 영원무궁하리이다. 당신의 통치 홀은 정직한 홀이니이다."시 45:6 어떤 악의에 찬 사람은 여기에 쓰인 "엘로힘"(*Elohim*, 히브리어로 '하나님'을 뜻한다—옮긴이)이 천사들이나 인간 이상의 권능자들을 가리킨다고 트집을 잡는다.[17] 그러나 이 시편 구절에는 한낱 피조물을 위해 세워진 영원한 보좌를 가리키는 말이 하나도 없다. 그는 "하나님"으로만 아니라 "영원한 통치자"로도 불리시기 때문이다. 그뿐만 아니라, 예를 들어 바로에게 "하나님"으로 불린 모세도 그러하듯이,출 7:1 "엘로힘"이라는 칭호는 자격을 갖추지 못한 자에게 쓰인 적이 한 번도 없다. 따라서 신자는 이 성경 구절이 오직 참되신 하나님만 가리키고 있음을 이해할 것이다. 그리고 여기서 하나님의 아들이 호명되고 있다는 사실 역시 이어지는 말씀 "이로 인하여 네 하나님께서 네게 즐거움의 기름을 부으셨도다"로 분명해진다.시 45:7 이 구절은 하나님이신 분, 동시에 자기 위에 하나님이 계신 분을 가리키며, 따라서 인간이 되어 기꺼이 종으로 나타나서 자기 아버지 하나님께 복종하신 예수 그리스도를 뜻한다. 이사야는 그를 하나님으로 제시하되, 권능을 지니신 분, 살아 계신 하나님에게만 속하신 어떤 분으로 제시한다. "이것이 그가 불리시게 될 이름이니, 전능하신 하나님이요, 오는 세대의 아버지라."사 9:6 유대인들은 선지자의 이 말씀이 "여기 전능하신 하나님, 오는 세대의 아버지께서 그를 부르실 것이다"라고 해석함으로써 이 말씀을 왜곡하며 헐뜯는다.

그렇게 하여 그들은 예수 그리스도에게는 "평화의 왕"이라는 칭호만 해당한다고 주장한다. 모든 성경의 선례와 달리, 그처럼 많은 칭호들을 모아 단 한 구절에서 하나님을 가리켜 사용한 선지자의 목적이 과연 무엇이겠는가? 정당하게 예수 그리스도의 칭호들로 그를 장식하려는 것이 선지자의 분명한 의도다. 예수 그리스도는 "백성을 구원하도록 일으켜지신 다윗의 후손이요, 우리 의의 주"로 불리실 것이라고 한 예레미야의 진술에는 그 의도가 훨씬 분명하게 나타난다.렘 23:5, 33:15-16 유대인들도 하나님의 다른 이름들은 그분의 영광을 높이는 칭호이지만, 선지자가 사용한 "여호와"는 그분의 본질을 표현하는 이름이라고 가르쳤다. 이 점을 고려하여, 우리는 하나님의 아들을 유일하신 우리의 하나님이자 주님이요, 다른 곳에서 자기의 영광을 다른 이에게 주지 않으리라고 선포하신 분이라고 주장한다.사 42:8

악의를 갖고 이 구절을 망치려는 유대인들은 모세도 이 이름을 그가 세운 제단에 붙였고, 에스겔은 그것을 하나님의 교회에 적용했다고 주장한다. 하지만 이는 소용없는 회피에 불과하다. 그 제단이 모세의 감격을 기념하고 나타내기 위해 세워졌다는 사실은 모두가 알 수 있다. 비슷하게, 그 이적을 통해 하나님의 이름은 교회에만 엄격히 부여되지 않고 하나님께서 교회 안에 계심을 나타내기도 했음을 모두가 알 수 있다. 그래서 선지자는 "그 성의 이름은 '여호와께서 거기 계시다'가 되리라"고 말한다.겔 48:35 그리고 모세는 그가 하나님께 제단을 쌓아서 "주님은 나의 높으심"으로 불렀다고 선포한다.출 17:15 예루살렘은 하나님께서 거하시는 곳이라는 뜻 말고 에스겔이 다른 무엇을 의도했는가? 하나님께서 자신의 능력이심을 제단을 쌓아 표현한 모세가 도대체 그것 말고 다른 무엇을 선포했는가?

아마 어떤 사람들은 예레미야 33장의 다른 구절에 더 큰 어려움이 있다고 생각할 것이다. 앞에서 이미 예수 그리스도에 대해 사용된 단어들이, "그것은 '여호와 우리의 의'라는 이름으로 불리리라"는 구절에서는 교회를 가리키는 데 사용된다.16절 이에 대한 대답으로 나는 이 본문이 우리의 주장에 모순되기는커녕 오히려 적절한 뒷받침이 된다고 말하고 싶다. 예레미야 선지자는 먼저 예수 그리스도께서 우리의 참된 하나님이며 모든 의의 근원이심을 증언한 후, 교회는 그리스도의 이 이름을 즐겁게 그리고 확실하게 알게 되리라고 덧붙여 말하기 때문이다.

그리스도에 대한 신약성경의 증언

신약성경은 헤아릴 수 없는 증언으로 가득하다. 그러니 나는 그 모든 증언을 낱낱이 전부 모으기보다는, 가장 적절한 증언들만 신중하게 선택하도록 하겠다.

사도는 주 하나님에 관한 예언이 성취되었거나, 혹은 마침내 예수 그리스도 안에서 실현되었음을 선포한다. 우리는 이 점을 가장 먼저 살펴야겠다. 예를 들어, 바울에 따르면 만군의 하나님께서 유대인과 이스라엘 사람들에게 거치는 돌이 될 것이라는 이사야의 예언은 그리스도 안에서 이루어졌다. 그래서 바울은 그리스도께서 이사야가 예언했던 바로 그 만군의 하나님이라고 말한다.[롬 9:32-33, 사 8:14] 다른 곳에서 그는 "우리는 다 그리스도의 심판 보좌 앞으로 가야 하나니, '모든 무릎이 내 앞에서 꿇을 것이요 모든 혀가 내 이름으로 맹세하리라'고 기록되었기 때문이다"라고 말한다.[롬 14:10-11] 하나님께서 이사야가 쓴 책에서 그에 관하여 이와 같이 말씀하셨고,[사 45:23] 이 말씀은 예수 그리스도 안에서 이루어졌다. 따라서 예수 그리스도는 자신의 영광을 다른 이에게 허용하지 않는 바로 그 하나님이심이 밝혀졌다. 또한 에베소서에서 바울은 예수 그리스도께서 "위로 높이 올라가 그의 대적들을 사로잡아 오셨다"고 말한다.[엡 4:8] 예수 그리스도의 이 모습은 자기 백성이 그들의 대적들에게 승리하게 하신 구약의 하나님과 뚜렷이 닮았다.[시 68:18] 바울은 구약의 이 기록이 예수 그리스도 안에서 이루어질 성취를 내다보는 전조일 뿐임을 이해했고, 그래서 그 승리를 그리스도의 것으로 돌렸다. 비슷하게, 요한은 이사야가 자신에게 살아 계신 하나님의 존엄이 나타났다고 선포하지만, 그때 이사야에게 나타난 것은 분명 하나님의 아들의 영광이었다고 기록한다.[요 12:41, 사 6:1]

또한 사도가 히브리서에서 인용하는 구절들은 하나님에 관한 내용이 분명하다. "주님, 당신은 처음부터 천지의 기초를 놓으셨나이다."[히 1:10, 시 102:25] "너희 모든 그의 사자들은 그를 경배할지어다."[히 1:6, 신 32:43] 칠십인역 비록 이 칭호들은 본래 하나님의 존엄하심을 높이는 데 쓰였지만, 예수 그리스도에 대해 쓰여도 오류는 아니다. 이 칭호들로 예언된 모든 것이 오직 예수 그리스도 안에서만 성취되었기 때문이다. 시온에 자비를 베푸시러 나온 분도 바로 그리스도다.[시 102:13] 온 땅과 그 위에 있는 민족들을 차지하고 그의 왕국을 원대하게 펼치신 분도 바로 그리스도다.[시 97:1] 요한은 자신의 복음서 서두에서 예수 그리스도가 영원하신 하나님이심을 선포했다. 그러니 그가 하나님의 존엄하심을 그리스도에게 돌리는 것은 당연하지 않겠는가?[요 1:1, 14] 바울은 그리스도가 "영원히 송축받으시는 하나님"이셨다고 말하여 이미 그의 신성을 선포했다.[롬 9:5] 그러니 그가 그리스도를 하나님의 보좌 위에 앉아 계신 분으로 묘사하기를 주저했겠는가? 그리고 사도는 자신이 얼마나 일관되게 이 주제를 추구하는지 보여주기 위해 다른 곳에서는 그리스도를 "육신으로 나타나신 하나님"으로 설명한다.[딤전 3:16] 그가 "영원히 송축받으시는 하나님"이라면, 동일한 사도가 다른 곳에서 가르친 바와 같이, 그에게는 영원무궁한 영광이 돌려진다.[딤전 1:17] 사도는 바로 이 점을, 예수 그리스도께서 "하나님의 영광을 지니셨으나 하나님과 동등됨을 빼앗아야 할 것으로 여기지 않고 오히려 자기를 비우기로 하셨다"고 말하며 거리낌 없이 예증한다.[빌 2:6-7] 그리고 악한 자들이 그리스도를 가리켜 성급하게 급조된 하나님이라고 지껄이지 못하도록, 요한은 한 걸음 더 나아가 그리스도는 참되신 하나님이요 영원하신 생명이라고 단언한다.[요일 5:20]

그러나 그리스도께서 하나님으로 일컬어진다는 사실을 주로 바울의 입을 통해서 발견하는 것만으로도 우리에게는 충분하다. 많은 신들이 있지 않고 오직 한분만 계시다고 널리 선포한 자가 바로 바울이다. 바울은 "비록 하늘과 땅에 많은 신들의 이름이 불리지만, 우리에게는 한분 하나님이 계시니, 이 하나님께로부터 만물이 생겼다"고 기록한다.고전 8:5-6 "하나님께서 육신으로 나타나셨다"고 하며 "그가 그의 교회를 자기의 피로 사셨다"고 선포한 자가 다름 아닌 바울이다.딤전 3:16, 행 20:28 그런데 우리가 왜 바울도 인정하지 않는 두 번째 하나님에 대한 몽상에 빠져야 하는가? 마지막으로, 그동안 모든 신자가 이와 동일한 확신을 하고 살았음이—물론 확실히 그렇겠지만—사실이라면, 그리스도를 자신의 하나님이요 주님으로 고백한 도마 역시 그리스도가 자신이 언제나 예배드렸던 유일하신 하나님이라는 것을 분명히 밝혔던 셈이다.요 20:28

그리스도의 행사가 그의 신성을 증언한다

우리가 만약 성경에서 그리스도의 행사로 언급된 것들을 기준 삼아 그리스도의 신성을 헤아려 본다면, 그의 신성은 훨씬 더 분명해질 것이다. 그리스도는 그가 태초부터 언제나 그의 아버지와 더불어 일해 왔다고 말씀하셨으며, 그리스도의 이 말씀을 들은 유대인들은 비록 다른 여러 면에서는 분별이 없었을지라도 지금 그리스도께서 하나님의 능력을 자신의 능력으로 주장하고 계심을 충분히 이해했을 것이다.요 5:17 요한은 그 어떤 때보다 유대인들이 그리스도를 더 죽이려 했다고 언급하는데,요 5:18 그 이유는 유대인들이 보기에 예수는 안식일을 어겼을 뿐만 아니라, 자신이 하나님의 아들인 양 행세하며 하나님과 동등하다고까지 주장했기 때문이다. 그렇다면 바로 이 대목에서 우리가 그리스도의 신성이 충분히 증명되고 있음을 알지 못한다면, 우리는 정말 분별없는 자들이 아니겠는가? 바울은 세상을 섭리와 권능으로 통치하고 만물을 통제하는 것을 그리스도의 특권으로 선포하는데,히 1:3 이 특권은 오직 창조주만이 가지신 특권이다. 그리스도로 하여금 아버지와 동일한 신성을 갖게 하는 것은, 단지 세상 통치자로서 그리스도의 역할만은 아니다. 단순한 피조물들에는 해당할 수 없는 그리스도의 다른 여러 역할들도 그가 아버지와 동일한 신성을 가지셨음을 알려 준다. 주님은 선지자들을 통해 이렇게 선포하신다. "이스라엘아, 내가 그로다. 나는 네 죄악을 나를 위해 도말하는 자로다."사 43:25 유대인들은 이 말씀을 기억하고, 예수 그리스도가 죄를 용서하는 권세를 취하심으로써 하나님을 모독하고 있다고 믿었다. 하지만 실은 예수 그리스도는 죄 사함의 권세를 말로만 계속 주장하시지 않고 그것을 이적을 통해 증명도 하셨다.마 9:6

이제 우리는 예수 그리스도가 죄를 용서하는 직무뿐만 아니라, 하나님께서 오직 자신만의 것이라 맹세하신 권능까지도 가지셨음을 발견한다. 무슨 뜻인가? 인간의 비밀들을 알고 이해하는 능력은 오직 하나님만의 고유한 속성이 아닌가? 그런데 이 모든 것이 예수 그리스도 안에서 발견되었으며, 따라서 그의 신성을 증명한다.마 9:4

이적에 관해 논하면, 이 이적은 예수 그리스도의 신성을 거의 볼 수 있게 증언해 준다. 선지자들과 사도들이 비슷한 일을 행했어도, 이들과 예수 그리스도 사이에는 엄청난 차이가 존재한다. 이들은 하나님께서 주신 은사들을 집행하는 자일 뿐이지만, 예수 그리스도는 이 능력들을 자기 속에 지니셨다. 때때로 그리스도는 그의 아버지께 영광을 돌리기 위해 기도를 드리시며 능력을 나타내셨지만,요 11:41 우리가 보듯이 그리스도는 이 능력이 바로 자신의 능력임을 더욱 자주 계시하셨다. 자기 자신의 권세로 다른 이들에게 이적을 행하는 능력을 주시는 분이라면, 어떻게 그분이 이 이적의 참된 주체가 아닐 수 있겠는가? 복음서 기자는 그리스도께서 사도들에게 죽은 자를 일으키는 능력, 문둥병자를 고치는 능력, 마귀를 쫓아내는 능력, 그 밖에 다른 능력들을 주셨다고 기록한다.마 10:8 그리고 사도들은 이 능력을 사용하여 그것이 오직 예수 그리스도에게서 나왔음을 명백히 드러낸다. 베드로는 중풍병자에게 "예수 그리스도의 이름으로 일어나 걸어가라"고 말한다.행 3:6

예수 그리스도께서 유대인의 믿지 않음을 정죄하기 위해 이적들을 보이셨다는 사실은 그리 놀랍지 않다. 예수 그리스도의 능력으로 이루어진 그 이적들이 그의 신성을 증명하고도 남기 때문이다.요 14:11 더욱이, 하나님

바깥에는 어떤 구원이나 의나 생명도 없다면, 그리스도는 이 모든 것을 자기 속에 지니심으로써 하나님으로 분명하게 나타나셨다. 누구도 하나님께서 이런 것들을 그리스도에게 양도하셨을 뿐이라는 이의를 제기해서는 안 된다. 어느 곳에도 그리스도가 구원이라는 은사를 받았다는 말씀이 없고, 오히려 그리스도 자신이 구원이라고 말씀한다. 하나님 한분 외에는 아무도 선하지 못하다면,마 19:17 과연 어떤 사람이 ('선하다'거나 '의로운' 상태가 아니라, 더 나아가) 선이나 의 자체가 될 수 있겠는가? 세상의 처음부터 그 속에 생명이 있었고, 생명이신 그가 사람의 빛이라는 복음서 기자의 진술을 과연 우리는 어떻게 바르게 이해할 수 있을까?요 1:4

그리스도의 이름에는 신적 명예가 고스란히 담겨 있다

우리는 피조물을 신뢰하는 것이 신성모독인 줄 알기에, 그리스도의 신적 존엄을 의식하며 담대히 그에게 믿음과 소망을 둔다. 우리는 결코 성급해서가 아니라 그의 말씀을 따르기 때문에 그렇게 한다. "너희가 하나님을 믿느냐? 나도 믿으라."요 14:1 바울 역시 "우리는 예수를 믿음으로 의롭다 하심을 얻기 위해 예수 그리스도를 믿노라"고 기록한다.갈 2:16 바울은 이사야의 본문 두 군데를 이렇게 설명한다. "무릇 그를 믿는 자마다 부끄러움을 당하지 않으리라." "이새의 뿌리에서 한 통치자가 나와 백성을 다스릴 것이요, 이방인들이 그를 소망하리라."롬 10:11, 15:12, 사 28:16, 11:10 그리고 "무릇 나를 믿는 자마다 영원한 생명을 가졌느니라"는 아주 흔히 인용되는 말씀이 있기 때문에,요 6:47 우리가 여기서 성경의 다른 수많은 증언들을 더 인용할 필요가 없다.

믿음에 의지하여 하나님을 향해 부르짖는 기도 역시 그리스도께서 받으심이 합당하다. 하나님의 존엄에 속하는 다른 어떤 것이 더 있다 하더라도, 이 기도야말로 참으로 그렇다. 그래서 선지자는 "누구든지 하나님의 이름을 부르는 자는 구원을 얻으리라"고 외친다.욜 2:32 비슷하게 솔로몬도 "하나님의 이름은 강한 요새요, 의인은 거기서 피난처를 찾을 것이요 구원을 얻으리라"고 말한다.잠 18:10 구원을 위하여 그리스도의 이름이 불리고 있으며, 따라서 그리스도는 하나님이시다. 그 호명의 한 사례가 스데반의 말 속에도 들어 있다. "주 예수여, 내 영혼을 받으소서."행 7:59 이후로 줄곧 그리스도는 온 교회를 통틀어 항상 기도를 받으셨고, 이 사실은 같은 책에서 아나니아가 증언한다. "주 예수여, 이 사람이 당신의 이름을 부르는 모든 성도를 얼마나 핍박했는지 당신이 아시나이다."행 9:13 그리고 바울은 신성의 모든 충만이 예수 그리스도 안에서 몸으로 거주함을 우리에게 가르친다. 바울은 자신이 고린도 교인들 중에 있을 때 그리스도의 이름을 아는 지식 외에 다른 어떤 것도 알지 않기를 간절히 원했고, 따라서 그리스도 외에 다른 누구도 전하지 않았다.고전 2:2

하나님은 신자들에게 하나님의 이름 외에는 어떤 이름도 자랑하지 말도록 명령하셨다. 그렇다면 오직 예수 그리스도의 이름만 신자들에게 전파되는 것은 무슨 이유이겠는가? 우리가 그리스도를 아는 것이 우리의 유일한 자랑이라면, 누가 감히 그를 단순한 피조물로 부르겠는가? 서신을 시작하며 흔히 사용하던 인사말에서 사도들이 아버지 하나님께 얻을 은혜와 동일한 은혜를 예수 그리스도에게 간구한다는 사실도 중요하다. 이 인사말은 우리가 그리스도의 중보와 중재를 통해 하나님의 은혜를 얻을 수 있을 뿐만 아니라, 그 은혜를 그리스도에게서 직접 얻는다는 사실도 알려 준다. 이 지식은 실천과 경험으로 얻는 지식이며, 어떤 쓸데없는 사색보다 훨씬 확실하다. 믿는 영혼은 자기가 소생되고, 빛을 받고, 구원받고, 성별되었음을 느낄 때마다, 아무 의심도 없이 하나님의 임재를 인정하고 직접 접촉하기 때문이다.

성령의 신성

동일한 종류의 증거가 성령의 신성을 증명하는 데 쓰여도 좋다. 성경이 성령의 것으로 제시하는 것들은 단순한 피조물이나 우리 자신의 경험을 훌쩍 넘어서기 때문이다. 우선, 온 세상에 편재하셔서 하늘과 땅에 있는 만물을 붙들고 보존하고 소생시키는 분은 바로 성령이다. 어떤 끝도 제한도 없으신 분이라는 사실 자체가 성령을 다른 모든 피조물로부터 분리한다. 자신의 권능을 세상 모든 곳에 확산하여 만물 속에 본질을 불어넣고, 생명과 움직임을 부여하는 것은 분명 온전히 신적인 일이기 때문이다. 더욱이, 썩지 않는 생명으로 중생함이 어떤 육체의 능력보다 고귀하고 찬란한 능력이라면, 그 위대한 능력을 행하는 성령을 우리는 과연 어떻게 바르게 이해할 수 있을까? 성령이야말로 획득하신 것이 아니라 그가 지니신 능력으로 사람을 새롭게 태어나게 하시는 분이라는 사실은 성경에서 다양한 방식으로 증거된다. 성경은 장차 사람이 얻을 불멸과 관련하여 성령에게 찬미를 드린다.

요약하면, 성경은 정확히 신성에 속하는 모든 역할을 성자에게 하듯 성령에게도 적용한다. 성경은 피조물 중에 어떤 조언자도 없으신 하나님의 깊은 비밀들도 성령은 아신다고 선포한다.고전 2:10 성경에서 지혜와 유창한 언변의 재능은 오직 성령이 주관하신다. 우리 주님은 모세에게 그것들이 오직 그분의 존엄하심에만 어울린다고 말씀하셨다.출 4:11-12 비슷하게, 오직 성령을 통해서만 우리는 하나님의 성품에 참여하고, 그럼으로써 우리에게 생명을 주시는 하나님의 능력을 느끼게 된다. 우리를 의롭다 하심도 성령의 일이요, 성령에게서 성별이 나오며, 진리와 은혜, 선하다고 규정될 수 있는 모든 것이 성령에게서 나온다. 바울이 기록하듯이, "우리가 오직 한분 성령으로부터 온갖 선한 것들을 받기" 때문이다.고전 12:11

성경은 특히 성령을 가리켜 말할 때마다 하나님의 이름을 신중하게 사용한다. 그래서 바울은 우리가 성전인 것은 성령이 우리 속에 거하시기 때문이며,고전 6:19 결코 무시해서는 안 될 진리라고 말한다. 주님은 우리를 그분의 성전과 성막으로 택하기로 자주 약속하시는데, 이 약속은 그분의 성령이 우리 속에 거하시지 않으면 성취될 수 없기 때문이다. 사실, 사도는 먼저 우리를 "하나님의 성전으로" 부른 다음, 나중에 다시 "성령의 전"으로 일컬음으로써 이 점을 알려 준다.고전 3:16, 6:19 그리고 베드로는 아나니아가 성령을 속인 일을 책망하면서, 그가 사람을 속인 것이 아니라 하나님을 속였다고 역설한다.행 5:3-4 또한 이사야가 만군의 여호와를 말씀하는 분으로 기록한 부분을 바울은 성령이 말씀한 것으로 선포한다.사 6:9, 행 28:25-26 그리고 이사야는 하나님께서 백성의 완악함 때문에 크게 진노하셨다고 선포할 때, 하나님의 영이 근심하셨다고 기록한다.사 63:10

성경이 증언하는 하나님의 일체성

이 논의를 마무리 짓기 위해, 성부와 성자와 성령의 신성을 확증하는 데 더할 나위 없이 충분한 단 하나의 증거가 있다. 우리가 세례로 오직 한 분이신 하나님에 대한 믿음과 신앙으로 성별된다면, 우리는 우리가 세례를 받은 하나님의 이름으로 하나님을 한분으로 고백하는 셈이다. 따라서 우리가 성부와 성자와 성령의 이름으로 세례를 받기 때문에, 성부와 성자와 성령은 분명 동일한 신적 본질을 구성하신다. 바울은 이 셋 모두 곧 하나님과 믿음과 세례를 통합하되, 하나의 사실에서 다른 하나의 사실로 이어 가는 방식을 취하여 다음과 같이 주장한다. 바울은 오직 한 믿음만 있다는 사실에 근거하여 오직 한분 하나님만 계심을 증명하고, 오직 한 세례만 있다는 사실에 근거하여 오직 한 믿음만 있음을 증명한다.엡 4:5 믿음은 제멋대로 방황하거나 이리저리 기웃거리지 말고 오직 한분 하나님께 계속 머물러야 하므로, 만약 다양한 믿음들이 있다면 역시 여러 신들이 존재해야 한다는 뜻이 된다. 그러나 믿음의 성례인 세례는 오직 하나만 있다는 사실은 믿음 역시 하나임을 우리에게 확증한다. 따라서 우리가 하나님의 이름으로 세례를 받으며 그분에 대한 믿음을 인정하기 때문에, 우리는 한분이신 하나님께만 세례를 받을 수 있다는 사실이 쉽게 확증된다. 그리스도께서 우리에게 성부와 성자와 성령의 이름으로 세례를 주라고 하시며 전하려 했던 사실 역시, 우리가 성부와 성자와 성령을 믿어야 한다는 것 아닌가?마 28:19 이것이야말로 이 세 분이 한분 하나님이심을 분명히 증언한다고 말해야 하지 않겠는가? 만약 우리가 오직 한분 하나님만 계신다고 정리한다면, 성자와 성령은 진실로 하나님의 본질이시라고 결론짓는 셈이 된다.

따라서 예수 그리스도에게 "하나님"이라는 칭호를 부여하면서도 그가 신성을 지니셨음을 부인한 아리우스파Arians는 분명히 제정신이 아니었다.[18] 마케도니우스파Macedonians 역시 똑같은 광기에 사로잡혀 있었다. 그들은 "성령"이라는 용어가 하나님께서 인간에게 베푸신 은혜의 선물만을 뜻한다고 이해했다.[19] 지혜와 총명과 신중함, 능력과 기타 미덕이 성령에게서 나온다. 이는 성령 자신이 지혜와 총명과 신중함, 능력과 기타 모든 속성의 유일한 근원이시기 때문이다. 또한 성령은 그가 베푸시는 다양한 선물들에 따라 나뉘지 않으시며, 사도가 말하듯이 아무리 다양한 은사들이 베풀어진다 하더라도 그는 언제나 동일하시다.고전 12:11

하나님의 세 위격: 성부, 성자, 성령

성경은 하나님께서 그분의 말씀과 어떤 방식으로 구분되시며, 말씀 역시 성령과 구분되심을 계시한다. 하지만 우리는 상당한 경외심과 조심성을 갖고서 이 계시를 헤아려 보아야 한다. 그래서 나는 나지안주스의 그레고리우스Gregorius of Nazianzus가 한 말이 아주 마음에 든다. "나는 한분을 상상할 때마다 항상 나를 둘러싸는 삼위의 광휘에 휩싸이게 되고, 삼위에 대해 생각할 때마다 언제나 즉시 한분에게 이끌린다."[20]

그러므로 우리는 하나님 안에 삼위가 계시다는 생각에만 몰두한 나머지, 그 삼위가 연합할 수 없다고 생각하지 않도록 조심해야 한다. "성부"와 "성자"와 "성령"이라는 용어는 참된 구별을 나타낸다. 누구든 이 세 용어를 단지 하나님을 여러 가지 방식으로 호명하기 위해서 그분께 적용한 상이한 칭호들로 간주해서는 안 된다. 하늘 아버지께서는 스가랴서에서 성자를 그분의 동료나 이웃으로 부르시며, 자신이 성자와 구별되는 속성을 지니셨음을 계시하신다.슥 13:7 하나님과 피조물 사이에 어떤 동질성도 없듯이, 성부와 성자 사이에 어떤 구별을 지시하는 것이 아니라면 성자라는 이 칭호가 성자에게 사용되지 않았을 것이다. 또한 아들은 누군가 자기를 증언하는 이가 계시다고 말씀하실 때 성부와 자기를 구별하신다.요 5:32 우리는 바로 그런 의미에서 "아버지께서 만물을 그의 말씀을 통해 창조하셨다"라는 진술을 이해해야 한다.히 11:3 만약 성부와 성자 사이에 어떤 구별이 없다면, 이는 그러하지 않았을 것이다. 그뿐만 아니라, 세상에 내려오신 분은 성부가 아닌, 성부에게서 나오신 분이다. 죽으시고 일으켜지신 분은 성부가 아니라, 그가 보내신 분이다. 우리는 성자가 육신을 입으시기 이전에 성부의 품에 계셨다는 잘 알려진 사실 때문에, 이 구별이 성자가 육신을 취하셨을 때만 발생한다고 생각해서는 안 된다.요 1:18 누가 감히 성자가 하늘에서 내려와 우리 인성을 취하셨을 때 성부의 품에 들어가셨다고 말한다는 것인가? 성자는 영광 중에 통치하시던 태초부터 거기에 계셨다.

성부와 성령의 구별은 성령이 성부에게서 나오신다고 할 때 우리에게 계시된다.요 15:26 또한 성령과 성자의 구별은, 예수 그리스도가 "또 다른 위로자께서 오실 것이다"라고 알리시는 곳요 14:16을 비롯한 여러 성경 구절들에서 성령이 "또 다른"이라는 표현에 의해 지칭될 때 드러난다.

삼위일체: 동등한 존재들 간의 질서 관계

이 구별의 본질을 설명하는 데 과연 인간적 유비를 동원하는 것이 유용할지 나는 확신이 없다. 교부들은 자주 그렇게 했으면서도, 동시에 무슨 유비를 들더라도 의도한 결과가 제대로 이루어지지는 않았음을 인정한다. 그래서 내가 지금 무언가 장담할 수 없는 것을 말하려 하면서, 악한 자들이 무지한 사람들을 중상모략 하거나 탈선시키도록 구실을 주게 될까 두렵다.

그렇더라도 성경 자체가 하는 구분을 감추는 것도 잘못일 것이다. 성경은 모든 행위의 시작을 성부께 돌리며, 성부를 만물의 기원과 근원으로 삼는다. 성경은 만물의 지혜와 모사와 질서 부여를 성자께 돌린다. 성경은 모든 행위의 능력과 효력을 성령께 돌린다. 더욱이, 성부의 영원성은 성자의 영원성이요 그 성령의 영원성이기도 한데, 하나님께 지혜와 능력이 없었던 적이 결코 있을 수 없기 때문이며, 영원성에 있어서 성부와 성자 중 누가 먼저 오셨고 누가 나중에 오셨는지 묻는 것은 전혀 중요하지 않기 때문이다. 다만, 성부와 성자라는 순서는 중요하다 하더라도 말이다. 성부가 먼저 호명되시고, 성자는 마치 그가 성부에게서 나오시는 것처럼 그다음에 호명되며, 성령은 마치 그 두 분에게서 나오시는 것처럼 그다음에 호명된다. 실제로 생각할 때 우리 모두는 하나님을 먼저 생각하고, 이어서 그의 지혜를 생각하고, 마지막으로는 그가 그의 지혜로 정한 것을 이루시는 데 사용하시는 능력을 생각하는 경향이 있다. 그래서 성자는 성부에게서, 성령은 성부와 성자에게서 나오시게 되었다고 말한다. 성경은 이 점을 자주 반복하는데, 그중에서도 로마서 8장이 가장 자주 반복한다. 거기서 성령은 때로는 "그리스도의 영"으로, 때로는 "그리스도를 죽은 자들 가운데서 일으키신 분의 영"으로 구별 없이 불린다.[롬 8:9, 11] 이는 매우 타당한데, 성경이 자주 선지자들은 성부의 영으로 말했다고 가르치듯이, 베드로 역시 그 선지자들은 다름 아닌 그리스도의 영으로 말했던 것이라고 증언하기 때문이다.[벧후 1:21]

이 구별은 하나님의 연합성에 대한 사상을 흔들기는커녕, 오히려 성자가 성부와 함께 한분 하나님이심을 증명할 수 있다. 성부와 성자는 동일한 영을 가지셨기 때문이고, 그 영은 성부와 성자와 다른 본질이 아니시기 때문이며, 그는 성부와 성자 모두의 영이시기 때문이다. 우리는 각 위 안에서 온전한 신성을 이해해야 하고, 각 위는 자기만의 개별적 속성을 가지셨음을 이해해야 한다. 성부는 온전히 성자 안에 계시고, 성자는 "내가 아버지 안에 있고 내 아버지는 내 안에 계시다"고 단언하시듯이 온전히 성부 안에 계신다.[요 14:10] 교부들도 위격들 간의 본질에 관하여 어떤 차이도 인정하지 않는다. 이 점을 염두에 두고 우리는 교부들이 말했던 어딘가 모순된 듯 보이는 여러 가지를 조화시켜야 한다. 때로는 교부들이 성부를 성자의 시작으로 부르기도 하고, 때로는 성자가 성부에게서 나온 신성과 본질을 지니신다고 가르치기 때문이다.

사벨리우스파Sabellians는 하나님의 충만한 능력과 선과 지혜와 자비를 뜻하기 위해 성부나 성자나 성령으로 불리신다는 데 사소한 이의를 제기한다.[21] 그런 표현은 우리를 대하시는 하나님의 성품을 묘사하는 형용사라는 것을 이해하면 그들의 주장은 쉽게 퇴치된다. 성부와 성자와 성령이라는 용어는 하나님께서 자기를 있는 그대로 계시하시며 사용하시는 이름이다. 더 나아가, 우리는 하나님께서 "성령"으로 불리신다는 이유 하나만으로 성령을 성부나 성자와 혼동하지 않도록 주의해야 한다. 성경이 주장하듯이, 하나님의 온전한 본질이 영이시라는 것과 이 본질이 성부와 성자와 성령을 포괄한다는 것은 얼마든지 가능하다. 하나님께서 "성령"으로 불리심을 우리가 성경에서 알 수 있듯이, 성령은 하나님의 영이요 하나님에게서 나오심 역시 성경에서 알 수 있다.

본질과 위격들

논쟁을 일삼지 않는 사람들은 어떻게 성부가 그의 말씀과 그의 영과 함께 유일한 하나의 신성 속에 포함되는지를 쉽게 이해한다. 아무리 성마른 사람이라 하더라도 이 점까지 부정하지는 않는다. 성부는 하나님이시며, 성자와 성령도 하나님이시지만, 오직 한분 하나님만 계실 수 있다. 반면에, 성경은 셋을 부르고, 설명하고, 구별한다. 그러므로 셋이 있고, 하나가 있다. 그 하나는 유일하신 한분 하나님, 하나의 본질이다. 이 셋은 누구인가? 하나님이 셋이거나 본질이 셋인 것은 아니다. 특정한 세 속성이다. 고대 교부들은 이 두 가지 측면을 설명하기 위해서 하나의 본질과 세 위격hypostasis이 있다고 주장했다. 라틴 교부들은 그 기본적 의미에 동의하면서, 그 용어들 중 하나를 유지하는 동시에 나머지 다른 하나의 용어를 대신하는 다소 상이한 용어를 제시했다. 그들은 하나의 본질과 세 위person가 있다고 가르치면서, "위"를 "위격"과 동일한 용어로 이해했다.

이에 대해서 이단자들은 고함과 비명을 지른다. 완전히 악하지만은 않은 자들도 "본질"이나 "위격"이라는 용어는 사람이 만들어 낸 것이며 성경 어디에도 나오지 않는다며 불평한다.[22] 그들도 한분 하나님 속에 세 위격이 계신다는 사실을 부정하지 못한다는 것이 사실이다. 그렇더라도 이 사실 하나 때문에, 성경의 증거를 정확히 전달하는 용어를 경멸하는 그들을 과연 우리가 완고하지 않다고 할 수 있을까? 그들은 우리가 논란과 분규의 원인이 될 수 있는 외래어를 만들어 내는 것보다, 차라리 우리의 지성뿐만 아니라 우리의 입술도 성경이 허용하는 테두리 안에 엄격히 가두어 두는 것이 바람직하다고 주장한다. 사실 이 문제 때문에 우리가 말다툼하느라 진을 빼고, 논쟁하다 진리를 잃고 사랑을 파괴하고 만다. 그렇더라도, 그들이 문자 그대로의 형태로는 성경에서 찾을 수 없는 것들을 전부 외래어라는 용어로 가리켜 말하고 있다면, 그들은 우리를 혹독한 상황으로 몰아넣는 셈이다. 그렇게 함으로써 그들은 우리가 성경에서 유래하지 않는 여러 어휘가 쓰인 모든 설교를 행하지 못하도록 금지하는 셈이기 때문이다. 그들이 외래어로 치부하는 것들이 만약 정성스레 창안되어 미신적으로 옹호되는 것들이거나, 교회를 세우기보다는 분쟁을 일으키는 것들이거나, 쓸데없이 악용되어 선한 효력을 전혀 내지 못한 채 믿는 자들에게 해만 끼치는 것으로 밝혀진 것들이거나, 혹은 우리를 성경의 단순 명료함에서 멀어지게 하는 것들이라면, 나는 전적으로 그들의 경고를 수용하겠다. 나는 우리가 하나님에 관하여 말할 때 그분의 존엄하심에 관해 사색할 때와 동일한 경외심을 드러내야 한다고 느낀다. 우리 자신이 하나님에 관해 무엇을 생각한다 하더라도 그 생각은 다 하찮은 어리석음에 불과하기 때문이고, 우리가 하나님에 관해 말하는 것은 무엇이든 다 요점에서 벗어난 말일 것이기 때문이다.

그렇다 하더라도 여기서 약간의 조정은 필요하다. 물론, 우리는 성경이 우리가 생각하고 말하는 방식을 다스리는 규범임을 인정해야 한다. 우리 지성의 모든 생각과 우리 입의 모든 말은 성경에서 흘러나와야 한다. 하지만 우리가 하는 말이 성경의 진리를 신실하게 표현하는 한, 지나치게 자유롭거나 과도하게 하는 말이 아닌 한, 우리가 성경에 희미하게 계시된 것을 보다 분명한 말로 설명하려 할 때 누가 과연 우리를 막을 수 있겠는가? 우리는 이런 사례들을 매일매일 경험한다. 교회가 "삼위일체"와 "위격"이라는 용어를 사용해야 했음이 확인될 때, 우리는 과연 무슨 말을 해야 할까? 누가 이 용어들을 생소하다는 이유 하나로 비난한다면, 우리는 그가 진리의 빛을 견디지 못하는 자라고 결론 내릴 수밖에 없다. 이 용어들이 성경을 보다 분명하게 조명한다면, 그는 아무것도 비난할 수 없다.

삼위일체 관련 용어의 필요성

변덕과 기만으로 삼위일체 진리를 폄하하고 망치려는 자들로부터 그 진리를 방어할 수 있을 경우에는 이 용어가 혹시 생소한 느낌을 주더라도 대체로 필요하다. 요즘 우리에게는 이 점이 참으로 사실로 드러나고 있다. 우리가 그 대적들에게 삼위일체 진리를 설득하는 데 상당한 어려움을 겪고 있기 때문이다. 그들은 마치 뱀처럼 몸을 비틀면서 혹시라도 우리가 단단히 쥐는 손잡이로 누르고 있지 않으면 어떻게든 빠져나가려는 자들이다. 그래서 사악한 자들의 궤사한 교훈에 시달리던 초대 교부들은 그들이 온갖 간교한 핑계를 대지 못하도록 자신들의 신념을 단순하고 직설적으로 설명하지 않을 수 없었다. 최소한의 언어적 모호함조차 그들에게는 오류를 감추는 은신처 구실을 할 것이었기 때문이다. 아리우스Arius는 성경의 많은 증거들을 부인할 수 없었으므로 예수 그리스도가 하나님이시며, 하나님의 아들이심을 고백했다. 그는 그렇게 동의하는 모습을 보이며, 다른 사람들과 함께 가는 데 동의하는 것처럼 행동했다. 그럼에도 아리우스는 그리스도가 창조되었으며, 다른 모든 피조물처럼 그리스도에게는 시작이 있다고 계속 주장했다. 이 악한 속임수를 밝히 드러내기 위해서 초대 교부들은 자신들의 입장을 조금 더 밀고 나아가, 그리스도는 하나님의 영원한 아들이시며, 그의 아버지와 동일한 본질이심을 선언했다. 초대 교부들이 그렇게 했던 시기는 아리우스파가 교부들의 그 가르침을 참을 수 없기에 정죄받아야 한다고 주장함으로써 그들의 불경건함을 있는 그대로 드러냈을 때였다.

만약 그들이 처음부터 예수 그리스도가 하나님이심을 진정으로 고백했다면, 그들은 그리스도의 신성을 부인하지 않았을 것이다. 이 초대 교부들은 짤막한 한마디 말을 위해 열정적으로 투쟁했고, 그렇게 할 때 교회의 평화까지 흔들게 되는 희생도 마다하지 않았다. 그렇다고 해서 과연 누가 초대 교부들의 여러 토론과 논쟁을 비난할 수 있는가?[23] 이 짤막한 말은 참 그리스도인들과 이단자들의 차이를 부각시켰다. 사벨리우스Sabellius 역시 전면에 나서서 "성부"와 "성자"와 "성령"이라는 용어에는 하나님께 쓰이는 다른 칭호보다 특별한 의미가 전혀 없기 때문에 중요한 용어가 아니라고 강변했다. 어떤 논쟁에서 사벨리우스는 성부는 하나님이시며, 성자와 성령도 그러하시다고 인정하는 것 같았다. 하지만 그렇게 한 다음 사벨리우스는 자신이 하나님을 선하시고 지혜로우시며 강하신 분으로 고백했을 뿐이라고 주장하며 교묘히 빠져나갈 구멍을 찾으려 했다. 그런 식으로 그는 성부가 아무 구별 없이 성자이며, 또한 성자는 아무 구별 없이 성령이라는 기존 입장을 다시 한번 되풀이하려 했다. 그 당시 하나님의 명예에 참된 관심을 가졌던 사람들은 사벨리우스의 사악함을 저지하려 애썼고, 한분 하나님 안에 세 속성이 있음을 인정해야 한다고 역설했다. 그들은 사벨리우스의 얼버무림과 간교한 계략에 맞서는 쉽고 분명한 진리로 무장하기 위해서 한분 하나님 안에 세 위격이 존재한다고, 혹은 결국 같은 의미이지만, 한 본질 안에 세 위격의 연합이 존재한다고 선언했다.

그러므로 이 용어들이 경솔하게 창안되지 않았다면, 우리가 그 용어들에 대해 비판적인 태도를 취할 때 우리 자신이 오히려 경솔하다는 비판을 받지 않도록 조심해야 한다. 성부와 성자와 성령이 한분 하나님이시지만 성자는 성부가 아니요 성령도 성자가 아니시며, 이 셋은 속성상 구별된다는 믿음이 모두에게 받아들여진다면, 나는 이 용어들이 땅에 묻히게 되더라도 정말 기뻐할 것이다. 어쨌든 사도 역시 그가 성자를 그의 아버지 하나님 위격의 형상으로 설명할 때,히 1:3 "위격"hypostasis이라는 용어를 교부들과 동일한 뜻으로 사용한다. 어떤 사람들은 이 구절에서 "위격"이 "본질"을 뜻한다고 보면서, 이것은 마치 밀랍이 도장의 표면을 재현하는 방식과 마찬가지로 그리스도께서도 자기 속에 성부의 얼굴을 재현한 것이라고 설명한다. 나는 이 사람들에게 동의할 수 없다. 오히려 내가 이해하기에 사도는 그들의 설명과 전혀 다른 뜻으로 말했다. 다시 말해, 성부는 자신만의 구별되는 속성을 지니셨음에도 자기 아들 안에서 생생한 방식으로 자기를 나타내셨고, 그래서 성부의 위격이 성자 안에서 빛을 내면서 분명하게 나타난다. 성자는 성부의 형상을 부분적으로 가졌거나 그 형상을 위임받지 않았고, 성부의 형상을 자기 속에 완전하게 전체로 지니고 있다. 그러므로 우리가 성자를 성부 본질의 형상으로 부르는 것은 엄밀하게는 적절하지 않다.

나머지 다른 문제들에 관해서는, 단순한 용어를 두고 격심한 논쟁을 일으키고 싶을 정도로 내가 너무 거칠거나 지나친 사람은 아니다. 내 생각에는, 초대 교부들은 이 주제에 관해 가장 경외심을 가지고 말하려 애쓰면서도 어디서나 뜻이 일치하지는 않았으며, 심지어 어떤 교부들은 항상 일관되게 말했던 것도 아니다. 힐라리우스는 정말 다양한 공의회의 표현과 공식문들을 변호한다! 가끔 아우구스티누스가 구사하는 용어들은 실로 대담하다![24] 그리스 교부들과 라틴 교부들 사이에는 정말 큰 차이가 있다! 하나의 사례로도 이 상이함을 설명하는 데 충분하다. 헬라어 '호모우시오스'*homoousios*를 해석할 때, 라틴 교부들은 성자가 성부와 공동의 실체consubstance라고 설명함으로써 성자가 성부와 동일한 실체이심을 뜻했다. 그렇게 하여 라틴 교부들은 "실체"를 "본질"로 보았다. 반면에, 힐라리우스의 글에서 우리는 하나님 안에 세 실체가 계시다는 주장을 백 번 이상 읽는다.[25] 참으로, 이단자들은 그들의 경솔함 때문에 마땅히 마음에 감추어야 할 것들을 힐라리우스로 하여금 인간 언어의 위험을 무릅쓰고 폭로하도록 강요했고, 이때 힐라리우스는 이단자들이 엄청난 죄를 저질렀다고 비난한다. 힐라리우스가 숨기지 않고 밝힌 바에 따르면, 우리가 허용되지 않는 것을 가정할 때, 그리고 우리가 표현할 수 없는 것을 표현하려 할 때, 우리는 불법적으로 행동하는 셈이다. 조금 나중에 힐라리우스는 자신이 새로운 용어들을 사용한 데 대해서 사과한다. 성부와 성자와 성령이라는 규범적 칭호를 사용한 다음, 힐라리우스는 우리가 무엇을 알려 하더라도 그것은 말로 표현할 수 있는 한도를 넘어서는 것이요, 우리 지각이 깨닫거나 우리 지성이 이해할 수 있는 것 이상이라고 덧붙인다.[26]

다른 본문에서 그는 갈리아Galia의 주교들이 사도 시대로부터 교회에 전수된 가장 초기의 단순한 고백들 외에는 다른 어떤 고백도 고안하거나 받아들이거나 알지 못했다는 점에서 가장 행복하다고 보았다.[27] 매우 경건한 인물의 그런 겸손함은 우리의 용어를 완전히 다 인정하지 않는 사람들을 너무 경솔히 정죄하지 않도록 주의를 준다. 우리는 왜 우리가 지금 말하는 방식으로만 말해야 하는지 그 당위성에 대해 제대로 교육을 받지 못한 사람들을 가르쳐야 한다. 우리는 우리가 말하는 방식에 그들이 점차 익숙해지도록 도와야 한다. 또한 우리는 아리우스파나 사벨리우스파와 논쟁을 벌여야 할 필요가 생길 때 그들이 우리가 말하는 방식을 따르는 데 불편함을 느끼지 않도록 자상하게 권면해야 한다. 그리하여 우리는 그들이 그 이단자들의 오류에 공감하고 있다는 의심을 받지 않도록 해야 한다. 아리우스는 그리스도가 하나님이시라고 말하지 않으며, 오히려 그리스도가 창조되었고 그 시작이 있다고 은밀히 트집 잡는다. 아리우스는 그리스도가 아버지와 함께 계시는 분임을 공언했지만, 이후로 그는 비록 그리스도가 약간의 특권을 누리기는 하셔도, 신자들이 아버지와 연합하는 것과 동일한 방식으로 그리스도가 아버지와 연합하신다고 자기 추종자들의 귀에 속삭인다. 그리스도가 성부와 동일 본질이심을 말하라! 그러면 성경에 아무것도 더하지 않고서 아리우스의 악의를 종식시킬 것이다. 사벨리우스는 성부의 이름과 성자의 이름과 성령의 이름이 하나님 안에서 어떤 구별도 뜻하지 못한다고 주장한다. 하나님 안에 삼위가 계시다고 말하라! 그러면 사벨리우스는 당신이 세 하나님을 만들려 한다고 고함칠 것이다. 오직 하나의 신적 본질에 세 위격의 일체가 있다고 말하라! 그러면 여러분은 성경이 가르치는 대로 단순하게 따르게 되고, 이단자들의 입을 닫게 할 것이다.

혹시 이 용어들을 용납할 수 없다는 미신에 굳게 사로잡힌 사람들이 있다 하더라도, 누구도 성경이 선포하는 것을 부정할 수는 없다. 성경은 오직 한분 하나님이 계시며, 그것은 곧 신적 본질의 단일성을 뜻한다고 선포한다. 성경은 셋에 대해서 말씀할 때 세 가지 다른 속성을 이해해야 한다고 선포한다. 이 점이 분명하고 거짓 없이 인정된다면, 우리는 어떤 용어들도 걱정할 필요가 없다. 이제 사도신경을 해설해 보자.

제1부

전능하사……하나님 아버지를 내가 믿사오며

우리는 우선 이 문장의 표현 방식에 주목해야겠다. 하나님을 믿음은 곧 그분을 우리 하나님으로 영접하고 인정하여 그분과 그분의 말씀을 붙좇겠다는 뜻이다. 이것은 특정한 히브리어에서 유래한 표현인데, 종종 보다 고상한 뜻을 암시하기도 하지만 그 말의 용법은 하나님의 존재를 믿음을 하나님을 믿고 그분을 신뢰하는 것과 동일시한다. 여기서 신자들은 하나님을 그들의 하나님으로 영접하고 인정하는 고백을 하는 셈이다. 그럼으로써 하나님께서 신자들을 그분의 종으로 여기실 수 있고, "처음부터 주는 우리의 하나님이셨나이다. 그러므로 우리는 죽지 않을 것이니이다"합 1:12 라는 말씀처럼 신자들은 하나님의 모든 백성과 함께 자랑할 수 있게 된다. 우리가 그분을 우리 하나님으로 모실 때, 우리는 그분 안에서 생명과 구원을 얻는다.

이 확신은 여기서 "아버지"라는 칭호가 더해짐으로써 보강된다. 아버지께서 참으로 기뻐하며 사랑하시는 아들을 통해 그분이 우리 아버지 되심을 나타내셨기 때문이다.마 3:17 이것이 바로 아버지께서 우리를 그 안에서 받으셔서 영적 친족 관계를 확립하시는 이유다. 바울이 말하듯이, 이 친족 관계를 통해서 하늘의 모든 족속과 땅 위에 있는 모든 족속의 이름이 불린다.엡 3:15 그다음에는 즉시 마치 믿음이 하나님께 올라가듯이, 하나님을 아버지로 즐거워한다. 믿음은 아버지의 아들과 상관없이는 아버지를 영접할 수 없기 때문이다. 아버지의 아들을 통해 크나큰 복이 우리에게 선사된다. 그가 우리에게 아버지시라면, 우리는 그분께 자녀들이다. 우리가 그분의 자녀들이라면, 동시에 그분의 상속자들이다.

우리는 모든 권능이 그분의 것임을 고백하되, 이 권능은 궤변론자들이 상상하는 공허하고 무기력하고 일하지 않는 권능이 아니라 활동적이고 효력 있는 권능이다. 하나님께서 전능하시다고 불리는 이유는, 그분이 모든 것을 하실 수 있지만 쉬고 계시기 때문이 아니라, 그분이 만물을 그의 손으로 붙드시고 하늘과 땅을 그의 섭리로 다스리시며, 세상 모든 것을 그의 작정과 의지대로 성취하고 배열하시기 때문이다.시 119:89-91 만약 그분이 택하신 그대로 행하신다면, 아무것도 그의 섭리에서 벗어날 수 없다면, 만물은 그의 권능과 지휘에 따라 실현된다는 뜻이다. 우리는 이 주제를 지금은 간략하게만 언급하고, 상세한 논의는 다른 곳으로 미루어 두겠다.[28]

믿음은 하나님의 권능과 맺은 관계에서 두 번 위안을 얻는다. 첫째로, 믿음은 하나님께서 선을 행할 수 있는 막대한 능력을 지니셨음을 알기 때문에 위안을 얻는다. 그래서 하나님은 신자들의 구원을 진척시키기 위해 그 손을 펼쳐 통치하시며 만물을 다스리신다. 하늘과 땅은 하나님의 소유물이요 그분의 통치 영역이며, 모든 피조물은 그분의 선하신 뜻에 의지한다. 둘째로, 믿음은 하나님의 보호하심에서 엄청난 확신과 위안을 얻는다. 어떤 해악이라도 하나님의 뜻에 복종할 것이며, 마귀와 그의 계략은 고삐에 매여 억제될 것이기 때문이다. 간단히 말해, 우리의 구원을 방해하는 모든 것이 하나님의 통제를 받는다.

비록 세상을 한번 힐끔 보기만 해도 악인들의 지성이 창조주를 인정할 수밖에 없겠지만, 믿음은 하나님을 하늘과 땅의 창조주로서 숙고하는 특별한 방법이다. 그래서 사도는 "믿음을 통해 우리는 세상이 하나님의 말씀으로 지어졌음을 이해한다"고 선포한다.히 11:3 혹시 우리 지성으로 하나님을 "세상의 창조주"로 이해하고 우리 입술로 그렇게 고백하는 것 같더라도, 우리에게 믿음이 없다면 하나님을 "세상의 창조주"로 부르는 것이 무엇을 의미하는지 실제로는 이해할 수 없다. 우리의 육신적 이해는 하나님의 창조 능력을 한번 이해한 다음에는 거기서 멈추기 때문이다. 그리고 그 육신적 이해가 더 깊어지지 못하면, 하나님께서 창조 사역을 행하실 때 사용하신 권능과 지혜를 사색하는 정도에만 그친다. 훨씬 나중에, 이 육신적 이해는 모든 피조물을 유지하고 지휘할 수 있는 일반적인 능력에 대해서 깨닫게 될 것이고, 하나님의 그 능력이 모든 피조물을 움직인다고 믿게 될 것이다.

그러나 믿음은 더 높이 올라간다. 하나님께서 세상의 창조주이심을 알고 난 후, 믿음은 하나님을 세상의 영원한 보존자요 통치자로도 바라본다. 하지만 믿음의 그런 인식은 세상의 전체 구조와 그 모든 부분을 운영하시는 하나님의 어떤 우주적 활동 때문은 아니다. 오히려 믿음은 작디작은 공중의 새들도 포함하여 그분이 만드신 만물을 유지하시고 보존하시고 생명을 부여하시는 특정한 섭리를 식별한다. 비록 육신적 이해와 믿음이 그리 크게 떨어져 있는 것 같지 않지만, 인간의 지혜는 결코 시편 104편에서 다윗이 했던 묵상, 특히 그 시편의 마지막 구절들과 같은 높은 수준으로 올라가지 못한다. "주님, 모두가 주님을 바라보고, 주님은 그들에게 때를 따라 먹을 것을 주시나이다. 주께서 그들에게 주신즉 그들이 모으며, 주께서 손을 여시니 그들이 온갖 좋은 것으로 만족하나이다. 주께서 낯을 숨기시면 그들이 떨고, 주께서 그들의 호흡을 거두시면 그들은 죽어 먼지로 돌아가나이다. 주께서 주님의 영을 보내시면, 그들이 소생하고, 지면이 새롭게 되나이다."27-30절 비슷한 진술이 성경 전반에 걸쳐서 발견된다. 예를 들어, 우리는 성경에서 이런 진술들을 읽는다. "하나님 안에서 존재와 움직임과 생명을 가지노라."행 17:28 "그의 손으로 이슬과 비가 들판에 뿌려져 들판을 적신다."레 26:4 "그의 명령으로 하늘은 쇠처럼 굳어진다."레 26:19 하나님께서 원하시는 대로 선을 행하심으로써 그분의 자비를 나타내시거나, 혹은 그 심판의 위력을 강력하게 알리실 때마다, 하나님에게서 평화와 전쟁, 생명과 죽음, 빛과 어둠, 질병과 건강, 풍부와 기근, 다른 모든 것이 나온다.

하나님의 섭리: 항구적 위로의 원천

바로 여기서 신자의 양심은 특별한 위로를 얻는다. 하나님께서 도움을 요청하는 어린 까마귀들에게 먹이를 풍성히 베푸신다면,시 147:9 그분의 백성이요 양 떼인 우리에게는 얼마나 더 풍성한 양식을 베푸실 것인가? 참새가 하나님의 아심과 뜻하심 없이는 땅에 떨어지지 않는다면,마 10:29 우리를 자기 눈동자처럼 지키겠다고 약속하신 분이슥 2:8 과연 우리의 구원을 위해서는 얼마나 더 막대한 관심과 애착을 쏟으시겠는가? 사람이 떡으로만 살지 않고 하나님의 입에서 나오는 말씀 덕분에 산다면,마 4:4 우리는 그분의 도우심이 결코 우리를 실망시키지 않을 것이라는 약속에 만족해야 한다. 그 약속 자체로도 우리를 먹이기에 충분하기 때문이다. 달리 말해, 신자는 가뭄이나 기근이나 질병의 징조를 볼 때, 그것을 단순한 우연으로 치부하기보다는 그것을 주장하시는 하나님의 섭리를 인정할 것이다. 마지막으로, 하나님께서 우리의 창조주요 보호자요 먹이시는 분임을 알게 될 때, 신자는 우리가 하나님 것이요 우리 자신의 것이 아니며, 우리는 우리의 뜻이 아닌 하나님의 뜻에 따라 생활해야 하며, 생명은 온전히 하나님의 은혜로만 존재하므로 생명과 생명의 모든 행동은 하나님을 지향해야 한다고 결론 내릴 것이다.

혹시라도 여기서 누가 모든 창조의 영광이 마치 성자와 성령을 제외시키려는 듯이 특별히 성부께 드려진다는 사실 때문에 혼란에 빠질 필요는 없다. 그러므로 우리는 이 점이 우리가 신성에 대해 설명했던 위격의 속성에 따라 해석되어야 한다는 사실을 언급해야 하겠다. 성부께서 만물이 시작되게 하셨으므로, 성부께서 그 모든 것을 행하셨다고 말하는 것이 적절하다. 하지만 성부는 그의 지혜와 그의 영으로 그렇게 하셨다. 그렇기에 우리가 성부를 하늘과 땅의 창조주요 전능하신 아버지로 의미 있게 인정한다면, 우리는 우선 그의 섭리에 의존해야 하고, 이후에는 그의 자비하심과 인자하심을 우리 마음으로 사색하고, 우리 입술로 그를 높여야 한다. 우리는 그토록 선하신 성부를 경외하고 두려워하고 사랑해야 하며, 우리 자신을 온전히 바쳐 그를 섬겨야 하며, 우리가 고난과 역경을 당할 때 그의 섭리가 우리를 구원할 것을 믿고서 그의 손에서 나오는 모든 것, 심지어 우리에게 가장 적은 유익을 주는 것처럼 보이는 것들까지도 다 받아들여야 한다. 그러므로 무슨 일이 생기더라도 우리는 그가 자비하시며, 우리를 사랑하실 것임을 결코 의심하지 말아야 한다. 그는 우리의 구원을 진전시키는 데 관심을 기울이시기 때문이다. 사도신경의 첫 부분이 기록된 목적은 바로 이와 같은 확신으로 우리를 훈련시키기 위함이다.

제2부

그 외아들 우리 주 예수 그리스도를 믿사오니

우리가 말했듯이, 예수 그리스도께서 우리 믿음의 고유한 목적이요 대상이라는 것은 우리 구원의 모든 부분이 예수 그리스도 안에서 계수되고 포함된다는 사실로 쉽게 밝혀진다. 선지자가 말했듯이, 하나님은 자기 백성을 구원하러 오셨다.[합 3:13] 자기 백성을 구원하기 위해 하나님은 그분의 그리스도와 함께 오셨다. 그리스도의 손으로 하나님은 그 자비의 역사, 곧 그 백성의 구속을 성취하셨다.

우선, 우리의 구속주는 예수라고 불리시며, 이 이름은 아버지의 입을 통해 그에게 주어졌다. 예수는 자기 백성을 구원하여 그들의 죄에서 해방하시기 위해 보냄을 받으셨다.[마 1:21] 그러므로 다른 분이 아닌 오직 예수 안에서 우리는 구원을 얻는다. 예수라는 이름은 결코 우연이나 인간의 성급한 충동으로 그에게 주어지지 않았으며, 하나님의 명령에 따라 선한 이유로 천사가 그를 예수라 이름 지었다. 그 이유는 우리가 다른 데서 구원을 찾으려는 온갖 생각을 그만두고 예수만이 우리의 구속주이심을 주장하기 위해서다. 그래서 성경은 우리가 구원을 얻을 수 있는 다른 이름이 하늘 아래에 전혀 존재하지 않는다고 말한다.[행 4:12] 이 이름은 신자들에게 오직 그 안에서 구원을 추구해야 한다고 가르치고, 오직 그 안에서 구원을 찾을 수 있음을 확신하게 한다.

"그리스도", 곧 "기름 부음을 받은 자"라는 칭호가 예수께 덧붙여진다. 비록 다른 이들에게도 부당하게 이 칭호가 적용되기는 했으나, 예수는 이 칭호를 소유할 특별한 권리를 가지신다. 주님은 그분의 성령의 은사들을 베푸시는 모든 자에게 기름 부으신다. 이 세상에 살았던 모든 신자는 이 영적인 기름 부음을 받았음이 절대적으로 확실하고, 이는 곧 모든 신자는 하나님께로부터 기름 부음을 받았다는 뜻이다. 선지자들 역시 각자 기름 부음을 받았고, 왕들과 제사장들도 받았다. 이 기름 부음은 구약성경이 지시한 대로 치러진 외형적 예식에 그쳤던 것이 아니라 영적 예식이었다. 제사장이 "살아 계신 하나님의 천사"라고 불리듯이,[말 2:7] 사람들에게 보내심을 받은 하나님의 전령이 되어야 할 선지자라면 성령께서 그에게 빼어난 은사들을 베푸심이 마땅하다. 그러므로 세상에서 하나님의 형상을 지니는 왕들도 그렇게 나아온다.

선지자들과 제사장들과 왕들을 그들의 직무에 성별하기 위해 기름을 붓는 데 사용된 실제 기름은 공허하고 대수롭지 않은 표징이 아니라 참된 영적 기름 부음의 성례였다. 그렇더라도 이 모든 기름 부음은 우리 구주의 기름 부음과 비교하면 아무것도 아니다. 다른 모든 사람은 하나님께서 그들에게 주시고자 했던 분량에 따라 다양한 몫의 은사들을 받았기 때문에, 그 모든 은사를 온전히 소유하셨던 우리 구주 외에는 누구도 그 은사들을 다 갖지 못했다. 요한은 "하나님께서 그의 모든 동료 위에 있는 그에게 기쁨의 기름을 부으시리라"는 예언을 언급하고,시 45:7 "아버지께서 그에게 그의 성령을 분량을 재어서 주신 것이 아니라"는 말을 통해 이 사실을 더욱 분명하게 설명한다.요 3:34 요한은 우리에게 그 이유를 말해 준다. 아버지께서 아들 예수에게 한량없이 성령을 부어 주신 이유는 우리가 그의 풍성하심에서 길어 와서 은혜 위에 은혜를 받기 위해서다.요 1:16 그렇기 때문에 또 다른 선지자도 주님의 성령이 예수 위에 머무실 것인데,사 61:1 이는 그에게 은혜를 베푸시기 위해서만 아니라 그를 지혜와 총명과 권능과 모사와 지식과 경건으로 갖추기 위해서라고 예언했다.사 11:2 이 예언은 성령이 그가 세례를 받으실 때 나타나 그의 머리 위로 내려오시고 그 속에 거주하심으로써 눈에 보이게 성취되었다. 그러므로 "그리스도"라는 칭호가 우리 구주에게 가장 극명하게 해당된다고 해야 온당하다.

하나님의 성령은 "기름 부음"으로 불리시고, 그의 은사들은 "기름"으로 불리는 좋은 이유가 있다. 우리 자신 안에는 열매 맺지 못함과 메마름밖에 없고 생명을 주는 능력은 전혀 없기 때문에, 그가 우리에게 기름을 부어 주시지 않으면 우리는 반드시 실패하기 때문이다. 그래서 하나님의 성령은 예수를 유일한 원천으로 삼아 우리에게 흘러나오도록 예수에게 풍성히 부어졌고 그의 영을 자기 거소로 택하셨다. 만약 모든 믿는 자가 성령의 기름 부음을 받는다면, 그 유일한 이유는 그들이 예수에게 참여하기 때문이다. 예수께서도 그들에게 참여하려고 오셨으며, 그들 각자도 분량에 따라 기름 부음을 받는다. 간단히 말해, 그것이 바로 우리의 기름 부음과 우리 구주의 기름 부음의 차이다. 우리 하나님은 구주에게 한량없이, 그분의 영적 부요하심의 모든 보화를 마음껏 쏟아 주셨고,골 2:3 그 일부를 구주께서 우리 각자에게 나눠 주신다. 또한 하나님은 그분의 영이 온전히 우리 구주 안에 머물게 하심으로써 성령이 구주로부터 나와서 우리에게 분배되게 하셨고, 그 결과 우리가 우리 구주의 충만하심에서 길어 내어 그와 교제하며 우리의 나눔과 교통을 통해 성령의 은사들에 참예하게 하셨다.

그리스도의 왕의 직분과 제사장의 직분

그뿐만 아니라, 예수 그리스도는 기름 부음를 받으심으로 그의 아버지에 의해 왕으로 임명되셨는데, 시인이 가르치는 대로,시 2:1-6 이것은 하늘과 땅 위에 있는 모든 권세를 자기에게 복종시키기 위해서였다. 같은 방식으로 그는 제사장으로 성별되어 그의 아버지 앞에서 중보자 직무를 수행하게 되셨다. 이런 것들은 우리의 믿음을 확증하는 데 가장 필요하다. 그리스도의 나라에 관해 논하면, 그 나라는 부패함에 복종하는 육적인 나라나 지상적인 나라가 아니다. 오히려 영적인 나라여서 장차 올 생명과 하늘나라에 속한다. 더욱이, 그리스도의 통치는 그의 유익을 위하기보다는 우리의 유익을 위하는 방식으로 실현된다. 그는 우리를 그의 권능으로 무장시키고 강하게 하셔서 그의 광휘로 꾸미시며, 우리를 그의 은사들로 부요케 하시기 때문이다. 간단히 말해, 그는 자기 나라의 존엄함으로 우리를 높이고 숭고하게 하신다. 그가 우리와 교제하시고 연합하심으로써 우리를 왕으로 삼으시고, 우리가 마귀와 죄와 사망과 전쟁을 벌일 수 있도록 그의 능력으로 우리를 무장시키시며, 우리를 그의 의의 옷으로 입히고 꾸미시며, 불멸에 대한 소망으로 우리를 그의 부요한 거룩하심으로 충만하게 하셔서 우리의 선한 행실을 통해 하나님을 위해 열매 맺게 하신다.

제사장으로서 그리스도의 사역은 우리에게 동일한 유익을 준다. 그것은 단순히 그리스도께서 그의 죽으심으로 이루신 영원한 화해 덕분에 그의 중재를 통하여 아버지께서 우리에게 은혜로우시기 때문만이 아니다. 그가 우리를 동역자로 삼으시고 그의 제사장 직무에 참여하게 하시기 때문이기도 하다. 우리가 그리스도를 우리의 중재자요 중보자로 모셨으므로, 우리는 우리 자신과 우리가 하는 모든 것, 기도와 감사를 하늘 아버지께 드릴 수 있다. 따라서 일찍이 우리 주님께서 자기 백성에게 그들이 왕과 제사장이 되리라 하셨던 약속이 오늘 우리에게 우리 주님 안에서 성취된 것이다.출 19:6 우리 주님은 우리가 의의 나라와 하나님의 거룩한 장막 속으로 들어가게 하신다. 요약하면, "예수" 이름으로 구속과 구원에 대한 확신이 우리에게 확인된다. 그리스도께서 친히 자기 입술로 선포하시듯이,요 17:19 그가 우리를 위해 자신을 성별하셨다는 점에서, "그리스도"라는 칭호는 우리가 성령과의 교제 및 그 교제에서 나오는 성별의 열매를 받아들이도록 이끈다.

하나님의 아들 그리스도

이후에 그리스도는 "하나님의 아들"로 불리신다. 그리스도는 입양의 은혜를 통해 하나님의 아들로 불리는 신자들과 다르게, 그의 참되신 본성에 따라 그렇게 불리시므로 다른 모든 자와 구별되는 유일한 아들이시다. 성경에서 하나님은 새로운 생명으로 다시 태어난 우리 모두를 그분의 자녀로 부르심으로써 우리를 명예롭게 하신다.요일 3:1 하지만 하나님께서 참되고 유일한 아들로 불리는 특별한 권리를 주신 분은 오직 예수 그리스도뿐이다. 만약 그가 다른 모든 이는 은사로 갖는 것을 본성으로 갖지 않으신다면, 그가 어떻게 그토록 무수한 형제들 중에서 참되고 유일한 아들이 되실 수 있겠는가?

어떤 사람들은 예수 그리스도를 하나님의 독생자로 고백은 하지만, 좀 더 구체적인 질문을 받을 때에는, 그리스도가 성령으로 동정녀의 태에서 잉태되셨다는 사실이 그 고백의 유일한 이유라고 말한다.[29] 우리는 그들과 뜻을 같이하지 않도록 조심해야겠다. 마찬가지로 마니교도들도 전에는 인간을 하나님과 동일 본질의 존재로 여겼는데, "하나님께서 아담 속에 생명의 영을 불어 넣으셨다"는 창세기 구절 때문이었다.창 2:7 반대로, 성경은 하나님의 아들이 그분의 말씀이요, 온 세상이 있기 전에 하나님에게서 나셨다고 선포한다. 사실, 그런 사람들은 "하나님께서 그의 아들도 아끼지 않으셨다"롬 8:32고 말씀하는 성경과, "동정녀에게서 날 그 아이가 하나님의 아들이라 불릴 것이라"눅 1:35는 천사의 고지를 인용하면서 자신의 오류를 변명한다. 그러나 그들은 자신의 반대 견해를 너무 담대하게 떠벌리지 말아야 한다. 오히려 그들은 이 구절들이 무슨 뜻인지 잠시 숙고해 보아야 한다. 그들은 예수 그리스도가 잉태되셨을 때 하나님의 아들로 불리신다는 이유로, 그는 동정녀의 태에서 잉태되셨을 때부터 비로소 하나님의 아들이 되기 시작하셨다고 주장한다. 만약 그들의 이 주장이 정당하다면, 그리스도께서 육신으로 나타나게 되셨을 때부터 비로소 그가 생명의 말씀이 되기 시작하셨다는 결과가 뒤따를 수밖에 없다. 요한은 그가 선언한 하나님의 말씀이 "사람의 손으로 접촉되고 그들의 눈으로 목격되었다"고 말하기 때문이다.요일 1:1 비슷하게, 그들이 이런 식의 주장을 따르고 싶다면 다음의 성경 구절은 과연 어떻게 설명할 것인가? "너, 유대 땅의 베들레헴이여, 너는 유다 무리 중에서 작구나. 그러나 내 백성 이스라엘을 다스릴 지도자가 네게서 태어나리니, 그의 근본은 태초에서, 영원한 날들에서 나오리라."미 5:2

우리는 바울이 기록한 단 한 구절로 그 온갖 궤변을 물리칠 수 있을 것이다. 바울은 자신이 하나님의 복음을 위해 성별되었으며, 이 복음은 "하나님께서 선지자들을 통해 약속하신 것이요 육신으로는 다윗의 씨에서 나오신 그의 아들에 관한 것이며, 이 아들은 권능으로 하나님의 아들로 선포되었다"고 말한다.롬 1:1-4 분명히 바울은 하나님의 아들과 다윗의 아들이라는 그리스도의 두 가지 신분은 육신을 고려하여 구별하는 것이 아님을 전하고 싶었다. 그렇지 않다면, 바울이 그리스도를 육신으로는 다윗의 아들이라 부르면서도, 다른 한편으로는 그가 하나님의 아들로 선포되셨다고 말하는 이유가 무엇이겠는가? 바울의 이 진술은 아주 명백해서, 그것을 반박하는 것은 무지에서 나온 반응이 아니라 완고함에서 나온 반응이라 해야 한다. 그럼에도 우리는 그가 취하신 육신으로도 그리스도께서 하나님의 아들이셨음을 부인하지 말아야 한다. 오히려, 우리의 말이 우리의 믿음을 세우는 데 참으로 유용해야 한다면, 그를 하나님의 아들로 부를 때 우리는 그 속에 있는 하나님의 영원한 말씀을 이해해야 할 뿐 아니라, 내가 곧 더 충분히 설명하겠지만, 그에게 입혀진 인성도 이해해야 한다.

주님이신 그리스도

마지막으로, "주님"이라는 칭호가 예수 그리스도에게 부여되는데, 아버지께서 그를 우리의 주님과 왕과 율법 제정자로 임명하셨기 때문이다. 또한 아버지께서는 그 아들을 육신으로 계시하셨을 때, 그가 아들을 통해 다스리고 통치하려 하심을 분명히 하셨다. 그래서 사도는 "그러므로 우리에게 한분 하나님이 계시되, 우리가 그 안에 존재하듯이 만물이 그에게서 나와 존재하며, 한분 주님 예수가 계시되, 만물이 그를 통하여 존재하고 우리도 그를 통하여 있도다"라고 말한다.고전 8:6 이 말씀의 뜻은 그리스도는 우리의 선생이요 주님이시므로 우리가 그의 가르침을 주의하여 따라야 한다는 것이기도 하고, 더 나아가 그가 우리의 머리요 통치자이시므로 우리가 그의 권세에 복종하고 그의 뜻에 순종하여 우리의 모든 행사를 그의 뜻에 맞추어야 한다는 것이기도 하다. 아버지께서는 아들에게 그의 집에서 장자 권리를 갖게 하셔서 그가 권능으로 그의 형제들을 통솔하게 하시고, 아버지가 기뻐하시는 대로 그 기업의 열매들을 나눠 주도록 하셨기 때문이다.

이는 성령으로 잉태하사 동정녀 마리아에게 나시고

성육신의 신비는 소박한 사람들의 지성을 그 찬란함으로 얼떨떨하게 할 뿐 아니라 제대로 이해하지 못하면 힘들게 하고 혼란에 빠뜨리기도 하기 때문에, 논의가 더 진전되기 전에 성육신에 대해서 약간 더 설명할 필요가 있다.

우선, 우리가 가장 이해해야 할 필요가 있는 사실은, 우리의 중보자가 되실 분은 참으로 하나님이요 동시에 참으로 사람이어야 한다는 것이다.

우리의 죄악이 하나님과 우리 사이에 장애물을 놓아 우리를 하늘나라에서 멀어지게 하고 하나님을 우리와 떨어지게 했으므로, 하나님께 이를 수 있는 자가 아니면 아무도 우리를 하나님과 화해시킬 매개가 될 수 없었다. 어떤 피조물이 이 일을 할 수 있었겠는가? 아담의 자손 중 누가 할 수 있었겠는가? 그들은 모두 자신들의 첫 아버지처럼 하나님의 얼굴 앞에 나타나기가 두려웠다. 천사들 중 누가 이 화해를 이룰 수 있었겠는가? 모든 천사는 그들의 하나님과 완전히 연합할 수 있게 하는 지도자가 필요했다. 그러면 무엇인가? 하나님의 존엄이 우리에게 내려오지 않았다면, 사태는 정말 처절했을 것이다. 하나님의 존엄은 우리의 힘으로 도달할 수 있는 대상이 아니기 때문이다. 그러므로 하나님의 아들이 우리의 임마누엘, 곧 "하나님이 우리와 함께 계심"이 되셔야 했다.사 7:14 그분이 그의 신성을 우리와 결합시키신 방식으로, 우리의 인성도 그의 신성과 결합시키셔야 했다. 그렇지 않았다면, 하나님께서 우리 속에 사시며 우리를 도우시리라는 희망을 줄 만큼 충분하고 확실한 연합은 불가능했을 것이다. 우리의 미천함과 하나님 존엄의 위대함은 그토록 멀리 떨어져 있다!

그래서 바울은 그리스도를 우리에게 중보자로 소개하면서 그를 "사람"이라고 뚜렷이 밝힌다.딤전 2:5 바울은 아마 그리스도를 "하나님"으로 부를 수도 있었고, 그가 그 본문에서 "하나님"이라는 이름을 생략하듯이 적어도 "사람"이라는 언급은 생략할 수도 있었다. 그러나 바울은 우리의 연약함을 알았으며, 그 중보자를 어디서 찾아야 할지에 관해서, 혹은 어느 길을 따라 그에게 가야 할지에 관해서 모호하게 표현함으로써 누구도 고뇌에 빠지게 하고 싶지 않았다. 그래서 바울은 계속해서 그가 사람이시라고 말함으로써, 우리의 육신이 되신 그는 우리와 가까운 이웃이요, 우리에게 속한 분이라고 암시했다. 그러므로 바울은 다음의 성경 구절에서 더 잘 표현된 진리를 증언한 셈이다. "우리에게 있는 대제사장은 우리의 연약함을 동정할 수 없는 분이 아니니, 그가 죄는 없으시되 우리처럼 모든 방식으로 시험을 받으셨기 때문이다."히 4:15

그리스도의 이중적 중보 사역

그리스도의 사역은 우리로 하여금 다시 하나님의 은혜를 받게 하여 사람의 자녀인 우리를 하나님의 자녀로, 지옥의 상속자인 우리를 천국의 상속자로 삼는 것이었으므로, 그리스도의 중보자 역할은 결코 평범하지 않았다. 우선 이 점부터 이해를 해야, 우리가 한 말이 보다 분명해질 것이다. 인자가 되어 우리의 처지에 친히 들어오셔서 자기를 우리에게 넘겨주시고, 본성상 그의 것을 은혜로 우리의 것이 되게 하신 하나님의 아들이 아니면 과연 누가 그 역할을 해낼 수 있었겠는가? 우리는 본래 하나님의 아들이신 분이 우리와 연합되시기 위해 우리의 살에서 살을 취하시고 우리의 뼈에서 뼈를 취하셔서 우리 몸과 같은 몸이 되셨다는 사실을 보증으로 삼아, 우리가 하나님의 자녀임을 확신한다. 우리 것이었던 것을 그가 자신의 인격 속으로 취하심으로써 그의 것이었던 것이 우리 것이 되게 하셨고, 그 결과 우리와 함께 하나님의 아들도 되시고 사람의 아들도 되셨다. 이것이 바로 하늘 기업이 우리의 것이라는 우리 소망의 근거다. 하늘 기업에 온전히 합당하신 하나님의 외아들께서 우리를 그의 형제로 입양하셨기 때문이다. 이제 우리가 그의 형제라면, 동시에 그와 공동상속인이다.[롬 8:17]

우리의 구속자여야 하는 그리스도께서 참 하나님이며 참 사람이어야 하는 또 하나의 이유가 있다. 그 이유는 죽음을 삼키는 그의 직무에 있었다. 생명 자체이신 분 외에 누가 그 일을 할 수 있었겠는가? 죄를 정복하는 것이 그의 직무였다. 의로움 자체이신 분 외에 누가 그 일을 할 수 있었겠는가? 공중의 권세들, 곧 마귀들을 이기는 것이 그의 직무였다. 세상과 공중의 권세들보다 위대한 능력이신 분 외에 누가 그 일을 할 수 있었겠는가? 하나님 외에 과연 누구 안에 생명과 의로움과 하늘의 능력이 거하겠는가? 그러므로 주님은 우리를 구속하기로 하셨을 때에 그의 위대한 자비로 우리의 구속주가 되셨다.

우리가 구속되는 데는 또 다른 조건이 요구되었다. 그것은 인간이 그의 불순종으로 상실되고 파괴된 이후 순종을 통해 자신의 죄를 속죄함으로써, 그 죄로 야기된 형벌을 감당하고 하나님의 심판을 만족시키는 것이다. 그래서 주 예수는 아담을 대신하여 아버지께 순종을 드리시기 위해 앞으로 나아와 아담의 본성을 입으시고 아담의 이름을 취하신 후, 우리의 인성을 속죄물로 하나님의 공의에 바치셨고 죄를 저지른 육신과 동일한 육신으로 죄의 형벌을 감당하셨다. 마지막으로, 하나님만이 죽음을 아실 수 있고 사람이 스스로 죽음을 극복할 수 없기 때문에, 그리스도는 신성을 인성과 결합하셔서 인성의 연약함을 죽음의 고통에 복종시키셨고, 승리를 쟁취하기까지 신성의 권능으로 죽음과 싸우셨다. 그러므로 그리스도에게서 그의 신성이나 인성을 강탈하는 자들은 그의 위대하심을 모독하고 그의 선하심을 훼손할 뿐 아니라, 인간에게도 막대한 해를 끼치는 셈이 된다. 그들은 이 기초 위에 놓여야 비로소 안전해지는 인간의 믿음을 뒤엎어 버리기 때문이다.

그리스도의 인성에 대한 증거

내 생각에는 그리스도의 신성을 구출하느라 더 시간을 끄는 것은 도에 지나치다. 하지만 그의 인간적 본성의 진리는 마니교도들뿐만 아니라 이 진리를 파괴하려 애쓰던 마르키온파Marcionites에게도 공격을 받았다.[30] 마니교도들은 그리스도가 하늘에서 영적인 몸을 가져왔다는 공상에 빠졌고, 마르키온파는 그리스도가 참된 몸이 아니라 몸을 닮은 형상만 지녔다고 믿었다.

성경은 이 두 가지 오류를 철저히 반박하는 많은 증거들을 보여준다. 옛 사람들에게 약속된 복은 하늘의 씨에도 없고 어떤 가공의 인간에게도 없으며, 오직 아브라함과 야곱의 씨에 있다.창 12:3, 17:2, 18:18 그리고 영원한 보좌는 허공에서 불러낸 사람이 아닌 다윗의 아들과 그의 허리에서 난 후손들에게 약속된다.시 45:6, 132:11 그러므로 육신으로 계시되신 그가 아브라함과 다윗의 아들로 불리시는 것은,마 1:1 그가 마치 공중에서 먼저 창조되기라도 한 듯 처녀에게서 태어나셨기 때문이 아니라, 바울이 설명하는 대로 육신으로는 다윗의 씨에서 나오셨기 때문이다.[롬 1:3] 다른 곳에서 바울은 그리스도가 유대인의 후손으로 나셨다고 선언한다.[롬 9:5] 그래서 그리스도는 자신을 "사람"으로 부르는 데 만족하지 않으시고 스스로 "인자"로 부르심으로써 그가 사람의 씨에서 난 사람임을 알리셨다. 성령께서 많은 다양한 입을 통해 바로 이 사실을 매우 자주, 아주 세심하고 분명하게 강조하셨다. 이 사실은 그 자체로 이해하기가 어렵지 않다. 이 문제에 대해서까지 트집을 잡을 만큼 뻔뻔한 인간들이 있을 줄이야 과연 누가 예상이나 했겠는가?

우리에게는 그런 중상모략을 반박할 더 많은 증거들이 있다. 바울은 이렇게 증언한다. "하나님은 그의 아들을 보내셨고, 그가 여인에게서 나게 하셨다."[갈 4:4] 또한 그리스도께서 추위와 더위, 배고픔, 우리 본성의 다른 여러 연약함에 굴복하셨음을 알려 주는 셀 수 없이 많은 구절들이 있다. 하지만 우리는 우리 마음을 참된 확신으로 고양시키는 말씀만 택해야 하겠다. 예를 들어, 성경은 그리스도께서 천사들을 존중하여 그들의 본성을 취하지 않으시고 우리의 본성을 취하셨고, "우리의 혈과 육을 취하신 그는 사망을 다스리는 자를 사망으로 멸하셨다"고 말한다.[히 2:14] 또한 성경은 "이런 교통을 통해 그는 우리를 자기의 형제들로 여기신다"고 하거나,[히 2:11] "그가 범사에 형제들과 같이 되심이 마땅하도다. 이는 하나님의 일에 자비하고 신실한 대제사장이 되어 백성의 죄를 속량하려 하심이라"고 말하고,[히 2:17] "우리는 우리의 연약함을 동정할 수 없는 제사장을 가진 것이 아니니, 이는 그도 시험을 받으셨기 때문이다"라고 말하기도 한다.[히 4:15] 이외에도 여러 비슷한 구절들이 더 있다.

그 이단자들은 그들의 오류를 뒷받침하기 위해 성경 구절들을 택한 후, 그것을 자신들의 사상에 끼워 맞추려고 엉성하게 왜곡했다. 마르키온과 그 추종자들은 그리스도께서 육신 대신 환영[幻影]을 취하셨다고 주장했다. 성경 어딘가에 "그가 사람의 모양이 되사 사람의 모습으로 나타났다"고 기록되어 있기 때문이다.[빌 2:7-8] 그러나 바울의 의도를 제대로 분별하지 못한 채, 그는 더 나쁜 오류에 빠져 버렸다. 바울은 예수 그리스도께서 어떤 몸을 취하셨는지 설명하려 하지 않는다. 단지 바울은 그리스도께서 하나님의 존엄하신 영광을 자신을 위해 주장하실 수 있었으면서도, 자신을 그의 외모로 낮추시고 사람으로 행동하셨음을 말하고 싶었을 뿐이다. 마니교도들은 그리스도가 "하늘에서 온 하늘의 둘째 아담"으로 불리신다는 사실을 지적하면서 고전 15:47 그리스도를 위해 천상의 몸을 만들어 냈다. 그러나 그 구절에서 사도가 가리키는 것은 그리스도의 어떤 천상적 본질이 아니라, 그리스도께서 우리에게 생명을 주기 위해 받으신 영적 능력이다. 그러므로 여기서 신자들은 그리스도의 인성의 실재에 대한 충분한 확증을 얻는다. 만약 그리스도께서 우리와 동일한 본성을 지니지 않으셨다면, 바울이 다음과 같이 강력하게 내세우는 논증은 괴상한 것이 되어 버린다. "예수 그리스도께서 부활하셨으므로 우리가 부활할 것이요, 우리가 부활하지 않는다면 그리스도께서도 부활하신 것이 아니도다." 고전 15:12-20

그리스도의 두 본성: 인성과 신성

말씀이 육신이 되셨다는 진술 요 1:14 을 말씀이 육신으로 변했다거나, 혹은 육신과 섞였다는 암시로 받아들이면 안 된다. 이 진술에 담긴 암시는, 말씀이 처녀의 태에서 인간의 몸을 취하여 성전으로 삼아 거기에 거주하셨다는 것이다. 하나님의 아들이신 그리스도는 실체의 혼합이 아닌 인격의 연합에 의해 사람의 아들이 되셨다. 다시 말해, 그는 그렇게 그의 신성을 그가 취하신 인성과 결합하여 연합되셨고, 그 결과 두 본성은 각기 그 고유한 속성을 보존하되, 예수 그리스도는 분리된 두 인격이 아니라 한 인격이시다.

이 신비를 암시하는 적합한 유비는 인간에게서 발견된다. 우리는 인간이 두 가지 요소로 되어 있음을 알고 있다. 그런데 그 둘 중 어느 것도 다른 하나와 섞여서 그 본래의 속성을 보존하지 못하게 되는 경우는 없다. 영혼은 육신이 아니고 육신도 영혼이 아니다. 그래서 우리는 영혼에 관해 말할 때 육신과 상관없는 특정한 용어로 하고, 육신에 관해 말할 때는 영혼과 상관없는 용어로 한다. 또한 우리가 인간에 대해서 말할 때는 그 둘 중 어느 하나에는 해당되지 않는 용어로 따로따로 말하지 않는다. 마지막으로, 영혼의 고유한 어떤 것들은 육체로 전이되고, 반대로 육체의 고유한 어떤 것들도 영혼에 전이된다. 그렇다 하더라도, 이 두 실체로 이루어진 인격은 단 한 사람이지 다수가 아니다. 이 유비는 연합된 두 요소로 이루어진 인간 안에 한 속성이 있으며, 동시에 이 두 요소 간에는 차이가 있음을 알려준다.

성경도 바로 이런 방식으로 예수 그리스도에 관해 말한다. 성경은 오직 인성에 적용될 수 있는 것을 예수 그리스도에게 부여할 때도 있고, 특별히 신성에 속하는 것을 그에게 부여할 때도 있으며, 어느 하나가 아니라 결합된 두 속성에 관련된 것을 그에게 부여할 때도 있다. 참으로 성경은 그리스도의 두 속성의 연합을 아주 신중하게 표현함으로써 한 속성에 속한 것을 다른 한 속성에 할당하는데, 초대 교부들은 이 문학적 기법을 "속성들의 교류"라고 불렀다.

이 모든 것을 성경의 증거들로 증명했으므로, 내가 말한 어떤 것도 나 자신의 말이 아님이 분명해졌을 것이다. 예수 그리스도께서 자신에 관하여 하신 말씀, 곧 그가 아브라함이 창조되기 전에 계셨다는 말씀은 결코 그의 인성을 가리키지 않는다.[요 8:58] 그는 아브라함이 죽은 이후 여러 세기가 지난 다음에야 사람이 되셨기 때문이다. 그리스도께서 "모든 피조물 중 먼저 나신 이시니, 만물보다 먼저 계셨고 그를 통하여 만물이 존재한다"는 사실은 인성에 해당되지 않는다.[골 1:15, 17] 이런 종류의 찬미는 오직 그의 신성에만 적합하다. 그가 아버지의 "종"으로 불리셨다는 사실,[사 42:1] 그가 "나이와 지혜에 있어서 하나님과 사람과 더불어 자라나셨다"는 사실,[눅 2:52] 그가 자신이 아버지보다 부족하다 하시고,[요 14:28] 자신의 영광을 찾지 않으시고,[요 8:50] 마지막 날이 언제일지 알지 못하시고,[막 13:32] 자신에 대해 말씀하지 않으시고,[요 14:10] 자신의 뜻을 구하지 않으시고,[요 6:38] 보일 수 있고 만져질 수 있다[눅 24:39]고 고백한 사실은 모두 그의 인성과 어울린다. 그는 하나님이시라는 점에서 아버지와 동등하시다.빌 2:6 그는 어떤 식으로든 자라난다고 말할 수 없다. 그는 자신을 위하여 모든 것을 행하신다. 아무것도 그에게서 숨겨질 수 없다. 그는 눈으로 볼 수 없으며 만져질 수도 없다. "하나님께서 그의 교회를 그의 피로 사셨다"라는 바울의 진술과행 20:28 "영광의 주께서 십자가 처형을 당하셨다"라는 바울의 진술에서고전 2:8 속성들 간의 교류가 분명히 표현되어 있다. 물론 하나님에게는 피가 없고, 그분은 고통도 받지 않으신다. 하지만 그리스도는 참 하나님이고 참 인간이시요 십자가에 못 박혀서 우리를 위해 그 피를 쏟으셨기 때문에, 그의 인성으로 행해진 것은, 정확하지는 않지만 합리적인 비유로 표현하면, 그의 신성으로 전이되었다. 이와 비슷한 표현이 요한복음에 있다. 요한은 "하나님께서 우리를 위해 그의 생명을 내어 주셨다"고 기록한다.요일 3:16 거기서 요한은 엄격히 인성에 속한 것을 신성에 양도한다. 또한 그리스도께서 "하늘에 있는 인자 외에는 아무도 하늘로 올라간 적이 없다"고 선언하셨을 때,요 3:13 그는 그때 육신으로는 하늘에 계신 것이 아니었다. 하지만 그는 하나님이고 사람이셨기 때문에, 그 두 속성의 연합 때문에, 한 속성에 고유한 것을 다른 한 속성으로 귀속시키셨던 것이다.

그리스도의 인격의 통일성

우리는 그리스도의 두 속성을 포함하는 성경 구절들을 통해서 그리스도의 참된 실체를 더 잘 이해할 수 있다. 요한복음에는 그런 많은 구절들이 있다. 우리가 읽는 그 구절들은 그리스도의 인성이나 신성을 따로따로 가리키지 않고 그의 인격 전체를 가리키는데, 그 이유는 그가 하나님이시고 동시에 사람이시기 때문이다. 그래서 아버지께서는 그에게 죄를 용서하는 권세를 주셨고,요 1:29 그가 원하는 자들을 살리는 권세를 주셨으며, 의와 거룩함과 구원을 베푸는 권세를 주셨다. 그리스도는 산 자와 죽은 자의 심판자로 임명되어 그의 아버지처럼 그 이름이 영광을 얻으신다.요 5:21-23 그는 세상의 빛이며, 선한 목자이며, 유일한 문이며, 포도나무다.요 9:5, 10:9, 11, 15:1

그는 비록 세상이 창조되기 전에도 이 특권들을 자신의 것으로 소유하셨지만, 육신으로 계시되었을 때 그것들을 받으셨다.

확실히 그 특권들은 단지 인간일 뿐인 자에게는 속할 수 없는 것이다. 다음과 같은 바울의 말들도 동일한 방식으로 해석되어야 한다. "그가 심판을 행한 이후에는 나라를 그의 아버지 하나님께 드리셔야 한다." 고전 15:24 분명 하나님 아들의 나라는 어떤 시작이나 끝을 가질 수 없다. 하지만 그리스도께서 육신이라는 겸비함에 가려져 있다는 의미에서 그는 마치 아무것도 아닌 자처럼 되셨고, 종의 형체를 취하여 그의 아버지에게 복종하심으로써 그 존엄을 외형적으로 포기하셨다. 하지만 그렇게 복종하신 다음에, 그는 영광으로 관 씌워지셨고, 모든 이름 위에 뛰어난 이름을 얻으셨으며, 모든 무릎이 그 이름 앞에 꿇어야 한다. 빌 2:7-10, 히 2:9 동일한 방식으로 그는 그의 면류관과 그가 육신으로 아버지께 받은 모든 것을 바치실 것이며, 그렇게 하심으로써 하나님께서 그를 만물 안에 만물이 되게 하실 것이다. 고전 15:28

이런 관찰은 우리를 혼란에 빠뜨리는 많은 것들을 가장 편리하게 제거하는 것으로 확인될 것이다. 놀랍게도 어떤 무지한 자들은 그리스도의 인성이나 신성에 해당되지 않는 것들을 그리스도에게 귀속시키는 방식의 표현을 듣게 되면 괴로워한다. 그들은 이런 표현이 하나님과 인간으로 나타나신 그리스도의 인격에 적합하지 않다고 여긴다. 사실 우리가 이 신비를 그 위대함에 걸맞은 경외심을 가지고 숙고할 준비만 되어 있다면, 앞에서 언급된 사항들이 서로 아주 잘 어울린다는 것을 어렵지 않게 알 수 있다. 다만 이 미쳐 날뛰는 영혼들이 일으키는 문제는 끝이 없다. 그들은 예수 그리스도의 인성에 적합하게 적용되는 것이 그의 신성을 파괴한다고 여기고, 그의 신성에 속한 것이 그의 인성을 파괴한다고 여긴다. 그리고 그리스도의 두 속성을 동시에 가리키는 말씀이 그 두 속성을 모두 파괴한다고 여긴다.

이것은 결국 그리스도께서 하나님이므로 사람이 아니고, 그가 사람이므로 하나님이 아니며, 그가 자기 속에 두 속성을 지니시므로 하나님도 아니고 사람도 아니라고 주장하려는 획책이 아니면 무엇인가? 그러므로 우리는 그리스도께서 하나님과 사람이시고, 혼합이 아닌 연합된 두 속성을 갖추셨으므로, 그가 단지 그의 인성 때문이 아니라 그 인성에서도 우리의 참된 주님이며 참된 하나님의 아들이라고 결론을 내린다. 우리는 그리스도의 두 속성을 구별하지 않고 분리하면서 두 그리스도를 상상했던 네스토리우스Nestorius 이단을 진심으로 혐오해야 하기 때문이다.[31] 반면에, 우리는 동정녀 마리아에게서 나실 분이 하나님의 아들로 불릴 것이고, 그 동정녀는 우리 주님의 모친이라는 사실을 성경이 얼마나 우렁차고 분명하게 찬미하고 있는지를 알고 있다.[눅 1:32, 43]

구속의 서막, 그리스도의 잉태

그러므로 우리는 그리스도께서 율법과 선지자에게 약속된 대로 아브라함과 다윗의 참된 아들로 인정되기 위해 동정녀 마리아에게서 태어나셨음을 고백한다. 믿음은 이로부터 두 가지 유익을 얻는다. 먼저, 믿음은 하나님의 아들이 우리 육신을 취하심으로써 인간의 구원을 성취할 준비를 갖추셨음을 안다. 왜냐하면 이것으로 그리스도는 우리가 그와 함께 그의 모든 은사에 동참하고 참여하도록 부르셨기 때문이요, 죽음과 마귀를 이기기 위해 그가 우리의 본성을 취하고 이 본성으로 죽음과 마귀를 이기셔서 그 승리가 우리의 승리가 되게 하셨기 때문이다. 둘째, 그리스도의 가계를 다윗과 아브라함에게로 추적해 올라감으로써,[마 1:1-16] 우리는 우리 구속주가 오래전에 하나님께서 오리라 예고하신 분임을 더욱 굳게 확신한다.[창 17:4, 22:17-18, 시 132:17]

그다음으로, 그리스도는 성령으로 잉태되셨다고 한다. 다른 이들을 정결하게 하도록 보냄을 받으신 이에게 부정하고 더럽혀진 기원은 어울리지 않기 때문이다. 하나님의 본질이 자기 거소로 택한 인간의 몸이 인간의 보편적 부패함으로 더럽혀지는 것은 맞지 않다. 여기서 성령이 일하셨다.

성령은 측량할 수 없는 특별한 권능을 통해 자연의 일반 법칙을 극복하셨다. 성령은 예수 그리스도께서 육신의 더러움 때문에 어떤 흠이나 얼룩을 갖지 않고 완전한 거룩함과 정결함 중에 태어나게 하셨다. 따라서 믿음은 예수 그리스도 안에 있는, 오직 그 안에만 있는 완전한 거룩함을 안전하게 추구하도록 가르침을 받는다. 다른 어떤 이도 아니고 오직 그만이 잉태되실 때 인간의 부패함에서 벗어났기 때문이다.

이어서 그리스도께서 우리의 구속을 이루신 방식이 뒤따른다. 그리스도는 우리의 구속을 위해 죽는 인간이 되셨다. 인간의 불순종으로 하나님은 진노하게 되셨고, 죽기까지 아버지께 복종하신 그리스도의 순종으로 보상을 얻으셨다. 우리의 구원을 회복하기 위하여 우리는 바울처럼 어떤 것보다 그리스도의 순종을 귀중히 여겨야 한다. 바울은 "한 사람의 불순종으로 모두가 죄인이 되었듯이, 한 사람의 순종으로 모두가 의롭다 여김을 받느니라"고 선언한다.롬 5:19 거기에 우리 구원의 요점이 있다. 하나님의 아들이 우리에게 주어졌다. 그는 자기의 뜻을 포기하여 자기 생명을 아버지의 선한 뜻에 드리셨을 뿐만 아니라, 아버지께서 그에게 명령하신 대로 죽음의 공포를 견디며 물러서지 않으셨다. 그럼으로써 그리스도는 우리의 반역이 진노케 한 아버지의 존엄을 진정시키셨다. 하늘 아버지께서 그리스도의 순종의 공로를 통해 예전에는 완전히 혐오하셨던 인간과 화해를 이루게 되신 것이다. 그리스도는 자기의 죽음으로 자기 아버지께 향기로운 제사를 드려 그분의 의로운 심판을 만족시키셨고 신자들을 위한 영원한 성결을 얻으셨다. 그는 우리 구속의 대가로 자기의 성결한 피를 쏟으셨으며, 우리에게 격발된 하나님의 진노를 완화시키시고 우리의 죄악을 제거하셨다. 이것이 바로 우리가 구원의 확신을 구할 필요가 있을 때 이 구속에 의지해야 하는 이유다. 이 구속으로 우리에게 하나님의 은혜가 마련되었고, 하늘이 열렸고, 의가 확보되었다.

다음과 같은 사실보다 성경이 더 일관되게 강조하는 것은 없다. 즉, 그리스도는 그의 제사로 아버지의 호의를 얻으셨고, 이 호의는 우리의 가장 중요한 보증이요 생명의 확신이다. 요한도 "그의 피가 우리를 모든 죄에서 깨끗하게 한다"고 말하듯이,요일 1:7 하나님을 진노케 하는 우리 죄의 더러움과 오염은 씻기고 깨끗해졌다. 그러므로 우리 구속의 요점은 다음과 같다. 우리를 죄의 사슬에서 풀어 준 그리스도의 구속으로 우리는 구원받았고, 의로움과 거룩함을 되찾아 하나님과 화해했으므로, 하나님은 우리 죄악 외에는 우리 안에 있는 어떤 것도 미워하지 않으신다.

본디오 빌라도에게 고난을 받으사 십자가에 못 박혀

여기서 사도신경은 그리스도를 정죄한 재판장의 이름과 그가 당하신 죽음의 종류를 기록한다. 이렇게 하는 것은 그 사건의 진실을 확증하기 위해서일 뿐만 아니라, 우리 구속의 신비와 관련되기 때문이기도 하다. 그리스도의 죽음으로 죄악이 씻기고 그 죄악에 합당한 정죄도 제거되어야 했으므로, 그리스도께서 다른 종류의 죽음을 당하시는 것은 충분하지 못했을 것이다. 그리스도는 우리 구속의 모든 부분을 제대로 충족시키기 위해, 우리의 정죄와 하나님의 진노가 요구하는 대가를 친히 자기가 짊어지셔서 우리를 그 정죄와 진노로부터 건지는 방식으로 죽음을 택하실 필요가 있었다.

우선 그리스도는 지방 총독의 권세 아래 고난을 받으시고 판결에 따라 정죄를 받으심으로써, 우리를 심판주의 심판대 앞에서 감당해야 할 정죄로부터 벗어나게 하셨다. 만약 강도가 그리스도의 목을 베었다면, 그리스도가 개인이 저지른 폭력에 희생되셨다면, 그런 죽음으로는 어떤 형태의 만족도 이루어지지 않았을 것이다. 그러나 그가 법정 앞으로 끌려와 저주를 받으셨고 증인들에게 고발되셨으며 재판장의 입으로 정죄되셨다는 의미에서, 우리는 그리스도께서 범죄자로 나타나셨다고 볼 수 있다. 우리는 여기서 선지자들이 예언했으며 우리의 믿음에 특별히 위로를 주는 두 가지를 숙고해야 하겠다. 우리는 성경에서 그리스도께서 법정에서 형장으로 끌려 나가 두 강도 사이에서 매달리셨다는 기록을 읽을 때, 복음서 기자가 인용한 "그는 범죄자들 중 하나로 간주되셨다"라는 예언이 성취된 것을 확인한다.막 15:28, 사 53:12 그리스도께서 그렇게 되신 이유가 무엇인가? 그는 죄인들이 자초한 형벌을 그들을 대신하여 받으신 것이다. 분명히 그는 의를 위해 고난을 받으신 것이 아니라, 죄 때문에 고난을 받으신 것처럼 보였다. 반면에 빌라도가 여러 번 공개적으로 그리스도의 결백함을 증언하지 않을 수 없었듯이, 우리가 성경에서 그리스도께서 그를 정죄했던 바로 그 입술에 의해 무죄로 선언되는 것을 읽을 때에는, "그는 자기가 훔치지 않은 것을 갚아 주었다"라는 또 다른 선지자의 말씀을 기억해야 한다.시 69:4

우리는 예수 그리스도 안에서 죄인과 범죄자의 형상이 나타나는 것을 보면서, 동시에 무죄하신 그가 자기 죄가 아닌 다른 이들의 죄를 짊어지셨다는 사실도 깨닫는다. 그렇기에 그리스도는 본디오 빌라도라는 지방 총독의 권세 아래 고난을 받으시고 판결에 따라 범죄자로 정죄되셨으나, 의롭다고 선고될 수 없을 정도로 정죄되신 것은 아니었다. 이는 빌라도가 그리스도에게서 아무 잘못도 찾을 수 없다고 선언했기 때문이다.요 18:38

그뿐만 아니라, 그리스도의 죽으심의 방식 역시 신비롭다. 십자가는 인간의 견해에 따라서만 아니라 하나님의 율법의 명령에 따라 저주를 받았다.신 21:23 그리스도는 십자가에 못 박힘으로써 스스로 저주를 받으신다. 그렇게 되신 것은, 우리의 죄악으로 우리가 감당해야 마땅하고 또 이미 우리에게 준비된 저주가 그에게 전가됨으로써 우리가 자유롭게 되기 위해서였다. 이는 일찍이 율법이 미리 알려 준 것이다. 죄악을 위해 드려진 희생제물은 "죄"라는 용어로 불렸으며, 그로써 성령은 그 희생제물이 죄가 야기한 저주를 온전히 받게 됨을 나타내려 하셨다. 모세의 희생제물이 나타낸 상징은 그 상징의 실체이신 예수 그리스도 안에서 참으로 실현되었다. 그리스도는 우리의 구속을 위한 대가를 치르기 위하여 선지자가 말한 대로 자기 생명을 죄를 위한 희생제물로 내어 주셨다.사 53:10 그리하여 죄인인 우리가 마땅히 감당해야 할 저주 전체가 그에게 던져졌으며, 더 이상 그것이 우리에게 전가되지 않게 되었다. 사도는 "아버지께서 전혀 죄를 모르시던 그를 우리를 위해 죄가 되게 하심으로써, 우리가 그 안에서 하나님에 대한 의를 얻게 하셨다"고후 5:21 고 기록하여 동일한 진리를 더욱 분명하게 말한다.

어떤 허물과도 상관없이 깨끗하신 하나님의 아들은 친히 우리 죄악의 수치와 모욕을 입으셨고, 그 대신 우리에게는 그의 정결함을 입히셨다. 바울은 다른 구절에서 이 사실을 설명한다. 거기서 바울은 "죄악이 예수 그리스도의 육신에 있는 죄로 정죄되었다"고 말한다.롬 8:3 하늘 아버지께서 죄의 저주가 예수 그리스도의 육신으로 전가되었을 때 죄의 권세를 제거하셨기 때문이다.

이제 우리는 "우리의 모든 죄악이 그에게 담당되었다"는 선지자의 말이 무슨 뜻인지 분명히 알 수 있게 되었다.사 53:6 그는 죄악의 더러움을 제거하기 원하셨고, 그래서 그 더러움이 자기에게 전가되도록 친히 짊어지셨다. 십자가는 바로 이 사실을 상징한다. 십자가에 못 박히신 그리스도는 우리를 율법의 저주에서 해방시키셨다. 사도가 지적하듯이, "나무에 달린 자는 저주를 받느니라"고 기록된 대로 그가 우리를 위해 저주가 되신 것이다.갈 3:13, 신 21:23 그 결과 아브라함에게 약속된 복이 모든 민족에게 쏟아지게 되었다. 그렇더라도 우리는 그리스도께서 받으신 우리의 저주가 그를 완전히 에워싸서 압도할 정도의 저주였다고 생각하지 말아야 한다. 오히려, 그가 저주를 받으심으로써 그 저주를 내던져 깨뜨리고 흩어 버리셨다고 생각해야 한다. 믿음은 그리스도께서 받으신 정죄에 있어서는 죄 씻음을 붙잡고, 그가 받으신 저주에 있어서는 복을 붙잡는다.

죽으시고 장사되시고

여기서 우리는 그가 얼마나 우리의 의무를 순종적으로 완수하시고 우리의 구속에 필요한 대가를 치르셨는지 아주 자세히 알 수 있다. 죽음은 우리를 죽음의 멍에 아래 묶어 두었다. 그리스도는 우리를 죽음에서 구하기 위해 자기의 권능을 포기하셨다. 사도가 "그는 모든 사람을 위해 죽음을 맛보셨다"고 말할 때 이 점을 암시한다.[히 2:9] 그의 죽으심으로 인해 우리는 죽지 않도록 보장받았다. 달리 말해, 그는 자기의 죽으심으로 우리를 위한 생명을 획득하셨다. 그러나 그는 다음과 같은 면에서 우리와 다르다. 그는 마치 죽음이 자기를 소멸시켜야 한다는 듯이 죽음을 택하셨지만, 그의 목표는 죽음에 삼켜지는 것이 아니라 오히려 죽음을 삼킴으로써 죽음이 우리 위에 더 이상 군림하지 못하게 하는 것이었다. 그는 죽음에 굴복당하기를 택하셨지만, 그것은 죽음에 패배하여 억눌리기 위해서가 아니라 죽음이 우리에게 행사하던 통치를 멸하기 위해서였다. 마침내 그는 죽으셨지만, 그것은 죽으심을 통해 죽음을 부리는 자 마귀를 멸하시기 위해서였고, 평생 동안 죽음의 공포에 포로가 되어 있는 자들을 구원하시기 위해서였다.[히 2:14-15] 그것이 그리스도의 죽으심이 우리에게 가져다준 첫 열매다.

또 하나의 열매는, 그리스도의 죽으심이 땅에 속한 우리의 지체들을 그 권능으로 억제함으로써 움직이지 못하게 한 것이고, 우리 속의 옛 사람을 죽여서 더 이상 형통하지 못하게 한 것이다. 그리스도의 장사되심 역시 동일한 목적을 성취한다. 다시 말해, 우리가 그의 장사되심에 참여함으로써 죄에 대해 장사된다. 사도는 "우리가 그리스도의 죽으심의 모양에 접붙여지고,"[롬 6:5] "그와 함께 죄에 대한 죽음 속에 장사되고,"[롬 6:4] "그의 십자가로 세상이 우리에게 못 박히고 우리가 세상에 못 박히며,"[갈 2:19, 6:14] "그와 함께 죽었다"[골 3:3]고 말한다. 그래서 바울은 우리에게 그의 죽으심을 본받으라고 권할 뿐만 아니라, 그의 죽으심이 변화를 일으킨다는 선언도 한다. 이 변화는 만약 모든 그리스도인이 자기 구속주의 죽으심을 가치 없고 열매 없는 것으로 만들려 하지 않는다면, 그들 중에서 분명하게 나타나야 하는 변화다. 예수 그리스도의 죽으심과 장사되심이 죽음으로부터의 구원과 우리 육신의 억제라는 두 가지 은혜를 우리에게 주는 것도 바로 이 변화를 위해서다.

지옥에 내려가신 지

사도신경을 해설한 초대 교부들의 저작은 이것이 교회들 간에 일괄적으로 합의된 문장은 아님을 분명하게 밝힌다. 하지만 나는 이 문장이 위대하고 탁월한 신비를 간직하고 있기 때문에 사도신경에서 빠지면 안 된다고 생각한다. 분명히 일부 고대 저자들은 이 문장을 소홀히 하지 않았다. 따라서 우리가 이 문장을 사도 시대 직후 추가된 부분으로 추정할 수 있다 하더라도, 그것이 모든 참된 신자가 주장하고 붙잡아야 할 내용에서 유래했음은 의심의 여지가 없다. 비록 초대 교부들은 그리스도의 지옥 강하를 다양한 방식으로 해석했지만, 그들 중 누구도 이 부분의 기록을 누락시키지는 않았기 때문이다. 그러므로 누가 언제 이 문장을 사도신경에 넣었는지 아는 것은 그리 중요하지 않다. 다만 우리는 우리 믿음의 충분하고 온전한 요점이 이 부분에 들어 있으며, 이 요점에는 부족한 것이 하나도 없고 하나님의 말씀에서 나오지 않은 것도 전혀 없음을 깨달아야 한다. 이 문장이 우리 구원의 성취에 있어서 대단히 결정적이므로 절대로 생략될 수 없다는 사실이 곧 명백히 드러날 것이다.

이 문장에 대한 다양한 설명이 있다. 어떤 사람들은 이 문장 속에는 새로운 것이 진술되지 않고, 다만 앞에서 말한 그리스도의 장사되심에 대한 내용이 다른 표현으로 반복되고 있다고 본다. "지옥"이라는 단어가 흔히 "무덤"의 뜻으로 쓰이기 때문이다. 나는 그들의 이런 해석에 있어서 "지옥"이 흔히 "무덤"이라는 단어 대신 사용된다는 점에 동의한다. 그러나 이런 해석에 반대하는 두 가지 주장이 있는데, 나는 그 주장들이 이 해석을 충분히 반박한다고 생각한다. 누군가 그 자체로 아무 문제될 것 없는 내용을 분명하게 설명한 다음 다시 그것을 훨씬 덜 분명한 방식으로 반복한다면, 그것은 너무 어리석은 일이라고 보아야 할 것이다. 두 가지 표현이 동일한 내용을 가리키기 위해 함께 사용된다면, 두 번째 표현은 첫 번째 표현의 뜻을 분명하게 밝혀 주어야 하기 때문이다. 그렇다면, 예수 그리스도의 장사되심을 "지옥에 내려가심"으로 설명하면서 과연 무엇이 분명하게 밝혀진 것일까? 또한 우리 믿음의 주요 조항들을 간략하고 압축적으로 소개하는 이 개요 속에, 고대 교회가 훨씬 더 긴 작품에서도 전혀 찾아볼 수 없는 쓸데없고 불필요한 진술을 굳이 집어넣었을 리가 없다. 틀림없이, 누구든 이 문제에 대해 보다 신중하게 숙고하고 싶은 사람이라면 다 나에게 동의할 것이다.

또 다른 사람들은 "지옥"이 어떤 지하 영역을 뜻한다고 이해하면서 "림보"limbo 라는 명칭을 붙인다.[32] 그들은 거기서 구약성경 시대에 살았던 조상들이 그리스도께서 놋문과 쇠빗장을 부수고 그들을 해방하러 오실 때까지 감옥에 갇혀 지낸다고 믿는다. 비록 이 허구가 무게감 있는 저자들에 의해 지지받았고 오늘날에도 여전히 사실로 여겨지고 있지만, 그야말로 허구일 뿐이다. 그들이 여기서 인용하는 스가랴와 베드로는 전혀 논점과 상관이 없다. 스가랴가 주께서 시온과 맺으신 그 언약의 피로 포로들을 물 없는 샘에서 구하셨다고 선포할 때,슥 9:11 그 언급 대상은 죽은 자들도 아니고 림보도 아니다. 스가랴는 "물 없는 우물"이라는 말로 모든 죄인이 처한 비참한 심연이나 구덩이를, "포로들"이라는 말로 극심한 환난과 고통에 사로잡힌 사람들을 가리킨다. 그리고 베드로가 예수 그리스도께서 성령으로 지옥에 있는 영들에게 오셔서 선포하셨다고 기록할 때,벧전 3:19 그는 단지 그리스도의 구속 능력이 이미 죽은 자의 영들에게 알려졌음을 말하고 싶을 뿐이다. 언제나 그리스도 안에서 구원을 소망했던 신자들은 바로 그때서야, 마치 눈으로 보듯이 그리스도의 오심과 현존을 인정했던 것이다. 그러나 배교자들은 그리스도께서 온 세상의 구주이시며, 그들은 그 구원에서 완전히 제외되었음을 깨닫고, 자신들에게는 더 이상 아무 소망이 없음을 더욱 분명히 확인했다. 베드로가 의인과 불신자를 구분하지 않고 함께 감옥에 둔다는 사실을, 그리스도께서 오실 때까지 의인들이 포로로 수감되어 있다는 암시로 자칫 오해하지 말아야 한다. 그들은 자신의 구속을 멀리 어둠 속에서 희미한 형태로만 바라보았다. 그들의 기대가 염려 속에 있을 수밖에 없었기에, 구속에 대한 그들의 기다림이 여기서 감옥으로 비유되고 있는 것이다.

이 문장을 보다 바르게 이해하는 방법

따라서 우리는 이 구절을 보다 설득력 있게 설명해야 한다. 하나님의 말씀은 우리에게 선하고 거룩할 뿐만 아니라 훨씬 더 충분한 위로가 되는 설명을 한다. 예수 그리스도께서 단지 육체의 죽음만 당하셨다면, 아무것도 성취되지 않았을 것이다. 그리스도는 하나님의 심판의 엄중함을 느끼셔야 했고, 그럼으로써 하나님의 진노를 만족시켜 그 진노가 우리에게 쏟아지지 못하게 하는 중재자로 서게 되셨다. 그리스도는 지옥의 권능과 영원한 죽음의 공포와 더불어 백병전을 치르셔야 했다. 선지자는 "우리의 평화의 징계가 그에게 내려졌다", "그는 우리의 죄악 때문에 아버지께 매를 맞고 채찍질을 당했다"고 선포함으로써,사 53:5 그가 죄인을 대신하는 보증과 담보물이 되셨음을, 아니 보다 낫게 말해, 죄인이 받아야 할 형벌을 감당하기 위해 주요 채무자가 되셨음을 알려 준다. 그리스도는 "죽음의 고통이 그를 사로잡거나 이길 수 없었다"는 사실만 제외하면 죄인들과 전혀 다를 것이 없었다.행 2:24 그러므로 그리스도께서 "지옥에 내려가셨다"는 것에 아무도 놀라지 말아야 한다. 하나님의 진노가 악행자에게 내리는 죽음을 그리스도께서 당하셨기 때문이다.

이것을 보다 쉽게 이해하기 위해 이렇게 생각해 보자. 하나님께 버림받고 유기된 우리 자신을 느끼면서, 그분을 부를 때 아무 도움도 받지 못한 채, 그분이 우리를 이미 유린하고 파괴하는 계획을 세워 놓으셨다는 예감 속에 빠져드는 느낌이야말로 끔찍하고 비참한 심연과 같지 않겠는가? 그러나 우리가 알고 있듯이, 예수 그리스도는 그 끔찍한 고뇌에 떠밀려 "나의 하나님, 나의 하나님, 왜 당신은 나를 버리셨나이까?"라고 외치시며 바로 그 극단으로까지 가셨다.마 27:46 어떤 사람들은 이 외침으로 그리스도께서 자기의 감정이 아니라 다른 사람들의 생각을 표현했다고 말하지만, 그런 주장은 거의 믿을 수 없다. 그리스도의 말씀은 마음속 깊은 고통에서 나온 것이 분명하기 때문이다.[33]

그러나 우리는 이를 근거로 하나님께서 그분의 그리스도를 적대하시거나 그에게 분노하신 적이 있다고 추론해서는 안 된다. 아버지께서 몹시 기뻐한다고 말씀하신 그 사랑하는 아들에게 어떻게 진노하실 수 있었겠는가? 혹은, 만약 그리스도께서 하나님으로 자기에게 진노하게 하셨다면, 그가 어찌 인간을 위해 중재하며 아버지의 진노를 누그러뜨리실 수 있었겠는가? 우리는 그가 하나님의 엄중한 형벌을 감당하셨다고 말한다. 그 이유는 그가 하나님의 손에 고통당하셨고, 하나님께서 죄인을 벌하실 때 그들에게 나타내시는 모든 진노의 표적을 겪으셨기 때문이다. 그래서 힐라리우스는 우리가 예수 그리스도의 죽으심으로 죽음이 취소되는 복을 받았다고 설명한다.[34] 다른 곳에서도 그는 우리 의견과 비슷하게 십자가와 죽음과 지옥은 우리에게 생명을 뜻한다고 말하고, 하나님의 아들이 지옥에 계심으로 인간은 천국으로 들려진다고도 말한다.

요약하면, 예수 그리스도는 마귀의 권능과 죽음의 공포와 지옥의 고통과 더불어 겨루어 이기시고 승리하셨으며, 그 결과 우리는 우리 왕께서 죽으심으로 쳐서 멸하신 것들을 더 이상 두려워할 필요가 없게 되었다.

사흘 만에 죽은 자 가운데서 다시 살아나시며

우리는 그리스도의 십자가와 죽으심과 장사되심에서 연약함만을 보기 때문에, 믿음은 더 멀리 전진하여 믿음의 온전한 강력함을 획득해야 한다. 그리스도의 죽으심으로 우리의 구원은 완전히 성취되었다. 그의 죽으심으로 우리가 하나님과 화해를 이루고, 그분의 의로운 심판을 만족시켰으며, 저주가 제거되어 우리가 감당해야 할 모든 형벌을 용서받았다. 그럼에도 성경은 우리의 부활에 대한 산 소망에 관해 말할 때는 그리스도의 죽으심을 통해 말하지 않고 부활을 통해 말한다.벧전 1:3 그리스도께서 죽은 자들 가운데서 살아나심으로써 죽음에 대해 승리자 되심을 증명하셨고, 그 결과 죽음에 대한 우리의 승리도 그의 부활에 있기 때문이다. 이 의미는 "그가 우리의 죄를 위해 죽으셨고 우리의 의롭다 하심을 위해 부활하셨느니라"는 바울의 말로 더 잘 설명된다.[롬 4:25] 다시 말해, 그의 죽으심으로 죄가 제거되고 그의 부활로 의로움이 회복되었다는 뜻이다. 그가 죽음에 굴복하셨다면 어떻게 우리를 죽음에서 구원하실 수 있었겠는가? 그가 죽음과의 전쟁에서 패배하셨다면 어떻게 우리를 위해 승리를 주실 수 있었겠는가? 우리가 구원의 본질을 그리스도의 죽으심과 부활로 구분하는 이유가 여기 있다. 우리는 그의 죽으심을 통해서는 죄가 멸망하고 죽음이 지워졌다고 말하며, 그의 부활을 통해서는 의로움이 확정되고 생명이 회복되었다고 말한다. 그의 죽으심은 오직 그의 부활을 통해서 완전한 효력을 발휘하는 것이다.

더욱이 앞에서 우리 육신의 억제가 그리스도의 십자가에 참여함에 달려 있다고 설명했듯이, 그의 부활에서 유래하는 첫째 유익과 어울리는 또 다른 열매가 있음을 알아야 한다. 사도가 그렇게 말하기 때문이다. "우리가 그의 죽으심을 닮도록 접붙임을 받았으니, 이는 우리가 그의 부활에 참여하며 생명의 새로움으로 행하게 하려 함이라."[롬 6:4] 그런 다음 사도는 다른 말씀에서도 우리가 그리스도와 함께 죽었다는 사실에 근거하여 땅에 있는 우리의 지체들을 억제할 필요성을 추론해 낸다. 비슷하게 사도는 우리가 그리스도와 함께 부활했다는 사실에 근거하여 하늘의 것들을 구할 필요성을 추론해 낸다.[골 3:1-3] 그는 이런 표현들로 우리에게 부활하신 그리스도를 본받아 새로운 삶을 살도록 권면할 뿐만 아니라, 우리가 그리스도의 권능을 통해 의로움을 위해 중생했다고 가르치기도 한다. 우리가 그리스도의 부활을 통해 얻는 세 번째 유익은 우리의 부활에 대한 보증이다. 우리의 부활은 그리스도의 부활의 실재성에 근거하며, 우리 자신의 부활을 더욱 확신하게 한다.

간략하게나마, 우리는 그리스도께서 죽은 자들 가운데서 부활하셨다는 기록에 주목해야 한다. 이 기록은 그의 죽으심과 부활의 진리를 증언한다. 이것은 그가 다른 사람들과 똑같은 죽음을 당하셨고, 그가 친히 취하신 똑같은 죽을 육신으로 불멸을 받으셨다는 기록인 셈이다.

하늘에 오르사 전능하신 아버지 하나님 우편에 앉아 계시다가

그리스도께서 사멸해야 할 속성의 비천함과 십자가의 수치를 벗고 영광과 권능을 떨치기 시작하신 것은 그의 부활을 통해서였으나, 그의 통치를 진정으로 빛나게 하신 것은 그가 승천하셨을 때였다. 사도는 그리스도께서 만물을 충만하게 하려고 승천하셨다고 기록할 때 바로 이 점을 언급한다.[엡 4:10] 그리스도께서 그 성령의 은사들을 얼마나 널리 베푸셨는지, 그가 그의 존엄을 얼마나 크게 드높이셨는지, 권능을 보이셔서 어떻게 그의 사람들을 도우시고 원수들을 궤멸하셨는지 우리는 알고 있다. 그리스도는 하늘에서 영접받으신 후 우리 중에 더 이상 몸으로 계시지 않게 되었으나, 그것은 지상에서 계속 살아야 하는 신자들을 돕지 않기 위해 떠나심이 아니며, 이전보다 더 실존하는 권능으로 세상을 다스리시기 위함이었다. 분명히, 그가 세상 끝 날까지 우리와 함께 계시기로 하신 약속은 그의 승천으로 성취되었다. 그의 몸이 승천을 통해 모든 하늘 위로 높여짐에 따라, 승천의 권능과 효력도 하늘과 땅의 모든 경계를 초월하게 되었기 때문이다.

그래서 사도신경은 "그가 아버지 우편에 앉아 계신다"라고 즉시 덧붙인다. 여기에 쓰인 비유는 왕이 통치 책임을 맡기는 부관은 그 왕의 휘하에 있는 자라는 사실에서 유래한다. 아버지께서 그리스도를 높이기를 기뻐하셨고 그리스도의 손이 통치를 행하기를 원하셨다. 이제 그리스도는 아버지 우편에 앉아 계신다. 이는 곧 그가 하늘과 땅의 주로 임명되셨다는 뜻이며, 그가 엄숙히 하늘과 땅을 소유하게 되셨다는 뜻이며, 그가 그렇게 하심은 단 한 번만이 아니라, 심판의 날 내려오시기까지 하늘과 땅을 유지하신다는 뜻이다. 이 점을 사도는 다음과 같이 선포한다. "성부께서 그를 그의 우편에 두시되, 모든 통치자와 권능, 능력과 권세 위에와 이 세상뿐만 아니라 다음 세상에서도 숭고한 모든 이름 위에 두셨다. 그리고 그는 만물을 그의 발아래에 복종시키셨고, 그를 만물 위에 교회의 머리로 삼으셨도다." 엡 1:20-22

그러므로 우리는 무슨 뜻으로 예수 그리스도께서 좌정하셨다고 말하는지 알고 있다. 그것은 하늘과 땅의 모든 피조물이 그의 존엄하심을 경외한다는 뜻이고, 그의 손에 다스림을 받는다는 뜻이며, 그의 명령을 따르고 그 권세에 복종한다는 뜻이다. 사도들이 자주 만물을 그의 명령을 따라야 할 그의 소유로 묘사할 때, 정확히 이와 동일한 뜻을 가리킨다. 행 2:30-36, 3:21, 히 1:8 따라서 "좌정하셨다"는 말이 단지 예수 그리스도께서 영위하시는 복된 상태를 뜻한다고 생각하는 자들은 오류에 빠져 있다.[35] 사도행전에서 스데반이 그리스도께서 서 계시는 모습을 보았다는 증언도 여기서는 중요하지 않다. 행 7:55 그 증언에서 중요한 것은 몸의 자세가 아니라 그 통치의 존엄함이며, 여기서 좌정하신다는 뜻은 하늘 보좌에서 주관하신다는 뜻과 다름이 없기 때문이다.

그 결과, 여러 가지 유익이 점점 더 믿음에 축적된다. 우리는 주 예수께서 승천을 통해 전에 아담 때문에 닫혔던 문을 우리에게 열어 주셨음을 확인한다. 그가 우리의 육체와 우리의 이름으로 하늘로 들어가셨기에, 사도가 말한 대로 "우리가 그와 함께 하늘의 처소에 앉아" 있기 때문이다. 엡 2:6 하늘에 대한 우리의 소망은 단순한 소망에 불과한 것이 아니다. 우리는 교회의 머리 되신 분 안에서 이미 하늘을 가지고 있다. 그뿐만 아니라, 우리가 아버지와 함께 거하는 것은 많은 유익이 되는데, 그리스도께서 사람의 손으로 만들지 않은 성소에 들어가셔서 롬 8:34, 히 9:11-12 변호자와 중보자로 계속 그곳에 나타나심으로써 아버지의 시선을 그의 의로움으로 향하게 하고 우리의 죄악에서는 시선을 거두시도록 하기 때문이다. 또한 그의 중보를 통해 아버지의 마음이 우리를 받아들이게 함으로써 아버지의 보좌로 나아가도록 하신다. 그가 거기서 우리를 위해 은혜와 자비를 예비하셔서,

아버지께서 모든 죄인에게 하시는 것과 달리 우리에게는 더 이상 두려움을 주시지 않기 때문이다.

그 외에 우리는 이 문장에서 예수 그리스도의 권능을 엿본다. 우리의 힘과 지구력, 우리의 도움, 지옥도 이긴 우리의 자랑이 바로 이 그리스도의 권능에 있다. 승천하심으로써 "그가 그의 대적을 포로로 사로잡아 가셨고,"엡 4:8 그들의 것을 빼앗아 그의 백성을 부요하게 하셨으며, 그의 백성을 매일매일 영적인 은혜로 부요케 하시기 때문이다. 그리스도는 그처럼 높이 좌정하셔서 우리에게 그의 권능을 공급하시고, 우리를 영적인 생명으로 일깨우시고, 우리를 그의 성령으로 성별하시고, 그의 교회를 많은 고귀한 은사들로 장식하시며 모든 해악으로부터 보호하고 보존하시고, 그의 십자가와 우리의 구원을 대적하는 모든 원수를 패퇴敗退시키시고, 그럼으로써 마침내 그가 모든 원수를 정복하여 그의 교회를 완성하시기까지 하늘과 땅 위에 있는 모든 권능을 확보하신다.

저리로서 산 자와 죽은 자를 심판하러 오시리라

그리스도의 종들에게는 그의 실재하는 능력을 인정할 수밖에 없는 아주 충분한 증거가 있다. 하지만 그의 나라는 연약한 육신의 영향을 받아 여전히 숨겨진 채 흐릿하기 때문에, 여기서 믿음이 마지막 날에 계시될 그리스도의 가시적 실재를 지향해야 할 좋은 이유들이 있다. 그는 그가 올라가셨을 때처럼 보이는 모양으로 내려오실 것이며,행 1:11 그 나라의 말할 수 없는 존엄과 불멸의 광채와 신성의 무한한 권능으로 천사들과 더불어 만민에게 나타나실 것이기 때문이다. 우리는 마지막 날 하늘로부터 오셔서 양을 염소로부터, 택하신 자들을 배교자들로부터 나누실 구속주를 기다리도록 명령을 받았다.마 25:32-33 나팔 소리가 땅끝까지 퍼져 나가 살아 있거나 이미 죽었거나 모든 사람을 그의 심판 보좌 앞으로 불러 모을 것이므로, 산 자들과 죽은 자들 가운데서 단 한 사람도 그의 심판을 피할 수 없을 것이

다.살전 4:16-17

어떤 주석가들은 산 자와 죽은 자를 선인과 악인으로 이해한다. 우리가 아는 대로 어떤 초대 교부들은 이 용어들을 어떻게 해석해야 할지를 놓고 망설였다.[36] 그러나 첫 번째 의미가 단순하고 덜 인위적이고 성경의 평범한 용례를 따르기 때문에 훨씬 더 타당하다. 이 의미는 "한 번 죽는 것은 모든 사람에게 정해진 것"이라고 했던 사도의 진술과도 상충되지 않는다.히 9:27 비록 심판이 임할 때 살아 있는 자들이 자연적 질서에 따라 죽지 않은 채로 있다 하더라도, 그들이 겪을 변화는 죽음과 거의 비슷할 것이므로 "죽음"으로 불리더라도 불합리하지 않다. 분명히, 성경이 "잠"이라고 부르는 쉼을 모든 사람이 오랫동안 취하게 되는 것은 아니다. 다만 모든 사람은 변형되고 변화할 것이다.고전 15:51 이것은 무엇을 뜻하는가? 이는 그들의 죽을 몸이 순식간에 사라지고 변화하여 새로운 본성이 되리라는 것을 뜻한다. 육신의 소멸이 죽음이라는 사실은 부정할 수 없다. 어떻게 된다 해도 산 자들과 죽은 자들이 심판으로 나아오게 될 것은 사실이다. 바울이 설명하듯이,살전 4:16-17 그리스도 안에서 죽은 자들이 먼저 부활할 것이며, 그다음에는 그때 여전히 살아 있는 자들이 공중에서 주님께 나아갈 것이다. 이 구절은 아마도 사도행전 10장의 베드로의 설교42절와 바울이 디모데에게 산 자와 죽은 자에 관해 언급했던 유명한 명령에서 따왔을 것이다.딤후 4:1

우리는 여기서 특별한 위로를 받는다. 자기의 영광을 우리와 나누시듯이 우리에게 심판자도 되도록 명령하시는 분이 심판할 권세를 맡고 계심을 우리가 알기 때문이다. 그가 우리를 정죄하려고 보좌에 오르셨을 리가 만무하지 않은가! 그토록 자비로우신 왕께서 어찌 그의 백성을 멸하실 수 있겠는가? 변호자께서 친히 방어하려고 떠맡으신 자들을 정죄하실 수 있겠는가? 사도는 예수 그리스도께서 우리를 중보하시면 아무도 정죄할 수 없다고 당당히 자랑했다.롬 8:34 그렇다면, 우리의 중보자 그리스도께서 친히 우리 편에 서서 우리를 지지하기로 약속하신 이상, 그가 결코 우리를 정죄하지 않으시리라는 것은 더욱더 확실하다. 우리가 앞에 서게 될 유일한 심판 보좌는 우리 구속주의 심판 보좌요, 바로 그 보좌로부터 구원을 기다린다는 사실을 아는 것은 결코 작은 확신이 아니다. 그뿐만 아니라, 우리는 그의 복음으로 우리에게 영원한 복락을 약속하신 분이 판결을 내리시며 그의 약속을 인준하실 것이라고 주장한다. 따라서 성부께서는 성자에게 심판할 권세를 주심으로써 성자를 영광스럽게 하시고 그 종들의 양심을 위로하셨다. 그들의 양심은 소망의 확신 없이는 심판의 공포에 떨었을 것이다.

중간 요약: 모든 면에서 충분하신 그리스도

이제 우리는 우리 구원의 요점 전체와 모든 부분이 다 예수 그리스도 안에 담겨 있음을 알기 때문에, 우리 구원의 가장 작은 부분조차도 다른 어떤 것에 돌리지 않도록 조심해야 한다. 만약 우리가 구원을 찾는다면, 구원은 오직 예수 안에 있음을 그 이름이 말한다.[행 4:12] 만약 우리가 능력을 찾는다면, 그 능력은 그의 주권적 능력 속에 있다. 만약 정결함이 우리의 목표라면, 그 정결함은 그의 잉태를 통해 우리 앞에 놓여 있다. 만약 우리가 인자와 자비를 찾는다면, 그것은 그가 연민을 배우기 위해 우리처럼 되신 그의 출생 속에 들어 있다.[히 5:2] 만약 우리가 구속을 요구한다면, 그의 열정이 그 구속을 주신다. 그가 정죄를 받으심으로 우리가 죄 사함을 얻는다. 만약 우리가 죄의 저주를 면하고 싶다면, 그런 은혜는 그의 십자가 안에 있다. 우리는 그의 희생을 통해 속죄를 얻고, 그 피를 통해 정결함을 얻는다. 우리의 화해는 그가 지옥에 내려가심으로 효력이 생겼다. 우리 육신의 억제는 그의 장사되심 속에 있고, 생명의 새로움은 그의 부활 속에 있으며, 우리는 이 부활을 통해 불멸을 향한 소망도 가진다. 만약 우리가 하늘의 기업을 찾는다면, 그의 승천이 이 기업을 우리에게 증거한다. 만약 우리가 도움과 위로와 온갖 선한 충만함을 찾는다면, 우리는 그것을 그의 나라 안에서 가진다. 만약 우리가 안전하게 심판을 기다리려 한다면, 우리에게 그런 복이 있는 이유는 그가 우리의 심판주이시기 때문이다.

요약하면, 모든 선한 것으로 가득한 부요함은 그리스도 안에 있으므로 우리는 그 부요함을 오직 그에게서 얻어야 하고, 다른 어떤 것에서도 얻으려 하지 말아야 한다. 어떤 사람들은 그리스도에게 만족하지 않고 안절부절하며 여러 소망을 전전한다. 그들이 혹시 그리스도에게 주로 시선을 둔다 하더라도, 그들의 일부 생각을 다른 데로 향하면서 제대로 길을 가지 못한다. 그렇다 하더라도, 우리 지성이 일단 그리스도의 부요하심을 참되게 경험한 이후에는 결코 그런 불신의 감정들에 빠질 수 없을 것이다.

제3부

성령을 믿사오며

다음에는 성령에 대한 믿음이 뒤따르는데, 이 믿음은 우리 구원의 성취를 위해서 가장 필요한 것이다. 이미 말했듯이, 예수 그리스도 안에서 씻음과 성별을 얻으려는 우리의 필요는 그가 성령을 통해 우리에게 주어질 때 비로소 채워질 수 있기 때문이다. 사도가 "우리는 예수 그리스도의 이름과 우리 하나님의 성령으로 씻기고 성별되었도다"라고 기록할 때 바로 이 점을 우리에게 알려 준다.고전 6:11 달리 말해, 예수 그리스도의 은사들은 성령을 통해 우리 양심 위에 새겨진다. 그래서 사도신경은 성부와 성자에 대한 믿음 다음에 성령에 대한 믿음을 올바르게 덧붙인다. 예수 그리스도께서 얻으신 하나님의 자비와 은혜의 결과는 성령을 통해서 우리에게 확증된다.

우리는 "성령"이라는 단어를 들을 때 성경이 성령에게 부여하는 모든 역할을 기억해야 하며, 성경이 성령으로부터 우리에게 흘러나온다고 증언하는 모든 혜택을 추구해야 한다. 성경은 우리에게 하나님의 모든 은혜가 성령의 작품이요, 성령을 통해 성부께서 그분의 성자 안에서 모든 일을 행하신다고 가르친다. 성부는 성령을 통해 그분의 모든 작품을 창조하셨고 유지하시며, 일깨우시고 보존하신다. 그는 그분의 성령을 통해 충성된 신자들을 불러 자기에게 나아오게 하시고, 그 신자들을 의롭다 하시고 새로운 삶을 위해 성별하시며, 그들을 다양한 은사로 부유하게 하셔서 그들이 자기의 목표에 도달하기까지 그 하늘의 능력으로 강하게 하신다. 성령은 이런 방식으로 우리 안에 내주하시며 우리를 성령의 빛으로 조명하셔서, 우리가 예수 그리스도 안에서 누리는 하나님의 선하심이 얼마나 풍성하지를 이해하게 하신다. 그래서 성령은 하늘나라의 보화들을 우리에게 열어 주시는 열쇠와 같은 분이라고 불려야 마땅할 것이며, 성령의 조명하심은 우리 마음의 눈을 열어 그 보화들을 바라보게 하신다.

이것이 바로 성령께서 "보증자"와 "인장"으로 불리는 이유다.고후 1:22 그는 우리 마음속에 하나님의 약속들의 확실함을 인치시기 때문이다. 때때로 성령은 "진리의 교사", "생명의 창시자", "지혜와 지식과 총명의 원천"으로도 불리신다. 성령은 우리에게서 온갖 더러움을 제거하고 우리를 성별하셔서 하나님께 거룩한 성전이 되게 하시는 분이다.고전 6:19 그럼으로써 우리를 그의 거룩함으로 아름답게 하시고 하나님께서 머무실 처소가 되게 하신다. 성령은 그의 기름 부으심으로 우리를 비옥하게 하여 의의 열매들을 맺게 하시는 분이다. 그래서 성령은 "너희 모든 목마른 자들은 물로 나아오라"는 선지자의 말처럼 "물"로도 불리신다.사 55:1 "내가 황량한 대지에 물을 쏟을 것이며, 메마른 땅 위에 강들이 흐르게 하리라"는 말씀에서도 그렇다.사 44:3 이 점과 관련하여 우리는 그리스도께서 목마른 자들을 불러 생명수를 긷게 하시는 말씀을 제시할 수 있을 것이다.요 7:37 에스겔이 하나님께서 자기 백성을 정결케 할 깨끗한 물을 약속하셨다고 하듯이, 성령은 정결하게 씻어 내는 그의 능력 때문에 종종 "물"로 불리신다.겔 36:25 성령은 그의 이슬로 우리를 상쾌하게 하시며 가장 깨끗한 생명력을 전하시는 분이므로 "기름"과 "기름 부음"으로 불리신다.요일 2:20, 27 성령은 우리의 사악한 탐욕들을 불태워 소멸하시고 우리 마음속에 사랑을 타오르게 하시는 분이므로 "불"로 불리신다.눅 3:16 성령은 우리 속에 하나님의 생명을 불어

넣어 주심으로써 우리가 더 이상 자기를 위해 살지 않고 그의 권면과 인도하심을 따르도록 하시는 분이다. 우리 속에 무슨 선한 것이 있다면, 그것은 오직 성령의 은혜와 능력 덕분이다. 반면에, 우리 스스로 지닌 것은 오직 보지 못하는 지성과 사악한 마음뿐이다.

이제 성령께서 우리의 믿음을 지휘하심이 얼마나 유익하고 필요한지 분명해졌다. 성령 안에서 우리 영혼이 조명되고, 중생하고, 모든 은사에 참예하며, 예수 그리스도에게서 우리에게 오는 온갖 복을 누리기 때문이다.

제4부

거룩한 공회와 성도가 서로 교통하는 것과

우리는 교회에 관해서는 다른 곳에서 더 자세히 말할 것이다.[37] 그사이에 우리는 믿음이 자기의 위로를 위해 숙고해야 할 것들에 관하여 논의하겠다. 첫째, 우리는 "교회를 신앙信仰한다"believe in 는 표현보다는 "교회를 믿는다"believe 는 표현을 조심스럽게 사용한다. "교회를 신앙한다"는 표현은 아주 이른 시기에 널리 쓰였다가, 요즘 들어서는 더욱 흔해졌다는 느낌이 든다. 실제로 『교회사』*Ecclesiastical History* 에 따르면, 니케아신조The Nicene Creed 에는 "교회를 신앙한다"로 되어 있다.[38] 하지만 초대 교부들의 작품을 참조해 보면, "교회를 신앙한다"고 하지 않고 "교회를 믿는다"로 하는 것에 전혀 문제가 없다. 키프리아누스와 아우구스티누스는 단지 그렇게 말할 뿐만 아니라, '신앙하다'는 뜻의 전치사를 추가하는 것의 부적절함을 강하게 피력하며 쉽게 반박할 수 없는 주장으로 자신들의 견해를 뒷받침한다.[39] 우리가 하나님을 신앙하는 믿음을 고백하는 이유는 우리 마음이 하나님의 신실하심을 신뢰하기 때문이고, 그분에 대한 우리의 확신이 지속되기 때문이다. 하지만 교회에도 똑같이 그럴 수는 없다. 교회에 대한 우리의 믿음은 죄의 용서와 육신의 부활에 대한 믿음과 비슷하다. 그래서 나는 용어를 가지고 논쟁하고 싶지는 않지만, 이 문제를 불필요하게 모호하게 만드는 표현을 사용하지 않고 보다 분명하고 적절한 용례를 따르고 싶다.

여기서 우리가 이미 진술했던 내용을 기억하는 것이 중요하다. 지금까지 우리 구원의 본질과 근거와 기원이 설명되었다. 이제는 우리 구원의 결과가 설명될 차례다. 하나님의 권능과 그분이 아버지로서 베푸시는 자비, 그리스도의 의로우심과 성령의 역사를 이해하는 사람은 자기가 구원받는 원인을 깨닫는다. 하지만 그가 교회와 죄 사함과 영생을 숙고하지 않으면 어떻게 사람 속에서 구원이 완성되는지 알 수 없다. 따라서 하나님께서 우리 생명의 창시자 되심을 우리는 이미 배웠으므로, 이제 그분이 우리 속에 발생시키시는 일에 관심을 기울이는 것이 맞다.

우선 교회는 우리 앞에 믿음의 대상으로 있는데, 이것은 수많은 그리스도인들이 믿음의 띠로 연합하여 예수 그리스도를 자기의 왕과 사령관으로 모신 백성 속에 가입됨을 우리가 믿기 위해서이며, 그리스도인들이 연합하여 그리스도를 머리로 가진 몸이 됨을 믿기 위해서다.엡 1:10 하나님은 자기 안에 있게 할 백성을 영원 전에 택하셨고, 그 백성을 그분의 나라 안으로 모으시기 때문이다. 우리가 불멸의 생명으로 거듭나기 위해서는, 마치 어머니가 자기 아이를 잉태하듯이 교회가 우리를 잉태해야 하고, 교회는 우리를 지키기 위해 자기 가슴에 품고 보호하고 양육해야 한다. 이 사실을 고려할 때 교회에 대한 우리의 믿음이 얼마나 중요한지 우리가 분명하게 알게 된다. 교회는 우리 모두의 어머니요, 주님은 그분의 은혜의 모든 보화를 교회에 위탁하셔서 교회가 그 보화들을 관리하고 분배하는 임무를 수행하게 하신다. 따라서 우리가 하나님의 나라에 들어가려면, 믿음으로 교회를 인정해야 한다. 그래야 하는 이유는, 우리가 택함받은 자들의 수를 우리 이성으로 이해하기 위해서이기도 하고, 더 나아가 우리가 교회를 하나의 연합체로 인정하기 위해서이기도 하다. 우리는 그 연합체 속에 포함됨을 의심하지 않는다.

우리가 예수 그리스도의 모든 지체와 교제하며 우리의 머리이신 그에게 붙어 있지 않으면, 어떤 하늘의 유업에 대해서도 결코 희망을 가질 수 없다. 교회의 연합과 상관없는 구원은 결코 존재하지 않음을 성경이 확증하기 때문이다.[40] 우리는 "시온과 예루살렘에 안전함이 있으리라"는 예언들을 바로 이런 뜻으로 이해해야 한다.사 37:32, 욜 2:32 그래서 주님은 어떤 자들에게 영원한 죽음으로 경고하려 하실 때, 그들이 그 백성의 무리 중에 나타나지 않을 것이고 이스라엘 자손 중에 들지 못할 것이라고 선언하신다.겔 13:9

이 무리는 "범기독교적" 무리 혹은 "보편적" 무리로 불리는데, 이는 교회가 둘이나 셋이 아니라, 오히려 하나님께서 택하신 모든 자가 그리스도 안에 확고히 연합하고 묶여서 그들이 하나의 머리에 의존하듯이 모두 하나의 몸을 이루며 서로를 지탱하는 참된 지체가 되기 때문이다. 사실, 이들 모두는 같은 믿음과 소망과 사랑을 갖고 같은 하나님의 영으로 살아가고 있으며, 같은 유업을 얻으라는 부르심뿐만 아니라 하나님과 예수 그리스도와 나누는 교제에 있어서도 같은 부르심을 입은 하나가 되었다.

교회가 "거룩하다"고 불리는 의미

그뿐만 아니라, 교회는 "거룩하다"고 불리는데, 하나님의 섭리로 택하심을 입어 교회로 들어오게 된 모두가 하나님에 의해 성령의 중생으로 성별되기 때문이다. 바울은 하나님의 자비의 역사는 "그가 택하신 자들을 부르시고, 그가 부르신 자들을 의롭다 하셔서 그들을 영원히 영광스럽게 하시는" 방식으로 진행된다고 밝힌다.롬 8:30 주님께서 출생 전부터 미리 정하신 자들을 그 교회의 교제 속으로 들어오게 하신다는 견지에서, 우리의 소명과 칭의는 하나님의 선택에 대한 증거 외에 다른 것이 아니다. 그러므로 성경은 자주 바로 그렇게 택하심을 입은 증거를 주님에게서 얻는 자들만 교회의 구성원으로 인정한다. 하나님의 자녀들은 우리 지성이 그들을 식별할 수 있는 방식으로, 곧 하나님의 성령에 인도하심을 받는 자들로 설명될 필요가 있다.

우리는 교회에 어떤 거룩함이 있는지 숙고해야 한다. 우리가 모든 구체적인 면에서 완벽한 사람들만 교회로 인정한다면, 그런 교회는 존재하지 않음을 알게 될 것이다. 바울의 말이 정말로 옳다. "예수 그리스도는 교회를 위해 자기를 내어 주어 교회를 성별하셨으며, 얼룩이나 주름이 없는 자기의 영광스러운 신부로 만드시려고 교회를 물과 생명의 말씀으로 씻으셨도다."엡 5:25-27 그러나 주님께서 매일매일 교회의 주름을 제거하고 얼룩을 씻어 내기 위해 일하고 계심도 분명한 사실이다. 이는 곧 교회의 거룩함이 아직은 완성되지 않았다는 뜻이다. 그러므로 교회는 그것이 매일 진보한다는 견지에서는 거룩하고, 또한 매일 진보하기는 하지만 그 거룩함의 목표에 아직 도달하지 못했다는 견지에서는 아직 완벽하지 않다. 이에 관해서는 나중에 더 충분히 설명하겠다.[41]

어떤 예언들은 예루살렘이 거룩해질 것이고, 외인들은 거기로 지나지 못할 것이며, 하나님의 성전이 거룩해져서 부정한 자들은 그 누구도 영원히 들어가지 못할 것이라 말한다.욜 3:17, 사 35:8 그러나 이것을 교회가 아무 흠이 없음을 뜻하는 것으로 오해하면 안 된다. 다만 신자들은 참되고 진정한 애정을 품고서 온전한 거룩함과 정결함을 열망하기 때문에, 선하신 하나님은 그들이 여전히 갖추지 못한 온전함을 그들의 것으로 인정하신다. 비록 사람이 성별에 대한 충분히 가시적인 증거를 드러내지 못하는 경우가 흔하기는 하지만, 그렇더라도 세상이 시작된 이후로 주님께 교회가 없었던 때는 결코 없으며 미래에도 항상 교회가 있을 것임을 우리는 인정해야만 한다. 사람이 세상 처음부터 줄곧 아담의 죄 때문에 부패하고 타락했다 하더라도, 하나님께서 이 부패한 군중 중에서 그분의 명예를 위한 도구를 성별하지 못하셨던 적은 결코 없었기 때문이다. 그러므로 하나님의 자비를 경험하지 못했던 시대는 존재하지 않는다. 이 점에 대해서 하나님은 확실한 약속들을 통해 증언하신다. 다음과 같은 시편의 선포가 한 가지 사례다. "나는 내가 택한 자들과 언약을 하였도다. 나는 내 종 다윗에게 영원히 그의 씨를 보존하리라고 맹세하였도다."시 89:3-4 또한 "주님이 시온을 택하셨나니, 그가 시온을 그의 거처로 굳건히 하셨도다. 시온은 그의 영원한 거처가 되리로다"라고 말씀하셨고, 시 132:13-14 "태양이 낮을 비추게 하시고 달이 밤을 비축하신 주님께서 이처럼 말씀하시나니, 만약 이 규례가 폐하여 진다면 이스라엘의 씨도 내 앞에서 멸망하리라"고도 말씀하셨다. 렘 31:35-36

성도의 교제

이어지는 구절은 성도의 교제에 관한 것이다. 옛 저자들은 대개 이 구절을 기록하지 않았지만, 이 구절은 무시되면 안 된다. 교회를 믿는 것이 중요하듯이, 우리가 믿는 교회가 어떤 교회인지 아는 것도 중요하기 때문이다. 따라서 내 생각에는, 이 구절은 교회에 대해 빛을 비추면서 교회의 본질과 특징을 설명한다. 이는 곧 예수 그리스도께서 그의 신실한 백성을 인도하여 이루시는 연합은 무척 중요한 의미가 있어서, 그들이 모든 좋은 것을 함께 나눈다는 뜻이다. 그렇다고 해서 각 개인이 서로 종류가 다른 은사를 받을 수 없다고 생각하면 안 된다. 바울은 성령의 은사들이 다양하게 나뉘어 전달된다고 말하기 때문이다. 고전 12:4

또한 우리는 각 개인이 자신의 소유를 즐기도록 허용하는 정치 질서가 전복되어야 한다고 생각하지 말아야 한다. 이 죽을 인생의 시간 동안 통치 영역과 소유는 인간 가운데 평화와 고요함이 유지되기 위해서 나뉘고 구별되어야 하기 때문이다. 이는 곧 재화와 선물의 구분이 어울리는 공동체를 뜻한다. 무릇 한 사람이 하나님의 손에서 받은 것은, 비록 그것이 타인들이 아니라 그 사람 개인에게만 주어졌다 하더라도 타인들과 나누어 가져야 하는 것이기 때문이다. 각자가 여러 재능과 다양한 역할을 가졌지만 완전히 연합하여 서로를 섬기는 한 몸의 구성원들도 마찬가지다. 바울이 고린도 교인들과 에베소 교인들에게 가르치듯이, 각자가 은사의 방식으로 받은 것은 교회의 공익을 위해 교회에 알려져야 하고 양도되어야 한다. 그것이 바로 우리 주님께서 원하신 모범이다. 고전 12:17, 엡 4:12 다른 곳에서 바울은 우리의 소명이 각기 다른 것은 함께 나누는 교제가 은사의 다양함

에 따라 질서 있게 이루어져야 하기 때문이라고 가르친다.롬 12:6

이제 우리는 그리스도를 믿는 믿음을 통해 성도의 일원이 된다는 확신을 바탕으로 교회와 성도의 교제를 믿기 때문에, 우리에게 오는 유익들을 숙고하는 것이 좋을 것이다. 우리가 교회의 연합을 위해 부르심을 입었음을 깨닫는 것은 결코 사소한 일이 아니다. 주 하나님은 이 교회를 택하시고 성별하셔서 그리스도의 몸과 충만함이 되게 하셨고, 진리의 기둥과 터가 되게 하셨고, 하나님의 존엄의 영구한 거처가 되게 하셨다.엡 1:23, 2:22, 딤전 3:15, 시 46:4, 욜 3:17 등 일단 우리가 그것을 깨닫는다면, 우리의 구원은 아주 강력하게 세워져서 세상 전체가 뒤흔들린다 해도 우리의 구원은 변함없이 굳건하게 남을 것이다. 우선 무엇보다도 우리의 구원은 하나님의 택하심 위에 세워지게 되므로, 그분의 영원한 섭리가 무너지지 않는 한 결코 실패할 수 없기 때문이다. 더욱이 그리스도께서 영원히 나뉘지 않으시고 머물러 계셔야만 하고, 그리스도는 누군가 자기의 것을 자기로부터 빼앗아 가거나 혹은 자기의 지체들을 조각조각 찢어 버리도록 놔두지 않으실 것이라는 사실이 우리의 구원을 확증한다. 또한 우리는 우리가 교회의 품에 머무르는 한 진리가 우리 안에 머무를 것을 확신한다. 마지막으로, 하나님께서 교회 중에서 결코 떠나지 않으시리라는 약속은 바로 우리를 위한 약속이다.시 46:5 교회의 연합은 아주 견고해서 우리가 하나님의 교제 안에 계속 머무를 수 있게 한다.

마찬가지로 "교제"라는 용어도 우리에게 대단한 위안이 될 수 있다. 사실 주님께서 그분의 지체들, 곧 우리에게 내려 주신 은혜들은 모두 우리에게 속했으므로 우리의 소망은 그분의 지체들이 누리는 온갖 복으로 확증되는 셈이다. 그 밖의 것에 관해서는 우리가 연합된 교회 안에 머무르기 위해 어떤 교회를 우리 눈으로 직접 보아야 한다거나, 우리 손으로 직접 만져야 할 필요까지는 없다. 오히려 우리가 교회를 믿어야 할 의무가 있거니와, 우리는 교회가 뚜렷하게 보이지 않을 때도 명백하게 보일 때와 다름없이 교회를 잘 식별해야 함을 성경에서 배운다. 또한 우리의 지성이 식별할 수 없는 교회를 우리의 믿음이 식별한다고 해서 우리의 믿음이 조금이라도 나빠지는 것은 아니다. 여기서 우리가 해야 할 일은 택하심을 입은 자와 유기된 자를 구별하는 것이 아니기 때문이다. 그것은 오직 하나님만의 고유한 권한이다. 우리가 해야 할 일은, 성부 하나님의 자비와 성령의 권능으로 그리스도에 참여하게 된 자들은 누구나 하나님의 특별한 유업으로 성별되었다는 것과, 그리고 우리가 그들 중에 있기 때문에 그 은혜의 상속자임을 우리 마음으로 확신하는 것이다.

가시적可視的 교회의 표지

우리가 가시적 교회를 어떻게 판별해야 할지 정하기 위해, 이제 우리의 지성이 식별할 수 있는 가시적 교회에 관해 논의할 차례가 되었다. 교회를 식별하는 것이 우리가 책임지고 해야 할 일이므로, 주님은 그분의 교회의 정체를 확실한 표적과 표지로 규정하셨다. 바울이 선포하듯이, 오직 주님께만 누가 주님의 사람인지 아는 권리가 있다는 것은 더할 나위 없는 사실이다.[딤후 2:19] 참으로, 주님은 사람이 성급하게 그런 극단적인 실수를 범하지 않도록 방지하시기 위해 그분의 은밀한 심판이 얼마나 우리의 이해를 크게 넘어서는지 매일 우리가 하는 경험을 바탕으로 경고까지 하신다. 한편으로는 완전히 주님을 떠나서 전혀 소망이 없다고 여겨졌던 사람들이 의로운 길로 다시 돌아왔기 때문이기도 하고, 다른 한편으로는 꽤 확고해 보였던 사람들이 넘어지고 말았기 때문이다. 우리 구원의 가장 중요한 지점인 마지막까지 과연 누가 이르게 될 것인지는 오직 하나님만 알고 계신다.

그러나 주님은 우리가 누구를 그분의 자녀로 간주해야 할지 아는 것이 유익하다고 생각하셨기 때문에, 이 문제에 있어서 주님 자신을 우리의 능력에 맞추셨다. 그리고 이 문제에 있어서는 믿음의 확신이 전혀 필요하지 않았기 때문에, 주님은 그 대신 사랑의 판단 기준을 세우셨다. 믿음의 고백과 생활의 선한 모범과 성례 참여를 통해 우리와 함께 동일한 하나님과 동일한 그리스도를 인정하는 모든 사람을 우리는 그 기준에 따라 교회의 지체로 인정해야 한다. 이렇게 하면 무엇이 교회인지 식별하기가 쉽다. 어디든 하나님의 말씀이 순수하게 전파되고 들려지는 모습을 볼 수 있는 곳이라면, 그리스도께서 제정하신 대로 성례가 시행되는 곳이라면, 바로 그곳에 틀림없이 교회가 존재한다. "두세 사람이 내 이름으로 모인 곳에는 나도 그들 중에 있으리라"고 주님께서 우리에게 하신 약속은 폐할 수 없기 때문이다.마 18:20

보편적이면서 동시에 지역적인 교회

다만 이 문제의 핵심을 이해하기 위해서 우리는 다음과 같은 과정을 거쳐야 한다. 보편 교회는 그 구성원들의 민족이 아무리 다양하고 아무리 서로 멀리 떨어져 있다 하더라도, 하나님의 진리와 그 말씀의 교훈에 동의하는 바로 그 다수의 사람들로 구성된다. 교회는 신앙의 띠로 연합하기 때문이다. 이 보편 교회의 휘하에서 여러 마을과 동네에 흩어져 있는 개별 교회들은 각자 교회라는 이름과 권위를 갖는 방식으로 구성되어 있다. 그리고 믿음을 고백하며 지체로 인정되는 사람들은, 심지어 그들이 진정한 교회에 속한 사람들이 아닌 경우에도 장차 그들이 교회가 아닌 자로 공개적인 판단을 받게 될 때까지는 교회에 속한 자로 간주된다.

그렇다 하더라도 우리가 교회와 성도 개인을 판단하는 방식에는 차이가 있다. 혹시 우리가 인정할 수 없다고 생각한 교회와 성도라 하더라도, 그들을 그리스도의 몸 안에서 계속 용인하기로 한 교회의 합의 때문에 그들을 형제로 대우하고 신자로 받아들여야만 하는 경우도 있을 것이다. 우리는 사사로이 그런 사람들을 교회의 지체로 인정하지는 않더라도, 그들이 교회 안에서 더 이상 자리를 차지하지 못하도록 합법적으로 처리될 때까지는 교회 안에 머물게 할 것이다. 그러나 많은 사람들을 대하는 문제에 있어서는 접근 방식이 달라야 한다. 만약 그 사람들이 말씀에 관련된 사역을 하며 그 사역을 존중하고 성례를 꾸준히 거행하고 있다면, 그들은 의심의 여지 없이 교회로 인정받아야 한다. 말씀과 성례는 반드시 그에 합당한 좋은 열매를 내어야만 계속 유지될 수 있기 때문이다. 이런 방식으로 우리는 보편 교회의 일치를 지속할 것이다. 악마적인 영들은 언제나 교회의 일치를 어떻게든 파괴하려 했고, 우리는 인간의 필요를 만족시키기 위해 자기 자리에 존재하는 각 교회 회중의 권세를 빼앗지 않을 것이다.

우리는 하나님의 말씀 전파와 성례의 시행을 교회의 표징으로 규정했다. 이 둘은 필연적으로 열매를 맺으며 하나님의 복을 받아 형통할 수밖에 없기 때문이다. 나는 말씀 전파가 있는 곳마다 즉시 그 열매가 나타난다고 말하려는 것이 아니다. 다만 말씀 전파가 받아들여지고 강력히 보장되는 곳에서는 반드시 긍정적인 효력이 나타나게 된다고 주장하고 싶다. 어쨌든, 복음이 경청되고 성례가 무시되지 않는 곳이라면 확고한 형태의 교회가 일정 시간 동안 분명히 존재한다. 그 교회의 권위는 결코 합법적으로 멸시당할 수 없고, 그 교회의 권면도 경멸받을 수 없으며, 그 교회의 훈계가 거절되거나 책망이 조롱받을 수도 없다. 하물며 그 교회를 보편 교회로부터 분리하거나, 그 교회와 보편 교회의 연합을 파괴하는 짓은 더욱더 허용될 수 없다. 하나님은 그분의 교회의 교제를 무척 소중하게 여기셔서, 말씀이 전파되고 성례가 시행되는 기독교 회중을 떠나는 자는 누구든지 신앙의 변절자로 간주하시기 때문이다. 교회의 권위는 하나님께 아주 소중한 것이므로, 그 권위를 침해하는 행위를 하나님 자신에 대한 침해로 간주하신다.

참 교회와 거짓 교회

그러므로 우리는 앞에서 제시된 표징들을 조심스럽게 마음에 두어야 하며, 그 표징들을 하나님의 판단에 따라 신중하게 분별해야 한다. 마귀는 어떻게든 우리를 유혹하여 교회가 알려지는 참된 표징들을 제거함으로써 교회를 전혀 식별하지 못하게 하거나, 혹은 우리를 유혹시켜 교회의 표징들을 멸시하여 교회를 배반하고 교회의 교제로부터 떨어져 나가 소외되도록 하기 위해 누구보다 가장 많은 모략을 꾸밀 것이기 때문이다. 마귀의 교활함 때문에 순전한 복음 전파가 아주 오랜 세월 동안 가려져 왔고, 지금도 마귀는 그와 똑같은 사악함을 통해 예수 그리스도께서 그의 교회 안에 명하신 사역을 멸하려 한다. 이 사역이 무너져 버린다면, 교회를 세우는 작업은 끝나고 말 것이다.엡 4:12 어떤 회중이 우리 주님께서 그분의 교회를 식별하기에 충분하다고 여기신 이 표징들을 보여주는데도, 사람이 그 회중을 떠나도록 결심하게 하는 시험은 참으로 위험하고 파괴적이다!

그렇기에 우리는 반드시 이 두 가지에 대해서는 항상 경계를 늦추면 안 된다는 사실을 절감하고 있다. 우리가 "교회"라는 호칭에 농락당하지 않기 위해서는, 마치 시금석으로 금을 시험하듯이 자기를 교회로 주장하는 온갖 모임을 하나님께서 주신 기준으로 정확히 분별해야 한다. 만약 그 교회가 우리 주님께서 그분의 말씀과 성례를 통해 제정하신 질서를 존중한다면, 그 교회는 우리를 속이지 않을 것이고 우리가 합당하게 그 교회를 존중하더라도 전혀 문제가 되지 않을 것이다. 반대로, 그 교회가 하나님의 말씀이나 성례와 상관없이 교회로 인정받으려 한다면, 우리가 다른 여러 경우에도 분별없는 행동을 하지 않도록 조심하듯이 이 문제에 있어서도 속지 않도록 조심해야만 한다.

교리적 불일치가 언제나 분리를 일으키지는 않는다

우리는 순전한 말씀 사역과 순전한 성례 집행이야말로 교회를 식별하는 확고한 담보물이요 보증이며, 따라서 어떤 회중이든 이 두 가지만 있다면 그 안에 교회가 존재함을 확신할 수 있다고 주장했다. 이 점은 굉장히 중요해서 혹시 많은 문제를 일으키는 회중이라 하더라도 이 두 지표 중 하나라도 가졌다면 우리는 그 회중을 결코 무시하지 말아야 한다. 그 회중의 가르침과 성례를 집행하는 방식에는 흠결이 있을 수 있겠으나, 그런 흠결 때문에 어떤 식으로든 보편 교회의 교제로부터 멀어지게 해서는 안 된다. 하나님 진리의 모든 조항이 하나같이 똑같을 수는 없기 때문이다. 아무도 기독교의 원리들을 의심하지 않듯이, 그중 어떤 조항들은 아무도 의심할 수 없을 정도로 반드시 알아야 할 조항들이다. 예를 들어, "하나님은 한 분이시다", "예수 그리스도는 하나님이시요, 하나님의 아들이시다", "우리의 구원은 오직 그의 자비에 달려 있다" 등과 같은 조항들이다. 또 어떤 조항들은 교회 가운데 논란이 되기는 하지만, 그렇다고 해서 교회의 연합을 깨뜨리지는 않는다. 그러므로 혹시 어떤 교회는 영혼이 육신을 떠나는 즉시 단번에 하늘로 옮겨진다고 주장하고, 다른 어떤 교회는 영혼이 장소와 상관없이 언제나 하나님 안에서 살아간다고 단순하게 생각한다 하더라도, 이런 차이 때문에 완고한 논쟁이나 다툼이 벌어지지 않는다면 그 두 교회가 서로 갈라져야 할 이유가 전혀 없다.

사도는 이렇게 말한다. "우리가 온전하고자 한다면 우리는 같은 마음이어야 할지니, 나머지 것들에 대해서는, 만약 우리가 다른 마음을 품는다면 하나님은 그것을 우리에게 드러내시리라."빌 3:15 이 말씀을 하며 사도는 무엇을 암시하는가? 그리스도인들이 상대적으로 중요하지 않은 것들 때문에 나뉜다 하더라도, 그것 때문에 그리스도인들 가운데 문제나 소란이 생겨서는 안 된다는 것이다. 물론 우리의 주된 목표는 모든 일에 있어서 언제나 같은 뜻을 품는 것이다. 하지만 우리 각자는 어떤 식으로든 무지에 사로잡히기 때문에, 어떤 교회도 허용하지 않든지, 아니면 구원을 위태롭게 하거나 신앙을 침해하지 않는 사소한 문제에서 실수하는 자들의 무지를 용서하든지, 이 중에서 선택해야 한다. 내 말은 우리가 실수를 계속 저지르거나, 아주 사소한 실수는 계속해도 괜찮다는 것이 아니다. 나는 그런 실수들이 은폐된 채 지속되기를 결코 바라지 않고, 그렇다고 그 실수들이 버젓이 드러난 채 지속되는 것도 결코 바라지 않는다. 다만 내가 분명히 말하고 싶은 점은, 우리가 주님의 가르침에 따라 우리 구원의 본질적 진리와 성례의 본질적 진리를 충분히 수호하는 교회를 한낱 사소한 견해 차이를 핑계로 경솔하게 떠나면 안 된다는 사실이다.

우리가 인정할 수 없는 것을 바르게 하고 싶다면, 우리가 할 수 있는 일은 오직 우리의 임무를 충실히 완수하는 것뿐이다. 사실 그것이야말로 바울이 허락하는 일이다. "더 나은 계시를 가진 사람은 일어서서 말할 것이요, 이전에 말했던 사람은 잠잠할지니라." 고전 14:30 그러므로 교회의 지체들이 자기 속에 있는 은사를 단정하고 질서 있게 행할 수 있다면, 그들은 각자의 은사의 분량에 따라 서로를 세워 주어야 할 임무가 있음이 분명하다. 다시 말해, 교회의 교제를 포기하지 않거나 혹은 우리가 그 지체가 된 교회의 질서와 규율을 어지럽히지 않을 수 있다면 말이다.

교회는 자기 힘으로 도덕적 완성에 이를 수 없다

도덕적 흠결에 관해서라면, 우리는 훨씬 더 많은 인내를 견지해야 한다. 실수하는 것은 쉽고, 마귀는 우리를 미혹하게 하는 데 있어서는 소스라칠 정도로 천재적이다. 우리 중에는 자신이 마치 낙원의 천사처럼 완벽하게 거룩한 존재인 듯이 처신하면서, 정작 인간적 연약함을 드러내는 사람들과의 사귐을 끔찍하게 싫어하는 자들이 언제나 있어 왔다. 과거 한때는 카타리파,Cathars 곧 "정결한 자들"이라 불리던 사람들이 있었고, 그들을 닮아 어리석은 도나투스파Donatists도 있었다.[42] 요즘에는 재세례파가 그들과 닮았는데, 자기들을 탁월하게 신중한 자로 과시하며 다른 모든 사람보다 앞서 가고 있다는 확신에 빠져 있다. 다른 어떤 사람들도 죄를 저지르는데, 그들은 재세례파처럼 교만해서가 아니라 오히려 의에 대한 부적절한 열망 때문에 죄를 저지른다. 그들은 복음이 선포되는 사람들 중에서 교훈과 그 반응이 서로 어울리지 않는 것을 보면, 그들 중에는 어떤 교회도 없다고 즉시 판단하기 때문이다. 그들이 모욕감을 느끼는 것은 더할 나위 없이 당연하다. 사실상 우리가 그들의 모욕감을 자주 부추기고 있으며, 우리의 가증한 태만을 어떤 식으로든 변명할 수 없다. 하나님께서 이미 그 태만을 그분의 가공할 막대기로 징벌하기 시작하셨으므로, 결코 형벌을 면치 못하게 하실 것이다. 그러니 뻔뻔한 해이함으로 연약한 양심들을 상처 주고 분노하게 하는 우리에게 화가 내릴 것이다!

그렇다 하더라도, 우리가 지금 말하고 있는 그들 자신에게도 잘못은 있다. 그들이 극단에 빠지기 때문이다. 우리 주님께서 그들에게 자비를 베푸실 때마다, 그들은 그 자비를 무시하며 더할 나위 없는 완고함과 무도함을 드러낸다. 그들은 교회가 오직 삶의 완벽한 정결함과 거룩함이 있는 곳에만 존재한다고 확신하면서, 온갖 흠결을 미워한다는 명목으로 하나님의 교회를 떠나 버린다. 그럼으로써 자기들이 악인의 무리를 피하고 있다고 여긴다. 그들은 예수 그리스도의 교회가 거룩해야 한다고 항변한다. 그러나 그들은 예수 그리스도께서 친히 교회는 선인과 악인이 함께 있다고 하신 말씀에 주의해야 한다. 예수께서 교회를 온갖 종류의 물고기를 잡는 그물과 비교하시며, 어부들이 해변에 도착하기 전까지는 잡은 것을 골라내지 않는다고 하신 비유는 얼마나 참된가![마 13:47-58] 예수께서 교회에 관하여 또 하나의 비유로 말씀하신 것을 저들이 좀 귀 기울여 들었으면 좋겠다. 교회는 마치 좋은 씨앗이 뿌려진 다음 가라지로 훼손되는 밭과 같은데, 알곡이 거두어져 곡간에 들여지기까지는 가라지가 제거될 수 없다.[마 13:24-30] 주님께서 교회가 심판의 날까지 악인들이 끼치는 해악 때문에 비참하게 고통받을 것이라고 확증하시기 때문에, 완벽하게 순결하고 깨끗한 교회를 찾는 저들의 노력은 허사일 뿐이다.

사도 시대의 선례: 바울과 고린도 교회

저들은 흠결이 이런 식으로 횡횡하는 것을 견딜 수 없다고 주장한다. 그렇지 않을 수 있다면 더 좋으리라는 데 나도 동의한다. 하지만 나는 바울의 권위에 호소하며 그들에게 대답하고 싶다. 고린도 교인들 중에도 잘못을 저지르는 무리가 결코 적지 않았다. 온몸이 여기저기 더럽혀졌고, 한 가지가 아닌 여러 가지 악행이 들끓었다. 게다가 그 악행들은 사소한 흠결이 아니라 크고 심각한 죄들이었다. 도덕성만 부패했던 것이 아니라 교훈까지도 부패했다. 그래서 성령의 택한 도구인 사도가 자기의 증거 위에 세워진 고린도 교회에 대해 결국 무엇을 하는가? 그가 고린도 교인들에게서 분리되고자 하는가? 그가 그들을 그리스도의 왕국에서 내치는가? 그가 그 교인들을 제거하기 위해 최후의 저주를 선포하는가? 사도는 이런 일들 중에서 하나도 행하지 않았을 뿐만 아니라, 오히려 그들을 하나님의 한 교회요 성도의 한 무리로 간주하면서 바로 그렇게 그들을 인정한다.

고린도 교인들 중에 갈등과 분리와 분노가 가득했고, 소송과 다툼이 늘 있었고, 악덕이 창궐하여 이방인도 가증하게 여길 죄악이 아무렇지도 않게 자행되었고, 아버지로 존중받아 마땅한 바울이 중상모략을 당했고, 일단 훼손되면 복음 전체가 송두리째 무너질 죽은 자의 부활 교리를 어떤 이들이 조롱했고, 하나님의 은사들이 사랑이 아닌 개인의 야망을 부추기는 데 악용되었고, 비천하고 혼탁한 많은 일들이 발생했다 하더라도, 고린도 교인들 중에 남아 있는 교회가 있다면, 다시 말해 고린도 교인들이 여전히 말씀 선포와 성례를 유지했기 때문에 그들 중에 교회가 여전히 존재했다면, 고린도 교인들이 저지른 과오의 십분의 일도 되지 않을 잘못으로 책망받는 교회를 "교회"라고 부르는 것을 누가 감히 막을 것인가? 내가 묻고 싶다. 오늘날의 교회를 그처럼 혹독하게 판단하는 자들은 복음을 거의 포기했던 갈라디아 교인들에게 과연 무엇을 행하려 할 것인가? 그러나 바울은 갈라디아 교인들 중에도 교회가 존재함을 계속해서 인정했다.

이야말로 신자들이 갖추어야 할 무기다. 그래야 신자들은 자칫 자신을 가장 뜨겁게 의를 갈망하는 자로 나타내기 위해 하나뿐인 유일한 의의 나라인 하늘나라에서 스스로 갈라져 나가는 짓을 하지 않는다. 주님께서 우리가 그분의 말씀과 성례가 있는 교회와 계속 교제하기를 원하시기 때문에, 누구든 악인들이 미워서 그 회중을 떠나 멀어지려는 자는 결국 성도의 교제를 쉽게 떠나게 할 길로 방향을 잡는 셈이다. 그러므로 그들은 아주 많은 사람들 중에 하나님 보시기에 참으로 선하고 흠 없는 자들이 상당히 있지만, 그들의 눈에만 안 보일 뿐이라는 것을 유념해야 한다. 그들은 악을 저지르는 사람들 중에도 자기의 잘못을 좋아하거나 안주하지 않는 자들이 많고, 이들은 하나님에 대한 두려움이 마음을 만지면 자기의 행위를 고치려고 애쓴다는 사실도 헤아려 보아야 한다. 또한 그들은 아무도 한 가지 행동만으로 혹은 두세 가지 행동만으로 판단받아서는 안 된다는 것도 이해해야 한다. 가장 경건한 사람조차도 매우 심각한 실수를 저지를 수 있기 때문이다. 아무리 몇몇 부패한 교인들이 교회를 망가뜨리는 문제를 일으킨다 하더라도, 그들은 하나님의 말씀과 그분의 거룩한 성례가 더 크고 중대한 효력을 발휘하여 그 교회를 보존한다는 사실을 기억해야 한다. 마지막으로, 그들은 어느 지역에 교회가 있고 없음을 결정함에 있어서 어떤 인간의 견해보다 하나님의 판단이 훨씬 더 중대한 역할을 해야 한다는 사실을 깊이 생각해야 한다.

출교: 교회의 필수적 징계

그렇다 하더라도, 제대로 갖추어진 교회라면 악인들이 자신의 잘못에 도취되어 완전히 사로잡혀 있는데도 그들을 가슴에 품고 양육하지는 않을 것이다. 그래서 주님은 그런 타락한 지체들이 자기의 부패함을 온 교회에 퍼뜨리는 짓을 중단하도록 적절한 교정책을 주셨다. 바로 이 목적을 위해 출교 제도가 세워져 있으며, 출교를 통해서 그리스도에 대한 믿음을 거짓으로 고백하고 자기의 거짓되고 사악한 생활로 그리스도의 이름을 욕되게 하는 자들이 하나님의 백성 가운데 근절되고 축출되어야 한다. 그들은 그리스도의 이름을 기뻐할 자격이 없기 때문이다. 그래서 교회는 모든 명백한 간음자, 방탕자, 도둑, 사기꾼, 강도, 갈취자, 살인자, 선동자, 싸움꾼, 거짓 증인, 악행자, 주정뱅이, 탐식자, 낭비자, 고리대금업자, 신성모독자, 그 밖에 교회의 경고를 받고도 바르게 고치려 하지 않는 자들에게 하나님께서 주신 권위를 행사하되, 무분별하게는 하지 않고 다만 순수하게 행사하고 있다. 주님은 어떤 지체도 교회의 판결을 무시하지 못하도록, 혹은 아무도 신자들의 평결에 의한 정죄를 사소한 일로 여기지 못하도록, 신자들이 선고하는 판결이 주님의 판결과 전혀 다르지 않으며 땅에서 결정된 것은 하늘에서 인준되리라고 증거하셨다.[마 16:19, 18:17-18] 그들은 완고한 자를 정죄하는 하나님의 말씀을 지녔고, 진실하게 회개하는 자를 자비롭게 받아들일 때도 똑같은 말씀으로 그렇게 한다.

징계를 통한 결합과 연결 없이도 교회가 오래도록 존속할 수 있다고 하는 자들은 크게 잘못 생각하고 있다. 주님께서 우리에게 필요할 것으로 예견하신 교정책 없이 우리가 결코 제대로 지낼 수 없다는 데는 의심의 여지가 없기 때문이다. 우리가 주님의 교정책으로 얻을 수 있는 유익들은 그 교정책의 필요성을 충분히 보여줄 것이다.

첫 번째 유익은, 마치 교회가 악인과 악당의 집합소라도 되는 듯 수치스럽게 처신하는 자들이 그리스도인으로 간주됨으로써 하나님을 모독하는 일이 사라지는 것이다. 교회는 그리스도의 몸이므로, 타락한 지체들이 교회를 더럽힐 때는 그 머리 되신 분에게도 어느 정도의 부끄러움을 끼칠 수밖에 없다. 교회 안에 있는 것이라면 어떤 것도 결코 하나님의 이름을 더럽히지 못하도록, 자기의 부패함으로 기독교 신앙을 모욕하고 훼손하는 자들은 모조리 교회에서 추방되어야 한다. 두 번째 유익은, 흔히 그렇듯이 선한 자들이 악한 자들과 어울리다가 부패에 빠지는 일이 없어지는 것이다. 우리가 곁길로 가게 되기 쉬운 만큼, 우리는 나쁜 본보기를 따르기를 가장 잘한다. 고린도 교인들에게 근친상간을 저지른 사람을 그들 중에서 쫓아내라 했던 사도의 명령이 이 유익을 강조한다. 사도는 "적은 누룩이 온 덩어리를 상하게 한다"고 말한다.고전 5:6 참으로, 거룩한 사도에게는 그런 일이 굉장히 위험했기 때문에 선한 자들이 악인들과 교제하거나 친해지지 말도록 명령했다. "너희 중에 형제라 불리는 사람이 음란하고 탐욕스럽거나, 우상숭배자이거나, 중상모략 하는 자이거나, 술 취한 자이거나 도둑이라면, 나는 너희가 그와 함께 음식 먹는 것도 허락지 않겠노라."고전 5:11 세 번째 유익은, 출교 형벌을 받은 자들이 부끄러움을 견딜 수 없어서 회개하고, 그 회개를 통해 생활이 바르게 되는 것이다. 그러므로 구원을 위해서라도 그들의 사악함은 형벌을 받아야 하며, 그러기 위해서 교회의 징계를 통해 경고를 받음으로써 그들은 자기의 실수를 인정해야 한다. 그런 실수를 관대하게 다루면 그들은 뻔뻔하고 완고해진다.

그러므로 교회의 양 떼로부터 나뉘는 자들은 구원의 소망에서 제외되는 것은 아니지만, 악한 길을 버리고 거룩하고 명예로운 삶을 살아가기까지는 일시적인 징벌을 받는다. 사도는 다음과 같은 말씀으로 바로 이 점을 가르치고 있다. "누가 우리의 교훈을 따르지 않는다면, 그를 지목하여 전혀 상종하지 않음으로써 그로 수치를 당하게 하라."살후 3:14 다시 한번, 사도는 다른 곳에서 그가 고린도에서 근친상간을 저지른 사람을 "마귀에게 넘겨준 것은 육체가 멸망함으로써 그가 주님의 날에 구원을 받게 하기 위함이라"고 말한다.고전 5:5 내가 생각하기에 이 말의 뜻은 그가 그 사람에게 일시적 형벌을 내림으로써 그의 영혼이 영원히 구원받게 하려 했다는 것이다(어떤 사람들은 이 구절을 마귀가 어떤 특정한 일시적 고통을 주었다는 뜻으로 이해하는데, 내게는 아주 의심스러운 해석이다. 나의 해석이 더 나은 해석이다).[43]

지양되어야 할 비판적 판결들

그러므로 우리는 출교된 자들을 택함받은 자들의 무리에서 제외하거나, 마치 그들이 이미 잃은 자라도 된 듯이 그들에 대해 절망해서는 안 된다. 우리는 앞에서 서술된 규칙에 따라 그들을 교회에 대한 외인으로 여기는 것이 참으로 적합하며, 다만 그들이 분리되어 있을 동안에만 그렇게 해야 한다. 그리고 우리가 그들 중에서 겸손함의 징후보다는 교만이나 완고함의 징후를 보게 되더라도, 계속해서 그들을 하나님의 손에 맡기고 그분의 선하심에 의탁하며 우리가 현재 보는 것보다 미래에는 더 나은 것을 보게 되리라고 소망해야 한다. 좀 더 간단히 말해, 우리는 개개인을 영원한 죽음으로 정죄해서는 안 되는데, 이는 그들이 오직 하나님의 손에 달려 있기 때문이다. 다만 우리는 각 사람의 행사를 하나님의 법에 따라 판단해야 할 뿐이다. 우리가 이 규칙을 따른다면, 우리 자신의 판단을 자랑하기보다는 하나님께서 가르쳐 주신 판단을 더 단단히 붙잡게 될 것이다. 우리는 지나치게 자유롭게 판단하지 않도록 조심함으로써 자칫 하나님의 권능을 제한하려 하거나, 우리 생각을 그 자비의 수단으로 치부하지 말아야 한다. 하나님의 자비하심에 따라 언제든 그분이 선하게 보실 때에는, 아무리 악한 자라도 의인으로 변화하게 되고 그 외인들이 교회에 받아들여지기 때문이다. 그런 식으로 인간의 견해는 꺾이고, 고쳐지지 않으면 늘 분수보다 지나치게 신뢰받는 인간의 성급함도 제지된다.

비록 그리스도께서 그의 교회의 일꾼들이 땅에서 매거나 푸는 것이 하늘에서도 매이고 풀릴 것이라고 선언하셨다 하더라도,마 16:19, 18:18 그것이 곧 누가 그의 교회에 속했고 누가 속하지 않은지 우리가 구별할 수 있다는 뜻은 아니다. 이 약속이 두 번 반복될 때마다 그 의미는 매번 다르다. 첫 번째 구절에서 주님은 묶이거나 풀리는 자들을 드러나게 지정하는 가시적 표징을 주시려는 것이 아니다. 주님은 단지 그리스도가 우리의 구속과 구원을 위해 주어졌다는 복음의 가르침을 땅에서, 곧 이 세상에서 믿음으로 받아들인 자들이 하늘에서, 곧 하나님의 천상 보좌 앞 저 세상에서도 참으로 풀리거나 용서받는다고 설명하실 뿐이다. 반면에, 복음의 가르침을 멸시하고 내버린 자들은 자기들이 장차 하늘에서 하나님 앞에 매인 채 더욱 단단히 갇혀 있게 될 것을 이 세상에서도 확실히 증거할 것이다. 출교를 거론하는 두 번째 구절에서 묶고 푸는 권능은 교회의 권징에 따라 결정되는데, 이 권징은 출교된 자들을 영원한 멸망이나 절망에 처하지는 않겠지만, 그들의 정죄받은 생활 태도를 회개하지 않는다면 영원한 정죄가 기다리고 있음을 그들에게 경고한다.

바로 이 점 때문에 출교는 교회의 교사들이 "파문"anathema 이라 부르는 저주와 구별된다. 누군가를 파문할 때는 용서의 기대는 전혀 할 수 없으며, 파문된 사람은 마귀에게 넘겨진다. 그러나 누군가를 출교excommunication 할 때는, 그 사람의 도덕적 행위만 형벌을 받는다. 비록 그 사람 자신도 형벌을 받겠으나, 그 형벌은 그가 미래에 받게 될 정죄를 경고함으로써 그를 구원의 길로 돌아오게 하기 위한 방식으로 시행된다. 언제든 그 사람이 순종하면, 교회는 그를 친근히 영접하여 그가 다시 교제에 참여하도록 허락할 준비가 되어 있다.

그러므로 우리가 교회의 징계를 합당하게 준수한다면, 비록 출교를 당한 사람과 가까이 지내거나 우호적으로 대하는 것은 허락되지 않지만, 권면이든 교훈이든, 친절함으로든 온화함으로든, 하나님께 드리는 기도이든 그들이 정직한 길로 돌아와 교회와 교제를 다시 시작하는 것을 보기 위해서 우리가 할 수 있는 한도 안에서 애를 써야만 한다. 그래서 사도는 "그들을 원수로 대하지 말고 형제로 대하라"고 가르치는 것이다.[살후 3:15] 또한 사도는 더 나아졌다는 약간의 증거라도 보이는 자들을 맞이하는 데도 비슷한 온화함을 가지라고 온 교회에 명령한다. 그는 교회가 너무 엄격하게 가혹한 징계를 내리거나 너무 강경하게 극단까지 이르거나, 인정사정도 없는 듯 보이기를 원하지 않는다. 오히려 교회가 먼저 나서서 그들을 받아주겠다고 제안함으로써, 출교된 자들이 지나치게 무거운 슬픔에 짓눌리지 않도록 해야 한다.[고후 2:7] 이처럼 조심스럽게 통제되지 않으면 우리가 행하는 징벌은 권징이 아니라 일종의 고문 수준으로 하락하게 될 위험이 있고, 우리는 징벌자가 아니라 처형자가 될 위험도 있다.

요약

우리는 이미 말씀과 성례의 사역이 우리 중에서 가져야 할 중요성에 대해 논의했고, 그리고 그 사역을 반드시 교회의 표징과 증표로 존중해야 함을 논의했다. 다시 말해, 어디든 사역이 제대로 존재하는 곳이면, 어떤 도덕적 결함과 상관없이 교회는 그곳에 존재한다. 비록 가르침이나 성례와 관련하여 작은 문제들이 발생할 수 있겠으나, 그렇더라도 가르침이나 성례 자체는 그 가치를 전혀 상실하지 않는다. 그러므로 우리 신앙의 본질적 교훈에 영향을 끼치지 않는 실수와, 모든 신자가 동의해야 할 신조에 상반되지 않는 실수는 우리가 마땅히 용서해야 한다고 추가로 제시했다. 성례에 관해서라면, 주님의 제도를 뒤엎거나 훼멸하지 않는 실수는 용납된다. 그러나 기독교 가르침의 근본을 멸하려고 거짓이 일어나 반드시 알아야 할 것들을 없애려 한다면, 그리고 성례가 더 이상 합당하게 시행되지 못한다면, 사람의 목이 잘리고 심장이 찔릴 때 생명이 소멸되는 것과 마찬가지로 교회는 황폐하게 된다.

로마: 그리스도의 참된 교회인가?

교황이 다스리는 영역이 바로 이 경우에 해당하기 때문에, 그곳 교회에 무엇이 남았을지는 우리가 쉽게 깨달을 수 있을 것이다. 그곳에는 말씀을 섬긴다는 명목으로 거짓으로 점철된 사악한 사제직이 있다. 그리고 혐오스러운 신성모독이 우리 주님의 성찬 자리를 차지하고 있다. 하나님의 예배는 끝없는 미신으로 가려지고 더럽혀지고 있다. 기독교 신앙의 존속에 필수 불가결한 거의 모든 교훈이 매장되고 짓밟히고 있다. 공식적인 모임은 마치 우상숭배와 불경건함을 배우고 가르치는 학교 같다. 이것이 바로 그토록 많은 악행과 신성모독에 참여하기를 중단한다 해도 우리가 결코 그리스도의 교회를 떠날 위험이 없는 이유다. 교회의 교제는 결코 우리를 우상숭배와 불경건함, 하나님에 대한 무지나 악에 대한 무지에 묶어 놓으려고 존재하는 것이 아니며, 오히려 우리가 하나님을 계속 두려워하고 그분의 진리에 순종하게 하려고 존재하기 때문이다.

그러나 선지자들이 우리에게 설명한 고대 이스라엘 교회와 로마를 비교한다면, 우상의 폭정에 시달리고 있는 교회들을 어떻게 평가해야 하는지는 더욱 분명해질 것이다. 유다와 이스라엘에서 하나님의 언약이 순수하게 보존되던 시대에 참된 교회가 존재했는데, 이는 교회가 세워진 토대들이 그 교회 안에서 눈에 보였기 때문이다. 그들은 율법의 형식으로 하나님의 참된 교훈을 가졌고, 그 율법의 집행은 제사장들과 선지자들에게 위임되었다. 그들은 할례라는 성례를 통해 하나님의 백성의 수효에 들어갔으며, 그들에게 있는 다른 성례들을 통해 훈련됨으로써 믿음으로 굳건해졌다. 그래서 우리는 주님께서 그분의 교회를 성별하는 데 사용하신 증거와 호칭들이 그 당시 하나님의 백성에게 적합했음을 의심할 수 없다. 하지만 이후로 그들은 하나님의 율법으로부터 떠나 우상숭배와 미신에 빠져서 타락했고, 그들이 가진 특권의 일부를 상실하기 시작했다. 주님께서 그분 말씀의 선포와 성례의 사용을 선사하신 자들에게 과연 누가 "교회"라는 명칭을 제거하거나 부정하려 하겠는가? 그와 반면에, 하나님의 말씀이 공공연히 바깥으로 내던져지는 교회, 교회의 힘이요 영혼 자체와 같다고 할 말씀 사역이 아무것도 아닌 게 되어 버린 교회를 누가 감히 솔직하고 편견 없이 교회로 간주하려 하겠는가?

누군가는 이렇게 말할 것이다. "뭐라고? 유대인들이 우상숭배에 빠진 이후로는 그들 중에 어떤 형식의 교회도 존재하지 않았단 말인가?" 이에 대한 대답은 쉽다. 우리가 규정한 방식대로 교회를 생각해 보자. 우리는 교회의 판단을 경외해야 하고, 교회의 권위를 존중해야 한다. 우리는 교회의 경고를 기꺼이 받아들여야 하고, 교회가 내리는 형벌과 징계를 멸시해서는 안 된다. 우리는 교회와 계속 교제해야 한다. 우리가 그런 교회를 염두에 둔다면, 당시 유대인 회중은 결코 교회의 기준에 부합할 수 없고 오직 부정하고 부패한 회당이었을 뿐이라고 선지자들은 큰 소리로 선언할 것이다. 만약 이 회중이 교회였다면, 엘리야와 미가와 하나님의 다른 종들은 그 교회로부터 추방되었던 셈인데, 당시의 선지자들과 제사장들은 백성과 함께 무할례자보다 그들을 훨씬 더 혐오했기 때문이다. 만약 이 회중이 교회였다면, 교회는 진리의 기둥이 아니라 딤전 3:15 거짓의 기둥이었다는 뜻이 된다. 교회는 살아 계신 하나님의 성막이 아니라 우상들의 창고였다는 뜻이 된다. 그렇다 하더라도 그 유대인 회중 속에는 교회에만 해당하는 일부 특혜와 특권이 남아 있었고, 그중 가장 중요한 것이 하나님의 언약이었다. 하나님의 언약은 백성에 의해 유지되었다기보다는 백성의 불경건함과 투쟁하던 언약 자체의 힘에 의해 유지되었다.

따라서 하나님께서 확실하고 성실하게 그분의 은혜와 선하심을 지켜 주셨기 때문에, 하나님의 언약이 지속적으로 굳건했고, 백성의 신실하지 못함도 그 언약의 진리를 소멸할 수 없었다. 할례 역시 백성의 부정한 손에 더럽혀지기는 했어도 하나님의 언약의 증거와 성례가 되지 못할 정도는 아니었다. 이것이 바로 주님께서 이 백성에게서 나온 후손을 주님 것이라고 선언하신 이유였다.겔 16:20-21

동일한 이유 때문에, 오늘날 누군가 우상숭배와 미신과 악한 교리가 가득한 교황의 통치 아래 있는 자들을 하나님의 교회로 인정한다면, 그리고 그가 그들의 가르침을 받아들이기까지 하며 그들과의 교제를 유지해야 한다고 생각한다면, 그는 반드시 엄청난 실수를 저지르게 될 것이다. 만약 그들이 교회라면, 그 열쇠들을 가질 권세가 그들에게 위임되는 셈이다. 이제 그 열쇠들은 하나님의 말씀과 뗄 수 없이 결합되어 있는데, 그 말씀이 그들에게 전혀 제공되지 않고 억압을 받고 있다. 만약 그들이 교회라면, 그들 중에 매이거나 풀리면 하늘에서도 매이거나 풀릴 것이라는 하나님의 약속이 그들에게 해당된다. 그러나 자신을 그리스도의 종으로 부르는 모든 이는 그들 중에서 내쫓기고 출교를 당한다. 이는 곧 예수 그리스도의 약속이 헛되고 무의미하다는 뜻이거나, 적어도 이 점에 있어서는 그들이 교회가 아니라는 뜻이다. 마지막으로, 말씀 사역에 관해서라면 그들은 불경건함을 가르치고 배우는 것과 다름없는, 온갖 종류의 오류로 가득한 학교다. 따라서 그들은 교회로 간주될 수 없으며, 혹시 그렇지 않다면 신실한 자들의 회중을 튀르크인들의 회당과 구별할 수 있는 어떤 종류의 표증도 남아 있지 않은 셈이다. 다만 우리는 교회들이 완전히 패한 이후에도 주님께서 그 교회의 흔적과 모양을 약간 남겨 두셨음을 인정한다. 무엇보다 취소될 수 없는 하나님의 언약이 있고, 주님께서 직접 말씀으로 성별하신 성례인 세례가 인간의 불경건함과 상관없이 그 효력을 유지하고 있다.

요약하면, 우리는 그들 중에 교회가 존재함을 결코 부인하지 않으며, 동시에 아무 제약도 없이 교회의 존재를 그냥 확정하지도 않는다. 우리 주님께서 자기 백성 중 그들 속에 흩어진 채 남아 있는 자들을 보존하시는 한 그들도 교회다. 그들이 교회의 어떤 표지들, 특별히 마귀의 간교함이나 인간의 사악함도 멸할 수 없는 효력이 담긴 표지들을 지니고 있는 한 그들도 교회다. 이와 반면에, 우리가 지금 설명하는 교회에 필수적인 그 표지들이 그들 가운데 지워지고 있기 때문에, 만약 제대로 정돈된 교회를 찾는다면 그곳에서는 어떤 형태의 합법적 교회도 발견되지 않을 것이다. 이런 식으로 적그리스도는 모든 것이 하나님의 거룩한 도성이라기보다 바벨론의 형상이 되도록 문제를 일으키고 망치고 있다. 적그리스도가 그곳을 다스리고 있음이 모두에게 분명하다면, 우리는 그들이 하나님의 교회라고 결론을 내려야 한다. 성경은 적그리스도가 하나님의 성소에 앉을 것이라고 예고하기 때문이다.[살후 2:4] 하지만 그 경우에도 우리는 그들이 적그리스도의 가증한 것들로 더럽혀지고 오염된 교회임을 인정해야만 한다.

죄를 사하여 주시는 것과

죄 사함은 교회와 매우 적절하게 연결되는데, 선지자가 말하듯이 오직 교회의 지체들만 죄 사함을 얻을 수 있기 때문이다.[사 33:24] 그러므로 하늘의 예루살렘이 먼저 건축되어야 하고, 그 속에 은혜가 베풀어져서 그 예루살렘 안에 있는 모든 시민의 죄가 지워져야 한다. 반복하거니와, 하늘의 예루살렘이 먼저 건축되어야 한다. 그 이유는 교회가 죄 사함 없이도 어떤 식으로든 존재할 수 있기 때문이 아니라, 주님께서 오직 성도의 교제 안에서만 그분의 자비를 베푸시기로 약속하셨기 때문이다. 그러므로 죄 사함은 우리가 처음으로 교회, 곧 하나님의 나라 안으로 들어가는 것과 같다. 죄 사함 없이 우리에게는 하나님과 맺는 어떤 언약도 없고 관계도 없다. 그래서 선지자 호세아는 이렇게 말한다. "그날에 내가 땅의 짐승들과 공중의 새들과 함께 언약을 맺으리라. 나는 활과 칼을 부술 것이요, 땅에서 모든 전쟁을 그칠 것이요, 사람이 두려움 없이 잠들게 하리라. 내가 그들과 영원히 언약을 맺으리니, 의와 심판과 자비와 긍휼의 언약이니라."[호 2:18-19]

여기서 우리는 주님께서 얼마나 우리와 당신 간의 화해를 원하시는지 볼 수 있다. 마찬가지로, 다른 곳에서 주님은 그분이 진노로 흩으셨던 백성을 어떻게 모으실지 예고하신다. "내가 그들에게서 그들이 내게 범한 모든 죄악을 정결케 하리라." 렘 33:8 이것이 바로 우리가 교회의 교제로 처음 들어갈 때 씻음의 표징에 따라 받아들여지게 되는 이유다. 이 표징은 하나님께서 그분의 선하심으로 우리의 더러움을 먼저 씻겨 주셔야만 우리가 하나님의 권속으로 받아들여진다는 것을 보여준다. 무엇이 죄 사함을 구성하는지, 그리고 어떻게 죄 사함이 이루어지는지는 다른 곳에서 보다 신중하게 설명될 것이다.[44]

죄 사함은 오직 그리스도의 공로만을 의지한다

사도신경의 순서가 명백하게 밝히듯이, 우리는 죄 사함이 우리의 공로 덕분이 아니라 오직 하나님의 은혜를 통해서만 선사된다고 말해야 한다. 사도신경이 알려 주는 바에 따르면, 하나님은 오직 그리스도의 의를 통해서만 우리에게 호의를 베푸시며 우리의 자비로우신 아버지가 되기를 원하신다. 그래서 이제 사도신경은 성령이 우리를 성별하여 그리스도와 교제하게 하신다는 내용으로 이어진다. 마지막으로, 사도신경은 그 교제로부터 나오는 교회에 관하여 말한다. 일단 죄 사함이 이루어져야, 우리가 그 죄 사함을 통해서 교회의 지체가 된다. 이 순서가 뜻하는 바는 죄 사함이 다른 어떤 것이나 다른 누군가가 아니라 오직 그리스도 안에서, 오직 성령의 능력으로 이루어진다는 것이다. 우리는 주님께서 성령의 능력으로 우리를 단 한 번만 교회 안으로 들어오도록 받아 주신다고 생각해서는 안 된다. 동일한 능력으로 주님은 교회 안에서 우리를 계속 유지하신다. 주님께서 우리에게 베푸신 죄 사함이 우리에게 전혀 유익을 주지 못하는 것이라면, 도대체 그것이 무슨 소용이 있겠는가?

만약 하나님의 자비하심이 우리에게 단 한 번만 주어진다면, 그 자비는 헛되고 무능한 것이 될 것이다. 신자라면 누구나 증거할 수 있는 것이 바로 이것이다. 신자는 평생 자기의 많은 악행들에 대해 전혀 죄책감을 느끼지 않을 사람은 아무도 없음을 알고 있다. 우리가 살아 있는 동안 항상 죄의 유해함에 억눌리기 때문에, 하나님의 은혜가 우리의 실수를 용서하여 우리를 지속적으로 돕지 않는다면, 우리는 교회에서 단 일 분도 견딜 수 없음이 분명하다. 하지만 주님은 그분의 백성을 영원한 생명으로 부르셨다. 그러므로 그들은 하나님의 은혜가 그들이 저지른 잘못을 용서하기 위해 언제나 준비되어 있음을 알아야 한다.

여기서 우리는 우리가 교회의 몸에 결합되어 있기 때문에, 긍휼이 풍성한 자비로, 그리스도의 공로 덕분에, 그리고 그의 성령의 거룩하게 하심을 통하여 우리의 죄악이 이미 용서받았고 매일 용서되고 있음을 믿도록 권면을 받는다.

반복적으로 요청되고 허락되는 죄 사함

어떤 사람들은 유일한 구원의 피난처라는 교회의 역할을 부정하려 하기 때문에, 우리는 이 사악한 오류에 저항하도록 양심들을 더욱더 격려해 주어야 한다. 노바티아누스파Novatianists는 한때 거짓 교훈으로 고대 교회를 괴롭혔는데, 우리 시대에는 어떤 재세례파 사람들이 이와 비슷하게 우매한 개념에 빠져 있다. 그들은 하나님의 백성이 세례를 통해 천사 같은 순결한 삶으로 거듭나며, 그 삶은 육체의 부정함으로 더럽혀져서는 안 되고, 만약 세례 받은 후 그들이 타락하면 하나님의 무자비한 진노 외에는 기다릴 것이 아무것도 없다고 주장한다.[45] 요약하면, 하나님의 은혜를 입은 범죄자가 다시 죄에 빠지면, 그 사람은 용서와 긍휼을 얻을 희망이 전혀 없다는 것이다. 그들은 우리가 처음 중생할 때 받은 죄 사함 외에는 다른 어떤 죄 사함도 인정하지 않는다. 비록 성경에서 이보다 분명하게 논박될 수 있는 거짓말은 없지만, 그런 사람들은 과거에 노바티아누스가 자신의 추종자들에게 그랬듯이 많은 사람들을 속인다. 그러니 그들의 오류가 얼마나 위험한지 그들과 다른 사람들을 위해 간략하게 논증해 보자.

우선, 하나님의 명령에 따라 모든 성도는 자기 죄의 용서를 요청해야 하므로[마 6:12] 자신을 죄인으로 고백해야 한다. 그들은 헛되이 죄 사함을 요청하는 것이 아니다. 주 예수께서 우리에게 주시지 않을 것을 구하도록 명령하신 것이 결코 아니기 때문이다. 사실 주님은 그가 우리에게 가르치신 모든 기도가 아버지에게서 응답될 것이라는 일반적인 약속을 하신 후, 이 간구에 관한 특별한 약속을 하신다. 우리가 더 원할 것이 무엇이 있겠는가? 주님은 그의 모든 성도가 매일 평생토록 자신이 죄인임을 고백하기를 바라신다. 그리고 주님은 그런 성도에게 용서를 약속하신다. 그렇다면 성도가 자신이 죄인임을 부인하거나, 혹은 자신을 모든 죄 사함의 은혜로부터 스스로 제외하는 잘못이 얼마나 수치스러운가! 주님은 우리가 누구를 일흔 번씩 일곱 번이라도, 곧 끝없이 용서하기를 원하시는가? 우리의 형제들이 아닌가? 주님의 자비하심을 닮도록 하시려는 뜻이 아니라면, 왜 그가 우리에게 그렇게 하라고 명하시겠는가? 주님은 한 번이나 두 번만 용서하시는 것이 아니며, 자신의 잘못에 억눌려 고통받는 곤고한 죄인이 그의 용서를 구하며 한숨 쉴 때마다 용서해 주신다.

구약성경에서 죄와 죄 사함의 유형

교회의 기원부터 시작해 보면, 족장들은 할례를 받고 하나님의 언약 안으로 들여진 다음, 그들이 형제를 죽이려 음모를 꾸몄을 때도 그들의 아버지에게서 의와 정직을 행하도록 확실히 교육받았을 것이다.창 37:18 그 음모는 세상의 가장 저열한 도둑들조차 끔찍하게 여길 범죄였다. 마침내 그들은 유다의 경고를 통해 마음을 진정시킨 후 형제를 팔아넘겼다. 이것 역시 믿을 수 없을 정도로 잔혹한 짓이었다. 시므온과 레위는 세겜의 인구 전체를 학살하여 그들 누이의 원수를 갚았는데, 이는 그들의 아버지도 정죄한 불법적 행위였다.창 34:25 르우벤은 자기 아버지의 부인과 결코 용납할 수 없는 근친상간을 저질렀다.창 35:22 음행에 익숙한 유다는 자기 며느리와 관계를 가짐으로써 본성의 규정을 위반했다창 38:16 이들은 택하심을 입은 백성 중에서 제거되어야 마땅했으나 오히려 그들의 지도자로 지명되었다.

공의를 실행할 최고 책임자임에도 자신의 욕정을 채우기 위해 무죄한 피를 흘림으로써 심각하게 죄를 범했던 다윗에 대해 우리는 무엇을 말할 수 있는가?삼하 11:4, 15 그는 이미 중생한 상태였고, 다른 모든 하나님의 자녀들 중에서 뛰어난 명성을 얻고 있었다. 그런데도 그는 이방인들조차 놀라게 할 정도의 죄악을 저질렀다. 하지만 이 죄악 때문에 다윗이 자비를 얻지 못한 것은 아니었다.삼하 12:13 개별적인 사례들에 지나치게 많은 시간을 소비하지 않기 위해, 하나님께서 이스라엘에게 하신 수많은 긍휼의 약속들을 헤아려 보자. 주님께서 그들에게 자비를 베푸셨다는 말씀을 우리는 너무나도 자주 듣게 된다. 백성이 우상숭배에 빠져 살아 계신 하나님을 버린 후 다시 그분께 돌아왔을 때, 모세는 그들에게 무엇을 약속하는가? 그는 "주님께서 너희를 사로잡힘에서 건지시며 너희를 불쌍히 여기실 것이요, 흩어진 백성 중에서 너희를 모으실 것이라. 만약 너희가 세상 사방으로 흩어지더라도, 그가 너희를 모으시리라"고 선포한다.신 30:3-4

나는 끝나지 않을 이야기를 시작하고 싶지 않다. 선지자들은 셀 수 없는 범죄로 죄책을 진 백성에게 하나님의 약속에 의지하여 풍성한 자비를 베풀었다. 분명 반역이야말로 최악의 범죄다. 그래서 반역은 하나님과 그분 교회의 결별로 불린다. 그러나 반역도 하나님의 선하심으로 용서를 받는다. 하나님은 예레미야를 통하여, "욕정에 자기를 내어 준 아내를 둔 남편이 나중에 다시 그녀를 취하겠느냐? 아, 유다 백성이여, 너희 모든 길이 너희의 욕정으로 더럽혀졌도다. 땅이 그 욕정으로 가득하도다. 그렇더라도 반역하고 완고한 백성이여, 너희는 내게 돌아오라. 내가 내 얼굴을 너희에게서 돌리지 않으리니, 나는 거룩하고 내 진노는 영원히 지속하지 않을 것이라"고 말씀하신다.렘 3:1, 12 참으로 죄인이 죽는 것을 바라시지 않고 그가 돌이켜 살기를 바라신다고 말씀하신 분 안에 다른 어떤 속성이 있을 수 없다.겔 18:23, 33:11 그래서 솔로몬이 성전을 봉헌할 때 얻으려 했던 목적은, 죄사함을 얻기 위해 하나님께 드린 그의 기도가 응답받는 것이었다. 솔로몬은 이렇게 말한다. "범죄하지 않는 자가 없나니, 당신의 자녀가 죄를 범하여 당신의 진노로 그들을 당신의 원수들에게 넘기셨을 때, 그들이 마음으로 회개하고 돌아와 그 매인 중에 당신을 부르며 '주여, 우리가 죄를 범했고 잘못 행하였나이다'라고 말할 때, 그들이 간구하며 당신이 그들의 조상에게 주신 땅과 지금 우리가 있는 당신의 거룩한 성전을 사모할 때, 당신은 하늘에서 그들의 기도에 응답하셔서 당신에게 범죄한 당신의 백성에게 자비를 베푸시고 그들이 당신에게 저지른 모든 죄악을 용서하실 것이니이다."왕상 8:46-50 하나님께서 그분의 율법으로 자기 백성 가운데 죄에 대한 희생제사들을 제정하신 일도 헛되지 않았다.민 28:3-15 만약 하나님께서 그분의 종들이 지속적으로 죄로 더럽혀지는 것을 모르셨다면, 그들에게 이런 처방을 주지 않으셨을 것이다.

신약성경에서 죄 사함의 규범

이제 내가 묻고 싶다. 과연 그리스도의 재림은 모든 충만한 은혜가 드러날 것이므로 신자들은 더 이상 자신의 실수에 대한 용서를 담대히 구할 필요가 없으며, 하나님께 범죄한 다음에는 더 이상 그분의 자비하심을 입을 수 없는가? 만약 구약의 성도가 언제나 얻을 수 있었던 하나님의 자비하심이 이제 우리에게서 완전히 제거되었다면, 그리스도는 그의 사람들을 구원하러 오셨다기보다는 멸하려고 오셨음을 암시하는 셈이다.

성경은 인간에 대한 하나님의 은혜와 사랑이 그리스도 안에서 충만히 나타났으며, 풍성한 자비가 그리스도 안에서 나타나 하나님과 인간의 화해가 이루어졌다고 크고 분명하게 외치고 있다.딛 3:4, 딤후 1:9-10, 고후 5:18-19 우리가 이 성경을 신뢰한다면, 우리에 대한 그분의 자비하심이 약해지거나 축소된 것이 아니라 오히려 더욱 풍성하게 계시되었음을 의심해서는 안 된다.

이를 분명하게 볼 수 있는 사례들이 있다. 베드로는 누구든 사람 앞에서 그리스도의 이름을 고백하지 못하는 자를 그리스도께서도 하늘의 천사 앞에서 인정하지 않으리라는 말씀을 친히 들었으나, 그리스도를 세 번 부인했고, 심지어 맹세까지 하면서 부인하기도 했다. 그렇지만 어떤 것도 베드로가 은혜를 얻지 못하도록 막을 수 없었다.눅 22:31-32 바울은 데살로니가 교인들 중 무질서하게 생활하는 자들에게 회개하도록 권면한다.살후 3:14-15 베드로 역시 마술사 시몬을 오직 절망으로만 가득 채우지 않았으며, 자신의 죄를 위해 하나님께 간구하라고 그에게 권면함으로써 좋은 희망도 주었다.행 8:22 이외에도, 한때 온 교회를 괴롭힌 중대한 과오들이 있지 않았던가? 그럴 때마다 바울이 한 일은 온 회중에게 끔찍한 저주를 계속 내리는 대신, 그들을 의로운 길로 다시 돌이키는 것 아니었는가? 갈라디아 교인들이 복음을 저버린 일은 결코 사소한 실수가 아니었다. 그들은 더욱 많은 끔찍한 실수들을 저지른 고린도 교인들보다도 죄 사함을 얻기가 어려웠다. 그럼에도 그 두 교회 모두 하나님의 선하심에서 끊어지지 않았다. 반면에, 방탕함과 파렴치함과 온갖 종류의 악행을 다른 누구보다 심각하게 저지른 자들은 분명한 회개의 부름을 받는다.고후 12:21 우리 주님께서 그리스도와 그의 모든 지체와 맺으신 언약은 지금도 깨지지 않았으며, 미래에도 항상 깨지지 않을 것이기 때문이다. 그래서 하나님은 이렇게 말씀하신다. "내 자녀들이 내 율법을 버리고 내 교훈에 따라 행하지 않는다면, 그들이 내 의를 더럽히고 내 교훈을 지키지 않는다면, 나는 막대기로 그들의 죄악을, 형벌로 그들의 죄악을 징치懲治할 것이지만, 나의 긍휼은 그들에게서 떠나지 않으리라."시 89:30-33

마지막으로, 사도신경의 순서는 이 은혜와 긍휼이 항상 교회에 그대로 머물 것임을 명확히 한다. 일단 교회가 세워지고 난 다음에는, 죄 사함이 더해지기 때문이다. 따라서 죄 사함은 교회에 속한 자들에게 적용되어야 한다.

죄 사함은 사소하거나 비고의적 범죄에만 제한되지 않는다

보다 현명한 어떤 사람들은 성경이 노바티아누스파의 교리를 명백히 논파하는 것을 알면서도, 모든 죄를 용서받을 수 없는 죄로 간주하지 않지만, 사람이 의지를 갖고 저지른 자발적인 범죄만은 용서받을 수 없는 죄로 간주한다.[46] 이를 통해 그들은 용서될 수 있는 유일한 죄는 오직 모르고 범한 죄뿐이라고 이해한다. 그러나 주님께서 율법에서 백성이 고의로 범한 죄를 씻는 특정한 희생제사뿐만 아니라, 모르고 범한 죄를 씻는 다른 희생제사들도 함께 제정하셨으므로,레 4:1-35, 6:1-7 고의로 범한 죄에 대해 용서받을 희망을 전혀 남겨 두지 않는 처사는 얼마나 대범한 짓인가! 나는 예수 그리스도의 단번에 드린 희생제사에 신자들이 고의로 범한 죄악을 용서하는 권세가 있다는 사실보다 더 명백한 것은 없다고 주장하겠다. 하나님께서 그리스도의 희생제사의 전조인 동물의 희생제사를 통해 이 진리를 증언하셨기 때문이다.

우리 모두는 다윗이 율법을 충실하게 배웠음을 알고 있다. 그렇다면 과연 누가 무지를 근거로 다윗을 용서할 수 있는가? 자기 백성 중에서 간음과 살인을 매일 벌하던 다윗이 과연 간음과 살인이 범죄임을 몰랐겠는가? 족장들은 그들의 형제를 살해하는 것이 의롭고 명예롭다고 생각했겠는가? 고린도 교인들이 음란함과 방탕함과 미움과 논쟁이 하나님을 기쁘시게 한다고 믿을 만큼 성숙하지 못한 자들이었겠는가? 예수께 그토록 교훈을 잘 받은 베드로가 자기 주인을 부인하는 일이 얼마나 나쁜 줄 몰랐단 말인가? 그러니 우리에게 그처럼 풍성하게 베풀어진 하나님의 긍휼을 우리의 비정함으로 차단하지 말자.

우리가 잘 아는 대로, 몇몇 초대 교부들은 매일 용서되는 죄악은 육신의 연약함 때문에 야기되는 사소한 실수들이라고 이해했다. 그들이 보기에는, 매우 심각한 죄악에 요구되는 엄숙한 회개가 세례보다 자주 반복되면 안 되었다.[47] 우리는 교부들의 이 견해에 근거하여, 교부들이 처음 회개한 뒤 다시 범죄한 사람을 완전히 절망에 빠뜨리고 싶었다고 오해하면 안 된다. 혹은 교부들이 일상적인 실수를 마치 하나님 보시기에 사소한 것이라도 되는 듯 축소하려 했다고 오해해서도 안 된다. 그들은 성도들 역시 자주 불신 때문에 넘어지며, 불필요하게 맹세하기도 하며, 분노에 빠지기도 하고, 심지어 공개적인 비난을 하기도 하며, 우리 주님께서 결코 적지 않게 혐오하실 악덕들에 빠지곤 한다는 사실을 알고 있었다. 그러나 교부들이 그렇게 말했던 이유는 교회에서 물의를 일으키는 공적인 잘못을 사적인 잘못과 구별하기 위해서였다. 교부들이 교회의 비난을 불러올 어떤 일을 저지른 자를 용서하기가 매우 어렵다고 느낀 것은, 죄인이 하나님의 용서를 확신할 수 없다고 생각했기 때문이 아니라, 그런 엄격함으로 다른 사람들을 깨우쳐 출교를 당할 만한 죄에 빠지지 않도록 방지하고 싶었기 때문이다. 그런데 여기서 우리의 유일한 기준인 하나님의 말씀은 보다 많은 규제와 인정을 요청한다. 하나님의 말씀은, 교회의 징계는 복되게 살아야 할 사람을 슬픔으로 짓누를 정도로 엄격해서는 안 된다고 가르친다.고후 2:7

히브리서의 두 가지 난해한 본문

고의로 짓는 죄 문제에 대해서 지나치게 엄격하고 굳은 자세를 취하는 사람들은 자기가 사도의 권위를 지니고 있다고 주장한다. 이 문제에 있어서 사도는 성도가 다시 용서받을 희망을 완전히 제거하는 것처럼 보이기 때문이다. 사도는 이렇게 기록한다. "한번 빛을 받고 하늘 은혜 안으로 받아들여지고, 성령의 참여자가 되어 하나님의 말씀과 장차 올 생명의 능력을 맛본 사람들이 만약 다시 떨어지면, 그들은 다시 돌아와 회개할 수 없나니, 이는 그것이 하나님의 아들을 두 번째로 십자가에 못 박아 경멸하는 짓이 될 것이기 때문이라."히 6:4-6 사도는 다른 곳에서 한번 이렇게 말한다. "우리가 진리의 지식을 받은 이후 죄를 범하면, 우리에게는 희생제사가 더 남아 있지 않고 심판에 대한 두려운 예감만 있느니라."히 10:26 예전에 노바티아누스파는 이 두 구절을 잘못 해석하여 교회를 곤경에 빠뜨렸다. 언뜻 보기에 이 구절들은 난해하기 때문에, 몇몇 명망 있는 사람들은 비록 이 편지 곳곳에서 사도의 심정이 느껴지는 것이 사실임에도 이것을 사도가 직접 쓰지 않았다고 믿었다.[48] 우리의 주장은 이 편지를 사도의 편지로 받아들이는 사람들에게만 관계된 것이므로, 이 구절들이 그들의 오류와 아무 상관이 없음을 증명하기는 쉬울 것이다.

우선, 주님은 이 세상에서나 오는 세상에서 용서받지 못할, 성령을 거스르는 죄를 제외하면 모든 죄와 신성모독은 다 용서받는다고 가르치셨으며,마 12:31-32, 막 3:28-29, 눅 12:10 사도는 주님의 이 가르침에 동의해야만 한다. 우리가 사도를 그리스도의 은혜에 정면으로 반대하는 자로 만들지 않는 한, 그는 틀림없이 이 예외 사항에 기뻐했을 것이라고 보아야 한다. 즉, 사도가 이 두 구절에서 쓴 것은 성령을 거스르는 죄만 가리키는 것이 분명하다는 뜻이다.

저들이 이 추론에 만족하지 못한다면, 나는 사도가 그런 뜻으로 말했다는 사실을 증명해 보겠다. 이를 위해서 먼저 용서될 수 없는 이 신성모독의 죄가 무엇인지 알 필요가 있다. 아우구스티누스는 그의 책 어느 곳에서 이 죄를 가리켜 자신이 은혜 받을 수 있을지 불신하면서 죽는 순간까지 강퍅해지고 완악해지는 죄라고 설명했다.[49] 그러나 이것은 "이 세상에서 용서될 수 없을 것"이라는 그리스도의 말씀과 어울리지 않는다. 그렇지 않다면, 그의 이 말씀이 헛되거나 혹은 사람이 이 죄를 이 세상에서 범할 수 있거나, 둘 중 하나여야 하기 때문이다. 아우구스티누스에 따르면 이 죄는 죽는 순간까지 지속되지 않으면 저질러지지 않는다. 자기 이웃에게 베풀어진 은혜를 시기하는 것이 성령을 거스르는 죄악이라는 다른 사람들의 주장과 관련해서는, 도대체 그 주장의 근거가 무엇인지 나는 말할 수 있는 것이 없다.

이제 우리는 참된 정의를 제시해야겠다. 우리가 이 정의를 뒷받침하는 견실한 근거를 보게 되면, 이 정의는 다른 정의들을 쉽게 압도할 것이다. 하나님의 진리의 빛으로 확실히 감동되어 자기의 무지에 대해 핑계 댈 수 없는 사람이 고의적인 악심을 품고서 단지 저항을 위한 저항을 한다면, 나는 그 사람이 성령을 거슬러 범죄하고 있다고 주장하겠다. 주 예수께서는 이 말씀을 설명하시기 위해, 누구든지 그를 거슬러 말하는 자는 용서받을 테지만, 누구든지 성령을 모독하는 자는 은혜를 얻지 못할 것이라고 말씀하셨다. 그리고 마태는 "성령을 모독한다"는 표현 대신, "모독의 영"이라는 표현을 쓴다. 어떤 사람이 하나님의 아들을 모독한다면, 어떻게 그의 성령도 함께 모독하지 않을 수 있는가? 사람은 자기가 정말 모르는 하나님의 진리를 자기의 그 무지 때문에 저항할 수 있고, 그럴 때 그는 그 무지 때문에 그리스도를 모욕하는 말을 할 수 있다. 그때 하나님의 진리가 그에게 계시되면 그는 하나님의 진리를 없애고 싶은 마음이 완전히 사라질 것이고, 그가 그리스도로 인정하는 분에게 단 한 마디라도 나쁜 말을 하고 싶지 않게 될 것이다. 그런 사람들은 아버지와 아들을 거슬러 죄를 범한다. 오늘날 많은 사람들은 복음의 가르침을 싫어하고 거절하는데, 그들이 복음이 복음인 줄 알게 되면 복음을 크게 존중하고 진심으로 경외할 것이다. 반면에, 어떤 사람들은 자신이 반대하는 가르침이 하나님에게서 왔음을 양심으로는 확신하면서도 계속 그 가르침에 저항하며 파괴하려고 애쓰는데, 바로 이들이 성령을 모독한다. 그들은 성령의 권능을 통해 그들에게 오는 빛을 거슬러 싸우고 있기 때문이다.

그런 사람들은 유대인들 중에도 있었다. 그들은 스데반의 입으로 말씀하시는 성령에 저항할 수 없었으면서도 애써 저항했다.[행 6:10-14] 틀림없이 어떤 사람들은 율법에 대한 무모한 열정에 사로잡혀 있었다. 하지만 어떤 사람들은 분명한 사악함과 불경건함으로 하나님께, 곧 그들이 하나님에게서 왔다고 알고 있던 가르침에 대해 분노했다. 그리스도께서 꾸짖으신 바리새인들이 바로 그런 사람들인데, 그들은 성령의 권능을 왜곡했고 마치 바알세불에게서 나온 권능인 양 성령의 권능을 폄하했다.[마 9:34, 12:24]

그렇다면 그것이 바로 모독의 영이다. 어디든 인간의 뻔뻔한 오만이 고의로 하나님의 영광을 소멸하려는 곳에는 언제나 모독의 영이 있다. 바울이 자신이 믿지 않았던 이유는 무지와 부주의함 때문이었기에 주님의 자비를 입을 수 있었다고 선언할 때도 바로 그런 뜻으로 말한다.[딤전 1:13] 바울이 무지가 뒤섞인 불신 때문에 용서를 얻었다면, 이는 곧 지식과 결의에 찬 사악함에서 비롯된 불신은 주님의 자비에서 제외된다는 뜻이다.

두 번째 회개: 잘못된 질문

더 자세히 살펴보면 이것이 바로 사도가 말하려는 뜻임을 확인할 수 있다. 바울의 이 말은, 자신이 기독교 신앙을 내버린 다음 다시 그 신앙으로 돌아올 수 있다고 확신하는 자들에게 하는 말이다. 바울은 그들의 이 무지하고 위험한 생각을 고쳐 주기 위해서, 한번 예수 그리스도를 고의로 부인한 자들은 더 이상 그 안에서 자기의 분깃을 갖지 못할 것이라는 간단한 진리를 말한다. 이들은 방탕한 생활로 그리스도의 말씀을 거역하며 죄를 짓기만 한 것이 아니라 고의로 그리스도를 완전히 거절하고 내버린 자들이다.

노바티아누스파와 그 추종자들은 "과실"과 "타락"에 대해 오해하고 있다고 하겠다. 그들은 도둑질하지 말라는 하나님의 말씀을 배웠으나 도둑질을 금하지 않는 자들이 타락했다고 믿고 있기 때문이다. 나는 여기에 대조를 통한 암시적 비교가 제시되어 있다고 주장하고 싶다. 사도가 지금 어떤 사람이 빛을 받은 다음, 하나님의 말씀과 하늘의 은혜와 장차 내세의 생명의 권능을 맛본 다음, 그리고 성령의 비추심을 얻은 다음 넘어졌다고 말할 때, 우리는 그들이 고의적인 사악함으로 성령의 빛을 꺼뜨리며 하나님의 말씀과 그 은혜의 맛을 거절하고, 그분의 성령에게서 자신을 스스로 차단한 사람들이라고 알아들어야겠다. 사도는 그가 지금 사악하고 방자한 불경건함을 가리켜 말하고 있음을 더욱 분명하게 설명하기 위해서 이 구절에 "의지를 갖고서"("짐짓"[개역개정]—옮긴이)라는 말을 덧붙인다. 사도는 진리를 안 다음 고의로 범죄하는 자들에게는 더 이상 희생제물이 남아 있지 않다고 말하면서,[히 10:26] 그리스도는 신자의 죄를 없애는 영구적 희생제물임을 부인하지 않는다. 이것은 거의 이 서신 전체에 걸쳐서 이미 다루어진 그리스도의 제사장직과 관련된 주제다. 사도는 만약 그리스도라는 희생제물이 거절되면 다른 어떤 희생제물도 존재하지 못함을 말하고 있다. 사람이 고의로 복음의 진리를 짓밟을 때 그리스도를 거절한다.

어떤 사람들은 죄인이 자비를 구하지만 죄 사함을 얻지 못한다면, 자비로우신 하나님이 너무 잔인해지시는 것이라고 항의한다. 이에 대해서도 쉽게 대답할 수 있다. 사도는 그들이 하나님께 돌아오는데도 그분이 그들을 용서하시지 않을 것이라고 가르치지 않는다. 사도는 하나님께서 그분에 대한 배은망덕 때문에 그들을 영원히 눈멀게 하여 공의롭게 심판하실 것이므로, 그들이 결코 돌아오거나 회개하지 않으리라고 분명히 말한다. 여기서 사도가 잃어버린 자신의 장자 권리를 되찾기 위해 헛되이 눈물 흘리며 부르짖었던 에서의 사례를 들어 그의 주장을 뒷받침한 것은 매우 자연스럽다.히 12:16-17 사도의 이런 방식의 주장은 스가랴 선지자가 "그들이 부르짖을 때 주님께서 그들에게 응답하시지 않으리라"고 한 진술과도 잘 어울린다.슥 7:13 성경은 참된 회개나 하나님에 대한 요청을 묘사할 때는 이와 같은 방식으로 말하지 않는다. 그런 묘사에서 성경은, 악을 행하는 자들이 재앙의 마지막 고통 속에서 자신의 이전 견해들이 엉뚱한 환상에 지나지 않음과, 그들의 모든 복락이 하나님의 도우심에 달려 있음을 인정하지 않을 수 없을 때 느끼는 고뇌를 표현한다. 하지만 그들은 하나님의 도우심을 진심으로 요청하거나 간구할 수 없다. 단지 하나님의 도우심에서 제외되었다는 사실을 애통해할 뿐이다. 따라서 선지자가 "부르짖음"이라는 말로, 그리고 사도가 "눈물"이라는 말로 전하고자 한 바는, 악인이 단 한 번도 신뢰할 수 없었던 하나님의 선하심 외에는 자신의 불행을 해결할 수 있는 방법이 없음을 깨닫고 좌절과 절망에 빠진 채 받는 끔찍한 고통이다.

몸이 다시 사는 것과 영원히 사는 것을 믿사옵나이다

여기에 우리의 궁극적 복락의 목표와 성취가 있다. 첫째, 우리는 육신의 부활과 이를 통해 우리가 소유하기 시작하는 영생을 확신한다. 우리의 육체와 피는 하나님의 나라를 가질 수 없고, 썩는 것이 썩지 않는 것을 상속할 수 없기 때문이다.고전 15:50 이것은 믿기 어려운 것일 뿐 아니라, 인간 이성으로 판단하면 전혀 믿을 수 없는 일이기도 하다. 그러므로 비록 많은 철학자들이 영혼 불멸에 관하여 결코 모른다 할 수 없음에도, 그들 중 단 한 사람도 육체의 부활에 대해서 극히 약간의 생각조차도 하지 못했던 것이다. 일부는 땅속에서 썩고, 일부는 벌레나 새나 다른 짐승에게 먹히고, 나머지 다른 것들은 타서 재가 되는 우리 몸이 결국에는 완전히 회복될 것이라고 누가 상상이라도 할 수 있겠는가?

하지만 주님은 다가올 부활에 대해 매우 확고히 증언하심으로써, 그리고 예수 그리스도 안에서 그 부활에 대한 가시적인 확신을 주심으로써, 육신의 부활을 믿지 못하게 하는 어려움을 세심하게 극복하셨다. 그래서 믿을 수 없는 것처럼 보이는 것이 우리에게는 명백한 것이 되었다. 우리가 부활이 어떠할지를 이해하고 싶다면, 언제나 부활의 그림자요 실체이신 예수 그리스도를 바라보아야 한다. 그래서 사도는 부활을 설명하면서 우리 몸의 회복을 주 예수의 영광스러운 몸을 닮는 일로 부른다.빌 3:21 마치 예수께서 부활 이후에 훨씬 더 영광스러워지기는 했어도 고난을 받으셨을 때와 동일한 몸으로 부활하셨듯이, 우리도 지금 가진 몸과 동일한 몸으로 부활할 것이며, 부활 후에는 다른 몸이 될 것이다.

부활한 생명의 신비

바울은 여러 은유를 들어 이 차이를 분명히 한다.고전 15:39-44 인간의 육신과 동물의 육신은 동일한 본질이지만 특성에 있어서는 서로 다르다. 별들은 동일한 본질을 가졌지만 동일한 특징을 갖지는 않는다. 그처럼 우리도 우리 몸의 본질을 유지하겠지만 그 특징은 달라질 것이다. 다시 말해, 지금 썩을 형체로 갖고 있는 우리 몸은 우리가 부활하면 썩지 않을 것이며, 그 썩을 상태에서 떠나 썩지 않게 될 것이고, 그 죽을 상태에서 떠나 죽지 않게 될 것이다. 주님께서 그분의 아들을 일으키실 때 나타내신 능력과 동일한 능력으로, 심판의 날 이전에 죽음에게 삼켜진 자들을 그 썩은 상태에서 구하실 때에 그것을 막을 어떤 장애물도 없을 것이다. 그때 아직 살아있을 자들은 죽음의 자연스러운 형식에 의해서가 아니라 순간적인 변화를 통해 불멸을 얻을 것이다. 사망이 삼켜져서 승리하리라는 예언이 그때 성취될 것이기 때문이다.고전 15:54 동시에 바울은 영생에 대해서 말한다. 인간이 알고 있는 것을 인간의 언어로 완전히 다 말한다 하더라도, 영생의 찬란함에 대해서는 극히 일부만 말할 수 있을 뿐이다.

성경은 하나님의 나라가 빛과 환희와 복락으로 가득하다고 가르치기는 하지만, 실제로 성경이 하나님의 나라에 관해 말하는 모든 것은 우리 이해의 한도를 크게 초월한다. 주님께서 우리 앞에 나타나셔서 얼굴과 얼굴을 마주할 날이 올 때까지,고전 13:12 하나님의 나라는 마치 그림과 같은 형체로 덮여 있다. 그래서 이 영적인 복의 실재를 말로 표현할 수 없었던 선지자들은 다소 육체적인 용어로 그 실재를 묘사하고 서술했던 것이다. 그런데도 우리의 마음은 그 복을 열렬히 사랑하고 사모해야 하기 때문에, 우리 생각을 특별히 다음과 같은 내용에 고정시켜야 한다. 우리 생명의 근원이신 하나님께서 모든 선한 것의 충만을 자기 속에 지니고 계시다면, 최고의 선과 복 전체를 목표로 삼는 사람들은 하나님 외에 어떤 것도 욕망하지 않을 것이다. 베드로는 신자들이 궁극적으로는 신성에 참여하도록 부르심을 받는다고 말한다.벧후 1:4 어떻게 그럴 수 있는가? 주님은 그의 성도 중에서 영광을 입으시고, 그의 복음을 믿는 자들 중에서 높여지실 것이기 때문이다.살후 1:10 주님께서 택하심을 입은 자들과 그의 영광과 권능과 의를 나눠 가지시고, 자기를 그들에게 참으로 주실 것이라면, 우리는 모든 복이 그분의 은혜에 들어 있음을 인정해야 한다. 그리고 우리가 이 사상을 훨씬 깊이 이해하게 되었을 때도, 우리는 여전히 가장 낮은 수준의 첫째 관문 앞에 머물러 있으며 이생에서는 그처럼 위대한 신비에 결코 다가갈 수 없으리라는 것을 인정해야 한다.

의인과 악인 모두에게 약속된 부활

사도신경에서 악인의 부활이나 악인을 위해 예비된 영원한 죽음에 대해서 전혀 언급이 없다는 사실은 놀랍지 않다. 사도신경에는 신자의 양심을 위로하고 격려하며 구원에 대한 확신을 확증하는 내용들만 제시되어 있다. 하지만 호기심 많은 사람은 단지 사도신경이 악행하는 자들의 부활을 확인해 주지 않는다는 이유로 그들이 부활하지 않을 것이라고 생각해서는 안 된다. 현재의 삶이 끝난 후 악인이 처하게 될 조건은 다른 곳에 풍부하게 계시되어 있으며, 악인을 공포로 가득 채울 것임이 분명하게 설명되어 있다. 따라서 우리의 믿음을 확고히 세워 주려는 내용만 담긴 사도신경에서 악인을 공포로 채울 그런 것을 찾으려 해서는 안 된다. 주 예수께서 모든 백성을 자기 앞으로 모으셔서, 마치 목자가 양과 염소를 나누듯이 차례에 따라 그 백성을 나누겠다고 선언하실 때 보편적 부활을 분명하게 가르치시지 않았는가?마 25:32 비슷하게, 성경 다른 곳에서 예수께서는 선한 삶을 살았던 자는 생명의 부활로 올 것이고, 악한 삶을 살았던 자는 죽음의 부활로 올 것이라고 말씀하신다.요 5:29 바울이 유대 총독 벨릭스에게 악인과 의인의 부활을 기다린다고 했던 고백보다 더 분명한 증거를 우리가 어디서 구할 수 있겠는가?행 24:15

따라서 보편적 부활은 아주 많은 증거들로 충분히 증명되기 때문에, 아무리 분별없는 무리라 하더라도 보편적 부활에 대해서 의심을 품도록 허용해서는 안 된다. 의인은 보상을 받고 악인은 형벌을 받는다는 사실은 매우 깊이 서로 관련되어 있다. 이것이 바로 누구든 어느 한쪽의 존재를 증언하면, 자동적으로 다른 한쪽의 존재를 암시하게 되는 이유다. 이 점을 주님께서 선지자를 통해 확인하신다. "보복의 날이 내 마음속에 있고, 구속의 때가 이르렀도다."사 63:4 다시 한번, 주님께서 다른 구절에서도 말씀하신다. "너희가 볼 것이며 너희 마음이 기뻐하리니, 너희 뼈가 자라 풀처럼 푸르겠고, 주님의 손이 그의 종들에게 나타나고 그의 진노가 그의 원수들에게 나타나리라."사 66:14 그런 일들은 이 세상에서 희미하지 않게 구체적으로는 발생하지 않거나 혹은 아예 발생하지 않기 때문에, 이 말씀은 하나님의 심판과 하나님의 의가 계시될 최후 심판의 날을 가리킨다고 말하는 것이 적합하다.

악인에게 내려질 형벌이 얼마나 두려울지에 관해서는 어떤 설명도 적절하게 제시할 수 없다. 그렇기 때문에 악인이 받을 고문은 어둠이나 눈물이나 이를 갊, 영원한 불과 심장을 갉아먹는 벌레 같은 구체적인 형식으로 우리에게 제시된다.사 66:24 성령은 끝없는 고문이 영원 전부터 악인을 위해 예비되어 있으며, 타는 불을 위해 언제나 나무가 준비되어 있고, 하나님의 영은 유황처럼 그것을 태울 것이라고 선언하신다.사 30:33 성령은 그와 같은 방식으로 말씀함으로써 우리의 모든 감각을 자극할 만한 가장 끔찍한 공포를 표현하려 하셨음이 분명하다. 비록 그런 표현들이 어떤 식으로든 악인의 가장 비참한 운명을 상상하도록 가르쳐 주기는 하겠으나, 우리의 지성은 하나님과 나누는 교제에서 멀어지게 되는 것이야말로 진정한 비참함이라는 가르침에 가장 깊은 관심을 기울여야 한다. 우리를 향해 기치를 올린 하나님의 존엄하심이 우리가 그것을 피하지 못하도록 항상 우리를 강하게 압박하고 있음을 증언하는 것도 비참함이다. 이 사실에도 같은 관심을 기울여야 한다.

그래야 하는 가장 우선적인 이유는, 하나님의 진노는 마치 타오르는 불과 같아서 닿는 것마다 소멸시키고 삼켜 버리기 때문이다. 그다음 이유는 모든 피조물이 하나님의 진노의 혹독함을 드러내는 도구로 봉사하게 될 것이고, 그러면 그분의 진노를 받게 될 모든 자는 하늘과 땅과 바다와 모든 짐승과 다른 모든 피조물이 그들을 멸하고 파괴하려고 무장하고 있음을 느끼게 된다. 그래서 사도가 주님의 얼굴과 그 권능의 영광이 불신자들을 따르며 고통을 줄 것이므로 그들이 영원히 형벌을 받으리라고 말했을 때 정말 엄청난 진실을 말한 셈이었다.살후 1:9 그 비참한 양심이 하나님의 임재 앞에 놓인 자기를 발견하고 그분의 진노를 느끼며 갈가리 찢기고 쏘이고 강타를 받고 근심하고 찔리고 으스러지고 산산이 흩어질 지경이 되어서, 그 고통을 단 일 분 동안 참는 것보다는 차라리 천 개의 바닥없는 구덩이 속으로 반복하여 떨어져 사라져 버리는 것이 더 달콤할 것이라고 생각될 정도라면, 그 양심이 하나님의 진노에 영원히 붙잡히게 되는 것은 더욱 끔찍하지 않겠는가?

이 교리에 대한 반론들

그리스도의 통치와 마귀 및 그 시종들의 파멸을 천 년의 기간으로 확정한 천년왕국파Chiliasts에 관해 논의하면, 그들의 과오는 너무 어리석고 유치해서 어떤 논박을 할 필요도 없고, 정말이지 무슨 논박을 할 가치도 없다.[50] 모든 성경은 택함받은 자들의 복과 악인들의 고통에는 어떤 끝도 없을 것을 크고 분명한 소리로 선포한다. 우리의 눈에 보이지 않고 인간 이성으로 이해할 수 없는 모든 것은 하나님의 말씀 속에서 확실성을 추구해야 하며, 만약 그렇게 하지 않겠다면 믿음을 송두리째 포기하는 선택을 할 수밖에 없을 것이다. 하나님의 자녀들에게 천 년의 미래를 할당하는 자들은 자기가 그리스도와 그의 나라에 끼치는 피해를 깨닫지 못한다. 만약 신자들이 불멸을 입지 못할 것이라면, 이는 곧 그들이 변화되어 얻게 될 영광의 근원이신 그리스도께서 불멸의 영광 속으로 들어가시지 못했다는 뜻이 되기 때문이다. 그들이 얻은 복이 끝나게 될 운명이라면, 이는 곧 그들이 속한 그리스도의 나라가 일시적이라는 뜻이 된다. 마지막으로, 그런 사람들 각자는 하나님의 일들에 대해서 과도하게 무지하거나, 그야말로 악한 의도로 하나님의 은혜와 그리스도의 권능을 송두리째 타도하려 하고 있다. 하나님의 은혜와 그리스도의 권능은 죄악이 소멸되고 죽음이 삼켜져서 영원한 생명이 완전히 회복되어야만 성취될 수 있다.

그들은 악인이 영원한 고통으로 형벌을 받을 것이라고 주장하면 하나님을 지나치게 잔혹한 분으로 만들게 될까 봐 염려하는데, 눈먼 사람들조차도 그것이 얼마나 말도 안 되는 염려인지 알 수 있다. 배은망덕 때문에 하나님의 나라를 얻을 가치를 잃어버린 자들에게 주님께서 그 나라를 주시지 않음으로써 마치 그분이 무슨 엄청난 오류라도 행하시게 되는 것처럼 그들은 생각한다. 그들은 "하지만 죄악은 잠깐 동안만 있을 뿐"이라고 말한다. 나도 그것을 인정한다. 그러나 그들이 범한 하나님의 존엄은 영원하다. 따라서 그들의 사악함에 대한 기억은 소멸되지 않아야 마땅하다. 그들은 "만약 그렇다면, 형벌이 죄의 한도를 넘어간다"고 응수한다. 나는 우리가 하나님의 존엄을 참으로 하찮게 여기고 영혼의 소멸보다 그것을 더 경멸하는 것은 참을 수 없는 신성모독이라고 대답하겠다. 그러므로 우리는 그 게으른 수다쟁이들을 무시해 버리자. 그럼으로써, 앞에서 이미 말했지만, 아무도 우리가 그들을 대답할 가치가 있는 자들로 여긴다고 생각하지 않게 하자.

믿음과 소망은 분리될 수 없게 결합되어 있다

살아 있는 믿음이 있는 곳에는 언제나 영원한 구원에 대한 소망이 뒤따르기 마련이며, 더 정확히 말해, 그 믿음이 영원한 구원에 대한 소망을 낳고 만들기 마련이다. 이 소망이 우리 속에 없다면, 우리가 아무리 훌륭하고 매력적으로 믿음에 대해 이런저런 말을 늘어놓는다 하더라도 이 믿음에서 얻을 것이 아무것도 없기 때문이다. 이미 말했듯이, 믿음이 하나님의 신실하심에 대한 견고한 확신이라면, 그리고 그분의 신실하심이 거짓말하거나 속이거나 실망시킬 수 없다면, 그 확신에 이른 모든 사람은 그들이 참되게 여기는 그 약속들을 주님께서 마침내 성취하실 것을 기대할 수 있기 때문이다. 요약하면, 소망은 믿음이 하나님의 참된 약속으로 여기는 복들에 대한 기대감과 같다.

이처럼 믿음은 하나님께서 그분의 말씀에 진실하심을 믿으며, 소망은 하나님께서 적절한 시기에 그분의 진실하심을 나타내시리라 기대한다. 믿음은 그가 우리 아버지이심을 믿으며, 소망은 그가 우리 아버지 되심을 증명하시리라 기대한다. 믿음은 우리에게 영원한 생명이 주어졌음을 믿으며, 소망은 우리가 그것을 언젠가 얻으리라 기대한다. 믿음은 소망이 놓인 토대이며, 소망은 믿음을 북돋우고 지탱한다. 일단 하나님의 약속을 믿은 사람이어야 비로소 하나님께 무엇을 기대할 수 있듯이, 우리의 연약한 믿음 역시 실패하지 않으려면 인내하는 소망과 기대에 의해 계속 뒷받침되어야만 한다. 그래서 바울은 우리의 구원은 소망 속에 있다고 가장 적절하게 표현한다.롬 8:24 소망은 말없이 하나님을 기다리는 것이요, 믿음이 자신의 지나친 성급함 때문에 넘어지지 않게 한다. 소망은 믿음을 강하게 하여, 믿음이 하나님의 약속들 앞에서 주저하거나 혹시라도 의심하지 않도록 막아 준다. 소망은 믿음을 새롭게 하고 그 속에 새 힘을 채워 줌으로써 지치지 않게 한다. 소망은 믿음을 그 최종 목표까지 이끌어 줌으로써, 믿음이 그 여정의 중도에서 혹은 심지어 첫날부터 흔들리지 않게 한다. 마지막으로, 소망은 날마다 믿음을 새롭게 하고 회복시킴으로써, 지속적인 활기를 믿음에 공급하여 끝까지 인내하게 한다.

우리가 하나님의 말씀을 받아들인 사람들이 당한 여러 시련들에 관해 숙고한다면, 믿음이 소망으로 확증되어야 할 여러 가지 방식을 더 잘 이해하게 될 것이다. 우선, 주님은 자주 그분의 약속을 더디게 하심으로써 우리가 바라는 것보다 길게 우리를 긴장 속에 두신다. 하박국 선지자가 지체되고 있는 하나님의 약속을 계속 기다린다고 말했듯이,합 2:3 이 점에 있어서 소망의 임무는 그 선지자처럼 우리도 그렇게 하게 한다. 하나님은 때때로 우리가 지치도록 내버려 두실 뿐만 아니라, 우리에게 진노하신 듯 보이기도 한다. 여기서 소망이 우리의 도움이 되어 우리를 강하게 함으로써, 또 다른 선지자가 "그가 그 얼굴을 우리에게서 가리셨으나 주님을 기다리겠다고" 말했듯이,사 8:17 우리도 그렇게 할 수 있어야 한다. 베드로가 가르치듯이, 조롱하는 자들도 일어나 "약속들이 어디 있느냐? 그리스도의 오심이 어디 있느냐? 세상 창조 이후로 만물이 똑같이 유지되지 않느냐?"고 물을 것이다.벧후 3:4 육신과 세상은 우리 마음속에 똑같은 생각을 심어 준다. 여기서 소망으로 유지되고 지탱되는 믿음은 잠깐 멈추어 하나님 나라의 영원성에 그 관심을 고정시킴으로써, 천 년을 하루처럼 여겨야 할 것이다.시 90:4, 벧후 3:8

성경은 종종 "믿음"과 "소망"의 그 용어상 친밀성과 유사성 때문에 둘 중 어느 하나를 다른 하나를 대신하여 사용하기도 한다. 그래서 베드로는

"구원이 드러나기까지 하나님의 능력이 우리를 믿음으로 보존한다"고 기록하는데,벧전 1:5 이것은 믿음보다는 소망에 더 잘 어울리는 표현이다. 그러나 그렇게 기록한 데는 충분한 이유가 있다. 우리가 이미 논의했듯이, 소망은 곧 믿음의 견고함이요, 믿음의 인내력이기 때문이다.

하나님의 진리에 대한 활용은 교만으로 빠지면 안 된다

이제 우리는 『명제집』을 저술한 대가가 하나님의 은혜와 행위의 공로를 소망의 두 가지 토대로 제시한 것이 얼마나 큰 오류인지 쉽게 알아볼 수 있어야겠다.[51] 분명 소망은 결코 믿음과 다른 목표를 가질 수 없다. 우리는 믿음의 유일한 목표가 하나님의 긍휼하심이요, 믿음은 온전히 하나님의 긍휼하심에 초점을 맞추고 그 외에 어떤 것도 바라보지 않는다고 분명하게 증명했다. 하지만 그 대가가 의지하는 정교한 이성에도 한번 귀를 기울여 보자. 그는 이렇게 기록한다. "당신이 당신에게 어울리지 않는 어떤 것을 감히 소망한다면, 그것은 소망이 아니라 교만이다." 내 친구들이여, 나는 여러분에게 묻고 싶다. 하나님의 진실하심에 대한 확고한 믿음을 가리켜 무모하고 교만하다고 말하는 그런 짐승을 그 누가 저주하지 못하도록 막겠는가? 하나님은 우리에게 그분의 선하심으로부터 모든 것을 기대하도록 명령하시지만, 그들은 그 선하심에 의지하고 의존하는 것이 교만이라 주장한다. 참으로 그런 교사는 궤변론자들, 곧 소르본 신학자들 중에서나 자기 제자를 두는 것이 당연하리라! 그러나 우리는 죄인들에게 구원에 대한 확고한 소망을 가지라고 명령하시는 하나님을 응시하며 그분의 진리를 담대하게 사용한다. 그럼으로써 우리는 하나님의 긍휼하심에 의지하여 우리 자신의 모든 공로에 대한 신뢰를 거부하고, 오직 그분의 약속들만 확고히 소망한다.

제5장

회개

믿음 다음으로 우리가 논의할 주제는 회개다. 회개는 믿음과 연결되어 있을 뿐만 아니라, 믿음에서도 나오기 때문이다. 그 이유는 마치 복음 선포가 죄인에게 은혜와 용서를 베풀어 그가 죄와 사망의 비참한 속박에서 벗어나 하나님 나라로 옮겨질 수 있게 하듯이, 죄인이 자기의 완고한 생활을 떠나 의로운 길로 돌아와 참된 회개의 필요를 심각하게 고려해야만 비로소 믿음으로 복음의 은혜를 받을 수 있기 때문이다.

회개가 믿음에서 나오는 것이 아니라 믿음보다 먼저 있어야 한다고 주장하는 사람들은 가장 설득력 없는 근거들에 이끌린다. 그들은 이렇게 말한다. "그리스도와 세례 요한은 설교할 때 먼저 사람들이 회개하도록 권면했고, 그런 다음 하나님의 나라가 가까웠다고 선포한다. 사도들이 받은 명령도 그러했다. 누가에 따르면 그것이 순서였고,행 20:21 바울도 그 순서를 따랐다." 하지만 그들은 어순에 세심하게 주의를 기울일 때, 그 진술 속에 들어 있는 참된 내용이 무엇인지, 어떻게 이들이 관계되는지를 제대로 살피지 못했다. 예수 그리스도와 요한이 청중에게 "회개하라, 하나님의 나라가 가까웠느니라"고 권면할 때,마 3:2, 4:17 사람들은 예수 그리스도께서 그들에게 은혜와 구원을 주신다는 사실을 근거로 회개하지 않았는가! 마태도 요한의 설교를 우리에게 전하면서, 이것은 광야에서 외치는 소리에 관한 이사야의 예언이 성취된 사건이었다고 말한다. "주의 길을 예비하라. 그의 길들을 곧게 하라."사 40:3, 마 3:3 선지자가 취한 순서에 따르면, 이 소리는 위로의 메시지와 기쁜 소식을 먼저 선포했다.

회개에 관한 일반적인 설명

다만 우리가 믿음이 회개의 근원이라 말하더라도, 사람이 회개하기 위해서는 믿음을 가진 다음 일정한 시간이 흘러야 한다고 전제하는 것은 아니다. 자신이 하나님께 속했음을 깨닫지 못하는 동안에는 즉시 회개에 이를 수 없다는 사실을 우리는 말하고 싶을 뿐이다. 사람은 누구나 하나님의 은혜를 먼저 인정해야만 그다음에 비로소 자신이 하나님께 속했음을 확신할 수 있기 때문이다. 이런 부분들은 우리가 이제부터 제시할 설명을 통해 훨씬 더 분명해질 것이다.

나머지 다른 것들에 관해서라면, 우리는 새로운 종류의 기독교를 능숙하게 조작하는 자들에 대해 알고 있다. 그들은 사람이 세례를 받으려면 반드시 며칠 동안 고행을 한 다음 복음의 은혜에 참여하도록 해야 한다고 주장한다. 이 어리석고 잘못된 관점들은 진리와 전혀 유사하지도 않다. 나는 지금 재세례파 사람들, 특히 "영적"이라고 불리고 싶어 하는 자들을 가리켜 말하고 있다![1] 그런 관점들은 이 광기의 영이 만들어 낸 결과다. 그리스도인이 평생 계속해야 할 회개를 그들은 며칠 동안만 하면 된다고 믿는다.

아주 오래전 어떤 학식 있는 사람들은 단순하고 순수하게 성경의 기준에 따라 회개를 논의하면서, 회개는 죽이기와 살리기라는 두 부분으로 구성된다고 주장했다.[2] 그들이 "죽이기"라고 한 것은 죄에 대한 지식과 그에 대한 하나님의 심판을 의식함으로써 생기는 진심 어린 슬픔과 공포를 뜻한다. 사람이 자기 죄를 참으로 알게 되면 죄를 미워하고 혐오하기 시작하고, 내적으로 자신을 혐오하게 되며, 자신이 비참하고 실패한 자임을 고백하며 달라지기를 원하게 된다. 또한 사람이 하나님의 심판에 대해 생각하며 마음이 움직이면, 그 생각이 꼬리를 물고 이어지면서 겸손해지고, 두려움과 혼란에 빠지며, 떨면서 낙심하고, 희망을 송두리째 잃어버린다. 회개의 첫 단계인 이것은 "통회"라고 불린다. 그들이 "살리기"라고 한 것은 믿음이 만들어 내는 일종의 위안을 뜻한다. 사람이 죄의식에 압도되어 하나님에 대한 두려움에 짓눌리면, 하나님의 자비와 선하심으로, 예수 그리스도 안에 있는 은혜와 구원으로 시선을 향하게 되고, 다시 일어나 숨을 쉬고 새로운 용기를 얻어 이른바 죽음에서 생명으로 돌아오게 되는 일이 생긴다.

또 어떤 사람들은 이 말이 성경에서 여러 뜻으로 쓰이고 있음을 눈여겨보고 회개를 두 가지로 구분했다. 그들은 그중 하나를 "율법적" 회개로 불렀는데, 이 회개는 죄인이 죄의 불꽃에 그슬리고 하나님의 진노에 대한 생각으로 공포에 사로잡혀 내적 고뇌의 감옥에 갇힌 채 뚫고 나오지 못하는 상태를 뜻한다. 그들은 다른 하나를 "복음적" 회개로 불렀는데, 이 회개를 통해 죄인은 속으로 심각한 고통을 겪지만 결국 더 높이 올라가 자신의 상처를 치료하실 유향이시요, 공포에 사로잡힌 자신의 위로자이며 비참한 자신의 피난처이신 예수 그리스도를 영접한다.[3] 율법적 회개의 사례는 가인과 사울과 유다에게서 볼 수 있다.창 4:13, 삼상 15:30, 마 27:4 성경은 우리에게 회개를 설명하기 위해서, 이들은 자기 죄의 심각함을 알고 하나님의 진노를 두려워했지만 하나님의 공의와 심판만 생각했고 끝까지 그 생각에만 사로잡힌 채 끝난 자들이었다고 말한다. 따라서 그들의 회개는 지옥으로 가는 입구와 다름없었다. 그들은 이 입구를 지날 때 아직 살아 있는 중임에도 하나님의 존엄하심에서 나오는 진노에 고통받고 있었다.

복음적 회개는 죄로 인해 내면이 찔리지만 하나님의 자비를 신뢰함으로 일어나 하나님께 돌아가는 모든 사람에게서 볼 수 있다. 히스기야는 자신이 죽을 것이라는 통보를 받고 괴로웠으나, 하나님의 자비를 구하며 눈물로 기도하여 확신을 얻었다.왕하 20:2 니느웨 사람들은 그들의 멸망을 알리는 두려운 소식에 충격을 받았으나, 베옷을 입고 재를 뒤집어쓰고서 주님께서 뜻을 돌이켜 진노를 내리지 않으실 것이라는 소망을 갖고 기도했다.욘 3:5, 9 다윗은 백성의 수효를 센 뒤 자신이 큰 죄를 범했다고 고백하며, "주여, 당신의 종의 죄를 제하여 주소서"라고 간구했다.삼하 24:10 또한 다윗은 나단의 책망을 받았을 때 간음죄를 인정하고 하나님 앞에 엎드렸으며, 그와 동시에 하나님의 용서를 기다렸다.삼하 12:13, 16 베드로의 설교를 듣고 마음에 찔려 하나님의 선하심을 믿으며, "형제들아, 우리가 무엇을 해야 하는가?"라고 물었던 사람들의 회개 역시 복음적 회개였다.행 2:37 베드로가 그와 동일한 소망을 품고서 슬피 울었던 것도 복음적 회개였다.눅 22:62

회개의 보다 정확한 정의

비록 이 모든 것이 사실이기는 해도, 내가 성경에 근거하여 "회개"를 이해할 수 있는 한, 이 "회개"라는 말은 다르게 이해되어야 한다. 믿음과 회개를 혼동하면, 바울이 사도행전에서 했던 말과 상반될 것이다. 바울은 그가 "유대인과 이방인에게 하나님에 대한 회개와 예수 그리스도에 대한 믿음을 증거했다"고 전한다.행 20:21 이 본문에서 그는 믿음과 회개 이 둘을 별개로 다룬다. 정말 그렇다면, 참된 회개가 믿음 없이 존재할 수 있는가? 결코 그럴 수 없다! 다만, 회개와 믿음이 서로 분리될 수는 없더라도 구별은 되어야 한다. 믿음이 소망 없이 존재할 수 없다고 해서, 믿음과 소망이 동일한 것은 아니다. 마찬가지로 회개와 믿음도 비록 나눌 수 없는 끈으로 서로를 지탱하고 있더라도, 이 둘은 혼합되기보다는 결합되어야 한다.

나는 "회개"라는 용어가 하나님께로 돌아가는 전체 행위, 곧 믿음이 주도적 역할을 하는 행위를 가리키고 있음을 모르지 않는다. 하지만 회개의 본질과 특징을 설명하면, 이 용어가 어떤 뜻으로 쓰이는지 명백해진다. 회개에 해당하는 히브리어는 '돌이킴'을 뜻한다. 헬라어는 '마음과 뜻과 행동의 변화'를 뜻한다. 이 용어들은 회개의 실제적 의미를 아주 잘 전달하는

데, 회개의 본질은 자신을 떠나서 하나님께로 돌아가는 것이며, 옛 생각과 의지를 버리고 새 생각과 의지를 가지는 것이기 때문이다. 따라서 내 판단에는, 회개를 다음과 같이 정확하게 정의하는 것이 좋겠다. "회개는 우리가 하나님을 따르고 그분이 보이시는 길을 가기 위한 우리 삶의 참된 전환인데, 이 전환은 하나님에 대한 참되고 거짓 없는 두려움으로 이루어지고, 우리 육체와 옛 사람을 죽이는 것과 성령의 살리심으로 이루어진다." 우리는 선지자들과 사도들의 글 속에 있는 모든 권면을 바로 이런 뜻으로 이해해야 한다. 선지자들과 사도들도 동시대인들이 회개하도록 격려할 때 이런 뜻을 의도했다. 그들의 목적은, 자기의 죄에 당황하며 하나님께서 내리실 심판에 대한 두려움에 빠진 사람들로 하여금 그들이 반역한 하나님의 존엄 앞에 자기를 낮추고 엎드림으로써 올바른 길로 돌이킬 수 있는 지점까지 데려오는 것이었다. 그들이 변화되어 주님께 돌아오는 것과, 뉘우치고 회개하는 것에 관하여 말한 것이 바로 그 목적이었다. 바울과 요한은 우리에게 회개에 합당한 열매를 맺으라고 권면한다. 그것은 우리의 모든 행위에서 바로 그런 삶의 변화를 입증하고 나타내는 방식으로 살아야 한다는 뜻이다.눅 3:8, 행 26:20

회개에 관한 세 가지 관점

논의를 더 진행하기 전에, 위에 제시된 정의의 세 가지 요점에 관하여 약간의 설명을 덧붙이면 도움이 될 것이다. 먼저, 우리가 회개를 하나님을 향한 삶으로의 돌이킴이라고 부를 때는 단지 바깥으로 하는 행동에서만 아니라 우리 영혼에서도 변화를 추구하는 것이며, 이 변화를 통해 옛 성품을 벗은 이후 그 새로워짐에 어울리는 열매를 맺으려는 것이다. 이는 에스겔 선지자가 사람들에게 회개하고 새로운 마음을 가지라고 권면하며 말한 내용이기도 하다.겔 18:31 모세 역시 이스라엘 백성에게 참된 회개가 무엇인지 설명할 때, 온 마음과 온 뜻으로 돌이키라고 말한다.신 6:5, 10:12, 30:2, 6, 10 선지자들도 동일한 표현을 반복한다.

그러나 회개의 진정한 본질을 가장 잘 말해 주는 것은 예레미야 4장이다. 거기서 하나님은 이렇게 말씀하신다. "이스라엘아, 만약 너희가 돌아오려거든 내게 돌아오라. 너희 마음의 밭을 신중하게 갈아서 가시덤불에는 씨를 뿌리지 마라. 너희는 스스로 여호와께 할례를 행하고, 너희 마음에서 모든 더러움을 제거하라."[1, 3-4절] 예레미야는 백성에게 어떻게 선한 생활을 할지 가르치면서, 그들이 가장 먼저 해야 할 행동은 그들 마음에서 불경건함을 제거하는 것이라고 말한다. 그래서 이사야는 그의 시대 사람들이 마음을 얽매는 불경건함의 줄들을 떨쳐 내는 일에는 무관심하고 오직 외형적으로만 삶을 고치려는 위선적인 헛된 노력에 경멸을 퍼부었던 것이다.[사 58:1-7] 이 구절에서도 그는 참된 회개에 이어져야 마땅한 행위들을 분명하게 보여준다.

앞에서 말한 대로, 회개의 두 번째 요점은 회개가 하나님에 대한 올바른 두려움에서 비롯된다는 사실이다. 죄인의 양심이 회개에 이르기 위해서는 하나님의 심판에 대한 생각으로 죄인의 마음이 움직여야 한다. 일단 언젠가 하나님께서 심판의 보좌를 높이시고 우리를 불러 우리의 모든 말과 행동에 대한 설명을 요구하실 것이라는 생각이 마음속에 확고히 자리잡게 되면, 불행한 죄인은 그 생각 때문에 단 일 분도 편안히 숨조차 쉬지 못한 채 그 생각의 찔림과 재촉을 받다가, 마침내 하나님의 심판대 앞에 안전하게 나타나기 위해 새로운 삶으로 나아가게 된다. 그러므로 성경은 우리에게 회개하도록 권면할 때, "너희 사악함 때문에 내 진노가 불처럼 나가서 아무도 끄지 못하게 되지 않도록"이라는 예레미야의 말씀처럼,[렘 4:4] 하나님께서 언젠가 세상을 심판하실 것이라는 사실을 자주 상기시킨다. 또한 바울이 아테네 사람들에게 설교할 때, "하나님께서 한번은 사람들이 무지하게 살도록 허용하셨으나, 이제 그는 그들에게 회개하도록 명령하시나니, 그가 세상을 공평하게 심판하실 날을 정하셨음이라"고 말한다.[행 17:30-31] 다른 여러 구절에서도 마찬가지다.

때때로 성경은 이미 일어난 형벌들에 대해 기록함으로써 하나님이 심판자이심을 계시한다. 그러므로 성경은 만약 죄인들이 그 길을 적절한 시기에 고치지 않으면 훨씬 심각한 형벌이 예정되어 있다고 경고한다. 이 점은 우리를 위해서 신명기 29장에 설명되어 있다.18-28절 하나님에 대한 회심은 우리가 죄를 미워하고 두려워할 때 시작되기 때문에, 사도는 그것이 "하나님의 뜻대로 하는 근심"이요, 이후에 회개로 이어진다고 말한다.고후 7:10 죄가 하나님을 불쾌하게 한다는 것을 알기 때문에 우리가 형벌을 두려워하고 나아가 죄를 혐오하고 증오하는 것을 여기서 사도는 "하나님의 뜻대로 하는 근심"으로 부른다.

이제 세 번째 요점이 설명될 차례다. 우리가 말했듯이, 회개는 육체를 죽이는 것과 성령의 살리심이라는 두 부분으로 구성된다. 비록 선지자들은 비슷한 방식으로 말했지만, 그들이 보살펴야 하는 백성의 무지에 맞추어 이 요점을 잘 설명한다. 그들은 이렇게 말한다. "악행하는 것을 그치고 의를 좇으라."시 37:27 "너희는 스스로 더러움을 제거하고, 방탕한 삶을 버리고 선행을 배우고, 공의와 자비를 구하라."사 1:16-17 그들은 백성에게 사악한 길에서 돌아오도록 권면하면서, 육체를 가진 모든 인간의 본성은 악으로 충만하기 때문에 죽어야 한다고 주장했다. 그것은 대단히 어려운 명령이다. 우리가 우리의 자아를 벗고 본성을 거절해야 한다는 뜻이기 때문이다. 우리에게 속한 모든 것이 다 지워지고 파괴되지 않는 한, 우리 중 누구도 육체가 확실히 죽임을 당했다고 생각할 수 없을 것이다. 그러나 우리 본성의 모든 생각과 감정은 하나님께 적대적이고 그분의 의로우심을 반대하기 때문에,롬 8:7 율법에 순종하는 길의 첫걸음을 내딛기 위해서는 우리의 본성과 의지 전체를 부인해야 한다. 선지자의 다음 말씀을 보면, 새로워진 삶은 의와 공의와 자비와 같은 행동으로 이어짐을 알 수 있다. 영혼이 먼저 확고하게 그런 행위를 사랑하고 소중히 여기지 않으면서, 바깥으로만 보이려고 그렇게 하는 것은 충분하지 못하기 때문이다.

이것은 오직 하나님의 성령께서 우리 영혼을 그의 거룩하심으로 충만케 하여 변화시키실 때, 그리고 우리 영혼이 새로운 생각들과 감정들을 지향하게 하심으로써 이전과 달라졌을 때 이루어진다. 새로운 생각들과 감정들은 우리가 그리스도와 누리는 교제를 통해서 온다. 우리가 그리스도의 죽음에 참예하면, 그의 능력으로 우리 옛 사람이 십자가에 못 박히고 우리 속에 살고 있는 죄의 몸이 죽임을 당하기 때문이다. 그 결과 우리 옛 본성의 부패함은 힘을 잃게 된다. 우리가 그의 부활에 참예하면, 우리는 그의 부활에 의해 하나님의 공의에 부합하는 새로운 삶으로 부활한다.

간단히 말해, 나는 회개가 영적 중생이요, 중생의 목적은 아담의 범죄로 우리 속에서 희미해져 거의 제거된 하나님 형상의 회복이라고 주장한다. 그래서 사도 역시 다음과 같이 선포하며 회개를 정의하고 있다. "수건이 제거되어 우리는 하나님의 영광을 바라보며, 하나님의 성령에 의해 영광에서 영광으로 그의 형상으로 변화되도다."고후 3:18 "너희 영으로 새롭게 되어 의로움과 참된 거룩함에서 하나님을 따라 창조된 새 사람을 입으라." 엡 4:23-24 "새 사람을 입었으니, 새 사람은 자기를 창조하신 분의 지식과 형상으로 새롭게 된 사람이니라."골 3:10 그러므로 중생을 통해 우리는 그리스도의 은혜에 의해 우리가 아담 때문에 떨어졌던 하나님의 의로우심으로 회복된다. 하나님은 그분이 영원한 생명을 유업으로 얻도록 입양하신 모든 자를 온전히 회복하기를 기뻐하시기 때문이다.

회개의 표현: 눈물과 금식

이제 우리가 회개의 결과들을 이해할 수 있는 시점이 되었다. 그런데 어떤 사람들은 요엘을 비롯한 선지자들이 울거나 금식하거나, 혹은 베옷을 입거나 머리에 재를 뿌리는 행동으로 회개의 필요성을 말한다고 판단한다.욜 2:12 그래서 그들은 회개가 주로 금식과 애곡의 문제라고 결론짓는다. 이것은 우리가 피해야 할 오류다. 우리는 요엘의 글에서 온 마음으로 여호와를 향할 때 옷이 아닌 마음을 찢어야 한다는 말씀을 읽는다. 그것이 진정한 회개다. 하지만 금식과 애곡은 회개를 위해 필요하지 않으며, 항상 회개에 뒤따라야 하는 것도 아니다. 특별히 필요할 때만 함께 있는 것들이다. 요엘은 유대인들에게 내릴 하나님의 끔찍한 보복을 알렸고, 그들은 그 보복을 피하기 위해 삶을 고쳐야 할 뿐 아니라 스스로 낮아진 슬픔을 나타내야 한다고 경고했기 때문이다. 고대에 범죄로 기소된 사람이 턱수염을 기르고 빗지 않은 머리와 애곡하는 복장으로 재판관에게 자비를 간청하곤 했듯이, 하나님의 보좌 앞에서 기소된 이 백성은 그들이 하나님의 자비로운 용서를 구한다는 외적 표시를 나타내야 했던 것이다. 베옷을 입고 머리에 재를 뿌리는 행위는 그 시대의 관습이며, 오늘날 우리와는 아주 무관하다. 다만, 눈물과 금식은 언제든 주님께서 어떤 가능한 재난을 미리 말씀하실 때에 우리에게도 부적절하지는 않을 것이다.

요엘 선지자는 우리가 몇 가지 분명한 위험에 주의하도록, 하나님은 공정한 응징을 행하신다는 것과, 어떤 의미에서는 그렇게 하기 위한 만반의 준비를 이미 다 갖추고 계시다는 것을 말한다. 요엘은 하나님의 멸망의 심판이 이미 준비되어 있음을 들은 자들에게 눈물과 금식, 곧 슬픔의 표시를 요구하며 가장 이해하기 쉽게 말한다. 마찬가지로 교회 목사들은 전쟁, 기근, 전염병 등의 어떤 임박한 재앙을 볼 때마다 자기가 돌보는 사람들이 마음만 찢고 옷은 찢지 않아도 된다는 주요 요구에만 집착할 때는, 그들도 눈물과 금식으로 주님께 기도할 필요가 있음을 가르치는 것이 바람직할 것이다. 그러므로 금식이 언제나 회개와 결합하지 않아도 된다는 사실은 분명하며, 동시에 자신이 하나님의 진노를 마땅히 감당해야 한다고 인정하면서도 그분의 용서와 자비를 구하는 사람들에게는 금식이 특별히 적합한 것도 분명하다. 그래서 예수 그리스도께서도 금식을 고통과 환란과 관련시키신다. 그리스도는 그가 제자들과 함께 계신 동안에는 기뻐할 시간이므로 금식하지 않아도 되지만, 제자들이 그와 가지던 교제를 잃은 슬픔의 시간이 닥치면 금식할 것이라고 말씀하셨다.[마 9:15] 나는 여기서 엄숙히 행하는 공적 금식을 말하고 있다. 그리스도인은 마치 지속적인 금식을 하듯이 처음부터 마지막까지 깨어서 통제하는 생활을 해야 하기 때문이다.

그리스도와 사도들이 선포한 회개

모두가 동의하듯이, 복음 전체가 회개와 죄 사함이라는 두 가지 요점으로 종합된다면, 주님께서 그분의 종들을 의롭게 하셔서 그들을 성령으로 성별하는 동시에 참된 의로우심으로 회복하신다는 것 역시 자명한 사실 아닌가? 그리스도의 길을 준비하도록 보냄을 받은 전령으로서 세례 요한은 그의 설교 전반에서 바로 이 점을 강조했다. "회개하라, 하나님의 나라가 가까이 왔도다!"막 3:2 그는 사람들을 회개하도록 격려할 때 그들이 자신을 죄인으로 여기고, 그들과 그들의 모든 행위가 하나님 보시기에 저주받아 마땅한 것임을 인정하도록 권면했다. 이렇게 함으로써 세례 요한은 그들이 온 마음을 다해 자신의 육신을 죽이고, 하나님의 성령을 통한 중생을 바라도록 이끌었다. 세례 요한은 하나님의 나라를 선포함으로써 그들이 믿음으로 나아오도록 부르고 있었다. 그리고 임박한 하나님의 나라에 대해 말하면서, 우리가 그리스도 안에서 받는 죄 사함과 구원과 생명과 그 밖의 모든 것을 말한다. 우리는 다른 복음서들에서 "요한이 죄 사함을 위한 회개의 세례를 전파하러 왔다"는 기록을 읽는다.막 1:4, 눅 3:3 즉, 그는 죄 짐을 지느라 지친 사람들에게 하나님께 돌아와 은혜와 구원을 소망하라고 가르쳤다. 그리스도께서도 바로 그렇게 선포를 시작하셨다. "하나님의 나라가 가까웠으니, 회개하고 복음을 믿으라."막 1:15 우선 그리스도는 그가 하나님의 자비로운 보배들을 지니고 있다고 설명하시고, 그다음에는 회개를 요구하시며, 마지막으로 하나님의 약속에 대한 확고한 믿음을 요구하신다.

마찬가지로 그리스도는 다른 곳에서 복음의 핵심을 간략히 설명하실 때, 그가 고난을 받고 죽은 자들 가운데서 부활해야 할 것과, 회개와 죄 사함이 그의 이름으로 전파되어야 할 것을 알리신다.눅 24:47 이것은 그리스도의 부활 이후 사도들의 메시지이기도 한데, 그들은 하나님께서 "이스라엘 백성에게 회개와 죄 사함을 주시기 위해" 그리스도를 다시 살리셨다고 가르쳤기 때문이다.행 5:30-31 사람들은 복음을 배움으로써 자신의 모든 생각과 느낌과 행동이 부패하고 타락했으며, 따라서 하나님의 나라에 들어가려면 중생해야 함을 알게 된다. 그때 회개가 그리스도의 이름으로 그들에게 전파된다. 또한 사람들은 그리스도께서 그들을 위해 구속과 의와 구원과 생명 되심과, 그리스도와 그리스도의 인치심을 통해 그의 의가 그들에게 자유롭게 전가되어 그들이 하나님 앞에서 의롭고 흠 없다고 인정받음을 알게 된다.고전 1:30 그때 죄 사함이 그들에게 전파된다. 다만, 우리가 믿음으로 이 둘을 받은 이후로도, 믿음의 본래 목적이 우리 죄를 용서하신 하나님의 선하심이므로 믿음과 회개를 구별하는 것은 여전히 중요하다.

회개와 삶의 변화

회개의 시작은 죄에 대한 증오다. 이 증오는 그리스도께서 다른 누군가가 아니라 오직 슬픔과 비참함에 짓눌려 비틀거리면서 해산의 수고에 신음하는 가련하고 고통받는 죄인들에게 자기를 주셨음을 가장 먼저 알게 한다. 우리가 그렇게 회개를 시작하고 난 다음, 그리스도 안에 거하기를 원한다면 평생토록 매일매일 회개를 추구해야 하며, 오직 죽음의 순간에만 그 추구를 그만둘 수 있다. 그리스도는 참으로 죄인을 부르러 오셨지만, 그들을 불러 회개시키러 오셨다. 그는 복을 받을 자격이 없는 자들에게 복을 주셨지만, 그것은 오직 그들 모두를 죄악에서 돌아서게 하시기 위함이었다. 성경에는 이와 같은 말씀이 풍성하다. 그래서 주님은 우리의 죄를 용서하실 때 자주 우리에게 변화된 삶을 요구하신다. 그렇게 하실 때 주님은 그의 자비가 우리의 삶을 변화시키는 동기와 목적임을 증언하신다. "구원이 가까우니 공의와 의를 행하라."사 56:1 "구원이 시온에, 이스라엘에서 자기의 죄악으로부터 돌이키는 자들에게 오리라."사 59:20 "너희는 주님께서 찾으실 수 있는 동안 찾으며, 그가 가까이 계실 때에 부르라."사 55:6-7 "너희는 삶을 고치며 주님께 돌아오라. 그리하면 너희의 죄악이 지워지리라."행 3:19 여기 이 마지막 구절에 덧붙여진 조건이 삶의 변화를 우리의 죄 사함을 위한 근거로 삼고 있지 않음을 주시하라. 주님은 사람들에게 자비를 베풀고 싶어 하신다. 사람들이 그 자비를 누린 결과로 그들의 삶을 고치게 되기를 바라신다. 이처럼 하나님의 용서를 누리기 위해 우리가 추구해야 할 목적이 우리 앞에 제시된다.

따라서 우리가 이 육신의 감옥에 거하는 동안에는 언제나 지속적으로 우리 본성의 부패함과 우리 속의 선천적인 모든 것과 대항하여 싸워야 한다.[4] 플라톤은 철학자의 삶은 죽음에 대한 사색이라고 말하곤 했다. 더욱 큰 진리를 가진 우리는, 그리스도인의 삶이란 마침내 육신이 파괴되고 하나님의 영이 우리 속에서 다스리실 때까지 육신을 죽이는 일에 대한 지속적인 학습과 연습이라고 말할 수 있다. 그러므로 나는 자기를 혐오할 줄 알게 된 사람은 상당한 진보를 이루었다고 믿는다. 그 사람이 거기서 멈추어 더 이상 가지 않으려 하기 때문이 아니라, 하나님을 향해 숨 쉬고 열망하며 그리스도의 죽음과 부활에 굳게 뿌리내린 채 지속적으로 회개에 힘쓰기 때문이다. 죄에 대한 미움을 제대로 깨달은 사람은 그렇게 하지 않을 수 없다. 의에 대한 사랑을 먼저 갖게 된 사람만이 비로소 죄를 미워할 수 있기 때문이다. 나에게는 이것이야말로 다른 어떤 진술보다 성경의 진리에 잘 부합하는 정확한 진술로 느껴진다.

회개에 대한 스콜라학자들의 엉성한 이해

이제 궤변론자들이 회개에 관해 가르치는 것을 논의할 차례가 되었다. 나는 가능한 한 간략히 이 문제를 다룰 것이다. 모든 것을 조사할 필요는 없는데, 그렇게 하지 않으면 내가 줄곧 줄이고자 한 이 책의 분량이 지나치게 많아질 것이기 때문이다. 게다가 저들은 그리 어렵지도 않은 이 주제를 지루한 주장들로 복잡하게 만들었기 때문에, 우리가 자칫 그들이 만든 미로 속에 끌려가면 빠져나오기가 쉽지 않다.

우선 회개에 대한 그들의 정의는 그들이 회개에 대해서 전혀 아는 바가 없음을 여실히 증명한다. 그들은 옛 저자들의 작품에서 회개의 의미나 성질과 전혀 상관없는 진술 몇 개를 뽑아낸다. 다음과 같은 진술들이 그 사례다. "회개는 전에 저지른 죄들을 통회하고, 훗날 통회하게 될 죄들을 저지르지 않는 것이다."[5] "회개는 과거의 잘못들을 애통하고 훗날 애통하게 될 잘못들을 더 이상 저지르지 않는 것이다." "저지르지 않았다면 좋았을 것이라고 여기게 될 일들 때문에 자신을 벌하는 것이야말로 슬픈 형벌이다." "그것은 직접 저지른 죄악이나 간접적으로 동의한 죄악에 대한 영혼의 쓰라림이나 마음의 슬픔이다." 혹시 우리가 고대 신학자들의 이 진술들을 좋게 여긴다 하더라도, 이는 어떤 논쟁적인 사람이 쉽게 반박할 수 있을 만한 진술들이며, 그들은 회개가 무엇인지 설명하려고 이렇게 진술했던 것이 아니다. 그들은 자기가 저지른 잘못을 회개하고 자유로워진 사람들에게 다시 똑같은 잘못에 빠지지 말라고 권면하고 싶었을 뿐이다. 만약 궤변론자들이 고대인의 모든 저술에서 회개의 정의를 만들어 내고자 한다면, 그들은 이보다는 훨씬 믿을 만한 진술을 인용할 수 있었을 것이다. 예를 들어, 다음과 같은 크리소스토무스의 진술이 좋은 사례가 될 수 있다. "회개는 죄를 소멸하는 일종의 약품이요 하늘에서 내린 선물이며, 기묘한 능력이요 율법의 힘을 능가하는 은혜다."[6]

그들은 이처럼 간교하게 회개를 정의한 다음, 회개를 마음의 통회와 입술의 고해告解와 행위에 의한 보속補贖이라는 세 부분으로 나누었다.[7] 그들이 자기들의 인생을 적당한 정의나 구분의 기술에 관한 연구인 형식논리학dialectic에 얼마나 많이 쏟아붓든 상관없이, 이런 분류는 그들이 내린 정의만큼 부적절한 것이다. 이들이 내린 정의에 따르면, 사람이 이전에 저지른 죄악에 대해서는 애통할 수 있지만, 다시 저지른 죄악의 경우에는 오직 그 죄악을 입으로 고해할 때만 비로소 애통할 수 있다. 누군가 이 형식논리학자들이 내린 정의의 근거에 대해 그들이 받아들일 수 있는 형식으로 논쟁하려 한다면, 그들은 과연 그 세 가지 구분을 주장할 수 있을까? 만약 어떤 사람이 자신의 죄를 입으로 고해하지는 못하더라도 진정으로 통회한다면, 회개는 고해 없이도 있을 수 있기 때문이다. 그들이 이 구분은 성례로서 회개에 해당한다고 대답하거나, 혹은 이 구분이 회개의 이상적 규범을 가리킨다고 대답한다면, 그들은 이 규범을 그들이 내린 정의 중 어디에도 포함시키지 않았으며 따라서 그들이 나를 비난할 근거가 전혀 없다. 오히려 그들은 보다 분명하고 간략한 정의를 제시하지 못한 스스로의 잘못을 비난해야 한다. 개인적으로 말해, 질문이 다루어질 때마다 나는 이 논쟁 전체의 토대가 되어야 할 정의를 내가 할 수 있는 최대한으로 존중한다. 그러나 이 교사들에게도 자유를 허락하자. 그리고 각 부분을 순서대로 자세히 논의하도록 하자.

독자들은 우리가 관여한 갈등이 결코 사소한 것이 아니며, 오히려 죄 사함이라는 다른 모든 문제를 능가할 중대한 문제임을 이해해야 할 것이다. 이 궤변론자들은 마음의 통회와 입술의 고해와 행위에 의한 보속이라는 이 세 가지를 내세우면서, 이것들은 죄 사함을 얻기 위해서 필수라고 선언하기 때문이다. 우리의 모든 신앙에 있어서 우리가 확실히 알아야 할 것이 있다면, 그것은 바로 "어떤 수단으로, 어떤 방식으로, 어떤 조건으로, 얼마나 쉽거나 어렵게 죄 사함을 얻는가?"라는 문제일 것이다. 이 문제를 확고하고 분명하게 알지 못하면, 양심은 결코 하나님과 함께 안식하거나 평화를 누릴 수 없으며 어떤 신뢰나 확신도 불가능할 것이다. 다만 양심은 영원히 공포에 떨면서 이리저리 흔들리고, 당황하고, 고통받고, 억눌리고, 하나님의 심판을 두려워하고 혐오하면서 할 수 있는 한 그 심판에서 멀어지려 할 것이다. 그리고 죄 사함이 그들이 제한하는 조건들에 달려 있다면, 우리는 가장 비참하고 무기력한 피조물인 셈이 된다.

스콜라학자들의 통회 교리

궤변론자들이 용서와 은혜를 위해 필요하다고 믿는 회개의 첫 부분은 통회다. 그들은 통회가 충분히 온전하게 이루어져야 한다고 주장한다. 그러나 사람이 자기의 통회할 의무에서 해방된 것을 언제 확신할 수 있는지를 그들은 정확히 정하지 않는다. 그래서 가련한 양심들은 통회가 자기에게 부과된 확고한 요구 사항임을 알고서 굉장히 고통받지만, 갚아야 할 빚이 얼마나 광범위한지를 듣지 못하기 때문에 언제 그 빚이 청산되는지도 확실히 알지 못한다. 만약 궤변론자들이 우리가 우리 속에 있는 모든 것을 행해야 한다고 대답한다면, 우리는 순환논법에 빠지게 될 뿐이다. 도대체 언제 사람이 자기의 모든 힘을 다하여 죄를 애통하려고 애썼다는 사실을 자신할 수 있다는 것인가? 양심들은 오랫동안 자기 속에서 많은 논쟁을 벌인 다음, 자기의 비참함을 밝혀 줄 안식을 얻는 데 필요한 도움이나 보호를 어떤 방법으로도 얻지 못하고, 결국 통회의 의무를 다하기 위해 자기를 강제하거나 강권하여 약간의 고통을 받으며 억지로 눈물을 쥐어짜는 선택을 하게 된다.

우리의 대적들이 내가 중상모략을 하고 있다고 비난한다면, 그들은 통회 교리 덕분에 절망에 빠지지 않게 된 사람이나 혹은 꾸며 낸 슬픔이 아닌 참된 가책으로 하나님의 심판을 마주하게 된 사람을 단 한 명이라도 내게 보여줄 수 있어야 할 것이다. 우리가 분명히 앞의 어딘가에서 주장한 대로, 사람은 자기 죄에 대한 의식 때문에 찔리고 고통을 받아야 비로소 진실하고 참된 정직함으로 하나님의 자비를 구할 수 있기 때문에 우리는 반드시 회개를 통해서만 죄 사함을 얻을 수 있다. 그러나 이와 동시에 우리는 회개가 죄 사함의 원인이 아니라는 사실을 추가했고, 온전히 통회한 것을 알아야만 한다는 고통으로부터 영혼을 놓아주었다. 그뿐만 아니라, 우리는 죄인에게 자기의 통회나 눈물을 보지 말고 오직 하나님의 자비만을 바라보라고 가르쳤다. 그리스도는 가난한 자들에게 복음을 전하고, 마음이 상한 자들을 치료하며, 포로된 자들에게 해방을 선언하시고, 죄수들을 풀어 주시고, 애통하는 자들을 위로하시기 위해 보내심을 받았다.마 11:28, 눅 4:18, 사 61:1 그러므로 우리는 오직 무거운 짐을 지고 괴로워하는 자들에게만 그리스도의 부르심이 있다는 사실을 분명하게 밝혔다. 그래서 자기 의에 푹 빠져 만족한 나머지 자기의 빈곤함에는 완전히 눈이 멀어 있던 바리새인들과, 하나님을 경멸하며 그분의 진노에 주의하지 않고 자기의 질병을 치료하기 위해 아무 노력도 하지 않는 자들은 제외되었다. 그런 사람들은 괴로워하지도 않고 마음이 상하지도 않았다. 그들은 묶여 있지도 않고, 포로 상태도 아니며, 애통하지도 않는다. 죄인에게 그가 도저히 이룰 수 없을 정도의 충분하고 완전한 통회를 통해 죄 사함에 합당한 사람이 되라고 가르치는 것과, 그 죄인에게 자기의 비참함을 깨닫고 하나님의 자비를 바라며 굶주리고 목말라 하도록 명령하고, 그에게 그의 고통과 고뇌와 포로 상태를 말해 줌으로써 위안과 쉼과 구원을 추구하게 하는 것, 곧 그에게 겸손히 하나님을 영광스럽게 하라고 가르치는 것은 서로 완전히 구별되어야 하기 때문이다.

고해: 성경에서 가져온 그럴듯한 "증거"

교회법 학자들과 스콜라학자들은 고해와 관련하여 언제나 많은 논쟁을 벌여 왔다. 교회법 학자들은 실정법, 곧 교회의 제도가 고해를 제정했다고 주장하고, 스콜라학자들은 하나님의 명령이 고해를 제정했다고 주장한다. 이 토론 과정에서 상당한 오만을 드러낸 스콜라학자들은 자신들의 목적을 뒷받침하기 위해 그들이 성경에서 인용한 모든 본문을 왜곡하고 더럽혔다. 그뿐만 아니라, 그들이 성경 인용을 통해서는 자신들의 목적을 이룰 수 없음을 깨닫게 되자, 그들 중 더 간교한 자들은, 고해는 본질상 하나님의 율법에서 유래했으나 나중에 실정법에서 형식을 따왔다는 식으로 핑계를 대었다.[8] 이런 식으로 교회법 학자들 중 더 서투른 자들은 하나님께서 아담에게 "아담아, 네가 어디 있느냐?" 하신 부르심을 하나님의 율법과 상투적으로 관련시킨다.창 3:9 그들은 아담이 자신을 방어하기 위해 "당신이 내게 주신 여자"라고 했던 호소도 동일한 방식으로 활용한다.창 3:12 그런데도 그들은 하나님의 부르심 형식과 아담의 호소 형식이 둘 다 세속법에 의해 사람에게 주어졌다고 말한다.

그러나 형식의 유무에 상관없이 모든 고해는 하나님의 명령으로 제정되었다는 주장에 대해 그들은 과연 어떤 증거들을 제시했는지 살펴보자. 그들은 "우리 주님께서 나병 환자들을 제사장들에게 보내셨다"고 주장한다.마 8:4 그래서 어쨌다는 것인가? 주님께서 그들을 고해하라고 보내셨다는 것인가? 누구든 하나님께서 레위 지파 제사장들에게 고해를 듣도록 명령하신 것을 들은 적이 있는가? 스콜라학자들은 모세 율법이 제사장들에게 다양한 형태의 나병을 구별하도록 허락했으며,레 14:2-3 죄는 일종의 영적 나병이므로 제사장이 나병을 판별하는 직무를 갖게 된 것이라는 풍유적 해석에 의존한다.

대답하기 전에, 나는 우선 질문부터 하고 싶다. 만약 이 본문에서 제사장들이 영적 나병을 판별하라는 명령을 받았다면, 왜 스콜라학자들은 자신들이 자연적 나병, 곧 육체의 나병을 확진하는 권리를 주장하는 것인가? 그들이 성경을 이런 식으로 왜곡하는 것은 사실상 성경을 조롱하는 짓 아닌가? 그들은 "율법이 레위 지파 제사장들에게 나병을 판별할 권리를 주었으니, 우리가 그 권리를 취하자. 죄는 영적 나병이니, 우리가 죄의 재판관이 되자"고 주장한다.

자, 나의 대답은 이렇다. 제사장 직무가 이전될 때는 율법도 비슷하게 이전되어야 한다. 모든 제사장 직무가 예수 그리스도에게 이전되고 그 안에서 완성되고 완료되었으므로, 제사장 직무의 모든 위엄과 특권들 역시 예수 그리스도에게 이전되었다.히 7:12 그들이 풍유를 조작하는 데 그토록 즐거움을 느낀다면, 그들은 그리스도를 자기들의 제사장으로 삼아야 하며, 모든 일에 대한 판결의 권리를 그리스도에게 드려야 한다. 우리는 기꺼이 그렇게 한다. 더욱이 그 풍유는 매우 잘못되었는데, 단순한 세속법을 종교적 예전으로 혼동하기 때문이다. 그렇다면 왜 그리스도는 그 나병 환자들을 제사장들에게 보내셨는가? 제사장들이 그리스도가 율법을 위반했다고 비난할 여지를 주지 않기 위해서였다. 율법은 나병에서 나은 사람들에게 제사장 앞에 가서 희생제물을 드림으로 정결하게 되도록 명령했다. 그래서 그리스도는 그가 치료해 주신 나병 환자들에게 율법이 말한 대로 하도록 명령하신다. "가서 너희를 제사장들에게 보이고 모세가 율법에서 명령한 제물을 드림으로 그 제물이 너희에게 증거가 되게 하라."마 8:4 이 기적이 그들에게는 진정한 증거가 되었을 것인데, 이는 제사장들이 그들을 나병 환자로 공표했으나 이제는 나았다는 선언을 듣기 때문이다. 그들은 자기 의사와 상관없이 그리스도의 이적들에 대한 증인이 되도록 강권함을 받은 것 아니겠는가? 그리스도는 그들이 그의 이적을 시험해 보도록 허락하신다. 그들은 이 이적을 부정할 수 없었지만 여전히 얼버무릴 수 있었으므로, 이 사건이 그들에게 증거가 되었던 것이다. 그래서 우리는 다른 곳에서 그렇게 기록하고 있음을 볼 수 있다. "이 복음이 모든 백성에게 증거가 되기 위하여 온 세상에 전파될 것이다."마 24:14 "너희가 왕들과 군주들 앞에 끌려가 그들에게 증인이 되리라."마 10:18 그러므로 그 왕들과 군주들이 받을 정죄는 하나님의 심판을 받을 때 더욱더 위중해질 것이다. 그러나 스콜라학자들이 크리소스토무스처럼 기꺼이 자기의 권세를 중단하려 한다면, 크리소스토무스는 그들에게 그리스도께서 유대인들 때문에 이것을 행하셨고, 그래서 율법의 위반자로 보이지 않게 되셨음을 설명해 줄 것이다.[9]

고해: 두 번째 그럴듯한 증거

저들이 제시하는 두 번째 증거는, 마치 무슨 가르침이든 그 진실성이 풍유로 확정할 수 있다는 첫 번째 증거처럼 풍유에서 나온다. 하지만 내가 그들보다 풍유를 더욱 그럴듯하게 사용할 수 있음을 보여줄 수 있기에, 나는 이 풍유를 다루는 것이 즐겁다.

그들은 우리 주님께서 나사로를 일으키신 후 그의 제자들에게 그를 묶은 것들을 풀어 자유롭게 다니도록 해줄 것을 명령하셨다고 주장한다.요 11:44 우선 그들은 거짓말을 하고 있다. 성경 어디서도 우리 주님께서 그의 제자들에게 그렇게 하라고 명령하신 것을 읽을 수 없기 때문이다. 주님은 이 말씀을 거기에 있던 유대인들에게 하셨을 것이다. 그러므로 이 이적이 속임수라는 의심을 전혀 받지 못하도록 더욱 분명해질 수 있었고, 그의 권능은 더욱더 위대해 보였을 것이다. 만지시는 것도 별로 없이 그리스도는 오식 그의 말씀만으로 죽은 자를 일으키셨기 때문이다. 나는 그렇게 읽는 것이 옳다고 확신한다. 우리 주님은 유대인들이 품을 수 있는 어떤 사악한 의심도 제거하시기 위해, 그 유대인들이 그 돌을 옮기고, 그 악취를 맡고, 죽음의 확실한 표지들을 확인하고, 나사로가 그리스도의 목소리라는 유일한 권능을 통해 일어나는 것을 보고, 그를 처음으로 만지는 자가 되기를 원하셨던 것이다. 혹시라도, 우리가 그들에게 양보하여 그리스도께서 이 말씀을 제자들에게 하셨다고 생각해 보자. 그들은 여기서 무엇을 끌어내는가? 만약 우리가 여기서 주님께서 신자들에게 그가 일으켜 살게 하신 자들을 풀어 주도록 가르치려고 그 말씀을 하셨다고 말한다면, 그것이야말로 이 본문에 대한 훨씬 분명한 풍유적 해석을 제시하는 것 아닌가? 다시 말해, 그가 이미 간과하신 죄악을 기억하지 않으심을, 그가 이미 용서하신 죄인들을 정죄하지 않으심을, 그가 이미 용서하신 것을 책망하지 않으심을, 그가 이미 자비와 인자와 은혜를 베풀어 용서하신 것에 대해 엄하고 고통스러운 형벌을 주장하지 않음을 가르치시려고 그렇게 말씀하신 것 아니겠는가? 궤변론자들이 이 풍유들 뒤로 들어가서 자기를 숨기라고 내버려 두기로 하자.

고해: 신약성경의 두 본문 고찰

그들은 자신이 그 뜻을 분명하게 이해했다고 여기는 성경 본문들을 가지고 주장의 논거를 제시함으로써 우리와 더욱 치열하게 논쟁하려 한다. 그들은 "요한의 세례를 받으러 왔던 자들이 자기 죄를 고해했고, 야고보는 우리에게 서로 죄를 고해하도록 명령했다"고 말한다.[마 3:6, 약 5:16] 내 대답은 이렇다. 세례를 받으러 왔던 자들이 자기 죄를 고백한 일은 놀랍지 않은데, 그 이유는 요한이 죄 사함의 세례를 전파하고 회개를 위해 물로 세례를 주었다고 이미 성경이 말했기 때문이다. 자기가 죄인임을 고백한 자들이 아니라면 과연 세례 요한이 누구에게 세례를 베풀었겠는가? 세례는 죄 사함의 표지다. 죄인이 아니라면, 그리고 자기를 죄인으로 여기던 자들이 아니라면, 과연 누가 이 표지를 통해 받아들여지겠는가?

야고보가 우리에게 서로 죄를 고백하라고 권하는 데는 충분한 이유가 있다. 만약 스콜라학자들이 이 야고보서 본문 이후의 내용에 주의를 기울였다면, 이 본문이 그들에게 그다지 도움이 되지 않음을 알아차렸을 것이다. 야고보는 "너희 죄를 서로에게 고백하고, 서로를 위해 기도하라"고 말한다. 야고보는 상호적인 기도를 상호적인 고백과 결합한다. 만약 우리가 사제들에게만 고백해야 한다면, 우리는 오직 그들만을 위해 기도해야 할 것이다. 참으로, 그들과 같은 방식으로 야고보의 말을 이해한다면, 사제들 이외에는 누구도 서로에게 죄를 고백하지 말아야 한다. 야고보가 우리에게 서로 죄를 고백하라고 할 때는 다른 사람의 죄 고백을 듣는 자를 대상으로 말하고 있기 때문이다. 야고보는 "서로에게", 혹은 그들이 더 낫게 여기는 용어로 표현하면 '상호적으로'라는 뜻의 단어를 사용하고 있다. 그렇다면, 스콜라학자들이 고해를 사제들에게만 허용된 특권으로 인정하듯이, 상대방의 죄 고백을 듣는 사람 외에는 아무도 자기 죄를 상대방에게 고백할 수 없다는 뜻이 된다. 그러니 우리는 그들의 견해를 존중한다는 취지에서, 고해할 임무를 오직 스콜라학자들이 자기들끼리만 수행하도록 내버려두기로 하자.

이제 그런 무의미한 주장은 그만 내세우자. 그 대신 사도가 전하려 했던 간단하고 분명한 뜻을 이해하도록 하자. 우리는 서로에게 자기의 연약함을 알리고 드러낼 수 있으며, 그러므로 서로서로 권면과 고백과 위로를 주고받을 수 있다. 각 사람은 형제의 연약함을 알게 된 다음에는, 하나님께 기도드릴 때 그 형제를 기억해야 한다. 우리는 하나님의 자비를 고백해야 하며, 자기의 비참함을 먼저 고백한 사람이 하나님의 자비를 고백할 수 있다는 입장을 강하게 견지한다. 그렇다면 왜 스콜라학자들은 우리의 이런 입장을 알면서도 우리를 반박하기 위해 야고보서를 인용하는가? 사실, 우리는 하나님 앞에서, 천사들 앞에서, 교회 앞에서, 간단히 말해 모든 인간 앞에서 자신을 죄인으로 고백하지 않는 사람을 정죄받고 저주받은 자로 부른다. 하나님께서 모든 것을 죄 아래 가두어 두심으로써 모든 입이 닫히고 모든 육체가 하나님 앞에서 겸손해지고, 오직 그분만 의로워지시고 높

아지시기 때문이다.갈 3:22, 롬 3:4, 19-20

교회 역사의 맥락에서 본 고해

나는 저들이 하나님께서 고해를 성별하셨다고까지 겁 없이 말하는 대담성이 놀랍다. 우리는 죄 고백이 아주 오래된 관습인 것은 인정하지만, 고해는 본래 해도 되고 안 해도 되는 것이었음을 어렵지 않게 증명할 수 있다. 그들이 가진 사료집의 기록에 따르면, 고해에 관한 어떤 법이나 제도도 인노켄티우스 3세Innocent III 이전에는 전혀 없었으며,[10] 그 사료집과 기타 고대 작가들의 작품에 따르면, 고해는 주교들이 도입한 행정 지침이었을 뿐, 그리스도나 그의 사도들에 의해 제정되지 않았음이 분명히 확인된다. 나는 이에 대한 증거를 한 가지만 제시하겠지만, 이 증거만으로도 내 요지를 증명하기에는 충분하고도 남을 것이다. 『교회사』의 저자들 중 한 사람인 소조메노스Szomenos는 주교들이 정한 이 제도가 서방 교회, 특히 로마에서 신중하게 준수되었다고 말한다. 따라서 고해는 모든 교회에서 시행되는 보편적 제도가 아니었다. 계속해서 소조메노스는 사제들 중 한 사람이 이 임무를 위해 따로 지정되었다고 말한다. 그래서 소조메노스는, 고해가 전체 사제 제도에 차별 없이 주어진 핵심적 은사라는 이 궤변론자들의 기만적인 주장을 강력히 반박한다.[11] 고해는 모든 사제에게 공통적으로 부과된 임무가 아니라, 주교가 그 임무를 담당하도록 선정한 한 사제만 담당하는 역할이었다. 소조메노스의 이어지는 증언에 따르면, 고해하는 척하던 어떤 여자가 고해를 구실로 교회의 어떤 집사와 부적절한 관계를 일삼아 왔음이 밝혀지기까지, 고해가 콘스탄티노플에서 제도로 시행되었다. 고해를 오용한 이 사건 때문에, 그 지역의 주교이자 거룩함과 대단한 학식으로 유명했던 인물인 넥타리우스Nectarius는 고해 제도를 폐지해 버렸다.

그렇다면, 이 당나귀 같은 자들은 귀를 쫑긋 세우고 잘 들어야 할 것이다! 귀에 들리도록 고백하는 것이 하나님의 율법이었다면, 어찌 넥타리우스가 성급하게 그 율법을 포기하고 억압할 수 있었겠는가? 저들은 모든 교부가 존경하고 인정했던 이 거룩한 사람마저 이단자와 분리주의자로 고발할 것인가? 저들이 말하는 것이 사실이라면, 그런 판단은 콘스탄티노플 교회를 정죄하는 것이 될 것이고, 더 나아가 모든 그리스도인이 범할 수 없고 반드시 준수해야 할 그 율법을 하찮게 여긴 동방 교회 전체를 정죄하는 셈이 될 것이다.

콘스탄티노플의 주교였던 크리소스토무스도 자주 고해 폐지를 언급했기 때문에, 어떻게 저들이 감히 입을 열어 우리와 논쟁하려는지 놀라울 따름이다. 크리소스토무스는 "당신이 당신의 죄를 없애고 싶다면, 그 죄를 고백하라. 당신이 그 죄를 누군가에게 드러내기 부끄럽다면, 그 죄를 매일 당신의 영혼에 고백하라. 나는 당신이 그 죄를 훗날 당신을 책망할 누군가에게는 드러내지 않았으면 좋겠다. 그 죄를 씻어 주실 수 있는 하나님께 고백하라. 당신이 매일 양심의 가책을 느끼는 당신의 침대 위에서 그 죄를 고백하라."[12] 그는 이렇게도 말했다. "증인 앞에서 고백할 필요 없다. 당신의 마음속으로 죄악을 인정하기만 해도 된다. 그 성찰에는 증인이 필요 없다. 오직 하나님만 당신을 보시고 들으시는 것으로도 충분하다." "나는 당신을 사람들 앞으로 불러서 당신의 죄악을 사람들에게 드러내라고 하지 않는다. 하나님 앞에서 당신의 양심을 살피라. 당신의 치료자이신 주님께 당신의 상처를 보이고, 그가 당신을 치료하시게 하라. 주님은 비참하도록 무능한 사람을 꾸짖지 않으시며, 인자하게 치료해 주신다." "나는 당신이 훗날 당신이 저지른 잘못을 알림으로써 당신을 꾸짖거나 비난할 수 있는 누군가에게 죄를 고백하라고 하지 않겠다." 나중에 크리소스토무스는 이런 말씀을 하시는 하나님을 보여준다. "나는 네가 공개적인 모임에 나오도록 강요하지 않겠노라. 내가 너를 치료할 수 있도록 너는 네 죄악을 내게 고백하라." 우리는 크리소스토무스가 하나님이 얽매려 하셨던 인간의 양심을 성급하게 풀어 버렸다고 볼 수 있을까? 그렇지 않다! 다만, 크리소스토무스는 자기가 보기에 하나님이 정하지 않으신 것을 감히 필요하다고 말하지 않았을 뿐이다.

성경이 가르치는 죄 고백

그러나 이 문제 전반을 보다 효과적으로 정리하기 위해서, 하나님의 말씀이 우리에게 어떤 종류의 고백을 명령하는지 충실하게 설명하고자 한다. 아무도 광대한 바닷물을 다 뺄 수는 없듯이, 우리의 대적들 전부는 아니고 그중 핵심적 교훈을 전파하는 사람들이 어떤 고백의 형식들을 만들어 냈는지 대략적으로 설명해 보겠다. 성경 여러 곳에서 "고백"이라는 말은 통상적으로 "찬양"의 뜻으로 사용되는데, 감히 저들이 그런 구절들로 자신의 논리를 뒷받침하려는 뻔뻔함을 보이지 않았다면, 나는 이를 다루지 않고 지나갔을 것이다. 예를 들어, 저들은 고백이 마음의 즐거움을 불러일으킨다고 주장하기 위해 "즐거움과 고백의 소리로"라고 쓰인 시편에 호소한다.[시 42:4] 순박한 사람들은 이 단어의 뜻에 자세히 주목하여 이 단어가 "고백"과 "찬양" 중 어떤 뜻을 전달하는지 분별하는 법을 배움으로써, 저들의 거짓말에 쉽게 속아 넘어가지 않도록 해야 할 것이다.

성경은 죄 사함에 관하여 다음과 같이 가르친다. 죄를 용서하고 잊고 지워 버리는 분은 주님이시므로, 우리는 죄를 그분께 고백하여 은혜와 용서를 받도록 하자. 주님은 의사이시다. 그러니 그분께 우리의 상처를 보여 드리자. 우리가 주님을 불쾌하게 하고 상처를 드렸으니, 주님께 자비와 평화를 구하자. 주님은 마음을 아시는 분이요 모든 생각을 살피시는 분이다. 그러니 우리의 마음을 주님께 열자. 주님은 죄인을 부르시는 분이니, 주님께 돌아가자. 그래서 다윗은 "내가 내 죄를 당신에게 알리고 내 죄를 숨기지 않았나이다. 나는 말하기를, 내 마음이 아프더라도 내 불의함을 주님께 고백하리라 하였더니, 주님께서 내 마음의 죄악을 용서하였나이다"라고 선언한다.[시 32:5] 다윗은 다른 시편에서 비슷한 고백을 한다. "주님이여, 당신의 자비를 따라 나를 불쌍히 여기소서."[시 51:1] 다니엘도 비슷하게 고백한다. "주님이여, 우리는 범죄하였고 악하게 행동하며 거룩함을 떠났나이다. 우리는 주님의 계명들을 어기며 반역하였나이다."[단 9:5] 성경에는 이런 종류의 수많은 고백들이 담겨 있다. 요한은 "우리가 우리의 죄를 고백하면, 주

님은 신실하셔서 우리의 죄를 용서하시리라"고 기록한다.요일 1:9

우리는 누구에게 죄를 고백하는가? 당연히 주님께 고백한다. 우리는 무겁고 겸손한 마음으로 주님 앞에 엎드릴 때 죄를 고백한다. 우리는 최선의 정직함으로 주님 얼굴 앞에서 우리 자신을 나무라고 정죄할 때, 그분의 선하심과 자비하심으로 용서받기를 구한다. 누구든 하나님 앞에서 그렇게 진심으로 고백하는 자가 사람들 중에서 하나님의 자비하심을 선포할 필요가 있을 때는, 그 고백을 위해 틀림없이 무언가 할 말이 생길 수도 있다. 이때 자기 마음의 비밀들을 어느 한 개인에게만 단 한 번 그 귀에 들리도록 드러내기 위해서가 아니라, 자기의 가치 없음과 하나님의 영광을 자유롭게 드러내기 위해서 여러 번 모두가 듣는 앞에서 공개적으로 그렇게 할 수 있다. 나단에게 책망받고 양심의 가책을 느낀 다윗은 그런 식으로 자기 죄를 하나님과 사람들 앞에서 고백했다. "나는 주님께 죄를 지었나이다."삼하 12:13 이 말을 달리 표현하면, "나는 더 이상 사람들이 나를 죄인으로 판단하는 것을 부인하고 싶지도, 피하고 싶지도 않습니다. 나는 더 이상 내가 하나님께 숨기려 했던 것을 사람들에게 숨기려 하지 않겠습니다"라는 것이다. 우리는 느헤미야와 에스라가 사람들을 권면하여 엄숙히 고백하게 했던 취지도 동일한 방식으로 해석한다.느 9:1-38 안정된 모든 교회가 관례적으로 그렇게 하고 있듯이, 바로 이것이 교회마다 하나님께 용서를 구할 때에 따라야 할 모범이다.

성경은 우리에게 두 가지 유형의 고백을 명령한다. 한 가지 유형은 야고보가 우리의 죄를 서로 고백하라고 말할 때 암시했던 것인데, 우리가 우리 자신을 위해 해야 할 고백이다.약 5:16 야고보는 우리가 우리의 연약함을 서로에게 드러냄으로써 서로 충고하고 위로하며 도와야 한다고 말하고 있다. 다른 한 가지 유형은 우리의 이웃을 위해 하는 고백인데, 우리가 실수로 이웃에게 불편을 끼쳤을 때 화해하고 잘 지내기 위해서 필요한 고백이다. 그리스도는 마태복음에서 "만약 네가 네 제물을 제단에 드리다가 네 형제가 너를 원망할 만한 일이 생각나거든, 네 제물을 놓아두고 먼저 네 형제와 화해한 후에 그 제물을 드리라"고 하시며 이런 유형의 고백에 관해 말씀하신다.마 5:23-24 우리의 약점들로 인하여 사랑에 훼손을 입히게 되었을 때는, 우리의 잘못을 인정하고 용서를 구해야만 그 사랑이 회복되기 때문이다.

첫 번째 유형의 고백에 관해서, 성경은 그 고백을 들어 줄 사람을 단 한 사람도 지정하지 않으며, 그럼으로써 우리가 원하는 어떤 신자에게라도 고백할 수 있는 자유를 준다. 다만, 목사는 다른 누구보다 이 고백을 듣기에 적합해야 하기 때문에, 목사를 찾아가는 것이 최선이다. 내 말은, 목사는 하나님의 위임을 받아 우리를 가르침으로써 우리가 죄를 극복하고 하나님의 선하심을 확신하며 위로를 얻게 하는 자이기 때문에 다른 누구보다 이 일에 적합하다는 것이다. 그러므로 모든 신자는 다른 사람의 도움 없이 다룰 수 없는 양심의 고통을 겪게 될 때에, 하나님이 베푸시는 처방을 소홀히 하지 말아야 함을 명심하자. 신자들은 자기의 가책을 떨쳐 내기 위해서 자기의 목사에게 개별적으로 고백하여 그로부터 위로를 받아야 한다. 목사는 하나님의 백성에게 개별적으로든 공개적으로든 복음을 가르침으로써 그들을 위로할 책무가 있기 때문이다. 그러나 우리는 언제나 균형을 지켜야 한다. 즉, 양심은 하나님께서 우리에게 자유를 주신 일들에 있어서는 어떤 규제에 매이거나 복종해서는 안 된다. 어떤 고백의 형식이나 유형도 내가 지금 설명한 것 외에는 성경에 나오지 않는다.

열쇠의 능력에 대한 로마의 거짓 교리

그 궤변론자들은 어떤가? 그들은 남녀를 막론하고 분별력을 얻게 되는 연령에 이르자마자 모든 사람은 자기 죄를 적어도 일 년에 한 번은 자기의 사제들에게 고해해야 한다고 명령한다. 그리고 죄는 확고한 고해 의지가 있을 때만 용서를 얻는다. 그래서 만약 누가 기회가 왔을 때 그 의지를 행하지 않으면, 그는 절대로 낙원에 들어가지 못한다. 그뿐만 아니라, 궤변론자들은 그들이 땅에서 매는 것은 하늘에서도 매일 것이라는 그리스도의 말씀이 헛될 수 없기 때문에,마 18:18 죄인을 묶거나 풀어 주는 열쇠의 권능이 사제에게 있다고 주장한다.[13]

그들은 그 권능에 관하여 자기들끼리도 다툼을 벌인다. 어떤 이들은 근본적으로 오직 한 권능, 곧 매거나 푸는 권능만 있으며, 그 권능을 제대로 사용하려면 지식이 필요하지만 그 지식은 사소한 의미를 지닐 뿐 본질적인 지식은 아니라고 주장한다. 이 자유가 지나치게 크다고 판단하는 다른 이들은 분별하는 열쇠와 권능의 열쇠라는 두 종류의 열쇠를 구별한다. 그런 제한으로 사제의 오만이 대폭 소거되었음을 주목한 또 다른 이들은 새로운 열쇠들을 추가로 만들어 냈는데, 분별하는 권위의 열쇠는 최종 심판을 내릴 때 사용하고, 권능의 열쇠는 그들이 내리는 선고를 실행할 때 사용하며, 이 열쇠들의 역할에 관해 조언하는 자에게는 지식이 필요하다고 덧붙였다.[14] 그들은 매고 푸는 것이 죄를 용서하고 제거하는 것이라는 단순한 해석을 감히 시도하지 않는다. 그들은 주님께서 그분의 선지자를 통하여 "이스라엘아, 내가 있으니, 네 죄악을 제거하는 이는 나니라. 나 외에는 아무도 없으니 나만 있느니라"고 말씀하시는 것을 듣고 있기 때문이다.사 43:11, 25 하지만 그들의 주장에 따르면, 누가 풀리거나 매였는지, 누구의 죄가 그대로 있고 누구의 죄가 용서되었는지를 말하는 자는 사제다. 사제는 그가 죄를 용서하거나 그대로 둘 때, 고백을 통해 선언하거나, 혹은 그가 출교를 명하거나 해제하는 선고를 통해 선언해야 한다. 마지막으로, 사제가 검증도 거치지 않고 사람들을 매거나 풀어 줌으로써 하늘에서는 매어질 수도 없고 풀릴 수도 없다고 비난을 받고 있는데, 그들은 이 비난을 회피할 수 없음을 잘 알고 있다. 그래서 그들은 사제가 내린 모든 공정한 선고를 매이거나 풀려난 사람의 공로에 따라 그리스도께서 하늘에서 확인할 것을 약속하셨다고 호소하면서, 이 열쇠들을 받는 은사는 제한된다는 마지막 변명을 늘어놓는다.

덧붙여서, 그들은 주장하기를 그리스도께서 이 열쇠들을 모든 사제에게 주시되, 주교들이 사제 서품식에서 부여하며, 다만 열쇠 사용 권한은 교회의 직책을 맡은 자에게만 허락된다고 한다. 그래서 비록 출교된 사제나 징계를 받고 있는 중인 사제 역시 이 열쇠들을 계속 가지고 있기는 하더라도, 그 열쇠들은 녹이 슬어서 사용할 수가 없는 상태라고 한다.

이 견해를 주장하는 자들은, 별도의 모루를 만들어 새로운 열쇠들을 주조하여 교회의 보화가 열렸다고 떠드는 자들에 비하면 정신이 멀쩡하고 온건해 보일 것이다. 여기서 "보화"는 저들이 예수 그리스도와 사도들과 순교자들과 기타 성인들의 공로라고 부르는 것인데, 그들은 이 보화의 저장고를 지키는 임무가 다른 누구보다도 로마의 주교에게 우선적으로 부여되었으며, 그래서 로마의 주교는 이 복들을 주로 관리하되 자신에게 분배하거나 다른 사람에게 그것을 분배할 권리를 위탁한다고 거짓말을 꾸며댄다. 이것이 면벌부의 근원이다. 교황은 때에 따라 유효 기간에 제한이 없는 면벌부나 수년 동안만 유효한 면벌부를 발행했고, 추기경은 100일 동안 유효한 면벌부를, 주교는 40일 동안 유효한 면벌부를 발행했다.

쓸데없이 잔혹한 의무적인 고해

이 모든 주장에 대해 내 견해를 간략히 제시하겠다. 다만, 잠시 동안은 어떤 권리로—혹은 어떤 부당한 권리로!—그들이 신실한 이들의 영혼에 그들의 법률을 강요하는가에 대해서는 다루지 않겠다. 이 문제는 적절한 곳에서 따로 논의할 것이다.[15]

그러나 모든 죄악이 다 설명되어야 한다는 저들의 요구, 죄를 용서받기 위해서는 확고한 고해 의사가 있어야 한다는 저들의 요구, 고해할 기회를 경멸하는 자에게는 낙원을 차단해야 한다는 저들의 요구를 만족시키기는 불가능하다. 저들은 자기의 죄를 신중하게 헤아려 보았던 다윗도 "누가 자신의 잘못을 알 수 있겠나이까. 주여, 내게서 내 숨겨진 실수를 씻어 주소서"라고 부르짖을 수밖에 없었음을 알고 있다.[시 19:12] 그런데도 저들은 어째서 사람이 자기 죄를 모두 계수할 수 있다고 기대하는 것일까? 다른 곳에서 다윗은 "내 죄악이 내 머리 위를 지났고, 무거운 짐처럼 내 힘을 이겼

나이다"라고 말했다.시 38:4 확실히, 다윗은 우리 죄가 얼마나 깊은지, 얼마나 많은 죄악의 종류가 인간 속에 존재하는지, 죄라는 괴물이 얼마나 많은 머리를 가졌는지, 죄가 끌고 가는 꼬리가 얼마나 긴지를 깨달았다. 그런 다음, 다윗은 자기 죄에 대해 자세히 설명하려 하지 않고, 깊은 탄식으로 하나님께 "내가 내려갔으며, 묻혀서 숨이 막히나이다. 지옥의 문들이 나를 둘렀나이다. 당신의 오른팔로 내가 빠진 이 구덩이와 나를 압도한 이 죽음에서 나를 건지소서"라고 부르짖었다.시 18:4-5, 69:2, 15 자, 이제 다윗도 자기 죄를 다 세지 못한 것을 보면서도, 과연 누가 자기 죄를 셀 수 있다고 생각할 수 있겠는가?

이 고문 도구가 감동된 사람들—하나님에 대한 어떤 감정으로—의 양심을 잔혹하게 괴롭혔다. 첫째, 궤변론자들은 죄를 하나하나 열거함으로써, 고해의 전문가들이 개발한 구분 방식에 따라 죄를 여러 개의 팔과 가지와 잎으로 세분화했다. 그런 다음 그들은 그 죄의 특성과 정도와 상황을 조사했다. 처음에는 그들의 일이 잘되는 것 같았으나, 조금 진행되고 나서 그들 주변에서 볼 수 있는 것이라곤 바다와 하늘뿐이었다. 어떤 항구나 정박지도 찾을 수 없었다. 그들이 더 앞으로 나아갈수록 죄의 숫자는 더욱 늘어났고, 그들 눈앞에 거대한 산봉우리들이 올라와 완전히 시야를 가리고 말았다. 여기서 벗어나기 위해 그들이 가지고 있던 모든 희망이 마침내 사라져 버렸다. 그들은 지속적인 고뇌에 빠져야 했고, 돌아온 결과는 오직 좌절뿐이었다. 이 비정한 도살자들은 자기들이 직접 입힌 상처를 치료한답시고, 각 사람은 자기 능력껏 무엇이든 하라는 처방을 내렸다. 그러자 새로운 고민거리들이 물어뜯기 시작했고, 이런 생각이 찾아와 가련한 영혼들을 또다시 고문했다. "나는 충분한 시간을 들이지 않았다." "나는 모든 노력을 기울이지 않았다." "나는 무관심 때문에 내 임무의 일부분을 잊었고, 임무를 빼먹은 소홀함은 용서받을 수 없다." 그래서 이 아픔을 덜어 줄 다른 처방들이 추가되었다. "너의 소홀함을 회개하라! 너무 심각한 소홀함이 아니라면, 용서받을 것이다." 그러나 이 처방들 중 어떤 것도 상처를 덮을 만큼 충분하지는 못했다. 이 처방들은 고통을 덜어 주는 치료제라기보다는 꿀을 덧바른 독약과 같아서, 처음에는 그 얼얼함을 느끼지 못하다가, 나중에야 가장 깊은 데로 들어가서 독소를 발하며 거짓된 느낌을 준다.

그 결과, "너의 모든 죄를 고해하라!"는 끔찍한 목소리가 귓가에 계속 울려 퍼지게 되었다. 우리의 공포는 확실하고, 분명한 위로 없이는 진정될 수 없다. 인류 대다수가 치명적인 독이 용해된 그런 유혹을 받아들였다는 사실은, 인간이 하나님을 만족할 만한 수준으로 믿었음을 뜻하지 않으며, 인간 자신이 만족했음을 뜻하지도 않는다. 다만, 마치 항해자가 갑판에서 하는 노동을 쉬기 위해 닻을 바닷속에 빠뜨리듯이, 혹은 피곤하여 맥이 빠진 순례자가 길에서 쉬려고 땅바닥에 주저앉듯이, 제대로 쉬는 것은 아닐지라도 그들은 어떻게든 쉴 수 있는 기회를 마련했을 뿐이다.

나는 내가 말한 것의 진실을 증명하려고 어떤 특별한 노력을 하고 싶지는 않다. 모든 사람이 자기의 경험으로 증명할 수 있을 것이기 때문이다. 다만 나는 이 법칙의 본질을 요약만 하겠다. 무엇보다도, 이 법은 완전히 불가능한 법이며, 그 자체가 파멸이고, 정죄받았고, 혼란스러우며, 황폐와 좌절로 몰고 갈 뿐이다. 그뿐만 아니라, 이 법은 죄인으로 하여금 자기의 죄악을 참되게 인식하지 못하도록 만든 후에, 하나님과 자기에 대해서 알지 못하는 위선자로 돌변하게 한다. 그들은 자기의 죄악을 세는 데 바빠서 자기의 마음, 곧 내면의 죄악과 숨겨진 오물 속 깊은 데 놓인 악의 은밀한 심연을 망각한다. 그런 것을 알기 위해서 그들에게 가장 필요한 일은 자기의 비참한 상태를 깊이 묵상하는 것이다. 참으로 필요한 고해는 우리 속에 있는 악의 샘이 이해를 초월할 정도로 깊다는 사실을 깨닫고 인정하는 것이다. 이것이야말로 "주여, 이 죄인에게 자비를 베푸소서"라고 고백한 세리의 간구에서 우리가 깨닫는 모범이다.[눅 18:13] 그는 마치 "내 속에 있는 모든 것이 죄뿐이며, 이 죄는 너무 커서 내 생각도 내 말도 그 깊이를 이해할 수 없나이다. 주님의 자비의 심연이 내 죄악의 심연을 삼키게 하소서"라고 말했던 셈이다.

어떤 사람은 다음과 같이 말하고 싶을 것이다. "이것이 도대체 무엇인가? 죄는 하나하나 고백해야 되는 것 아닌가? 내가 죄인이라는 몇 마디 말로 드리는 고백밖에는 하나님이 받으실 만한 고해가 전혀 없다는 것인가?" 내 대답은 이렇다. 차라리 우리는 할 수 있는 한 우리의 온 마음을 하나님께 열도록 노력해야 한다. 그래서 우리가 죄인임을 단지 고백하는 데 그칠 것이 아니라, 우리 자신이 진정으로 죄인임을 인정해야 한다. 우리의 온 마음으로 죄의 검은 찌꺼기가 얼마나 광범위하고 다양한지를 인정해야 한다. 우리의 더러움을 단지 인정하는 데 그칠 것이 아니라, 그 더러움이 얼마나 깊게 모든 부분에 퍼져 있는지를 있는 그대로 판단해야 한다. 우리 자신을 빚진 자로 단지 인정하는 데 그칠 것이 아니라, 우리를 누르고 억압하는 그 빚이 얼마나 많은지도 알아야 한다. 우리가 상처 입은 것을 인정하는 데 그칠 것이 아니라, 그 상처가 얼마나 위중하고 치명적인지를 깨달아야 한다.

그러나 죄인이 자기 죄를 온전히 인정하면서 마음을 하나님께 열어도, 그 죄인은 자기의 힘으로는 결코 셀 수 없는 많은 허물이 자기에게 있다는 사실과, 그의 비참함은 너무나 심각해서 스스로 조사할 수도 없고 어디서 끝날지도 말할 수 없다는 사실을 진실하게 헤아려 판단해야 한다. 따라서 그는 "누가 자신의 실수들을 이해할 수 있겠나이까? 주여, 나를 내 숨은 허물에서 정결하게 하소서"라고 말한 다윗처럼 부르짖어야 한다.시 19:12

저들은 죄를 용서받으려면 반드시 신중한 의지로 죄를 고해해야 하며, 낙원의 문은 고해 기회를 소홀히 하는 자들에게는 닫혀 있다고 주장한다. 우리는 이 주장에 절대로 동의할 수 없다. 지금 죄를 용서하는 것은 이전부터 언제나 그랬던 것과 전혀 다르지 않기 때문이다. 그리스도에게서 용서를 받았다는 사람들 중에 어떤 사제의 귀에다 대고 고해를 해서 용서를 받았다는 자를 우리는 단 한 명도 알지 못한다. 참으로, 저들은 고해를 할 수 없었다. 당시에는 고해하는 사람도 없었을 뿐 아니라, 고해 자체도 없었기 때문이다. 그 이후 오랜 세월 동안 고해는 세상에 알려지지 않았고, 저들이 부과한 조건 없이도 죄는 용서되었다. 하지만 이것이 무슨 모호한 문제라도 되는 듯한 느낌을 주지 않도록, 여기서 우리의 주장을 마무리하겠다. 영원토록 무궁한 하나님의 말씀은 아주 분명하다. "죄인이 회개할 때마다 내가 그의 모든 불의를 용서하리라." 겔 18:21-22 이 말씀에 감히 무엇이든 더 하는 자는 죄를 묶는 것이 아니라, 하나님의 자비하심을 묶는 것이다.

음성으로 하는 고해는 용인될 수 없다

따라서 음성으로 하는 고해를 거부하는 것이 당연하다. 그런 고해는 전염병과 같고 많은 면에서 교회에 해롭다. 혹시 사람들이 이 문제 자체에 별다른 관심을 기울이지 않더라도, 그런 고해가 유익이나 혜택을 전혀 주지 못하고, 오히려 많은 오류와 신성모독과 불경을 야기하기 때문에 폐지되어야 한다는 데 누구도 감히 반대하지 못할 것이다.

사실, 우리의 반대자들은 이 고해를 통해 얻을 수 있는 유익을 늘어놓으며 최대한 자주 그 유익을 강조할 것이다. 그러나 그들이 제시하는 유익은 무익한 잡동사니나 허망한 것일 뿐이다. 그들이 가장 가치 있다며 치켜세우는 한 가지 유익은 고해하는 사람이 느끼는 수치심이다. 그들은 말하기를, 이 수치심은 고해자가 미래에 좀 더 신중하게 행하도록 하는 엄중한 형벌이요, 하나님의 보복을 미리 막는 자발적 형벌이라고 한다.[16] 그들이 이미 수치를 당했으니, 하나님의 숭고한 천상 보좌와 심판대 앞으로 불려 나갈 때 그들은 더 이상 수치를 당하지 않아도 되는 자들이라고 여기는 것인가? 사람들 앞에서 수치를 당할까 봐 죄를 짓지 않음으로 큰 유익을 얻으면서도, 정작 하나님이 우리의 악한 양심을 증언하신다는 사실에 대해서는 수치를 느끼지 않는 자들로 취급하는 것인가?

어찌 되었든지, 그들의 주장은 완전히 틀렸다. 사람들이 사제에게 고해한 후, 자기는 아무 잘못도 저지르지 않았다고 시치미 떼며 말할 수 있다고 확신하는 것이야말로 분명히 가장 뻔뻔스럽고 가장 마음껏 저지르는 죄이기 때문이다. 그들은 고해가 끝나고 나면 이후 일 년 동안 고해에 대한 부담도 없고 하나님을 열망하지도 않으면서 대담하게 죄를 저지른다. 그뿐만 아니라, 단 한 번의 고해 시간에 죄악들을 토해 낼 때까지, 혹은 그렇게 토했다고 스스로 믿게 될 때까지 계속 죄악을 쌓기만 한다. 그 죄악들을 다 토해 내면, 그들은 죄 짐을 벗고 하나님의 심판에서 벗어났다고 굳게 확신한다. 하나님의 심판이 사제에게 이양되었기 때문에, 사람들이 사제에게 무슨 죄를 드러내든 상관없이 하나님은 그 죄를 잊게 되어 있다고 그들은 믿는다.

그 누가 고해하는 날을 고요한 심령으로 고대할 수 있겠는가? 마치 목덜미가 붙잡혀 감옥에 질질 끌려가는 사람처럼 세상을 바라보고 있는데, 과연 누가 어쩔 수 없이 강제로 오지 않고 편한 마음으로 고해에 참석할 수 있겠는가? (마치 자기가 우스꽝스러운 이야기의 소재라도 되는 듯, 서로에게 자기가 하는 행동을 즐겁게 지껄이는 사제들만 그렇게 할 수 있을 것이다.) 나는 음성으로 하는 고해와 관련된 수많은 끔찍하고 가증한 행위들을 이야기하느라 잉크를 낭비하고 싶지 않다. 다만 이것만 말해 두겠다. 우리가 앞에서 언급했던 성인 넥타리우스가 간음과 관련된 소문 하나 때문에 그의 교회에서 고해를 폐지하면서 혹은 고해를 언급도 하지 못하도록 없애면서 어떤 것도 소홀히 처리하지 않았다면, 끝없는 매음과 매춘과 간음과 근친상간으로 그 전철을 밟고 있는 오늘날 우리 역시 넥타리우스와 같은 결정을 내려야 한다는 유익한 교훈을 얻는 셈이다.

열쇠들의 권능 요 20:22-23

이제 고해를 주장하는 자들이 휘두르는 장악력의 핵심인 열쇠의 권능을 다룰 차례가 되었다. 그들은 "열쇠들이 아무 까닭 없이 주어졌겠는가? 그리스도께서 '너희가 땅에서 무엇이든 풀면 하늘에서도 풀리리라'고 하신 말씀이 아무 뜻이 없겠는가? 우리가 그리스도의 말씀을 무력하게 만들어야 하는가?"라고 묻는다. 나는 열쇠가 주어진 아주 중요한 이유가 있다고 대답하겠다. 주님께서 당신의 사람들이 땅에서 매거나 풀면 하늘에서도 매이거나 풀릴 것이라 증언하신 성경 두 곳을 우리는 주목해야 한다.마 18:17-18, 요 20:22-23 이 두 구절은 서로 뜻이 다르지만, 매사에 그렇듯이 이 돼지들의 무지 때문에 무질서하게 혼동된다.

요한복음에서 그리스도는 사도들을 보내어 전파하게 하실 때, 그들에게 숨을 내쉬며 "성령을 받아라! 누구든지 너희가 용서하는 자들의 죄는 용서받을 것이요, 누구든지 너희가 그대로 두는 자들의 죄는 그대로 있으리라"고 말씀하신다.요 20:22-23 전에 베드로에게 약속된 천국 열쇠들은 이제 베드로뿐 아니라 그의 동료 사도들에게도 부여된다. 자신에게 약속된 모든 것을 베드로는 여기서 다른 제자들과 함께 동등하게 받는다. 베드로는 전에 "내가 네게 천국의 열쇠들을 주리라"는 그리스도의 말씀을 들었다.마 16:19 그러나 이제 그는 복음을 전하는 모두에게 말씀하신다. 다시 말해, 그들은 그리스도를 통해 아버지께 나아가려는 자들에게 천국의 문을 열어 줄 것이요, 이 길을 벗어나는 자들에게는 천국의 문을 닫고 잠글 것이다. 베드로는 이런 말씀도 들었다. "네가 땅에서 묶는 것마다 하늘에서도 묶일 것이요, 네가 푸는 것은 다 풀릴 것이다."마 16:19 이제 그리스도는 이 점을 모두에게 공통되게 말씀하신다. "너희가 용서하는 자들의 죄는 다 용서받을 것이요, 너희가 그대로 두는 자들의 죄는 다 그대로 있을 것이다." 그러므로 묶는 것은 죄를 그대로 두는 것이요, 푸는 것은 죄를 용서하는 것이다. 분명 죄 사함을 통해 양심이 진정으로 죄의 사슬에서 자유롭게 되며, 반대로 죄가 그대로 있게 되면 양심은 단단히 묶이는 것이다.

여기서 내가 이 본문을 해석해 보겠다. 내 해석은 지나치게 정교하거나 억지스럽지 않으며, 솔직하고, 믿을 만하고, 적절할 것이다. 죄를 용서하거나 그대로 두라는 명령, 그리고 묶거나 푸는 것과 관련하여 베드로가 받은 약속은, 우리 주님께서 사도들에게 명령하신 말씀 사역으로 반드시 규정되어야 한다. 주님은 사도들에게 이 말씀 사역을 맡기시되, 묶는 일과 푸는 일도 함께 맡기셨다. 죄와 죽음에 종노릇하던 우리 모두가 그리스도 예수 안에 있는 구속을 통해 자유롭게 되어 구원받았다는 사실이야말로 복음의 정수가 아니겠는가? 달리 말해, 그리스도를 자기의 구원자요 구속자로 인정하지도 않고 영접하지도 않는 자들은 영원히 감옥에 갇히도록 정죄받는 것 아니겠는가? 우리 주님은 사도들에게 이 사명을 맡기심으로써 그들이 복음을 지상의 열방들에 전하게 하셨다. 또한 이 사명은 주님이 주신 것이며, 온전히 주님의 인정을 받아야 할 수 있는 주님의 사역임을 나타내기 위해, 주님은 이 말씀 사역을 이처럼 영광스러운 증언으로 돋보이게 하신 것이다. 그러므로 사도들뿐만 아니라 그들이 사명을 가지고 찾아가 복음을 전하는 자들에게도 이 말씀은 특별한 위로를 주었을 것이다.

사도들이 그들의 복음 전파에 대해서 강하고 확고한 확신을 가져야 했음은 참으로 당연하다. 사도들은 복음 전파를 끝없는 수고와 근심과 고난과 위험을 무릅쓰면서 감당해야 했고, 끝내는 그들의 피로 봉인하고 서명해야 했다. 그들로서는 공허하거나 헛되지 않고, 능력과 힘으로 충만한 확신을 갖는 것이 지극히 당연했다. 그들은 심한 고통과 고난과 위험 속에서 그들이 하고 있는 일이 하나님의 사역임을 확신할 필요가 있었다. 그래서 비록 만인이 그들을 반대하고 저항하더라도 하나님이 그들을 위하고 계심을 알아야 했고, 그들에게 교훈을 주신 그리스도께서 지상에서 그들에게 보이지 않기 때문에, 그가 하늘에서 그 진리를 확증하고 계심을 알아야 했다. 그뿐만 아니라, 듣는 자들은 사도들의 교훈이 결코 그들이 임의로 조작한 것이 아니라 하나님 자신에게서 나왔으며, 지상에서 난 음성이 아니라 그 기원이 하늘에 있다는 확실한 증거를 얻을 필요가 있었다. 죄 사함과 영생의 약속과 구원의 소식 같은 것은 인간의 권능으로 되는 것이 아니기 때문이다. 그래서 그리스도는 복음 전파에 있어서는 그들의 사역 이외에 그들 자신과 관련된 것이 아무것도 없음을, 모든 것을 사도들을 통해 말씀하고 약속하시는 이는 그리스도 자신임을, 사도들이 전파한 죄 사함은 하나님에게서 나온 참된 약속임을, 그리고 사도들이 선포한 정죄는 하나님의 확실한 심판임을 증언하셨다.

이제 그리스도의 이 증거는 모든 시대에 주어졌고 계속 유효하므로, 우리는 복음의 말씀을 전하는 자가 누구든 그 전한 말씀은 하나님의 확고한 선언이요, 하나님의 심판 보좌에서 선포되었으며, 생명책에 기록되었고, 하늘에서 전해지고 비준되고 확증되었음을 확신할 수 있다. 따라서 우리는 열쇠의 권능은 단순히 복음 전파요, 인간적 차원에서만 생각해 본다면 권능이라기보다는 사역임을 참으로 이해하게 된다. 엄밀히 말해, 그리스도는 이 권능을 인간에게 부여하신 것이 아니라, 그가 사역자로 하여금 섬기게 하신 그 말씀에 부여하셨기 때문이다.

열쇠들의 권능 마 18:17-18

우리가 저들과는 다르게 해석해야 한다고 말했던 또 하나의 본문은 마태복음에 있으며, 이렇게 기록되어 있다. "만약 너희 형제들 중 하나가 교회를 따르지 않으면, 그가 너희에게 이방인이나 외인처럼 되게 하라. 진실로 내가 너희에게 이르나니 너희가 땅에서 묶는 모든 것은 하늘에서도 묶일 것이요, 너희가 푸는 모든 것이 하늘에서도 풀리리라."마 18:17-18

우리는 요한과 마태의 두 본문이 전혀 비슷하지 않고 서로 상관없을 만큼 큰 차이가 있다고 주장하지 않는다. 첫 번째 유사성은 두 본문 다 일반적이며, 묶고 푸는 권능도 하나님의 말씀을 수단으로 한다는 데 있다. 두 본문에서 묶거나 푸는 것은 모두 명령이요 약속이다. 그러나 두 본문 사이에는 차이도 있다. 요한복음의 본문은 모든 말씀 사역자에게 해당되는 전파에 특별한 관심을 두고 있으나, 마태복음의 본문은 교회에 허락된 출교의 권징을 언급한다. 따라서 교회는 출교하는 사람을 묶는 것인데, 다만 그 사람을 영원한 형벌이나 좌절에 처하게 한다는 뜻은 아니며, 그의 생명과 행위를 정죄함으로써 그가 만약 바른길로 돌아오지 않으면 파멸될 것임을 조기에 경고하는 데 그 목적이 있다. 교회는 그 사람을 풀어서 그가 교회의 교제 안으로 다시 돌아옴을 환영하되, 이때 교회가 예수 그리스도 안에서 누리는 연합에 참여하도록 허락한다. 그러므로 아무도 교회의 결정을 경멸하거나 신자들의 결의를 사소한 일로 치부하지 못한다. 우리 주님은 신자들의 결정이 자신의 결정과 다르지 않으며, 신자들이 땅에서 행한 것마다 하늘에서 인준될 것을 증거하신다. 이는 신자들이 하나님의 말씀으로 악인과 죄인을 정죄하고, 자기의 길을 고치는 자를 은혜 안으로 다시 받아들이는 일도 동일한 하나님의 말씀으로 하기 때문이다. 신자들은 하나님의 결정에서 떠날 수도 반대할 수도 없는데, 그 결정을 결코 의심하거나 세상의 견해를 듣는 것이 아니라, 오직 하나님의 거룩한 뜻이며 하늘의 전언인 하나님의 법으로 판단하기 때문이다. 더욱이, 그리스도는 "교회"라는 말로 머리를 삭발하거나 짧게 깎은 소수의 개인이 아니라, 그리스도의 이름으로 모이는 신실한 백성의 무리를 가리켜 말씀하신다.

우리는 "교회가 온 세상에 흩어져 퍼져 있는 상황에서 어떻게 교회 앞에 불평을 제시하는 것이 가능한가?"라고 물으며 조롱하는 자들에게 귀를 기울일 필요가 전혀 없다. 그리스도는 뒤따르는 구절에서 그가 각 지역과 장소에 조직된 교회들을 전체 그리스도인 회중으로 부르며 말씀하고 계심을 분명하게 보이신다. 그리스도는 "두세 사람이 내 이름으로 모인 곳마다 내가 있으리라"고 말씀하신다.마 18:20

오직 말씀을 통해 성령이 열쇠들을 관장하신다

지금까지 나는 간략하고 분명하게 이 두 본문의 뜻을 해설했다. 그러나 이 미친 사람들은 이 두 본문을 전혀 다르지 않게 광란하듯 사용하여, 시시때때로 고해나 출교나 법적 관할이나, 법률의 발효나 사면 등의 근거로 삼는다. 그러나 만약 그 사제들이 사도들의 대리자나 후계자가 아니라는 것을 내가 입증함으로써 그 모든 근거를 단번에 제거한다면 과연 어떻게 될까? 하지만 나는 이 점을 다른 곳에서 숙고할 계획이다.[17]

저들은 자기들을 무장하려고 고안한 것을 수단으로 오히려 자기들이 구축한 모든 것을 허무는 장치를 제작하고 있다. 그리스도는 그의 사도들에게 먼저 성령을 부어 주신 다음에야 비로소 묶거나 푸는 권세를 주신다.

따라서 나는 열쇠의 권능은 성령을 이미 받은 사람 외에는 누구에게도 속할 수 없음을 주장한다. 또한 나는 누구든지 성령의 인도하심과 다스리심을 받지 않으면 그 열쇠들을 사용할 수 없고, 자기가 마땅히 해야 할 일을 배울 수 없다고 주장한다. 이 사람들은 자기들이 성령을 받았다고 떠벌린다. 하지만 만약 저들이 성령을 자기들 스스로 암시하듯이 무슨 공허하고 헛된 것으로 상상하고 있다면, 저들의 행동으로는 성령을 부인하는 셈이다. 저들은 신뢰할 수 없는 자들이다. 이 장치는 저들의 기초를 온전히 파괴한다. 저들이 열쇠를 가졌다고 자랑하는 문이 무엇이든지 상관없이, 우리는 그 열쇠들을 소유하고 관장하시는 성령을 저들이 모시고 있는지 반드시 질문해야 한다. 만약 저들이 성령을 모셨다고 대답한다면, 우리는 과연 성령께서 오류를 범할 수 있는지 저들에게 질문해야 한다. 저들은 드러내 놓고 그렇다고 인정하지는 않겠지만, 그들이 은밀하게 선포하는 교훈 자체가 그것을 인정하고 있다. 따라서 우리는 어떤 사제도 열쇠의 권능을 갖지 못했다고 결론지을 수밖에 없다. 그 사제들은 우리 주님께서 자유롭게 하시려는 자들을 성급하고 경솔하게 묶거나, 혹은 우리 주님께서 묶어 두시려는 자들을 자유롭게 하기 때문이다.

저들은 합당한 자와 합당치 않은 자들을 아무 차별 없이 풀거나 묶는 분명한 잘못을 범하고 있는 줄 자각하면서도, 분별없이 자기 자신에게 그 권세를 할당한다. 비록 저들은 권세가 적절히 시행되기 위해서 지식이 요구된다는 사실을 감히 부인하지는 않겠지만, 권세는 악한 일꾼에게도 합당하다고 가르친다. 그러나 이 권세는 땅에서 묶거나 풀리는 것이 하늘에서도 묶거나 풀리게 하는 권세이므로,마 16:19 그리스도의 약속이 오류이거나, 혹은 이 권세를 받은 자들이 합당하게 묶거나 푸는 것이거나 둘 중 하나여야 한다. 저들은 그리스도의 약속이 풀리거나 사면받는 사람의 공로에 따라 제한된다고 주장하는 식으로 교묘히 빠져나갈 수 없다.[18] 우리도 합당한 사람만 매이거나 사면될 수 있다는 데는 진정으로 동의한다. 그러나 우리는 복음을 전파하는 자들과 교회가 그 합당성을 평가할 말씀을 지넜다고 주장한다. 이 말씀으로 복음 전파자들은 그리스도를 믿음으로 얻는 죄 사함을 모든 사람에게 약속할 수도 있고, 그리스도를 영접하지 않는 모든 사람에게 정죄를 선언할 수도 있다. 이 말씀으로 교회는 "모든 음란한 자와 간음자, 도둑과 살인자, 악하고 탐욕스러운 자는 하나님의 나라를 함께 가지지 못할 것"이라고 선포하며, 그들을 줄로 단단히 묶어 둔다.고전 6:9-10 동일한 말씀으로 교회는 회개하며 돌아온 자들을 풀어 주고 위로한다.

묶거나 풀어야 할 것을 모르는 권능은 도대체 어떤 권능이란 말인가? 누구든 무지하다면 아무것도 묶거나 풀 수가 없지 않겠는가? 저들이 베푼다는 사면이 이처럼 불확실한 것인데도, 어찌하여 자기들에게 부여된 권세로 사면을 베푼다고 떠벌리는가? 이 공상적인 권능의 사용이 아무 효력도 없다면 도대체 뭐란 말인가? 이제 나는 이 권능 안에는 아무것도 없으며, 이 권능은 굉장히 불확실해서 아무것도 아니라고 평가해야 한다는 것을 확증했다. 사제들 대다수가 그 열쇠들을 바르게 사용하지 못하고 있고 올바른 사용 없이는 효력이 없음을 저들도 인정하는데, 과연 나를 사면한 자가 그 열쇠들의 선한 담당자라고 믿게 할 수 있겠는가? 만약 그가 악한 담당자라면, 그는 나에게 이 쓸데없는 사면 밖에는 줄 수 있는 것이 아무것도 없을 것이다. "나는 열쇠들을 전혀 사용할 줄 모르기 때문에, 당신에게서 무엇이 풀리고 무엇이 묶여야 할지 모릅니다. 다만 당신이 자격이 된다면, 내가 당신을 사면합니다." 정확히 똑같은 일을 튀르크인이나 마귀도 할 수 있을 것이다. 하지만 나는 평신도들도 할 수 있다고는 하지 않겠다. 그러면 저들을 엄청 분노케 할 것이기 때문이다. 그런 사면은 이렇게 말하는 것이나 매한가지다. "내게는 풀거나 묶는 데 확실한 기준인 하나님의 말씀이 없습니다. 다만 당신이 자격이 된다는 한에서 당신을 사면할 권세만 있습니다."

저들은 그 열쇠들이 판결권과 시행권을 부여했고, 그 열쇠들의 적절한 사용법에 관하여 조언하는 지식이 사제들에게 생긴다고 결정했는데, 그러면서 저들이 무엇을 시도했는지 우리가 알게 되었다. 저들의 목적은 하나님과 그의 말씀과 무관하게, 아무 규제 없이 멋대로 다스리는 것이었다.

저들이 때로는 자기들의 관할권을 강화하거나, 고해나 법령이나 출교권을 강화하려고 자기들의 열쇠를 여러 가지 문이나 자물쇠와 관련시키는 것에 대해서는 아주 간략히 언급하겠다. 요한복음에서 그리스도께서 그의 제자들에게 죄를 사하거나 붙들어 두도록 가르치실 때, 그는 그들을 법률 제정자나 사법 대리, 장세원장(掌璽院長, 성직 희망자의 적격 심사 부서장—옮긴이)이나 그곳의 서기 혹은 법률 기안 담당자로 삼지 않으셨다.[19] 다만 그리스도는 그들을 그의 말씀을 담당하는 자로 임명하실 때, 그것을 승인하는 특별한 증거로 그들을 명예롭게 하신다. 마태복음에서 그리스도가 그의 교회에 묶고 푸는 권세를 주실 때, 한낱 뾰족한 모자를 쓴 고위 주교직을 근거로 채권자들을 충족시킬 수 없는 가난한 대중을 출교하라거나, 꺼진 촛대나 울리는 종으로 그들을 모욕하라고 명하지 않으셨다. 오히려 그리스도는 출교 제도가 악인의 완악함을 교정하는 데 쓰이되, 그것이 그의 말씀의 권위와 교회 직분의 권위로 시행되기를 원하셨다.

면벌부의 뻔뻔한 무도함

이 미친 사람들은 교회의 열쇠가 마치 교황이 자신의 허풍과 방종으로 예수 그리스도와 순교자들의 공로를 분배하는 수단인 양 처신한다. 저들의 오류를 깨닫게 할 어떤 주장이 필요하다기보다는 저들의 뇌를 청소할 약이 더 절실하다. 꾸준한 공격에 흔들리다가 이제야 기울어지고 비틀거리기 시작한 저들의 면벌부를 반박하느라 굳이 시간 낭비할 필요는 없다. 분명히, 면벌부가 그토록 방종하고 끔찍하게 오래도록 유지되고 보존되었다는 사실은, 사람들이 아주 오랫동안 묻혀 있던 어둠과 오류가 무엇인지를 우리에게 말해 준다. 교황과 그가 부리는 법률 기안 담당자들은 사람들을 대놓고 조롱하며 기만했다. 그래서 사람들은 자기의 구원이 장사로 둔갑하는 꼴을 지켜보았고, 낙원은 묵직한 푼돈 따위로 살 수 있었으며, 공짜는 아무것도 없었으며, 이런 구실로 그들의 지갑은 헌금으로 빼앗겨 텅 비었고, 그 헌금은 나중에 매춘과 호객 행위와 유흥으로 탕진되었다. 면벌부를 가장 큰 소리로 권면했던 자들이 오히려 그런 자기들의 행태로 면벌부를 가장 경멸했던 셈이다. 이 끔찍한 짐승이 매일매일 자라서 분노하며 끝없이 새로운 고지로 올라갔다. 매일 새 돈을 만들기 위한 새 납이 준비되었다. 그런데도 면벌부는 엄숙히 영접되어 경배받고 숭상되었다. 다른 사람들보다 뚜렷이 알 수 있었던 자들도 이 면벌부를 비록 사기성이 있기는 해도 어떤 결과를 낼 수 있는 유익한 속임수로 여겼다. 이제 인간은 합의하여 약간 더 지혜로워지자, 면벌부는 냉랭해져 얼어붙더니 완전히 사라져 버렸다.

면벌부 운송책과 행상인들이 지금껏 저지른 밀거래와 강탈과 탐욕을 많은 사람들이 알고 있다. 하지만 그들은 그 불경건함의 원천을 전혀 모르기 때문에, 면벌부의 종류와 용례뿐만 아니라 우연적 결함과 별도로 그 면벌부의 참된 본질을 해석하는 법까지 증명할 필요가 있었다. 있는 그대로 말해, 면벌부는 그리스도의 피에 대한 모독이요, 그리스도인을 하나님의 은혜와 그들의 생명이신 그리스도에게서 떼어 내고, 나아가 구원의 길에서 떠나게 하려는 악마가 일으킨 환상이라 하겠다. 다른 어떤 것으로 보충되지 않으면 죄 사함과 화해와 속죄가 불충분하다며 그리스도의 피를 거절하는 것보다 심하게 그리스도의 피를 사악하게 짓밟고 모욕하는 짓이 과연 무엇이 있겠는가?

베드로는 "율법과 선지자들이 그리스도를 증언하기를, 우리가 그를 통하여 죄 사함을 입었도다"라고 말한다.[행 10:43] 그러나 면벌부는 베드로와 바울과 다른 순교자들의 이름을 통해 죄 사함을 수여한다. 요한은 "그리스도의 피가 너희를 죄에서 깨끗하게 한다"고 기록한다.[요일 1:7] 그러나 면벌부는 죄를 씻어 내는 순교자들의 피를 상징한다. 바울은 "죄를 전혀 알지 못하신 그리스도께서 우리를 위하여 죄가 되는 속죄를 하셨으니, 이는 우리가 그 안에서 하나님의 의가 되기 위해서니라"고 선포한다.[고후 5:21] 그러나 면벌부는 죄 사함의 능력을 순교자들의 피에 부여한다. 고린도 교인들에게 바울은 오직 그리스도만 십자가에 못 박히셨고 그들을 위해 죽으셨다고 선포한다.고전 1:13 그러나 면벌부는 바울과 다른 사람들이 우리를 위해 죽었다고 명시한다. 다른 곳에서 바울은 "그리스도께서 교회를 그의 피로 사셨다"고 가르친다.행 20:28 면벌부는 순교자들의 피라는 별도의 속전을 정했다. 바울은 "그리스도는 그가 성결하게 하신 자들을 그의 씻으심으로 영원히 온전케 하셨다"고 말한다.히 10:14 그러나 면벌부는 그렇지 않다고 하면서, 그리스도께서 성결하게 하셔도 순교자들의 피로 온전케 되지 못하면 죄 사함에 적합하지 못하다고 주장한다. 요한은 "모든 성도가 어린양의 피로 그들의 겉옷을 희게 했다"고 기록한다.계 7:14 면벌부는 우리에게 성자들의 피로 우리의 겉옷을 씻으라고 가르친다.

교회에는 공로의 보고寶庫가 결코 존재하지 않는다

비록 저들의 모든 교훈이 죄다 끔찍한 신성모독으로 범벅되어 있지만, 지금 말하려는 신성모독은 나머지 다른 것들보다 더 얼토당토않다. 저들은 과연 자기들의 주장이 다음과 같은지 여부를 밝혀야 한다. 순교자들은 그들의 죽음을 통해 그들 자신이 필요로 한 것보다 많은 공로를 하나님에게서 얻었으며, 그들이 쌓은 공로는 아주 풍성해서 그 공로 중 일부가 다른 사람들에게 전가될 수 있고, 그런 좋은 것이 사라지거나 낭비되지 않도록 그들의 피는 그리스도의 피에 더해진다. 그래서 교회에는 죄 사함과 구속을 위해 그들의 모든 피를 모아 둔 보고가 세워지고, 그들의 피가 그 보고에 보관된다. 저들은 "내가 그리스도의 몸 된 교회를 위한 그리스도의 고난의 부족한 것을 내 몸에 채우노라"는 바울의 말을 바로 그런 식으로 이해해야 한다고 주장한다.골 1:24 이것은 결국 그리스도에게 오직 그 이름 하나만 걸쳐 두고서, 그를 여러 성인 중에 거의 눈에 띄지도 못할 평범한 성인으로 만드는 행태가 아닌가! 그러나 죄 사함과 정결함과 속죄를 위한 필요가 있을 때는 언제나 오직 그리스도만 올바르게 선포되고 제시되어야 하며, 오직 그 이름을 통해 요청되어야 한다.

여기서 저들의 주장의 논거를 조사해 보자. 저들은 순교자들의 피는 헛되이 흘려질 수 없으며, 교회의 공익을 위해 봉헌되는 것이 틀림없다고 주장한다. 무슨 소린가? 그들이 그들의 죽음으로 하나님을 영광스럽게 한 사실, 하나님의 진리를 그들의 피로 봉인한 사실, 현재의 생명을 경멸함으로써 그들이 더 나은 생명을 구하고 있음을 증명한 사실, 그들의 신실함으로 교회의 믿음을 강화하고 그 대적들의 완고함을 뒤흔든 사실에는 아무런 유익도 없다는 말인가? 나는 저들이 하는 말의 뜻을 알 것 같다. 만약 그리스도만 대속자라면, 그리스도만 우리의 죄를 위해 죽으셨다면, 그리스도만 우리의 구속을 위해 넘겨지셨다면, 저들은 아무런 유익을 보지 못할 것이다. 게다가, 그리스도의 고난의 부족한 것을 자기 몸에 채운다는 바울의 말을 저들은 얼마나 사악하게 비틀었는가! 바울이 말한 부족함과 채움은 구속이나 정결케 함이나 대속 사역이 아니다. 그것은 오직 그리스도의 지체들, 곧 신자들이 육신으로 사는 동안 불가피하게 받아야 할 고난을 가리킨다. 따라서 그리스도께서 단번에 친히 고난받으신 이후에도 그의 지체들을 위해 매일매일 고난받고 계신다는 견지에서, 바울은 그리스도께서 받으셔야 할 고난이 여전히 남았다고 단언하는 것이다. 그리스도는 우리의 고난을 자기의 고난으로 규정하고 그렇게 칭하실 정도로 우리를 존귀하게 여기시기 때문이다. 바울이 자신도 교회를 위해 고난받는다고 말할 때는, 교회의 구속이나 화해, 속죄가 아니라 교회의 건덕과 성장을 가리키는 것이다. 다른 곳에서도 바울은 기록하기를, 택하심을 받은 자들이 그리스도 예수 안에 있는 구원을 얻도록 자신은 모든 것을 인내한다고 한다.[딤후 2:10] 비슷하게, 고린도 교인들에게 보낸 서신에서 바울은 그가 그들의 위로와 구원을 위해 당한 환난을 기꺼이 감수했다고 말한다.[고후 1:6]

하지만 우리는 그리스도의 고난이 의와 구원과 생명을 성취하기에는 모자랐다고 바울이 믿었다거나, 그가 그리스도의 고난에 무엇이든 추가하려 했다고 상상하지는 말자. 우리의 넘치는 죄를 이기고도 남을 정도로 그리스도 안에서 값없이 쏟아진 충만한 은혜를 바울이야말로 아주 선명하고 훌륭하게 증언하지 않는가! 모든 성도는 오직 이 은혜로만 구원을 얻었으며, 베드로가 아주 명료하게 확증하듯이, 생명의 공로든 죽음의 공로든 그 어떤 것으로도 구원을 얻지 못한다.행 15:11 그러므로 하나님의 자비하심에 속한 공로를 어떤 성자에게 돌리는 일은 하나님과 그분의 그리스도에게 잘못을 저지르는 셈이다. 그런 끔찍한 오류를 드러내는 것만으로도 그 오류를 괴멸시키게 될 텐데, 마치 여전히 토론이 필요한 문제인 양 이 문제를 놓고 계속 시간 낭비할 필요는 없을 것이다.

마지막으로, 혹시 우리가 이 신성모독적 행위들을 막으로 가린다 하더라도, 주님께서 복음의 말씀으로 널리 펼치신 예수 그리스도의 은혜를 도대체 누가 교황에게 납과 양피지로 덮으라고 가르쳤다는 말인가?[20] 하나님의 말씀이 틀렸든지, 면벌부가 틀렸든지 둘 중 하나다. 우리는 그리스도를 복음으로 받았으며, 이 복음에는 그의 풍성한 하늘의 은사들과 그의 모든 공로, 의와 지혜와 은혜가 하나도 빠짐없이 가득하다. 바울은 화해의 말씀이 사역자들의 입에 주어진 것은 그들이 그리스도를 위한 대사가 되어 모든 이에게 가기 위해서라고 말하며 바로 이 사실을 증언한다.고후 5:18-21 반면에, 면벌부는 교황의 찬장에서 그리스도의 은혜를 소량으로 취하여 납과 양피지와 한정된 장소에다 갖다 붙임으로써 그의 은혜를 하나님의 말씀과 차단시켜 버린다.

스콜라 신학자들의 보속 교리 논박

우리의 대적들은 보속(satisfaction, 補贖, 죄를 보상하거나 대가를 치르는 일—옮긴이)을 회개의 세 번째 요소로 정한다. 비록 저들이 보속에 대해서 많은 수다를 떨지만, 단 한 마디로 저들을 굴복시킬 수 있다. 저들은 회개하는 개인이 과거의 비행을 멀리하며 자기 생활을 개선하는 것으로는 부족하고, 반드시 그가 저지른 일에 대하여 하나님을 만족시켜야 한다고 주장한다. 그래서 눈물이나 금식이나 헌물, 기부 같은 자선 행위 등 죄악이 구속될 수 있는 방법을 여러 가지로 나열한다.[21] 저들은 우리가 이런 것들로 하나님께 호소해야 하고, 우리가 그분의 의에 대해 진 빚을 갚아야 하며, 우리의 비행에 대한 보상을 해서 용서를 얻어야 한다고 주장한다. 그 이유는 비록 주님께서 그분의 값없는 은혜로 우리의 허물을 용서하셨으나, 공의로운 징계를 통한 형벌은 여전히 유지하시기 때문이라는 것이다. 아무튼 간단히 줄여서 말하면 이렇다. 우리는 하나님의 자비하심으로 죄 사함을 얻지만, 이는 행위들의 공로를 통해 성취되며, 이 행위들은 하나님의 의를 만족시키기 위해 우리가 저지른 비행들을 바로잡는다. 이때 이 행위들이 하나님의 의를 갚기 위해 치러야 하는 보속으로 간주된다.

이 거짓말들에 대해서 나는 어떤 것보다 성경이 쉽게 설명하는 값없는 죄 사함의 교훈으로 대응하겠다.[사 52:3, 롬 5:8, 골 2:13-14, 딛 3:5] 먼저, 용서야말로 최고로 후한 선물이다. 채주는 받아야 할 지불이 이루어졌음을 확인하는 영수증을 발행하기 마련인데, 오직 아무 대가도 받지 않고 그 빚을 무상으로 후하게 청산해 주는 채주만이 용서한다는 표현을 할 수 있다. 성경이 "값없이"라는 단어를 추가한 것은, 그런 보속 사상을 제거하기 위한 목적이 아니라면 과연 무슨 목적이겠는가? 성경이 철저하게 파괴한 보속을 저들은 계속 쌓고 있으니, 어찜 그리도 뻔뻔한가! 자, 그러면 무엇이라 말할까? 주님께서 이사야를 통하여 "나는 내 이름을 위하여 너의 허물을 도말하는 자니, 내가 너의 죄악을 다시는 기억하지 않으리라"고 외치실 때,[사 43:25] 용서의 근원과 기초는 오직 그 선하심뿐임을 그분이 분명히 보여주지 않으셨는가? 더욱이, 성경 전체는 예수 그리스도를 증언하되 오직 그 이름으로 죄악이 용서되어야 함을 증언한다.[행 10:43] 이로 볼 때 다른 모든 이름은 죄 사함에 있어서 제외된 것 아니겠는가? 보속이 단지 수단에 불과하며, 용서는 성인들의 이름이 아니라 그리스도의 이름으로 이루어진다는 변명을 저들이 해서는 안 된다. 성경이 "그리스도의 이름으로"라고 말할 때는, 우리가 자신을 위해 어떤 공로도 세우지 못하고 요구도 못하며, 오직 그리스도를 위해 그에게 나아올 뿐임을 뜻하기 때문이다. 그래서 바울은 "하나님께서 사람에게 죄를 전가하지 않으시고, 오직 그의 아들과 자기를

위해 세상과 화해하시도다"라고 말한다.고후 5:19

저들은 너무도 사악해서, 우리가 세례 시에 그리스도에 의해 은혜 안으로 들여져 단번에 화해와 죄 사함이 일어나더라도, 세례 이후 다시 범죄하면 보속을 통해 우리 자신을 회복해야 하며, 이때 그리스도의 피는 교회의 열쇠들을 통해서 우리에게 주어져야만 도움이 된다고 반박할까 나는 많이 걱정스럽다. 하기야, 저들은 이 점에 있어서 자기들의 불경건함을 한두 사람이 아니라 저들의 학파 전체를 통해 서슴없이 드러내는데, 내가 걱정스럽다고 해봐야 무슨 소용이겠는가? 저들의 책임자는 그리스도께서 십자가에서 우리 죄를 위한 형벌을 갚으셨다는 베드로의 진술을 해설하되,벧전 2:24 단 하나의 예외를 추가함으로써 그 진술을 수정한다. 즉, 세례 시에 죄에 대한 모든 일시적 형벌은 완화되지만, 세례 후에는 그 형벌들이 회개를 통해 경감됨으로써 그리스도의 십자가와 우리의 회개가 상호 협력하여 작용하게 된다고 주장한다.[22]

요한은 아주 다르게 말한다. "누가 죄를 범하면 우리에게 아버지를 향한 변호자가 계시니, 곧 예수 그리스도이시라. 그는 우리 죄를 위한 속죄제물이시니라."요일 2:1-2 또한 요한은 "소자들아, 내가 너희에게 쓰나니, 이는 그의 이름으로 너희 죄가 용서되기 때문이라"고 말한다.요일 2:12 물론 요한은 신자들에게 말하고 있다. 그는 신자들에게 죄를 위한 속죄제물로 예수 그리스도를 제시함으로써, 우리가 하나님께 범한 죄를 용서하는 다른 보속은 결코 없음을 증명한다. 요한은 "전에 너희가 그리스도에 의해 하나님과 화해했고, 이제는 하나님과 화해하는 다른 방법을 찾느니라"고 말하지 않는다. 오히려 요한은 예수 그리스도를 영원한 변호자로 제시하고, 예수 그리스도께서 중보를 통해 우리로 아버지의 은혜를 항상 얻게 하시며, 영원한 속죄는 예수 그리스도의 속죄이며, 이 속죄로 인해 우리 죄악이 지속적으로 정결케 된다고 말한다. 세례 요한의 말이 영원히 참되다. "보라, 세상 죄를 지고 가는 하나님의 어린양이로다!"요 1:29 나도 말하겠다. 세상 죄를 가져가신 분은 오직 예수 그리스도이다. 오직 그뿐이다. 오직 그만이 하나님의 어린양이며, 죄와 정결함과 죄의 요구를 만족시키기 위한 유일한 대속물이다.

보속 교리와 고통받는 양심

여기 두 가지 고려 사항이 있다. 첫째, 그리스도에게 속한 명예는 온전히 그의 것이어야 한다. 둘째, 죄 사함을 확신한 양심들은 하나님과 평화를 누려야 한다. 이사야는 아버지께서 우리 모두의 죄악을 그분의 아들에게 맡기심으로써 그가 입은 상처로 우리가 치료되게 하셨다고 선포한다.사 53:5-6 베드로도 같은 생각을 다른 용어로 반복한다. "그리스도께서 나무 위에서 우리의 모든 죄를 그의 몸으로 지셨다."벧전 2:24 바울은 그가 우리를 위해 죄가 되셨을 때, 죄가 그의 육체 안에서 정죄되었다고 가르친다.롬 8:3 다시 말해, 죄의 저주가 지닌 모든 권능이 그리스도께서 우리의 제물이 되셨을 때 그의 육체 안에서 죽임을 당했고, 우리 죄악의 짐이 그 저주와 악독함과 하나님의 심판과 사형 언도와 함께 그리스도 위에 놓여졌다.

그러므로 세례 이후에는 누구든지 회개하여 자기 죄를 보속하지 않으면 그리스도의 죽음의 권능에 참여할 수 없다는 거짓과 사기의 어떤 흔적도 이 성경의 가르침에서 전혀 찾을 수 없다. 우리가 죄를 범할 때마다 성경은 그리스도께서 이루신 유일한 속죄를 환기시키기 때문이다. 자, 그렇다면 하나님의 은혜가 최초의 사죄 행위에만 유효할 뿐, 그 이후 타락하게 되면 용서를 얻기 위해 우리의 공로가 그 은혜와 협력해야 한다는 저들의 저주받은 가르침을 깊이 생각해 보라. 저들의 주장대로라면, 우리가 인용한 성경의 증거들 중 무엇이 그리스도에게 해당할 수 있겠는가? 우리의 허물이 그리스도에 의해 씻기기 위해 그리스도에게 부과되었다고 말하는 것과, 그 죄악이 우리의 행위로 씻겼다고 말하는 것에는 엄청난 차이가 있다. 그리스도께서 우리 죄악의 속죄물이라고 말하는 것과, 우리의 행위로 하나님의 진노를 누그러뜨려야 한다고 말하는 것에는 엄청난 차이가 있다.

양심에 안식을 주는 문제에 관해서 논의하면, 죄악이 보속으로 속해져야 한다는 가르침에서 우리가 과연 어떤 평화를 생각할 수 있는가? 보속이 이루어졌다는 것을 과연 양심이 언제 확신할 수 있을까? 양심은 끝없는 고뇌와 공포 상태에서 과연 하나님이 자기에게 호의를 가지고 계신지를 항상 의심할 것이다. 사소한 보속 행위에 만족해하는 자들은 하나님의 공의를 철저히 경멸하는 것이고, 우리가 다른 곳에서 이미 주장했듯이 죄책의 심각성을 파악하지 못하게 된다.[23] 설령 어떤 죄들이 그런 방식으로 속죄된다고 인정한다 하더라도, 백 개의 생명으로도 속죄할 수 없는 죄악의 그토록 무거운 짐 아래서 저들이 과연 무엇을 행하려 하겠는가?

죽을죄와 용서받을 수 있는 죄: 무의미한 구별

스콜라학자들은 어떤 죄는 죽을죄이지만 그 밖에 다른 죄들은 용서받을 수 있는 죄라는 무가치한 구별을 회피처로 삼으려 한다.[24] 그들은 죽을죄는 값비싼 보속이 요구되지만 용서받을 수 있는 죄는 주기도문이나 성수 사용, 미사에서의 사죄 선언 등으로도 씻긴다며 그 둘을 구별한다. 그들은 그런 식으로 하나님을 우습게 여기고 조롱한다. "죽을죄"나 "용서받을 수 있는 죄"와 같은 용어가 저들 입에 항상 오르내리고 있지만, 저들은 하나님 앞에서 가장 끔찍한 죄악인 마음의 불경건함과 더러움을 가벼운 범죄로 규정한 것을 제외하고 어떤 경우에도 이 두 범죄를 구분하려 한 적이 없다. 반면에 우리는 선한 것과 악한 것을 결정하는 성경에 순종하여, 죄의 삯은 사망이며 범죄한 영혼은 죽음이 마땅하다고 주장한다.롬 6:23, 겔 18:20 그 나머지에 관해서라면, 우리는 신자들의 죄는 용서받을 수 있는 죄라고 주장한다. 우리가 그렇게 하는 이유는 그 죄가 죽을죄가 아니기 때문이 아니라, "그리스도 예수 안에 있는 자들에게는 결코 정죄함이 없으므로" 그들의 죄는 더 이상 그들의 죄로 여겨지지 않고 하나님의 은혜를 통해 도말되었다는 사실 때문이다.롬 8:1

나는 저들이 우리의 이 가르침을 얼마나 맹렬하게 중상모략 하는지 알고 있다. 저들은 모든 죄를 비슷하게 취급하는 스토아주의자들Stoics의 역설이라고 주장한다.[25] 그러나 저들은 자기들의 말로도 보기 좋게 정죄된다. 나는 저들이 죽음에 해당한다고 인정한 죄들 중 어떤 죄는 나머지 다른 죄들보다 더 심각한 것으로 보는지 묻고 싶다. 따라서 모든 죄가 죽음에 해당하는 죄라고 해서 그 죄들이 다 똑같은 죄라고 할 수는 없다. 성경이 죄의 삯은 사망이라 선고하며, 율법에 대한 순종은 생명에 이르고 거역은 죽음에 이르기 때문에, 저들은 이 선고를 면할 수 없다. 그러니 저들은 그토록 많은 죄들 중에서 과연 어떻게 보속의 문제를 해결하겠다는 것인가? 만약 죄에 대한 보속을 하루 만에 할 수 있다면, 저들은 그 하루 동안 다른 많은 죄들을 저지를 수밖에 없다. 의인이라 하더라도 단 하루 동안 여러 번 범죄할 수밖에 없기 때문이다. 그리고 그들이 많은 죄들에 대한 보속을 하려 한다면, 그들은 훨씬 더 많이 범죄하다가 결국에는 바닥없는 심연에 빠지게 될 것이다. 나는 지금 가장 의로운 사람들의 경우만 말하고 있다. 그렇다면, 보속을 할 수 있다는 기대에는 한도가 있다고 하겠다. 저들이 염두에 두고 있는 것이 무엇인가? 무엇을 구하고 있는가? 어떻게 감히 저들은 보속을 할 수 있다는 생각을 여전히 품을 수 있는가?

사면된 죄에 대한 형벌은 존재하지 않는다

저들은 돌파하여 자유로워지려고 애쓰지만, 결코 뜻대로 될 수 없다. 저들은 형벌과 죄책 간의 구별을 만들어 낸 다음, 하나님의 자비로 용서되는 죄책과는 별도로 형벌은 계속 유지되며, 하나님의 공의는 그 형벌의 집행을 요구한다고 주장한다. 따라서 보속은 그 형벌의 해소와 관련된다는 것이다.[26]

이런 쓸모없는 교훈이 또 어디 있겠는가! 저들은 한 곳에서는 죄책이 값없이 용서되었다고 하다가, 또 다른 곳에서는 용서가 기도와 눈물과 기타 처방들로 이루어져야 가치가 있다고 주장한다. 또다시 이 점에서 우리가 성경에서 배우는 모든 것이 이 구별과 여지없이 대립한다. 내가 이 문제의 진실을 이미 충분히 입증했다고 믿지만, 몇 가지 추가 증거를 제시함으로써 이 뱀들이 그 꼬리 끝조차 구부릴 수 없도록 꼼짝 못하게 만들어 놓고 싶다. 예레미야는 이렇게 선포한다. "이것은 하나님께서 그의 그리스도를 통해 우리와 맺으신 새 언약이니, 그가 우리의 죄악을 더는 기억하지 아니하시리라."렘 31:31, 34 우리는 이 구절과 정확히 똑같은 의미를 또 다른 선지자에게서 듣는다. "의인이 그의 의로움에서 떠나면 나는 그의 의로움 중 아무것도 기억하지 않을 것이며, 죄인이 그의 죄악에서 돌이키면 나는 그의 죄악 중 아무것도 기억하지 않으리라."겔 18:21-22, 24 하나님은 의인의 의로움 중 아무것도 기억하지 않겠다고 말씀하심으로써 그의 의로움을 전혀 보상하지 않으려 하신다. 반면에 악인의 죄악을 기억하지 않겠다고 하심은, 그 죄악을 심판하지 않겠다는 말씀이다. 다른 곳에서도 성경은 "하나님께서 우리의 죄악을 그의 등 뒤로 던져 버리신다", "그가 죄악을 구름처럼 흩으신다", "죄악을 바다 깊은 곳에 던지신다", "그가 죄악을 전가하지 않으시고 오히려 감추신다"고 말씀하며 같은 교훈을 준다.사 38:17, 44:22, 미 7:19, 시 32:1-2 우리가 하나님에 관해서 기꺼이 배우고자 할 때, 성경은 그런 말씀들로 하나님의 뜻을 우리에게 이미 명백하게 가르쳐 주었다. 하나님께서 죄악을 벌하신다면 그분이 그 죄악을 전가하신다는 뜻이요, 하나님께서 죄악을 보응하신다면 그분이 그 죄악을 기억하신다는 뜻이요, 하나님께서 죄악을 심판에 부치신다면 그분이 그 죄악을 감추지 않으신다는 뜻이요, 하나님께서 죄악을 살피신다면 그분이 그 죄악을 자기의 등 뒤로 던지지 않으신다는 뜻이요, 하나님께서 죄악을 내려다보신다면 그분이 그 죄악을 구름처럼 흩어 버리지 않으신다는 뜻이요, 하나님께서 죄악을 가져오신다면 그분이 그 죄악을 바다 깊은 곳으로 던져 버리지 않으신다는 뜻이다. 이것은 분명하다.

선지자는 다른 곳에서 그러했듯이 여기서도 주님께서 죄악을 다루시는 방식을 선언한다. "너희 죄악이 주홍 같을지라도 눈처럼 희어질 것이요, 너희 죄악이 진홍처럼 붉을지라도 양털처럼 되리라."사 1:18 그리고 우리는 예레미야에게서 이런 말씀을 듣는다. "그날에 그들이 야곱 안에 있는 허물을 찾겠으나 발견되지 않으리니, 그 허물이 아무것도 아닌 것처럼 될 것은, 내가 보호할 그 남은 자들에게 자비를 베풀 것임이니라." 렘 50:20 이 두 구절의 뜻을 이해하려면, 주님께서 "죄악을 주머니에 담아 묶는다", "죄악을 한 다발로 묶어 둔다", "철필 끝으로 그 죄악을 깊이 새겨 둔다"는 말씀에 담긴 대조 방식에 주목해야 한다. 욥 14:17, 호 13:12, 렘 17:1 이 표현들이 주님께서 죄악을 벌하신다는 뜻이라면, 하나님은 그분이 용서하신 죄악을 벌하지 않으신다는 사실도 앞의 진술들에 의해 이미 보장된다는 것을 의심할 수 없다. 다만 여기서 나는 내 독자들이 내 해석에 주의를 기울이지 말고 하나님의 말씀을 따르도록 부탁하고 싶다.

성경에서 "구속"과 "희생"의 의미

만약 우리의 죄가 치러야 할 형벌이 여전히 남아 있다면, 그리스도께서 우리에게 가져다주실 혜택이 무엇이겠는가? 우리가 그리스도께서 십자가에서 그의 몸으로 우리의 모든 죄를 지셨다고 할 때는, 벧전 2:24 그가 우리의 죄에 마땅한 모든 형벌과 보응을 받으셨음을 말한다. 이 점은 이사야의 말로 더 생생하게 표현된다. "우리 죄의 형벌이나 징계가 그에게 지워졌도다." 사 53:5 우리의 평화를 위한 징계는 우리의 죄가 당연히 받아야 할 형벌이 아니면 무엇이겠으며, 그리스도께서 우리를 위해 지지 않으셨다면 우리가 하나님과 화해하기 위해 직접 져야 했을 죄가 아니면 무엇이겠는가?

여기서 우리는 그리스도께서 자기 백성의 자유를 보장하시려고 죄의 형벌을 받으셨다는 사실을 분명하게 확인한다. 바울은 그리스도께서 성취하신 구속에 대해 설명할 때, 헬라어로 구속을 '아폴뤼트로시스' *apolytrosis* 라고 부른다. 이 말은 사람들이 흔히 이해하듯이 단순한 '구속'을 뜻하지 않고, 프랑스어로 '몸값'에 담긴 대가나 보속을 뜻한다. 그래서 바울은 한 곳에서 "그리스도께서 우리를 위한 몸값이 되셨다"고 기록한다. 딤전 2:6 이는 곧 그리스도께서 우리를 위한 담보물이 되셔서 우리의 죄악이 치러야 할 모든 부채에서 우리를 완전히 해방하셨음을 뜻한다.

우리는 앞에서 모세 율법이 죄 씻음을 위한 화해를 어떤 방식으로 요구하는지 살펴봄으로써 가장 확실한 증거를 얻었다. 거기서 주님은 속죄가 이루어지는 다양한 방식을 제정하지 않으신다. 비록 주님은 다양한 죄에 따라 드려져야 할 모든 제사와 그 절차를 자세히 열거하기는 하지만, 오직 희생제사만을 죄의 유일한 보상 수단으로 제정하신다. 그렇다면 하나님께서 죄인에게 선행이나 공로로 속죄하여 용서를 얻으라 하지 않고, 희생제사의 형식으로만 화해하도록 요구하시는 것은 무슨 뜻인가? 하나님의 목적은 그분의 공의를 만족하게 할 수 있는 보속은 오직 단 하나뿐임을 증명하는 것이다. 그 당시 이스라엘이 드린 희생제물은 인간의 행위가 아니라 그 제물 자체의 가치로만 인정되었는데, 이는 곧 그리스도의 유일한 제사 때문이었다. 하나님이 우리에게서 받으시는 보상에 관해서, 호세아 선지자는 다음과 같은 말씀으로 아름답게 표현했다. "주여, 당신에게서 우리의 모든 죄악을 도말하시리이다"라는 말씀은 죄의 해소를 뜻하고, "우리가 당신에게 우리 입술의 제사를 드리겠나이다"라는 말씀은 감사의 형식으로 된 보속을 뜻한다.[호 14:2]

하나님의 형벌은 결코 죄를 속하는 데 쓰이지 않는다

그러나 저들이 성경의 증거들로 무장하고 있으니, 우리도 저들이 우리를 반박할 때 내세우는 주장을 고려해 보자. 저들은 다윗이 선지자 나단에게 간음과 살인에 대한 책망을 들은 뒤 죄 사함을 얻기는 했으나, 이후에 그의 간음으로 태어난 아들이 죽게 되는 형벌도 받았다고 지적한다.[삼하 12:13-14] 저들에 따르면 다니엘이 느부갓네살에게 자선으로 죄를 청산하도록 권면한 데서 알 수 있듯이,[단 4:27] 우리는 우리의 죄가 용서된 이후라도 받아야 할 형벌이나 처벌이 있으면 보속의 행위로 청산해야 함을 배운다. 그리고 솔로몬은 "사람의 의와 경건함 때문에 그의 죄악이 용서받으며", "사랑은 허다한 죄를 덮는다"고 기록한다.[잠 16:6, 10:12] 베드로 역시 이 말씀을 뒷받침하며,벧전 4:8 누가복음에서도 우리 주님은 죄 많은 여인에게 "그녀가 많이 사랑했으므로 많은 죄가 용서된다"고 말씀하신다.눅 7:47 저들이 하나님의 행사를 해석하는 방식은 어쩌면 그리도 완고한가! 만약 저들이 하나님의 심판이 두 가지 방식으로 표현되었다는 핵심에 신중을 기했다면, 다윗이 받은 징계 속에서 죄에 대한 보응이나 형벌 대신 무언가 다른 것을 발견했을 것이다. 하나님께서 우리의 죄를 교정하기 위해 우리에게 보내시는 징계의 목적, 그리고 유기된 자들이 받는 하나님의 징계와 우리가 받는 하나님의 징계 사이의 차이를 배우는 것이 아주 유익할 것이므로, 내 생각에는 여기서 이 문제를 간략히 논의하는 것도 나쁘지 않을 것이다.

우리는 일반적으로 "심판"이라는 용어를 모든 종류의 형벌을 뜻하는데 사용한다. 이 형벌은 "보응적 심판"과 "교정적 심판"이라는 두 종류로 나뉜다. 보응적 심판에서 주님은 그분의 대적들을 쳐서 파괴하고 소멸하기 위해 그들에게 형벌을 내리시며 그분의 진노를 나타내신다. 따라서 하나님의 보응은 하나님께서 보내신 형벌이 그분의 진노와 관련될 때 나타난다. 교정적 심판의 경우 하나님의 형벌은 진노로 촉발되지 않으며, 그분은 멸하거나 폐하려는 목적으로 징계하시지도 않는다. 심판자 하나님께서 악행하는 자를 징계하실 때는 그의 범죄와 비행에 대해 벌을 내리시기 때문이다. 아버지가 자기 아들을 징계할 때, 아버지는 그 아들이 저지른 실수에 보응하려고 하지 않고, 그를 가르쳐서 앞으로는 더욱 조심하도록 하게 한다. 크리소스토무스는 이 비유를 조금 다르게 사용하지만, 동일한 요점을 강조한다. "아들은 마치 종처럼 매를 맞지만, 종은 그가 범죄한 이유로 형벌을 받는다. 종은 마땅히 당할 일을 당하는 것이다. 아들은 사랑의 훈육으로 징계를 받는다."[27] 그러므로 아들은 성장하여 선한 길로 돌아오도록 하기 위해 형벌을 받는다면, 종은 그가 마땅히 당할 것을 받는다. 주인이 종에게 화가 났기 때문이다.

보응과 교정에 담긴 하나님의 섭리

이 문제를 좀 더 쉽게 이해하기 위해서 우리는 두 가지를 구분해야 한다. 첫 번째로, 형벌이 보응이 되려고 할 때마다 하나님의 진노와 저주가 나타나지만, 결코 신자들에게는 그 진노와 저주가 쏟아지지 않는다. 반면, 성경이 말하는 대로 징계는 하나님이 베푸신 복이요 그 사랑의 징표다.욥 5:17, 잠 3:11-12, 히 12:5-6 이 둘의 구분은 자주 분명해진다. 악인들이 이 세상에서 받는 모든 고난은 지옥으로 가는 현관이나 입구와 같다. 이를 통하여 악인들은 자기의 영원한 파멸을 멀리서 바라본다. 그들은 고난을 통해 자기의 길을 고치거나 유익을 얻지 못한다. 오히려 주님은 악인들이 그들을 덮칠 최종적인 끔찍한 형벌을 받도록 준비시키신다. 이와 달리, 주님은 그분의 종들을 벌하시되 그들을 죽음에 넘기지 않기 위하여 벌하신다. 이것이 바로 저들이 주님의 매를 맞을 때 주님이 주시는 교훈을 깨닫는 이유다.시 119:71

그래서, 신자들이 그 징계를 언제나 순순히 인내하며 감수했음을 우리가 보듯이, 저들 또한 하나님께서 그분의 진노로 저들에게 나타내신 형벌을 항상 두려워했다. 예레미야는 이렇게 부르짖는다. "주님이여, 나를 징계하소서. 하지만 나의 더 나아짐을 위해 하옵시고, 내가 짓눌리지 않도록 당신의 진노로는 하지 마옵소서. 당신을 모르는 민족들과 당신의 이름을 부르지 않는 나라들에 당신의 진노를 쏟으소서."렘 10:24-25 다윗도 비슷하게 말한다. "주님이여, 나를 당신의 진노로 꾸짖거나 당신의 진노로 책망하지 마옵소서."시 6:1, 38:1 이 구절들은 주님께서 그 종들의 허물 때문에 그들을 벌하거나 징계할 때 진노하신다는 말씀과 모순되지 않는다. 예를 들어, 이사야는 "주님, 내가 주님을 찬양하리니, 이는 주님께서 내게 진노하셨으나 그 진노를 돌이켜 나를 위로하셨음이라"고 말한다.사 12:1 또한 하박국은 "주님께서 진노하실 때, 긍휼을 기억하시리이다"라고 말한다.합 3:2 이것이 바로 주님께서 절대로 더럽히지 않으리라 하셨던 그분의 기업을 더럽히셨다고 성경이 말하는 이유다.사 47:6 그러므로 이 구절들 중 어느 하나도 하나님께서 자기 백성을 징계하시는 뜻이나 목적에 대해서 말하지 않는다. 이 구절들은 하나님의 엄격하심과 혹독하심으로 인해 모든 사람이 경험한 극심한 고통에 대해서 말하고 있다.

이처럼 가끔은 하나님께서 그분의 종들을 작은 막대기로 찌르실 뿐 아니라, 그 종들 스스로 지옥에서 멀지 않다고 느낄 정도로 그들의 감정을 크게 상하게도 하신다. 그런 방식으로 하나님은 그분의 종들에게 경고하셔서 그들이 마땅히 하나님의 진노를 감당해야 함을 알리기도 하시지만, 그분이 그 종들에게 엄하시기보다는 오히려 훨씬 더 자비하다는 사실을 증명하신다. 즉, 하나님께서 예수 그리스도와 그의 지체들과 단번에 맺으신 언약은 그대로 유지된다. 그 언약은 결코 깨질 수 없는 언약임을 그분이 약속하셨기 때문이다. 하나님은 말씀하신다. "너희 자녀들이 내 법을 잊고 내 의에 따라 행하지 않는다면, 그들이 내 명령을 어기고 내 규례를 지키지 않는다면, 나는 그들의 허물을 몽둥이로, 그들의 죄악을 징계로 견책할 것이로되, 내 자비함은 절대로 거두지 않으리라."시 89:30-33 참으로 하나님은 우리에게 더욱 큰 확신을 주시기 위해 그분이 우리를 때리시는 몽둥이는 사람의 몽둥이가 될 것이라고 선포하신다.삼하 7:14 즉, 하나님은 우리를 온화함과 친절함으로 다루실 것이며, 그분이 손으로 치실 사람들은 오직 혼란과 고통 정도만 받게 될 것이다. 선지자는 하나님께서 자기 백성에게 나타내실 온화함을 알기 쉽게 전한다. "내가 너를 불로 정결하게 하였으나 은을 정결하게 하듯 하지 않았으니, 그러지 않았다면 너는 온전히 소멸하였으리라."사 48:10 달리 말해, 하나님께서 자기 백성에게 보내는 고난이 그들의 죄악을 씻기 위한 것이기는 하더라도, 그분은 그 고난을 적절히 조절하셔서 자기 백성에게 너무 심한 상처가 되지는 않게 하신다.

두 번째 차이는, 악인들이 이 세상에서 하나님의 채찍에 맞을 때 그들은 이미 하나님의 엄한 심판을 당하기 시작한다는 데 있다. 비록 악인들은 하나님의 진노가 주는 암시에서 유익을 얻지 못한 잘못을 용서받을 수 없겠으나, 그들이 형벌을 받는 것은 그 생활을 고치게 하려는 목적 때문이 아니라, 그들이 마땅히 받아야 할 형벌을 반드시 집행할 심판자가 계심을 그들에게 보이기 위한 목적 때문이다. 반면, 신자들이 매를 맞는 것은 하나님의 진노를 만족하게 하기 위해서나 그들이 그들의 심판주에게 진 빚을 갚기 위해서가 아니며, 회개를 통해 유익을 얻고 의로운 길로 돌아오도록 하기 위해서일 뿐이다. 그래서 우리는 그런 형벌이 과거보다는 미래를 가리키고 있음을 깨닫는다. 이 점에 있어서 나는 크리소스토무스의 진술로 내 말을 대신하고 싶다. "주님은 우리의 허물 때문에 우리를 벌하시지만, 우리의 죄악에 어떤 보상을 요구하기 위해서가 아니라, 미래를 위해 우리에게 경고하시기 위함이다."[28] 차이는 이것이다. 하나님께서 사울에게서 그의 나라를 빼앗으실 때는 그에게 응분의 벌을 내리셨으나, 다윗에게서 그의 아들을 빼앗으실 때는 그를 고치기 위해 징계하셨다.삼상 15:23, 삼하 12:18 이것이 바로 우리가 바울의 다음 말씀을 해석하는 올바른 방법이다. "주님께서 우리에게 고통을 주실 때, 그는 우리를 세상과 더불어 정죄하지 않기 위하여 징계하시도다."고전 11:32 따라서 주님께서 우리에게 보내시는 고난은 우리를 멸하려는 형벌이 아니요, 우리를 교훈하려는 징계일 뿐이다.

주님께서 택하신 자들에게 내리시는 징계와 유기된 자들에게 내리시는 징계를 별도의 것으로 구별해야 한다는 우리의 주장에 아우구스티누스도 완전히 동의한다. 택하신 자들에게 내리시는 하나님의 징계의 경우, 아우구스티누스는 그 징계를 은혜가 얻어진 이후에 이어지는 훈육으로 설명한다. 그러나 유기된 자들에게 내리시는 하나님의 징계는 은혜 없는 정죄다.[29] 아우구스티누스는 계속해서 다윗과 다른 이들의 사례를 제시하는데, 주님께서 그들을 징계하시며 겸비함으로 훈련시키는 데만 전념하셨다고 지적한다. 이사야는 유대인들이 하나님의 손에서 충분한 벌을 받았으므로 그들의 죄악이 용서되었다고 말하는데, 그렇다 하더라도 우리는 징계를 받기만 하면 죄악이 용서된다는 결론에 빠지지 말아야 한다.사 40:2 그것은 하나님께서 "내가 너희에게 벌을 내려 고난을 주었나니, 이는 너희 마음이 슬픔과 고통으로 심히 무겁게 하려 함이라. 이제 너희 마음이 자비로운 소식을 듣고 즐거워할 때로다"라고 말씀하시는 것과 같은 이치다.

신자들은 심한 고난 중에도 이런 생각으로 스스로 무장해야 한다. "사람들이 주님의 이름을 부르는 주님의 집에서부터 심판을 시작할 때가 왔도다."벧전 4:17 신자들이 고난을 하나님께서 자신에게 행하시는 복수라고 생각한다면 어떻게 하고 싶어질까? 하나님의 손에 맞는 자마다 하나님을 자신을 벌하시는 심판주나 거세게 진노하시는 분으로만 생각할 뿐, 그 이상으로는 달리 생각할 수 없다. 그 사람이 할 수 있는 것이라곤 하나님의 매를 저주와 정죄로 미워하는 것뿐이다. 간단히 말해, 하나님을 자신을 계속 벌하시려는 분으로 믿는 자는 자신이 하나님의 사랑을 받고 있다고 결코 확신할 수 없을 것이다. 따라서 하나님은 우리의 실패로 진노하시면서도 우리에게 여전히 호의와 진정한 애정을 품고 계신다는 사실을 이해해야 한다. 그러지 않으면, 우리는 하나님의 징계를 통해 유익을 얻을 수 없다. 일시적 고난에서든 영원한 고난에서든 이 사실은 변함이 없다. 우리 주님께서 전쟁과 기근과 역병과 질병을 악인들에게 그분의 진노를 드러내는 보응 수단으로 사용하실 때, 그 재앙들은 하나님께서 내리시는 영원한 죽음의 선고와 다름없는 저주라 할 수 있다.

이제 우리 각자는 하나님께서 다윗을 징계하실 때 보이신 그분의 목적을 이해할 수 있을 것이라 생각한다. 하나님은 살인과 간음이 그분을 심히 불쾌하게 했음을 다윗에게 가르치시고 그분의 진노를 나타내심으로써, 다윗이 미래에는 감히 범죄하지 못하도록 경고하셨다. 하나님의 징계는 형벌로 내려진 것이 아니었다. 다윗은 그의 비행에 대해 형벌을 받음으로써 하나님께 어떤 식으로 보상해야 하는 것이 아니었다.

하나님의 값없는 용서는 보상의 의무를 부정한다

다윗의 인구 조사에 관련된 불순종 때문에 하나님께서 유대인들을 끔찍한 재앙으로 고통에 빠뜨리신 일도 바로 이 징계의 관점에서 평가되어야 한다.삼하 24:15 하나님은 다윗이 저지른 비행을 용서하셨으나, 모든 시대에 대해 모범을 제시하고 다윗을 낮추시기 위해서 다윗의 비행은 형벌 없이 지날 수 없었다. 그래서 우리 주님은 다윗을 그분의 막대기로 엄히 징계하셨다. 이는 인류 전체를 향해 선언된 보편적 저주에 담긴 목적이기도 했다.[창 3:16-19]

우리가 은혜를 얻은 후에도 우리 조상 아담 자신의 죄 때문에 받게 된 비참함을 여전히 당해야 할 때에, 우리 주님은 그 비참함을 통하여 그분의 법이 당하는 침해를 그분이 얼마나 불쾌하게 여기시는지 분명하게 알리시고, 우리의 곤고함을 자각하게 하여 우리를 낮추시고 겸비하게 하심으로 우리가 참된 복락을 더욱 열정적으로 추구하도록 하신다. 그래서 우리는, 우리가 이 죽을 생명에서 당하는 재앙들이 우리 죄악에 대하여 하나님께 보상하는 것이라고 주장하는 미친 자들을 정당하게 무시하겠다. 내가 믿기에는 크리소스토무스도 같은 마음으로 다음과 같이 기록했다.

"하나님께서 우리를 견책하시는 이유가 우리가 계속 비행을 저지르거나 고집 부리지 못하도록 막는 것이라면, 일단 그가 우리를 회개하도록 돌이키신 후에는 우리가 형벌을 받을 여지가 더 이상 없다."[30] 그러므로 하나님은 각 개인에게 적합하다고 판단하시는 대로, 어떤 사람들은 좀 더 혹독하게, 어떤 사람들은 좀 더 부드럽게 다루신다. 그러나 우리는 다 바른길을 떠나 견책받을 필요가 있기에, 우리의 복락을 간절히 원하시는 자비로운 아버지께서는 우리 모두에게 예외 없이 매를 드신다.

우리의 대적들이 오로지 다윗의 예에만 매달리면서, 값없는 죄 사함을 증명하는 더욱 많은 예들에 의해서는 도무지 마음이 움직이지 않는 태도가 참 특이할 뿐이다. 우리는 세리가 의롭다 하심을 받고 성전에서 내려온 뒤에 아무 벌도 받지 않았다는 기록을 읽는다.[눅 18:14] 베드로는 자기 죄의 용서하심을 받았다.[눅 22:61] 암브로시우스는 말한다. "성경은 우리에게 그가 눈물을 흘렸다고 하지, 보속을 행했다"고 하지는 않는다.[31] 중풍병자는 "일어나라. 네 죄가 사함을 입었느니라"는 말씀을 들었다.[마 9:2] 아무 형벌도 내려지지 않았다. 성경이 기록하는 모든 죄 사함은 값없이 얻어진 것이다.

그 원칙의 근거는 수많은 사례들에서 나오며, 아주 구체적인 단 하나의 사례에서만 나오는 것이 아니다. 다니엘이 느부갓네살에게 공의를 행하여 그의 죄를 속하고 가난한 자를 긍휼히 여겨서 그의 허물을 속하라고 권면할 때, 그는 공의와 자비가 하나님의 진노를 누그러뜨리는 수단이라거나 느부갓네살의 죄를 속하는 수단이라고 암시하지 않았다.[단 4:27] 그리스도의 피 외에 다른 어떤 대속물은 없다. 다니엘이 "속한다"고 할 때, 그는 하나님에 대해서가 아니라 사람에게 대해서 할 일을 말한 것이다. 이 권면을 통해 그는 마치, "왕이시여, 당신은 부당하고 부끄럽게 다스렸습니다. 당신은 약한 자를 짓밟고 가난한 자의 것을 강탈하면서, 당신의 백성을 악하게 대우했습니다. 당신이 그들에게 행했던 억압과 폭력과 악랄한 탈취를 대신하여 이제는 그들에게 자비와 공의를 베푸십시오"라고 말한 셈이었다.

비슷하게 솔로몬도 "사랑은 허다한 죄를 덮느니라"고 선언했는데,[잠 10:12] 그것은 하나님을 향한 사랑이 아니라 사람들이 서로에게 베푸는 사랑을 뜻했다. 이는 전체 구절을 보면 알 수 있다. "미움은 다툼을 일으키나, 사랑은 허다한 죄를 덮느니라." 솔로몬 시대에 흔히 그러했듯이, 여기서 솔로몬은 대조적인 것들을 제시하며 미움에서 나오는 악과 사랑의 열매를 비교한다. 솔로몬이 하고 싶은 말은, 서로 미워하는 사람들은 중상모략하고 악담하며 어떻게든 상대를 해치고 비방할 기회를 얻으려 하지만, 서로 사랑하는 사람들은 무엇이든 덮어 주고 참고 용서하면서, 비난으로 상대를 격분시키기보다는 권면으로 치료한다는 것이다. 베드로가 이 구절을 인용할 때 바로 그런 뜻으로 이해했다는 데는 의심의 여지가 없다.[벧전 4:8] 베드로가 성경을 왜곡하거나 잘못 해석했다고 비난할 마음이 없다면 말이다! 솔로몬이 우리의 죄악은 자비와 인자로 용서받는다고 확언할 때, 우리의 죄악에 대한 보상을 하나님께 드려야만 그분이 만족하시고, 그래야 우리가 받을 형벌을 그분이 제하여 주신다고 가르치지 않는다.[잠 16:6] 오히려 성경이 통상적으로 가르치는 방식 그대로, 솔로몬은 자기의 악한 길을 떠나 거룩함과 선한 행실로 하나님께 돌아오는 자마다 하나님의 자비를 알게 되리라는 진실을 가르쳤을 뿐이다. 사실, 솔로몬은 우리가 악행을 그치면 하나님의 진노가 그치고 누그러진다고 말한 셈이다. 우리는 이 구절을 이미 다른 곳에서도 숙고했다.[32]

누가복음 본문 해설

누가복음 본문을 논하면,[눅 7:36-50] 바른 판단력으로 주님께서 말씀하신 비유를 읽는 사람은 누구라도 이를 가지고 우리에게 논박하려 들지 않을 것이다. 우리 주님께서 죄인이었던 여인을 쉽게 환영하셨기에, 바리새인은 주님께서 그녀를 알지 못하신다고 생각했다. 그 바리새인은 만약 주님께서 여인이 죄인임을 아셨다면 그녀를 결코 용납하지 않으셨으리라고 믿었기 때문이다. 그래서 그는 주님께서 그녀에게 속아 넘어간 것으로 보아 선지자일 수 없다고 단정했다. 우리 주님은 여인의 죄가 용서되었으므로 그녀가 더 이상 죄인이 아니라는 사실을 증명하기 위해 이 비유를 말씀하셨다. "'한 대금업자에게 두 채무자가 있다. 한 사람은 그에게 오십 데나리온을 빚졌고, 또 한 사람은 그에게 오백 데나리온을 빚졌다. 그가 두 사람의 빚을 탕감해 주었다. 그들 중 누가 더 감사해야 하겠느냐?' 바리새인이 대답했다. '물론 많이 탕감받은 사람입니다.' 우리 주님께서 대답하셨다. '그렇다면 이 여인은 많은 죄 사함을 받았음을 기억해라. 그녀가 많이 사랑했기 때문이다.'"

이 말씀을 통해 명백한 것은 다음과 같은 사실이다. 그리스도는 이 여인의 사랑을 그녀가 얻은 용서의 원인이 아니라 증거로 삼으셨다. 그리스도의 이 말씀은 오백 데나리온을 탕감받은 채무자와 그녀를 비교하기 때문이다. 그리스도는 그 채무자의 오백 데나리온이 그가 많이 사랑했기 때문에 탕감받았다고 하지 않으시고, 오백 데나리온을 탕감받았기 때문에 그가 많이 사랑해야 한다고 말씀하신다. 이것이 바로 이 비유에서 뜻하는 내용이다. "너는 이 여인이 죄인이라고 생각하지만, 너는 그녀가 죄인이 아님을 알아야 한다. 그녀의 죄가 용서되었기 때문이다. 그녀의 죄가 용서되었다는 사실은 그녀가 보여준 사랑을 통해 너에게 분명해졌고, 그녀의 사랑으로 그녀는 자신이 얻은 복에 감사드렸다." 이는 어떤 진실은 그것을 뒤따르는 현상에 의해 확정된다는 이른바 귀납법적 주장이다. 마지막으로, 우리 주님은 그 죄 많은 여인이 어떻게 죄 사함을 받았는지를 아주 쉽게 보여주신다. 주님은 "너의 믿음이 너를 구원했다"고 말씀하신다. 따라서 우리는 믿음으로 용서를 구하고, 사랑으로 우리 주님의 관대하심을 인정하며 감사드린다.

초대 교부들은 보속을 가르치지 않았다

나는 보속에 관한 초대 교부들의 견해에 깊은 인상을 받지 못했다. 솔직히 말해, 나는 우리에게 자신의 작품을 전한 거의 모든 교부가 이 문제에 있어서 잘못했거나, 그렇지 않으면 너무 엄격한 입장을 취했다고 생각한다. 그들이 무지하고 미성숙해서 그런지 요즈음 새로운 보속론자들은 그 교부들의 주장이라고 간주되는 내용에는 동의하지 않는다. 크리소스토무스는 자신의 한 작품에서 이렇게 말한다. "우리가 자비를 요청하는 행위는 우리 죄에 대한 철저한 조사와 율법의 철저한 엄격함을 피하는 길이다. 우리는 형벌을 끝내고 싶어 한다. 왜냐하면 자비가 있는 곳에는 더 이상의 고통도, 조사도, 엄격함과 형벌도 없기 때문이다."[33] 어떤 사람들이 아무리 흠집을 잡으려 해도 이런 진술은 스콜라학자들의 교훈과 절대로 조화될 수 없다. 그뿐만 아니라, 아우구스티누스의 저작으로 알려진 『교회의 교리』*The Dogmas of the Church*라는 제목의 책 제54장에서 우리는 다음과 같은 내용을 보게 된다. "회개의 보속은 죄의 원인들을 제거하여 죄의 자극에 굴복하지 않으려는 것이다."[34] 이를 통해 명백해지듯이, 보속으로 과거의 잘못을 보상할 필요가 있다는 생각은 그 당시에 이미 거부되었다. 여기서 보속은 오직 우리가 미래에 깨어서 잘못을 더 이상 저지르지 않게 하는 데 그 역할이 있기 때문이다.

주님은 우리가 주님께 눈물로 죄를 회개하는 것 이외에 다른 것을 더 요구하지 않는다고까지 했던 크리소스토무스의 말을 나는 굳이 인용하지 않겠다. 그의 말은 교부들이 자주 반복하기 때문이다.[35] 아우구스티누스도 어딘가에서 가난한 자에 대한 자비로운 행위를 가리켜 "하나님의 용서를 얻기 위한 교정책"으로 부른다.[36] 그러나 아우구스티누스는 복잡해지거나 자칫 함정이 되지 않도록 다른 곳에서 자신의 의도를 상세하게 설명한다. "그리스도의 육체는 죄악을 위한 참되고 유일한 제사다. 그 죄악은 우리의 세례에서 용서되었지만, 우리 육체의 연약함 때문에 나중에 생기기도 하며, 그 죄악 때문에 교회가 '우리 죄를 용서하소서'라는 매일의 기도를 드리기도 하는데, 참으로 이 죄악은 그 단 한 번의 제사로 용서된다."[37]

대다수의 교부들은 보속을 하나님께 드려야 할 보상으로 여기지 않았으며, 출교 형벌에 처해진 자들이 교회의 교제로 돌아오기를 희망할 때 그들의 회개를 회중에게 알리는 공개적 고백으로 불렀다. 신자들은 이전 생활에 대해 회개했음을 참되고 진실하게 증언하기 위해서, 혹은 그들의 악한 생활에 대한 기억을 지우기 위해서 금식과 기타 여러 가지 것들을 의무로 지켜야 했다. 그럼으로써 그들은 하나님이 아니라 교회를 만족하게 할 수 있었다고 한다. 이 고대의 관습에서 오늘날 행해지고 있는 고해와 보속 제도가 유래했으며, 이들은 독사의 자식으로 분명하게 확인되었다. 그것들이 고대 예식의 모든 선한 것을 질식시켰고, 그 흔적조차 남지 않도록 만들었기 때문이다. 나는 고대 저자들이 때로는 너무 서툴게 말했음을 잘 알고 있고, 내가 이미 언급했듯이 그들이 어느 정도는 오류를 범했다는 사실도 부인하지 않겠다. 그러나 약간의 오점이 있을 뿐인 그들의 책을 이 돼지 같은 자들이 다룰 때는 완전히 엉망이 되고 만다.

이것이 초대 교부들을 방편으로 삼아 벌이는 싸움이라면, 저들은 어느 교부들을 우리에게 내세우겠는가? 저들의 사령관 페트루스 롬바르두스Petrus Lombardus가 쓴 책의 문장 대부분은 다양한 수도사들의 미친 환상에서 나왔지만, 암브로시우스와 히에로니무스와 아우구스티누스와 크리소스토무스 같은 이름들로 가장되어 있다! 보속 문제도 마찬가지로, 롬바르두스는 그가 말하는 거의 모든 것을 『회개에 관하여』*On Repentance* 라는 책에서 빌려 왔는데, 이 책은 어떤 무식한 자가 좋거나 나쁜 여러 저자들의 말을 이리저리 어수선하게 엮은 것이다. 이 책은 아우구스티누스의 저작으로 알려졌지만, 제대로 학식을 갖춘 사람이라면 누구도 그렇게 인정하지 않을 것이다.

보속과 연옥 교리

그러므로 저들은 연옥 이야기로 우리를 진절머리 나게 하는 행각을 멈추어야 한다. 연옥 교리는 뿌리까지 뽑혀 도끼로 조각조각 찍힌 채 내동댕이쳐졌다. 나는 우리가 일부러 그 문제를 무시하거나 연옥에 대한 언급 자체를 자제해야 한다는 어떤 사람들의 견해를 지지하지 않는다. 저들이 말하듯이 연옥은 골치 아픈 많은 논쟁을 야기하면서도 교회에는 거의 도움이 되지 못하기 때문이다.[38] 내 대적들에게 아주 중요한 문제가 아니라면, 당연히 나 역시 그런 말도 안 되는 이야기는 무시하는 것이 좋다고 생각한다. 하지만 연옥은 수없이 많은 신성모독에 근거해 있고 매일 점점 더 엄청난 신성모독으로 강화되면서, 전대미문의 문제를 초래하고 있기 때문에 무시하고 말 문제가 결코 아니다.

어쩌면 우리는 연옥 문제가 하나님의 말씀과 상관없는 끔찍한 무지와 몽매에서 유래했다는 사실, 마귀의 간교함이 조작한 계시들을 통해 어떤 식으로 수용되었으며, 이것을 보증하기 위해 성경 구절들이 사악하게 왜곡되었다는 사실을 한동안 무시했던 것 같다. 그러나 우리 주님은 인간의 대담함과 무모함이 그분의 심판의 신비를 범하는 것을 사소한 잘못으로 여기지 않으신다. 주님은 인간이 그분의 음성을 업신여기며 죽은 자들로부터 진실을 구하는 행위를 엄중히 금하셨다.신 18:11 주님은 인간이 그분의 말씀을 그런 방식으로 불경하게 다루도록 허락하지 않으시기 때문이다. 그런데도 우리가 이 모든 것이 별로 중요하지 않다며 그대로 내버려 둔 채로, 죄 씻음이 그리스도 바깥에서 추구되고 보속이 그리스도 아닌 다른 것으로 변해도 그저 침묵만 지키는 태도는 위험하다. 그러므로 우리는 연옥은 마귀가 만들어 낸 악독한 환상이라고 크게 외쳐야 한다. 마귀는 하나님의 자비를 끔찍한 논쟁거리로 둔갑시키고 그리스도의 십자가를 폐지하고 우리 믿음의 근간을 허물어 산산이 흩어 버린다. 결국 저들이 주장하는 연옥이란 죽은 자들의 영혼이 저들의 죄를 대속하려고 받는 형벌이지 않은가? 사실, 우리가 보속이라 부르는 망상을 제거한다면 저들의 연옥도 무너지고 말 것이다.

이제 그리스도의 피가 유일한 죄 씻음과 제사와 속죄라는 우리의 이전 주장이 명백해졌다면, 연옥은 예수 그리스도를 거역하는 명백하고 끔찍한 신성모독이라는 사실 외에 무슨 할 말이 더 있겠는가? 나는 연옥 교리를 매일 주장하고 옹호하는 거짓말과 신성모독 행위에 대해서, 연옥이 신앙에 퍼뜨리는 온갖 걸림돌에 대해서, 그리고 이 불경건함의 원천에서 쏟아져 나온 헤아릴 수 없이 많은 온갖 악행에 대해서는 아무 말도 하지 않겠다.

성경은 연옥에 관해서 아무 증거도 제공하지 않는다

저들이 항상 거짓된 주장의 수단으로 사용하는 성경의 증거들을 저들의 손에서 빼앗아 올 필요가 있다. 저들은 "우리 주님께서 성령을 거스르는 죄는 이 세상에서나 다음 세상에서 용서받지 못할 것"이라고 말씀하실 때,[마 12:32] 다음 세상에서 용서될 수 없는 어떤 죄들을 가리키신다고 한다. 나는 저들에게 이 질문으로 대답하겠다. 여기서 주님은 죄에 대한 책임을 말씀하고 계심이 분명하지 않은가? 그렇다면, 이 말씀은 저들의 연옥 교리에는 전혀 도움이 되지 않는다. 저들은 현세의 죽을 생명으로 용서받은 죄의 책임이 저 세상에서 형벌을 받게 된다고 주장하기 때문이다. 나는 저들의 입을 완전히 닫아 버리기 위해서 훨씬 더 분명한 해결책을 제시하겠다.

주님은 그토록 엄청난 범죄의 용서에 대한 희망을 완전히 제거하시기 위해, 그 범죄는 결코 용서될 수 없다는 선언만으로 만족하지 않으시고,

그 범죄에 대한 그분의 뜻을 상세히 말씀하셨다. 즉, 우리 각자의 양심이 이 세상에서 경험하는 심판과 부활의 날에 나타날 최후 심판을 구분하도록 하셨다. 주님의 말씀은 마치 다음과 같이 들린다. "악한 마음으로 고의적으로 하나님을 대적하지 않도록 조심하라. 그런 패역함은 영원한 형벌을 받으리라. 자기에게 주어진 성령의 빛을 고의로 소멸하려는 자마다 회개를 위해 죄인에게 주어진 이 세상에서도 용서를 얻지 못할 것이요, 하나님의 천사들이 양과 염소를 나누어 하나님의 나라에서 모든 불법한 것을 제거할 마지막 날에도 용서를 얻지 못하리라." 또한 저들은 마태복음의 이 비유를 제시한다. "네 대적과 화해하라. 그러지 않으면 네 대적이 너를 붙잡아 재판장에게 끌어갈 것이요, 그가 너를 옥졸에게 붙이면 옥졸이 너를 감옥에 넣으리니, 네가 마지막 한 푼까지 다 갚을 때까지 거기서 나올 수 없으리라."마 5:25-26 이 본문에서 재판관이 하나님을 대변하고, 대적이 마귀이며, 옥졸이 천사이고, 감옥이 연옥이라면, 내가 그들에게 졌다고 인정하겠다. 지금 그리스도는 유화적인 합의를 추구하지 않고 처참한 지경까지 논쟁과 소송을 하려는 태도가 얼마나 위험한지를 설명하심으로써, 우리가 모든 사람과 한뜻이 되기를 애쓰라고 권면하시는 것이 분명하다. 그렇다면, 도대체 이 말씀 어디에 연옥이 있다는 것인가? 간단히 말해, 이 본문이 명백한 의미로 읽혀지고 해석된다면, 여기에 있는 어떤 것도 저들의 주장을 지지하지 않는다.

게다가, 저들은 바울의 본문을 증거로 인용한다. "하늘에서나 땅에서나 지옥에서도 모든 무릎이 그리스도에게 꿇게 되리라."빌 2:10 저들은 "지옥"이 영원한 죽음에 처해 있는 자들이 아니라 연옥에 남겨진 영혼들을 가리킨다고 간주한다. 만약 사도가 "무릎 꿇다"는 표현으로 신자들이 하나님께 드리는 참된 예배를 뜻했다면, 저들의 주장은 아마도 그럴듯할 것이다. 그러나 사도는 예수 그리스도께서 아버지로부터 모든 피조물을 다스리는 전권을 얻으셨음을 말하고 있을 뿐이다. 그렇다면, 우리가 여기 "지옥"이라는 말이 마귀들—반드시 주님의 보좌 앞에 나타나 두려움과 떨림으로 저들의 심판주를 인정하게 될—을 가리킨다고 이해해도 전혀 해로울 것이 없다. 따라서 바울 자신도 다른 곳에서 이 예언을 설명한다. "우리 모두는 그리스도의 보좌 앞으로 나아가리니, 주님께서 모든 무릎이 그 앞에 꿇을 것이라고 선포하시리라." 롬 14:10-11

그러면 저들은 이것은 요한계시록의 다음 구절이 가르치는 바가 아니라며 항변할 것이다. "내가 하늘과 땅에 있는 모든 피조물과 땅 아래와 바닷속에 있는 피조물이 말하는 것을 들으니, 보좌 위에 앉으신 분과 어린양께 찬양과 명예와 영광과 권능이 세세토록 있으리라 하더라." 계 5:13 그 점을 나는 기꺼이 인정하겠다. 하지만 저들은 여기서 어떤 피조물들이 언급되어 있다고 생각하는가? 영혼이나 지성을 갖추지 못한 피조물들도 여기에 포함되어 있음은 더할 나위 없이 명백하다. 이 사실이 뜻하는 바는, 세상의 모든 것이 하늘 높은 곳에서 땅 한가운데 이르기까지 각자의 처소에서 자기 창조주의 영광을 칭송한다는 것이다. 혹시라도 내가 마카베오기를 정경으로 받아들인다는 인상을 줄 것 같아 염려되어, 마카베오 이야기 2마카 12:43 에 대한 저들의 이해에 관해서는 응답도 하고 싶지 않다.[39]

이제 저들은 바울의 기록을 자기들의 난공불락 요새로 삼을 수 있다고 믿는다. "누구든지 금이나 은이나 보석이나 나무나 풀이나 짚으로 된 토대 위에 세운다면, 각자의 공적功績은 주님의 날에 드러나게 되리라. 이는 그 공적이 불로 드러나게 될 것임이요, 불이 각 사람의 공적의 성질을 드러낼 것임이라. 어떤 이의 공적이 불탄다면 그는 그 공적을 잃게 되겠지만, 그 자신은 구원을 얻으리니 마치 불로 구원받음 같으리라." 고전 3:12-13, 15 저들은 "바울이 뜻한 불은 우리 허물을 없애서 우리로 하여금 정결하게 하나님의 나라에 들어가도록 하는 연옥의 불이 아니고 무엇이겠는가?"라고 묻는다. 나는 많은 초대 교부들이 이 말씀을 다르게 설명했다고 대답하겠다. 그들은 "불"이라는 단어가 주님께서 자기 백성의 모든 더러움을 씻고 그들을 단련하실 때 사용하는 십자가와 고난을 뜻한다고 해석한다.[40] 이 해석은 일종의 연옥을 상상하는 것보다 훨씬 더 믿을 만하다. 그렇더라도 나는 이 해석에 동의하지 않는다. 나는 보다 확실하고 분명한 해석이 있다고 믿기 때문이다. 우선, 우리는 사도가 은유와 비유를 사용하여 사람의 지성으로는 풀이나 나무나 짚으로 여겨지는 교훈을 설명하고 있음에 주목해야 한다. 이 비유를 사용한 이유는 분명하다. 나무가 불에 닿자마자 소멸하듯이, 인간의 교훈 역시 철저한 검증을 버티지 못하기 때문이다. 우리가 잘 알고 있듯이, 이 검증은 성령에 의해 진행된다. 그러므로 바울은 이 비유를 통하여 한 부분을 다른 부분에 적용하기 위해 성령의 검증을 "불"이라고 부른다. 금과 은의 순도는 그것을 불에 가까이 닿게 함으로써 확실하게 증명된다. 비슷하게, 하나님의 진리가 성령에 의해 더욱 철저히 검증될수록 그만큼 그 진리의 권위도 더욱 확고해진다. 나무나 풀이나 짚에 불이 붙으면 즉시 불타서 재가 되듯이, 하나님의 말씀에 따라 확정되지 않은 모든 인간적인 고안도 성령의 검증을 견딜 수 없으며 파괴되어 사라질 뿐이다.

요약하면, 인간이 만들어 낸 교훈이 불에 타서 소멸하는 나무나 풀이나 짚과 비교될 수 있고, 그것이 오직 하나님의 영으로만 파괴되고 분쇄될 수 있다면, 이는 곧 성령이 인간의 교훈을 시험하는 불이라는 뜻이다. 성경에서 흔히 그렇듯이, 바울은 이 시험을 "주님의 날"로 부른다. 성경은 주님께서 어떤 방식으로든 그분의 임재를 인간에게 드러내실 때마다 이 표현을 사용한다. 주님의 진리가 우리에게 비춰질 때, 우리는 주님의 얼굴에 있는 광채를 본다.

우리는 바울 서신에서 "불"이 성령의 검증을 뜻한다는 사실을 이미 증명했다. 이제 우리는 자신의 공적을 잃은 자가 어떻게 불로 구원받는지를 이해해야 한다. 여기서 어떤 사람이 다루어지고 있는지 숙고하면 이 문제는 어렵지 않다. 바울은 지금 교회를 세울 바른 토대를 갖고 있지만, 아무 소용없는 다른 재료를 추가하는 자들을 가리켜 말하고 있다. 즉, 그들은 믿음의 원칙적이고 본질적인 조항들을 고수하면서도 몇 가지에 있어서는 이탈하여 인간이 만든 개념을 하나님의 진리와 혼합한다. 그러므로 이런 사람들은 자신의 공적을 잃을 것이다. 그들 스스로 하나님의 말씀에 덧붙인 것은 파괴되어 발밑에 짓밟혀야 마땅하다. 하지만 그들 자신은 구원받을 것이다. 하나님께서 그들의 오류와 무지를 인정하시기 때문이 아니라, 그 오류와 무지로부터 성령의 은혜로 그들을 구원하여 건지시기 때문이다. 이것이 바로 성경의 거룩한 순수함을 연옥의 분뇨와 오물로 더럽힌 자들의 공적이 파멸하도록 내버려 두어야 하는 이유다.

제6장

이신칭의와 행위공로

나는 앞에서 인간을 위한 구원의 유일한 피난처가 어떻게 남아 있는지, 남아 있는 그 방식에 대해서 아주 자세하게 설명했다고 믿는다.[1] 그 피난처는 믿음에서 발견되는데, 인간이 율법으로 인해 저주를 받았기 때문이다. 또한 나는 믿음이 무엇이며 하나님의 어떤 은사를 인간에게 주는지, 그 믿음이 인간 속에서 만든 결과가 무엇인지에 대해서도 충분히 말했다고 생각한다. 요약하면 대략 다음과 같다. 우리가 믿음으로 예수 그리스도를 영접하고 소유함으로써, 그리고 하나님의 선하심으로 우리에게 제시된 그분께 참여함으로써 두 가지 은혜를 받는다. 첫째, 우리는 예수 그리스도의 무죄하심을 통해 하나님과 화해한 후, 하늘에서 우리를 정죄하시는 심판자 대신 가장 자비로운 아버지를 모시게 된다. 둘째, 우리는 그의 성령으로 성별되어 우리 마음은 삶의 거룩함과 정결함을 향할 수 있게 된다.

두 번째 은혜인 중생은 내가 필요하다고 느낀 만큼 아주 상세하게 다루어졌다.[2] 그러나 칭의는 훨씬 더 간략히 다루어졌다. 비록 믿음에 선행이 없다거나 믿음이 선행을 소홀히 여기지는 않지만, 우리가 믿음을 통해서 값없이 하나님의 자비로 의를 얻는다는 사실은 가장 먼저 그리고 가장 중요하게 이해해야 하기 때문이다. 또한 우리는 성도의 선행에 관하여 배울 필요가 있는데, 그것은 부분적으로 이번 장의 문제와 관련되어 있다. 따라서 우리는 이제 이신칭의(以信稱義, 믿음으로 의롭다 하심을 얻는다)에 관한 주제를 시간을 들여 자세히 살펴보아야 한다. 그러므로 우리는 칭의가 기독교 신앙의 가장 중요한 조항이라는 사실을 숙고하면서, 우리 각자가 칭의의 의미를 더 진지하게 노력해서 이해해야 한다. 우리의 구원을 확고한 기초 위에 세우는 것은 우리를 향한 하나님의 뜻을 아는 지식뿐인 것처럼, 경건과 경건한 두려움의 성장을 위한 다른 기초는 결코 없다. 우리가 이것들을 더 잘 이해하면서 그 중요성도 드러나게 될 것이다.

칭의의 뜻

다만 우리가 무언가 모호한 것에 관하여 주장을 펼치다 보면 흔히 그렇듯이, 우리가 첫걸음부터 실수하지 않도록 우선 하나님 앞에서 의롭다 하심을 얻는 것이 무엇이며, 또한 믿음이나 행위로 의롭다 하심을 얻는 것이 무엇인지부터 설명해야 한다.

사람이 하나님 앞에서 의롭다 하심을 얻는다는 것은 그가 하나님께 의롭다는 판결을 받는 것이요, 하나님의 의로우심에 받아들여진다는 것을 뜻한다. 죄악은 하나님께서 미워하시는 것이므로 죄인은 하나님 앞에서 은총을 입을 수 없다. 무릇 죄가 있는 곳에는 하나님의 진노와 복수가 있기 마련이다. 그렇다면 의롭다 하심을 얻은 사람은 죄인으로 간주되지 않고 의인으로 간주되며, 죄인은 넘어지고 쓰러질 수밖에 없는 하나님의 심판의 보좌 앞에 서 있을 수 있다. 그것은 마치 누군가가 그릇되게 정죄받았다가 이후에 재판관에게 심문을 받아 사면되어 결백을 선언받는 것과 같다. 그는 법 앞에서 의롭다고 선언된다. 마찬가지로 우리가 어떤 사람이 의롭다고 말할 때는, 그 사람이 죄인의 무리에서 제외되어 하나님께로부터 의롭다는 증언과 증거를 얻는 것을 뜻한다. 비슷하게, 우리는 어떤 사람의 삶의 행위들이 하나님 보시기에 의로움을 얻을 가치가 있을 정도로 순결함과 거룩함을 보여줄 때, 혹은 그 행위들의 정직함으로 하나님의 판결을 감당하며 만족하게 할 수 있을 때, 그 사람이 하나님 앞에서 의롭다고 말한다. 반대로 믿음으로 의롭다 하심을 얻는 사람은 행위의 의에 관계없이 믿음으로 예수 그리스도의 의를 붙드는 사람이다. 그 사람은 예수 그리스도의 의로 옷 입고 하나님의 면전에 죄인이 아니라 의인으로 드러난다. 하지만 대부분의 사람이 믿음과 행위를 결합한 의를 상상하기 때문에, 우리의 논의를 더 진행하기 전에, 믿음의 의가 행위의 의와는 매우 달라서 하나를 세우는 것은 다른 하나를 무너뜨린다는 사실부터 증명해 보자.

사도는 "그리스도를 얻기 위해 모든 것을 배설물로 여긴 것은, 율법에서 오는 자기의 의를 갖지 않고 예수 그리스도 안에서 믿음에 의한 의, 곧 믿음으로 하나님께로부터 오는 의를 갖고서 그 안에서 발견되기 위해서"라고 선언한다.[빌 3:8-9] 여기서 우리는 사도가 서로 정반대되는 것들을 비교하는 것을 본다. 그는 그리스도의 의를 얻기 위해서 우리 자신의 의를 내버려야 한다고 단언한다. 그래서 사도는 다른 곳에서 유대인을 넘어지게 하는 것이 바로 이것이라고 기록한다. "그들은 자기의 의를 세우려다가 하나님의 의에 복종하지 않았기 때문이다."[롬 10:3] 만약 우리가 우리의 의를 세우려다가 하나님의 의를 거부한다면, 우리는 하나님의 의를 얻기 위해서 우리의 의를 송두리째 포기해야 마땅하다. 사도는 우리의 자랑은 율법으로는 제거되지 않으며 오직 믿음으로 제거된다고 말하면서 똑같은 사실을 강조한다.[롬 3:27] 이는 곧 의가 극히 일부라도 우리 행위에 남아 있는 한, 우리에게 자랑할 무언가가 있음을 뜻한다. 따라서 믿음이 모든 자랑을 제거한다면, 믿음의 의는 행위의 의와 결코 공존할 수 없다.

소르본 신학자들은 믿음과 행위를 거짓되게 결합한다

널리 신뢰받는 이 거짓된 생각이 소르본 신학자들에 의해 사람들의 마음에 철저히 주입되었다. 그들은 두 배로 잘못되었다. 그들은 "믿음"을 우리가 하나님의 상급을 기대하는 확신으로 부른다. 그들은 우리와 달리 "은혜"를 가리켜 값없는 의의 선물이라 하지 않고, 사람이 선하고 경건하게 살도록 인도하시는 성령의 도움이라고 말한다. 그들은 "누구든지 하나님께 나아가는 자는 하나님이 그를 찾는 자들에게 상 주시는 분임을 믿어야 한다"는 사도의 글을 읽지만,히 11:6 하나님을 어떻게 구해야 하는지에 대해서는 이해하지 못한다. 바로 이 점이 지금 우리가 설명하려는 사안이다.

행위 "은혜"에 대한 그들의 오해는 그들의 저작에서 분명히 드러난다. 『명제집』의 저자인 그들의 스승은 우리가 그리스도를 통하여 얻는 의를 두 가지로 설명한다. 첫째, 그의 주장에 따르면 그리스도의 죽음은 우리 마음에서 사랑을 일으킬 때 우리를 의롭게 하며, 그 사랑으로 우리가 의로워진다. 둘째, 마귀가 우리를 사로잡는 죄가 사랑을 통해 소멸되기 때문에 우리는 의로워지고, 그 결과로 죄는 우리에게 주인 노릇을 하지 못한다.[3] 우리가 보기에 그는 하나님의 은혜를 오직 우리가 성령의 권능으로 선행을 하도록 인도하심을 받는 만큼만 고려한다. 그는 아우구스티누스의 가르침을 따르려다가 그의 뒤로 한참이나 처지더니, 결국 그를 실제로 모방하는 데 있어서 한참이나 멀어져 버렸다. 그 경건한 사람이 분명하게 말한 것을 모호하게 하고, 아주 약간의 얼룩으로 보이는 것을 완전히 망쳐 버렸기 때문이다. 소르본 학파는 불가피하게 점점 더 나빠지게 되었고, 마침내 펠라기우스의 오류에 빠져 버렸다. 물론 우리가 언제나 아우구스티누스의 관점을 받아들여야 하는 것은 아니다. 비록 아우구스티누스가 인간에게는 그 어떤 칭찬도 하지 않고 모든 칭송을 하나님께 돌리기는 하지만, 그래도 그는 우리를 새 생명으로 거듭나게 하는 은혜를 성별과 관련짓고 있다.

성경은 믿음으로 얻는 의에 관해서 말할 때 우리를 아주 다른 방향으로 이끈다. 성경은 우리가 우리 행위에서 시선을 돌려 오직 하나님의 자비와 그리스도의 완전한 거룩함만을 바라보라고 가르친다. 성경은 칭의에 순서를 정한다. 우선, 하나님께서는 죄인에게 선행이 하나도 없음을 보시기 때문에, 죄인에게는 죄인의 비참함 외에 하나님의 자비로 이끌 수 있는 것이 아무것도 없음을 아신다. 그래서 하나님은 자신의 순결하심과 선하심으로 죄인을 받으신다. 하나님은 자기 속에서 죄인에게 선을 행할 이유를 찾으신다. 그다음에 하나님은 죄인이 선을 의식하게 하셔서 자기의 모든 것을 불신하며 오직 하나님이 그에게 보이신 자비에만 그의 구원 전체를 맡기게 하신다. 사람이 이 복음의 가르침을 통하여 자기가 하나님과 화해했음을 인정할 때, 자기의 구원을 붙잡는 데 필요한 믿음의 감정이 있다. 왜냐하면 사람은 그리스도의 의를 통하여 자신의 죄 사함과 의롭다 하심을 얻기 때문이다. 비록 사람은 하나님의 영으로 거듭나지만, 자기의 선행에 의지하지 않고 자기의 영원한 의가 오직 그리스도의 의로우심 속에서만 발견됨을 확신한다.

이 모든 것을 각각 고찰할 때, 우리가 믿는 실체가 쉽게 설명될 것이다. 그러나 이것들을 우리가 개관한 순서와 다른 순서로 다루면 잘 요약할 수 있을 것이다. 다만, 모든 것이 쉽게 이해될 수 있는 방식으로 논의되는 한에서 순서는 그다지 중요하지 않다.

여기서 기억해야 할 중요한 것은 우리가 앞에서 수립했던 믿음과 복음의 관련성이다. 왜냐하면 우리는 믿음이 복음 안에서 제공되는 의로움을 받아들이기 때문에 믿음이 의롭게 한다고 주장하기 때문이다. 이제 만약 의로움이 복음 안에서 제공된다면, 행위에 대한 온갖 사려는 배제된다. 바울은 자주 이 점을 강조하는데, 특히 두 곳에서 그러하다. 로마서에서 바울은 율법과 복음을 다음과 같이 비교한다. "율법에 속한 의는 무릇 하나님이 명하시는 바를 행하는 자마다 살 것이라고 말하지만, 믿음의 의는 누구든지 예수 그리스도를 자기 입술로 고백하며 아버지께서 그를 죽은 자들 가운데서 일으키셨음을 마음으로 믿는 자에게 구원을 선포하느니라." 롬 10:5-6, 9 율법과 복음에 있는 분명한 차이, 곧 율법은 의를 행위에 부여하지만 복음은 행위와 상관없이 자유롭게 의를 제공한다는 사실을 우리가 보지 않는가? 이 본문은 참으로 주목할 가치가 있으며 우리를 많은 어려움에서 구할 수 있다. 복음이 제공하는 의가 율법의 모든 규정에서 자유롭다는 것을 우리가 이해하면 많은 것을 얻을 수 있기 때문이다. 그것이 바로 바울이 율법과 약속을 양립할 수 없는 것으로 자주 대조하는 이유다. "만약 상속이 율법에서 온다면, 그것은 약속으로 되는 것이 아니니라."갈 3:18 다른 비슷한 언급들도 같은 장에서 발견된다.

분명히 율법에도 약속들이 있다. 그러므로 우리가 율법과 복음의 대조가 잘못되었다고 제안하고 싶지 않다면, 복음의 약속들은 율법과 다르고 구분되어야 한다. 복음의 약속들은 값없는 하나님의 자비에만 근거하지만 율법의 약속들은 행위의 이행에 달려 있다는 것이 그 차이가 아닌가?

바울의 두 번째 본문은 이것이다. "아무도 하나님 앞에서 율법으로 의롭다 하심을 얻지 못함이 분명하니, 이는 의인은 믿음으로 살기 때문이라. 이제 율법은 믿음에 맞지 아니하나니, 누구든지 명령된 것들을 행하는 자는 그것들로 살 것이라고 율법이 말하기 때문이라."갈 3:11-12 만약 행위가 완전히 배제된다는 것이 우선적으로 동의되지 않는다면, 바울의 주장이 어떻게 성립할 수 있겠는가? 바울은 율법이 믿음과 다르다고 단언한다. 어떻게 다른가? 율법은 사람이 의롭게 되기 위하여 행위를 요구한다고 그는 말한다. 따라서 사람이 믿음으로 의롭게 되어야 할 때, 행위는 요구되지 않는다는 뜻이다. 바울이 설명하듯, 의롭게 된 사람은 자기 행위의 공로와 전혀 상관없이, 심지어 그 공로를 전혀 고려하지 않고 의롭다는 것이 분명하다. 믿음은 복음의 의의 제시를 받아들이기 때문이다. 복음이 율법과 구별되는 이유가 바로 이것이다. 복음은 의를 행위와 연관시키지 않고 온전히 하나님의 자비 속에 위치시킨다. 바울도 로마서에서 같은 방식으로 논증한다. 바울은 아브라함에게 자랑할 이유가 전혀 없었던 것은 믿음이 그에게 의로움으로 간주되었기 때문이라고 주장한다.롬 4:2-3 바울은 그 이유를 계속 제시한다. 믿음의 의는 행위가 없는 곳, 곧 행위에 대한 대가가 전혀 없는 곳에서 작동한다. 그는 "행위가 있는 곳에는 응분의 보상이 주어지지만, 믿음에 주어지는 것은 값이 없다"고 말한다.롬 4:4-5 이어지는 구절들은 같은 생각을 반복한다. 우리는 믿음으로 하늘의 유업을 얻으며, 그러므로 그 유업이 은혜로 우리에게 온다는 것을 알게 된다. 바울은 하늘의 유업은 우리가 그것을 믿음으로 받는다는 견지에서 값이 없다고 결론짓는다. 믿음이 행위에 근거하지 않고 오직 하나님의 자비에만 온전히 의존하기 때문이 아니라면, 대체 왜 그렇겠는가?

궤변론자들의 반대는 쉽게 반박된다

사람이 믿음으로만 의롭다 함을 얻는다는 가르침을 놓고 궤변론자들이 요즘 우리에게 문제 삼는 것이 과연 얼마나 정당한지 독자들은 분별할 것이다. 사람이 믿음으로 의로워진다고 성경이 자주 반복함을 알기에, 그들은 감히 그 사실을 부인하지는 않는다. 하지만 "오직"이라는 단어가 있지는 않기 때문에, 그들은 우리가 무언가를 추가했다고 비난한다. 만약 그렇다면, 값없는 의가 아니면 믿음으로 얻는 의가 아니라는 바울의 선언을 그들은 어떻게 하겠는가?롬 4:2-5 값없는 것이 어떻게 행위와 양립할 수 있는가? 도대체 어떠한 냉소적인 술책으로 그들은 하나님의 의가 복음 안에서 드러난다는 바울의 또 다른 언급을 회피하려 할 것인가?롬 1:17 만약 의가 복음 안에서 드러난다면, 그 의는 절반 혹은 부분적인 수준만 드러나지 않고 충만하고 완전하게 드러난다. 이는 곧 율법이 있을 자리가 전혀 없다는 뜻이 된다. 사실, 우리가 "믿음으로만"이라는 말로 우리 자신의 무언가를 추가한다며 그들이 반대할 때, 그들의 회피는 거짓일 뿐만 아니라 아주 괴상하기까지 하다. 만약 어떤 사람이 행위에 의롭게 하는 권능이 없다고 주장한다면, 그 사람은 그 권능을 온전히 믿음에 부여하는 것이 아닌가? 바울이 "의는 율법과 별도로 우리에게 주어지느니라", "사람은 행위의 도움 없이 값없이 의로워지느니라"고 말할 때, 바울이 이 사실 외에 도대체 다른 무엇을 암시한다는 것인가?롬 3:21, 24, 28

여기서 그들은 간교한 계략을 동원한다. 바울은 도덕적 행위가 아니라 의식적 행위를 제외하고 있다고 그들은 주장한다. 그들은 이 주장을 오리게네스와 몇몇 교부들에게서 가져왔다고 하지만 너무나 서투르다.[4] 그들은 계속 짖어 대며 그들의 학교에서 엄청나게 진보했지만, 심지어 변증의 기초조차 모르고 있다. 사도는 자기 말을 확증하기 위해 다음과 같은 증거들을 인용한다. "이것들을 행하는 자는 그것으로 살 것이다."갈 3:12 "거기 기록된 모든 것을 행하지 않는 사람은 저주를 받으리라."갈 3:10 그들은 이런 인용을 하는 사도가 참으로 이성을 잃었다고 생각하는가? 그들이 완전히 미치지 않았다면, 의식을 준수하는 자에게 영생이 약속된다거나 의식을 범하는 자에게만 화가 있을 것이라고 진정으로 주장할 수는 없다. 만약 이 본문들이 도덕법에 관련되어 있다면, 도덕적 행위는 틀림없이 의롭게 할 수가 없다. 바울이 다음과 같이 말할 때, 그의 다양한 주장들은 한결같은 결론에 도달한다. "죄를 아는 지식은 율법에서 오지만, 의는 그렇지 아니하니라. 율법은 하나님의 진노를 유발하지만, 우리를 구원에 이르게 하지 못하느니라."롬 3:20, 4:15 "율법은 양심에 확신을 줄 수 없으므로 의를 주지 못하느니라." "믿음은 의로 여겨지므로, 의는 우리에게 행위의 보상으로 주어지지 않느니라. 의는 하나님의 값없는 은사이니라."롬 4:4-5 "만약 우리가 믿음으로 의로워진다면, 모든 자랑은 배제되느니라."롬 3:27 "만약 율법이 우리에게 생명을 줄 수 있다면, 우리는 율법을 통하여 의를 얻으리라. 그러나 하나님은 모든 피조물을 죄 아래에 가두셨으니, 이는 그가 믿는 자들에게 약속된 구원을 주시기 위해서니라."갈 3:21-22 만약 그들이 감히 할 수 있다면, 이것이 도덕 행위가 아니라 예식 행위에 적용된다고 항변해 보게 하라. 가장 순진한 어린아이조차 그들의 오만을 비웃을 것이다. 그러므로 우리가 이 점을 분명히 하자. 의롭게 하는 권능이 율법에서 배제되면, 그것은 곧 율법 전체가 그러하다는 뜻이다.

이제 만약 누군가가 어째서 사도가 "행위"라고 쓰는 데 만족하지 않고 "율법의 행위"로 특정했는지 궁금하다면, 그 대답은 즉시 준비된다. 행위 그 자체는 소중하지만, 어떤 행위가 존중되는 이유는 그 행위에 내재한 가치 때문이라기보다는 하나님께서 그 행위를 인정하시기 때문이다. 자신의 의가 하나님께서 받으실 만하지 못하다면, 과연 누가 하나님 앞에서 의롭다며 자랑하려 하겠는가? 만약 하나님이 대가를 약속하지 않으셨다면, 누가 감히 하나님께 대가를 요구하려 하겠는가? 그러므로 행위가 어떤 식으로든 대가를 받을 가치가 있다면, 행위가 의롭다 여김을 받을 가치가 있고 대가를 얻는 이유는 오직 하나님의 뜻 때문이다. 행위의 모든 가치는 인간이 행위를 통해 하나님께 순종을 보여드리려 한다는 사실에 있다. 그러므로 사도는 성경 다른 곳에서 아브라함이 행위로 의로워질 수 없었음을 증명하면서, 율법은 은혜 언약이 아브라함과 세워진 지 거의 사백 년 이후에 선포되었다고 말한다.갈 3:17 무지한 자는 이 논증을 비웃으면서, 율법이 알려지기 전에도 선행은 충분히 있을 수 있다고 생각할 것이다. 그러나 바울은 행위가 하나님께 받아들여지기 전에는 아무 가치가 없음을 잘 알고 있었으므로, 율법의 약속들이 주어지기 전에는 행위가 의롭게 할 수 없었음을 고려하고 있다. 이처럼 바울은 행위와 관련한 내용들이 논쟁거리가 될 수 있기 때문에 행위로 의롭게 됨을 부정하려고 애쓰면서 "율법의 행위"를 생생하게 거론하는 것이다. 그럼에도 바울은 하나님이 행위와 무관하게 의를 부여한 사람을 다윗이 복받은 사람이라 불렀음을 선포하면서, 종종 간단하고 제한 없이 모든 행위를 배제한다.롬 4:6, 시 32:1-2 그러므로 우리의 대적들이 무슨 구실을 만들어 낸다 해도, 우리가 "오직 믿음"이라는 구체적인 표현을 그 표현에 담긴 모든 함의와 함께 붙드는 것을 막을 수 없다.

우리의 대적들이 만들어 내기는 했으나 아무 힘도 못 쓰는 계략이 하나 더 있다. 그들은 우리가 오직 믿음으로 의로워진다는 데 동의하지만, 그 믿음은 사랑으로 일하는 믿음이어야 한다고 주장한다. 그러면서 그들은 의가 사랑에 의존해야 함을 암시한다. 바울과 함께 우리도 의롭게 하는 믿음만이 사랑과 결합된 믿음임을 주장한다.갈 5:6 그렇다 하더라도 믿음은 의롭게 하는 권능을 사랑 그 자체에서 끌어내지 않는다. 사실, 믿음은 믿음이 우리를 그리스도의 의로우심과 교제하게 할 때에만 의롭게 한다. 그렇지 않으면 "일하는 자에게는 대가가 선물로 주어지지 않고 빚으로 주어지지만, 일은 하지 않으면서 오직 죄인을 의롭다 하시는 분을 믿는 자에게는 믿음이 의로 여겨진다"고 하는 사도의 강한 논증은 아무 의미도 갖지 못하게 된다.[롬 4:4-5] 바울은 참으로 이 문제를 쉽게 표현하지 않았는가? 대가가 마땅히 주어져야 할 행위가 전혀 없을 때에만 믿음의 의가 있으며, 의가 공로 없이 얻은 은혜로 우리에게 주어질 때 결국 믿음은 의로움으로 인정된다.

죄 사함으로 정의된 의

우리가 위에서 제시한 정의, 곧 믿음의 의는 하나님과 이루는 화해이며 이 화해는 죄 사함으로 구성된다는 정의가 사실인지 확인해 볼 차례다. 우리는 하나님의 진노가 범죄를 고집하는 모든 자에게 예비되어 있다는 원칙으로 언제나 돌아가야 한다. 이사야는 다음과 같은 말로 이 사실을 언급한다. "하나님의 손이 짧아서 구원하실 수 없음이 아니요, 그의 귀가 닫혀서 들으실 수 없음도 아니라. 오직 우리의 허물이 그와 우리 사이에 들어오고 우리의 죄악이 그의 얼굴을 우리에게서 돌리게 하여 그가 우리에게 응답하시지 않음이라."[사 59:1-2] 그러므로 우리는 죄가 하나님과 인간을 가르고, 하나님의 얼굴을 죄인에게서 돌리는 것임을 알게 된다. 참으로 그렇지 않을 수가 없는데, 하나님께서 죄와 조금이라도 상관이 있다면 그것은 하나님의 의로우심과 완전히 대조되기 때문이다.

그래서 바울은 사람이 그리스도를 통해 은혜로 회복되기까지 하나님과 원수 관계에 있다고 주장한다.[롬 5:8-10] 그렇다면 하나님께서 사랑으로 받으신 그 사람은 의롭다고 말해야 한다. 하나님이 죄인을 의인으로 바꾸시기 전에는 아무도 자신과의 교제 속으로 받으실 수 없기 때문이다. 덧붙여서, 이것은 죄 사함을 통해 이루어진다. 왜냐하면 우리가 자신들의 행위와 관련하여 하나님과 화해한 사람들에 대해서 생각한다면, 우리는 그들을 죄인이라고 판단할 것이기 때문이다. 그들은 죄로부터 완전히 깨끗하고 완전히 자유로워야 한다. 따라서 하나님이 은혜로 들어오도록 받으신 사람들은 오직 하나님의 용서를 통하여 그들의 더러움이 씻겼기 때문에 의롭게 되었음이 분명하다. 한마디로, 그러한 의는 죄 용서라고 불릴 수 있다. 바울은 이 두 가지를 아주 분명하게 표현한다. "하나님은 그리스도 안에서 세상을 자기와 화해하게 하시되, 사람들에게 그들의 죄를 전가하지 않으셨느니라. 그는 우리에게 화해의 말씀을 맡기셨느니라."고후 5:19 그런 다음 바울은 그리스도가 맡으신 사명의 본질을 설명한다. "순결하시고 죄 없으신 분이 우리를 위해 죄가 되셨으니(우리 죄를 담당하는 속죄제물이 되셨으니), 이는 그 안에서 우리가 하나님 앞에서 의가 되게 하려 하심이라." 고후 5:21 여기서 바울은 "의"와 "화해"라는 용어를 구별 없이 사용함으로써, 한 단어의 뜻이 다른 단어의 뜻 속에 포함됨을 우리에게 말한다.

사도는 하나님이 우리의 죄를 우리에게 전가하지 않으셨음을 기록하면서 의를 얻는 방식도 서술한다. 비슷하게, 로마서에서 사도는 다윗의 다음 증언을 인용하면서 행위와 무관한 의가 사람에게 인정됨을 증명한다. "허물이 용서받은 사람은 복되나니, 그 사람의 죄는 숨겨지고 그의 허물은 전가되지 아니하도다."롬 4:6-8, 시 32:1-2 여기서 다윗이 "복되다"는 말로 "의"를 뜻하는 것이 아주 분명하다. 복됨이 죄 사함으로 이루어짐을 그가 확언하기 때문이다. 그러므로 다른 어떤 정의를 구할 필요가 전혀 없다. 이것이 바로 세례 요한의 아버지 사가랴가 구원에 대한 지식을 죄 사함과 동일시하는 이유다.눅 1:77 바울은 안디옥 사람들에게 행한 설교에서 똑같은 원리를 이야기한다. 그는 다음과 같은 말로 그들의 구원을 요약한다. "예수 그리스도를 통하여 죄 사함이 너희에게 선포되나니, 너희가 모세의 율법으로 의롭다 하심을 얻을 수 없는 그 모든 것에 대한 용서이니라. 누구든지 그를 믿는 자는 의로워지느니라."행 13:38-39 바울은 의로움과 죄 사함을 참으로 긴밀하게 결합해서, 그 둘을 동일한 하나로 제시할 정도다. 그러므로 하나님의 선하심을 통해서 얻는 의가 값이 없음을 바울이 항상 강조하는 것은 옳다.

그리스도가 우리의 의다

이에 근거하여 우리가 하나님 앞에서 오직 그리스도의 의를 통해서만 의로워짐이 분명하다. 달리 말해, 사람은 스스로 의롭지 않고 그리스도의 의가 전가를 통해 자기에게 넘겨지기 때문에 의롭다. 이 진리야말로 마땅히 자세하게 주목할 가치가 있는 사안이다. 사람이 믿음으로 일정한 분량의 하나님의 영을 받으면 그 하나님의 영이 사람을 의롭게 한다는 견지에서 사람이 믿음으로 의롭게 된다는 망상이 있다. 이 진리는 그 망상을 응징한다.[5] 이것은 우리가 앞에서 주장했던 바와 완전히 상반된다. 누구든지 자기 바깥에서 의를 찾을 수밖에 없는 사람마다 자신의 의를 전혀 찾을 수 없기 때문이다. 사도는 "우리가 하나님 앞에서 그 안에서 의롭게 하시려고 흠 없으신 그가 우리 죄를 짊어지시고 우리를 위한 제물로 드려지셨느니라"고 가르치면서 이 점을 분명히 한다.고후 5:21 여기서 우리는 바울이 우리의 의를 우리 자신이 아닌 그리스도 안에 위치시키는 것을 본다. 그리고 우리가 그리스도 안에서 참여하는 의 외에는 그 어떤 의도 우리의 것이 아님을 본다. 그리스도를 소유함으로 우리가 그와 함께 그의 모든 부요함을 소유하기 때문이다. 다른 곳에서 사도는 그리스도의 육신에 죄를 정함으로써 하나님의 의가 우리 안에서 성취되었다고 말하는데,롬 8:3-4 그것은 지금 사도의 말과 결코 상반되지 않는다. 사도가 의미한 성취는 단지 우리가 전가를 통해 얻은 성취다. 왜냐하면 주 예수께서 그의 의를 우리에게 주시고, 하나님의 심판에 관한 한 헤아릴 수 없는 권능으로 그의 의가 우리에게 넘겨지기 때문이다. 사도가 뜻하는 바가 바로 이것임은 그가 조금 더 앞에서 한 말에서 분명해진다. "한 사람의 불순종으로 우리가 죄인이 되듯이, 한 사람의 순종으로 우리가 의로워지도다."롬 5:19 우리의 의가 그리스도의 순종 안에 위치하게 됨으로써 이제 그리스도의 순종이 우리에게 할당되고 마치 그의 순종이 우리의 순종인 양 대가로서 지불되었는데, 어찌 우리가 우리를 의롭다고 선포하지 않겠는가?

그래서 나는 이러한 의로움의 한 사례로서 야곱이 받은 복을 택한 암브로시우스가 아주 잘했다고 생각한다.[6] 야곱은 장자의 권리를 가질 자격이 없었고, 그래서 자기 형의 정체 아래에 숨어서 달콤한 체취가 묻은 형의 옷을 입고 아버지 앞으로 몰래 들어가 그의 형인 척하면서 아버지의 축복을 받는다. 마찬가지로, 우리도 위에 있는 하늘 아버지 앞에서 의롭다는 증거를 얻기 위하여 우리의 큰 형님이신 그리스도의 옷 아래에 숨어야 한다. 이것은 아주 쉬운 진실이다. 하나님 앞에서 우리의 구원을 위해 나타나기 위하여 우리는 그의 달콤한 향기를 품어야 하고, 우리의 범죄는 그의 완전함에 의해 장사되어야 한다.

하나님의 순결하심만이 우리 의의 수단이다

이 모든 것이 진실임을 입증할 수 있는 명백한 증거들이 있지만, 이 전체 논쟁의 근거가 되어야 할 것에 우리 시선을 고정하지 않으면 이것들이 얼마나 필요한지 이해할 수 없다. 무엇보다도, 우리는 지금 사람이 세상 재판관이 아닌 하늘 보좌에 계신 하나님 앞에서 의롭다 하심을 얻는 방식에 대해 논의하고 있음을 기억하자. 우리는 하나님의 심판을 만족시키는 데 필요한 정직함을 우리 자신의 기준으로 삼아서는 결코 안 된다. 하지만 우리가 그런 일에서 통상적으로 지나치게 대담하고 뻔뻔하기까지 하다는 사실이 놀라울 따름이다. 정말이지 우리 모두가 아는 대로, 드러내 놓고 사악하게 구는 사람들이나 내면에 악덕과 비열한 욕구가 달아오르는 자들이야말로 행위의 의로움에 관해서 그 어떤 사람들보다 더 뻔뻔하고 교만하게 지껄여 댄다. 그들은 하나님의 의로우심에 대해 아무런 생각이 없다. 만약 그들이 하나님의 의로우심에 대해 조금이라도 눈치를 챘다면, 지금 그러는 것처럼 하나님의 의를 조롱하려 들지는 않을 것이다. 하나님의 의는 정직하고 흠이 없다. 그래서 아무런 흠도 없는 완벽한 것만을 온전하다고 인정하고 용납한다. 이 사실을 깨닫지 못할 때 우리는 하나님의 의를 불합리하게 조롱하고 욕보인다. 그런 것은 지금 살아 있는 어떤 사람에게서도 발견할 수 없고, 앞으로도 발견할 수 없을 것이다.

누군가가 교실 구석에서, 행위가 사람을 의롭게 하며 그것이 얼마나 유익한지에 관하여 재잘거리기는 쉬운 일이다. 하지만 우리가 하나님 면전에 나타날 때에는 그런 쓰레기는 뒤에 버려야 할 것이다. 하나님 면전에서는 그 문제가 바보들의 다툼으로 떨어지지 않고 신중한 방식으로 논의된다. 만약 참된 의가 무엇인지 아는 것이 유익하려면, 우리의 마음을 하나님 면전으로 향해야 한다. 다시 말해, 하늘의 심판관께서 우리를 심문하실 때 무엇이라고 대답해야 할지 고민해야 할 곳도 다름 아닌 하나님 앞이다. 따라서 우리는 하나님을 심판의 보좌 위에 앉으신 분으로 바라보아야 한다. 우리 마음대로 상상할 것이 아니라, 성경이 그분을 보여주는 방식대로 바라보아야 한다. 성경은 그의 광휘에 별들이 어두워지고, 그의 권능에 산들이 태양 앞의 눈처럼 녹아내리며, 그의 진노에 땅이 흔들리고, 그의 지혜로 현자들이 그들의 간교함에 사로잡히며, 그의 위대한 순결함에 만물이 더럽혀지고 불순해지며, 그의 의로우심을 천사들이 감당할 수 없고, 그는 악행하는 자들을 용서하지 않으시며, 그가 보복을 발하기만 하면 지구 중심까지 꿰뚫게 됨을 보여준다.

하나님께서 그의 보좌에 앉으셔서 인간의 행위를 조사하시도록 하자. 누가 감히 떨지 않고 그 보좌 앞으로 다가가겠는가? 그래서 선지자는 이렇게 묻는다. "누가 모든 것을 태우는 불과 함께 거하며 결코 꺼지지 않는 불꽃과 함께 거하리이까? 의와 진리를 행하고, 생활 모든 면에서 순결하고 정직한 자가 그러하리이다."사 33:14-15 만약 그런 사람이 세상에 있다면, 곧장 하나님 앞으로 나아가게 하라! 그러나 선지자의 응답은 아무도 그런 사람이 될 수 없음을 보여준다. 다른 한편에서 우리를 떨게 하는 두려운 소리가 이렇게 말하기 때문이다. "만약 주께서 죄악들을 표시하신다면 누가 서겠나이까?"시 130:3 성경 다른 곳에 기록된 대로, 모든 사람은 그야말로 단숨에 망할 것이다. "그의 하나님에 비하면 사람이 어찌 의로워질 수 있으며, 그의 창조주보다 어찌 더 정결하다 하겠느냐? 보라, 그분을 섬기는 자들은 정직하지 못하며, 그의 사자들은 흠이 없지 않도다. 진흙으로 지어진 집에 살고 흙으로 된 장막에 갇힌 그들은 얼마나 더 심하게 멸망하겠느냐?"욥 4:17-20 또한 이렇게도 기록되어 있다. "보라, 그의 성도 중에 순결한 자가 아무도 없으며 하늘도 그의 앞에서 순결하지 못하도다. 하물며 죄악을 물처럼 마시는 사람이야 얼마나 더 가증하고 무가치하리요!" 욥 15:15-16

스스로 의로워지려는 유혹에 저항해야 한다

그러므로 우리가 헛된 자랑에 빠지기보다 두려워 떠는 것을 배우기 위해 바라보아야 할 곳은 바로 하나님 면전이다. 우리가 자신을 기껏해야 다른 사람과 비교한다면, 그들이 경멸하지 못하는 어떤 것을 우리가 가졌다는 정도로만 생각하기 쉽기 때문이다. 하지만 우리의 시선을 들어 하나님을 향할 때, 우리의 확신은 한순간에 파괴되어 흩어져 버린다. 사실을 말하면, 마치 육신이 하늘을 향하여 행동하듯이 영혼은 하나님을 향하여 행동한다고 할 수 있다. 사람이 자기 주변만 바라보는 데 만족하는 한, 그의 시력이 건전하고 선명하다고 믿을 것이다. 하지만 태양을 올려다본다면, 그는 태양의 찬란함에 눈이 멀어서 한때 세상 것들을 분별하는 데 그토록 선명했던 시력이 훨씬 더 약해졌음을 느끼게 될 것이다. 그러므로 헛된 확신에 속지 말자. 혹시 우리가 다른 사람들과 똑같거나 더 낫다 하더라도, 우리 자신을 항상 비교해야 할 하나님께는 아무것도 아니다. 이제 이러한 경고에도 우리의 교만이 길들여지지 못한다면, 주님은 바리새인들에게 하신 이 대답을 우리에게도 하실 것이다. "너희는 사람 앞에서 자기를 의롭게 하지만, 사람의 눈에 더 나은 것은 하나님께 가증함이니라." 눅 16:15 그렇다면 우리 자신의 의를 사람들에게 결코 자랑하지 말자. 그것은 하늘에 계신 하나님께는 심히 가증하다.

반면에, 하나님의 종들은 하나님의 영으로 참된 가르침을 받을 때 무엇을 해야 하는가? 그들은 다윗처럼 이렇게 말해야 한다. "주여, 당신의 종을 심판으로 이끌지 마옵소서. 산 자들 중 아무도 주 앞에서 의롭지 못할 것임이니이다." 시 143:2 비슷하게, 그들은 욥처럼 말해야 한다. "사람은 하나님 앞에서 의로울 수 없도다. 만약 하나님이 천 가지 책망하실 일로 사람과 쟁론하신다면, 사람은 단 한 마디도 대답할 수 없으리라." 욥 9:2-3 그러므로 하나님의 의로우심이 어떠한지는 이제 분명하다. 하나님의 의로우심은 사람의 어떤 일로도 만족되지 않으며, 사람의 천 가지 범죄를 책망하되 그중 단 하나도 우리가 제거할 수 없다. 하나님이 택하신 그릇인 바울은 비록 그의 양심에 거리낌이 없다 하더라도 그것이 그를 의롭게 하지는 못한다고 고백했다.고전 4:4 그것이 바로 의를 제시하는 바울의 방식이었다.

만약 밤에 가장 아름답고 찬란하게 보이는 별들이 태양 가까이에 놓여 그 모든 빛을 잃는다면, 인간 중에서 상상할 수 있는 가장 결백한 사람이 하나님의 순결하심에 비교되면 과연 어떤 일이 벌어지겠는가? 먼저 마음 깊은 곳에 있는 가장 은밀한 생각과 뜻을 살필 정도로 믿기 어려운 엄중한 조사가 있을 것이다. 바울이 말한 대로 그 조사는 "마음에 감춰진 것들을 드러내고 어둠 속에 숨겨진 모든 것을 나타낼 것이며,"고전 4:5 내키지 않아서 핑계를 꾸미려는 양심을 설득하여 양심이 오래도록 잊고 있는 일을 일깨워 줄 것이다. 게다가 우리를 고소하는 마귀는 뒤에 바짝 따라붙어서 우리를 강하게 압박하며, 그가 우리를 부추겨 저지르게 했던 온갖 비행을 기억나게 할 수 있다. 거기서 지금 우리가 소중하게 여기는 선행의 모든 외관과 모양은 아무것도 아닌 것이 되고 만다. 오직 마음의 정직함만이 중요하게 될 것이다. 남몰래 사악한 자들이 사람 앞에서 위장하며 보이던 모든 위선이나, 우리가 지나친 자존감에 빠져서 하나님 앞에서 저지르는 기만으로서의 위선은 자만과 교만에 얼마나 도취되어 있든 상관없이 반드시 다 실패할 것이다. 이것을 알 만한 지각이 없는 사람들은 한동안 자신이 의롭다고 생각하며 스스로 미혹될 수도 있다. 하지만 그들의 의는 하나님의 심판 앞에서 곧 빼앗기게 된다. 그것은 마치 사람이 처음으로 엄청난 재물에 대한 꿈을 꾸다가 잠에서 깨어나서는 자기가 빈털터리임을 깨닫는 것과 같다.

반대로, 마치 하나님 앞에 있는 듯 의의 참된 통치를 추구하는 모든 사람은 인간의 모든 행위가 그 가치에 따라 평가될 때 단지 오물과 더러움에 지나지 않음을 확실히 알게 된다. 통상적으로 의라고 판단되는 것이 하나님 앞에서는 끔찍스러운 악이며, 순전함으로 판단되는 것이 부패함에 불과하고, 영광으로 판단되는 것이 수치일 뿐이다.

우리는 하나님의 완전하심을 숙고한 후에 자화자찬하거나 스스로를 기만하여 자기 사랑에 빠지지 말고, 자신을 제대로 보기 위해 아래로 내려와야 한다. 성경은 우리 속에 선천적으로 뿌리내린 충동에 대해 말한다. 우리 중 아무도 자신을 사랑하게 하는 이 어리석고 위험한 충동에 저항할 수 없는 한, 우리가 여기서 눈먼 자로 드러나게 되더라도 놀랄 일은 아니다. 솔로몬은 "각 사람에게 자기의 길은 자기 눈에 보기에 의롭도다"라고 말한다.잠 21:2 또한 "모든 사람은 자기의 길이 참되다고 여긴다"고도 말한다.잠 16:2 그렇다면 무엇인가? 사람은 그릇된 존재이기에 그의 잘못은 용서되는가? 결코 그렇지 않다. 솔로몬은 계속 이렇게 말한다. "주님은 사람의 마음을 헤아려 보시느니라."잠 16:2 사람은 의의 겉모습을 즐거워하지만, 주님은 사람의 마음에 감춰진 모든 죄악과 더러움을 자신의 저울에 달아보신다는 것이 솔로몬의 견해다. 자기만족으로는 아무것도 얻을 수 없다. 그러므로 고의로 자기를 속여서 망하지 말자. 이제 자신을 살피기 위해 우리는 언제나 자기 양심을 하나님의 심판의 보좌 앞으로 불러내야 한다. 하나님의 빛이 우리의 악한 본성을 드러내고 나타내기 위해 필요한데, 그렇지 않으면 본성의 비밀들이 너무나 깊고 은밀하게 감춰지기 때문이다. 우리가 그렇게 하면 다음과 같은 말씀의 뜻을 이해할 것이다. "사람은 하나님 앞에서 결코 의롭지 못하니 이는 그가 부패할 뿐이요, 쓸데없고 가증한 벌레이며 죄악을 물처럼 마시는 자이기 때문이라."욥 25:6, 15:16 "부정한 씨로 잉태된 자를 누가 정결하고 깨끗하게 하겠나이까? 아무도 없나이다."욥 14:4 우리도 욥이 자기에 관하여 말한 것을 경험할 것이다. "만약 내가 흠 없다고 주장한다면 내 입이 나를 정죄할 것이요, 스스로 의롭다 하면 나의 악함이 드러나게 되리라."욥 9:20 선지자가 자기 시대에 불렀던 애가는 오직 그 시대에만 속하지 않으며, 모든 세대에 보편적으로 해당한다. "모든 사람은 잃은 양처럼 방황했고, 모두가 자기의 길로 향했도다."사 53:6

이 선언은 구속의 은혜를 받을 모든 사람에게 해당한다. 우리가 우리 자아에 대한 두려움에 사로잡혀 주님의 은혜를 받을 준비를 하게 될 때까지, 이 엄격한 조사는 지속되어야 한다. 마음의 모든 교만을 버리지 않고도 은혜를 누릴 수 있다고 생각하는 사람은 큰 오해에 빠져 있다. 다음과 같은 말씀은 잘 알려져 있다. "하나님은 교만한 자를 물리치시고 겸손한 자에게 은혜를 베푸시도다." 벧전 5:5

겸비함은 영혼의 고난과 함께 시작된다

우리가 가난하고 부족하므로 하나님의 자비에 복종하는 것 이외에 우리는 어떤 방법으로 자신을 겸비하게 하겠는가? 우리가 무언가를 남겨 놓은 것이 있다고 생각한다면, 나는 그것을 겸비함으로 부르지 않는다. 참으로, 다음 두 가지를 연결하는 고집스러운 위선이 지금까지 가르쳐져 왔다. 하나는 우리가 하나님 앞에서 겸비함을 느껴야 한다는 것이고, 다른 하나는 우리가 어느 정도 자신의 의로움을 평가해야 한다는 것이다. 우리가 한 가지를 하나님께 고백하면서도 마음으로는 다른 것을 믿는다면, 우리는 하나님께 악한 거짓말을 하는 셈이다. 우리가 자신에 관하여 가치 있게 여기는 모든 것이 짓밟히기 전에는 우리 자신을 제대로 생각할 수 없다. 선지자는 구원이 겸비한 자들을 기다리고, 파멸이 교만한 자의 거만을 기다린다고 말한다. 시 18:27 우리는 선지자의 이 가르침을 배워서 다음과 같은 두 가지를 숙고하자. 첫째, 모든 교만을 벗고 참된 겸비함을 입지 않는다면, 우리는 결코 구원으로 들어가지 못한다. 둘째, 이 겸비함은 우리가 하나님 앞에 경배하며 우리의 권리를 포기하는 절제 정도가 아니다(절제는 자신을 자랑스럽게 여기거나 타인을 경멸하지 않으면서도 동시에 자신이 덕을 지녔다고 여기는 겸비함이다). 겸비함은 우리의 필요와 곤고함을 뼈저리게 깨닫고 아무런 가식 없이 마음을 낮추는 것이다.

하나님의 말씀은 겸비함에 대해 언제나 그와 같이 말한다. 주님은 스바냐를 통해 이렇게 선언하신다. "내가 너희 중 모든 의기양양한 자를 제거할 것이요, 오직 고통받고 가난한 자들만을 남기리니 그들은 하나님을 소망하리라."습 3:11-12 여기서 스바냐는 자신의 가난함을 아는 지식으로 고통받는 자야말로 겸비한 자라고 분명히 서술하지 않는가? 이와 달리, 스바냐는 교만한 자를 의기양양한 자라고 표현한다. 왜냐하면 인간은 대개 형통하면 우쭐해지기 때문이다. 더욱이 하나님은 그가 구원하실 사람들에게 하나님을 향한 소망 외에는 아무것도 가지지 못하게 하신다. 하나님은 이사야를 통해 이렇게 선언하신다. "그러므로 영혼이 상하고 고통받는 자, 내 말에 떠는 자 외에 그 누구를 내가 살피겠느냐."사 66:2 또한 하나님은 이렇게 선포하신다. "주님은 영원 속에 거주하고 광휘 속에 사시는 높고 거룩한 분이시지만, 영혼이 상하고 고통받는 자와 함께 계셔서 겸비한 자의 영혼과 고통받는 자의 마음을 소생하게 하시도다."사 57:15 여기서 자주 반복되는 "고통"은 사람의 마음을 깊이 베어 쓰러뜨려 무력하게 만들어 다시 일어서지 못하게 하는 상처로 이해해야 한다. 우리가 겸비한 자와 함께 기뻐하려면, 우리 마음도 그처럼 깊이 찔려야 한다. 만약 그렇지 않으면, 우리는 하나님의 권능의 손으로부터 되돌릴 수 없는 상실을 당한 후에야 비로소 겸비하게 될 것이다.

이것 외에도, 선하신 주님은 말씀하심으로만 만족하지 않으시고 한 비유를 통하여 겸비함의 참된 모습을 보여주신다. 주님은 한 세리에 대해서 이야기하신다. 그 세리는 멀리 떨어져 서서 감히 고개를 들지 못하고 깊이 신음하면서 "주여, 죄인인 나를 긍휼이 여기소서"라고 기도한다.눅 18:13 이 세리는 감히 하늘을 올려다보지도 못하고 가까이 다가가지도 못하며 가슴을 치면서 자기가 죄인임을 고백하는데, 우리는 이 사람이 겸손한 척하고 있다고 생각해서는 안 된다. 이 사람의 행동은 진심 어린 감정의 증거들이다. 반면에 우리 주님께서는 바리새인에 대해서도 이야기하신다. 그는 남들처럼 거짓되거나 불의하거나 부도덕하지 않다는 사실, 일주일에 두 번 금식하고 모든 물건의 십일조를 바친다는 사실에 대해 하나님께 감사한다. 그는 자기의 의가 하나님의 은혜에서 나온다는 것을 솔직하게 인정하지만 자기의 행위를 통해 의롭다고 믿기 때문에 하나님께 완전히 가증한 모습으로 집에 돌아가고, 세리는 자기 죄를 인정함으로 의롭다 하심을 받는다.눅 18:11-14 이 비유는 우리의 겸비함이 하나님을 얼마나 기쁘시게 하는지를 말한다. 우리 마음이 자신의 가치에 대해 조금도 생각하지 않아야 하나님의 자비를 얻을 수 있을 정도로 우리의 겸비함은 하나님께 중요하다. 만약 마음이 자신의 가치에 관심을 가지면 하나님의 은혜로 다가가지 못하게 된다.

이 점을 더욱 확실히 표현하면, 주 예수께서는 아버지에 의해 땅으로 보내심을 받았고, 가난한 자들에게 복음을 전하고 마음이 고통받는 자들을 치료하며, 갇힌 자들에게 자유를 전파하고 투옥된 자들을 놓아 주며, 고난받는 자들을 위로하여 그들에게 재 대신 영광을 주고 눈물 대신 기름을 주며 슬픔 대신 기쁨의 옷을 주라는 사명을 받으셨다.사 61:1-3 주님이 수고하고 무거운 짐을 진 사람들만 초대하여 그의 선하심을 즐기게 하신 것도 주님의 사명과 어울린다.마 11:28 그러므로 우리가 그리스도의 소명에 관심을 기울인다면, 우리는 모든 오만과 건방짐을 멀리 내던져야 한다. 오만이란 마치 사람이 하나님의 인정을 받을 만한 존재라고 상상하는 것처럼, 스스로 의롭다는 달콤한 확신에서 비롯된 자신감을 뜻한다. 과신이란 안전함에 대한 육신의 감각인데, 행위에 대한 신뢰와 상관없이 과신에 빠질 수 있다.

자기 죄악의 달콤함에 취해서 하나님의 심판을 전혀 생각하지 않는 죄인들이 많은데, 그들은 죄악에 너무 깊이 매료되어 자신들에게 제시된 자비를 결코 갈망하지 않는다. 만약 우리가 마음껏 그리스도에게 달려가서 그분이 우리를 선한 것으로 가득 채워 주시기를 원한다면, 우리는 진실로 자신에 대한 온갖 확신을 버리고 이에 대한 무관심도 배척해야 한다. 왜냐하면 우리가 자신을 불신할 줄 알기 전에는 그리스도를 진실하게 신뢰할 수 없고, 우리 마음이 먼저 우리 속에서 낮아지지 않으면 마음을 그리스도께 올려 드릴 수 없으며, 우리 스스로 위로를 거절하지 않으면 그리스도의 참된 위로를 결코 받을 수 없기 때문이다. 그러므로 우리가 모든 자신감을 포기한 후에 그의 선하심만을 의지할 때, 아우구스티누스가 말하듯 "우리의 공로를 잊고 그리스도의 은사들을 받을 때" 비로소 하나님의 은혜를 받아들일 준비가 된다.[7]

공로에 대한 인간의 주장이 갉아먹는 하나님의 영광

우리가 이 문제에만 지나치게 오래 빠져 있지 않도록, 간략하더라도 보편적이며 확실한 규정을 정하도록 하자. 온전히 겸손한 사람, 아무것도 아니면서도 (그 사람의 의라기보다는) 우리 모두를 기만하는 그림자 같은 의를 제거한 사람이야말로 하나님의 자비의 열매들을 제대로 받을 준비가 된다. 우리가 자기를 의지할수록 하나님의 은혜를 더 방해하기 때문이다.

그렇다면 여기서 우리가 특별히 염두에 두어야 할 두 가지가 있다. 첫째, 하나님의 영광은 그 자체로 보존되어야 한다. 둘째, 우리의 양심은 하나님의 심판 앞에서 평온하고 확고해야 한다. 우리가 보듯이, 성경은 의를 언급할 때마다 빈번하고 신중하게 하나님을 찬양하라고 권면한다. 사도의 주장에 따르면, 하나님이 그리스도 안에서 우리에게 의를 주시는 목적은 그의 의를 알리시는 것이다. 이어서 사도는 그 주장의 근거로서 "예수 그리스도를 믿는 믿음을 가진 사람을 의롭게 하시는 일에서 오직 하나님만 의롭게 보이신다"는 말을 덧붙인다.[롬 3:25-26] 하나님의 의는 오직 하나님만 의롭게 나타나실 때에만—자격 없는 자에게 의를 은혜로 베푸시는 분으로 나타나실 때에만—충분히 드러난다는 사실에 주목하라. 그래서 하나님은 "모든 입이 닫히고 모두가 그에게 빚진 자가 되기를" 바라신다.[롬 3:19] 사람이 무엇으로든 자기를 변호하려 하는 한, 하나님의 영광도 그만큼 감소된다. 그래서 하나님은 우리가 우리 죄악을 인정할 때마다 그분의 이름이 얼마나 영광을 받으시는지 에스겔을 통해 선언하신다. "너희가 너희의 행위와 너희를 더럽힌 모든 허물을 기억할지니라. 그리고 너희 자신과 너희가 저지른 모든 죄악을 미워할지니라. 그러면 내가 너희의 죄악이나 악행을 따르지 않고 오직 내 이름을 위하여 너희에게 자비를 베풀 때에 내가 여호와임을 너희가 알 것이다." 겔 20:43-44

우리 죄악을 앎으로 우리가 산산이 부서지듯이 하나님을 진실하게 아는 것이 겸비해지는 것이고, 우리의 가치 없음에도 불구하고 그가 우리에게 선하시다는 사실을 인정한다면, 그의 값없는 자비에 대해 우리는 찬양할 수밖에 없다. 그런데 그가 받으셔야 할 찬양 중에서 지극히 작은 부분이라도 그에게서 빼앗음으로써 우리 자신에게 크게 해가 될 일을 어찌 행하겠는가? 그래서 예레미야는 이렇게 부르짖는다. "지혜자는 자기의 지혜를 자랑하지 말고, 부한 자는 그의 부요함을 자랑하지 말며, 강한 자는 그의 강함을 자랑하지 말라. 자랑하는 자는 오직 하나님 안에서 자랑할 것이니라." 렘 9:23-24 선지자는 이 말씀으로 무엇을 말하는가? 사람이 자기를 자랑하게 되면 하나님의 영광의 어떤 부분을 잃어버린다는 것이 아니겠는가? 확실히 우리는 자기 자랑을 내려놓아야 비로소 하나님을 합당하게 자랑할 수 있다. 차라리 우리의 일반적인 규칙을 "자기를 자랑하는 자마다 하나님을 거슬러 자랑하게 된다"로 삼도록 하자. 그래서 바울은 "사람은 자랑할 수 있는 모든 이유를 빼앗길 때에야 비로소 하나님께 최종적으로 복종하게 된다"고 했다. 롬 3:19 같은 이유로 이사야는 이스라엘의 의로움이 하나님 안에서 발견될 것이라고 선언하면서, 이스라엘의 칭찬 역시 하나님 안에 있을 것이라고 덧붙인다. 사 45:25 그래서 이사야는 하나님이 택하신 자들은 다른 누가 아닌 오직 하나님 안에서만 자랑하기 위해 의롭다 하심을 얻는다고 암시한다. 자, 우리가 우리의 칭찬을 하나님 안에서 얻는 방법에 대해 이사야의 바로 앞 구절에서 어떻게 가르치는지 들어 보자. "우리는 우리의 의와 권능이 오직 하나님 안에 있다고 맹세해야 한다." 사 45:24 이사야가 우리에게 요구하는 것은 단지 고백이 아니라 맹세로 확정되는 고백임을 주목하라. 이 점은 우리가 어떤 가장된 겸비함으로 이 고백을 대신할 수 없음을 말한다.

교만 없이 자기를 의롭게 여기는 사람이라면 결코 자기를 자랑하는 사람이 아니라는 주장도 틀린 것이다. 왜냐하면 그런 종류의 평가는 반드시 자만으로 이어지고, 자만은 반드시 허영으로 이어지기 때문이다. 우리가 의로움에 관하여 숙고할 때마다 다음과 같은 목표를 지향하자. 의에 대한 인정은 전적으로 확고하게 하나님께만 드려야 하는데, 하나님께서 자신의 의를 드러내시려고 은혜를 베푸셨기 때문이다. 그래서 사도는 "그도 의로우시며 또한 그리스도를 믿는 자를 의롭다 하시기 위하여" 우리에게 은혜를 베푸셨다고 말한다.롬 3:26 그래서 사도는 다른 곳에서 마치 똑같은 생각을 반복하려는 듯이, 하나님이 우리에게 구원을 주신 것은 그의 이름을 자랑하기 위함이라고 말하면서 이렇게 기록한다. "너희는 값없이 구원을 받았으니, 이것은 하나님의 은혜로 얻은 것이요 너희의 행위로 얻은 것이 아니니, 이는 아무도 자랑하지 못하게 하려 함이라."엡 1:6, 2:8-9 요약하면, 우리는 사람이 지극히 작은 의라도 자기에게 돌리면 신성을 모독하게 된다는 결론을 얻는다. 사람이 그렇게 하면 하나님의 의에 대한 자랑을 약화하고 격하한다.

행위의 부담에서 풀려난 양심

만약 우리가 양심이 어떻게 하나님 앞에서 평화와 기쁨을 얻는지 알려고 한다면, 그것은 오로지 하나님의 선하신 뜻으로 값없이 주어진 의의 선물을 통해서만 가능함을 알게 된다. 우리는 언제나 다음과 같은 솔로몬의 말을 기억해야 한다. "누가 '나는 내 마음을 정결하게 했고 내 죄가 씻겼노라'고 말할 수 있겠는가?"잠 20:9 분명히, 한없는 오염으로 더럽혀지지 않은 사람은 아무도 없다. 그러므로 가장 온전한 사람이라 하더라도 자신의 양심 깊은 곳으로 내려가 자기의 행위를 살펴보아야 한다. 그러면 무슨 결과가 나올 것인가? 하나님과 평화를 누리는 사람답게 즐거운 마음으로 평안할 수 있을까? 오히려 자신의 행위로 심판을 받는다면 정죄받아야 할 모든 이유가 존재한다고 느끼면서, 끔찍한 고문을 받으며 갈가리 찢기지 않겠는가? 확실히, 양심이 하나님을 바라보면, 하나님의 심판에 대하여 안식과 평화를 누리거나 지옥이 주는 공포에 사로잡히기 마련이다. 하나님의 심판 때에 우리 영혼이 안전하게 서 있도록 하는 확고한 기반이 제공되지 않는 한, 의에 대한 논쟁은 아무것도 얻지 못한다. 우리 영혼이 하나님 앞에서 두려움 없이 나타나는 데 필요한 것을 얻은 후에야, 곧 두려워하거나 움츠러들지 않고 그의 심판을 기다리고 받아들이는 데 필요한 것을 얻은 후에야, 비로소 우리는 절대로 거짓되지 않는 의를 찾았다고 진정으로 믿게 될 것이다.

이것이 바로 사도가 특별한 의지를 갖고서 올바르게 고수하는 주장이다. 내 말이 아니라 내가 인용하고 싶은 사도의 다음과 같은 말이 그의 주장을 나타낸다. "우리가 다름 아닌 율법을 통해서 우리의 유업을 약속받는다면, 믿음은 파괴되고 약속도 폐하여지느니라." 롬 4:14 사도는 우선 의가 우리 행위의 공로를 바라거나 율법 준수를 의존하게 되면, 믿음은 헛것이 되고 부정된다고 추론한다. 아무도 율법을 확고하게 고수할 수 없는데, 이는 자기가 율법을 만족시켰다고 감히 확신할 수 없기 때문이다. 참으로 행위는 율법을 완전히 만족시킬 수 없다. 이에 대한 증거를 멀리서 찾을 필요는 없다. 누구든지 자신에 대해 엄밀하게 성찰하면 그 증거를 직접 얻을 수 있다. 따라서 우리는 자신에게 지워진 부채가 얼마나 무거운지, 우리에게 부여된 의무들에 얼마나 태만했는지를 의심하며 괴로워하다가, 결국 그에 대한 절망감에 압도된 채 심한 고문을 당할 것이다. 그때 믿음은 억눌려 질식당하게 된다! 왜냐하면 이리저리 방황하고, 이리저리 바꾸고, 위아래로 던져지고 떨어지며, 주저하고 망설이며, 짐작을 거듭하다가 절망에 빠지는 일은 아무것도 믿지 않는 것을 뜻하기 때문이다. 믿는다는 것은 곧 한결같은 확신으로 마음을 강하게 하는 것이며, 마음이 의존할 수 있는 견고한 기반을 갖추는 것이다.

둘째로, 바울은 약속이 취소되고 폐하여지리라는 말을 덧붙인다. 만일 약속의 성취가 우리의 공로에 의존한다면, 아무리 시간이 지나도 우리는 결코 하나님의 은혜에 걸맞은 지점까지 이를 수 없다. 사실, 이 두 번째 문장이 첫 번째 문장 다음에 오는 것은 자연스러운데, 약속은 그것을 믿음으로 받은 사람들을 위해서만 이루어지기 때문이다. 따라서 믿음이 실패하면 약속도 중단되는 것이 당연하다. 우리는 믿음으로 유업을 얻었다. 그러므로 믿음과 약속은 하나님의 은혜에 근거한다. 약속은 오직 하나님의 자비하심에 의존할 때 가장 분명하게 확증되기 때문이다. 하나님의 자비하심과 진리는 영구한 결속으로 하나가 된다. 즉 주님께서는 우리에게 후히 약속하신 모든 것을 신실하게 이루신다.

그렇다면 마치 우리의 행위가 우리를 도울 수 있는 것처럼 그 행위들을 뒤돌아보지 말고, 여기서 멈추어 우리의 모든 소망을 견고하게 고정시켜야 한다. 간단히 말해, 우리가 내려야 할 결론은 이것이다. 성경은 하나님의 약속들이 확고하고 진심 어린 신뢰로 받아들여지기 전에는 효력도 없고 소용도 없다고 가르친다. 또한 마음에 의심과 불안이 있다면, 하나님의 약속은 헛것이 된다고 선언한다. 성경은 이러한 약속들이 우리의 행위에 의존하면, 우리는 동요하고 떨게 될 뿐임을 명확히 한다. 그러므로 우리는 우리의 모든 의를 거절하거나 행위에 대한 어떤 생각도 그만두어야 한다. 오직 믿음만이 이겨야 한다. 믿음의 본질은 눈을 감고 귀를 쫑긋 세우는 것이다. 즉 믿음은 인간의 어떠한 가치나 공로에 대한 고려 없이 하나님의 약속에만 온전히 뿌리내려야 한다. 여기서 스가랴의 놀라운 약속이 참되게 드러난다. "그 땅의 죄악이 지워지면, 모든 사람이 그의 이웃을 자기 포도나무 아래와 자기 무화과나무 아래로 초대하리라." 슥 3:9-10 이 말씀에서 선지자는 신자들이 자신의 죄악을 용서받은 후에야 비로소 평화를 즐길 수 있다고 말한다.

인간의 의로움: (1) 이방인

사람이 일생을 통해 어떤 의를 성취할 수 있을지 숙고하면서 이 문제를 더 충분히 밝혀 보도록 하자. 여기서 우리는 네 가지 범주를 구별해야 한다. 첫째, 어떤 사람은 하나님을 전혀 모른 채 우상숭배에 사로잡힌다.

둘째, 어떤 사람은 말씀과 성례에 참여하고서도 부도덕한 생활을 하다가, 입술로는 주님을 시인하지만 행위로는 부정하면서 오직 이름과 고백만 있는 그리스도인이 된다. 셋째, 어떤 사람은 정직함을 구실로 삼아 자기의 사악함을 감추는 위선자다. 넷째, 어떤 사람은 하나님의 성령으로 중생하여 전심을 다해 거룩함과 정결함을 추구한다.

첫째 부류의 사람과 관련해서, 성경은 아담의 후손이 "부패하고 완고한 마음"을 지녔으며,[렘 17:9] "어릴 때부터 줄곧 악을 도모하며,"[창 8:21] "헛된 생각에 빠지며,"[시 94:11] "눈앞에 하나님을 두려워함이 없고 이해함도 없으며, 하나님을 따르려는 어떤 열망도 없고,"[시 14:2] 한마디로 "육체일 뿐"이라고 가르친다.[창 6:3] 성경의 이 가르침이 틀렸다고 여기지 않는다면, 그들은 자신의 본성에 따라 심판을 받아야 하므로 정수리에서 발바닥까지 그들 속에서는 털끝만큼도 선을 찾을 수 없다. 육체에 관한 말씀은 바울이 다음과 같이 나열하는 모든 행위를 포괄한다. 호색, 더러움, 방탕, 낭비, 우상숭배, 중독, 증오, 분쟁, 질투, 분노, 다툼, 분열, 파당, 시기, 살인, 비열하고 혐오스럽게 여겨질 수 있는 모든 것.[갈 5:19-21] 이것이 바로 그 사람들이 당당하게 자랑하는 탁월함이요 가치다! 혹시 그들 중에 특별히 정직하게 보일 만하게 행동하며 남들에게 거룩하다는 명성을 얻은 사람이 있다고 가정해 보자. 그렇더라도 우리는 하나님이 외모에 관심하지 않으신다는 사실을 알고 있다. 그러므로 우리가 그들의 정직함이 그들을 의롭게 하는 데 도움이 된다고 여긴다면, 그들의 행동의 중심과 원천으로 들어가 보아야 한다. 반복하지만, 우리는 그런 행동을 나오게 하는 성향을 점검해야 한다. 이것은 폭넓은 범위의 토론 주제이지만, 몇 마디로 정리할 수 있는 사안이기에 최선을 다해 간략히 다루어 보겠다.

우선 나는 불신자와 우상숭배자의 삶 속에 분명히 나타나는 모든 덕목이 하나님의 은사라는 사실을 부정하지 않는다. 또한 로마 황제 티투스와 트라야누스의 정의와 중용과 공평과 미친 짐승처럼 통치했던 칼리굴라와 네로와 도미티아누스의 분노와 무절제와 잔인함, 그리고 티베리우스의 역겨운 방탕함과 베스파시아누스의 절제에 구별이 없다고 할 만큼, 또는 (특정한 악덕이나 미덕에 제한을 두지 않고 말한다면) 율법을 준수하는 것과 경멸하는 것에 구별이 없다고 할 만큼, 일반 사람들의 견해와 지나치게 동떨어져 있지는 않다. 선과 악의 구별은 너무나 뚜렷해서 이런 생명 없는 모습들에서조차 분명하게 나타난다. 만약 이 모든 것이 속절없이 혼동된다면, 세상에 남을 질서가 무엇이 있겠는가? 그래서 주님은 사람의 마음에 명예로운 것과 천한 것의 구별을 새기셨을 뿐만 아니라 섭리를 통해 자주 그 구별을 확증하셨다. 우리는 주님께서 미덕을 추구하는 이들에게 현세에 많은 복을 베푸신다고 알고 있다. 이 미덕의 그림자와 외양이 주님이 베푸시는 최소한의 혜택을 받을 자격이 있다는 말은 아니다. 다만 주님께서는 이런 방식으로 그가 참된 미덕을 얼마나 사랑하시는지를 나타내기 위해, 고작 외양에 지나지 않는 거짓 미덕일지라도 일시적인 보상 없이 내버려 두지는 않으신다는 뜻이다. 바로 이 사실이 우리가 이미 언급한 말과 관련된다. 즉 앞에서 나열한 미덕들 혹은 미덕의 모양에 지나지 않는 것들이라 하더라도 다 하나님에게서 오는 은사들이다. 하나님에게서 오는 것은 다 칭송받을 가치가 있다.

그럼에도 아우구스티누스가 기록한 주장은 분명 참되다. 무릇 유일하신 하나님을 믿는 신앙과 무관한 사람들이 그들의 정직함으로 칭찬을 받는다 하더라도 그것은 아무 보상도 받을 가치가 없을 뿐만 아니라, 그들은 마음의 부패함으로 하나님의 은사들을 더럽혔기 때문에 형벌을 받아야 마땅하다.[8] 그들의 주장대로 공평과 절제와 우정, 근면과 절제와 용기가 인간의 사회를 보존하고 유지하는 데 필요한 하나님의 도구라 하더라도, 그들은 하나님의 이러한 선행들을 제대로 잘 수행하지 못한다. 그들이 비행을 절제하는 힘은 순결한 헌신과 청렴과 공평이 아니라 야망과 자기 사랑이거나, 기타 패괴하고 악한 동기들이다. 미덕과 유사하고 비슷한 것을 수단으로 사람들을 속이는 악덕이 있다. 이러한 행위 역시 마음의 부정함으로 인해 그 시초부터 더럽혀졌기 때문에 그런 악덕보다 조금이라도 더 인정받을 것이 전혀 없다. 간단히 말해, 우리는 공평과 정직의 유일하고 지속적인 목적은 하나님의 이름이 높임받는 것임을 알기에, 다른 어떤 목적을 이루는 것은 무엇이든 정직이라는 말로 부르지 말아야 한다. 그러므로 이런 부류의 사람들은 하나님의 지혜가 정해 놓은 목적을 무시하기 때문에, 그들이 하는 행위가 겉으로는 선해 보이더라도 그 행위의 최종 목적은 그릇된 죄에 불과하다. 그뿐만 아니라 만약 요한의 기록이 진리라면, 하나님의 아들을 떠나서는 결코 생명이 없으며,요일 5:12 그리스도 안에서 아무 분깃이 없는 사람들은 그들이 누구라 하더라도, 그들이 무엇을 하고 일생을 통해 무엇을 이루려 애쓴다 하더라도, 오직 끔찍한 파멸과 영원한 사망의 심판을 향해 나아갈 뿐이다. 그래서 아우구스티누스가 그런 사람들의 생명을 목적 없는 경주에 비교한 것은 아주 옳았다. 사람은 빠르게 달리면 달릴수록 자기의 목적지로부터 멀리 벗어나 더 심하게 비참해진다. 아우구스티누스는 변덕스럽게 경로에서 벗어나 질주하느니 차라리 경로 위에서 절뚝거리는 편이 더 낫다고 결론짓는다.[9]

마지막으로, 그런 사람들은 틀림없이 시들어 버린 나무와 같다. 성별은 그리스도와 이룬 연합을 통해서만 온다. 그들은 섬세한 열매, 심지어 달콤한 맛까지 나는 열매를 맺겠지만, 결코 선한 열매는 맺지 못한다. 그러므로 우리는 사람이 하나님과 화해하기 전에 생각하고 계획하고 착수하고 행동하는 모든 것이 저주를 받았으며, 그 사람을 의롭게 하는 데 아무 가치도 없을 뿐만 아니라 확실히 정죄받기에 충분함을 분명히 알아야 한다. 사도는 "믿음이 없이는 하나님을 기쁘시게 하는 것이 불가능하다"고 증언한다.히 11:6 이처럼 사도에 의해 이 사안이 이미 다 해결되었음을 보면서도, 어찌 이 사안이 마치 결정되지 않은 문제인 듯 논쟁할 수 있겠는가?

영적으로 죽은 자는 선할 수 없다

우리가 하나님의 은혜를 인간의 선천적 조건과 더불어 고려한다면, 이 문제는 훨씬 더 쉽게 해결될 것이다. 성경의 선포에 따르면, 하나님은 사람 속에서 사람으로 선을 행하게 할 것을 전혀 보지 못하시며, 다만 그의 값없는 자비로 사람과 만나신다. 죽은 사람이 다시 생명을 회복하기 위해서 무엇을 할 수 있겠는가? 하나님께서는 사람에게 빛을 비추어 그의 진리를 알게 하실 때, 그 사람을 죽은 자들 가운데 일으키셔서 새로운 피조물로 만드신다.요 5:25, 고후 5:17 우리는 하나님의 그러한 자비에 대한 성경의 칭송을 자주 듣는다. 특히 바울 사도가 그렇게 칭송한다. "긍휼에 부요하신 하나님이 우리가 죄에서 죽었을 때 우리를 사랑하신 그 위대한 사랑으로 우리를 그리스도 안에서 살리셨다."엡 2:4-5 신자들이 아브라함을 닮은 모습으로 받는 보편적인 소명을 논의하는 곳에서 사도는 다음과 같이 말한다. "죽은 자를 살리시고 없는 것을 마치 있는 것처럼 부르시는 분은 하나님이시니라."롬 4:17 만일 우리가 아무것도 아니라면, 우리가 할 수 있는 일은 하나도 없지 않겠는가? 그래서 욥에 대한 이야기에서 하나님은 우리의 모든 교만을 확실하고 강력하게 무너뜨리신다. "누가 먼저 내게 주고 나로 하여금 갚게 하겠느냐? 만물은 다 나의 것이니라."욥 41:11 바울은 이 구절을 설명하면서, 우리가 자신의 완전한 부끄러움 외에 그 어떤 것이라도 하나님께 드릴 것이 있는 줄로 생각하면 안 된다고 말한다.롬 11:35

그래서 바울은 이미 인용한 구절에서, 우리가 우리 자신의 행위가 아니라 하나님의 은혜로만 구원의 소망에 이른다고 설명한다. 그래서 그는 "우리는 그의 피조물이요, 하나님께서 우리로 하여금 행하게 하려고 준비하신 선한 행실들을 위해 예수 그리스도 안에서 중생하였노라"고 주장한다.엡 2:10 여기서 바울이 말하려는 바는 이것이다. 즉 선을 행하는 우리의 능력 자체가 중생하게 하시는 하나님의 역사에서 오는 것인데, 우리 중 누가 하나님보다 앞질러 자기의 의로움으로 그것을 자랑하겠는가? 우리의 인간적인 본성을 고려한다면, 우리에게서 선행을 얻는 것보다 돌에서 기름을 얻는 것이 더 쉬울 것이다. 그런데도 누군가 여전히 자기 속에 무언가 중요한 것이 남아 있다고 주장한다면, 그것이야말로 기적이라고 해야 할 것이다. 그러니 우리도 하나님의 가치 있는 도구인 바울의 주장을 인정하

자. 그의 주장에 따르면, "우리가 받은 거룩한 부르심은 우리의 행위에 따른 것이 아니요 하나님의 택하심과 은혜에 따라 된 것이다." 딤후 1:9 또한 바울은 "우리 구주께서는 하나님의 자비하심과 사랑을 우리에게 계시하시되, 우리가 행한 의로운 행위들에 따르지 않고 그의 자비하심에 따라 우리를 구원하셔서, 그의 자비하심으로 의롭다 하심을 얻은 우리가 영원한 생명의 상속자들이 되게 하셨다"고 주장한다. 딛 3:4-5, 7 우리는 바울의 이 고백을 통해, 사람이 하나님의 자비하심으로 중생하여 생명의 소망을 가지기 전까지는 지극히 작은 의로움의 한 조각조차 남김없이 빼앗기게 됨을 분명히 확인한다. 행위가 우리를 의롭게 하는 데 어떤 가치가 있다면, 우리가 은혜로 의롭다 하심을 얻는다는 주장은 거짓될 것이기 때문이다.

가장 확실한 것은 사도가 칭의는 값없는 것임을 선언할 때, 그가 다른 곳에서 "만약 행위에 어떤 가치가 있다면 은혜는 더 이상 은혜가 아니"라는 점을 이미 가르쳤음을 염두에 둔다는 사실이다. 롬 11:6 주 예수께서 그가 의인이 아니라 죄인을 부르러 오셨다고 말씀하실 때, 이 은혜 외에 과연 어떤 것을 말씀하셨겠는가? 마 9:13 만약 죄인 외에는 누구도 구원을 허락받지 못한다면, 어찌하여 우리의 가식적인 의로움을 통해 구원에 들어가려 하겠는가?

내가 자주 생각하는 것인데, 나는 하나님의 자비하심이 마치 불확실하거나 모호하기라도 한 듯 그의 자비하심을 변호하려고 애쓰다가 오히려 그 분명한 자비하심을 해치지는 않을까 염려된다. 그러나 우리의 악한 본성이 너무나 강해서, 우리는 불가피한 일로 강요받기 전에는 하나님이 그의 것을 취하시지 못하게 한다. 그래서 나는 여기서 내가 원하는 것보다 조금 더 오래 머무르려고 한다. 그러나 성경은 이 문제에 대해서 매우 솔직하기 때문에, 나는 내 자신의 말보다는 성경 자체의 말씀을 사용하는 데 심혈을 기울일 것이다.

이사야는 인간의 보편적인 부패함을 설명한 다음에, 인간이 어떤 과정을 거쳐 회복되어야 하는지를 명쾌하게 설명한다. "주님께서 살피셨으나 어떤 것도 그에게 선하게 보이지 않았도다. 그는 어떤 사람도 보지 못하셨고 중재할 자가 없음을 이상히 여기셨도다. 그러므로 그가 자기의 구원의 팔을 내미시고 자기의 의로 힘을 나타내셨도다."[사 59:15-16] 우리 주님을 도와 구원을 회복할 사람이 없다는 선지자의 말이 사실이라면, 무엇이 과연 우리의 의이겠는가? 또 다른 선지자는 하나님이 자신과 죄인을 화해시키기 위해 역사하시는 방법에 대해 이렇게 말한다. "내가 의와 공의와 은혜와 자비로 너와 영원히 결혼하리라. 나는 자비를 얻지 못한 자에게 그가 자비를 얻을 것이라고 말하리라."[호 2:19, 23] 만약 하나님과 우리의 첫 연합을 나타내는 그 언약이 그의 자비하심에 달려 있다면, 그것이야말로 의를 위하여 우리에게 남아 있는 유일한 기초다. 어떤 사람들은 인간이 하나님을 만나기 위해 자기가 쌓은 공로를 가지고 나아갈 수 있다는 듯이 주장한다. 여기 이 의 말고 하나님이 받으실 만한 또 다른 의가 있는지 나는 그들에게서 듣고 싶다. 그런 견해를 견지하는 것이 광기라면, 하나님은 하나님의 원수들과 그들의 모든 행위를 완전히 혐오하시는데도 그들이 하나님께서 받으실 만한 일을 조금이라도 할 수 있겠는가? 진리는 우리 모두가 하나님의 형벌을 받아 죽어야 할 원수들이며, 우리가 의롭게 되어 은혜 안으로 받아들여지기 전까지는 하나님과 우리 사이에 전쟁이 지속된다고 증언한다.[롬 5:10, 골 1:21]

만약 우리의 칭의가 우리에 대한 하나님의 사랑의 시작을 표현한다면, 행위의 의로움이 어떻게 칭의를 앞설 수 있겠는가? 그래서 요한은 우리가 이런 치명적인 오만을 포기하게 하려고, 우리가 주님을 먼저 사랑한 것이 아님을 세심하게 말한다.[요일 4:10] 이 가르침은 주님께서 그의 선지자를 통하여 오래전에 선포하셨는데, 주님은 그의 진노를 돌이켜 자발적인 사랑으로 우리를 사랑하겠다고 선언하셨다.[호 14:4] 만약 그의 자유로운 의지로 우리를 사랑하는 성향이 그에게 있으시다면, 하나님은 행위로 감동받으시는 분이 결코 아니다. 이 말씀에 대해 무지한 사람들은, 아무도 그리스도의 구속을 얻을 자격이 없으니 그리스도의 구속을 얻기 위해서 우리 행위의 도움을 받아야 한다고 이해한다. 이와는 반대로, 그리스도께서 우리를 어떤 방식으로 구속하신다 해도, 우리가 아버지의 값없는 부르심을 통해 그리스도와 교제하기 전에는 여전히 어둠의 자식이요, 하나님의 원수며, 진노받을 자로 남는다. 바울은 성령이 우리 마음을 씻어 주시는 역사를 행하실 때까지는 우리가 오염에서 깨끗하게 씻기지 못한다고 가르친다.고전 6:11 베드로도 동일하게 가르친다. 베드로는 성령의 성별하심은 "순종함과 그리스도의 피 뿌림을 얻도록" 도와준다고 기록한다.벧전 1:2 만약 우리가 정결하게 되기 위하여 성령에 의해 그리스도의 피 뿌리심을 얻는다면, 이 피 뿌림을 얻기 전에 우리가 그리스도와 완전히 분리된 죄인의 처지에 있었음을 결코 부인하지 말자. 우리 구원의 시작은 죽음에서 생명으로 부활하는 것과 같음을 온전히 확신하자.

인간의 의로움: (2) 이름뿐인 그리스도인과 위선자

이 단락에는 우리가 앞에서 설명한 두 번째와 세 번째 범주의 인간이 포함된다. 더럽혀진 양심이 이 두 범주에 속한 모든 사람에게 공통되며, 이는 곧 그들이 아직 하나님의 성령으로 중생하지 못했음을 나타낸다. 또한 그들은 하나님과 화해하지도 않았고 하나님이 의롭다고 판결하지도 않으셨음이 분명하다. 그런 복은 오직 믿음을 통해서만 얻을 수 있기 때문이다. 하나님에게서 멀어진 죄인들이 그분 보시기에 가증하지 않은 어떤 것이라도 수행할 능력이 있을까? 모든 불신자, 특히 위선자들은 그들의 마음이 오염과 악행으로 가득함을 알면서도, 몇 가지 선행을 하는 것처럼 보임으로써 하나님께 정죄를 받지 않으리라는 어리석은 신념으로 마음이 부풀려진 것은 자명하다. 이 치명적인 오류는 자기 마음에 있는 악을 알고 있는 자들이 자신에게 의가 결핍되었음을 인정하지 못하게 한다. 그들은 자신들이 불의하다는 사실을 인정한다. 그것은 부정할 수 없기 때문이다. 그러나 그들은 어떤 식으로든 자신들이 의롭다고 계속 주장한다.

하나님은 완전히 공허한 이 주장을 학개 선지자를 통해 논박하신다.

"너희는 제사장들에게 물으라. '만일 사람이 자기 겉옷 자락에 거룩한 고기를 담거나 혹은 거룩한 떡이 그 옷에 닿으면, 그렇다고 그 사람이 거룩해지겠나이까?' 그러면 제사장들이 그렇지 않다고 대답하리라." 학개는 제사장들에게 다시 묻는다. "만일 영혼이 더럽혀진 사람이 이것들 중 하나를 만진다면, 그가 그것을 더럽히겠느냐?" 제사장들은 "그러하다"라고 대답한다. 그러자 하나님은 학개에게 명령하여 그들에게 이렇게 말하게 하신다. "내 목전에서 이 백성이 그러하며 그들의 손으로 행하는 일들도 그러하니, 그들이 내게 바치는 모든 것이 더럽혀지리라." 학 2:11-14 이 말씀이 우리에게 진심으로 받아들여지거나 우리 기억에 깊이 새겨지면 좋으련만! 사람이 자기 일생을 통해 얼마나 악하든 상관없이, 주님이 여기서 우리에게 말씀하시는 진리를 볼 수 있는 사람은 그 누구도 없다. 만약 세상에서 가장 악랄한 사람이라 하더라도 어떤 수준에서 자기의 의무를 이행한다면, 그는 자기의 의무 이행이 자신에게 의로 간주될 것임을 의심하지 않는다. 반면에 주님은 그 의무 이행은 성별을 이루는 방식이 아니며, 다만 마음이 먼저 완전히 정결해지고 나서야 성별이 이루어진다고 주장하신다. 하나님은 그 정도로 만족하지 못하시고 죄인이 행하는 모든 일은 그의 마음의 부정함으로 인해 더럽혀진다고 증언하신다.

그러므로 우리는 하나님의 입술에서 부패하다고 정죄받은 행위를 의로운 것으로 간주하지 않도록 조심하자. 하나님은 너무도 아름다운 이미지들을 활용하셔서 그의 주장을 증명하신다. 하나님께서 명령하신 것이 절대적으로 거룩하다는 주장은 반박될 여지가 있기 때문이다. 오히려 학개는 하나님이 그의 율법으로 성별하신 행위들이 악행하는 자의 오염으로 인해 더럽혀지는 것이 매우 당연함을 가르친다. 이미 성별된 것이라 하더라도 부정한 손으로 인해 속된 것이 될 수 있기 때문이다. 주님은 동일한 주제를 이사야를 통해 효과적으로 나타내신다. "내게 헛된 제물을 드리지 말라. 너희의 분향은 내게 가증하니, 내 마음이 너희 모든 절기와 성회를 미워하노라. 내가 진노하였으니 더 이상 그것들을 견디지 못하겠노라.

너희가 너희 손을 들 때에 내 눈을 너희에게서 돌릴 것이며, 너희가 기도를 많이 할지라도 듣지 않으리라. 이는 너희 손에 피가 가득하기 때문이라. 너희는 스스로 정결하게 하며 너희의 악한 생각을 버릴지어다."사 1:13-16 주님이 그의 율법이 준수되는 것을 거절하고 혐오하신다는 말씀은 무엇을 뜻하는가? 주님은 성경의 모든 곳에서 증언하시듯이, 그의 이름을 진심으로 경외하는 마음에서 우러나온 정결하고 참된 율법 준수를 결코 거절하지 않으신다. 그러나 그러한 경외심 없이 주님께 무엇을 드린다 해도 다 쓰레기일 뿐이며, 악취를 풍기는 가증한 오물에 불과하다. 그러므로 위선자들이 자신의 선행으로 하나님께 칭찬을 얻으려 하면서도, 실상 그들의 마음이 언제나 사악한 생각으로 뒤덮여 있는 모습을 살펴보자. 그런 모습으로 인해 위선자들은 하나님을 점점 더 진노하시게 한다. 하나님은 그들의 죄악된 제물을 혐오하시며 의인의 기도만을 기뻐하신다.잠 15:8

그러므로 성경을 평균적인 수준이라도 아는 사람이라면, 하나님의 성령으로 성별되지 못한 모든 인간의 행위는 아무리 인상적일지라도 하나님 목전에 결코 의롭지 못하며 죄로 간주될 뿐이라는 주장에 마땅히 동의해야 한다. 따라서 사람이 행위로 은혜와 긍휼을 얻지 못하며 오직 하나님의 자비로만 그분께 받아들여진다고 주장하는 사람들은 아주 참되게 말한 것이다.[10] 우리는 성경이 마치 손을 잡아 우리를 이끌듯이 인도하는 순서를 신중하게 존중해야 한다. 모세는 "하나님께서 아벨과 그의 제물에 관심하셨다"고 기록한다.창 4:4 하나님이 인간의 행위를 고려하시기도 전에 인간에게 자비하실 수 있음을 우리가 보지 않는가? 그러므로 우리가 하는 행위가 하나님께 자비롭게 받아들여지려면, 우리 마음이 먼저 정결해야 한다. 성령이 베드로의 입을 통해 언제나 선언하시듯, 우리의 마음은 오직 믿음으로만 정결해진다.행 15:9 그러므로 행위의 가장 근본되는 토대는 참되고 살아 있는 믿음이다.

인간의 의로움: (3) 중생한 사람

우리가 네 번째 범주에 넣은 사람들에게는 어떠한 의가 있는지 논의할 차례가 되었다. 하나님께서는 그리스도의 의로우심을 수단으로 우리와 화해하시고 우리 죄악을 은혜로 용서하셔서 우리를 의롭다고 여기신다. 바로 그때, 그의 자비로 또 다른 혜택을 주신다고 우리는 참되게 주장한다. 즉 하나님은 그의 성령으로 우리 속에 거하시되, 성령의 능력으로 우리 육신의 악한 욕망들이 매일 점점 더 죽는 혜택을 베푸신다. 이것이 바로 우리가 성별되는 방식, 곧 진정한 생명의 정결함으로 하나님께 성별되는 방식이다. 그리하여 우리의 마음은 율법에 복종하도록 훈련되고, 그 결과 우리의 최대 소망은 하나님의 뜻대로 그를 섬기고 하나님의 영광을 모든 방면에서 증진하는 것이 된다.

그렇지만 우리가 성령의 인도하심을 받아 주님의 길을 걸어가는 동안에도, 우리가 자신을 잊지 않도록 겸비하게 하는 이유로서 불완전한 흔적들이 우리 속에 여전히 남아 있다. 성경은 "선을 행하고 죄를 짓지 아니하는 의인은 아무도 없다"고 말한다.[전 7:20] 그렇다면 신자들은 자기의 행위에서 어떠한 의를 얻는가? 신자들이 할 수 있는 최선의 행위는 마치 좋은 포도주가 찌꺼기들과 섞이면서 더럽혀지듯이, 언제나 육신의 오염으로 더럽혀지고 훼손된다는 사실을 우선적으로 강조하고 싶다. 하나님의 종이 인생 전체를 통틀어 그가 행한 일들 가운데 최선의 행위를 택하게 하자. 신자가 그 행위를 모든 면에서 조사한다면, 분명히 어딘가에서 육신의 부패함을 나타내는 징후를 찾아낼 것이다. 우리는 마땅히 행해야 할 선한 행실을 위해 결코 준비되지 못하고, 오히려 우리의 엄청난 사악함으로 인해 선을 행하기 어렵다. 성도들의 행위가 모두에게 명백하고 분명한 흠결로 더럽혀지는 것을 우리가 본다고 하여도, 그 흠결들이 작고 사소해서 하나님이 보시기에—별들조차 그분 앞에서는 정결하지 못하다[욥 25:5]—거리낌이 되지 않을 것이라고 여기더라도, 신자들은 만약 자기의 행위가 제대로 심판을 받는다면 그들을 수치스럽게 하지 않을 단 하나의 행위도 할 수 없을 것이라고 나는 계속 주장할 것이다.

더욱이, 우리가 정결하고 완전한 어떤 행위를 할 수 있다면, 선지자 에스겔이 말하듯이 겔 18:24 단 하나의 죄가 우리의 이전 의로움에 대한 모든 기억을 지워서 소멸하기에 충분할 것이다. 야고보 역시 다음과 같이 말하면서 이 점에 동의한다. "누구든지 하나의 죄를 범한 사람은 모든 것에 범죄하였느니라." 약 2:10 그러나 이 세상에서 죽을 생명은 결코 죄에 대하여 순결하거나 자유하지 못하므로, 우리가 얻을 수 있는 어떤 의로움도 뒤따르는 범죄 때문에 매시간 부패하고 질식하며 상실될 수 있다. 그것은 하나님께 아무것도 아니며, 우리에게 의로움으로 전가되지도 않을 것이다. 마지막으로, 행위의 의로움에 관해서 우리가 고려해야 하는 것은 율법 그 자체이지 단 하나의 행위가 아니다. 만약 우리가 율법에서 의로움을 찾는다면, 율법은 우리가 한두 가지 행위를 수행하는 데도 전혀 도움을 주지 못한다. 우리에게는 영원한 순종이 요구되기 때문이다. 어떤 사람들이 잘못 믿고 있듯이, 주님은 죄 용서를 통해서 단 한 번 우리를 의롭다고 간주하시는 것이 아니다. 우리가 우리의 악한 길들에 대한 주님의 용서를 얻은 이후에는 의롭기 위하여 율법을 바라보아야 하는 것은 아니다. 그것은 우리를 조롱하면서 헛된 희망으로 기만하는 짓이다. 우리가 이 죽을 몸에 머무르는 한 결코 온전함을 얻을 수 없기 때문에, 그리고 율법 역시 완전한 의에 미치지 못하는 행위를 하는 모든 사람에게 심판과 죽음을 선포하기 때문에, 하나님의 자비하심이 개입해 우리의 죄를 지속적으로 용서함으로 우리가 사면되지 않는 한 율법은 우리를 비난하고 정죄할 이유를 항상 가진다. 그러므로 우리가 처음에 말한 것은 여전히 사실이다. 만약 우리가 우리의 가치에 따라 판결을 받는다면, 우리가 무엇을 하든 상관없이 우리가 한 모든 수고나 노력과 무관하게, 우리는 여전히 사형을 받아야 한다.

따라서 우리가 숙고해야 하는 두 가지 사항이 있다. 첫째, 하나님의 엄격한 심판의 견지에서 볼 때 정죄받을 필요가 없는 행위를 한 신자는 없다. 둘째, 그런 행위가 있다 하더라도—그 행위는 인간에게 불가능하다—인간의 죄로 무색해지고 더럽혀지기 때문에, 하나님은 그것을 더 이상 받지 않으시며 따라서 어떠한 가치도 없을 것이다.

거짓 교리: 공덕 행위

소르본 신학자들은 어려움을 회피하려는 온갖 계략을 시도하지만, 아무 효과도 거두지 못한다. 그들의 주장에 따르면, 선행을 받아 주시는 하나님의 은혜 덕분에 선행은 사람을 의롭게 함에 있어서 어느 정도 가치가 있으며, 사람의 비행은 공덕功德 행위로 보상이 된다.[11] 나는 그들이 "받아 주시는 은혜"라고 이름 붙인 것은 예수 그리스도 안에서 우리를 품으시고 받아 주시는 하늘 아버지의 값없는 선하심과 전혀 다르지 않다고 대답하겠다. 그런 다음, 아버지께서는 그리스도의 순결함으로 우리를 입히시고 그 순결함을 우리에게 주시며, 그리스도의 거룩하심 때문에 우리를 거룩하고 순결하며 흠 없게 여기신다. 그리스도의 의로움이 우리를 책임지며, 하나님의 심판에서 우리의 보증이 되신다. 오직 그리스도의 의로우심이 온전하기에 우리는 하나님의 살피심을 감당할 수 있다.

그렇다면 그리스도의 의로우심을 받은 이후로 우리는 믿음으로 우리의 죄에 대한 계속적인 사면을 얻는다. 믿음의 순결함으로 인해 우리의 얼룩과 불완전함의 오물들이 감춰지며 우리에게 전가되지 않는다. 그 얼룩과 오물들은 이미 장사 지내진 것처럼 하나님의 판결을 받을 때 보이지 않는다. 그러므로 이 일은 하나님의 선하심이 우리를—우리의 옛 사람은 이미 죽었다—그리스도, 곧 새 아담과 함께 복된 안식 속에 있도록 인도하시는 그날까지 그러할 것이다. 거기서 우리는, 불멸의 몸을 받아 하늘의 영광으로 들어갈 부활의 날을 기다린다. 만약 이 일들이 참되다면, 그 자체로 하나님이 우리를 받으실 만한 행위는 결코 없다. 사실, 한 사람이 그리스도의 의로 옷 입혀지고 그래서 하나님을 기쁘시게 하여 그의 허물에 대한 용서를 얻을 때, 그의 행위들은 단지 하나님께서 동의하실 수 있는 행위들일 뿐이다.

하나님이 공덕 행위에 대해 보상하신다는 것에 대한 저들의 끊임없는 지껄임에 관해 말하자면, 저들은 크게 흔들리는 지면 위에 있다고 말할 수 있다. 왜 저들은 율법을 부분적으로만 준수하는 사람은 부분적으로 준수하는 그 수준만큼 그의 행위로 의롭게 된다고 주장하면서, 스스로 이미 금지된 같은 장소로 계속 되돌아가는 것일까? 여기서 저들은 제정신을 가진 사람이라면 아무도 동의하지 않을 어떤 것을 당연시한다. 주님께서 자주 증언하시듯, 주님은 율법을 온전히 순종하는 것 외에는 다른 어떤 의도 인정하지 않으신다. 비록 우리 속에는 의가 전혀 없지만, 우리는 조금이라도 하나님께 대한 우리의 순종을 자랑하고 싶어 한다. 그러나 우리가 여전히 갖지 못한 것을 보속을 통해 얻을 기대로 지극히 적은 선행 부스러기들을 자랑할 때, 우리는 얼마나 부끄러운가!

보속은 앞 장에서 확고하게 반박되었으므로, 우리는 그 개념을 아주 잠시라도, 심지어 꿈속에서조차 생각할 수 없다.[12] 나는 지금 아무 생각 없이 그런 것들을 주절대는 자들은 그 죄가 얼마나 하나님께 가증한지를 모른다고 말할 따름이다. 만약 그들이 그 가증함을 이해했다면, 인간의 의로움의 총체가 한 무더기로 쌓아 올려진다 해도 단 하나의 죄조차 보상하기에는 부족하다는 사실도 이해했을 것이다. 우리는 단 하나의 죄 때문에 인간이 하나님으로부터 쫓겨나서 구원을 되찾을 모든 수단을 상실했음을 알고 있다. 우리가 보속할 수 있는 능력도 마찬가지다. 자신에게 보속할 능력이 있다고 생각하는 사람들도 하나님을 결코 만족시킬 수 없을 것이다. 하나님은 그의 원수들에게서 오는 어떤 것도 받지 않으실 것이기 때문이다. 따라서 하나님이 우리의 단 한 가지 행위도 아시기 전에 모든 죄가 속죄되고 용서되어야 한다. 이는 곧 죄 용서가 값없이 이루어짐을 뜻한다. 보속을 중시하는 몇몇 사람들이 이 진리를 악랄하게 모독하고 있다. 지난 것을 잊고 앞에 놓인 것을 향하여, 우리도 사도를 본받아 하나님이 위에서 부르신 소망의 상을 얻기 위해 우리의 경주에 힘쓰자.빌 3:13-14

우리는 종으로서 우리의 의무를 행할 뿐이지만,

대개 그 의무를 다하지 못한다

공덕 행위에 대한 주장이 성경의 다음 가르침과 어떻게 조화를 이룰 수 있는가? "우리가 명령받은 모든 것을 행한 후에, 우리는 마땅히 행할 바를 행한 무익한 종이라고 불려야 하리라."눅 17:10 우리가 하나님께 무엇을 말할 때는 시늉만 하거나 거짓말을 할 수 없다. 우리는 자신에 관하여 분명히 알고 있어야 한다. 주님은 우리에게 진실하게 판단하도록 명령하시며, 우리가 우리 의지로 주님을 섬기는 것이 아니라 우리가 해야 하는 일을 주님을 위해 행할 뿐이라고 진심으로 인정하도록 명령하신다. 그렇게 하는 것이 당연하다. 설령 우리가 모든 생각과 힘을 그 목적에 쏟는다 하더라도, 우리는 불가피하게 너무 많은 의무를 수행해야 하는 입장에 있으므로 그 의무들을 다 이행하는 것은 불가능하다. 그러므로 주님은 "너희가 명령받은 모든 것을 행했을 때에"라고 말씀하심으로, 한 사람에게 집중된 그리고 더욱 집중된 모든 의를 상상해 보라고 효과적으로 요구하신다. 그렇다면 이 목적과 아주 멀리 떨어져 있는 우리가 어찌 표준적인 분량에 조금이라도 무엇을 더 추가했다고 자랑할 수 있겠는가? 만약 누가 자기의 의무를 부분적으로 수행하지 못한다면, 그 사람이 다른 데서 요구되는 것보다 더 많은 것을 이행하지 말아야 할 이유가 없다. 아무도 이것을 항변할 수 없다. 우리 모두가 지켜야 할 규칙이 다음과 같기 때문이다. 우리가 하나님의 명예나 이웃에 대한 사랑을 증진하기 위하여 가질 수 있는 모든 생각은 이미 하나님의 율법 안에 포함되어 있다. 그런데 그것이 하나님의 율법의 일부라면, 우리를 제약하는 것이 필연적일 때 우리의 관대함이 자발적이라고 자랑하지는 못한다.

이것을 증명하기 위하여 그들은 바울의 말을 부적절하게 인용한다. 바울은 고린도 교인들 중에 있을 때 자기의 권리를 포기했는데, 그 권리는 바울이 원한다면 요구할 수도 있었지만 그는 그들과 함께 있으면서 자기의 의무를 이행했고, 더 나아가 그들에게 값없이 복음을 전파함으로써 의

무의 한도를 넘어갔다는 것이다.고전 9:1, 15-18 이제 우리는 여기서 바울이 제시하는 이유로 시선을 돌려야 한다. 바울은 약한 자들에게 불편을 주지 않기 위한 행동 방식을 택했다고 말한다.고전 9:12 고린도 교회를 고통에 빠뜨린 거짓 교사들은 자기들의 수고에 대해 아무런 대가도 받지 않는다는 명목으로 자기들을 좋게 보인 다음, 자기들의 거짓 교훈에 대해 사람들의 환심을 얻어 복음에 대한 미움을 조장했다. 그 결과, 바울은 그리스도의 교훈을 위기에 빠뜨리거나 아니면 그 거짓 교사들의 간교함을 분쇄해야 할 입장에 처했다. 만약 한 그리스도인이 다른 사람을 불쾌하게 하지 않을 수 있는데도 그렇게 했는지 여부가 그리 중요하지 않다면, 나는 사도가 자기의 당연한 의무보다 더 많은 것을 하나님께 바쳤다고 인정하겠다. 그러나 사도의 행동이 복음을 섬기는 지혜로운 시종에게 기대할 수 있는 것이었다면, 나는 그가 당연히 해야 할 일을 했을 뿐이라고 주장하겠다. 어쨌든 바울의 동기가 분명하지 않다면, 크리소스토무스가 다음과 같이 말한 것은 언제나 옳다. 무릇 우리에게 속한 것은 모두 종의 소유물과 똑같이 취급되며, 따라서 종에 대한 권리에 따라 우리의 주인에게 속한다.[13] 온종일 일한 후 밤에 집에 돌아온 종에게 우리가 감사하겠는지 물으시는 그리스도의 비유에서도 이 점은 잘 드러난다.눅 17:7-9 그 종은 우리가 요구한 정도보다 더 힘들게 일했을 것이다. 그렇다 하더라도, 그는 종의 신분에 요구되는 바에 따라 해야 할 도리를 했을 뿐이다. 그와 그가 할 수 있는 모든 것은 다 우리의 것이다.

나는 하나님의 칭찬을 얻으려는 공덕 행위에 대해서는 설명하지 않겠다. 공덕 행위는 하나님이 칭찬하지도 인정하지도 않으시는 무의미한 일에 지나지 않는다. 하나님이 최종적으로 그들과 셈하실 때 그들의 행위를 받아 주지도 않으실 것이다. 그런 의미에서 우리는 그들의 행위가 선지자가 이해한 바와 같이 공덕 행위라는 데 기꺼이 동의한다. 그는 이렇게 묻는다. "누가 너희 손에서 이것들을 요구하였느냐."사 1:12 또한 이 바리새인들은 다른 곳에서 그들에 대해 언급한 내용도 기억해야 한다. "어찌하여 너희는 돈을 지불하고도 떡을 사지 못하며 배부르게 할 수 없는 것들을 위해 수고하느냐."사 55:2 우리의 존경하는 스승들은 큰 어려움 없이 그들 강의실의 푹신한 방석에 편안히 앉아 이것들을 놓고 논쟁할 수 있다. 하지만 주님이신 심판주께서 하늘에서 나타나 심판의 보좌에 앉으시면, 그들이 생각해 낸 모든 말은 심판주에게서 아무것도 얻지 못하며 연기처럼 사라질 것이다. 진짜 질문은 소르본의 한 구석에서 이런 것들에 대해 얼마나 유창하게 거짓말을 지껄일 수 있는지가 아니다. 무서운 심판의 날에 얼마나 당당하게 자신을 변호하며 말할 수 있을지가 진짜 질문이 되어야 한다.

잘못된 확신과 경건한 신뢰

이와 관련하여 우리가 우리 마음에서 추방해야 할 두 가지 역병이 있다. 우리는 자신의 행위에 대해 어떠한 확신도 갖지 말아야 하며, 우리 행위를 칭찬하려는 어떠한 바람도 버려야 한다. 성경은 다양한 곳에서 우리의 모든 의로운 행위가 그리스도의 의로우심을 알리는 달콤한 향기가 되지 않는다면 하나님 보시기에 오염과 부패에 불과하다고 선포하면서, 그 행위들에 대해 확신하지 말라고 명한다. 우리의 행위들은 하나님의 자비의 달콤함을 유지하지 못하면 하나님의 보복을 불러일으킬 따름이다. 그래서 성경이 우리를 위해 특별히 남겨 둔 것은 자비로운 심판주께 긍휼을 구하는 것이다. 우리는 "하나님께서 자기 종과 결산하실 때 아무도 그 앞에서 의롭다 하심을 얻지 못한다"는 다윗의 고백을 따른다.시 143:2 욥기에도 동일한 가르침이 있다. "만약 내가 악을 행했다면 내게 화가 있도다! 내가 선을 행했다 하여도 내 머리를 들지 않으리라."욥 10:15 욥이 표현하려는 바는, 자기 힘으로 위험을 무릅쓰고 하나님과 다투기보다는 하나님께 즐거이 굴복하겠다는 것이 아니다. 오히려 욥은, 하나님 앞에서 즉시 소멸하지 않을 수 있는 의가 자기 속에 하나도 없음을 알린다.

우리가 자기 행위에 대한 모든 신뢰를 추방하면, 그 행위에 대한 모든 자랑도 그쳐야 한다. 자기 행위가 하나님 앞에서 두려워 떨게 할 것밖에 안

되는데도 그 행위의 의를 자랑할 사람이 어디 있겠는가? 우리의 마음은 우리 행위를 온전히 불신할 때만 참되게 정결해질 것이다. 자기 행위에 대한 신뢰야말로 사람이 자기 행위를 구원의 원인으로 믿게 하는 거짓되고 어리석은 오류다.

우리가 철학자들이 구분한 네 가지 유형의 원인을 숙고한다면, 우리의 구원과 관련해서 행위에 적합한 원인은 단 하나도 없음을 발견할 것이다.[14] 성경은 항상 우리 구원의 작용인efficient cause은 하늘 아버지의 자비요, 우리를 향한 그의 값없는 사랑이라고 가르친다. 성경이 질료인material cause으로 제시하는 것은 그리스도와 그의 순종인데, 그 순종을 통해 그리스도께서는 우리를 위해 의를 성취하셨다. "도구인"instrumental cause이라 명명된 원인에 관해서라면, 믿음 외에 다른 무엇을 말할 수 있겠는가? 요한은 이 세 가지 원인을 다음과 같은 구절에서 다 표현한다. "하나님이 세상을 너무나 사랑하셔서 그의 외아들을 주셨으니, 이는 그를 믿는 사람마다 멸망하지 않고 영원한 생명을 얻게 하려 함이라." 요 3:16 사도에 따르면, 목적인final cause은 하나님의 의로우심이 알려지는 것과 하나님의 선하심이 영광스럽게 되는 것이다. 롬 3:25, 엡 1:6

우리가 우리 구원의 모든 부분이 우리 바깥에 놓여 있음을 알게 될 때, 어떻게 우리의 행위를 신뢰하거나 자랑하겠는가? 작용인과 목적인에 관해서 말하면, 하나님의 영광을 거스르는 최대의 대적들은 반드시 성경 전체를 거부하면서 우리와 논쟁하게 되어 있다. 그들은 우리의 행위가 믿음과 그리스도의 의로우심의 공로를 절반이나 주장한다는 듯이, 도구인과 질료인에 대한 질문을 회피한다. 그러나 성경은 그리스도께서 우리의 의로움이자 생명이며 우리는 오직 믿음으로 이 은사를 소유한다는 사실을 명쾌하게 확증함으로써, 그들의 이런 태도 역시 거짓임을 고발한다.

성도의 행위에 담긴 증거적 가치

우리가 살펴본 대로, 성도들은 흠 없고 정직한 생활을 했다는 것을 기억함으로 자주 격려와 위로를 얻는다. 성도들은 때때로 자신들의 그러한 생활을 확실히 나타내기도 한다. 이 점은 다음 두 가지로 설명할 수 있다. 첫째, 성도들은 자신의 의로운 목적을 악인들의 불의한 목적과 비교함으로 승리에 대한 소망을 지각한다. 성도들이 자신의 의로움을 대단한 것으로 여긴다기보다는, 그들의 원수인 악인들에게 분노하기 때문이다. 둘째, 성도들은 자신을 남과 비교하지 않고 오직 하나님 앞에서 자신을 있는 그대로 인정함으로써, 그들의 양심의 정결함에서 우러나오는 위로와 확신을 얻는다.

성도가 참된 생활을 나타내는 첫 번째 동기에 대해서는 나중에 더 자세히 다루기로 하자.[15] 두 번째 동기에 관해서는, 하나님 앞에서 우리의 행위를 의지해서도 안 되고 자랑해서도 안 된다는 사실이 우리의 앞선 말과 얼마나 잘 조화하는지부터 간략히 논의해야 한다. 성도가 구원 문제에서 행위를 무시한다는 점, 그리고 성도가 오직 하나님의 선하심에 시선을 고정한다는 점에 관해서는 저들도 동의한다. 성도는 복된 길에서 첫걸음을 내디딜 때부터 하나님의 선하심을 그들의 주요한 목적으로 삼는다. 그뿐만 아니라, 하나님의 선하심은 그들이 안식하고 의지하는 그들의 궁극적인 목표다. 일단 양심이 그런 방식으로 지탱되고 세워지고 확증되면, 자신의 행위들을 숙고하면서 능력을 얻기도 한다. 그 행위들은 하나님께서 우리 안에 사시면서 다스리고 계심을 증언하기 때문이다. 그러나 행위에 대한 이러한 확신은 우리가 하나님의 자비하심을 진심으로 신뢰할 때만 가능하기 때문에, 이 확신은 행위가 의롭게 한다는 것을 증명하지도 못하고, 행위 자체가 사람에게 확신을 준다는 것도 증명하지 못한다. 따라서 우리가 행위를 배제할 때 말하려는 바는, 그리스도인의 영혼이 공로적 행위들을 마치 구원의 피난처라도 되는 양 의지하면 안 되고, 오직 의에 대한 값없는 약속에 전적으로 의존해야 한다는 것이다. 그러나 우리는 그리스도인의 영혼이 하나님의 선한 뜻에 관련된 어떠한 표징으로든 스스로 힘을 얻고 자신을 지탱하려는 권리까지 부정하지는 않는다. 왜냐하면 마음속에 떠오르는 하나님의 모든 은사는 그의 얼굴에서 나오는 밝은 빛과 같아서 우리가 그 빛으로 하나님의 선하심의 탁월한 광채를 주시하고 볼 수 있는데, 하물며 우리에게 주신 하나님의 은사이자 우리가 가진 양자의 영을 증명하는 선한 행위들은 분명 더 효과적이기 때문이다!

그러므로 성도가 자신의 결백함에 대한 생각으로 자기 믿음을 확신하거나 이 결백이 그가 기뻐하는 원인이 될 때, 성도들은 하나님이 자신을 자녀로 입양하신 그 부르심을 근거로 단순히 판단한다. 그래서 솔로몬이 "주님을 경외하는 것에는 견고한 확신이 있다"고 선언하고 잠 14:26 성도들이 자신이 하나님 앞에서 충실하고 정직하게 행했다고 항변하면서 왕하 20:3, 느 5:19 자신의 소리를 들어 주시기를 하나님께 요청할 때, 이 중 어떤 것도 양심을 세우는 일에 도움이 되지 않는다. 그것은 하나님의 부르심의 증표로 이해될 때에만 쓸모가 있다. 하나님을 경외하는 것은 견고한 확신을 만들어 내지는 않으며, 모든 성도가 잘 알고 있듯이 그들은 온전한 정직함을 결코 성취할 수 없다. 그들의 정직함이 육체의 많은 불완전함과 찌꺼기들과 섞여 있기 때문이다. 그러나 성도들은 성령이 그들 속에 살아 계신다는 증거와 표적을 자신의 중생 안에서 보기 때문에, 하나님이 그들의 모든 필요를 도우시리라고 기대하며 용기를 낼 만한 확실한 이유가 있다. 그런 도우심을 얻을 때마다 하나님을 자신의 아버지로 체험하기 때문이다. 이것은 성도들이 하나님의 선하심을 먼저 붙잡고 복음의 약속들로 확증을 얻지 않고는 할 수 없는 일이다. 만약 성도들이 하나님의 선하심을 행위의 견지에서 생각한다면, 그것이야말로 가장 불확실하고 불안정한 것이 될 것이다. 행위를 그 자체로 고려한다면, 그것이 하나님의 선하신 뜻에 대한 막 시작된 정결함을 보증하는 만큼 그 불완전성으로 인해 하나님의 진노로 우리를 위협하기 때문이다.

이제 우리는 성도들이 자신의 행위에 대해 어떤 확신을 가지든지 그 행위를 자신의 공로로 삼을 수 없음을 알게 되었다. 성도들은 행위를 하나님의 선하심을 인정하게 하는 그분의 은사요, 그들의 택하심을 말하는 부르심의 표징으로 간주한다. 그러나 성도들의 확신은 그리스도 안에서 값없이 얻은 의로움에 의존하고 지탱되므로, 어떤 방식으로든 그 의로움을 훼손하지 않는다.

선한 행위가 종종 하나님의 호의를 얻는 이유

더욱이, 선행은 우리 주님이 그의 종들에게 복을 베푸시는 이유라는 성경의 말씀은, 우리가 앞에서 말한 진실이 유지되는 방식으로 이해해야 한다. 우리 구원의 기원과 효력 있는 원인은 하늘 아버지의 사랑에 있고, 그 재료와 실체는 그리스도의 순종에 있으며, 그 도구는 성령의 조명 곧 믿음에 있고, 그 목적은 하나님의 선하심의 영광에 있다. 이것은 하나님이 행위를 열등한 원인으로 받아들이시는 것을 막지 않는다. 그런데 어떻게 그렇게 될 수 있는가? 그의 통상적인 경륜으로 하나님은 자비롭게 예정하신 사람들을 영생으로 이끄시고, 그들이 선행을 통해 상속을 얻게 하신다. 그래서 하나님은 그 경륜의 질서에서 먼저 오는 것을 그 뒤에 오는 것의 원인으로 부르신다. 이것이 바로 성경이 종종 영생은 선행에서 유래한다고 암시하는 것처럼 보이는 이유다. 그것에 대한 찬미가 행위와 함께 드려져야 하기 때문이 아니라, 하나님께서 자신이 택하신 자들을 영광스럽게 하기 위해 의롭게 하셨기 때문에,롬 8:30 두 번째 은혜로 이어지는 단계와 같은 첫 번째 은혜는 그 두 번째 은혜의 원인이라고 말할 수 있다.

하지만 참된 원인을 분별하는 것이 필요할 때, 성경은 행위를 말하지 않고 우리의 마음을 오직 하나님의 자비하심으로 향하게 한다. 바울이 "죄의 삯은 사망이요, 영생은 하나님의 선하신 은사라"롬 6:23고 기록할 때 그는 무엇을 말하려고 하는가? 바울은 죄를 사망의 원인으로 삼으면서도 왜 의를 죄와 대조하지 않는가? 현재의 형식으로는 균형이 맞지 않지만, 대조가 그런 방식으로 되어야 완전하기 때문이다. 바울은 죽음이 인간에게 합당한 결과이지만 생명은 하나님의 자비하심에 온전히 놓여 있다는 진리를 설명하기 위해서 그 평행성을 이런 방식으로 표현했던 것이다.

우리의 의로움이 행위에 의존한다면, 우리는 하나님의 목전에서 반드시 실패하게 된다. 그 이유는 우리의 의로움이 하나님의 자비하심 안에서만, 곧 우리가 그리스도와 나누는 교제와 믿음 안에서만 발견되어야 하기 때문임을 설명했다. 그러므로 우리는 문제의 핵심을 이미 다루었다. 우리는 평범한 사람뿐만 아니라 교육을 받은 사람들도 흔히 빠지는 오류를 피하기 위해 이 점이 핵심임을 확실히 해야 한다. 의롭게 하는 것이 믿음인지 아니면 행위인지를 묻는 질문이 대두될 때마다, 하나님께서 행위를 약간 인정하신다는 사실이 마치 행위가 의롭게 한다는 것을 증명하기라도 하는 듯, 저들은 하나님 앞에서 행위에 대한 어떤 공로를 부여하는 것처럼 보이는 구절들을 내세운다. 그러나 우리는 행위를 통한 의로움은 율법에 대한 온전하고 완벽한 순종을 뜻한다는 사실과, 따라서 지극히 적은 책임도 질 필요가 없는 완벽함을 성취하기 전에는 결코 행위로 의로워질 수 없다는 사실을 분명히 제시했다.

이제 우리가 별도로 다루어야 할 두 번째 질문이 있다. 비록 행위가 사람을 의롭게 하기에는 충분하지 못하지만, 사람이 행위를 수단으로 하여 하나님의 은혜를 얻을 수는 있는가?

우선, 하나님의 심판의 견지에서 볼 때 인간의 행위에 "공로"라는 단어를 붙이는 사람은 믿음의 순전함을 유용하게 보존할 수 없다는 사실부터 지적하고 싶다. 내 입장에서는 단어를 두고 논쟁을 벌이는 일은 전부 지양하고 싶다. 예전에 그리스도인들이 이와 비슷한 신중함을 보여주며, 많은 사람들을 넘어뜨리고 유익을 거의 주지도 못하는 비성경적 용어들을 불필요하고 부적절하게 사용하지 않았더라면 좋았을 것이다. 나는 묻고 싶다. 선행의 가치가 불쾌감을 느끼게 하지 않는 다른 방식으로 설명될 수 있는데, 왜 굳이 "공로"라는 단어를 새로 만들어 내는가? 분명히 이 단어는 사람들의 믿음의 길에 수많은 장애물을 세워 놓고 엄청난 해악을 끼치고 있다. 교만으로 가득한 이 단어는 하나님의 은혜를 가리고 사람이 허망한 자만에 빠지도록 부추길 것이 뻔하다.

나는 초대교회의 교부들이 공로에 대해서 자주 언급했음을 인정한다. 교부들이 쓴 이 사소한 단어 때문에 그들의 후예가 오류를 야기하지 않았다면 좋았으련만, 그렇지 못해 안타까울 뿐이다! 사실, 여러 곳에서 교부들은 공로에 대한 자신들의 언급으로 인해 결코 진리에 해를 끼치지 않겠다는 의도를 명확히 했다. 그래서 아우구스티누스는 그의 저작 어느 곳에서 이렇게 썼다. "아담과 함께 소멸한 인간의 공로는 여기서 잠잠할지며, 하나님의 은혜는 예수 그리스도를 통하여 그러하였듯이 승리할지어다."[16] 비슷하게 크리소스토무스는 이렇게 말했다. "하나님의 값없는 부르심을 따르는 우리의 모든 행위는 우리가 그에게 갚아야 할 부채이지만, 하나님이 주시는 혜택은 은혜와 선의와 순전한 자비에서 온다."[17]

하나님은 은혜로 값없이 베푸신 은사들을 빛나게 하신다

공로라는 단어에 대한 논의는 그만두고, 공로 자체에 대해서 더 조사해 보자. 우리의 행위에 합당한 결과는 성경에 계시되었다. 성경의 선포에 따르면, 우리의 행위는 더러움과 불결함으로 가득해서 하나님의 철저한 조사를 견디지 못한다. 또한 (율법을 온전히 준수하는 것이 가능하다면) 온전한 율법 준수가 줄 수 있는 유익은, 우리가 요구되는 것을 다 행하고 나서도 율법이 우리 자신을 무익한 종으로 생각하라고 명령할 때 나타난다.[눅 17:10] 그때에도 우리는 하나님께 아무것도 값없이 드린 것이 없고, 아무런 감사의 말도 요구할 수 없는 의무를 단지 이행했을 뿐이다.

그러나 주님은 그가 우리에게 행하신 것들을 "우리의 행위"로 부르시며, 그 행위들을 받아 주실 뿐만 아니라 그 행위들로 인해 상까지 주겠다고 증거하신다. 이제 우리가 할 일은 이 약속들에 힘입어 용기를 내고 더욱 분발하여 선을 행하는 일에 지치지 않는 것이요, 하나님의 그러한 자비하심에 대해 배은망덕하지 않는 것이다.[갈 6:9] 분명히, 무엇이든 우리 행위에서 칭찬할 만한 것이 있다면 그것은 오직 하나님의 은혜 덕분이며, 우리 자신의 선량함 때문이라 할 수 있는 것은 하나도 없다. 만일 우리가 이 사실을 진정으로 인정한다면 공로에 대한 모든 신뢰는 사라질 것이며, 공로 사상 자체가 아예 사라질 것이다. 그래서 나는 그 궤변론자들과는 달리, 선행에 대한 칭송을 하나님과 사람에게 분배하면 안 된다고 주장한다. 오히려 우리는 선행에 대한 칭송을 하나님께만 온전히 드려야 한다. 우리가 사람에게 할당할 수 있는 부분은, 하나님에게서 온 선한 행위를 부패시키고 더럽히는 부정함의 능력뿐이다. 세상에서 가장 온전한 사람일지라도, 어떠한 오염으로도 더럽혀지지 않은 부분을 지닌 사람은 절대로 존재하지 않는다. 자, 주님께서 인간의 행위들 중 가장 탁월한 행위를 그의 심판대로 소환하신다 하자. 그러면 주님은 그 행위 속에서 자기의 의로움과 인간의 수치를 찾아내실 것이다. 선행은 하나님을 기쁘시게 하며, 선행을 한 그 사람에게도 유익이 없지 않다. 그들이 하나님의 가장 관대한 혜택을 보상으로 받기 때문이다. 하지만 그들이 그럴 자격이 있어서가 아니라, 주님의 자비하심 자체가 그들의 행위를 보상받아야 할 행위로 결정하기 때문이다.

만약 우리가 보상받을 가치가 없는 행위를 보상하시는 하나님의 너그러우심에 만족하지 못하고 오히려 저주받은 욕망을 분출하면서 하나님의 선하신 뜻으로만 이루어진 행위들에 대해 공로를 주장한다면, 이는 얼마나 배은망덕하겠는가! 나는 여기서 그 증거로서 모든 사람의 상식에 호소한다. 만약 어떤 이의 밭을 즐거이 사용하는 사람이 그의 소유권을 갈취한다면, 그 사람은 그 배은망덕 때문에 밭에 대한 사용권도 상실해야 하지 않겠는가? 마찬가지로, 주인에게서 풀려난 어떤 종이 자기의 신분을 인정하지 않고 오히려 처음부터 자유인으로 태어났다고 주장한다면, 다시 종 된 처지로 돌아가야 하지 않겠는가? 우리가 받은 혜택을 올바르게 누리는 방법은, 허락되는 것보다 더 많은 것을 취하려 하거나 혜택을 베푸는 자에게서 그가 받을 칭송을 빼앗는 것이 아니다. 혜택을 베푸는 자가 우리에게 넘겨준 것이 어떤 식으로든 그의 것으로 계속 머무르는 듯 보이게 하는 것이 올바른 방법이다. 만약 이것이 우리가 빚진 사람을 존중하는 올바른 태도라면, 우리가 하나님께 진 빚에 대해서는 얼마나 더 그래야 할지 각자 깊이 생각해 보자.

공로 사상은 성경과 전혀 무관한가?

"공로"라는 단어가 성경에 있음을 증명하려고 일부 성경 본문을 오용하는 궤변론자들을 나는 잘 알고 있다. 그들은 집회서에 있는 다음 구절을 인용한다. "자비는 각 사람의 행위의 공로에 따라 주어지리라." 집회서 16:14 그들은 히브리서의 다음 구절도 인용한다. "선을 행하고 나누어 주기를 잊지 말라. 그러한 제사는 하나님의 은혜를 받기에 합당함이니라." 히 13:16 집회서는 정경이 아니기 때문에 내가 집회서 자체를 거부할 수도 있겠으나, 지금은 그렇게 하지 않겠다. 나는 여기서 궤변론자들이 집회서 저자의 단어를 제대로 인용하는지 여부를 지적하려고 한다. 헬라어 원문에는 "하나님은 모든 자비에 자리를 마련해 주시니, 각 사람은 자기의 행위에 따라 자비를 입는다"라고 기록되어 있다. 이것이 자연스러운 뜻이다. 이 본문의 라틴어 번역본이 훼손되어 있다는 사실은 이 구절의 다음 내용을 보거나 이 구절 자체만 보더라도 한눈에 알 수 있을 것이다. 히브리서에 관해서라면, 사도가 사용한 헬라어 단어는 그런 제사가 하나님을 기쁘시게 한다는 것만을 의미하므로, 저들은 하찮은 시비를 걸고 있다. 우리가 행위의 가치를 평가한다는 구실로 성경의 한도를 넘지 않는 한, 이 구절은 그 자체만으로 우리의 거만한 무례함을 충분히 낮추고 억누를 것이다.

성경의 가르침에 따르면, 우리의 행위는 많은 오점으로 더럽혀지기 때문에 하나님의 은혜와 자비하심을 얻거나 하나님이 우리에게 선을 베푸시도록 하기는커녕, 오히려 하나님을 자극하여 우리에게 진노하시게 할 뿐이다. 그럼에도 하나님은 그의 위대한 자비하심으로 우리 행위를 엄격히 조사하지 않으시고 극히 순결한 것으로 받아 주신다. 그에 따라, 비록 그럴 만한 가치가 없음에도, 하나님은 현세와 내세 모두에서 우리의 행위를 무한한 혜택으로 보상하신다. 어떤 사람들은 우리의 선행이 하나님이 우리에게 현세 동안 베푸시는 은사를 받을 만하고 영생은 오직 믿음으로만 주어진다며 선행과 영생을 구별한다. 하지만 나는 그들의 구별을 용납할 수 없다. 주께서 우리의 수고에 상을 주시고 용사의 면류관을 씌워 주기로 약속하신 곳은 다름 아닌 천국이기 때문이다. 그뿐만 아니라, 우리가 매일 하나님에게서 받아 누리는 은사들을 행위의 공로로 간주하는 태도는 하나님의 은혜를 약화시키며 성경의 가르침을 거스르는 행태다. 비록 그리스도께서 있는 자는 더 많이 받을 것이고 작은 일에 충성한 착한 종은 더 큰 것들을 맡게 된다는 사실을 확증하셔도,마 25:21, 23 믿는 자들에게 생기는 모든 것은 다 그리스도의 값없는 자비하심에서 나온 은사임을 설명하신다. 그리스도께서는 "무릇 목마른 자들은 다 물로 나오라. 돈 없는 자들은 와서 돈이나 값 없이 포도주와 젖을 취하라"고 말씀하신다.사 55:1 그러므로 신자들의 영원한 복락인 구원을 증진하도록 그들에게 주어진 모든 것은 오직 하나님이 그 정결하신 호의로 주시는 것이다. 더욱이, 하나님은 지금 우리에게 베푸시는 은사뿐만 아니라 장래에 주실 영원한 영광을 통해서도 우리의 행위를 어느 정도 귀하게 여기심을 알리신다. 왜냐하면 우리에 대한 자기의 무한한 사랑을 확증하시기 위하여, 우리 자신뿐만 아니라 우리가 그의 손에서 얻은 혜택까지도 즐거이 명예롭게 하시기 때문이다.

의와 생명을 위해 그리스도 안에서 택함받음

지난 시대에 이 일들을 적절히 조사하고 설명했다면, 이렇게 많은 갈등과 논쟁은 생기지 않았을 것이다. 바울은 우리가 진정으로 교회를 세우려 한다면, 그가 고린도 교인들 가운데 놓은 토대를 보존해야 한다고 말한다. 그 유일한 토대는 바로 예수 그리스도다.고전 3:10-11 우리가 그리스도 안에서 지니는 토대가 무엇인가? 그리스도가 우리 구원의 시작이셨지만, 우리 구원의 완성은 우리에게 온전히 맡기셨는가? 그리스도는 단지 구원의 길을 여셨을 뿐, 이후로는 우리가 스스로 노력하여 그 길을 따르게 하셨는가? 전혀 그렇지 않다! 바울이 이미 앞에서 말했듯이, 그리스도가 의를 위해 우리에게 주어졌음을 우리가 인정할 때, 그는 우리의 토대가 되신다. 그렇다면 그리스도가 어떤 사람에게 자신의 모든 의가 아니라면, 그 사람은 그리스도 안에서 견고한 토대를 가질 수 없다. 왜냐하면 사도는 우리가 의를 얻도록 도우시려고 그리스도가 보내심을 받았다고 말하지 않고, 우리의 의가 되시려고 보내심을 받았다고 말하기 때문이다. 즉 세상 창조보다 앞선 영원 전부터 우리는 그리스도 안에서 택하심을 얻되 어떤 공로 덕분이 아니라 하나님의 선하신 뜻에 따라 택하심을 얻었고, 그리스도의 죽으심으로 인해 우리가 죽음의 정죄에서 구속되어 멸망에서 구원받았으며, 그리스도 안에서 하늘 아버지께 자녀와 상속자로 입양되었고, 그리스도의 피로 하나님과 화목했으며, 그리스도의 보호하심 아래서 영원한 멸망을 자초하지 않게 되었고, 그리스도 안으로 들어오게 되었으므로 어떤 의미에서 이미 영생에 참여하고 있으며 소망으로 하나님 나라에 들어와 있다. 바로 이것이 우리의 토대다.

이것이 다가 아니다. 우리는 그리스도께 참여하도록 허락받았기 때문에, 우리 자신만으로는 어리석더라도 그리스도께서 하나님 앞에서 우리의 지혜이시며, 우리는 죄인이더라도 그리스도께서 우리의 의로움이시고, 우리는 부정하더라도 그리스도께서 우리의 정결함이시며, 우리는 허약하여 마귀에 맞설 힘과 무기가 없더라도 마귀를 멸하고 지옥의 문을 부수도록 하늘과 땅에서 그리스도께 부여된 능력이 이제 우리의 권능이고, 우리는 여전히 죽을 몸을 지니고 있더라도 그리스도께서 우리의 생명이시다. 간략히 말해서, 그리스도께서 모든 선한 것들을 주시기에 우리가 그리스도 안에서 모든 것을 갖고 있으며, 우리 자신 안에서는 아무것도 갖고 있지 않다. 그러므로 우리가 하나님께 성별된 성전들이 되려 한다면, 바로 이 토대 위에 세워져야 한다.

그러나 세상은 오랫동안 이와 다른 가르침을 받아 왔다. 사람이 그리스도께 속하기 전에 먼저 하나님이 그를 받으실 수 있도록 이런저런 도덕적 행위가 있어야 한다는 것이다. 이 가르침은 아들을 갖지 못한 사람은 다 죽음에 처해 있다는 성경의 선포를 거짓말로 취급하는 것과 같다. 요일 5:12

만약 아들을 갖지 못한 사람이 죽음에 처해 있다면, 어찌 그들이 생명의 본질을 생산해 낼 수 있겠는가? "무릇 믿음 바깥에서 된 것은 다 죄니라"는 가르침은 전혀 진실이 아니라는 듯, 롬 14:23 좋은 열매가 나쁜 나무에서 맺힐 수 있기라도 한 듯, 과연 그럴 수 있겠는가? 도대체 이 사악한 궤변론자들은 그리스도가 그의 권능을 나타내시기 위한 여지를 조금이라도 남겨 놓았는가? 그들은 그리스도가 우리에게 첫 은혜 곧 공로를 얻을 기회를 주셨지만, 지금은 우리에게 부여된 기회를 놓치지 않는 것이 우리에게 달렸다고 주장한다.[18] 이 얼마나 끔찍한 뻔뻔함인가! 자기를 그리스도인이라 고백하는 사람이 예수 그리스도에게서 그처럼 권능을 강탈하고 그리스도를 짓밟는 짓을 하리라고 누가 상상할 수 있겠는가? 그리스도를 믿는 자는 의롭게 된다는 사실은 성경 어디에서나 증거되지만, 이 악당들은 그리스도께서 행하시는 유일한 선행이 우리가 우리 자신을 의롭게 하는 길을 열어주는 일이라고 가르친다. 제발 그들이 다음의 성경 구절들을 제대로 음미할 수 있다면 좋으련만, 그럴 수 있을지 모르겠다. "하나님의 아들을 가진 자마다 생명을 가졌느니라." 요일 5:12 "무릇 믿는 자는 죽음에서 생명으로 옮겼느니라." 요 5:24 "그의 은혜로 의롭다 하심을 얻은 자는 영생의 상속자가 되느니라." 롬 5:1-2 "우리에게는 우리 속에 거하시는 그리스도가 계시니, 우리가 그리스도를 통하여 하나님을 굳게 붙잡느니라." 요일 3:24 "우리가 영생을 얻어 그의 생명에 참여하고 그와 함께 하늘에 앉으며 하나님의 나라로 옮겨지느니라." 엡 2:6, 골 1:13-14 이와 비슷한 구절은 셀 수 없이 많다. 이 모든 구절은 의로움이나 구원을 획득하는 능력이 예수 그리스도를 통해 온다는 진리뿐만 아니라, 의로움과 구원이 그리스도 안에서 주어진다는 진리도 말한다. 따라서 우리는 믿음으로 그리스도께 속하자마자 즉시 하나님의 자녀가 되고, 하늘의 상속자와 의로움에 참여하는 자가 되며, 생명의 소유자가 된다. 그들의 거짓말을 반박하자면, 우리는 공로를 얻을 기회 정도가 아니라 그리스도의 모든 공로를 다 얻었다. 그의 공로가 우리에게 주어지기 때문이다.

바울과 아우구스티누스는 소르본 신학자들을 반대한다

이것이 온갖 오류의 어머니인 소르본 학파의 궤변론자들이 모든 경건의 핵심인 이신칭의를 제거해 버린 방식이다. 그들은 사람이 '형성된' 믿음으로 의롭게 된다는 생각에 말로는 동의하면서도, 이신칭의가 가능한 이유는 오직 사람의 행위가 의롭게 하는 힘과 권능을 믿음에서 가져오기 때문이라고 덧붙인다.[19] 성경에 수시로 등장하는 "믿음"이라는 용어를 완전히 제거할 수는 없기에, 그들은 이 용어를 한낱 농담거리로 만든 것 같다. 게다가 그들은 이것으로 만족하지 못하고, 하나님이 받으셔야 할 선행에 대한 찬미까지도 빼앗아 인간에게 돌린다. 그러나 그들은 선행으로 인간을 충분히 찬미할 수 없음을 알고 있고, 하나님의 은혜의 혜택으로 규정되는 것을 "공로"라고 부르는 것도 타당하지 못함을 알고 있기 때문에, 공로의 개념을 인간의 자유의지에 대한 능력에서 가져온다. 마치 돌에서 기름을 뽑아내는 격이다!

은혜가 공로의 주요한 원인임을 그들도 부인하지 않는다는 사실은 분명하지만, 동시에 그들은 자기들이 모든 공로의 근원으로 설명하는 자유의지가 공로의 원인에서 배제되는 것은 탐탁지 않게 여긴다. 사실, 최근의 궤변론자들만 이 교훈을 고안해 낸 것은 아니다. 그들의 대스승인 페트루스 롬바르두스는 이 궤변론자들보다 제대로 이해하기는 했어도 그 역시 그들과 동일한 주장을 했다. 롬바르두스는 아우구스티누스의 저작을 이해하는 일에서 완전히 눈멀어 있었다. 그는 자주 아우구스티누스의 이름을 자기 입에다 올렸으면서도, 선행에 대한 칭찬을 받을 자격이 인간에게 있다는 주장에 빠지지 않으려고 아우구스티누스가 얼마나 신중했는지는 보지 못했다. 자유의지에 관한 앞의 논증에서 우리는 아우구스티누스가 자유의지에 관하여 했던 여러 주장을 살펴보았다. 그의 저작 중에는 천여 개의 유사한 말들이 더 있다. 예를 들어, 그는 "우리의 모든 공로가 은혜에서 나오고 은혜로 우리에게 온전히 부여되지만, 우리 스스로의 권능이나 기타 어떤 것으로도 은혜를 획득할 수는 없다"고 말한다.[20] 우리는 롬바르두스가 성경의 조명을 받지 못한 사실에 크게 놀랄 필요는 없다. 그는 성경에 관한 교육을 거의 받지 못했기 때문이다. 다만, 바울이 그리스도인들에게 자랑하지 말라고 명하면서 자랑이 왜 잘못인지 설명하는 말씀이야말로 롬바르두스와 그의 추종자들에 대하여 우리가 바울에게 기대할 수 있는 가장 정확한 평가일 것이다. 바울은 "우리는 하나님의 작품이며, 우리가 행하도록 하나님이 예비하신 선행들을 위해 창조되었다"고 말한다.엡 2:10 그러므로 어떤 선행이든 우리가 중생한 이후에야 우리에게서 나오기 때문에, 그리고 중생은 전적으로 하나님에게서 오기 때문에, 선행에 대한 지극히 미미한 찬양이라도 우리의 공로가 마땅히 취할 것으로 삼는 행태는 신성모독적이다.

마지막으로, 저 궤변론자들이 끊임없이 선행에 대해서 떠벌려도, 그러는 동안 그들의 양심은 하나님이 그들의 행위를 인자하게 바라보시리라는 확신을 절대 잠시라도 가져서는 안 된다. 반면에 우리는 "공로"라는 용어를 한 번도 입에 올리지 않지만, 신자들이 그들의 행위로 하나님을 기쁘시게 하고 하나님께 받아들여진다는 사실을 그들에게 가르치고 있으며, 그럼으로써 참으로 고결한 위로를 신자들에게 베풀고 있다. 누구든지 믿음 없이 하는 행위, 곧 자기 행위가 하나님을 기쁘시게 할 것이라는 거짓 확신에 빠진 채 알지도 못하면서 하는 행위를 시도하지도 말고 시행하지도 말기를 부탁한다.

그리스도는 바른 교훈과 선한 행실에 관한 우리의 모범이다

그러므로 어떤 사람이든 머리카락 두께만큼이라도 우리를 이 토대에서 떼어 놓으려고 획책한다면, 절대 그 획책을 허용하지 말자. 교회의 건축에 관한 모든 것은 오로지 이 토대 위에 세워져야 한다. 또한 이 토대는 하나님이 그의 나라를 건설하라고 임명하신 모든 종이 이 토대를 놓은 이후로 교훈과 권면의 필요가 생길 때에 다음과 같이 선포해야 할 이유이기도 하다. "하나님의 아들이 나타나신 것은 마귀의 일들을 멸하셔서" 하나님의 사람들이 더 이상 범죄하지 않게 하려 함이다.[요일 3:8-9] 우리가 세상의 정욕을 따른 것은 지나간 시간으로 충분하다.[벧전 4:3] 하나님이 택하신 자는 그의 자비를 나타내는 도구이기에, 칭찬받을 수 있도록 성별되어야 하고 모든 더러움에서 깨끗함을 얻어야 한다.[딤후 2:20-21] 이 모든 가르침은 다음의 말씀 속에 다 들어 있다. 그리스도는 자기를 부인하고 자기 십자가를 지고 그를 따르는 자를 제자로 삼으실 것이다.[마 16:24, 눅 9:23] 자기를 부인한 사람은 이미 모든 악을 그 뿌리째 잘라 냈다. 그는 자기를 기쁘게 하는 것을 더는 찾지 않는다. 자기의 십자가를 짊어진 사람은 기꺼이 인내와 온유함을 나타낸다. 다만, 그리스도의 모범은 이런 덕목만이 아니라 경건과 거룩함에 관한 다른 모든 요구를 충족시킨다. 그리스도는 그의 아버지께 복종하시되 죽기까지 복종하셨다.[빌 2:8] 그는 언제나 아버지의 일들을 온 마음을 다해 부지런히 행하셨으며 아버지의 영광을 높이려고 애쓰셨다.[요 4:34, 17:4] 그리스도는 그의 형제들을 위해 자기 생명을 포기하셨다.[요 10:15] 그리스도는 그 원수들의 악을 선으로 갚으셨다.[눅 6:27, 35]

위로가 절실하게 필요할 때, 이 하나님의 종들은 특별한 위로를 베푼다. "우리는 고난을 견디지만 좌절하지 않으며, 모자람이 있지만 궁핍하지 않으며, 많은 고난이 있지만 버림받지 않으며, 심하게 눌리지만 멸망하지 않으니, 이는 우리가 우리 몸으로 예수 그리스도의 고난을 짊어짐으로 그의 생명이 우리 안에서 나타나게 하려 함이라."[고후 4:8-10] "만일 우리가 그와 함께 죽었다면 그와 함께 살 것이요, 그와 함께 견딘다면 그와 함께 다스릴 것이라."[딤후 2:11-12] "우리가 그의 부활과 닮은 것을 성취하기까지는 그의 고난에 복종하나니,"[빌 3:10-11] 이는 "성부께서 그리스도 안에서 택하신 자마다 그리스도의 형상에 복종하도록 예정하셔서 그리스도가 그의 모든 형제 중에서 장자가 되게 하려 함이라."[롬 8:29] 그러므로 "환난이든 사망이든, 현재 것들이든 장래 것들이든 우리를 그리스도 안에 있는 하나님의 사랑에서 끊을 수 없고," 오히려 우리에게 닥치는 모든 사건이 우리의 선과 구원을 위해 역사할 것이다.[롬 8:28, 38-39]

우리는 이 교훈을 따르면서, 사람이 하나님 앞에서 그의 행위로 의롭다고 말하지 않는다. 우리는 하나님께 속한 모든 사람은 다시 태어나 새로운 피조물이 됨으로써 죄의 영역에서 의의 나라로 옮겨진다고 주장한다. 그들은 그러한 증언들로 그들의 부르심을 확고히 하고,[벧후 1:10] 마치 나무처럼 그들의 열매로 판단받는다.[마 7:20, 눅 6:44]

이신칭의는 행위의 가치를 떨어뜨리지 않는다

일부 악독한 사람들은 우리가 선행을 폐한다고 모함하고, 우리가 아무도 행위로는 의롭게 되지 못하고 선행은 구원에 합당하지 못하다고 가르치면서 사람들을 선행에서 돌아서게 한다고 모함한다.[21] 우리는 위의 주장으로 그 사람들의 무례를 물리쳐야 한다. 또한 그들은 우리가 의로움으로 가는 길이 값없는 죄 사함으로 구성된다고 주장함으로써 그 길을 너무 쉽게 만들어 놓았다고 비난하고, 우리가 그렇게 아첨하여 본성상 이미 무척 좋아하는 비행을 저지르도록 사람들을 유혹한다고 주장한다. 나는 이미 앞에서 한 말로 중상모략하는 자들의 거짓말들을 드러냈다고 믿지만, 여기서 그 거짓말들에 대해 간략하게 답하고 싶다.

그들은 이신칭의가 선포되면 선행이 파괴된다는 이의를 제기한다. 그러나 오히려 이신칭의로 인해 선행이 견고해지고 확정된다면 어떻게 말할 것인가? 우리는 선행이 빠진 믿음이나 선행 없이 유지될 수 있는 칭의를 결코 상상하지 않는다. 다만 문제의 핵심은 다음 사실에 있다. 우리는 믿음과 선행이 필수적으로 연결되어 있다고 말하기는 해도, 의로움을 행위가 아닌 믿음에 할당한다. 우리가 우리 믿음이 향해야 하는 그리스도, 곧 우리 믿음이 그 모든 힘을 얻는 원천이신 그리스도를 바라본다면, 우리가 그렇게 하는 이유를 쉽게 설명할 수 있다. 우리는 어떻게 믿음으로 의롭다 하심을 얻는가? 믿음으로 그리스도의 의로우심을 붙잡기 때문에 의롭다 하심을 얻는다. 이 믿음만이 우리를 하나님과 화목하게 한다. 하지만 우리가 거룩함도 지녀야 비로소 이 칭의를 붙잡을 수 있다. 왜냐하면 성경은 그리스도가 우리에게 "구속과 지혜와 의로움을 위하여" 주어진다고 말할 때, 그가 "거룩함을 위하여" 우리에게 주어진다는 말씀도 덧붙이기 때문이다.고전 1:30

이는 곧 그리스도께서 누군가를 의롭게 하시면, 그가 반드시 그 사람을 거룩하게도 하신다는 것을 뜻한다. 이 두 가지 혜택은 영구히 맺어진 유대 관계처럼 하나로 결합한다. 그리스도는 우리를 그의 지혜로 조명하실 때 우리를 구속하시며, 우리를 의롭다 하실 때 우리를 성별하신다. 그러나 여기서 의로움과 성별에 관심을 기울이고 있으므로, 그 둘에만 논의를 고정시키도록 하자. 비록 이 둘은 마땅히 구별되어야 하지만, 그리스도는 이 둘을 나눌 수 없는 하나로 삼으신다. 당신이 그리스도 안에 있는 의로움을 받으려 하는가? 그렇다면 먼저 그리스도를 소유해야 한다. 그러나 반드시 그리스도의 거룩하심에 참여해야만 비로소 그를 소유할 수 있다. 그리스도는 낱낱의 조각으로 나뉠 수 없기 때문이다. 내 말은, 주 예수께서 누구에게 그의 혜택을 누리게 하시면 반드시 자기 자신도 함께 주시기 때문에, 둘 중 하나를 빼고 다른 하나만 주시지 않고 이 두 가지 혜택을 동시에 누리게 하신다는 뜻이다. 따라서 우리가 행위를 통해 의롭게 되는 것은 아니지만, 행위 없이 의롭다 함을 받지 않는 것도 명백한 진실이다. 우리가 그리스도께 참여함으로 의롭다 하심을 얻는 것과 마찬가지로 성별되기 때문이다.

칭의는 의로운 삶을 향한 열정을 촉진한다

우리가 사람들을 공로에 대한 환상에서 깨우침으로써 그들의 마음이 더 이상 선행을 갈망하지 못하게 한다는 저들의 주장도 똑같은 거짓말이다. 그들은 사람이 보상을 바라지 않으면 질서 정연한 생활에 대해서도 아무 관심이 없기 마련이라고 주장하는데, 이것은 엄청난 오해다. 자신의 용역을 팔 뿐인 용병처럼 대가를 바라고 하나님을 섬기는 것이 우리의 유일한 관심이라면, 우리는 그들보다 조금도 나을 것이 없다. 하나님은 우리가 진심으로 대가 없이 그리스도를 사랑하고 경외하게 하시며, 보상에 대한 어떤 기대가 없더라도 그리스도를 쉬지 않고 섬기는 종을 인정하신다. 이제 사람들로 하여금 선을 행하게 하는 어떤 자극이 필요하다면, 그들의 구속과 소명의 목적을 바라보도록 격려하는 것보다 더 좋은 자극은 없다.

하나님의 말씀은 다음과 같이 계시함으로써 우리가 구속과 소명의 목적을 바라보도록 격려하며 자극한다. "그리스도의 피로 우리의 양심이 죽은 행실로부터 정결하게 된 것은 우리가 살아 계신 하나님을 섬기게 하려 함이라." 히 9:14 "우리가 우리 대적들의 권세에서 구원을 얻은 것은 우리가 사는 모든 날 동안 하나님 앞에서 의롭고 거룩하게 행하기 위함이라." 눅 1:74-75 "하나님의 은혜가 나타남은 우리가 위대한 하나님과 구원자의 영광이 나타나는 것과 복된 소망을 기다리는 동안 온갖 불경건함과 세상적인 욕망을 책망하며 이 세상에서 단정하고 거룩하며 경건하게 살아가게 하기 위함이라." 딛 2:11-13 "우리는 하나님을 진노하게 하려고 부름받은 것이 아니요, 그리스도 안에 있는 구원을 얻기 위해 부름을 받았도다." 살전 5:9 "우리는 성령의 전이니, 이 전을 더럽히는 것은 불법이니라." 고전 3:16-17 "우리는 하나님 안에서 어둠이 아니고 빛이니, 빛의 자녀들로서 행함이 마땅하니라." 엡 5:8 "우리는 부정해지기 위해서가 아니라 거룩해지기 위해서 부르심을 입었고, 하나님은 우리의 성별을 원하시니, 이는 우리가 모든 완악한 욕망을 삼가게 하려 하심이라." 살전 4:3, 7 "우리를 부르심은 거룩한 것이니, 우리는 오직 정결한 삶으로만 이 부르심에 응답할 수 있느니라." 딤후 1:9 "우리가 죄에서 구원을 받은 것은 의에 순종하기 위함이라." 롬 6:18

우리를 일깨워 사랑하게 하는 일에서 "하나님이 우리를 사랑하신 것처럼 우리가 서로 사랑해야 한다"는 요한의 말씀보다 예리한 논증이 있었는가? 요일 4:11 빛의 자녀가 어둠의 자녀와 다른 것처럼, 하나님의 자녀는 마귀의 자녀와 완전히 다르다. 하나님의 자녀는 사랑 안에 머물고 있기 때문이다. 요일 3:10 비슷하게 바울은, 그리스도를 굳게 붙들 때 우리는 한 몸의 지체들이며 그러므로 서로 돕기에 힘써야 한다고 가르친다. 롬 12:4-5, 고전 12:25 거룩함에 대한 촉구에 있어서 요한의 말씀 그 이상이 필요한가? "생명의 소망을 가진 자마다 하나님이 거룩하신 것과 같이 거룩할지니라." 요일 3:3 다시 말해, 그리스도는 우리가 그의 발자취를 따르게 하려고 자기 자신을 내어주심으로써 우리의 모범이 되셨다는 사실을 친히 말씀하신다. 벧전 2:21

나는 실례로 이 구절들을 간략하게 인용하고 싶었다. 내가 가능한 모든 본문을 다 모으기를 원했다면, 두꺼운 책을 한 권 저술해야 했을 것이다. 모든 사도의 저술에는 모든 선한 일을 하나님의 사람에게 가르치기 위한 권면과 경고와 책망으로 가득하다. 그러나 그 사도들은 공로에 대해서는 전혀 언급하지 않는다. 오히려 그들은 우리의 구원이 어떤 공로가 아니라 오직 하나님의 자비하심에 달려 있다는 사실에 근거하여 주요한 권면을 마련한다. 바울은 그의 서신의 모든 곳에서 그리스도의 은혜가 아니면 구원의 어떤 소망도 없다는 진실을 가르칠 때, 그가 선포한 자비에 근거하여 호소한다. 롬 12:1 우리가 선을 행하도록 충분히 격려하며 동기를 부여하는 바울은, 우리가 선을 행하는 목적이 우리 안에서 하나님이 영광스럽게 되시기 위함이라는 진실을 말한다. 마 5:16 그러나 하나님의 영광에 대한 생각으로도 전혀 감동되지 않는 사람이 있다면, 하나님이 베푸신 은택을 기억하는 것이 충분한 자극이 될 것이다. 그러나 이 바리새인들은 공로를 찬미함으로 사람들을 압박하여 노예들이나 하는 몇 가지 행위를 끌어내는데, 우리가 단지 그들의 주장을 따르지 않는다는 이유 때문에 우리의 가르침에는 선행을 독려하는 근거가 전혀 없다며 비난한다. 하나님은 자원하여 행하는 봉사를 받으시지 마지못해 하거나 강제로 드리는 예물은 금하신다고 선언해도, 고후 9:7 그들은 그런 강요된 봉사가 하나님을 엄청나게 기쁘시게 할 것처럼 말한다!

보상과 윤리적 책임에 관한 문제

내가 이 이야기를 하는 이유는 성경에 자주 등장하는 권면의 형식을 배척하거나 경멸하기 위해서가 아니다. 성경은 우리를 태만에서 일깨우는 어떤 수단도 배제하지 않는다. 성경은 하나님이 우리의 행위에 따라 각자에게 주실 보상이 있음을 말한다. 나는 성경이 보상 이외에 다른 수단을 전혀 사용하지 않는다는 주장에 반대하며, 보상이 진정으로 주요한 수단이라는 주장에도 반대한다. 또한 우리가 이 보상으로 시작해야 한다는 주장에도 동의하지 않는다. 마지막으로, 우리의 반대자들은 그렇다고 생각하겠지만, 나는 보상에 대한 언급 자체는 공로의 원리를 세우는 것과도 관련이 없다고 주장한다. 우리는 이 문제를 나중에 다룰 것이다.[22] 더 나아가, 오직 그리스도의 공로만으로 의롭게 됨을 가르치는 것이 최우선의 관심사가 아니라면, 나는 이것들 중 어떤 것에도 유익이 전혀 없다고 주장한다. 우리는 자신의 공로 행위가 아니라 믿음으로 그리스도의 공로에 참여한다. 이 진리를 먼저 받아들이고 신실하게 맛본 사람이 아니라면, 그 누구도 거룩한 삶을 살아갈 준비가 되어 있지 않다. 이 점을 선지자는 분명하게 계시한다. 선지자는 하나님께 말씀드리는 중에 "주여, 주께는 자비하심이 있사오니 이는 경외함을 받으시기 위함이니이다"라고 고백한다.시 130:4 여기서 선지자는 하나님의 자비하심에 근거한 경외심을 품은 사람만이 하나님을 경외할 수 있다고 말한다.

우리는 값없는 죄 용서를 모든 의로움의 유일한 근거로 삼는다. 그런데 우리가 사람들에게 값없는 죄 용서를 설교하여 그들이 죄를 짓도록 교사教唆한다는 주장 역시 전적으로 근거 없는 중상이다. 우리는 죄 사함을 설명할 때, 우리의 어떤 선행도 죄 사함과 동등할 수 없으며, 만약 죄 사함에 값이 있다면 그 값은 누구도 치를 수 없다는 사실을 강조한다. 우리가 말하는 바는, 우리에게는 죄 사함이 값없이 주어지지만 그리스도는 우리와 달리 이 죄 사함의 대가를 가장 비싸게 치르셨다는 사실이다. 그리스도는 자신의 가장 소중하고 거룩한 피를 흘려 죄 사함을 사셨다. 하나님의 심판을 만족시킬 수 있는 값이 오직 자신의 피뿐이기 때문이다. 우리는 사람들에게 이 사실을 가르칠 때, 만약 그들이 범죄할 때마다 이 거룩한 피가 흘려진다면 그것은 그들이 져야 할 책임이라고 경고한다. 그뿐만 아니라,

우리는 지극히 더러운 죄는 이 샘물로만 씻을 수 있다고 말한다. 사람들이 이 사실을 들을 때, 몇 가지 선행으로 자신을 깨끗하게 할 수 있다고 알아듣기보다는 죄에 대한 더 깊은 두려움을 느낀다고 해야 당연하지 않을까? 그리고 사람들이 하나님을 조금이라도 경외한다면, 정결해진 다음 다시 진흙탕을 뒹굴며 자기들을 씻어 준 가장 정결한 샘물을 할 수 있는 최대한으로 오염시키고 더럽히는 짓을 어찌 두려워하지 않겠는가? 믿음을 지닌 솔로몬의 영혼은 "내가 내 발을 씻었으니, 어찌 다시 발을 더럽힐 수 있으리요?"라고 말한다.아 5:3

죄 사함의 가치를 낮추어 잡는 자들이 누구인지, 의로움의 가치를 파괴하고 더 파괴하려는 자들이 과연 누구인지 이제 모든 사람이 알게 되었다. 우리 대적들은 똥이나 배설물처럼 하찮은 보속들이 뒤섞인 잡탕으로 하나님의 진노를 누그러뜨릴 수 있다며 떠벌린다. 죄의 범행은 너무나 심각해서 그런 말도 안 되는 것들로는 보속될 수 없고, 하나님의 진노는 심히 무거워서 그렇게 가볍게 무시할 수 없으며, 이 영예와 특권은 오직 그리스도의 피에만 있다는 것이 우리의 주장이다. 우리 대적들은 만약 어떤 방식으로든 의로움이 결핍되면, 그 의로움은 보속의 행위들로 회복될 수 있다고 주장한다. 하지만 우리는 의로움이 비교할 수 없을 만큼 비싸서 그런 싸구려 가격으로는 값을 치를 수 없고, 우리가 하나님의 자비하심 안에서 피난처를 찾을 때에만 되찾을 수 있다고 반박한다. 죄 사함과 관련된 그 밖의 모든 것은 앞의 5장에서 이미 적절히 다루었다.[23]

율법의 약속의 의미와 범위

자, 이제 마귀가 자기 시종들을 통해 이신칭의를 파괴하거나 경멸하려고 활용하는 다른 논쟁들로 관심을 옮겨 보자. 내 생각에 우리가 선행에 대해 적대적이라는 중상모략은 이미 해결된 것 같다. 행위가 의롭게 할 수 없다는 주장의 목적은 사람들이 선행을 그만두게 하거나 선행을 무가치한 것으로 제시하려는 것이 아니다. 사람이 선행을 신뢰하고 자랑하면서 선행에 구원의 능력을 부여하지 못하게 막으려는 것이 목적이다. 우리는 하나님의 아들이신 예수 그리스도께 속해 있고, 그리스도 안에서 하나님의 자녀이며 하늘나라의 상속자다. 우리가 영원한 복락을 소망하도록 부름받은 것은 우리가 그럴 만한 가치가 있기 때문이 아니라 하나님의 위대한 자비하심 때문이다. 이 진리야말로 우리의 신뢰이자 자랑이며 우리의 유일한 구원의 피난처다.

그러나 그들은 우리를 치려고 또 다른 몽둥이를 쓰고 있으니, 저들의 타격을 계속 막아 내자. 다른 무엇보다 그들은 하나님이 그의 율법을 준수하는 자에게 주신 약속들을 내세운다. 그들은 우리가 그 약속들을 헛된 약속으로 가르치는지, 아니면 어떤 식으로든 그 약속들이 여전히 유효하다고 가르치는지 따진다. 이 약속들이 헛되다고 말하는 것은 매우 어리석으므로, 그들도 이 약속들이 지니는 가치를 당연시한다. 그러나 그들은 우리가 오직 믿음으로 의롭게 되는 것은 아니라고 결론짓는다. 주님께서 다음과 같이 여러 말씀으로 선언하시기 때문이라는 것이다. "너희가 내 율법에 주의하고 기억하여 그것들을 순종하면, 주님께서 너희 조상들에게 맹세하신 약속들을 너희를 위해 보존하시리라. 그가 너희를 사랑하실 것이요, 너희를 번성하게 하고 복을 주실 것이라."신 7:12-13 "너희가 너희의 길들로 정직하게 행하여 다른 신들에게로 돌이키지 아니하고 의와 성실을 행하고 악에 빠지지 아니하면, 내가 너희 중에 거하리라."렘 7:5-7 나는 같은 진실을 설명하는 천여 개의 다른 말씀들을 여기서 늘어놓지 않겠다. 그 말씀들은 이 두 말씀과 다르지 않기 때문이다. 요약하면, 모세는 율법에서 우리에게 계시된 축복과 저주와 생명과 죽음에 대해 증언한다.신 11:26, 30:15 그들에 따르면, 우리는 이 축복을 효과 없는 것으로 내버려 두든지, 아니면 의롭게 됨이 오직 믿음으로만 되는 것이 아님을 인정해야 한다.

나의 대답은 이렇다. 만약 우리가 율법을 고수한다면 어떻게 모든 축복에서 제외되어 모든 범법자에게 선언된 저주를 받는지 앞에서 지적했다.[24] 하나님은 그의 율법을 완전하게 지키지 않는 사람에게는 아무 약속도 하지 않으신다. 그러나 율법을 완전히 준수하는 일은 살아 있는 사람들 중 그 누구도 할 수 없다. 그러므로 율법이 인류 전체를 하나님의 저주와 진노에 묶어 둔다는 사실은 절대적으로 확실하다. 우리는 율법에서 자유로워지기 위해 율법의 권능으로 인한 속박 상태에서 벗어나 자유로 나아가야 한다. 이때 자유는 율법에 복종해야 하는 의무에서 벗어나 우리의 악한 탐욕이 제멋대로 방탕과 방종으로 내달리게 유인하는 자유가 아니다. 이 자유는 고통받고 겁에 질린 양심을 위로하고 강하게 하여, 저주와 정죄로 단단히 속박했던 율법에서 우리의 양심이 자유로워졌음을 확신하게 하는 자유다. 우리는 믿음으로 그리스도 안에 있는 하나님의 자비하심을 굳게 잡을 때 이 해방을 얻는다. 예전에 율법이 죄의식을 느끼게 하여 우리를 찔러 아프게 했던 곳에서, 우리는 지금 죄 용서를 확신하고 자신할 수 있다. 이것이 바로, 우리에게 제시된 약속들이 율법 안에서 열매를 맺지 못하고 무능하게 되었지만, 우리를 돕는 하나님의 선하심이 복음을 통해서는 결과를 내고 권능을 발휘하는 것이다. 그 약속들의 근거인, 하나님의 뜻을 이루어야 한다는 요구 사항은 달성될 수 없기 때문이다. 이제 주님은 우리를 도우시되 의로움의 수단을 우리의 행위에 부여하고 그의 자비하심으로 우리 행위의 부족을 보상하지 않고, 의의 성취로서 오직 그리스도만을 우리에게 양도하신다.

바울 사도는 자기와 자기 동료 유대인들이 예수 그리스도를 믿는 이유는 사람이 율법의 행위로는 의롭게 될 수 없음을 알기 때문이라고 기록한다. 사도는 그 이유를 설명한다. 그것은 그리스도 안에 있는 믿음이 그들을 도와 완전한 의를 획득하게 하는 것이 아니라, 그들이 율법의 행위와 상관없이 의롭게 되기 위해서다.[갈 2:16] 신자들이 율법에서 발견되지 않는 의로움을 얻기 위해 율법에서 물러나 믿음으로 간다면, 그들은 행위로 얻는 의로움을 분명하게 단념하는 셈이다.

자, 그렇다면 율법이 선언하는 보상이 율법을 지키는 사람들에게 주어진다고 그대들이 원하는 만큼 마음껏 강조해 보라. 그러나 우리의 의지는 우리가 다른 종류의 의로움을 얻고 나서야 비로소 무슨 혜택이든 얻게 한다는 사실을 기억하라! 그래서 다윗은 하나님이 그의 종들에게 예비하신 보상에 관하여 말할 때, 그 보상을 취소하는 죄의식을 일깨운다. 다윗은 율법에서 마땅히 나와야 할 선한 것들을 결코 감추지 않는다. 다만, 그런 다음 다윗은 "누가 자기의 허물을 이해할 수 있으리요?"라고 부르짖는다.시 19:12 이때, 그는 율법이 부여하는 것을 우리가 즐기지 못하도록 막는 것이 무엇인지를 말한다. 다른 곳에서도 다윗은 주님의 모든 길이 그를 두려워하는 사람들에게 선과 진리라고 말하지만, 그다음에는 이렇게 덧붙인다. "주님, 당신의 이름을 위하여 긍휼로 내 죄악을 살피소서. 이는 내 죄가 심히 큼이니이다."시 25:11 만약 우리가 하나님의 선한 뜻을 우리의 행위로 얻을 수 있다면, 그것이야말로 하나님의 선한 뜻이 율법에서 제시된 방식을 우리가 제대로 바라보는 것이다. 그러나 행위의 공로로는 하나님의 선하신 뜻을 알 수 없다.

누군가는 이렇게 말할 것이다. "좋다. 그렇다면 율법의 약속들은 단지 사라지기 위해 헛되이 주어졌단 말인가?" 나는 그렇게 믿지 않는다고 이미 말했다. 다만 그 약속들이 행위를 통한 공로와 관련되는 한, 그 유효함이 우리에게까지 미치지 않는다. 따라서 그 약속들 자체만 놓고 따진다면, 그 약속들은 어떤 면에서 무효가 된다는 것이 내 요점이다. 그래서 사도의 주장에 따르면, 하나님이 우리에게 선한 율법을 주셨어도, 그 율법을 순종하는 자에게 생명을 주겠다는 하나님의 찬란한 약속은 만약 우리가 거기서 멈춘다면 실효가 없으며, 차라리 없었던 것보다 더 우리에게 쓸모가 없다.롬 10:5, 갈 3:12 율법을 이루는 것은 고사하고 수많은 죄에 포위된 가장 거룩한 하나님의 종들에게 율법의 요구는 해당조차 되지 않기 때문이다. 하지만 복음의 약속들이 값없는 죄 사함을 선포하면서 우리 앞에 놓일 때, 그 약속들은 우리를 하나님이 받으실 만하게 할 뿐만 아니라 우리의 행위를 하나님이 기뻐하실 것으로 만든다. 결과적으로, 하나님은 우리의 행위를 기꺼이 받으시고, 그의 언약에 따라 율법을 온전히 준수하는 데 뒤따르는 축복으로 우리 행위를 보상해 주신다.

하나님께서 인간의 행위를 받으시는 것에 담긴 의미

그러므로 나는 주님이 그의 율법에서 약속하신 보상은 의로움과 거룩함을 지키는 모든 신자의 행위에 주어진다는 데 동의한다. 더 나아가, 우리는 이 보상을 숙고하면서, 이 행위들이 하나님께 기쁘게 받아들여지는 이유를 확실히 이해해야 한다. 여기에는 세 가지 이유가 있다. 첫째, 주님께서는 칭찬보다 수치를 받는 것이 합당한 그 종들의 행위에서 시선을 돌리시고 그들을 그리스도 안에서 환영하고 품으신다. 그리고 행위와 상관없이 오직 믿음을 통하여 자기와 화목하게 하신다. 둘째, 주님은 아버지로서 베푸시는 자비하심과 관용으로 그 종들의 행위를 명예롭게 하시되, 그 행위들에 특정한 가치를 부여하시며 그 공로를 따지지 않고 존중하신다. 셋째, 주님은 이 행위들을 자비롭게 받으시되, 그 행위들을 너무 심하게 더럽혀서 미덕보다는 차라리 악덕이 될 그 불완전함을 전혀 고려하지 않으신다.

이로써 우리는 소르본의 궤변론자들이 얼마나 그릇되었는지를 알게 되었다. 그들은 명백한 불합리에서 빠져나가려고 궁리하다가, 행위들이 그 자체의 선함으로는 구원할 만한 힘이 없지만 하나님은 그의 자비하심으로 그 행위들이 그럴 힘이 있는 것처럼 가치를 부여하신다는 주장으로 빠진다. 오직 믿음에 기초한 의로움이라는 값없는 은사와 오염마저 깨끗하게 하는 죄 용서가 선행되지 않는 한, 율법의 약속들에 첨부된 조항을 만족시키는 충분한 공로 행위가 있다고 제시한 것들이 얼마나 하찮은지를 그들은 알지 못한다. 그러므로 하나님이 신자들의 행위를 받으시는 까닭을 설명하려고 제시한 세 가지 이유 중에서, 그들은 한 가지만 언급하고 더 중요한 나머지 이유들에 대해서는 입을 꾹 다물어 버린다.

그들은 사도행전에 기록된 베드로의 말을 인용한다. "참으로 나는 하나님께서 어떤 사람도 받으시는 분이 아니지만, 오직 모든 민족 중에서 의를 행하는 사람은 그를 기쁘시게 한다는 것을 깨달았도다."행 10:34-35 그들은 이 본문이 다음과 같은 자기들의 주장에 대해 건실한 증거를 제공한다고 믿는다. 즉 사람이 선한 행위로 하나님께 은혜를 얻는다면, 그 사람이 얻은 구원은 오로지 하나님의 은혜 덕분만은 아니요, 죄인을 움직여 선한 행실을 하도록 하나님이 베푸신 자비로운 도움 덕분이기도 하다는 주장이다. 그러나 하나님이 사람을 두 부분으로 나누어 받으신다고 전제하지 않는 한, 성경에 나오는 많은 언급들을 결코 조화시킬 수 없다. 하나님은 본성 그대로인 사람 속에서 끔찍한 비참함 외에는 사람이 하나님의 자비를 바라게 하는 다른 어떤 것도 찾으실 수 없다. 그렇다면 하나님이 사람을 우선적으로 받으실 때 그가 어떤 선함도 갖지 못한 상태이고 온갖 종류의 악으로 가득 짐을 지고 있다는 것이 사실이라면, 도대체 무슨 미덕이 그를 하나님의 부르심에 합당하게 하겠는가? 자, 주님이 그의 자비하심을 값없이 베푸신다고 분명히 계시하셨으니, 모든 허망한 공로 개념을 다 폐기하자! 동일한 구절에서 천사는 고넬료에게 그의 기도와 구제가 하나님 앞에 이르렀다고 말한다.행 10:31 궤변론자들은 사람이 하나님의 은혜를 받기 위해 선행으로 준비된다는 것을 증명하기 위해 천사의 이 말을 고의적으로 악용한다.[25] 고넬료가 참된 지혜, 곧 하나님을 경외하는 것을 배웠으므로 지혜의 성령이 틀림없이 그를 이미 조명하셨을 것이기 때문이다. 마찬가지로 동일한 성령이 그를 성별했는데, 사도가 성령의 열매라고 말한 의로움을 그가 사랑했기 때문이다.갈 5:5 그러나 고넬료가 하나님의 은혜를 받기 위해 자신의 노력으로 준비된 것은 전혀 아니다. 그가 자기 속에 하나님을 기쁘시게 하는 것을 가진 이유는 오직 은혜뿐이다. 확실히, 하나님이 사람을 사랑으로 기꺼이 받으시는 유일한 이유는 사람이 혼자 남으면 완전히 상실될 것을 아시기 때문이다. 이 진리를 거스르는 말은 성경에서 단 한 마디도 찾을 수 없다. 하나님이 사람을 자유롭게 하심으로 그의 자비를 베푸시는 이유는 그가 사람을 멸망 중에 남겨 두기를 원하지 않으시기 때문이다. 그러므로 우리는 이제 하나님의 받으심은 사람 자신의 의로움에서 오는 것이 아니며, 이는 하나님의 받으심을 누릴 자격이 전혀 없는 비참한 죄인들을 향한 하나님의 선하심이 어떠한지에 대한 분명한 증거라는 사실을 알게 된다.

하나님은 사람을 멸망의 심연에서 구하시며 입양의 은혜로 그를 성별하신다. 왜냐하면 하나님은 그 사람을 새로운 생명으로 중생하게 하여 다시 만드시고, 성령의 은사를 받은 새로운 피조물로 그를 받고 품으시기 때문이다. 이것이 베드로가 말하는 하나님의 받으심이다. 신자들은 부르심을 입고 나면 심지어 그들의 행위까지도 하나님이 받으실 만한 것이 되는데,벧전 2:5 그것은 하나님이 성령을 통해 그들에게 베푸신 선한 것들을 하나님이 사랑하지 않는 것은 불가능하기 때문이다. 다만 우리는 다음 사실도 반드시 명심해야 한다. 신자들이 그들의 행위 때문에 하나님을 기쁘시게 한다면, 그 이유는 하나님이 그들의 공로와 상관없이 품으신 사랑으로 그들을 받으시기 때문이다. 주님께서 명예로운 그릇으로 택하신 자들을 참된 순결함으로 꾸미지 않으시면, 어찌 그들이 하는 행위들이 선할 수 있겠는가? 이처럼 자비하신 아버지께서 그들을 오염시키는 점과 흠을 용서하시기 때문이 아니라면, 어찌 그들의 행위가 선하다고 여겨져서 전혀 책망받을 것이 없는 행위처럼 될 수 있겠는가?

요약하면, 베드로가 이 구절에서 말하려는 바는 다른 것이 아니다. 하나님이 그가 사랑하시는 자녀들 속에 새겨진 자기 얼굴의 형상을 보신다는 것이다. 우리가 이미 말했듯이, 우리의 중생은 우리 속에 있는 하나님의 형상이 회복되는 것과 같다. 그러므로 우리 주님이 자기의 형상을 어디에서 보시든지 그 형상을 사랑하고 명예롭게 하시는 것이 정당하기 때문에, 하나님의 거룩하심과 의로우심을 위해 지음받고 훈련된 신자들의 삶이 하나님을 기쁘시게 한다고 말하는 것 역시 정당하다.

다만 죽을 육신을 입은 신자들은 여전히 죄인이기 때문에, 그리고 겨우 시작된 그들의 행위는 여러 오류로 가득하기 때문에, 하나님은 그들을 있는 모습 그대로가 아닌 그리스도 안에서 받으셔야 비로소 그분의 자녀들이나 그들의 행위에 호의를 베푸실 수 있다. 이것이 곧 하나님께서 의롭게 생활하는 자들에게 호의와 자비를 베푸심을 증명하는 본문들을 우리가 해석하는 방식이다. 모세는 이스라엘 사람들에게 이렇게 말했다. "주 너희의 하나님은 그를 사랑하며 그의 계명들을 지키는 자들에게 천대에 이르도록 언약을 지키시며 사랑을 베푸시느니라." 신 7:9 이 말이 사람들 중에 널리 알려져 있었음은 솔로몬이 드린 다음과 같은 엄숙한 기도에서도 확인된다. "이스라엘의 주 하나님이시여, 당신은 당신 앞에서 온 마음으로 행하는 당신의 종들에게 언약과 자비를 지키시나이다." 왕상 8:23 느헤미야도 동일하게 기도했다. 느 1:5 그 이유는 주님께서 그의 은혜 언약을 세우실 때, 주님의 선하심이 조롱받고 경멸당하지 않도록 그의 종들이 삶의 거룩함과 의로움으로 보답해야 한다고 요구하시기 때문이다. 또한 주님은 그 누구도 주님의 자비하심을 헛되이 믿어서 스스로 악한 길을 걸어가면서도 안전하다고 느끼지 말라고 명령하신다. 신 29:19 그러므로 주님은 먼저 죄인들에게 기꺼이 언약 백성의 자격을 부여하신 다음, 이러한 수단들로 그들이 자기의 본분에 충실하도록 보존하려 하신다. 그럼에도 주님이 세우신 언약은 시초부터 은혜요, 언제나 그렇게 은혜로 지속된다.

율법의 약속과 자비의 약속

이러한 진술들이 율법의 약속들과 얼마나 다른지 간략하게라도 짚고 넘어가는 것이 좋겠다. 나는 모세의 율법 곳곳에서 나타나는 모든 약속을 가리켜 "율법의 약속들"이라고 말하지 않는다. 그 모든 약속들은 아주 많은 복음의 약속들을 담고 있기 때문이다. 그 대신 율법의 교훈에 속한 것들만을 가리켜 "율법의 약속들"이라고 말한다. 우리가 무슨 이름으로 부르더라도 그런 약속들은 보상과 상급을 약속하는데, 다만 우리가 명령받은 대로 준행한다는 조건에서 그렇게 한다. 그러나 주님이 그를 사랑하는 자들에게 그 자비의 약속을 지키신다는 말씀의 취지는, 주님이 그들에게 호의를 베푸시는 이유를 설명하는 데 있기보다는 오히려 주님의 언약을 신실하게 받아들인 그의 종들이 누구인지를 밝히는 데 있다.

이것은 다음과 같은 방식으로 설명할 수 있다. 주님께서 그의 선하심으로 우리를 영생의 소망으로 부르셔서 주님을 두려워하고 사랑하며 경외하게 하셨듯이, 우리가 성경에서 읽는 주님의 모든 자비의 약속 역시 그를 존경하고 경외하게 하시려는 그 목적을 위해 제시된다. 주님께서 그의 율법을 지키는 자들에게 선을 베푸신다고 우리가 들을 때마다, 성경은 하나님의 자녀들이 영구히 지녀야 할 표지로 그들의 정체를 식별하고 있음을 기억해야 한다. 그러므로 하나님께서 우리를 그의 자녀로 입양하심은 우리가 하나님을 우리 아버지로 경외하게 하려 하심임을 깊이 생각하자. 또한 우리는 우리의 양자 된 권리를 부인하지 않기 위해 우리의 소명이 이끄는 대로 따르기를 힘써야 한다. 다른 한편으로, 하나님의 자비하심의 성취는 신자들이 하는 행위에 근거하지 않는다는 사실을 명확히 해두자. 주님은 정직한 생활로 자신의 소명에 합당히 행하는 자들에게 구원의 약속을 이루신다. 이는 하나님께서 그들 속에서 그의 자녀 된 참된 표시와 기호인 성령의 은사들을 알아보시기 때문이다. 우리는 이 점에 관해서 예루살렘 주민들에게 다음과 같이 묻는 시편을 기억해야 한다. "주님, 주님의 성막에 거할 이가 누구이며, 주님의 거룩한 산에 그의 자리를 놓을 이가 누구리이까? 손이 무죄하고 마음이 정결한 사람이니이다."시 15:1, 24:4 이사야도 다음과 같은 구절 외에 여러 구절에서 비슷하게 말한다. "누가 모든 것을 태우는 불과 함께 거주하리요? 의를 행하고 진실하게 말하는 자로다."사 33:14-15 이 말씀들은 하나님 앞에서 신자들이 서야 하는 토대에 관해 설명하지 않는다. 다만, 하나님이 신자들을 유지하고 보존하시기 위해 그들을 불러 하나님과 교제하게 하시는 방식에 대해서 설명한다. 하나님은 죄를 미워하고 의를 사랑하시기 때문에, 자기에게 연합하게 하실 자들이 하나님의 성품을 닮을 수 있도록 그의 성령으로 그들을 정결하게 하신다. 따라서 우리가 하나님 나라로 들어가 거기서 계속 머물 수 있는 가장 중요한 이유가 무엇인지 묻는다면, 즉시 들을 수 있는 대답이 있다. 그것은 주님께서 우리를 단번에 자비로 입양하신 후 언제나 우리를 지키시기 때문이다. 만약 우리가 어떤 수단으로 이것이 이루어지는지를 묻는다면, 우리는 시편과 여러 성경 구절들이 말해 주는 중생과 그 열매에 관한 주제로 되돌아가야 한다.

"행위의 의"는 성경에서 무엇을 의미하는가?

"의"라는 명목으로 선행을 칭찬하는 구절이나 사람이 그 선행으로 의롭게 된다고 선언하는 구절들을 설명하는 것은 다분히 어려워 보인다. 첫째 유형의 구절들에 관해서, 우리는 여러 곳에서 하나님의 계명들이 "의롭게 하는 것" 혹은 "의의 행위"로 불리고 있다는 사실에 주목한다. 둘째 유형의 구절들에 관해서, 우리는 모세오경에서 다음의 구절을 예로 들 수 있다. "우리가 이 모든 계명을 지킨다면, 이것이 곧 우리의 의로움이 될 것이라."신 6:25 만약 이 율법의 약속에 불가능한 조건이 첨부되었다는 이의가 제기된다면, 다음과 같은 모세의 선언에서 보는 것처럼 동일하게 말할 수 있는 약속들이 더 존재한다. "너희가 가난한 사람이 너희에게 준 담보물을 돌려준다면, 그 일은 너희의 의로움으로 여겨지리라."신 24:13 비슷하게, 선지자는 비느하스가 이스라엘의 수치를 갚기 위해 보여준 열심이 그의 의로움으로 간주되었다고 선언한다.시 106:30-31 우리 시대의 바리새인들은 그들이 이 문제로 우리를 공격할 수 있는 엄청난 근거를 지녔다고 자부한다. 믿음으로 얻은 의로움이 확인되고 나면 행위를 통한 의로움은 반드시 폐기된다고 우리가 주장할 때, 그 바리새인들은 만약 의로움이 행위에 의한 것이라면 믿음만으로 의롭게 된다는 주장은 사실이 아니라고 반론한다.

그에 대한 응답으로, 나는 율법의 계명들이 "의로움"으로 불린다 하더라도 그것은 있는 그대로의 사실이기 때문에 전혀 놀랄 일이 아님을 지적하고 싶다. 우리는 하나님의 율법이 완벽한 의로움을 담고 있음을 부정하면 안 된다. 그 율법이 요구하는 모든 것을 이행해야 할 빚진 자로서 우리가 그 율법을 만족시킬 수 있다 하더라도 무익한 존재에 불과하겠지만, 주님이 율법 준수를 "의로움"으로 부르며 칭찬하셨기 때문에 그가 부여하신

"의로움"을 율법 준수에서 제거해서는 안 된다. 우리는 율법에 복종하는 것이 의로움이요, 의로움의 어떤 부분도 빠지지 않는 한 각 계명을 준수하는 것이 의로움의 일부임을 기꺼이 인정한다. 그러나 우리는 세상 어딘가에서 그러한 의로움을 시사할 수 있다는 데는 반대한다. 이것이 바로 우리가 율법의 의를 포기하는 이유다. 그것은 율법 자체가 부적절하기 때문이 아니라, 우리의 육체가 연약하여 그 의로움이 세상 어디에서도 발견되지 못하기 때문이다. 아마도, 성경이 하나님의 율법만을 "의로움"으로 부르지 않고 신자들의 행위에도 의로움이라는 단어를 적용한다는 주장이 있을 수 있다. 예를 들어, 사가랴와 그의 아내는 "하나님 앞에서 의로움을 지켰다." 눅 1:6 나는 성경이 이와 같이 말할 때, 사람의 본성을 고려하기보다는 오히려 율법의 속성을 더 고려하여 그 행위를 평가한 것이라고 덧붙이고 싶다. 의심의 여지 없이, 주님은 율법의 내용을 통해 무엇이 의로움인지 사람에게 보이셨다. 그러나 우리는 율법 전체를 준수하지 않는 한 의로움을 실행하지 못하는데, 우리가 율법을 어길 때마다 율법을 더럽히기 때문이다.

그렇다면 율법은 오직 의로움만 가르치기 때문에, 율법의 관점에서 볼 때 율법의 모든 계명은 의로움이라고 해야 한다. 그러나 우리가 사람을 고려한다면, 그가 하나의 계명을 준수한다 해도 이것이 곧 의로움에 대한 칭찬을 받게 하지는 못한다. 왜냐하면 그는 더욱 많은 계명들을 위반하기 때문이다. 또한 어떤 점에서 불완전함으로 인해 생기는 흠결이 없는 행위라 하더라도 그가 하나님께 복종하기 위해서 그 행위를 하는 것은 아니기 때문이다. 그러므로 성도의 행위가 "의로움"으로 불리는 것은 그 행위의 공로 때문이 아니라 그 행위가 하나님이 우리에게 명령하신 의로움을 지향하기 때문이라는 것과, 그 의로움이 완전하지 않다면 전혀 소용이 없다는 것이 우리의 대답이다. 이제 세상의 어떤 사람에게도 완전한 형식을 갖춘 의는 발견될 수 없다. 따라서 우리는 인간의 선행이 그 자체로 "의"라고 불릴 가치는 없다고 결론 내려야 한다.

행위는 오직 믿음의 의를 통해서만 의롭게 여겨진다

이제 나는 주요한 난관이 놓여 있는 두 번째 유형의 본문에 도달했다. 바울은 다음과 같은 모세의 말들을 인용할 때, 믿음으로 얻는 의로움을 보여주는 가장 확실한 주장을 한다. "믿음이 아브라함에게 의로움으로 간주되었도다."롬 4:3, 갈 3:6 선지자에 따르면 비느하스의 열심은 그에게 의로움으로 여겨졌으므로, 바울이 믿음으로 규정하는 것이 행위로도 규정될 수 있다. 이미 승리를 움켜쥔 줄로 생각하는 우리의 대적들은 비록 우리가 믿음 없이는 의롭게 되지 못한다 하더라도, 믿음으로만 의롭게 되는 것이 아니라 의로움을 완전하게 하기 위해 반드시 행위가 믿음과 결합해야 한다고 주장한다. 여기서 나는 하나님을 두려워하고 성경만이 의의 기준을 제시한다고 알고 있는 모든 이에게, 부디 성경이 아무런 내적 불일치 없이 선명하게 조화를 보여주는 방식을 나와 함께 숙고해 보라고 호소하고 싶다. 우선 바울은 자기 속에 의를 전혀 갖지 못한 이들에게는 믿음의 의가 피난처가 됨을 설득한 다음, 누구든지 믿음으로 의롭다 여기심을 얻으면 행위의 의와는 무관하게 된다고 담대히 추론한다. 그뿐만 아니라 바울은 믿음으로 얻는 의가 하나님의 모든 종에게 공통적으로 해당됨을 알고서, 아무도 행위로는 의롭게 여기심을 얻지 못하며, 반대로 행위의 도움 없이 의롭게 될 뿐임을 동일한 확신을 갖고서 추론한다.

그러나 행위 자체의 가치에 관해 논의하는 일은, 믿음으로 인한 의로움이 확정된 다음 하나님 앞에서 그 행위의 가치를 평가하는 일과 별도로 취급되어야 한다. 이것이 행위를 그 자체의 가치에 따라 판단하는 문제라면, 우리는 행위가 하나님 앞에 제시될 가치가 없으며 따라서 살아 있는 어떤 사람도 자기의 행위에 관해서 결코 자랑할 수 없다고 주장한다. 그러므로 자기 행위에서 전혀 도움을 얻지 못하는 모든 사람은 오로지 믿음으로만 의롭게 된다는 사실이 여전히 유효하다.

우리는 의로움을 이런 방식으로 설명한다. 죄인은 그리스도와 교제하도록 허락받은 이후로, 그리스도의 은혜로 하나님과 화해한다. 죄인이 그리스도의 보혈로 정결함을 얻은 후 죄 사함을 얻기 때문이며, 그리스도의 의로움을 마치 자신의 의로움인 것처럼 입게 되기 때문이며, 죄인이 하나님의 심판대 앞에 설 수 있기 때문이다. 일단 사람의 죄 사함이 제대로 이루어지면, 이후로 그가 행하는 행위들은 공로가 아닌 다른 견지에서 평가된다. 불완전한 모든 것이 그리스도의 완전함을 입으며, 부패하고 더러운 모든 것이 그리스도의 정결함으로 깨끗해져 더 이상 우리에게 해를 끼치지 못하기 때문이다. 우리가 하나님을 기쁘시게 하지 못하게 막는 죄책이 제거되면, 그리고 우리의 모든 행위를 더럽히고 오염시키는 불완전함의 오류들이 장사되면, 신자들이 행하는 모든 선한 행위는 의롭게 여김을 얻거나, 혹은 그와 동일한 표현이기는 하지만 의로움으로 간주된다.

누가 믿음의 의에 관한 나의 관점에 도전한다면, 나는 그에게 사람이 자기의 모든 행실로 율법을 범했는데도 오직 두세 가지 선행으로 율법을 준수하면 의롭다 하심을 얻을 수 있는지 묻고 싶다. 그것은 생각조차 할 수 없는 일이다. 그다음으로 나는 그가 한 가지 구체적인 행실로 유죄가 증명된다면 그의 다른 많은 선행을 고려하여 의롭다 하심을 얻을 수 있는지 묻고 싶다. 내 대적은 그럴 수 있다고 주장하지 못할 것이다. 그것은 각각의 모든 율법을 준수하지 못하는 사람은 누구나 저주를 받는다고 하나님의 말씀이 선언하는 바와 상충되기 때문이다.[신 27:26] 여기서 더 나아가, 과연 부정함과 불완전함을 전혀 찾을 수 없는 선행이 하나라도 존재하는지 묻고 싶다. 하나님이 보시기에 별들이라도 정결하거나 빛나지 못하고 천사들이라도 의로울 수 없는데, 과연 하나님이 보시기에 그런 완벽한 선행이 존재할 수 있겠는가?[욥 4:18] 그러므로 다른 어딘가에서 저질러진 죄악이나 그 자체의 불완전함으로 오염되거나 더럽혀지지 않은 선행은 하나도 없기 때문에 그런 선행은 의로움으로 불릴 가치가 없다. 이 점을 우리의 반대자는 반드시 받아들여야 한다.

자, 앞에서 동의되었듯이, 만약 절반만 선하거나 더럽거나 부패해서 하나님을 기쁘시게 하기는커녕 오히려 그 앞에 나타날 가치도 없는 행위가 의롭게 간주되는 일이 믿음에 의한 칭의의 결과라면, 우리가 굳이 행위의 의로움에 호소함으로써 행위의 의로움의 근원이요 거소인 믿음으로 얻는 의로움을 파괴할 이유가 무엇인가? 지금 우리는 자식이 자기 어미를 살해하는 독사의 새끼를 만들겠다는 것인가? 우리의 대적들이 하는 주장은 바로 그 방향으로 가고 있다. 그들은 믿음에 의한 칭의가 행위의 의로움의 시작과 토대와 원인과 내용과 본질임을 부정할 수 없다. 그런데도 선행이 의로 여겨진다는 이유 때문에 사람이 믿음으로 의롭게 되지 못한다고 결론을 내린다. 우리는 그런 쓰레기를 제거하고, 다음과 같은 사항을 진실하게 받아들이자. 만약 우리 행위가 담을 수 있는 모든 의로움이 믿음에 의한 칭의에서 유래하고 그 칭의에 의존한다면, 믿음에 의한 칭의는 우리의 행위 때문에 결코 줄어들지 않고 오히려 믿음에 의한 칭의가 행위로 보강되어 더욱 강하게 나타난다. 더 나아가, 우리는 행위가 은혜로운 칭의의 은사처럼 인간을 의롭게 하는 역할을 한다는 식으로, 혹은 행위가 믿음과 함께 사람을 절반 정도는 의롭게 한다는 식으로 행위의 가치를 상상하지 말자. 믿음의 의가 온전히 보존되지 않으면, 행위의 부정함이 밝히 드러나서 정죄를 당할 수밖에 없기 때문이다. 사람이 믿음으로 확실히 의롭게 되면, 그의 인격에서 의로울 뿐만 아니라 그의 행위 역시 그 부족함에도 불구하고 의로워진다고 말하는 것 역시 전혀 모순이 아니다.

그래서 바울은 우리가 얻은 복이 우리의 행위가 아니라 하나님의 자비하심에 있음을 증명하기 위해 다음과 같은 다윗의 진술을 강조한다. "허물이 용서되고 죄악이 감춰진 사람들은 복되도다. 주님께서 허물을 정하지 않으시는 사람은 복되도다." 시 32:1-2, 롬 4:7-8 누구든지 이와 대조적으로 행위를 복되다고 하는 것처럼 보이는 증언들을 끝없이 인용할 수 있다. 그 예는 다음과 같다. "하나님을 두려워하는 사람은 복되도다." 시 112:1 "고난당하는 가난한 자를 긍휼히 여기는 사람은 복되도다." 잠 14:21 "악인의 꾀를 좇지 않는 사람은 복되도다." 시 1:1 "고난을 참는 사람은 복되도다." 약 1:12 "의와 공의를 지키는 사람은 복되도다." 시 106:3 "심령이 가난한 사람은 복되도다." 마

5:3 그러나 이 중 어떤 구절도 바울이 말한 진리를 부정하지 않는다. 왜냐하면 이 구절들이 열거하는 어떤 덕목도 그 자체로 하나님께서 받으시기에 합당할 만큼 온전하게 사람 속에서 발견된 적이 없기에, 사람은 자기 죄를 용서받음으로 자신의 비참함에서 자유롭게 되지 않으면 언제까지나 비천하기 때문이다. 따라서 하나님의 다른 모든 복을 가져오는 죄 사함의 복을 가장 먼저 얻지 못하면, 성경이 밝힌 모든 형식의 복은 사람에게 아무 소용이 없고 아무런 혜택도 주지 못한다. 그러므로 죄 사함의 복 안에 포함된 다른 복으로 죄 사함의 복을 제거하려 하지 않는다면, 죄 사함이라는 감당하지 못할 복이야말로 가장 우선적인 복이요 가장 탁월하고 고유한 복이다.

그러므로 성경이 자주 신자들을 의롭다고 부를 때 걱정하거나 불편을 느낄 이유가 하나도 없다. 나는 신자들이 그들의 거룩한 생활 덕분에 의롭다고 성경이 서술한다는 데 동의한다. 하지만 그들은 의를 이루려 하기보다는 의를 따르려 애쓰는 것이기에, 행위의 의는 그것의 근거요 다른 모든 것의 원천인 믿음의 의에 종속되는 것이 적절하다.

믿음과 행위에 관한 야고보와 바울의 이해

여전히 우리의 대적들은 야고보가 우리를 아주 분명하게 반박하기 때문에 우리가 그 어려움에서 벗어나는 것이 불가능하다고 완강하게 주장한다.[26] 야고보는 아브라함이 행위로 의롭다 하심을 얻었으며, 우리 모두도 믿음으로만이 아니라 행위로 의롭게 된다고 가르치기 때문이다.[약 2:24] 그러나 나는 우리 대적들이 야고보를 바울과 싸움을 붙이고 싶어서 인용하는지 묻고 싶다. 그들이 야고보를 그리스도의 종으로 간주한다면, 야고보가 하는 말은 그리스도께서 바울의 입으로 말씀하신 바와 충돌하지 않도록 이해되어야 한다. 성령은 바울의 입을 통해 아브라함이 행위가 아니라 믿음으로 의를 얻었으며, 우리도 율법의 행위와 상관없이 온전히 의로워져야 한다고 선언하셨다.[롬 4:3, 갈 3:6] 동일한 성령은 야고보를 통해 우리의 의가 믿음만이 아니라 행위에도 있음을 계시하신다. 분명히 성령은 자기 속에 모순을 지닌 분이 아니다. 그렇다면 성령의 이 두 계시는 어떻게 조화될 수 있는가?

우리의 대적들은 우리가 마음 깊이 심어 두기를 바라는 믿음의 의를 송두리째 뽑아낼 수만 있다면 그것으로 충분히 만족할 것이다. 그들은 양심을 평화롭게 하는 일에는 그다지 관심을 두지 않는다. 그렇기에 우리는 저들이 믿음의 의를 불안에 빠뜨리려고 갖은 애를 쓰면서도 양심에 부합하는 의의 확고한 기준을 제시하는 일에는 언제나 실패하는 것을 본다. 그러니 그들이 원하는 만큼 마음껏 떠들도록 내버려 두자. 그들이 자랑할 수 있는 유일한 승리란 의로움에서 온갖 확실성을 제거한 승리일 뿐이다. 저들은 진리의 빛을 소멸시켜서 그들의 어둠으로 사람들의 눈을 멀게 만든 모든 곳에서 그 저주받은 승리를 얻을 것이다. 하지만 그들은 하나님의 진리가 확고한 곳에서는 아무것도 얻지 못할 것이다. 그러므로 나는 그들이 언제나 뜻도 모른 채 지껄이며 자신들의 확고한 보루로 삼는 야고보의 진술이 그들에게 지속적으로 위안이 될 것이라고는 보지 않는다.

이 문제를 정리하기 위해서, 우리는 우선 야고보가 염두에 둔 목적에 주의해야 하고, 그다음에는 우리 대적들이 범하는 오류의 본질을 다루어야 한다. 야고보 당시에는 교회마다 흔했던 골칫거리가 있었다. 그들은 신자들에게 있는 독특함을 경멸함으로 자신들의 불신을 드러냈고, 그러면서도 "믿음"이라는 용어를 헛되이 기뻐했다. 그래서 야고보는 그들의 어리석은 자랑을 비웃었던 것이다. 하지만 그의 의도는 참된 믿음을 손상시키는 데 있지 않았고, 오히려 이 허풍선이들이 거짓된 믿음에 의지해 경건의 외양에만 만족하면서 생활을 지속적으로 망치는 행태가 얼마나 어리석은지를 보여주는 데 있었다. 이 점을 감안하면, 우리의 대적들이 어떤 면에서 오류에 빠져 있는지 쉽게 판단할 수 있다. 그들은 두 가지 면에서 그릇되었다. 먼저 그들은 "믿음"이라는 용어를 잘못 해석하며, 또한 "의롭게 한다"는 용어 역시 잘못 해석한다.

야고보가 "믿음"이라는 말로 염두에 둔 것은 믿음의 진리와는 너무도 다르게 제구실을 하나도 못하는 헛된 믿음이었다. 야고보가 처음부터 다음과 같은 질문으로 논증을 시작하듯이, 그의 입장에서 볼 때 이것은 단순히 논의의 목적을 드러내기 위한 전략적인 양보였다. "형제들아, 만약 누가 자기에게 믿음이 있으나 행함이 없다고 말한다면, 그 믿음이 무슨 유익이 있겠느냐?"[약 2:14] 야고보는 여기서 "만약 누가 행함이 없는 믿음을 가졌다면"이라고 말하지 않고, "만약 누가 믿음이 있다고 자랑한다면"이라고 말한다. 그다음에는 더 분명하게, 그런 믿음을 가리켜 마귀들이 가진 지식보다 더 나쁜 것이라 조롱하고, 결국 그런 믿음을 "죽은" 믿음이라고 설명한다.[약 2:19-20] 사실 우리는 야고보가 내린 정의에서 그의 의도를 충분하고 분명하게 이해할 수 있다. 야고보는 "너희는 하나님이 계심을 믿는다"고 기록한다.[약 2:19] 확실히, 이 믿음의 유일한 내용이 고작 하나님이 존재하신다는 것에 대한 믿음에 불과하다면, 그 믿음은 당연히 사람을 의롭게 할 수 없다. 우리는 이것이 기독교의 믿음을 폄훼한다고 생각해서는 안 된다. 기독교의 믿음은 이와 매우 다르다. 참된 믿음이 우리를 예수 그리스도와 연합하게 함으로 우리가 그리스도와 하나가 되어 그의 의로우심에 참예하게 하는 것을 제외한다면, 어떻게 그 믿음이 의롭게 할 수 있겠는가? 그러므로 믿음은 사람으로 하여금 신성을 어느 정도 이해하게 하여 의롭게 하는 것이 아니라, 하나님의 자비하심을 확신하며 안전을 누리게 함으로 의롭게 한다.

"의롭게 함"에 관한 야고보와 바울의 교훈

그러나 우리 대적들이 지니는 또 다른 오류를 드러내기 전까지는 우리의 목표를 달성했다고 할 수 없다. 야고보는 마치 우리의 의로움 가운데 일부가 행위에서 온다고 말하는 것 같다. 하지만 야고보의 주장을 그의 책 전체를 조망하면서 음미하는 동시에 성경 전체와 조화시킨다면, 이 구절에서 "의롭게 한다"는 야고보의 말에 담긴 뜻은 바울이 이 단어를 통해 전하는 뜻과 다르게 이해해야 한다. 바울은 우리 자신의 불의함에 대한 기억이 소멸되고 우리가 의롭다고 여겨질 때, 우리를 의롭다고 부르기 때문이다. 야고보가 그런 사상을 염두에 두었다면, 그가 "아브라함이 하나님을 믿었더라"와 같은 모세의 증언을 인용하는 일은 아무 의미가 없었을 것이다.[창 15:6, 약 2:23] 야고보는 계속해서 덧붙이기를, 아브라함이 하나님의 명령을 받은 후에 망설임 없이 자기 아들을 바쳤고, 그래서 "그가 하나님을 믿었고 이것이 그에게 의로 여기심을 얻었다"고 말한 성경이 성취되었다고 하기 때문이다.[약 2:23]

만약 결과가 그 원인보다 앞설 수 있다는 주장이 터무니없다면, 이는 곧 모세가 이 구절에서 믿음이 아브라함에게 의로움을 위해 주어졌다는 거짓된 주장을 하는 것이거나, 아니면 아브라함이 이삭을 제물로 바치라는 명령을 따르면서 드린 순종으로는 그가 의로움을 얻을 자격이 전혀 없었다는 뜻이 된다. 이삭이 태어나기 전에 이미 성장한 상태였던 이스마엘이 잉태되기 전에 아브라함은 그의 믿음으로 의롭다 하심을 얻었다. 그렇다면 아브라함이 그보다 더 나중에 했던 순종의 행위로 스스로 의를 성취했다고 말할 수 있겠는가? 따라서 아무도 그렇다고 생각하지 않겠지만, 야고보가 그 순서를 뒤집었거나, 혹은 그것이 아니라면, 야고보가 아브라함이 의롭다 하심을 얻었다고 말할 때 아브라함이 의롭다 여기심을 받을 자격이 있다는 뜻으로 말하지 않았을 것이다. 그렇다면 무엇인가? 야고보가 말하는 것은 의의 선언이지 의의 전가가 아님이 너무나 명백하다. 사실, 야고보는 믿음으로 의로워진 사람들은 순종과 선행으로 그들의 의를 증거하지, 결코 초라한 환상에 불과한 껍데기 믿음으로 그 의를 증거하지는 않는다고 말하고 있다.

요약하면, 야고보는 우리가 무슨 수단으로 의로워질 수 있는지에 대해 주장하지 않고, 신자들에게 행위로 제시되는 의로움을 요구한다. 바울이 사람은 행위의 도움 없이 의롭게 된다고 주장하듯이, 야고보도 의롭다고 주장하면서 선한 행위는 없는 사람을 허용하지 않을 것이다. 우리는 이

점에 대한 숙고를 통해 온갖 염려를 다 몰아내야 한다. 우리 대적들이 범하는 주요한 실수는 야고보가 사람이 의롭게 되는 방법을 설명한다고 보는 판단에 있다. 사실 야고보의 유일한 목적은 선행에 대한 무관심을 정당화하려고 "믿음"의 명목만을 주장하는 자들이 지닌 헛된 확신을 고발하는 데 있다. 따라서 그들이 야고보의 말을 아무리 많이 왜곡하더라도 두 가지 사상만을 그의 말에서 얻을 수 있을 뿐이다. 첫째, 외형뿐인 텅 빈 믿음은 우리를 의롭게 하지 않는다. 둘째, 그런 공허함에 머물 수 없는 신자는 선한 행위로 자기의 의로움을 드러낸다.

"율법을 통한 의로움"에 관한 바울의 이해

이러한 맥락에서 그들이 다음과 같은 바울의 말을 인용하는 것은 아무런 소용이 없다. "의롭게 되는 사람들은 율법을 듣는 자들이 아니라 행하는 자들이로다."롬 2:13 이 구절의 난점을 해결하기 위해서 암브로시우스는 바울이 이 말을 한 이유가 그리스도를 믿는 믿음은 율법에 대한 성취이기 때문이라고 했는데, 나는 그런 해결책을 따르지 않겠다.[27] 내가 보기에 그의 해결책은 대로를 앞에 두고 일부러 복잡한 길로 인도하기 때문이다. 이 구절에서 바울은 유대인들이 율법을 얼마나 경멸했는지 상관없이, 오직 율법에 대한 지식만을 자랑하는 유대인들의 교만을 꾸짖는다. 그래서 바울은 그들을 막기 위해 그들의 헐벗은 지식을 역설적으로 칭찬하면서, 만약 우리의 의를 율법에서 찾는다면 우리는 율법을 이해해야 하는 것이 아니라 지켜야 한다고 경고한다.

물론 우리는 율법을 통한 의로움이 선한 행위에 있음을 반박하지 않는다. 또한 충분한 의는 거룩함과 온전함에 대한 완전한 준수에 있다는 사실도 부인하지 않는다. 그러나 우리가 율법을 완전히 준수한 사람을 제시할 수 없는 한, 우리에게는 아직까지 행위로 의롭게 된다는 증거가 전혀 없는 셈이다. 이것이 바울이 말하려 했던 바인데, 이는 그 주장의 전개 방식으로 드러난다. 바울은 유대인과 이방인 모두를 그들의 불의함으로 공정하게 정죄한 다음, "율법 없이 범죄한 자들(곧 이방인들)은 율법 없이" 망하지만 "율법 아래서 범죄한 자들은 율법으로 심판받을 것"라고 주장하면서 구체적인 조항들을 다루기 시작한다.롬 2:12 유대인들은 자기들의 범죄에 대해 눈을 닫고 오직 율법만을 자랑했기 때문에, 바울은 아주 적절히 덧붙여 말하기를 율법이 유대인들에게 선사된 것은 그들이 율법의 소리에 귀를 기울이기만 할 것이 아니라 그 명령들을 순종함으로써 의롭게 되기 위함이었다고 한다. 바울이 이렇게 말했다고 해도 되지 않겠는가? "너희는 율법의 지배 아래서 의로움을 구하느냐? 너희는 단지 율법에 귀를 기울이고 있다고 주장하지 말라. 그 일은 그 자체로 거의 의미가 없다. 대신에 율법이 너희에게 헛되이 주어지지 않았음을 증명하는 행위들을 가져오라!" 유대인들은 다 이 부분에서 실패했기 때문에 자랑할 권리를 모조리 빼앗겼다고 할 수 있다. 그러므로 바울이 말하는 바는 우리의 대적들이 내세운 주장에 대조되는 주장을 만들기 위해 이렇게 어느 정도 다듬어서 표현되어야 한다. "율법을 통한 의로움이 선한 행동의 완전함에 있다면, 그리고 그 누구도 자기의 선한 행동으로 율법을 만족시켰다고 자랑할 수 없다면, 율법을 통한 의는 사람들 가운데 존재하지 않는다."

성도가 종종 자기의 성결을 역설하는 이유

성경에는 신자들이 하나님께 담대하게 자기들의 의를 제시하여 그것으로 하나님께 확증받기를 바라면서 그 의에 따라 판결해 주시기를 요청하는 구절들이 있다. 우리를 비판하는 자들은 그 구절들을 우리에게 내세운다. "주님, 내 의에 따라서 그리고 내 안의 결백함에 따라서 나를 판결하소서"라고 외친 다윗도 그러했다.시 7:8 또한 그는 다음과 같이 말했다. "주님, 내 의를 들으소서. 주께서 내 마음을 시험하시고 밤에 감찰하셨으나, 내 속에서 아무 허물이 발견되지 않았나이다."시 17:1, 3 "주님이 내 의를 따라 내게 상급을 주시고 내 손의 정결함에 따라 내게 갚으시리니, 이는 내가 의로운 길을 지켜 내 하나님에게서 떠나지 아니하였음이라."시 18:20-24 "주님,

나를 판결하소서. 내가 결백하게 행하였음이니이다. 나는 거짓말하는 자들 중에 앉지 아니하였고, 사악한 자들과 어울리지도 아니하였나이다. 그러므로 내 영혼을 악을 행하는 자들과 함께 멸하지 마소서." 시 26:1, 4, 9

나는 앞에서 신자가 정직하게 자기 행위에 근거해서 가지는 확신에 관해 말했다.[28] 지금 우리가 여기서 관심을 기울이려는 본문들은 이중적인 문맥만 고려하면 그리 오랫동안 지체할 필요는 없다. 위와 같은 호소에서 신자들은 자신의 생애 전체가 검토되기를 요청함으로 죄를 사면받거나 정죄를 피하려는 것이 아니다. 오히려 그들은 하나님 앞에 어떤 특정한 사연을 알려 드리면서 그분의 심판을 기다린다. 또한 신자들은 하나님의 완전하심에 비추어 자기 의를 주장하지 않고, 악하고 죄악된 사람들과 비교하여 주장한다.

근본적으로, 사람이 의롭게 되는 일에서 그는 특정한 사례에서 선하고 공정한 원인이 있어야 할 뿐만 아니라, 일평생 지속되는 의로움도 가져야 한다. 지금까지는 그런 사람이 아무도 없었고 앞으로도 없을 것이다. 성도들이 자신의 결백을 주장하면서 기도할 때 하나님의 심판에 호소하는 의도는, 그들이 죄악이 전혀 없이 순결해서 어떤 비난도 받지 않을 생활을 한다고 자랑하는 것이 아니다. 오히려 신자들은 구원에 대한 모든 확신을 하나님의 선하심에 두고서, 하나님이 가난한 자들을 보호하시고 신자들이 겪는 학대를 보복하시며 신자들이 부당하게 고난당할 때 보호하시리라 확신한 채 흠 없이 고난당하며 하나님께 탄원을 올리고 있다. 반면에 신자들이 그들의 대적들과 함께 하나님의 보좌 앞에 나타날 때에, 그들은 엄밀하게 검증되더라도 하나님의 정결하심에 호응할 수 있는 자신의 결백함을 내세우지 않는다. 하지만 신자들은 대적들의 악덕과 사악함과 교활함에 비교하여 자신들의 진실함과 의로움과 마음의 단순함이 하나님을 기쁘시게 하는 받으실 만한 것임을 잘 알고 있기 때문에, 자신들과 악을 행하는 자들을 심판해 달라고 하나님께 주저 없이 요청한다. 그래서 다윗이 "주님은 모든 사람을 각 사람 안에서 찾아내신 의와 진실에 따라 처우하소서"라고 사울에게 말했을 때,삼상 26:23 하나님이 각 사람을 따로따로 살피셔서 각자의 공로대로 상급을 베푸셔야 한다고 이야기한 것이 아니라, 사울의 죄악과 비교하여 자신의 흠 없음을 하나님 앞에서 증거한 것이다.

바울 역시 그가 자신의 직무를 진실하고 정직하게 완수했음을 그의 양심이 신실하게 증언한다고 자랑한다.고후 1:12 이때 바울은 하나님의 심판대에 나아갈 때 그러한 자랑거리를 의지하겠다는 생각이 추호도 없다. 그는 악한 자들의 중상모략에 떠밀려서 어쩔 수 없이 그들의 악의적인 발언에 대항하여 자신의 충성됨과 정직함을 방어해야 했다. 이때 그는 자기의 충성됨과 정직함이 하나님 앞에서 분명해지고 받으실 만하다는 것을 알고 있었다. 우리가 다른 구절에서도 보듯이,고전 4:4 바울은 자책할 것이 있다고 생각하지 않지만 그것 때문에 의롭게 된다고 믿지는 않는다. 물론 바울은 하나님의 심판이 사람이 예상하는 것과 아주 다르다는 사실을 잘 알고 있었다. 그래서 신자들은 하나님께 위선자들의 악에 대해 자기들의 결백함을 시험하시고 판결해 달라고 요청하지만, 그들이 오직 하나님만을 대할 때는 다음과 같이 한목소리로 부르짖는다. "주님, 당신의 종들을 심판하지 마옵소서. 주께서 보시기에 살아 있는 어떤 사람도 의롭지 못할 것임이니이다."시 143:2 그래서 신자들은 자기 행위를 믿지 않으며, "하나님의 선하심이 생명 그 자체보다 더 낫다"고 기꺼이 고백한다.시 65:3

이 구절들과 아주 비슷한 다른 구절들도 있는데, 어떤 사람에게는 그 구절들이 어렵게 느껴질 것이다. 예를 들어, 솔로몬은 "온전하게 행하는 사람은 의롭도다"라고 말한다.잠 20:7 또한 그는 "의의 길에는 생명이 발견되고 사망은 없을 것"이라고 말한다.잠 12:28 같은 맥락에서 에스겔은 이렇게 선포한다. "의와 공의를 행하는 사람은 영원히 살리라."겔 18:8-9 나는 이 구절들 중 어느 부분도 결코 부인하거나 가리거나 모호하게 하고 싶지 않다고 그들에게 대답하겠다. 다만, 누구든지 그런 온전함을 얻고서 나아오게 해보라! 죽을 인간으로서 그렇게 하는 것이 불가능하다면, 이는 곧 모든 사람이 하나님의 심판으로 인해 멸망하거나 하나님의 자비하심 속에서 피난처를 찾아야 한다는 뜻이다. 또한 신자들이 지닌 온전함이 전혀 책망받지 않을 수 있는 정도는 아니라서 불완전하기는 해도, 그러한 온전함은 불멸을 향해 나아가는 한 걸음임을 우리는 부인하지 않는다. 이것이야말로 참으로 주님이 사람을 은혜 언약 안으로 기꺼이 받아 주시는 일에서 그 사람의 행위에 공로가 있는지를 조사하지 않으시고 오히려 행위 그 자체로는 엄두도 내지 못할 아버지의 자비하심으로 받아 주신다는 뜻이 아니겠는가? 우리는 지금 행위는 그 행위를 받으시는 주님의 자비하심으로부터 그 가치를 얻는다는 스콜라학자들의 가르침만을 가리켜 말하고 있지 않다.[29] 이를 통해 그들은 구원에 충분하지 못한 행위가 하나님이 귀하게 여기고 받으심으로 충분해진다고 가르치기 때문이다. 그러나 범죄와 그 자체의 얼룩으로 오염된 모든 행위는, 우리 주님께서 그 행위에 흠집을 내는 얼룩을 간과하시고 사람의 모든 허물을 용서하시기 전까지는 아무 가치도 없다고 나는 선언한다. 그렇게 의는 값없이 받는 은사다.

여기서 바울이 자주 드리는 기도들을 거론하는 것은 부적절하다. 그 기도들에서 바울은 신자들이 주님의 심판 앞에서 무죄하고 나무랄 것도 없을 정도의 위대한 완전함을 이루어 주시도록 간구한다.엡 1:4, 살전 3:13 고대의 이단자들인 켈레스티우스의 추종자들은 바울의 이러한 진술들을 근거로 사람이 현재 생애 동안 완벽한 의를 성취할 수 있다고 주장했다.[30] 우리는 우리가 생각하는 것이 다음과 같은 답변으로 충분하다고 주장한 아우구스티누스를 따른다. 그는 모든 신자가 최후에 하나님 앞에서 순결하고 점 없이 나타나려는 목표를 확고히 추구해야 하지만, 현재 생애 동안 취할 수 있는 최선과 최대의 온전한 자세는 단지 매일매일 그 목적을 향하여 나아가는 것이기 때문에, 죄악된 육신을 벗고 온전히 하나님께 연합할 때에야 이 목적을 달성하게 될 것이라고 주장했다.[31]

하나님께서 우리의 행위에 대해 상을 주시는 이유

자, 이제 다음으로 넘어가서, 하나님이 각 사람을 그의 행위에 따라 처우하신다고 말하는 구절들을 숙고해 보자. 그 구절들은 다음과 같다. "각 사람은 그의 몸으로 선악 간에 행한 것들을 받으리라." 고후 5:10 "선을 행하는 자에게는 영광과 존귀가 있을 것이나, 악한 영혼에게는 환난과 고통이 있으리라." 롬 2:9-10 "의롭게 살았던 자들은 생명의 부활로 나아가리라." 요 5:29 "내 아버지께 복받은 자들이여, 오라! 내가 굶주렸으나 너희가 나를 먹였으며, 내가 목말랐으나 너희가 내게 마실 것을 주었도다." 마 25:34-35 이 구절들 외에도 영원한 생명을 "보상"으로 언급하는 구절들을 추가로 소개해야겠다. "사람은 자기 손의 행위대로 보상을 받으리라." 잠 12:14 "하나님의 계명을 순종하는 자는 보상을 받으리라." 잠 13:13 "기뻐하라. 이는 너희 보상이 하늘에서 클 것임이라." 마 5:12, 눅 6:23 "각 사람은 자기 수고대로 보상을 받으리라." 고전 3:8

하나님이 각 사람을 그의 행위대로 처우하실 것이라는 진술은 큰 어려움 없이 만족스럽게 설명할 수 있다. 이 표현은 하나님이 인간에게 보상하셔야 할 근거가 아니라 오히려 어떤 연쇄적 순서를 가리킨다. 우리 주님께서 그의 구원을 이루실 때 다음과 같은 단계들을 거치신다는 사실에는 의심의 여지가 전혀 없다. 먼저, 주님은 우리를 택하신 후에 우리를 부르신다. 우리를 부르신 후에는 우리를 의롭다 하신다. 우리를 의롭다 하신 후에는 우리를 영화롭게 하신다. 롬 8:30 따라서 주님이 그의 사람들을 오직 그의 자비하심을 통해 생명으로 들어오도록 받으시지만, 선한 행위의 길을 통해 그들을 생명으로 인도하시고, 그가 지정하신 순서를 따르며 그들을 위한 자신의 뜻을 성취하게 하신다. 주님의 사람들이 그들의 행위에 따라 불멸의 면류관을 받기 위해 준비되어, 마침내 그 행위에 따라 최종적인 영광을 얻는다고 성경이 선포하더라도 전혀 놀랍지 않다. 참으로, 이것이야말로 그들이 선행에 전념하며 영원한 생명을 묵상하다가 "자신의 구원을 이룬다"고 말하는 이유다. 빌 2:12

그렇지만 이것이 곧 주님의 사람들이 자기 구원의 주인이라거나 그들의 구원이 선행에서 나온다는 것을 의미하지는 않는다. 그렇다면 어떻게 말해야 하는가? 주님의 사람들이 복음을 아는 지식과 성령의 조명하심을 통해 그리스도와 교제하도록 부르심을 받은 직후에 영원한 생명이 그들 속에서 시작된다고 말해야 한다. 그다음에 주님은 그들 속에서 시작된 그의 일을 예수 그리스도의 날까지 완성하신다. 주님의 사람들이 하늘 아버지의 형상을 의로움과 거룩함 중에 지니고서 아버지의 참된 자녀임을 나타낼 때, 하나님의 일은 그들 속에서 성취된다.

"보상"이라는 단어에 관해 말하자면, 우리는 이 단어 때문에 우리의 행위를 우리 구원의 원인으로 간주해서는 안 된다. 우선 하늘나라는 종에게 지급되어야 할 보상이 아니라 자녀가 물려받는 상속물로서,엡 1:18 하나님이 그의 자녀로 입양하신 자가 즐길 것으로만 이해되어야 한다. 하나님의 자녀는 오직 한 가지 이유, 곧 하나님의 입양 사역 때문에 이 유산을 즐거워할 것이다. "기록된바 종 된 여인의 아들은 상속자가 되지 못할 것이요, 오직 자유로운 여인의 아들만이 상속자가 될 것이라."갈 4:30 사실, 성령이 영생을 명백히 유업으로 부르면서 행위의 보상으로 영생을 약속하시는 구절들에서, 성령은 이 유업이 어딘가 다른 곳에서 우리에게 온다는 사실을 분명하게 보여주신다. 즉 그리스도께서 그의 아버지가 택하신 자들에게 하늘나라를 소유하도록 초대하실 때, 그리스도께서는 그가 보상해 주실 행위를 세심하게 설명하시며, 동시에 그들이 유업을 취할 수 있는 권리로 그 유업을 소유할 것이라고 덧붙이신다.마 25:34 바울 역시 자신의 의무를 충실하게 이행하는 종들에게 주님에게서 얻을 보상을 소망하도록 권하지만, 즉시 덧붙여 말하기를 그들의 보상은 유업의 형식으로 오는 것임을 말한다.골 3:24

그러므로 우리가 자세히 살펴본 대로, 그리스도와 그의 사도들은 우리가 영원한 복락을 하나님의 입양하심이 아니라 우리의 행위에서 나온다고 여기지 않도록 분명한 교훈을 통해 경고한다. 어떤 사람은 질문할 것이다. 그렇다면 왜 그런 성경 구절들은 영생을 상속과 관련하여 말할 뿐만 아니라 연이어 행위도 언급하는가? 이 질문은 성경의 단 하나의 예시로 해결할 수 있다. 이삭이 태어나기 전에 아브라함에게 약속이 주어졌는데, 이 약속은 아브라함이 후손을 얻을 것이고, 이 후손 안에서 땅의 모든 민족이 복을 받을 것이며, 아브라함의 후손은 하늘의 별과 바다의 모래처럼 될 것이라는 약속이었다.창 15:5, 17:4 이후에 아브라함은 하나님의 명령을 따라서 자기 아들 이삭을 제물로 바치려고 준비했다. 다만 아브라함은 그렇게 순종을 나타낸 후에 다음과 같은 약속을 받았다. 주님은 말씀하셨다. "내가 나로 맹세하나니 네가 이것을 행하였고 나를 기쁘게 하려고 네 독자를 아끼지 아니하였으니, 내가 너를 복 주어 네 씨를 하늘의 별과 바다의 모래처럼 창대하게 하리니, 네 씨 안에서 땅의 모든 민족이 네가 내 목소리에 순종하였으므로 복을 받으리라."창 22:16-18 여기서 우리가 듣는 것은 무엇인가? 하나님이 아브라함에게 이렇게 명령하시기 전에 이 복이 이미 아브라함에게 약속되었는데, 아브라함은 순종을 통해 이 복을 받을 자격을 얻은 것인가? 주님은 신자들이 무엇을 하려고 생각하기 전에, 그의 자비하심을 제외하고 신자들을 잘 대해 주실 이유가 전혀 없을 때에 복을 주시고, 바로 이 복으로 그들의 행위를 보상하신다. 우리는 아브라함의 사례를 통해 이 사실에 대한 직접적이고 명백한 증거를 얻는다.

그렇다 하더라도 하나님은 그가 행위보다 앞서서 은혜로 베푸신 것으로 행위를 보상하신다고 말씀하실 때 결코 빈말이나 농담을 하지 않으신다. 하나님은 그분이 약속하신 것들에 대한 계시를 우리가 숙고하도록 도우시기 위해, 선행을 실천하여 하늘에서 우리를 위해 준비된 복된 소망을 성취하는 생활을 하고 싶은 갈망을 품게 하신다. 그러므로 약속들의 결과가 행위에 할당되고, 그 행위가 어떤 의미에서 우리가 그 결과를 즐거워하게 해주는 수단이 되는 것은 합당하다. 사도는 이 두 가지 사상을 탁월하게 표현했다. 그는 골로새 교인들이 "하늘에서 그들을 기다리는 소망, 곧 그들이 복음의 참된 교훈을 통해 들었던 소망 때문에 힘써 사랑을 실천한다"고 기록했다.골 1:4-5 사도는 골로새 교인들이 하늘의 유업이 그들을 위해 준비되었음을 복음을 통하여 알고 있다고 말하면서, 그 유업에 대한 소망은 행위가 아니라 오직 그리스도에 토대를 둔다고 지적한다. 사도는 자기가 선행을 목표로 삼은 이유가 바로 이것이라고 말하면서, 신자들은 살아 있는 동안 각자 자기의 유업을 성취하기 위해 경주에 임해야 한다고 역설한다.

주님은 자신이 약속하신 보상이 우리의 공로에 따라 정해져야 한다고 상상하지 않게 하시려고 하나의 비유를 베푸신다. 이 비유에서 주님은 만나는 모든 사람을 자기의 포도원에 들여보내는 어떤 사람과 자기를 비교하신다. 그들 가운데 일부는 하루 중 제삼시에, 일부는 제육시에, 일부는 제구시에, 나머지는 제십일시에 포도원에 보냄을 받는다. 저녁이 되자 그는 모두에게 공평하게 보상한다.마 20:1-16 이 비유는 암브로시우스의 작품으로 알려진 『이방인들의 소명』에 훌륭하고 간결하게 설명되어 있다. 암브로시우스는 초대 교부이기에, 나는 여기서 내 말보다는 차라리 그의 말을 사용하겠다. 그는 이렇게 말한다. "주님은 이 비교를 통해 모든 신자의 소명이 겉으로는 다르다 할지라도 오직 그의 은혜에 관련된 문제임을 알리려고 하셨다. 한 시간만 수고했지만 하루 종일 일한 사람들과 똑같이 대우받는 사람들은 아마도 하나님이 그 은혜의 광휘를 퍼지게 하시려고 그들 인생의 막바지에 부르셔서 그의 자비하신 인애에 따라 보상해 주시는 사람들을 대변할 것이다. 주님은 그들이 한 수고에 맞는 임금으로 보상하지 않으시고 그의 풍요로운 선하심을 쏟아 주시는데, 이는 주님이 그들을 그들의 행위와 상관없이 택하셨기 때문이다. 따라서 더 오래 수고했으나 나중에 온 사람들보다 더 많이 받지 못한 사람들은, 그들이 받은 모든 것은 그들의 행위의 대가가 아니라 주님의 은혜의 선물로 얻었음을 이해해야 한다."[32]

보상에 대한 약속은 인간의 연약함에 대한 배려다

그러므로 앞에서 언급한 약속들 때문에 성령께서 우리의 행위를 무슨 보상받을 가치가 있는 것처럼 평가하신다고 생각하지는 말자. 성경은 하나님 앞에서 우리를 높여 줄 어떠한 여지도 남겨 두지 않는다. 오히려 우리의 자만심을 좌절시켜서 겸비하게 만들고, 우리를 세게 내던져서 완전히 으스러지게 하려 한다. 그러나 성령은 우리의 연약함 중에서 이 약속들로 우리를 도우신다. 우리의 연약함은 붙잡혀 위로받지 못하면 즉시 썩어서 부스러지게 될 것이다.

각 사람은 자기가 사랑하는 모든 것뿐만 아니라 자신까지 포기하고 버리는 것이 얼마나 힘든지를 자신만의 방식으로 숙고하자. 하지만 이것이야말로 그리스도께서 그의 제자들 곧 모든 신자에게 가르치신 첫 번째 교훈이다. 그리스도께서는 신자들이 평생에 걸쳐 십자가의 훈련을 받도록 하셔서, 그들의 마음이 탐욕에 치우치거나 세상 것들을 신뢰하지 않도록 하신다. 요약하면, 주님은 신자들을 다루시되, 그들이 어디로 향하든지 혹은 세상이 얼마나 멀리까지 퍼져 있든지 오직 절망 외에는 아무것도 얻지 못하게 하시는 방식으로 다루신다. 이것이 바로 바울이 우리가 "이 세상에만 소망을 둔다면 사람들 중에서 가장 비참한 자"라고 말한 이유다.고전 15:19 그러므로 우리가 그러한 절망 중에서 용기를 잃지 않도록, 주님은 우리가 머리를 높이 들고 저 먼 곳을 바라보도록 도우심과 지혜를 베푸시면서, 이 세상에서는 볼 수 없는 우리의 복락을 오직 주님 안에서 찾을 수 있다고 약속하신다. 주님은 이 복락을 "보상", "대가", "상급"으로 부르신다. 이것은 주님이 우리 행위의 공로를 평가하시기 때문이 아니라 그 복락을 우리가 땅에서 견디는 비참함과 시험과 수모에 대한 보상으로 여기시기 때문이다. 그러므로 성경이 그렇게 부르듯이 우리가 영원한 생명을 상급으로 부르는 일에는 아무런 잘못이 없다. 그렇게 함으로써 주님은 그의 종을 수고에서 안식으로, 환난에서 위로로, 슬픔에서 기쁨으로, 결핍에서 풍성함으로, 수모에서 영광으로 옮기신다. 그런 방식으로 주님은 마침내 그의 종이 겪은 모든 질병을 보다 더 위대한 축복으로 변화시키신다. 생활의 거룩함을 그 복락에 이르는 길로 간주하는 것은 아주 마땅하다. 우리가 그 길을 통해 하늘의 영광으로 들어가기 때문이 아니라, 하나님이 자기가 택하신 사람들을 그 길을 통해 하늘 영광의 현현으로 인도하시기 때문이다. 성별

하신 자들을 영광스럽게 하는 것은 하나님의 선하신 뜻이다.롬 8:30

오직 우리는 공로와 상급 사이에 어떠한 관계가 있다고 상정하지 말자. 궤변론자들은 바로 이 점에서 고집을 부리며 잘못되었다. 그들이 우리가 앞에서 설명한 하나님의 목적을 깊이 깨닫지 못하기 때문이다.

하나님이 우리를 하나의 목표를 향해 부르실 때 다른 쪽을 쳐다보는 짓이란 얼마나 어리석은가! 선행에 대한 상급의 약속은 우리 마음을 허영으로 채우기 위해서가 아니라 우리 육신의 연약함을 덜어 주기 위한 것임이 더할 나위 없이 분명하다. 누구든지 이 사실을 빙자하여 행위의 어떤 공로적 성격을 끌어내려는 사람은 상급의 정확한 목적을 완전히 놓치게 된다. 그러므로 성경이 의로우신 심판주 하나님께서 그의 종들에게 의의 면류관을 주신다고 말할 때,딤후 4:8 나는 우선적으로 다음과 같은 아우구스티누스의 말을 빌어 대답한다. "그가 자비로운 아버지로서 먼저 은혜를 주시지 않았다면, 어떻게 의로운 심판주로서 그 면류관을 주실 수 있겠는가? 악을 행하는 자를 의롭게 하는 은혜가 앞장서지 않았다면, 어떤 의로움이 있을 수 있겠는가? 우리가 가진 모든 것이 정당한 권리 없이 주어진 것이 아니었다면, 어떻게 이 면류관이 우리에게 정당한 것으로 주어졌다고 할 수 있겠는가?"[33] 다만 나는 다음과 같은 말도 덧붙이고 싶다. 무슨 불의가 우리의 행위 속에 있든지 하나님이 인내로 덮어 주시지 않았다면, 어떻게 우리의 행위를 의롭다고 인정하실 수 있겠는가? 하나님이 다함없는 자비하심으로 우리 행위에 마땅한 모든 형벌을 다 제거하시지 않았다면, 어떻게 우리 행위가 상급에 합당하다고 여기실 수 있겠는가? 내가 아우구스티누스의 말에 이러한 언급을 덧붙이는 이유는, 영생이 우리 행위에 대해 주어질 때 하나님의 값없는 은혜로 주어진다는 견지에서 아우구스티누스가 영원한 생명을 통상적으로 "은혜"로 부르기 때문이다. 그러나 성경은 그보다 더 우리를 겸비하게 만든다. 성경은 우리가 하나님에게서 값없이 받은 선물인 우리의 행위를 자랑하는 일을 금지할 뿐만 아니라, 우리 행위는 언제나 부정함으로 더럽혀지기 때문에 하나님의 엄격한 기준으로 평가된다면 결코 하나님을 만족시키거나 기쁘시게 할 수 없음을 분명히 밝히기 때문이다.

선행과 하늘에서의 부요함

우리가 방금 설명했던 구절들과 뜻이 아주 비슷한 구절들이 있다. 그 구절들은 이렇게 말한다. "너희를 위해 부패한 돈으로 친구를 만들어, 너희가 궁핍해지면 그들이 너희를 하나님의 나라로 영접하게 하라."[눅 16:9] "이 세상의 부요한 자들을 가르쳐서, 그들의 자랑이나 소망을 그들의 불확실한 부요함이 아니라 오직 살아 계신 하나님께 두게 하라. 너는 그들을 권면하여 선을 행하게 하고, 선행에 부요하게 하며, 장래를 위해 많은 보화를 쌓아서 영원한 생명을 얻게 하라."[딤전 6:17-19] 우리가 보는 대로, 여기서 선행은 장차 우리가 복락 중에 누리게 될 부유함과 비교된다. 이에 대해 나는 우리가 우리의 시선을 성령이 그의 말씀으로 가리키는 목표에 향하지 않으면 이 구절의 참된 의미를 결코 이해하지 못할 것이라고 말하고 싶다. 그리스도는 우리의 보화가 있는 곳에 우리의 마음도 고정된다고 지적하신다.[마 6:21] 그것이 사실이라면, 마치 이 세상의 자녀들이 행복을 가져다주는 것들을 여기저기서 얻는 데 여념이 없는 것처럼, 신자들도 자신의 현 생애가 꿈처럼 덧없음을 염두에 두고서, 그들이 영원히 의롭게 즐기고 싶은 것들을 그들이 장차 영원히 살게 될 곳으로 옮겨 놓아야 한다. 이것이 바로 한 장소에서 나와 영원한 집으로 삼을 다른 장소로 갔던 사람들의 자취를 우리가 따르는 이유다. 그들은 모든 소유물을 자기들 앞에 보내 놓고서 잠시 동안 그 소유물 없이 살아가는 것을 개의치 않는다. 그러면서도 그들은 자신을 자기 여생을 보내게 될 장소에 더 많은 소유물을 갖다 둔 가장 행복한 사람들이라고 여긴다. 만일 우리가 천국을 우리의 모국과 참된 고향으로 믿는다면, 여기서 우리의 부유함에 매달려 살다가 갑자기 이 세상을 떠나야 할 때 전부 잃어버리는 것보다는 차라리 그 천국으로 보내는 편이 훨씬 더 낫다. 그렇다면 우리의 부요함을 천국으로 보낼 수 있는 방법은 무엇인가? 바로 가난한 자의 필요를 채워 주는 것이다. 주님은 우리가 가난한 자에게 베푸는 모든 것은 주님께 드리는 것이라고 말씀하신다.마 25:40 그러므로 이것은 엄청난 약속이다. "가난한 자에게 주는 사람마다 여호와께 이자를 받고 빌려 주는 것이라."잠 19:17 "후하게 씨를 뿌리는 자는 풍성한 추수를 거두느니라."고후 9:6 우리가 우리 형제들에게 베푸는 사랑은 하나님의 손에 예치해 두는 것이라고 말할 수 있다. 그러므로 신실하게 맡아 주시는 분께서는 언젠가 매우 충분한 이자와 함께 그 모든 것을 돌려주실 것이다.

누군가는 이렇게 말할 것이다. "자, 그렇다면 하나님은 사랑의 행위를 참으로 높게 평가하셔서 마치 사람이 자기에게 맡겨 둔 재물처럼 여기실 정도라는 말인가?" 성경이 이 사실을 그토록 드러내어 증언한다면, 누가 이 사실을 증언하면서 두려워하겠는가? 그러나 하나님의 자비하심을 흐리려 하는 사람이 행위에 가치를 부여하고 싶다면, 성경의 이 증언들은 그의 틀린 주장을 뒷받침하는 데는 전혀 쓸모가 없을 것이다. 우리가 이 증언들에 근거해 내릴 수 있는 유일한 결론은 우리에 대한 하나님의 선하심과 인내하심이 경이롭다는 사실이다. 비록 우리가 하는 어떤 행위도 상급을 받을 가치가 없고 심지어 하나님께 받아들여지지도 못하지만, 하나님은 선을 행하도록 독려하시기 위해 우리의 선한 행위들이 하나도 상실되지 않을 것이라고 약속하신다.

하나님의 자비하심으로 보상받는 고난

우리의 대적들은 사도의 말을 더욱더 거세게 몰아붙인다. 바울 사도는 고난 중에 있는 데살로니가 교인들을 위로하면서, 고난이 그들에게 닥친 목적은 하나님 나라를 위해 고난당하는 그들이 하나님 나라에 합당하다는 사실을 깨닫게 하는 데 있다고 말한다. 바울은 "하나님은 너희를 핍박하는 자들을 핍박하시는 일에서, 그리고 주 예수께서 하늘에서 나타나실 그날에 너희에게 안식을 베푸시는 일에서 의로우심이라"고 기록한다.살후 1:5-7 마찬가지로, 히브리서 기자는 "하나님은 결코 불의하지 않으셔서 너희가 당하는 고난을 잊지 않으시고, 너희가 너희 물품을 성도들에게 후히 베풂으로써 하나님을 위해 베푼 사랑도 잊지 않으신다"고 말한다.히 6:10

내가 우선적으로 강조하고 싶은 것은, 바울이 여기서 공로에 관한 어떠한 가치도 암시하지 않는다는 사실이다. 다만 바울은 하늘 아버지께서 우리를 그의 자녀로 택하신 것처럼, 우리가 그의 맏아들을 따르게 하시려 함을 알리고 싶을 뿐이다.롬 8:29 그러므로 그리스도가 그에게 정해진 영광에 들어가기 전에 먼저 고난당하셨듯이, 우리도 많은 환난을 통해 하늘나라에 들어가야 한다.행 14:22 우리가 그리스도를 위해 고난을 당할 때, 주님이 당신의 양떼를 능숙하게 확인하시는 데 필요한 흔적이 우리 위에 찍힌다. 그것이 바로 우리가 하나님 나라에 합당하게 여기심을 받는 이유다. 이는 우리가 하나님의 자녀의 상징인 예수 그리스도의 흔적을 몸에 지니기 때문이다. 다음 구절들에 담긴 주제 역시 그 사실을 알려 준다. "우리가 그리스도의 고난을 우리 몸에 지니나니, 이는 그의 생명이 우리 속에서 나타나기 위함이라."고후 4:10 "우리가 그의 고난을 따르는 것은 그의 부활의 형체를 얻기 위함이라."빌 3:10-11 바울은 이미 수고한 자들에게 하나님이 안식을 주시는 것은 공의롭다고 말하는데, 이것은 행위의 가치를 전혀 증명하지 못하며 다만 구원의 소망을 확인해 줄 뿐이다. 이것은 바울이 다음과 같이 말하는 것과 같다. "하나님께서 그의 대적들이 너희에게 끼친 상처와 해악을 갚으시는 것이 그의 공의로운 심판이듯이, 너희를 너희의 비참함에서 풀어 휴식과 안식을 주시는 것도 하나님의 의로우심이다."

하나님이 우리의 선행을 잊지 않으신다고 말하는 또 다른 구절에 따르면,히 6:10 하나님이 우리의 선행을 잊으시는 것은 공의롭지 못하다는 점이 암시된다. 그러나 이 구절은, 주님이 우리의 나태함을 깨우시기 위해 우리가 주님을 위하여 행하는 것마다 결코 상실되지 않을 것이라는 소망을 주셨다는 뜻으로 이해해야 한다. 주님의 다른 모든 약속처럼, 이 약속 역시 주님의 자비하심에 대한 값없는 언약이 먼저 설정되지 않는다면 아무 유익이 없음을 기억하자. 우리 구원의 확실함은 그 언약에 기반하고 있다. 우리가 그 언약을 가졌기 때문에, 하나님의 인자하심은 (비록 그 가치가 지극히 적더라도) 우리의 행위를 물리치지 않으실 것이라고 굳게 확신해야 한다. 사도는 우리가 그렇게 기대하도록 격려하기 위해, 하나님은 우리에게 하신 약속을 파기할 정도로 불의하신 분은 아니라고 선언한다. 그러므로 하나님의 이 공의는 우리에게 합당한 것을 주시는 공평함보다는 오히려 하나님의 약속이 지닌 신뢰성과 더 깊이 관련된다. 이 사상은 아우구스티누스의 가치 있는 진술로 표현된다. 이 거룩한 사람은 다음의 진술을 적극적으로 자주 반복했다. 따라서 우리도 이 진술을 마음 깊이 새겨 놓아야 한다. "주님은 신실하시다. 주님은 우리에게서 무엇을 빌리시는 방법이 아니라 모든 것을 풍성하게 약속하시는 방식으로 친히 우리의 채무자가 되셨다."[34]

사랑으로도 의롭게 될 수 있는가?

우리의 바리새인들은 계속해서 바울의 다음 말씀들을 인용한다. "내가 세상에서 산을 옮길 만한 모든 믿음을 가졌지만 사랑을 가지지 못했다면, 나는 아무것도 아니로다."고전 13:2 "이 세 가지, 곧 믿음과 소망과 사랑은 남아 있으나, 사랑이 가장 위대하니라."고전 13:13 "무엇보다도 너희 안에 사랑을 가지라. 사랑은 완전함의 띠니라."골 3:14 그들은 앞의 두 구절을 통해서, 사랑이 더욱 탁월한 덕목이므로 우리가 믿음이 아니라 사랑으로 의롭게 된다고 증명하려 애쓴다. 하지만 첫 번째 구절의 내용은 참된 믿음과 아무 관련이 없음을 이미 설명했으므로,[35] 이 간교한 논증은 쉽게 물리칠 수 있다. 우리는 두 번째 구절이 참된 믿음을 말한다는 점을 인정한다. 바울은 사랑을 믿음보다 더 나은 덕목으로 선호하는데 사랑이 더욱 큰 공력이 있는 것처럼 여겨서가 아니라, 사랑은 더욱 풍성한 열매를 맺으면서 확장되어 많은 사람들에게 봉사하고 언제나 강한 반면, 믿음을 활용하는 일은 오직 잠깐이기 때문이다.

우리가 참으로 더 나은 것이 무엇인지 숙고한다면, 비록 바울이 여기서 하나님에 대한 사랑을 암시하지는 않지만 그 사랑이 당연히 가장 먼저 나와야 한다. 바울의 유일한 목적은 서로 사랑함으로 하나님 안에서 서로를 세워 주어야 한다는 데 있다. 그러나 여기서 사랑이 모든 면에서 믿음보다 우월하다고 가정해 보자. 건전한 판단이나 평범한 상식 정도라도 갖춘 사람이라면, 그렇기 때문에 사랑이 믿음보다 더 의롭게 한다는 결론을 끌어낼 수 있겠는가? 의롭게 하는 믿음의 권능은 행위 그 자체의 가치에 있지 않다. 우리가 의롭게 되는 것은 오직 하나님의 자비하심과 그리스도의 공로에 있기 때문이다. 믿음이 의롭게 한다고 할 때는 단지 믿음이 그리스도 안에서 믿음에게 주어지는 의로움을 붙들기 때문이다. 이제 여러분이 우리의 대적들에게 도대체 무슨 뜻으로 사랑에 의롭게 하는 권능을 부여하는지 질문한다면, 그들은 사랑이 하나님을 기쁘시게 하는 덕목이고, 따라서 사랑이 하나님의 선하심을 통해 받아들여지면서 성취하는 공로 덕분에 의로움이 우리에게 전가되기 때문이라고 대답할 것이다. 이 대목에서 우리는 그들의 주장이 얼마나 능수능란한지 느낄 수 있다. 우리는 믿음이 의롭게 한다고 주장했지, 믿음이 그 자체의 가치 때문에 우리에게 의를 확보해 준다고 주장하지 않았다. 믿음은 단지 우리가 값없이 그리스도의 의로우심을 얻는 수단일 뿐이다. 그들은 하나님의 자비하심을 무시하고 의로움의 총화가 들어 있는 그리스도에 대해서는 입도 벙긋하지 않은 채, 우리가 믿음보다 더 뛰어난 덕목인 사랑을 수단으로 의롭게 된다고 주장한다. 그것은 마치 왕이 구두 수선공보다 훨씬 더 품위 있고 유명하기 때문에 구두를 제작하는 일에서도 더 낫다고 주장하는 꼴이다. 이러한 추론 자체가 소르본 학자들 중 그 누구도 이신칭의가 의미하는 것들에 관하여 맛조차 느껴 본 적이 없음을 여실히 폭로한다.

어떤 하찮은 싸움꾼은 내가 바울 저작에 나오는 "믿음"이라는 용어에 본래 취지와 상관없는 뜻을 부과한다고 불평한다. 그 사람은 동일한 본문에서 믿음을 다르게 설명할 근거가 전혀 없다고 주장할 것이다. 그러나 나는 그렇게 하는 데 필요한 확고한 근거를 갖고 있다. 바울이 열거하는 모든 은사가 하나님을 아는 지식과 관련되어 있고 이 은사들이 여러 가지 경로를 거쳐 한결같이 믿음과 소망으로 귀결되기 때문에, 사도는 이 장 말미에서 이 모든 은사를 종합하여 단 두 단어로 요약하는 것이다. 그것은 마치 사도가 다음과 같이 말하는 것과 같다. "예언과 방언, 해석과 지식의 은사는 우리를 이끌어 하나님을 알게 해주는 목적을 지향한다. 이제 우리는 다만 믿음과 소망으로 이 죽을 생명에 있는 동안 하나님을 안다. 그러므로 내가 믿음과 소망을 언급할 때, 나는 이 모든 다른 은사를 다 합하여 이해한다. 그리하여 이 세 가지, 곧 믿음과 소망과 사랑이 남는 것이다. 다시 말해, 아무리 다양한 은사들이 있다 해도 그 모든 은사는 이 세 가지를 가리키며, 그중에서 가장 중요한 은사는 사랑이다."

또한 그 바리새인들은 세 번째 구절에 근거해서, 만약 사랑이 완전함의 띠라면 사랑은 완전함 그 자체인 의로움의 띠일 것이라고 추론한다. 비록 바울이 잘 조직된 교회 지체들의 연합을 "완전함"으로 부른다고 우리가 결론을 내린다 하더라도, 그리고 사람이 사랑을 통해 하나님 앞에서 완전함을 성취할 수 있다는 데 우리가 동의한다 하더라도, 이것을 가지고 그들이 끌어낼 수 있는 무슨 새로운 추론이 있겠는가? 오히려 나는 우리가 사랑의 요구들을 다 채우지 않는 한 이 완벽함에 결코 도달하지 못할 것이라고 언제나 주장하겠다. 그러므로 세상 모든 사람은 사랑의 이 요구들을 채우는 일에는 한참이나 미치지 못하기 때문에, 누구도 이 완전함을 이루리라는 기대를 전혀 할 수 없다는 것이 내가 정당하게 내리는 결론이다.

예수는 율법 교사와 대결하신다

나는 이 광적인 소르본 신학자들이 우리와 싸우려고 아무 생각 없이 성경 여기저기에서 쥐어 짜내는 온갖 증거 본문을 다 알고 싶지는 않다. 그들이 어떤 본문을 인용하는 방식은 앞뒤가 전혀 맞지 않아서, 내가 그 본문을 건드리면 나도 어쩔 수 없이 그들처럼 멍청해 보이게 되고 말 것이기 때문이다. 그래서 나는 차라리 그들에게 끝없는 즐거움을 주는 그리스도의 말씀을 설명함으로 이 주제에 대한 결론을 맺으려고 한다.

율법 교사가 구원을 위해 무엇이 필요한지 질문했을 때, 그리스도는 이렇게 대답하셨다. "네가 생명에 들어가려거든 계명들을 지키라."마 19:17 소르본 학자들은 이렇게 묻는다. "은혜의 창시자인 그분이 계명들을 지켜서 하나님 나라를 얻으라고 명령하실 때, 우리가 무엇을 더 원하겠는가?" 그리스도는 언제나 그가 다루는 사람들에게 맞도록 대답해 주시는 분이라는 사실이 제대로 알려지지 않았다는 듯이, 그들은 그런 식으로 질문한다. 이 구절에서 율법 교사는 그리스도께 영원한 복락이 성취되는 방법에 대해 질문한다. 이 질문은 단순한 형식이 아닌 "사람은 영생을 얻기 위해 무엇을 해야 하는가?"라는 말로 신중하게 표현되었다. 질문자의 모습이나 질문의 내용 때문에 주님이 그렇게 대답하신 것이다. 이 율법 교사는 율법을 통한 의에 대한 거짓된 신념 때문에 교만한 상태였고, 자기의 행위에 대한 신뢰로 눈이 멀어 있었다. 그뿐만 아니라 그는 어떠한 의의 행위로 구원이 달성되는지를 아는 데 온 마음이 쏠려 있었다. 그래서 의에 대한 온전한 반영反影을 전해 주는 율법으로 지시를 받았던 것이다.

만약 의가 행위로 추구되어야 한다면, 우리는 마땅히 계명들이 준수되어야 한다고 크고 분명하게 선포한다. 이것은 모든 그리스도인이 반드시 알아야 할 가르침이다. 그리스도인들이 발을 헛디뎌 죽음과 파멸로 떨어졌음을 알지 못한다면, 어떻게 그들이 그리스도를 피난처로 삼으려 하겠는가? 그리스도인들이 율법 안에 담긴 하나님의 의와 자신들의 실제 생활의 대비를 이해하기 전에는, 그리스도 안에서 피난처를 찾아 구원을 되찾아야 한다는 교육을 제대로 받지 못하는 이유가 여기에 있다.

요약하면, 만일 구원을 위해 우리 자신의 행위를 바라본다면, 우리는 우리를 완전한 의로 훈련하는 계명들을 준수해야 한다. 그러나 우리가 중간에 실패하고 싶지 않다면 거기에 머물면 안 된다. 우리 중 누구도 계명들을 지킬 수 없기 때문이다. 우리는 율법의 의에서 완전히 제외되므로 또 다른 피난처와 도움이 필요한데, 그것은 그리스도를 믿는 믿음이다. 이 구절에서 주 예수는 자기 행위에 대한 헛된 확신으로 가득한 율법 교사를 율법으로 되돌려 보내심으로써, 그가 자신을 저주 아래 있는 가련한 죄인일 뿐임을 깨우쳐 주신다. 다른 곳에서 주 예수는 같은 맥락에서 그러한 지식을 가진 겸비한 자들을 그 은혜의 약속으로 위로하시되, 율법을 언급하지 않고 그들을 위로하신다. "수고하고 무거운 짐 진 자들아, 나에게 오라. 그러면 내가 너희에게 쉼을 주리라." 마 11:28

결론: 죄에 대한 보상은 죽음이다

우리의 대적들은 성경을 뒤집으려는 시도에 지쳤는지 기만적인 주장과 번지레한 궤변술로 응수하려 한다. 그들은 믿음이 "행위"로 불린다고 내세운 다음, 요 6:29 우리가 그 믿음을 마치 다른 것인 양 일반적인 행위와 대조하는 오류를 범한다고 비난한다. 그들의 주장에 따르면, 우리가 의를 얻는 이유는 하나님의 자비를 받아들이는 일에서 믿음이 그리스도의 의로움을 확신하게 해주고 그리스도의 의로움을 통해 하늘 아버지의 값없는 선하심이 복음 안에서 우리에게 주어지기 때문이 아니며, 오히려 하나님의 뜻에 복종함을 뜻하는 믿음의 공로 때문이다! 독자는 내가 그들의 얼토당토않은 주장을 반박하며 시간을 낭비하려 하지 않더라도 부디 양해해 주기 바란다. 그 주장들은 너무나 사소하고 하찮아서 스스로 와해될 것이기 때문이다.

그렇지만 우리 대적들이 제기하는 반대 견해 중에서도 내가 응답해야 할 견해가 하나 있다. 그 견해에는 뭔가 논리처럼 보이는 것이 있어서, 무지한 사람들 안에 우려를 일으킬 수 있기 때문이다. 그들의 말에 따르면 상반된 것들은 동일한 기준으로 평가되며, 따라서 각각의 선한 행실은 의로 간주되어야 마땅하다. 인간이 당하는 심판의 이유는 오직 불신뿐이며 각각의 죄는 아니라고 주장하는 사람들에게 나는 기꺼이 찬성할 수 없다.[36] 불신이 모든 악의 근원이고 뿌리라는 것에 나도 충분히 동의한다. 불신은 하나님을 저버리는 첫걸음이고, 그럼으로써 하나님을 부정하게 되기 때문이다. 하나님의 뜻을 거역하는 온갖 범죄가 다 불신에서 나온다. 그러나 그들은 선한 행동과 악한 행동을 동일한 기준으로 판단하는 것처럼 보이고, 인간의 의로움과 불의함도 같은 방식으로 평가하는 것처럼 보인다. 여기서 나는 그들과 뜻을 달리할 수밖에 없는데, 행위를 통한 의로움은 율법에 대한 완벽한 순종을 뜻하기 때문이다. 따라서 사람이 평생토록 하나님의 율법을 아주 일관되게 순종하지 않는다면, 그 누구도 행위를 통해서는 의로워질 수 없다. 사람은 조금이라도 한쪽으로 삐끗하자마자 불의함으로 떨어져 버린다.

그러므로 의로움은 한 줌에 불과한 선행에 있는 것이 아니라, 하나님의 뜻에 대한 완전하고 흠 없는 복종에 있다는 것이 분명하다. 그런데 죄악을 평가할 때는 이와 다른 기준이 사용된다. 단 한 번의 범죄로 방탕이나 도적질을 행한 사람은 누구나 사형에 해당하는 범죄자인데, 그가 하나님의 위엄을 침범했기 때문이다. 여기서 궤변론자들은 야고보가 한 다음의 말씀을 오해하는 실수를 저지른다. "하나의 계명을 범한 사람은 모든 계명을 범한 죄인인데, 살인을 금지하신 하나님이 도적질도 금지하셨음이라." 약 2:10-11 각각의 모든 죄에 대해서 사망이 정당한 삯이라고 말해도 이상하지 않은데, 이는 모든 죄가 마땅히 하나님의 진노와 형벌을 초래하기 때문이다. 따라서 사람이 자기의 온갖 허물로 하나님의 진노를 일으킬 때마다 그가 매번 행하는 선행으로 그분의 자비하심도 얻을 수 있다는 주장은 우리의 논의를 호도하려는 거짓에 불과하다.

제7장

구약과 신약의 유사성과 상이성

나는 앞에서 하나님과 인간을 아는 지식 및 그 지식을 통해 우리가 얻는 구원에 관한 기독교의 가르침을 최선을 다해서 요약했다. 이제 우리는 알아 두면 가장 유용한 주제를 추가함으로써 우리가 가르친 진리를 확정하려고 한다. 그렇게 하는 데는 이유가 있다. 우리는 태초부터 하나님께서 자기 백성의 교제 속으로 부르신 모든 사람은 이 가르침 덕분에 은혜를 얻고 이 관계를 통해 하나님과 연합했다고 주장했기 때문이다. 우리가 율법과 선지자들로부터 모은 증거는 하나님의 백성이 거룩함과 신앙에 있어서 결코 다른 어떤 기준을 갖고 있지 않았음을 분명하게 보여준다. 그렇지만 신학자들이 자주 구약과 신약의 상이성에 관해 장황한 주장을 늘어놓으며 가르침을 받지 못한 대중을 기만하기 때문에, 이 주제에 관한 더 충분한 논의를 위해 따로 한 장을 구성하는 것이 적절하다고 판단했다.

더욱이 이스라엘 백성을 돼지 떼와 다름없게 여기는 일부 재세례파의 완고함 때문에, 그렇지 않아도 가장 유용한 이 주제는 이제 절대적으로 필요한 주제가 되었다. 재세례파는 우리 주님께서 이스라엘 백성을 마치 여물통에 키우는 돼지 떼처럼 여기시고, 천상의 불멸에 대한 희망과 상관없이 그저 땅에서 그들을 살찌우는 데만 관심을 가지셨다고 믿는다. 그러므로 우리는 모든 신자를 이 끔찍한 오류에서 보호하고, 구약과 신약의 차이점이 거론될 때마다 재세례파가 제기하는 온갖 문제들이 무지한 사람들까지 얽어매지 못하게 해야 한다. 이제 하나님께서 그리스도가 오시기 전에 이스라엘과 맺으신 언약과, 그리스도를 우리에게 육체로 계시하신 후 맺으신 언약의 유사성과 상이성을 간단히 살펴보도록 하자.

언약의 통일성과 시대의 다양성

우리는 이 두 언약을 한마디로 설명할 수 있다. 옛 조상과 맺은 언약은 그 본질과 실재에 있어서 우리와 맺은 언약과 매우 비슷하다. 두 언약이 완전히 동일한 언약이라고 말해도 좋을 정도다. 옛 언약은 주어진 방식에 있어서만 새 언약과 차이가 있다. 하지만 너무 간략히 진술하면 확실히 이해하기 어려우므로, 보다 상세하게 설명할 필요가 있다. 옛 언약과 새 언약의 유사성, 혹은 더 낫게 표현하여, 통일성을 설명하는 데 있어서 우리가 앞에서 이미 논의한 문제들을 굳이 장황하게 재고할 필요는 없다. 여기서는 세 가지 사항에만 집중하겠다.

첫째, 주님께서 유대인이 열망하도록 제시하신 목표는 결코 세속적 성공이나 복이 아니었다. 주님은 유대인을 양자로 삼으시고 그들이 불멸을 소망하도록 하셨다. 이때 주님은 그분의 율법과 선지자들 및 환상을 통해 이스라엘을 양자로 삼으셨음을 계시하시고 증거하셨다. 둘째, 유대인을 하나님과 연합하게 한 언약은 그들의 공로가 아니라 오직 하나님의 자비하심에만 토대를 두었다. 셋째, 유대인은 그리스도를 소유했을 뿐 아니라 그가 중재자이심을 알았기 때문에, 이 중재자를 통해 하나님과 연합하고 그분의 약속에 참여하게 되었다. 두 번째 사항은 우리에게도 매우 친숙하다. 주님께서 자기 백성에게 행하시거나 약속하신 모든 선은 오직 그분의 온전한 선하심과 자비하심에서 나왔다는 사실을 우리가 이미 선지자들의 많은 증언으로 분명하게 증명했기 때문이다. 우리는 세 번째 사항의 진리 역시 여러 군데서 매우 쉽게 증명했으며,[1] 첫 번째 사항도 필요할 때마다 다양한 방식으로 다루었다. 하지만 다른 두 가지 사항에 비해 첫 번째 사항을 간략하게 다루었고, 논쟁과 반박의 여지도 크다는 사실이 밝혀졌기 때문에 첫 번째 사항과 관련해 더욱 세심한 논의가 필요하게 되었다. 그렇게 하면서 두 번째와 세 번째 사항을 정확히 설명하는 데 혹시라도 빠진 내용이 있으면, 그 내용도 간략하게 덧붙이겠다.

구약은 이미 그리스도와 그의 복음을 가리킨다

사도는 주님께서 오래전 선지자들을 통해 예수 그리스도의 복음을 분명히 약속하셨으며, 이제 정한 때가 되어 그 복음을 선포하셨다고 기록한다.[롬 1:2] 이때 사도는 그 세 가지 사항과 관련하여 어떤 의심도 생기지 않도록 해준다. 또한 그는 복음이 가르치는 믿음의 의가 율법과 선지자에 의해 증거되었다고 기록한다.[롬 3:21] 복음은 사람의 마음을 현재 삶의 즐거움에 붙들어 놓지 않고, 불멸을 소망하도록 위로 들어 올린다. 진실로 복음은 사람의 마음을 세속적 만족에 얽매지 않고, 그에게 준비된 하늘의 소망을 계시함으로써 그를 한껏 높은 곳으로 올려 준다. 사도의 여러 다른 기록들을 통해 우리는 동일한 결론에 도달하게 된다. "너희가 복음을 믿으므로 우리 상속의 보증이신 성령으로 인치심을 얻었느니라."[엡 1:13-14] "복음의 말씀으로 너희에게 선포된 하늘의 소망 덕분에 너희가 그리스도를 믿고 신자들을 사랑하고 있음을 우리가 들었도다."[골 1:4-5] "주님께서 그의 복음으로 우리를 불러 우리 주 예수 그리스도의 영광에 참여하게 하셨느니라."[살후 2:14] 그래서 복음은 구원의 교훈이요 모든 믿는 자를 구원하시는 하나님의 능력이며 또한 하늘나라로 일컬어진다.

복음의 말씀이 영적인 것이기에 우리로 결코 멸망치 않는 생명에 들어가게 해준다면, 복음의 약속과 가르침을 받은 자들이 자기 영혼을 함부로 육체의 쾌락에 빠뜨리며 마치 무지몽매한 짐승처럼 처신해서는 안 될 것이다. 하나님께서 전에 그분의 선지자들을 통해 베푸신 복음의 약속들이 훗날 신약의 백성을 위한 것이었음은 누구도 반대하지 않을 것이다.[2] 이는 사도가 복음이 율법에서 약속되었다고 진술한 후에 율법이 담고 있는 모든 것은 그것의 지배를 받는 자들에게 온전히 지시된다고 비슷하게 덧붙이기 때문이다.[롬 3:9] 나는 바울의 목적이 여기서는 조금 다르다는 데 동의한다. 다만, 바울은 율법이 가르치는 모든 것이 유대인에게 속한다고 선언하면서 그 자신이 율법에 약속된 복음에 관하여 이미 말했던 바를 잊어버릴 정도로 조심성이 없지는 않다. 그래서 바울은 이 구절을 통해 구약이 주로 내생來生을 바라본다는 사실을 분명하게 증명하는데, 이는 그가 복음의 약속들이 구약에 포함되어 있다고 말하기 때문이다.

동일한 이유로, 구약은 하나님의 값없는 은혜에 관한 것이며 그리스도 안에 굳건한 기반을 둔다. 복음을 선포하는 데 있어서 오직 하나의 메시지, 곧 "아무 가치 없는 비참한 죄인이 아버지 하나님께서 베푸시는 자비로 의롭다 하심을 얻는다"는 메시지만이 음률을 입고 전달된다. 이 메시지는 예수 그리스도 안에 온전히 요약된다. 그렇다면 복음의 언약이 유대인과 맺어진 것이 명백한데, 과연 누가 감히 유대인에게서 그리스도를 빼앗을 수 있다는 말인가? 우리를 값없이 의롭게 하는 믿음의 메시지가 유대인에게 주어졌는데, 과연 누가 감히 유대인을 값없는 구원의 소망으로부터 소외시키려 한다는 말인가? 그러나 "아브라함은 나의 날을 보기를 심히 갈망했고, 마침내 그날을 보았고 기뻐하였느니라"는 우리 주 예수의 중요한 말씀 덕분에,[요 8:56] 우리는 완전히 명백한 진실에 관한 주장을 굳이 길게 하지 않아도 된다. 사도는 "그리스도는 어제도 계셨고 오늘도 계시며, 영원히 계시리라"고 주장했는데,[히 13:8] 그럼으로써 여기 아브라함에 관한 주님의 말씀이 하나님의 신실한 모든 백성에게 해당됨을 보여주었다. 즉, 사도는 그리스도의 영원한 신성뿐만 아니라, 신자들이 언제나 얻을 수 있는 그리스도의 능력에 대한 경험까지 말하고 있다.

그러므로 동정녀 마리아와 사가랴는 그들이 드리는 찬미에서 그리스도 안에 계시된 구원을 가리켜 하나님께서 아브라함과 족장들에게 주신 약속의 성취라고 부른다.[눅 1:54-55, 72-73] 하나님께서 그분의 그리스도를 알리실 때 그 옛 맹세에 충실하셨다면, 구약에는 그리스도가 계셨고 구약의 목표는 영원한 생명이라고밖에는 달리 말할 수 없다.

구약과 신약에서 성례의 정체

그뿐만 아니라, 사도는 이스라엘 민족을 언약적 은혜만 아니라 성례의 의미에 있어서도 우리와 비슷하거나 동일하게 다룬다. 그래서 사도는 하나님께서 전에 유대인을 벌하셨던 이유와 동일한 범죄를 고린도 교인들이 저지르지 않도록 하기 위해, 유대인을 본보기로 삼아 그들에게 두려움을 준다. 우선, 그는 하나님께서 유대인에게 내리셨던 징벌로부터 우리를 구원할 어떤 특권이나 가치가 우리에게는 전혀 없다고 주장한다. 우리 주님은 우리에게 베푸시는 복과 동일한 복을 유대인에게 베푸셨을 뿐 아니라, 우리와 동일한 표적과 성례를 수단으로 그 은혜의 증표를 유대인에게 주셨다.[고전 10:1-6, 11] 바울은 이렇게 말하는 셈이다. "여러분에게 표적으로 나타난 세례와 주님의 만찬이 여러분에게 특별한 약속을 전달하기 때문에, 여러분은 어떤 위험한 길도 걷지 않을 것이라 여깁니다. 그러나 여러분은 하나님의 선하심을 업신여기며 방탕하게 생활하고 있습니다. 여러분은 유대인에게 동일한 성례가 있었지만 주님께서 그들에게 예외 없이 혹독한 심판을 내리셨음을 기억해야 합니다. 유대인은 홍해를 건너면서 세례를 받았고, 태양의 열기로부터 그들을 보호해 주던 구름 속에서 세례를 받았습니다."

이 교훈을 반대하는 자들은 그것이 우리의 영적 세례의 형상 정도만 지녔던 육신의 세례일 뿐이라고 주장한다. 하지만 우리가 그들의 주장을 받아들인다면 사도의 주장은 논리가 맞지 않게 된다. 그 논리의 목적이, 그리스도인으로 하여금 세례 때문에 그들이 유대인보다 우월하다는 헛된 신념을 갖지 못하게 하려는 것이었기 때문이다. 뒤따르는 사도의 말도 회피할 수 있는 여지를 주지 않는다. "그들은 우리에게 주어진 것과 똑같은 영적 양식을 먹고 똑같은 영적 음료를 마셨도다." 고전 10:3-4 이 양식과 음료는 예수 그리스도를 가리킨다.

바울의 권위를 깎아내리기 위해서 우리를 비난하는 자들은 그리스도께서 하신 다음 말씀까지도 남용한다. "너희 조상들은 광야에서 만나를 먹었으나 죽었느니라. 그러나 내 살을 먹는 자마다 결코 죽지 아니하리라." 요 6:49-51 이 두 가지는 쉽게 조율될 수 있다. 그리스도의 말씀을 듣던 군중은 참된 영의 양식에 대해서는 거의 아무 생각도 하지 못한 채 오직 자기 배만 채우려 했기에, 그리스도는 그의 말씀을 그들의 수준에 맞추신다. 이때 그리스도는 그들이 이해할 수 있는 방식으로 만나와 자기 몸을 비교하신다. 그들은 그리스도께서 자기의 권세를 입증하시려면, 모세가 만나를 하늘에서 비처럼 내렸을 때 보여준 것과 같은 이적으로 그 권능을 증명해야 한다고 요구했다. 그들은 만나를 자신들이 광야에서 시달리던 허기를 해결해 주는 것 정도로만 생각한 것이다. 그들은 마음을 고양시켜 바울이 암시한 신비를 숙고하기에는 역부족이었고, 그들의 조상이 모세에게 받았다고 여기던 복을 그리스도에게서 기대했을 뿐이다. 그러나 그들이 기대하는 복이 그들의 조상이 받은 복보다 얼마나 더 위대하고 탁월한지를 보여주기 위해 만나와 자기 몸을 비교하신 분은 다름 아닌 그리스도 자신이었다. 그리스도는 마치 이렇게 말씀하신 셈이다. "주님께서 자기 백성에게 모세의 손을 통해 하늘 양식을 보내셔서 그들로 굶주림에 죽지 않고 잠시 동안 생명을 유지할 수 있게 하셨음이 너희 보기에 상당히 가치 있는 기적이라면, 너희를 불멸하게 하는 양식은 얼마나 더 소중할지 이해해 보라."

우리는 주님께서 만나에 관한 가장 중요한 것을 전혀 언급하지 않으시고 덜 중요한 용도만 가르치시는 이유를 이해할 수 있다. 유대인은 마치 그리스도를 비난이라도 하려는 듯이, 이스라엘 백성이 궁핍할 때 기적적으로 만나를 베풀어 먹였던 모세를 예로 들며 그리스도께 질문했다. 그들이 만나를 얼마나 귀하게 여기든지 상관없이, 그리스도는 모세가 이스라엘을 위해 했던 일과 비교해 그가 훨씬 더 고귀한 은사를 베푼다고 대답하셨다. 주님께서 자기 백성을 위해 만나를 하늘에서 비처럼 내려 주실 때 육신의 양식뿐 아니라, 그들이 그리스도께 기대해야 할 영생을 상징하는 영적 신비까지 베풀고 싶으셨음을 바울은 알았다. 따라서 그는 마땅히 설명할 가치가 있는 주장을 제시한다. 그러므로 우리는 오늘날 우리에게 주어진 영생의 약속과 동일한 약속이 유대인에게도 주어졌을 뿐 아니라, 그 약속이 참된 영적 성례를 통해 그들에게 인쳐지고 확증되었다고 아무 의심 없이 결론지을 수 있다.

언약을 통해 족장들에게 주어진 생명의 은사

우리가 앞에서 보았듯이, 예수와 그의 사도들이 율법과 선지자들을 통해 계시된 하나님의 영적 언약을 직접 확증했기 때문에, 독자들은 더욱 그 언약을 살펴보고 싶을 것이다. 이 점에 있어서 나는 독자들의 바람을 기꺼이 만족시키려 한다. 우리의 대적들이 충분히 자기 잘못을 깨닫고 불평을 멈추도록 나는 기꺼이 그렇게 할 것이다.

비록 모든 논증을 거만한 태도로 경멸하는 재세례파에게는 엉성하고 터무니없어 보이겠지만, 우리는 건전한 판단력으로 가르침을 잘 받는 모든 사람에게 중요하게 보일 증거부터 논의를 시작하겠다. 사실, 하나님께서 은혜로 들어오게 하신 모든 사람에게 그 생명의 말씀을 통해 자기 자신을 주셨으므로, 그분이 그들을 영생에 참여하게 하셨다는 추론은 매우 당연한 것이다. 하나님의 말씀에는 바로 그런 생명을 부여하는 권능이 있어서 그 말씀에 참여하는 자는 반드시 영혼이 깨어나게 될 것이라고 나는 주장한다. "참여"라는 표현으로 내가 말하려는 바는, 하늘과 땅과 세상의 모든 피조물을 통해 퍼지게 된 일반적이거나 보편적인 작용은 아니다. 비록 하나님의 말씀이 만물을 그 종류에 따라 일깨운다 하더라도, 만물을 부패에서 해방시켜 주지는 않기 때문이다. 내가 지금 말하려는 "참여"는 신자의 영혼을 하나님의 지식으로 조명하고 하나님과 연합하게 해주는 특정한 작용이다. 아브라함과 이삭과 노아와 아벨과 아담과 그 밖의 다른 족장들이 하나님의 말씀으로 조명을 받아 하나님을 굳게 붙들었던 것과 똑같은 방식으로, 바로 그 동일한 하나님의 말씀이 그들 모두를 영원한 하나님의 나라로 들어가게 했음을 나는 의심치 않는다. 영생의 은혜 없이 일어날 수 없는 하나님의 특별한 일에 그들이 충실하게 참여했기 때문이다.

이 모든 주장이 조금 모호해 보인다면, 모든 평온한 영혼을 만족시킬 뿐 아니라, 반박하려는 자들의 무지를 호되게 꾸짖기도 할 언약의 말씀에 관심을 기울여 보자. 주님은 그분의 종들과 언제나 이런 언약을 맺으셨다. "나는 너희 하나님이 되고, 너희는 내 백성이 되리라." 레 26:12 참으로 선지자들의 다음 말씀에는 생명과 구원과 모든 복락이 담겨 있다. 다윗은 하나님을 주님으로 모신 백성과 하나님께서 그분의 기업으로 택하신 민족이 복되다고 말할 때 시 33:12, 144:15 타당한 논리를 가지고 묘사하기 때문이다. 여기서 다윗은 세상에서의 복을 말하고 있지 않다. 하나님은 그분의 백성과 교제하도록 받아 주신 모든 이를 사망에서 구속하시며, 그분의 자비로 영원히 보존하시고 붙들어 주시기 때문이다. 합 1:12 성경에는 "주님은 우리의 왕이요 우리에게 법을 주신 분이니, 그가 우리를 구원하시리라"고, 사 33:22 또한 "이스라엘아, 너는 복을 받았도다. 이는 네게 하나님 안에서 구원이 있음이라"고 기록되었다. 신 33:29

그러나 우리는 불필요한 세부 사항에 너무 많은 노력을 허비하지 않도록 성경이 여러 곳에서 선포하는 가르침에 기꺼이 만족하는 자세를 가지는 것이 좋다. 성경은 주님이 우리 하나님이신 한, 우리에게는 넘치는 복과 구원의 확신이 있으므로 아무것도 부족함이 없다고 선포한다. 참으로 그러하다. 하나님의 얼굴이 빛을 발하자마자 구원에 관한 가장 큰 확신을 준다면, 어찌 하나님께서 인간에게 그의 하나님 되심을 계시하는 동시에 구원의 보화도 베푸시지 않겠는가? 모세를 통해 증거하신 대로, 그분은 우리 가운데 계시는 우리의 하나님이시기 때문이다. 레 26:11 이제 생명을 가진 자라면 누구나 다 그 하나님의 임재를 누릴 수 있다. 그 결과 그들이 추가로 더 듣지 못한다 하더라도, "내가 너희 하나님이라"는 말씀에서 영적 생명에 대한 아주 뚜렷한 약속을 소유하게 된다.출 6:7 이 말씀에서 하나님은 그분이 그들의 육신에게만 아니라, 무엇보다도 그들의 영혼에게 하나님 되심을 선언하신다. 그러나 영혼이 의로움을 통해 하나님과 연합되지 않으면, 영혼은 하나님에게서 소외되어 사망에 머문다. 반대로, 영혼이 하나님과 연합되면 그 연합이 영혼에게 생명을 가져다준다.

구약은 죽음 너머에 있는 하나님의 선하심을 내다본다

그러나 이외에도 더 말해 둘 것이 있다. 하나님은 자기를 그들의 하나님으로 부르실 뿐 아니라, 그분이 언제나 그들의 하나님이 되실 것이라고 약속까지 하셨다. 그럼으로써 그들의 소망이 현재의 것들에 고정되지 않고 저 영원까지 뻗어 나가도록 해주신다. 이것이 바로 그들이 장래의 것들에 관한 말씀을 이해했던 방식임은 여러 성경 구절을 통해 분명해진다. 신자들은 이 구절들을 통해 하나님께서 결코 그들을 저버리지 않으실 것이라는 확신으로 위안을 삼았다. 더욱이 이 언약의 두 번째 문장은, 하나님께서 베푸실 복이 현재의 삶 너머에서 그들을 위해 예비되어 있다는 사상을 강력히 확증해 준다. "내가 너희 뒤에 올 너희 후손에게 하나님이 되리라." 창 17:7 주님께서 장차 그들의 후손에게 복 주심으로써 당신의 선의를 보이기로 하셨다면, 훨씬 더 큰 자비를 그들에게 베풀기 원하심이 틀림없다. 사람은 이미 죽은 자에 대한 사랑을 자기 자녀에게로 옮기곤 한다. 사람이 죽고 나면 해줄 것이 아무것도 없기 때문이다. 그러나 하나님은 사람과 같지 않다. 하나님의 자비하심은 죽음의 방해를 받지 않는다. 하나님은 그분이 자비를 베푸신 이들에게서 자비의 열매를 거두지 않으시고, 그 열매가 그들의 후손 천대까지 이르도록 하신다. 이와 같은 방식으로 하나님은 그분의 자비의 풍성함과 무한함을 그들에게 보이려 하신다. 진실로 하나님은 그 무한한 자비를 그분의 종들이 죽은 후에도 그들의 온 가족에게 베푸실 것이라 약속하신다. 그럼으로써 그 종들이 죽고 나서도 그분의 자비하심을 계속 경험하게 해주신다.

주님은 이 약속의 진리를 인치셨고, 그들이 죽은 지 오랜 후에 "아브라함과 이삭과 야곱의 하나님"으로 자기 이름을 부르심으로써 그 약속의 성취를 나타내신다.[출 3:6] 만약 그들이 참으로 죽은 자라면, 그 이름은 웃음거리이지 않았겠는가? 그렇다면 하나님은 "나는 존재하지 않는 자들의 하나님이라"고 말씀하신 셈 아니겠는가? 그래서 그리스도께서 이 단 하나의 증거로 사두개인들을 책망하시며, 모세가 죽은 자의 부활을 증거했음을 그들이 부인하지 못하게 하셨다고 복음서 저자들은 기록한다.[마 22:23-32, 눅 20:27-38] 그뿐만 아니라, 그들은 모든 성도가 하나님의 주권 아래 있다는 사실도 모세에게서 들었으며,[신 33:3] 생명과 죽음을 주관하시는 하나님께서 그들을 지키고 보호하시므로 그들이 죽음으로 사라지지 않을 것임을 쉽게 확신할 수 있었다.

아담 이후로 하나님의 성도는 이생의 복에 얽매이지 않는다

자, 이 논쟁의 핵심으로 들어가 보자. 하나님께서 구약의 신자들에게 세상 아닌 다른 곳에서 더 나은 삶을 살게 될 것이라고 철저하게 가르치셨고, 그래서 그들은 죽게 될 현재의 삶에 집착하지 않고 그보다 나은 삶을 묵상할 수 있었는가?

우선, 하나님께서 구약의 신자들에게 정해 주신 삶의 방식은 그들에게 지속적으로 경고를 주기 위한 수단이었다. 그 경고는 바로 그들이 오직 세상에서의 복만 추구한다면 가장 비참한 처지가 되리라는 것이다. 아담은 그가 잃어버린 복을 마음속에 떠올리는 것만으로도 이미 심히 비참한 상태였고, 구차한 삶을 위해 부단히 수고하는 것이 얼마나 고달픈 일인지 깨달았을 것이다. 아담은 하나님께서 내리신 단 하나의 저주 외에는 당하지 않도록, 그에게 마땅히 위안이 되었어야 했을 것에서 오는 가장 격렬한 고통을 견뎌 낸다. 그의 두 자녀 중 하나가 다른 하나의 손에 무참히 살해되었다. 아담에게는 그가 마땅히 증오하고 혐오해야 할 자, 가인만 남았다.

인생의 절정기에 잔혹하게 죽임당한 아벨은 우리 인간의 비극을 보여주는 적합한 사례다. 노아는 다른 모든 사람이 쾌락에 몰두하며 흥청망청 살아갈 동안, 방주를 지으면서 그의 인생의 많은 기간을 엄청난 분노와 고통 가운데 보내게 된다. 노아는 죽음을 면했으나 일백 번 반복해서 죽는 것보다 더 큰 고통을 당한다. 그 열 달 동안 노아에게는 방주가 무덤과 같았을 것이다. 공기가 잘 통하지 않는 곳에서 동물들이 배출하는 오물과 배설물에 뒤범벅되어 지내는 것보다 더 끔찍한 일이 무엇이겠는가? 노아는 그토록 많은 난관을 벗어난 후에도 또다시 슬픔을 겪게 된다. 노아는 하나님께서 베푸신 특별한 선물이자 홍수에서 구원해 주신 자기 아들에게 조롱을 당하고, 자기의 입술로 직접 그 아들을 저주해야 하는 처지가 된다.

아브라함이 처음 하나님의 부르심을 입었을 때, 그는 자기 친족 및 지인들을 뒤로 하고 고향 땅을 떠남으로써 세상에서 가장 가치 있는 것들을 빼앗긴다. 마치 하나님께서 결심하시고 그에게서 이생의 모든 즐거움을 빼앗으시려는 듯했다. 아브라함은 자신이 명령받은 땅에 들어가자마자 기근을 만나 내몰린다. 그러나 도움을 구하러 찾아간 나라에서 아브라함은 자기 목숨을 구하기 위해 아내를 포기할 수밖에 없는 상황에 처한다. 그에게 아내를 포기하는 것은 여러 번 죽는 것보다 더욱 견디기 어려운 일이었다. 이후 자기 거처로 돌아오자마자 그는 또다시 기근으로 쫓겨나야 했다. 아브라함이 그토록 빈번하게 궁핍함에 처했던 땅, 굶어 죽을 지경이 되었던 땅에서 도대체 무슨 복을 경험했겠는가? 아비멜렉의 땅에서 아브라함은 다시 한번 자기 아내를 포기해야 할 상황에 직면했다. 또한 그는 수년 동안 불확실함 가운데 여기저기를 전전하다가, 그의 종들 사이의 다툼과 논쟁으로 인해 자기 자식처럼 여기던 조카를 집에서 내보내야 했다. 의심의 여지 없이, 이런 이별은 사람의 팔다리가 뽑히고 잘려 나가는 것 같은 일이다. 얼마 후 아브라함은 조카가 원수들에게 납치되었다는 사실을 알게 된다. 이미 고령에 들어섰지만 아브라함에게는 자녀가 하나도 없었다. 이런 처지는 노년에 견뎌야 하는 가장 무거운 짐일 것이다. 모든 희망을 잃고 나서, 마침내 아브라함은 이스마엘을 얻지만, 이 아이의 탄생은 그에게 가장 소중한 사람을 희생시킨다. 아브라함은 마치 그가 그 여종을 거만하게 만들기라도 한 듯이 사라의 성화에 시달리고, 그의 집안에 휘몰아친 소란에 책임을 지게 된다. 아브라함은 말년에 이삭을 얻지만, 그의 장남을 비천한 개처럼 광야로 쫓아 보내는 대가를 치러야 했다. 결국 노년의 유일한 위안이 될 이삭만 남았는데, 하나님은 아브라함에게 그 이삭을 죽이라는 명령을 내리신다. 한 아버지가 자기 아들의 사형 집행자로 불리는 것보다 끔찍한 일을 상상할 수 있겠는가? 이삭이 병으로 죽었다 하더라도, 아브라함이 불행하지 않다고 생각할 자가 과연 있겠는가? 아주 잠시 자기 자녀를 가졌던 이 가련한 노인에게 마치 갑절의 고통을 주는 농담이라도 하려는 듯이 과연 누가 그렇게 말할 수 있겠는가? 이삭이 낯선 사람에게 살해되었더라도 그 고통은 말할 수 없이 크고 무거웠을 것이다. 그러나 이삭이 자기 아버지의 손에 죽임을 당하리라고 생각하는 것은 그 어떤 고통의 한계도 넘어선다. 간단히 말해, 아브라함은 평생에 걸쳐 엄청난 고난과 고통을 당했다. 누군가 비참한 인생을 그림으로 그리고 싶어 한다면, 아브라함보다 적합한 형상은 찾을 수 없을 것이다.

어떤 사람은 적어도 아브라함이 수많은 고비를 넘겼고 수많은 역경을 헤쳐 나갔기 때문에 완전히 비참하다고는 할 수 없다고 말할지도 모른다. 그러나 우리는 끝없는 곤경을 타개하며 노년에 이른 자의 인생보다는, 다행으로 평안히 살아온 자의 인생을 복된 인생이라 부르곤 한다고 대답하고 싶다.

이제 이삭에게로 관심을 돌려 보자. 이삭은 그리 많은 재앙을 당하지는 않았으나, 인생의 기쁨이나 즐거움을 맛보기까지 상당한 어려움을 겪어야 했다. 그는 누구에게도 세상에서의 복을 허락하지 않을 고통을 견뎌내야 했다. 이삭은 그의 아버지처럼 기근을 만나 가나안 땅에서 쫓겨나고 자기 아내를 품에서 빼앗긴다. 그가 가는 곳마다 이웃이 그를 괴롭히고 학대했는데, 물을 얻으려고 싸움까지 해야 할 정도로 너무 심했다. 가정에서는 그의 아들 에서의 부인들이 속을 많이 썩였다. 또 그는 자녀들 간의 다툼으로 심한 괴로움을 당했고, 자신이 축복한 아들을 내쫓고 나서야 이 엄청난 재앙을 겨우 진정시킬 수 있었다.

야곱에 관해 말해 보면, 그는 상상할 수 있는 최대 불행의 전형이요, 그 불행을 적나라하게 보여준 사람이라고 하겠다. 부모 곁에 있던 유년기 내내 그는 자기 형의 여러 위협 때문에 불안에 시달렸고, 부모와 고향을 떠남으로써 끝내 그 위협에 굴복할 수밖에 없었다. 고향을 떠나 시작된 고통에 더하여, 야곱은 자기 삼촌 라반에게 함부로 취급을 당한다. 마치 그가 7년 동안 가혹하고 비참한 종살이를 한 것으로는 충분하지 않다는 듯이, 속임수에 걸려든 야곱은 자신이 원했던 여자가 아닌 다른 여자를 아내로 맞이하게 된다. 그래서 야곱은 그녀를 얻기 위해 다시 종살이하는 처지가 되어, 낮에는 태양빛에 온몸을 그을리고 밤에는 뼛속까지 스미는 추위를 맞는다. 나중에 스스로 푸념하듯이, 야곱은 쉬지도 자지도 못하면서 비와 바람과 폭풍을 견뎌 낸다. 그토록 비참하게 살아온 20년 동안 야곱은 그의 장인에게 매일처럼 학대를 당하고, 자기 가정에서도 편안히 지내지 못한다. 그의 집안이 아내들 사이의 미움과 다툼과 질투로 분열되었기 때문이다. 하나님께서 야곱에게 고향으로 돌아가도록 명령하실 때조차, 그는 떠날 기회를 노려야 했다. 그의 떠남은 굴욕적인 탈출과 같았다. 이때도 장인의 사악함을 피할 수 없었던 야곱은 그의 추격을 받다가 결국 붙잡히고 만다. 하나님께서 그에게 더 심한 일이 생기지 않도록 해주신 덕분에, 야곱은 그가 마땅히 항의해야 할 자에게서 많은 수치와 모욕을 감내한다. 그 직후 자기 형을 만나러 가는 길에서는, 무자비한 대적에게서나 볼 수 있을 끔찍한 죽음의 환상들이 그의 눈앞을 가리며 극심한 고통을 초래한다. 야곱은 에서가 도착하기를 기다리는 동안에도 무시무시한 고통과 번뇌에 휩싸인다. 그는 에서를 보자마자 거반 죽은 사람처럼 형의 발 앞에 쓰러졌고, 자기가 감히 기대했던 것보다 형이 부드럽다는 것을 깨달을 때까지 그대로 있는다. 마침내 고향 땅을 다시 밟은 직후 야곱은 그가 사랑했던 유일한 아내 라헬을 출산 중에 잃는다. 이후로 그는 라헬에게서 얻은, 나머지 다른 자녀들보다 사랑하던 아이가 짐승에게 잡아먹혔다는 소식을 듣는다. 이로 인해 그는 가슴이 찢어지는 듯한 아픔으로 계속 울며 모든 위로를 거절하고 슬퍼하다가 아이를 따라 무덤으로 가기만 바라게 된다.

자기 딸이 끌려가 능욕을 당했을 때 야곱이 느낀 고통과 슬픔과 괴로움을 우리는 과연 상상할 수 있을까? 야곱의 아들들이 누이의 복수를 위해 성읍 하나를 완전히 황폐케 했을 때는 또 어떠했겠는가? 이 사건으로 인해 야곱의 아들들은 모든 거주민이 야곱을 증오하도록 만들었을 뿐 아니라, 그를 죽을 위기에 빠뜨리기까지 했다. 그러고 나서는 야곱을 이루 말할 수 없는 고뇌에 빠뜨린 르우벤의 엄청난 범죄가 발생한다. 한 남자에게 닥칠 수 있는 가장 끔찍한 불행 중 하나는 자기 아내가 겁탈당했음을 알게 되는 것인데, 그런 사악한 행위가 자기 아들에 의해 범해졌다면 우리는 과연 무슨 말을 할 수 있겠는가? 얼마 후 야곱 집안은 또 다른 근친상간으로 더럽혀진다. 고난으로 단련된 가장 강인한 영혼이라 하더라도 그렇게 많은 수치스러운 짓들을 당하고 나면 산산이 부서질 것이다. 고령이 된 야곱은 환난에 빠진 그의 가족을 부양하고자 자녀들을 타국에 보내 식량을 얻어 오게 한다. 그러나 한 아들이 감옥에 갇히고, 야곱은 그 아들이 처한 죽음의 위기에 두려워한다. 결국 그 아들을 되찾는 대가로 그가 사랑하는 베냐민을 보낼 수밖에 없었다.

그 무수히 많은 불행들 속에서 야곱이 단 한 순간이라도 편히 숨 쉴 수 있었으리라 생각할 사람은 없을 것이다. 그래서 야곱은 바로에게 자신이 누린 햇수가 짧으며 험악한 세월을 보냈다고 토로한다.창 47:9 자기 인생이 불행의 연속이었다고 솔직하게 말하는 사람이라면, 하나님께서 그에게 약속하신 어떤 형통함도 믿고 싶지 않기 마련이다. 따라서 이때 야곱은 하나님에 관한 일에 감사하지 못하거나 무지했을 것이다. 그렇지 않다면, 야곱은 자신이 비참한 존재였음을 진실하게 고백했다고 할 것이다. 만약 야곱이 진실을 말했다면, 이는 곧 그의 소망이 세상 것들에 붙잡혀 있지 않았음을 뜻한다.

족장들은 이 세상에서 나그네와 순례자일 뿐이었다

이 모든 거룩한 족장들이 하나님에게서 참으로 복된 삶을 기대했다면(이는 아무도 부정할 수 없는 사실이다), 그들은 세상의 삶에서는 찾을 수 없는 복락을 확실히 인정하고 갈망했다고 하겠다. 사도의 다음 기록은 이 사실을 잘 설명해 준다. "아브라함은 동일한 약속을 유업으로 함께 받은 이삭 및 야곱과 함께 장막에 거하면서, 마치 이방 땅에서 사는 것처럼 약속의 땅에서 믿음으로 살았도다. 이는 그들이 하나님께서 계획하시고 지으실 견고한 터가 있는 한 성을 바랐음이라. 그들은 그 약속을 받지 못했으나 멀리서 그 약속을 바라보고 자기들이 땅에서 나그네임을 증언하면서 모두 믿음으로 죽었도다. 그들이 이같이 말함은 자기들이 본향 찾는 자임을 나타내도다. 그들이 전에 떠났던 고향을 생각했더라면 고향으로 돌아갈 기회가 있었으나, 그들은 더 나은 고향 곧 하늘나라를 소망했도다. 그러므로 하나님께서 그들의 하나님으로 불리심을 부끄러워하지 않으시고 그들을 위하여 한 성을 예비하셨음이라."[히 11:9-10, 13-16]

만약 족장들이 다른 곳에서 그 약속이 성취될 것이라 기대하지 못한 채 세상에서는 성취를 볼 수 없는 그 약속을 그토록 부단히 추구했다면, 이는 그들이 나무토막보다도 감각이 없었음을 뜻할 것이다. 모세도 지적하듯이,[창 47:9] 족장들이 세상에서 나그네와 순례자로 알려졌다고 사도가 두드러지게 주장하는 이유 역시 바로 이것이다. 족장들이 가나안 땅에서 나그네였다면, 그들을 그 땅의 상속자로 삼으신 하나님의 약속은 어떻게 되는 것인가? 이것이 바로 하나님께서 그들에게 주신 약속은 세상 저 너머를 바라본다는 증거다. 족장들은 자기 무덤을 제외하고는 가나안 땅에서 발붙일 만큼의 공간도 얻지 못했다.[행 7:5] 이는 곧 그들이 죽음 이후에야 비로소 누릴 수 있는 약속을 소망했음을 증언한다. 그래서 야곱은 그의 아들 요셉에게 자기 시신을 옮겨 가도록 맹세시킨 곳에 장사되는 것을 중요하게 여겼다.[창 47:29-30] 동일한 이유로 요셉은 그의 유골을 그가 죽고 사백여 년이 지난 후에 가나안으로 가져가도록 명령한다.[창 50:25]

요약하면, 족장들은 그들이 했던 모든 일에서 언제나 장차 올 삶의 복을 기대했음이 매우 분명하다. 야곱이 더욱 위대한 복을 바라보지 않았다면, 자신에게 아무 유익도 없고 자신을 아버지의 집에서 쫓겨나게 했던 장자권을 그런 어려움과 위험을 무릅쓰면서까지 갈망했던 이유가 무엇이겠는가? 사실 야곱은 "주님, 내가 주님의 구원을 기다리겠나이다"라고 부르짖으며 마지막 숨을 거둘 때,[창 49:18] 자신의 의도를 명확하게 밝혔다. 야곱은 자신이 곧 죽게 될 것을 알고 있었고, 바로 그 죽음 가운데 새로운 삶의 시작을 보지 못했다면 어떻게 그가 하나님의 구원을 기다린다고 말할 수 있었겠는가? 그 진리를 반대하려 했던 자도 비슷한 통찰을 보여주었고 조금 맛보기도 했을 텐데, 도대체 왜 우리가 하나님의 자녀에 관해서 이 논쟁을 벌이고 있는 것인가? 발람이 자기 영혼이 의인의 죽음을 맞기를 바라고, 그의 마지막이 의인의 마지막과 같기를 바란다고 했던 것은 무슨 뜻이겠는가?[민 23:10] "성도의 죽음은 주님 보시기에 고귀하고,"[시 116:15] "죄인의 죽음은 슬픔으로 가득하도다"[시 34:21] 라고 다윗이 기록한 말을 발람이 마음 깊이 느꼈다는 사실이 분명하지 않겠는가? 인간의 최후 목표가 죽음이라면, 의인의 죽음과 악인의 죽음을 전혀 구별할 수 없었을 것이다. 그러므로 장차 올 세상에서 그 둘을 위해 예비된 지위야말로 두 가지 죽음을 구별해 준다고 하겠다.

선지자들 중에서 다윗은 영원한 소망에 대해 말했다

아직 우리는 모세의 책 다음으로 더 나아가지 않았다. 우리가 모세와 더불어 논쟁하고 있는 몽상가들은, 모세의 역할이란 풍요로운 소유와 풍족한 음식에 대한 약속으로 이스라엘이 여호와를 두려워하고 경외하게 하는 것이었다고 믿는다. 그러나 누구든 주어진 빛을 일부러 꺼뜨리려 하지 않는 한, 우리에게는 이미 영적 언약의 명백한 증거가 있다. 우리가 선지서로 계속 논의를 이어 간다면, 거기서 영생과 그리스도의 나라를 숙고하는 데 필요한 모든 빛을 발견하게 될 것이다.

다윗은 다른 이들보다 앞서갔기 때문에 하늘의 신비를 보다 모호하게 말했다. 그러나 과연 어떤 통찰과 확신으로 다윗은 그 한 목표에만 집중하여 가르쳤던가? 이 세상 거처에 대한 다윗의 관심은 다음과 같은 그의 말을 통해 분명하게 드러난다. "내가 내 모든 조상처럼 여기서는 순례자요 나그네이니이다. 모든 산 자는 다 헛되니, 각자 그림자처럼 지나가나이다. 이제 내가 무엇을 바라리이까? 주님, 나는 주님만 간절히 바라나이다."시 39:6-7, 12 의심의 여지 없이, 이 세상에는 확고하거나 영원한 것이 전혀 없음을 인정하면서 오직 하나님께만 확실한 소망을 두는 사람은 누구나 자신의 복이 이 세상 너머에 있다고 믿기 마련이다. 이것이 바로 다윗이 신자들을 위로할 때마다 자주 그 사실을 상기시키는 이유다. 그래서 다윗은 다른 본문에서 인생의 연약함과 덧없음을 설명한 후에 이렇게 덧붙인다. "그러나 주님의 자비하심은 그를 경외하는 자들에게 영원하도다."시 103:17 다른 곳에서도 다윗은 비슷하게 말한다. "태초에 주님은 세상의 기초를 놓으시며 하늘을 손수 지으셨습니다. 그것들이 모두 사라지더라도, 주님은 그대로 계실 것입니다. 그것들이 모두 옷처럼 낡을지라도, 주님은 옷을 갈아입듯이 그것들을 바꾸실 것입니다. 주님은 지금 계신 그대로 항상 계시고, 주님의 연수는 그치지 않을 것입니다. 주님의 종들의 자녀는 평안하게 살 것이며, 그들의 후손도 주님 앞에서 견고할 것입니다."시 102:25-28

하늘과 땅의 멸망에 상관없이 신자들이 하나님 앞에 굳건히 서 있을 수 있다면, 이는 곧 신자들의 구원이 그들의 영원함과 연결되어 있음을 뜻한다. 참으로 이 소망은 반드시 다음과 같은 이사야의 계시된 약속에 토대를 두어야만 지속될 수 있다. "주님께서 말씀하시나니, 하늘이 연기처럼 흩어질 것이요 땅은 옷처럼 헤어질 것이며, 그 거민들 역시 멸망하리라. 그러나 내 구원은 영원할 것이며 내 의는 실패하지 않으리라."사 51:6 이 말씀은 구원과 의가 영원하다고 주장하는데, 그 이유는 구원과 의가 하나님 안에 있기 때문이 아니라 하나님께서 그것을 인간에게 주시기 때문이다. 참으로 다윗이 성경 여러 곳에서 신자들의 복에 관해 말한 것은, 그가 하늘의 영광을 바라보며 말한 것으로 해석될 수밖에 없다. "주님은 그의 성도의 영혼을 보존하시고, 죄인들의 손에서 그들의 영혼을 구원하시리라. 빛이 의인들에게 비치며 기쁨이 마음이 정직한 사람들에게 샘솟을 것이다."시 97:10-11 "선한 자들의 의로움은 영원히 지속되어 그 능력이 영광 중에 높아질 것이나, 죄인들의 기대는 망하리라."시 112:9-10 "의인들이 주님의 이름을 찬양하리니, 흠 없는 자들이 주님과 함께 거하리이다."시 140:13 "의인들은 영원히 기억되리라."시 112:6 "주님께서 그 종들의 영혼을 구속하시리라."시 34:22

구약에서는 소망의 성취가 연기된다

주님은 그분의 종들이 악인들에게 고통당하도록 허락하실 뿐 아니라, 때로는 흩어져 멸망당하는 것도 허용하신다. 주님은 악인들이 하늘의 별처럼 빛나는 동안, 의인들이 어둠과 불행 가운데 계속 지쳐 가도록 내버려두신다. 주님은 신자들에게 그분의 얼굴빛을 숨기심으로써 즐거움을 그치게 하신다. 그래서 다윗도 이 사실을 결코 숨기지 않는다. 현재 상태의 세상을 면밀하게 들여다보면, 우리는 마치 결백한 사람은 하나님에게서 아무 보상도 받지 못하는 것처럼 느끼면서 극심한 혼란을 겪을 것이다. 의인들의 무리가 수치와 가난과 멸시와 여러 가지 재앙에 짓눌릴 때, 악은 얼마나 창궐하며 승승장구하는가! 다윗은 "내가 우매한 자들의 복을 시샘하고 악인들의 성공을 부러워했기 때문에 거의 넘어질 뻔하고 내 발걸음이 휘청거렸나이다"라고 부르짖는다.시 73:2-3 그런 다음, 다윗은 이런 것들을 기억하며 다음의 말로 시를 마무리한다. "내가 이것들을 바라보며 깊이 생각해 보았으나, 주님의 성소에 들어가 그들의 최후를 알게 되기까지 내 영혼은 혼란스럽기만 했다."시 73:16-17

구약 시대의 거룩한 족장들은 그 종들에 대한 하나님의 약속이 이 세상에서는 거의 이루어지지 않거나 하나도 이루어지지 않음을 모르지 않았다. 다윗의 이 한 가지 고백을 통해 우리는 그 사실을 배운다. 이것이 바로 족장들이 하나님의 성소를 앙망했던 이유다. 하나님의 성소에서 그들은 자기에게 보이지 않는 것들이 이 멸망할 세상에서 감춰져 있음을 깨닫는다. 비록 족장들이 하나님의 성소를 눈으로 보고 분간할 수는 없었다 하더라도, 그 성소는 우리가 바라는 하나님의 최후 심판이었고 그들이 믿음으로 이해하며 만족했던 것이다. 족장들은 이 확신으로 무장했다. 이 세상에 어떤 일이 생긴다 하더라도 하나님의 약속이 마침내 실현될 때가 반드시 오리라는 사실을 그들은 의심치 않았다. 다음과 같은 진술들이 그 사례다. "나는 의로운 중에 주님의 얼굴을 뵈오리니, 내가 깰 때에 주님의 형상으로 만족하리이다." 시 17:15 "나는 주님의 집에서 푸른 감람나무 같으리이다." 시 52:8 "의로운 자는 종려나무처럼 번성할 것이요, 그는 레바논 백향목처럼 무성할 것이니이다. 주님의 집에 심겨진 이들은 주님의 뜰에서 크게 번성할 것이요, 그들은 열매를 맺고 무성할 것이며 노년에도 왕성하리이다." 시 92:12-14 하나님의 나라가 나타나 완전히 뒤집힐 때가 아니면, 과연 언제 이 세상에 이런 아름다움과 활력이 나타나겠는가?

그러므로 선지자들은 영원을 향해 시선을 고정시킨 채 현재 겪는 불행의 고통을 경멸했고, 그 불행은 쉽사리 지나갈 것임을 믿었다. 그들은 다음과 같은 말로 담대하게 선포했다. "주님, 주님은 의인들이 영원히 멸망하는 것을 결코 허락하시지 않을 것이며, 악인들을 파멸의 구덩이로 밀어 넣으실 것이니이다." 시 55:22-23 이 세상에 악인들을 삼키는 파멸의 구덩이가 있는가? 성경의 다른 구절은 악인들이 누리는 복을 말한다. "그들은 편안하게 죽으며, 오래도록 지치지도 않는다." 욥 21:13 다윗이 때때로 애통해하듯이, 버려졌을 뿐 아니라 완전히 억압받고 패배당한 성도들에게 보장되어야 할 안전은 도대체 어디 있는가? 다윗의 관심은 온갖 폭풍으로 휩쓸리는 바다와 같은 이 세상의 불확실한 운행에 있지 않다. 다윗은 주님께서 심판을 주관하시며 하늘과 땅의 마지막 형상을 정할 때 행하실 일에 주목한다. 성경의 다른 곳에서 다윗이 이 점을 얼마나 훌륭하게 선언하고 있는가!

“어리석은 자들은 자기 재물을 의지하고 자기의 허다한 재산을 자랑하도다. 그러나 아무리 대단한 부자라 하여도 자기 형제를 죽음에서 구속할 수 없으며, 하나님께 그의 속전을 바칠 수도 없도다. 그들은 비록 지혜자나 우매자나 모두 자기 재물을 남에게 다 남기고 죽는 것을 보더라도, 여기서 영원한 거처를 갖게 되리라는 환상에 빠진다. 그들이 세상에서 명성과 명예를 얻으려고 애쓰지만, 사람은 아무리 영화를 누린다 해도 죽음을 피할 수 없으며 미련한 짐승과 같다. 그런 생각은 심히 우매하나, 많은 사람들이 그 생각을 따라 한다. 그들은 양 떼처럼 지옥으로 끌려갈 것이요, 사망이 그들을 사로잡으리로다. 동틀 때에 의인들이 그들을 다스릴 것이요, 그들의 영광은 사라지고 무덤이 그 거처가 되리라.” 시 49:6-14

그래서 우선 다윗은 속절없는 세상 즐거움을 의지하고 믿는 우매자들을 조롱하면서, 지혜자들은 다른 종류의 복을 구해야 한다고 주장한다. 또한 그는 악인들이 완전히 버림받을 것을 예고하고 신자들이 왕 노릇 할 것을 확언하면서 훨씬 더 명쾌하게 부활의 신비를 알려 준다. 우리가 다윗이 언급한 그 여명을, 현재의 생명이 끝난 후 새로운 생명이 나타나는 것 외에 도대체 다른 어떤 것으로 이해할 수 있겠는가?

악인에게는 결코 부활의 소망이 없다

따라서 그 시대 신자들에게는 언제든 위로를 찾으며 인내할 힘을 얻으려 할 때마다 되돌아가곤 하던 사상이 있었다. 그 사상은 다음 말씀으로 표현된다. “하나님의 진노는 잠깐이지만, 그의 인자는 평생에 이르도다.” 시 30:5 그 신자들은 평생 동안 고난을 당했으면서도, 어떻게 그들의 환난이 단지 잠깐이었다고 여길 수 있었을까? 그들은 하나님의 선하심을 누릴 시간이 거의 없었는데, 도대체 어떻게 하나님의 선하심이 영원토록 계속된다고 느낄 수 있었을까? 그들이 세상일에 골몰했다면, 하나님의 선하심에 대해서는 조금도 알아차릴 수 없었을 것이다. 그러나 그들이 시선을 하늘에 고정시킨 채 성도가 언제 시련을 견뎌 내야 하는지를 이해했을 때, 환난은 한줄기 바람에 불과하지만 그들이 장차 받을 하나님의 자비하심은 영원한 것으로 느껴졌다. 그뿐만 아니라, 아무리 악인들 스스로 복이 충만하다는 망상에 빠져 살더라도, 그들은 반드시 파멸할 것임을 신자들은 예견했다. 그러므로 신자들은 다음의 말씀을 잘 알고 있었다. "의인에 대한 기억은 복될 것이나, 악인에 대한 기억은 썩으리라."잠 10:7 "성도의 죽음은 주님 보시기에 귀하나, 죄인의 죽음은 가장 악하니라."시 116:15, 34:21 "주님은 그의 성도의 걸음을 지키시나, 악을 행하는 자들은 어둠 속으로 던져지리라."삼상 2:9

이 모든 말씀이 증명해 주는 대로, 신자들이 이 세상에서 어떤 불행을 당하더라도 그들의 마지막은 반드시 생명과 구원이 될 것이지만, 악인들의 화려하고 즐거운 복은 궁극적으로 파멸로 이어질 것임을 구약의 조상들은 충분히 잘 알고 있었다. 그래서 그들은 불신자들의 죽음을 "무할례자의 파멸"이라 부름으로써,겔 28:10 불신자들이 부활의 소망을 완전히 상실했음을 보여준다. 다윗은 그의 원수들이 생명책에서 지워져 의인들 곁에 기록되지 않기를 요청한다.시 69:28 다윗이 할 수 있는 가장 가혹한 저주가 이 요청이었던 이유 역시 그들이 부활의 소망을 완전히 잃었기 때문이다.

욥과 몇몇 선지자들의 증언

다른 나머지 관련 자료 중에서 욥의 다음 발언이 가장 기억할 만하다. "내 구속자께서 살아 계심과 마지막 날 내가 흙에서 일어나 내 육신을 입고 내 구속자를 볼 것을 나는 아노라. 이것이 곧 내 가슴에 숨겨진 소망이라."욥 19:25-27 자기를 지혜자로 나타내고 싶은 자들은, 이 구절이 가리키는 바가 마지막 부활이 아니라 주님께서 욥에게 친절하고 자애로우셨던 시절이라는 하찮은 주장을 편다. 혹시 그 주장이 부분적으로 타당하다고 가정하더라도, 그들이 좋아하든 그렇지 않든 상관없이 우리는 욥이 세상에 집착했다면 그 숭고한 소망을 품지 못했을 것이라고 계속해서 주장할 수 있다.

그러므로 우리는 욥이 마치 무덤 속에 있는 자처럼 그의 구속자를 기다렸기에, 그가 자기 눈을 들어 장래의 불멸함을 바라보았다는 사실을 인정해야 한다. 세상에서의 삶만 생각하는 자에게는 죽음이 궁극적인 절망이겠지만, 죽음조차도 욥에게서 그 소망을 빼앗을 수 없었기 때문이다. 욥은 이렇게 부르짖는다. "그가 나를 죽이실지라도, 나는 쉬지 않고 그에게 소망을 두리라."욥 13:15 어떤 까다로운 자들이 항변하기를, 그런 생각은 아주 드물게 나타나기 때문에 그 생각이 유대인의 일반적 신념이라고 볼 근거가 전혀 없다고 한다면, 비록 그 수는 적더라도 그런 생각을 말한 사람들이 이 말씀으로 전달하려 했던 것은 오직 소수의 탁월한 지성만 이해할 수 있는 은밀한 지혜는 아니었다고 나는 즉시 응수하겠다. 그렇게 말한 사람들은 성령에 의해 백성의 교사가 되었다. 그들의 역할은 가르치는 것이었기 때문에, 그들은 이 가르침을 민족 전체가 받아들이도록 널리 알렸다. 이처럼 성령은 이 분명한 신탁들을 통해 유대인의 교회에 있는 영적 생명을 증거하셨고, 그 생명에 대한 확고한 소망을 주셨다. 우리가 이 신탁들을 듣고서도 유대인에게는 기껏해야 세상과 세상적인 복에 관한 육신적 언약만 있었다고 여긴다면, 그런 태도는 참으로 견딜 수 없는 완고함이라 하겠다.

후기 선지서에 이르면, 내 주장을 입증하는 데 유용한 보다 적절하고 풍부한 자료를 얻을 수 있다. 우리가 다윗과 욥과 사무엘과 더불어 수월하게 승리를 얻을 수 있다면, 여기서는 훨씬 더 손쉽게 승리를 거두는 즐거움을 누릴 것이다. 주님은 그분의 자비로운 언약을 베푸심에 있어서 그 온전한 계시의 날이 점점 더 가깝게 다가올수록 그분의 가르침을 더욱 분명하게 밝히셨기 때문이다. 주님께서 아담에게 첫 약속을 하셨던 태초에는, 비유컨대 아주 작은 몇 개의 불빛밖에 없었던 이유가 바로 여기 있다. 이후로 의의 태양이신 주 예수 그리스도가 모든 구름을 몰아내고 온 세상을 가득 비추게 되기까지, 그 빛은 나날이 점점 더 커지고 강력해졌다.말 4:2 그러므로 선지자들의 증언으로 우리의 주장을 입증하려 할 때, 혹시라도 선지자들이 우리를 실망시킬 것이라는 염려는 하지 않아도 된다.

다만, 이 주제는 매우 광범위하다. 내가 할 수 있는 것보다 훨씬 오랜 시간을 이 주제에 할애한다면, 나는 두꺼운 책 한 권을 충분히 채울 수 있을 것이다. 하지만 나는 평범한 수준의 독자들이 스스로 이런 사안을 정리할 수 있는 방법을 이미 충분히 제시했다고 생각한다. 그래서 불필요한 사안들에 대해 자칫 장황하게 말을 늘어놓지 않도록 조심하겠다. 내가 여러분에게 바라는 유일한 한 가지는, 내가 전달한 핵심을 잘 기억하여 이 사안들을 바르게 이해하는 데 활용하는 것이다. 신자들에게 약속된 복은 이 세상에서 흐릿하고 희미한 그림자로 나타난다. 선지자들은 그 복에 대해 설명했는데, 여기서 유의해야 할 점이 있다. 선지자들이 그림처럼 선명하게 제시하는 하나님의 선하심을, 그들이 세상적인 유익을 위해 비유로 제시하는 하나님의 선하심과 항상 세심하게 구별할 줄 알아야 한다는 것이다. 그들은 이 두 가지 방식으로 하나님의 선하심을 묘사하며 사람들의 마음을 세상 위로, 곧 이 세상의 것들과 이 썩을 세계 위로 높이 들어 올림으로써 그들이 영적 생명의 복에 대해 묵상하도록 인도한다.

여기서는 이와 관련된 한 가지 사례만 제시해도 충분하다. 바벨론으로 사로잡혀간 이스라엘은 그들의 유배 생활과 그들이 느낀 절망을 일종의 죽음으로 여겼다. 그 결과, 이스라엘은 에스겔을 통해 주어진 회복의 약속에 설득되지 못하고 그 약속을 한낱 허구나 거짓말로 취급했다. 그들은 그 약속이 썩어 가는 시체가 일으켜져 다시 소생하는 일과 다름없다고 생각했다. 그러나 주님은 어떤 어려움도 이스라엘에 대한 그분의 은혜를 막을 수 없음을 증명하시고자 했다. 주님은 에스겔 선지자에게 뼈들로 가득한 골짜기의 환상을 보이시고, 그로 하여금 주님 말씀의 권능만으로 단 한 순간에 그 뼈들에게 생명과 기력을 불어넣도록 하신다.[겔 37:1-14] 이 환상은 백성의 불신을 바로잡는 데 효과적이었다. 동시에 이 환상은 이미 주어진 귀환의 약속보다 하나님의 권능이 훨씬 더 위대하다는 사실도 가르쳐 주었다. 하나님의 명령만으로 에스겔이 사방에 흩어져 있는 뼈들을 쉽게 소생시켰기 때문이다. 이 본문을 이사야의 본문과 비교할 수도 있다. "죽은 자들이 다시 살아날 것이요, 그들이 그들의 육체로 부활하리라."[사 26:19] 이 권면의 말씀 뒤에 다음과 같은 말씀이 이어진다.

"너희 티끌에 누운 자들아, 깨어나 일어서라! 주님의 이슬은 생기를 불어넣는 이슬이니, 이슬을 머금은 땅이 오래전에 죽은 자들을 다시 내놓으리라. 내 백성이여, 가서 너희 장막에 들어가 너희 문을 닫을지어다. 내 진노가 지날 때까지 잠시 숨을지어다. 보라, 주님께서 그의 처소에서 나오셔서 땅에 거하는 자들의 불의를 심판하시리라. 땅은 그 속에 스며든 피를 드러낼 것이요, 그 살해당한 자들을 더는 숨기지 않으리라." 사 26:19-21

이 규칙이 다른 모든 본문에도 반드시 적용된다는 뜻은 아니다. 몇몇 본문들은 비유적이지도 모호하지도 않다. 우리가 이미 다루었듯이, 그 본문들은 하나님의 나라에서 신자들에게 준비된 미래의 불멸을 가리킨다. 그 외에도 여러 본문들이 있지만, 여기서는 주요한 두 본문만 소개하려고 한다. 첫 번째 본문은 이사야서 구절이다. "내가 창조한 새 하늘과 새 땅을 내 앞에 서게 하듯이, 네 씨도 영원히 있으리라. 달은 달을 잇고, 안식일도 계속 이어지리라. 모든 육체가 나아와 내 면전에서 경배하리라. 여호와의 말씀이니라. 나를 멸시한 죄인들의 시체 위에 수치가 쌓일 것이라. 그들 위의 벌레는 죽지 아니할 것이요, 그들 위의 불도 꺼지지 아니하리라." 사 66:22-24 두 번째 본문은 다니엘서에 있다. "그날에 위대한 천사장 미가엘이 일어나리니, 그의 임무는 하나님의 자녀들을 보호하는 것이 되리라. 환난의 때가 오리니, 이는 세상이 창조 이후로 전혀 알지 못했던 것이라. 이후로 책에 기록된 모든 백성에게 구원이 있으리라. 땅의 티끌 가운데 자는 이들이 일어나리니, 어떤 이들은 영원한 생명을 위하여, 또 어떤 이들은 영원한 수치를 위하여 일어나리라." 단 12:1-2

구약과 신약은 그리스도 안에 있는 생명을 함께 증언한다

나는 다음 두 가지 사실을 증명하기 위해 특별히 노력을 기울이지 않을 것이다. 하나는 족장들이 그리스도를 하나님께서 그들에게 하신 약속에 대한 보증과 증표로 소유했다는 사실이고, 다른 하나는 족장들이 궁극적 복을 바라며 그리스도를 믿었다는 사실이다. 이 두 가지 사실은 쉽게 이해되며, 논쟁할 필요가 훨씬 적다는 것이 밝혀졌다. 그러므로 우리의 결론은, 하나님께서 이스라엘 백성과 맺으신 더 이른 시기의 언약은 세상 것들에만 관련되지 않았다는 것이다. 그 언약은 영원한 영적 생명에 대한 확실한 약속을 담고 있었다. 여기에는 이 언약에 묶이기로 진실로 동의한 모든 이의 마음에 각인되었을 소망도 포함된다.[3]

이 주장은 마귀의 어떤 간계로도 뒤집힐 수 없다. 하나님께서 유대인에게 주셨던 모든 것 혹은 유대인이 하나님의 손에서 받으리라 기대했던 모든 것은, 그들의 배를 채워 주는 것이어야 했고, 육신의 쾌락을 탐닉하게 해주는 것이어야 했으며, 풍부한 재물을 즐기고 높은 명예를 얻게 해주는 것이어야 했으며, 엄청난 자녀의 복을 누리게 해주는 것이어야 했으며, 세상 사람들이 사모하는 무엇이든 다 채워 주는 것이었다는 광적이고 사악한 사상은 종식되어야 한다. 예수 그리스도께서 오늘날의 신자들에게 약속하신 천국은 아브라함과 이삭과 야곱이 안식하고 있는 바로 그 천국이기 때문이다.[마 8:11] 베드로는 그의 시대 유대인이 복음의 은혜를 상속한 자들이라고 말했다. 베드로에 따르면, 그 이유는 유대인은 하나님께서 오래전 이스라엘과 맺으신 언약에 포함된 이들로서 선지자들의 후예이기 때문이다.[행 3:25] 주 예수께서는 이 사실을 말씀으로만 아니라 행위로도 확증해 주셨다. 예수께서는 그가 부활하신 바로 그때에 많은 성도들을 그의 부활에 참여케 하심으로써 그들이 예루살렘에 나타나도록 하셨기 때문이다.[마 27:52-53] 이런 방식으로 예수께서는, 인간의 구원을 성취하기 위해 그가 행하시고 고난당하신 모든 것이 우리를 위한 것인 만큼이나 구약의 성도들을 위한 것이라는 사실을 확실히 보증하셨다.

참으로, 유대인은 우리가 받은 성령을 동일하게 받았고, 성령을 통해 하나님은 그분의 사람들을 영원한 생명으로 중생하도록 하셨다. 이제 우리는 우리 속에 불멸의 씨앗과 같이 계시고, 따라서 우리 유산의 보증으로 불리시는 하나님의 성령이 그들 안에도 계셨음을 알고 있다.[엡 1:14] 그렇다면 우리가 어찌 감히 그들에게서 생명의 유업을 빼앗을 수 있겠는가? 당시 사두개인은 영혼의 부활과 불멸을 부인할 만큼 너무도 아둔했다. 우리 시대에 분별력을 갖춘 사람이라면 누구나 이 두 가지가 성경에 명백하게 계시되어 있음을 알기에 그 아둔함에 놀랄 수밖에 없을 것이다.

오늘날 우리는 유대 민족 전체에 만연한 야만적인 무지를 목도한다. 그들은 어리석게도 그리스도의 지상 왕국을 기대한다. 이 무지함은 예수 그리스도와 그의 복음을 거부한 탓에 당한 형벌임이 예언되었다는 사실만 제외하면, 우리는 이 무지함에 대해서 사두개인의 경우와 똑같은 충격을 느낀다. 유대인은 그들이 받은 빛을 스스로 꺼뜨리고 어둠을 택했기 때문에, 하나님께서 그들에게 그런 무지함의 형벌을 내리신 것은 정당한 일이었다. 그러므로 그들은 여전히 모세의 책들을 읽으며 깊이 숙고하고 있지만, 수건으로 덮여 그리스도의 얼굴빛을 바라보지 못하고 있다.고후 3:14-15 그들이 모세를 그리스도께로 다시 데려갈 줄 알게 된 다음에야 비로소 그 수건은 벗겨질 것이다. 현재 그들은 있는 힘을 다해서 모세를 그리스도에게서 멀리 떨어뜨리려 애쓰고 있기 때문이다.

구약과 신약의 차이점: 미숙한 자를 위해 허락된 구체적인 보상

누군가는 다음과 같이 말하고 싶을 것이다. "구약과 신약 사이에는 어떤 구별도 남아 있지 않다는 것인가?" "성경의 한 구절이 다른 구절과 극명한 대비를 이룰 때, 그 구절을 어떻게 이해해야 하는가?" 내 대답은 이렇다. 우리를 위해 언급된 구약과 신약의 모든 차이점이 우리가 이미 확립한 구약과 신약의 통일성을 훼손하지 않는다면, 나는 즐거이 그 모든 차이점을 수용하겠다. 일단 우리가 이 차이점들을 질서 정연하게 논의하고 나면 내 말이 쉽게 이해될 것이다. 지금까지 내가 신중한 성경 연구를 통해 알게 된 바에 따르면, 모두 네 가지 차이점이 있다. 혹시 누가 다섯 번째 차이점을 추가하고 싶다면, 나는 굳이 반대하지 않겠다. 나는 이 모든 차이점은 하나님께서 가르치시는 내용보다는 그분이 가르치시는 다양한 방식들에 관련된다고 감히 말하고 싶다. 따라서 구약과 신약의 약속들이 동일하다는 것과, 그리스도가 구약과 신약의 유일한 토대이심을 주장하지 못할 이유가 전혀 없다. 첫 번째 차이점은, 하나님은 언제나 자기 백성이 그 지성과 마음을 하늘의 유업에 고정시키기를 바라셨지만, 그들이 보이지 않는 것들을 소망하도록 자극하기 위해 그 유업을 세상적인 유익의 형태로 제시하심으로써 그것을 조금 맛볼 수 있게 하셨다는 데 있다. 그러나 이제 하나님께서 복음을 통해 장차 올 생명의 은혜를 더욱 분명하게 계시하셨으므로, 이스라엘 백성에게 하셨듯이 간접적인 수단으로 우리를 훈련하지 않으시고 우리 마음을 변화시켜 오직 그 생명에만 집중하도록 하신다. 이 하나님의 계획을 모르는 자들은, 고대 유대인에게는 육체의 안위에 도움이 되는 것들을 추구하는 것 이상의 고상한 욕망은 전혀 없었다고 믿는다. 그들은 말하기를, 가나안 땅은 하나님의 율법을 준수하는 이들에게 빈번히 최고의 상급으로 불린다고 한다. 또한 그들은 하나님께서 하실 수 있는 가장 엄중한 위협은, 그분이 유대인에게 주신 땅에서 그들을 끌어내어 이방 나라들 중에 흩어 버리시는 것이라 평가한다. 실제적으로 모세가 선포한 모든 복과 저주는 이 주제 하나로 압축될 수 있다고 그들은 마지막으로 지적한다. 이를 근거로 그들이 내린 결론에 따르면, 하나님은 유대인의 유익을 위해서가 아니라 우리의 유익을 위해 유대인을 다른 민족들로부터 구별하셨고, 그럼으로써 기독교회는 영적인 것에 대해 묵상할 외적 형상을 갖게 되었다.

그러나 성경이 보여주듯이, 하나님은 그분이 지상에서 맺으신 모든 약속을 통해 마치 손을 잡고 인도하듯이 유대인을 이끌어 하늘의 은사들에 대한 소망을 갖게 하시려 했다. 이것이 바로 하나님께서 그들에게 사용하신 방법임을 이해하지 못한다면, 그것은 순전한 무지이거나 엄청난 어리석음이다. 우리가 저들과 논쟁해야 할 점도 바로 이 부분이다.[4] 그들은 이스라엘 사람들이 최고의 복된 장소로 여겼던 가나안 땅이 우리 입장에서는 우리의 하늘 유업을 나타낸다고 주장한다. 그러나 이스라엘은 그들이 즐기던 이 세상의 소유물 속에서도 그들을 위해 하늘에 준비된 미래의 유업을 바라보았다고 우리는 주장한다.

이 점은 바울이 갈라디아서에서 사용하는 비유를 통해 보다 분명해진다. 거기서 바울은 유대인을 가리켜 아직 너무 어려서 스스로를 보호할 수 없기 때문에 후견인이나 가정교사의 감독을 받는 아이에 비유한다.[갈 4:1-2] 바울이 예식 문제에 주로 관심을 기울인 것은 사실이지만, 어떤 것도 바울이 말한 바를 현재 우리의 목적에 적용하지 못하게 막을 수 없다. 그래서 우리는 유대인에게 우리와 동일한 유업이 맡겨졌음과, 그러나 유대인은 그 유업을 충분히 즐거워할 수 없었음을 알게 된다. 유대인 중에도 우리와 동일한 교회가 존재했으나, 그 교회는 여전히 미숙한 상태였다. 이것이 바로 주님께서 유대인을 감독 아래 계속 두시면서 영적 복에 대한 직접적인 약속을 주지 않으시고, 상징적이고 비유적인 형식의 세상적 복으로 약속을 주신 이유다. 따라서 주님은 아브라함과 이삭과 야곱과 그들의 모든 후손을 불멸의 소망 안으로 받으시기 위해 가나안 땅을 그들의 유업으로 약속하셨다. 이는 그들의 마음이 가나안 땅에 있게 하기 위한 것이 아니라, 가나안 땅을 바라보는 것이 그들 속에 있는바 아직 보이지 않는 참된 유업에 대한 확실한 소망을 굳건히 하기 위함이었다. 주님은 유대인이 미혹받지 않도록 그들에게 더욱 숭고한 약속을 주셨는데, 그 약속은 주님께서 그들에게 베풀고자 하신 가장 중요하거나 주요한 유익은 가나안 땅이 아님을 확신하게 했다. 그래서 아브라함은 그가 가나안 땅을 소유하리라는 약속을 기쁘게 받으면서도 보이는 것에 시간 낭비하지 않았으며, 오히려 "아브라함아, 내가 너의 보호자요 네가 받을 아주 큰 상급이라"는 약속으로 고양되었다.[창 15:1] 아브라함의 궁극적 상급은 하나님 안에 있었기에, 그가 이 세상의 덧없는 상급을 바라지 않고 썩지 않는 하늘 상급을 바랐음을 우리는 알고 있다. 우리는 아브라함이 가나안 땅을 소유할 것이라는 하나님의 약속은 그에게 하나님의 선한 뜻을 알리는 표적이요, 하늘의 유업에 대한 형상이었음도 알고 있다.

이 점 역시 신자들의 사고방식이었다는 사실은 그들이 했던 말을 통해서 분명해진다. 다윗은 하나님께서 베푸신 세상적인 복에 감동되어 그분의 주권적 은혜를 묵상한다. "주님, 내 마음과 내 육체가 주님을 뵈려는 열망으로 수척해 가나이다. 주님은 나의 영원한 유업이시나이다."시 73:26 "주님은 내 유업의 분깃이시니, 그는 내 전부이시로다."시 16:5 "내가 주님께 부르짖어 말하기를, 주님은 내 소망이요 산 자들의 땅에서 내가 받은 유업이시니이다 하였도다."시 142:5 이처럼 담대하게 말했던 모든 사람은 이 세상과 현재하는 모든 것을 등지고 떠났음이 확실하게 증명된다. 그렇지만 선지자들은 장차 올 세상의 복락을 묘사할 때 그들이 하나님께 받은 형상과 형식을 가장 자주 사용한다. 이 유형에 따라 우리는 다음의 본문들을 해석해야 한다. "의인들은 땅을 그들의 몫으로 상속하겠지만, 악인들은 땅에서 끊어지리라."시 37:9, 잠 2:21-22 "예루살렘은 부요함으로 가득할 것이요, 시온은 풍성한 좋은 것으로 가득하리라."사 60:5 우리는 이 유형이 순례길을 닮은 현재의 죽을 생명을 가리키지 않으며, 또한 그것이 지상의 도성 예루살렘에 적용되지 않고 오직 신자들의 진정한 본향, 곧 하나님께서 "복과 영생"을 준비하신 하늘의 도성에 적용된다는 것을 잘 이해하고 있다.시 133:3

이것이 바로 구약의 성도들이 오늘날 우리보다 현재 삶을 더욱 크게 고려했던 이유다. 구약의 성도들은 현재 삶을 그들의 최종 목표로 삼아서 거기에 집착하지 말아야 함을 잘 알고 있었다. 다만, 구약이 그들에게 하나님의 은혜를 제시함에 있어서 그들의 미숙함을 고려해 그들의 소망을 확증하고자 했던 것이다. 그래서 구약의 성도들에게 현재 삶은 그 자체로 단순하게 받아들여지지 않고 훨씬 더 호소력 있게 다가왔다.

주님께서 신자들을 향한 그분의 선한 뜻을 세상적인 유익을 수단으로 증거하심으로써 그들이 목표로 삼아야 할 영적인 복을 제시하셨듯이, 그분이 악을 행하는 자들에게 내리신 육체의 형벌은 유기된 자들에게 임할 미래의 심판을 알리는 표적이었다. 그러므로 하나님께서 베푸신 혜택이 구약 시대에는 세상 것들에서 보다 잘 나타났듯이, 그분의 공의로운 심판의 역사도 그러했다.

그 시대에 유효했던 형벌과 상급의 유사점 및 일치점을 관찰할 줄 모르는 무지한 자들은 구약의 하나님과 신약의 하나님이 너무 다르다며 놀라워한다. 사실, 구약 시대에 하나님은 인간이 그분께 범죄하는 즉시 매우 신속하고 기민하게 엄격한 보응을 하셨으나, 지금은 그 진노를 누그러뜨리시고 보다 부드럽게 대응하시며 가끔씩만 벌을 내리신다. 그래서 그들은 구약의 하나님과 신약의 하나님이 서로 다른 하나님이라는 상상까지 하게 되는 것이다.[5] 그러나 앞에서 살펴보았듯이, 우리가 하나님께서 시대별로 베푸신 은혜의 방식을 염두에 두면, 이 차이점에 대해 조금도 거리낌을 갖지 않게 될 것이다. 다시 말해, 하나님께서 이스라엘 백성과 맺으신 그분의 언약을 다소 감춰진 형식으로 유지하시는 동안, 그분은 한편으로 세상적인 복에 대한 약속으로 영원한 복을 상징하려 하셨고, 다른 한편으로는 악인들을 기다리는 두려운 저주를 육체의 형벌로 상징하려 하셨다.

구약의 그림자와 신약의 실체

구약과 신약의 두 번째 차이점은 형상의 사용에서 나타난다. 구약은 아직 실체가 없는 시기에 그 실체를 비유적인 형태로 표현한다. 구약은 실체의 그림자를 가지고 있는데, 이 실체는 신약에서 실제적으로 존재하게 된다. 구약과 신약이 대비를 보이는 거의 모든 구절은 바로 이 차이를 근거로 설명할 수 있다. 성경에서 히브리서가 이 문제에 대해 가장 많은 빛을 던져 준다. 히브리서에서 사도는 모세의 의식을 폐지하는 것이 종교 전체를 파괴하는 것이라 믿었던 이들과 논쟁하고 있다. 이 오류를 반박하기 위해 사도는 예수 그리스도의 제사장직에 관한 선지자의 모든 말씀을 우선적으로 인용한다.[시 110:4, 히 7:11] 아버지께서 그를 영원한 제사장으로 임명하셨으므로 한 제사장이 다른 제사장을 계승하던 레위 계열 제사장직이 다른 제사장직으로 대체된 것이 확실하다. 사도는 새로운 제사장직이 옛 제사장직보다 우월하다는 사실을 증명하기 위해, 새로운 제사장직이 맹세로 수립되었음을 제시한다.[히 7:21] 이에 덧붙여, 사도는 그렇게 제사장직이 이

전되었을 때, 언약 역시 이전되었다고 말한다. 또한 율법이 그 연약함으로 인해 인간을 온전케 할 수 없었으므로 이 제사장직이 필요했다고 단언하고 나서,히 7:19 계속해서 율법의 연약함의 본질에 대해 논의한다. 사도의 선언에 따르면, 율법은 의의 외적인 행위에 의존하기 때문에 연약했다. 이 외적인 행위는 결코 율법 준수자를 양심에 대해 온전하게 해줄 수 없는데, 그 이유는 미련한 짐승의 피는 죄를 없앨 수 없고 진정한 거룩함을 얻게 할 수도 없기 때문이다. 그러므로 사도는 이렇게 결론짓는다. "율법에 있었던 것은 장차 올 선한 것들의 그림자요 참 형상은 아니니라."히 10:1 그것들은 복음서 안에서 참 형상으로 생생하게 나타난다.

여기서 우리는 사도가 율법의 언약을 어떤 기준에서 복음의 언약과 대조하는지 질문해야 한다. 모세의 역할은 그리스도의 역할과 비슷하다. 이 대조가 약속의 본질에 관한 것이라면 두 언약 사이에는 심각한 모순이 발생할 것이기 때문이다. 그러나 우리는 사도가 뭔가 다른 것을 말하려 했음을 알기 때문에, 완전한 진실이 드러나도록 그가 의도한 바를 깊이 헤아려 보아야 한다.

그렇다면 하나님께서 단번에 세우셔서 영구한 효력을 갖게 하신 언약을 우리 앞에 놓아 보자. 그 언약의 성취는 예수 그리스도 안에서 확증되고 승인된다. 이를 기다리는 동안 주님은 모세를 통해 그 성취의 표징과 상징으로서 의식들을 제정하셨다. 그래서 율법에 규정된 의식들이 중단되고 예수 그리스도를 위해 자리를 내주어야 했는지에 관한 논쟁이 있었다. 비록 이 의식들은 구약의 우발적이거나 부수적인 측면에 불과하지만, 하나님께서 자기 백성을 그분의 가르침에 지속적으로 충실하게 하시려는 수단이었기 때문에, "언약"이라는 이름을 가지고 있다. 성경은 이 의식들이 가리키는 것의 이름을 관례상 성례로 부르기 때문이다. 요약하면, 여기서 구약은 주님의 언약이 유대인에게 확증되는 데 필요한 엄숙한 수단이며, 제사와 기타 의식들로 구성된다.

우리가 이 의식들의 이면으로 들어가지 않는 한 그 속에는 확고하거나 영속적인 것이 아무것도 없기 때문에, 사도는 더 나은 언약의 보증이자 중재자이신 예수 그리스도께 복종하기 위하여 그 의식들은 중단되고 폐지되어야 한다고 주장한다. 예수 그리스도를 통하여 마침내 영원한 성결이 택하심을 받은 이들을 위해 성취되고, 구약 시대에는 그대로 남아 있던 범죄들이 완전히 소멸된다.히 7:22, 10:14 다른 정의가 더 낫다면, 구약은 하나님께서 유대인에게 베푸신 가르침이었다고 우리는 말하고 싶다. 구약은 효력과 실체가 결여된 의식들의 준수로 덮여 있었다. 따라서 구약은 그것이 성취되는 시점에 이르러 그 실체가 드러날 때까지 임시적인 것이었으며 잠시 중지된 채로 있었다. 구약은 그리스도의 피로 승인되고 세워졌을 때 비로소 새롭고 영원한 것이 된다. 이것이 바로 그리스도께서 그의 만찬에서 제자들에게 주신 잔을 "새 언약의 잔"으로 부르시는 이유다.마 26:28 이는 하나님의 언약이 그리스도의 피로 봉인되었을 때 그 실체가 성취되었음을 나타낸다. 이렇게 하여 영원한 새 언약이 수립되었다.

그러므로 바울은 그리스도가 육신으로 유대인에게 나타나시기 전에는 그들이 율법의 후견을 받으며 그리스도께로 인도함을 받았다고 기록한다. 이때 바울이 뜻한 바는 분명하다.갈 3:24 바울은 유대인이 하나님의 자녀이자 상속자라고 단언하지만, 아직 그들은 가정교사의 보살핌이 필요한 유아기에 머물러 있다고 묘사한다. 의의 태양이 떠오르기 전에는 계시가 덜 명료하고 이해가 덜 신속했던 것이 지극히 당연하다.말 4:2 주님은 유대인이 여전히 멀리서 볼 수 있는 방식으로 그 말씀의 빛을 그들에게 나눠주셨다. 이처럼 바울은 "유아기"라는 단어를 사용하여 유대인의 제한된 이해를 설명한다. 그리스도가 계시되셔서 그의 사람들에게 더욱 위대한 지식을 베푸시고 그들을 강하게 하여 유아기에서 벗어나게 하실 때까지, 주님은 유대인을 마치 초등 교육이 알맞은 어린아이를 대하듯 의식들을 수단으로 가르치시려 했던 것이다. 예수 그리스도 자신도 "율법과 선지자는 세례자 요한까지이나, 이후로는 하나님의 나라가 선포되었도다"눅 16:16라고 말씀하실 때 이 구분을 하셨다. 모세와 선지자들은 그들의 시대에 무엇을 가르쳤는가? 그들은 사람들에게 최종적으로 계시되어야 할 지혜를 조금 맛보게 해주었으며, 그 계시를 멀리서부터 가리켰다. 그러나 예수 그리스도를 곧장 가리키는 것이 가능해졌을 때, 하나님의 나라는 활짝 열렸다. 그리스도 안에 감춰진 모든 지혜와 가르침의 보화들이 우리를 하늘의 가장 높은 영역 가까이 올라갈 수 있도록 돕기 때문이다.골 2:3

이 중에서 어떤 것도, 믿음의 신실함에 있어서 아브라함에게 필적할 자는 기독교회에서 거의 찾아볼 수 없다는 사실과, 혹은 선지자들이 나타낸 사상이 매우 심오해서 지금도 온 세상을 비출 수 있을 정도라는 사실과 전혀 상충되지 않는다. 우리는 주님께서 각 사람에게 베푸신 은사들이 무엇인지를 아는 데 관심이 있는 것이 아니라, 그분이 그들의 시대에 맡기신 사역이 무엇인지를 아는 데 관심이 있기 때문이다. 선지자들이 다른 누구보다 많이 누렸던 예외적인 특권에도 불구하고, 이런 사역의 특징은 그들의 가르침에도 분명하게 나타난다. 선지자들의 설교에서 뭔가 멀리 있는 것이 형상을 입고 나타나기 때문에, 그들의 설교가 선명하지 못했던 것은 사실이다. 그뿐만 아니라, 선지자들이 받은 계시가 무엇이었든지 그들 역시 모든 백성과 마찬가지로 감독을 받는 상태였기 때문에, 그들도 다른 이들과 함께 미숙함 가운데 있었다. 마지막으로, 선지자들 중 누구도 자기 시대의 희미함에 대해 전혀 숙고하지 않아도 될 만큼 선명한 이해를 갖지는 못했다. 따라서 그리스도는 이렇게 선포하셨다. "많은 왕들과 선지자들이 너희가 보는 것을 보기를 소원했으나 보지 못했고, 너희가 듣는 것을 듣기를 소원했으나 듣지 못했도다. 너희 눈이 복되니 이는 너희가 봄이요, 너희 귀가 복되니 이는 너희가 들음이라."마 13:16 너무 당연하게도, 예수 그리스도는 그의 임재를 통해 전에 그 왕들과 선지자들이 가질 수 없었던 하늘의 신비에 대한 완전한 이해를 사람들에게 가져다주는 특권을 지니신다.

죽음은 율법을 통해, 생명은 복음을 통해

이제 구약과 신약의 세 번째 차이점을 살펴보자. 이 차이점은 다음과 같은 예레미야의 말에서 발견된다. "주님께서 말씀하시기를, 보라 내가 이스라엘 집과 유다 집과 새로운 언약을 맺을 날이 이르리라. 그 언약은 내가 너희 조상들을 그 손을 잡고 이집트 땅에서 이끌어 냈을 때에 그들과 맺은 언약과 같지 않도다. 이는 내가 그들을 다스리는 주님이었으나, 그들이 내 언약을 깨뜨려 버렸음이라. 그러나 그날 후에 내가 이스라엘 집과 맺을 언약은 이러하니, 나는 내 율법을 그들의 속에 두며 그들의 마음에 기록할 것이라. 나는 그들의 죄를 자비롭게 용서하리니, 그리하여 각 사람이 자기 이웃을 가르쳐 '너는 주님을 알라' 하지 아니하리라. 이는 작은 자로부터 큰 자까지 모두가 나를 알 것임이라." 렘 31:31-34

이 예레미야서 본문은 바울이 율법과 복음을 대조할 때 동기를 준 것이다. 고후 3:6-11 바울은 율법을 문자적 교훈이요, 돌판 위에 기록된 죽음과 저주의 설교라고 부른다. 그리고 마음에 새겨진바 생명과 의를 위한 영적인 교훈을 복음이라고 부른다. 율법은 폐지되어야 하지만 복음은 영원할 것이다. 여기서 바울의 의도는 예레미야서 본문의 뜻을 설명하려는 것이다. 따라서 바울과 예레미야가 서로 약간 다르기는 하지만 둘 중 하나만 숙고해도 그 둘을 다 이해하는 데 충분할 것이다. 다만, 바울은 예레미야보다 훨씬 불편한 마음으로 율법에 대해 말한다. 이는 바울의 관심이 단지 율법의 본질에 있었기 때문이 아니라, 어떤 자들이 율법의 의식에 대한 과도한 열정으로 복음의 빛을 흐리고 있었기 때문이다. 그래서 바울은 그들의 오류와 어리석은 열정을 두고 논쟁을 벌일 수밖에 없었다. 이것이 우리가 고려해야 할 바울의 특별한 상황이다.

바울과 예레미야는 모두 옛 언약을 새 언약과 대조하기 때문에, 율법을 숙고할 때 둘 다 엄격하게 오직 율법에 속한 것만을 다룬다. 예를 들어, 율법의 여러 다양한 곳에 하나님께서 베푸신 자비의 약속들이 담겨 있지만, 그 약속들이 다른 곳에서 유래하기 때문에 율법의 본질을 다룰 때는 고려되지 않는다.[6] 바울과 예레미야가 하는 모든 일은, 선하고 의로운 것을 명령하고 악한 것을 금지하는 기능과, 의를 지키는 자에게 보상을 약속하고 죄인에게 하나님의 보응으로 위협하는 기능을 율법에 귀속시키기 위한 것이다. 그러나 율법은 모든 인간의 선천적인 부패함을 바꾸거나 바로잡을 수 없다.

이제 사도가 제시한 대조를 한 문장씩 설명해 보자. 사도가 보기에 옛 언약은 성령의 실제적인 역사 없이 알려졌기 때문에 문자적 의미에 그친다. 새 언약은 영적인데, 주님께서 자기 백성의 마음에 새 언약을 새기셨기 때문이다. 그러므로 두 번째 대조는 첫 번째를 분명하게 하는 역할을 한다. 옛 언약은 죽음을 가져온다. 옛 언약이 할 수 있는 일이란 오직 죄의 저주에 온 인류를 연루시키는 것뿐이기 때문이다. 새 언약은 생명의 수단이다. 새 언약은 우리를 저주에서 해방시켜 하나님의 은혜로 돌아가게 해주기 때문이다. 이것은 그다음 요점으로 자연스럽게 연결된다. 옛 언약은 아담의 모든 자녀가 죄인임을 보여주므로, 저주의 사역이다. 새 언약은 우리를 의롭게 하는 하나님의 자비하심을 계시하므로 의의 사역이다. 이 마지막 문장은 예식적인 의식을 가리키는 것으로 이해되어야 한다. 이 의식은 아직 존재하지 않는 것을 미리 알리는 역할을 했기 때문에, 시간이 지나면 사라질 필요가 있었다. 그러나 복음은 실체를 담고 있기 때문에 영원히 지속된다. 예레미야 역시 도덕법을 연약하고 노쇠한 언약이라 부른다. 그런데 그가 그렇게 하는 것은 다른 이유 때문이다. 도덕법은 백성의 배은망덕함에 의해 즉시 깨어지고 무효화되었기 때문이다. 그러나 백성의 도덕법 위반은 외적인 실패의 결과였기 때문에, 율법이 그 실패 때문에 비난받아서는 안 된다. 또한 그 의식은 그 자체로 불완전하기 때문에 훗날 그리스도의 오심으로 폐지되었음을 고려하면, 의식이 그 폐지의 원인을 내포했다고 할 수 있다.

그렇지만 문자와 영의 구별 자체가, 오래전 주님께서 유대인에게 율법을 주셨을 때 마치 아무도 그분께 오지 못하게 하시려는 듯이 그 율법에 열매나 효용이 없었음을 암시하는 것은 아니다. 이 구별은 비교를 통해 이루어지는데, 그 목적은 사도가 주님께서 복음을 선포하시며 즐거이 나타내신 은혜의 풍성함을 드높이고, 그분의 그리스도의 나라를 명예롭게 하는 것이다. 우리가 주님께서 그분의 복음을 선포하시고 성령으로 중생하게 하셔서 모으신 무리의 수를 세어 본다면, 율법의 가르침을 진심으로 받아들인 이들이 그에 비해 현저히 적어 이 둘을 전혀 비교할 수 없음을 깨닫게 될 것이다. 그렇다 하더라도 우리가 기독교회를 감안하지 않고 이스라엘 백성에 대해 제대로 생각해 본다면, 구약 시대에도 많은 참된 신자들이 존재했음을 알 수 있다.

구약 시대의 종 됨, 신약 시대의 자유함

네 번째 차이점은 세 번째 차이점과 필수적 관계를 맺으며 나타난다. 성경은 구약을 속박의 언약이라고 부르는데, 사람의 마음에 두려움과 공포를 일으키기 때문이다. 반면 신약은 해방의 언약인데, 확신과 신뢰로 사람을 강하게 만들기 때문이다. 이것이 바울이 로마서에서 다음과 같이 말하는 이유다. "너희는 두려워하게 하는 속박의 영을 다시 받지 않고, '아빠, 아버지'라고 외칠 수 있는 양자의 영을 받았느니라." 롬 8:15 바울의 이 요점을 히브리서 기자도 말하고 있다. 그의 기록에 따르면, 신자들이 이제 도착한 곳은 불과 천둥과 폭풍이 있는 가시적인 시내 산이 아니다. 이 시내 산에서 이스라엘 백성의 마음을 채운 것은 오직 그들을 공포와 경고로 압도하는 것뿐이었고, 모세 역시 두려움에 떨어야 했다. 그러나 신자들은 시온 산, 곧 살아 계신 하나님의 도성인 하늘의 예루살렘에 이르렀으며, 천사들의 무리에게로 나아왔다. 히 12:18-22

우리가 방금 인용한 로마서 본문에 간략히 언급된 이 사상은 갈라디아서에 더 상세하게 설명되어 있다. 거기서 바울은 아브라함의 두 아들을 우화적인 방식으로 묘사한다. 여종 하갈은 이스라엘이 율법을 받은 시내 산을 대변하며, 여주인 사라는 복음이 나온 예루살렘을 대변한다. 하갈의 후손이 종이고 상속할 수 없다면, 사라의 후손은 자유인이며 상속하도록 정해졌다. 율법은 우리를 낳아 속박 아래 둘 뿐이듯이, 우리를 낳아 자유롭

게 할 수 있는 것은 오직 복음뿐이다.갈 4:22-31

문제의 핵심은 이것이다. 구약은 양심을 공포로 채우는 역할을 하지만, 신약은 양심에 기쁨과 즐거움을 채운다. 구약은 양심을 노예의 멍에로 단단히 속박하고 제한하지만, 신약은 양심을 구출하고 구원하여 자유롭게 한다. 우리와 같은 믿음을 가졌던 구약 족장들이 동일한 자유와 기쁨에 참예할 수밖에 없었지 않느냐고 반박할 사람도 있을 것이다. 우리는 이렇게 대답하겠다. 족장들이 자유와 기쁨을 경험한 것은 율법 덕분이 아니라, 율법이 속박과 불편한 양심을 통해 그들을 예속하고 있음을 알고 그들을 도와줄 복음을 기대했기 때문이라는 것이다. 따라서 이제 우리는 족장들이 옛 언약의 비참한 상태에서 자유로웠던 것은 새 언약의 특별한 열매였음을 알게 된다. 그뿐만 아니라, 우리는 족장들이 강한 확신과 자유가 있어서 율법이 주는 두려움과 속박을 전혀 몰랐다는 데 동의하지 않는다. 족장들은 복음이 주는 특권을 누렸지만, 여전히 다른 모든 사람처럼 구약에서 강제된 율법 준수 및 임무와 의무들에 묶여 있었기 때문이다. 그렇기 때문에 족장들은 예식적인 의식들을 반드시 따라야 했다. 이 의식들은 바울이 노예 상태에 비유한바 감독을 받는 상태를 알려 주는 표지였고, 차용증 역할도 했다. 이 차용증으로 족장들은 자신이 하나님 앞에 죄인이고 자신의 부채를 갚을 수 없음을 인정했다. 그러므로 우리가 주님께서 구약에서 이스라엘 백성을 다루신 방식을 숙고할 때, 우리와 비교하여 족장들은 속박의 언약 시대에 살았다고 말해야 옳다.

보론: 구약 시대 족장들에 관한 아우구스티누스의 견해

이 마지막 세 가지 대조는 율법과 복음에 관련된다. 우리는 이 세 가지 대조를 통해 "신약"이 복음을 의미하듯이 "구약"은 율법을 지칭한다는 점을 이해해야 한다. 우리가 다룬 첫 번째 대조는 율법이 시행되기 전에 살았던 족장들의 상태도 포함하기 때문에 보다 포괄적이다. 아우구스티누스는 그 시대의 약속들을 "구약"이라는 이름에 포함시키기를 거부한다. 그의 의

견은 흠이 없고, 우리가 가르치는 바와 정확히 일치한다. 아우구스티누스는 우리가 예레미야와 바울에게서 인용한 본문들과, 옛 언약이 은총과 자비의 말씀과 대비되는 본문들을 염두에 두었기 때문이다. 그래서 세상의 시작부터 하나님께서 줄곧 새롭게 낳으셔서 믿음과 관용으로 그분의 뜻을 따랐던 모든 신자가 새 언약에 속한다는 아우구스티누스의 진술은 탁월하다 하겠다. 그들은 그들의 소망을 땅에 속한 물질적이고 일시적인 유익이 아니라, 하늘에 속한 영적이고 영원한 유익에 두었다. 그는 기록하기를, "그들은 중재자를 특별하게 믿었고, 그 중재자를 통해 성령이 그들에게 주어졌음과 그들이 범죄할 때마다 용서받음을 의심치 않았다."[7]

바로 이 점이 내가 강조하려 했던 바다. 우리가 성경에서 읽듯이, 세상의 시작부터 하나님의 택하심을 받은 모든 성도는 영원한 구원을 위해 우리에게 주어진 복과 동일한 복에 우리와 함께 참예했다. 내가 행한 대조와 아우구스티누스가 행한 대조에는 단 하나의 차이점만 있을 뿐이다. "율법과 선지자는 세례자 요한까지이나, 이후로는 하나님의 나라가 선포되었도다"눅 16:16 그리스도의 이 말씀에 따라, 나는 복음의 빛과 그 이전 시대를 지배했던 어둠을 구별하려고 노력했다. 그러나 아우구스티누스는 율법의 연약함과 복음의 강함을 구별하는 데 만족했다.

고대 족장들에 관해 주목할 사항이 하나 더 있다. 비록 그들은 옛 언약의 지배를 받으며 살았지만 거기서 멈추지 않고 언제나 새 언약을 열망했으며, 심지어 진실한 애정으로 새 언약에 참예했다. 사도는 외적인 그림자에 만족하며 자기 마음을 그리스도께로 들어올리지 않는 모든 자를 눈멀고 저주받았다고 정죄한다. 참으로, 미련한 짐승의 죽음을 통해 속죄를 바라거나 몸에 물을 뿌려 영혼의 정결함을 구하거나, 혹은 마치 하나님께서 무덤덤한 의식을 즐기시기라도 한다는 듯이 그 의식으로 하나님의 진노를 누그러뜨리려는 시도보다 더 심각하게 눈먼 상태를 상상할 수 있겠는가? 우리는 많은 다른 유사한 의식들은 거론하지 않을 것이다. 그리스도를 앙망함 없이 외적인 율법 준수에만 시간을 낭비하는 모든 사람은 똑같이 우매한 잘못을 범한다.

이방인의 접근

우리가 앞에서 추가될 수 있다고 했던 다섯 번째 차이점은, 그리스도가 오실 때까지 하나님께서 그 은혜의 언약을 맡기실 민족을 성별하셨다는 사실에 있다. 모세는 "전능하신 하나님께서 민족들의 경계를 갈라놓으셨을 때, 그분이 아담의 자녀들을 나누셨을 때, 그의 백성은 그의 몫으로 떨어졌고, 야곱은 그의 유업이었도다"라고 말한다.신 32:8-9 또 다른 곳에서 모세는 백성에게 이렇게 말한다. "보라, 하늘과 땅과 그 안에 있는 모든 것이 너희 하나님의 것이로다. 그러나 하나님은 너희 조상들과 언약을 맺으셨으니, 그들을 사랑하여 다른 모든 민족 중에서 그들 다음에 올 그들의 후손을 택하셨도다."신 10:14-15 이와 같은 방식으로 우리 주님은 이 백성을 다른 어떤 민족보다도 그분께 속한 것으로 여기시고 그들에게 자기를 알리심으로써 그들만 존중하셨다. 하나님은 그들에게 그분의 언약을 맡기셨고 그들 가운데 그분의 거룩한 임재를 드러내셨으며, 그들에게 온갖 특권을 부여하셨다.

그러나 하나님께서 그들에게 베푸신 다른 혜택들은 지나가자. 다만, 그중 우리와 관련된 한 가지 혜택에만 관심을 집중하자. 하나님은 그들에게 그분의 말씀을 주심으로써 그들과 연합하셨고, 그럼으로써 그들의 하나님으로 불리시고 인정되셨다. 그러는 동안 하나님은 다른 모든 민족은 마치 자기와 아무 관계가 없는 듯이 허영과 오류 속에서 행하게 하셨다.행 14:16 하나님은 그들을 도우실 수 있었던 교정책, 곧 그 말씀의 선포를 그들에게 베풀지 않으셨다. 그래서 그 시대에 이스라엘은 하나님의 귀한 아들이라 불렸고, 그 밖의 모든 사람은 이방인으로 취급되었다. 이스라엘은 하나님께 알려져 그분의 보호와 후견 아래 인도하심을 받았으나, 나머지 사람들은 그들이 처한 어둠 속에 남겨져 있었다. 이스라엘은 하나님이 함께 계심으로 명예를 얻었으나, 나머지 사람들은 하나님의 임재에서 벗어나 있어야 했다. 그러나 만물의 회복을 위해 정한 때가 찼을 때, 다시 말해 하나님과 인간의 중재자가 계시되셨을 때, 하나님은 오랫동안 그분의 자비하심을 단 하나의 민족에게만 국한시켰던 벽을 허물어 멀리 떨어져 있는 이들과 가까이 있는 이들에게도 화평이 선포되게 하셨다. 그럼으로써 그들이 함께 하나님과 화목하고 모두 한 몸으로 연합하게 하셨다.[엡 2:14-17] 그래서 이제 우리가 유대인인가 헬라인인가, 혹은 할례자인가 무할례자인가 하는 문제는 더 이상 중요하지 않게 되었다. 그리스도가 만유 안에 만유이시기 때문이다.[골 3:11] 그리스도가 온 세상 사람들을 그의 유업으로 받으시고 세상 모든 끝까지 다스리시므로, 그의 차별 없는 통치가 바다에서부터 바다까지, 강에서부터 땅끝까지 이르게 되었다.[시 2:8, 72:8]

그러므로 이방인이 받은 부르심은 구약에 대한 신약의 우월성을 보여주는 기억할 만한 또 다른 표지다. 많은 선지자들이 그들이 받은 부르심을 확실히 예언하고 증언하되, 메시아가 오실 때까지 그 예언의 성취는 연기되었다. 예수 그리스도 자신도 처음 그의 선포를 시작하실 때는 이방인을 받아 주지 않으셨다. 그는 우리의 구속에 필요한 모든 것을 행하시고 온갖 수치를 다 당하심으로써 아버지에게서 모든 이름 위에 뛰어난 이름을 받으시고, 모든 무릎이 그 앞에 꿇을 때까지 그들의 부르심을 유예하셨다.[빌 2:9-10] 이것이 바로 그리스도가 가나안 여인에게 자신이 이스라엘 집의 잃어버린 양들만을 위해 오셨다고 말씀하신 이유였다.[마 15:24] 또한 이것이 바로 그리스도가 처음 그의 사도들을 파송하시며 그 경계를 넘지 말도록 금지하신 이유였다.[마 10:5-6] 우리가 말한 시기가 아직 이르지 않았기 때문이었다.

이방인의 부르심은 수없이 많은 증거들로 계시되었지만, 그 부르심이 시작될 때는 사도들에게 매우 낯설고 이상하게 보였다. 사도들은 마치 이방인이 끔찍한 변종이라도 되는 듯이 두려워했다. 확실히 그들은 상당한 거부감을 가지고 이 임무를 시작했는데, 이는 그리 놀라운 일이 아니었다. 이스라엘을 그토록 오랫동안 다른 민족들과 분리하셨던 하나님께서 갑자기 마음을 바꿔 이 둘 사이의 구별을 없애시는 것이 사도들에게는 불합리해 보였을 것이다. 선지자들이 이 부르심을 예언했었지만, 사도들은 완전히 새로운 이 부르심에 충격을 받지 않을 정도로 선지자들의 말씀에 자세한 관심을 기울일 수 없었다. 하나님께서 행하기로 예정하신 바를 보이시려 예전에 주셨던 사례들은 사도들의 염려를 해소하기에는 충분하지 않았다. 하나님께서 이방인을 부르실 때는 그중 아주 소수의 사람들만 그분의 교회로 부르셨고, 그보다 더 소수를 할례를 통해 이스라엘 백성 속으로 받아들여 아브라함의 가족 구성원처럼 되게 하셨기 때문이다. 그러나 예수 그리스도의 승천 이후 공식적으로 부르심을 입게 된 이방인은 유대인과 동일한 수준까지 올려졌을 뿐 아니라, 더 나아가 유대인의 지위까지 차지하도록 허락받았다.

제8장

하나님의 예정과 섭리

사실 생명의 언약이 모든 사람에게 동일하게 전파되는 것은 아니며, 생명의 언약이 전파되는 곳이라고 해서 모두가 동일하게 환영하는 것도 아니다. 이러한 다양성을 띠면서 하나님의 심판에 관한 특별한 비밀이 계시되는데, 이 차이는 하나님의 선하신 뜻을 확실히 만족시킨다. 만약 어떤 사람에게는 구원이 제시되지만 또 어떤 사람은 구원에서 제외되는 것이 분명 하나님의 뜻에 따라 되는 일이라면, 여기에 엄중하고 중대한 질문이 발생한다. 이 질문들은 신자가 하나님의 택하심과 예정에 관해 반드시 알아야 할 바를 배워야 비로소 해결할 수 있다.

이 문제에는 두 가지 국면이 있다. 첫째, 우리가 어떤 사람은 구원받기로 예정되었지만 또 다른 사람은 저주를 당하도록 예정되었다고 말할 때, 우리는 그 말의 뜻을 숙고해야 한다. 둘째, 우리는 세상이 하나님의 섭리로 다스려지는 방식이 무엇인지 명확히 해야 한다. 일어나는 모든 일이 하나님의 결정에 달려 있기 때문이다.

쓸데없는 호기심이나 선천적인 과묵함이 아니라,

성경이 우리의 안내자가 되어야 한다

내 주장을 더 개진하기 전에, 나는 먼저 두 종류의 사람에 관해 진술하려고 한다. 예정에 관한 논쟁 자체가 약간 모호하기 때문에, 사람의 호기심은 이 논쟁을 촉발하고 복잡함에 빠뜨리며, 심지어 위험하게 만들기도 한다. 사람의 마음이 온갖 방향으로 요동치면서 지나치게 높은 데까지 올라가려는 습성을 스스로 억제하지 못하기 때문이다. 가능하다면 사람의 마음은 하나님에 관련된 비밀을 모조리 자세히 알아보고 신중하게 조사하려고 덤벼들 것이다. 우리가 이런 대담함과 뻔뻔함에 빠지지 않는다면 악하지 않을 수 있지만,[1] 이미 빠져 버린 사람들이 많으므로 그들에게 최선의 방책이 무엇인지 조언해 주어야 한다.

첫째, 그들이 예정에 관해 조사할 때 하나님의 지혜의 성소로 들어가고 있음을 기억하게 하라. 누구든지 그 지혜의 신비를 엿보려 할 때 지나치게 경솔하고 자신만만한 태도로 뛰어들면, 그는 자기의 호기심을 만족시키는 지점에 결코 이르지 못할 것이요, 오히려 출구를 찾을 수 없는 미로에 빠지게 될 것이다. 하나님이 감추려 하신 것들과 하나님이 자신만을 위해 간직하신 지식을 그런 식으로 연구하는 일은 옳지 않다. 하나님은 그의 고상한 지혜를 우리가 이해하기보다는 공경함으로 하나님의 위대하심에 놀라워하기를 바라셨다. 따라서 인간이 이 고상한 지혜를 자신의 지성에 굴복시키거나 하나님의 영원하심의 깊은 데서 그 지혜를 추구하는 일 역시 옳지 않다. 하나님이 우리에게 주기를 좋게 여기신 그 뜻의 비밀들에 관해서라면, 하나님은 지금까지 이 비밀들을 그의 말씀으로 증거하셨다. 그리고 그분이 우리에게 주기를 좋게 여기신 것은 오직 우리에게 관련되거나 유익하다고 여기신 것뿐이다. 우리가 하나님에 관해 합법적으로 알아낼 수 있는 모든 것을 조사하게 해주는 유일한 길은 그의 말씀이다. 마찬가지로 우리가 하나님에 대해 합법적으로 볼 수 있는 모든 것을 보는 데 필요한 유일한 빛 역시 그의 말씀이다. 우리가 일단 이 관념을 갖게 되면 우리의 충동적인 행동이 쉽게 제어된다. 우리가 성경의 한계를 넘어갔다가는 어둠 속으로 빠져들어 이리저리 비틀거리며 방황하다가 마침내 수렁에 빠질 수밖에 없음을 깨닫기 때문이다.

무엇보다도, 다음과 같은 진실을 우리 앞에 확고히 세워 놓자. 즉 예정에 관해서 하나님의 말씀이 알려 주는 것 이상으로 알려는 갈망은, 마치 오를 수 없는 바위 위를 걸어가거나 어둠 속에서 보려는 행동과 다름없는 미친 짓이라는 사실이다. 이 주제에 관련된 문제라면, 우리가 어떤 것을 모른다고 해서 부끄러워하지 말자. 그것에 관해서는 어느 정도의 무지가 지식보다 더욱 박식하다고 할 수 있다. 우리는 어리석고 위험하며 심지어 해롭기까지 한 지식의 탐구를 차라리 절제하는 데서 행복을 누려야 한다. 만약 지적인 호기심이 우리를 유혹한다면, "하나님의 신비를 들여다보는 자는 그의 영광에 압도되리라"는 말씀을 늘 곁에 가까이 두고서 그 시험을 물리치자(잠 25:27 외에 여러 구절을 참조하라). 이 말은 우리의 무모함이 자행하는 모든 일이 우리를 재앙으로 몰아간다는 사실을 직시하게 함으로써 우리의 무모함을 확실히 꺾어 줄 것이다.

반면, 이 재앙을 바로잡고 싶어 하는 또 다른 사람들은 예정에 관한 모든 기억이 실질적으로 지워진다는 것을 보기 위해 최선을 다한다. 다른 것은 몰라도, 그들은 예정에 관한 질문 자체가 위험하기라도 한 듯이 취급하면서 그 질문을 어떤 식으로든 피하라고 경고한다.[2] 우리가 하나님의 신비에 다가가는 방식으로 그들도 대단한 자제력을 강조한다. 그럴 때 그들이 보여주는 절제를 우리는 칭찬한다. 그렇지만 그들은 그다지 쉽게 통제될 수 없는 지성인들에게 유익을 줄 수 있는 것조차 전혀 하지 않는다는 면에서 너무 낮게 내려간다. 그러므로 올바른 균형을 유지하기 위해서, 우리는 확실한 지식을 얻기 위한 적절한 규칙인 하나님의 말씀으로 돌아가야 한다. 성경은 성령의 학교다. 이 학교에서는 사람이 알아 두면 유익하고 효과적인 것이 하나도 빠지지 않는다. 마찬가지로 사람이 이해해도 유익하지 못한 것은 하나도 교육되지 않는다.

따라서 우리는 신자들이 예정에 관한 성경 말씀을 살펴보는 것을 막지 않도록 주의해야 한다. 만약 막는다면, 우리는 하나님이 베푸신 복을 신자들에게서 빼앗으려는 것처럼 보일 것이다. 혹은 차라리 억제되는 편이 더 좋을 것들을 폭로한다며 성령을 비난하는 것으로 보일 것이다. 그러니 만약 그리스도인이 하나님께서 거룩한 입술을 닫으셨음을 알고 난 후 더 깊은 연구 방식을 차단하는 규율을 늘 준수한다면, 우리는 그리스도인으로 하여금 하나님이 그에게 주신 모든 가르침에 귀와 마음을 열도록 허락하자. 우리가 배우고 있듯이, 만약 우리가 하나님을 따르면서 언제나 그가 우리보다 앞서가시게 한다면, 그런 절제의 한계는 확고하게 정해질 것이다. 만일 하나님이 가르침을 중단하시면 그 이상을 알려고 하지 말자. 하지만 우리가 언급한 선한 영혼들이 두려워하는 위험은 그리 크지 않으므로, 우리는 하나님이 말씀하시는 모든 것에 귀를 열어야 한다.

회의론자들의 반대는 중요하지 않다

인정하건대, 악을 저지르는 자와 신성모독자들은 예정이라는 주제에 관해서 비난하고 불평하며 물어뜯고 조롱할 많은 것들을 재빨리 찾아낸다. 우리가 만일 그들의 악독함을 두려워한다면, 우리는 그들이 신성모독으로 더럽히고 있는 우리 믿음의 주요한 사항들 대부분에 관해서 침묵을 지켜야 한다. 다루기가 골치 아픈 사람들은 하나님의 존재 안에 삼위께서 계신다는 것에 관해 들을 때만큼이나, 하나님이 사람을 창조하실 때에 장차 사람에게 무엇이 닥칠지를 미리 보셨다고 듣게 될 때 다짜고짜 사납게 덤벼들 것이다. 비슷하게, 이 악한 자들은 세상이 창조된 지 이제 막 오천 년이 지났다는 말을 들으면 웃음을 억제하지 못하면서, 어떻게 그렇게 오랫동안 하나님의 권능이 나타나지 못했느냐고 비아냥거린다. 그러한 신성모독이 생기지 않게 하려면, 우리는 그리스도와 성령의 신성에 관한 모든 발언을 중단해야 하는가? 세상의 창조에 관해 아무 말도 하지 말아야 하는가? 오히려 하나님의 진리는 여기저기 도처에서 아주 강력해서 죄악된 인간의 중상모략을 절대로 두려워하지 않는다.

아우구스티누스도 동일한 요점을 그의 작은 책 『견인의 은사』*The Gift of Perseverance*에서 아주 잘 표현했다. 우리는 거짓 사도들이 바울의 교훈을 비난하거나 훼손함으로써 그가 그 교훈을 부끄러워하게 만들지는 못했음을 알고 있다. 참으로 어떤 사람들은 이 논의가 권면의 효율을 떨어뜨리고, 믿음을 혼란에 빠뜨리며, 마음을 혼란스럽게 해서 절망으로 몰아간다면서 이 논쟁 전체가 신자들에게조차 위험하다고 여긴다. 그러나 그런 주장은 어리석을 뿐이다. 아우구스티누스는 이런 주장들이 그를 비난함으로써 그가 예정에 관해 자유롭게 선포하지 못하게 하려 했던 사실을 하나도 숨기지 않는다. 그는 그 주장들을 힘 있게 논파한다. 그렇게 논파하는 일은 그에게 어렵지 않았다.[3] 우리의 경우에는 다양한 종류의 많은 모순들이 우리가 요약할 교훈에서 지적되었으므로, 각각의 모순들을 차례로 해결하는 작업은 나중으로 미루는 편이 더 좋을 것이다.

지금 나는 하나님께서 감추기로 하신 것들을 들여다보려 시도하지 말고, 하나님이 널리 드러내신 것들은 소홀히 하지 말라고 호소하고 싶다. 그렇지 않으면 하나님은 한편으로는 과도한 호기심 때문에, 다른 한편으로는 배은망덕함 때문에 우리를 정죄하실 것이다. 이에 관해 아우구스티누스가 한 말은 가장 적절하다. "어머니가 자기 자녀에게 걸음마를 가르치려 할 때 연약한 자녀에게 자신을 낮추듯이, 성경도 연약한 우리에게 자신을 낮춘다. 우리는 이 성경을 마음 놓고 따라가도 된다."[4]

몇 가지 핵심적인 정의들

초대교회 교부들은 다양한 방식으로 "예지"나 "예정", "선택"이나 "섭리" 같은 용어를 설명했다. 우리는 모든 불필요한 논쟁은 지양하면서 이 용어들이 지니는 자연스러운 의미를 단순하게 따를 것이다. 우리가 예지를 하나님의 것으로 귀속시킬 때, 우리는 만물이 온전한 하나님의 시야 가운데 언제나 있어 왔고 또한 영원히 있을 것이므로 하나님의 지식에 있어서는 어떤 것도 미래나 과거에 있지 않음을 의미한다. 만물은 하나님께 현재다. 그래서 마치 우리가 기억에 보존된 것들을 대략이라도 보려고 상상력을 동원하는 것처럼, 하나님도 만물을 이른바 정신적인 이미지로 보시는 것이 아니다. 하나님은 만물이 실제로 자기 앞에 있는 것처럼 만물 그대로를 주시하시고 바라보신다. 우리는 이 예지가 온 세상과 모든 피조물을 뒤덮고 있다고 주장한다.

우리는 예정을 하나님의 영원하신 작정으로 부른다. 하나님은 이 작정으로 그가 각각의 모든 사람이 행하기를 기대하시는 대로 결정하셨다. 하나님은 모든 사람을 비슷한 조건으로 창조하지 않으시고, 그중 일부에게는 영원한 생명을 지정하시고 다른 일부에게는 영원한 저주를 지정하신다. 따라서 우리는 각 사람이 창조된 목적에 따라서 그가 죽음이나 생명으로 예정된다고 말한다.

섭리라는 용어가 쓰이는 흔한 용례에 따르면, 섭리는 우리가 질서라고 부르는 것인데, 하나님은 세상을 다스리시고 만물을 지휘하실 때 이 질서를 사용하신다.

예정, 하나님의 공의로우신 심판의 행사

우리는 예정에 관한 논의부터 시작하겠다. 성경이 명백히 보여주듯이, 우리는 주님이 그의 영원하고 불변하는 작정으로 구원을 위해 용납하실 사람과 멸망에 남겨 두실 사람을 단번에 결정하셨다고 주장한다. 우리는 하나님이 구원으로 부르시는 사람은 그의 가치와 상관없이 오직 하나님이 값없는 자비로 받으신다고 말한다. 반면에, 하나님이 파멸에 넘기시고자 하는 사람은 생명으로 들어가지 못하며, 이것은 하나님의 은밀하고 불가해하며 공의롭고 공평한 판단을 통해 실현된다고 말한다. 더 나아가, 우리는 택하심을 입은 사람의 부르심은 그의 택하심을 증명하고 증거하는 역할을 하며, 비슷하게 그의 칭의는 그 택하심의 완성을 뜻하는 영광 속으로 그가 마침내 들어가기까지 이 택하심의 표지와 증표라고 가르친다.

주님께서는 그가 택하신 사람을 부르시고 의롭게 하심으로 표시하시듯이, 유기된 사람에게는 그의 말씀에 대한 지식과 성령으로 성별되는 것을 보류하심으로써 표적을 삼아, 그의 종국이 어떠하며 어떤 심판이 그에게 예비되어 있는지를 보이신다. 나는 여기서 많은 어리석은 사람들이 예정론을 훼파하려고 꾸며 낸 여러 가지 망상을 언급하지 않겠다. 지식인들 가운데 떠돌고 있는 주장, 교육받지 못한 사람들을 불안하게 할 수 있는 주장, 혹은 우리가 기대하는 하나님과 다르다고 해서 마치 하나님이 의롭지 못하신 것 같은 인상을 주는 주장만을 잠시 숙고해 보려고 한다.

우리가 신자들에 대한 하나님의 자유로운 선택에 관해 한 말에는 어려움이 없지 않다. 흔히 우리는 주님께서 각 사람의 공로를 보시고 사람과 사람을 구별하신다고 생각하기 때문이다. 이는 하나님이 그 본성이 하나님의 은혜를 받기에 합당하다고 미리 보시는 사람을 그의 자녀로 입양하시고, 반대로 악과 불경건함에 능숙하다고 아시는 자는 파멸에 넘기신다는 생각이다. 널리 퍼진 이 신념은 평범한 사람뿐만 아니라 모든 시대의 저명한 저자들 가운데서도 발견된다. 나는 이 점을 솔직히 인정한다. 그 저자들의 이름이 우리를 반대하는 데 거론되면 우리의 주장이 크게 난관에 부딪친다고 생각하는 사람들이 있음을 감안하기 때문이다. 분명히 바울은 세상이 창조되기 이전에 우리가 그리스도 안에서 택하심을 입었다고 선언하면서,[엡 1:4] 택하심을 받을 만한 우리의 가치에 대해서는 전혀 고려하지 않는다. 바울은 마치 "하늘 아버지는 아담의 모든 후손 중에서 그의 택하심을 받을 만한 가치가 있는 자를 하나도 찾지 못하셨기 때문에, 그리스도를 바라보시며 그가 생명으로 받으시려는 자들을 그리스도의 몸의 지체로 택하셨다"고 말하는 셈이다.

그러므로 모든 신자는 하나님이 우리를 그리스도 안에서 입양하셔서 그의 상속자로 삼으신 것은 우리 스스로는 그런 특권을 얻기에 매우 부족하기 때문이라는 진리를 강하게 고수해야 한다. 바울은 다른 곳에서 골로새 교인들에게 비슷한 언급을 하는데, 그들을 성도들의 유업에 참예하기에 합당하게 해주신 하나님께 감사하라고 권한다.골 1:12 하나님이 우리를 장차 올 생명의 영광을 얻기에 합당하게 하신 은혜보다 하나님의 택하심이 더 앞선다면, 우리 속에 있는 무엇이 하나님을 움직여 우리를 선택하시게 할 수 있겠는가? 내 주장의 요점은 바울의 다음과 같은 진술에 더 잘 표현되어 있다. "하나님이 세상의 기초를 놓으시기 훨씬 이전에 그의 기쁘신 뜻에 따라서 우리를 택하신 것은, 그가 보시기에 우리가 거룩하고 점 없고 책망할 것이 없게 되기 위함이라."엡 1:4-5 여기서 바울은 하나님의 기쁘신 뜻을, 상상할 수 있는 모든 공로와 대조한다. 하나님의 기쁘신 뜻이 미치는 곳이라면 어디서든 인간의 행위는 하나도 가치가 없기 때문이다. 사실 이 본문에서 바울은 이 대조를 상세하게 설명하지 않는데, 그가 다른 곳에서 이에 관해 한 말을 감안하면 충분히 이해할 만하다. "하나님이 우리를 거룩한 부르심으로 부르심은 우리의 행위를 따라서가 아니요, 오직 영원 전부터 그리스도 안에서 우리에게 주신 그의 기뻐하심과 은혜에 따라 하심이라."딤후 1:9 바울이 여기서 덧붙인 "우리가 거룩하고 흠 없게 되기 위함이라"는 말은 우리가 취할 수 있는 온갖 주저하는 태도를 완전히 해결해준다. 만약 하나님이 우리가 거룩하게 될 것을 미리 보셨으므로 우리를 택하셨다고 바울이 말한다면, 우리는 바울의 말을 뒤집는 셈이 된다. 그러므로 우리는 하나님이 우리를 거룩하게 하려고 택하셨기 때문에, 그가 우리를 택하신 것은 우리가 거룩하게 될 것을 미리 보셨기 때문이 아니었다고 안심하고 주장할 수 있다. 신자들이 그들의 거룩함을 하나님의 택하심에 근거하여 이해하는 입장은, 신자들이 그들의 거룩함 때문에 선택되었다고 주장하는 입장과 전혀 함께 어울릴 수 없다.

우리를 비판하는 자들이 언제나 의지하는 궤변은 여기서 전혀 가치가 없다. 그들은 비록 하나님이 선택의 은혜보다 앞서는 공로에 대해 보상하시지는 않지만, 장래의 공로를 위해 그런 은혜를 베푸신다고 주장한다.[5] 우리를 비판하는 자들은 신자들이 거룩하게 되기 위해 선택되었다는 기록에 대해 생각하기를, 이 기록은 신자들이 가져야 할 모든 거룩함은 그들이 받은 선택에서 발원하고 시작된다는 뜻으로 본다. 선택의 최종 결과가 선택의 최종 원인과 동일하다는 말은 도대체 무슨 의미인가? 게다가 사도는 하나님이 우리를 "그가 친히 정하셨던 그의 뜻의 목적에 따라" 택하셨다고 덧붙일 때,[엡 1:5, 9] 그의 이전 진술을 훨씬 더 강하게 확인한다. 실제로, 바울은 하나님이 무엇을 결정하실 때 자기 외에 아무것도 고려하지 않으신다고 주장한다. 그래서 바울은 하나님이 우리를 택하신 모든 이유는 오로지 우리가 하나님의 은혜의 찬미가 되기 위해서라고 즉시 이어서 말한다.[엡 1:6]

만약 하나님의 택하심이 은혜라면, 분명히 오직 하나님의 그 은혜만이 찬양받을 가치가 있다. 하지만 하나님이 자기 사람을 택하실 때 각 사람의 행위가 어떠할지를 예측하신다면, 그 선택은 아마도 은혜라 할 수 없을 것이다. 그래서 우리는 그리스도가 제자들에게 하신 말씀이 모든 신자에게도 해당됨을 깨닫는다. "너희가 나를 택하지 않았고 내가 너희를 택하였노라."[요 15:16] 여기서 그리스도는 이전의 모든 공로를 제외하실 뿐만 아니라, 그리스도가 그의 자비하심으로 제자들을 이미 만나 주신 사실 이외에는 그들에게 택하심을 입을 만한 것이 전혀 없다고 증거하신다. 이것이 바로 "누가 하나님이 자기에게 갚으시도록 무엇을 하나님께 먼저 줄 수 있느냐"라는 바울의 말에 담긴 뜻이기도 하다.[롬 11:35] 이런 방식으로 바울은 하나님의 선하심이 사람보다 앞서기 때문에, 사람을 하나님의 선하심에 합당하게 해주는 것이 과거에도 미래에도 그들 속에는 전혀 없음을 말해준다.

야곱과 에서: 선택과 유기의 신비

그뿐만 아니라 바울은 로마서에서 자기의 주장을 앞에서부터 시작하여 더 충분하게 발전시키면서, 선택받은 자와 유기된 자의 상태를 야곱과 에서의 이야기를 통해 묘사한다. 바울은 다음과 같이 기록한다. "그들이 태어나 옳은 일이나 그른 일을 전혀 행하기도 전에 하나님의 선택에 관한 작정이 서기 위하여, 행위가 아니라 하나님의 부르심으로 말미암아 형이 동생을 섬길 것이라고 하였다. 이는 곧 '에서는 내가 미워하였고, 야곱은 내가 사랑하였노라'고 기록됨과 같다."롬 9:11-13, 창 25:23

우리가 얻은 선택이 과거나 미래의 행위에 근거할 여지를 두는 자들은 이 성경 말씀들을 흐리려고 무슨 말을 할까? 그것은 사도의 주장을 뒤집는 일이 될 것이다. 사도의 주장에 따르면, 야곱과 에서의 차이는 그 둘의 행위에 근거한 것이 전혀 아니다. 그들이 태어나기도 전에 그들에게 행하실 일을 이미 결정하신 하나님의 부르심만을 고려한 것이다. 이 궤변론자들이 취하는 간교한 핑곗거리에 견고한 근거라도 있었다면, 바울도 그러한 핑곗거리를 알 수 있었을 것이다. 그러나 하나님께서 그 택하심의 은혜를 통해 사람에게 주려고 정하신 선함 이외에는 사람 속에서 아무것도 미리 보실 수 없었음을 바울은 알았으므로, 선행이 그 선행의 목적과 기원보다 더 앞서야 한다는 이 악한 사상을 바울은 무시한다. 사도의 말 자체가 알려 주는 사실은, 신자의 구원이 선택 속에 있는 하나님의 선하신 기쁨에 근거한다는 것이요, 이 은혜는 행위로 획득되지 않고 오직 공로와 상관없는 하나님의 선하심을 통해서만 신자에게 제공된다는 것이다.

우리에게는 이 진리를 설명해 줄 만한 거울이나 그림이라고 부를 만한 것이 있다. 에서와 야곱은 같은 부모에게서 함께 잉태된 형제로서, 그들이 아직 태어나기 전에 모친의 태에 함께 들어 있었다. 둘은 모든 면에서 서로 닮았지만, 오직 하나님의 결정이 두 사람을 구별한다. 하나님은 하나를 택하시고 다른 하나를 거절하신다. 오직 장자의 권리에 있어서만 한 사람이 다른 사람보다 더 선호되었다. 그러나 이 권리조차 뒤집히는데, 형에게 보류되는 것이 동생에게 주어진다. 다른 많은 경우에서도 하나님은 육체가 자랑할 이유를 모두 없애시기 위해 의도적으로 장자의 권리를 경멸하셨다. 예를 들어, 하나님은 이스마엘을 거절하시고 이삭에게 당신의 마음을 두시며,창 21:12 므낫세를 부끄럽게 하시고 에브라임을 더 사랑하신다.창 48:20 어떤 사람들은 그런 작고 사소한 것을 근거로 하면 영생에 관해서는 아무것도 말할 수 없고, 장자의 명예를 받도록 높여진 사람이 하늘을 상속하도록 입양되었다고 추론하는 것은 우스꽝스럽다고 항변할지 모르겠다(사실, 많은 사람들은 이와 비슷하게 생각하면서 바울조차 거부한다. 바울이 성경 본문을 이런 식으로 부당하게 잘못 사용한다며 비난한다). 그들에 대한 나의 대답은, 바울 입장에서 이것은 결코 깊은 생각 없이 하는 발언이 아니라는 것이다. 바울은 성경이 하는 말을 왜곡하려 하지 않았고, 오히려 이들이 이해하지 못하는 바를 파악했다. 하나님의 은밀한 작정 안에서 계속 감춰질 뻔했던 야곱의 영적인 선택을 하나님이 육체적 표지로 제시하셨음을 바울은 이해했던 것이다. 우리가 미래의 삶을 야곱에게 주어진 장자의 권리와 연결하지 않는다면, 야곱이 받은 복은 전혀 얼토당토않은 것이 될 것이다. 그 이유는 이 장자권이 이후로 야곱에게 곤란과 재앙만 가져다 줄 것이기 때문이다.

바울은 하나님이 이 외적인 축복의 행위로 하늘나라에서 그의 종에게 예비된 영원한 복을 증거하셨다고 믿었다. 그래서 야곱이 장자의 권리를 받은 것은 하나님이 그를 택하셨음을 증명하기 위해서라는 주장을 주저하지 않고 펼친다. 이런 방식으로 야곱은 택하심을 입지만 에서는 거절된다. 비록 야곱과 에서는 공로에 있어서 차이가 없지만, 하나님의 선택은 두 사람을 구별한다. 우리가 그 이유를 궁금해한다면 바울은 이렇게 설명할 것이다. "모세의 글에 '내가 긍휼히 여기는 자를 긍휼히 여기고 자비를 베푸는 자에게 자비를 베풀 것이라'고 기록되었도다."[롬 9:15, 출 33:19] 이 말은 정확히 무슨 뜻인가? 분명히 주님은 그가 우리에게 선을 베푸셔야 할 이유를 우리 안에서 하나도 찾지 않으시며, 모든 것이 주님의 자비에서 비롯된다. 주님의 사람이 얻는 구원은 주님이 행하시는 일이기 때문이다. 여러분의 구원은 온전히 하나님께만 토대를 두는데, 어째서 여러분은 여러분 자신을 의지하고 싶어 하는가? 그리고 여러분이 알듯이, 하나님은 구원의 유일한 원인을 자기 자신에게 두시는데, 어째서 여러분은 그 원인을 여러분의 공로로 돌리려 하는가? 하나님은 그의 선하심이 여러분의 모든 생각의 핵심이 되기를 원하시는데, 어째서 여러분은 그 생각의 일부분을 여러분 자신의 행위로 돌리는가?

선택에 관한 아우구스티누스와 아퀴나스의 사상

암브로시우스와 히에로니무스와 오리게네스는 그들의 저작에서 하나님은 각 사람이 하나님의 은혜를 잘 사용하는지의 여부에 따라 사람들에게 은혜를 베푸신다고 기록했는데, 아마 사람들은 이 점을 내게 지적할 것이다.[6] 나는 여기서 더 나아가, 아우구스티누스 역시 처음에는 동일한 관점을 견지했지만 성경 지식을 더 심화한 다음에는 그 관점을 취소했으며, 오히려 그 관점을 강력하고 단호하게 반박했음을 인정하겠다.[7] 사실 아우구스티누스는 펠라기우스의 추종자들이 고집하는 이 오류를 비판하면서 다음과 같이 기록했다. "사도가 그처럼 독창적인 사상을 갖지 못했다고 한다면 모두가 당연히 놀라지 않겠는가? 에서와 야곱의 아주 이상한 사례를 인용하면서 '자, 그렇다면 하나님께 허물이 있느냐'라는 질문을 제시한 후, 하나님이 두 사람의 공로를 예견하셨다고 대답함으로 문제를 신속히 해결하면 되기 때문이다. 하지만 그것은 바울이 하는 말이 아니다. 바울은 모든 것을 하나님의 심판과 자비가 만든 결과로 본다."[8] 아우구스티누스의 이 증언이 교부들의 권위를 기꺼이 지키려는 사람들에게 어느 정도의 힘을 실어 주게 하라.

그러나 아우구스티누스가 아무것도 말하지 않았다고 가정하고 이 사안 자체만을 숙고해 보자. 바울은 하나님께서 그가 기뻐하시는 자들에게만 은혜를 베푸실 때 의롭게 행하시는지에 관해 가장 난해한 질문을 제시했다. 그는 하나님께서 행위를 고려하신다고 확언함으로써 단 한 마디로 이 문제를 해결할 수 있었다. 그렇다면 바울은 왜 그렇게 하지 않았는가? 그는 왜 자신의 주장을 지속함으로 우리를 동일한 어려움에 남겨 두는가? 그 이유는 바울이 그렇게 하면 안 되기 때문이다. 바울의 입을 통해 말씀하신 성령은 말해야 할 필요가 있는 것이라면 하나도 놓치지 않으신다. 그래서 바울은 하나님이 그가 택하신 자들을 은혜로 받으심은 그것을 기뻐하시기 때문이며, 그가 택하신 자들에게 자비를 베푸심은 그것을 기뻐하시기 때문이라고 분명하게 대답한다. 바울이 인용하는 모세의 증언, 곧 "내가 긍휼히 여기는 자를 긍휼히 여기고 자비를 베푸는 자에게 자비를 베풀 것이라"는 하나님이 오직 당신의 뜻에 따라 자비와 긍휼을 베푸신다는 의미다. 그러므로 아우구스티누스가 다른 곳에서 "하나님의 은혜는 그 은혜가 선택할 사람들을 찾는 것이 아니요, 오직 그들을 선택받기에 적합하게 한다"고 쓴 기록은 여전히 유효하다.[9]

토마스 아퀴나스는, 비록 하나님의 관점에서는 공로에 대한 예지를 예정의 원인으로 부를 수 없지만 우리의 관점에서는 그렇게 불러도 좋다고 주장한다. 하나님이 그가 택하신 자들이 각자의 공로에 대한 영광을 받도록 예정하실 때, 그 원인은 그들이 그 영광을 받을 자격을 갖추도록 하나님이 기꺼이 베푸시는 은혜이기 때문이라는 것이다.[10] 나는 토마스 아퀴나스의 이 섬세한 주장에 대해서는 관심을 기울이지 않으려고 한다. 하나님은 우리가 선택받은 것에 관해 그의 온전한 선하심만을 숙고하기 원하시므로, 우리가 하나님의 온전한 선하심 이외에 다른 것을 바라보고 싶어 하는 것은 악이다. 만약 내가 미묘한 거래를 하려고 한다면, 토마스의 궤변을 반박할 수단을 쉽게 찾을 수 있을 것이다. 토마스는 선택받은 자들을 위해 영광이 어떤 방식으로 예정되는 것은 그들의 공로에 근거하며, 이는 하나님이 그들에게 은혜를 베푸셔서 그 영광에 합당해지도록 하시기 때문이라고 주장한다. 그러나 그의 주장과는 반대로, 우리 주님이 그의 백성에게 주시는 성령의 은혜는 백성의 선택을 위한 것이요, 생명을 상속하기로 이미 결정된 자들에게 그 은혜가 주어지므로 이 은혜는 선택을 앞선다기보다는 뒤따른다고 대답하면 어떻겠는가? 하나님은 먼저 사람을 택하신 다음에 의롭게 하신다. 하나님은 이 순서를 지키신다. 그러므로 하나님이 예정을 통해 당신의 사람들을 구원으로 부르기로 하신 결정은 그들을 의롭게 하시려는 결정의 원인이지 결과가 아니라는 결론이 따라온다. 하지만 이 모든 논쟁은 제쳐 두자. 이 논쟁들은 하나님의 말씀에 대한 상당한 지혜가 있다고 믿는 사람에게는 불필요하다. 그래서 고대 교부 한 사람은 이렇게 적절히 말했다. "선택의 원인을 공로에 귀속시키는 사람은 필요 이상으로 알려고 하는 사람이다."[11]

유기도 선택만큼 하나님의 선하신 뜻에 달려 있다

이제 바울이 로마서의 같은 대목에서 다루는 유기된 자들에 관해 논의해 보자.[롬 9:10-13] 야곱이 자신이 한 선행에 대해서 아무 보상도 받을 자격 없이 단지 하나님의 은혜 안으로 받아들여진 것처럼, 에서 역시 아무 잘못도 범하지 않은 채로 하나님께 거절받는다. 만약 우리가 우리의 생각을 행위에 집중한다면, 우리는 우리에게 분명한 것을 바울이 보지 못했다는 듯이 그에게 잘못을 저지르는 셈이 된다. 바울이 그것을 보지 않았음은 분명하다. 에서와 야곱이 선이나 악을 전혀 행하지 않았음에도 하나는 택하심을 입고 다른 하나는 버려짐을 당했다고 그가 강하게 주장하기 때문이다. 그래서 바울은 예정의 토대가 행위에 있지 않다고 결론을 내린다. 더 나아가, 하나님이 불의하시냐는 질문을 제기한 다음에, 바울은 하나님이 에서를 그의 죄악됨에 따라 갚으셨다고 주장하지 않는다. 그가 그렇게 했다면, 그것은 하나님의 공의에 대한 가장 분명하고 확고한 변호였을 것이다. 하지만 바울은 하나님께서 유기된 사람을 사용하셔서 그들 속에 자기의 영광을 확장하신다는 매우 색다른 해결책을 제시한다. 마지막으로, 바울은 하나님이 그가 원하시는 자에게 자비를 베푸시고, 그가 원하시는 자를 완고하게 하신다는 말로 마무리한다.[롬 9:18] 이렇게 우리는 두 가지 모두 하나님의 선하신 뜻에서 비롯됨을 알게 된다.

만약 하나님이 그가 택하신 사람들을 받으시는 이유가 그의 선하신 뜻 때문임을 알 수 있다면, 하나님이 그 밖의 사람들을 거절하시는 일 역시 오직 그의 뜻임을 깨닫는 것도 지극히 당연하다. 하나님이 그의 선하신 뜻에 따라 사람에게 자비를 베푸시거나 사람을 완고하게 하신다는 말씀은, 우리가 하나님의 뜻 바깥에서 이유를 찾아서는 안 된다는 경고와 같다.

인간의 지성이 이러한 것들을 알게 되면, 마치 공격 나팔 신호가 난 듯 열정이 강하게 격동되어 문제와 다툼을 일으키지 않을 수 없다. 육적인 사람들은 어리석음으로 가득하기 때문에, 마치 하나님을 자기 마음대로 책망할 수 있다고 여기면서 그를 비난한다. 먼저 그들은 하나님이 자신을 분노하게 할 만한 행위를 전혀 저지르지 않은 자기의 피조물에게 왜 진노하시는지를 묻는다. 그가 원하는 자를 파멸하고 파괴하시는 것은 심판자의 정직함보다는 독재자의 잔인함에 더욱 잘 어울린다는 것이다. 그래서 그들은 인간이 그들의 공로와 상관없이 그의 순수한 의지로 영원한 죽음에 예정된다면, 인간에게는 하나님을 향해 불평할 정당한 이유가 있다고 믿는다.

신자들이 종종 그런 생각을 품는다면, 그들은 그런 생각을 물리치기 위해 단단히 무장할 것이다. 그 후에 그들은 하나님의 뜻이야말로 발생하는 모든 일의 원인이며 마땅한 원인이 되어야 함을 고려하면서, 하나님의 뜻에 대한 이유를 조사하는 일조차 지나치게 경솔한 태도임을 깨닫게 될 것이다. 만약 하나님의 의지에 어떤 원인이 있다면, 그 원인은 그 의지보다 선행해야 하며 어떤 의미에서든 그 의지와 연결되어야 한다. 이런 사상은 사람이 마땅히 품어서는 안 된다. 하나님의 뜻은 공의의 절대적인 최고 규정이므로, 하나님이 원하시는 것이라면 그가 그것을 원하신다는 이유만으로 다 공의롭다고 해야 마땅하다. 이것이 우리가 하나님이 어떤 일을 왜 그렇게 행하셨는지를 물을 때마다 "하나님이 그렇게 원하셨기 때문이다"라고 대답해야 하는 이유다. 한 걸음 더 나아가, 하나님이 왜 그러한 특정한 방식으로 행하려고 하셨는지를 우리가 묻는다면, 그것은 하나님의 뜻보다 더 위대하고 높은 어떤 것을 알려고 하는 셈이 된다. 이것은 있을 수 없는 일이다. 그러니 인간의 경솔함을 잠잠하게 하고, 존재하지 않는 것을 찾지 않게 하라. 그렇지 않으면 오히려 존재하는 것을 찾지 못할 것이다. 이러한 고삐는 하나님의 신비를 경건하게 묵상하려는 모든 사람을 억제하는 데 큰 도움이 된다. 하나님을 향해 스스럼없이 마구 험담하는 악한 자들에게, 하나님은 그의 공의를 수단으로 삼아 자신을 효과적으로 방어하실 것이다. 하나님은 우리의 옹호를 받으실 필요가 전혀 없다. 그분은 그들의 양심이 하나도 핑곗거리를 찾지 못하게 하시고 그들이 전혀 빠져나가지 못하게 하시면서 밀어붙이고 정죄하실 것이다.

유기된 자에 대한 하나님의 공의

그러나 하나님은 자기의 거룩한 이름이 사람들 가운데 조롱거리가 되지 않게 하시려고, 우리가 사람들의 분노에 대항할 수 있는 무기를 그의 말씀으로 주셨다. 그래서 누가 "왜 하나님은 아직 태어나지도 않아 아무 잘못이 없는 누군가를 저주받도록 예정하시는가?"라며 비난하고 공격한다면, 우리는 그 비난에 대해 "하나님이 사람을 그 본성에 따라 있는 그대로 생각하신다면, 왜 당신은 하나님이 사람에게 책임을 지셔야 한다고 생각하는가?"라고 되물을 수 있다. 우리는 모두 자신의 잘못으로 인해 부패하고 더러워지기 때문에, 하나님이 우리를 미워하시지 않을 수 없다. 이것은 전제적인 잔혹함이 아니라 공의에 따른 정당한 결과다. 만약 모든 사람이 그 본성의 상태대로 저주를 받아 죽음에 처하는 것이 합당하다면, 하나님이 죽음에 예정하신 사람들이 어떻게 하나님께 허물이 있다며 불평할 수 있는지 나는 묻고 싶다.

하나님의 영원한 섭리에 따라 아담의 자녀들이 그들이 태어나기 전에 끝없는 파멸을 위해 정해졌다는 사실을 놓고서, 그의 모든 자녀가 나서서 그들의 창조주와 다투며 논쟁하게 하라. 하나님이 그들의 현재 상태를 목도하게 하신다면, 그들이 그 사실에 대해 무슨 항변을 할 수 있겠는가? 아담의 자녀들이 모두 부패한 무리 중에 사로잡혀 있다면, 그들이 파멸에 처해진다 해도 놀랍지 않다. 그러므로 그들이 하나님의 영원한 심판에 의해 그들의 본성이 이끄는 저주에 정해질 때, 하나님께 허물이 있다며 비난하지 말라.

아담의 자녀들은 하나님의 명령에 따라 그들의 나쁜 행동의 원인인 부패함에 처하도록 예정되지 않았는지 누군가는 질문할 것이다. 만약 그렇다면 그들이 그들의 부패함 가운데서 멸망하는 것은, 오직 아담 자신이 하나님의 허락으로 당했고 자기의 모든 후손을 모조리 빠뜨렸던 그 죽음의 운명을 그 후손이 당하기 때문이다. 그렇다면 하나님이 이렇게 무정한 방식으로 그의 피조물들을 농락하시는 일은 불의하지 않은가? 나는 이 비참함이 아담의 모든 자녀에게 이미 당도했고 이제는 그들 모두를 신속하게 휩쓰는 것은 하나님의 뜻에 따라 된 일임을 인정하면서 대답한다. 내 대답은 내가 처음부터 말한 바와 같다. 우리는 항상 오직 하나님의 선하신 뜻으로 돌아와야 하는데, 하나님은 그 뜻의 원인을 자기 속에 온전히 감추신다. 그렇다고 우리가 하나님을 모욕해도 되는 것은 아니다. 우리는 바울과 함께 나서서 이렇게 묻는다. "사람아, 네가 누구이기에 하나님을 비난하는가? 토기가 자기를 만든 토기장이에게 '왜 나를 이런 모양으로 만들었느냐' 하겠느냐? 토기장이가 동일한 덩어리로 한 그릇은 존귀한 용도로, 다른 그릇은 천한 용도로 만들 수 없다는 것인가?" 롬 9:20-21

그들은 하나님의 공의가 이런 식으로는 적절하게 방어될 수 없다고 주장할 것이고, 이것은 설득력 있게 주장하지 못하는 사람들이 흔히 사용하는 계략에 지나지 않는다고 말할 것이다. 그 주장은 단지 하나님의 권능으로 하여금 그것이 원하는 대로 무엇이든 하는 것을 멈추게 할 수 없다는 말처럼 들리기 때문이다. 나는 그들의 주장이 아주 다른 것을 말한다고 지적하겠다. 우리를 이끌어 하나님이 어떠한 분이신지 생각하게 할 수 있는 더 확실하고 강력한 고려 사항이 무엇이겠는가? 세상의 심판자이신 하나님이 어떻게 악을 범하실 수 있겠는가? 정당한 행동이 하나님의 본성의 본질이라면, 하나님은 본성적으로 공의를 사랑하시고 모든 불의를 미워하신다. 그래서 사도는 허를 찔리기라도 한 듯이 숨을 곳을 찾으려 하지 않았다. 그의 목적은 하나님의 공의가 아주 높고 우월해서 결코 인간의 수준으로 축소될 수 없고, 인간의 왜소한 지성에 담겨질 수도 없음을 보이는 것이었다. 사도는 하나님의 판단이 너무 깊어서, 모든 사람의 지성이 그의 판단을 헤아려 보려 해도 그들의 지성을 완전히 압도할 것임을 분명히 알고 있다. 그렇다면, 하나님의 일하심이 이해되지 않으면 우리가 마음대로 비방해도 된다는 규칙에 따라 그의 일하심을 판단한다면, 그것은 완전히 비합리적이지 않겠는가?

하나님께는 우리의 무지를 만족시켜야 할 어떤 의무도 없다

그러니 마니교도나 켈레스티우스 추종자 또는 그 밖의 이단자가 하나님의 섭리를 악담하고 싶어 하거든 감히 한번 해보게 하라.[12] 나는 하나님의 섭리의 위대하심이 우리의 이해를 완전히 능가하기 때문에 아무도 그의 섭리를 정당화할 필요가 없다고 바울과 함께 말한다. 하나님의 섭리에 관해서 무엇이 터무니없다는 것인가? 우리의 반대자들은 하나님의 힘을 제한하여 우리의 지성이 이해할 수 있는 것 이상은 아무것도 하실 수 없게 하려는 것인가? 나는 하나님이 그가 장차 영원한 파멸로 들어가리라고 예견하신 자들을 창조하셨고, 하나님이 그것을 원하셨으므로 그렇게 하셨다고 아우구스티누스와 함께 주장한다. 우리는 하나님이 왜 그것을 원하셨는지 질문하지 않는데, 우리가 그 이유를 이해할 수 없기 때문이다.[13] 게다가 하나님의 뜻이 정당한지 아닌지에 관해 논쟁하는 일은 우리에게 부적절하다. 우리가 하나님의 뜻에 관해 말할 때마다, 그 뜻은 오류가 없는 공의의 기준을 우리에게 제시한다. 그렇다면 우리 모두가 보기에 공의는 명백한데, 하나님의 공의에 불의가 있지는 않은지 왜 질문하겠는가? 그러므로 바울의 모범을 따르면서 악한 자들의 입을 막는 일에 부끄러워하지 말자. 그들이 감히 개처럼 짖을 때마다 그들에게 이렇게 소리치기를 부끄러워하지 말자. "가엾고 비천한 자들이여! 하나님이 하시는 일을 찾을 수 없으면 그분이 악하기라도 한 것처럼, 당신들은 누구이기에 하나님이 그의 권능의 역사를 무지한 당신들이 알 수 있도록 도와주시지 않는다는 이유로 그에게 책임을 떠맡긴다는 말인가?"롬 9:20 우리가 여기서 무엇을 더한다 해도 얻을 것은 하나도 없다. 우리가 그들의 악독함을 진정시키지 못할 것이기 때문이다. 바울의 입을 통해 말씀하신 하나님은 그의 성령을 통해 사용하신 방어책 외에는 다른 어떤 방어책도 필요하시지 않다. 더욱이 하나님이 우리로 하여금 말하게 하려 하실 때 우리가 말을 멈춘다면, 우리는 말할 수 있는 능력을 잃게 된다.

하나님의 예지는 인간의 책임을 제한하지 않는다

우리는 불경건한 사람들이 내놓는 또 다른 반대 주장에 부딪히게 된다. 이 반대 주장의 목적은 하나님을 비난하는 데 있기보다는 죄인을 용납하려는 데 있다. 죄인이 재판관을 모욕하는 일 없이 정당해질 수 없음은 사실이지만, 그렇더라도 우리는 반대 주장을 조사해 보겠다. 그들은 이렇게 말한다. "왜 하나님은 그가 예정을 수단으로 사람에게 필연적으로 부과하신 것들을 악으로 규정하시는가? 그 사람들이 무엇을 달리 할 수 있겠는가? 그들이 하나님의 결정에 저항할 수 있는가? 그것은 소용없다. 그들은 어떻게 하더라도 무력하다. 그러므로 하나님께서 그 주요한 원인이 그의 예정에 있는 행동을 형벌하시는 것은 잘못이다."

나는 여러 교회 권위자들이 흔히 사용하는 변호책을 여기에서 소개하지 않겠다. 그 변호책에 따르면, 하나님은 자신의 허물이 아니라 인간의 허물을 예견하시기 때문에 하나님의 예지는 인간이 죄인으로 간주되는 것을 막지 못한다. 꼬투리를 잡기 좋아하는 사람들은 이 변호책에 만족하지 못할 것이다. 그들은 앞으로 나서서, 만약 하나님이 원하셨다면 하나님이 예견하신 악행을 막으실 수 있었다고 주장한다. 그러나 하나님은 그렇게 하지 않으셨고, 따라서 사람이 그런 방식으로 행동하게 하려는 의도로 사람을 창조하셨다고 말한다. 그러므로 인간이 자기가 나중에 할 모든 일을 다 행해야 한다는 조건으로 창조되었다면, 인간은 그가 피할 수 없는 일들, 곧 하나님의 뜻에 의해 할 수밖에 없는 일들로 인해 비난받아서는 안 된다고 주장한다.

이제 이 난점에 대한 해결책을 숙고해 보자. 첫째, 우리는 모두 솔로몬이 다음과 같이 말한 진실에 동의해야 한다. "하나님은 모든 것을 자기를 위해 창조하셨으니, 악인을 파멸의 날을 위해 창조하셨느니라." 잠 16:4 따라서 만사의 경영은 하나님의 손안에 있다. 하나님이 생명과 죽음을 그가 원하시는 대로 보내시듯이, 어떤 사람들을 그의 작정에 따라 배열하고 정하심으로 모친의 태에서부터 영원한 죽음에로 예정되게 하시고, 그들의 파멸을 통해 자기의 이름을 영광스럽게 하신다. 하나님을 변호하고 싶은 어떤 사람은, 하나님이 그의 섭리로 유기된 자들에게 어떤 필연도 부과하지 않으시지만, 그들이 얼마나 죄악될지를 아시고서 그와 같이 창조하신다고 주장할 것이다. 그런 주장도 어느 정도 일리는 있지만, 우리에게 모든 것을 다 밝혀 주지는 못한다. 초기 교부들은 종종 자신의 주장을 뒷받침하기 위해 그런 해결책을 제시했지만, 기꺼이 그렇게 하지는 않았다. 궤변론자들은 어떤 반대 견해도 나올 수 없다는 듯이 항상 이 문제에 골몰한다.[14] 개인적으로 말하면, 나는 예정 자체만으로는 피조물에게 부과되는 어떠한 필연도 없다는 데 기꺼이 동의하고 싶다. 모두가 나에게 동의하지 않겠지만, 예정을 만사의 원인으로 간주하는 사람들이 어느 정도 있기 때문이다.

그러나 나는 로렌초 발라 Lorenzo Valla 가 더욱 지성적인 구별을 보여주었다고 믿는다. 그는 생명과 죽음이 하나님의 예지보다는 하나님의 의지에 따른 행위임을 고려하면서, 예정과 필연에 관한 논쟁이 그다지 중요하지 않음을 보여주었다.[15] 만약 하나님이 그의 선하신 뜻으로, 사람에게 일어날 일들을 배열하거나 지정하시지 않고도 그 일들을 미리 보셨다면, 하나님의 예지가 부과하는 필연이 무엇인지를 묻는 질문에도 어느 정도 타당성이 있을 것이다. 그러나 하나님은 그가 정하신 일들이 일어나고 있음을 보시기 때문에 모든 사건이 하나님의 결정과 처리의 결과라는 사실이 명백한데도, 하나님의 예지대로 수행되는 것에 관해 다툼을 벌이는 짓은 어리석을 뿐이다.

하나님은 아담의 타락을 예견하시고 뜻하셨다

그러므로 하나님께서 아담을 창조하시기 전에 그가 이르게 될 결말이 무엇인지 미리 보셨다는 것, 그리고 그의 작정으로 그렇게 정하셨기 때문에 그 결말을 미리 보셨다는 것은 부정할 수 없다. 여기서 하나님의 예지 가운데 흠을 찾아내려는 사람은 무모할 뿐이다. 사람에게 일어나게 될 일을 하나님이 모르시지 않았다는 이유로 그를 비난하는 일이 온당한가? 그렇다면, 정당한 불평이든 혹은 정당한 듯 보이는 불평이든 무슨 불평이 있다면, 그 불평은 하나님의 섭리와 더 많이 관련되어 있다.

하나님은 첫 번째 사람의 타락과 그로 인해 그의 모든 후손이 파멸할 것을 예견하셨을 뿐만 아니라 뜻하셨다고 말하더라도 이상하게 여겨서는 안 된다. 하나님이 미래의 모든 사건을 미리 보시는 일이 그의 지혜의 일부이듯, 그의 손으로 모든 것을 다스리고 통치하시는 일은 그의 권능의 일부다. 이 점에서 어떤 사람은 악인이 파멸하는 것은 하나님이 뜻하시기 때문이 아니라 허락하시기 때문이라고 역설하면서 의지와 허락의 구별에 호소한다.[16] 하지만 어째서 우리가, 악인의 파멸이 하나님이 뜻하신 결과가 아니라면 하나님이 허락하신 결과라고 굳이 말해야 하는가? 사람이 하나님의 결정이 아니라 허락만으로 저주를 자초한다는 것도 그 자체로 개연성이 없어 보이기 때문이다. 마치 하나님께서 그의 가장 탁월하고 고귀한 피조물이 어떠한 조건에 있기를 원하는지 결정하지 않으신 것처럼 말이다! 그래서 나는 하나님의 의지는 만물에 대한 필연이며, 하나님이 예견하신 모든 일이 반드시 발생하는 것처럼, 하나님이 정하시고 뜻하신 일은 필연적으로 발생해야 한다는 아우구스티누스의 주장에 주저 없이 동의한다.[17]

이제 우리가 이 사안에 관련해 다루고 있는 네 집단, 곧 펠라기우스 추종자, 마니교도, 재세례파 그리고 향락주의자들Epicureans이 하나님의 예정이 자신들을 필연에 속박한다며 변증적인 형식으로 주장한다면,[18] 그들은 자기들의 입장과 전혀 상관없는 주장을 하는 셈이 된다. 하나님의 예정이 다름 아닌 하나님의 공의의 질서나 분배이고, 악인들이 파멸에 예정되는 이유가 명백하기에 하나님의 공의가 은밀하지만 흠이 없다면, 하나님의 예정으로 그들이 처하게 된 파멸이 정당하고 공정하다는 것 역시 명백하기 때문이다. 또한 그들의 파멸은 하나님의 예정에서 비롯되므로, 그 파멸의 원인과 본질은 언제나 그들 속에서 발견될 것이다. 첫 번째 사람은 타락했는데, 그 이유는 하나님이 그 타락을 적합하다고 판단하셨기 때문이다. 하나님이 그렇게 판단하신 이유는 우리가 알지 못한다. 그렇지만 오직 이것이 자신의 이름을 영광스럽게 하리라고 보셨기 때문임은 분명하다.

인간의 불행은 명백히 자신의 잘못이다

이제 하나님의 영광에 대한 언급이 있을 때는 그의 공의에 대해서도 생각하자. 칭찬받을 만한 것이라면 무엇이든 다 정당해야 하기 때문이다. 인간은 하나님이 정하신 대로 넘어졌지만, 그가 넘어진 것은 자신의 잘못 때문이다. 조금 앞에서 주님은 그가 창조하신 만물이 매우 좋다고 선언하셨다.[창 1:31] 그렇다면 인간이 자기 하나님에게서 돌아섰다는 사실 말고 인간의 악의 기원이 어디에 있겠는가? 그 기원이 하나님의 창조에서 비롯되었다고 생각할 경우를 대비하여, 주님은 그가 인간에게 베푸신 모든 것에 대한 승인을 스스로 확정하셨다. 그러므로 인간은 주님에게서 받은 선한 본성을 자기의 악으로 더럽혔고, 그 결과 타락을 통해 자기의 모든 후손을 함께 파멸로 끌고 갔다.

인간이 받은 저주는 그에게 아주 명백하다. 우리는 이 저주의 원인을 하나님의 예정에서 찾지 말자. 그 원인은 하나님의 예정 속에 감춰져 있고 우리의 이해를 완전히 벗어난다. 차라리 인간의 부패한 본성 안에 그가 받은 저주의 원인이 있음을 인정하자. 하나님의 무한한 지혜에 우리의 지성을 내맡기고 그의 많은 비밀들을 하나님께 그대로 두는 것은 우리에게 고통이 되어서는 안 된다. 합법적이지 못하거나 알 수 없는 것들이 있을 때, 무지는 곧 학습의 표지이고 알려는 욕망은 일종의 광기이기 때문이다.

어떤 사람들은 여기서 정죄하는 모독적인 변명을 내가 충분히 논박할 정도까지 설득력 있게 논증하지 못한다고 생각할 것이다. 나는 불경스러운 사람들의 항의와 비판을 언제나 막지는 못한다고 고백한다. 그렇더라도 그들이 항의하는 근거나 구실을 제거하는 데 필요한 모든 것을 이미 말했다고 믿는다. 유기된 사람들은 자기들이 범죄하는 이유는 범죄하게 되는 필연에서 벗어날 수 없기 때문이며, 특히 이 필연이 하나님의 결정과 의지에서 나오기 때문이라고 말한다. 이는 곧 유기된 사람들은 자기들이 범죄할 때 용서받을 수 있는 상태에 있기를 바란다는 의미다. 나는 이 필연이 어떤 식으로든 그들의 잘못을 면제해 주지 못한다고 주장한다. 그들이 불평하는 하나님의 결정은 공정하기 때문이다. 그 공정함이 우리의 이해를 벗어나기는 하지만 절대적으로 확실하다. 따라서 우리는 유기된 자들이 당하는 형벌은 오직 하나님의 가장 정당한 판단에 의해 그들에게 부과되는 형벌이라고 결론을 내린다. 또한 우리는 하나님의 비밀 속으로 들어가려는 시도는 그들의 명백한 완고함이라고 가르친다. 유기된 자들은 그들이 당한 저주의 기원을 찾으려는 바람으로 하나님의 비밀을 알아낼 수 없다. 그렇게 하려고 애쓰는 내내 그들은 그 저주의 참된 원천인 자신의 선천적인 부패함을 간과한다.

하나님은 그의 창조가 지닌 선함을 호의적으로 증언하셨기 때문에, 인간의 선천적인 부패함으로 인해 하나님이 비난받을 수 없음은 분명하다. 비록 하나님의 영원한 섭리 속에서 인간이 현재의 비참함을 경험하도록 창조되었지만, 이 비참함의 원인은 인간 자신에게 있지 하나님에게 있지는 않기 때문이다. 인간이 타락한 이유는 오직 하나, 곧 그가 하나님에게서 받은 순수한 본성에서 악으로 떨어졌기 때문이다.

하나님께 차별에 대한 책임이 있는가?

하나님의 대적들은 그의 예정에 흠집을 내려고 또 다른 우스꽝스러운 주장을 한다. 앞에서 우리는 하나님이 인간의 보편적인 재앙에서 구원하셔서 그의 나라의 상속자가 되게 하시는 사람들에 관해 말했다. 우리는 하나님께서 이 일을 그의 선하신 뜻으로 행하신다고 본다. 하나님의 대적들은 하나님이 사람의 외모를 취하시는 분이라고 추론하는데, 이 생각은 성경 어디에서나 거절된다. 따라서 우리는 성경에 모순이 있거나 하나님이 그가 택하시는 사람들의 공로를 재어 보신다고 말해야 한다.

우선, 하나님이 사람의 외모를 취하시지 않는다는 성경의 선언은 반대자들과는 다르게 해석해야 한다. 성경에서 '외모'라는 단어는 '사람'이 아니라 사람과 관련하여 누군가의 눈에 보이는 것으로서, 그에게 신뢰와 호의와 명예를 얻게 하거나 반대로 미움과 경멸과 비방을 당하게 한다. 전자의 예는 재산, 명성, 존귀, 고위 직책, 국적, 육체적 아름다움 등이고, 후자의 예는 가난, 비천함, 오명, 수치 등이다. 이것이 베드로와 바울이 하나님은 사람의 외모를 취하시지 않는다는 사실을 설명하는 방식이다. 하나님은 헬라인과 유대인을 단지 민족적 신분에 근거해서 어떤 사람은 환영하고 다른 사람은 배척하여 차별하시지 않는다.행 10:34, 롬 2:10-11, 갈 3:28 비슷하게 야고보는 하나님께서 부유함을 중요하게 여기지 않으신다고 말한다.약 2:5 바울은 같은 맥락에서 하나님은 심판하실 때 주인과 종을 차별하시지 않는다고 말한다.골 3:25, 엡 6:9 따라서 하나님은 공로에 관계없이 누구든지 당신의 선하신 뜻으로 원하는 사람을 선택하시고, 혹은 부인하거나 거절하신다고 말하는 데는 아무런 모순이 없다.

그러나 보다 충분하고 만족스러운 설명은 다음과 같이 제시할 수 있다. 우리의 반대자들은 어째서 하나님이 정확히 비슷한 공로를 가진 두 사람 중에서 한 사람은 간과하시고 다른 사람은 선택하시는지 묻는다. 나는 오히려 그들에게, 둘 중 선택받은 자에게 하나님의 마음을 움직여 그를 사랑하게 하는 무언가가 있다고 믿는지 되묻고 싶다. 당연히 그래야 하겠지만, 만약 그들이 그럴 만한 것이 전혀 없다고 인정한다면, 이는 곧 하나님이 그의 외모를 취하지 않으셨음을 의미한다. 또한 하나님이 그에게 선을 행하신 것은 그분의 자비하심 때문이다. 따라서 하나님께서 한 사람은 선택하시고 다른 사람은 거절하실 때, 그 선택은 그 사람에 대한 고려에서 비롯된 것이 아니라 오직 그의 자비하심 때문이다. 이 자비하심은 하나님이 원하시는 장소나 시간에 자유롭게 나타난다. 그러므로 하나님이 그의 예정에 따라 모든 사람을 비슷하게 다루시지 않는다는 이유로 그의 공의가 불평등하다고 비난하는 자들은 거짓되고 악하다. 그들은 이렇게 외친다. "하나님께서 모든 사람을 죄인으로 여기신다면, 그로 하여금 그들 모두를 공평하게 형벌하시게 하라! 만약 그들을 죄 없다고 여기신다면, 그들 모두에 대한 엄격한 처우를 중단하시게 하라!" 그러나 그들은 하나님이 자비를 베푸시지 못하도록 금지되신 듯 취급하고, 그게 아니면, 하나님이 자비롭고자 하실 때 그의 심판하는 권리를 완전히 포기하셔야 하는 것처럼 취급한다. 만약 그들이 죄인인 모든 사람에 대해 공평한 처벌을 원한다면, 이것 외에 다른 무엇을 구할 수 있겠는가?

죄는 보편적이지만 하나님은 어떤 사람들을 도우신다는 것이 우리의 믿음이다. 우리의 반대자들은 "그렇다면 하나님이 모두를 도우시게 하라"고 말한다. 그에 대해 우리는 하나님이 형벌을 통해 그가 의로운 재판장임을 보이시는 것도 옳다고 대답한다. 그들은 이것을 용납할 수 없는데, 이는 그들이 하나님에게서 자비를 베푸시는 능력을 빼앗으려 하거나 그가 심판을 포기하신다는 조건 아래서만 그 권리를 허용하려는 것이 아니겠는가? 여기서 아우구스티누스는 몇 가지 적절한 견해를 피력한다. "인류 전체가 아담 안에서 타락하여 저주 아래 있으므로, 영광이 예비된 사람들은 그들의 의로움을 담는 그릇이 아니라 하나님의 자비하심을 담는 그릇이다. 수치가 예비된 사람들에 관해 말하면, 이것은 오직 하나님의 판결이라고 부를 수밖에 없다. 하나님께서 불의하다고 비난받을 수는 없다."[19] 그는 이렇게도 말했다. "하나님께서 유기된 자들에게는 그들에게 마땅한 형벌을 내리시고 선택받은 자들에게는 그들에게 합당하지 못한 은혜를 베푸실 때 그 일이 정당하고 흠이 없다는 증거는, 한 사람에게는 빚을 면제해 주고 다른 사람에게는 빚을 요구하는 채주의 자유에서 분명히 나타난다."[20] 또한 그는 이렇게 말했다. "주님은 자비가 풍성하시므로 그가 원하시는 대로 누구에게나 기꺼이 은혜를 베풀 수 있고, 의로운 재판장이시므로 그가 원하시는 대로 누구에게나 은혜를 베풀지 않으실 수 있다. 어떤 사람에게는 그들이 받을 자격이 없는 것을 주심으로 자신의 값없는 은혜를 나타내실 수 있고, 그 은혜를 모두에게 주시지는 않음으로 무엇이 모두에게 합당한지를 나타내실 수 있다."[21]

예정은 정직하게 살려는 의욕을 꺾는가?

진리의 대적들은 일단 예정이 실행되면 정직한 생활에 대한 모든 염려와 관심이 소멸된다고 주장하면서 예정 교리를 중상모략한다. 그들은 이렇게 묻는다. "죽음이나 삶이 하나님의 불변하는 작정으로 이미 결정되었음을 알게 된다면, 자기의 어떤 행위도 하나님의 예정을 방해하거나 진전시킬 수 없으므로 어떻게 사는지에 관한 문제는 중요하지 않다는 생각을 즉시 떠올리지 않겠는가? 그 사람은 자신이 원하는 대로 할 것이고, 자신의 사악한 욕망이 자기를 잡아채서 데려가는 대로 놔둘 것이다." 이러한 반대 견해는 결코 만들어 낸 것이 아니다. 하나님의 예정을 그런 신성모독으로 더럽히고, 이것을 핑계로 모든 경고와 비난을 조롱하는 돼지들이 있기 때문이다. 그들은 이렇게 말한다. "하나님은 그가 우리에게 행하시는 최종적인 결정을 충분히 잘 알고 계신다. 하나님이 우리를 구하기로 결정하셨다면, 그는 그의 시간에 우리를 구원으로 이끄실 것이다. 그가 우리를 저주하기로 결정하셨다면, 우리 자신을 구원하는 문제와 관련하여 걱정하는 일은 부질없다!"[22]

그러나 성경은 우리가 이 신비를 숙고하는 일에서 얼마나 더 경외하고 두려워해야 하는지 설명하면서, 하나님의 자녀들에게 매우 다른 진실을 가르치는 이들의 사악한 대담성과 분노를 정죄한다. 성경이 예정에 관해 말하는 목적은 우리를 경솔함으로 교만하게 만드는 데 있거나 이해할 수 없는 하나님의 비밀을 조사하도록 우리 속에 과도한 대담함을 불어넣는 데 있지 않다. 오히려 성경은 우리가 겸손하고 냉정하게 하나님의 판단을 두려워하고 그의 자비하심을 찬미하도록 가르치려 한다. 그러므로 이것이 모든 신자가 삼아야 할 목표다. 바울은 이 돼지들의 꿍꿍거리는 소리를 효과적으로 잠재운다. 이들은 방탕한 생활을 꺼리지 않는데, 그 이유는 그들이 선택된 자들 중에 있다면 그들의 타락은 그들이 구원을 획득하는 것을 막지 못하기 때문이라는 것이다. 이와는 대조적으로, 바울은 우리가 선택을 받은 목적은 거룩하고 흠 없이 생활하기 위해서라고 밝힌다.[엡 1:4] 우리가 선택받은 목적이 거룩한 삶이라면, 이 선택은 우리의 태만을 변명하는 구실이 되기보다 우리를 이끌어 거룩함을 숙고하게 하는 동기가 되어야 한다. 선택이 구원에 충분하기 때문에 선을 행하는 데 무관심한 것과 선을 행하기 위해 선택받았다는 것은 이토록 엄청난 차이가 있다. 그렇다면 예정의 전체 질서를 그토록 사악하게 훼멸하려는 신성모독적인 행위를 어떻게 용납할 수 있겠는가?

그들이 제기하는 또 다른 반대 견해가 있다. 하나님이 거절하시는 사람이 정결하고 흠 없이 살기 위해 노력하는 일은 쓸데없는 시간 낭비라는 견해다. 그들은 오만한 거짓을 퍼뜨리는 죄인임이 분명하다. 유기된 모든 사람은 수치를 받기 위해 만들어진 그릇이기에 끝없는 비행으로 지속적으로 하나님의 분노를 일으키며, 하나님의 심판이 이미 그들에게 내려졌음을 분명한 표지로 확증하는데, 어떻게 하나님의 택하심 없이 정결하고 흠 없이 살려고 노력할 수 있겠는가? 예정에 저항하려는 저들의 시도는 다 헛될 뿐이다. 다만 이 문제를 더 명확히 해결하기 위해 선택받은 자의 소명과 유기된 자의 완고함과 무지함에 관해 계속 논의해야 한다.

하나님의 부르심은 택하심의 결과요 증거다

주님이 마음에 두신 택하심은 마침내 하나님의 부르심에 의해 드러난다. 그렇기 때문에 나는 통상적으로 하나님의 부르심을 택하심의 증거로 설명한다. "하나님은 그가 택하신 이들이 그의 아들의 형상을 따르도록 예정하셨고, 그가 예정하신 이들을 부르셨으며, 그가 부르신 이들을 의롭게 하셨으니, 이는 그들이 언젠가 영광을 얻게 하시기 위함이라."[롬 8:29-30] 주님은 자신의 사람들을 영광스럽게 하시기 위해 그들을 자기 자녀로 입양하셨다. 그렇기 때문에 하나님이 그들을 부르시지 않았다면 그처럼 엄청난 은사를 소유할 수 없었음을 우리는 안다. 게다가 그들은 부르심을 받음으로 그들의 선택받음에 관해 무엇인가를 이미 즐거워하고 있다. 이것이 바울이 그들이 받은 성령을 "양자의 영"과 "장래 유업에 대한 인印과 보증"이라고 부르는 이유다.[롬 8:15, 엡 1:13-14] 자신의 증거를 통해 바울은 그들이 확실히 양자 된 것을 그들의 마음속에 확증하고 봉인하기 때문이다. 그러므로 주님은 그가 택하신 이들을 자녀로 선택하시며 기꺼이 그들의 아버지가 되신다. 하나님은 그들을 부르시는 일에서 그들을 그의 가족으로 이끌어 오시고 그들에게 자신을 주신다.

성경은 부르심을 택하심과 연결하되, 이 연결이 하나님의 값없는 자비하심의 역사로만 되는 것임을 보여준다. 그 이유는 만약 하나님이 누구를 부르시고 왜 부르시는지를 묻는다면, 그 대답은 그가 택하신 사람들이라고 할 수 있기 때문이다. 바울이 "그것은 원하는 자나 경주하는 자에게 속하지 않고, 오직 긍휼히 여기시는 하나님께 속함이라"고 말하는 것처럼 말이다.[롬 9:16] 우리가 택하심 자체에 관해서만 다룬다면, 오직 하나님의 자비하심만이 모든 면에서 명백해진다. 또한 흔히 생각하듯이, 우리는 하나님의 은혜와 인간의 의지 또는 노력이 여러 가지로 공유하는 부분이 있다는 뜻으로 이 구절을 해석해서도 안 된다. 왜냐하면 우리의 반대자들은 하나님의 은총이 사람에게 성공을 주시지 않으면 사람은 어떤 바람이나 노력으로도 무엇을 성취할 수 없지만, 하나님이 사람에게 도움을 더해 주시면 하나님과 사람이 구원을 성취하기 위해 함께 무언가를 할 수 있다고 설명하기 때문이다.[23] 나는 나 자신의 말보다는 아우구스티누스의 말을 인용함으로 이 궤변을 논박하겠다. "주님이 그의 자비하심으로 도움을 주지 않으시면 의지를 가진 자나 노력하는 자는 무력할 뿐이라는 것이 사도가 말하려는 의미라면, 어떤 이는 이 진술을 바꾸어서 인간의 의지와 노력의 도움 없이 하나님의 자비만으로는 무력하다고 말한다. 이 진술의 사악함이 명백하다면, 사도가 아무것도 우리의 의지나 노력에 남겨 두지 않고 모든 것을 다 하나님의 자비에 귀속시키려 했음을 우리는 의심할 수 없다."[24] 이것이 그 거룩한 사람이 했던 말씀이다. 만약 우리 자신에게 어떤 노력이나 의지가 없다면 바울이 이런 말을 하지 않았을 것이라는 우리 대적들의 간교한 중상을 나는 지푸라기만큼의 가치도 인정하지 않는다. 바울은 인간의 내면에 무엇이 있는지에 대해서 생각한 것이 아니다. 다만 그는 어떤 사람들이 인간의 구원을 자신의 힘든 노력의 대가로 삼는 것을 보았기 때문에, 우선 편지의 서두에서 그들의 오류를 정죄했고 이어지는 부분에서 구원의 총합이 하나님의 자비하심에 있다고 주장한다.

선지자들은 오직 하나님의 값없는 부르심을 지속적으로 선포하는 일에 충실했다. 이것은 또한 말씀의 선포와 성령의 조명으로 이루어지는 하나님의 부르심의 본질에서도 명백하다. 이사야 선지자는 하나님이 누구에게 그의 말씀을 주시는지 우리에게 알려 준다. 그는 다음과 같이 말한다. "나는 나를 찾지 않은 사람들에 의해 발견되었고, 나에게 구하지 않은 사람들에게 나 자신을 나타냈도다. 나는 내 이름을 부르지 않은 사람들에게 '내가 여기 있노라'고 했다."사 65:1 주님은 이것을 이방인 외에는 아무에게도 적용되지 않는 은혜라고 유대인들이 오해하지 않도록 하기 위해, 그가 그들의 조상 아브라함을 사랑으로 맞으시며 이끌어 내신 곳은 다름 아닌 아브라함과 그의 모든 가족이 깊이 빠져 있던 우상숭배 한가운데였음을 그들에게 일러 주신다.

하나님은 그의 말씀으로 아무 자격 없는 자들을 조명해 주실 때 그의 값없는 선량하심에 대해 매우 분명한 증거를 전달하신다. 그러나 육체가 스스로 하나님의 부르심에 응답할 수 있다고 자랑하지 않도록, 하나님은 그가 우리의 귀와 눈을 만들어 주시지 않으면 우리에게 들을 귀와 보는 눈이 없다는 사실과, 하나님은 우리 각자의 가치가 아니라 그의 택하심에 따라서 귀와 눈을 만들어 주신다는 사실을 확증하신다. 이 점에 관해 주목할 만한 예증은 유대인과 이방인이 함께 바울의 설교를 들었다고 누가가 기록한 본문에서 발견된다. 그때 그들은 다 함께 동일한 진리를 배웠기 때문에, 우리는 그들 중 하나님이 영원한 생명으로 정하신 사람들만 믿었다는 사실을 접한다.행 13:48 이쪽 끝에서 저쪽 끝까지 오직 하나님의 택하심이 승리를 거둘 때, 하나님의 부르심이 은혜라는 사실을 우리가 부정한다면 당연히 부끄럽지 않겠는가?

이 증거는 하나님의 부르심이 성취되는 과정에서 사람을 하나님의 조력자로 삼는 자들을 반박할 뿐만 아니라, 하나님의 부르심이 확정될 때까지 선택은 불확실하고 일시적인 중단 상태에 있는 것으로 취급해야 한다고 가르치는 자들도 반박한다.[25] 이 말은 곧 하나님의 택하심이 확실한 증거로 증명되고 이른바 봉인된다는 사실을 의미한다. 우리가 이 말을 그런 뜻으로 받아들인다면, 택하심은 이런 방식으로 충분하고 확실하게 확인된다. 다만 우리가 복음을 받아들여야 비로소 택하심이 유효하다는 주장이나, 택하심의 효력은 개인이 복음을 받아들이는 데서 나온다는 주장은 잘못되었다.

선택: 확신의 추구

선택의 효력과 확고함이 믿음에 달려 있고 이 믿음을 통해 우리가 믿음에 속한 사람들과 교제한다는 가르침은 고의로 저지르는 오류다. 반면에, 우리가 우리의 선택에 대한 확신을 얻으려고 애쓰면서 선택에 대한 확실한 증거를 주는 표적에 집중한다면 적절한 질서를 따르는 것이다. 마귀는 신자들을 낙담시키기 위해 선택에 대한 의심으로 그들을 공격하면서, 비정통적인 수단으로 선택에 대해 알고 싶은 광적인 욕망을 신자들 속에 채울 때 심각하고 위험한 시험을 한다. 내가 말한 "비정통적인 수단"은, 하나님의 지혜의 이해할 수 없는 비밀을 파악하려 하면서 시간의 처음부터 하나님의 심판 때에 자기에게 무엇이 결정되었는지를 알고 싶어 하는 불행하고 비천한 자의 시도를 의미한다. 그렇게 시도하면서 그는 익사하는 사람처럼 바닥없는 구덩이에 돌진하며, 자기가 던져 버릴 수 없는 덫에 걸려 결코 빠져나올 수 없는 어둠의 심연 속에 빠진다. 인간의 지성의 오만함은 하나님의 지혜의 높은 곳을 자기 능력으로 오르려 할 때 그러한 끔찍한 파멸로 형벌을 당한다. 이는 전적으로 옳다.

지금 내가 말하려는 유혹은 훨씬 더 해롭다. 우리 대부분이 이 유혹에 취약하기 때문이다. 다음과 같은 생각에 마음이 움직이지 않는 사람은 거의 없다. "하나님의 선택을 통하지 않는다면 당신은 어떻게 구원을 받는가? 그리고 하나님의 선택은 당신에게 어떻게 드러나는가?" 이 생각이 사람의 지성에 자리 잡으면, 이것은 그를 끔찍하게 고문하거나 공포에 질리게 하여 위축시킨다. 나는 그런 사람들이 예정에 관한 잘못된 사상을 누구보다 잘 보여준다고 생각한다. 양심이 하나님에게서 오는 평화와 평온을 빼앗길 때 가장 치명적인 오류가 인간의 지성을 호도할 수 있기 때문이다. 이 주제는 마치 바다와 같다. 만일 우리가 이 바다 위에서 죽을까 봐 두려워한다면, 무엇보다도 우리는 재난이 발생할 때만 사람을 칠 수 있는 바위를 조심해야 한다. 그러나 예정에 관한 논쟁을 위험한 바다로 생각한다면, 누군가가 일부러 자기의 생명을 위험에 빠뜨리기로 선택하는 경우를 제외하면, 그 바다에서 항해하는 일은 안전하고 차분하며 심지어 즐거울 수도 있다. 하나님의 말씀과 상관없이 선택에 대한 확신을 추구하며 그의 영원한 작정을 엿보려는 사람들이 치명적인 심연 속으로 고꾸라져 빠지듯이, 그들과 대조적으로 선택에 대한 확신을 성경이 정하는 순서대로 올바르게 추구하는 사람들은 그 확신으로부터 특별한 위로를 받는다.

그래서 우리는 다음과 같은 방식으로 탐구를 진행할 것이다. 우리는 하나님의 부르심과 함께 탐구를 시작하고 끝맺을 것이다. 주님은 그의 부르심을, 그의 작정에 관해 알도록 허락된 모든 것을 우리에게 확증해 주는 표적이자 증거로 삼으시기 때문이다. 그러나 어떤 사람들이 이 진술이 불확실하다고 생각한다면, 이 진술이 우리에게 얼마나 큰 명확함과 확신을 가져다주는지 잠시 생각해 보자. 먼저, 하나님께서 우리에게 그의 아버지다운 자비와 친절을 베푸시기를 바란다면, 우리는 아버지가 기뻐하시는 유일한 분인 그리스도께 우리의 시선을 향해야 한다.[마 3:17] 만약 우리가 구원과 생명과 불멸을 추구한다면 다른 누구를 의지하지 말아야 한다. 오직 그리스도만이 생명의 근원이고 구원의 피난처이며 천국의 상속자이다. 자, 하나님께 그의 자녀로 입양된 우리가 하나님의 은혜와 사랑을 통해 구원과 불멸을 얻는 것 외에 다른 목적이 있겠는가? 아무리 당신이 원하는 대로 우리의 선택을 뒤집고 던져 보더라도, 우리 선택의 목적은 오직 이것뿐임을 당신도 알게 될 것이다. 따라서 하나님이 그의 자녀로 선택하신 사람들은 스스로 선택된 것이 아니라 오직 그리스도 안에서 선택되었다고 말할 수 있다.엡 1:4 그 이유는 하나님이 오직 그리스도 안에서 그들을 사랑하실 수 있고, 먼저 그들을 그리스도께 참예하는 자들이 되게 하셔야 그의 유업으로 그들에게 영광을 주실 수 있기 때문이다. 이제 우리가 그리스도 안에서 선택된다면, 우리 자신 안에서 구원에 대한 확신을 찾지 못할 것이다. 또한 우리가 하나님 아버지를 그의 아들과 엄밀하게 구분한다면, 심지어 성부 안에서도 구원에 대한 확신을 얻지 못할 것이다.

그리스도는 우리가 우리의 선택을 제대로 보게 해주고 그 선택이 왜곡 없이 나타나게 해주는 거울과 같다. 하늘 아버지는 그리스도 안에서 영원 전부터 자신의 것으로 삼기로 예정하신 모든 사람을 통합하기로 작정하셨고, 그 아들의 지체로 보셨던 자들을 그의 자녀로 인정하신다. 만약 우리가 그리스도의 동반자라면, 우리에게는 우리가 생명책에 기록되어 있음을 보여주는 확실하고 분명한 증거가 있다. 그리스도는 복음의 선포를 통해 아버지께서 그를 우리에게 주셨다는 사실과, 그와 그의 모든 혜택이 우리의 것이 되었다는 사실을 증거하셨다. 그럼으로써 그리스도가 우리의 동반자라는 사실이 참으로 충분히 증명되었다. 그리스도를 진정한 믿음으로 받아들이는 모든 사람을 하늘 아버지께서 자기의 자녀로 인정하시리라는 것을 그리스도께서 우리에게 증거하신다.

우리가 하나님의 자녀와 후계자가 되는 일보다 더 많은 것을 갈망한다면, 그것은 우리가 그리스도보다 더 높이 올라가려는 것이나 마찬가지다. 그리스도께서 우리의 궁극적인 한계이신데, 우리가 이미 그리스도 안에서 얻은 것과 그리스도 안에서만 발견할 수 있는 것을 그리스도 바깥에서 바란다면 극심한 광기에 사로잡힌 것은 아닐까? 게다가 그리스도는 아버지의 영원한 지혜요 그의 변함없는 진실이며 충성된 모사이기 때문에, 그리스도께서 자신의 입술로 우리에게 하시는 말씀이 우리가 추구하는 아버지의 뜻과 어떤 식으로든 다를까 봐 두려워해서는 안 된다. 오히려 그리스도께서는 처음부터 그러했고 앞으로도 언제나 우리에게 아버지의 뜻을 충실하게 드러내신다.

하나님께서 택하신 이들의 견인

우리가 입은 선택에 대한 확신이 우리의 부르심과 관련된다는 사실은 우리의 확신을 확증하는 데 큰 도움이 된다. 우리는 그리스도께서 그의 지식으로 조명하시고 교회의 무리 안으로 데려오신 사람들이 그의 돌보심과 보호를 받게 된다는 점을 발견한다. 게다가 그리스도가 받으시는 모든 사람이 아버지에 의해서 그리스도께 맡겨져 위탁된 것은, 그리스도가 그들을 영원한 생명으로 인도하시기 위함이라는 사실을 알게 된다. 우리가 더 이상 무엇을 원할 수 있겠는가? 주 예수께서는 아버지께서 그가 구원하시기 원하는 모든 사람을 자신의 보호 아래 두셨다고 크게 외치신다.요 6:37, 39, 17:6, 12 따라서 우리가 하나님께서 참으로 우리의 구원에 관심이 있으신지 물을 때, 그가 그의 모든 백성의 유일한 보호자로 임명하신 그리스도께 우리의 구원을 위임하셨는지의 여부를 살펴보자. 그리스도께서 우리를 자신의 보살핌과 보호하심 안으로 데려가셨는지를 우리가 의심한다면, 그리스도는 우리의 의심을 예상하시고 자신을 우리의 목자로 제시하며 선언하시기를, 만약 우리가 그리스도의 목소리에 주의한다면 그의 양떼 중에 있는 우리를 세시겠다고 하신다.요 10:3 그러니 그리스도를 영접하자. 그리스도는 그토록 자상한 방식으로 자신을 우리에게 내어 주시고 당신의 길에서 나와 우리를 환영하신다. 그리스도께서 우리를 당신의 무리 중에서 두시고 그의 우리 안에서 우리를 지켜 주시리라는 사실에는 의심의 여지가 전혀 없다.

누군가는 우리에게 일어날 일에 대해 걱정해야 한다고 말하며, 또한 우리가 미래에 관해 생각할 때 우리의 연약함 때문에 미래를 걱정할 수밖에 없을 것이라고 말한다. 바울은 "하나님이 그가 택하신 자들을 부르신다"고 선언하는데,롬 8:30 주 예수는 "많은 사람들이 부르심을 받지만 선택받는 사람은 적다"고 말씀하신다.마 22:14 다른 곳에서 바울은 우리가 너무 안전하다고는 느끼지 못하게 한다. 그는 "서 있는 이는 넘어지지 않도록 조심하라"고 말한다.고전 10:12 바울은 다시 이렇게 말한다. "당신은 하나님의 교회에 접붙여졌는가? 주님께서 다시 당신을 잘라서 당신의 자리에 다른 사람을 두실 수 있으니 교만하지 말고 두려워하라."롬 11:20, 22-23 마지막으로, 우리는 믿음과 부르심이 견인과 결합되지 않는 한 거의 무의미하며, 견인은 모든 사람에게 주어지지는 않음을 경험한다.

이에 대한 나의 대답은, 그리스도가 이 곤경에서 우리를 구원하셨다는 것이다. 다음과 같은 약속들이 의심할 여지 없이 미래를 가리키기 때문이다. "아버지께서 나에게 주신 이마다 나에게 오나니, 무릇 나에게 오는 사람을 나는 내쫓지 않으리라."요 6:37 또한 그는 이렇게 말씀하신다. "이것이 내 아버지의 뜻이니, 나는 아버지께서 내게 주신 이들 중 하나도 잃지 않고 마지막 날에 그들 모두를 일으키리라."요 6:39 "내 양 떼는 내 목소리를 듣고 나를 따르느니라. 나는 그들을 알고 그들에게 영원한 생명을 주리니, 아무도 그들을 내 손에서 빼앗지 못하리라. 그들을 내게 주신 내 아버지께서 그 누구보다 강하시니, 아무도 그들을 내 손에서 빼앗지 못하리라."요 10:27-29 여기서 그리스도께서 우리에게 그토록 가르치려 애쓰신 것이 무엇인가? 우리가 단번에 그리스도의 것이 되었으므로 영원한 생명을 갖게 되리라는 확신이 아닌가?

그리스도의 것으로 보였던 사람들이 매일 비틀거리고 쓰러지지 않느냐는 이의가 제기될 수 있다. 아버지께서 주신 사람이라면 누구도 멸망하지 않을 것이라고 선언하신 바로 그 구절에서 그리스도는 멸망의 자식을 제외하신다.요 17:12 그것은 참으로 사실이지만, 그런 사람들은 우리의 선택을 확정해 주는 진심 어린 신뢰로 그리스도께 결속된 적이 한 번도 없었다는 사실도 그만큼 확실하다. 요한은 "그들이 우리에게서 나왔지만 우리에게 속하지는 아니하였으니, 만약 그들이 우리에게 속하였다면 우리와 함께 머물렀으리라"고 기록한다.요일 2:19 나는 그들이 선택받은 이들이 지니는 표식과 비슷한 표식을 지니고 있음을 부정하지 않는다. 그러나 신자가 복음의 말씀에서 얻는 선택에 관한 확고한 토대가 그들 안에 있다고 인정하지는 않는다. 그러므로 이러한 사례들이 주 예수의 약속을 굳게 붙잡지 못하게 될 정도까지 우리를 혼란스럽게 해서는 안 된다. 그 약속은 아버지께서 그리스도에게 주신 이들과 진실한 믿음으로 그를 영접한 이들은 그리스도가 그들의 수호자요 보호자이시기 때문에 단 한 사람도 멸망하지 않을 것이라는 사실이다. 우리는 필요한 때 유다에 관해 논의할 것이다.

바울이 금지하는 것은 안정감이 아니라 육신의 무관심이다. 이 무관심은 교만과 경솔함과 타인에 대한 경멸을 일으키고, 겸손과 하나님에 대한 경외심을 몰아내며, 하나님의 은혜를 잊게 한다. 바울은 이방인에게 말하는 구절에서,롬 11:13-22 그들이 유대인들이 배제당한 자리를 차지하게 되었다고 해서 그들을 향해 자만심을 한껏 높여 잔혹하게 모욕하지 말라고 말한다. 비슷하게, 바울은 우리를 공포에 부들부들 떨게 하는 두려움을 가지라고 요구하지 않는다. 다른 곳에서 내가 이미 설명했듯이,[26] 바울이 요구하는 두려움은 하나님의 은혜를 겸손하게 존중하도록 가르침으로 하나님에 대한 신뢰를 감소시키지 않는 종류의 두려움이다.

중요한 구별: 하나님의 보편적인 부르심과 특별한 부르심

"많은 사람들이 부르심을 받지만 선택받는 사람은 적다"마 22:14는 예수의 말씀은 이런 식으로 해석될 수 없다. 이해를 돕기 위해 우리는 두 가지 유형의 부르심이 있음을 주목해야 한다. 하나는 보편적인 부르심인데, 이 부르심은 주님이 모든 사람을 차별 없이 자기에게 오도록 초대하시는 복음의 외적인 선포 속에 들어 있다. 여기에는 주님이 이 부르심을 통해 사망의 향기를 맡게 하시고 그들이 당할 더 무거운 정죄를 정당화하시는 사람들도 포함된다. 또 하나는 특별한 부르심이다. 하나님이 성령의 조명을 통해 그의 가르침이 신자들의 마음속에 뿌리내리게 하실 때, 신자들만이 이 부르심에 참여하게 된다. 그렇지만 가끔씩은 하나님이 한때 조명의 은혜를 베풀며 그러한 부르심을 주셨지만, 나중에는 그들의 배은망덕 때문에 하나님이 내버리시고 더욱 심각한 실명에 빠뜨리시는 사람들도 있다.

주 예수께서는 비록 복음이 그 당시 수많은 사람들에게 선포되었지만 많은 이들이 복음을 거부했고, 어떤 이들은 복음을 경멸했으며, 소수의 사람들만이 존중했음을 보셨다. 그래서 예수께서는 하나님을 한 왕으로 제시하셨다. 그 왕은 엄숙한 연회를 열기 위해 종들을 이곳저곳에 보내 큰 무리를 초대하려고 한다. 하지만 참석하겠다고 약속하는 사람은 거의 없고, 각 사람은 저마다의 사정에 호소한다. 그들이 거절하자 왕은 하는 수 없이 길거리에서 만날 수 있는 모든 사람을 초대한다.[마 22:2-9] 이 시점까지는 비유가 외적인 부르심을 가리키고 있음을 모두 쉽게 알 수 있다. 그다음에 그리스도는 하나님이 마치 자기 손님들을 맞이하는 사람처럼 식탁마다 다니며 그가 맞이한 모든 사람에게 융숭한 식사를 대접하신다고 덧붙여 설명하신다. 예수께서는 왕이 단정하게 차려입지 않은 사람을 보면, 그가 연회를 모독하지 못하도록 내쫓으실 것이라고 말씀하신다.[마 22:11-13] 이 마지막 구절이 가리키는 사람들은 믿음을 고백하며 교회로 받아들여졌지만 그리스도의 거룩함으로 옷 입지 못한 이들이 분명하다. 그렇기에 주님은 자신의 교회를 치욕스럽게 할 뿐인 역병을 용납하지 않으시고, 오직 그들의 부패함에 합당한 대로 바깥으로 쫓아내실 것이라고 말씀하신다. 따라서 부르심을 받은 많은 사람들 중에서 선택받은 사람은 별로 없다. 그러나 이 부르심은 우리가 신자들에게 그들의 택하심을 깨닫게 하는 수단으로 가르치는 부르심은 아니다. 이 비유가 설명하는 부르심은 악인에게도 해당하지만, 두 번째 유형의 부르심은 반드시 중생하게 하시는 성령과 함께 온다. 이 성령은 장차 올 유업의 서약이자 보증이며, 부활의 날까지 우리의 마음을 인친다.

유다의 사례: 사도로 부르심을 받았지만 구원으로 부르심을 받지는 못함

우리가 이미 말했듯이, 그것은 그리스도가 그의 양들 중에서 유다를 제외하고 하나도 잃지 않으신다고 말씀하시며 예외를 두신 이유이기도 하다.요 17:12 유다는 그리스도의 양떼 중 하나로 계수되었는데, 유다가 정말로 그의 양이었기 때문이 아니라 다른 양을 대신했기 때문이다. 또 다른 구절에서 주님이 다른 사도들과 함께 유다를 선택하셨다는 선언은 오직 유다의 역할에만 해당한다. 그리스도는 "나는 너희 열둘을 택하였노라. 그러나 너희 중 하나는 마귀이니라"고 말씀하신다.요 6:70 그리스도는 유다를 비록 사도로 임명하셨지만, 구원을 위한 택하심에 관해 말씀하실 때는 택하신 자들의 수에서 유다를 빼신다. 그래서 그리스도는 "나는 너희 모두에 관하여 말하는 것이 아니다. 나는 내가 누구를 선택했는지 알고 있다"고 말씀하신다.요 13:18

이 구절에서 "선택"이라는 단어의 의미를 혼란스럽게 만드는 사람은 누구나 발이 걸려 흉하게 넘어질 것이다. 하지만 이 단어의 의미를 깨닫는다면 이보다 더 간단한 단어도 없다. 따라서 대 그레고리우스Gregory the Great가 우리는 우리의 부르심을 뚜렷하게 의식하지만 우리의 선택에 대해서는 확신하지 못한다고 주장한 것은 아주 잘못되었다. 그는 한술 더 떠 우리에게 공포와 떨림을 권하면서, 우리가 오늘의 우리 자신은 잘 알지만 내일 우리가 어떠한 모습일지는 모른다고 주장한다.[27] 그러나 만약 그레고리우스의 추론을 따른다면, 그가 어떻게 이런 실수를 저질렀는지 분명하게 알 수 있다. 그는 공로로서의 행위를 선택의 토대로 삼았기 때문에 사람들을 두려움과 불신으로 가득 채울 수 있는 충분한 수단을 갖고 있었다. 그러나 사람들이 하나님의 선하심을 확신하도록 이끄는 데는 실패했기 때문에 그들을 강하게 해줄 수 없었다. 이것이 바로 신자들이 처음에 우리가 한 말을 약간 음미해 볼 수 있는 방법이다. 우리가 예정의 의미를 신중하게 헤아린다면, 우리의 믿음은 방해받거나 흔들리지 않고 오히려 크게 강해질 것이다.

하나님은 사람의 마음속에 "선택의 씨앗"을 심지 않으신다

선택받은 사람들이 모두 다 모태에서부터 혹은 동시에 주님의 부르심을 받아 그리스도의 양떼 안으로 들어와 모이는 것은 아니며, 하나님이 그들에게 은총 베풀기를 기뻐하시는 대로 모인다. 선택받은 사람들은 최고의 목자에게로 돌아가기 전에 나머지 모든 사람과 함께 방황하며, 이 세상의 황량함 속에 흩어져 있다. 선택받은 사람들이 다른 사람들과 다른 점은 오직 하나님이 그의 특별하신 자비의 역사로 그들을 영원한 파멸에서 보존하신다는 데 있다. 우리가 그들을 있는 그대로 생각한다면, 그 발생부터 악을 의식할 수밖에 없는 아담의 혈통을 보게 될 것이다. 만약 그들이 처절한 불경건함에 빠지지 않는다면, 그 이유는 그들의 타고난 선량함 때문이 아니라 주님이 그들의 구원을 주시하시며 그들에게 손을 펴서 구원으로 인도하시기 때문이다.

출생부터 자신의 마음속에 이런저런 선택의 씨앗이 심겨 있고 이 씨앗이 항상 자신을 경건한 두려움으로 이끈다고 상상하는 사람에게는 그들의 신념을 지지해 주는 성경의 보증이 전혀 없다.[28] 도리어 경험이 그들을 반박한다. 사실, 그들은 어떤 선택받은 사람들에게는 진리의 빛을 보기 전에도 신앙이 완전히 없지는 않았음을 증명하기 위해 몇 가지 사례를 제시한다. 그들은 바울이 바리새파 정신을 실천하는 일에서 흠이 없었다고 지적한다.빌 3:5-6 백부장 고넬료는 기도와 구제로 인해 하나님께 받아들여졌다.행 10:2 나는 바울에 대해 그들이 말하는 바를 인정하지만, 고넬료에 대해서는 틀렸다고 주장한다. 그 무렵 고넬료는 이미 중생하여 빛이 비추었기 때문에, 그에게 부족한 것은 오직 더 명확한 복음의 계시였기 때문이다. 설령 그렇다 하더라도, 그들이 이 모든 사례를 다 고려해서 얻으려는 바가 도대체 무엇인가? 우리가 그런 사례를 열두 개쯤 인정하면, 그들은 하나님께 선택받은 모든 사람의 마음이 비슷하다고 결론 내릴 것인가? 그렇게 되면, 마치 누군가 소크라테스와 아리스티데스,Aristides 크세노크라테스,Xenocrates 스키피오,Scipio 쿠리우스,Curius 카밀루스,Camillus 그 밖의 이교도들이 얼마나 정직한지 증명해 보인 다음, 우상숭배로 눈이 멀었던 모든 사람이 거룩하고 정결한 삶을 살았다고 추론하는 일과 진배없을 것이다.

그들의 증거가 전혀 쓸모없다는 사실 외에도, 성경은 여러 곳에서 그들을 분명하게 반박한다. 바울이 에베소 교인들의 중생 이전의 상태라고 말하는 상태는 그런 씨앗의 알갱이를 단 하나도 보여주지 않는다. 바울은 이렇게 기록한다. "너희는 허물과 죄로 죽었고, 그 허물과 죄 중에서 이 세상을 따라 행했으며, 반역하는 자들 가운데 지금 일하고 있는 마귀를 따라 행했고, 너희 육신의 욕망을 좇았으며, 너희가 좋아하는 것은 무엇이든 했느니라. 우리는 모두 다른 사람들과 똑같이 본성상 하나님의 진노의 상속자였느니라."엡 2:1-3 또한 그는 이렇게 기록한다. "너희가 이전에는 세상에서 소망도 없고 하나님도 없었음을 기억하라."엡 2:12 "너희는 한때 어둠이었지만 이제는 하나님 안에서 빛이니, 빛의 자녀로 행하라."엡 5:8 아마도 그들은 이것이 신자들이 부르심을 받기 전에 진리를 알지 못한 것을 틀림없이 의미한다고 대답할 것이다. 그것은 염치없는 비방이다. 바울은 그의 주장에서 에베소 교인들이 더 이상 거짓말하거나 훔치지 말아야 함을 암시하기 때문이다.

만약 그들의 주장을 인정한다 해도, 다른 성경 구절들에 관해서 그들은 무슨 말을 할 것인가? 예를 들어, 바울이 고린도 교인들에게 "우상숭배자들과 간음하는 자들과 탐색하는 자들과 남색하는 자들과 도적들은 하나님 나라를 얻지 못하리라"고 말할 때, 그들은 그리스도를 알기 전에 이 죄악들에 얽매였었지만 이제는 그리스도의 피로 정결하게 되어 그리스도의 영으로 자유롭게 되었다고 즉시 덧붙인다.고전 6:9-11 바울은 로마서에서 다시 이렇게 말한다. "너희가 전에는 너희 지체가 부정과 악을 섬기도록 내버려 두었지만, 이제는 너희 자신을 의를 섬기는 데 바치라. 지금 너희가 부끄러워하는 예전의 삶에서 너희는 어떤 열매를 얻었느냐?"롬 6:19, 21 나는 묻고 싶다. 그야말로 소망 없는 악한 생활, 전적으로 누추하고 악하게 생활하면서 상상할 수 있는 가장 혐오스러운 부패함에 탐닉했던 사람들 속에 도대체 어떤 선택의 씨앗이 무르익고 있었다는 말인가?

바울이 이 새로운 교사들이 취한 방식으로 말하고 싶었다면, 하나님이 그들을 그러한 비참함에 가라앉도록 버려두지 않으셨음을 그들이 얼마나 감사해야 마땅한지 강조했을 것이다. 비슷하게, 베드로는 그의 편지의 독자들에게, 처음부터 거룩함의 씨앗을 주심으로 그들을 보존하신 것에 감사하라고 독려했을 것이다. 하지만 베드로는 반대로 그들이 과거에 모든 악한 정욕을 허용했던 것이 충분하다며 그들에게 경고한다.벧전 4:3 우리가 몇 가지 사례를 제시해야 한다면 무엇이 있을까? 창녀였던 라합이 믿음을 갖기 전에 그녀 속에는 어떤 씨앗이 있었는가?수 2:1 므낫세가 선지자들의 피를 흘려 예루살렘 성을 그 피로 잠기게 할 때, 그의 속에는 어떤 씨앗이 있었는가?왕하 21:16 마지막 숨을 거둘 때에야 회개했던 강도 속에는 어떤 씨앗이 있었는가?눅 23:42 호기심 많은 사람들이 성경과 상관없이 자기들을 위해 고안한 하찮은 허구는 그만 끝났으면 좋겠다. 그보다는 우리가 다 길 잃은 불쌍한 양처럼 각자 파멸의 길로 갔었다는 성경의 가르침이 언제나 우리에게 참되기를 바란다. 따라서 주님은 그가 원하는 사람들을 파괴의 구덩이에서 즉시 구하지 않으시고 적절한 시간까지 지연하시되, 그들이 용서받을 수 없는 신성모독에 빠지지 않도록 항상 보존하신다.

유기된 사람들은 하나님의 말씀을 빼앗기거나 그 말씀으로 인해 완악해진다

주님은 영원한 작정에 따라 예정하신 구원으로 그가 선택하신 사람들을 그의 부르심을 통해 인도하신다. 이와 비슷한 방식으로, 주님은 유기된 자들에게 심판을 내리시고 그들에 대한 계획을 실행하신다. 하나님이 파멸과 영원한 죽음을 위해 창조하신 사람들은 그의 진노의 그릇이자 그의 준엄하심을 나타내는 사례로서 제 역할을 한다. 주님은 그들이 하나님의 말씀을 들을 수 있는 능력을 보류하시거나, 말씀의 선포를 통해 더욱 눈멀고 완고하게 하심으로 그들에 대한 목적을 이루신다. 우리는 첫 번째 방법에 대한 수많은 사례를 찾을 수 있지만, 나머지 모든 사례보다 더 두드러진 사례를 하나 선택하겠다. 그리스도께서 오시기 전 사천 년 넘게, 주님은 구원에 관한 소식의 빛을 모든 사람에게 감추셨다. 만약 하나님은 그 당시의 사람들이 이 축복을 공유할 자격이 없었으므로 공유하지 못하게 하셨다고 누군가가 주장한다면, 그들의 후손 역시 이 축복을 공유할 자격이 없다. 그렇다면 왜 하나님은 어떤 사람에게는 이 은혜를 베푸셨지만 다른 사람에게는 베푸시지 않았을까?

누구든지 이 문제에 대해 하나님의 비밀과 은밀한 작정보다 더 뛰어난 이유를 찾는 사람은 헛고생할 것이다. 우리가 대답하지 않는다고 해서 포르피리오스Porphyrius의 추종자나 다른 신성모독자의 추종자가 제멋대로 하나님의 공의를 비방하는 것을 두려워할 필요도 없다.[29] 모두가 저주받아 마땅한 상태에서 멸망하지만 어떤 사람들은 저주에서 구원을 받는 것은 오직 하나님의 값없는 은혜 덕분이라고 단언한다면, 우리는 하나님의 영광을 충분히 유지할 수 있다. 하나님의 영광은 어떤 핑계를 대지 않아도 방어될 수 있다. 따라서 주님은 유기된 자들에게서 진리의 빛을 제거하시고 그들을 눈먼 상태로 두심으로 그분의 예정에 대한 길을 여신다.

주님이 유기된 자들에 관한 목적을 이루실 때 사용하시는 두 번째 방법에 대해서 말해 보자. 우리는 이 방법이 가져오는 결과를 매일 경험하고 있으며, 성경에도 이에 대한 여러 사례가 있다. 백 명이 똑같은 설교를 듣는다고 하자. 그중 스무 명은 믿음으로 순종함으로 그 설교를 받을 것이다. 나머지 사람들은 설교에 관심을 기울이지 않고, 오히려 설교를 비웃거나 거절하며 저주할 것이다. 이러한 차이점이 그들 자신의 악의와 완고함에서 비롯된다고 말하는 것은 그다지 맞지 않다. 주님께서 그의 은혜로 그중 일부 사람들 속에 변화를 일으키시지 않는다면, 동일한 악의가 모든 사람의 마음을 감염시킬 것이기 때문이다. 하지만 주님은 왜 한 사람에게 은총을 베푸시고 다른 사람은 그저 지나치시는가? 누가는 주님이 부르시는 자들은 이미 생명으로 예정되었다고 선언하면서 그 이유를 말해 준다.[행 13:48]

그렇다면 다른 이들에게 관해서는 무엇이라고 말할 수 있는가? 우리는 그들이 하나님의 진노가 수치를 위해 준비한 그릇이라고밖에 말할 수 없다. 따라서 우리는 당황하지 말고 아우구스티누스와 함께 다음과 같이 말해야 한다. "하나님은 전능하시므로 악인의 의지를 선으로 바꾸실 수 있다. 그것은 의심의 여지가 없다. 그렇다면 하나님은 왜 그렇게 하지 않으시는가? 그렇게 하는 것을 뜻하지 않으시기 때문이다. 왜 하나님은 그것을 뜻하지 않으시는가? 그 이유는 하나님 속에 감춰져 있다. 우리는 우리에게 선한 것보다 더 많은 것을 알 수는 없다."[30] 아우구스티누스의 설명은 크리소스토무스가 다음과 같이 도망치는 태도로 주장했던 방식보다 훨씬 더 낫다. "하나님은 그분을 부르며 손을 뻗어 도움을 청하는 사람을 자신에게 이끌어 주심으로, 그 차이가 하나님의 심판에 있지 않고 사람의 의지에 있게 하신다."[31]

주님은 그의 말씀이 어떤 사람들로 더 보지 못하게 할 것을 아시고 그들에게 말씀을 보내신다는 것은 논쟁의 여지가 없다. 왜 주님은 그렇게 많은 소식이 바로에게 전달되게 하셨을까? 사절을 연이어 보내셔서 바로의 마음을 부드럽게 하시고 싶었기 때문인가? 그러나 주님은 그 일을 시작하시기 전에 어떤 결과가 나올지 이미 아셨고, 그 결과를 미리 말씀하셨다. 주님은 모세에게 이렇게 말씀하셨다. "너는 가서 그에게 내 뜻을 나타내라. 내가 그의 마음을 완고하게 하리니 그가 따르지 않으리라."출 4:21 마찬가지로 주님은 에스겔을 일으키실 때, 그가 에스겔을 반역하고 완고한 백성에게 보내시는 것이므로 그들의 귀가 듣지 못한다는 것을 알게 되더라도 당황하지 말라고 경고하신다.겔 2:3, 12:2 비슷하게 주님은 예레미야에게, 그의 선포가 백성을 지푸라기처럼 부수고 흩어 버리는 불과 같을 것이라고 미리 일러 주신다.렘 1:10 이사야의 예언은 더욱 확고한데, 주님은 다음과 같은 명령으로 이사야를 보내신다. "너는 가서 이스라엘 자손들에게 '들으라, 그러나 들을 때 깨닫지는 말라! 보라, 그러나 깨닫지는 말라!'고 말하라. 이 백성의 마음을 굳게 하고 그들의 귀를 닫으며 그들의 눈을 가려서, 그들이 보고 듣고 깨달아서 돌아와 구원을 받지 못하게 하라."사 6:9-10 이것이 주님께서 그들에게 말씀을 보내셨지만 그 말씀으로 그들을 더욱 심한 귀머거리로 만드시는 방식이다. 주님은 그의 빛을 그들에게 비추셔서 그들을 더욱더 보지 못하게 하신다. 주님은 그들에게 교훈을 베푸셔서 그들을 더욱더 둔감하게 하신다. 주님은 그들에게 치료책을 보내셔서 그들이 치료받지 못하게 하신다. 요한은 이 예언을 가리켜 말하기를, 유대인들이 그리스도의 가르침을 믿을 수 없었던 이유는 하나님의 이러한 저주가 그들에게 머물렀기 때문이라고 설명한다.요 12:39-40

하나님이 사람에게 빛을 비추기를 원하지 않으실 때, 그분의 교훈을 덮개에 쌓인 형식으로 주셔서 그 교훈이 그 사람에게 아무런 도움이 되지 않고 오히려 그의 무지와 혼란을 심화시키는 역할을 한다는 사실을 의심할 수 없다. 그리스도는 그가 일반 대중에게 말씀하신 비유들의 뜻을 사도들에게만 설명하시는데, 그 이유는 다른 사람들과 달리 오직 사도들만 그의 나라의 신비를 알도록 은혜를 받았기 때문이다.마 13:11 주님께서 어떤 사람들이 그의 가르침을 이해하지 못하게 주의하시면서도 그들을 가르치신 목적이 무엇인가? 자, 우리는 이 실패가 어떻게 발생하는지 질문하되, 그 문제는 우리 뒤에 남겨 두기로 하자. 주님의 가르침에 모호함이 있다고 해도, 악인들의 양심의 죄를 정죄하는 빛은 그 가르침 속에 언제나 필요 이상으로 충분하다. 다만, 참으로 이것이 주님이 행하시는 방식이므로, 주님이 이렇게 행하시는 까닭을 알아보는 일이 남아 있다.

유기된 자들의 운명은 하나님의 영광을 나타낸다

사람들이 자신의 방탕함과 배은망덕 때문에 이런 처벌을 받는 것이 당연하다는 말은 타당하고 진실하다. 그러나 이러한 구별은 하나님이 왜 어떤 사람들은 순종하게 하시고 나머지 사람들은 완고하게 하시는지를 명료하게 해주지 않는다. 따라서 우리는 바울이 모세의 증언을 사용하는 방식에서 해결책을 찾아야 한다. "하나님은 처음부터 그들을 세우셔서 온 세상에 그의 이름을 선포하셨다."롬 9:17, 출 9:16 하나님의 왕국이 열려 있는데도 유기된 자들이 순종하지 않는 이유는 그들의 사악함과 악함 때문이라고 해야 정당하다. 다만 우리는 유기된 자들이 사악함에 굴복하게 된 이유는, 그들이 하나님의 공의롭고 측량할 수 없는 심판을 통해 정죄받음으로 하나님의 영광을 분명히 나타내려고 세워졌기 때문이라고 덧붙여야 한다.

따라서 우리가 성경에서 엘리의 아들들이 그들 아버지의 유익한 경고에 귀 기울이지 않았던 이유는 주님이 그들을 멸하려고 하셨기 때문임을 읽을 때,삼상 2:25 그것은 곧 그들의 불순종이 단지 그들 자신의 악으로 인한 결과만은 아니었음을 암시한다. 하나님께서 엘리의 아들들의 마음을 부드럽게 하실 수 있었지만, 우리는 그들이 계속 불순종했다는 내용을 듣는다. 그 이유는 하나님의 불변하는 작정이 최종적으로 그들을 멸하려는 결정을 내렸기 때문이다. 사악한 자들은 이 말을 듣고, 하나님께서 그의 불쌍한 피조물들을 속이시고 저항할 수 없는 그의 권능으로 잔인하게 그들을 농락하신다고 불평한다. 그러나 우리는 유기된 자들이 하나님의 의로운 심판에 맞지 않는 고통은 절대 당하지 않는다고 믿는다. 왜냐하면 인간은 여러 가지 방식으로 하나님의 보좌 앞에서 정죄당할 일들을 저지르기에, 혹시 고소를 천 번 당하더라도 단 한 마디도 대답할 수 없음을 우리가 알기 때문이다. 우리가 그 이유를 이해하지 못하는 부분에 관해서는 참을성 있게 견뎌야 하며, 하나님의 지혜가 드높아지는 곳에서 무지한 상태로 머무는 것에 만족할 수 있어야 한다.

논란이 많은 몇몇 성경 구절 연구

우리의 반대자들은 여전히 일부 성경 구절에 호소하면서 입장을 굽히지 않는다. 악인들이 하나님께 저항하면서 죽음을 자초하는 경우를 제외하면, 그 성경 구절들에서 주님은 악인들이 하나님의 작정에 따라 멸망하는 것을 부정하시는 듯 보인다고 주장한다. 그 구절들이 우리가 한 말들과 어떤 식으로도 모순되지 않음을 보이기 위해 간략히 설명하겠다. 그들은 사도의 다음 진술들을 인용한다. "하나님은 모든 사람이 구원받아 진리를 알게 되기를 원하시느니라."딤전 2:4 "하나님이 모든 사람을 불신 속에 가둬 놓으심은 모든 사람에게 자비를 베푸시기 위함이니라."롬 11:32 또한 주님은 선지자의 선포를 통해 "그는 죄인의 죽음을 원하지 아니하시고, 오히려 죄인이 돌아와 살기를 원하시느니라"고 말씀하셨다.겔 18:32, 33:11

바울이 말한 첫 번째 구절은 매우 부적절하게 인용된다. 바울의 주장에서 "모든 사람"은 모든 각 개인을 의미하지 않고 모든 인간의 조건을 의미한다는 것을 쉽게 알 수 있기 때문이다. 바울은 왕과 군주들을 위해 엄숙하게 기도하라고 디모데에게 가르쳤다. 신자들의 교제 바깥에 있을 뿐만 아니라 하나님 나라를 훼멸하려고 온 힘을 다해 애쓰는 소망 없는 부류의 사람들을 위해서 하나님께 기도하라는 명령이 조금 낯설었을 것이기 때문에, 바울은 이 기도가 모든 사람이 구원을 받기 원하시는 하나님께 받아들여질 수 있다고 덧붙인다. 바울이 이 명령을 통해 말하려는 바는, 하나님은 어떠한 조건에 있는 사람에게도 구원의 길을 막지 않으셨고, 오히려 그의 자비를 풍성하게 베푸셔서 모든 부류의 사람이 구원에 참예하기를 바라신다는 사실이다. 다른 본문들도 주님이 그의 은밀한 판단으로 결정하신 것을 언급하지 않는다. 다만, 진정으로 회개하며 용서를 구하는 모든 죄인에게 하나님의 용서가 준비되어 있다고 선언한다. 만약 누군가가 "하나님은 모든 사람에게 자비를 베풀어 주실 것이다"라고 완강하게 주장한다면, 나는 성경 다른 곳에 있는 말씀인 "우리의 하나님은 하늘에 계시고, 그곳에서 그가 원하시는 것은 무엇이든 행하시느니라"를 가리킬 것이다.시 115:3 따라서 이 말씀은 출애굽기에 있는 말씀인 "그는 자비를 베푸시는 자에게 자비를 베푸시며, 긍휼히 여기시는 자에게 긍휼을 베푸실 것이니라"와 같은 뜻으로 해석해야 한다.출 33:19 하나님은 그가 자비를 베푸시려는 사람을 선택하시기 때문에 모든 사람에게 자비를 베풀지는 않으신다.

어떤 사람들은 나에게 "만약 그렇다면 복음의 약속들은 하나님의 뜻을 증거하는 일에서 그가 은밀하게 결정하신 바와 정반대되는 경향을 드러내기 때문에, 우리는 복음의 약속들에 관해 거의 확신을 가질 수 없다"고 말할 것이다. 나는 그것을 부인한다. 구원에 대한 약속들은 보편적이지만, 그 결과만 고려한다면 이 약속들은 유기된 사람들의 예정과 조화를 이루기 때문이다. 우리는 하나님의 약속들을 믿음으로 받을 때에만 그 약속들이 유효함을 알고 있다. 하지만 믿음이 소멸되면 그 약속들은 무효하게 된다. 이것이 구원의 약속의 본질이라면, 이 약속들이 하나님의 예정과 상충하는지 살펴보자. 하나님은 처음부터 그가 은혜 안으로 받아 주실 사람과 거부하실 사람을 결정하셨다고 한다. 그렇지만 하나님은 모든 사람에게 차별 없이 구원을 약속하신다고도 한다. 나는 여기에 아무런 모순이 없다고 주장한다. 왜냐하면 주님이 이 약속으로 알리시려는 뜻은 단지 주님의 자비가 그 자비를 구하는 모든 사람에게 허락된다는 것이기 때문이다. 주님께서 빛을 비추어 주신 사람들만이 주님의 자비를 구한다. 결국 주님은 그가 구원으로 예정하신 사람들에게만 빛을 비추신다.

이 예정된 사람들은 그처럼 확실하고 분명한 약속들을 경험하기 때문에, 하나님이 신자들에게 베푸시는 은혜의 증거와 하나님의 영원한 선택은 결코 상충될 수 없다. 그렇다면 바울은 왜 "모든 사람"이라고 말하는가? 그 이유는, 믿음을 지닌 일부 죄인을 제외하면 죄인에게 차이가 전혀 없으므로, 정직한 양심이 더욱 확고히 안식하도록 하기 위해서다. 또한 악한 자들이 배은망덕하여 피난처를 거절해 놓고도 자기들의 비참함을 피할 수 있는 피난처가 전혀 없다고 주장하지 못하게 하기 위해서다. 그렇다면 하나님의 자비하심이 복음을 통해서 두 부류의 사람들에게 제시됨을 감안할 때, 신자를 불신자와 구별함으로 신자는 복음의 효과적인 역사를 경험하지만 불신자는 복음에서 아무 유익도 얻지 못하는 이유는 오직 믿음, 곧 하나님의 조명하심 때문이라고 할 수 있다. 이 조명하심은 하나님의 영원한 선택을 지도 규칙으로 삼는다.

하나님의 섭리는 목적이 뚜렷하고 모든 것을 포괄한다

이제 온 세상의 통치로 확장되는 하나님의 섭리를 다룰 순서가 되었다. 올바르게 이해하면, 섭리는 믿음을 확인하는 데 엄청난 도움이 된다. 그러나 섭리를 바르게 이해하거나 숙고하는 사람은 매우 적다. 그래서 대다수의 사람들은 만물이 하나님의 의지와 결정으로 다스려진다는 것은 잊은 채, 섭리를 기껏해야 하나님의 예지 정도로만 생각한다. 다른 사람들은 하나님이 좀 모호하고 일반적인 어느 정도의 통제권으로 세상 모든 세세한 부분을 유지하고 운영하신다고 생각한다. 그러나 그들은 모든 피조물의 행동을 일일이 주장하실 수 있는 하나님의 능력에 관해서는 전혀 언급하지 않는다. 이러한 섭리를 그들은 "보편적 섭리"라고 부른다. 그들의 주장에 따르면, 이 섭리는 모든 피조물이 아무렇게나 이리저리 끌려가는 것을 막지 않으며, 인간이 자유의지를 활용하여 자신이 원하는 방향으로 향하는 것도 막지 않는다. 하나님과 인간은 각자 책임을 나누되, 하나님은 인간이 자기 본성에 따라 행하려는 것은 무엇이든 행하여 성취할 수 있는 능력만을 하나님의 권능으로 부여하신다는 것이다. 그들은 완전히 동일한 방식으로 주장하기를, 인간이 자신의 의도에 따라 행동을 절제할 수 있다고 한다.

요약하면, 세상과 인간과 인간의 일은 목적을 이루려는 섭리가 아닌 하나님의 권능으로 다스려지기 때문에, 인간이 일어나야 하는 모든 일을 결정한다는 것이 통상적인 믿음이다. 나는 세상 여기저기에 늘 가득했던 전염병 같은 쾌락주의자들에 관해서는 논의하지 않겠다. 그들은 하나님을 태만하고 냉담한 존재로 여긴다. 이들만큼이나 지각없는 또 다른 사람들 역시 나는 논의하지 않겠다. 그들은 하나님을 하늘의 중간층 위에 있는 것을 다스리는 존재로 여기면서 그 밖의 것들을 운명으로 치부한다.[32] 다른 무엇보다 그 피조물들 자체가 그들의 어리석음을 큰 소리로 뚜렷하게 정죄한다!

내가 앞에서 하나님의 보편적 섭리에 관해 설명한 믿음은 어느 정도 모든 사람에게 받아들여진다. 비록 이 믿음이 어느 정도 진리의 모습을 지니지만, 이 믿음은 참되지도 않고 용납할 수도 없다. 이 믿음은 하나님께서 맹목적이고 목적 없는 활동만을 하신다고 여기기 때문에, 만물을 자신의 목적에 따라 지혜로 명령하고 배열하시는 하나님의 가장 중요한 권리를 부인한다. 따라서 이 믿음은 하나님을 명목적으로만 세상의 통치자로 인정할 뿐, 실제적인 통치자로 인정하지는 않는다. 왜냐하면 이 믿음은 하나님에게서 확고한 통제권을 빼앗기 때문이다. 통제한다는 것은 무슨 의미인가? 명령하는 것마다 질서 정연하고 체계적인 방식으로 이루어지게 한다는 것이 아니겠는가? 사실 성경은 모든 곳에서 하나님의 구체적인 섭리를 그렇게 신중하게 주장하기 때문에, 누군가가 하나님의 섭리를 의심할 수 있다는 사실 자체가 무척이나 놀랍다. 사도는 우리가 하나님 안에서 존재하고 살아가며 움직인다고 선언했으며,행 17:28 그리스도는 그가 끊임없이 아버지와 함께 일하고 계심을 증거하신다.요 5:17 이 두 진술은 주님이 그가 창조하신 모든 작품에서 멈추지 않고 활동하신다는 것을 증명하지만, 인간은 그 모든 것이 보편적인 섭리 덕분이라고 여긴다. 하지만 그런 간교한 방식으로 회피할 수 없는 더 명확하고 분명한 증거가 있다. 선지자 예레미야는 이렇게 선언한다. "주님, 저는 인간의 길이 인간의 능력 안에 없으며, 인간의 걸음도 인간이 정할 수 없음을 아나이다."렘 10:23 비슷하게 솔로몬도 이렇게 말한다. "사람의 길은 주님의 지시에 따르나니, 그렇다면 사람이 어떻게 자기의 길을 결정할 수 있나이까?"잠 20:24 하나님이 인간을 그의 천성에 따라 움직이시지만 사람이 자기가 원하는 목적에 따라 그 움직임을 바꾼다는 주장에 대해 어떻게 말할 수 있는가? 그것이 참으로 사실이라면, 인간은 자신의 길을 스스로 주도하는 것이다.

인간은 하나님의 권능 없이 아무것도 할 수 없기 때문에, 아마 누군가는 이것을 부인할 것이다. 하지만 예레미야와 솔로몬은 분명히 그 권능을 하나님뿐만 아니라 하나님이 자신이 이루시려는 모든 것을 행하시는 섭리적 선택에도 귀속시킨다. 그렇기 때문에 그것은 문제를 해결하지 못한다. 사실 솔로몬은 다른 곳에서, 마치 무모한 사람들이 하나님의 손에 이끌리지 않는다는 듯이, 하나님을 전혀 생각하지 않고 자기 계획을 실행하는 인간의 무모함을 꾸짖는다. 그래서 솔로몬은 "마음의 결정은 인간에게 있지만 혀의 응답은 주님에게서 나온다"고 말한다.잠 16:1 하나님의 뜻이 없으면 인간이 자기 혀로 한 마디 말도 할 수 없는데, 그가 하나님 없이 성취하려고 애쓰다니 이 얼마나 끔찍한 광기인가? 성경은 하나님의 작정 없이는 아무것도 세상에서 일어나지 못한다는 사상을 효과적으로 강조하기 위해, 가장 우연처럼 보이는 일을 하나님이 지배하시는 일로 묘사한다. 무엇보다, 나뭇가지가 나무에서 떨어져 지나가는 사람을 죽게 하는 일보다 더 우연적인 일이 무엇인가? 그러나 하나님은 그 행인을 죽이려고 나뭇가지를 던진 사람의 손에 그를 넘기셨다고 선언하심으로 매우 다른 방식으로 말씀하신다.[33] 이것은 제비뽑기에서도 마찬가지다. 누가 제비뽑기를 우연의 무모함이라 하지 않겠는가? 그러나 주님은 제비를 뽑는 일을 우연으로 만들지 않으신다. 주님은 결정이 주님께 속한다고 주장하신다.잠 16:33 하나님은 제비가 모자에 던져진 다음 뽑히는 것이 하나님의 능력으로 된다고 말씀하지 않으신다. 하나님은 제비가 자유롭게 떨어지게 하심으로, 우발적으로 보이는 사건을 그의 섭리의 활동으로 삼으신다.

섭리는 운명과 우연을 배제한다

이 교훈을 혐오스럽게 만들려는 사람들은 이 교훈이 만사가 필연적으로 발생한다는 스토아주의자들의 역설을 반복한다고 주장하면서 이 교훈을 더럽힌다. 아우구스티누스도 이런 비방을 당했다.[34] 나는 말다툼을 지양하고 싶지만, 우리가 스토아주의자들이 사용하는 "운명"이라는 용어를 받아들이지 않는다는 점은 분명히 해두자. 그 용어는 바울이 우리에게 피하라고 가르친 종류의 말이기 때문이다.딤전 6:20 또한 우리의 반대자들이 그 용어에 담긴 증오심으로 하나님의 진리를 둔하게 만들려고 하기 때문이다. 사람들은 우리가 이 사상에 대해 책임이 있다고 거짓되고 악의적으로 주장한다. 하지만 우리는 스토아주의자들과 달리, 필연이 자연 속에서 만물을 지속적으로 결합시킨다고 상상하지 않는다. 우리는 하나님을 만물의 주재이자 통치자로 모시면서, 하나님이 처음부터 그의 지혜에 따라 그가 하실 일을 결정하셨으며, 이제 그의 권능으로 그가 결정하신 모든 것을 실행하신다고 주장한다. 그러므로 우리는 하나님이 하늘과 땅과 모든 지각없는 피조물뿐만 아니라 인간의 의향과 의지 역시 하나님의 섭리로 다스리시고 계셔서, 그가 지정하신 목표로 그것들을 이끄신다고 결론짓는다.

누군가는 "그렇다면 아무것도 우발적이거나 우연하게 생기지 않는다는 말인가"라고 물을 수 있다. 나는 바실리우스Basilius가 "운명"과 "우연"은 이교도들의 용어인데, 신자들은 그런 의미를 결코 활용해서는 안 된다고 기록했던 것이 그 질문을 탁월하게 다룬다고 대답하겠다.[35] 모든 성공이 하나님에게서 오는 복이고 역경이 하나님의 저주라면, 어떤 경우에도 운명이 인간에게 영향을 끼칠 여지가 전혀 없다. 그러나 우리의 연약함은 하나님의 섭리의 숭고함 앞에서 움츠러들기 때문에, 나는 우리의 연약함을 위로할 만한 해명을 시도하겠다. 그러므로 우리는 모든 일이 하나님의 정하심에 의해 행해지지만, 모든 일이 우리에게는 우발적이라고 말한다. 그렇다고 운명이 모든 것을 제멋대로 바꾸면서 인간을 지배한다고 믿는 것은 아니다. 그런 환상은 결코 그리스도인의 마음에 들어가면 안 된다. 그러나 사건이 전개될 때 그 사건의 질서와 이성과 목적과 필연성은 하나님의 작정 속에서 가장 빈번하게 가려지고 인간 이해의 한계를 넘어가기 때문에, 하나님에게서 나온다고 확실히 알고 있는 것들이 다소 우연처럼 보일 것이다. 그것들은 그 자체의 본질에 따라 고려되든지 아니면 우리의 판단과 지성으로 평가되든지 상관없이 동일한 모습을 보여주기 때문이다.

예를 하나 들어 보자. 어떤 상인이 선하고 믿음직한 동료들과 함께 숲속으로 들어갔다. 그런데 그만 길을 잃어 강도의 소굴에 떨어지게 되었고 목이 잘리게 되었다고 가정해 보자. 그 상인의 죽음은 하나님이 예견하셨을 뿐만 아니라 하나님의 뜻에 의해 결정되기도 한 것이다. 왜냐하면 하나님은 각 생명이 얼마나 오래 생존할지 미리 보셨으며, 아무도 넘을 수 없는 한계를 정해 고정하셨기 때문이다.욥 14:5 그렇다 하더라도 우리의 지성이 판단할 수 있는 한, 그러한 죽음에 관한 모든 일은 우발적으로 보인다. 그렇다면 그리스도인은 이 모든 것을 어떻게 생각해야 하는가? 그는 그것이 본질적으로 우연이라고 생각하지만, 하나님의 섭리가 그 목표를 이루려고 우연을 효과적으로 활용했음을 의심하지 않을 것이다. 미래의 사건도 마찬가지다. 아직 오지 않은 모든 것은 우리에게 불확실하기 때문에, 우리는 그것들을 이런저런 방식으로 진행이 가능한 미결정 상태로 두어야 한다. 그럼에도 우리의 마음은 하나님이 결정하시지 않으면 어떤 일도 발생하지 않을 것이라는 사실을 확신해야 한다.

섭리는 신중하고 주의해야 할 필요성을 없애지 않는다

우리가 하나님의 섭리에 관해서 생각할 때, 하늘과 땅을 더럽히려는 듯한 기세로 하나님의 섭리에 대해 수군거리는 무지몽매한 자들의 끝없는 몽상에 빠져들지 않도록 조심해야 한다.[36] 그들은 우리가 죽는 순간을 하나님이 표시하셨다면 우리는 그것을 피할 수 없고, 따라서 우리 자신을 보호하려는 노력은 아무 소용이 없을 것이라고 말한다. 어떤 사람은 여행의 위험에 관해서 들을 때, 혹시라도 강도에게 살해될 경우를 대비해 경솔히 여행을 떠나지 않으려 한다. 어떤 사람은 아프면 의사를 부르거나 약국에 도움을 청한다. 어떤 사람은 예방책으로 과식을 삼가고, 또 어떤 사람은 황폐한 가옥에서 생활하는 것을 두려워한다. 이렇듯 일반적으로 모든 사람은 자신의 의향대로 할 수 있는 방법을 구할 것이다. 하지만 그들은 이 모든 것이 우리가 하나님의 뜻에 맞서려고 동원하는 소용없는 방비책이며, 그렇지 않다면 이 모든 일은 하나님의 뜻이나 작정에 의해서 발생하는 일이 아니라고 말한다. 그들의 말에 따르면, 생명과 죽음, 건강과 질병, 전쟁과 평화, 부와 가난이 하나님에게서 온다는 주장은 사람이 자신의 노력으로 그의 기호에 따라 무엇을 이루거나 피할 수 있다는 생각과 어울릴 수 없다. 추가적으로 그들은, 하나님께서 영원 전부터 결정하신 것들을 달라고 요청하는 기도는 불필요할 뿐만 아니라 죄악되다고 주장한다. 요약하면, 그들은 미래와 관련해 필요한 어떤 생각도 하나님의 섭리에 반하는 것으로 간주한다. 그 섭리는 우리가 하나님의 계획을 아는 것을 허락하지 않으며, 장차 일어날 일을 단번에 결정한다고 한다.

게다가 그들은 일단 무슨 일이 일어나면 그것을 하나님의 섭리 탓으로 지나치게 몰아붙인 나머지 그 행위를 한 사람을 간과한다. 만약 어떤 악당이 정직한 사람을 죽인다면, 그들은 그 악당이 하나님의 계획을 성취했다고 말한다. 누가 하나님이 예견하신 것만을 행하면서 훔치거나 간음하면, 그들은 그 사람을 섭리의 시행자라고 부른다. 어떤 자녀가 자기 아버지를 돕지 않고 죽게 내버려 둔다면, 그들은 이 아이가 이 일이 생기도록 결정하신 하나님께 저항할 수 없었다고 주장한다. 그들은 이런 식으로 모든 악덕이 하나님의 예정을 따른다는 근거를 들면서 악덕을 미덕으로 바꾼다!

미래의 사건에 관해서 솔로몬은 미래를 신중하게 숙고하는 태도를 하나님의 섭리와 조화시키는 데 전혀 어려움을 느끼지 않는다. 솔로몬은, 온갖 환상에 빠져 마치 자신들은 하나님의 다스림을 받지 않는다는 듯이 무슨 일이든 하나님 없이 대담하게 저지르는 사람들의 오만함을 비웃는다. 이와 비슷하게, 그는 "사람의 마음은 자기의 길을 계획하지만, 주님은 그의 걸음을 지시하실 것이라"고 말한다.[잠 16:9] 이 말의 의미는, 하나님의 영원한 작정은 우리가 자신을 위해 공급하고 우리의 일을 질서 있게 하는 것을 그의 선한 뜻으로 막지 않는다는 것이다. 그 이유는 분명하다. 우리의 삶에 한계를 두신 하나님은 또한 우리 삶을 보살피는 일을 우리에게 맡기셨고, 그 삶을 보존하는 수단을 주셨다. 또한 하나님은 위험을 예견하게 하심으로 위험이 우리를 덮치지 못하게 하셨고, 오히려 위험을 피할 수 있는 방책을 우리에게 주셨다.

우리의 임무는 이제 분명하다. 우리의 생명이 주님이 우리에게 지키라고 주신 선물이라면 이 생명을 보존하자. 하나님이 그렇게 할 수단을 우리에게 주신다면 그 수단을 사용하자. 하나님이 어디에 위험이 있는지를 보이신다면, 어리석고 무모하게 위험 속으로 뛰어들지 말자. 하나님이 우리에게 방책을 베푸신다면 그 방책을 멸시하지 말자. 그러나 어떤 사람은 하나님이 위험을 예정하지 않으셨다면 어떤 위험도 우리를 해칠 수 없고, 하나님이 위험을 예정하셨다면 어떤 예방책을 쓰더라도 그 위험을 피할 수 없다고 반박할 것이다. 하지만 주님께서 위험을 극복할 방책을 우리에게 베푸셨기에 그 위험을 극복할 수 있다면 어떻게 하겠는가? 여러분의 주장이 하나님의 섭리적인 질서에 참으로 일치하는지 생각해 보라. 위험이 극복될 수 없는 것이 아닌 한 전혀 주의하지 않고도 그 위험을 피할 수 있기 때문에, 그 위험에 대비하지 않아도 된다고 여러분은 속단한다.

반면에 주님은 여러분이 그 위험을 피하기를 원하시기 때문에 여러분 자신을 보호하라고 명하신다. 이 미치광이들은 누가 봐도 명백한 것을 무시한다. 하나님이 사람을 감동하여 갖추게 하신 신중함과 조심함은 그의 생명을 보존함으로써 하나님의 섭리가 이루어지게 한다. 반대로, 하나님이 사람에게 내리기로 하신 비참함은 참으로 사람의 부주의와 교만을 통해서 이루어진다. 자기 일을 질서 있게 하는 신중한 사람은 임박한 재앙을 피하고, 어리석은 사람은 자기의 무모함 때문에 멸망하는 일은 어떻게 발생하는가? 신중함과 어리석음은 두 사람의 경우 모두에서 하나님의 섭리의 도구가 아닌가? 이것이 바로 주님이 미래의 모든 사건을 숨기심으로, 우리에게 무슨 일이 생길지 모르지만 그 사건들을 예상해 볼 수 있게 하시는 이유다. 또한 우리가 위험을 능가하거나 위험이 우리를 압도할 때까지 하나님이 주시는 방책을 지속적으로 활용하여 위험에 대처하게 하시는 이유다.

하나님은 사람의 죄를 하나님의 공의로운 목적을 위해 사용하신다

이미 지나간 사건에 관해서는, 이 미치광이들은 하나님의 섭리에 대해 그릇되고 왜곡된 견해를 가지고 있다. 우리는 모든 일이 하나님의 섭리를 토대로 하기 때문에, 하나님의 뜻의 간섭 없이는 절도나 도적질이나 살인이 발생하지 않는다고 주장한다. 이들은 다음과 같이 물을 것이다. "만약 하나님이 도둑을 사용해서 어떤 사람을 가난으로 징계하신다면, 왜 도둑이 형벌을 받아야 하는가? 하나님이 멸하려 한 누군가의 생명을 죽인 살인자는 왜 형벌을 당해야 하는가? 간단히 말해, 그런 모든 사람이 하나님의 뜻을 섬겼다면 왜 그들을 벌해야 하는가?" 그러나 나는 그들이 하나님의 뜻을 섬겼다고 인정하지 않는다. 악에 사로잡힌 사람은 자신의 사악한 열정을 채우려 했을 뿐이므로, 결코 그 사람이 하나님을 섬기는 데 몰입했다고 말할 수 없다. 진정으로 하나님께 순종하는 사람은 하나님의 뜻을 배우고, 그 뜻이 자기를 부르는 곳은 어디든지 간다.

하나님은 그의 말씀 이외에 과연 무엇으로 자신의 뜻을 가르치시는가? 하나님은 자신의 뜻을 그의 말씀으로 계시하셨으므로, 우리는 우리가 해야 할 모든 일에서 하나님의 뜻을 찾아야 한다. 하나님은 우리에게 그가 명령하시는 것만을 요구하신다. 우리가 그의 법을 거슬러 무슨 일을 한다면, 그 일은 순종이 아니라 저항과 위반이다. 그들은 하나님이 그렇게 하도록 뜻하지 않으시면 우리가 그렇게 하지 않을 것이라고 주장한다. 그것은 인정한다. 그러나 우리가 하나님을 기쁘시게 하려고 그렇게 하는가? 하나님은 그 일을 행하라고 우리에게 명령하지 않으셨다. 우리는 악을 범할 때 하나님이 요구하시는 바를 생각하지 않으며, 매이지 않는 자유를 향한 맹렬한 욕망을 품고서 고의로 하나님을 대적하기 시작한다. 따라서 우리는 우리의 잘못으로 하나님의 공의로운 결정을 섬긴다. 하나님은 그 지혜의 무한한 위대함으로 선한 목적을 위해 사악한 도구를 정당하게 사용하실 수 있다.

그렇다면 그들의 주장이 얼마나 잘못되었는지 이해하라! 그들은 범죄가 하나님의 결정 없이 생기지 않기 때문에 계속 형벌받지 않기를 바라고, 범죄를 저지른 사람들을 위해 형벌이 면제되기를 바란다. 나는 더 나아가, 도둑과 살인자와 기타 악을 행하는 자들은 하나님이 명령하신 심판을 수행하려고 하나님이 사용하시는 섭리의 도구라고 말하겠다. 그러나 나는 그들이 이것을 구실 삼아 어떤 변명을 할 수 있다는 것은 부정한다. 무슨 말인가? 그들은 자기들을 감싼 악과 똑같은 악으로 하나님까지 감싸려는 것인가? 혹은 하나님의 공의로 자기들의 죄악을 덮으려는 것인가? 그들은 어느 것도 할 수 없으며, 자기를 정결하게 할 수 있을 만큼의 양심의 가책도 받을 수 없다. 그들은 하나님께 책임을 떠넘기지도 못한다. 그들의 모든 악이 그들 속에 있으며, 하나님은 그들의 사악함을 선하고 적합하게 사용하시기 때문이다. 어떤 사람은 "그렇다 해도 하나님은 그들을 통해서 일하신다"고 말할 것이다. 시체가 노출되어 썩으면 그 썩은 악취가 왜 생기는가? 태양 광선이 그 원인이라는 사실은 누구나 분명히 알 수 있지만, 아무도 태양 광선이 그 악취를 풍긴다고 말하지 않을 것이다. 이처럼 악의 본질과 죄책이 악인에게 있는데, 만약 하나님이 악인을 그가 뜻하시는 대로 사용하신다면 어떻게 그것이 하나님이 나쁜 얼룩을 끌어들이시는 것이겠는가? 그러므로 멀리서 하나님의 공의에 닿지는 못한 채 짖어 대기만 하는 이 개와 같은 악의는 그만두자.

신자는 하나님의 섭리적인 돌보심으로 그분의 선하심을 경험한다

우리가 하나님의 섭리를 올바르게 생각하고 묵상하려 한다면, 따라야 할 규칙을 상세히 설명하는 것이야말로 이 부조리한 주장들을 가장 적절하고 간결하게 반박하는 길이다. 그러므로 그리스도인은 우연으로 일어나는 일은 아무것도 없고 모든 일이 하나님의 섭리로 결정된다고 확신하면서, 언제나 하나님을 모든 사건의 주요한 원인이라고 여겨야 한다. 그러나 동시에 덜 중요한 원인들의 역할도 반드시 고려해야 한다. 그리스도인은 하나님의 섭리가 계속 경성하여 자신을 지켜 주며, 그의 행복과 구원을 방해하는 어떤 일도 일어나지 못하게 한다는 것을 의심하지 않을 것이다. 그리고 하나님은 우선적으로 인간에게 일하시고 다음으로 다른 피조물들에게 일하시기 때문에, 그리스도인은 하나님의 섭리가 어디서나 압도할 것을 확신할 수 있다.

하나님께서 인간에게 행하시는 일의 경우, 선한 인간이든 악한 인간이든 그들의 계획과 의지와 강점과 능력과 사업은 다 하나님의 손에 달려 있으므로, 하나님은 그가 택하신 대로 그들을 구부리시고 언제든 그가 기뻐하시는 대로 그들을 억제하신다는 것을 그리스도인은 인정해야 한다. 다음 구절들이 말해 주듯이, 하나님의 섭리가 신자의 구원을 붙들기 위해 깨어서 경계한다고 증언하는 여러 분명한 약속들이 있다. "너희 염려를 주님께 던져 버리라. 그러면 그가 너희를 먹이실 것이니 그가 너희를 돌보심이라." 시 55:22, 벧전 5:7 "지극히 높으신 이의 피난처에 사는 사람은 그의 보호하심으로 붙드심을 얻으리라." 시 91:1 "너희를 범하는 자마다 내 눈동자를 범하느니라." 슥 2:8 "나는 너희의 방패요 놋 성벽이 될 것이요, 너희의 대적들과 더불어 싸우리라." 렘 1:18, 사 49:25 "어미는 자기 자식들을 잊을지라도, 나는 결코 너를 잊지 않으리라." 사 49:15

사실 성경 이야기의 주요 목적은, 하나님께서 그의 종들을 아주 세심하게 지키셔서 그들이 돌에 부딪히지도 않게 하시리라는 것을 보여주는 데 있다. 내가 앞에서 정당하게 비판했듯이, 보편적인 섭리를 신봉하는 사람들은 하나님의 섭리가 각각의 창조물을 개별적으로 돌보는 데까지 미치지 않는다고 믿는다. 그러므로 하나님이 우리에게 베푸시는 각별한 관심을 인식하는 것이 매우 중요하다. 이것이 바로 그리스도께서 가장 볼품없는 참새조차도 하나님의 뜻 없이는 땅에 떨어지지 않는다 마 10:29 고 가르치신 후에 이를 즉시 적용하셔서, 우리는 작은 새보다 훨씬 더 소중하므로 하나님이 우리를 훨씬 더 세심하게 지키시며, 그의 허락 없이는 머리카락 하나도 떨어지지 않을 정도로 우리에게 공급하신다고 확신하게 해주신 이유다. 마 10:30-31 하나님의 뜻 없이 머리카락 하나라도 떨어질 수 없다면, 우리가 무엇을 더 요구할 수 있겠는가? 하나님의 종은 이 모든 약속 및 이 약속과 조화되는 사례들로 힘을 얻은 다음, 모든 사람이 하나님의 권능으로 다스려지고 있음을 증명하는 구절들을 추가할 것이다. 하나님은 그의 권능으로 사람들의 마음을 움직여 우리를 사랑하게 하시거나, 그들의 악의를 억제하셔서 결코 우리에게 해를 끼치지 못하게 하신다. 자기 백성에게 은혜를 베푸셨던 주님은 그들의 친구였던 사람들의 눈앞에서뿐만 아니라 이집트 사람들 눈앞에서도 은혜를 베푸셨다.[출 3:21]

우리 대적들의 분노에 관해서라면, 하나님은 그들의 분노를 여러 방식으로 잠잠하게 하실 수 있다. 하나님은 예전에 마귀를 아합에게 보내어 모든 예언자의 입을 통해 거짓을 예언하게 하심으로 그를 속게 하셨듯이,[왕상 22:21-23] 때때로 우리 대적에게서 이해력을 빼앗으셔서 그들이 선한 충고를 거절하게 하신다. 하나님은 르호보암에게도 똑같이 행하셨는데, 젊은이들의 어리석은 충고에 르호보암의 눈이 멀게 하셔서 그에게서 나라를 빼앗으셨다.[왕상 12:10] 때때로 하나님은 우리 대적들이 반드시 필요한 것을 보고 이해하게 하시는데, 두려움과 고뇌로 마음을 가득 채우셔서 감히 그들의 계획을 실행하지 못하게 하시려고 그렇게 하신다. 때때로 하나님은 우리 대적들이 광적인 계략을 시행하도록 허용하시되, 그들의 경솔함을 미연에 방지하시고 그들의 목적이 좌절되도록 조치하신다. 이것이 바로 일찍이 다윗에게 파멸을 가져올 수 있었던 아히도벨의 계략을 하나님께서 좌절시키신 방법이었다.[삼하 17:14] 이러한 수단을 통해 하나님은 심지어 마귀까지도 사용하셔서 자기 백성을 위해 모든 피조물을 세밀하게 통제하고 지휘하신다. 우리가 알듯이, 마귀는 하나님의 동의와 명령 없이는 감히 욥에게 무엇을 하지 못한다.[욥 1:12]

하나님의 섭리는 형통할 때 감사를, 환난 중에 인내를 북돋운다

우리가 이 지식을 가지고 있으면, 이 지식은 형통할 때 우리 마음속에 하나님의 선하심을, 역경 중에 인내를, 또한 미래를 향한 특별한 확신도 불어넣는다. 그래서 우리는 우리가 기대하는 대로 무슨 일이 일어나면, 그것이 인간 대리자를 통해 하나님의 선한 뜻을 경험하는 것이든 하나님이 다른 피조물들을 사용하여 우리를 도우시는 것이든, 오직 그 일이 하나님의 뜻대로 된 줄로 여길 것이다. 왜냐하면 하나님께서 참으로 그들의 마음을 움직이셔서 우리를 사랑하게 하시고, 당신의 자비를 베푸시는 도구로 그들을 삼았다는 생각만이 우리 마음속에 흐를 것이기 때문이다. 우리는 풍족할 때 땅에 비를 내리도록 하늘을 명하셔서 소출을 내게 하신 분이 오직 주님임을 깊이 생각할 것이다. 우리는 온갖 형통함 가운데서 그 형통함이 오로지 하나님의 복 주심으로 인해 생긴 일임을 의심하지 않을 것이다. 이런 식의 권면은 우리가 배은망덕하지 못하도록 확실히 방지해 줄 것이다.

이와 달리 우리가 역경을 당한다면, 우리는 우리 마음을 가르쳐 인내하고 잠잠하게 하실 수 있는 유일하신 하나님께 즉시 마음을 들어 올릴 것이다. 만약 요셉이 형제들의 배신과 그들이 자기를 해치며 이용했던 비열한 계략을 계속 마음에 품고 있었다면, 그는 결코 그들에게 형제 사랑을 베풀지 않았을 것이다. 그러나 요셉은 자신이 당한 나쁜 일들을 잊고 그의 생각을 하나님께로 향했기 때문에, 다음과 같은 말로 형제들을 직접 위로할 정도로 온화함과 너그러움을 품을 수 있었다. "나를 팔아 이집트로 사로잡혀 오게 한 자들은 너희가 아니라. 내가 너희의 유익을 위하여 너희 앞에 보냄을 받은 것은 오직 주님의 뜻에 따라 된 일이라. 너희는 나에게 악을 꾀하였지만 주님은 그것을 선으로 바꾸셨느니라."창 45:5-8, 50:20 만약 욥이 자기에게 악하게 행한 갈대아 사람들에 대해서만 생각했다면, 그는 복수에 대한 열망으로 타올랐을 것이다. 그러나 욥은 재난 속에서 하나님이 하신 일까지 보았기 때문에 "주님이 주셨고 주님이 취하셨도다. 주님의 이름이 찬송받기를 원하나이다"라는 놀라운 말로 자신을 위로한다.욥 1:21 다윗 역시 자기를 모욕하고 돌을 던지며 학대했던 시므이의 악의만을 생각하면서 시간을 낭비했다면, 자기 부하들을 충동하여 시므이에게 보복하게 했을 것이다. 그러나 그는 시므이가 하나님의 촉발하심 없이 행동하는 것이 아님을 이해했기 때문에, 자기 부하들을 격동하지 않고 오히려 진정시킨다. 그는 다음과 같이 말한다. "하나님이 그에게 명령하여 나를 저주하게 하셨

으니, 그를 내버려 두라." 삼하 16:11

만약 분노와 조급함을 처리하는 더 좋은 방책이 없다면, 우리가 그런 일들 안에 있는 하나님의 섭리를 상고하는 것을 배워 "주님께서 이 일을 뜻하셨으니 인내하며 견뎌야 한다"는 생각으로 계속 돌아오는 것은 우리가 이룰 큰 진보일 것이다. 그 이유는 단지 그 일들을 거부하는 것이 잘못이기 때문만은 아니다. 하나님이 오직 공의롭고 유익한 일만 일어나게 하시기 때문이다. 이것이 바로 성경이 이 진리를 신중하게 증명하는 데 많은 시간을 들이는 이유다. 아모스는 하나님이 보내지 않으시면 도시에 아무 재앙도 닥치지 않을 것이라고 선언했고, 암 3:6 예레미야는 하나님의 명령과 무관하게 재앙이 일어날 수 있다고 믿는 사람들을 꾸짖는다. 애 3:37 우리가 당하는 재난이 인간에게서 온다면, 사 13:3 이것은 하나님이 당신의 일을 이루시기 위해 이 재난을 떼어 놓으신 것이다. 그래서 이 재난은 하나님이 그의 손으로 통제하시는 "그물들"과 "칼들"과 "도끼들"로 불리거나, 겔 12:13, 17:20, 사 10:15 혹은 하나님이 휘파람으로 소환하시는 "그의 진노의 도구들"로 불린다. 사 5:26, 13:5 그래서 성경은 빌라도와 헤롯이 그리스도를 사형에 처하도록 음모를 꾸밀 때 하나님이 작정하신 바를 행하기로 뜻을 모았다고 말한다. 행 4:27-28 같은 이유로 유대인들은 하늘 아버지의 계획에 따라 그리스도를 죽였으며, 그렇게 함으로써 그리스도에 관한 모든 기록을 이루었다. 행 2:23 복음서 역시 그리스도를 십자가에 못 박은 군인들이 성경의 모든 예언을 이루고 있었다고 여러 번 기록한다.

이 모든 내용을 요약하면, 사람들이 악하게 우리를 괴롭힐 때마다 우리는 계속해서 하나님을 바라보아야 하며, 그 사람들이 악하게 행동하지만 이 일은 오직 하나님의 공의로운 명령에 따라 생기는 것이므로 하나님이 이 일을 허락하시고 원하시며 그렇게 되도록 조정하셨다고 확신해야 한다. 또한 역경이 우리를 강하게 억누르고 사람들이 개입하여 돕지 못하게 되면, 성경은 불황과 기근과 질병 등 우리가 사고로 간주하는 기타 여러 재앙들이 하나님에게서 온 저주요, 최소한 하나님이 우리에게 보내시는

형벌이라고 선언한다.레 26:16, 신 28:20-24

과거에 있었거나 미래에 있을 작은 원인들의 중요성

그러나 그러는 동안 우리는 상대적으로 비중이 작은 원인들을 무시할 정도로 눈을 감지 않을 것이다. 우리가 비록 우리에게 혜택을 주는 사람들을 하나님의 자비하심을 전달하는 봉사자로 생각하지만, 그들의 선함에 대해 우리가 합당한 호의를 베풀지 않아도 된다는 식으로 그들을 경멸하지 않을 것이다. 오히려 그들에게 빚진 것을 인정하고 기꺼이 그 빚을 갚으려 할 것이다. 우리는 우리의 능력과 기회가 허락하는 한 그들을 위해 똑같이 하려고 힘써 노력할 것이다. 요약하면, 우리는 하나님을 모든 선한 것의 주권자로 인정함으로써 경외하지만 하나님이 베푸시는 혜택의 봉사자와 청지기인 사람들도 존중할 것이며, 하나님이 그들의 손으로 우리에게 복 주시기를 선택하심으로 그들에게 빚을 지게 하셨음을 기억할 것이다.

만약 우리가 우리의 방심이나 부주의로 인해 어떤 손해를 입는다면, 우리는 그것이 하나님의 뜻으로 인해 생겼음을 이해하겠지만 반드시 그 책임을 우리 자신에게 돌릴 것이다. 우리가 돌봐야 할 친척이나 친구 중 한 명이 극한 상황에 처했음을 알면서도 적절한 보살핌을 주지 않아 죽음을 맞이했다면, 우리는 우리 죄를 감경할 수 없다. 우리가 우리의 의무를 다하지 못했으므로 그의 죽음이 우리의 잘못임을 받아들여야 한다. 하물며 고의적인 기만과 악이 개입된 살인이나 절도의 경우라면, 하나님의 섭리를 핑계로 그런 범죄들을 더더욱 용인할 수는 없지 않겠는가? 하나의 동일한 사건에서 우리는 하나님의 공의와 인간의 죄악을 모두 다 숙고해야 한다. 각각이 분명하게 보이기 때문이다.

우리는 미래에 관해서 주로 우리가 말한 그 작은 원인들에 집중하겠다. 만약 하나님께서 우리 자신을 지탱하고 유지할 수 있는 인간적인 수단을 주신다면, 우리는 그것을 하나님께서 베푸신 복으로 여길 것이다. 따라서 우리는 자신의 능력에 따라 해야 할 일을 결정하며, 우리를 도울 위치에 있는 사람들에게 부끄러움 없이 도움을 요청할 것이다. 우리에게 도움을 주는 모든 피조물을 제공하는 힘은 오직 하나님의 손뿐임을 믿으면서, 우리는 그 피조물들을 하나님의 섭리의 정당한 도구로 사용할 것이다. 그리고 하나님께서 언제나 우리의 필요를 공급해 주실 것을 믿지 않으면 우리의 계획이 어떻게 될지 알 수 없기 때문에, 우리는 우리가 이해할 수 있는 한 우리에게 가치 있다고 생각하는 것을 목표로 삼을 것이다. 그럼에도 계획을 세울 때 우리의 계산에 의지하지 않고 우리를 적절히 지도할 하나님의 지혜를 높이면서 자신을 그 지혜에 맡길 것이다. 마지막으로, 우리는 오직 하나님의 섭리에만 굳건히 착념할 것이며, 오늘의 업무에 시선을 빼앗겨 하나님의 섭리를 바라보지 못하는 일을 허락하지 않을 것이다. 우리는 인간의 도움이나 수단을 지나치게 신뢰하지 않을 것이다. 만약 그렇게 한다면, 인간의 도움이나 수단이 있을 때는 전적으로 그것을 의지하다가 그것이 없을 때는 용기를 다 잃어버리기 때문이다.

인생의 고난에는 반드시 하나님의 섭리가 있다

이런 면에서 신자들은 분명히 예외적으로 복을 받는다. 어찌 보면 인간의 삶은 수없는 불행에 에워싸여 시달린다. 우선, 우리의 몸은 천 가지 질병의 수용체다. 사실 질병은 몸 자체에서 생긴다. 그러므로 사람은 가는 곳마다 갖가지 죽음을 가지고 다니며, 그의 삶은 어느 정도 죽음으로 뒤덮인다. 단지 추위를 느끼거나 땀을 흘리는 것도 생명을 위험에 빠뜨릴 수 있는데, 인간의 몸을 달리 어떻게 설명할 수 있겠는가? 더구나 우리가 어느 쪽으로 향하든지 주변의 모든 것은 의심스럽다. 그뿐만 아니라 마치 우리를 죽이려고 위협하는 듯 언제든지 위협이 될 수 있다. 배를 타면 죽음과 우리 사이의 거리는 한 발짝밖에 안 된다. 우리가 말을 타고 있다면, 말이 넘어지기만 해도 우리의 목은 부러진다. 거리를 걸어 보라. 지붕 위에 놓인 타일의 수만큼 많은 위험이 우리 머리 위에 도사린다. 우리나 근처에 있는 누군가가 칼을 지니고 있다면, 그 칼이 우리를 다치게 하는 데는 거의 아무것도 필요하지 않다. 우리가 보는 야생 동물이나 다루기 힘든 많은 동물들은 모두 우리를 공격할 무기로 무장하고 있다. 모든 것이 아름답고 아늑한 정원으로 깊숙이 들어가 보라. 때때로 거기서도 뱀 한 마리가 숨어 있다. 우리가 살고 있는 집들은 늘 화재에 취약하기에, 이 집들은 낮에는 우리를 빈곤하게 하고 밤에는 우리 위에 쓰러져 우리를 짓뭉개 버릴 위협이 된다. 우리가 지니고 있는 모든 소유물은 우박과 서리와 가뭄과 폭풍우의 영향을 받기 때문에 불모의 때와 기근을 예고한다. 나는 독살이나 매복, 폭력 행위 등에 대해서는 아무 말도 하지 않았는데, 이것들은 때로는 가정에서, 때로는 집 밖에서 인간의 생명을 위태롭게 한다. 이런 혼란 속에서 인간은 비참함 이상의 감정을 느껴야 마땅하지 않겠는가? 인간은 살아가면서 매 시간 자기 목에 칼이 들어와 있음을 보는 듯, 지치고 괴로운 상태에서 간신히 살아남아 거반 죽은 모습으로 지낼 따름이다.

누군가는 이런 일들이 자주 일어나지 않거나 적어도 항상 모두에게 일어나지는 않으며, 어떤 경우에도 한꺼번에 생길 수는 없다고 항변한다. 이에 나도 동의한다. 하지만 다른 사람들의 사례는 우리에게도 이런 일들이 생길 수 있고 우리의 생명이 이런 일들에 대해서 완전히 괜찮을 수 없다고 경고하기 때문에, 우리 역시 이런 일들을 당할 수 있음을 두려워하는 것이 당연하다. 항상 그렇게 두려워하고 괴로워하는 일보다 더 큰 비참함을 상상할 수 있겠는가?

하나님께서 그의 가장 고귀한 피조물인 인간을 운명의 변덕에 내버리셨다고 말하는 것은 하나님께 모욕적인 일이다. 여기서 내가 말하려는 바는, 만약 인간의 생명이 우연에 따라 좌우된다면 얼마나 비참하겠는가 하는 것이다. 이와 대조적으로, 만약 하나님의 섭리의 빛이 신자의 마음을 비추면, 그는 이전에 자기를 괴롭혔던 공포와 고뇌에서 자유로워질 뿐 아니라 모든 의심에서도 벗어나게 될 것이다. 우리가 운명에 대해 당연한 두려움을 갖는 것과 마찬가지로, 우리는 자신을 하나님께 마땅히 담대하게 맡길 수 있다. 그러므로 우리는 주께서 만물을 그의 권능으로 붙드시고 그의 의지로 다스리시며 그의 지혜로 통제하시기에, 그가 정하신 일 외에는 아무 일도 생기지 않는다는 사실을 앎으로써, 더 나아가 주께서 우리를 그의 보호 아래 두시고 그의 천사들에게 우리를 담당하게 하셔서 홍수나 불이나 검이나 그 밖의 어떤 것도 주님의 뜻이 달리 결정하지 않는 한 우리를 해치지 못함을 앎으로써 경이로운 위로를 얻는다. 이는 곧 시편이 다음과 같이 기록하여 알려 주는 위로다. "그가 너를 사냥꾼의 올가미와 해로운 전염병에서 건지시리라. 그가 너를 그의 날개 아래 지키시리니, 너는 그의 깃털 속에서 안전히 있으리라. 그의 진리가 너의 방패가 되리니, 너는 밤에 환난을 두려워하지 않고 대낮에 쏘아진 화살도 두려워하지 않으리라. 어둠 속에 도사리는 해악도, 정오에 사람들이 너에게 행하려는 해악도 두려워하지 않으리라." 시 91:3-6 다음의 말씀은 성도에게 자랑할 만한 확신을 준다. "주님은 나의 도움이시니, 육체가 내게 하려는 어떤 일도 두려워하지 않으리라. 주님은 내 보호자이시니, 내가 무엇을 두려워하랴. 내 적들이 내게 진을 치고 내가 사망의 어둠 속에서 행한다 해도, 나는 여전히 위대한 소망을 품으리라." 시 118:6, 27:3, 23:4, 71:14

세상이 완전히 뒤죽박죽인 것처럼 보여도 하나님은 신자를 적극적으로 인도하고 계신다는 지식이야말로, 하나님이 행하시는 모든 일이 결국은 신자에게 유익할 것이라는 소망이야말로 신자가 결단코 빼앗길 수 없는 확신을 얻는 원천이다. 만약 신자가 마귀나 악인에게 공격받거나 괴롭힘을 당하게 되면, 그는 하나님의 섭리를 기억함으로 자신의 믿음을 강화해야 하지 않겠는가? 하나님의 섭리를 기억하지 않으면 그는 절망할 수밖에 없을 것이다. 오히려 그런 처지에서 신자에게는 위로를 받을 엄청난 이유가 생긴다. 하나님이 고삐를 틀어쥐시듯 마귀와 악당 무리를 단단히 억제하심으로 아무 해도 끼치지 못하는 모습을 목격할 때가 그렇다. 또한 그들이 해를 끼치려고 간계를 꾸몄을지라도 그 간계를 실행할 수 없는 모습을 목격할 때도 그렇다. 또한 그들이 하나님의 명령 없이는 손가락 하나도 들어 올리지 못하는 모습을 목격할 때도 그렇다. 하나님만이 그들을 분노로 무장시키실 수 있고 그가 원하는 방식으로 그 분노를 나타내도록 하실 수 있듯이, 오직 하나님의 권능만이 그들이 자신의 폭력을 만끽하지 못하도록 억제할 수 있다. 그것이 바로 르신과 이스라엘 왕이 유다를 멸하려고 계략을 꾸며서 온 세상을 불바다로 만들어 버릴 만한 대단한 횃불을 준비한 것처럼 보였지만, 그것은 기껏해야 약간의 그을음만 내는 꺼져 가는 부지깽이에 불과했던 이유다.사 7:4 이 사안에 대해 시간을 절약하기 위해 한 마디로 말해 보겠다. 사람에게 닥칠 수 있는 최대의 재앙은 하나님의 섭리에 관해 아무것도 모르는 것이요, 반대로 하나님의 섭리를 잘 아는 것이야말로 특별한 축복이다.

하나님의 "후회"에 담긴 성경적 의미

하나님의 섭리와 예정에 관한 바보들의 호기심을 충족시키기 위해서는 아무리 말해도 충분하지 않다. 그들에게 무슨 말을 한들 아무 소용이 없겠지만, 이 주제에 관해 신자들을 가르치고 위로하는 데는 필요한 만큼 충분하게 논의했을 것이다. 그런데 성경에는 우리가 주장한 바와는 달리 하나님의 목적이 확고하거나 불변하지도 않고, 오히려 덜 중요한 요인들의 추이에 따라 그 목적이 달라진다고 말하는 듯한 구절들이 있다.

우선, 때때로 성경은 하나님이 "후회하신다"고 말한다. 예를 들어, 하나님은 인간을 만드신 것을 후회하셨고,창 6:6 사울을 왕으로 삼으신 것을 후회하셨으며,삼상 15:11 백성이 개선의 징후를 보일 경우에 그들에게 내리기로 계획하신 재앙을 돌이키겠다고 하신다.렘 18:8 게다가 우리는 하나님께서 그가 앞서 내리신 결정을 뒤집거나 취소하신다는 말을 듣는다. 그래서 하나님은 요나를 통해서 사십 일이 지나면 니느웨가 멸망할 것이라고 니느웨 사람들에게 선포하셨지만, 그들이 하나님께 돌이키자 자비를 베풀기로 하신다.욘 3:4, 10 또한 하나님은 이사야의 입으로 히스기야에게 죽음을 선포하셨지만, 왕의 눈물에 감동하셔서 그의 죽음을 뒤로 미루셨다.사 38:1, 5 많은 사람들은 이 구절들의 의미를 논의할 때, 하나님은 그가 사람에게 어떻게 하실지를 영원한 작정으로 정하신 것은 아니며, 오히려 매일 매시간 각 사람의 공로가 요구하는 대로 하나님이 바르고 적합하다고 보시는 것을 지정하신다고 주장한다.

"후회"라는 단어를 다룰 때, 우리는 무지함이나 오류 혹은 병약함 같은 단어와 마찬가지로 후회가 하나님께 적용될 수 없다는 사실을 받아들여야 한다. 아무도 고의로 후회할 처지에 빠지지 않는다면, 우리가 하나님이 후회하신다고 말함으로써 그가 무슨 일이 일어날지 모르셨거나, 그 일을 피하실 수 없었거나, 경솔하게 서둘러 결정을 내리셨다고 암시할 수밖에 없기 때문이다. 그것은 성령이 하나님의 후회에 관해 말씀하신 의도와 너무나 거리가 멀다.삼상 15:29 그는 하나님은 사람이 아니시므로 후회할 가능성이 없다고 말씀하신다. 그러므로 인간의 일들에 대한 하나님의 통제는 일정하고 영구적이며 어떤 후회도 없음이 확실하다. 누구든지 하나님의 한결같으심을 의심하지 않도록, 심지어 하나님의 대적들까지도 그 한결같으심을 증언할 수밖에 없었다. 자발적이든 아니든 발람은 "하나님은 거짓말하는 사람과 같지 않으시고, 자기 마음을 바꾸는 아담의 후손들과도 같지 않으시므로, 그가 말씀하신 모든 것은 반드시 이루어져야 하리라"고 말할 수밖에 없었다.민 23:19

아마 누군가는 "그렇다면 '후회'라는 단어의 뜻은 무엇인가"라고 질문할 것이다. 나의 대답은, 이 단어는 하나님을 인간의 용어로 묘사하는 다른 모든 표현과 비슷하다는 것이다. 우리의 연약함은 하나님의 숭고함에 다가갈 수 없기 때문에, 우리가 하나님에 대하여 받은 묘사는 우리가 그 묘사를 이해할 수 있도록 우리의 능력에 적합해야 한다. 하나님께서 자기를 표현하며 사용하시는 방법은 자신을 있는 그대로가 아니라 우리가 하나님을 인지하는 대로 표현하시는 것이다. 비록 하나님은 전혀 동요하시지 않지만, 죄인에게 진노하는 모습으로 자신을 묘사하신다. 그러므로 우리가 하나님이 진노하셨다는 말을 들을 때, 우리는 하나님이 어떤 방식으로 흐트러지게 되셨다고 생각해서는 안 된다. 단지 하나님은 심판의 엄중함을 나타내실 때 진노한 사람의 모습을 취하셨고, 따라서 우리는 이 표현이 우리의 감정 표현과 비슷한 형식을 띨 뿐이라고 생각해야 한다. 인간은 자신의 행동을 바꿈으로 자신이 더 이상 그 행동을 좋아하지 않음을 나타낸다. "후회"라는 단어로 우리가 떠올려야 할 것은 오직 그와 같은 행동의 변화다. 인간이 더 이상 좋아하지 않는 것을 교정하기 위해 무엇을 바꾸듯이 그리고 그 교정은 후회의 결과이듯이, 하나님이 행동을 바꾸시는 것도 "후회"라는 단어로 제시된다.

하나님의 위협은 조건적이다

그러는 동안 하나님의 목적은 취소되지 않고, 그의 뜻도 변경되지 않으며, 그의 의향도 달라지지 않는다. 사람의 눈에는 하나님이 갑자기 변경하신 것처럼 보일지라도, 하나님은 그가 영원 전부터 미리 보시고 승인하시고 작정하신 바를 충실하게 흔들림 없이 추진하신다. 그러므로 성경이 요나가 니느웨 사람들에게 선포한 재앙이 취소되었다고 말하거나, 히스기야가 자기의 죽음에 관한 말씀을 들은 후 그의 생명이 연장되었다고 말할 때, 하나님이 그의 작정을 취소하셨다고 암시하지 않는다. 그렇게 믿는 사람들은, 비록 간단히 표현되기는 했어도 암묵적인 조건을 분명히 담고 있는 문장들에게 속은 것이다. 그 조건은 그 문장들의 궁극적인 목적을 통해 관찰할 수 있다. 하나님이 요나를 니느웨 사람들에게 보내셔서 니느웨의 멸망을 예언하게 하신 목적이 무엇인가? 하나님이 이사야를 통해서 히스기야에게 그의 죽음을 알리신 목적이 무엇인가? 하나님은 어떤 소식도 전하지 않고 니느웨 사람들과 히스기야를 얼마든지 멸하실 수 있었다. 따라서 하나님은 그들이 장차 당할 일을 미리 숙고하게 하시려는 목적과 구별되는 또 다른 목적을 염두에 두셨던 것이다.

사실 하나님은 그들이 멸망하기를 바라지 않으셨고, 자기들의 길을 돌이켜 죽지 않게 되기를 바라셨다. 그러므로 니느웨가 사십 일 후에 멸망할 것이라는 요나의 예언은 그런 일이 일어나지 않게 하려고 선포되었다.

히스기야에게서 장수에 대한 소망을 거두신 이유는 그가 더 긴 생명을 얻게 하시기 위함이다. 자, 하나님이 그런 위협을 통해 그가 경고하신 자들이 회개하도록 하신 것은 그들의 죄에 합당한 심판을 피하게 하시기 위함이었음을 보지 못하는가? 그것이 사실이라면, 일반적인 논리는 이러한 진술들에 명시되지 않은 어떤 암묵적인 조건을 우리가 세우도록 이끈다. 우리는 이 암묵적인 조건을 다른 유사한 사례를 통해서 실제로 확인할 수 있다. 예를 들어, 여호와께서 아비멜렉 왕이 아브라함의 아내를 데려간 것을 꾸짖으실 때, "보라, 너는 네가 취한 여인 때문에 죽으리니, 이는 그녀에게 남편이 있음이라"고 말씀하신다.창 20:3 그러나 아비멜렉이 사죄한 뒤에는 이렇게 응답하신다. "그 여자를 남편에게 돌려보내라. 네가 살 수 있도록 그가 너를 위하여 기도할 것이라. 그렇지 않다면 너와 네게 있는 모든 것이 반드시 죽을 줄 알라."창 20:7 우리는 이 첫 번째 진술에서 하나님이 아비멜렉을 두렵게 하시려고 몹시 엄중하게 말씀하심으로, 그가 자기 의무를 행하도록 효과적으로 설득하시는 모습을 분명하게 본다. 그다음에 하나님이 하신 말씀은 그의 의도를 아주 분명하게 나타낸다. 다른 구절들도 이와 비슷하다. 그러므로 하나님이 앞서 하신 말씀을 취소하심으로 그 본래의 목적을 훼손하는 행위를 하셨다는 추론을 그 구절들에서 끌어낼 수 없다.

오히려 정반대의 추론이 가능하다. 하나님은 그가 용서하시려는 사람들에게, 그들이 완고하게 계속 죄를 범하면 형벌을 당할 것이라고 선포하심으로 그들을 회개로 이끄시며, 이때 그의 영원한 작정과 결정이 효과를 내게 하신다. 그렇다면 하나님이 그의 뜻이나 심지어 그의 말씀을 바꾸시는 일은 훨씬 더 적다. 다만, 하나님이 그의 의향을 구구절절 설명하지 않으시더라도 그것은 분명히 쉽게 이해된다. 그래서 이사야의 말은 여전히 참되다. "만군의 주께서 그것을 정하셨으니, 누가 취소하리요. 주님의 손이 높이 들렸으니, 누가 그 손을 거둘 수 있으리요."사 14:27

제9장

기도 및 주기도문 해설

앞의 논의에서 우리는 인간에게 얼마나 선함이 없으며, 인간이 구원에 기여할 수 있는 것이 얼마나 부족한지를 분명히 보았다. 그래서 인간이 무엇인가 필요해서 도움을 얻으려면, 자기 자신을 떠나 다른 데서 도움을 구해야 한다. 그뿐만 아니라, 우리 주님께서 그분의 아들 예수 그리스도 안에서 우리에게 후히 베푸시고, 그를 통해 우리의 비참함 대신 온갖 복락을, 우리의 궁핍함 대신 모든 충만함을 약속하시며, 그분의 모든 천상의 보물과 재물을 베풀어 주심으로써, 우리의 믿음이 온전히 그분의 소중한 아들을 바라보고, 우리의 기대가 온전히 그 아들을 향하게 되며, 우리의 소망이 온전히 그 아들에게만 있게 하신다는 사실을 독자들에게 설명했다. 여기에는 삼단논법으로 이해할 수 없는 철학이 있다. 이 철학은 알려지지 않고 드러나지 않으며 예상할 수 없다. 그러나 우리 주님이 눈을 열어 주셔서 그분의 빛 속에서 분명하게 바라보는 이들은 이 철학을 이해한다.

기도의 유익: 하나님의 선하심과 우리의 필요

우리는 믿음으로 가르침을 받음으로써 우리에게 필요하지만 결여되어 있는 모든 선함이 하나님과 그분의 아들 우리 주 예수 그리스도 안에 있음을 알고 있다. 또한 아버지께서 그리스도 안에 그분의 복과 은혜의 선물을 두셨기에, 우리 모두가 가장 풍성한 샘이신 그리스도에게서 그 복과 은혜를 얻을 수 있음을 알고 있다. 그러므로 우리가 그리스도 안에 있음을 아는 것을 그분께 구하는 일, 기도와 간구로 그것을 그리스도께 구하는 일은 우리 몫이다. 하나님은 모든 선한 것의 주권자요 창시자요 분배자이시다. 하나님께서 우리에게 그 선한 것들을 그분께 구하라고 하시는데, 이 사실을 알면서도 하나님께 향하지 않고 그분께 구하지 않으면, 우리는 아무 도움도 얻을 수 없다. 그렇게 한다면, 우리는 땅속에 묻혀 있는 보물을 발견하고도 그 보물을 하찮게 여겨 그대로 놔둔 사람처럼 될 것이다. 그러므로 이제 우리는 앞에서 부수적으로 지나치듯 언급해 온 주제를 자세하게 검토해야 한다.

우리가 하나님의 부요함 속으로 들어가는 것은 오직 기도를 통해서만 얻는 혜택이다. 기도는 인간이 하나님과 나누는 교제와 같아서, 인간은 이 교제를 통해 하나님의 참된 성전인 천국으로 안내를 받으며 하나님께 그분이 하신 약속들을 직접 상기시켜 드리고, 그럼으로써 실제 경험에서나 필요가 생길 때 하나님께서 오직 그분의 말씀에만 근거한 인간의 믿음이 거짓되거나 헛되지 않음을 증명하시기 때문이다. 그러므로 하나님께서 우리를 이끌어 그분께 바라게 하시는 것이 무엇이든지 간에, 하나님은 그것을 기도로 구하도록 명령하셨다고 우리는 이해한다. 우리가 전에 말한 것은 참으로 사실이다. 기도를 통해서 우리는 그 보물을 구하고 찾으며, 그 보물은 복음 안에서 우리 믿음에 계시되고 알려진다.

이 기도의 실천이 얼마나 본질적이며, 얼마나 다양한 방법으로 우리에게 유익을 끼치는지를 말로는 설명할 수 없다. 우리가 주님의 이름을 부를 때 구원을 얻으리라고 하신 주님의 말씀은 확실히 옳다.[욜 2:32] 그렇게 함으로써 우리는 우리를 세심하게 돌보시는 주님의 섭리 아래 우리를 옹호하시고 우리의 연약함과 부족함을 덜어 주시는 그분의 능력을 입으며, 우리를 짓누르는 죄악과 상관없이 우리를 그분의 은혜 속으로 받으시는 주님의 선하심을 얻기 때문이다. 요약하면, 우리가 기도를 통해 주님께서 그 온전한 현존을 계시해 주시도록 간구하기 때문에, 우리의 양심은 확실한 안식을 누린다. 일단 우리의 절박한 필요를 주님께 말씀드리고 나면, 우리에게는 평안을 누릴 만 가지 이유가 생긴다. 우리를 향해 확고한 선의를 품으시고, 우리를 확실한 권능으로 도우실 주님 앞에는 우리의 어떤 곤경도 다 드러난다는 것을 우리가 알기 때문이다.

기도의 혜택들

그러나 우리가 유도하지 않는 한 하나님께서 우리가 당하는 시련의 본질과 우리에게 필요한 최선을 아시게 될 수 없지 않느냐는 질문이 제기될 수 있다. 우리에게는 마치 잠든 사람처럼 우리의 곤경에 무신경한 자를 괴롭히는 경향이 있음을 감안하면, 우리가 기도로 하나님을 괴롭혀 드린다면 지나치게 보일 것이다.

이런 식으로 추론하는 사람들은 주님께서 그분의 백성에게 기도하라고 가르치신 목적을 깨닫지 못한다. 주님은 그분 자신이 아니라 우리를 위해서 기도를 명하셨다. 주님은 우리가 극도로 무감각해서 주변의 재앙을 보지 못할 때도 우리를 보호하려고 깨어서 지켜보시지만, 우리가 주님을 부르기도 전에 종종 우리를 도우시기도 하지만, 우리는 반드시 주님께 계속해서 간구해야 한다. 기도에는 우선적 목적이 있다. 먼저, 마치 주님이 유일한 안식처인 듯이 필요할 때마다 주님을 우리의 피난처로 삼는 습관을 가져서, 우리 마음이 주님을 언제나 찾고 사랑하고 경외하려는, 강력하고 열정적인 욕망으로 타오르도록 하는 것이다. 또한 우리는 주님 앞에서 우리의 온갖 감정을 표현하고 그분께 우리의 깊숙한 마음을 열 때마다 열망을 품게 되는데, 기도에는 우리가 기꺼이 주님을 진심 어린 이 열망에 대한 즉각적인 목격자가 되시게 하려는 목적도 있다. 더욱이 기도는 우리가 진정한 감사로 주님이 베푸시는 혜택들을 받을 수 있도록 우리를 준비시킨다. 기도를 통해 우리는 이 혜택들이 주님의 손에서 우리에게 온 것임을 기억하기 때문이다. 그뿐만 아니라, 우리가 요청한 것을 받고 나면, 주님께서 우리의 요청을 들어주셨음을 깊이 생각하게 된다. 그 결과, 주님의 선하심을 묵상하려는 더욱 강한 열정을 품게 된다. 기도의 또 다른 목적은, 우리가 기도로 선한 것들을 얻었음을 알게 될 때에 주님이 우리에게 주신 그 선한 것들을 더욱 큰 기쁨으로 즐거워하는 것이다. 기도의 마지막 목적은, 하나님께서 결코 우리를 버리지 않으리라고 약속하실 뿐 아니라, 도움이 필요할 때 그분을 찾고 그분께 간구할 수 있는 길까지 열어 주신다는 것을 우리가 알게 될 때, 하나님의 섭리가 우리의 제한된 능력에 맞추어 우리 마음속에서 확인되고 증명되는 데 있다.

이 모든 이유로 자비로 충만하신 아버지는 결코 주무시거나 쉬지 않으시지만, 때로는 그런 것처럼 우리에게 보이심으로써 우리가 그분께 기도하고 간구하도록 격려하신다. 이는 우리의 게으름과 태만에 반드시 필요한 것이다. 그렇기에, 요청이 없이도 하나님의 섭리는 깨어서 만물을 보존하기 때문에 많은 요청으로 그 섭리를 번거롭게 하는 것은 시간 낭비라고 주장하며 우리를 기도하지 못하도록 좌절시키려는 시도는 아주 사악하다. 그와 반대로, 주님께서 진리 안에서 그분의 이름을 부르는 모든 사람에게 가까이 계시겠다고 하신 말씀은 참된 증언이다.[시 145:18] 또한 우리가 주님께 거저 베풀어 달라고 간구하는 것이 잘못되었다는 주장 역시 매우 어리석다. 주님은 우리의 공로와 무관하게 그분의 후하심으로 받는 혜택들을 우리의 기도에 대한 응답으로 여기기를 바라신다.

하나님과 나누는 대화로서의 기도

우리가 기도를 적합하고 합당한 순서로 드리기 위해 지켜야 할 규칙들이 있다. 첫 번째 규칙은, "하나님과 대화하려는 사람다운 마음과 생각을 가져야 한다"는 것이다. 우리 마음이 참되고 순수하게 하나님을 바라보지 못하도록 방해하거나 중단시키는 온갖 육체의 생각과 걱정에서 벗어나, 오직 열정과 의지를 다하여 기도를 지속하고 가능한 한 높이 우리 자신 위로 올려지면, 이 규칙은 성립될 수 있다. 다만, 나는 우리의 마음이 지나치게 자유로워져서 어떤 염려도 기도를 자극하거나 힘들게 하지 못하게 되는 것은 권하지 않는다. 오히려 고뇌와 깊은 고통이 우리 속에서 기도를 불붙게 해야 한다. 그래서 어떤 하나님의 거룩한 종들은 그들이 깊은 구덩이와 죽음의 심연으로부터 주님께 소리를 높인다고 주장하며, 예외적인 불안의 징후와, 더 나아가 고난의 징조를 나타낸다.시 130:1 내 말의 뜻은, 우리의 마음을 이리저리 끌고 다니고 하늘에서 땅으로 내려오게 하려고 유혹하는 온갖 불필요한 염려를 우리 스스로 제거해야 한다는 것이다.

또한 내가 우리 마음이 위로 높여져야 한다고 말한 뜻은, 우리 마음은 우리의 맹목적이고 어리석은 이성이 습관적으로 품는 것을 주님 앞에 가져와서는 안 되고, 자기의 허영심에 사로잡힌 채로 머물러서도 안 되며, 오직 하나님께 합당한 순결함으로 고양되어야 한다는 것이다. 바로 여기서 사람들이 흔히 심각한 죄를 범한다. 우리 각자는 염치없고 불경스럽게도 우리의 우매함을 하나님이 목격하시게 하고 우리의 망상을 발동시키는 온갖 것을 그분 보좌 앞에 가져올 뿐 아니라, 많은 이들이 너무나 어리석고 무모해서 사람에게는 부끄러워 드러낼 수 없는 저열한 욕망을 감히 하나님께 드러내기 때문이다. 마찬가지로 마음도 동일한 목표를 달성하고 동일한 길을 따라가기 위해 모든 노력을 다해야 한다. 마음이 전적으로 하나님께 집중되어야 하듯이, 비슷하게 감정 역시 그분께로 옮겨져야 한다. 인간의 능력은 그런 완전함을 성취하기에는 턱없이 부족하다. 그러므로 하나님의 성령이 우리 마음의 미약함을 덜어 주시지 않으면, 우리는 열등한 채로 남거나 그 완전함에 미치지 못하고 실패해 버린다. 우리는 마땅히 기도해야 할 방법을 모르기 때문에, 그가 우리를 도우러 오셔서 우리를 위해 변함없는 탄식으로 기도하신다.롬 8:26 그가 실제로 기도하거나 탄식하시는 것은 아니지만, 그는 우리를 고무시켜 인간의 타고난 능력으로 불러일으킬 수 없는 신뢰와 갈망과 탄식을 우리 안에 일으키신다. 나는 기도할 책임을 하나님의 성령에게 지우고 우리는 태만하거나 무관심한 채 졸음에 빠지려는 의도로 이 말을 하는 것이 아니다. 실제로 어떤 사람은 다른 분주한 일들에 사로잡힌 우리 마음의 생각을 성령이 예상하실 때까지 침착하게 기다려야 한다고 주장하면서 하나님을 모독한다. 그러나 결코 그렇지 않다. 오히려 기도는 우리를 움직여서 성령의 도움을 원하고 간청하게 하고, 우리의 게으름과 무관심을 혐오하고 증오하게 해야 한다.

겸비함

이제 두 번째 규칙을 살펴보자. 두 번째 규칙은, 우리가 우리 자신의 영광에 대한 모든 생각을 접어 두고, 자기 가치에 대한 모든 믿음을 제거하며, 자기에 대한 모든 확신을 멈추고 오직 스스로 겸손히 낮아져서 하나님께 영광을 돌리도록 하는 것이다. 우리가 합당치 못한 오만함으로 하나님의 치심을 당해 쓰러지지 않도록, 우리 자신을 조금도 신뢰하지 말자. 우리는 하나님의 종들에게서 이런 겸손의 사례를 많이 발견한다. 하나님의 종들은 거룩하면 할수록, 그들이 부르심을 받아 주님 앞에 설 때에 더욱 겸손하고 비천한 모습을 보인다. 그러므로 다니엘은 하나님께서 친히 그를 크게 칭찬하셨으나, 오히려 이렇게 기도한다. "우리는 우리 자신의 의가 아니라, 오직 당신의 위대한 자비하심을 신뢰하며 당신께 기도드리나이다. 주님, 우리의 말을 들어주소서. 주님, 우리에게 은혜를 베푸소서. 우리의 말을 들으시고, 당신의 이름을 위하여 우리의 간구를 들어주소서. 이는 우리가 당신의 백성과 당신의 거룩한 곳을 당신의 이름으로 부르기 때문이니이다."단 9:18-19 이와 비슷한 방식으로 이사야도 백성의 이름으로 기도한다. "보소서, 당신은 우리가 범죄했기에 진노하셨나이다. 세상은 당신의 길 위에 그 토대가 놓여 있으나, 우리는 모두 부정하고 우리의 모든 의는 더럽고 오염된 누더기와 같나이다. 우리는 모두 나뭇잎처럼 시들고 우리의 죄악은 바람처럼 우리를 흩어 버렸나이다. 당신께 돌아가려고 깨어서 당신의 이름을 부르는 자는 아무도 없나이다. 이는 당신이 당신의 얼굴을 우리에게 숨기시고 우리를 우리 죄에 매인 채 썩도록 놔두셨기 때문이니이다. 그러나 주님, 당신은 우리 아버지이시요 우리는 흙일 뿐이니이다. 당신은 토기장이이시요 우리는 당신이 손수 지으신 작품이니이다. 주여, 진노하지 마옵시고, 우리의 죄를 영원히 기억하지도 마소서. 우리가 당신의 백성임을 헤아리소서." 사 64:5-9

여기서 다니엘과 이사야는 그들이 하나님께 속했음을 알기에 장차 그분의 돌보심을 받을 것이라 소망한다. 우리는 그들의 신뢰가 오직 이 사실에만 기반을 두고 있음을 깨닫는다. 예레미야도 전혀 다르지 않게 사유하면서 이렇게 선언한다. "우리의 죄악이 우리를 쳐서 증거한다면, 당신의 이름을 위하여 우리에게 기꺼이 자비를 베푸소서." 렘 14:7 비록 저자는 불확실하지만, 다음 내용은 바룩의 예언에 기록된 거룩한 말씀이다. "엄청난 고통으로 말미암아 슬프고 황폐한 영혼, 연약하여 쓰러진 영혼, 굶주린 영혼, 흐릿해진 눈은 당신께 영광을 돌리나이다. 주님, 우리는 우리 조상의 의로운 행위에 따라 당신께 기도드리지 아니하며, 우리 조상 때문에 당신의 자비를 간구하지도 아니하니이다. 다만, 당신이 자비로우시오니, 우리에게 긍휼을 베푸소서. 우리가 당신 눈앞에서 범죄하였음이니이다." 바룩 2:18-20

결백함을 호소하는 기도

하나님께 도움을 구할 때, 때때로 성도는 자기가 원하는 바를 하나님에게서 더욱 쉽게 얻기 위해 자기의 의로움으로 호소하는 듯 보이는 것이 사실이다. 그러므로 다윗은 이렇게 부르짖는다. "나는 결백하오니 내 영혼을 보존하소서." 시 86:2 히스기야도 비슷하게 외친다. "주여, 내가 당신 앞에서 진실하게 행하며 당신 보시기에 의를 행하였음을 기억하소서." 왕하 20:3 그렇지만 그들이 이런 표현으로 증언하려 한 것은 오직 그들이 중생한 하나님의 자녀요, 하나님께서 그들에게 은혜를 베풀기로 약속하셨다는 사실 뿐이다. 하나님은 그분의 선지자를 통해 "그의 눈은 의인들을 향하시고 그의 귀는 그들의 호소에 주의하신다"고 가르치신다.시 34:15 하나님은 사도 요한을 통해 비슷하게 가르치신다. "우리가 그의 계명을 지키면, 우리가 구하는 것은 무엇이든지 얻으리라."요일 3:22

이 중 어느 구절에서도 하나님은 기도가 행위의 공로에 따라 평가될 것이라고 가르치시지 않는다. 이는 단지 자기의 양심이 정결하고 온전하고 위선이 없다는 것을 아는 자들의 확신, 곧 신자들에게 보편적으로 해당될 확신을 더욱 강하게 해주시려는 하나님의 방식일 뿐이다. 우리가 "죄인"을 선을 행하려는 욕망이 전혀 없이 자기의 죄악 속에 깊이 잠든 사람으로 이해한다면, 맹인이었다가 시력을 되찾은 사람이 하는 이 말이야말로 바로 그 진리의 본질을 알려 준다. "하나님은 죄인들의 말에 귀를 기울이지 않으시도다."요 9:31 우리 마음은 하나님을 경외하고 섬기는 것을 목표로 삼지 않으면, 하나님을 진실하게 부르려는 노력을 결코 할 수 없기 때문이다. 그러므로 경건한 자들이 자신의 순결함과 흠 없음을 상기시키며 드리는 항변의 기도는 하나님의 약속에 대한 반응이며, 그렇게 함으로써 그들은 모든 하나님의 종이 기대해야 할 것을 얻을 수 있게 된다.

그 외에 우리는 이 경건한 자들이 스스로를 자신의 대적과 비교하며 하나님께 그 대적의 사악함에서 구해 달라고 간구할 때, 이런 기도 방식을 채택했다는 사실에 주목한다. 그들이 이런 비교를 통해 자기의 의로운 행실과 정직한 마음을 정당한 이유를 들어 언급하면서 하나님이 자기를 더욱 도우시고 붙드시도록 설득하려 한다 해도 놀라워할 필요가 없다. 믿는 영혼이 하나님 앞에서 자기의 정결한 양심을 즐거워함으로써, 주님이 그분의 참된 종을 위해 주신 약속들에서 힘을 얻을 권리가 있음을 우리는 인정한다. 다만, 우리가 구하는 모든 것을 하나님에게서 받으리라는 온전한 확신은, 오직 하나님의 거룩한 자비하심에만 기초할 뿐 결코 개인의 공로를 고려하지 않는다.

기도의 열정과 기대

세 번째 규칙은, 우리는 우리에게 유익한 것을 요청할 때마다 우리의 궁핍함을 정직하게 인정하고 우리의 필요를 확신해야 하며, 우리의 요청이 이루어지기를 바라는 정직한 열망으로 기도해야 한다는 것이다. 우리가 상상할 수 있는 하나님에 대한 가장 큰 가증함은, 자기를 죄인으로 여기지 않고 심지어 자기의 죄를 전혀 생각하지도 않으면서 죄 사함을 얻으려는 자의 가식과 위선이 아니겠는가? 이 가식과 위선에 의해 하나님이 함부로 조롱을 당하신다! 세상은 그런 사악함으로 가득 차 있다. 많은 사람들이 흔히 형식에 따라 하나님께 무엇을 구하지만, 그것이 다른 방식으로 이루어진다거나 은혜의 도움 없이도 이미 자기 수중에 있다고 믿는다.

신자들은 자신이 하나님의 손에서 얻기를 열망하고 추구하는 것만을 하나님께 구하도록 주의해야 한다. 심지어 우리가 오직 하나님의 영광을 위해 구할 때도, 우리의 가장 정직한 열정과 감정으로 구해야 한다. 그러므로 우리가 하나님의 이름이 거룩하게 되기를 구할 때에 열정적으로 갈망해야 함은 합당하다. 이 규칙 덕분에 우리는 인간이 하나님을 속이려고 이용하는 온갖 기만과 위선을 기독교의 기도에서 제외할 수 있다. 하나님은 진실하게 자기를 부르는 모든 사람을 가까이 하기로 약속하시고, 하나님을 온 마음으로 찾는 이들이 하나님을 찾을 것이라 선언하시기 때문이다.시 145:18, 렘 29:13

진정한 기도의 네 번째 규칙은, 우리는 우리가 구하는 바를 얻을 수 있다는 확고한 소망으로 기도해야 한다는 것이다. 우리는 지금 우리 마음을 모든 염려에서 벗어나게 하여 평화롭게 안식하도록 하는 확신에 관해 말하는 것이 아니다. 그런 안식은 모든 소원이 이루어져서 어떤 수고로운 열망도 가질 필요가 없는 자들에게나 있다. 오히려 신자들은 필요로 인한 부담을 느낄 때, 수고와 시련에 시달려서 혼미할 때 크게 자극을 받아 하나님을 부른다. 그 괴로움 중에도 하나님의 선하심은 끊임없이 신자들에게 빛을 비춘다. 그래서 신자들은 가혹한 고난으로 근심하고 혹여 훨씬 더 나쁜 일이 닥칠 수 있다는 두려움에 떨면서도, 기도를 수단으로 위로와 힘을 얻으며 선한 결과를 소망한다. 믿는 자의 기도는 이 두 가지 감정에서 비롯되어야 하며, 두 가지 감정을 모두 담고 포용해야 한다. 기도는 미래에 대한 두려움과 근심을 반영하며, 기도를 힘들게 하는 죄악에 대해 탄식하고 신음해야 한다. 그러나 기도는 하나님이 억압당하는 자에게 나타나셔서 도움과 위로를 베푸실 것을 확신하며 그분 안에서 도움을 찾아야 한다. 우리가 하나님에게서 받을 것이라 기대하지 않고 호의를 구할 때, 하나님께서 우리 믿음의 부족함 때문에 얼마나 괴로워하시는지를 말로는 표현할 수 없기 때문이다.

믿음이 없으면 기도는 무익하다

이것이 바로 주 예수께서 우리의 기도를 위해 이 규칙들을 정하심으로써, 우리가 무엇을 구하든지 받고 우리가 바라는 대로 될 것을 소망하게 하신 이유다.[막 11:24] 이와 달리, 우리 주님의 약속을 확신하지 못해 그 신실하심을 의심하는 이들과, 자신의 기도를 주님이 들으시는지 상관하지 않고서 주님을 부르는 이들에게는 아무 유익이 없다. 우리가 야고보서에서 읽어서 아는 대로, 그들은 바람에 이리저리 밀려가는 파도와 닮았다.[약 1:6-7] 더구나 주님은 각 사람의 믿음대로 이루어질 것이라고 자주 선언하셨다.[마 8:13, 9:29, 막 11:24] 주님은 믿음 없이는 우리가 아무것도 얻지 못함을 알려 주신 셈이다. 요약하면, 우리의 기도를 통해 우리에게 선사되는 모든 것은 다름 아닌 믿음에 의해서 온다. 바울이 "그들이 믿지 않는 분을 어떻게 부르겠느냐?"라고 말하며 전하려 한 요점이 바로 그것이다.[롬 10:14] 따라서 오직 복음 전파를 통해 하나님의 선하심과 자비하심을 계시받은 이들만 참되게 하나님을 부를 수 있다는 것이 바울의 논증이다.

그러므로 우리의 불행 및 우리의 죄와 얼룩으로 인한 결핍을 인정한 후에 믿음의 확신을 더하게 되면, 비록 우리는 궁핍하고 가치 없는 존재이지만, 죄악에 짓눌린 감정과 상관없이 그 궁핍함과 무가치함 못지않은 소망을 지녔다고 담대히 고백할 것이다. 우리가 하나님이 우리를 받으실 만한 어떤 것도 우리 안에 가지지 못한 불완전한 존재임을 안다면, 이 때문에 우리가 두려워서 하나님께 의지하는 못하는 일은 생기지 않을 것이다. 사실, 하나님께 다가가는 데 있어서 이것이 바로 우리의 현재 상태임을 인정하는 것이야말로 반드시 필요한 일이다. 기도는 하나님 앞에 우리를 높이거나 우리 안에 있는 어떤 것을 칭송하기 위해 존재하지 않는다. 반대로 그것은 마치 아이가 아버지에게 그리하듯이, 하나님 앞에서 우리의 누추함과 모든 죄악을 인정하고 탄식하기 위해 존재한다. 자기가 하나님께 범죄했으므로 하나님이 자기의 영혼을 고쳐 주시길 간구하는 선지자를 통해 배우듯이,시 41:4 그런 생각은 오히려 우리를 기도하도록 격려하고 자극하게 될 것이다.

명령과 약속으로서의 기도

앞에서 우리는 우리의 곤경에 대한 자각이 기도를 자극한다는 것을 살펴보았다. 우리의 가장 자비하신 아버지께서는 여기에 특별히 우리를 기도하도록 격려할 만한 두 가지를 추가하셨다. 첫째는 아버지께서 우리에게 기도하라고 하신 명령이고, 둘째는 우리가 기도하며 바라는 모든 것을 얻으리라는 약속이다. 다양한 많은 구절들 속에서 이 명령은 다음과 같은 표현으로 우리에게 자주 반복해서 들려온다. "구하라", "내게 오라", "나를 찾으라", "내게 돌아오라", "환난 날에 나를 부르라."눅 11:9, 마 7:7, 11:28, 사 44:22, 시 50:15 무엇보다도, 하나님의 이름을 헛되이 부르지 말도록 금지한 제3계명에서 기도하라는 명령을 받는다.출 20:7 마치 우리가 하나님의 이름을 헛되이 부르지 말도록 명령받은 것처럼, 모든 권능과 선하심과 도우심과 위로에 대한 경의를 하나님께 표함으로써 그분의 이름을 그분의 영광을 위해 사용하도록 명령받은 셈이다. 우리가 하나님께 이런 것들을 요청하고 기대할 때 이 명령은 수행된다. 그러므로 우리가 온갖 필요가 생길 때 하나님께 다가가거나 하나님을 찾지 못하고 하나님의 도우심을 요청하지 못하면, 하나님 이외의 다른 신을 두거나 우상을 제작하는 것과 다름없다. 그것은 하나님의 계명을 위반하여 하나님의 분노를 유발하는 것이나 마찬가지다. 하나님이 이 모든 계명의 제정자이시므로, 우리가 그중에 어떤 구체적인 명령을 거역하더라도 하나님의 뜻을 경멸하는 동일한 죄를 범하게 되기 때문이다.

의심할 여지 없이, 어떤 장애물도 우리로 기도하라는 하나님의 명령을 순종하지 못하게 할 수 없다는 생각이야말로 가장 효과적으로 우리 양심의 가책을 덜어 줄 것이다. 따라서 하나님을 부르고 찾고 찬양하는 사람은, 그가 그렇게 할 때 하나님의 뜻과 명령을 따르고 있으며 하나님이 기뻐하시는 일을 행하고 있다는 지식으로 크게 위로받는다. 하나님은 순종이 그분이 가장 받으실 만한 것이라고 선언하시기 때문이다.삼상 15:22

그러나 신자는 하나님의 약속에서 보다 나은 위안을 얻는다. 구하는 바를 얻을 것이라는 신자의 확신은 하나님의 약속에 토대를 두고 있다. 그래서 주님은 극히 감미로운 여러 약속들을 통해 우리를 초대하신다. 주님은 이렇게 말씀하신다. "구하라, 그러면 너희에게 주어지리라. 찾으라, 그러면 너희가 찾으리라. 문을 두드리라, 그러면 너희에게 열리리라."마 7:7 선지서에는 이런 약속이 있다. "너희가 나를 부르면 내가 너희에게 응답하리라. 너희가 나를 구하면 나를 찾으리라."렘 29:13 또 이렇게도 말씀하신다. "필요가 생기는 날에 너희가 나를 부를 것이요, 내가 너희를 구원하리라." 시 50:15 "그가 내게 부르짖을 것이요, 내가 그의 소리를 들으리라. 내가 환난 날에 그와 함께 있으리니, 내가 그를 건지고 그를 중히 여기리라."시 91:15 다른 비슷한 말씀이 셀 수 없이 많지만 이 몇몇 구절들로도 충분한 사례가 될 것이다. 다만, 우리 마음에 확고히 새겨 두면 유용할, 주목할 만한 구절을 몇 개 더 제시하겠다. "주님은 자기를 부르는 이들이 진실하게 부른다면 그들과 가까이 계시도다."시 145:18 "그가 네 부르짖는 소리를 듣자마자 네게 응답하시리라."사 30:19 아무도 하나님이 늦게 들으신다고 생각하지 않도록 그분은 이렇게 선언하신다. "그들이 부르짖기 전에 내가 그들에게 응답할 것이며, 그들이 말을 마치기 전에 내가 그들의 말을 들으리라." 사 65:24 그러나 나머지 다른 구절들 중에는 가장 기억할 만한 약속이 있다. 이 약속은 하나님께서 온 세상에 가공할 보응을 내리겠다고 선언하시는 데서 나타난다. "누구든지 주님의 이름을 부르는 자는 구원을 받으리라." 욜 2:32

우리가 하나님의 이 권고들을 확신하므로, 우리의 요청이 응답될 것을 믿는 확고한 근거가 우리에게 있다. 우리의 요청을 이루는 것은 기도의 공로나 그 가치에 대한 고려가 아니기 때문이다. 우리의 기대는 전적으로 하나님의 약속에 토대를 두고 있으며 그 약속에 의존한다. 그 결과, 비록 베드로와 바울과 그 외의 다른 성도들이 우리보다 훨씬 거룩한 삶을 살았으나, 우리가 그들과 똑같은 믿음, 동일하게 위대하고 한결같은 믿음으로 하나님께 간구한다면, 우리도 그들과 다름없이 하나님의 들으심을 얻으리라고 확신할 수 있다. 다른 방면에서는 우리가 그들보다 못하더라도, 기도하라는 동일한 명령과 주님이 응답하시리라는 약속을 받았다는 점에서는 그들과 비슷하기 때문이다.

우리가 순결한 마음으로 하나님을 부르면, 하나님은 각 사람의 가치에 따라 기도를 판단하지 않으시고, 오직 그 종들이 그분의 명령에 복종하고 그분의 약속을 신뢰하는 데서 보여주는 믿음만을 고려하여 판단하신다. 다윗은 이 사실을 알고서 이렇게 선포했다. "주님, 보소서. 당신은 당신의 종에게 집을 지어 주겠노라 약속하셨나이다. 그러므로 당신의 종이 오늘 용기를 얻어 감히 당신을 구하나이다. 오 주여, 당신은 하나님이시요, 당신의 약속은 참되나이다. 당신은 당신의 종들에게 선을 행하시기로 약속하셨으니, 당신 종의 집에 복을 주심으로써 당신의 말씀을 이루소서." 삼하 7:27-29 이를 염두에 두고서 이스라엘 자손은 아브라함과 맺은 언약을 기억하시도록 하나님께 호소함으로 그들의 간구를 지속했다. 그럼으로써 그들의 조상, 특히 야곱의 모범을 따랐다. 야곱은 그가 주님의 손에서 그토록 많은 은혜를 받기에 합당치 못하다고 고백하면서도, 주님께서 그에게 주신 약속 때문에 더욱 많은 것을 담대히 요청한다. 출 32:9-12

그리스도의 이름으로 드리는 기도

우리는 마음속으로 느끼거나 느낄 수밖에 없는 수치심에서 자신을 구하기 위해 하나님께 다가가거나 그분 얼굴 앞에 나타날 자격이 없다. 그래서 하늘 아버지께서는 우리에게 그분의 아들 예수 그리스도를 주셔서 우리의 중보자와 변호자가 되게 하셨다.요일 2:1, 딤전 2:5, 히 9:15 그리스도가 우리를 이끄시면, 우리는 자유롭게 하나님께 가까이 다가갈 수 있다. 우리가 가진 확신은, 아버지께서 그 중재자에게 아무것도 거절하실 수 없으므로 그분의 이름으로 요청하는 것은 무엇이든 우리에게 금지되지 않을 것이라는 사실이다. 또한 하나님의 보좌는 위엄의 보좌일 뿐만 아니라 은혜의 보좌이기도 하다는 사실이다. 그 보좌 앞에 우리는 담대하고 온전한 확신을 가지고 우리의 중재자와 중보자의 이름으로 나아가 하나님의 은총을 입을 수 있으며, 우리가 필요로 하는 도움과 그 외 모든 것을 얻을 수 있다. 우리가 하나님을 부르도록 명령을 받을 때와, 그분이 자기에게 호소하는 이들의 소리를 들으신다는 약속을 받을 때, 우리는 구체적이고 분명하게 우리 주 예수 그리스도의 이름으로 하나님을 부르라는 명령을 받는 셈이다. 우리는 그리스도의 이름으로 요청하는 모든 것이 우리에게 주어질 것이라는 약속을 받는다. 그래서 주님은 이렇게 말씀하신다. "지금까지 너희가 내 이름으로 아무것도 구하지 않았도다. 구하라, 그러면 너희가 받으리라. 이제부터 너희는 내 이름으로 구할 것이요, 너희가 구하는 것을 내가 행하리니, 이는 아버지께서 그의 아들 안에서 영광을 얻으시려 함이니라."요 14:13, 16:24

그러므로 완전히 분명한 점은, 예수 그리스도의 이름 외에 다른 어떤 이름으로 하나님을 부르는 자들은 다 하나님의 명령을 거역하고 하나님의 뜻을 거스른다는 사실이다. 바울의 말처럼 예수 그리스도 안에서 하나님의 모든 약속은 "예"이고 예수 그리스도를 통해 그 약속들은 "아멘"이기 때문에,고후 1:20 하나님께서 그런 자들에게는 어떤 것도 주시겠다는 약속을 하지 않으셨음이 분명하다. 이는 곧 하나님의 모든 약속은 예수 그리스도 안에서 확실하고 견고하며 안정되고 성취됨을 뜻한다. 예수 그리스도는 유일한 길이요,요 14:6 우리가 하나님께 다가가는 유일한 방편이시기 때문에, 그를 하나님을 향한 우리의 길과 방편으로 받아들이지 않으면 아무것도 우리를 하나님께 데려다줄 수 없다. 그렇지 않으면, 우리는 하나님의 보좌 앞에서 오직 진노와 공포와 심판만을 만나게 될 것이다. 더욱이 예수 그리스도를 외면하는 자들은 하나님께서 그를 우리의 머리와 지도자로 유일하게 표시하고 인봉하셨음을 보고서, 그 표시를 지우기 위해 할 수 있는 모든 것을 다 하고 있다. 예수 그리스도는 유일한 중보자Mediator로 계시며, 그의 중재intercession를 통해 아버지께서 우리에게 호의를 베푸시고 항상 우리의 기도를 들으신다. 바울이 권면하듯이, 우리는 경건한 사람들이 중재 역할을 함으로써 서로의 구원을 하나님께 간구할 수 있다고 여전히 인정한다.딤전 2:1 그럼에도 우리는, 경건한 이들이 그리스도의 유일한 중재를 조금이라도 대신해 주지 못하므로 언제나 그리스도의 중재에 의존하도록 요구한다. 우리의 중재는 우리를 한 몸의 지체들로 연합시킨 사랑으로 촉발되며, 우리가 우리의 머리 되신 분 안에서 누리는 연합을 암시하기 때문이다.

우리의 기도는 그리스도의 이름으로 드려진다. 이 사실은 중재자Intercessor이신 예수 그리스도 외에 그 누구의 기도도 우리의 기도를 도울 수 없음을 증명하는 것 아닌가? 예수 그리스도는 그의 중재를 근거로 우리가 교회에서 서로를 위해 드리는 기도를 금하지 않으시기 때문에, 우리는 모든 교회의 중재가 오직 그리스도에게 향하고 그를 통해서만 이루어져야 한다는 데 동의해야 한다. 그러므로 요즈음 궤변론자들이 그리스도가 구속의 중보자이시지만 신자들은 중재의 중보자라고 주장하는 것은 뻔뻔한 거짓말일 뿐이다![1] 마치 그리스도가 때맞추어 중보 사역을 완수하신 후 그의 종들에게 영원히 계속될 사역을 맡기셨다는 듯이 말이다. 그 궤변론자들은 그리스도께 합당한 명예에서 극소량을 드리면서 무슨 엄청난 찬사라도 드리는 줄로 여기고 있다!

성경은 그들과 상관없이 매우 다른 방향으로 나아간다. 신자는 성경의 단순함에 만족해야 하며, 저 사기꾼들이 자기들의 계략에 빠지도록 내버려 두어야 한다. 요한은 “누가 죄를 짓더라도, 우리에게는 아버지 곁에 계신 변호자, 곧 예수 그리스도가 계시도다”라고 말한다.요일 2:1 이때 요한은 그리스도가 한때만 우리의 변호자이셨다고 말하지 않는다. 그리스도는 영원한 중재자 직분을 가지신다. 바울은 “그는 아버지의 오른편에 앉으셔서 우리를 위해 중재하시도다”라고 참되게 선포한다.롬 8:34 또한 바울은 그리스도를 “하나님과 사람 사이의 유일한 중보자”로 부르는 구절에서,딤전 2:5 자기가 조금 앞에서 언급한 기도를 가리켜 말하고 있지 않는가? 바울은 우리가 모든 사람을 위해 하나님께 간구해야 한다고 먼저 진술한 다음,딤전 2:1-2 그 진술을 보강하기 위해 “한분 하나님이 계시고”, 모든 사람을 위해 하나님께로 가는 길을 준비하시는 “한 중재자가 계시다”는 진술을 이어 간다. 물론 우리는 이 중재자가 무릎을 꿇고 비천하게 간구를 올리시는 모습을 상상하지는 않는다. 사도처럼 우리도 그가 하나님의 얼굴 앞에 나타나셔서 그의 죽으심이 발휘하는 권세로 영구적인 중재 역할을 한다는 뜻으로, 또한 하나님께 가까이 다가갈 수 없는 하나님 백성의 기도를 오직 천상의 성소에 들어가신 그리스도만이 전달할 수 있다는 뜻으로 이해한다.

거짓 교훈: 영화된 성도의 중재

이 세상을 떠나 그리스도와 함께 살고 있는 성인들에 관해서 논의해 보자. 그 성인들이 기도를 드린다고 한다면, 우리는 그들이 유일한 길이신 그리스도 이외에 다른 어떤 기도의 수단을 지닌다고 생각하지 말아야 한다. 혹은 그 성인들의 요청이 그리스도 이외의 다른 어떤 이름으로 하나님께 받아들여진다고 생각하지도 말아야 한다. 그래서 성경은 우리에게 다른 모든 이름을 금하고, 오직 그리스도만 기억하게 한다. 하늘 아버지가 그리스도 안에서 만물을 모으려 하시기 때문이다.엡 1:10 그러므로 우리가 성인들을 통해 하나님께 나아가거나 그리스도에게서 떨어질 수 있다고 주장하는 것은, 완전한 광란임은 물론이고 어리석음에도 지나지 못한다. 자, 이런 일이 예전에도 발생했고 오늘날에도 가톨릭교가 우세한 곳마다 여전히 발생하고 있음을 부정할 자가 누군가? 저들은 하나님의 은혜를 얻기 위해 성도들의 공로를 거론하고, 성도들의 하나님을 부름으로써 예수 그리스도를 무시한다.

참으로 이것은 우리가 이미 주장한 그리스도의 유일한 중재 사역을 성도들에게로 옮기려는 짓 아니겠는가? 대체 어떤 천사나 악마가 성인들의 중재에 관해 저들이 상상하는 것과 같은 말을 한 마디라도 내뱉은 적이 있다는 것인가? 성경에는 성도들의 중재에 관해 아무 말씀도 없는데, 왜 저들은 가서 그런 것을 만들어 내는가? 확실히 인간 지성은 하나님의 말씀이 배제한 부차적인 도움을 궁구할 때, 하나님의 말씀에 대한 신뢰의 결핍을 분명하게 드러낸다. 우리가 성인들의 중재에 사로잡힌 자들의 양심에 호소하여 증거를 찾는다면, 그 모든 중재 개념은 그리스도가 혹여 기대를 저버리실 수 있다는 그들의 혼란, 혹은 그리스도가 자기들을 지나치게 엄격하게 다루실 수 있다는 그들의 혼란에서 비롯되었음을 알게 될 것이다. 저들은 그런 주저함 때문에 그리스도를 크게 모욕하고, 그리스도에게서 유일무이한 중보자직을 강탈한다. 중보자직은 아무에게도 양도될 수 없는 고유한 특권으로서 아버지께서 그리스도에게 수여하신 직책이다. 그렇게 하면서 저들은 그리스도의 탄생의 영광을 흐리고, 그리스도의 십자가를 아무 효과 없게 만들어 버린다. 또한 그리스도가 행하시고 고난받으신 모든 것에 마땅한 찬양을 돌리지 못하게 한다. 그리스도의 탄생과 그 모든 사역의 목적은 사람들이 그리스도를 유일한 중보자로 인정하게 하는 것이었는데 말이다. 이와 비슷하게, 그들은 자기를 아버지로 나타내시는 하나님의 호의도 거절한다. 그들이 예수 그리스도를 자기 형제로 삼아야만 하나님이 아버지가 되실 수 있기 때문이다. 그들이 그 전에 있던 다른 어떤 형제 사랑처럼 그리스도의 부드럽고 자비로우신 형제 사랑을 믿지 않는다면, 그들은 그리스도가 자기 형제 되심을 완전히 부정하는 셈이다.

이것이 바로 성경이 그리스도를 누구와도 비교할 수 없는 분으로 우리 앞에 세우는 이유다. 성경은 우리를 그리스도께로 보내어 오직 그분에게만 관심을 집중하게 한다. 이 점을 암브로시우스가 말해 준다. "그는 우리가 아버지께 말하는 우리의 입이시요, 우리가 아버지를 보는 우리의 눈이시며, 우리가 아버지께 우리를 바치는 우리의 오른손이시다. 중보자이신 그가 안 계시면, 우리뿐 아니라 어떤 성인도 결코 하나님께 가까이 나아갈 수 없다."[2]

이 문제에 있어서는 우매함이 극에 달해서 우리가 가장 노골적인 형식의 미신까지 목격할 정도가 되어 버렸다. 미신은 일단 고삐가 풀려 버리면 가장 극단으로 치닫기 마련이다. 성인들이 중재자로 여겨지기 시작한 이래로 각 성인에게는 점차 특정한 역할이 부여되었다. 그 결과, 개인적 이해관계에 맞추어 성인들이 차례차례 변호자로 호명되기에 이르렀다. 더 나아가, 각 사람은 자기만의 특별한 성인을 선택하고서 마치 하나님께 하듯이 그 성인에게 자기를 의탁했다. 그리하여 선지자가 이스라엘 자손을 책망했던 죄가 현실이 되고 말았다. "신들이 성읍 숫자에 맞게 세워졌을 뿐만 아니라, 각 사람마다 하나씩 지니며 무리의 숫자에 맞게 세워졌도다." 렘 2:28, 11:13 그러나 성인들이 오직 하나님의 뜻에만 마음을 두고 하나님의 뜻만 바라보며 모든 욕망을 하나님의 뜻에 복종시키고 있다면, 누구든 성인들이 하나님 나라의 도래 아닌 다른 것을 위해 기도한다고 생각하는 자는 하나님의 나라를 조잡하고 육신적인 관점으로 보고 있는 것이다. 그 사람은 분명히 성인들에게 잘못을 범하고 있다. 이로부터 우리는 우리가 만들어 낸 대중적 허구를 쉽게 확인한다. 성인들이 자기들에게 바치는 존중에 따라 이 사람 저 사람에게 관심을 가진다는 허구 말이다. 마지막으로, 많은 사람들이 성인을 변호자나 옹호자가 아니라 구원의 통제자로 부르는 끔찍한 신성모독을 서슴없이 저지른다. 비참한 인간이 자기에게 정해진 제한, 곧 하나님의 말씀에서 벗어나면 빠지게 되는 것이 바로 이 신성모독이다.

어떤 사람들은 이런 종류의 중재의 기초가 성경에 있음을 보이려고 열심히 노력한다. 그러나 그것은 시간 낭비일 뿐이다. 그들은 성경에서 종종 천사의 기도가 언급되고, 그와 별도로 신자의 기도가 천사의 손에서 바로 하나님 면전으로 전달되는 증거가 있다고 말한다.[3] 나도 그들의 말을 인정한다. 그러나 그들이 죽은 성인을 천사와 비교하려 한다면, 그들은 성인이 우리의 구원을 보증할 책임을 맡은 영이요, 성인의 역할과 사명은 우리의 모든 길을 인도하는 것임을 증명해야 한다. 또한 성인이 우리를 에워싸고서 우리에게 경고하며 항상 우리를 지켜 주고 있다는 것도 증명해야 한다. 이 모든 일은 천사의 몫이지, 성인의 몫이 아니다. 그들은 또한 여호와께서 예레미야에게 하신 말씀을 인용한다. "모세와 사무엘이 내 앞에 서서 내게 간구하더라도, 내 마음이 이 백성에게로 가지 않으리라."렘 15:1 이 구절에 근거하여 그들은 다음과 같이 주장한다. "하나님께서 죽은 자가 산 자를 위해 기도한다는 뜻으로 이 말씀을 하신 것이 아니라면, 어떻게 그분이 이미 죽은 모세와 사무엘에 관해 말씀하실 수 있었겠는가?" 나는 그와 반대로 주장하겠다. "모세나 사무엘은 그런 경우에 이스라엘 백성을 위해 기도하지 않았음이 명백하므로, 죽은 자는 산 자를 위해 기도하지 않는다." 모세는 이 점에 있어서 모든 사람을 능가하되 백성을 위해서는 전혀 그런 관심을 갖지 않았다면, 성인들 중에 과연 누가 백성을 위해 그런 관심을 가졌다고 할 수 있겠는가? 우리는 예레미야 선지자의 말을 통해 그 당시 모세도 그렇게 간구하지 않았다고 결론지을 수 있다. 그러므로 저들이 간교하고 하찮은 이 속임수를 수단으로 하여 죽은 자가 산 자를 위해 기도한다는 것을 증명하려 한다면, 하나님은 "모세와 사무엘이 기도한다 하더라도……"라고 말씀하셨으므로, 모세는 백성의 절실한 필요가 있을 때 그들을 위해 기도하지 않았음을 더욱 신빙성 있게 주장할 수 있다. 예레미야가 "그가 기도한다 하더라도, 하나님께서 그의 말을 듣지 아니하시리라"고 모세에 관해 말했기 때문이다. 그러므로 아무도 백성을 위해 기도할 수 없었을 가능성이 높다. 선함과 자비함에 있어서 다른 모든 사람보다 탁월한 모세도 그렇게 할 수 없었기 때문이다.

궤변론자들이 그들의 온갖 허울 좋은 핑계로 얻은 유익이 있다. 바로 그들이 좋은 줄 알고 무장했던 칼에 스스로 찔려 버린 일이다! 어쨌든 이 진술에서 단순한 의미 이상으로 무엇을 끌어내려는 시도는 불합리하다. 우리 주님께서 알려 주시려 하는 단순한 뜻은 이것이다.

즉, 하나님은 예전에 모세나 사무엘의 기도를 들으시고 백성을 용서하셨으나, 지금은 비록 모세나 사무엘 같은 사람이 중보한다고 하더라도 이 백성을 결코 용서하지 않으시리라는 것이다. 이 뜻은 에스겔서의 비슷한 본문에서도 분명하게 유추될 수 있다. "주님께서 말씀하시되, 이 세 사람, 노아와 다니엘과 욥이 그 성읍에 있다 하더라도, 그들은 자기의 의로 아들이나 딸도 구원하지 못하고 오직 자기 영혼만 구원하리라."[겔 14:14] 여기서 하나님이 가장 분명하게 의도하신 뜻은, "그들이 다시 살아나서 이 성읍에 살게 되더라도"에 있다. 그러므로 우리는 성경이 자기의 경주를 다 마쳤다고 명백히 제시하는 사람들을 예외로 두기로 하자. 그래서 바울은 다윗에 관해 말할 때, 다윗이 자기의 기도로 자기 후손을 돕는다고 말하지 않고, 자기 세대를 섬겼다고 말한다.[행 13:36]

죽은 자와 산 자 사이에는 어떤 교제도 없다

내 말을 들은 어떤 사람은 평생 자선과 연민으로 불타고 있었던 성인들에게 어떤 사랑의 감정도 없었다고 주장하느냐고 되물을 것이다. 내 대답은, 성인들의 현재 생각과 행동에 대해 면밀히 탐구하려는 마음이 내게는 전혀 없으며, 성인들이 여러 욕망에 의해 이리저리 분주할 것 같지도 않다는 것이다. 오히려 지금 성인들은 신자의 구원만큼이나 악인의 파멸로도 성립되는 하나님의 나라를 굳은 결심으로 추구하고 있을지도 모른다. 더 나아가, 그런 견지에서 성인들이 우리를 위해 기도할 수 있다고 인정하더라도, 이것이 곧 성인들이 기도 중에 이름이 불려야 함을 뜻하지는 않는다. 세상에 있는 사람들이 서로를 기도 중에 칭찬한다고 해서 성인들의 이름을 기도 중에 불러야 한다는 추론이 나올 수도 없다. 그런 기도는 서로의 필요를 나누며 서로에 대해 책임을 짐으로써 서로의 사랑을 유지하는 역할을 하기 때문이다. 그들은 하나님의 명령에 따라 그렇게 행동하되, 이것이 기도의 가장 중요한 두 가지 특징이라는 약속을 빼앗기지도 않는다.

기도 중에 성인들의 이름을 부르는 일은 죽은 자와 관련해서도 전혀 적용될 수 없다. 주님은 우리 무리 중에서 죽은 자들을 데려가실 때, 우리가 그들과 소통하지 못하게 하시고 그들 역시 우리와 소통하지 못하게 하신다.전 9:5-6 누군가 죽은 자들은 우리와 한 믿음으로 결합되어 있어서 그들이 살아서 했던 사랑과 똑같은 사랑을 할 수밖에 없다고 말한다면, 나는 다시 이렇게 묻고 싶다. "죽은 자의 귀가 우리의 말을 들을 만큼 밝고, 죽은 자의 시력이 우리의 필요를 분간할 만큼 예리하다고 도대체 누가 알려 주었는가?" 그러나 궤변론자들은, 하나님의 얼굴이 아주 밝게 빛나고 있어서 성도는 그 얼굴 속에서 마치 거울을 들여다보듯이 땅에서 일어나는 모든 일을 지켜본다는 말도 안 되는 이야기를 자기들 학교에서 퍼뜨리고 있다.[4] 그런 말을 그토록 대담하게 내뱉다니, 그것은 우리를 기만적인 망상에 사로잡아서 하나님의 말씀 없이 스스로 하나님의 은밀한 심판에 떨어져서 성경을 마구 짓밟게 하려는 시도가 아닌가? 성경은 자주 우리 육신의 지혜가 하나님의 지혜와 원수가 되며, 하나님의 지혜는 어디서나 우리 사고의 허망함을 정죄하고 우리 이성을 파괴하여 우리가 하나님의 뜻을 보지 못하게 한다고 선언한다.

궤변론자들은 자기들의 거짓말을 방어하려고 그들이 인용하는 성경을 왜곡한다. 그들은 야곱이 죽을 무렵에 자기 후손이 자기 이름과 그 선조 아브라함과 이삭의 이름으로 불리게 했다고 주장한다.창 48:16 우선 우리는 이스라엘에서 이름을 부르는 전통의 본질을 이해해야 한다. 이스라엘 사람들은 자기 조상들에게 도움을 청하지 않았다. 다만 하나님께서 그분의 종 아브라함과 이삭과 야곱을 기억해 주시기를 간구했을 뿐이다. 그러므로 이스라엘의 이 전례는 성인들에게 자기의 말을 하는 자들에게 무용지물이다. 하지만 이처럼 끔찍한 아둔함에 사로잡힌 멍청이들은 야곱의 이름을 부르는 것이 무엇을 의미하는지, 왜 야곱의 이름이 불려야 하는지 전혀 알지 못하기 때문에, 그들이 저지르는 터무니없이 어리석은 실수도 그다지 놀랍지 않다. 이를 제대로 이해하기 위해서 우리는 성경 다른 곳에 나오는 비슷한 표현에 주목해야 한다. 이사야는 여자들이 남자들을 자기 남편으로 인정하며 그들의 후견과 통제를 받을 때에 남자들의 이름으로 불린다고 선언한다.사 4:1 그러므로 이스라엘 자손을 아브라함의 이름으로 부르는 것은, 아브라함이 그들의 민족적 창시자인 만큼 그들이 아브라함을 자기 아버지로 여기며 그의 이름을 엄숙히 기억한다는 뜻이다. 야곱이 요구한 것은 그가 자기의 명성을 유지하는 데 지나친 관심을 가졌기 때문이 아니라, 그 후손의 모든 복락이 그들이 상속한바 하나님이 야곱과 맺으신 언약을 기뻐하는 데 있다고 믿었기 때문이다.

그러므로 야곱은 그가 자기 후손의 주요한 복으로 믿는 것을 그들이 받기를 바란다. 이 복은 야곱의 후손이 하나님의 자녀로 계수되고 하나님의 가족으로 인정받는 것이다. 이는 단순히 언약이라는 유산을 대대로 물려주는 것만으로 전달된다. 그러나 야곱의 후손은 기도 중에 이 복을 기억하며 죽은 자의 중재를 피난처로 삼으려 하지 않는다. 오히려 그들은 주님이 아브라함과 이삭과 야곱을 위해 그들에게 은혜를 베풀고 너그럽게 대할 것이라 하신 약속을 주님께 상기시킨다. 얼마나 적은 신자들이 그 조상의 공로에 의존했는가 하는 것은, 교회 전체를 대표하여 다음과 같이 말하는 선지자가 아주 분명하게 보여준다. "주 하나님, 당신은 우리의 아버지이시나이다. 아브라함은 우리를 알지 못했고 이스라엘은 우리를 인정하지 않았나이다. 주님, 당신이 우리의 아버지이시요 구속자이시나이다."사 63:16 선지자는 말을 마치기 전에 다음과 같이 덧붙인다. "주님, 당신의 종들을 위해 당신의 선하심을 우리에게 베푸소서."사 63:17 중재는 저들이 의중에 둔 것이 아니다. 우리에게는 자기의 손으로 영원한 자비의 언약을 맺으시고 비준하신 주 예수께서 계시는데, 우리가 기도하는 중에 누구의 이름을 주장하는 것이 더 좋겠는가?

그러나 어떤 사람은 성인들의 기도가 자주 응답받았다는 사실에 감명을 받는다. 그 응답의 이유가 무엇인가? 그것은 당연하게도 그들이 기도했기 때문이다. 선지자는 이렇게 말한다. "그들은 당신께 소망을 두어 보존되었나이다. 그들이 부르짖었으므로 수치를 당하게 되지 아니하였나이다." 시 22:4-5 그렇다면 우리도 그들의 본을 따라 기도함으로써 그들처럼 응답을 받도록 하자. 하지만 이미 하나님의 응답을 얻은 사람들만 그 응답을 얻을 것이라는 주장은 완전히 논리에 반한다. 야고보의 추론이 얼마나 더 뛰어난가! 그는 이렇게 기록한다. "엘리야는 우리와 완전히 똑같은 사람이었도다. 그가 비가 오지 않기를 기도하자, 삼 년 반 동안 땅 위에 비가 내리지 않았느니라. 엘리야가 다시 기도하자, 하늘이 비를 내리고 땅이 그 열매를 맺었느니라." 약 5:17-18 무슨 말인가? 야고보는 우리가 엘리야를 향해 도움을 청해야 할 정도로 엘리야가 특별한 권한을 가졌다고 암시하는가? 전혀 그렇지 않다. 오히려 야고보는 우리에게 똑같이 기도하도록 촉구하기 위해 순수하고 거룩한 기도의 항구적 권능을 예증해 준 것이다. 응답을 받은 성인들의 경험을 통해서 하나님의 약속에 대한 우리의 신뢰가 두터워지지 않으면, 우리는 백성의 기도에 대한 하나님의 신속하시고 선하신 응답을 제대로 인정하지 않기 때문이다. 하나님은 그분의 약속을 통해서 한두 사람 혹은 소수의 부르짖음이 아니라 하나님의 이름을 부르는 모든 사람에게 귀를 기울이겠다고 보장하신다.

기도의 범주: 간구와 감사

우리가 이해한 대로 기도는 두 부분, 곧 간구와 감사로 구성된다. 바울이 열거한 기도의 범주는 모두 이 두 부분으로 귀결된다. 딤전 2:1 간구를 통해서 우리는 우리의 마음과 욕망을 하나님 앞에 드리고, 하나님께서 오직 자기 영광을 추구하시는 것을 그분의 선하심 중에 베풀어 주시기를 먼저 구하고, 그다음에 우리에게 유용하고 필요한 것을 구해야 한다. 감사를 통해서 우리는 하나님께서 우리에게 베푸신 은혜를 찬양으로 고백하며 인정한다. 우리가 하나님께서 베푸신 복으로 인해 그분께 영광을 돌리고 그분의 선하심을 높일 때, 그 모든 것에 대해 하나님께 감사를 드린다. 이 두 가지 요소를 다윗은 우리 주님의 목소리로 단 한 구절 안에 포함시켜 말한다. "네가 궁핍한 날에 나를 부르라. 내가 너를 건지리니, 네가 나를 영화롭게 하리라."시 50:15 우리는 이 두 가지를 계속 말해야 한다. 우리의 궁핍함과 빈곤함이 너무 심각하고, 우리의 불완전함이 우리를 사방팔방으로 강하게 압박하여 엄청난 부담을 주기 때문에, 가장 경건한 이들을 포함한 우리 모두는 매시간 하나님께 탄식하고 애통해하면서 겸손한 태도로 하나님을 불러야 한다.

게다가 우리 주님께서 우리에게 쏟아 주시는 보상이 지극히 풍성하고 지속적이며, 우리가 바라보는 곳마다 하나님의 기적적인 행사가 강력하고 장엄하고 무한해서, 우리에게는 하나님을 찬양하고 찬미하며 영화롭게 할 동기와 기회가 결코 부족하지 않다. 언제 어디서나 하나님께 감사드릴 동기와 기회도 결코 부족하지 않다. 더 충분히 설명해 보면, 우리는 우리의 모든 소망과 복락을 하나님께 아주 확고히 의존하고 있으므로 우리 자신, 우리의 소유, 우리와 관련된 모든 것은 하나님께서 주신 복 없이는 결코 형통할 수 없음을 알고 있다. 따라서 우리는 우리 자신과 우리의 모든 소유를 하나님께 끊임없이 맡겨야 한다.약 4:14-15 또한 우리가 계획하고 말하고 행하는 모든 것이 하나님의 권세와 뜻 아래 그분의 도우심을 기대하며 이루어지게 하자. 하나님은 자기 자신이나 다른 사람을 믿고서 계획을 세우고 결정하여 일에 착수하는 자나, 혹은 하나님을 부르거나 하나님의 도우심을 간구하지도 않고 그분의 뜻과 상관없이 일을 시작하려는 모든 자를 저주하시기 때문이다.사 30:1, 31:1

지금까지 우리는 하나님을 모든 선의 창시자로 인정해야 한다고 말해 왔다. 여기서 더 나아가, 우리는 반드시 하나님의 손에서 오는 모든 것을 한결같은 감사함으로 받아야 한다. 우리가 지속적으로 하나님을 찬미하고 감사하지 않는다면, 하나님께서 우리에게 지속적으로 쏟아 주시는 혜택을 정직하게 즐길 수 없다. 바울은 말씀과 기도 없이는 하나님의 모든 선물이 우리에게 거룩해질 수 없다고 알려 준다.딤전 4:5 바울은 "말씀"이라는 말로 믿음을 표현한다. 이 믿음은 우리가 믿어야 할 말씀과 관련된다. 이것이 바로 기도와 말씀 없이는 하나님의 어떤 선물도 우리에게 거룩해질 수 없는 이유다. 다윗은 하나님의 새로운 복을 받고 나서 새 노래가 자신의 입에 담겼다고 선언한다.시 40:3 여기서 다윗이 가르치는 것이 기도와 말씀에 관한 바로 이 소중한 교훈이다. 하나님은 우리에게 선을 행하실 때마다 우리가 그분을 송축할 이유를 주신다. 그렇기에 하나님은 우리가 그분의 호의에 대해 감사하지 않고 침묵하는 것은 배은망덕한 행동일 수밖에 없음을 알려 주신다. 그래서 바울은 다른 곳에서 우리에게 쉬지 말고 기도하라고 명령한다.살전 5:17-18 바울은 우리가 가능한 한 어느 때든 매시간 장소를 불문하고 모든 일에서 하나님을 갈망하며 그분께 모든 선한 것을 구하기를 권면한다. 또한 하나님께서 일어나는 모든 일 가운데 우리에게 지속적으로 깨우쳐 주시는 온갖 복으로 인해 하나님을 찬미하기를 바란다.

기도의 공적이고 사적인 측면

지속적인 기도는 주로 개인에게 필요하지만, 공적인 기도 역시 어떤 식으로든 지속성이 필요하다. 물론 공적인 기도가 늘 지속적일 수는 없다. 교회는 함께 모이는 것이 좋기 때문에 공적인 기도는 함께 모여 드리는 것이 합당하다고 판단될 때 드리되, 교회의 공동 합의로 결정된 형식을 벗어나 드릴 수도 없고, 드려서도 안 된다. 그러므로 공적인 기도 시간이 확고히 지정되어야 한다. 이것은 하나님에게는 중요하지 않지만 사람을 위해서 필요하다. 그럼으로써 모든 사람의 편의를 도모할 수 있게 된다. 바울이 말하듯이, 모든 것이 교회의 평화와 질서를 위해 이루어진다.고전 14:40 그럼에도 이는 교회가 더욱 자주 기도하도록 지속적으로 권면하는 것을 막지 않는데, 특히 교회가 어떤 긴급한 필요에 직면했을 때 그러하다.

기도의 항상성과 밀접하게 관계된 견인의 주제에 대해서는 마지막에 언급할 기회가 있을 것이다.[5] 우리 주님은 우리에게 길고 반복적이고 미신적인 기도 습관을 금지하셨는데,마 6:7 기도의 항상성은 그 습관을 옹호하는

데 오용될 수도 있다. 우리 주님은 힘차게 드리는 기도나 길게 드리는 기도나 빈번하게 드리는 기도나 강렬한 감정으로 드리는 기도를 금하지 않으신다. 다만, 인간적인 생각으로 우리의 많은 말이 하나님의 뜻을 이리저리 바꿀 수 있다거나, 우리가 하나님을 공허한 달변으로 귀찮게 하여 그분이 우리의 요구를 들어주실 수밖에 없도록 압박할 수 있다고 믿지 말라고 주님은 경고하신다.

내가 이미 진술했듯이, 기도의 목적은 우리 마음을 들어 하나님께 향함으로써 그분의 영광을 바라고, 하나님께 드리는 찬양을 고백하며, 궁핍할 때 하나님께 도우심을 청하는 것이다. 그러므로 기도의 본질은 우리의 마음과 정신에 있다. 엄격히 말해, 기도는 마음의 비밀을 아시는 하나님께로 우리 내면의 욕망이 돌이켜 향하는 것이라고 결론지을 수 있겠다. 그래서 주 예수 그리스도는 기도에 대한 건전한 규칙을 가르치실 때, 우리가 골방에 들어가 문을 닫고서 은밀히 계시는 하늘 아버지께 기도해야만 모든 비밀을 아시고 헤아리시는 하늘 아버지께서 우리에게 응답하실 것이라 말씀하신다.[마 6:6] 주님은 자기의 헌신을 열정적으로 과시함으로써 대중의 칭찬과 호의를 얻으려는 위선자들의 사례를 통해 우리에게 경고하신 다음, 우리는 골방에 들어가 문을 닫고서 기도하라고 말씀하신다. 내가 이해한 주님 말씀의 뜻은, 우리가 의식적으로 우리 마음속으로 내려가는 데 도움이 되는 일종의 은둔을 추구하라는 것이다. 동시에 주님은 우리가 우리 마음에 생기는 열정 가운데 하나님과 친밀함을 누리며, 우리 몸은 하나님의 참된 성전이 될 것이라고 약속하신다.

주님은 이 말씀을 하시며 다른 장소에서 기도하는 것이 잘못되거나 금지된다고 암시하시지는 않았다. 단지 기도는 주로 마음과 지성 속에 머무는 은밀한 것이며, 모든 육신의 생각과 세상의 고단한 염려에서 놓인 자유와 평온이 반드시 필요함을 강조하시려 했다. 주 예수께서 몸소 기도에 온전히 자기를 바치시려고 떠들썩한 군중에게서 물러나신 데는 충분한 이유가 있었다. 주님의 목적은 우리를 자기의 모범으로 권면하셔서, 우리가 진지한 기도에 대한 훨씬 강한 갈망을 갖도록 돕는 기도 방법을 경멸하지 않게 하시려는 데 있었다. 그렇지만 주님께서 일이 생기면 군중 속에서도 반드시 기도하셨듯이, 우리 역시 필요할 때면 어디서든지 하늘을 향해 주저 없이 우리의 손을 들어야 한다.딤전 2:8

육체와 영의 성전

하나님의 말씀은 신자들이 드리는 공적인 기도를 규정하므로, 이 공적인 기도가 드려지는 성전이 반드시 따로 마련되어야 한다.[6] 하나님의 백성과 나누는 교제를 거부하는 자들은, 하나님의 명령을 순종하기 위해 자기의 골방에 들어가야 한다는 구실을 대며 공적인 기도를 회피해서는 안 된다. 주님은 두세 사람이 그의 이름으로 모여 합심하여 구하면 무엇이든지 이루어 주겠다고 약속하실 때, 공개적으로 드려지는 기도를 업신여기지 않겠다고 분명하게 증거하시기 때문이다.마 18:19-20 다만, 주님은 모든 욕망과 영광에 대한 탐욕을 배제하시고, 오직 마음 깊은 곳의 진실하고 순결한 정직만 요구하신다. 그것이 성전의 적절한 기능이라면(물론 당연히 그렇지만), 오랜 세월 그러했듯이 우리는 신중하게 이 성전을 하나님께서 우리에게 예민하게 귀를 기울이시는 그분의 처소로 여겨야 한다. 또한 우리는 마치 우리의 기도를 하나님 들으시기에 더 낫게 만드려는 듯이 성전에 어떤 심원한 거룩함을 부여하지 말아야 한다. 우리가 참으로 하나님의 성전이라면, 하나님의 참된 성전에서 하나님을 부르기 위해 우리 속에서 그분께 기도해야 한다.

이 조잡하고 육신적인 믿음에 관해서라면 유대인이나 이방인에게 맡기기로 하자. 우리는 장소를 구별하지 않고 영과 진리로 주님을 부르라는 명령을 받았기 때문이다.요 4:23 이전에 성전은 하나님의 명령에 따라 오직 기도와 희생제사만을 위해 봉헌된 것이 사실이지만, 그것은 진리가 그림자 형태로 나타난 시대를 위해서였다. 하지만 이제 진리가 우리에게 생생하게 계시되었으므로, 이 진리는 우리가 물질적인 성전에 머물도록 허락하지 않는다. 사실, 하나님의 임재를 성전 벽에 가둬 두어야 한다는 조건으로 유대인에게 성전이 맡겨졌던 것도 아니다. 오히려 물질적인 성전은 유대인이 참된 성전의 모양과 형상을 묵상하도록 훈련시켜 주었다.사 66:1 그래서 스데반은 하나님께서 사람의 손으로 지은 성전에 거하신다고 생각하는 자들을 엄중히 책망했다.행 7:48-49

마음에서 우러나온 일상어로 드리는 기도

지금까지의 논의를 통해 분명해진 사실은, 기도에 사용되는 말과 노래는 반드시 마음속 깊은 곳에서 우러나와야 하고, 그렇지 않으면 하나님 앞에 아무것도 아니며 하나님께서 우리에게 아무 유익도 주시지 못한다는 것이다. 한낱 인간의 입술에서 나온 말과 노래는 하나님의 가장 거룩한 이름을 오용하고 하나님의 위엄을 조롱하는 것이므로, 하나님을 자극하고 그분의 진노를 불러일으킨다. 이 사실을 선지자가 말한다. "이 백성이 그들의 입으로는 내게 가깝고 그들의 입술로는 나를 영화롭게 하나, 그들의 마음은 내게서 멀도다. 이 백성은 오직 사람의 명령과 교훈으로 나를 두려워하였도다. 그러므로 내가 이 백성에게 놀랍고 끔찍한 이적을 행하리니, 이는 그들 중에서 지혜로운 자들의 지혜가 사라지고 현자들과 장로들의 총명이 도무지 쓸모가 없어질 것임이라."사 29:13-14

그러나 우리가 잘 들리는 말이나 노래가 나쁘다고 말하는 것은 아니다. 말과 노래가 마음에서 우러나와 마음을 실어 나른다면 분명 소중한 가치가 있다고 생각한다. 말과 노래가 사용되면, 모든 수단을 동원해 보강하지 않으면 쉽사리 흩어져 버리는 연약한 인간 의지가 힘을 얻고 고무되어 하나님을 생각하는 데 계속 몰입할 수 있기 때문이다. 더욱이 우리 모든 지체가 각각의 방식으로 하나님을 영화롭게 해야 하므로, 혀는 특별히 말과 노래에 쓰이는 것이 좋다. 하나님은 혀를 그분의 이름을 선포하고 찬미하는 데 효과적으로 쓰이도록 창조하셨기 때문이다. 그리스도인의 모임 중에 공적인 기도를 드릴 때는 주로 말하는 것이 요구된다. 그 모임에서 우리는 마치 한 마음과 한 믿음으로 하나님을 경외하듯이 똑같은 말과 똑같은 입술로 하나님을 함께 찬미해야 한다. 우리는 사람 앞에서 그와 같이 함으로써 우리 각 지체가 드리는 믿음의 고백을 자연스럽게 들을 수 있어야 하고, 서로 세움을 입고 서로를 닮고 싶은 뜻을 품게 되어야 한다.

이로써 또한 분명해지는 사실은, 예전에는 어디서든 행하던 관행처럼 공적인 기도를 라틴어를 말하는 회중 가운데 그리스어로 드리거나, 프랑스어나 영어를 말하는 회중 가운데 라틴어로 드리면 안 된다는 것이다. 기도는 회중 전체가 이해할 수 있는 그 지역의 공용어로 드려야 한다. 기도는 온 교회의 하나됨을 위해 드려져야 한다. 이해할 수 없는 소리로는 교회가 전혀 유익을 얻지 못하기 때문이다. 사랑이나 인정을 완전히 도외시하는 자들은 적어도 다음과 같이 명백하게 말하는 바울의 권위에 대해 뭔가 조금이라도 느낄 수 있어야 한다. "네가 알아들을 수 없는 말로 감사하면, 혹여 무지한 사람은 네가 말하는 것을 알지 못하는데 어찌 너의 감사에 '아멘'이라 말하리요. 너희는 참으로 감사하겠으나, 그는 너희 감사로 세움을 얻지 못하도다." 고전 14:16-17

그렇다면 과연 누가 과거나 현재 교황주의자들의 그 오만방자한 뻔뻔함에 대경실색하지 않겠는가? 그들은 자기들도 대체로 한 음절조차 알아듣지 못하고, 남들도 알아듣기를 바라지 않는 낯선 외국어로 사도의 권위를 거역해 가며 노래하고 떠들어 댄다. 바울은 우리의 말과 노래를 다른 방식으로 해야 마땅하다고 깨우쳐 준다. 그는 이렇게 말한다. "내가 무엇을 하랴. 나는 내 음성으로 기도하고 내 지성으로 기도하리라. 나는 내 음성으로 노래하고 내 이해로 노래하리라." 고전 14:15 이 구절에서 바울이 사용한 "영"이라는 단어를 우리는 같은 뜻의 "음성"이라는 단어로 대신했다. 음성은 목청의 호흡과 공기 중의 공명으로 발생하는 소리를 뜻하기 때문이다. 어쨌든 개인 기도에서든지 공적인 기도에서든지 마음을 담지 못한 언어는 하나님께 가장 불쾌할 수 있다는 사실, 의지의 온기와 열정은 언어가 표현할 수 있는 어떤 것이라도 충분히 능가한다는 사실, 그리고 지성이 충분히 고무되지 않거나 혹은 너무 강하게 감동되어 혀를 자극하고 제 역할을 하게 하지 못하면 개인 기도에서 언어는 아무 쓸모가 없다는 사실 등을 기억하는 것이 중요하다.

최고의 기도들이 때때로 말없이 드려지기도 하지만, 마음은 너무 자주 감정에 뜨거워져서 의도하지 않아도 혀나 다른 기관을 자극한다. 이것이 바로 사무엘의 모친 한나가 기도하려 애쓰며 입술로 중얼거린 이유다.[삼상 1:13] 신자들 역시 기도할 때 미리 무엇을 생각하지 않고도 소리를 내거나 한숨을 내쉬면서 매일매일 똑같은 경험을 한다. 무릎 꿇거나 머리를 드러내는 것과 같이 흔히 볼 수 있는 몸의 자세와 몸짓에 관해서라면, 그런 것들은 우리가 하나님을 더욱 경외하려고 자유롭게 노력하는 행동이 될 수 있다.

주님의 기도의 본질과 구조

이제 우리는 기도하는 방법뿐만 아니라, 하늘 아버지께서 그분의 가장 소중한 아들 주 예수 그리스도를 통해 우리에게 주신 기도의 형식과 유형을 배워야 한다.[마 6:9-13, 눅 11:2-4] 여기서 우리는 아버지의 지대한 선의와 자비하심을 깨달을 수 있다. 마치 자녀들이 필요할 때마다 자기 아버지에게로 향하듯이, 하나님은 무엇이 필요하든 그분께 향하도록 우리를 경계하시고 권면하시기 때문이다. 아버지는 우리가 우리 자신의 필요와 곤고함의 정도를 충분히 파악할 수 없고, 무엇을 유용하고 쓸모 있게 요청해야 할지도 모른다는 것을 아신다. 그래서 그분은 친히 우리의 무지를 도우셔서 우리의 영적 결핍을 채우기로 하셨다. 그분은 우리에게 기도의 양식을 주심으로써, 우리가 그분께 마땅히 바랄 수 있는 모든 것과 우리에게 유익할 수 있는 모든 것, 우리가 그분께 요청할 필요가 있는 모든 것을 마치 그림으로 보이듯이 보여주셨다. 우리는 하나님의 그런 친절하심과 관대하심에서 특별한 위안을 얻을 수 있다. 우리가 확실히 아는 대로, 우리는 금지되거나 부적절하거나 상궤를 벗어난 것을 그분께 요청할 수 없으며, 그분의 규례를 따르는 데 그분의 뜻대로 기도하지 않아서 그분을 불쾌하게 할 수 있는 무엇을 구할 수 없기 때문이다.

플라톤은 사람들이 신에게 자기들의 엄청난 희생을 치르지 않고는 받을 수 없는 소망을 표현할 때 얼마나 무지한지를 보았다. 그래서 그는 가장 좋은 기도 방법은 한 고대 시인이 제안한 대로, "우리 요청의 유무와 상관없이 신께서 우리에게 선을 행해 달라고 기도하는 것과, 신께서 우리가 자초한 재앙을 비껴가게 해달라고 기도하는 것"이라고 주장했다.[7] 그것은 우리의 탐욕이 이끄는 대로 신에게 하는 요구가 얼마나 위험한지를 알고 있는 이방인 남성에게 잘 어울리는 건전한 정서다. 마찬가지로, 이 정서는 우리의 심각한 불행을 여실히 보여준다. 성령이 우리에게 합리적이고 효과적인 기도 형식을 가르쳐 주시지 않으면 우리는 안전하게 우리의 입을 열어 하나님께 무엇을 구할 수 없기 때문이다.

이 기도 혹은 이 기도의 형식에는 여섯 가지 요청이 담겨 있다. 내가 이 요청을 일곱 문장으로 나누는 사람들에게 동의하지 않는 데는 이유가 있다. 복음서 저자는 "우리를 시험에 들게 마옵시고, 악에서 구원하옵소서"라고 기록함으로써 이 두 문장을 결합하여 하나의 요청으로 만들었기 때문이다. 이는 마치 그가 "우리가 시험에 정복당하지 않게 하시되, 우리가 굴복하지 않도록 우리의 연약함을 도와 우리를 구원하소서"라고 말하는 것과 같다. 교부들도 이 해석에 동의한다.[8] 그러므로 마태가 덧붙이는 것과 일부 사람들이 일곱 번째 요청으로 이해하는 것은 여섯 번째 요청에 연결되어야 할 설명일 뿐임을 쉽게 판단할 수 있다.

우리가 이 기도의 모든 부분에서 하나님의 영광을 구해야 하지만, 그리고 우리가 구하는 대로 기도에 담긴 모든 것이 우리에게 주어지면 좋겠지만, 그럼에도 앞의 세 가지 간구는 하나님을 구체적으로 추구하려는 의도가 강하다. 그러므로 하나님의 영광이 우리의 유일한 관심사가 되어야 하며, 우리 자신에 대한 생각은 버려야 한다. 나머지 세 가지 간구는 우리가 필요로 하는 것과 우리가 물어야 하는 것에 구체적으로 관련된다. 그러므로 우리가 하나님의 이름이 거룩하게 되기를 기도할 때, 우리 자신의 이익을 위해서 기도할 것이 아니라 오직 하나님의 영광에 대해서만 관심을 갖고 기도해야 한다. 결코 다른 동기나 목표나 의도가 있어서는 안 된다. 하지만 이것마저도 우리에게 가장 유용하고 이로운 것으로 판명될 것이다. 우리 기도에 따라 하나님의 이름이 거룩해질 때, 우리도 비슷하게 거룩하게 되기 때문이다. 이미 말한 바와 같이, 우리 자신의 유익에 대한 모든 생각을 버림으로써 아무 혜택도 얻지 못한다 해도, 우리는 기도 중에 여전히 하나님의 이름이 거룩해지기를 원하고 하나님의 영광에 관한 모든 것을 바라고 추구해야 한다.

바로 이 점을 우리는 모세와 바울의 사례에서 볼 수 있다. 모세와 바울은 필요하다면 손해를 감수해서라도 하나님의 영광이 높여지고 하나님의 나라가 확장될 수 있도록 하기 위해, 시선을 자기 자신에게서 돌려 자신의 멸망을 강하고 열정적으로 추구했다.출 32:32, 롬 9:3 반면에 우리가 일용할 양식을 구할 때, 비록 우리 자신에게 이로울 개인적인 요청을 드리고 있지만, 이때에도 우리는 먼저 하나님의 영광을 구해야 한다. 그래서 그것이 하나님의 영광이 되지 않는다면, 우리는 그것을 더 이상 구하거나 바라지 않아야 할 것이다. 이제 기도에 대한 설명을 시작해 보자.

하늘에 계신 우리 아버지여

우선적으로, 우리가 앞서 말한 것처럼 이 기도의 시작 부분에서 분명한 사실은, 우리가 모든 기도를 예수 그리스도의 이름으로 드려야 한다는 것이다. 그 이유는 아무도 다른 이름으로는 하나님께 받아들여질 수 없기 때문이다. 하나님을 우리 아버지라고 부를 때 우리는 그리스도의 이름으로 그분께 말한다. 우리가 주 예수 그리스도를 통해 그분의 은혜로 그분의 자녀가 되지 않았다면, 하나님을 아버지로 부를 수 없기 때문이고, 하나님의 자녀라고 주장하는 것 자체가 오만하고 무례한 일일 것이기 때문이다.

우리가 확실한 믿음으로 그 엄청난 호의를 받아들인다면, 하나님은 그분의 참된 독생자 그리스도를 우리에게 형제로 주셔서 본질상 그분의 것이 은사와 입양을 통해 우리의 것이 되게 하신다. 그래서 요한은 이렇게 말한다. "아버지 하나님께서 자신의 독생자를 믿는 모든 사람에게 하나님의 자녀가 되는 위대한 명예와 특권을 주셨느니라." 요 1:12

그러므로 하나님은 우리 아버지로 불리시며, 또한 우리가 그분을 아버지로 부르게 하신다. 그 이유는, 하나님께서 그리스도의 이름이 전달하는 그 위대한 온화함 덕분에 우리를 모든 불신에서 구원하시기 때문이다. 아버지의 사랑보다 위대한 사랑의 감정은 어디서도 찾을 수 없다. 그러므로 하나님께서 우리를 그분의 자녀로 알려지게 하심이야말로 우리에 대한 그분의 무한한 사랑을 증명하는 가장 확실한 증거다. 다만, 우리에 대한 하나님의 사랑은 자기 자녀에 대한 세상 아버지의 사랑보다 훨씬 위대하다. 하나님은 선하심과 자비하심에 있어서 모든 사람을 능가하여 완벽하시기 때문이다. 하나님의 사랑은 참으로 완전해서, 혹여 세상 모든 아버지가 아버지로서 모든 사랑의 감정을 상실하여 자기 자녀를 버린다 해도, 하나님은 자신을 부인하실 수 없는 까닭에 결코 우리를 저버리지 않으실 것이다.딤후 2:13 우리에게는 하나님께서 그 아들이신 우리의 구속주를 통해 주신 다음과 같은 약속이 있다. "악한 너희가 너희 자녀에게 선을 행하는 데 익숙하다면, 온전히 선하신 너희 하늘 아버지께서는 얼마나 더 너희에게 선을 행하시겠느냐."마 7:11 선지자를 통해서 하신 비슷한 약속이 있다. "어머니가 자기 자녀들을 잊을 수 있느냐. 혹시 그럴지라도, 나는 절대로 너희를 잊지 않으리라."사 49:15

우리가 하나님의 자녀라면, 마치 자녀가 자기 아버지의 난폭함과 잔혹함 또는 부족함과 부당함을 알리며 낯선 사람에게 보호를 요청해서는 안 되듯이, 우리 역시 우리의 하늘 아버지를 궁핍하고 무력하거나 거칠고 잔인하다고 여겨 그분을 모독하면서 그분 아닌 다른 데서 도움을 찾으려 해서는 안 된다. 또한 선하고 자비로우신 아버지임에도 우리가 우리의 죄악으로 아버지를 격노케 했기 때문에, 그분께 말하는 것을 두려워해야 마땅하다고 호소해서도 안 된다. 사람들 사이에도, 어떤 아들이 자기 아버지를 화나게 했을 때는 오직 겸손과 복종으로 자기의 잘못을 인정하고 자기 아버지의 자비를 구하는 것이야말로 그 자신을 위해 할 수 있는 최선일 것이다. 아버지의 마음은 거짓말을 할 수 없더라도 아들의 그런 호소에 마음이 이끌리신다. 그렇다면 자비의 아버지이시요 모든 위로의 하나님이신 분이 무엇을 행하시겠는가?고후 1:3 하나님은 자녀 아닌 자들이 그분의 선하심과 자비하심을 불신하며 그분께 자기들을 위해서 도움을 구하며 드리는 간구에 응답하시기보다는, 그분의 자녀들이 그들 자신을 위해 기도할 때, 특히 하나님께서 그들이 그렇게 하도록 초대하시고 권면하셨기 때문에 기도할 때, 그 자녀들의 눈물과 신음을 당연히 듣지 않으시겠는가?

어떤 아들이 아버지를 떠나 아버지의 재산을 함부로 낭비하며 아버지께 크게 잘못을 행하는 비유를 통해서, 하나님은 그분의 자비하심에 대해 설명하신다. 아버지는 아들이 자기에게 용서를 구하기를 바라며 기다리지 않는다. 아버지는 아들보다 먼저 반응한다. 아버지는 집으로 돌아오는 아들을 멀리서 발견하고 달려가 맞아 주고, 아들을 포옹하고 위로하며 따뜻하게 받아 준다.눅 15:11-24 하나님은 이 인간적인 이야기에서 위대한 관용과 온화함의 모범을 보여주신다. 그렇게 하심으로써 하나님은 우리가 그분께 배은망덕하고 반역적이고 사악한 자녀임에도 그분의 자비하심에 굴복할 때, 아버지이실 뿐 아니라 모든 아버지 중에 최고로 동정심이 깊으신 분께 우리가 얼마나 큰 은혜와 온화하심과 자비하심을 바라고 기대할 수 있는지를 가르치시려 하신다. 우리가 그리스도인이라면 하나님께서 우리에게 이처럼 선하신 아버지라는 확신을 더욱 크게 주시기 위해, 하나님은 우리가 그분을 "아버지"로 부를 뿐 아니라 "우리 아버지"로 분명하게 부르기를 원하신다. 이는 마치 우리가 하나님께 "자녀에게 아주 상냥하시고 자녀를 아주 온화하게 용서하시는 아버지여, 우리는 그런 아버지께 합당치 못하지만, 우리 안에 어떤 불완전함과 비천함이 있다 하더라도 우리 아버지께는 우리에 대한 사랑과 선의가 충만하심을 확신하며 우리가 당신께 간구하나이다"라고 말하는 것과 같다.

하나님이 우리 아버지이시므로 우리 모두는 형제다

우리가 여기서 배우는 바는 각자가 개별적으로 하나님을 "나의 아버지"로 불러야 한다는 사실이 아니라, 우리 모두가 함께 하나님을 "우리 아버지"로 불러야 한다는 사실이다. 이 사실은 우리 모두가 한분 아버지의 자녀이기 때문에 서로에 대해 얼마나 많은 사랑을 품어야 하는지를 알려 준다. 우리 아버지는 우리 모두에게 아버지이시기 때문에, 우리 것이 될 수 있는 온갖 좋은 것이 다 아버지에게서 오기 때문에, 우리는 무엇이든 지나치게 배타적으로 우리 것으로만 삼지 말고 필요할 때마다 무엇이든 기꺼이 서로 후히 나누어야 한다. 우리가 우리 의무에 충실하여 기꺼이 서로를 돕고 지원하려 한다면, 우리 형제에게 베풀 수 있는 최고의 봉사는 가장 큰 호의를 가지고 그들을 아버지께 칭찬하는 것이다. 참으로 그것은 우리가 우리 아버지께 해야 할 봉사다. 사람은 자기 아버지의 평안과 명예를 진실함과 정직함으로 소중히 여기기 마련이고, 온 집안의 평강을 지키려고 애쓰기 마련이다. 그렇듯이 우리도 하늘 아버지께 진실한 애정을 가지고 있다면, 아버지의 사람과 가족, 아버지께서 그 독생자의 충만함으로 부르시고 극히 고귀하게 하신 아버지의 유업에 마땅히 우리의 애정을 표현해야 한다.엡 1:23

그러므로 그리스도인의 기도는, 예수 그리스도 안에서 자기의 모든 형제를 포용할 수 있도록 규칙이 세워지고 시행되어야 하되, 현재 각자가 자신의 형제로 알고 있고 보고 있는 사람들만 아니라 세상에 사는 다른 모든 형제를 포용할 수 있어야 한다. 우리는 주님께서 그들을 위해 무엇을 결정하셨는지 모르지만, 그들의 모든 일이 잘되기를 바라고 그들에게 가장 좋은 일이 있기를 소망해야 마땅하다.

물론 우리는 바울이 우리에게 모든 면에서 부탁하는 대로, 믿음에 속한 모든 권속에게 특별한 관심을 기울이고 사랑을 베풀어야 한다.갈 6:10 우리가 알기로 이들은 오늘날의 참된 신자요 하나님의 종이다. 요약하면, 우리의 모든 기도는 우리 주님께서 그분의 왕국과 권속 안으로 데려오신 공동체로 언제나 확장될 수 있을 정도로 포용적이어야 한다. 어떤 것도 우리가 우리 자신과 다른 사람들을 위해 구체적으로 기도하지 못하도록 막을 수 없지만, 우리의 관심은 이 믿음의 공동체의 안녕과 보존에서 벗어나서는 안 되고 언제나 거기에 집중해야 할 것이다. 그런 기도들은 개별적인 용어로 표현되겠지만, 모두 이 목표를 향하기 때문에 포괄적일 수밖에 없다.

한 비슷한 사례로 이 점을 쉽게 설명할 수 있다. 가난하고 궁핍한 사람을 도우라는 하나님의 명령은 일반적이다. 하지만 어떤 사람은 자기가 알고 있거나 만나게 되는 가난한 이에게 자기의 소유물을 나눠 주며 긍휼을 베풂으로써 그 명령에 순종한다. 물론 그는 부족함이 전혀 없는 사람에게는 그렇게 하지 않는다. 그 이유는 그가 그를 모르기 때문이거나 모든 이에게 베풀 수는 없기 때문이다. 마찬가지로 교회라는 공동체성을 염두에 두고 모든 사람에게 열린 마음과 애정을 갖고 있는 사람은, 구체적인 기도와 표현으로 자신을 하나님께 맡기거나, 하나님께서 그에게 궁핍한 처지에 있음을 알리신 다른 사람을 그분께 맡김으로써 그분의 뜻을 거역하지 않는다.

그러나 기도와 구제는 정확히 일치하지는 않는다. 우리는 우리에게 그 궁핍한 처지가 알려진 사람들을 우리의 소유물로 도울 수 있는 반면, 거리와 공간을 불문하고 우리가 모르는 사람들은 우리의 기도로 도울 수 있고 또한 도와야 마땅하기 때문이다. 이는 그들도 포함된 하나님의 모든 자녀를 포용하는 일반적 성격의 기도를 통해 이루어진다.

하늘에 계신 아버지

그다음으로 "하늘에 계신"이라는 단어가 등장한다. 솔로몬은 하늘이 하나님을 모실 수 없다고 확언하고,왕상 8:27 하나님도 친히 그분의 선지자를 통해 하늘은 그분의 보좌요 땅은 그분의 발등상이라고 선언하시므로,사 66:1 우리는 이 단어로부터 하나님이 원형의 하늘 안에 제한되시거나 갇혀 계시다고 추론하거나 생각해서는 안 된다. 그래서 하나님은 그분이 어떤 특정 장소에 제한되지 않으시며, 오히려 모든 곳에 계시고 만물을 충만케 하신다고 분명하게 밝히신다. 그러나 "하늘에 계신"이라고 하지 않으면 우리 지성의 무지함과 연약함은 하나님의 영광과 능력과 장대하심과 고상하심을 감지하거나 파악할 수 없기 때문에, 하나님은 우리가 볼 수 있는 가장 높고 가장 영광스럽고 가장 장엄한 대상인 "하늘"이라는 단어로 그것을 지시하신다. 우리가 어디에 있든지 우리 마음이 어떤 사상에 집중하게 되면, 그 사상을 장소와 연관시키는 경향이 있다. 그렇기 때문에 우리는 하나님을 그 어떤 장소보다 훨씬 위에 계신 분으로 바라보며, 그래서 그분을 찾고자 할 때는 우리 영혼과 몸의 모든 능력을 뛰어넘어야 한다. 더 나아가, 이 표현은 하나님께서 어떤 변화나 부패의 가능성과 무관하심을 강조한다. 마지막으로, 이 표현은 하나님께서 온 세상을 감싸시어 그분의 권능으로 다스리심을 우리에게 알려 준다.

따라서 "하늘에서 계신"이라는 표현은 무한한 가치와 우월함을 나타내는 칭호요, 불가해한 본질의 칭호이며, 표현할 수 없는 권능과 무한한 불멸의 칭호와 동일하다. 이 용어들은 우리가 하나님을 생각할 때마다 우리의 마음과 지성을 높이 들어 올려 줌으로써, 하나님을 육신의 형상이나 지상의 형상으로 떠올리지 않게 해야 하고, 세상적인 이성의 기준으로 하나님을 판단하려는 욕망을 품지 않게 해야 하며, 하나님을 우리 감정에 따라 느끼지 않게 해주어야 한다. 오히려 우리는 하나님께서 영원하시고 불변하시며, 그분의 선하신 뜻은 변하거나 없어지지 않으며, 그분의 사람들을 결코 저버리지 않으시며, 만물 안과 만물 위에서 권능과 위력과 위엄을 행사하시는 만물의 통치자이자 주재이시며, 우리가 받은 모든 복의 주관자이시며, 악을 이기시고 우리를 악으로부터 안전하게 보호하시는 분임을 인정해야 한다.

첫째 간구

당신의 이름을 거룩하게 하옵시며

여기서 하나님의 이름을 언급하는 이유는, 사람이 하나님의 이름을 송축해야 하기 때문이다. 하나님의 이름은 그분이 행하시는 일들과 일치해야 하므로, 우리는 하나님의 이름이 그분의 모든 덕목, 곧 그분의 권능과 지혜와 의와 자비하심과 신실하심에 당연히 덧붙여져야 할 그분의 명성을 뜻한다고 이해한다. 당연히 하나님은 공의로우시고 지혜로우시며 자비로우시고 강하시고 신실하시다는 점에서 비교할 수 없이 위대하신 분이다. 그러므로 우리는 그분의 모든 덕목으로 발산하시는 하나님의 위엄이 거룩해지기를 간구하는 것이다. 참으로, 하나님의 위엄이 그 속성에 있어서 증가나 감소가 없으신 하나님 자신 안에서가 아니라, 그분의 위엄이 거룩하게 여겨진다는 면에서, 곧 그분의 위엄이 있는 그대로 인정되고 바르고 합당하게 높여진다는 면에서 거룩하게 되기를 우리는 간구하는 것이다.

첫째, 하나님의 이름은 그분이 행하시는 일들에 일치하므로, 찬양받아 마땅한 일들의 위대함이 인간의 배은망덕함이나 태만함으로 가려지거나 모호해지지 않게 해야 한다. 더욱이 하나님께서 행하시는 것으로 보이는 모든 일, 진실로 그분이 행하시는 모든 일이 영광으로 나타나게 하자. 그것이 그 일들의 본질이기 때문이다. 또 다음과 같은 선지자의 말이 성취되게 하자. "주님, 당신의 명성에 따라, 당신께 드리는 찬양이 온 땅에 널리 알려지나이다."시 48:10 따라서 하나님께서 벌을 내리신다면 그분이 의롭게 나타나시게 하고, 하나님께서 용서하신다면 그분이 자비롭게 나타나시게 하고, 하나님께서 그분의 말씀에 참되시다면 그분이 신실하게 나타나시게 하라. 요약하면, 하나님의 영광이 밝게 빛나지 않는 곳이 하나도 없게 하라. 그럼으로써 하나님께 드리는 찬양이 모든 마음에 새겨지고 모든 혀를 통해 울려 퍼지게 하라. 마지막으로, 이 거룩한 이름을 더럽히고 모독하는 자, 이 이름의 거룩함을 모호하게 하고 훼손하는 모든 경건하지 못한 자는 멸망하여 사라지게 하라. 그럼으로써 더욱 위대한 광휘가 하나님의 위엄을 감싸게 하라.

따라서 이 간구에는 감사가 담겨 있다. 우리는 하나님의 이름이 거룩해지기를 기도할 때, 모든 선한 것에 대해 하나님께 찬양을 드리며, 모든 것이 하나님에게서 왔음을 고백하며, 하나님이 거룩하다고 불리심이 합당하기에 그분의 은사와 호의를 인정한다.

둘째 간구

당신의 나라가 임하게 하옵시며

하나님의 나라에는 두 가지 측면이 있다. 우선 하나님께서 다스리신다는 의미는, 하나님께서 그분의 성령으로 자기 백성을 인도하시고 통솔하셔서 자기의 선하심과 풍부하심과 자비하심을 그 백성이 행하고 말하는 모든 일에 나타내신다는 것이다. 또한 하나님을 자기의 하나님으로 인정하지 않고 그분께 복종하지 않는 유기된 자들을 멸하신다는 것이다. 하나님은 그들의 교만과 오만을 쳐서 낮추심으로써 어떤 힘도 하나님을 거역할 수 없음을 보여주신다. 이제 이 하나님의 통치는 우리 눈앞에서 매일 펼쳐지고 있다. 우리 주님께서 그분의 말씀에 능력과 힘을 더하셔서, 마치 들려진 홀처럼 그분의 말씀이 십자가 아래서 세상의 경멸과 수모를 당하는 가운데도 왕성하고 모든 일을 이룰 수 있도록 하시기 때문이다.[고전 1:27-28] 우리가 볼 수 있듯이, 하나님의 나라는 진실로 이 세상에 있다. 그러므로 그리스도께서 친히 하나님의 나라가 우리 안에 있다고 선언하시고,[눅 17:21] 교회를 그가 참으로 통치하시는 "하늘나라"로 부르기도 하시며, 또 그의 통치가 이루어지게 하는 복음 전파와 하늘나라를 관련짓기도 하신다.[마 13:24, 31, 33] 그럼에도 하나님의 나라는 영적인 것으로 구성된 나라, 무엇보다도

영적인 나라이며, 썩지 않는 영원한 나라이기 때문에 이 세상에 속하지 않는다.요 8:23, 18:36

그렇다면 우리는 하나님의 나라가 임하도록, 곧 날마다 주님께서 그분의 신민과 신실한 백성의 숫자를 많게 하셔서 그들이 모든 면에서 그분을 영화롭게 하기를 기도한다. 그리고 주님께서 이미 그분의 나라로 부르신 이들에게 그분의 은사들을 더욱 충분히 베푸시고 더해 주시기를 기도하며, 그분이 이 일들을 통해 그들 가운데 더 많이 통치하셔서 그들이 그분께 더욱 온전히 연합되고 온전히 채워지기를 기도한다. 또한 우리는 주님께서 그분의 빛과 진리를 점점 더 많이 보내 주셔서 어둠과 마귀의 거짓말과 마귀의 심복들을 그 빛과 진리로 흩으시고 쫓아내시며 사라지게 하시고 멸하시기를 기도한다. 우리는 하나님의 나라가 임하기를 기도하면서, 모든 것이 드러날 그 심판 날에 하나님의 나라가 최종적으로 완성되고 성취되기를 기도한다. 그날에는 오직 하나님만 높여지시고 하나님께서 만물 안에 만물이 되셔서,고전 15:28 그분의 사람들을 그분의 영광으로 들어가게 하시며 모든 마귀의 권세를 내쫓으시고 정복하시고 파괴하실 것이다.

셋째 간구

당신의 뜻이 하늘에서처럼 땅에서도 이루어지이다

이 간구에서 우리는, 하나님께서 정하신 것만이 하늘에서 이루어지듯이, 그분이 땅을 그분의 통치에 복종시키시고 모든 저항과 반역을 종식시키기를 요청한다. 여기서 우리는 하나님께서 언제 어디서나 그분의 뜻에 따라 만물을 다스리시고 명령하시기를, 모든 사건의 종국과 결과를 통제하시기를, 그분이 원하시는 대로 모든 피조물을 사용하시고 그들의 모든 뜻을 그분께 복종하게 하셔서 그들이 순종하게 되기를 기도한다. 그런 다음, 우리는 하나님께서 그분의 율법과 멍에를 마귀와 유기된 자들의 악한 계획에 부과하시기를 기도한다. 이 유기된 자들은 하나님의 명령을 어떻게든 회피하고 거부하기 위해 가능한 모든 일을 하지만 하나님의 선하신 뜻 없이 아무 일도 못하는 자들이다. 우리도 이 기도를 드릴 때, 우리가 소중히 여기는 바람과 욕망을 포기하고 우리의 모든 갈망을 하나님께 내어드린 채, 모든 일이 우리의 필요에 따라서가 아니라 오직 그분이 선하고 기쁘게 보시는 바에 따라 일어나게 되기를 간구한다.

다만 우리는 우리의 바람이 하나님께 반한다면 이루어지지 않게 되고, 오직 하나님께서 우리 안에 새 마음을 창조하셔서 그분의 뜻에 합하지 않은 어떤 것도 바라지 않게 되기를 갈망하자. 간단히 말하면, 우리는 우리 자신이 무엇을 원하게 하지 말고, 오직 우리 안에서 하나님의 성령이 원하시게 하자. 그럼으로써 우리가 하나님께서 기뻐하시는 것을 사랑하고, 하나님께서 혐오하시는 것을 혐오하고 두려워하게 되도록 간구하자.

이것이 이 기도의 세 가지 간구다. 우리는 오직 하나님의 영광만을 바라보면서 우리 자신에 대해서나 사적인 이익을 위해서는 어떤 생각도 품지 않고 이 기도를 드려야 한다. 다만, 우리가 이런 방식으로 기도해야 할 이유와 목적이 이 기도를 통해 얻는 유익은 아니라 하더라도, 여기서 우리의 유익을 얻는 것은 분명하다. 이 모든 것이 우리가 생각하거나 바라거나 구하지 않고도 합당한 과정으로 이루어진다 하더라도, 우리는 이것들을 원해야 하고 구해야 한다. 우리가 우리 주님이시요 아버지이신 분의 영광을 최선을 다해 갈망하고 추구하는 하나님의 종이며 자녀임을 고백하기 위해서, 우리는 꼭 그렇게 해야 한다. 그래서 우리는 하나님의 영광을 나타내려는 소망이나 의지 없이, 하나님의 이름이 거룩하게 되고 그분의 나라가 임하며 그분의 뜻이 이루어지기를 기도하는 자들을 하나님의 종이나 자녀로 인정하지 않는 것이고, 당연히 인정하지 말아야 한다. 이 모든 일이 그들과 상관없이 이루어질 것이므로, 그들은 자신이 받을 심판과 정죄에 책임을 져야 할 것이다.

넷째 간구

오늘 우리에게 우리의 일용할 양식을 주옵시고

이것은 우리를 지탱하고 우리의 필요를 공급하는 것들을 베푸시기를 하나님께 요청하는 또 다른 세 가지 간구 중 첫 번째다. 여기서 우리는 우리 몸이 물리적인 자원으로 사용하기 위해 필요한 것들을 일반 용어로 간구한다. 우리는 우리가 먹고 입는 데 필요한 것뿐만 아니라 하나님께서 우리에게 선하고 유용하다고 아시고 인정하시는 모든 것까지 간구함으로써, 그분이 우리에게 주시는 좋은 것을 평화롭고 만족스럽게 누릴 수 있게 된다. 요약하면, 우리는 이 간구를 통해서 우리 자신을 하나님의 보호하심에 의지하고, 그분이 우리를 먹이시고 지탱하시고 보존하시려 베푸시는 그 섭리에 우리 자신을 맡긴다. 가장 자비로우신 아버지께서 우리의 육신을 기꺼이 친히 보호하시고 돌보심으로써, 우리가 한 조각의 빵, 한 방울의 물과 같은 우리의 필요를 위해 하나님을 향할 때에 그런 비천하고 사소한 문제에서도 우리의 믿음을 발휘하게 하신다.

물론 우리는 심히 악하여 우리 영혼보다 우리 몸을 언제나 더 많이 걱정한다. 그래서 기꺼이 영혼을 위해 하나님을 신뢰하려고 노력하는 많은 사람들도 자기 육신을 염려하면서, 무엇을 먹고 살지, 무엇을 입을지를 항상 걱정한다. 충분한 밀과 포도주와 다른 생필품들을 갖고 있지 않으면, 그것들이 동이 날까 봐 두려워 떤다. 우리가 말했듯이, 우리는 영원불멸보다 우리의 부패할 현생의 그림자를 훨씬 더 소중히 여긴다. 반면에, 하나님에 대한 확신을 바탕으로 자기 육신에 대해 걱정하지 않는 이들은 구원 자체나 영생과 같은 더욱 위대한 것을 위해 하나님을 신뢰하며 바라본다. 그러므로 우리에게 자주 너무 많은 걱정과 고민을 일으키는 것들을 하나님께 기대하는 것은 결코 사소한 훈련이 아니며, 우리 믿음에 있어서도 적지 않은 중요성을 지닌다. 우리는 모든 사람에게 어느 정도 뼛속 깊이 스며든 이 믿음 없는 상태에서 자유로워져야 한다. 그래야 많은 것을 얻을 수 있다.

탐욕이 아닌 필요가 우리의 마땅한 기준이다

어떤 사람들은 이 단어들을 "초超물질적 양식"과 연관시키지만, 내게는 이 용어가 그리스도가 주시는 양식에 참으로 어울리지는 않는 것 같다.[9] 그래서 우리는 아버지께 우리의 양식을 달라고 간구한다. 다른 복음서의 저자가 기록하듯이 "일용할"이나 "오늘의" 혹은 "매일의"라고 말할 때,[눅 11:3] 우리는 이 세상의 재화나 덧없는 사물에 대해 지나친 탐욕을 품지 말아야 함을 기억한다. 우리는 탐욕을 품고 재화와 사물을 쾌락이나 공허한 과시나 쓸모없는 야망을 위해 낭비하며 오용한다. 우리는 오늘 우리를 먹여 주신 아버지께서 내일도 반드시 먹여 주실 것을 확신하면서, 매일 우리의 삶과 필요에 충분한 만큼만 구해야 한다. 우리의 재화가 아무리 풍성하더라도, 우리가 아무리 번창하고 생필품이 풍족하더라도, 그래서 우리의 창고와 곳간이 가득하더라도, 우리는 여전히 주님께 일용할 양식을 구해야 한다. 그러면서 우리는 주님께서 우리의 모든 재산에 복을 베푸셔서 유효하고 생산적이게 하시지 않으면, 그 재산이 아무것도 아님을 알아야 한다. 또 하나님께서 우리 손에 쥐고 있는 물질을 우리가 즐기도록 매시간 허락해 주시지 않으면, 그 물질은 결코 우리 것이 아니라는 사실도 알아야 한다.

그러나 인간의 오만함은 이 진리로 쉽게 설득되지 못한다. 그래서 주님은 사람이 결코 양식으로만 사는 것이 아니라, 그분의 입에서 나오는 말씀으로 산다고 우리에게 경고하신다. 주님은 광야에서 자기 백성에게 만나를 먹이심으로써 결코 잊을 수 없는 사례를 우리에게 주셨음을 명백히 하신다.[신 8:3] 그럼으로써 비록 주님의 능력이 물질적 수단으로 분배되기는 하더라도, 우리의 생명과 기력은 오직 그분의 능력으로만 지탱됨을 알리신다. 다른 한편으로, 주님은 양식의 효력을 제거하심으로써 양식을 먹은 자들을 굶주림으로 멸하실 때, 물에서 그 본질을 제거하심으로써 물을 마신 자들을 갈증으로 목 타게 하실 때 동일한 요점을 강조하신다.[레 26:26, 겔 4:16]

일용할 양식으로 만족하지 못하고 계속 뭔가를 원하는 탐욕이 가득한 자들은 하나님을 조롱할 뿐이다. 하나님께 이 기도로 일용할 양식을 구하는 자들이 자신의 풍성함을 신뢰하고 자신의 재물을 의지하면, 그들 역시 하나님을 조롱할 뿐이다. 그 이유는 두 가지다. 첫째, 그런 자들은 자신이 원하지 않는 것, 사실상 혐오하는 것인 일용할 양식을 하나님께 먼저 구하기 때문이다. 그들은 참된 기도로 온 마음을 하나님 앞에 드러내야 하지만, 할 수 있는 한 그 탐욕스럽고 게걸스러운 욕구들을 하나님께 숨긴다. 둘째, 그들은 하나님께 기대하거나 바라지 않는 것은 이미 자기 것이 되었다고 믿고서 구하기 때문이다.

우리가 "우리의 양식"이라 말함으로써 결코 우리에게 당연하지 않은 것을 우리 것으로 만들어 주시는 하나님의 은혜와 선의가 더욱 충분하고 분명하게 드러난다. 그렇다 해도 어떤 사람들은 이 말이 뜻하는 바가 타인에게 해를 끼치거나 속이지 않고 자신의 정직한 수고로 얻은 양식을 가리킨다고 여기는데, 나는 그들과 다툴 생각이 전혀 없다. 무엇이든 악한 방법으로 얻는 것은 결코 우리 것이 아니기 때문이다. "주옵소서"라는 어구는 우리가 양식을 어디서 어떤 방식으로 얻든지, 비록 그 양식이 우리의 기술이나 산업이나 그 외 다른 방식으로 우리 손의 수고를 통해 온다 해도, 오직 하나님께서 베푸신 순결하고 값없는 선물임을 뜻한다.

다섯째 간구

우리가 우리의 채무자들을 탕감하듯이 우리의 채무를 탕감해 주옵소서

여기서 우리는 우리의 죄를 용서해 달라고 요청하는데, 이 요청은 모든 사람에게 예외 없이 필요하다. 우리는 죄를 "채무"라고 부르는데, 죄에 응당한 형벌이 하나님의 공의로 지불되어야 하기 때문이다. 또한 사면을 받아 이 형벌에서 놓이는 것 외에는 우리가 달리 지불할 방법이 없기 때문이다. 사면은 하나님께서 우리의 채무를 관대하게 면제해 주시는 자비로운 용서다. 하나님은 우리를 채무에서 자유롭게 풀어 줄 만한 무언가를 우리에게 요구하지 않으신다. 자비로우신 하나님은, 우리의 대속을 위해 아버지께 단번에 자신을 바치신 그분의 아들, 우리 구주 예수 그리스도의 모습으로 우리의 채무를 친히 갚아 주시기 때문이다. 그러므로 자신의 행위나 공로로, 혹은 다른 사람의 행위나 공로로 하나님을 만족시키려는 자들, 보속을 통해서 죄 사함을 획득하고 보상하고 갚겠다고 하는 자들은 하나님의 값없는 용서를 전혀 얻지 못한다. 이런 방식으로 하나님을 부름으로써 그들은 단지 자신을 책망하거나 자신을 쳐서 증거하는 셈일 뿐이다. 그들이 하나님의 용서하심을 얻지 못하면 스스로 하나님께 채무자임을 고백하는 것이기 때문이다. 그러나 그들은 자신이 채무자임을 받아들이지 않고 거부한다. 그들은 하나님을 거역하고 자신의 공로와 보속을 내세우면서, 하나님의 은혜와 자비를 구하기보다는 오히려 하나님의 공의에 호소한다.

우리가 우리의 채무자들을 탕감해 주듯이, 곧 우리에게 어떤 식으로든 잘못하거나 해를 끼친 사람 혹은 말이나 행동으로 우리를 화나게 한 사람을 용서하듯이, 우리는 하나님께서 그렇게 우리를 용서해 주시기를 간구한다. 오직 하나님만의 권리에 속하는 죄책의 용서나 사면을 우리가 직접 행한다는 말이 아니다. 우리가 할 수 있는 용서나 사면은 우리 마음으로부터 모든 분노와 증오와 복수의 욕망을 기꺼이 제거하는 것을 뜻하며, 우리에게 자행된 모든 잘못과 모욕을 잊고 아무에게도 악의를 품지 않는 것을 뜻한다. 그러므로 우리를 화나게 했거나 여전히 화나게 하는 모든 사람을 여기 설명된 방식으로 용서하지 않는 한, 하나님께 우리 죄를 용서해 달라고 간구해서는 안 된다. 우리가 우리 마음에 조금이라도 미움을 품고 있다면, 우리의 대적들이나 우리를 괴롭히는 자들, 악을 행하는 자들에게 복수하거나 해를 끼칠 계획을 꾸미고 있다면, 참으로 우리의 온 힘을 다하여 그들의 호의를 다시 얻으려 하거나 그들과 화해하려 하지 않고, 그들과 평화롭게 지내며 자선을 베풀려 하지 않고, 그들에게 도움을 주거나 즐거움을 주려 하지 않는다면, 우리는 이 기도에서 우리 죄를 용서하지 마시기를 하나님께 구하게 될 것이다. 우리가 다른 이의 죄를 용서하는 만큼 우리의 죄 용서를 하나님께 간구하게 되기 때문이다. 그러므로 우리가 용서하지 못한다면, 그것은 하나님께 우리를 용서하지 말아 달라고 간구하는 것과 같다. 그렇다면 이런 사람들이 하나님께 기도하면서 더욱 무거운 정죄 이외에 얻을 것이 달리 무엇이겠는가?

마지막으로, 우리의 채무자들을 용서하듯이 하나님도 우리를 용서하신다는 이 조건은, 우리가 다른 사람을 용서함으로써 하나님께 용서받을 자격을 얻기 때문에 제시된 것이 아님을 명심해야 한다. 하나님은 그렇게 말씀하시면서 단지 우리 믿음의 연약함을 덜어 주시려 했을 뿐이다. 그렇다면, 마치 우리 마음에서 먼저 온갖 미움과 질투와 악의와 복수심이 완전히 비워지고 제거되고 나서야 비로소 우리가 다른 사람을 용서했다는 확신이 들게 되듯이, 하나님은 그분이 우리의 죄를 용서하신다는 우리의 확신을 보강해 주시려는 표적으로 이 조건을 제시하신 것이다. 더 나아가, 성급하게 복수를 꾀하고 용서에 인색한 사람, 적개심을 불태우는 사람, 이웃에 대해 악의와 적개심을 계속 품고서 하나님께는 자신에 대한 적개심을 거두시고 잊어 주시기를 간구하는 사람을, 하나님은 그분의 자녀들 중에서 배제하신다는 사실을 이 표적을 통해 보여주려 하셨다. 그러므로 그런 사람은 감히 하나님을 아버지라 부르는 뻔뻔함을 버려야 한다.

여섯째 간구

우리를 시험에 들게 하지 마옵시고 우리를 악한 자에게서 구하소서

시험에는 여러 가지 다양한 형태가 있다. 우리 마음의 모든 악한 생각이 시험이다. 이 생각들은 우리가 율법을 범하게 만드는데, 우리의 저열한 욕망에서 발생하거나 마귀가 우리 안에서 일으킨다. 본질상 악하지 않은 것들은 마귀의 간계를 통해 우리에게 유혹이 되는데, 이때 이 생각들이 우리 눈앞에 나타나 우리를 하나님에게서 멀어지게 하고 하나님과 우리를 분리시킨다.약 1:14-15, 마 4:1, 살전 3:5 이 시험들 중 일부는 우리의 오른쪽에 있고, 다른 일부는 우리의 왼쪽에 있다. 오른쪽에 있는 시험은 재물과 권력과 명예와 기타 그와 같은 것인데, 이것들은 자주 그 매력과 현란한 광채로 사람의 눈을 현혹시키고, 그 달콤함으로 사람을 중독시켜서 하나님을 잊어버리게 만든다. 왼쪽에 있는 시험은 빈곤과 불명예와 경멸과 고난과 기타 그와 같은 것인데, 이것들의 가혹함과 엄격함은 사람을 낙담시키고 좌절시켜서 모든 확신과 소망을 잃고 하나님에게서 완전히 멀어지게 만든다.

우리는 이 여섯째 간구에서 우리 아버지께서 우리를 그 저열한 욕망에서 비롯된 시험이든지 마귀가 촉발한 시험이든지, 우리와 싸우는 이 시험들에 넘기지 않으시기를 간구한다. 더 나아가, 하나님께서 그분의 손으로 우리를 지탱하시고 강하게 하시기를 기도한다. 그래서 하나님께서 우리 마음속에 채우시는 생각이 무엇이든 상관없이, 우리가 하나님의 권능을 통해 사악한 대적들의 모든 공격에 맞서 단호히 서게 되기를 기도하고, 형통할 때 교만하지 않고 괴로울 때 좌절하지도 않으면서 오직 우리가 만나는 선하거나 악한 모든 것을 우리의 유익이 되도록 바꿀 수 있기를 기도한다.

그러나 여기서 우리는 결코 시험을 경험하지 않게 해달라고 기도해서는 안 된다. 시험은 우리가 너무 나태해지거나 깊은 잠에 빠지게 되지 않도록 우리를 깨우고 자극하고 동기를 부여하는 데 가장 필요하다.약 1:2-4, 12 다윗이 주님께서 자신을 시험하시기를 바랐던 데는 이유가 있었고,시 26:2 우리 주님께서 자기 백성을 교육하시기 위해 모욕과 궁핍과 환난과 그 밖의 다른 종류의 십자가로 그들을 징계하시고 매일 시험하시는 데도 충분한 이유가 있다. 다만, 하나님의 시험과 마귀의 시험은 방식이 다르다. 마귀는 우리를 저주하고 정죄하며 유린하고 멸하려고 시험한다. 반면, 하나님은 그분의 종들을 증명해 보이심으로써 그들이 얼마나 신실한지 알기 위해 시험하시고, 그들의 영적 지구력을 증진하기 위해 시험하시며, 그들의 육신을 훈련하심으로써 그 육신을 굴복시키고 정결케 하고 연단하기 위해 시험하신다. 그들의 육신이 이런 방식으로 억제되지 않으면, 그 육신은 곧 무장하여 반란을 일으킬 것이기 때문이다. 게다가 마귀는 우리가 미처 생각하지 못할 때 우리의 허를 찔러 압도하며 공격해 온다. 그렇지만 하나님은 우리가 감당할 수 없을 정도의 시험을 허락하시지 않는다. 오히려 하나님은 시험 중에 피할 길을 주심으로써 그분이 우리에게 무엇을 보내시더라도 참고 견딜 수 있도록 해주신다.고전 10:13

우리가 "악"이라는 단어를 마귀로 이해하느냐 혹은 죄 자체로 이해하느냐 하는 문제는 크게 중요하지 않다. 마귀는 우리를 파멸시키려는 원수이며, 죄는 마귀가 우리를 억압하고 죽이는 데 사용하는 무기다. 그렇다면, 우리가 구하는 것은 다음과 같다. "우리가 어떤 시험으로든 결코 압도되거나 패배당하지 않게 하옵시고, 오직 우리 주님의 권능으로 모든 적대적인 권세를 굳건하고 강하게 대항하도록 하셔서, 주님의 보살피심에 우리를 맡기고 주님의 보호하심과 방비하심으로 강하게 되어 죄와 죽음과 지옥의 문들, 마귀의 전 영역에서 승리하게 하옵소서." 이것이 바로 악한 자에게서 구원받는다는 뜻이다.

우리가 기도로 거두는 승리는 오직 성령의 권능으로만 가능하다

이 간구에는 언뜻 보기보다 더 많은 것이 담겨 있다. 하나님의 성령이 우리가 마귀와 싸울 수 있는 우리의 권능이라면, 우리는 먼저 우리 육신의 연약함에서 벗어나 영의 힘으로 충만해져야 비로소 승리를 거두게 된다. 그래서 우리는 마귀와 죄에서 구원해 주시기를 간구할 때, 우리가 온전함을 이루어 마침내 모든 악을 정복할 수 있게 되기까지 하나님의 새로운 은사들이 지속적으로 우리에게 더해지기를 간구한다. 여기서 우리는 그토록 강력하고 가공할 전사인 마귀와 전쟁하는 우리의 권능, 혹은 마귀의 공격을 견뎌 내고 그 침략에 저항하는 우리의 권능이 결코 우리 자신에게서 나오는 것이 아니라는 사실을 명심해야 한다. 그렇지 않으면 우리가 이미 갖고 있는 것을 하나님께 간구하는, 무의미하고 터무니없는 일을 하게 되기 때문이다.

자기 자신을 확신하며 마귀와 싸울 준비를 하는 자들은 자신이 대결하고 있는 적이 누구인지, 그 대적이 얼마나 강하고 교활한지, 그 대적이 얼마나 철저히 무장했는지를 제대로 알지 못한다. 그래서 여기서 우리는 미쳐 날뛰는 굶주린 사자의 아가리에서 벗어나듯이, 마귀의 권능에서 벗어나게 되기를 간구한다. 이 사자는 혹여 우리 주님이 조금이라도 멀어지시면 즉시 우리를 위협하고 그 발톱과 이빨로 우리를 갈가리 찢어 삼키려 할 것이다. 그러나 우리는 주님이 함께 계셔서 우리를 도우시고, 우리에게 힘이 없더라도 주님이 우리를 위해 친히 싸우실 것임을 확신할 수 있다. "그분의 권능으로 우리가 강한 일들을 행하도다."시 60:12 저들이 그 막무가내의 자유의지를 마음껏 발휘하게 하고 자기가 가진 줄로 여기는 능력을 의지하게 하라. 그러나 우리는 오직 하나님의 능력으로 굳게 서서, 우리가 할 수 있는 모든 일을 하는 것으로 충분하다.

우리 자신과 우리의 모든 염려를 하나님께 맡기는 이 마지막 세 가지 간구는, 내가 이미 밝힌 대로, 그리스도인의 기도가 전체 교회를 섬기고 유익하게 하며 신자들의 교제를 적극 장려하려 한다는 점에서 포괄적인 기도이어야 한다는 사실을 분명하게 드러낸다. 이런 간구를 함에 있어서 아무도 개인적 호의를 구하지는 않지만, 우리 모두는 음식을 얻기 위해, 우리의 죄가 용서받기 위해, 시험에 빠지지 않고 악한 자에게서 구원받기 위해 다 함께 기도드린다.

이 모든 간구 다음에는 우리가 왜 그렇게 담대하게 구하는지, 왜 그렇게 응답받으리라 확신하는지에 대한 이유가 제시된다. 이 이유는 라틴어 번역문에는 표현되지 않지만, 이 구절에 아주 적합하므로 생략되면 안 된다.[10]

나라와 권세와 영광이 영원히 당신의 것이옵니다. 아멘

이 부분에서 우리의 믿음은 확고하고 흐트러짐 없는 안식을 얻는다. 우리가 오직 우리의 가치만을 근거로 하나님께 기도드린다면, 아무도 감히 하나님 면전에서 입을 열지 못할 것이기 때문이다. 우리가 더할 나위 없이 비참하고 자격이 없으며 하나님께서 우리를 소중히 여기실 만한 것이 우리 속에 전혀 없다 하더라도, 우리에게는 언제나 기도할 이유가 있을 것이고 우리의 확신은 결코 약해지지 않을 것이다. 아무도 아버지에게서 나라와 권능과 영광을 빼앗을 수 없기 때문이다. 마지막으로, 기도를 마치면서 "아멘"이 덧붙여진다. "아멘"은 우리가 하나님께 드린 모든 간구에 대한 들으심을 얻으려는 우리의 뜨거운 열망을 나타낸다. 동시에 우리가 구한 모든 것이 우리에게 주어지고 참으로 성취될 것이라는 희망을 확인시켜 준다. 그것이 우리에게 주신 하나님의 약속이기 때문이며, 하나님은 그분이 하신 약속을 어기실 수 없기 때문이다.

모든 기도의 전형으로서 주님의 기도

우리가 하나님께 구해야 하고 구할 수 있는 모든 것은 이 기도에서 우리를 위해 마련되어 있고, 포함되어 있다. 우리 아버지께서 우리의 교사로 임명하신 분, 우리가 유일하게 듣고 순종하도록 허락하신 우리 주 예수 그리스도가 바로 이 기도의 규칙과 유형으로 우리에게 모든 것을 전해 주신다.[마 17:5] 하나님으로서 예수 그리스도는 항상 하나님의 영원한 지혜이셨고, 인간이 되어 인간에게 파송되신 하나님의 탁월한 대사이자 사절이셨다.[사 9:6, 28:29] 이 기도는 아주 완전해서, 이 기도와 관련 없는 것이 추가된다면, 추가된 것을 우리에게 결코 주지 않으실 하나님을 거스르는 것이다. 이 기도로 하나님은 그분께 합당한 모든 것, 곧 우리가 필요로 하고 그분이 우리에게 주시려 하는 모든 것을 우리에게 분명히 나타내셨기 때문이다.

그렇기 때문에, 이 기도에 들어 있지 않고 의도되지 않은 것을 하나님께 더 구하고 싶어 하거나 감히 더 구하는 모든 사람은 다음과 같다고 할 수 있다. 첫째, 하나님의 지혜를 자신의 무언가로 보충하려 드는 것과 다름없다. 그것은 참으로 신성모독이다. 둘째, 하나님의 뜻에 만족하지 않고 그 뜻을 따르려 하지도 않는다. 셋째, 믿음으로 기도하지 않기 때문에 그들의 기도는 응답을 얻지 못할 것이다. 가장 확실한 사실은, 그들은 결코 믿음으로 기도할 수 없다는 것이다. 여기에는 그들에게 혹시 믿음이 있다면 당연히 의존해야 할 하나님의 말씀에 대한 확신이 전혀 없기 때문이다. 그들은 하나님의 말씀에 대한 확신이 전혀 없을 뿐 아니라, 할 수 있는 한 그 말씀을 위반한다. 따라서 다른 모든 기도는 변칙이고 불법임을 암시하면서, 주님의 기도만을 합법적인 기도라고 부른 테르툴리아누스Tertullianus는 가장 적절하고 진실하게 말했다.[11]

그러나 이는 우리가 이 기도와 이 유형에 갇혀서 그중 한 음절도 합법적으로 바꿀 수 없다거나 기도할 때 다른 단어는 전혀 사용할 수 없다는 뜻으로 이해되면 안 된다. 성경 전체에는 이 기도의 표현과 크게 다르지만 동일한 성령으로 기록되어 매우 유익한 기도들이 많다. 표현에 있어서는 완전히 일치하지 않더라도, 동일한 성령이 신자들에게 지속적으로 그 기도들을 제안하고 계신다. 우리가 강조하려는 유일한 요점은, 누구도 이 기도의 요약된 형태에 담긴 것 이외의 어떤 것을 추구하거나 기대하거나 요청해서는 안 된다는 것이다. 요청은 아주 다른 말로 할 수 있을지라도 그 의미는 바꾸지 말아야 한다. 따라서 성경의 다른 모든 기도와 신자들이 했던 기도는 모두 이 기도를 가리킨다는 점 역시 확실하다. 다른 어떤 기도도 주님의 기도보다 나을 수 없고, 완벽히 버금갈 수도 없다. 이 기도에는 우리가 하나님을 찬양하기에 합당하다고 여기는 어떤 것도 빠지지 않았고, 사람이 자기의 유익과 위로를 위해 기대할 만한 어떤 것도 빠지지 않았기 때문이다. 이 모든 것이 여기에 아주 완전하게 잘 담겨 있어서, 우리 중 누구도 이보다 나은 형식의 기도를 만들어 낼 수 있다는 희망을 품을 수 없다. 요약하면, 우리는 이것이 하나님 지혜의 가르침임을 기억하자. 하나님의 지혜는 그것이 원하는 것을 가르쳤고 필요한 것을 원했다.

기도의 규칙성

이미 말했듯이, 비록 우리는 우리 마음을 하나님께 들어 올려서 언제나 탄식하며 쉼 없이 기도해야 하지만, 우리의 연약함과 미숙함 때문에 많은 도움이 필요하다. 그러므로 우리 각자가 기도에 있어서 더욱 잘 훈련받기 위해 기도에 쓰는 특정한 시간, 곧 온 마음의 힘을 쏟을 특정한 시간을 개인적으로 결정해도 좋다. 예를 들어, 우리가 하루의 일이나 업무를 시작하기 전의 아침이라든가, 식사 시간과 하나님이 선하게 공급하시는 간식 시간이라든가, 식사가 끝난 후나 하루 일을 마친 후에 갖는 휴식 시간이 될 수 있다. 우리가 시간을 결코 미신적으로 준수하려 하지 않는 한, 하나님께 기도할 의무를 이행하면 나머지 다른 시간에 대해서도 아주 충분하게 할 일을 했다고 생각하지 않는 한, 우리는 반드시 그렇게 해야 한다. 다만, 이것을 우리의 연약함을 단련하고 교육하는 방법으로 활용함으로써 우리 자신을 자주 일깨우고 더욱 강하게 하자. 우리가 갑작스러운 사건이나 불행으로 고통당하거나 다른 사람들이 고통당하는 모습을 볼 때, 우리의 주요한 관심은 기꺼이 즉시 하나님께로 달려가서 그분의 도우심을 간구하는 것이어야 한다. 또한 우리가 형통하거나 다른 사람들이 형통하다는 소식을 듣게 되면, 우리는 반드시 우리의 찬양과 감사로 하나님의 능력과 선하심을 인정하고 선포하자.

마지막으로, 우리는 우리의 모든 기도에서 하나님을 특정 상황에 종속시키거나 얽매지 말아야 한다. 또 우리의 요청이 이루어져야 할 시간이나 장소, 방법이나 수단을 하나님께 지정하거나 결정하거나 규정해 드리지 않도록 조심해야 한다. 주님의 기도에서 배우는 바는, 우리가 하나님께 어떤 의무나 조건을 부과하지 않고 모든 것을 그분의 선하신 기쁨에 완전히 맡김으로써, 그분이 행하시는 모든 일이 그 택하신 시간과 장소에서 이루어져야 한다는 것이다. 또한 우리가 우리 자신과 우리의 필요를 위해 기도하기 전에 가장 먼저 해야 할 일은, 하나님의 뜻이 이루어지도록 간구하는 것이다. 그러므로 우리는 이미 우리의 의지를 그분의 의지에 맡겼고, 따라서 마치 단단한 고삐로 억제하고 지탱하는 것처럼 하나님을 외면하려 하지 않고 그분을 우리 의지의 모든 소망의 주인이자 주관자로 모시게 되는 것이다.

기도에는 인내와 견인이 필요하다

우리 마음이 순종으로 훈련받는 동안 우리가 기꺼이 하나님의 섭리 법칙의 지배를 받는다면, 우리는 언제든 하나님이 원하시는 시간까지 우리의 소망의 성취를 미루어 두면서 인내 가운데 하나님을 기다리는 법과 기도 중에 성취하는 법을 쉽게 배울 것이다. 우리가 하나님을 볼 수는 없지만 하나님이 항상 우리와 함께 계시다는 확신, 하나님의 선한 때가 되면 하나님은 그분의 귀가 우리 기도를 한 번도 듣지 않았던 적이 없음을 나타내 시리라는 확신을 우리가 갖고 있기 때문이다. 이는 우리에게 무엇보다 효과적인 위로가 될 것이다. 그러므로 하나님께서 때때로 우리의 첫 번째 간구를 들어주시지 않더라도 우리는 결코 용기를 잃거나 절망하지 않아도 된다. 그러나 어떤 사람들은 강력한 열정에 사로잡혀 하나님께 참으로 고집스럽게 간청한 나머지, 하나님께서 즉각 그들에게 응답하여 도움을 주시지 않으면 즉시 그분이 진노하시고 그들을 괴롭히신다는 상상에 빠져서 장차 응답을 얻으리라는 소망을 잃어버린 채 더 이상 하나님을 부르지 못하곤 한다.

우리는 그렇게 되지 말자. 적절한 절제로 무장하여 우리의 소망을 미루어 두고서, 성경이 우리에게 강력하게 권면하는 견인을 추구하자. 그럼으로써 우리는 어떤 사람들이 항상 계약과 조건을 두고 흥정하듯이 하지 않으면 하나님을 따르지 않고, 마치 하나님이 그들의 소원에 꼼짝 못 하시기라도 하는 것처럼 하나님을 자기들의 요구에 얽매려 시도하는 것과 달리, 우리의 성급함과 뻔뻔함으로 하나님을 시험하거나 격노케 하거나 번거룹게 하는 위험에서 벗어날 것이다. 하나님께서 즉각 응답하시지 않으면, 그들은 분노하고 불평하며 악담하고 평정심을 잃어버린다. 하나님은 그분이 자비와 호의로 다른 사람들에게 보류하고 계신 것을 그런 사람들에게는 자주 진노와 분노 가운데 허락하신다. 우리는 그 사례를 이스라엘 자손에게서 찾을 수 있다. 하나님께서 그들에게 진노 가운데 고기를 공급하셨으나, 차라리 그들의 요청을 들어주시지 않았다면 그들은 그보다 훨씬 낫게 처신했을 것이다.민 11:18, 33

혹시 오랫동안 기다려 보아도 우리의 이성이 기도가 끼칠 유익을 이해할 수 없고 기도의 이점을 전혀 깨달을 수 없다 하더라도, 우리의 믿음은 우리의 이성이 볼 수 없던 것을 확인시켜 줄 것이다. 우리는 모든 선한 것을 하나님에게서 받게 될 것이다. 우리를 압박하는 우리의 문제들을 주님 앞에 내려놓으면, 그분이 이 문제들을 자상하게 살펴 주시기로 자주 약속하시기 때문이다. 그러므로 우리 주님은 우리가 우리의 궁핍함 중에 모든 풍성함을 얻게 하실 것이요, 우리의 고난 중에 모든 위로를 얻게 하실 것이다. 심지어 우리가 모든 것을 얻지 못할지라도 주 하나님은 결코 우리를 저버리지 않으실 것이다. 하나님은 하나님 자신의 기대와 인내를 실망시키실 수 없기 때문이다. 오직 하나님만이 모든 것에 대해서 충분하시다. 하나님은 모든 선한 것을 그분 안에 갖고 계시며, 그분의 왕국을 충만하게 드러낼 심판 날에 마침내 우리에게 그것을 계시하실 것이다.

신자가 인내로 견디는 것은 아주 중요하고 핵심적이다. 인내에 의지하지 않으면 신자는 계속 견딜 수가 없다. 주님께서 자기 백성을 시험하실 때는 결코 작은 시련을 사용하시지 않기 때문이다. 주님은 자기 백성을 가장 혹독하게 다루실 뿐 아니라, 때로는 그 백성을 극도의 궁핍함으로 압박하시기도 하고, 그 백성이 그분의 달콤함을 맛보고 즐기게 하시기 전까지 아주 오랫동안 지치도록 내버려 두시기도 한다. 그래서 한나는 이렇게 말한다. "그가 살리시기 전에 죽이시고, 기쁨을 주시기 전에 지옥으로 던지시도다."삼상 2:6 그렇게 고난을 당해 황폐해지고 이미 죽은 자나 다름없게 된 하나님의 백성이, 하나님께서 지금 자신들을 바라보신다는 생각으로, 그들이 지금 당하고 견디는 모든 것에서 복된 결말을 맞으리라는 생각으로 즐거워하지 않는다면, 다른 어떤 생각으로 낙심하지 않고 좌절에 빠지지 않을 수 있겠는가? 다만, 우리가 이 확신에 의지하더라도 기도를 멈추지 않는데, 그 이유는 우리의 기도에 꾸준한 견인이 없다면 아무것도 얻지 못하기 때문이다.

제10장

성례

이제 우리는 성례를 논하려고 한다. 우리는 성례의 목적과 올바른 용도를 배우기 위해 반드시 그에 관해 믿을 만한 교육을 받아야 한다.

우선, 우리는 성례가 무엇인지부터 이해해야 한다. 성례는 외적인 표징이다. 이것으로 주님은 우리의 연약한 믿음을 붙잡아 주시고 보강하시기 위해 우리를 향한 그분의 선한 뜻을 대변하고 증거하신다. 또한 성례는 외적인 표징에 의해 보이게 된 하나님의 은혜에 대한 증거로 규정될 수 있다. 여기서 우리는 성례가 성례 앞에 오는 하나님의 말씀 없이는 결코 존재할 수 없지만, 하나님의 말씀을 인치고 확증하고 더욱 효과적으로 보증하기 위해 성례가 덧붙여진다는 것을 알고 있다. 주님은 우리의 무지한 지성과 연약한 육신이 성례를 얼마나 많이 필요로 하는지 알고 계시기 때문이다.

성례는 하나님의 말씀을 보충한다

이는 말씀이 그 자체로 충분히 확실하지 못하기 때문이 아니다. 또 본질적으로 말씀이 보강될 필요가 있기 때문이 아니다. 말씀은 하나님의 진리와 다름없고, 그 자체로 아주 확실하고 신뢰할 만하다. 그렇기 때문에 말씀보다 더 나은 확증이 있을 수 없다. 성례는 단순히 하나님의 말씀 안에서 우리에게 확증을 주기 위해 덧붙여진다. 우리의 믿음은 작고 연약하기 때문에 모든 면에서 힘을 공급받고 모든 수단으로 지탱되지 않으면, 밀어붙임을 당하고 타격을 받을 때 심하게 흔들릴 수밖에 없다. 무지한 우리는 세상 것에 깊이 사로잡혀 영적인 것을 파악하거나 이해하지 못한다. 그러므로 자비로우신 주님께서 우리의 조야한 지성에 자신을 맞추셔서 이런 물질적 요소를 통해 우리를 그분께로 인도하시고, 우리가 영에 관련된 것을 육신 속에서 분별하도록 도우신다. 이는 우리 앞에 성례로 제정된 것들이 자연적으로 이런 특성과 능력을 부여받았기 때문이 아니다. 성례가 하나님의 인장과 표식을 지니고 있으며, 그 결과로 이 의미가 성례에 담겨 있기 때문이다.

어떤 사람들은 이렇게 말한다. "성례 앞에 오는 하나님의 말씀이 그분의 참된 뜻임을 우리는 진정으로 아는가? 우리가 그 뜻을 안다면, 우리는 하나님의 말씀 다음에 오는 성례에서 전혀 새로운 것을 배우지 않는다. 혹시 그 뜻을 모른다면, 그 능력과 효과가 오직 말씀 속에 있는 성례는 우리에게 그 뜻을 가르칠 수 없다." 우리는 이렇게 말하면서 두 경우를 동일시하는 자들에게 결코 관심을 기울여서는 안 된다. 우리는 편지나 공문서에 찍힌 인장이 그 자체로는 아무것도 아니라는 사실을 지적함으로써 그들에게 간단히 대답하겠다. 양피지에 기록된 내용이 없으면 인장은 아무 쓸모없고 공연히 사용된 것이기 때문이다. 그럼에도 문서에 찍힌 인장은 그 문서의 내용을 반드시 확증하고 보증하며 진정성을 확보해 주기 마련이다. 그러나 우리가 이 유비를 우리의 목적에 맞도록 새롭게 고안했다고 말할 수는 없다. 바울은 '인장'이라는 뜻의 헬라어 '스프라기다'*sphragida*로 할례 예식을 설명할 때 이 비유를 사용했다.롬 4:11 [1] 바울은 그 구절에서 할례가 아브라함을 의롭게 하는 역할을 하지는 않았으나, 그것이 믿음을 통해 이미 의롭게 된 아브라함이 맺은 언약의 인침이었음을 보여준다. 여기서 나는 묻고 싶다. 한 약속이 다른 약속으로 분명하게 확증되기 때문에 우리가 약속이 성례로 인쳐진다고 가르치는데, 어째서 누군가는 분노해야 하는가? 약속이 분명하면 할수록 믿음을 보강하는 데도 더 적합한데 말이다.

성례는 우리에게 매우 분명한 약속들을 제시한다. 성례는 마치 한 폭의 그림처럼, 그 약속들을 말씀보다 더 구체적이고 생생하게 우리에게 보여주고 설명해 준다. 우리는 공문서에 찍힌 인장과 성례 사이의 구별에 감명을 받을 필요가 없다. 인장과 성례 모두 이 세상의 육신적 요소들로 구성되어 있기 때문이다. 마치 왕의 문서에 사용된 인장이 한시적이고 세속적인 사안에 있어서 봉인을 하듯이, 성례는 영적인 하나님의 약속을 봉인할 수가 없다. 신자는 성례를 바라볼 때 외적인 것에 집중하지 않으며, 거룩한 생각을 고양시켜 성례에 감춰진 숭고한 신비를 숙고한다. 육적인 상징이 영적 실체와 일치하기 때문이다.

하나님의 선의를 나타내는 징표로서의 성례

주님은 그분의 약속을 "계약"과 "협정"으로 부르시고, 그분의 성례를 협정의 "표지"와 "징표"로 부르신다. 그렇기 때문에 우리는 사람들이 맺는 조약이나 합의에서 성례와 비슷한 점을 찾을 수 있다. 고대인들은 협정을 확인하려 할 때 암퇘지를 도살했다. 죽은 암퇘지에 협정의 언어가 부가되지 않고, 실제로 그 언어가 도살 전에 제시되지 않는다고 하자. 과연 그 암퇘지가 무슨 의미가 있겠는가? 암퇘지는 은밀한 암시 없이도 흔하게 도살되지 않았는가? 이와 비슷하게, 많은 사람들이 자기가 해를 끼치려는 대적과 악수할 때, 그 악수에 무슨 의미가 있겠는가? 그러나 그들이 이미 서로 말로 동의하고 확정했다 하더라도, 그들이 교환한 친선과 합의의 언어는 이 악수라는 표징으로 확증된다.

그러므로 성례는 우리가 하나님의 말씀과 약속을 더욱 확신하게 해주는 의식이다. 우리는 육신이기 때문에, 성례는 우리의 무지함의 정도에 따라 우리를 가르치기 위해, 마치 가정교사가 어린아이를 인도하듯이 우리를 인도하고 지도하기 위해 육신적인 것으로 제공되었다. 그렇기 때문에 아우구스티누스는 성례가 하나님의 약속을 그림처럼 보여주고, 생활에서 유추한 심상들로 그 약속을 제시한다는 점에 따라 "가시적인 말씀"이라 불렀다.[2]

우리는 성례를 충분히 설명하기 위해 다른 유비를 사용할 수 있다. 먼저, 성례를 "우리 믿음의 기둥들"로 부를 수 있다. 마치 건물이 그 지대 위에 서서 그것에 받쳐지고 있지만 지하 기둥을 더함으로써 더욱 안전하고 굳건해지듯이, 우리 믿음도 하나님의 말씀을 지반으로 삼아 서 있고 지탱되지만, 성례가 믿음에 덧붙여지면 더 굳건한 기초와 더 강한 힘을 믿음에 부여하는 기둥 역할을 하기 때문이다. 혹은 성례를 하나님께서 우리에게 넘치도록 부어 주신 그 은혜의 부요함을 묵상하는 "거울"로 부를 수도 있다. 이미 언급했듯이, 하나님은 이 성례를 통해 우리의 아둔한 지성이 그분을 알 수 있는 한도 내에서 자신을 계시하시며, 우리에 대한 그분의 선의를 증거하시기 때문이다.

어떤 사람들의 주장에 따르면, 악인들은 하나님께서 그들에게 성례 덕분에 더욱 호의를 베푸신다는 것을 깨닫지 못한 채 자주 성례를 받으며 계속해서 점점 더 심각한 정죄를 자초하고 있다. 그러나 이 점을 근거로 성례가 하나님의 은혜를 증거하지 못한다는 그들의 주장은 얼마나 부실한가? 그러나 동일한 방식으로, 복음은 복음을 멸시하는 많은 사람들에게 선포되기 때문에 하나님의 은혜를 증명하지 못한다고 말할 수 있을 것이다. 마지막으로, 많은 이들에게 보이고 알려졌지만 극소수만 받아들인 예수 그리스도 자신도 마찬가지라고 할 수 있을 것이다! 왕이 발행한 공문서도 마찬가지다. 대다수의 사람들은 인장의 진위를 가리고 그 공문서가 왕에게서 나온 것임을 알고 있음에도 그것을 멸시하기 때문이다. 어떤 사람은 그 공문서가 자기와 아무 상관없다고 여기며 무시하고, 어떤 사람은 그 공문서를 쳐다보기도 싫어한다. 결과적으로 상관성의 견지에서 판단해 볼 때, 우리가 앞에서 제시한 유비는 반드시 인정되어야 한다. 그러므로 주님께서 우리 모두에게 그분의 자비하심과 선의의 은혜를 베푸시는 방식은 그 거룩한 말씀과 성례임이 아주 분명하다. 그러나 마치 우리 주 예수 그리스도께서 구원을 위해 모든 사람에게 주어지고 제시되었으나 모두에게 인정되거나 받아들여지지는 않은 것처럼, 그것들은 오직 확실한 믿음으로 그분의 말씀과 성례를 모두 받아들이는 이들에 의해서만 받아들여진다. 아우구스티누스는 어딘가에서 이 사상을 표현할 때, 성례 안에 있는 말씀의 힘은 말씀이 언표된다는 사실에 있지 않고 말씀이 신뢰받고 수용된다는 사실에 있다고 선언했다.[3] 그러므로 우리는 성례란 하나님의 은혜에 대한 참된 증언이요, 하나님께서 우리에게 품으신 호의를 보증하는 인장, 곧 하나님의 은혜를 확정함에 있어서 우리 믿음을 위로하고 증진하고 보강하는 인장이라고 결론짓는다.

성례, 성령, 믿음의 증진

일부에 의해 개진된 반론들은 지극히 초라하고 사소하다. 어떤 사람들은 우리 믿음이 건전하다면 더 나아질 수 없다고 주장한다. 그들이 이유로 드는 것은, 우리 믿음이 확고하게 하나님의 자비하심에 기대고 의존하여 그 자비하심에서 벗어나거나 떠날 수 없을 정도가 안 되면 우리 믿음은 믿음이 아니라는 것이다.[4] 그들은 이생에서 누구도 소유한 적이 없고 장차 소유할 수도 없을 믿음의 완전성을 자랑하기보다는, 주님께서 우리의 이 믿음을 자라게 해주시기를 사도들과 함께 더욱 기도하는 편이 나을 것이다.[눅 17:5] 그들은 "주님, 내가 믿나이다. 내 믿음 없음을 도우소서!"[막 9:24]라고 부르짖던 사람이 어떤 믿음을 가지고 있었다고 생각하는지 대답해야 할 것이다. 이와 같은 믿음은 지금 막 시작되기는 했어도 좋은 믿음이고, 믿음 없음을 줄임으로써 훨씬 더 좋아질 수 있었기 때문이다. 그러나 그들의 관점에 대한 가장 확실한 반박은 그들 자신의 양심에서 나온다. 그들이 (이렇든 저렇든 간에 그들이 거부할 수 없는 사실인바) 스스로 죄인임을 인정한다면, 그들 자신의 믿음의 불완전성을 책망할 수밖에 없기 때문이다.

그런데도 그들은 빌립이 내시에게 그가 그의 온 마음으로 믿으면 합법적으로 세례를 받을 수 있다고 대답했다고 주장한다.행 8:37 그들은 믿음이 온 마음에 가득하다면, 왜 믿음을 확인하는 세례가 필요하냐고 묻는다.[5] 내 입장에서는, 과연 그들이 그들 마음의 상당한 부분에 믿음이 빠져 있거나 비어 있음을 느끼지 못하는지, 과연 그들이 그들 내면에서 믿음이 자라는 것을 날마다 자각하지 못하는지 묻고 싶다. 한 이교도 작가는 자신이 배움에 있어서 나이가 들었다고 자랑했다.[6] 그러면 우리 그리스도인은 나이가 들어 감에 따라 유익을 얻지 못하면 더할 나위 없이 비참하다는 뜻이다. 우리의 믿음은 자라서 온전한 성숙에 도달하기까지 한 단계에서 다른 단계로 계속 진보해야 한다.엡 4:13 그러므로 이 구절에서 사람이 온 마음으로 믿는다는 것은 예수 그리스도와 온전히 연합한다는 것이 아니라, 단지 열린 마음과 거짓 없는 열심으로 예수 그리스도를 품는 것을 뜻한다. 그것은 이른바 예수 그리스도로 완전해진다기보다는, 예수 그리스도로 채우고 싶어 하고 그에게 갈급해하며 그를 열망함을 뜻할 것이다. 이것이 성경이 말하는 방식이다. 온 마음으로 무엇을 행한다는 것은 가식 없이 기쁘게 행한다는 뜻이다. 우리는 그런 의미로 다음 구절들을 이해한다. "나는 내 온 마음으로 당신을 찾았나이다."시 119:10 "내가 내 온 마음으로 당신을 찬양하겠나이다."시 111:1, 138:1 반면에, 성경은 위선자와 기만자를 책망할 때 자주 그들의 "두 마음", 곧 이중적인 마음을 비난한다.시 12:2

그들은 계속해서 주장하기를, 믿음이 성례로 성장한다면 성령의 일하심이 믿음을 시작하고 보강하고 완성하는 것이므로 성령은 헛되이 주어진 것이라고 한다. 믿음은 합당하고 고유하게 오직 성령의 역사요, 성령은 우리를 조명하여 하나님과 그분 자비의 광대하심과 부요하심을 우리에게 알려 주시며, 성령의 빛 없이 우리 지성은 완전히 시력을 잃어 아무것도 보지 못하고 모든 감정을 잃게 되어 영적인 것을 전혀 느낄 수 없게 된다는 그들의 주장을 나도 수용한다. 그러나 그들이 하나님의 오직 한 가지 은혜만을 깨닫는 곳에서, 우리는 세 가지 은혜를 바라본다. 첫째, 우리 주님은 그분의 말씀으로 우리를 가르치고 교훈하신다. 둘째, 우리 주님은 그분의 성례로 우리를 강하게 하신다. 셋째, 우리 주님은 그 성령의 빛으로 우리의 이해를 밝히심으로써 말씀과 성례가 우리 마음에 들어오게 하신다. 그렇지 않으면 말씀과 성례는 우리의 귓전만 울리고 우리의 눈앞에 비치기만 할 뿐, 우리의 속사람을 관통해 감동시키지는 못하기 때문이다.

나는 여기서 독자들이 다음 사실을 이해하기 바란다. 비록 나는 성례가 믿음을 확인하고 자라게 하는 역할을 한다고 보지만, 성례 자체에서 이 권능이 지속된다고는 믿지 않는다. 성례가 그 목적을 수행하도록 제정하신 분은 다름 아닌 하나님이시기 때문이다. 그 외에 성례는 영혼 속의 교사가 그 권능을 성례에 덧붙이실 때 효과를 드러내며, 오직 이 권능으로만 마음이 관통되고 감정이 일어나 우리를 성례로 들어가게 해준다. 성령의 임재하심이 없으면, 성례는 사람의 마음에 아무것도 할 수 없다. 마치 태양의 빛이 눈먼 사람에게 아무것도 할 수 없고, 울리는 소리가 듣지 못하는 귀에 아무것도 할 수 없는 것과 같다. 그래서 나는 성령의 임재하심과 성례를 구별하며, 권능이 성령과 함께 머문다고 인정한다. 성례에 관해서라면, 나는 주님께서 성례를 우리를 위해 사용하시는 도구, 곧 성령의 역사 없이는 무용하고 무의미한 도구이지만 성령이 우리 내면에서 활동하실 때는 온전한 효과를 내는 도구라고 주장할 따름이다.

나는 이제 믿음이 성례로 보강되는 방식이 분명해졌다고 생각한다. 눈은 태양의 빛으로 보고, 귀는 말하는 소리를 듣는다. 그러나 시력 자체가 없으면 빛이 눈에 아무 영향을 주지 못하고, 타고난 청력이 없으면 역시 소리가 귀에 아무 영향을 주지 못한다. 이것이 진실이라면—우리 모두 동의하겠지만—믿음을 일으키고 지지하며 지키고 확립하는 성령의 역사는 마치 눈에 대해 시력과 같고 귀에 대해 청력과 같아서, 성령과 성례 두 가지는 반드시 함께 가야 한다. 다시 말해, 성례는 성령의 권능 없이 무효하지만, 이미 성령의 가르침을 받은 마음에서는 성례가 믿음을 보강하고 고양하는 것을 아무것도 막지 못한다.

성령은 하나님을 영광스럽게 함에 있어서

말씀과 성례로 동일하게 역사하신다

이런 성찰은 일부 사람들이 곧잘 제기하는 반론을 해결하는 데도 도움이 된다.[7] 그들은 우리가 피조물 덕분에 믿음의 성장이나 확증을 얻는다면, 믿음의 창시자로 유일하게 인정되어야 할 하나님의 성령께 잘못을 범하는 것이라고 주장한다. 그러나 그렇게 한다고 해서 우리가 하나님의 성령께 합당한 찬양을 빼앗는 것이 아니다. 우리가 "확증"이나 "성장"이라는 용어로 표현하려는 바는, 성령의 조명하심으로 우리 마음을 준비시키셔서 성례에서 제공되는 확증을 받아들이도록 하신다는 것일 뿐이기 때문이다.

하지만 이 진술이 여전히 충분히 분명하지 못하다면, 또 다른 유비가 더 많은 빛을 던져 줄 것이다. 우리가 어떤 사람에게 무엇을 하도록 설득하고 싶다면, 어떻게든 그를 우리 편으로 만들어 우리의 뜻을 따를 수밖에 없게 할 온갖 방법을 궁리할 것이다. 그렇다 하더라도 그 사람이 우리 주장의 논리를 파악할 만큼 충분히 예리하거나 총명하지 못하다면, 또한 우리의 건전한 조언을 기꺼이 배우고 따를 준비가 되어 있지 않다면, 우리를 경계하기로 이미 결심할 정도로 우리의 지혜와 선한 믿음을 충분히 확신하지 못한다면 결코 아무 일도 일어나지 않을 것이다. 어떤 주장에도 절대 고개를 끄덕이지 못하는 아둔한 자들이 많다. 정직함이 의심받거나 권위가 멸시당할 때는 쉽사리 따르는 자들도 전혀 유익을 얻지 못한다. 반면 이 모든 것이 다 함께 모이면, 우리가 할 조언은 무시당하지 않고 기꺼이 수용될 것이다. 이것이 성령이 사람들 가운데 역사하시는 방식이다. 말씀이 공허하게 귓전에만 울리지 않도록, 혹은 성례가 우리 눈앞에 헛되이 제시되지 않도록, 성령은 말씀과 성례로 말씀하시는 분이 하나님임을 나타내시고, 우리의 굳은 마음을 부드럽게 하셔서 하나님의 말씀에 대한 우리의 의무로서 순종을 행하도록 준비시켜 주신다. 마지막으로, 성령은 말씀과 성례를 우리 영혼의 귀에 들려주신다.

우리 믿음의 힘과 견고함은 하늘 아버지의 선의를 아는 지식에 있는

데, 말씀과 성례는 하늘 아버지의 선의를 우리에게 가시적으로 제시함으로써 우리 믿음을 강하게 한다. 이 사실에는 의심의 여지가 없다. 또한 성령은 우리 마음에 있는 확신을 강화하여 믿음에 영향을 미치게 하신다는 점에서도 믿음을 확증하신다. 주 예수 그리스도는 이 말씀을 "씨앗"이라 부르심으로써 그런 속성이 외적인 말씀에 존재한다는 사실을 나타내신다.마 13:3-9, 눅 8:4-8 잘 갈린 밭에 떨어진 씨앗은 풍성한 열매를 맺지만 버려져 경작되지 않은 땅에 떨어진 씨앗은 아무 열매도 맺지 못한 채 썩어 버린다. 이처럼 하나님의 말씀도 완고하고 고집스러운 이성에 떨어지면 바닷가에 뿌려진 씨앗과 같이 열매 맺지 못하는 것이다. 그러나 씨앗이 성령의 활동으로 잘 준비된 영혼을 찾으면 풍성한 열매를 맺는다. 씨앗과 말씀 사이에 매우 긴밀한 상관성이 있다면, 마치 밀이 씨앗에서 자라나고 커져서 완전히 성숙되듯이, 우리 믿음도 말씀에서 시작하여 자라나고 완전해진다고 이제 얼마든지 말해도 되지 않겠는가?

우리 믿음의 확신이 때로는 지나치게 성례에 매여 있어서, 성례의 약속에 대한 우리의 신뢰를 없애시려 할 때 하나님은 성례를 빼앗으시곤 한다. 하나님은 아담에게서 불멸이라는 은사를 박탈할 때 이렇게 선언하신다. "아담이 생명의 열매를 취하지 못하게 하라. 그가 영원히 살게 해서는 안 된다."창 3:22 여기서 우리가 무엇을 듣는가? 이 열매가 아담이 이미 상실한 불멸을 회복시켜 줄 수 있었는가? 아니다. 하나님의 말씀은, 아담에게 어떤 불멸에 대한 소망을 줄 수 있는 하나님의 약속의 표징이 그에게서 제거될 것이고, 그러므로 아담은 더 이상 거짓된 자신감을 갖지 말아야 한다는 것이다. 이런 이유 때문에 사도 역시 에베소 교인들에게 그들이 "약속에 대해 외인이었고 이스라엘과 교제할 수 없었으며, 하나님도 없고 그리스도도 없었음을 기억하라"고 권면한다. 또한 그들이 할례에 참여하지 않았다고 기록함으로써,엡 2:11-12 그들이 약속에서 제외되고 약속을 가리키는 표징도 전혀 갖지 않았음을 암시한다.

그들이 제기하는 반론들 중 다른 하나는, 하나님의 영광이 큰 힘을 지닌 피조물들로 옮겨지기 때문에 그 영광이 줄어든다는 것이다. 우리가 해줄 대답은 단순하다. 우리는 피조물들에 아무런 힘도 부여하지 않는다. 다만 하나님께서 그분이 적합하다고 여기시는 모든 수단과 도구를 사용하여 만물이 그분의 영광을 섬기도록 하실 뿐이다. 하나님이 그 만물의 주님이요 주재이시기 때문이다. 하나님은 빵과 다른 음식물로 우리 몸에 영양을 공급하시고, 세상을 태양빛으로 비추시며, 불로 따뜻하게 해주신다. 그러나 빵과 태양과 불은, 하나님께서 그것들로 우리에게 복을 부어 주시는 것 외에는 아무것도 하지 못한다. 비슷한 방식으로, 우리 눈앞에 하나님의 약속을 제시하는 것이 유일한 기능인 성례를 통해서 하나님은 우리 믿음을 영적으로 먹이시며 영양을 공급해 주신다. 다른 피조물들은 하나님의 선의로 우리의 필요를 위해 만들어졌고, 그 피조물들을 통해 하나님께서 우리에게 그분의 선하신 은사를 베푸시므로, 결코 그것들을 신뢰해서는 안 된다. 또한 우리는 그 피조물들에 놀라지 않으며, 그 피조물들을 우리 복의 원천으로 여기며 영광스럽게 하지 말아야 한다. 따라서 우리의 확신이 성례에 그쳐서는 안 되며, 하나님의 영광이 성례에 넘겨져서도 안 된다. 다만, 다른 모든 것을 포기하고 돌아섬으로써 우리의 믿음과 고백은 성례와 모든 선한 것의 창시자이신 분을 향해 높이 들려져야 한다.

"성례"라는 용어의 기원과 의미

마지막으로, 그들이 "성례"라는 단어를 들먹이면서 그들이 빠져 있는 오류의 핑계로 삼는 행태는 굉장히 교활하다. 그들은 비록 "성례"가 명망 있는 저자들 사이에서 여러 의미로 쓰이지만, 엄밀하게 표징과 관련된 의미는 오직 하나뿐이라고 주장한다. 그 의미는 군인이 군 복무를 위해 입대할 때 그의 통치자나 사령관에게 하는 엄숙한 맹세에 담겨 있다. 이 맹세로 새롭게 징집된 자들은 자신의 통치자나 사령관에게 충성을 서약하고 군대의 일원으로 그를 섬길 것을 약속한다. 이와 같이 우리 역시 우리의 표징으로 예수 그리스도를 우리의 사령관으로 인정하고 그분의 깃발 아래 싸우

고 있음을 증명한다.[8]

그들은 보다 명확한 설명을 위해 여러 가지 비교를 시도한다. 전쟁 중 프랑스인과 영국인의 구별은, 프랑스인이 흰색 십자가를 달고 영국인은 붉은 십자가를 다는 것으로 이루어졌다. 로마인은 그리스인과 복장 방식이 달랐고, 로마의 다양한 계급은 각각의 고유한 표시로 구별되었다. 원로원은 그들이 입는 자주색 예복과 둥근 신발의 형태로 기사와 구별되고, 기사는 반지를 착용하여 평민과 구별되었다. 동일한 방식으로 우리에게는 우리 자신을 불신자나 신앙과 무관한 자들에게서 구별하는 우리만의 표징이 있다. 그러나 나는 우리의 표징에 "성례"라는 명칭을 사용한 교부들이 이미 이 명칭을 사용했던 라틴 교부들이 부여한 의미를 전혀 고려하지 않았으며, 단지 자기들의 편의를 위해 새로운 의미를 고안하여 손쉽게 거룩한 표징으로 삼았다는 사실을 확언할 수 있다. 우리가 이 명칭에 관해 훨씬 기발한 착상을 시도하고 싶다면, 교부들이 "믿음"이라는 단어에 현재의 의미를 부여한 것과 동일한 방식과 의미로 "성례"에 이 의미를 적용했다고 추측할 수 있다. 이는 믿음은 엄밀한 의미로 서약된 말에 대한 충성을 나타내지만, 교부들은 믿음을 하나님의 신실하심에 대한 견고한 확신으로 해석했기 때문이다. 본래 "성례"는 군인이 자기 사령관에게 하는 맹세를 나타내지만, 교부들이 성례를 사령관이 군사들을 모집할 때 사용하는 징표로 여기게 된 이유가 바로 이것이다. 주님은 그분의 성례로 그분이 우리의 하나님 되심과 우리가 그분의 백성이 될 것을 약속하시기 때문이다.

그렇더라도 우리는 이 명칭의 세부 사항들을 단념해야 할 것이다. "성례"라는 단어가 라틴어역 성경에서 자주 "신비"로 번역되는 것에서 알 수 있듯이, 교부들이 우리의 표징을 "성례"라고 부름으로써 오직 성례가 거룩하고 영적인 것의 표지라는 사실만 의미했음을 보여주는 여러 명백한 증거들이 있기 때문이다. 우리는 그들이 제시한 유비들을 기꺼이 받아들이지만, 그들이 성례와 무관한 것을 앞에 배치하거나 실제로 그 외에 성례의 다른 요소들을 보지 못하게 하는 것을 허용치 않을 것이다. 성례에 관해서 우리가 고려해야 할 사항은 두 가지가 있다. 첫째, 성례가 하나님에 대한 우리의 믿음을 고양시키는 역할을 해야 한다는 점이다. 둘째, 성례가 사람들 앞에 우리의 고백을 증거해야 한다는 점이다. 바로 이 두 번째 사항에 부합된다면, 앞에서 설명된 비유들은 선하고 매우 적절하다.

성례 자체는 은혜를 정당화하지도 않고 수여하지도 않는다

다른 한편으로 우리가 알고 있어야 할 것은, 마치 이 사람들이 성례의 효과를 저해하고 그 사용을 억제하듯이, 성경 어디에서도 하나님이 주셨다고 말하지 않는 은밀한 비밀을 성례에 부여하는 자들이 존재한다는 사실이다. 이 오류는 교육받지 못한 자들과 무지한 자들을 속이고 기만하는 부작용을 일으킨다. 그들을 가르쳐 결코 하나님의 은사와 은혜를 얻을 수 없는 곳에서 그것들을 찾게 하고, 순전히 공허한 것만을 추구하며 점차 하나님에게서 떠나 멀어지게 만든다. 사실 궤변론자들이 합의해 결정한 바에 따르면, 우리가 치명적인 죄의 형식으로 어떤 방해나 장애를 야기하지 않는 한 현재 기독교회에서 시행되는 성례는 의롭게 하고 은혜를 베푼다.[9]

이 견해가 끼치는 악영향은 아무리 강조해도 지나침이 없다. 특히 지난 몇 년간 교회에 막대한 손실을 초래하며 수용되어 왔고 여전히 세상의 대부분에서 통용되고 있기 때문에 그 악영향을 더욱 강조해야 마땅하다. 이 견해는 의심할 여지 없이 마귀적이다. 믿음과 별도로 의로움을 약속하며 사람의 양심을 파멸과 멸망에 빠뜨리기 때문이다. 더욱이, 정도 이상으로 이미 세속적이 된 마음은 성례를 의의 원인으로 간주함으로써 하나님보다 물질적인 것을 의존해야 한다는 미신에 걸려들고 사로잡힌다. 참으로 우리가 이 두 가지 오류를 폭넓게 경험하지 않았기를 바란다. 우리는 그 오류들이 존재한다는 것을 증명할 필요도 없다!

믿음 없이 수용되는 성례가 교회의 파멸이 아니라면 무엇이겠는가? 그런 약속이 없으면 누구든 성례에서 어떤 것도 기대해서는 안 되며, 약속은 신자에게 은혜를 베푸는 만큼 불신자에게는 하나님의 진노를 확실히 선포하기 때문이다. 그러므로 어떤 사람이 말씀에서 제시되고 믿음으로 받는 복과 다른 복을 성찬에서 받는다고 믿는다면 매우 큰 잘못이다. 우리가 이끌어 낼 수 있는 또 하나의 결론이 남아 있다. 마치 성례가 의로움의 처소인 양, 구원의 확신이 성례 참여에 달려 있다고 간주해서는 안 된다는 것이다. 의로움은 오직 예수 그리스도 안에서만 발견된다는 것, 성례를 통해서만큼이나 복음 전파를 통해서도 의가 우리에게 주어진다는 것, 또한 성례 없이도 복음은 온전하고 굳건하게 서 있다는 것을 우리가 알고 있기 때문이다. 보이는 징표는 보이지 않는 성별 없이도 자주 나타나며, 성별 역시 보이는 징표 없이 자주 나타난다는 아우구스티누스의 진술 속에는 상당한 진실이 담겨 있다.[10]

그러므로 우리는 성례가 예수 그리스도를 우리에게 제공하고 제시하는 하나님의 말씀과 전혀 다르지 않은 역할을 한다는 사실, 그리고 예수 그리스도 안에 천상적 은혜의 보화들이 들어 있다는 사실을 확신하자. 성례가 지향하는 목적과 그것이 주는 혜택은 오직 믿음으로 성례를 받는 자들에게만 해당된다. 또한 우리는 성례의 가치를 높이고자 교부들이 했던 상당한 찬사들을 들을 때, 오류에 빠지지 않도록 조심해야 한다. 그 찬사들은 매우 강력해서, 포도주가 그릇이나 잔으로 주어질 때 성례가 성령의 은사를 배분할 정도로 은밀한 권능을 가진다고 생각하게 될 수도 있다! 그러나 성례의 유일한 기능은 우리에 대한 하나님의 호의와 선의를 증거하고 확인해 주는 것일 뿐이다. 성령이 임재하셔서 우리의 지성과 마음을 열고 이 증거를 받을 수 있게 해주시지 않으면, 성례는 아무 혜택도 주지 못한다. 이 방법을 통해서도 하나님께서 베푸시는 다양하고 명백한 호의가 드러난다. 우리가 앞에서 언급했듯이, 전령이 기쁜 소식을 가지고 올 때 사람에게 하는 일과 동일한 일을 성례가 하나님에 대해서 수행하기 때문이다. 다시 말해, 성례는 우리에게 좋은 것을 주는 것이 아니라, 하나님께서 우리에게 자비롭게 베풀어 주신 것을 선포하고 알게 해준다.

성령은 성례를 통해 모든 사람에게 무차별적으로 주어지지 않는다.

하나님께서 그분의 사람들에게 개별적으로 성령을 주신다. 성령은 하나님의 은사를 가져다주시고 성례를 대하는 우리 속에 영향을 주심으로써 성례의 효과가 일어나게 하신다. 우리는 주님께서 성령의 즉각적 능력을 통해 그분이 제정하신 의식에 임재하심으로써 성례 집행이 무효하거나 무익하게 되지 않도록 하심을 부정하지 않는다. 그렇더라도 우리는 성령의 외적 사역과 내적인 은혜는 서로 구분되며 각각 별도로 고려되어야 한다고 가르친다. 우리가 성례를 이런 방식으로 배울 때, 성례의 가치가 온전히 드러나고 그 목적이 입증되며 또 그 유용성이 권장된다. 그렇게 하면서 우리가 성례를 필요 이상으로 허용하지도 않고 성례의 고유한 내용을 훼손하지도 않으면, 성례의 균형 잡힌 절차를 유지할 수가 있다.

성례의 광범위한 정의

우리가 지금까지 설명한 "성례"라는 명칭에는 하나님께서 사람을 위해 선택하고 지정하신 모든 일반적인 표징이 포함되어 있다. 그 목적은 하나님께서 그 약속의 진리를 사람에게 확신시키고 확증하시는 것이다. 하나님은 때로는 그 표징을 자연의 사물 중에서 선택하셨고, 때로는 그 표징을 이적으로 보이시려 했다.

첫 번째 표징의 예로는 생명나무를 들 수 있다. 하나님은 아담과 하와에게 불멸의 증표로 생명나무를 주셔서 그들이 그 나무 열매를 먹으면 불멸을 소유하리라는 것을 확신시켜 주셨다.[창 2:9] 그리고 노아에게 나타난 무지개는, 하나님께서 다시는 홍수로 땅을 멸하지 않으실 것임을 노아와 그의 후손에게 약속하는 표징이었다.[창 9:13-15] 생명나무와 무지개는 각각 아담과 노아에게 성례 역할을 했다. 그 나무가 그들에게 불멸을 부여한 것이 아니며, 나무 자체로는 그렇게 할 수도 없었다. 또한 구름에서 나오는 태양 광선의 반사에 불과한 무지개 역시 물을 품거나 중단시킬 수 없다. 생명나무와 무지개가 하나님의 약속의 징표와 인장이었던 이유는, 그 속에 하나님의 말씀으로 표지가 새겨져 있었기 때문이다. 물론 생명나무는 우선 한 그루 나무였고 무지개도 단순히 무지개였을 뿐이지만, 일단 하나님의 말씀으로 표지가 새겨지면, 새로운 모습을 띠고 이전과는 다른 존재가 되기 시작했다. 이것이 공허한 언사로 여겨지지 않도록, 오늘날 우리에게도 여전히 무지개는 하나님께서 노아와 맺으신 약속과 계약에 대한 증거가 된다. 무지개를 볼 때마다 우리는 세상이 결코 홍수로 멸망하지 않을 것이라는 하나님의 약속이 그 속에 있음을 인정한다.

우리 믿음의 소박함을 조롱하려는 천박한 철학자가 무지개의 다양한 색상은 반대편 구름으로부터 태양 광선이 반사되어 자연적으로 생겨난 것이라 주장한다 하더라도, 우리는 그에게 동의해야 한다. 하지만 그 철학자가 하나님을 그분이 원하시는 대로 모든 자연적 요소를 활용하여 그분의 영광을 위해 섬기게 하는 자연의 주재이심을 인정하지 않는 무지를 우리는 비난할 수 있을 것이다. 하나님께서 태양과 별과 땅과 암석에 그와 같은 표지와 상징을 새겨 넣으셨다면, 그것들은 모두 우리에게 성례가 될 것이다. 제련되지 않은 은과 표식이 있는 은화는 똑같은 광석인데도 어째서 동일한 가치를 지니지 않는가? 제련되지 않은 은은 단순히 자연 상태로 있지만, 표식이 있는 은화는 공식적인 금형에 찍혀 화폐로 바뀌면서 새로운 값어치가 부여되기 때문이다. 이처럼 하나님도 그분의 말씀으로 그분의 피조물에 인장을 찍고 표식을 붙이심으로써, 예전에는 그저 있는 그대로의 순수한 자연 요소였던 피조물을 이후로 성례가 되게 하실 수 있음이 지극히 당연하지 않은가?

두 번째 표징의 예로는, 하나님께서 기드온에게 승리를 약속하기 위해 양털을 젖게 하셨으나 그 주변 땅은 이슬에 닿지 않게 하셨던 일과, 반대로 그 주변 땅은 적시셨으나 양털은 여전히 말라 있게 하셨던 일이다.[삿 6:37-40] 또 다른 예는 하나님께서 히스기야에게 생명을 약속하기 위해 해 그림자를 십 도 물러가게 하셨던 일이다.[왕하 20:9-11, 사 38:8] 이 일들은 기드온과 히스기야의 연약한 믿음을 지탱하고 보강하고 확증하기 위해 이루어졌고, \따라서 그들에게는 성례였다.

제
10
장

그러나 지금 우리는 주님께서 그분의 교회에 제정하시고 규칙적으로 준수되기를 바라셨던 특정 성례들의 목적, 곧 그분의 백성을 이 성례들을 통해 하나의 믿음과 이 믿음에 대한 그들의 고백으로 양육하고 유지해 주시는 것에 관해 논의하려고 한다. 이 성례는 표징으로만 아니라 예식으로도 제시된다. 더 낫게 말해 보면, 제시되는 표징이 곧 성례다. 또한 성례는 우리가 하나님 것임을 인정하고, 하나님에 대한 우리의 믿음을 서약했음을 인정하는 우리 고백의 증표다. 그래서 크리소스토무스는 가장 적절하게 성례를 우리가 떠안은 부채의 기록이 말소되는 "계약"이요, 우리에게 순수하고 거룩한 삶을 살 의무를 부여하는 "약정"이라고 부른다.[11] 성례를 통해 주님께서 우리의 죄와 허물로 초래된 부채 전체를 탕감해 주시듯이, 우리 역시 삶의 거룩함과 무구함으로 주님을 섬길 것을 상호 간에 약속하기 때문이다. 따라서 우리는 이 성례를 주님께서 그분의 사람들을 훈련하기 위해 사용하시는 예식으로 정의할 수 있다. 주님은 먼저 그 사람 마음속의 믿음을 지탱하시고 훈련하시고 보강하신 다음, 사람들 앞에서 신앙을 증명해 보이신다.

성례 중에 계시는 그리스도

주님 자신을 다양한 방식으로 인간에게 계시하기를 기뻐하셨던 시대에 따라서 성례도 매번 달랐다. 할례는 아브라함과 그 후손에게 제정되었다.창 17:10 이후로 이 성례에 모세 율법이 정결 예식과 희생제사를 추가했으며, 우리 주 예수 그리스도가 오실 때까지 그것은 유대인의 성례였다. 그리스도가 오시자 이런 성례들은 폐지되고 다른 두 가지가 도입되었는데, 바로 세례와 성만찬이다. 이 둘은 지금 기독교회에서 시행되는 중이다.마 26:26-28, 28:19 그렇다 하더라도 유대인의 이전 성례는 사람들에게 예수 그리스도를 가리켜 그들을 이끌어야 했다는 점, 혹은 이미지로 그리스도를 나타내고 알려야 했다는 점에서 우리의 세례 및 성만찬과 동일한 목적과 목표를 지녔다.

우리가 이미 살펴보았듯이, 성례는 하나님의 약속을 확증하는 인장과도 같으며, 하나님께서 인간에게 하신 그 모든 약속을 예수 그리스도 안에서 행하셨으므로, 성례는 우리에게 하나님의 약속을 가르치고 기억하게 해주려 필연적으로 그리스도를 계시할 수밖에 없다. 그러나 옛 성례와 새 성례에는 한 가지 차이점이 존재한다. 인간이 그리스도의 오심을 아직 기다려야 했던 시대의 옛 성례는 약속된 그리스도를 예견했지만, 우리의 새 성례는 그리스도가 이미 주어졌고 그가 분명히 나타나셨음을 증거하고 가르친다.

이 모든 사항은 하나하나 설명되어야 훨씬 명확하게 이해될 것이다. 우선, 할례는 인간의 씨에서 나오는 모든 것, 곧 인간 본성 전체가 부패했으며, 따라서 인간에게서 그 본성을 자르고 도려내야 함을 유대인에게 경고했던 표징이다. 하나님은 아브라함의 씨에 복 주시며 이 씨로 말미암아 모든 민족이 땅에서 복을 받고, 이 씨로부터 유대인도 그들이 받을 복을 기대해야 한다는 약속을 하셨다.[창 22:18] 할례는 하나님께서 아브라함에게 주신 이 약속을 유대인에게 확증해 주는 증거이자 기념 예식이기도 했다. 바울이 우리에게 가르치듯이, 그 구원하는 씨는 예수 그리스도였고, 오직 예수 그리스도 안에서만 그들은 아담 안에서 잃어버린 것을 되찾으리라는 소망이 있었다.[갈 3:16] 따라서 그들에게 할례의 의미는, 바울이 아브라함에게 할례의 의미라고 선언한바 믿음으로 얻는 의의 인장이었다. 그래서 그들이 그 복된 씨를 기다리는 동안, 하나님께서 항상 그들의 믿음을 의로 인정하시리라는 확신을 할례가 더해 주었다. 그러나 할례와 세례의 비교는 우리가 보다 적절한 곳에서 다룰 주제다.[12]

씻음과 정결 예식은 인간에게 그의 본성이 더러워지고 얼룩지고 악취를 내게 만든 그 부정함과 더러움과 오염됨을 보여주었다. 또한 씻음과 정결 예식은 인간이 얼룩과 오물을 제거하여 정결해지게 하는 다른 종류의 씻음을 약속했다.[히 9:14] 그 씻음은 예수 그리스도였다. 예수 그리스도의 피로 우리의 더러움이 제거되어 깨끗해지고, 예수 그리스도의 상처로 우리가 나음을 입었다.요일 1:7, 계 1:5, 사 53:5 희생제사는 인간에게 그의 죄와 허물을 보여주고 그를 정죄했으며, 동시에 그에게 어떤 종류의 대속이 하나님의 의에 대해 치러져야 했는지 가르쳐 주었다. 따라서 하나님과 인간 사이의 중재자로서 대제사장이자 감독이 되실 분이 죄 사함에 합당한 희생제사의 제물과 피 흘림으로 하나님의 의를 만족시키실 것을 가르쳤다. 예수 그리스도가 그 대제사장이었다. 그리스도의 피가 그 흘려진 피였다. 그리스도 자신이 그 희생제물이었다.히 4:14, 5:5, 9:11 그가 자신을 아버지께 바치시고 죽기까지 복종하셨으며, 그 순종하심을 통해 하나님의 진노를 자극하고 초래했던 인간의 불순종을 없애 버리셨기 때문이다.빌 2:8, 롬 5:19

우리의 두 성례에 관해서 말해 보면, 이 성례들은 그리스도를 훨씬 더 분명하게 보여준다. 아버지께서 약속하신 바로 그대로, 인간에게 주어지고 알려지자마자 그리스도가 인간에게 더욱 친밀하게 계시되셨기 때문이다. 세례는 우리가 씻겨서 정결해졌음을 증거하고, 성찬은 우리가 구속되었음을 증거한다. 물은 우리에게 씻음의 상징이고, 피는 대속의 상징이다. 이 두 가지는 요한이 말한 대로 "물과 피로써 왔다."요일 5:6 달리 말해, 정결케 하고 구속하려고 왔다. 바로 이 점을 하나님의 성령이 증거하신다. 더 낫게 말하면, "이 셋이 함께 증거하는데, 곧 물과 피와 성령이다."요일 5:8 물과 피로써 우리는 우리의 정결함과 구속의 증거를 얻으며, 가장 중요한 증거자 성령은 의심의 여지가 없도록 우리에게 이 증거를 확증해 주신다. 성령은 우리가 이 증거를 믿게 하시고, 이해하고 인정하게 하신다. 성령이 그렇게 하시지 않는다면 우리는 그것을 이해할 수 없을 것이다. 이 숭고한 신비는 예수 그리스도가 십자가에 달리셨을 때 그 거룩한 옆구리에서 피와 물이 흘러나옴으로써 우리에게 분명하게 나타났다.요 19:34 그래서 아우구스티누스는, 그리스도의 옆구리는 우리의 성례가 나온 근원이요 원천이라고 탁월하게 말했다.[13] 이 점은 우리가 다시 좀 더 자세히 다루어야 한다.

구약의 성례와 신약의 성례의 동등성

스콜라학자들 중에는 옛 율법의 성례와 새 율법의 성례를 날카롭게 구분하며, 마치 옛 율법의 성례는 하나님의 은혜에 대한 미미한 표현이었으나 새 율법의 성례는 하나님의 은혜를 지금 여기서 제공하는 것처럼 가르친다.[14] 이 교훈은 철저히 거부되어야 한다. 사도가 그 두 가지 성례를 완전히 동일하게 강조하기 때문이다. 사도는 구약에서 우리 조상이 우리가 먹는 것과 똑같은 영적 양식을 먹었으며, 그 양식은 그리스도였다고 가르친다.[고전 10:3-4] 유대인에게 예수 그리스도와의 참된 교제를 계시한 증표를 누가 감히 공허하고 무의미하다고 말할 것인가? 이는 사도가 자신의 주장을 개진하는 상황에 의해 확인된다. 사도는 은혜를 구실로 하나님의 의가 멸시당하지 않게 하려고, 하나님께서 유대인에게 보이셨던 엄격함과 혹독함을 예로 든다. 그래서 누구도 자기가 남다른 특혜를 입은 양 우월함을 주장할 수 없게 된다. 사도는 유대인을 우리와 동일하게 여기면서 그런 반론을 예감했던 것이다.

혹시 누군가는 바울이 로마서에서 할례에 관해 진술한 내용을 지적할 수도 있다. 거기서 바울은 할례를 세례보다 훨씬 열등하다고 여기는 것처럼 보인다.[롬 2:25] 하지만 그렇지 않다. 바울의 진술에 포함된 모든 것이 세례에 대한 언급이 될 수도 있기 때문이다. 우선, 내면이 정결해져서 최후까지 인내하며 그 정결함을 지키지 못하면, 하나님께서 외적인 씻음에 대해서는 완전히 무관심하실 것이라는 바울 자신의 설명도 세례에 대한 언급이 될 수 있다.[고후 7:1] 또한 세례의 실재는 외적인 씻음에 있지 않고 청결한 양심에 있다는 베드로의 증거도 세례에 대한 언급이 될 수 있다.[벧전 3:21] 그러나 이 주제에 대한 추가 논의는 내가 나중에 세례와 할례를 비교할 때까지 미루어 두었기 때문에 여기서는 간략히 언급하겠다.

성례에 관한 아우구스티누스의 견해

아마도 이 가련한 궤변론자들이 오류에 빠진 이유는 교부들의 저작에서 성례에 대한 그들의 화려한 찬사에 속았기 때문일 것이다. 예를 들어, 아우구스티누스는 옛 법의 성례는 구원을 단지 약속만 했지만, 우리의 성례는 구원을 수여한다고 진술한다.[15] 이제 저들은 그 찬사들에 쓰인 과장법, 곧 과장된 표현을 알아듣지 못하고서는 자기들의 입장에서 교부들의 저작의 과장된 결론을 그들이 의도한 뜻과 완전히 다르게 공표하고 출간했다. 그 구절에서 아우구스티누스는 자기가 다른 곳에서 "모세 율법의 성례는 예수 그리스도를 예고했고, 우리의 성례는 예수 그리스도를 선포한다"고 진술한 것과 정확히 동일한 뜻을 의도했기 때문이다.[16] 즉, 사람들이 그리스도의 오심을 아직 기다려야 했을 때 옛 율법의 성례는 비유적으로 그리스도를 나타냈지만, 이제 그리스도가 우리에게 오셔서 주어지셨을 때 우리의 성례는 그가 우리와 함께 계심을 보여준다. 우리가 아우구스티누스의 이 진술을 보다 면밀하게 고찰한다면, 그리고 유대인의 성례는 표징에 있어서는 다르지만 의미에 있어서는 동일하고, 가시적인 모양에 있어서는 다르지만 영적 능력과 효과에 있어서는 동일한 하나라고 공개적으로 주장했던 그의 설교를 면밀하게 고찰한다면, 이 점은 쉽게 식별될 것이다.[17]

제11장

세례

하나님께서 우리에게 세례를 주신 첫 번째 목적은 하나님 앞에서 우리 믿음의 역할을 하는 것이고, 두 번째 목적은 사람들 앞에서 우리 고백의 역할을 하는 것이다. 이 두 가지 목표를 하나씩 숙고하면서 이 예식이 제정된 이유를 추론해 보자.

세례는 죄 씻음을 나타낸다

첫째, 세례는 우리 믿음에 세 가지를 가져다준다. 우리는 이 세 가지를 따로따로 검토해야 한다. 우선, 하나님은 우리에게 세례를 죄 씻음의 표징과 증표로 주신다. 보다 명확하게 말해, 하나님은 우리에게 세례를 메시지로 보내신다. 이 메시지를 통해 하나님은 우리의 모든 죄가 용서되고 덮여지고 치워지고 지워져서 결코 그분이 주목하거나 기억하지 않으실 것이요, 우리 탓으로 삼지도 않으실 것을 주장하시고 확증하시며 믿게 하신다. 하나님은 믿음을 가진 모든 사람이 자신의 죄 사함을 위해 세례 받기를 원하시기 때문이다.마 28:19, 행 2:38 그러므로 어떤 사람들은 세례가—마치 군인이 자기 군주의 제복을 입고서 자신이 그 군주에게 속함을 보여주는 것과 마찬가지로—사람들 앞에 우리의 믿음을 서약하는 표시나 증표에 지나지 않는다고 저술을 통해 대담하게 주장했는데, 그들은 세례의 요점을 파악하지 못했다.[1] 세례의 요점은, 바로 믿고 세례 받는 모든 사람이 다 구원을 받으리라는 약속과 함께 세례를 받아야 한다는 것이다.[막 16:16]

우리는 바로 이 의미로 바울의 말을 이해해야 한다. 바울은 교회가 "그 배우자이신 예수 그리스도에 의해 생명의 말씀으로 물 세례를 통해 깨끗해지고 거룩해졌다"고 말한다.[엡 5:26] 바울은 다른 곳에서 "그의 긍휼하심을 따라 우리가 중생의 씻음으로 구원을 받고 성령으로 새로워졌다"고 말한다.[딛 3:5] 마찬가지로 베드로는 "세례는 우리를 구원한다"고 기록한다.[벧전 3:21] 바울의 말은 우리의 씻음과 구원이 물을 수단으로 이루어진다는 뜻이 아니며, 정결하게 하거나 중생하게 하거나 새롭게 하는 권능이 물에 있다는 뜻도 아니다. 베드로 역시 물이 우리 구원의 원인이라고 암시하지 않는다. 바울과 베드로는 단지 이 성례에서 우리가 이런 은사들에 대한 확신을 얻는다고 암시할 뿐이다. 이 점은 바울과 베드로가 사용하는 단어들에서 아주 분명하게 설명된다. 바울은 생명의 말씀과 복음을 물로 하는 세례와 관련시키기 때문이다. 여기서 바울은 복음이 우리의 씻음과 성별됨을 우리에게 선포하고, 세례는 이 선포와 선언을 서명하고 봉인한다고 말한 것이나 마찬가지다. 베드로는 세례가 우리를 구원한다고 선언한 다음, 세례는 몸에서 먼지를 씻어 내는 것이 아니라 하나님 앞에서의 정결한 양심이며 이는 믿음에서 나오는 것이라고 바로 덧붙인다. 그러므로 세례가 우리에게 약속하는 정결함은 오직 그리스도의 피 뿌림을 통해서 얻는 정결함뿐이다. 물은 씻어 내고 정결케 한다는 점에서 그리스도의 피와 비슷하므로 그 피를 상징한다.

물은 오직 그리스도의 피만이 참으로 우리를 씻어 냄을 증거하는데, 과연 누가 이 물로 우리가 정결케 된다고 주장할 것인가? 그러므로 물에 그 권능을 부여하는 자들의 오류를 반박하는 가장 좋은 근거는 세례의 실제적 의미를 제시하는 것이다.

세례는 과거와 미래의 죄 사함을 증거한다

우리는 세례가 오직 과거만을 위해 베풀어지기 때문에, 세례 이후 우리가 다시 빠지게 되는 죄악에 대해서는 새로운 해결책을 강구해야 한다고 생각하면 안 된다.[2] 이런 오해로 인하여

과거에 일부 사람들은 평생의 죄악을 용서받겠다면서 생애 마지막이나 죽을 때가 아니면 세례를 받지 않겠다고 주장했다. 이 터무니없는 망상은 종종 주교들이 저술한 글에서 비난의 대상이 된다. 우리가 언제 세례를 받든지 상관없이 사는 동안 지은 모든 죄가 단번에 씻기고 정결해진다는 것을 우리는 굳게 확신해야 한다. 그러므로 우리는 다시 죄악에 빠질 때마다 우리가 받은 세례를 기억해야 하며, 그 기억을 통해 우리의 죄악이 항상 용서된다고 확신하면서 점점 더 강해져야 한다. 비록 세례가 우리에게 단 한 번 베풀어지고 이미 오래전 일처럼 보이겠지만, 세례는 이후의 죄악들로 취소되지 않는다. 세례를 통해 예수 그리스도의 순결함이 우리에게 제공된다. 세례는 언제나 강력하고 언제나 지속되며 어떤 얼룩에도 영향을 받지 않는다. 오히려 세례는 우리의 모든 오물과 더러움을 닦아 내고 깨끗하게 한다. 우리는 이를 앞으로 쉽게 죄를 범하기 위한 핑계나 허락으로 여겨서는 안 된다. 세례는 우리에게 그런 뻔뻔함을 조장하지 않는다. 이 교훈은 오직 범죄한 후 그 죄짐에 눌리고 지쳐서 슬퍼하고 애통해하는 이들에게만 해당한다. 세례는 그들이 혼란과 절망에 빠지지 않도록 그들을 일으켜 주고 위로하는 역할을 한다.

그래서 바울은 예수 그리스도가 우리가 예전에 범한 죄를 사하시기 위해 우리의 화해 조정자가 되셨다고 말한다.[롬 3:25] 여기서 바울은 우리가 죽을 때까지 그리스도 안에서 영속적이고 지속적인 용서를 얻지 못함을 말하려는 것이 아니다. 오히려 양심의 극심한 통증으로 의사를 갈구하는 비참한 죄인들에게 아버지께서 그리스도를 주셨다고 그는 증거한다. 바로

그런 사람들에게 하나님의 자비가 베풀어진다. 반면, 징벌당하지 않기를 바라면서 죄를 범할 자유를 주장하며 그 기회를 찾는 자들은 자신을 향한 하나님의 진노와 심판을 초래할 수밖에 없다.

그리스도의 죽음과 생명으로 들어가는 세례

세례는 우리에게 두 번째 위로를 가져온다. 세례는 예수 그리스도 안에서 우리의 죽음을 보여주지만, 그 안에서 우리의 새로운 생명도 보여준다. 바울이 말하듯이, "우리가 그분의 죽으심과 합하여 세례를 받고, 그분의 죽으심과 합하여 그분과 함께 장사됨은 우리가 새 생명 가운데서 행하기 위함"이기 때문이다.[롬 6:3-4] 이 말로써 바울은 우리가 예수 그리스도를 본받을 것을 권면한다. 이는 곧 우리가 세례를 통해 그리스도의 죽으심의 모양을 따라 우리의 악한 욕망에 대해 죽고, 그분의 부활의 모양을 따라 의로움에 대해 부활하라는 권고를 받는 것과 같다. 그러나 바울은 예수 그리스도께서 세례를 통해 우리를 그분의 죽으심에 참여케 하심으로써 우리가 그분의 죽으심에 접붙여지게 되었다고 선언하며 훨씬 더 고양된 영역으로 나아간다. 마치 접목된 가지가 그 붙여진 뿌리에서 양분과 영양소를 빨아들이듯이, 합당한 믿음으로 세례 받는 이들도 자기 육신의 죽음 안에서 그리스도의 죽으심의 효력을 진정으로 느끼고, 그들의 영이 깨어나는 가운데 그리스도의 부활도 진정으로 느낀다. 그래서 우리가 그리스도인이라면 죄에 대해 죽고 의에 대해 살 것이라는 바울의 권면에는 충분한 이유가 있다.[롬 6:11, 13] 다른 곳에서도 바울은 비슷하게 주장한다. 그는 우리가 세례를 통해 그리스도와 함께 장사됨으로써 할례를 받고 옛 사람을 벗어 버렸다고 기록한다.[골 2:11-12] 이런 의미에서 바울은 이미 인용된 본문에서 세례를 "중생의 씻음과 성령의 새롭게 하심"이라고 부른다.[딛 3:5]

마지막으로, 우리 믿음은 세례에서 다음과 같은 위로를 얻는다. 세례는 우리가 예수 그리스도의 죽으심과 생명에 접붙여져 있다는 것뿐만 아니라, 우리가 예수 그리스도와 연합되어 있기에 그가 우리를 그의 모든 선한 은사에 참예할 수 있게 하신다는 것도 확증한다. 이것이 바로 예수 그리스도가 세례를 자신의 몸에 담당시키시고 성별하심으로써, 세례가 교제의 굳건한 띠가 되고 그분이 우리에게 주시고자 한 연합이 되게 하신 이유다. 그래서 바울은 우리가 하나님의 자녀인 이유는, 세례를 통해 우리가 그리스도로 옷 입기 때문임을 입증할 수 있었다.갈 3:26-27 그러므로 우리는 세례가 예수 그리스도 안에서 성취됨을 보며, 이것이 우리가 예수 그리스도를 세례가 지향하는 온전한 목적과 목표라고 부르는 이유다. 그렇다면 비록 사도들이 성부와 성자와 성령의 이름으로도 세례를 주라는 명령을 받았음에도, 예수 그리스도의 이름으로 세례를 준 사실은 전혀 놀랍지 않다. 세례가 하나님의 은사들을 통해 베푸는 모든 것은 그리스도 안에서, 오직 그리스도 안에서만 발견되기 때문이다.

그렇다 하더라도 그리스도의 이름으로 세례를 베푸는 자가 성부와 성자와 성령의 이름까지 호명하는 것은 불가피하다. 우리가 그리스도의 피로 정결함을 얻는다면, 그 이유는 성부께서 그분의 선하심과 자비하심을 쏟아 주시기를 원하셔서 그리스도를 통해 우리와 화해하셨기 때문이다. 성령의 성별을 통하여 우리가 새로운 영적 본성을 받는다면, 그리스도의 죽음과 생명으로 우리는 중생을 얻는다. 그러므로 우리가 정결함과 중생을 얻는 이유는, 성부 하나님 안에서, 그 본질은 성자 안에서, 그 효과적인 역사는 성령 안에서 발견되어야 마땅하다.

사도들의 세례와 동일한 요한의 세례

죄 사함을 위한 회개의 세례를 베푼 사람은 처음에는 요한이고 그 이후로는 사도들이 있었다.마 3:6, 막 1:4, 눅 3:16, 요 3:23, 4:1, 행 2:38, 41 이때 "회개"는 중생을 뜻하고, "죄 사함"은 씻음을 뜻한다. 따라서 요한이 시행한 세례와 정확히 동일한 세례가 요한 이후에는 사도들에게 맡겨졌음이 분명하다. 세례는 다른 사람의 손으로 베풀어진다고 해서 달라지지 않는다. 동일한 교훈은 동일한 세례로 이어진다. 요한과 사도들은 그들의 가르침에 있어서 뜻이 동일한 하나다. 그들 모두는 죄 사함을 위해 세례를 베풀 때 회개를 위한 세례를 베풀었다. 요한은 하나님의 어린양이신 예수 그리스도에 의해서 세상 죄가 제거되고 지워졌다고 선언했다.요 1:29 그래서 그는 예수 그리스도가 성부께서 받으실 만한 제물이요, 화해 조정자요, 구원주라 고백하고 맹세하며 증거했다. 사도들이 이 고백에 무엇을 추가할 수 있었겠는가? 아무것도 없었다. 이 고백은 이미 충분하고 포괄적이기 때문이다.

그러므로 초대 교부들이 요한의 세례와 사도들의 세례를 구별하려 했다고 말한 것으로 아무도 곤란을 당해서는 안 된다. 우리는 교부들의 권위가 성경의 증거를 훼손할 정도로 신뢰할 만하다고 생각하지 말아야 한다. 크리소스토무스는 죄 사함이 요한의 세례의 일부분이 아니었다고 주장한다. 누가는 요한이 죄 사함을 위한 회개의 세례를 전파했다고 말한다.눅 3:3 그렇다면, 누가와 정반대로 말하는 크리소스토무스에게 동조할 사람이 과연 있겠는가?[3] 하나님의 말씀에 근거해 차이를 만들려는 자는 오직 이 하나의 사실, 곧 요한은 오실 분의 이름으로 세례를 베풀었고, 사도들은 이미 알려진 분의 이름으로 세례를 베풀었다는 사실만을 발견하게 될 뿐이다. 성령의 은사가 그리스도의 부활 이후로 더욱 풍성하게 베풀어졌다는 사실이 이 세례들이 어떤 식으로든 서로 달랐음을 증명하는 것은 아니다. 그리스도가 아직 지상에서 행하시는 동안 사도들이 베푼 세례는 그리스도의 세례로 여겨졌으나, 요한의 세례보다 조금이라도 더 큰 성령의 충만함을 갖지는 못했다. 심지어 그리스도의 승천 이후로도 사마리아인들이 베드로와 요한을 찾아와 예수의 이름으로 손을 얹어 베푸는 세례를 받았으나, 그들은 신자들이 전에 받았던 은사와 완전히 동일한 은사를 받았을 뿐이다.행 8:14-17

교부들은 요한의 세례가 단지 그리스도의 세례를 준비하는 것이라 믿었다. 내 생각에 그들의 실수는, 요한의 세례를 받은 사람들이 바울에게 다시 세례를 받았다고 해석한 것이다.행 19:3-6 그들의 이해가 얼마나 잘못이었는지는 나중에 살펴보기로 하자.[4] 그렇다면, 요한은 물로 세례를 주었지만 예수 그리스도는 성령과 불로 세례를 주러 오실 것이라는 요한의 진술은 무슨 뜻인가?마 3:11, 눅 3:16 이것은 쉽게 설명될 수 있다. 요한은 이 두 세례를 구별하려 했던 것이 아니라, 단지 그에게 세례를 받는 자와 예수 그리스도께 세례를 받는 자를 비교하려 했을 뿐이다. 요한은 자신을 물로 세례를 베푸는 자라고 불렀으나, 예수 그리스도를 가리켜 성령을 주시는 분으로 불렀다. 예수께서 장차 그 사도들에게 불의 혀와 같이 성령을 보내시는 날에 이 능력을 눈에 보이는 이적으로 나타내실 것이었다.행 2:3 사도들이 자기들의 것으로 주장했던 능력은 오직 이 능력뿐이다. 오늘날에 여전히 세례를 베푸는 자들이 이 능력 외에 무엇을 자신의 것으로 주장할 수 있겠는가? 그들은 모두 외적인 표징의 사역자에 불과하지만, 예수 그리스도는 내적 은혜의 창시자이시다.

출애굽 기사에서 예표된 세례

죽음과 씻음과 정결함에 관해 우리가 이미 했던 진술들은 이스라엘 백성에게 상징적인 형식으로 제시되었다. 바울은 그들은 모두 "구름과 바다 속에서 세례를 받았다"고 말한다.고전 10:2 그러므로 죽음은, 하나님께서 이스라엘 백성을 바로의 권세와 속박에서 풀어 주신 후 그들을 위해 홍해를 가로지르는 길을 내셨으나, 그들을 추격하는 바로와 이집트 군대를 그 바닷물 속으로 집어삼켜지게 하셨을 때 미리 나타났다.출 14:21-22, 28 우리가 하나님의 능력과 권세로 이집트의 속박, 곧 죄의 종노릇함에서 구원받는 것과, 우리의 바로인 마귀가 여전히 우리를 학대하고 괴롭힌다 하더라도 결국 멸망한다는 것을 하나님은 우리에게 세례를 통해 약속하시고, 표징으로 우리에게 보이시고 확신케 하시기 때문이다. 하지만 마치 거의 익사했으나 바다 깊은 곳으로 가라앉지 않고 해변가로 떠밀려 온 이집트인들이 이스라엘 백성에게 공포를 불러왔지만 사실 그들은 무력했듯이, 우리의 대적 마귀도 그 무기를 자랑하고 존재감을 과시할지라도 우리를 정복할 수는 없다.

구름은 정결함을 나타냈다. 마치 우리 주님께서 당시 이스라엘 백성을 구름으로 덮어 그들에게 쉼을 주심으로써 그들이 태양의 엄청난 열기 때문에 혼미하여 죽지 않게 하셨듯이,민 9:15-17 견딜 수 없이 작열하는 열기와 같은 하나님의 엄격한 심판이 우리에게 임하지 않도록 세례를 통해 예수 그리스도의 피에 의해 우리가 덮이고 보존된다.

세례는 우리를 원죄에서 해방하지 않는다

어떤 사람들은 세례를 통해 우리가 아담 이후로 그 모든 후손에게 내려오는 부패함과 원죄에서 풀려나 자유로워진다고 주장한다. 또 아담이 처음 창조된 대로 순결한 상태를 유지했다면 가질 수 있었을 본래의 의로움과 본성의 정결함을 우리가 똑같이 회복하게 될 것이라 주장한다. 우리는 이미 그들의 거짓된 가르침을 분별할 수 있는 위치에 있다. 그런 것을 가르치는 자들은 원죄와 본래의 의로움과 세례의 은혜의 참된 본질을 전혀 이해하지 못하고 있다.

우리는 앞에서 원죄가 우리 본성의 타락과 부패함이고, 이 타락과 부패함은 우리로 하나님의 진노와 저주를 받을 수밖에 없게 하며, 우리 속에 성경이 "육체의 일들"로 부르는 일들을 만든다는 것을 확인했다.[5] 그러므로 이 두 가지는 따로따로 검토되어야 한다.

우선 우리 본성의 모든 부분이 악하고 타락했기 때문에, 우리는 이미 이 부패함을 이유로 하나님 앞에서 정당하게 정죄되고 유죄 판결을 받았다. 오직 의로움과 흠 없음과 정결함만이 하나님께 받아들여질 수 있기 때문이다. 그래서 갓난아이조차 자기 어머니의 태에서부터 징벌을 받은 채로 나온다. 갓난아이는 아직 죄악의 열매를 내지 않았더라도, 죄악의 씨앗이 그 속에 박혀 있다. 그의 본성 전체가 죄악의 씨앗이다. 그렇기 때문에 그 본성은 하나님께 혐오스럽고 끔찍할 따름이다. 앞에서 말했듯이, 우리의 죄악, 곧 우리에게 전가된 죄책과 우리가 지고서 신음하는 그 죄책에 대한 징벌이 충분하고 온전하게 용서되었음을 우리 주님께서 이 징표로 맹세하셨기 때문에, 신자들은 이 징벌이 그들에게서 제거되고 축출되었음을 세례를 통해 확신한다. 따라서 신자들은 의로움을 입는데, 오직 하나님의 백성이 전가를 통해 이생에서 받을 수 있는 방식으로만 의로움을 입는다. 우리 주님께서 그 자비하심으로 신자들을 의롭고 흠 없다고 인정하시기 때문이다.

두 번째로 숙고해야 할 점은, 이 부패함은 우리 속에서 결코 멈추지 않고 지속적으로 새로운 열매들을 낸다는 것이다. 이 열매들은 우리가 이미 설명한 육신의 일들이다. 그것들은 마치 쉼 없이 화염을 토하는 풀무불과 같고, 그치지 않고 시내를 흘려 내는 샘과 같다. 악한 정욕은 사람이 죽음으로써 그 몸에서 자유로워져 온전히 자신에게서 벗어날 때까지 그 속에서 결코 그치지 않고, 완전히 사라지지도 않기 때문이다. 세례는 우리의 바로가 완전히 삼켜지고 우리 육체가 죽임을 당할 것이라고 확실하게 약속한다. 그러나 이 약속의 목적은, 우리의 바로가 더 이상 존재하지 못하게 하거나 우리를 학대할 수 없게 하는 것이 아니다. 다만 우리를 이기지 못하게 하는 것이다. 우리가 이 육신의 감옥에 갇혀서 살아가는 동안, 죄의 흔적과 잔존물은 우리 속에 계속 머무를 것이다. 그러나 우리가 하나님께서 세례 안에서 주신 약속을 굳게 붙잡으면, 그것은 우리를 지배하거나 우리 위에 군림하지 못할 것이다.

그렇지만 죄악이 항상 우리 속에 거한다고 말할 때 누구도 자신의 사악함에 대해 기만당하거나 자기만족에 빠져서는 안 된다. 하나님의 약속은, 죄인이 거리낌 없이 자기의 죄악 속에 빠져 잠들기 위함이 아니라, 자기 육신으로 아픔을 느끼고 환난을 받고 찔림을 당하는 자들이 낙심하거나 용기를 잃거나 소망을 포기하지 않도록 하려고 주어졌기 때문이다. 오히려 그런 사람들은 그 목표에 도달하기까지, 곧 그들의 죽을 생명이 끝나서 육신의 소멸에 이르기까지, 그들의 악한 욕망이 매일매일 어떤 식으로든 쇠약해짐을 느끼며 진보를 이루는 동안 자기들이 아직은 길 위에 있다는 것을 믿어야 한다. 그러므로 우리가 잘 알고 기억해야 할 사실이 있다.

즉, 우리는 우리 육신의 죽음을 향하여 세례를 받았고, 세례의 순간부터 우리 속에서 이 죽음이 시작된 후 우리 평생에 그것을 날마다 추구해야 하지만, 그 죽음은 오직 우리가 현생을 지나 주님께 가게 될 때에야 비로소 완성된다는 것이다.

믿음의 공개적 실천으로서의 세례

세례는 우리가 하나님의 백성 중에 들기를 바라는 기대를 공개적으로 나타내는 표지나 상징이다. 그런 면에서 사람들 앞에서 우리 고백의 역할을 한다. 우리는 우리가 모든 그리스도인과 함께 동일한 신앙으로 참되신 한분 하나님을 섬기기로 한 뜻을 세례를 통해 증거한다. 마지막으로, 우리가 세례를 통해 우리의 믿음을 선언하고 알림으로써 하나님이 우리 마음에서 영광을 얻게 되실 뿐 아니라, 우리의 혀와 우리 몸의 모든 지체가 온 힘을 다하여 하나님을 찬양하게 되기도 한다. 당연하게도, 우리의 것은 무엇이든지 다 만물을 충만케 하시는 하나님의 영광을 나타내는 데 사용되고, 우리의 모범을 따라 다른 이들도 똑같이 하도록 권면을 받기 때문이다. 이것이 바로 바울이 고린도 교인들에게 그리스도의 이름으로 세례를 받지 않았느냐고 물을 때 그가 염두에 두었던 것이다.고전 1:13 바울은 이 질문으로 고린도 교인들이 그리스도를 주님이요 주재로 인정하며 그들 자신을 그리스도께 바쳤고, 사람들 앞에서 그리스도에 대한 그들의 충성을 맹세했음을 뜻했다. 그러므로 고린도 교인들은 세례에서 그들이 했던 고백을 부인하려 하지 않는 한 오직 그리스도만을 고백할 수 있었다.

우리는 주님께서 세례를 제정하신 목적과 목표를 설명했으므로, 우리가 세례를 어떻게 받고 사용해야 할지를 보여주기는 쉬울 것이다. 세례는 우리의 믿음을 강화하고 위로하고 확증하기 위해 주어졌기에, 우리는 세례를 마치 하나님의 손에서 받듯이 받아들여야 한다. 이 표징을 통해 우리에게 말씀하시는 분, 우리를 정결케 하시고 우리 죄에 대한 기억을 지우시는 분, 우리로 그 아들의 죽음에 참여하게 하시는 분, 마귀의 능력과 우리의 악한 욕망의 힘을 무효로 하고 파괴하시는 분, 우리를 그 아들로 옷 입혀 주기까지 하시는 분이 바로 하나님이심을 우리는 완전히 확신해야 한다. 그러므로 우리는 우리 몸이 물로 씻기고 잠기고 휩싸이는 것을 볼 때, 하나님께서 이 모든 것을 우리 영혼의 안과 밖으로 행하신다는 사실을 확실히 알아야 한다. 이 비유 또는 비교는 성례에서 불변의 규칙이다. 즉, 육신적인 것으로 영적인 것을 숙고해야 한다는 것이다. 이는 주님께서 그런 상징들을 통해 우리에게 영적인 것을 제시하기를 기뻐하시기 때문이다.

이 은사들이 성례에만 국한되고 매여 있는 것은 아니다. 그것들이 성례의 능력으로 우리에게 부여되는 것도 아니다. 다만 주님께서 이 모든 것을 우리에게 부여하시려는 그분의 뜻을 알리실 때, 바로 이 표징과 증표로 알리시기 때문이다. 우리는 이것을 백부장 고넬료의 예에서 볼 수 있다. 고넬료는 죄 사함과 성령의 가시적인 은사를 받았음에도 나중에 세례를 받았다.[행 10:48] 이는 세례를 통해 완전한 죄 사함을 얻기 위해서가 아니라, 더욱 확실한 믿음의 훈련을 받기 위해서였다. 혹시 어떤 사람은 "죄악이 세례를 통해 정결해지지 않는다면, 어째서 아나니아가 바울에게 세례로 그의 죄악이 씻길 것이라고 말했는가"라고 항변하고 싶을지 모른다.[행 22:16] 내 대답은 이렇다. 우리는 하나님이 주실 것이라 믿는 것을 받거나 얻는다고 할 수 있는데, 이때 우리가 그것을 방금 알기 시작했든지, 혹은 이미 알게 된 상태에서 더욱 큰 확신을 얻게 되었든지 관계없이 그러하다. 따라서 아나니아가 그렇게 말할 때는 다음과 같은 의도를 가지고 있었다. "바울이여, 당신의 죄가 용서받는다는 사실을 확신하기 위해 세례를 받으시오. 주님은 세례에서 죄 사함을 약속하시기 때문이오. 그러니 세례를 받고 확신하시오."

우리가 믿음으로 이 성례에서 받는 것 외에 거기서 받는 것은 없다. 우리에게 믿음이 없다면, 성례에 담긴 약속을 우리가 믿지 못했다는 점에서, 성례는 하나님 앞에 우리가 죄인임을 나타내는 증거가 될 것이다. 그러나 세례가 우리 고백의 표징이자 증표인 한, 우리가 하나님의 자비하심을 신뢰한다는 것, 우리의 정결함은 예수 그리스도를 통해 우리 것이 되는 죄 사함으로 이루어진다는 것, 믿음과 사랑의 연합과 결속으로 모든 신자와 조화를 이루며 살기 위해 우리가 하나님의 교회에 들어간다는 것 등을 우리는 세례로 증거해야 한다. 그것이 바로 바울이 우리 모두가 한 몸 되기 위해 한 영으로 세례를 받았다고 기록할 때 전하려는 의미였다.고전 12:13

세례는 인간의 오류와 불신에 영향받지 않는다

우리가 결정한 대로, 성례는 그것을 분배하는 사람의 손이 아니라 참으로 성례가 나오는 하나님 자신의 손으로부터 받아야 함이 사실이라면, 그 손으로 성례를 집전하는 사람의 가치에 의해서 성례에 무엇이 더해질 수도 없고 무엇이 빠질 수도 없다고 우리는 결론 내릴 것이다. 사람들끼리 편지를 보낼 때, 작성자의 손과 서명이 친숙하면 편지를 전하는 자가 누구이고 어떤 사람인지는 중요하지 않다. 이처럼 우리도 어떤 전달자가 성례를 집전하더라도 성례에서 우리 주님의 손과 서명을 알아보는 데 만족해야 한다. 이런 방식으로 도나투스주의자들의 오류를 확고하게 반박하고 물리칠 수 있다. 그들은 집례자의 자격과 가치에 따라서 성례의 효력과 가치를 측정하고 계산했기 때문이다. 오늘날 우리의 재세례파가 그러하다. 그들은 우리가 교황의 통치를 받는 불신자들과 우상숭배자들에게 세례를 받았기 때문에 참으로 세례 받은 것은 아니라고 주장한다. 그래서 그들은 우리가 다시 세례를 받아야 한다고 거칠게 요구한다.[6]

우리가 어떤 사람의 이름이 아니라 성부와 성자와 성령의 이름으로 세례를 받았다는 것, 따라서 세례는 집전자가 누구인지와 상관없이 사람이 아니라 하나님에게서 온다는 것을 헤아린다면, 우리는 그들의 어리석음을 반박할 충분한 이성적 근거를 갖추게 된다. 우리에게 세례를 베푼 사람들이 아무리 무지한 자들이라 하더라도 그들은 하나님께 속해 있으며, 그들이 아무리 하나님을 조롱한다 하더라도 그들은 세례를 통해 우리를 그들의 무지나 불경건함에 참여하게 하지 못했고, 오직 예수 그리스도의 믿음으로 들어가게 했다. 그들은 그들의 이름이 아니라 하나님의 이름을 불렀고, 오직 그 하나님의 이름으로 우리에게 세례를 주었기 때문이다. 그러므로 우리의 세례가 하나님에게서 왔다면, 그 세례에는 죄 사함과 육신의 죽음과 영적인 깨어남과 그리스도에게 참여함에 대한 약속이 분명하게 포함되어 있다.

그뿐만 아니라, 우리를 비판하는 자들은 우리가 세례를 받은 후 수년 동안 우리 안에 어떤 믿음이 있었는지를 묻는다. 그들은 이 질문을 하면서 일종의 암시를 주려 한다. 우리가 약속의 말씀을 믿음으로 받아들이지 않았다면 우리는 세례를 통해 거룩하게 구별되지 못했으므로 우리의 세례가 무효라는 것이다. 이 질문에 대한 대답으로, 우리는 우리가 오랫동안 눈이 멀었고 믿음이 없었으며, 세례에서 우리에게 주어진 약속을 받아들이지 않았음을 인정한다. 그럼에도 하나님에게서 나온 그 약속은 우리가 세례 받은 이후로 단번에 영원히 신실하고 확실하게 지속된다. 모든 사람이 거짓되고 믿음이 없더라도, 하나님은 변함없이 참되시다. 모든 사람이 타락하여 저주를 받았으나, 예수 그리스도는 영속적인 구원이 되신다. 그러므로 우리가 그 수년 동안 세례에서 아무것도 얻지 못한 이유는, 세례에서 제공된 약속을 우리가 계속 멸시했기 때문이다. 이 약속이 없다면 세례는 아무것도 아님을 우리는 고백한다. 그러나 하나님께 감사하게도 이제 우리는 우리의 길을 바로잡기 시작했기 때문에, 오랫동안 하나님의 선하심에 감사하지 못했던 우리의 눈멂과 마음의 완고함으로 가책을 받는다. 하지만 우리는 그 약속이 퇴색되었다고 믿지 않는다. 우리는 하나님께서 세례를 통해 죄 사함을 약속하신 것과, 그분이 반드시 모든 신자에 대한 그 약속을 지키실 것임을 믿기 때문이다. 이 약속은 우리에게 세례를 통해 제공되었다. 그렇다면, 우리는 세례를 믿음으로 받아들이자! 물론 세례는 우리의 불신앙 때문에 오랫동안 묻혀 있었다. 그러니 이제 세례를 믿음으로 되찾아야 한다!

그렇기 때문에 주님은 유대인을 회개하도록 부르셨을 때, 악하고 가증한 손에서 할례를 받고 오랫동안 불경한 생활을 했던 자들에게 다시 할례 받을 것을 명령하지 않으셨다. 주님은 오직 마음의 할례만 요구하셨다. 그들이 하나님의 언약을 범했음에도, 그 언약의 징표는 주님께서 지정하셨기 때문에 언제나 확고하고 침범할 수 없는 것으로 남아 있었다. 그래서 비록 할례가 사악한 제사장들에 의해 행해지고 그들의 죄악으로 더럽혀졌음에도, 하나님께서 할례를 통해 그들과 단번에 맺으신 언약을 그들이 인정하면서 그 길을 고쳐야 한다는 유일한 조건으로 그분은 그들을 받아 주셨다.

바울은 재세례 옹호자가 아니다

하지만 저들은 바울이 한때 요한의 세례를 받은 사람들에게 다시 세례를 베풀었다는 사실을 인용하면서,[행 19:2-7] 우리를 향해 쏠 불화살을 가졌다고 생각한다. 우리는 요한의 세례가 지금 우리의 세례와 동일하다고 주장하지만, 저들은 말하기를 이전에 잘못 배운 자들이 올바른 믿음을 배우고 다시 세례를 받아 그 믿음으로 들어온 것이기 때문에, 건전한 교훈이 함께하지 못한 세례는 무효로 간주해야 한다고 한다. 그래서 우리는 새롭게 세례를 받음으로써 우리가 최초로 맛보게 된 참된 신앙으로 들어와야 한다는 것이다.

어떤 사람들의 견해에 따르면, 이전에 세례로 그들을 진리가 아니라 허망한 미신으로 끌어갔던 자는 요한의 충동적 모방자였음이 분명하다. 그들은 다음과 같은 근거로 그런 추정을 정당화한다. 이 사람들은 성령에 대해 아무것도 모른다고 털어놓지만, 요한은 그들을 그렇게 무지한 상태로 내버려 두지 않았을 것이다. 그러나 세례를 받은 적 없는 유대인들이라 하더라도 이전에 그들이 성경을 읽으며 자주 보았던 성령을 전혀 몰랐을 것 같지도 않다. 그러므로 그들이 "성령이 무엇인지 모른다"고 한 대답은, 바울이 그들에게 묻고 있는 성령의 은사들이 그리스도의 제자들에게 이미 주어진 것에 관해서 그들이 듣지 못했다는 뜻으로 이해되어야 한다. 나는 그들이 받은 첫 세례가 요한의 참된 세례였으며, 그리스도의 세례와 동일하다는 데 동의한다. 그러나 나는 그들이 다시 세례를 받았다는 것은 부정한다. 그렇다면, "그들이 예수의 이름으로 세례를 받았다"는 말의 의미는 무엇인가?

어떤 사람들은, 그들이 바울에게서 순결하고 건전한 가르침으로 교육을 받았다는 뜻으로 그 말을 단순하게 해석한다.[7] 나는 이 말을 보다 단순한 방식으로 이해하고 싶다. 바울은 성령의 세례에 관해서, 곧 안수를 통해 그들에게 수여되는 성령의 가시적인 은사들에 관해서 말하고 있다. 성경은 그런 은사들을 종종 "세례"로 부른다. 오순절 날 사도들은 성령과 불로 베푸는 세례에 관한 주님의 말씀을 기억했다.[행 1:5] 베드로는 고넬료와 그의 가족에게 쏟아지는 은사들을 통해 동일한 말씀을 기억하게 되었다고 기록한다.[행 11:16] 이것은 나중에 기록된 다음 진술과 모순되지 않는다. "바울이 그들에게 안수했을 때 성령이 그들 위에 임하셨다."[행 19:6] 누가는 두 가지 다른 사건을 이야기하는 것이 아니라, 히브리인에게 친숙한 서술 기법을 활용하고 있다. 히브리인은 한 사건에 대한 요약적 설명을 먼저 제시한 다음 그 사건을 다시 자세하게 서술한다. 이 점은 다음의 말씀이 의미하는 바로 누구나 알아볼 수 있다. "그들이 이 말을 듣고 예수의 이름으로 세례를 받았더라. 그리고 바울이 그들에게 안수하자, 성령이 그들 위에 내려오셨더라." 이 마지막 표현은 그것이 어떤 세례였는지를 묘사한다. 하지만 첫 번째 세례가 그것을 받은 자들의 무지 때문에 취소되고 무효로 되어 또 다른 세례로 대체되어야 했다면, 사도들이야말로 가장 먼저 세례를 받아야 했을 것이다. 그들은 세례 받은 후 참된 교훈에 대해서 폭넓은 지식을 전혀 얻지 못한 채 3년을 보냈다. 주님께서 우리의 끝없는 무지를 날마다 바로잡기 위해 세례를 반복하신다면 얼마나 많은 바닷물이 있어야 하는가?

유아 세례에 대한 비난에 관하여

악한 영들은, 우리의 유아 세례가 하나님께서 제정하지 않으셨는데 아주 최근에 인간에 의해 도입되었거나, 사도 시대 이후 불과 몇 년 만에 도입된 것처럼 논쟁을 벌이며 공격하고 있다.[8] 그래서 우리는 현재에 대한 우리의 책임에 따라 이 문제에 있어서 연약한 양심들을 강화시켜야 한다는 의무감과, 이 유혹자들이 그들의 교활한 속임수와 트집에 능숙하게 대응하지 못하는 소박한 사람들 마음속에 있는 하나님의 진리를 훼손하고자 제기하는 거짓 이의들을 반박해야 한다는 의무감을 느낀다. 그들은 언뜻 보기에 아주 매력적인 주장을 펴기 때문이다. 그들의 주장에 따르면, 그들은 어떤 명령이 없는데도 하나님의 말씀에 무언가 추가하여 유아 세례의 시행을 처음 고안했던 자들과는 다르다고 한다. 그들이 열망하는 바는, 하나님의 말씀에 아무것도 더하거나 빼지 않고 오직 그 자체만을 순수하고 온전하게 지키고 보존하는 것이라 말한다.

이런 형식의 세례가 인간의 고안이며 하나님의 규정은 아니라는 주장을 그들이 증명할 수 있다면, 나는 이 논리가 온전히 타당하다고 인정하겠다. 그러나 그들이 인간의 전통이라며 비난하는 것이 하나님의 말씀에 확고히 근거한 제도임을 우리가 분명히 보여준다면, 그들이 헛되이 내세우는 이 핑계는 완전히 수포로 돌아갈 수밖에 없지 않겠는가?

여기서 우리는 바울이 성경에 대한 정확한 이해를 위해 우리에게 주는 규칙, 곧 성경을 설명할 때 언제나 믿음의 비율과 유추를 존중해야 한다는 규칙을 기억해야 한다.[롬 12:3] 다시 말해, 우리는 두 가지를 목표로 삼아야 한다. 성경이 우리에게 말하는 모든 것을 믿음의 가르침과 관련시키는 것과, 모든 영적 진리의 해석을 그 진리의 본질적 근원인 믿음에서 이끌어 내는 것이다. 이 규칙은 모든 그리스도인의 판단의 토대이자 하나님의 말씀에 대한 일반적인 이해를 위한 토대여야 한다. 그러므로 일단 이 규칙이 우리가 내리는 판단의 모든 기초가 되면, 우리는 세례가 주님의 뜻과 그분이 세우신 제도로부터 유아에게 수여된다는 사실을 쉽게 깨닫게 될 것이다. 따라서 우리는 이 중대한 규칙을 지키지 못하는 자들을 혼란에 빠뜨리는 문제들을 어떻게든 해결하고 풀어낼 것이다.

이 주제를 구체적으로 다루기 위해 신자들이 확실하게 동의해야 할 점이 있다. 즉, 우리 주님께서 그분의 교회에 맡기신 표징이나 성례에 대한 올바른 성찰은 단지 외관이나 외적인 예식에만 관련되지 않고, 오히려 그분이 그런 예식으로 나타내려 하셨던 약속이나 영적인 신비에 달려 있다는 것이다. 그렇기 때문에 세례의 본질과 의미를 깨닫는 데 있어서 물이나 외적인 절차에만 집중하는 것은 큰 소용이 없다. 그 대신에, 하나님께서 우리에게 세례를 통해 하신 약속과 우리에게 계시된 내면의 영적 실체를 향하여 우리의 생각을 고양시킬 필요가 있다. 우리가 그렇게 성찰한다면, 우리는 세례의 본질과 진실을 가지고 있으므로 물을 뿌리는 이유와 그 유용성을 알 수 있을 것이다. 더욱이 이런 것들을 경멸하고 무시한다면, 우리는 단지 외적인 예식에만 관심을 기울이다가 세례의 의미와 중요성을 전혀 이해하지 못할 것이다. 심지어 물의 사용이 의미하고 전달하는 바도 이해하지 못할 것이다. 이 점을 성경은 자주 명백하게 가르치기 때문에 어떤 그리스도인도 이것을 의심하거나 이에 대해 무지할 수 없다. 이것을 감안하면 아무것도 장황하게 설명할 필요가 없다.

그러므로 우리의 임무는 세례에서 주어진 약속들 가운데 무엇이 세례의 본질인지 찾아내는 것이다. 성경이 우리에게 세례에 관해 가르치는 바는 다음과 같다. 첫째, 세례는 예수 그리스도의 피 흘림을 통해 우리가 얻는 죄 사함과 씻음을 나타낸다. 둘째, 세례는 우리가 예수 그리스도의 죽으심에 참여하여 얻는 육신의 죽음을 나타내는데, 우리는 이 죽음을 통해 삶의 새로움, 곧 순수함과 거룩함과 정결함으로 부활한다. 이를 통해 우리는 가시적이고 물질적인 표징은 더욱 고상하고 숭고한 것들의 상징일 뿐임을 비로소 보게 된다. 이 표징의 모든 권능이 담긴 하나님의 말씀에 의지하지 않으면 우리는 그 고상하고 숭고한 것들을 이해할 수 없다. 우리 죄가 씻기고 우리 육신이 죽음으로써 우리는 하나님의 모든 자녀에게 해당되는 영적인 거듭남에 참여하게 되는데, 세례가 의도하는 이 뜻과 상징을 우리는 세례의 말씀을 통해 이해한다. 마지막으로, 우리는 이 모든 것의 토대가 예수 그리스도이기에 그 기원 역시 예수 그리스도임을 안다.

요약하면, 이것이 바로 성경이 말하는 모든 것을 포괄하는 설명이다. 다만, 한 가지 아직 숙고하지 못한 것이 남아 있다. 즉, 세례는 우리가 사람들 앞에서 주님이 우리 하나님이시고 그분의 백성 중에 우리가 들어 있음을 인정하는 표지이기도 하다는 점이다.

할례 예식으로 미리 알려진 세례

세례가 제정되기 전 구약에서 세례 대신 하나님의 백성에게 시행되던 할례가 있었다. 그러므로 우리는 여기서 이 두 표징의 유사성과 차이를 조사함으로써 할례에서 세례로 이어지며 발생한 결과들을 이해해야 한다.

주님은 아브라함에게 할례를 명령하셨을 때 자신이 아브라함의 하나님과 그 후손의 하나님이 되실 것을 약속하셨다. 주님은 만물을 자기 손에 쥐신 전능자로서 가장 충만한 복의 근원이 되려 하심을 아브라함에게 계시하셨다.[창 17:1, 6-7, 11] 우리 주님께서 가르쳐 주셨듯이, 하나님의 말씀 속에는 영원한 생명에 대한 약속도 담겨 있다. 예를 들어, 우리 주님은 그 아버지께서 아브라함의 하나님으로 불리셨다고 주장하시며, 사두개인들에게 신자들이 부활하여 불멸하게 될 것을 설득하려 하셨다. "이는 그가 죽은 자들의 하나님이 아니라 산 자들의 하나님이심이라."[마 22:32] 이와 비슷하게, 에베소서 2장에서 바울은 우리 주님께서 에베소 교인들을 구원해 주신 곤경을 묘사하면서, 그들이 그리스도 바깥에서는 약속에 대하여 외인이요, 하나님도 없고 소망도 없었다고 결론 내린다.[엡 2:12] 그들에게는 이 모든 것을 증거하는 할례가 없었기 때문이다.

하나님께 다가가 영생에 들어가는 첫걸음은 죄 사함이다. 따라서 이 약속은 우리의 정결함과 씻음에 대하여 세례에서 주어지는 약속과 동일하다. 그다음에 우리 주님은 아브라함이 주님 앞에서 완전하고 순결하게 행하기를 바란다고 말씀하신다. 이것은 우리가 새로운 삶으로 부활하기 위해 필요한 죽음과 다르지 않다. 모세는 할례가 죽음의 표징이요 이미지임을 우리가 의심하지 않도록 하기 위해 신명기 10장에서 할례를 보다 분명하게 설명한다. 거기서 모세는, 이스라엘 사람들은 주님께서 세상 민족들 중에 택하신 민족이므로 그 마음에 할례를 행해야 한다고 촉구한다.[신 10:15-16] 마치 우리 주님께서 아브라함의 후손을 자기 백성으로 받으실 때 그들에게 할례를 받도록 명령하셨듯이, 모세도 마치 육체의 할례의 참뜻을 강조하려는 듯이 이스라엘 사람들이 마음의 할례를 받아야 한다고 선포한다.[신 30:6] 더 나아가, 모세는 백성 스스로 죽으려 하지 않도록 그것이 우리 속에서 이루어지는 하나님의 은혜로운 역사임을 그들에게 가르친다.[신 32:4-14] 선지자들이 이 모든 것을 자주 반복해서 말했으므로 자세하게 설명할 필요는 없다. 우리는 할례가 족장들에게, 우리가 세례에서 발견하는 약속과 같은 영적인 약속을 제공했다고 주장한다. 할례는 그들의 죄 사함과 그들 육신의 죽음을 증거하면서 그들이 의를 위해 살아야 함을 증거했던 것이다. 또한 우리가 이 약속을 성취하시는 그리스도가 세례의 토대이심을 설명했듯이, 그리스도는 할례의 토대이시기도 하다. 이것이 바로 그리스도가 아브라함에게 약속되는 이유요, 그리스도 안에서 땅의 모든 민족에게 복이 약속되는 이유다. 마치 우리 주님께서 그 자체로 저주를 받은 온 세상에 그리스도를 통하여 복 주겠다고 맹세하시듯이 말이다. 할례의 표징이 이 약속에 인치고 이 약속을 확증하기 위해 더해진다.

할례와 세례에는 본질적 차이가 전혀 없다

이제 할례와 세례라는 두 가지 표징의 공통점과 차이점을 쉽게 식별할 수 있어야 한다. 우리가 말했듯이, 성례의 전체 핵심이 되는 약속은 할례와 세례 모두 동일하다. 둘 다 하나님의 자비와 죄 사함과 영원한 생명의 약속을 담고 있다. 할례와 세례가 나타내는 우리의 씻음과 죽음 역시 동일하다. 그리스도께서 할례와 세례의 기원과 토대라는 사실 역시 이 둘 각각에서 확인되고 성취된다. 따라서 이미 말한 것처럼 성례의 전체적인 본질이 있는 내적 신비에 있어서 둘 사이에는 전혀 차이가 없다. 다만, 유일한 차이점은 성례의 가장 덜 중요한 특징인 외적 의식이다. 주요 문제는 말씀과 관련이 있고, 상징되고 대표되는 것과 관련이 있다. 그러므로 우리는 할례에 속하는 것이면, 외적인 가시적 형식만 제외하면 무엇이든지 다 세례와 공통된다고 결론지을 수 있다.

우리는 이미 주어진 규칙, 곧 모든 성경의 의미는 항상 약속을 바라보는 믿음의 비율과 유추에 따라 헤아려야 한다는 규칙을 사용하여 이 결론에 도달했다. 여기서 진실은 거의 손으로 만질 수 있을 정도다.

유대인에게 할례란 하나님께서 그들을 자기 백성으로 받아들이셨다는 것과, 그들이 하나님을 자신들의 하나님으로 모셨다는 것을 인정하는 표시다. 따라서 세례가 유대인이 이른바 하나님의 교회 안으로 들어가는 첫 번째 외형적인 절차였듯이, 우리도 세례를 통해 처음으로 우리 주님의 교회로 받아들여지고 그 백성의 일원으로 인정되며, 이때 우리는 그분이 우리의 하나님이셔야 한다는 우리의 기대를 공개적으로 표명한다. 그러므로 세례가 할례를 대신했다는 사실은 매우 분명하다.

할례처럼 세례도 유아에게 해당되는 것이 당연하다

누군가 과연 유아에게 세례를 하나님의 규정이 허락하는 대로 정식으로 베풀어야 하느냐고 묻는다고 해보자. 그는 영적 신비보다는 물과 가시적인 제도에만 관심을 쏟으며 이 문제를 해결하려는 분별력 없는 자가 아니겠는가? 우리가 제도를 고려한다면, 세례가 당연히 어린이의 것임에는 의심의 여지가 없다. 예전에는 우리 주님께서 어린이도 할례를 받도록 명령하셨기 때문에, 할례가 대변하는 모든 것에 어린이를 참여하게 하신 명백한 증거를 주셨다. 그렇지 않다면 우리는 그 제도가 거짓말과 속임수에 불과하며 명백한 사기였다고 말해야 할 것이다. 그것은 어떤 신자도 들어서는 안 되고 묵인해서도 안 되는 말이다. 주님께서 분명하게 드러내 말씀하시기를, 유아에게 적용된 할례가, 유아에 관해 반복적으로 진술한 언약을 유아를 위해 확증할 것이라 하시기 때문이다. 그 언약이 언제나 동일하다면, 그리스도인의 자녀가 언약에 있어서 구약 시대 유대인의 자녀와 똑같은 몫을 가진다는 데 의심의 여지가 전혀 없다. 이처럼 자녀가 언약의 의미에 참여한다면, 어째서 언약의 상징이자 징표인 성례를 자녀에게 베풀면 안 된다는 것인가?

그것이 외적인 표징과 말씀을 구별하는 문제라면, 어느 것을 더 위대하고 뛰어난 것으로 결정해야 하는가? 표징은 말씀을 섬기려고 존재하는 것이 분명하다. 그러므로 표징은 말씀보다 열등하고 가치가 덜하다는 것도 명백하다. 세례의 말씀이 유아에게 전해진다는 것이 사실이다. 그렇다면, 왜 우리는 말씀에 추가된 것과 같은 표징을 유아에게서 제거해야 하는가? 이것이 우리의 유일한 주장이라면, 우리를 반박하려는 모든 자를 침묵시키기에 충분하고도 남을 것이다. 할례를 위해 정해진 특정한 날이 있었다는 주장은 조금도 설득력이 없다.[9] 주님은 그분이 유대인에게 하셨듯이 결코 우리를 어떤 특정한 날로 구속하지 않으신다. 다만, 우리가 자유롭게 선택할 수 있게 하시며, 유아가 어떻게 그분의 언약 안으로 엄숙하게 받아들여져야 하는지를 분명하게 밝히셨다. 그렇다면 우리가 무엇을 더 요구하겠는가?

세례와 할례는 모두 하나님의 언약을 확증한다

그러나 성경은 진리에 대한 훨씬 더 명확한 지식으로 우리를 이끈다. 이는 주님께서 한때 아브라함과 맺으신 언약, 곧 그분이 그의 하나님이 되시고 그 후손의 하나님이 되실 것이라는 언약은 과거 유대인에게 해당했던 만큼 오늘날의 그리스도인에게도 해당한다는 것과, 이 말씀이 구약 시대 족장들에게 주어졌던 만큼 오늘날의 우리에게도 주어진다는 것을 우리가 확신하기 때문이다. 그렇지 않다면, 예수 그리스도의 오심은 하나님의 은혜와 자비를 감소시켰을 것이다. 이것은 단지 듣거나 말하는 것만으로도 끔찍한 신성모독이다! 참으로 유대인의 자녀가 이 언약의 상속자로서 불신자 및 우상숭배자의 자녀와 구별되었기에 거룩한 민족으로 불렸듯이,

그리스도인의 자녀도 동일한 이유로 단지 믿는 아버지나 어머니에게서 태어난 것만으로 거룩하다고 여겨진다. 이 자녀는 성경의 증거에 따라 다른 자녀들과 구별된다.고전 7:14 따라서 주님은 아브라함과 이 언약을 맺으실 때, 그 언약이 외면적인 성례로서 유아에게 증거가 되고 인장이 되기를 바라셨다.

그러므로 전에도 그랬듯이, 오늘날 우리가 그 언약을 증언하지 않거나 인장을 찍지 않는 데 대해서 무슨 변명을 할 수 있겠는가? 할례는 그 언약을 증거하도록 지정된 유일한 성례라거나, 할례는 이제 폐지된다는 주장은 성립될 수 없다. 이에 대하여 우리는 즉각 이렇게 대답하겠다. "우리 주님은 잠시 동안 할례를 제정하셨지만, 할례가 끝난 이후에도 언약은 우리와 유대인에게 공통되기 때문에 그 언약을 확증할 이유가 남아 있었다." 이것이 바로 우리가 무엇이 공통점이고 차이점인지에 관해 항상 신중하게 숙고해야 할 이유다. 언약은 동일하고, 언약을 확증해야 할 이유도 동일하다. 다만, 언약을 확증해 주는 것이 유대인에게는 할례였으나 우리에게는 세례라는 사실만 다르다. 그렇지 않고 유대인이 그 자녀에 관하여 가졌던 증거가 우리에게는 금지된다면, 그리스도의 오심은 하나님의 자비하심이 과거 유대인에게보다 우리에게 덜 친숙함을 의미하게 될 것이다. 주님의 무한한 선하심이 예수 그리스도를 통해 그 어느 때보다도 세상에 풍성하게 나타나고 빛나게 되었거늘, 그런 발언이 예수 그리스도를 반드시 크게 모독할 수밖에 없다면, 하나님의 은혜가 율법의 그늘 아래 있었을 때보다 더 가려지거나 덜 확실해진다는 사실을 우리는 인정해야만 한다.

아이들을 영접하신 예수마 19:13-15

그렇기 때문에 우리 주 예수 그리스도는, 아버지의 호의를 제한하기보다는 더욱 많이 얻게 하러 오셨음을 보이시기 위해, 사람들이 자기에게 데려온 아이들을 친절하게 맞이하고 안아 주셨으며, 아이들을 막으려 했던 제자들을 꾸짖으셨다.마 19:13-15 천국에 속한 자들이 그 나라로 가는 길이요 통로이신 분에게 다가오지 못하도록 제자들이 막으려 했기 때문이다. 다만, 예수께서 아이들을 안아 주신 것이 어떤 방식으로 세례와 닮았느냐고 물어볼 사람도 있을 것이다. 예수께서 아이들에게 세례를 주셨다고 하지 않고, 그들을 환영하시고 안아 주시며 그들을 위해 기도하셨다고 하기 때문이다. 우리가 주님의 모범을 따라야 한다면, 유아에게 세례를 베풀지 말고 기도를 해주어야 한다. 그리스도께서 그렇게 하셨기 때문이다.

이제 우리는 성경의 뜻을 이 사람들보다 좀 더 신중하게 헤아려 보아야 한다. 예수 그리스도께서 사람들이 아이들을 자기에게로 데려오기 바라신 것은 전혀 문제가 아니다. 그리스도는 그 이유를 "천국이 바로 그런 자들의 것"이기 때문이라고 말씀하신다. 그런 다음 더 나아가 그들을 안고 그들을 위해 기도해 주심으로써 자기의 뜻을 구체적으로 이루신다. 아이들을 예수 그리스도께 데려오는 것이 타당하다면, 그리스도께서 우리와 그의 교제를 알리려 사용하시는 외적인 표징인 세례를 아이들에게 허락하지 못할 이유가 무엇인가? 천국이 이런 어린이들의 것이라면, 우리가 교회로 들어와 하나님 나라의 상속자임을 나타내라는 뜻으로 부여받은 표징이 왜 어린이들에게 금지되어야 하는가? 주님께서 부르시는 사람들을 돌려보낸다면, 우리는 참으로 사악한 자가 되지 않겠는가? 주님께서 그들에게 주시는 것을 우리가 막겠는가? 주님께서 그들에게 열어 주시는 문을 우리가 닫겠는가? 예수 그리스도께서 하신 일과 세례를 구별하는 문제에 있어서 우리는 무엇을 더 중요하게 생각해야 하는가? 그리스도께서 아이들을 맞으시며 그들이 그의 것임을 보이시려 성별의 표징으로 안수하시고 그들을 위해 기도하셨다는 사실인가, 아니면 아이들이 그 언약에 속했음을 우리가 세례에서 증거한다는 사실인가?

그들이 이 구절을 완전하게 설명한다면서 내세우는 핑계거리들은 정말이지 하찮다. 예수께서 "그들이 오게 하라"고 말씀하셨기 때문에 이들이 이미 다 자란 아이들임을 증명하려는 노력은, 그들을 부모에게 안긴 채로 가야 했던 "작은 유아들"로 묘사하는 성경에 명백히 반한다. 따라서 "오다"라는 단어는 "접근하다"는 뜻으로만 이해될 수 있을 뿐이다. 이것이 바로 진리를 완고하게 반대하는 자들이 매 음절마다 핑계거리를 찾으며 자기 입장을 바꾸는 방식이다. 또 다른 자들은 성경이 천국이 어린이들의 것이라 말씀하지 않고 "이들과 같은 자들"의 것이라 말씀한다고 주장하는데, 이것 역시 대충 얼버무리려는 시도일 뿐이다. 만약 그러하다면, 우리 주님께서 어린이들이 자기에게 접근해도 좋다고 선언하실 만한 동기가 대체 무엇이겠는가? 주님께서 "어린이들이 내게 오는 것을 허락하라"고 하실 때는 미숙한 연령의 유아들에 관해 말씀하신 것이 매우 분명하다. 그러실 만한 이유가 있음을 나타내기 위해 주님은 "천국이 바로 그런 자들의 것이니라"고 덧붙이신다. 그들은 이 말씀에 포함되었음이 분명하다. 따라서 우리는 "그런 자들"은 다음과 같이 설명해야 한다. "천국이 바로 그들의 것이요, 그들과 같은 이들의 것이다."

유아 세례에는 매우 분명한 성경의 승인이 있으므로 그것은 결코 인간이 경솔하게 고안한 것이 아님을 이제 모두가 알 수 있다. 또한 사도들이 어린이에게 세례를 베풀었다는 성경의 증거가 전혀 없다는 일부 사람들의 반박에도 명확한 실체가 없다. 비록 그에 대한 구체적인 언급이 없다는 것을 우리도 인정하지만, 이것이 곧 사도들이 어린이에게 세례를 베풀지 않았음을 의미하는 것은 아니다. 성경에서 한 가족이 세례를 받았다고 할 때 결코 어린이가 배제되지 않기 때문이다. 이와 같은 주장은, 우리가 사도 시대에 여성이 성찬식에 참여했다는 성경 기록을 읽지 못하기 때문에 여성은 주님의 성찬에 허락받지 못했음이 분명하다는 견해에 대해서도 쓰일 수 있을 것이다. 그러나 우리는 그런 사안들에 있어서 마땅히 지켜야 할 믿음의 규칙을 따름으로써, 성찬 제도가 여성에게 적합한지 여부와 주님의 뜻에 따라 성찬이 여성에게 허용되어야 하는지 여부를 숙고할 것이다.

우리는 세례에 대해서도 똑같이 한다. 우리는 세례가 누구에게 제정되었는지에 관해 질문함으로써, 세례는 어른 못지않게 유아의 것이기도 함을 알게 되기 때문이다. 그러므로 유아에게 세례가 금지된다면, 우리는 감히 주님의 목적을 좌절시키게 될 것이다. 어쨌든 이 비판자들은 유아 세례가 사도 시대 한참 이후에야 제정되었다는 새빨간 거짓 주장을 퍼뜨리고 있다. 그러나 초기교회 시대 이래로 모든 역사적 기록은 사도 시대에 유아 세례가 시행되었음을 분명하게 증거한다.

유아 세례의 유익

이제 유아 세례의 시행이 신자와 어린이 자신에게 어떤 유익을 주는지 입증할 일만 남았다. 어떤 사람들은 유아 세례를 무익하고 하찮은 것으로 치부하는데, 이 점에 있어서 그들은 애석하게도 착각에 빠져 있다. 그 과정에서 그들이 주님께서 제정하셨고 세례와 동등한 가치와 중요성을 지닌 할례 제도를 한낱 조롱거리로 삼았다면, 그들의 무모함과 성급함을 억제해야 할 이유가 충분하다. 그들은 스스로 납득할 수 없는 것이면 무엇이든지 다 자기의 육체적 이성으로 어리석고 불합리한 것으로 정죄하기 때문이다.

그러나 우리 주님은 그들의 아둔함과 오만함을 낮추실 훨씬 더 나은 방안을 마련하셨다. 주님은 그분이 정하신 제도의 유용함이 드러나지 않을 정도로 그분의 목적을 숨기지 않으셨기 때문이다. 유아에게 주어진 표징은, 주님께서 신자에게 주신 약속, 곧 그분이 그 자비하심을 신자에게만 아니라 그의 자녀와 후손 천 대에 이르기까지 베푸시겠다는 약속을 확증하고, 어떤 의미에서는 비준도 해주는 인장이다.출 20:6 여기서 하나님의 선하심이 증거되는데, 그 증거의 목적은 두 가지다. 첫째, 하나님의 이름이 높여지고 칭송받으시기 위해서다. 둘째, 신자가 주님께서 자신만 아니라 그의 자녀와 후손까지도 자비로 돌보신다는 사실을 알고서, 위안을 얻고 더욱 권면을 받아서 자신을 하나님께 온전히 헌신하기 위해서다. 그러나 이 약속이 우리에게 우리 자녀의 구원을 보장해 줄 정도로 충분하다고는 말할 수 없다. 하나님은 다르게 판단하셨다. 하나님은 우리 믿음의 연약함을 아시고, 유아 세례를 우리 믿음을 붙잡아 주는 수단으로 택하셨다. 그러므로 자기 후손에게 자비를 베푸시겠다는 하나님의 약속을 확고한 믿음으로 의지하는 모든 사람은 의무적으로 자기 자녀를 드려서 하나님의 자비의 표징을 받아야 한다. 그럼으로써 주님의 언약이 자기 자녀의 몸에 봉인됨을 보며 위로와 힘을 얻어야 한다.

자녀 역시 그리스도의 교회가 그들을 그 몸의 지체로 인정하며 더욱 특별한 관심을 가진다는 유익을 얻는다. 자녀가 성인이 되면, 그들이 알기도 전에 자신을 그들의 아버지로 선언하시며 그들을 모태에서부터 맞이하여 자기 백성의 무리로 들어오게 하신 주님께 더 준비된 봉사를 할 기회를 얻는다. 마지막으로, 우리가 우리 자녀를 언약의 표징으로 표시하는 일을 경멸하면, 주님께서 이에 대해 보응하신다는 위협을 우리는 언제나 두려워해야 한다. 그렇게 함으로써 우리가 주님께서 우리에게 베푸시는 은혜를 거절하기 때문이다.

할례에 대한 거짓 견해 반박

자, 악령이 하나님의 말씀보다 전혀 더 나아가고 싶지 않다는 핑계를 대면서 오히려 많은 사람들을 오류와 속임수로 얽어매려 했던 주장들을 다루어 보자. 마귀가 그동안 주님의 교회에서 항상 경건하게 준수되어 온 (따라서 바르고 적절했던) 주님의 이 거룩한 제도를 타도하려 사용하는 모든 계략에 과연 어떤 위력이 있는지 따져 보자. 하나님의 확실한 말씀을 반대하는 마귀에게 충동된 많은 사람들은, 할례와 세례가 비슷하다는 우리의 주장에서 강한 영향을 받은 나머지 크게 위축되었다. 그래서 그 둘에 아무런 공통점이 남아 있지 않다고 할 수 있을 정도의 큰 차이점들을 찾아내려 애쓴다.

그들의 견해에 따르면, 할례와 세례에는 다음과 같은 차이점들이 있다. 첫째, 상징적으로 표현된다는 데 차이가 있다. 둘째, 언약이 전혀 동일하지 않다. 셋째, "어린이"라는 단어는 다른 방식으로 해석되어야 한다. 그들은 첫 번째 차이점을 증명하기 위해서, 할례는 세례를 상징하지 않고 죽음을 상징했다고 주장한다. 이 점에 있어서라면 우리는 흔쾌히 동의한다. 그것이 우리를 위한 승리이기 때문이다. 우리의 정직한 의도에 대한 증거로서, 할례와 세례가 똑같이 죽음을 나타낸다는 사실을 가능한 한 가장 단순한 용어로 진술해 보자. 그렇게 함으로써 할례가 유대인에게 뜻했던 의미와 동일한 의미를 세례가 그리스도인에게 뜻하기 때문에 세례가 할례를 대체했다는 결론에 이르도록 해보자.

두 번째 차이점에 관해서, 그들은 단 한 구절만 아니라 성경 전체를 처음부터 끝까지 잘못된 해석으로 파괴함으로써 그들의 정신착란이 얼마나 심각한지를 드러낸다. 그들은 우리에게 유대인을 단지 이 지상의 삶과 한낱 즉각적이고 썩어질 복에 대한 약속만을 위해서 하나님과 언약을 맺은 육신적이고 짐승 같은 민족으로 묘사한다. 그렇다면, 우리 주님께서 유대 민족을 여물통의 먹이로 사육하시다가 영원히 멸망하도록 내버리시기로 결정했다는 말밖에 안 되지 않는가? 우리가 할례와 그에 수반되는 약속들을 제시할 때마다, 그들은 즉시 그 표징은 문자적이고 약속들은 육신적이라고 반박한다. 할례가 진정 문자적인 표징이었다면, 세례도 마찬가지다. 골로새서 2장에서 바울은 둘 중 어느 하나가 다른 하나보다 더 영적인 것이라고 주장하지 않기 때문이다. 그는 "우리가 우리 육신에 거하는 죄 덩어리를 벗을 때에 우리는 그리스도 안에서 손으로 하지 아니한 할례를 받나니, 곧 그리스도께 속한 할례니라"고 기록한다. 그런 다음 "우리는 세례로 그리스도와 함께 장사되었다"라고 선언함으로써 그의 진술을 명확히 한다.[골 2:11-12] 이것은 바로 세례와 할례가 동일한 진리를 나타내므로 세례의 목표는 곧 할례의 목표라는 뜻이지 않은가? 바울의 목표는 예전에 유대인에게 할례가 있었듯이 그리스도인에게는 세례가 있음을 증명하는 것이다. 그러나 우리는 이 두 표징에 첨부된 약속들 및 이 두 표징이 상징하는 신비들이 정확히 동일하다는 것을 이미 충분히 설명했기 때문에, 이 문제에 대해서는 더 이상 깊이 다루지 않기로 하겠다. 우리가 할 수 있는 일은, 어떤 표징에 담긴 모든 것이 영적이고 천상적인 것일 때 과연 그 표징이 육신적이고 문자적인지 그렇지 않은지 여부를 신자들에게 결정하도록 권하는 것이 전부다.

하지만 그들은 자기들의 거짓말에 약간의 신빙성을 주기 위해 몇몇 구절에 호소하기 때문에, 우리는 그들이 제기하는 문제들을 세 개의 단어로 해결할 것이다. 우리 주님께서 구약에서 자기 백성에게 하신 약속들, 곧 그분이 자기 백성과 맺으신 언약을 구성하는 주요한 약속들은 영적인 것으로서 영원한 생명에 관계된 것임이 분명하다. 마찬가지로 족장들은 그 약속들을 영적으로 해석함으로써 미래의 영광에 대한 소망에 완전히 사로잡혀 있었다. 그러나 우리는 하나님께서 이런 영적 약속들을 확증하시기 위해, 이 약속들에 대한 그분의 선의를 다른 물질적이고 지상적인 약속들로 증거하셨음을 부정하지 않는다. 그러므로 우리는 하나님께서 그분의 종 아브라함에게 영원한 복을 약속하신 다음, 가나안 땅의 약속을 덧붙이심으로써 그에 대한 그분의 은혜와 호의를 분명히 하셨음을 발견한다.[창 15:1, 18] 이것이 우리가 유대인에게 약속된 모든 지상의 복을 이해하는 방법이 되어야 하며, 이와 함께 영적 약속들은 언제나 다른 모든 것이 관련되는 토대와 정점으로서 우선권을 갖는다.

구약 시대의 자녀와 신약 시대의 자녀 사이의 차이점에 관한 그들의 주장을 살펴보자. 그들은 당시 아브라함의 자녀는 아브라함의 육신적 후손이지만 지금은 아브라함의 믿음을 따르는 자들이고, 따라서 당시 할례를 받았던 미숙한 연령의 아이들은 지금은 하나님의 말씀으로 불멸의 생명으로 다시 태어난 영적인 아이들을 미리 형상화한다고 생각한다. 여기서 우리는 진리의 작은 불꽃을 본다. 하지만 이 가엾고 아둔한 자들은 얼마나 잘못되고 말았는가! 그들은 어떤 것을 읽은 다음 남아 있는 것이 무엇인지 사색할 지혜도 없고, 모든 관련 사실을 분별하고 조화시킬 판단력도 없다. 우리는 아브라함의 육신의 씨가 믿음으로 그와 하나된 영적인 자녀를 잠깐 동안 대신했음을 기꺼이 인정한다. 비록 우리가 아브라함에게 육신적으로는 연결되어 있지 않지만, 우리는 그분의 자녀라고 불리기 때문이다. 그러나 그들이 의도하는 의미가—사실상 그들이 주장하듯이—우리 주님께서 아브라함의 육체적 씨에 그분의 영적인 복을 약속하시지 않았다는 것이라면, 그들은 상당히 잘못 알고 있는 것이다.

그러므로 우리가 성경의 인도를 받아 얻게 되는 올바른 이해는 다음과 같다. 주님께서 아브라함에게 하신 약속은, 세상 모든 민족이 복을 얻을 씨앗을 그에게서 나오게 하시겠다는 것이다. 주님은 아브라함에게 자신이 그의 하나님이 되시고 그 후손의 하나님이 되실 것을 확신시키셨다. 믿음으로 예수 그리스도를 받는 모든 사람은 이 약속의 상속자이며, 따라서 아브라함의 자녀라고 불린다.

믿음만이 유대인과 이방인을 아브라함의 자녀로 삼는다

예수 그리스도가 부활하신 후, 하나님의 나라는 모든 곳에서 공평하게 선포되고 모든 민족과 나라에 길을 열어 줌으로써, 그분의 말씀대로 동과 서에서 온 신자들이 천국에서 아브라함과 이삭과 야곱과 함께 앉게 했다.[마 8:11] 그럼에도 앞선 시대 전체에 걸쳐 우리 주님은 그 자비하심을 그분의 왕국과 그분의 특별한 백성과 그분 자신의 소유라 부르신 유대인에게만 제한적으로 베푸셨다.[출 19:5, 신 7:6] 주님은 이 나라에 은총을 베푸시기 위해 유대인에게 할례를 받으라고 명령하셨다. 이 할례는 주님께서 자기가 유대인의 하나님 되심을 선언하고, 그들을 자기의 보호 아래 두시며 영원한 생명으로 이끄시겠다는 표징이었다. 그래서 바울은 이방인이 유대인처럼 아브라함의 자녀임을 증명할 때, 이와 같이 말한다. "아브라함은 할례를 받기 전에 믿음으로 의롭다 하심을 얻었고, 이후에 그 의의 인장으로서 할례를 받았으니 이는 그가 할례 받지 않은 신자들의 아버지뿐만 아니라 할례 받은 자들의 아버지도 되기 위함이라. 즉, 할례만 받고 그 외에는 아무것도 받지 않은 자들이 아니라 아브라함이 가졌던 믿음을 따르는 자들의 아버지가 되기 위함이라."[롬 4:10-12]

바울이 유대인을 동일하고 동등한 가치를 지닌 자들로 여기고 있음이 매우 명백하지 않은가? 우리 주님께서 정하신 기간 동안 아브라함은 할례 받은 신자들의 아버지였다. 사도가 말하듯이, 가르는 벽이 허물어져 하나님의 나라에 들어가지 못하던 자들이 들어가도록 허락되었을 때,엡 2:13-14 아브라함은 비록 그들이 할례 받지 않은 사람들이었으나 그들의 아버지도 되었다. 세례가 그들에게는 할례로 간주되었기 때문이다. 아브라함은 "할례만 받고 그 외에는 아무것도 받지 않은 자들"에게는 아버지가 아니라고 바울이 구체적으로 말할 때, 그는 유대인이 외적인 의식에서 가졌던 공허한 확신을 좌절시킨다. 오직 물에 관해서만 신경 쓰는 자들의 오류를 반박하기 위해 세례에 대해서도 똑같이 말할 수 있을 것이다.

아브라함의 진정한 자녀는 육신에 속하지 않으며, 오직 약속의 자녀인 자들만이 아브라함의 씨에 속한 것으로 간주된다고 사도가 말할 때, 그가 달리 무엇을 의미하겠는가?롬 9:7-8 이렇게 말하면서 바울은 아브라함의 육신적 후손에게서 얻을 것은 아무것도 없다고 참으로 암시하는 것 같다. 여기서 우리는 바울의 의도를 주의 깊게 살펴야 한다. 하나님의 은혜가 아브라함의 씨에만 국한되지 않는다는 것, 그래서 육신적인 사상은 그 자체로 아무 가치가 없다는 것을 유대인에게 증명하기 위해, 바울은 로마서 9장에서 이스마엘과 에서의 사례를 인용한다. 비록 그들은 아브라함의 후손이지만 외인으로 거절당했고, 복은 이삭과 야곱에게로 와서 머물렀다.롬 9:6-13 그래서 바울은 구원이란 하나님께서 누구에게든 그분의 뜻대로 베푸시는 자비에 달려 있다고 결론을 내린다.롬 9:15-16 그러므로 유대인은 그들이 하나님의 말씀에 순종하지 않는다면, 하나님의 교회에 속한다고 자랑해서는 안 된다. 그러나 바울은 유대인의 공허한 자랑을 꾸짖으면서도, 아브라함과 그의 씨와 맺어진 언약은 무효로 되지 않고 여전히 중요한 것임을 알고 있었다. 그래서 바울은 로마서 11장에서 진술하기를, 그 언약은 경멸되어서는 안 되며, 유대인은 그들 스스로 배은망덕하여 복음에 대해 자격 없는 자가 되지 않는다면 복음의 직접적이고 본래적인 상속자라고 한다. 바울은 유대인의 불신이 무엇이든 상관없이, 그들이 나온 거룩한 그

루터기 때문에 그들을 언제나 거룩하다고 일컫는다. 또 바울은 유대인이 그들의 뿌리에서 자연스럽게 나온 가지들임에 비하여 우리는 나중에 그 뿌리에 접붙여진 가지들이기 때문에 미숙아라고 선언한다.롬 11:16-20

그렇기 때문에 복음은 주님의 가정의 장자와 같은 유대인에게 먼저 선포되어야 했고, 그들이 복음을 거절할 때까지 이 특권을 갖는 것은 당연했다. 아무리 유대인이 복음에 저항하는 것 같아 보이더라도, 우리는 그들을 경멸해서는 안 된다. 우리는 주님의 선하심이 약속으로 말미암아 그들 위에 여전히 머물고 있을 것이라 기대해야 한다. 바울은 "하나님의 은사와 부르심에는 후회가 없다"고 확언하면서,롬 11:29 하나님의 선하심이 그들에게서 결코 떠나지 않으리라는 증거를 주기 때문이다. 이것이 바로 하나님께서 아브라함의 후손을 위해 아브라함에게 하신 약속의 중요성이다.

할례에 덧붙여진 약속은 여전히 유효하다

결과적으로, 천국의 상속자들을 천국에 전혀 참여하지 못하는 자들로부터 구별함에 있어서 오직 주님의 선택만이 결정적이기는 하지만, 이 선하신 하나님은 아브라함의 후손에게 그분의 특별한 자비를 베푸시되 그 자비를 할례로 증명하고 인증하기로 선택하셨다. 이제 그리스도인의 경우도 똑같이 생각할 수 있다. 바울이 이 구절에서 유대인이 그들의 조상과 기원에 의해 성별되었다고 묘사하듯이, 그리스도인의 자녀도 그들의 부모에 의해서 성별된다고 선언하기 때문이다.고전 7:14 이것이 곧 그 자녀가 여전히 부정한 자들과 떨어져 있어야 하는 이유다. 이를 통해 우리는 우리의 반대자들의 거짓된 주장을 쉽게 간파할 수 있다. 그들은 할례를 받은 미숙한 연령의 자녀는 단지 하나님의 말씀을 통해 다시 태어난 영적 자녀를 상징적으로 나타낸다고 말한다. 그러나 다음과 같은 바울의 진술은 보다 겸손한 견해를 피력한다. "예수 그리스도께서 유대 민족을 섬기심은 그들의 조상에게 주어진 약속을 확증하시기 위함이니라."롬 15:8 바울은 이 사실을 이런 식으로 말할 수 있었을 것이다. "아브라함과 조상들에게 주어진 약속은 그들의 후손인 예수 그리스도께 해당하나니, 이는 예수 그리스도께서 아버지의 말씀을 이루시기 위하여 이 민족에게 오셔서 구원으로 이끄심이라."

그래서 바울은 그리스도의 부활에 이어서 그 약속이 문자적으로 성취될 것이라고 계속 믿는다. 베드로는 사도행전 2장에서 약속이 유대인과 그 자녀들에게 속한다고 유대인을 향해 말할 때 정확히 똑같이 말한다. 또 사도행전 3장에서 베드로는 계속해서 이 약속을 염두에 두고서 그 유대인을 자녀, 곧 언약의 상속자로 부른다.[행 2:39, 3:25] 바울은 위에서 인용한 구절에서 이 점을 다시 분명하게 증명한다. 거기서 바울은 유아에게 시행된 할례를 그리스도와 나누는 영적 교제의 표지로 묘사한다.[엡 2:11-12] 주님께서 자기 백성에 대한 사랑으로 그 자녀들에게 천 대까지 자비를 베푸실 것을 선언하실 때,[출 20:6] 그 백성에게 율법 안에서 주신 약속을 우리가 무엇이라 말할 수 있을까? 그 약속이 폐지되었다고 말할 것인가? 그것은 그리스도가 오셔서 이루신 하나님의 율법을 폐하는 일이 될 것이다. 이 율법이 우리의 선과 구원을 위해 일하기 때문이다.

우리의 할례 교리에 대한 추가적 반론들

우리의 비평가들이 할례와 세례를 구분한다며 주장하는 다른 차이점들은 매우 어리석고 부적절하며, 심지어 서로 모순된다. 그들은 세례가 그리스도인의 싸움의 첫째 날에 속하고 할례는 여덟째 날에 속한다고 묘사한다. 곧이어 일단 죽음이 완료되면, 그들은 할례가 죄 죽음의 상징이고 세례는 우리가 죄에 대하여 죽었을 때 장사 지내는 것이라고 덧붙인다. 어떤 미치광이도 그렇게 뻔한 자가당착에 빠지지 않을 것이다! 한 진술에 따르면 세례가 할례에 앞서야 하고, 다른 진술에 따르면 세례가 할례 다음에 이어져야 한다. 이 불일치는 우리에게 그다지 놀랍지 않다. 인간의 지성은 허구와 몽상적 환상에 깊이 몰입하기 마련이고, 흔히 그런 종류의 불합리함에 빠져들기 때문이다.

그러므로 우리는 그들이 규정하는 이 두 가지 차이점 중 첫 번째가 완전한 환상이라고 주장한다. 이것은 여덟째 날을 풍유적으로 해석하는 방법이 아니다. 초대 교부들이 그랬듯이 생명의 갱신이 여덟째 날 일어난 그리스도의 부활에 의존했음을 보이기 위함이라고 설명하거나, 현재의 생명이 지속되는 동안 마음의 할례가 지속되어야 함을 보이기 위함이라고 설명하는 편이 훨씬 더 나을 것이다.[10] 그렇다 하더라도 이 특별한 날을 구체적으로 명시하실 때 주님은 자녀들의 연약함을 고려하셨을 것 같다. 주님은 그분의 언약을 자녀들의 몸에 새겨 넣고자 이 기간을 정하심으로써 그 자녀들의 생명이 위험에 처하지 않을 만큼 그들을 충분히 강해지게 하셨기 때문이다.

그들이 설명하는 두 번째 차이점은 더 이상 확실하지 않고 어떤 실체도 없다. 우리가 죽음 이후로 세례를 통해 장사된다고 하는 말은 얼토당토않다. 성경이 가르치듯이, 오히려 우리는 죽음을 당하기 위해 장사된다.고전 6:4

마지막으로, 그들의 주장에 따르면, 우리가 할례를 세례의 기초로 여긴다면 남자만 할례를 받았으므로 여자는 세례를 받지 말아야 한다. 그들이 할례의 적절성을 진지하게 고려한다면 이런 하찮은 주장을 그만둘 것이다. 주님은 이 표징으로 이스라엘의 씨의 성별됨 보여주시기 때문에, 이 표징은 남성뿐만 아니라 여성에게도 적용되었으나 여성의 신체적 특징 때문에 시행되지 못했음이 확실하다. 그래서 주님은 남자가 할례를 받아야 한다고 명령하실 때 여자도 함께 포함시키셨다. 말하자면, 여자는 자기 몸에 할례를 받을 수 없어도 할례 받는 남자의 동반자이기 때문이다. 그러므로 이 모든 어리석은 환상이 마땅히 거부되고 제거된 조건에서, 우리는 세례와 할례가 그 내적인 신비와 약속과 사용과 효용 면에서 영원히 유사한다고 주장한다.

유아 세례: 영적 성숙의 문제

다음으로, 그들은 유아는 세례가 나타내는 신비를 이해할 수 없기 때문에 세례를 베풀지 말아야 한다고 주장한다. 세례란 아주 어린 아이들에게서는 찾을 수 없는 영적 중생을 의미한다고 그들은 말한다. 이에 따라 그들은 유아가 두 번째 출생에 이를 정도로 성숙하기까지 아담의 자녀로 남을 수밖에 없다는 결론을 내린다. 하지만 그 모든 주장은 하나님의 진리에 대한 사악한 부정이다. 아이들을 아담의 자녀로 남겨 두는 것이 문제라면, 우리는 그들을 죽음에 내맡기고 있는 셈이다. 아담 안에서는 우리가 오직 죽을 수밖에 없다고 기록되어 있기 때문이다.고전 15:22

반면, 예수 그리스도는 우리에게 아이들을 자기에게 오게 하라고 말씀하신다. 왜 그런가? 예수 그리스도는 생명이시기 때문이다. 그래서 그리스도는 아이들이 자기에게 참여하도록 허락하심으로써 그들에게 생명을 주려 하신다. 그러나 이 사람들은 아이들이 죽음에 남을 것이라고 선언하며 예수 그리스도의 뜻을 거슬러 투쟁한다. 그들이 비록 아이들이 아담의 자녀로 남을지라도 아이들이 멸망한다는 뜻으로 한 말은 아니라고 얼버무린다면, 성경은 그들의 오류를 충분히 밝혀 준다. 성경은 아담 안에서 모두가 죽고, 우리는 오직 그리스도를 통해서만 생명의 소망이 있다고 말하기 때문이다. 이것이 바로 우리가 생명의 상속자가 되려면 예수 그리스도께 참여해야 하는 이유다. 성경은 또한 말하기를, 다른 한편으로는 우리가 천성적으로 모두 하나님의 진노 아래 있으며,엡 2:3 죄 중에 잉태되어 언제나 그 죄로 인해 저주를 받는다고 한다.시 51:5 그렇다면, 이것은 우리가 하나님의 나라에 참여하기 위해서 우리 본성에서 벗어나야 함을 뜻한다. "살과 피는 하나님의 나라를 얻지 못할 것이라"고전 15:50는 말씀보다 더 명백한 진술이 있을 수 있는가? 따라서 우리가 중생 없이는 불가능한 하나님의 상속자가 되기 위해 우리의 모든 것이 멸망해야 한다. 한마디로 말해서, 자기가 생명이라는 그리스도의 주장은 영원히 진실이다.요 14:6 그러므로 죽음의 속박에서 벗어나려면 우리는 그리스도 안에서 발견되어야 한다.

그들은 "하지만 어떻게 선악을 전혀 모르는 유아가 다시 태어날 수 있느냐"고 묻는다. 비록 하나님의 일이 우리에게 신비롭고 이해할 수 없는 것이라 하더라도, 그것이야말로 조건에 상관없이 성취되는 하나님의 일이라고 우리는 대답하겠다. 주님께서 유아를 구원하려 하신다면, 그분이 유아를 중생하게 하신다는 사실은 너무나 분명하다. 유아가 부패한 상태로 태어난다면, 부정한 것이 전혀 들어갈 수 없는 천국에 그들이 들어가기 전에 그 부정함에서 정결해져야 한다. 다윗과 바울이 증거하듯이, 유아가 죄인으로 태어난다면[시 51:5, 엡 2:3] 하나님께 받아들여지기 위해 의롭게 되어야 한다. 그러나 우리가 주님의 나라에 들어가려면 다시 태어나야 한다고 주님께서 친히 선포하실 때,[요 3:3] 이 모든 세부 사항의 요점은 무엇인가? 주님께서 반대자들을 잠잠케 하시기 위하여 세례 요한의 사례를 통해 증명하셨듯이, 그분은 요한을 그 모태에서부터 성별하신 것처럼 다른 사람에게도 똑같이 행하실 수 있다.[눅 1:15]

어떤 사람들은 이것이 한 번 일어나면 언제나 그래야 한다고 말할 수 없다며 반박한다. 우리는 이 하찮은 반론 역시 받아들이지 말아야 한다. 따라서 우리는 과거에 하나님께서 아이들에게 나타내신 권능을 제한하고 싶어 하는 자들이 사악하다고 강력히 주장하면서 그들과는 다른 방식의 논증을 전개하겠다. 그들이 하는 또 다른 불평 역시 완전히 무의미하다. 그들은 성경이 "어린 시절부터 줄곧"이라는 뜻으로 "모태로부터"라는 표현을 사용한다고 주장한다. 그러나 천사가 스가랴에게 말할 때, 요한이 아직 어머니의 태 속에 있는 동안 성령으로 충만해질 것임을 스가랴가 알게 되리라는 뜻으로 말했음이 아주 분명하다. 따라서 주님은 그분이 요한을 성별하셨던 것처럼, 자기가 원하는 자들을 반드시 성별하실 것이다. 그분의 팔이 짧지 않기 때문이다.

사실 예수께서 유년기에 성별되셨듯이, 모든 연령대의 사람이 그리스도 안에서 그 선하신 뜻에 따라 성별될 수 있게 된 것도 바로 이 때문이다. 그리스도는 죄가 자행된 바로 그 육체에서 죄를 속하시기 위해, 그가 구원하시려는 우리 자신의 본성으로 모든 의와 순종을 이루시기 위해, 단지 죄만 없으신 채로 온전히 우리와 같은 살과 몸을 취하셨다. 그럼으로써 온유함과 불쌍히 여기는 마음으로 우리를 즉각적으로 지탱해 주실 수 있게 되었다. 게다가 그리스도는 잉태된 순간부터 그 인성이 온전히 성별되셨고, 그렇게 우리와 인성을 공유함으로써 유아까지도 성별하실 수 있게 되었다. 이 두 가지 진리는 성경에서 충분히 증명된다. 첫 번째 진리에 관해서라면, 그리스도는 아브라함의 씨이자 다윗의 허리에서 난 열매로 불리며,갈 3:16, 행 2:30 심지어 이 두 사람의 아들로도 불린다. 이는 그리스도가 그들의 혈통과 후손에게서 나오셨기 때문이다. 그래서 바울은 그리스도가 육신으로는 유대인에게서 나오셨다고 선언한다.롬 9:5 또 다른 곳에서 우리는 그리스도가 천사의 본질이 아닌 인간의 씨를 취하신 것은, 그가 죄악을 제외한 모든 면에서 우리와 같이 되시기 위함이라고 읽는다.히 2:14, 4:15 그러므로 우리의 육체와 참된 인성 속에서 그리스도가 우리의 구속과 관련된 모든 것을 성취하셨음이 확실하다.

두 번째 진리에 관해서라면, 우리는 그리스도가 성령에 의해 잉태되어 그의 인성이 온전히 거룩해지신 것은 우리에게 그 성결의 열매를 부어 주시기 위함임을 알고 있다. 이제 예수 그리스도가 주님께서 그분의 자녀들에게 베푸시는 모든 호의의 모범이요 구현이라고 불릴 수 있다면, 하나님의 권능이 다른 사람들에게만큼 아주 어린 아이들에게도 결코 약해지지 않는다는 데 있어서 그리스도는 우리에게 예시가 되어 주신다.

어떤 경우에서든, 주님은 그분이 택하신 자들을 이 세상에서 데려가시기 전에 반드시 먼저 그분의 영으로 성별하시고 중생케 하신다는 것이 우리가 내려야 할 결론이다. 우리 대적들이 불멸의 씨앗 곧 하나님의 말씀으로 성취된 중생만이 진리라고 주장할 때, 우리는 그들이 베드로의 말을 오해하고 있다고 대답하겠다.벧전 1:23 하나님의 말씀은 복음의 가르침을 받은 자들에게만 들리기 때문이다. 물론 그들에게 하나님의 말씀은 언제나 영적 중생의 씨앗이다. 그렇다고 해서 이 때문에 유아가 주님의 권능으로 다시 태어날 수 없다고 유추하지는 못한다. 주님의 권능이 우리에게는 숨겨져 보이지 않지만, 그분께는 이 일이 아주 쉽고 아무 수고도 들지 않는다. 게다가 주님께서 어떤 식으로든 유아에게 자기를 계시하실 수 없다는 주장은 아주 위태롭고 의심스럽다.

하나님께서 아이에게 믿음을 주시는가?

그들은 "바울이 선언하듯이 믿음은 들음에서 나고,롬 10:17 아이들은 선과 악을 구별하지 못하는데, 어떻게 그럴 수가 있느냐"고 말한다. 여기서 바울은 주님께서 자기 백성을 믿음으로 인도하실 때 사용하시는 통상적인 수단에 관해서 말하고 있다. 바로 이 점을 알지 못한 것이 그들의 실수다. 주님께서 다른 수단을 사용하실 수 없다는 것이 아니다. 많은 경우에 그분은 실제로 그렇게 하셨다. 예컨대, 주님은 사람들에게 단 한 마디 말씀도 듣게 하지 않으시고도 그들의 내면에서 일하시면서, 그들이 주님의 이름을 알도록 인도하셨다. 그러나 그들은 모세가 말한 대로 이것이 아직 선과 악을 구별할 수 없는 아이의 본성에 어긋나는 일이라고 간주하기 때문에,신 1:39 나는 그들이 어떻게든 하나님의 권능을 축소시킴으로써 잠시 후 아이 속에서 완전하게 수행할 것을 지금은 부분적으로도 수행하지 못하게 하려는 이유가 무엇인지 묻고 싶다. 이는 생명의 충만함이 하나님에 대한 완전한 지식 안에서 발견된다면, 주님께서 이 세상에서 유아로 죽어 가는 어떤 이들에게 구원을 예비하시므로 그들이 하나님의 충만한 현현을 확실히 누릴 것이기 때문이다. 그들이 장래의 생명 안에서 그분의 현현을 완벽하게 즐긴다면, 여기서 그들이 그 현현을 조금도 맛볼 수 없다고 할 이유가 무엇인가?

우리는 하나님께서 유아 속에서 어떻게 일하시는지 모르기 때문에, 유아에게 믿음이 있다고 단언하고 싶은 것은 아니다. 다만 우리의 의도는, 스스로 몽매한 환상의 나래를 펴고서 자신의 취향대로 무엇이든 긍정하거나 부정하는 자들이 얼마나 주제넘고 뻔뻔한지를 보여주려는 것이다.

그들은 세례가 성경의 가르침대로 회개와 믿음의 성례라고 주장하며 우리를 계속 더욱 강하게 압박한다. 그러나 유아는 회개하고 믿기 어렵기 때문에, 세례를 유아에게 성례로 적용하기에는 적합하지 못하다. 그렇게 하면 세례의 의미를 완전히 없애기 때문이다. 그런 논증은 우리보다는 하나님의 규례를 상대로 싸움을 벌인다. 할례가 회개의 징표였다는 사실은 성경의 많은 증언들을 통해 명백해진다. 주로 예레미야 4장이 그러하다.[렘 4:4] 바울은 할례를 "믿음의 의의 성례"로 부른다.[롬 4:11] 그래서 우리는 하나님께서 할례를 유아에게 적용하신 이유를 설명해 주시기를 요청해야 한다. 동일한 설명이 세례와 할례 모두에 적용되기 때문에, 할례가 부당하게 시행되지 않았다면 세례가 시행되지 말아야 할 이유는 전혀 없다.

그들이 자기들이 흔히 대는 핑계들—예를 들어, 미숙한 연령의 유아가 중생한 하나님의 자녀를 상징적으로 나타낸다—에 의지하려 한다면, 그런 식의 발뺌은 그들에게 도움이 전혀 안 된다. 그래서 우리는 이에 관해서 다음과 같이 주장한다. 주님은 아무리 회개와 믿음의 성례라 하더라도 할례를 어린이에게 베풀기 원하셨다. 그렇기 때문에 중상모략을 하는 자들이 그런 규례를 시행한다는 이유로 하나님을 비난하려는 의도가 아니라면, 어린이가 세례 받는 데는 아무 지장이 없다. 단지 하나님의 진리와 지혜와 의가 그 행하시는 모든 일에서 그들의 광기와 거짓과 죄악을 혼란에 빠뜨릴 정도로 찬란한 광채를 뿜어낼 뿐이다. 비록 어린이가 당시에는 할례의 의미를 이해하지 못했지만, 그럼에도 그들은 자기의 부패한 본성의 내적 죽음을 위해 육체에 할례를 받았으며, 가장 어린 연령기에 그 죽음을 맞도록 교육받은 이후로 적당한 나이에 접어들면 그들 스스로 분별하여 적용할 수 있게 되었던 것이다.

우리는 이런 고찰을 통해 그들이 세례의 의미와 관련해 제시하는 본문들을 충분히 설명할 수 있다. 바울이 세례를 "중생의 씻음과 새롭게 됨"이라 부를 때,[딛 3:5] 그들은 세례가 중생과 새롭게 됨이 가능한 자들에게만 시행되어야 한다고 선언한다. 그러나 우리가 할 수 있는 대답은 한 가지다. 할례는 중생과 새롭게 됨의 징표이고, 따라서 여기서 현재 그 새롭게 됨을 경험하는 자들에게만 시행되어야 한다는 것이다. 그래서 그들 자신의 계산에 따라 하나님의 유아 할례는 어리석고 불합리한 것이 되고 만다. 그러므로 우리는 할례를 무너뜨리려고 활용되는 논쟁들 중 어떤 것도 받아들이지 않는다. 어떤 논쟁도 세례를 공격하는 데 사용될 수 없다.

세례 받기 전에 반드시 중생해야 하는가?

그들은 주님께서 세우신 것이라면 우리가 무엇이든 주어진 대로 받아들이되 그에 대해 무엇을 더 알아내려 하지 말고 건전하고 거룩한 것으로 여겨야 한다고 하면서도, 하나님께서 명시적으로 명령하시지 않은 일에 대해서는 경외심을 가질 의무가 없다고 냉소적으로 말한다. 여기서 그들이 대답해야 할 질문이 있다. 하나님께서 유아 할례를 바르게 제정하셨는가? 유아 할례가 바르게 제정되어서 그것을 반대할 불합리한 점이 전혀 없다면, 세례도 마찬가지다. 그러므로 우리는 그들의 이 주장에 대응하기 위해서, 중생과 새롭게 됨의 징표를 받지만 분별력이 생기는 연령에 이르기 전 이 세상을 떠나는 아이가 주님이 선택하신 사람이라면, 주님의 뜻에 따라, 우리가 찾을 수 없고 헤아릴 수 없는 주님의 권능에 따라 주님의 성령으로 중생하고 새롭게 된다고 말하겠다. 유아가 세례의 가르침을 받을 수 있는 연령에 이르면, 그들이 어린 시절부터 줄곧 지녀 온 표지가 알려 주는 중생을 어떻게 그들의 전 생애를 통해 숙고해야 하는지를 배우게 될 것이다.

이것이 바로 로마서 6장과 골로새서 2장에서 "세례를 통해 우리가 그리스도와 함께 장사된다"는 바울의 가르침을 이해하는 방법이다.롬 6:4, 골 2:12 바울은 이렇게 기록할 때, 이런 것들이 세례보다 선행되어야 함을 의미한 것이 아니다. 그는 단지 세례에 관해 교육되고 있는 것이 예전과 완전히 동일하게 제시될 수도 있고 학습될 수도 있음을 설명하고 있을 뿐이다. 이와 비슷하게, 모세와 선지자들은 비록 이스라엘 백성이 어렸을 때 할례를 받기는 했어도 그들에게 할례의 의미에 대해 설명했다. 그러므로 우리의 대적들이 세례가 상징하는 모든 것이 세례보다 선행되어야 한다고 결론지으려 한다면, 그들은 큰 잘못을 저지르는 셈이다. 이것들은 이미 세례 받은 자들에게 새겨져 있기 때문이다. 바울이 갈라디아 교인들에게 "세례 받은 우리 모두는 예수 그리스도를 입었다"고 한 발언에 대해서도 똑같이 말해야 한다.[갈 3:27] 그것은 참으로 맞는 발언인데, 이 발언의 목적이 무엇인가? 이는 그들이 세례 받은 이후로 그리스도 안에서 살기 위해서 한 발언이지, 그들이 이미 그리스도 안에서 살았기 때문에 한 발언은 아니다. 비록 성인은 그 표징의 의미를 이해하지 못하면 표징을 받아서는 안 되지만, 다른 곳에서 제시되듯이 유아의 경우에는 다른 고려 사항이 적용된다.[11] 따라서 그들이 제기하는 모든 주장은 누구나 볼 수 있듯이 성경에 대한 단순한 왜곡에 지나지 않는다.

세례는 나이와 무관하게 죄 사함을 위해 존재한다

그 외의 다른 주장들은 큰 어려움 없이 해결할 수 있기 때문에 간단히 다룰 것이다. 그들은 세례가 우리 죄의 사면이라고 주장한다. 이는 중대한 오류다. 그러면 예수 그리스도의 피는 어떻게 되는가? 오직 그리스도 안에서만 우리는 완전하고 충만한 씻음을 얻는다. 그들이 자신의 주장에 신빙성을 더하려고 툭하면 저지르는 오류 따위는 잊어버리자. 그 대신 성경에서 우리의 주장을 이끌어 내자.

세례는 우리의 죄가 용서됨을 증거한다. 이 점에 있어서는 저들을 인정한다. 그러므로 우리는 그 토대에서 세례가 유아에게 해당하는 이유는 유아가 죄인이어서가 아니라 유아의 더러움을 위한 용서와 사면이 필요하기 때문이라고 말하자. 주님께서 미숙한 연령의 유아에게 자비를 베풀기 원하신다고 증언하시는데, 어째서 우리는 그 자비가 뜻하는 것보다 더 적은 표징을 유아에게 금지해야 한다는 말인가? 따라서 우리는 그들 자신의 주장으로 그들을 반박하겠다. 세례는 죄 사함의 표징이다. 어린이도 그들의 죄를 용서받는다. 따라서 상징을 뒤따르는 표징이 어린이에게도 당연히 부여되어야 한다. 그러나 그들은 에베소서 5장의 "우리 주님께서 그의 교회를 물로 씻으심으로 생명의 말씀 안에서 깨끗하게 하셨다"는 기록을 들고나온다.엡 5:26 이것 역시 그들에게 불리하게 작용한다. 우리 주님께서 세례라는 표징으로 그 교회의 씻음을 증거하시고 확증하시고자 한다면, 유아가 하나님의 백성 중에 계수되고 천국에 속하기 때문에 그 교회에 속한다면, 유아는 그 교회의 다른 사람들과 함께 자신들의 씻음을 나타내는 징표를 받아야 마땅하다. 바울이 우리 주님께서 세례로 교회를 정결케 하셨다고 선언할 때, 그는 예외 없이 교회 전체를 포함하여 말하기 때문이다. 그들이 고린도전서 12장에서 인용하는 다음 본문에서도 비슷한 결론이 도출된다. "세례를 통해 우리가 그리스도 안으로 들어가도다."고전 12:13 유아가 그리스도의 몸에 속한다면, 이미 말한 것으로 분명해졌듯이, 유아는 그들의 다른 구성원과 결합하기 위해서 세례를 받는 것이 적절하다.

이것이 바로 우리의 대적들이 분별력 없이 부적절하고 완전한 무지함으로 수많은 성경 구절들을 두고서 우리와 격론하는 방식이다!

유아 세례와 성인 세례에서 반드시 필요한 구별

그들은 성경 연구를 통해 성인만이 세례 받을 수 있음을 보여주려고 계속 시도한다. 그들은 말하기를, 베드로는 주님께 돌아가고 싶은 자들이 자신들이 무엇을 해야 할지 물을 때, 회개하고 각자 자기의 죄 사함을 위한 세례를 받으라고 가르쳤다고 한다.행 2:37-38 마찬가지로 내시가 빌립에게 세례를 받아야 할지 물을 때, 빌립은 그가 온 마음으로 믿는다면 "받으라"고 대답한다.행 8:37 이로부터 그들은 세례가 오직 믿고 회개하는 자에게만 정해진다고 결론짓는다. 그러나 우리가 이 방식으로 논의를 계속해야 한다면, 첫 구절부터 믿음에 관한 말은 전혀 없기 때문에 회개만으로도 충분하다는 사실을 발견한다. 또 두 번째 구절부터는, 회개가 요구되지 않기 때문에 믿음만으로도 충분하다는 사실을 발견한다.

그들은 내게 말하기를, 한 구절이 다른 구절을 도우므로 이 두 구절이 제대로 이해되려면 결합되어야 한다고 할 것이다. 비슷하게 우리는 성경의 정확한 해석이 때로 문맥에 달려 있음을 감안하면서, 두 구절 전체를 조화시키기 위해 해석의 어려움을 해결해 줄 또 다른 구절을 수집할 필요가 있다고 주장한다. 그래서 우리는 주님께로 돌아가기 위해 무엇을 해야 할지 묻는 이 사람들이 이해력을 갖춘 연령대임을 주목한다. 그런 사람들의 믿음과 회개의 증거가 다른 사람들 중에서 가능한 정도로 충분하지 못하면 그들은 세례 받지 말아야 한다고 믿는다. 그러나 그리스도인 부모에게서 태어난 유아는 반드시 별도의 범주에 두어야 한다. 이것은 우리 나름의 공상을 바탕으로 만들어 낸 것이 아니다. 우리는 성경이 이를 확고히 승인했으므로 이렇게 구별한다.

고대에 한 사람이 살아 계신 하나님을 섬기기 위해 이스라엘 자손과 함께하기로 했다면, 그는 할례를 받기 전 먼저 율법을 받아들여야 했고, 우리 주님께서 그분의 백성과 맺으신 언약으로 교육을 받아야 했다고 우리는 판단한다. 그 사람은 천성적으로 이 성례를 지닌 유대 민족의 일원이 아니었기 때문이다. 아브라함의 경우, 주님께서 그에게 할례를 받게 하실 때 친히 그 이유를 설명하셨다. 주님은 아브라함에게 그분이 할례로 확증하기로 하신 언약에 관해 가르치셨다. 일단 아브라함이 그 약속을 믿고 나서야 주님께서 그를 위해 성례를 제정하신 것이다. 그렇다면, 아브라함의 아들 이삭은 표징을 전혀 이해하지 못한 채 받았는데, 어째서 아브라함은 믿고 나서야 비로소 그 표징을 받은 것일까? 주님의 언약에 아직 참여하지 않은 성인 남성은 그 언약에 들어가기 위해 먼저 그 언약을 알아야 하기 때문이다. 그에게서 난 아이는 계승권을 통해 언약의 상속자가 되므로, 자기 아버지에게 주어진 약속에 따라 그 언약의 의미를 모르고도 그 표징에 대한 당연한 권리를 가진다. 보다 간결하고 명확하게 말하면, 신자의 자녀는 하나님의 언약을 이해하지 못한 채 참여하기 때문에 그 표징을 빼앗겨서는 안 된다. 그 자녀는 하나님의 언약에 대한 권리를 가지나, 하나님의 언약을 반드시 이해해야 되는 것은 아니다. 비록 아브라함이 가르침을 받은 후에야 비로소 할례를 받았다 하더라도, 이것이 곧 아브라함 뒤에 올 자녀들이 스스로 할례를 받을 수 있을 때까지 교육 없이는 할례 받지 못하게 할 이유는 아니었기 때문이다.

그러므로 우리 주님은 이스라엘 민족에 속한 자녀들이 그분의 친자녀로 그분에게서 태어났다고 선언하신다.겔 16:20, 23:37 주님은 자신을 그들에게만 아니라 그들의 후손에게도 하나님이 되시기로 약속하신 자들의 모든 자녀의 아버지라고 여기시기 때문이다. 불신자에게서 태어난 불신자는 하나님에 대한 지식에 이르기까지는 언약과 무관한 사람이다. 그렇다면, 표징이 그에게 주어지지 않더라도 놀랍지 않다. 그것이 거짓으로 위장하고 있을 것이기 때문이다. 그래서 바울은 이방인들이 우상을 숭배하던 시절에는 그들에게 약속도, 언약도 없었다고 주장한다.엡 2:12

이제 이 문제는 우리에게 가장 분명해진 것 같다. 우리 주님께로 돌아가고 싶은 성인은 믿음과 회개 없이 세례에 받아들여져서는 안 된다. 그것이 바로 그들이 언약 속으로 들어가는 유일한 가입 조건, 곧 세례로 표시된 가입 조건이기 때문이다. 그리스도인에게서 태어난 아이들은 그 약속 덕분에 이 가입 조건을 자신의 유산으로 즐긴다. 그런 근거만으로도 이 아이들은 세례에 적합하게 받아들여진다. 요한에게 세례 받기 위해 자기의 허물과 죄를 고백했던 사람들에게도 마찬가지다. 우리가 따르고자 하는 바로 그 모범을 그들에게서 보기 때문이다. 유대인이나 튀르크인이나 이교도가 우리에게 다가온다면, 우리가 그를 제대로 가르치거나 우리가 만족스럽다고 인정할 형식으로 그의 고백을 받지도 않고 그에게 세례 베풀기를 거절할 것이기 때문이다.

요한복음 3:5에 대한 기만적인 호소

그들은 세례의 본질이 지금 여기서 중생을 요구하는 것임을 보여주기 위해, 요한복음 3장이 말씀하는 것에 대한 증명에 더욱 호소한다. "누구든지 물과 성령으로 다시 나지 아니하면, 하나님의 나라에 들어갈 수 없다" 요 3:5 그들은 이렇게 부르짖는다. "여기서 우리는 우리 주님께서 세례를 '중생'으로 부르시는 것을 본다. 어린이가 중생할 수 없다면, 어린이가 중생 없이 받을 수 없는 세례를 받는 것은 어떻게 정당할 수 있는가?"

우선, 우리는 그들의 거짓된 해석으로 성경을 이런 식으로 무너뜨리도록 허락하지 않을 것이다. 이 본문에서 주 예수 그리스도는 전혀 세례를 언급하시지 않고, 다만 육신적인 것에서 빌린 은유와 비교를 활용하여 영적이고 천상적인 것을 비유적으로 나타내실 뿐이기 때문이다. 그래서 그리스도는 지금 말씀하고 계신 니고데모에게 나중에 즉시 말씀하기를, 그가 지금까지 니고데모에게 지상의 것만을 논하였다고 하신다. 비록 그리스도는 숭고하고 영적인 문제에 관해 말씀하셨으나, 사람의 무지와 제한된 능력에 맞추어 그것을 육신적인 용어로 설명하고 논하셨기 때문이다. 그러므로 그리스도는 어떻게 사람이 하늘을 열망하지 않고 육체의 본성에 사로잡힌 채 땅을 선호하는지 설명하신 후, 물과 성령으로 얻는 중생을 가리켜 말씀하신다. 그럼으로써 그리스도는 사람이 자기의 가장 무거운 것을 벗어 버린 후 가볍고 고상한 본성으로 새로 지어져야 할 절실한 필요를 알려 주신다.

그들의 해석이 받아들여질 수 없는 또 다른 이유가 분명히 있다. 사실상 그들의 해석은 세례 받지 않은 모든 사람을 하나님의 나라에서 제외시킬 것이기 때문이다. 내가 보기에, 그들은 유아가 세례를 받아서는 안 된다는 견해에만 지나치게 사로잡혀 있다. 그렇다면, 우리의 신앙으로 제대로 교육을 받았으나 세례 받을 기회가 있기도 전에 죽은 아이에 대해서 그들은 과연 무엇이라 말할 것인가? 우리 주님은 "누구든지 그 아들을 믿는 자는 영원한 생명을 가지고 있으며 심판을 받지 아니할 것이요, 이미 사망에서 생명으로 옮겨 갔느니라"고 말씀하신다.[요 5:24] 주님은 그 어디에서도 세례 받지 않은 사람을 정죄하지 않으신다. 이 말은 세례가 무시되어야 할 것인 양 세례를 폄하하려는 의도로 하는 것이 아니다. 우리는 단지 세례 받을 길이 없던 사람이 절대 용서될 수 없을 정도로 세례가 본질적이지는 않다는 사실을 지적하고 싶을 뿐이다.

이와는 달리, 우리 비평가들의 해석에 따르면 그런 모든 사람은 아무리 예수 그리스도를 소유할 만한 믿음을 가졌다 하더라도 예외 없이 정죄를 받게 될 것이다. 그러나 이 해석과 무관하게 그들은 세례가 구원에 필수적이라 주장하면서 세례 받지 못한 모든 유아를 저주한다. 그들은 그 유아들이 천국을 얻게 하신 그리스도의 말씀을 그들의 진술과 조화시켜야 할 것이다. 설령 우리가 그들이 요구하는 모든 것을 인정한다 하더라도, 그들의 추론은 거짓일 것이며, 거짓되고 어리석은 가정, 곧 어린이는 중생할 수 없다는 가정에서 끌어냈을 것이다. 위에서 제시한 상세한 설명에 분명하게 나타나듯이, 중생이 없으면 유아든 성인이든 하나님의 나라에 들어가지 못한다. 다만 유아로 죽은 자들 중에 하나님 나라의 상속자들이 있으므로 이들은 이미 중생했다는 결과가 명백히 뒤따른다.

유아 세례는 미래의 중생을 예고한다

그들은 동일한 목적을 추구하면서 베드로의 진술로 자기를 무장한다. 베드로는 노아의 방주 이미지로 제시된 세례는 구원을 위해 우리에게 주어졌는데, 몸에서 더러움을 제거하는 외적인 씻음으로서의 구원이 아니라, 그리스도의 부활에 대한 믿음을 통해 청결한 양심으로 하나님께 드리는 응답으로서의 구원이라고 진술한다.벧전 3:20-21 그들이 주장하듯이, 세례의 진리가 하나님 앞에 양심이 하는 정직한 증언이라면, 게다가 이 두 가지가 분리된다면, 공허하고 보잘것없는 예식 외에 과연 무엇이 남게 될까? 따라서 어린아이가 청결한 양심을 가질 수 없다면, 그들의 세례는 연기와 같이 공허할 뿐이다. 여기서 우리의 반대자들은 각각의 모든 경우에 실재가 표징보다 선행해야 한다고 주장하면서 또 다른 잘못을 저지른다. 우리는 할례를 다루며 이런 실수를 이미 폭넓게 반박했다. 비록 할례가 유아에게 시행되었다 하더라도, 할례는 믿음의 의의 성례가 아닌 적이 없었고, 회개와 중생의 징조가 아닌 적도 없었다면서 말이다. 이들이 양립할 수 없다면, 하나님께서 그런 규례를 제정하시지 않았을 것이다. 그러나 하나님께서 이것이 바로 할례의 실체임을 우리에게 가르치시고 그것을 유아에게 적용하심으로써, 이런 경우에 할례는 미래를 위해 유아에게 주어진다는 것을 충분히 증명하신다.

그러므로 우리가 현재 유아 세례에서 고려해야 할 진실은, 유아 세례가 유아와 하나님의 언약을 봉인하고 확증함으로써 그들의 구원을 증명한다는 것이다. 그 밖에 의도된 모든 것은 주님께서 택하신 때, 곧 유아에게 이에 대한 지식이 주어지는 때 유아에게 이루어진다.

무엇보다도 그들은 그들의 신념의 근거와 주요 보루로서, 마태복음의 마지막 장에서 세례를 최초로 지정하는 말씀에 호소한다. "너희는 가서 모든 민족에게 가르치고 성부와 성자와 성령의 이름으로 그들에게 세례를 주며, 내가 너희에게 명령한 모든 것을 그들에게 가르쳐 지키게 하라." 마 28:19-20 그들은 이 구절에 마가복음의 마지막 본문에 나오는 "믿고 세례를 받는 자는 구원을 받으리라"는 말씀을 연결한다. 막 16:16 그들은 "그것이 바로 우리 주님께서 우리가 세례를 베풀기 전 먼저 가르치라고 명령하신 방식이다. 그것은 믿음이 세례보다 선행되어야 함을 보여준다"고 말한다. 그들은 우리 주님께서 서른이 되실 때까지 세례 받지 않으셨으므로 이 말씀을 친히 모범을 보여 입증하셨다고 주장한다.

여기서 그들은 여러 가지 방식으로 오류를 저지른다. 세례가 예수 그리스도의 지속적인 설교를 통해 시행되던 때 처음으로 제정되었다는 주장은 상당히 명백한 오류다. 세례는 그보다 훨씬 전에 이미 제정되었는데, 어떻게 한참이나 지난 다음에야 비로소 처음 도입되었다고 주장할 수 있겠는가? 그러므로 그들이 최초의 규례에 호소함으로써 세례에 관한 진실을 이 한 가지 본문에만 제한하려는 시도는 무의미하다. 하지만 이 오류보다도 그들이 내세우는 주장들의 실효성을 먼저 따져 보자. 그 주장들은 많지 않아서, 혹여 우리가 피하고 싶어도 쉽사리 모르는 체할 수 없을 정도다. 그들은 단어의 순서와 배열에 가장 엄격히 의존한 채, 우리가 세례를 베풀기 전에 먼저 교육을 해야 하고, 세례를 받기 전에 먼저 믿어야 한다고 주장한다. 그 이유는, "가르치고 세례를 주라"고 기록되어 있지, "믿는 자는 세례를 받는다"라고 기록되지는 않았기 때문이라고 한다. 그와 동일한 방식으로 우리가 이렇게 말해도 괜찮지 않겠는가? 성경에 "세례를 주고 그들을 가르쳐 내가 너희에게 명령한 모든 것을 지키게 하라"고 기록되어 있으니, 우리는 예수께서 명령하신 것들을 지키도록 사람들을 가르치기 전에 세례를 먼저 베풀어야 한다고 말이다. 우리가 조금 전 인용했던 요한복음 구절에 대한 그들의 해석을 받아들여, 물로 이루어지는 중생에 관한 말씀을 세례에 적용하면 어떻게 될까?요 3:5 그렇게 하면, 세례가 영적 중생보다 먼저 언급되었으므로 세례가 영적 중생보다 선행해야 한다는 주장을 우리가 그들에게 설득력 있게 증명하는 것이 되지 않을까? 이 말씀은 "성령과 물에서 다시 태어난 사람"이 아니라, "물과 성령에서 다시 태어난 사람"이라고 기록되어 있으니까 말이다.

성인 세례는 성경적 기준인가?

그들의 주장은 이미 사실상 무너진 것으로 보인다. 그렇더라도 우리는 진리를 수호할 수 있는 훨씬 더 확실하고 실질적인 답을 가지고 있으니 여기서 멈추지 말자. 사실, 여기서 우리 주님께서 사도들에게 주시는 주된 명령은 복음을 선포하라는 것이다. 이 명령에 주님은 세례 사역을 덧붙이심으로써 사도들의 사명과 주요 임무에 대한 부칙이 되게 하셨다. 그래서 세례가 여기서만 언급되는 것은, 세례가 가르치고 설교하는 일과 결합되어 있기 때문이다. 이것은 보다 충분한 검토를 통해 더욱 분명히 밝혀질 것이다.

주님은 그의 사도들을 보내어 온 세상 모든 민족 중에 있는 사람들을 가르치게 하셨다. 그들은 어떤 사람인가? 주님은 오직 그 가르침을 받을 수 있는 자들만을 가리켜 말씀하셨음이 틀림없다. 이어서 주님은 그들이 가르침을 받은 후에 세례를 받아야 한다고 선언하신다. 그는 계속해서 말씀하시기를, 그들이 믿고 세례 받을 때 구원을 받으리라고 하신다. 자, 유아에 대한 언급이 두 구절 중 어디에 있는가? "성인은 세례를 받기 전 가르침을 받아 믿어야 한다. 그러므로 세례는 유아에게 해당하지 않는다"는 그들의 주장은 도대체 무엇이라 말해야 할까? 저들이 원하는 대로 마음껏 고민하게 놔두더라도 이 구절에서 얻을 것이라고는, 단지 들을 능력이 있는 사람들만 언급되어 있으니 그들에게 세례보다 먼저 복음을 선포해야 할 필요성밖에는 없을 것이다. 그들은 주님의 말씀을 구실로 유아를 세례에서 제외시키려 하면서 그 말씀을 완전히 호도하고 있다.

그래서 나는 모든 사람이 자신의 무지에 대한 구체적인 증거를 얻을 수 있도록, 그 무지가 무엇과 같은지를 비교를 통해 제시해 보려 한다. 누군가 유아에게 음식을 금지해야 한다는 추론을 하면서 그 근거는 오직 일하는 자만 먹어야 한다는 바울의 말씀이라고 주장한다면,살후 3:10 그는 모든 사람의 조롱을 받아 마땅하지 않은가? 왜 그런가? 그것은 일부 사람들에게만 관련된 언급을 모든 사람에게 적용하기 때문이다. 이 경우에 너무나 선량한 저 영혼들은 그런 식으로 꼼꼼하게 일을 저질러 버린다. 그들은 성인에 관해 구체적으로 언급한 이 말씀을 어린아이와 관련시킨 다음, 그것을 일반적 규칙으로 만들어 버리니까 말이다.

우리 주님의 사례도 그들의 주장을 진전시키는 데 아무 도움이 되지 않는다. 주님은 서른이 되실 때까지 세례 받지 않으셨다. 하지만 그 이유는 주님께서 복음 전파를 시작하기로 택하신 시간이 바로 그때였기 때문이고, 그의 복음 전파를 통해 전에 요한이 이미 시작한 세례의 확고한 기초를 놓기로 하신 것이 바로 그때였기 때문이다. 그다음에 주님은 그의 가르침으로 세례를 제정하시고, 시작부터 세례에 더욱 큰 권위를 두기 위해 세례를 자기의 몸으로 처음으로 거룩하게 하셨다.

바울의 실천에 대한 재고

그들이 도움을 얻으려고 향하는 또 하나의 사례는 사도행전 19장에서 찾을 수 있다. 거기서 바울은 이미 요한의 세례를 받은 에베소의 어떤 제자들을 다시 세례 받게 했는데, 그 이유는 그들이 성령에 관해 제대로 가르침을 받지 못했기 때문이라고 한다.행 19:1-7 그들은 이 사례를 이용하여, 그들의 무지함 때문에 본래의 세례가 쓸모없었다면 아무것도 이해하지 못하는 유아의 세례는 그보다 얼마나 더 쓸모없을지를 증명하고자 한다. 그들의 해석이 용납된다면, 우리 각자는 다시 세례를 받기 위해서 강물만큼의 물이 필요해질 것이다. 우리 중 하나도 예외 없이 매일매일 자기 속에서 광대하고 심각한 무지의 영역을 발견하게 될 것이기 때문이다. 그 무지의 영역을 새롭게 발견할 때마다 우리가 받은 본래 세례는 그 의미를 완전히 상실하게 될 것이므로, 우리는 또다시 세례에 의지해야 할 것이다. 그러니 우리는 그런 허튼소리는 지나쳐 버리고 이 구절의 참뜻을 알아보기로 하자.

어떤 자들은 바울이 예수의 이름으로 사람들에게 세례를 주었다는 것을 단지 바울이 그들을 가르쳤다는 뜻으로 이해한다.[12] 이 독법은 성경의 표현 양식과 어울리기는 하지만, 나는 보다 적절한 독법을 제안하려고 한다. 나의 이 독법이 모든 사람의 명백한 승인을 얻기를 기대한다. 성경은 그 시대에 부여된 성령의 가시적인 은사들이 받아들여짐을 가리켜 "세례"라고 할 때, 전혀 새로운 것을 말하지 않는다. 그래서 주님께서 그들에게 이 은사들을 주시려고 그의 사도들에게 성령을 보내셨을 때, 그가 그의 사도들에게 세례를 주셨다고 기록하는 것이다.행 1:5 사도행전에 기록된 이야기에 따르면, 바울은 이 제자들에게 성령의 은사를 받았느냐고 물었고 그들은 성령이 무엇인지도 모른다고 대답했다. 그렇기 때문에 바울은 그들에게 물로 세례를 주지 않고, 사도들이 오순절 날 세례를 받은 것처럼 예수의 이름으로 세례를 주었다.

이에 대한 추가적 증거는 문맥에서 나온다. 그 뒤에 바로 이어지는 말씀, 곧 "바울이 그들에게 안수했을 때 성령이 그들 위에 내려오셨다"는 말씀은 이 세례에 대한 분명한 예증이다. 이는 한 사건을 간략히 기술하고 나서 그 사건을 다시 상술하는 성경의 관습에 부합하기 때문이다. 그렇지 않다면, 사도들이 세례 받은 이후 그들조차도 너무나 무지하고 아둔해서 예수 그리스도의 권능에 대해 아주 조금밖에 몰랐다는 뜻이 되므로, 바울이 무지 때문에 다시 세례를 주었다는 것은 이치에 맞지 않을 것이다. 그러나 더 이상 이를 두고 고민할 필요가 없다. 우리는 "세례"라는 말이 성령을 받게 한 안수 행위를 가리킨다는 사실을 쉽게 알 수 있기 때문이다.

유아 세례와 주님의 성찬: 잘못된 비교

이 근거들로 저들은 우리가 주님의 성찬을 허락하지 않는 유아에게도 성찬이 분배되어야 한다고 항의한다. 성경에서 모든 가능한 방법으로 충분히 강조된 이 구별을 그들은 전혀 유념하지 않는 것 같다. 우리가 세례의 본질과 특징을 고려한다면, 세례는 우리가 교회의 구성원으로 인정받고 하나님의 백성 가운데 우리의 자리를 얻기 위한 첫걸음이라는 사실을 알게 될 것이다. 그러므로 세례는 우리의 중생과 영적 출생의 징조인데, 그 덕분에 우리가 하나님의 자녀가 되는 것이다. 반면에, 주님의 성찬은 어린 시절을 지나 이제는 단단한 음식을 먹을 수 있게 된 사람들을 위해 마련되었다. 이 점에 있어서 우리에게는 주님께서 주신 아주 분명한 말씀이 있다. 이 말씀은 세례의 경우에는 나이에 따른 구별을 하지 않지만, 성찬의 경우 주님의 몸을 분별할 수 있고 자기를 점검하고 시험할 수 있으며, 주님의 죽으심을 선포할 수 있는 사람들에게만 분배되도록 허락한다. "각자가 자신을 점검하자. 각자가 이 떡을 먹고 이 잔을 마실이니라"는 말씀보다 더 분명한 증언을 우리가 바랄 수 있을까? 고전 11:28

따라서 자기 점검이 신행되어야 하는데, 이것은 유아가 할 수 없는 일이다. 또한 "합당치 못하게 먹는 자는 자기를 정죄하리니, 이는 그가 주님의 몸을 분별하지 않음이라"고 기록되어 있다. 고전 11:29 우리가 자기 점검 없이 합당치 못하게 참여한다면, 어린아이에게 성찬을 줌으로써 그들이 심판을 받고 정죄를 당하게 하는 잘못을 저지르게 될 것이다. 또한 "너희는 나를 기억하며 이것을 행할지니라. 그러므로 너희가 이 떡을 먹고 이 잔을 마실 때마다 주님의 죽으심을 선포하느니라"고 기록되어 있다.고전 11:25-26 어린아이가 아직 말을 할 수 없을 때 어떻게 주님의 죽으심을 선포할 수 있겠는가?

이 중 어느 것도 세례에서는 전혀 필요하지 않다. 그래서 이 두 표징에 그처럼 큰 차이가 있는 것이다. 그 차이는 이 두 표징에 상응하는 구약 시대의 비슷한 표징들에 있어서도 지켜졌다. 즉, 세례를 대신했던 할례는 유아에게 주어졌지만, 지금 주님의 성찬으로 대체된 유월절 어린양은 어린아이의 경우에는 그 뜻을 물을 수 있는 어린아이에게만 주어졌다.출 12:26 이 불쌍한 자들이 주님의 말씀을 조금이라도 음미했다면, 이처럼 자명하고 보기 쉬운 것들을 놓칠 정도로 눈이 멀게 되지는 않았을 것이다.

유아 세례에 대한 경시는 마귀만 즐겁게 할 뿐이다

누구나 알 수 있듯이, 우리가 한 말은 주님의 교회를 괴롭히는 자들이 얼마나 비이성적이고 일관성이 없는지를 충분히 보여주고도 남는다. 사도 시대 이후로 신자들이 신중하게 지켜 온 거룩한 규례, 우리 역시 성경에 안전하고 확고하게 기초하고 있음을 명백히 증명해 온 거룩한 규례에 대해 그들은 오직 비방을 위한 목적으로 끊임없이 질문하고 주장을 이어 가고 있다. 반면에, 우리는 빈번하게 이 규례를 반대하는 모든 견해를 충분히 논박했으므로, 일단 하나님의 모든 충성된 종이 이 장을 읽고 나면 충분히 만족할 것이고, 이 거룩한 규례를 타도하고 파괴하려는 모든 공격이 마귀의 간교한 계략임을 즉시 알게 되리라고 확신한다. 마귀의 목표는, 주님께서 그분의 약속으로 우리에게 주시려는 위안을 감소시킴으로써 주님 이름의 영광, 곧 주님의 풍성한 자비하심이 인간에게 넘치도록 쏟아짐으로써 더욱 숭고해진 이름의 영광을 가리는 것이다.

주님께서 우리를 사랑하셔서 우리의 후손을 기억하시고 우리 자녀들의 하나님이 되려 하심을 세례라는 표징으로 눈에 보이도록 증명하실 때, 우리에게 인자하신 아버지로서 행하시며 그분의 섭리를 우리에게만 아니라 우리가 세상을 떠난 이후 우리 자녀들에게까지 널리 베푸신다는 생각을 하면서, 우리도 다윗처럼 즐거움을 만끽할 충분한 이유가 있지 않겠는가? 시 103:17-18 이렇게 우리가 하나님을 즐거워할 때 하나님께서 특별히 영광을 받으신다. 그래서 마귀는 우리 자녀들이 세례에 참여하는 것을 막으려고 애쓴다. 그렇게 함으로써 마귀는 주님께서 우리 자녀들을 위해 갖고 계신 은사들을 확증하려고 주신 증거가 우리 시야에서 사라지게 만들고, 주님께서 우리 자녀들을 위해 하신 약속을 우리가 점차 망각하도록 만들려는 것이다. 그 결과, 우리는 주님께서 우리에게 베푸신 자비에 대해 감사함을 느끼지도 못하고, 전혀 의식하지도 못하게 될 것이다. 또한 우리는 주님의 율법에 대한 경외심과 훈련으로, 그분의 복음에 대한 지식으로 우리 자녀들을 가르쳐야 함을 기억하지도 못하게 될 것이다.

주님께서 우리 자녀들에게 출생 때부터 그분의 백성 중에 있을 자리를 마련해 주심으로써 그분의 교회의 지체들이 되게 하셨음을 이해할 때, 우리는 우리 자녀들을 참된 경건과 하나님에 대한 순종으로 양육하도록 이끌어 주는 강력한 원동력을 얻는다. 그러므로 우리 주님의 위대한 자비하심을 거절하지 말자. 우리 자녀들을 주님께 담대히 드리자. 주님은 그 약속을 통해 우리 자녀들이 그분의 가족의 일원으로, 기독교회인 그분의 권속의 일원으로 인정하시는 사람들의 회중에 들어가도록 허락하셨다.

제12장

주님의 성찬

기독교회에서 제정되고 시행된 또 다른 성례는 고대의 저자들이 흔히 말했던 대로 우리 주 예수 그리스도의 몸으로 성별된 떡과 그 피로 성별된 포도주다. 우리는 그것을 주님의 성찬 또는 성체성사라고 부른다. 이 성례에서 주님의 선하심으로 우리가 영적으로 먹고 양육되며, 그 자비하심에 대한 감사를 주님께 돌려 드리기 때문이다. 이 성례가 우리에게 주는 약속은 그것이 제정된 목적과 수행하는 역할의 목표를 분명하게 드러낸다. 이 성례는 우리 주 예수 그리스도의 몸이 단번에 우리를 위해 넘겨졌으므로 그의 몸은 우리 것이 되고 영원히 우리 것이 될 것이요, 또한 그의 피가 단번에 우리를 위해 흘려졌으므로 그 피는 우리 것이요 언제나 우리 것이 될 것임을 확신시키려 한다.

성찬식은 우리가 그리스도와 연합됨을 뜻한다

그러므로 성례는 믿음을 지키고 불러일으키며 강화하고 증진하기 위해 주어진 믿음의 훈련인데, 이 사실을 감히 부정했던 자들의 오류가 다시 확인된다.[1] 주님께서 "이 잔은 나의 피로 세우는 새 언약이니라"고 말씀하시기 때문이다. 눅 22:20, 고전 11:25 이는 곧 이 잔이 그 약속의 증표와 증거라는 뜻이다. 약속이 존재하는 어디에나 믿음을 지탱해 주는 것이 있어서, 그것으로 믿음은 위로를 받고 힘을 얻는다. 우리 영혼은 이 성례에서 깊은 달콤함을 맛보고 위로의 결실을 얻을 수 있다. 이로써 우리는 예수 그리스도가 참으로 우리 안에 연합해 계시고 우리가 그 속에 참으로 연합해 있어서, 우리가 그의 모든 것을 우리 것으로 부를 수 있고 우리의 모든 것을 그의 것으로 부를 수 있음을 이해한다.

따라서 우리는 지금 영원한 생명을 가지고 있으며, 그리스도가 천국을 빼앗기실 수 없는 만큼 우리 역시 장차 결코 천국을 빼앗기지 않을 것이라 확신한다. 또한 그리스도가 정죄될 수 없는 만큼 우리 역시 우리의 죄 때문에 정죄될 수 없다. 우리의 죄는 더 이상 우리 것이 아니라 그의 것이기 때문이다. 이것은 어떤 책임이든 다 예수 그리스도께로 전가된다는 뜻이 아니다. 이는 그리스도가 우리를 위해 채무자가 되기로 약속하시고, 우리를 대신해 죗값을 후하게 지불하셨다는 뜻이다.

그것은 우리와 주님 사이의 교환이다. 예수 그리스도는 그 무한한 선하심으로 이를 기쁘게 행하셨다. 그리스도는 우리의 궁핍함을 친히 짊어지시고 우리에게 그의 부요함을 주셨으며, 우리의 약함을 짊어지시고서 우리를 그의 권능으로 강하게 하셨으며, 우리의 죽을 것을 취하시고 우리에게 그의 불멸함을 주셨으며, 땅으로 내려오셔서 하늘로 가는 길을 내셨으며, 자기가 사람의 아들이 되셔서 우리를 하나님의 자녀로 만드셨다. 하나님께서 이 모든 것을 성례를 통해 우리에게 충분히 약속하셨으므로, 우리는 마치 예수 그리스도가 우리 눈앞에 친히 나타나 닿을 수 있을 만큼 분명해지신 것처럼 이것들이 참으로 우리에게 드러난다는 것을 확신해야 한다. "가져가 먹고 마시라. 이것은 너희를 위해 주어지는 내 몸이요, 이것은 너희의 죄 사함을 위해 흘려지는 내 피니라"는 말씀은 우리를 실망시킬 수도 없고 속일 수도 없기 때문이다. 마 26:26-28, 막 14:22-24, 눅 22:19-20, 고전 11:24-25 그리스도는 우리에게 취하라고 명령하심으로써, 그가 우리의 것임을 알리신다. 또한 우리에게 먹고 마시라고 명령하심으로써, 그가 우리와 본질이 같음을 나타내신다. "이것은 너희를 위해 주어지는 내 몸이요, 이것은 너희의 죄 사함을 위해 흘려지는 내 피니라"고 선언하실 때, 그리스도는 그의 몸과 피가 그의 것이라기보다는 우리 것임을 분명히 하신다. 이는 그리스도가 그의 몸과 피를 취하여 자신을 위해 내주신 것이 아니라, 우리를 사랑하셔서 우리에게 유익을 주시려고 내주셨기 때문이다.

떡과 포도주의 상징적 가치

이 성례의 주요한 효력과 풍미는 대부분 "너희를 위해 주어지는"이라는 말씀에 있음을 우리는 신중하게 주목해야 한다. 그렇지 않고 예수 그리스도의 몸과 피가 우리의 구속과 구원을 위해 단번에 넘겨지시지 않았는데도 지금 우리에게 분배된다면, 우리는 얻을 것이 거의 없기 때문이다. 그러므로 그리스도의 몸과 피가 우리에게 떡과 포도주로 상징되어서, 그의 몸과 피가 우리 것일 뿐 아니라 우리의 생명과 양심이기도 하다는 것을 가르쳐 주고 보여준다.

우리가 앞에서 설명했듯이, 이 성례에서 우리 앞에 놓인 육신적인 것을 통해 우리는 영적인 실체와 닮고 일치하는 것으로 인도받기를 원한다.[2] 우리는 그리스도 몸의 표징과 성례로 제시된 떡을 볼 때, 다음과 같은 유비를 즉시 떠올려야만 한다. 마치 떡이 우리 몸의 생명을 양분으로 기르고 지탱하고 보존하듯이, 예수 그리스도의 몸이 우리 영적 생명의 음식과 양분과 보존자라는 것이다. 포도주가 예수 그리스도의 보혈의 표징으로 우리에게 주어지는 것을 볼 때, 우리는 포도주가 인체에 끼치는 모든 유익을 생각함으로써 그의 보혈이 그와 동일한 유익을 준다는 사실을 묵상해야 한다. 그리스도의 보혈은 우리를 영적으로 견고하게 해주고, 강하게 해주며, 새롭게 해주고, 기쁘게 해준다. 예수의 가장 거룩한 몸이 우리를 위해 넘겨지고 그의 보혈이 우리를 위해 흘려졌을 때 얻는 유익을 깊이 숙고한다면,

이 유비에 따라 떡과 포도주에 부여된 것들이 각각에 대한 적합한 표현이라는 사실을 분명히 알게 될 것이다.

생명의 떡, 그리스도

그러므로 이 성례의 요점은 단지 예수 그리스도의 몸을 우리에게 제시하는 것이 아니다. 이는 그의 살이 참된 양식이요 그의 보혈이 참된 음료이므로 우리를 영원한 생명을 얻도록 양육한다고 말씀하신 그리스도의 약속을 인증하고 확정하는 것이다. 그리스도가 자신이 생명의 떡이시며 그를 먹는 자마다 영원히 살 것을 보장하시기 때문이다.요 6:48, 51 이를 이루기 위해, 곧 위에서 언급된 약속을 인증하기 위해, 이 성례는 우리를 예수 그리스도의 십자가로 보낸다. 거기서 이 약속은 온전히 비준되고 완전히 성취된다. 많은 이들이 잘못 해석한 것처럼, 이것은 예수 그리스도가 자신을 생명의 떡으로 부르신 성례 때문이 아니다. 이는 아버지께서 예수 그리스도를 우리에게 주셔서 그가 인간의 죽을 운명을 취하시고 우리를 그의 신적 불멸에 참여케 하셨을 때, 예수 그리스도께서 자신을 제물로 바치시고 우리를 그의 복으로 채우기 위해 우리의 저주를 친히 담당하셨을 때, 예수 그리스도께서 그의 죽으심으로 죽음을 집어삼키셨을 때, 예수 그리스도께서 그의 부활로 그가 입으셨던 우리의 썩어질 육신을 영광과 썩지 않음으로 부활시키셨을 때, 자신이 생명의 떡임을 보이셨기 때문이다.[3]

이 진술은 "내가 줄 떡은 내가 세상의 생명을 위해 줄 내 살이라"는 예수의 말씀으로 분명하게 증명된다.요 6:51 여기서 예수는 그의 몸이 우리 영혼의 영적 생명을 위한 떡과 같음을 의심할 여지가 없도록 계시하신다. 예수는 그의 몸을 세상의 구속을 위해 십자가에 처형되도록 넘겨주셨을 때, 그의 몸을 단번에 떡으로 주셨기 때문이다. 예수는 복음의 말씀을 통해 그의 몸을 우리에게 제공하여 우리가 그의 몸에 참여케 하시는 방식으로 매일매일 그 몸을 우리에게 주신다. 이는 그가 우리를 위해 십자가에 처형되셨기 때문이다.

따라서 이 성례는 예수 그리스도를 우리가 계속 먹고 사는 생명의 떡으로 만들지 않고, 이 떡을 어느 정도 맛보고 그 풍미를 느끼게 해준다. 요약하면, 그리스도가 행하시고 당하신 모든 고난은 오직 우리를 살리려고 행하시고 당하신 고난이요, 이 살리심은 영원하여 우리가 이로써 언제나 끊임없이 양식을 먹고 지탱을 받으며 생명으로 보존된다는 것을 이 성례는 우리에게 약속한다. 마치 예수 그리스도가 우리를 위해 태어나시고 죽으시고 부활하시지 않았다면 우리를 위한 생명의 떡이 아닌 것처럼, 그의 출생과 죽음과 부활의 열매 및 효과가 영원하지 못하고 소멸하고 만다면 그가 생명의 떡이 아닌 것과 같기 때문이다.

그리스도의 임재 방식에 관한 무의미한 논쟁

성례의 권능이 그에 합당한 방식으로 조사되었더라면, 우리는 모든 만족스러운 근거를 갖게 되었을 것이다. 또한 과거에 호기심 많은 자들이 떡 속에 예수의 몸이 존재하는 방식을 규정하려다가 교회를 심한 곤경에 빠뜨렸던 일, 아직도 끝나지 않은 그 끔찍한 갈등이 야기되지 않았을 것이다.[4] 마치 이 문제가 논쟁할 만한 가치라도 있는 것처럼, 어째서 말과 글로 그토록 격렬하고 소모적인 대결을 벌이고 있는가! 사실 그것은 이 문제에 접근하는 방식과 관련이 있다. 그러나 여기에 접근하는 자들은 우리를 위해 바쳐진 그리스도의 몸이 우리 것이 되는 방식에 관해서, 그리고 우리를 위해 흘려진 그리스도의 보혈이 우리 것이 되는 방식에 관해서 우선적으로 살펴야 한다는 사실을 간과한다. 그리스도의 몸과 피가 이런 방식으로 우리 것이 되었음을 아는 것은 곧 십자가에 못 박히신 예수 그리스도의 모든 것을 소유하는 것이요, 그의 모든 복에 참여하는 것이기 때문이다. 지금도 그렇듯이, 이런 것들은 아주 중요하고 심각함에도 간과되거나 다소 경멸당하거나 거의 매장될 지경에까지 처해 있다. "우리가 어떻게 그리스도의 몸을 먹고 삼키는가" 하는 단 하나의 예민한 질문조차도 여전히 논쟁 중이다!

하지만 여러 다양한 견해들 중에 하나님의 유일하고 확실한 진리가 우리에게 있다. 그러니 다음에 소개할 이 진리가 우리의 첫 번째 사상이 되게 하자. "성찬식은 우리 주님께서 우리의 배가 아니라 우리의 영혼을 먹이려고 택하신 영적 수단이다." 이 성례에서 우리는 예수 그리스도를 찾자. 이때 우리 몸을 위해서 그를 찾지 말고, 마치 우리의 육신적인 마음이 예수 그리스도를 이해하려는 것처럼 찾지도 말고, 오직 우리 영혼이 이 성례에서 즉시 주어져 제공되는 예수 그리스도를 보기 위해서 찾자. 한마디로 말해서, 예수 그리스도를 영적으로 소유하는 데 만족하기로 하자. 그러면 우리는 그를 우리의 생명으로 삼을 수 있을 것이요, 이것이야말로 우리가 이 성례에서 얻을 수 있는 모든 열매를 받는 것이다.

일단 이것을 마음속으로 조심스럽게 헤아려 보고 나면, 우리는 이 성례에서 예수 그리스도의 몸이 우리에게 임재하는 방식을 쉽게 이해하게 될 것이다. 그러나 우리가 여러 다양한 견해들을 고려할 때 소박한 이들의 마음을 혼란에 빠뜨리는 모든 거리낌을 벗어 버리기 위해서, 우선 떡이 어떤 의미로 그리스도의 몸으로 불리고 포도주가 어떤 의미로 그의 피로 불리는지 설명해 보자. 그런 다음, 우리 주님께서 성찬식에서 주시는 그의 몸과 피 속에 어떤 친교가 이루어지는지 살펴보자.

로마의 거짓 교리, 화체설

무엇보다도 우리는 궤변론자들이 기적적이라고 묘사하는 화체설에 관한 견해를 거부해야 한다. 그리스도의 말씀을 경외하는 사람들이 자기 손에 주어진 떡이 우리를 위해 넘겨진 그의 몸"이다"라는 사실에만 관심을 기울인다면, 그들의 정신은 그 말씀의 자연스러운 의미에는 좀처럼 주의를 기울이지 못할 것이기 때문이다. 그러면서 그들은 "이다"라는 표현을 '실체가 변화하다'는 뜻으로 해석한다. 그들은 이 실체의 변화가 한 실체가 다른 실체로 바뀜으로써 발생하지 않고, 그의 몸이 떡을 대신하면 그 떡이 사라짐으로써 발생한다고 자기들의 상상을 덧붙인다.

그리스도 자신이 이것은 그가 떼어 그 사도들의 손에 주시는 그의 몸이라고 분명하게 증거하신다. 그런데 주님께서 그렇게 말씀하실 때 누가 떡을 가리킨다고 생각하겠는가? 따라서 그들은 그리스도의 말씀에 대한 경외심으로 이 해석을 선택할 수밖에 없다고 주장해서는 안 된다. 이 해석은 지나치게 억지스러우며, 문자적 의미를 거스르고 사실상 훼손하기까지 한다. 세상의 어떤 언어에도 "이다"라는 존재 동사가 이와 같은 의미로 이해되었던 전례가 없다. 게다가 이 해석을 쉽게 논박할 수 있는 다른 여러 주장들이 있다.

저들의 신념을 받아들이면, 우리 주님께서 성찬식에서 나타내시려 했던 신비를 없애 버리게 된다. 성찬식은 다른 무엇이 아니라 오직 요한복음 6장에 주어진 약속, 곧 그리스도는 "하늘에서 내려온 생명의 떡"이라는 약속에 대한 눈에 보이는 명백한 증거다.요 6:51 그러므로 우리가 이 성례의 모든 혜택을 부정하려 하지 않는다면, 눈에 보이는 떡은 영적인 떡을 상징하는 표징임이 분명하다. 또 우리 주님께서 우리의 연약함을 지탱해 주시려고 이 성례를 통해 주신 위로임이 분명하다. 마치 신자들이 영혼의 내적 정화가 세례 중에 물로 하는 외적인 씻음으로 상징될 때 그 정화를 더욱 강하게 확신하듯이, 성찬식의 떡 역시 우리가 그리스도의 몸으로 지니고 있는 영적 양식을 우리에게 증거하는 데 있어서 중요한 역할을 한다. 사실, 우리가 하나의 떡에 참여한다는 점에 있어서 하나의 떡과 하나의 몸이라는 결론을 어떻게 바울이 근거도 없이 내리겠는가?고전 10:17 그 떡이 단지 환상일 뿐 사실상 실체가 없다면, 바울이 어떻게 그럴 수 있겠는가?

떡과 포도주가 그리스도의 몸과 피의 상징으로 제시되었으나 여전히 떡과 포도주로 불리는 수많은 성경 구절들을 여기서 언급하지는 않겠다. 궤변론자들이 내세우는 핑계처럼, 모세의 지팡이가 뱀으로 변한 다음에도 "지팡이"로 불렸다는 핑계는 초라하기 그지없다.출 4:2-4 비록 내가 모세의 지팡이가 계속 "지팡이"로 불렸던 확실한 이유, 곧 뱀으로 변한 지팡이가 즉시 지팡이로 돌아왔기 때문이라는 사실을 지나친다 하더라도, 그보다 분명한 설명이 있다. 성경은 마술사들의 지팡이들이 모세의 지팡이에게 잡아 먹혔다고 묘사한다.출 7:12 여기서 이 두 가지 경우에 동일한 단어가 사용되어야 한다. 마술사들의 지팡이들을 "뱀들"이라고 부르는 것은 무의미했다. 그 지팡이들은 단지 환상에 지나지 않았지만, 그렇게 불렀다면 실제로 그것들이 뱀들로 변했다는 인상을 주게 될 것이기 때문이다. 그러므로 모세의 지팡이가 다른 모든 지팡이를 집어삼켰다고 말할 필요가 있었다. 이것과 다음의 몇 가지 진술들, 곧 "우리가 떼는 떡", "너희가 이 떡을 먹을 때마다", "그들이 떡을 떼어 나누며"에는 어떤 유사성이 있는가? 고전 10:16, 11:26, 행 2:42

게다가 그들이 하나님의 분명한 말씀에 반대하려고 습관적으로 들먹거리는 고대성도 그들의 견해를 전혀 뒷받침하지 못한다. 이 견해는 보다 최근에 고안되었으며, 적어도 복음의 교훈이 어느 정도 여전히 순수했던 기간에는 아예 알려지지도 않았다.[5] 그러므로 비록 고대 교부들이 그토록 탁월한 신비를 기리기 위해 종종 다른 칭호들을 사용하기는 했어도, 그들 중 떡과 포도주가 성찬식의 표징임을 분명하게 인정하지 않은 사람은 아무도 없었다.

성찬식을 제정하신 그리스도의 말씀에 대한 문자적 해석 반박

비유적 어법을 감안하지 말고 단어의 뜻을 그 마지막 음절까지 있는 그대로 고수해야 한다고 주장하는 자들의 의견은 더 이상 받아들일 수 없다.[6] 그들은 자기들에게 지적된 불일치에는 전혀 개의치 않는다. 이때 그들은 예수께서 "이것은 나의 몸이다"라고 말씀하실 때 떡을 가리키셨다고 주장하는 데 만족하면서, 그 떡이 참된 몸임을 기정사실로 받아들인다. 그들은 그리스도의 말씀에 대한 경외심 때문에 그리스도의 매우 명백한 진술에 관한 다른 독법은 그 어떤 것도 인정할 수 없다고 항변한다.

그러나 이는 그들에게 제기되는 모든 반론을 거부하는 데 적합한 구실이 될 수 없다. 혹시 될 수 있다 하더라도, 나는 그들과 쟁론하는 데 많은 논증이 필요하다고는 생각하지 않는다. 그들은 입을 열 때마다 그들의 교훈이 얼마나 황당한지를 드러낼 수밖에 없기 때문이다. 그들은 그리스도의 몸이 온전히 떡과 섞여서 떡과 하나의 실체가 된다고 주장한다. 그 주장은 인간의 평범한 판단에도 어긋날 뿐 아니라 믿음에도 완전히 반하는 것이다. "하지만 성경에 분명하게 표현된 바를 경솔하게 설명하는 것은 불법이다"라고 그들은 외친다. 누가 그렇지 않다고 하겠는가? 그러나 일단 우리가 정확한 설명을 제시하고 나면, 그들의 입에 항상 오르내리는 이 주장이 이 사안에 있어서는 잘못 배치되고 부적절하게 적용되고 있음이 분명해질 것이다.

몇몇 사람들이 그렇게 했듯이, 표징과 그 표징이 가리키는 실체 사이에 있는 친밀함과 유사함 때문에, 가리켜진 실체의 이름이 여기서는 그 표징 자체에 부여되었다고 하는 전제는 그리 나쁘지 않다. 사실 그것은 잘못된 언어 사용이지만, 부적절한 것으로 보이지는 않는다. 비록 표징은 본질적으로 그것이 상징하는 것과 별개라 하더라도, 다시 말해 표징은 물질적이고 가시적이고 그것이 상징하는 것은 영적이고 천상적인 것이라 하더라도, 그 표징이 그 의미하는 바를 실제로 드러낸다면 결코 공허한 상징은 아니기 때문이다. 그렇다면 왜 그 표징이 그 실체의 이름을 갖지 못하겠는가? 인간의 표징은 존재하는 것의 표시나 상징이라기보다는 부재하는 것의 이미지에 불과해서, 우리에게 매우 빈번히 그 부재하는 것을 잘못 제시하는데도 자기 이름을 갖고 있다. 그렇다면 하나님께서 제정하신 표징, 곧 그 표징의 의미를 확실하고 오류 없게 전달하는 표징, 실제와 늘 결합하는 표징은 더욱더 그들이 가리키는 실체의 이름을 빌릴 수 있지 않겠는가? 그래서 여러분이 "떡이 그 몸이니라"나 "떡을 뗌은 곧 그 몸에 참예함이라"와 같은 비유적인 언어들을 접할 때마다, 성경의 일반적 관행에 따라서 더 크고 고귀한 실체의 이름은 그보다 비천한 실체로 전이轉移된다는 것을 기억하도록 하라.[7]

나는 쓸데없이 주제에서 벗어난다는 비난이나 문제를 회피한다는 비난을 받지 않기 위해 풍유나 비유에 관해서는 언급하지 않겠다. 이 특별한 비유적 언어는 성례와 관련이 있는 구절에서 주로 사용된다. 전이 개념이 없다면, 할례가 왜 "언약"이라고 불리고,[창 17:13] 어린양이 왜 "유월절"이라고 불리며,[출 12:11] 모세 율법에 나오는 제물들이 왜 "죄 씻음"이라고 불리는지,[레 16:30] 그리고 광야의 물이 흘러나온 반석이 왜 "그리스도"라고 불리는지를[고전 10:4] 이해할 방도가 전혀 없기 때문이다. 표징과 그 표징이 가리키는 실체에는 강한 유사성과 호응성이 있기 때문에 하나를 다른 하나로부터 도출하기가 쉬워진다. 게다가 여러 성례들이 서로 닮았기 때문에, 이름의 전이 현상에 있어서도 거의 일치한다. 사도의 가르침에 따르면, 이스라엘 사람들에게 영적인 음료를 공급한 반석은 그리스도였다. 여기서 반석은 이스라엘 사람들이 영적인 음료를 마셨던 그리스도를 가리키는 상징이다.[고전 10:4] 그와 동일한 방식으로 오늘날 떡은 그리스도의 몸이라 불리는데, 이 떡은 우리 주님께서 우리가 진실로 그의 몸을 먹는 것이 무엇인지 알려 주시는 상징이기 때문이다.

"이것은 내 몸이니라": 마술이 아닌 신비를 나타내는 상징성

혹시 번거롭고 끈질긴 사람이 다른 모든 주장에 눈을 감아 버리고서 오직 "이것은 내 몸이니라"라는 구절에만 고집을 부리며 집착한다면, 바로 그리스도의 말씀 속에 그의 완고함을 책망할 만한 충분한 근거가 있다. 주님은 "떡은 내 몸이니라"와 "포도주는 내 피니라"를 의미상으로 구별하시지 않기 때문이다. 주님께서 그 잔을 "새 언약의 피"라고 부르셨다고 마태와 마가가 말하는 대목에서, 바울과 누가는 "그의 피로 세운 새 언약"이라고 기록한다.[마 26:28, 막 14:24, 눅 22:20, 고전 11:25] 떡은 몸이고 포도주는 피라고 온 힘을 다해 주장하고 울부짖을 만큼 외골수인 자가 있는가? 그와 반대로 나는 그것이 그리스도의 몸과 피로 된 언약이라 말하겠다. 그러면 그는 무엇이라고 대답할까? 그는 "피"가 그리스도의 보혈로 확증된 새 언약을 뜻한다고 이해한 바울과 누가보다 자기가 더 믿을 만하고 진실한 주석가라고 주장할까?

여기서 우리는 예수 그리스도의 몸과 피로 된 언약의 의미를 설명하는 것이 좋겠다. 우리가 성찬식에서 먹는 떡이 그리스도의 몸임을 부인할 때는, 거기서 신자에게 제공되는 그리스도의 몸에 참여함을 어떤 식으로든 최소화하려는 것이 아니다. 우리는 단지 상징된 실체와 그 실체의 표징이 구별되어야 한다는 사실을 명확히 하고 싶을 뿐이다. 우리의 경험이 말해 주듯이, 이것은 우리가 원하는 것보다 훨씬 심각한 문제이며, 우리에게 막대한 희생이 따르는 문제다. 인간의 마음은 미신에 빠지기 쉬워서, 크고 분명한 경고로 제지되지 않는 한 진리를 버리는 즉시 그 표징에만 관심을 집중하게 되기 때문이다.

다만 여기서 우리는 두 가지 잘못을 경계해야 한다. 하나는, 우리가 표징을 지나치게 과소평가함으로써 그 표징과 결합한 신비로부터 표징을 분리하여 결과적으로 표징의 효과를 떨어뜨리는 잘못이다. 다른 하나는, 필요 이상으로 그 표징을 과장함으로써 신비의 내적 권능을 흐리는 잘못이다.[8] 극도로 불경건한 자가 아닌 한 신자들이 영원한 생명을 위해서 먹는 생명의 떡이 그리스도임을 인정하지 않는 사람은 없다. 그렇다고 해서 우리가 그리스도께 참여하게 되는 방식에 대해 모두가 똑같은 견해를 갖는 것은 아니다. 그리스도의 살을 먹고 그리스도의 피를 마시는 것은 한마디로 그리스도를 믿는 것이라 선언하는 자들이 있으니 말이다. 그러나 그리스도는 우리에게 자기의 살을 먹으라 하신 기념적인 담화에서 더욱 고귀한 뜻을 의도하신 것으로 보인다.요 6:48-58 그리스도가 우리를 실제로 자기에게 참여하게 하실 때, 곧 "마시라"와 "먹으라"는 말씀으로 의도하신 것에 참여하게 하실 때, 우리는 살아나게 된다. 따라서 그리스도가 단순한 지식만 뜻하신 것이라 생각해서는 안 된다. 몸을 먹는 일은 떡을 봄으로써 하지 않고 떡을 먹음으로써 하듯이, 영혼 역시 영원한 생명을 위해 붙드심을 얻기 위해서는 진실로 그리스도께 참여해야 하기 때문이다. 다만 우리는 그리스도를 먹는 일은 오직 믿음으로만 가능하다고 주장하는데, 그 외의 다른 어떤 것도 상상할 수 없기 때문이다.

그러나 내가 지금 거론하는 해석을 제안한 사람들과 우리 사이에는 다른 점이 있다. 그들은 먹는 것은 곧 믿는 것과 다르지 않다고 생각하는 반면, 나는 그리스도의 살을 먹는 것은 오직 믿음으로 하는 것이요 이 먹음은 믿음의 열매라고 말한다. 보다 명확하게 진술해야 한다면, 그들에게 먹음은 믿음 자체인 반면, 나는 먹음이 믿음에서 나온다고 주장한다. 우리가 사용하는 단어들에 있어서는 차이가 거의 없지만, 이 단어들로 가리키는 실체에 있어서는 차이가 크다. 비록 사도는 예수 그리스도가 믿음으로 우리 마음속에 거하신다고 가르치지만,엡 3:17 아무도 그의 거하심을 믿음 자체라고 해석하지는 않을 것이기 때문이다. 사도가 설명하려 한 것은 믿음으로 얻는 특별한 혜택, 곧 믿음을 통해 신자들이 그들 속에 살아 계시는 그리스도를 모실 수 있는 혜택임을 모두가 알고 있다.

이와 같이 자기를 생명의 떡이라 하시는 주님은, 우리의 구원이 그의 죽으심과 부활을 믿는 믿음에 있다는 것뿐만 아니라, 떡이 음식으로 섭취되면 몸에 기운을 주듯이 우리가 그에게 진실로 참여함 덕분에 그의 생명도 우리에게 옮겨져 우리 것이 된다는 것까지 증명하려 하셨다. 저들이 자기들의 옹호자로 내세우는 아우구스티누스는, 우리가 그리스도를 믿음으로써 그의 몸을 먹는다는 것은 오직 그 먹음이 믿음에서 나온다는 의미에서만 가능하다고 기록한다.[9] 이를 내가 부정하는 것은 아니다. 다만, 우리는 그리스도를 멀리서 보이는 분으로 영접하지 않고 우리에게 자기를 주셔서 우리와 소통하시는 분으로 영접한다는 사실을 덧붙일 따름이다.

또한 나는 우리에게 그리스도의 몸과 소통하는 수단이 있다고 확언하는 자들에게서도 감명을 받지 않는다. 그 이유는, 그들이 자기들의 주장을 증명하려 할 때, 우리는 단지 그리스도의 성령에 참여할 뿐이라고 암시하면서 그의 살과 피에 대한 모든 기념적 가치를 제외해 버리기 때문이다.[10] 그들은 "그의 살은 음식이고 그의 피는 음료로다"요 6:55 나 "이 살을 먹고 이 피를 마시는 사람 외에는 아무도 생명을 구원하지 못하리라"요 6:53 와 같은 여러 비슷한 말씀들이 아무 이유도 없이 기록된 것처럼 여긴다. 그러므로 우리가 말하는 참여가 저들의 주장보다 멀리 나아간 것이 사실이라면, 단지 몇 마디 말씀이 우리를 얼마나 멀리 데려갈 수 있는지 확인해 보자. 물론, 나의 이해력을 초월하는 이 엄청난 신비를 몇 마디 말씀으로 파악하는 것은 불가능함을 잘 알고 있지만 말이다.

내가 이 사실을 기꺼이 고백하는 목적은 아무도 이 신비의 위대함을 내 서툰 말로 판단하지 못하게 하려는 데 있다. 내 말은 너무나 연약해서 이 신비를 감히 설명할 수 없을 정도다. 대신 나는 여러분에게 내 말이 만든 답답한 한계와 범위 안에 자기의 지성을 가두지 말고, 내가 데려갈 수 있는 곳보다 더 높이 올라가도록 애쓰라고 당부한다. 나로서는 이 문제가 나올 때마다 내가 말할 수 있는 모든 것을 말하려고 노력했지만, 탁월한 수준에는 턱없이 미치지 못했다는 것을 깨닫는다. 비록 지성의 생각과 판단은 그것을 표현하는 언어의 능력을 초월하지만, 지성 역시 이 신비의 숭고함에 승복하고 제압당하고 만다. 그렇기 때문에, 궁극적으로 나는 지성도 제대로 파악하지 못하고 언어도 표현해 내지 못하는 이 신비에 경탄하는 일만 겨우 할 수 있을 뿐이다. 그렇더라도 여기서 내 가르침에 대한 요약을 제시해 보려고 한다. 나는 내 가르침이 진리에 충실할 것을 확신하며, 하나님을 두려워하는 모든 정직한 영혼의 인정을 받으리라 믿는다.

그리스도는 우리 안에 거하시는 생명의 말씀이다

무엇보다도 성경은 우리에게 그리스도가 태초부터 성부의 살아 있는 말씀이요, 만물이 존재하기 위한 능력을 얻는 생명의 근원이자 원천이었다고 가르친다. 그래서 요한은 종종 그리스도를 "생명의 말씀"이라 부르기도 한다.[요일 1:1] 때로는 "생명이 언제나 그 속에 계셨다"고 말함으로써,[요 1:4] 그리스도는 모든 피조물에게 그의 권능을 부여하여 생명과 힘을 주신다고 선언한다. 요한은 하나님의 아들이 우리 육체를 취하여 나타나셔서 자기를 보이시고 만질 수 있게 하셨을 때, 이 생명이 분명하게 나타났다고 곧이어 덧붙인다.요일 1:2 비록 전에는 그리스도가 모든 피조물에게 그의 권능을 부어 주셨으나, 사람이 자기 죄악으로 인해 하나님과 소원해져 생명에 있어서 자기 몫을 상실한 채 사방으로 죽음에 포위되었기 때문에, 불멸에 대한 소망을 되찾기 위해서 이 말씀이신 분과의 교제를 회복할 필요가 있었기 때문이다. 우리가 하나님의 말씀이신 분이 그 속에 생명의 충만함을 지니신 것을 알지만 그에게서 멀리 떨어진 채 우리 자신과 우리 주변 만물 속에 있는 죽음만 바라보아야 한다면, 우리에게는 소망을 품을 만한 이유가 조금도 없다고 해야 하지 않는가?

그러나 이 생명의 근원이 우리의 살로 거하기 시작하신 때 이후로, 그는 더 이상 우리에게서 멀리 감춰져 있지 않다. 오히려 그는 자기를 우리에게 제시하시고 나타내셔서 우리가 그를 즐거워할 수 있게 해주신다. 예수 그리스도는 이렇게 생명의 은사를 우리에게 가져다주셨는데, 그가 바로 이 생명의 근원이시다. 또한 예수 그리스도는 그 입으신 살을 우리에게 돌려주시고 살리심으로써, 우리가 그 살에 참여하여 불멸을 위해 그 살을 먹게 하셨다. 그리스도는 "내가 하늘에서 내려온 생명의 떡이라"고 말씀하신다.요 6:48, 50 또 "내가 줄 떡은 세상의 생명을 위해 내가 줄 내 살이라"고도 말씀하신다.요 6:51 이처럼 말씀하심으로써 그가 하늘에서 우리에게 내려오신 하나님의 영원한 말씀이므로 곧 생명임을 알려 주신다. 또한 그리스도는 우리에게로 내려오실 때 그가 취하신 살에 이 권능을 쏟으심으로써 그 권능이 우리에게도 전해질 수 있도록 하셨다. 그래서 우리는 "그의 살은 진실로 음식이고 그의 피는 진실로 음료"이며,요 6:55 이 둘은 영생을 위해 신자에게 공급되는 자양분이라는 말씀을 듣는다.요 6:54

그러므로 우리는 우리 자신의 살이신 분 속에서 생명을 발견한다는 사실을 알게 되면 특별한 위로를 받는다. 이런 방식으로 우리는 생명을 얻을 뿐 아니라, 생명도 우리를 만나러 나타나시기 때문이다. 다만 우리는 우리 마음을 열어서 그 생명을 영접하면 된다. 그러면 우리는 그 생명을 얻을 것이다.

그리스도의 살과 피에 참여함

그리스도의 살은 그 자체로는 우리를 살릴 수 있을 만큼 충분한 힘을 갖지 못한다. 그것은 처음 상태에서는 죽을 운명에 복종했다가, 불멸이 된 다음에는 다른 데서 그 힘을 얻기 때문이다. 그럼에도 그리스도의 살은 생명의 완전함으로 충만하므로 생명을 주는 것이요, 우리에게 생명을 나누어 준다고 말하는 것은 옳다. 바로 이 의미에서 우리는 다음과 같은 주님의 말씀을 이해해야 한다. "아버지께서 자기 속에 생명을 지니고 계시듯이, 그가 아들에게도 그 속에 생명을 지니도록 허락하셨느니라." 요 5:26 이 구절에서 그리스도는 그의 신성 안에 영원히 소유하신 속성들에 관해 말씀하고 계시지 않다. 그리스도는 우리에게 나타나셨던 그 육체 안에서 그에게 부여된 속성들에 관해 말씀하고 계신다. 그러므로 그리스도는 생명의 충만함이 그 인성 안에도 거하고 있어서 누구든지 그의 피와 살에 참여하는 자는 참된 생명을 누릴 것이라고 계시하시는 것이다.

우리가 말하려는 바를 일상적인 사례를 통해 더 잘 설명해 보겠다. 샘에서 나오는 물은 마시거나 물을 대거나 그 외의 다른 용도로 사용된다. 그렇더라도 샘은 그 풍부한 물을 자기에게서가 아니라, 끊임없이 흐르는 원천에서 얻어 자기를 채움으로써 물이 고갈되지 않게 한다. 비슷한 방식으로 그리스도의 육체는 신성에서 나오는 생명을 받아 그 생명을 우리에게 전달한다는 면에서 샘과 같다. 그렇다면, 하늘의 생명을 열망하는 모든 사람이 반드시 그리스도의 몸과 피에 참여해야 한다는 사실은 자명하지 않은가? 바로 그 사실을 사도들의 이 말씀도 알려 준다. "교회는 그리스도의 몸이요 그의 충만함이니라." 엡 1:23 "그는 그 머리이시니 그로부터 온몸이 마디와 관절로 연결되어 자라느니라." 엡 4:15-16 "우리 몸은 그리스도의 지체이니라." 고전 6:15 이 일은 그리스도가 몸과 영으로 우리와 온전히 연합하시지 않는 한 이루어질 수 없다. 사도는 우리가 "그의 몸의 지체요 그 뼈와 살의 일부"라고 기록할 때, 엡 5:30 우리와 그리스도의 육체를 연합시키는 교제에 관하여 훨씬 더 분명한 뜻을 드러낸다. 마지막으로, 사도는 온갖 설명으로도 그 실체를 나타내기에는 역부족임을 보여주기 위해, "이는 위대한 신비이니라"는 외마디 경탄의 말로 끝맺는다.엡 5:32 그러므로 바울에게는 지극히 위대하기에 몇 마디 말로 설명하기보다는 차라리 경탄하기를 택했던 참여, 곧 주님의 살과 피에 대한 신자의 참여를 전혀 인정하지 않는 처사는 끔찍한 어리석음에 불과하다.

그리스도께 참여함은 성령을 통해 이루어진다

그렇더라도 우리는, 마치 그리스도의 몸이 식탁 위로 내려와 그 위에 놓여 있어서 손으로 만지고 이를 씹어 목구멍으로 삼킬 수 있는 것이라고 여기는 궤변론자들의 몽상처럼 그리스도에 대한 참여를 상상하면 안 된다. 우리는 마치 그리스도의 몸이 인간의 몸이 요구하는 것과 동일한 치수를 갖고 있다는 사실과, 그가 심판하러 오시기까지는 위로 들려지신 하늘에 그의 몸이 계신다는 사실을 의심하지 않듯이, 그리스도의 몸을 부패하는 원소들의 수준으로 격하시키거나, 그의 몸이 어디에나 있다고 상상하는 것 역시 잘못이라고 여기기 때문이다. 주 예수께서 이 혜택을 그의 영으로 우리에게 풍성하게 베푸시고, 우리가 몸과 영과 혼으로 주 예수와 하나되었으므로, 우리는 주 예수와 교통하는 데 있어서 그런 것은 전혀 필요하지 않다. 그러므로 이 연합의 띠는 우리를 하나되게 하시는 성령이며, 이 성령은 그리스도 자신과 그의 모든 것을 우리에게 전해 주는 경로와 수송관 역할을 하신다. 우리는 땅을 비추는 태양이 그 광선을 통해 본체의 어떤 것을 땅에 전해 줌으로써 거기서 열매가 나고 자라고 맺게 하는 모습을 분명하게 관찰한다. 태양도 그러하거든 예수 그리스도의 성령의 빛과 광채는 더욱 강력한 힘으로 우리를 그의 살과 피에 참여하게 하지 않겠는가? 그렇기에 성경은 우리가 그리스도께 참여함에 관해 말씀할 때, 이를 가능케 하는 권능 전체를 오직 성령에게만 돌린다. 단 한 구절이 다른 모든 구절을 나타내기에 충분하다. 로마서 8장에서 바울은 그리스도가 우리 속에서 오직 그의 성령으로 살아 계신다고 선언한다.9절 그렇게 말하면서도 바울은 우리가 지금 말하고 있는바 신자가 그리스도의 몸과 피와 나누는 교통을 무효로 하지 않는다. 그는 오히려 성령이야말로 우리가 그리스도를 소유하고 그가 우리 안에 거하시게 하는 데 필요한 유일한 방편임을 가르친다.

그리스도의 몸과 피에 대한 이 참여는 우리 주님께서 성만찬에서 증언하신 것이다. 주님은 이 영적인 잔치를 받아들이는 모든 사람에게 진정으로 그의 몸을 베풀어 주신다. 비록 오직 신자만 참된 믿음으로 그 혜택을 누릴 자격을 얻어 주님의 몸에 참여할 수 있다 하더라도 말이다. 그런 이유로 사도는 우리가 먹는 떡을 그리스도의 몸에 대한 참여로 설명하고, 복음서의 말씀과 기도로 성별하는 잔을 그리스도의 피에 대한 참여로 설명한 것이다.고전 10:16 그 누구도 이 참여를 가리켜 단지 상징된 실체의 이름이 표징에 부여하는 비유적 언어일 뿐이라는 이견을 내서는 안 된다.[11] 그들이 떡을 떼는 행위가 영적 실체에 대한 외적 표징이라는 것은 널리 알려져 있다고 주장한다면, 또한 우리가 바울의 말에 대한 그들의 그 같은 해석을 허용한다 하더라도, 우리는 그 표징이 우리에게 주어졌다는 사실에 근거하여 결과적으로 그 표징의 충만한 실체가 우리와 소통할 수 있다고 생각한다. 누군가 하나님을 사기꾼이라 부르려고 하지 않는 한, 그가 감히 하나님을 가리켜 그 속에 전혀 진리가 담겨 있지 않은 무효한 표징을 택하셨다고 비난하지는 않을 것이기 때문이다.

그러므로 주님께서 떡을 떼는 일을 우리가 주님의 몸에 참여함의 참된 상징으로 삼고자 하신다면, 그가 동시에 그것을 우리에게 주실 수 있음도 의심할 필요가 없다. 가장 분명하게 신자는 언제나 다음과 같은 규칙을 준수해야 한다. 신자는 하나님께서 정하신 표징을 볼 때마다, 그 표징이 상징된 것의 실체와 결합해 있음을 확신하며 온전히 받아들여야 한다. 우리 주님의 몸의 표징이 그 몸에 대한 우리의 실제적인 참여를 보장하지 않는다면, 왜 주님께서 우리 손에 그 몸의 표징을 주시겠는가? 주님께서 보이지 않는 것의 증여를 우리에게 확증하시려고 보이는 표징을 주셨다면, 우리는 주님의 몸의 표징을 받을 때 그 몸 자체를 받는 것임을 온전히 확신해야 한다.

그리스도의 부활한 몸은 세상이 아닌 하늘에 계신다

많은 사람들은, 만약 그리스도의 몸과 피가 국한된 영역에 현존하여 만질 수 있는 것이 아니라면 그 몸과 피에 참여할 수 없다고 여길 것이다. 그러면서 그들은 주님의 몸이 계신 장소에 관하여 제멋대로 갖가지 몽상에 빠져든다. 여기서 우리는 이 오류를 간략히 논박해야겠다.

마치 예수 그리스도가 성모에게서 나실 때 우리의 참된 육신을 친히 취하셨고, 우리를 위해 속죄하실 때 우리의 참된 육신으로 고난당하셨듯이, 그는 부활하실 때도 동일한 참된 육신을 받아 취하셨고 승천하실 때 그 육신을 하늘로 옮기셨다. 예수 그리스도가 부활하시고 승천하셨으므로, 우리도 장차 부활하여 천국으로 가기를 소망한다. 그러나 우리의 육신 자체가 예수 그리스도와 함께 부활하지 못하여 천국에 들어갈 수 없다면, 이 소망은 얼마나 연약하고 유약한 것인가!

몸이 한 장소에만 있고 일정한 치수와 가시적인 형태를 지닌다는 것은 몸에 영원히 적용되는 사실이다. 나는 지금 자기가 빠져 버린 오류를 옹호하려 애쓰는 일부 완고한 개인들이 제기한 반론을 잘 알고 있다. 그들은 그리스도의 몸의 치수가 하늘의 가장 충만한 공간보다 작고 땅의 가장 먼 곳보다 짧았던 적이 없다고 말한다.[12] 그리스도가 그 모친의 태에서 유아로 나와 자라셨고 십자가에 매달리셨으며 무덤에 안치되셨다는 사실은, 그로 태어나시고 죽으시고 기타 여러 인간적 행위를 하게 해준 섭리의 결과였다. 부활 이후 그리스도가 평범한 몸의 모양으로 나타나셨고, 눈에 보이게 하늘로 취하여 올리셨으며, 마침내 승천 이후로 스데반과 바울에게 보이셨다는 사실은, 장차 사람들이 그리스도가 하늘의 왕으로 임명되신 모습을 보게 하려고 동일한 섭리가 있었다는 뜻이다.

이것이 바로 지옥으로부터 마르키온을 소환해 온 꼴이 아니고 무엇이겠는가?[13] 그리스도의 몸이 정말 그런 상태라면 단지 환영에 불과하지 않느냐고 의심하지 않을 사람이 누가 있겠는가? 그들은 예수 그리스도 "하늘에서 내려온 이, 곧 하늘에 있는 인자 외에는 하늘로 올라갔던 이가 아무도 없느니라"고 친히 선언하셨다고 말한다.요 3:13 그러나 바울이 영광의 주님께서 십자가에 못 박히셨다고 기록한 것은, 그리스도가 그의 신성으로 고난당하셨기 때문이 아니라, 정죄되어 멸시받으시며 십자가에서 고난당하신 그리스도 자신이 하나님이기도 하셨고 영광의 주님이기도 하셨기 때문이다.고전 2:8 그런데 어째서 그들은 그리스도가 선언하신 일이 속성의 교류를 통해 발생했음을 모를 정도로 골똘히 생각하며 아둔한 척 행세할 수 있는가? 이와 같이 인자도 하늘에 계셨는데, 그 이유는 육신에 따라 세상에 계셨던 동일한 그리스도가 하늘에 계신 하나님이기도 하셨기 때문이다. 따라서 이 구절에서 그리스도는 그의 신성에 따라 하늘에서 내려오셨다고 하는데, 그 이유는 신성이 몸이라는 감옥에 숨으려고 하늘을 버리셨기 때문이 아니라, 비록 그의 신성이 만물을 충만케 하시면서도 우리가 이해할 수 없는 방식으로 자연스럽고 참되게 그리스도의 인간성 속에 몸으로 거주하셨기 때문이다.골 2:9

그리스도의 몸에 대한 편재 교리 반박

다른 사람들은 보다 영리한 수단으로 얼버무리려고 한다. 그들은 이 성례에 현존하게 된 몸이 영광스럽고 영원하다고 주장한다. 그래서 그들은 그 몸이 당연히 많은 장소에 있어야 하고, 지정된 장소를 차지하거나 형식을 취하지 않고서 이 성례 안에 들어 있어야 한다고 여긴다.

나는 우리 주님께서 고난받으시기 전날 밤 그의 제자들에게 어떤 몸을 주셨는지 그들에게 묻고 싶다. 주님의 그 말씀은 그 몸이 곧 넘겨지게 될 주님의 죽을 몸이었음을 암시하지 않는가? 그들은 주님께서 이미 다볼산에 있던 세 제자에게 그의 영광을 계시하셨다고 반박한다.마 17:2 그것은 확실한 사실이지만, 그 경우에 주님은 그 계시를 방편으로 그들이 주님의 불멸하심을 약간 맛보게 하셨을 뿐이다. 그러나 주님께서 마지막 만찬에서 자기의 몸을 제자들에게 나누어 주셨을 때는, 이미 그가 하나님께 매를 맞고 모욕을 당하시며 으스러지시고 나병 환자처럼 흉하게 되실 때가 아주 가까이 와 있었다. 그때 주님께서 자기의 영광을 나타내려 하셨을 리가 없다!

예수 그리스도의 몸이 한 곳에서는 죽어 멸시받을 몸으로, 또 다른 곳에서는 죽지 않는 영광스러운 몸으로 동시에 나타난다면, 이것이야말로 마르키온에게 넓게 열린 창문이 되지 않겠는가! 나는 그런 터무니없는 생각은 무시해 버리고 싶다. 다만 그 영광스러운 몸이 정말로 몸인지를 내게 말해 달라고 그들에게 부탁할 뿐이다. 그들은 이렇게 대답한다. "그렇소. 하지만 여러 장소에 있으면서도 전혀 공간을 차지하지 않는 몸이고, 모양이나 치수가 전혀 없는 몸이요." 그러면 그런 몸은 굳이 여러 말 할 것 없이 간단하게 영혼이라 부르면 될 것이다. 우리는 육신의 부활을 완전히 부정하든지, 아니면 한번 부활하면 계속 육신이기는 하되 특정한 장소성에 제한되고 가시적이고 만질 수 있다는 견지에서는 영과 다름을 인정하기로 하자. 그들은 우리 몸이 일단 하늘의 영광과 불멸 속으로 들어가고 나면 무한해질 것이라고 주장하지만, 도대체 누가 그들을 신뢰하겠는가? 사도가 증언하듯이, 우리 몸은 주님의 영광스러운 몸과 같이 변화되리라는 것이 사실이다.빌 3:21

그렇다면, 그들은 그리스도의 영광스러운 몸에 대해 한 번에 많은 장소에 존재하여 어떤 한 공간에만 제한되지 않는 능력을 부여하지 말아야 한다. 그들이 우리 몸에 관하여 그리스도와 동일한 속성을 말하고 싶지 않다면 말이다. 내가 짐작하기에는 그들 중 누구도 그렇게 말하려 하지 않을 것이다. 예수 그리스도가 그의 제자들이 문을 닫고 있었던 장소로 들어가셨다고 항변한다고 해도 그들은 아무 이익도 얻지 못한다.요 20:19 물론 그 일은 기적이었다. 그리스도는 그들이 문을 열게 하시지도 않았고, 그들이 인간의 손으로 문을 열기를 기다리시지도 않았기 때문이다. 그리스도는 오직 그 자신의 힘으로 모든 장애를 극복하고 안으로 들어가셨다. 더욱이, 일단 들어가신 후 그리스도는 제자들에게 자신이 참된 몸임을 증명해 보이시며, "보아라, 그리고 만지라. 영혼에는 살과 뼈가 없음이니라"고 말씀하셨다.[눅 24:39] 그렇다면, 그리스도의 영광스러운 몸은 보일 수도 있고 만질 수도 있으니 그의 몸이 어떻게 참된 몸으로 나타나는지를 바라보라. 그의 몸에서 그것을 제거하면, 그의 몸은 더 이상 참된 몸이 아닐 것이다.

그리스도의 몸은 죄가 없다는 것만 제외하고 우리의 몸과 동일하다

이 점에 있어서 그들은 우리의 명예를 실추시키기 위해 우리가 전능하신 하나님의 권능을 하찮게 말한다고 비난한다. 지금 그들은 멍청해서 실수를 하고 있거나 악랄한 거짓말을 하고 있거나 둘 중 하나다. 여기서 문제는 '하나님이 하실 수 있는가'가 아니라, '하나님이 하시려 했느냐'이기 때문이다. 우리는 하나님께서 행하기로 택하신 모든 것을 그대로 행하신다고 단언한다. 예수 그리스도가 죄만 제외하고 그의 형제들처럼 되신 것은 하나님의 선택이었다. 그렇다면 우리는 어떤 종류의 몸을 가지고 있는가? 우리 몸은 그 자체의 일정한 치수가 있고, 한 장소에 제한받으며, 보이고 만질 수 있는 종류의 몸이지 않은가? 그들은 대답한다. "그러나 어째서 하나님께서 그와 동일한 몸을 택하셔서 여러 다른 장소를 점유하게 하시되, 장소에 제한받지 않고 모양이나 크기를 전혀 갖지 않도록 하실 수 없는가?"

오, 미치광이여! 당신들이 요구하는 하나님의 권능은 도대체 무엇이란 말인가? 하나의 육체가 육체도 되고 동시에 육체가 안 되게 하는 권능을 요구하는가? 그것은 마치 빛을 빛도 되게 하고 동시에 어둠도 되게 하는 권능을 요구하는 셈이다. 오히려 하나님의 권능은 빛을 빛이 되게 하고, 어둠을 어둠이 되게 하고, 몸을 몸이 되게 하는 권능이다. 확실히, 그 권능이 의도만 한다면 어둠도 빛으로 바꾸고, 빛도 어둠으로 바꿀 것이다. 그러나 당신들이 빛과 어둠 사이에 전혀 차이가 없기를 요구한다면, 하나님의 지혜의 순리를 망치려는 것이 아니고 무엇인가? 그러므로 몸은 몸이어야 하고, 영은 영이어야 하며, 각각 하나님께서 정하신 규정과 조건에 부합해야 한다. 그렇다면, 몸은 일정한 장소에 그 모양과 크기를 갖고서 존재한다는 것이 몸의 조건이다. 이 조건을 존중하시는 예수 그리스도는 몸의 형체를 취하셨고, 그 몸에 썩지 않음과 영광을 확고하게 부여하시되 다만 몸의 본질과 실체를 훼손하지 않으셨다. 성경의 증거가 그것을 직접적이고 명료하게 알려 준다. "그는 하늘로 올라가셨으며, 거기로부터 그가 올라가심을 보이신 그대로 돌아오시리라." 행 1:11

이 고집 센 자들은 그리스도가 눈으로 볼 수 있게 올라가셨고 눈으로 볼 수 있게 돌아오시겠으나, 그 중간에는 눈에 보이지 않게 우리와 함께 거하신다고 말하며 다시 한번 핑계를 대려 한다. 그러나 우리 주님은 자신이 만지고 볼 수 있는 살과 뼈를 가졌다고 증언하셨다. 떠나 올라간다는 것은 그저 떠나 올라가는 척한다는 뜻이 아니다. 주님은 그 말씀 그대로 실제로 행하셨다. 혹시 누군가는 그리스도가 계실 하늘의 특정한 영역을 설정해야 하는 것은 아니냐고 물어볼지 모른다. 아우구스티누스와 함께 나는 그런 질문이 불필요하고 지나치게 많이 알려 하는 질문이라고 대답하겠다. 그리스도가 하늘에 계시다고 믿는 것만으로 충분하다.[14]

그리스도의 몸이 성찬식에 임재한다는 의미

이제 누구든 주님의 몸과 피를 떡과 포도주에 연결하려고 할 때는 어느 하나를 다른 하나에서 떼어 놓아야 할 것이다. 그래서 마치 떡이 잔과 따로 주어지듯이, 떡과 결합된 몸도 잔에 들어 있는 피와 따로 놓아야 한다. 그들은 몸이 떡 속에 있고 피는 잔 속에 있다고 주장하기 때문이다. 떡과 포도주가 서로 구분되어 놓이면, 그들은 피와 몸이 분리되는 것을 어쩌지 못할 것이다. 주님께서 피와 몸이 담긴 표징들을 분명하게 구별하셨음을 감안하면, 피가 몸 속에 있고 몸이 피 속에 있다는 그들의 평소 주장은 심히 어리석다.

그 나머지에 관해서는, 만약 우리가 우리의 시선과 생각을 하늘로 향하고, 그 나라의 영광 중에 계신 그리스도를 찾기 위하여 하늘로 옮겨진다면,골 3:1 우리는 떡으로 상징된 그의 살을 먹고 그와 별도로 잔으로 상징된 그의 피로 자양분을 얻게 됨으로써, 그리스도를 충만히 즐거워하게 될 것이다. 비록 그리스도가 우리에게서 그의 육신을 거두시고 그 몸으로 하늘로 올라가셨으나, 그럼에도 그는 아버지 우편에 좌정하셔서 아버지의 권능과 위엄과 영광으로 통치하고 계시기 때문이다. 그리스도의 나라는 어느 장소나 어떤 고정된 치수에 결코 제한되지 않으므로, 그리스도가 원하시는 하늘이나 땅에서 그 권능을 나타내실 수 있다. 그리스도는 자기의 임재를 권능과 능력으로 알리실 수 있으며, 그의 친백성 중에 거하시고 그들을 지탱하시고 그들을 강하게 하시며 그들에게 힘 주시고 그들을 섬기심으로써 마치 그가 육신적으로 임재하신 것처럼 그들을 지속적으로 도우실 수 있다. 요약하면, 그리스도는 자기 백성 각자가 그의 몸에 참여할 몫을 성령의 권능을 통해 얻게 하심으로써 그 백성을 확실하게 양육하신다. 그렇기에 이 성례에 요구되는 그리스도의 몸의 임재, 곧 우리가 이 성례에서 계시된다고 주장하는 그리스도의 임재는 아주 강력하고 효과적이어서, 우리 영혼으로 하여금 영원한 생명을 흔들림 없이 신뢰하게 해준다. 그뿐만 아니라, 그리스도의 불멸의 육신으로 이미 살아나기도 했고 그의 불멸에 얼마간 참예하고 있기도 한 우리 육신의 불멸까지도 확신하게 해준다. 겉만 번지레한 이론으로 선을 넘어가 버린 자들은 명백하고 단순한 진리를 흐리고 있을 뿐이다.

아직도 만족하지 못하는 사람이 있다면, 여기서 우리가 관심을 갖는 사안은 다름 아닌 성례이며, 이 성례에 관한 모든 것은 오직 믿음과 직결되어야 한다는 사실을 함께 숙고해 보자. 우리는 그리스도를 하늘에서 끌어내릴 수 있다고 상상하는 자들 못지않게, 앞에서 설명한 방식으로 그리스도의 몸에 참여함으로써 믿음을 잘 양육한다. 또한 바울이 우리에게 명하여 모든 성경 해석을 헤아려 보는 데 사용하라고 했던 믿음의 규칙은, 이 문제에 있어서 우리를 위해 완벽하게 작동한다는 사실을 주지하라.롬 12:3 이와 달리, 분명한 진리를 반대하는 자들은 그들이 어떤 믿음의 규칙이나 기준을 따르고 있는지 신중하게 살펴야 할 것이다. 예수 그리스도가 육체로 오심을 부인하는 사람은 그 누구라도 하나님께 속하지 않기 때문이다.요일 4:3 그런 자들은 아무리 그렇게 안 하는 체해도 실제로는 그리스도에게서 그 육신의 실체를 빼앗아 버린다.

성체성사용 기구 숭배 비판

우리가 이것을 이해한다면, 일부 사람들이 경솔하게 제멋대로 성례 안으로 끌어들인 육신적 숭배를 쉽게 멀리하게 될 것이다. 그들이 내놓은 추론의 흐름을 따르면, 만약 몸이 임재한다면 몸에서 나뉠 수 없는 영혼과 신성의 능력도 몸과 함께 비슷한 방식으로 임재하는 것이고, 따라서 성례에서 예수 그리스도는 예배를 받으셔야 마땅하다. 일단 우리 자신을 우리 뇌의 변덕과 몽상에 따라 하나님의 말씀에서 멀어지도록 내버려 두고 나면, 그런 추론이야말로 우리 지성의 훌륭한 열매가 될 것이다! 그 주장들을 지어낸 자들이 합당한 염치를 갖추고 그 모든 사상을 하나님 말씀의 범위 안에 제한한다면, 그들은 "받아서 먹고 마시라"는 말씀을 확실히 듣고서 이 성례를 받으라는 명령을 순종하게 될 것이요, 성례를 숭배하지는 않을 것이다. 그러므로 주님의 명령에 따라 이 성례를 받아들이지만 숭배는 하지 않는 자들은 주님의 명령을 결코 위반하지 않을 수 있다(이 확신은 우리가 어떤 행동 방침을 취할 때마다 얻을 수 있는 최선의 위로다). 그들에게는 사도의 모범이 있다. 우리는 사도들이 성례 앞에 무릎을 꿇고 예배했다는 기록을 전혀 읽을 수 없다. 오히려 그들은 앉아서 성례를 받아 먹었다. 또한 그들에게는 사도 시대 교회의 실천이 있다. 누가가 우리에게 말해 주듯이, 사도 시대 교회는 숭배 행위에 참여하지 않고 떡을 떼는 데 참여했다.행 2:42 또한 그들에게는 사도의 가르침이 있다. 이 가르침에 관하여, 바울은 그가 가르치는 것을 주님에게서 받았다고 고린도 교회에 알려 준다.고전 11:23

그러나 성례를 숭배하는 자들은 순전히 추측과 스스로 지어낸 다양한 사상들에 근거하여 대답한다. 그들의 호소는 하나님의 말씀 중 단 한 음절과도 상관이 없다. 비록 그들이 "몸"과 "피"라는 단어로 설득하려 든다 하더라도, 제정신을 가진 신중한 사람이라면 그리스도의 몸이 곧 그리스도 자신이라는 데 설득당할 자가 누가 있겠는가? 물론 그들은 이것이 삼단논법의 도움으로 도출될 수 있다고 생각한다. 하지만 그들의 양심이 혹독한 연단을 받으면, 하나님에게서 온 어떤 확실한 말씀도 자기들에게 없음을 알게 되자마자 그들은 그 모든 삼단논법 때문에 즉시 공포와 불안과 혼란을 느낄 것이다.[15] 우리 영혼은 하나님 앞에서 결산을 요구받을 때 오직 그 하나님의 말씀 안에서만 확실하게 안식할 수 있다. 그 말씀 없이 그들은 사도의 가르침과 모범이 그들을 책망한다는 사실과, 그들의 환상은 모두 그들 스스로 꾸며 냈다는 사실을 알게 되자마자 무엇을 하든지 넘어지고 거꾸러져 버린다. 그토록 혹독하게 난타당한 이후에도 다른 여러 가지 찌르는 아픔과 깊은 양심의 가책이 그들을 찾아올 것이다. 무슨 말인가? 하나님께서 그런 명령을 내리지 않으셨을 때 그들과 같은 방식으로 하나님을 예배하는 것은 전혀 중요한 문제가 아니란 말인가? 하나님의 예배와 영광이 달려 있는 문제에 있어서, 그들은 하나님께 아무런 명령도 받지 않은 채 그처럼 경솔하게 행동했어야 하는가?

게다가 성경은 그리스도의 승천을 신중하게 설명해 주는데, 이를 통해 그리스도의 몸의 임재는 우리의 시선과 사회에서 떠나게 되었으며, 따라서 그리스도에 대한 육신적인 생각을 제거한다. 성경은 그리스도를 언급할 때마다, 우리의 마음을 고양시켜 아버지 우편에 좌정하사 하늘에 계신 그리스도를 추구할 것을 권면한다.골 3:1-2 그러므로 우리는 하나님과 예수 그리스도에 대한 아둔하고 육신적인 생각으로 우리를 채우는 이 위험한 형태의 숭배를 만들어 내기보다는, 하늘의 영광 가운데 영적으로 그리스도를 숭배해야 옳았다. 성례 숭배를 고안한 자들은 이런 숭배 행위에 대해 단 한 마디도 하지 않는 성경과는 완전히 무관하게 그것을 스스로 꾸며

냈다. 그런 숭배가 하나님께 받아들여졌다면, 그것은 망각되지 않았을 것이다. 따라서 그들은 우리에게 성경에 무엇을 더하지도 빼지도 말라고 하시는 하나님을 만홀히 여겼다. 그들의 입맛과 취향에 따라 하나의 신을 만들어 냄으로써 살아 계신 하나님을 버렸다. 그들이 그들에게 주시는 분이 아니라, 오히려 주신 것을 숭배했기 때문이다. 그러므로 그들은 이중으로 범죄한 셈이다. 하나는 그들이 하나님에게서 영광을 빼앗아 피조물에게 내어 준 것이요, 다른 하나는 하나님의 거룩한 성례가 저주받은 우상이 됨으로써 인간이 하나님의 은사와 호의를 더럽히고 모독하여 하나님의 명예를 실추시킨 것이다.

우리는 그들과 같은 늪에 빠지지 말아야 한다. 그렇다면, 우리의 귀와 눈과 마음과 생각과 말의 닻을 하나님의 가장 거룩한 교훈 속에 온전히 내리도록 하자. 그곳이 가장 신실한 교사이신 성령의 학교이기 때문이다. 성령의 가르침은 우리에게 진실로 유익해서, 다른 어떤 출처에서 가져와 더할 것이 없다. 그 가르침이 말하지 않은 것은 다 무시해도 좋을 정도다.

그리스도에 대한 고백이자 연합의 띠로서의 성례

지금까지 우리는 성례가 하나님 앞에서 어떻게 우리의 믿음에 기여하는지를 논의해 왔다.[16] 이미 설명했듯이, 여기 계신 우리 주님은 우리에게 위대하고 후한 은사를 기억하게 하시면서 그것을 인정할 것을 권면하신다. 또한 주님은 우리에게 주님의 그런 명백한 선하심에 대해 배은망덕하지 말고, 합당한 찬양으로 높이고 감사함으로 기억해야 한다고 경고하신다. 그러므로 주님은 그의 사도들 앞에서 성례를 제정하실 때, 자기를 기억하며 이 성례를 행하라고 명령하셨다.[눅 22:19] 바울은 이를 "주님의 죽으심을 선포하는 것"으로 해석했다.[고전 11:26] 그것은 곧 생명과 구원에 대한 우리의 모든 확신이 주님의 죽으심에 있음을 다 함께 입을 모아 사람들 앞에서 고백하는 것을 뜻한다. 그럼으로써 우리는 우리의 이 고백으로 주님을 영광스럽게 할 수 있고, 우리의 모범으로 다른 이들도 주님께 영광을 돌리도록 권면하게 된다.

여기서 우리는 성례의 목적이 무엇인지 다시 한번 분별하게 된다. 그것은 바로 우리 자신에게 예수 그리스도의 죽으심을 계속 상기시키는 것이다. 주님께서 심판하러 오실 때까지 주님의 죽으심을 선포하라는 명령은, 단지 우리의 입술로 우리의 믿음이 성례에서 인정하는 것, 곧 그리스도의 죽으심은 우리의 생명임을 고백해야 한다는 뜻이다. 이것이 성례의 두 번째 용도인데, 이는 외적인 고백과 관련된다.

또한 주님은 이 성례로 우리를 가장 강력하게 자극하여 사랑과 평화와 연합을 향한 열정으로 타오르게 하실 만큼, 이 성례가 우리에게 격려가 되게 하셨다. 이 성례에서 우리 주님은 그의 몸을 우리에게 전해 주심으로써 우리와 하나가 되시고, 우리는 주님과 하나가 된다. 주님은 우리 모두가 그의 한 몸에 참여할 수 있게 하시므로, 우리도 이 참여 덕분에 함께 한 몸이 되어야 한다. 그러므로 이 성례에서 우리에게 제공되는 떡은 우리의 연합을 상징한다. 마치 떡은 서로 구분되거나 분리될 수 없을 정도로 완전히 섞이고 혼합된 여러 쌀알로 이루어져 있듯이, 우리를 엮어서 결합하는 의지의 강력한 조화로 불화와 분열이 없게 해야 한다. 이것은 바울이 직접 한 말로 설명하는 편이 더 좋을 것이다. "우리가 축복하는 축복의 잔은 그리스도의 피에 참여함이요, 우리가 떼는 떡은 그리스도의 몸에 참여함이니라." 고전 10:16 그러므로 한 떡을 나누는 우리 모두는 한 몸이다.

우리가 어떤 식으로든 형제자매를 해치거나 비방하거나 조롱하거나 경멸하거나 불쾌하게 만들면, 반드시 그 형제자매 속에 계시는 예수 그리스도를 해치거나 비방하거나 조롱하거나 경멸하거나 불쾌하게 만들게 된다. 바로 이 지식을 우리 마음 깊이 새긴다면, 이 성례에서 많은 유익을 얻을 것이다. 우리가 우리 형제자매와 의견의 일치를 못 보고 사이가 틀어지면, 반드시 예수 그리스도와도 의견의 일치를 못 보고 사이가 틀어지게 된다. 우리는 우리 형제자매 속에 계신 예수 그리스도를 사랑하지 않으면 그를 사랑할 수가 없다. 우리가 자신의 몸에 기울이는 관심과 보살핌을 우리 몸의 지체인 형제자매에게도 기울여야 한다. 우리 몸의 한 부분이 고통을 느끼면 나머지 다른 부분도 반드시 그 고통을 느끼게 되듯이, 우리도 고난 당하는 우리 형제자매를 불쌍히 여기며 그들의 고난에 참여해야 마땅하다. 그래서 아우구스티누스가 이 성례를 자주 "사랑의 띠"라고 불렀던 것이다.[17] 그리스도는 자신을 우리에게 주심으로써 오직 자신의 모범을 통해 우리 역시 서로 자신을 내어 주며 서로를 위해 위험을 무릅쓰라고 말씀하셨다. 더 나아가 자신과 우리를 하나로 삼으심으로써 우리 모두가 그리스도 안에서 참된 하나가 되게 하셨다. 우리를 격려하여 우리 안에서 서로 사랑하게 함에 있어서 과연 이보다 날카롭고 예리한 자극이 무엇이 있겠는가?

성례는 믿음 없는 자들을 정죄한다

우리는 주님의 성찬식에서 예수 그리스도를 자신의 생명으로 주장하도록 허락받는 사람들, 감사하도록 격려받는 사람들, 그리고 서로 사랑하도록 권고받는 사람들에게 있어서 성찬의 거룩한 떡은 달콤하고 향긋한 영적 음식이라고 믿는다. 반대로, 주님의 성찬식에서 믿음을 배우지 않는 사람들, 찬양하고 사랑하도록 자극받지 않는 사람들에게는, 주님의 성찬식이 오히려 치명적인 독이 된다. 마치 육적인 음식이 메스꺼운 기운으로 가득한 위장으로 들어가면 부패해 버려서 이롭기는커녕 오히려 해롭듯이, 이 영적 음식도 악의와 사악함으로 더럽혀진 영혼에 들어오면 영혼을 더욱 심각하게 파괴한다. 이것은 주님의 성찬 자체에 있는 문제는 아니다. 비록 음식 자체는 하나님의 복 주심으로 거룩해지지만, 불신으로 더럽혀진 자들에게는 아무것도 정결하지 못하다는 것이 원인이다.

바울이 말하듯이, "합당치 못하게 먹는 자들은 주님의 몸과 피에 범죄함이요, 그들은 자기들의 심판과 정죄를 먹고 마시나니, 이는 그들이 주님의 몸을 분별하지 아니하기 때문이라." 고전 11:27, 29 이 구절에서 우리는 주님의 몸과 피를 분별하지 않는 것과, 주님의 몸과 피를 합당치 못하게 취하는 것이 완전히 동일하게 취급됨을 주목해야겠다. 믿음의 불꽃도 없고 사랑의 감정도 없이 주님의 성찬을 취하려고 돼지처럼 앞으로 밀고 들어가기만 하는 그런 자들은 주님의 몸을 분별하지 못하기 때문이다. 그들은 이 몸을 자기들의 생명으로 믿지 않으므로, 이 몸에서 그 모든 가치를 송두리째 박탈함으로써 자기들이 할 수 있는 최대한으로 그 몸을 모욕하고 이와 같은 방식으로 취할 때 그 몸을 더럽히고 오염시킨다. 형제자매와 갈등을 빚고 서로 소원해진 채, 그들은 감히 그리스도의 몸의 거룩한 표징을 그들의 다툼과 분쟁에 섞어 넣는다. 그렇기에 바로 그들 때문에 그리스도의 몸이 갈라져 갈기갈기 찢겨 나간다. 이것이 바로 주님의 몸과 피에 저지른 그들의 범죄가 당연히 확정되어야 할 이유다. 그들은 그들의 끔찍한 불경건함으로 주님의 몸과 피를 심각하게 더럽힌 것이다.

그들은 합당치 못하게 먹음으로써 정죄를 자초한 셈이다. 그들은 예수 그리스도를 믿지도 않으면서, 성찬을 받을 때는 그리스도가 그들의 유일한 구원의 수단이며 그 외의 다른 모든 보장을 포기한다고 고백하기 때문이다. 따라서 그들은 자기 자신을 비난하고, 자신을 쳐서 증언하며, 자신의 정죄를 인증하는 것이다. 게다가 그들은 증오와 원한으로 그리스도의 지체인 자기 형제자매에게서 떠나 있으므로 예수 그리스도께 전혀 참여하지 않는다. 그런데도 그들은 구원에 이르는 유일한 길은 그리스도께 참여하고 그리스도와 연합하는 것임을 증거한다. (이 구절은 그리스도의 몸이 성례에서 장소적으로 임재함을 증명한다는 구실로 매우 자주 인용되는데, 우리는 이런 인용이 상당히 무의미하다는 것을 이참에 말해 두고 싶다. 여기서 바울이 그리스도의 참된 몸에 관해 말하고 있음을 나도 인정한다. 하지만 바울이 하려는 말은 분명하다. 따라서 이 반론을 놓고 더 이상 시간을 낭비할 필요는 없다.)

자기 점검: 필요하지만 남용되는 훈련

위에서 말한 이유로, 바울은 사람이 이 떡을 먹고 이 잔을 마시기 전에 자신을 점검하라고 명령한다.고전 11:28 나는 이것을 다음과 같은 뜻으로 이해한다. 다시 말해, 각 사람은 진심으로 예수 그리스도를 자기의 구원자로 인정하면서 입술로 고백하는지, 예수 그리스도를 함께 모시고 있는 자기 형제자매에게 그리스도의 모범을 따라 기꺼이 헌신하며 결속하고 있는지, 그리스도를 인정함에 있어서 자기의 모든 형제자매를 그리스도의 몸의 지체로 붙잡아 주고 있는지, 그리스도가 그의 지체에게 하시듯이 자기도 그 지체를 기꺼이 구제하고 지켜 주고 도와줄 준비가 되어 있는지 등에 관해 자기 내면을 들여다보고 반성해야 한다는 뜻이다. 우리가 당장 이 모든 믿음과 사랑의 의무를 충분히 이행할 수 있다는 말은 아니다. 다만 우리는 믿음이 우리 안에서 시작되고 나면, 매일매일 자라고 커져서 우리의 약한 사랑이 강해질 수 있도록 우리의 모든 힘을 다하여 애쓰고 소원해야 한다.

일부 사람들은 신자들이 성례를 합당하게 받도록 준비시켜 주겠다면서 오히려 가엾은 양심을 잔인하게 괴롭히고 학대했지만, 정작 참으로 필요한 것은 아무것도 가르치지 않았다. 그들은 은총의 상태에 있는 사람들이 성찬을 합당하게 먹는다면서, 그 상태를 모든 죄가 씻겨서 정결해진 것으로 규정한다.[18] 그런 가르침은 지금까지 세상에 살았거나 여전히 세상에 존재하는 모든 사람이 성례를 사용하지 못하도록 막았을 것이다. 자신을 점검하는 것이 우리 속에서 합당함을 찾는 문제라면, 우리는 끝이다! 우리는 우리 속에서 오직 멸망과 파괴만 찾을 뿐이기 때문이다. 비록 우리가 우리 속에서 합당함을 찾기 위해 온 힘을 다해 노력하고 할 수 있는 한 모든 고통을 감수하더라도, 이는 결국 우리 자신을 훨씬 더 가치 없는 존재로 만들게 될 뿐이다. 이 상처를 치료하고 싶은 바람으로 사람들은 합당함을 얻는 방안을 고안해 냈다. 그들은 "우리 양심을 제대로 점검한 다음, 통회와 고해와 보속으로 우리의 합당치 못함을 씻어 내야 한다"고 말한다.

우리는 여기보다 적절한 대목에서 그 씻어 냄이 이루어지는 방식을 이미 설명했다.[19] 지금 이 문제와 관련하여, 나는 이런 치료법과 구제책이 죄악의 공포로 인해 괴로움을 당하며 낙담하고 혼란에 빠져 고통스러워하는 양심들에게는 보잘것없고 소용없는 것이라고 주장한다. 우리 주님께서 의롭지 못하고 깨끗하지 못한 사람이 주님의 성찬에 참여하지 못하도록 금지하신다면, 이는 그 사람이 들은바 하나님이 요구하시는 의가 그에게 있음을 보장하는 충분한 확신이 필요하기 때문이다. 할 수 있는 모든 것을 한 사람이 자기가 하나님께 진 빚을 다 갚았다는 확신을 어떻게 얻을 수 있겠는가? 설사 그런 확신을 얻을 수 있다 하더라도, 과연 언제 사람이 자기가 할 수 있는 모든 것을 다했다고 주장할 용기를 얻겠는가? 그러므로 우리의 합당함에 대한 보장이 우리에게 전혀 제시되지 않기 때문에, 합당치 못하게 먹고 마시는 자는 자기의 심판을 먹고 마신다는 이 무서운 금령은 성례를 받는 방법에 대한 어떤 접근도 계속 막고 있는 것이다.

죄인을 위해 마련된 성례

이것이 어떤 가르침이며 누가 이 교훈을 설파하는지를 판단하기는 어렵지 않다. 이 교훈은 우리에게 바로 복음의 달콤함을 전해 주는 성찬식의 모든 위로를 곤고한 죄인에게서 강탈하여 없애 버리기 때문이다. 참으로 마귀는 이런 방식으로 사람을 속이고 혼란스럽게 하는 것이야말로 사람을 파멸시키는 가장 단순한 수단임을 알아냈으므로, 가장 자비로우신 하늘 아버지께서 사람에게 먹이시려는 양식에 대해서 사람이 그 맛이나 식욕을 느끼지 못하게 만든다. 우리 자신이 파멸에 곤두박질치지 않도록, 우리는 이 거룩한 양식이 병자를 위한 약이요 죄인을 위한 안위요 빈자를 위한 구제이지만, 혹시라도 건강한 사람과 정직한 사람과 부자가 존재한다면 그들에게는 이 양식이 아무 소용이 없음을 배우자. 예수 그리스도가 우리에게 양식으로 주어지는 성례에서, 우리는 그리스도에게서 분리된 상태로는 실패하여 완전히 잃은 자가 된다는 것을 분명하게 알고 있기 때문이다. 또한 예수 그리스도가 우리에게 생명으로 주어지므로, 우리는 그리스도에게서 분리된 상태로는 우리 속에서 완전히 죽는다는 것을 알고 있다. 그러므로 우리가 하나님께 드리는 유일하고 참된 합당함은, 우리의 합당치 못함과 용납될 수 없는 상태를 하나님께 드림으로써 하나님이 그분의 자비하심으로 우리를 하나님께 합당케 해주시는 것이다. 또한 우리 속에서 좌절함으로써 하나님에게서 위로를 받는 것이며, 우리 속에서 낮아짐으로써 하나님 안에서 높여지는 것이다. 우리 자신을 책망함으로써 하나님에게서 의롭다 하심을 얻는 것이며, 우리 자신에게 죽음으로써 하나님 안에서 생명을 얻는 것이다.

이제 예수 그리스도가 그의 성찬에서 우리에게 권면하신 연합을 열망하며 힘써 나아가자. 그리스도가 우리 모두를 자기 안에서 하나로 만드셨으니, 우리 모두 안에 같은 의지와 같은 마음과 같은 말이 나타나기를 바라자. 우리가 이런 것들을 신중하게 생각했더라면, 모든 선한 것에 궁핍하고 죄악에 오염되어 더럽혀지고, 이미 거반 죽은 우리가 어떻게 합당하게 주님의 몸을 먹을 수 있을 것인가 하는 문제로 시달리지 않았을 것이다. 그 대신 우리는 빈자로서 후하게 베푸시는 분에게, 병자로서 의사에게, 죄인으로서 구원자에게로 가고 있음을 기억했을 것이다. 또한 하나님께서 요구하시는 가장 중요하고 우선적인 합당함은 믿음에 있고, 이 믿음이 하나님께 모든 것을 맡기고 넘겨드리되 우리에게는 아무것도 그렇게 하지 않는다는 사실을 기억했을 것이다. 하나님께서 요구하시는 두 번째 합당함은, 비록 불완전하더라도 그분께 드리기에는 충분한 사랑에 있으며, 그분은 이 사랑이 예물로 충분할 수 없기에 더욱 크게 해주실 것임을 기억했을 것이다.

합당함은 믿음과 사랑에 있다는 데 우리에게 동의하는 다른 어떤 사람들은 그럼에도 이 합당함의 정도를 크게 오해한다. 그들은 이 합당함에 아무것도 더할 것이 없을 정도의 완벽한 믿음을 요구하고, 우리 주 예수 그리스도가 우리를 위해 품으셨던 사랑을 요구한다.[20] 그러는 과정에서 그들은 내가 앞에서 말한 자들 못지않게 모든 사람이 성찬을 받지 못하도록 단념시키고 좌절시킨다. 그들의 믿음이 우세하다면 마지막 한 사람에 이르기까지 모든 사람이 자기의 불완전함 때문에 죄책이 확정될 것이므로, 아무도 성례를 합당하게 받지 못할 것이기 때문이다. 성례를 받기 위한 완전함을 요구하는 것은 우매함은 말할 것도 없고 끔찍한 무지를 드러내는 짓이다. 이 성례에 있어서 사람의 완전함은 쓸모없고 불필요하기 때문이다. 이 성례는 완전한 사람을 위해서가 아니라 연약하고 무력한 사람을 위해 제정됨으로써, 그들이 믿고 사랑하는 것이면 무엇이든 다 일깨우고 재촉하고 자극하고 훈련시킨다.

성찬식을 자주 거행하자는 요청

성찬은 요즘의 공적인 관습이 그러하듯이 일 년에 한 번 시행하도록 제정되지 않았고, 모든 그리스도인에게 예수 그리스도의 고난을 상기시키기 위해 그들 가운데서 자주 시행되도록 제정되었음이 우리의 논의를 통해 분명하게 드러난다.[21] 이와 같은 기념과 기억에 의하여 그리스도인의 신앙이 유지되고 보강된다. 그리스도인은 감화를 받고 깨어 일어나 주님을 찬미하고, 주님의 선하심을 드높이고 선포하게 된다. 또한 이 성례는 그리스도인들 가운데 상호적 사랑을 북돋우고 유지하고, 서로 사랑함을 증거하는 역할을 했다. 이 사랑을 통해 그리스도의 몸이 마디마다 접합되어 하나가 되었기 때문이다. 우리가 주님의 몸의 표징에 참여할 때마다, 마치 사랑의 모든 의무를 다하기로 약속한 증서에 따르듯이 상호 간에 결속된다. 또한 우리 중 누구도 자기 형제자매를 해칠 만한 일을 하지 않고, 필요한 때에 자기 형제자매를 돕는 일을 소홀히 하지 않게 된다.

누가는 사도행전에서 사도의 교회가 그런 실천을 했다고 증언한다. 신자들이 사도의 가르침을 힘써 지키고, 나누는 것, 곧 구제하는 일과 떡을 떼며 기도하는 일을 힘써 행했다고 말한다.[행 2:42] 그리하여 교회가 모일 때마다 반드시 말씀이 있었고, 구제가 있었고, 성찬식에 참여했으며, 기도를 드렸다. 우리는 바울의 기록에서 고린도 교회 역시 그 질서를 확립했음을 충분히 짐작할 수 있다. 일 년에 한 번씩 시행하는 강제적인 성찬 관습을 누가 처음 실제로 도입했는지와 관계없이, 이는 마귀가 부리는 간계임이 분명하다. 로마의 주교 제피리누스[Jephyrinus]가 이 법령의 작성자였다고 하지만, 나는 우리가 지금 알고 있는 형식이 제피리누스 시대에 있었다고 생각하지 않는다.[22] 제피리누스와 관련하여, 아마도 성찬 예식을 제정할 때 그가 교회에 제시한 것들은 당시에는 나쁘지 않았다. 틀림없이, 그 당시에는 신자들이 교회에 모일 때마다 성찬식이 베풀어졌고, 신자들 대다수가 성찬에 참여했었기 때문이다. 그러나 모든 사람이 동시에 성찬에 참여한 적은 거의 없었기 때문에, 또한 불신자와 우상숭배자 중에 흩어져 살아가던 그들에게는 어떤 외적인 표징으로 자기의 믿음을 증명할 필요가 있었기 때문에, 이 거룩한 사람은 행정적 방편으로서 그날을 모든 로마 그리스도인이 주님의 성찬에 참여함으로써 자기의 믿음을 고백해야 하는 날로 지정할 필요가 있었다. 그럼에도 신자들은 계속해서 자주 성찬을 받았다. 그로부터 얼마 후에 또 다른 로마 주교 아나클레투스Anacletus가 모든 그리스도인이 매일 성찬을 받아야 한다는 법규를 제정했기 때문이다.

그러나 성찬식이 법으로 일 년에 한 번씩만 시행되게 했을 때, 다른 여러 건전한 측면들도 있었던 제피리누스의 규정은 그 후계자들에 의해 부패해 버리고 말았다. 그 결과, 일단 성찬에 참여하고 나면 거의 모든 사람이 그 해의 나머지 기간에 대한 자신의 의무를 충분히 이행했다고 느끼며 나태함에 빠지고 말았다. 그들은 완전히 다르게 처신해야 마땅했다. 그들은 최소한 일주일에 한 번 모이는 그리스도인들에게 우리 주님의 성찬을 베풀어야 했고, 성찬에 담긴바 우리를 영적으로 먹이고 양육한다는 약속을 선포해야 했다. 물론 아무도 강제로 성찬에 참여해서는 안 되지만, 모두가 성찬에 참여하도록 장려받아야 했고, 성찬을 소홀히 하는 자들은 책망을 받아 바르게 되어야 했다. 그래서 그들은 허기진 사람처럼 다 함께 양식을 먹기 위해 모여야 했다. 그러므로 내가 이 제도에 관해 불평해도 되는 수많은 이유들이 있다. 내가 처음에 말했듯이, 이 제도는 일 년에 하루를 지정함으로써 우리가 그 나머지 시간 동안 게으르고 나태해지게 만든다. 이 제도는 마귀의 간계로 시작되었다.

평신도에게 잔을 금지하는 제도 비판

그런데 동일한 출처에서 또 다른 규례가 나와서 대다수의 하나님 백성에게서 성찬의 절반을 빼앗아 버렸다. 얼마나 되는지도 알 수 없는, 머리를 밀고 기름 바른 자들에게만 그 보혈의 표징이 철저하게 제한된 것이다.[23] 보혈의 잔이 평범하고 속된 사람에게는 금지된다는 것이다. 그들이 하나님의 유업에 붙이는 이름이 그런 것이다! 영원하신 하나님의 칙령과 명령은, 모두가 마셔야 한다는 것이다.마 26:27 그러나 저들은 모두가 마셔서는 안 된다고 명령함으로써 감히 하나님의 칙령과 명령을 새롭고 대조적인 법으로 취소하고 무효로 하려 한다. 이 입법자들은 자기들이 하나님과 제멋대로 다투는 것처럼 보이지 않게 하려고, 잔이 모두에게 허락될 경우 발생할 수 있는 문제들을 나열한다. 마치 하나님의 영원한 지혜가 그것을 예상하지도 못하고 예측하지도 못했다는 듯이 말이다. 또한 그들은 하나가 두 가지 역할을 수행한다고 암시한다. 그들은 말하기를, 그것이 몸이면 그리스도의 몸에서 결코 나뉘거나 끊어질 수 없는 그리스도 전체이고, 따라서 몸은 피를 포함한다는 것이다.[24]

우리의 지성이 얼마나 하나님과 일치하는지 살펴보라. 우리의 지성은 조금만 자극받아도 즉시 고삐를 늦추고서 대결을 피해 달아나 버리지 않는가![25] 우리 주님은 떡을 가리켜 그의 몸이라 부르시고, 잔을 가리켜 그의 보혈이라 부르신다. 대담하게도 인간의 이성과 지혜는 떡이 보혈이고 포도주는 몸이라 부르며 정반대로 반응한다. 마치 우리 주님께서 아무 이유도 없이 두 단어와 두 표징으로 자신의 몸과 보혈을 구별하셨다는 듯이, 마치 예전에 언제 그리스도의 몸과 보혈이 하나님과 사람으로 불린 적이 있기라도 한 듯이 말이다! 그리스도가 자기 전체를 가리켜 말씀하고자 하셨다면, 성경에 나타난 그의 방식대로 "내니라"고 말씀하셨을 것이며,마 14:27, 눅 24:39, 요 18:5 "이것은 내 몸이요, 이것은 내 피니라"고 말씀하시지는 않았을 것이다.

습관적으로 성경을 농락하는 마귀의 하수인들은 여기서 예수 그리스도가 오직 사도들만 그의 성찬에 허락하셨다며 장난치듯 투덜대는 것을 나는 잘 알고 있다. 그리스도는 그가 제사장의 반열로 부르신 사도들을 이미 하나님께 제물을 드리는 자의 반열로 임명하고 성별하셨다는 것이다. 그러나 나는 그들에게 회피할 수 없는 다섯 가지 질문에 대한 대답을 요구하고 싶다. 이 질문들을 통해 그들은 자기들의 거짓말과 함께 여지없이 비난받게 될 것이다.

첫째, 하나님의 말씀과 아주 먼 이 해결책을 도대체 어떤 신탁이 그들에게 계시해 주었단 말인가? 성경은 열두 사도가 예수 그리스도와 함께 앉았다고 기록하지만, 그들을 "제물을 드리는 자"로 부를 정도까지 그리스도의 존엄을 부여하지는 않는다. 이 용어는 우리가 적절한 대목에서 논의할 것이다.[26] 비록 그리스도가 성례를 그 열둘에게 나누어 주시기는 했으나, 그들에게 똑같이 하도록, 곧 그가 하셨던 것처럼 그들이 성례를 그들 중에 나누도록 분부하셨다.

둘째, 사도 시대부터 그 이후로 천 년이 지나도록 더 좋은 시대 동안 왜 예외 없이 모두가 성례의 두 요소에 참여하도록 허락받았는가? 고대 교회는 예수 그리스도가 어떤 집단을 그의 성찬에 환영하실지 몰랐던 것일까? 여기서 물러서거나 얼버무린다면 순전한 뻔뻔스러움에 지나지 않는다. 이 사실을 공공연히 증명하는 교회의 역사와 초대 교부들의 저작이 분명하게 존재한다.

셋째, 왜 그리스도는 떡에 대해서는 그들이 먹어야 한다고만 단순하게 말씀하시면서, 잔에 대해서는 "모두"가 마셔야 한다고 말씀하시는가? 이것이 바로 정확히 사도들이 했던 행동이다. 이는 마치 그리스도가 일부러 이 마귀적인 악을 방지하시고 타도하시려는 듯 보인다!

넷째, 그들의 주장처럼 만약 주님께서 제물을 드리는 자만이 성찬에 합당하다고 여기셨다면, 도대체 누가 무엄하고 대담하게도 우리 주님께서 제외하셨을 자들을 성찬에 허락했겠는가? 성찬 참여는 은사인데, 이 은사는 그것을 베푸실 수 있는 분의 명령 없이는 누구도 베풀 수 없는 것 아닌가? 오늘날 그리스도의 몸의 표징을 일반 대중에게 배분하는 사람들이 우리 주님에게서 명령이나 모범을 받지 못했다면, 그 얼마나 뻔뻔한 자들이겠는가?

다섯째, 바울이 고린도 사람들에게 그가 그들에게 주는 교훈은 주님에게서 배웠다고 말할 때 거짓말을 하고 있었는가? 바울은 조금 뒤에서 모두가 차별 없이 성찬의 두 요소에 참여해야 한다는 사실을 배웠다고 선언한다.[고전 11:23, 26] 바울이 우리 주님에게서 차별이나 구분 없이 모두가 성찬에 허락되어야 함을 배웠다면, 거의 모든 하나님의 백성을 배제하고 제외시키는 자들은 그들이 그것을 누구에게서 배웠는지 깊이 생각해야 할 것이다. 그들은 지금 그것을 하나님에게서 배웠다고 말할 수 없을 테니 말이다. 하나님에게는 "예" 하신 후 "아니라" 하심이 결코 없다.[고후 1:19] 하나님은 자기를 바꾸거나 스스로 모순됨이 없으시기 때문이다. 우리는 여전히 그 모독 행위를 "교회"라는 이름과 호칭으로 감싸고 있으며, 그것을 핑계로 그들을 옹호하고 있다. 마치 그토록 쉽사리 예수 그리스도의 가르침과 규례를 짓밟고 파괴하여 흩어 버리는 이 적그리스도들이 교회인 것처럼 말이다. 혹은 마치 기독교가 만개했던 사도 시대 교회는 결코 교회인 적이 없었던 것처럼 말이다.

로마가톨릭의 미사: 전염병 같은 오류

이들과 이와 비슷한 다른 발명품들로 마귀는 그리스도의 거룩한 성찬에 그의 어둠을 펼치고 퍼뜨리려 애쓰면서, 성찬을 타락시키고 더럽히고 위장막으로 덮거나, 최소한 교회가 성찬을 순결하게 보존하지 못하기를 열망한다. 그러나 마귀의 최대 가증함은, 마귀가 한 표징을 세워서 거룩한 성찬을 가리고 훼손할 뿐 아니라, 지우고 폐하기까지 해서 인간의 기억에서 성찬이 빠지고 사라지게 한 때 나타났다. 그때 마귀는 이 전염병과 같은 오류, 곧 미사가 죄 사함을 얻기 위한 제물과 예물이라는 믿음으로 거의 세상 전체를 눈멀게 만들었다.

이 전염병이 얼마나 깊이 뿌리내렸는지, 얼마나 능수능란하게 선이라는 가면 밑에 숨어 있는지, 어떻게 예수 그리스도의 이름으로 자기를 감추는지, 얼마나 많은 사람들이 믿음의 총화가 "미사"라는 단 한 마디에 담겨 있다고 믿고 있는지 나는 알고 있다. 그러나 미사가 아무리 자기를 꾸미거나 술수를 부리더라도 실상은 예수 그리스도를 크게 모독하고, 그의 십자가를 억누르고 묻어 버리고, 그의 죽으심을 부정하고, 그 죽으심의 결과를 우리에게서 강탈하고, 우리에게 그의 죽으심에 대한 기억을 전해 주는 성례를 파괴하여 흩어 버린다는 사실이 하나님의 말씀을 통해서 극명하게 밝혀진다고 하자. 과연 미사의 뿌리들 중 그 어느 것이 가장 강력한 도끼, 곧 하나님의 말씀에 의해 잘리거나 끊어지거나 멸망하지 못할 정도로 깊이 박혀 있는가? 하나님 말씀의 빛이 미사 밑에 감춰진 악을 드러내지 못할 정도로 거대한 덮개가 거기에 있는가?

그렇다면, 우리가 제기한 첫 번째 논점, 곧 미사에서 용납할 수 없는 모독과 불명예가 예수 그리스도께 자행되고 있음을 강조해 보자. 그리스도는 성부께서 제사장과 대제사장으로 임명하시고 성별하셨는데, 구약 시대에 임명된 사람들과 달리 일정한 기간으로 임기가 제한되지 않았다. 죽을 생명을 지닌 그 사람들로는 제사장직과 대제사장직이 불멸이 될 수 없었으므로 그들이 죽으면 그들을 대신할 후계자가 필요했지만, 불멸이신 예수 그리스도께는 그를 대신할 자가 전혀 필요 없기 때문이다. 그래서 그리스도는 성부에 의해 영원한 제사장으로 임명되시되 멜기세덱의 반차에 따라 임명되셨으며, 그리하여 제사장직이 영원히 존속할 수 있게 되었다.[히 5:6, 10, 7:17, 9:11-12, 10:21] 오래전에 이 신비는 멜기세덱이라는 인물로 미리 나타났다.[창 14:18, 시 110:4] 성경은 멜기세덱을 단 한 번만 살아 계신 하나님의 제사장으로 소개하고 나서, 마치 그가 끝이 없는 삶을 누렸다는 듯이 다시 그를 언급하지 않는다. 이 유사성 때문에 예수 그리스도는 그의 반차를 따른 제사장으로 불렸다.

이제 날마다 제사를 드리는 자들에게는 그들의 제물을 드리기 위해 제사장, 곧 예수 그리스도를 대신하는 후계자로서 제사장이 필요하다. 그 제사장은 예수 그리스도를 대신함으로써 그에게서 그의 명예와 영원한 제사장직이라는 특권을 강탈할 뿐 아니라, 그가 영원히 좌정하여 영원히 대제사장으로 계셔야 마땅한 성부의 우편에서 그를 제거하려고까지 시도한다. 그들은 그들의 제물을 드리는 자가, 마치 예수 그리스도가 죽어 있기라도 한 듯이, 그리스도의 대리자로서 그리스도를 대신하는 것이 아니라, 단지 그의 불변하는 직분인 영원한 제사장직을 돕는 것이라고 주장해서는 안 된다. 사도의 말씀은 그들을 강하게 압박해서 그들이 이런 식으로 빠져나가지 못하게 한다. 사도는 많은 사람들이 제사장으로 임명된 것은 죽음이 그들을 막아 영원히 그 직분을 수행할 수 없었기 때문이라고 선언한다.[히 7:23] 그러므로 죽음이 막을 수 없는 예수 그리스도는 유일하신 분이며, 그에게는 조력자가 필요하지 않다.

미사는 그리스도의 희생의 완전함을 부정한다

우리가 말한 미사는 두 번째 영향을 끼친다. 바로 예수 그리스도의 십자가와 고난을 숨기고 억압하는 것이다. 이에 관해서는 의심의 여지가 있을 수 없다. 그리스도가 우리를 영원히 성별하셔서 우리를 위해 영원한 구속을 얻고자 십자가 위에서 자신을 희생물로 바치셨다면, 분명히 이 제사의 효력은 영원히 지속될 것이다. 그렇지 않다면 이 제사는 율법에 따라 제물로 바쳐진 황소와 송아지, 곧 자주 반복되었기에 비효율적이고 연약하며 공허하고 무력한 것으로 드러난 제물보다 전혀 나을 것이 없다는 뜻이다. 그러므로 우리는 그리스도의 십자가 제사에 영원히 정결하게 하고 성별할 권능이 없다고 인정하거나, 그러지 않으려면 그리스도가 단 한 번의 제사를 영원히 드리셨다고 인정해야 한다. 이 점은 사도가 우리의 대제사장 그리스도가 "세상 끝에 나타나셔서 자신의 희생 제사로 죄를 정복하고 파괴하고 도말하셨다"고 기록할 때도 지적한다.[히 9:26] 그는 "하나님의 뜻은 단 한 번 드려진 예수 그리스도의 제사로 우리를 성별되게 하는 것이었다"

라고 기록했고,히 10:10 "그는 성별된 사람들을 단 한 번의 제물로 영원히 완전하게 하셨다"라고도 기록했다.히 10:14 또한 죄 사함이 우리에게 단번에 주어졌기 때문에, "더 이상 드릴 제물은 없다"는 주목할 만한 진술을 덧붙인다.히 10:18

이것은 또한 그리스도가 마지막 숨을 내쉬며 "다 이루었다"고 부르짖으신 최후의 말씀에서 증언하신 바이기도 하다.요 19:30 우리는 죽어 가는 사람의 마지막 말을 신탁으로 여기는 관습이 있다. 죽어 가던 예수 그리스도는 자기의 고유한 제사로 우리의 구원에 관한 모든 것이 이루어지고 성취되었음을 증거하셨다. 그러나 우리는 마치 그리스도의 제사가 끝나지 않은 듯이, 그리스도의 제사가 완전하다고 선언하는 그 뚜렷하고 명료한 말씀에도, 매일매일 그의 제사에 무수한 다른 제사들을 추가한다. 하나님의 가장 거룩한 말씀은 그리스도의 제사가 영원히 완전하고 그 권능과 효력이 영속됨을 단지 확증해 줄 뿐 아니라 부르짖고 항변하기까지 하는데도, 다른 제사를 찾는 자들은 그리스도의 제사가 미약하고 불완전하다고 비난하고 있지 않은가? 미사가 도입된 목적은 오로지 십만 번의 제사를 매일매일 드리기 위함이었다. 그리스도가 자기를 유일한 제물로 아버지께 드리기 위해 받으신 고난을 제거하고 묻어 버리는 것 이외에 과연 무엇이 미사의 목적이겠는가?

누구든 심하게 눈멀지 않은 사람이라면, 과연 이것이 하나님의 명확하고 명백한 진리에 대적하려는 마귀의 대담한 시도임을 보지 못할 수 있을까? 나는 이 거짓말의 아비가 자기의 간교함을 감출 때 주로 사용하는 속임수를 알고 있다. 예를 들어, 마귀가 우리에게 이런 것들은 여러 다양한 제사들이 아니라, 자주 반복되는 한 번의 제사임을 믿으라고 권할 때 사용하는 속임수 말이다.[27] 그런 어둠의 먹구름은 쉽게 흩어진다. 그가 주장하는 내내 사도는 결코 다른 제사는 없다는 사실만 아니라, 오직 이 제사만 단 한 번 드려졌고 결코 반복될 수 없다는 사실까지도 주장하기 때문이다.

그러나 이 미사 옹호자들이 어떤 근거로 제사를 드리는지에 대해 듣는 것이 중요하다. 그들은 말라기의 예언을 제시하는데, 그 예언에서 우리 주님은 모든 사람이 분향하고 정결한 제물을 주님의 이름으로 바칠 것이라 선언하신다.[말 1:11] 선지자들은 이방인의 소명에 관해 말할 때, 동시대인들에게 이방인이 하나님의 언약의 참된 대상이 되는 방법을 보다 친근하게 이해시키기 위해서 하나님의 영적 예배를 묘사했다. 미사 옹호자들은 마치 선지자들에게는 율법 의식의 견지에서 이 영적 예배가 무언가 새롭고 예외적인 것이었으리라고 짐작하는 모양이다! 실제로 선지자들이 이후 복음의 통치로 성취될 사건들을 묘사할 때 주로 사용했던 수단은 언제나 당시에 흔한 이미지들이었다. 몇 가지 사례가 이 점을 더욱 분명하게 해 줄 것이다. 선지자들은 모든 민족이 하나님께로 돌아올 것이라고 말하지 않고, 그 대신 모든 민족이 예루살렘으로 올라올 것이라고 말한다.[사 2:3] 선지자들은 남쪽과 동쪽의 민족들이 하나님을 예배할 것이라고 말하지 않고, 그 대신 그 민족들이 그들의 부요한 땅에서 취한 예물을 하나님께 드릴 것이라고 말한다.[사 60:5] 선지자들은 그리스도의 계시에 따라 신자들에게 부여된 지식이 얼마나 충만하고 심오할지를 보이기 위해 그들의 자녀들은 예언할 것이고, 그들의 젊은이들은 환상을 볼 것이며, 그들의 노인들은 꿈을 꾸리라고 말한다.[욜 2:28] 그런 표현 방식은 매우 흔하게 발견되기 때문에 나는 굳이 많은 것을 인용하여 시간 낭비하지 않겠다. 어쨌든 신자들은 지금 여기서 하나님께 참된 제사를 드리며 정결한 제물을 드리고 있는데도, 이 가련한 멍청이들은 자기들의 미사가 유일한 제사라고 여기며 심각한 잘못을 저지르고 있다. 신자들의 참된 예배에 관해서는 곧 더 충분히 설명하겠다.

미사는 그리스도의 대속을 부정한다

이제 미사의 세 번째 기능에 이르렀다. 여기서는 미사가 예수 그리스도의 참되고 고유한 죽으심을 인간의 기억에서 어떻게 지우고 쫓아내는지를 드러내려고 한다. 인간사에서 유언은 유언자의 죽음으로만 확정되듯이, 우리 주님도 우리의 죄 사함과 영원한 의를 우리에게 주셨다는 유언을 그 죽으심으로 확증하셨다. 감히 이 유언을 바꾸려거나 새로운 무엇을 추가하려는 자들은 우리 주님의 죽으심을 부인하고 가치 없게 여기는 것이다. 미사가 전혀 다른 새로운 유언이 아니라면 무엇인가? 각각의 미사는 죄에 대한 새로운 용서와 의의 새로운 성취를 약속하지 않는가? 그럼으로써 이제는 미사의 횟수만큼이나 많은 유언이 있지 않은가? 그렇다면 예수 그리스도가 다시 오셔서 또 다른 죽으심으로 이 새로운 유언을 확증하시게 하라. 아니면 그리스도가 셀 수 없는 죽으심으로 미사마다 존재하는 셀 수 없는 유언들을 확증하시게 하라.

그러니 내가 처음에 이 미사를 통해 예수 그리스도의 고유하고 참된 죽으심이 제거되고 망각된다고 했던 말이 맞지 않은가? 게다가 미사의 직접적인 목적은 (혹시 가능하다면) 예수 그리스도가 다시 한번 죽임당하심을 확실하게 하는 것 아닌가? 사도가 말하듯이, 유언이 있는 곳에는 유언자가 죽어야 하는 것이니 말이다.[히 9:16] 미사는 예수 그리스도의 새로운 유언을 이룬다고 주장한다. 그래서 미사는 그리스도의 죽으심을 요구한다. 게다가 미사의 제물은 반드시 죽여서 바쳐야 한다. 예수 그리스도가 각 미사 때마다 제물로 바쳐진다면, 그는 매분 몇천 곳에서 잔혹하게 죽임을 당하셔야 한다. 이것은 내 주장이 아니라 사도의 주장이다. 사도는 다음과 같이 말한다. "만약 예수 그리스도가 자신을 자주 드려야 할 필요가 있었다면, 그는 세상의 시초부터 자주 고난을 받으셔야 했을 것이라."[히 9:26]

우리가 논의해야 할 미사의 네 번째 영향은, 미사가 그리스도의 죽으심이 우리에게 맺어 주는 열매를 빼앗는 데 있다. 미사가 우리로 하여금 그리스도의 죽으심을 인식하고 깨닫지 못하게 막는다는 점에서 그러하다. 미사에서 구속의 새로운 원천을 보게 된다면 과연 어떤 사람이 자기가 그리스도의 죽으심으로 구속된다고 믿겠는가? 미사에서 죄 사함의 또 다른 방법을 발견한다면, 과연 어떤 사람이 그리스도의 죽으심으로 자기의 죄악이 용서받았다고 확신하겠는가? 누군가 우리가 미사에서 죄 사함을 얻는 유일한 이유는 그리스도의 죽으심으로 죄 사함이 우리에게 이미 획득되었기 때문이라고 주장하더라도, 그런 주장으로는 결단코 도망칠 수 없다.[28] 사실상 그 사람은 우리가 우리 자신을 구속한다는 조건으로만 그리스도의 구속을 받는다고 말하는 셈이기 때문이다! 그런 교훈은 마귀의 하수인들이 널리 퍼뜨렸으며, 요즘에는 소동과 칼과 불로 이 교훈을 방호한다. 그들은 미사에서 예수 그리스도가 성부께 제물로 바쳐질 때, 이 제물로 우리가 죄 사함을 얻고 그의 고난에 참여하게 된다고 항변한다. 그러면 이제 그리스도의 고난에 대해서 말할 것은 고작해야 구속의 한 유형으로서의 역할뿐이고, 우리는 이 역할 덕분에 우리 스스로 구속자가 되는 방법을 배운다는 것 아닌가?

미사는 주님의 성찬에 대한 졸렬한 모방이다

나는 이제 미사의 마지막 "혜택"을 다룰 지점에 와 있다. 미사는 우리 주님께서 그의 고난에 대한 기억을 새겨 넣으신 성경을 제거하고 파괴하며 폐지한다. 주님의 성찬은 마땅히 감사함으로 취하고 받아야 할 하나님의 은사다. 반면에 그들은 미사의 제물을, 마치 그것이 하나님께 드려지면 그분이 우리에게서 보속으로 받으시는 대가인 듯이 취급한다. 달리 말해, 받는 것과 드리는 것의 차이는 성례와 제사의 차이와 같다는 것이다. 인간이 하나님의 넘치도록 후한 은사를 감사함으로 인정해야 마땅할 때 오히려 하나님이 자기를 인간의 채무자로 생각하기 바란다는 것은, 의심할 여지 없이 인간이 저지르는 서글픈 배은망덕이다.

이 성례는 예수 그리스도의 죽으심 덕분에 우리가 생명으로 회복되었으되, 단 한 번의 회복이 아니라 계속적인 회복임을 우리에게 약속한다. 우리의 구원에 필요한 모든 것이 성취된 때는 바로 예수 그리스도가 죽으신 그때였기 때문이다. 그러나 미사의 제사는 매우 다른 견해를 취한다. 예수 그리스도가 어떤 식으로든 우리에게 혜택을 주시려면, 그는 매일 제물로 드려져야 한다는 견해다. 성찬은 교회의 모든 회중에게 제공되고 분배됨으로써, 우리 모두를 예수 그리스도와 연합하게 하는 교제에 관해 가르치려고 한다. 미사의 제사는 이 하나됨을 산산조각 내고 파괴한다. 백성을 위해서 제사를 드리는 사제가 있어야 한다는 잘못된 신념이 지배하게 되자, 성찬은 언뜻 보기에 백성을 위해 마련된 듯이 보이면서도 실상은 우리 주님께서 명령하신 방식으로 신자의 교회에 더 이상 분배되지 못하게 되었다. 그래서 개인적인 미사에 참석하는 길이 열렸는데, 이 미사는 우리 주님께서 세우신 공동체를 상징하기보다는 차라리 수찬 금지를 상징한다고 해야 할 것이다. 제물을 드리는 사제가 자기의 제물을 먹고 싶어 하면서 신자 회중으로부터 멀찍이 떨어져 혼자 서 있기 때문이다(오해하지 않도록 분명하게 말하면, 여기서 나는 찬양과 큰 소리 때문에 "대"미사라 불리는 미사와, 사제가 중얼거리며 혼자서 읊조리는 미사를 가리켜 개인적인 미사라 부르고 있다. 그런 모든 미사는 교회가 주님의 성찬에 다 함께 참여하지 못하도록 막고 있다).

미사 중단을 요구하는 마지막 호소

하지만 결론을 내리기에 앞서 나는 우리의 미사 전문가들에게 묻겠다. 그들은 하나님에 대한 순종이 모든 제사보다 더 나음을 알고 있고, 하나님께서 우리에게 제사를 드리기보다는 그분의 목소리에 순종하라고 요구하시는데,[삼상 15:22] 그들은 어떻게 이런 제사가 하나님께 받아들여질 수 있다고 생각할 수 있는가 말이다. 그들은 미사의 이런 역할에 대해 아무 명령도 받지 않았고 그것을 성경의 단 한 말씀으로도 증명하지 못한다. 게다가, 사도에 따르면 아론처럼 하나님의 부르심을 입은 사람 이외에는 누구도 제사장직의 이름과 위엄을 강탈할 수 없다는 사실을 그들은 알고 있다.[히 5:4-5] 그리스도조차도 제사장직에 끼어들지 않으셨고, 오직 아버지의 부르심에 순종하셨다. 그러므로 그들은 하나님께서 그 제사장직의 제정자요 창설자이심을 증명하든지, 혹은 그들의 반열과 직분이 하나님에게서 온 것도 아니고 하나님의 부르심을 받지도 않은 채 스스로 제사장직에 당돌하게 침입했음을 인정해야 한다. 무엇을 하든지 그들은 자기들의 제사장직을 뒷받침하는 단 한 음절의 말씀도 내세울 수 없다.

그렇다면, 제사장 없이 드려질 수 없는 제물은 과연 무엇이 될 것인가? 시각 장애인도 볼 수 있고, 청각 장애인도 들을 수 있으며, 심지어 어린 아이도 이해할 수 있는 것이 미사의 가증함 아닌가? 하나님의 말씀을 구실 삼아 금박을 입힌 그릇에 담아 드리는 이 가증함은 땅의 모든 왕과 백성을 잔뜩 취하게 하고 어리둥절하게 하며 혼란에 빠뜨려서, 짐승보다 더 야만스러운 큰 자들과 작은 자들이 그들의 구원 전체를 이 단 하나의 가증함에 갖다 바치게 만든다. 진실로 마귀는 예수 그리스도의 왕국과 전쟁하고 타도하는 데 있어서 이보다 강력한 무기를 고안한 적이 없었다. 오늘날 진리의 대적들은 바로 이 헬렌Helen을 위해 그토록 잔혹하고 광적으로 분노하면서 전쟁을 벌이고 있다.[29] 사실, 그들은 모든 것 중에 가장 가증한 영적인 간음을 저지르며 헬렌과 매음하고 있을 뿐이다.

여기서 나는 그들이 그들의 거룩한 미사를 더럽히고 오염시킨 데 대한 변명으로 저지르는 역겨운 남용 행위에는 내 새끼손가락 하나도 대지 않겠다. 그들이 미사에 벌여 놓은 남루한 장터와 시장, 이 제물 바치는 자들이 미사에서 지껄인 말로 벌어들이는 참으로 악하고 거짓된 이득, 자기의 탐욕을 채우려고 무수히 저지르는 도둑질 말이다. 다만, 오래도록 미사를 그처럼 엄청난 경탄과 깊은 경배의 대상으로 만든 미사의 오묘한 "거룩함"을 나는 단 몇 마디로 폭로하고 싶다. 그토록 심오하고 가치 있는 신비들을 조명하고 적절한 경의를 반복해서 표하기 위해서는 내가 훨씬 더 두꺼운 책을 써야 할 것이다. 그래서 나는 모든 사람이 명백하게 볼 수 있는 저열한 부정부패는 굳이 거론하지 않으려고 한다. 미사는 그 부산물이나 부작용은 차치하고 가장 온전하고 공교한 형식으로 최선의 판단을 내리더라도, 미사의 뿌리부터 정점까지 온갖 불경건함과 신성모독과 우상숭배와 참람함으로 가득하다는 사실을 모든 사람이 깨달아야 한다.

"제사"의 의미

어떤 성마른 사람들이 "제사"와 "제사장"이라는 용어와 관련하여 우리를 문제 삼지 못하도록, 내가 논의 과정에서 이 두 용어로 무엇을 말하려 했는지 간략하게 설명하겠다. 나는 어떤 자들이 왜 "제사"라는 용어의 의미를 하나님께 드리는 예배와 관련된 모든 의례와 격식까지 확장해서 포함시키는지 도통 이해할 수가 없다. 성경의 일관된 용례에 따르면, "제사"라는 용어는 '튀시아' *thysia* 나 '프로스포라' *prosphora* 라는 헬라어의 번역이다. 이 헬라어 용어들은 일반적으로 하나님께 바쳐지는 것을 가리킨다는 것이 우리의 견해다. 다만, 여기서 구분이 필요하다. 주님은 모세 율법의 그늘 속에서 영적 제사에 관한 모든 진리를 그분의 백성에게 가르치기로 택하셨으니, 우리는 모세 율법의 제사로부터 얻은 추론에 근거하여 이를 구분하기로 하자. 많은 종류의 제사가 있었지만, 모든 제사는 두 가지 유형으로 축약되었다. 하나는, 죄를 위해 드리는 제사로서 보속의 형식으로 하나님 앞에서 죄책을 누그러뜨렸다. 다른 하나는, 예배를 상징하는 제사로서 사람들이 하나님께 바친 경외의 징표 역할을 했다. 두 번째 유형에는 세 가지 종류의 제사가 포함되어 있었다. 사람들이 하나님의 은총과 호의를 간구 형식으로 요청하든지, 하나님의 자비하심을 찬미하든지, 감동을 받아 하나님의 언약에 대한 기억을 새롭게 하든지, 이 두 번째 유형의 제사는 항상 하나님의 이름에 대한 인간의 경외심을 증명하는 일과 관련되었다. 그래서 우리는 율법이 "번제", "전제", "예물", "첫 열매", "화목제"라고 부르는 제사를 이 두 번째 유형으로 분류한다.

따라서 우리 역시 제사를 두 가지 범주로 나눌 것이다. 하나는, 하나님께 영광을 돌리고 그분을 경외하려고 드리는 제사다. 이 제사에서 신자는 하나님을 모든 선의 근원이신 분으로 인정하며 그분께 합당한 감사를 드린다. 다른 하나는, 하나님의 진노를 누그러뜨리고 하나님의 의를 만족시키는 화해나 속죄의 제사인데, 이를 통해 죄를 없애고 씻음으로써 자신의 오염이 씻기고 의의 순결함으로 회복된 죄인이 하나님과 평화를 회복하게 된다. 이 제사의 명칭은 율법 아래서 죄를 씻기 위해 드려지는 희생제물에 적용되었다. 희생제물은 죄를 없애거나 인간과 하나님을 화해시키기에 충분하지는 못했지만, 예수 그리스도 한분으로만 온전히 성취될 참된 제사를 예조했다. 오직 예수 그리스도만 이 일을 성취하시되 단 한 번에 성취하셨는데, 이는 그리스도 자신이 그의 입술로 모든 것이 다 이루어지고 성취되었다고 선언하시며 증거하셨듯이 오직 그의 제사의 권능과 효력만이 영원하기 때문이다.[요 19:30] 달리 말해, 우리를 다시 아버지와 화목하게 하고 죄 사함과 의로움과 구원을 얻게 하는 데 필요한 모든 것이 다 예수 그리스도의 한 번의 예물로 성취되고 마치고 완성되었다. 그리스도의 예물은 아주 완벽해서 어떤 추가적인 제사도 완전히 배제하게 되었다.

그러므로 반복적으로 예물을 드리는 어떤 사람이 이 예물로 죄 사함과 하나님과의 화해와 의로움을 얻을 수 있다고 생각한다면, 우리는 그것이 그리스도에 대한, 또 우리를 위한 그리스도의 십자가 제사에 대한 견딜 수 없는 비방이요 모독이라고 결론지어야 한다. 그러나 미사에서 이루어지는 일이란, 오로지 새로운 예물의 공로를 통해 우리를 그리스도의 고난에 참여하는 자들로 만드는 것 외에는 아무것도 없지 않은가? 우리의 반대자들은 자기들의 광기를 한껏 만끽하면서, 그들의 제사가 교회 전체를 위해 드려진 제사라고 말하는 것으로는 충분하지 않다고 생각한다. 그들은 한 술 더 떠서 그들이 원하는 대로 이 사람 저 사람에게, 혹은 그들의 상품을 사는 데 충분한 동전을 가진 사람이라면 누구에게라도 그 제사를 적용하는 것이 자기들의 권세라고 여긴다. 그러나 그들은 유다의 삯만큼 높은 가격을 부과할 수는 없기 때문에, 그들의 후견자 유다를 나타내는 표식을 얻기 위해 숫자상의 유사성만은 준수한다. 유다는 예수 그리스도를 은 삼십에 팔았다. 저들은 할 수만 있다면 단돈 30펜스에 그리스도를 판다. 유다는 그리스도를 한 번만 팔았지만, 저들은 구매자들을 얻을 수 있는 만큼 그를 자주 판다.

그러므로 자기들이 백성을 위해 하나님께 중재할 수 있고, 하나님을 사람과 화해시킬 수 있고, 죄를 속하고 정화할 수 있는 제사장이라고 자칭하는 자들을 우리는 제사장으로 인정하지 않는다. 예수 그리스도가 신약의 유일한 제사장이자 대제사장이시고, 그에게로 모든 제사장직이 옮겨졌으며, 그 안에서 제사장직이 완수되고 종결되었기 때문이다. 심지어 성경이 그리스도의 영원한 제사장직에 대해서 아무것도 말씀하지 않는다 하더라도, 하나님께서 이전의 제사장직을 폐지하셨고 이후로 새로운 제사장직을 세우시지 않았기 때문에, "하나님의 부르심을 받지 않는 한 아무도 제사장의 명예를 취하지 못하게 하라"는 사도의 주장은 지극히 당연하다.히 5:4 그리스도를 죽인 것을 자랑하는 이 참람한 자들이 그들 자신을 살아 계신 하나님의 제사장으로 부를 수 있게 하는 확신은 도대체 누가 주는 것일까?

우리는 "제사장"과 "제사장직"의 의미를 설명할 때, 이 단어들이 기원한 헬라어 단어가 뜻하는 '장로'로 설명하지 않는다.[30] 이 의미에 따르면 교회의 참된 일꾼은 제사장으로 불리거나, 그들의 직분인 제사장직으로 불릴 수 있을 것이다. 그러나 우리는 이 두 단어를 통상적인 의미로 해석한다. 통상적으로 "제사장"은 "제물을 바치는 자"와 동일한 의미를 가지며, 앞에서 이미 설명된 제사들을 하나님께 드리도록 임명된 사람을 뜻한다. 우리는 "제사장직"이라는 단어로 제사를 드리는 자의 서열과 역할과 기능을 가리키고자 한다.

감사와 찬양의 제사

감사나 찬양의 제사로 불리는 또 다른 유형의 제사에는 모든 사랑의 의무가 포함된다. 이 의무들이 우리 이웃에게 이행되면, 어떤 의미에서 하나님에 대해 이행되는 것이기도 하다. 하나님은 그분의 지체들 가운데 영광을 받으신다. 또한 우리의 모든 기도와 찬양과 감사와 우리가 하나님을 섬기고 경외하려고 행하는 모든 것이 이 제사에 포함된다. 이 예물들은 모두 더욱 큰 제사에 달려 있는데, 이 제사에서 우리는 거룩한 성전으로서 하나님께 우리의 몸과 영혼을 바쳐 성별한다. 우리의 외적인 행동이 하나님을 섬기는 데 사용되어야 한다는 것은 충분하지 못하다. 우선 우리 자신과 그다음은 우리의 행위를 하나님께 헌신함으로써, 우리 속의 모든 것이 하나님의 영광을 드러내고 그분의 아름다움을 칭송하는 것이 당연하기 때문이다.

이런 형식의 제사는 하나님의 노여움을 달래거나 죄를 사면받는 것과 아무 관계가 없고, 의로움을 얻는 것과도 아무 관계가 없다. 이 제사는 오직 하나님의 광대하심을 찬양하고 하나님께 영광을 돌리는 것이 목적이다. 하나님은, 오직 이미 죄 사함을 얻어서 하나님과 화해한 상태에 있고 다른 근거들로 의롭다 하심을 얻은 자들이 이 제사를 드려야만 받으시기 때문이다. 더욱이 이런 제사는 교회에 매우 긴요해서 그것을 교회와 분리시킬 수 없다. 그러므로 이 제사는 영원하다. 다시 말해, 이 제사는 하나님의 백성이 그것을 드리는 동안 지속된다. 이 점을 선지자가 다음과 같이 기록했다(이것이 그 선지자의 말을 해석하는 적절한 방법이다). "동쪽에서 서쪽까지 민족들 중에서 내 이름이 크게 될 것이며, 모든 곳에서 내 이름을 위하여 분향하고 깨끗하고 정결한 제물을 바치리니, 이는 내 이름이 민족들 중에서 크게 될 것임이니라. 주님께서 말씀하시니라."[말 1:11] 우리가 이 제사를 교회에서 제거하기는 어림도 없다!

그래서 바울은 우리 몸을 하나님을 기쁘시게 하는 거룩한 산 제사로 드리라고 명령하면서, 이 제사가 우리의 합당한 예배라고 말한다.[롬 12:1] 이 본문에서 바울은 우리의 제사를 우리가 하나님께 드리는 합당한 예배로 가장 적절히 묘사함으로써, 하나님을 예배하고 경배하는 영적인 방식을 나타낸다. 그럼으로써 바울은 이 예배를 모세 율법에 따라 드리는 짐승 제사와 암묵적으로 대조한다. 그래서 자선과 선행은 하나님을 기쁘게 해드리는 "제사의 제물"로 불린다.[히 13:16] 비슷하게, 궁핍한 시기의 바울을 도왔던 빌립보 교인들의 관대함은 "향기로운 제물"로 불린다.[빌 4:18] 참으로 신자의 모든 행위는 영적 제물이다. 이런 종류의 표현이 성경에 빈번한데, 이 문제를 계속 쫓을 까닭이 무엇이겠는가? 심지어 사람들이 여전히 율법의 초등적인 교훈에 복종하고 있었던 시기에도, 선지자들은 외형적 제사들이 오늘날 기독교회에도 여전히 적용되는 실질적인 진리의 요소를 포함했음을 매우 분명하게 보여주었다. 그래서 다윗은 자신의 기도가 분향처럼 주님께 올라가기를 간구했다.시 141:2 호세아는 감사를 "입술의 송아지"로 부르는데, 그처럼 다윗도 다른 곳에서 감사를 "찬양의 제사"로 부른다.호 14:2, 시 50:23 다윗의 예를 따라 사도는 우리에게 찬양의 제사를 하나님께 드리도록 명령하는데, 이것을 사도는 "그의 이름을 영광스럽게 하는 입술의 열매"라고 해석한다.히 13:15

이런 종류의 제사들은 우리 주님의 성찬식에도 반드시 있어야 한다. 성찬식에서 주님의 죽으심을 선포하고 기억하며 감사를 드릴 때, 우리는 다른 어떤 것을 하지 않고 오직 찬양의 제사를 드린다. 이처럼 제사와 관련된 역할 때문에 우리 모든 그리스도인은 "왕 같은 제사장"으로 불린다.벧전 2:9 우리가 사도의 기록에서 읽듯이,히 13:15 예수 그리스도를 통해 하나님의 이름을 고백하는 입술의 열매, 곧 하나님께 찬양의 제사를 드리기 때문이다. 우리는 중재자 없이 우리의 예물과 제물을 가지고 하나님 앞에 나타날 수 없다. 예수 그리스도가 우리를 위해 중재하시는 중보자요, 예수 그리스도를 통해 우리가 아버지께 우리 자신과 우리의 모든 것을 바친다. 예수 그리스도는 하늘 성소에 들어가신 우리의 대제사장이시므로 길을 열어 우리가 그곳으로 나아감을 얻게 하신다. 예수 그리스도는 우리가 우리의 제물을 바치는 제단이다. 오직 예수 그리스도 안에서만 우리가 엄두도 내지 못할 모든 일을 감히 행한다. 한마디로, 예수 그리스도는 우리를 아버지께 왕과 제사장으로 삼아 주신 분이다.계 1:6

성찬에 관한 초대 교부들의 견해

어떤 사람이 초대 교부들의 권위에 근거하여 제사에 대한 우리의 설명이 다르게 이해되어야 한다고 주장하고 싶어 한다면, 내가 간략하게 대답해 보겠다. 그것이 미사의 제사에 관하여 교황주의자들이 발명한 허구를 확인하는 질문이라면, 초대 교부들에게는 어떤 지지도 요청할 수 없다. 초대 교부들은 모두 오직 그리스도가 드리신 단 하나의 제사만이 성찬에서 기념되어야 한다고 한목소리로 분명하게 가르치기 때문이다. 우리로서는 십자가에 달리신 그리스도를 우리 눈으로 거의 볼 수 있을 정도의 방식으로 그리스도의 제사가 우리 앞에 놓여 있음을 부인하지 않는다. 그래서 사도는 갈라디아 교인들에게 그리스도의 죽으심이 그들에게 선포되었을 때 그리스도가 그들 가운데 십자가에 못 박히셨다고 말한다.갈 3:1

그러나 나는 교부들 자신도 주님이 정하신 제도와 일치하지 않는 방식으로 이 기념을 변조했다는 것을 발견한다. 교부들은 그들의 성찬을 일종의 제사 시행으로 바꾸어 놓고 그것이 반복되거나 적어도 재현되게 했기 때문에, 신자에게 가장 안전한 것은 오직 주님의 순수하고 단순한 규례만을 지키는 것이다. 분명히 우리가 그것이 주님의 만찬이고 인간의 만찬이 아님을 숙고한다면, 인간의 권위나 오랜 세월이나 그 어떤 고려 사항도 우리의 관심을 주님의 뜻에서 벗어나게 하거나 빗나가게 할 수가 없다. 그래서 사도가 고린도 교인들 가운데 여러 가지 오용으로 부패해 버린 성찬을 온전히 회복하려고 할 때, 그가 깨달은 가장 신속한 최선의 방책은 다름 아니라 고린도 교인들에게 주님께서 제정하신 단 하나의 규례를 기억하게 하고, 이 규례를 영구한 규칙이 되게 하자고 주장하는 것이었다.고전 11:23-26

교회는 두 가지 성례로만 만족해야 한다

이 짧은 요약본에서 독자들은 우리가 이 두 가지 성례와 관련해 반드시 알아야 한다고 생각하는 것들이 무엇인지를 볼 수 있을 것이다. 이 두 가지 성례는 신약 시대의 시작부터 마지막까지 기독교회에 허락되었다. 즉, 세례는 일종의 교회 등록이자 첫 번째 신앙고백이고 성찬은 영양의 지속적인 공급원인데, 이를 통하여 예수 그리스도는 그의 신실한 백성을 영적으로 먹이신다. 따라서 오직 한분 하나님, 한 믿음, 한 그리스도, 그리스도의 몸인 한 교회가 있듯이, 세례도 오직 하나요 반복될 수 없다.엡 4:4-6 그러나 성찬은 자주 베풀어짐으로써, 교회 안으로 영원히 받아들여져 들어오게 된 사람들이 예수 그리스도에 의해 지속적으로 양육되고 먹여짐을 알게 한다.

이 두 성례 외에는 하나님께서 다른 어떤 성례도 제정하지 않으셨으므로, 신자의 교회는 다른 어떤 성례도 받아들이지 말아야 한다. 새로운 성례를 제정하는 것은 인간의 권능이나 권세에 속한 일이 아니다. 우리가 앞에서 충분히 설명된 내용을 기억한다면, 그리고 아무도 하나님의 조언자가 될 수 없음을 기억한다면,사 40:13, 롬 11:34 성례는 하나님께서 우리에게 그분의 약속들을 가르치시고 우리에 대한 그분의 선하신 뜻을 증거하시려고 제정되었음을 쉽게 이해할 수 있다. 그러므로 누구도 우리에게 하나님의 선하신 뜻과 관련하여 어떤 것도 확실하게 약속할 수 없고, 우리에 대한 하나님의 생각을 확고히 보장해 줄 수 없으며, 우리에게 하나님이 무엇을 주고자 하시고 무엇을 보류하고자 하시는지를 말해 줄 수도 없다. 그러므로 아무도 하나님의 뜻과 약속에 관한 표징을 세우거나 제정할 수 없다. 우리에게 표징을 주어서 자기에 관하여 증거하실 수 있는 분은 오직 하나님 한 분뿐이다.

나는 그것을 간결하게, 아마도 단도직입적이기는 하지만 분명하게 말할 것이다. 구원의 약속이 없는 성례는 결코 존재할 수 없다. 모든 사람이 함께 모이는 것도 우리의 구원에 관해서는 아무것도 스스로 약속할 수 없기 때문이다. 아무도 스스로 어떤 성례를 지정하거나 세울 수 없는 이유도 마찬가지다. 그러므로 기독교회는 이 두 성례에 만족해야 한다. 바로 지금 여기서 기독교회는 제3의 성례를 받아들이지도 말고 인정하거나 승인하지도 말자. 나아가, 마지막까지 또 다른 성례를 원하거나 기대하지도 말자.

유대인은 상황이 변함에 따라 그들의 통상적인 성례 외에도 그들 자신을 위해 여러 성례를 제정했다. 예를 들어, 만나, 반석에서 흘러나오는 물, 놋뱀, 기타 여러 가지가 있다.출 16:14-15, 17:6, 민 21:8-9 이 다양성에는 유대인이 지속되지 못할 것에 관한 징조를 묵상하지 말고, 하나님에게서 나오는 바 변하지도 끝나지도 않을 더욱 좋은 것을 기대하도록 가르치기 위한 목적이 있었다. 그러나 그런 고려 사항은 우리에게는 전혀 적용되지 않는다. 예수 그리스도는 그 속에 감춰진 채 들어 있는 모든 지식과 지혜의 보물과 함께 우리에게 드러나셨다. 그 보물들은 넘치도록 풍부하고 부요해서, 그것이 더 많아지기를 요구하는 것은 분명 하나님을 시험하는 일이 될 것이고, 하나님을 자극하여 우리에게 격노하시게 하는 일이 될 것이다. 우리 주님께서 그 나라의 영광을 충만하게 나타내실 위대한 날, 우리가 주님의 모습 그대로 볼 수 있도록 주님 자신을 분명하게 드러내실 그 위대한 날이 오기까지, 우리가 해야 할 일은 오직 예수 그리스도를 갈망하고 추구하고 앙망하며 그에게서 배워 그를 굳게 붙드는 것이다.

그러므로 우리가 살고 있는 현재의 시간을 성경은 "마지막 때", "마지막 날들", "말세"라고 부른다.[벧전 1:20, 요일 2:18] 그래서 어느 누구도 새 가르침이나 새 계시를 헛되이 기대하며 실수하지 않게 해준다. "예전에 선지자들을 통하여 자주 여러 방식으로 말씀하신 주님은 이 마지막 날들에 그의 사랑하는 아들로 말씀하셨으니,"[히 1:1-2] 오직 그만이 아버지를 우리에게 계시하실 수 있다.[눅 10:22]

인간이 하나님의 교회에서 새로운 성례를 제정하거나 창조할 권능을 갖고 있다고 인정할 수 없기 때문에, 하나님께서 친히 제정하신 성례가 인간적 고안을 가능한 한 적게 포함해야 바람직할 것이다. 포도주를 물로 희석시키면 상하고 효모가 반죽 전체를 시어지게 하듯이, 하나님의 신비에 담긴 순수함도 인간적인 무언가를 첨가할 때 반드시 오염되고 손상되기 때문이다. 게다가 우리는 현재 시행되고 있는 성례가 본래의 순수함을 얼마나 많이 잃었는지를 보고 있다. 지나친 사치스러움이 있는 곳에는 반드시 과장된 보여주기용 의식이 있기 마련이다. 그런 성례에는 하나님의 말씀에 대한 존중이 없고, 하나님의 말씀에 관한 어떤 것도 찾아볼 수가 없다. 하나님의 말씀이 없는 성례는 그 자체로 성례가 아니다. 그들의 수많은 의식들 중에 하나님께서 제정하신 것은 전혀 보이지 않고 마치 강제로 폐기된 듯하다. 우리는 오직 세례만이 빛을 내고 눈에 띄어야 할 세례식에서도 세례 자체를 거의 보지 못한다. 성찬은 완전히 매장당해 버리고, 일 년에 단 한 번 약간 눈에 띄지만 그나마 찢기고 너덜너덜 기워지고 해지고 구멍 나고 떨어져 나가서 완전히 기형화된 모습의 미사가 되고 말았다.[31]

성례의 합당한 거행 방식

하지만 누군가 세례를 받아야 할 때마다 신자의 모임에 출석하고, 온 교회가 증인이 되어 그 사람을 바라보며 위해서 기도하고 난 후 그가 하나님께 바쳐진다면, 그가 신앙고백을 교육받아서 암송하고, 또 세례에 첨부된 약속들이 그에게 제시되고 설명된다면, 이때 그가 성부와 성자와 성령의 이름으로 세례를 받고서 마침내 기도와 감사로 모임을 마치게 된다면, 그보다 더 좋은 일이 있겠는가? 이런 방식으로 하면 유용한 것이 하나도 빠지지 않을 것이고, 하나님께서 창시하신 이 하나의 예식은 그 어떤 낯선 오물로도 덮이지 않은 채 가장 찬란히 빛날 것이다.

나머지 다른 것에 관해서라면, 교회마다 지역적인 다양한 관습에 자유롭게 따르면 된다. 세례 받는 사람을 완전히 물에 담그느냐, 혹은 단순히 물을 뿌리느냐 하는 문제는 중요하지 않다. 각 교회마다 표징이 나타나기 때문이다. 다만 "세례 주다"라는 말은 '물에 담그다'는 뜻이며, 예전 시대의 교회에서는 완전히 물에 담그는 세례 관습이 시행되었다는 데 의심의 여지가 없다.

거룩한 성찬에 관해서라면, 만약 성찬이 매우 자주, 적어도 한 주에 한 번씩은 다음과 같은 방식으로 베풀어진다면 가장 적절한 시행일 것이다. 첫째, 성찬은 공중기도로 시작되게 하라. 그런 다음에는 설교가 있고, 그 후에 식탁에 떡과 포도주가 놓인 채로 목사가 성찬을 제정하시는 주님의 말씀을 낭독해야 한다. 이어서 성찬을 통해 우리에게 주어진 약속을 설명해야 하며, 동시에 주님의 명령에 따라 성찬 참여가 금지된 모든 사람이 성찬을 받지 못하게 해야 한다. 그다음으로, 우리 주님께서 이 거룩한 음식을 너그럽게 베푸시는 선하심과 동일한 선하심으로 우리를 가르치기를 기뻐하셔서, 우리가 믿음과 마음에 가득한 감사로 이 거룩한 음식을 참되게 받을 수 있도록 준비시켜 주시기를, 그리고 우리는 본질상 주님의 잔치에 합당치 못한 자들이므로 주님의 자비하심으로 우리를 합당하게 해주시기를 간구하는 기도가 있어야 한다. 이때 시편으로 찬미하거나 성경 본문 일부를 낭독하라. 그런 다음, 적절한 순서에 따라 신자들이 이 거룩한 음식에 참여하게 하되 목사가 떡을 떼어 나누어 주고 잔을 제공하라. 성찬이 끝나고 나면, 믿음의 순결함을 지키도록, 믿음을 충실하게 고백하도록, 서로 사랑하도록, 그리스도인다운 행실을 갖도록 권면하라. 마지막으로, 하나님께 감사와 찬미를 드리라. 그것을 마치면 교회와 회중은 평안히 흩어지게 하라.

신자가 떡을 자기 손으로 받든지 받지 않든지, 신자 스스로 떡을 나누든지 각자 자기에게 주는 것을 먹든지, 신자가 잔을 목사에게 되돌려 주든지 옆에 앉은 사람에게 전달하든지, 누룩을 넣은 떡이든지 넣지 않은 떡이든지, 적포도주이든지 백포도주이든지, 이 모든 것의 여부는 중요하지 않고 큰 상관도 없다. 비록 초기교회의 관습에서는 모든 신자가 떡을 자기 손으로 받는 것이 분명했고, 예수께서도 "이것을 너희 중에 나누라"고 말씀하셨기는 해도,[눅 22:17] 무엇을 선택하더라도 좋으며 그 선택은 교회의 재량에 맡겨진다. 교회사를 보면 분명히 로마 주교였던 알렉산데르 이전 시대에는 일상적으로 먹던 누룩 넣은 떡이 성찬에서 사용되었다. 알렉산데르는 누룩을 넣지 않은 떡을 처음으로 선호했던 사람이다. 그가 누룩을 넣지 않은 떡을 선호한—내가 아는 유일한—이유는, 진정한 종교를 평범한 사람들에게 가르치려는 데 있었다기보다는, 그들이 누룩을 넣지 않은 떡을 보고 경이로움을 느끼도록 자극하려는 일종의 새로운 볼거리로 의도했다는 데 있다.[32]

나는 조금이라도 감동을 받아 경건을 향한 어떤 충동을 느낀 모든 사람에게 대답해 달라고 호소한다. 성례를 이렇게 사용하면 하나님의 영광이 더욱 찬란하게 비추지 않는가? 신자가 기껏해야 인간의 지성을 어리둥절하게 하고 놀라고 두렵게 만드는 저 무의미하고 헛된 무언극에서 얻는 것보다, 이 성례로부터 얻는 감미로움과 영적인 위로가 훨씬 더 엄청나지 않은가? 그들은 그들이 행하는 모든 짓거리로 사람들을 자기 멋대로 이끌어 그 지성을 아둔하게 하고 미신에 사로잡히게 만들면서, 이것이야말로 인간이 종교에 충실하고 하나님을 경외하게 하는 일이라고 말한다. 누군가는 이 발명품들을 옹호하려고 그것의 고대성을 들먹일 것이다. 나도 세례 중에 기름 바르는 의식과 강제로 숨을 깊이 내쉬게 하는 관습의 시행이 얼마나 오래되었는지, 사도 시대 이후 우리 주님의 성찬이 이른바 인간의 발명품들 때문에 얼마나 빠르게 좀먹기 시작했는지 잘 알고 있다. 그런 것들은 인간의 자신감과 후안무치함이 초래한 경박함과 우매함에 불과하므로, 하나님의 신비가 내뿜는 광휘를 견디지 못한다. 반면에, 우리는 하나님께서 그분의 말씀에 순종함을 아주 귀하게 여기셔서 우리로 그분의 천사들과 온 세상을 그 말씀으로 심판하게 하신다는 사실을 잘 기억하도록 하자.고전 6:2-3

제13장

성례로 오해받는 다섯 가지 예식

견진성사 · 고해성사 · 종부성사 · 성품성사 · 혼인성사

앞에서 전개된 성례에 관한 논의는 진지하게 가르침을 받는 모든 사람을 충분히 만족시켰을 것이다. 그 결과, 사람들은 주님께서 제정하셨다고 알고 있는 두 성례와 상관없는 다른 성례에 대해서 더 이상 알려 하지 않거나, 하나님의 말씀 없이는 받아들일 필요가 없다고 느끼게 되었을 것이다. 그럼에도 일곱 가지 성례에 대한 믿음은 아주 만연해 있고 쟁론이나 설교에서 폭넓게 논의되어 왔기 때문에, 이 믿음은 아주 이른 시기부터 사람들의 마음에 뿌리내렸으며 여전히 그들의 마음속 깊이 심어져 있다. 그래서 나는 대체로 주님의 성례로 간주되는 나머지 다섯 가지 성례를 각각 더 자세히 살펴보아 그것들이 완전한 허위임을 밝힘으로써, 도대체 그것들이 무엇이며 어떤 이유로 지금까지 성례로 오인되어 왔는지를 사람들에게 증명해 보일 가치가 충분하다고 생각한다.

우선, 우리는 앞에서 입증한바 반박할 수 없는 주장, 곧 성례를 제정할 능력은 오직 하나님께 있다는 것을 기억해야 한다.[1] 무릇 성례는 하나님의 확실한 약속의 힘으로 신자의 양심에 안도감과 위로를 주어야 하기 때문이다. 성례는 결코 그 확신을 한낱 인간에게서 끌어올 수가 없다. 이것은 우리를 향한 하나님의 선의를 나타내는 증거여야 하는데, 아무도 하나님의 의논 상대가 되지 못하므로 인간이나 천사가 하나님의 선의를 증거할 수 없다.사 40:13, 롬 11:34 오직 하나님께서 그분의 말씀을 통해 자기를 친히 증거하신다. 성례는 하나님의 언약과 약속을 인치는 인장인데, 물질적 도구나 이 세상의 요소들은 그런 목적으로 지정되거나 의도되지 않는 한 인장으로 사용되지 못한다. 그러므로 인간이 성례를 도입할 수 없다. 인간이 그런 평범한 것들로 하나님의 지극히 깊은 신비를 담을 만한 권능을 갖지 못한 까닭이다. 성례를 성례답게 하려면 먼저 하나님의 말씀이 나와야 한다.

견진성사

견진堅振성사는 그 이름이 암시하듯이 뻔뻔한 인간이 스스로 조작하여 하나님의 성례로 세운 첫 번째 표징이다. 견진성사를 발명한 자들의 주장은 이렇다. 견진성사는 세례 중에 정결함을 위해 주어지신 성령이 은혜를 더할 수 있게 하고, 생명으로 거듭난 이들에게 전투에 임할 힘을 보강해 준다. 견진성사는 다음과 같은 말과 함께 기름을 바르는 예식으로 거행된다. "내가 성부와 성자와 성령의 이름으로 거룩한 십자가의 표징을 당신에게 주고 구원의 기름 바름으로 견진하노라."

견진성사에 대한 성경의 보증은 전무하다

이 모든 것이 괜찮고 좋으나, 여기서 성령의 임재를 약속하는 하나님의 말씀은 어디에 있는가? 그들은 희미한 흔적조차 가리킬 수 없다. 그렇다면 그들은 어떻게 그들의 성유가 성령의 그릇임을 우리에게 납득시킬 것인가?[2] 우리가 보는 것은 오직 진득진득하게 기름 낀 액체뿐이다. 아우구스티누스는 "말씀이 물질에 첨가되게 하라. 그러면 그 물질은 성례가 되리라"고 말한다.[3] 그러므로 그들이 그 기름 자체와 별도로 기름 속에 들어 있는 무언가를 보여주려 한다면, 이 말씀을 제시하라고 하라.

그들이 마땅히 그래야 하는 것처럼 자신을 성례의 일꾼으로 인정한다면, 더 이상 논쟁할 필요가 없을 것이다. 명령을 받지 않으면 아무것도 시도하지 않는 것이 일꾼의 첫째 규칙이다. 그러니 그들이 이것을 하도록 허용한 명령을 제시하게 하라. 그러면 나는 더 이상 아무 말도 하지 않겠다! 그러나 그들이 아무 명령도 받지 못했다면, 그들은 자기들의 행동이 극히 뻔뻔스러운 범법 행위라는 비난을 면할 수 없을 것이다. 그래서 우리 주님은 바리새인에게 요한의 세례가 하늘에서 왔는지, 사람에게서 왔는지를 물으셨던 것이다. 그들이 "사람에게서"라고 대답했다면, 주님은 그들이 요한의 세례가 헛되고 무효함을 인정하게 만드셨을 것이다. 그들이 "하늘에서"라고 대답했다면, 그들은 요한의 교훈을 받아들일 수밖에 없었을 것이다. 그들은 요한에게 모욕이 되는 사태를 피하고 싶었기 때문에, 요한의 세례가 사람에게서 왔다는 자기들의 본심을 감히 실토할 수 없었다.마 21:25-27 마찬가지로, 견진성사가 사람에게서 왔다면 그것이 헛되고 무의미하다는 데 전혀 의심의 여지가 없다. 그들이 견진성사가 하늘에서 왔다고 우리를 설득하고 싶다면, 직접 증명해 보라고 하라.

그들은 자기들을 변호하기 위해, 그들이 결코 불합리하게 행동하지 않았다고 믿는 사도들의 사례를 인용한다. 그것은 참으로 진실이다. 그들 자신이 사도들을 본받고 있음을 보여줄 수 있다면, 그들은 우리에게서 어떤 비난도 받지 않을 것이다. 하지만 사도들은 어떻게 행했는가? 사도행전에서 누가는 예루살렘에 있던 사도들이 사마리아 지역에 하나님의 말씀이 전파되었다는 소식을 듣고서 베드로와 요한을 그곳에 보냈다고 설명한다. 베드로와 요한은 거기로 가서 사마리아 사람들에게 성령이 임재하시기를 기도드린다. 성령은 아직 어떤 사마리아 사람에게도 임하시지 않았는데, 이는 그들이 예수의 이름으로 세례만 받은 상태였기 때문이다. 기도 후에 베드로와 요한은 그들에게 안수했고, 이 안수를 통해 사마리아 사람들은 성령을 받았다.행 8:14-17 실제로 누가는 이 행동을 여러 번 언급한

다.[행 6:6, 13:3, 19:6, 28:8]

나는 사도들이 무슨 일을 했는지 읽었다. 그들은 성실하게 그들의 본분을 수행했다. 주님은 그때 자기 백성에게 쏟아 주시던 성령의 가시적이고 경이로운 은사들이 사도들의 안수를 통해 분배되기를 원하셨다. 나는 이 의식 속에 깊은 신비가 들어 있다고 상상하지 않는다. 다만 베드로와 요한이 이 의식을 행한 이유는, 그들이 안수한 사람을 하나님께 맡겨 드린다는 뜻을 나타내기 위한 것이었다고 믿을 뿐이다.

헛된 몸짓: 기름 바름과 안수

당시 사도들에게 맡겨진 이 사역이 오늘날의 교회에 존재한다면, 우리도 그와 같은 안수 행위를 준수해야 할 것이다. 하지만 그런 은사가 더 이상 부여되지 않는데, 안수가 무슨 쓸모가 있는가? 물론 성령은 여전히 하나님의 백성을 도우신다. 성령의 인도와 안내 없이는 교회가 존속할 수 없기 때문이다. 우리에게는 결코 실패하지 않을 약속이 있다. 그리스도는 이 약속에 따라 모든 목마른 자를 자기에게로 부르셔서 생수를 마시게 하신다.[요 7:37] 그러나 안수에 의해 부여되었던 이 권능과 극적인 사건들은 잠시 동안만 허용되다가 그쳤다. 당시는 그처럼 생소하고 전례 없는 이적들을 통해 복음의 새로운 선포와 그리스도의 새로운 나라가 칭송받고 확대될 필요가 있었기 때문이다. 하지만 주님은 이 일을 그치게 하신 후에도 교회를 저버리지 않으셨고, 그 나라의 광채와 그 말씀의 위엄에 대한 증거를 풍성하게 주셨음을 명백히 하셨다. 과연 이 사기꾼들은 어떤 면에서 사도들의 예를 따른다는 것일까? 안수는 성령의 명백한 권능을 즉시 드러내야 한다. 하지만 그들은 그렇게 할 수 없다. 그렇다면 왜 그들은 자기들이 안수할 권한이 있다고 주장하는 것일까? 우리는 사도들이 안수를 시행했음을 인정하지만, 그 목적은 매우 달랐다.

그들이 하는 주장은 정말 하찮다. 주님께서 제자들에게 내쉰 숨이 곧 성령을 주시는 성례라는 개념만큼이나 하찮다.[요 20:22] 주님은 한 번 그렇게 하셨으나, 우리가 따라서 하게 하시려는 의도는 아니었다. 마찬가지로, 사도들은 주님께서 성령의 은사로 그들의 기도를 영화롭게 하기로 택하신 동안에 안수를 시행했던 것이다. 그러나 사도들이 안수했던 목적은, 이 원숭이들이 그렇게 하듯이 사도들의 후예가 지금의 헛되고 무효한 표징을 쓸데없이 흉내 내게 하려는 데 있지 않았다. 게다가, 혹여 그들이 안수함으로 자기들이 사도들을 따르고 있음을 증명할 수 있다 하더라도(이 안수에는 멍청하고 고집스러운 원숭이의 속임수만 있을 뿐, 사도들의 안수와 닮은 것이 전혀 없다), 어떻게 그들이 "구원의 기름"이라 부르는 것을 설명할 수 있을까? 도대체 누가 그들에게 기름에서 구원을 찾으라고 가르쳤으며, 그 기름에 영혼의 힘을 강하게 하는 권능을 부여하라고 가르쳤는가? 우리를 이 세상의 물질들로부터 멀리 끌어낸 사람, 그런 예식에 골몰하는 우리의 집착을 가장 혹독하게 정죄한 사람인 바울이 그렇게 가르쳤던가? 갈 4:9, 골 2:20

반대로, 나는 기름을 "구원의 기름"으로 부르는 자들이 그리스도 안에 있는 구원을 부정하고 그리스도를 배척하며, 하나님의 나라에서 분깃을 전혀 갖지 못한다고 담대하게 선언한다. 이 선언은 나에게서가 아니라 하나님에게서 나온 선언이다. 기름은 배를 위하고 배는 기름을 위하는 까닭이다. 주님은 둘 다 멸하실 것이다. 다 쓰면 소멸해 버리는 이 모든 연약한 물질은, 영적이고 무한한 하나님의 나라에 결코 속하지 못한다. 이쯤에서 누군가는 이렇게 말할 것이다. "도대체 무슨 말인가? 우리가 세례 받을 때 사용하는 물과, 성찬에서 우리에게 주님의 몸과 피로 제공되는 떡과 포도주를 이런 방식으로 판단하는가?" 나는 성례에서 두 가지가 고려되어야 한다고 대답하겠다. 하나는 우리 앞에 놓인 육적인 것의 실체이고, 다른 하나는 증표다. 이 증표가 하나님의 말씀에 의해 그 실체에 새겨지며, 이 증표의 모든 효력은 하나님의 말씀 속에 들어 있다. 그렇다면, 떡처럼 가시적으로 존재하는 성례인 포도주와 물은 그 자연적인 실체를 유지하기 때문에, "음식은 배를 위하고 배는 음식을 위하느니라. 주님께서 그 둘을 멸하시리라"는 바울의 진술이 적용된다. 고전 6:13 그런 물질들은 이 세상의 형체와 함께 지나가고 없어지고 만다. 그러나 이것들은 하나님의 말씀으로 거룩하게 되기 때문에, 우리를 육적인 것에 제한하지 않고 오히려 영적으로 가르친다.

견진성사는 세례성사를 무효로 한다

그러나 이 기름이 얼마나 많은 이적을 지속하는지 더 자세하게 살펴보자. 이 기름 바르는 자들의 주장에 따르면, 성령은 세례에서는 정결함을 위해 주어지고 견진성사에서는 은혜의 증대를 위해 주어지며, 그리하여 우리가 세례에서는 다시 살아나고 견진성사에서는 전투를 위한 무장을 갖추게 된다. 그들은 너무 염치가 없어서, 세례가 견진성사 없이도 완전하다는 것을 부정한다. 이 무슨 사악함인가! 우리는 그리스도의 부활에 참여하기 위해 그리스도와 함께 이미 장사되지 않았던가? 바울은 예수 그리스도의 죽으심과 생명에 참여함을, 우리 육체의 죽음과 하나님의 선하신 영에 의한 깨어남으로 해석한다. 우리가 새 생명 가운데 행하기 위해 우리의 옛 사람이 십자가에 못 박혔기 때문이다.[롬 6:5-6] 우리가 마귀와 싸우기 위해 더 잘 무장될 수 있을까? 앞에서 인용한 구절에서 누가가 사마리아 사람들이 예수의 이름으로 세례를 받았으나 성령을 받지는 못했다고 기록할 때, 그들이 마음속에 성령의 선물을 받고 입술로 예수 그리스도를 고백했음을 부인하지 않는다.[행 8:16] 다만, 누가는 사마리아 사람들이 성령의 은사를 받지 못했으므로, 그 은사를 통해 명백한 권능과 가시적인 은혜가 그들에게 주어지지 않았다는 사실을 암시할 뿐이다.

그래서 사도들은 "말씀하시는 이는 너희가 아니니, 오직 아버지의 성령이 너희 속에서 말씀하시느니라"는 말씀을 이미 오래전에 들었음에도,[마 10:20] 오순절 날 그 성령을 받았다고 말한다. 하나님께 속한 여러분 모두는 여기서 마귀가 사용하는 역병과 같은 사악한 책략을 볼 수 있다. 마귀는 세례에서 받는 것을 견진성사에서 받게 함으로써, 우리가 세례를 교묘히 떠나도록 유도한다. 이 교훈이 세례에 속한 약속들을 세례에서 박탈하여 다른 곳에 옮기는데도, 누가 이 교훈이 마귀에게서 나온 것임을 의심할 수 있겠는가?

다시 말하지만, 우리는 이 기름 바름이 어떤 토대 위에 집전되는지를 보고 있다. 하나님의 말씀에 따르면, "그리스도 안에서 세례 받는 자마다 그의 은사들과 함께 그리스도로 옷 입는다." 갈 3:27 그러나 이 기름 바르는 자들에 따르면, 우리가 세례 받을 때 마귀와 대적하여 싸우도록 우리를 준비시켜 주리라는 약속을 전혀 받지 못한다. 하나님의 이 말씀이 진리의 음성이요, 기름 바르는 자들의 말은 분명 거짓의 소리다. 그러므로 나는 지금까지 그들이 한 것보다 더 정확하게 견진성사를 정의할 수 있다. 즉, 견진성사는 세례에 대한 경멸이며 묵살로서 세례의 목적을 모호하게 하고 세례를 아무것도 아니게 만든다고 정의하거나, 우리를 하나님의 진리에서 떠나게 하는 마귀의 간사한 약속이라고 정의하거나, 혹은 이 표현이 더 낫다면 견진성사는 무지하고 어리석은 자들을 속이는 마귀의 거짓말로 더렵혀진 기름이라고 정의할 수도 있다.

게다가 이 기름 바르는 자들은 모든 신자가 성숙한 그리스도인이 되기 위해서 세례 이후 안수를 통해 성령을 받아야 한다고 주장한다. 주교의 성유로 기름 바름을 얻기 전에는 아무도 온전한 그리스도인이 아니기 때문이라는 것이다. 그들이 하는 말이다. 나는 줄곧 기독교와 관련된 모든 것이 성경 안에 들어 있고 거기서 다 설명된다고 생각해 왔다! 그런데 이제 종교의 진정한 규범이 성경 바깥에서 추구되어야 하는 것임을 우리가 목도하고 있다! 그러므로 하나님의 지혜와 하늘의 진리와 그리스도의 모든 가르침은 그리스도인에게 있어서 첫걸음에 불과하게 되었다. 기름이 이 모든 것을 온전하게 해주기 때문이다! 이 교훈으로 모든 사도와 수없이 많은 순교자들이 정죄를 당한다. 그들은 결코 기름 바름을 얻지 못했을뿐더러, 그들의 기독교 신앙을 완성해 줄 성스러운 기름, 아니 그들을 그리스도인으로 만들어 줄 성스러운 기름은 그때 존재하지도 않았기 때문이다.

그러나 혹시 내가 아무 말도 하지 않는다 해도, 이 기름 바르는 자들이 그들 스스로를 충분히 반박한다. 그들은 세례 후에 얼마나 많은 이들에게 기름을 부었는가? 백분의 일도 안 된다! 그렇다면, 그들은 왜 자기 양 떼 중에 있는 연약한 그리스도인들의 불완전함을 쉽게 교정할 수 있는데도 계속 용인하는 것일까? 그들은 왜 그토록 무심하게 자기 신하들을 내버려 두어서, 그들이 중대한 죄책을 무릅쓰며 방치하지 말라고 금지한 것을 방치하게 하는가? 그들이 말하는 대로 사람이 갑작스러운 죽음 때문에 어쩔 수 없는 상황에 처하지 않는 한, 구원이 성취되려면 반드시 있어야 할 것을 어째서 그들은 더욱 강하게 요구하지 않는가? 분명히 그들은 그것이 쉽게 경멸당하도록 방임하기 때문에, 그것을 소중히 여기는 척하지만 실제로는 그렇지 않다는 사실을 암묵적으로 인정하고 있는 셈이다.

견진성사를 옹호하는 추가 주장들

마지막으로, 그들은 세례보다 이 거룩한 기름 바름을 더 받들어야 한다고 공표한다. 세례는 제사장이면 누구나 흔히 시행하는 데 비하여, 기름 바름은 고위 성직자들의 손으로 행한다는 단순한 이유 때문이다. 그들이 미친 게 분명하다는 말 외에 우리가 무슨 말을 더 할 수 있겠는가? 그들은 자기들의 발명품을 그토록 사랑하면서도 하나님의 거룩한 제도는 겁 없이 경멸한다. 가증한 혓바닥이여, 너는 네 악취 나는 숨결로 오염시킨 기름, 중얼거리는 몇 마디 말이 마술처럼 둔갑시킨 한낱 기름으로 감히 그리스도의 성례를 대적하느냐? 너는 하나님의 말씀이 거룩하게 한 물을 감히 그 기름과 비교하느냐? 그러나 너의 대담함에 비해 그것은 네게 별 의미가 없다. 네가 그렇게 좋아하는 것이 차라리 더 낫겠구나. 거룩하다는 사도적 교황청이 내린 칙령들이 다 그러하도다!

그들 중 몇몇은 자기들의 사고방식에 극단적인 이 광기를 누그러뜨려 보려고 했다. 그래서 그들은 비록 세례가 죄 사함에는 효과적이기는 해도 견진성사의 기름을 더 존중해야 한다고 말한다. 그들은 그 이유가, 견진성사가 위대한 권능과 유용성을 부여하기 때문이라기보다는, 보다 가치 있는 이들에 의해 집전되며 신체 중 고귀한 부분인 이마에 시행되어 신자의 힘을 크게 늘려 주는 효과를 내기 때문이라고 말한다.[4] 이 첫 번째 주장은 그들이 도나투스주의자임을 드러내지 않는가? 그들이 성례의 권능을 집전자의 자격에 근거해 규정하고 있으니 말이다. 그렇더라도, 그들이 주장하는 대로 견진성사가 주교 손의 가치 때문에 세례보다 더 가치가 있다고 하자. 하지만 우리가 그들에게 주교들이 받은 이 특권의 근원이 어디에 있느냐고 묻는다면, 자기들의 희망 사항 말고는 다른 어떤 설명도 할 수 없지 않겠는가?

그들은 오직 사도들만 성령을 전했던 시기에 사도들이 이 유일한 권리를 누렸다고 주장한다. 그러나 주교들만이 사도라고 할 수 있는 자들인가? 아니, 그들이 과연 사도인가? 그들은 우리 주님께서 그의 성찬에서 사도들에게만 잔을 주셨기 때문에 평신도는 잔을 받지 못하도록 금지해야 한다고 주장한다. 그렇다면, 왜 그들은 주님의 성찬에서 주교들만 피의 성례를 다루어야 한다는 비슷한 주장을 하지 않는가? 주님께서 사도들에게만 잔을 주셨다면, 왜 그들은 잔이 주교들에게만 주어져야 한다는 추론은 하지 않는가? 그러나 그들은 이 문제에 있어서는 사도들을 제사장 정도로만 취급하다가, 다른 경우에는 사도들을 주교로 취급한다. 마지막으로, 아나니아는 사도가 아니었으나 바울에게 파송되어 바울의 시력을 회복하도록 도왔고, 또 바울에게 세례를 베풀어 그를 성령으로 충만하게 했다.[행 9:17-19] 특별 선물로 삼아서 내가 주교들에게 묻겠다. 주교들이 자기 직무를 하나님의 권리로 누렸다면, 우리가 그레고리우스 교서에서 읽어 알듯이,[5] 어째서 그들은 감히 그 직무를 제사장에 불과한 자들과 나누어 쓰는가?

그들이 제시하는 또 다른 이유는 얼마나 보잘것없고 무의미하고 터무니없는가! 견진성사가 하나님의 세례보다 더 가치 있는 이유는, 그들의 견진성사에서는 이마가 기름으로 더럽혀지는 데 비하여, 세례에서는 기름이 머리 꼭대기에 있기 때문이라는 것이다. 그들은 마치 세례가 물이 아니라 기름으로 치러지기라도 하는 것처럼 말한다. 나는 하나님을 두려워하는 모든 사람에게 거짓 교훈의 누룩으로 성례의 순결함을 오염시키는 데 골몰하는 이 사기꾼들에 대해서 증언해 달라고 호소한다. 다른 곳에서 나는 성례들 속에 섞여 있는 무수한 인간의 발명품 중 무엇이 하나님께서 재정하신 성례인지를 거의 분별할 수 없다고 지적했다.[6] 누군가 내 말은 믿지 못하겠다고 한다면, 그 사람은 최소한 그의 스승들은 신뢰해야 할 것이다. 여기 우리에게는 멸시를 받고 더럽혀진 하나님의 표징인 물이 있다. 그들이 세례에서 높이고 싶어 하는 것은 오로지 그들의 기름뿐이다. 반면에 우리는 세례에서 이마가 물로 젖게 되는데, 그들의 모든 기름은—견진성사에서 쓰이는 기름이든 세례에서 쓰이는 기름이든 상관없이—우리의 이 물에 비하면 배설물보다 무가치한 것으로 여긴다고 말한다. 만약 누가 기름이 물보다 더 비싸게 팔린다며 우리에게 이의를 제기한다면, 그들의 장사는 사기와 불의와 도둑질이라고 쉽게 응수해 주겠다.

그들이 제시하는 세 번째 이유는 그들이 얼마나 불경건한지를 폭로한다. 그들은 견진성사가 세례보다 더 큰 힘을 성도에게 부여한다고 가르치기 때문이다. 사도들은 안수함으로써 성령의 가시적인 은사를 내려 주었다. 이 속이는 자들은 자기들의 기름의 가치를 내세우기 위해 과연 그 기름으로 어떤 혜택을 베푼다고 증명해야 할까? 한 가지 신성모독을 다른 많은 신성모독으로 은폐하는 이 인도자들을 내버려 두기로 하자. 그것은 결코 풀 수 없는 매듭일 테니, 애써 풀려고 힘들게 수고하느니 차라리 아예 잘라 버리는 편이 더 낫다.

견진성사는 어떠해야 하는가?

이제 그들은 하나님의 말씀이 없고 믿을 만한 정당성이 결여된 그들 자신을 발견했을 때, 이 관례는 매우 오래되었고 수세기 동안의 합의로 확증된다는 자기들의 일반적인 주장에 의지한다. 그것이 사실이라 하더라도 그들은 여전히 아무것도 얻지 못한다. 성례는 땅에 속하지 않고 하늘에 속하며, 인간에게서 오지 않고 오직 하나님에게서 온다. 그들이 견진성사가 성찬으로 간주되기를 원한다면, 하나님께서 견진성사의 창시자이신지를 증명해야 할 것이다.

초대 교부들은어디에서도 두 가지 이상의 성례를 식별하지 않는데, 왜 그들은 견진성사의 고대성에 호소하는가? 우리가 믿음의 확실성을 위해 인간에게 의존해야 한다면, 우리는 난공불락의 요새를 갖게 될 것이다. 교부들은 이 사람들이 성례로 오도하는 것들을 결코 성례로 인정한 적이 없다. 교부들은 안수에 관해 말하지 않는데, 왜 그들은 안수를 성례로 부르는가? 아우구스티누스는 안수가 기도와 전혀 다르지 않다고 솔직하게 기록한다.[7] 그들은 아우구스티누스의 말은 견진성사의 안수 행위를 가리키는 것이 아니라 치료와 화해를 위한 안수 행위를 가리킨다고 주장하는데, 그런 어리석은 구분으로 우리를 혼란에 빠뜨리려 하면 안 된다. 아우구스티누스의 책은 인간의 손으로 쓰였다. 내가 그의 말을 그가 의도한 바와 다르게 왜곡했다면, 내 얼굴에 침을 뱉어도 좋다.

이 졸렬한 성례 모방작이 도입되기 전 초대 교인들 가운데 널리 행해졌던 관례를 우리가 유지했으면 좋겠다. 나는 이름을 부르는 것만으로도 반드시 세례에 해를 끼치게 되는 견진성사와 같은 것을 요청하고 있지 않다. 그 대신 나는 유아들이나 유년기를 지난 아이들이 교회 앞에 그들의 믿음의 이유를 설명하도록 요구하는 기독교 교육 형식을 요청한다. 전 세계 신자들의 교회가 만장일치로 동의할 만한 안내서, 우리 종교의 모든 조항을 친숙한 문체로 포함하고 진술하는 안내서가 이 교육 형식에 맞추어 특별히 제작된다면, 그것은 탁월한 교수법이 될 것이다. 열 살 남짓한 아이가 교회에 출석하여 자신의 신앙을 고백하게 하라. 그 아이가 각 조항에 관한 질문을 받고 의무적으로 대답하게 하라. 그 아이가 어떤 조항에 관해 모르거나 완전히 이해하지 못할 경우 가르침을 받게 함으로써, 신자 회중이 한 뜻으로 하나님을 경외하는 참되고 유일하고 순수한 믿음을 교회가 증인으로 출석한 가운데 그 아이로 하여금 고백하게 하라.

이렇게 훈육이 시행된다면, 일부 부모들의 방임이 고쳐질 것이다. 그들은 자녀 교육을 소홀히 한 것으로 반드시 커다란 수치를 당할 수밖에 없기 때문이다. 지금 부모들은 자녀에게 해야 할 이와 같은 교육에 거의 신경을 쓰지 않는다. 이런 훈육이 시행된다면, 그리스도인 공동체에 더 거대한 믿음의 조화가 이루어질 것이고, 무지한 사람과 교육받지 못한 사람이 훨씬 줄어들 것이다. 새로운 사상에 쉽게 끌려다니는 사람도 더욱 줄어들 것이다. 요약하면, 각 사람이 기독교의 가르침으로 질서 있는 안내를 받게 될 것이다.

고해성사

그다음으로 그들은 견진성사에 고해성사를 갖다 붙인다. 고해성사에 대한 그들의 설명 방식은 뒤죽박죽 혼란스럽고 제멋대로여서, 그들의 가르침은 견고하지도 않고 확실하지도 않다. 다른 곳에서 우리는 이미 다음 두 가지를 길게 논의했다.[8] 첫째, 성경이 고해에 관해 무엇을 말하는지, 둘째, 궤변론자들이 고해에 관해 무엇을 가르치는지를 논했다. 우리가 지금 해야 할 일은, 가장 하찮은 이유를 빙자하거나 전혀 합당치 못한 이유만 들먹이면서 어떻게 그들이 고해를 성례로 둔갑시켰는지 증명하는 것뿐이다.

성례로서 고해

그들은 이유를 찾으려고 끝없이 애를 쓴다. 이 모습에 놀랄 것도 없는데, 그들이 존재하지도 않는 이유를 찾고 있기 때문이다. 결국 그들은 너무 다양한 견해 때문에 모든 것을 불확실하고 혼란스러운 미결 상태로 내버려 두고서, 그것이 최선이라고 믿는다. 따라서 그들은 외적 고해가 성례이고, 외적 고해는 내적 고해, 곧 성례의 본질인 진심으로 하는 통회의 표징으로 간주되어야 한다고 말한다. 또한 그들은 둘 다 성례이되 별개의 성례가 아니라, 하나의 완전한 성례라고 말한다. 다시 말해서, 외적 고해는 성례이기만 하지만, 내적 성례는 성례이기도 한 동시에 외적 성례의 본질이

기도 하며, 죄 사함은 성례의 본질이지만 성례 자체는 아니라는 것이다.[9]

이 모든 것에 대한 내 응답은, 내가 이전에 내린 성례의 정의를 기억하는 사람들에게 나의 정의를 이 자들이 말하는 바와 비교해 달라고 부탁하는 것이다. 아마 그들은 어떤 일치점도 찾지 못할 것이다. 고해는 주님께서 우리 믿음을 확증하기 위해 제정하신 외적 의식이 아니기 때문이다. 그들이 나의 정의는 자기들이 복종해야 할 법이 아니라고 대답한다면, 그들이 끝없이 공경하는 척하는 아우구스티누스의 말을 듣게 하라. 아우구스티누스는 다음과 같이 기록한다.[10] "성례는 육적인 인간을 위하여 가시적 형식으로 제정됨으로써, 인간이 성례의 첫 단계에서 다음 단계로 이동할 때 눈에 보이는 것에서 마음으로 파악할 수 있는 것으로 이동하게 된다." 고해성사에서 그들이 발견하거나 다른 사람에게 보여줄 수 있는 것 중에 아우구스티누스가 말한 성례와 닮은 것이 무엇인가? 다른 곳에서 아우구스티누스는 또 말한다.[11] "성례가 성례라고 불리는 까닭은, 성례 안에서 하나는 보이고 다른 하나는 이해되는 데 있다. 보이는 것에는 육적인 형식이 있고, 이해되는 것에는 영적 열매가 있다."

그렇더라도 나는 그들이 자신하는 입장에서조차 그들을 능가하기 위해 이렇게 묻겠다. 고해성사가 어떤 의미에서든 성례라면, 고해보다는 차라리 사제의 사면이 내적이든 외적이든 성례라고 말하는 것이 보다 현명한 처사 아니겠는가? 고해성사를 죄 사함에 대한 우리의 믿음을 확증하기 위해 마련된 예식으로 설명하거나, "너희가 땅에서 묶고 푸는 것마다 하늘에서도 묶이고 풀리리라"마 18:18는 말씀에 근거하여 그들이 그러듯이 고해성사를 열쇠의 약속이 동반된 예식으로 설명하는 편이 용이할 것이니 말이다. 그러나 사제가 많은 사람들에게 사죄를 선언하지만 사제의 이 선언에서 아무것도 얻지 못한다는 반론이 대두될 것이다. 사제의 교훈에 따라 새로운 율법의 성례들은 그 성례들이 상징하는 것을 효과적으로 달성해야 하는데, 사실상 그렇지 못하기 때문이다. 이에 관해서는 저들이 대답을 준비했을 것이다. 주님의 성찬에서 두 가지 먹는 행위, 곧 선한 자와 악한 자 모두에게 해당하는 성례로서 먹는 행위와, 오직 선한 자에게만 해당하는 성례로서 먹는 행위가 있듯이, 그들의 사죄 선언도 두 가지로 수용될 수 있다는 위선적인 대답 말이다.

사실 나는 왜 그들이 새로운 율법의 성례들에 그처럼 강력한 효과가 있다고 생각하는지 이해할 수 없다. 내가 이 주제를 해당 대목에서 논의할 때 이미 지적했듯이, 이것은 하나님의 진리에 전혀 부합하지 않는다.[12] 나는 단지 여기서는 이 거리낌조차도 그들이 사제의 사죄 선언을 성례라 부르는 것을 결코 막지 못하리라는 사실만 말해 두고 싶다. 이는 그들이 "성별은 때때로 눈에 보이는 성례 없이도 있고, 눈에 보이는 성례는 때때로 내면의 성별 없이도 있다"는 아우구스티누스의 말로 응수할 것이기 때문이다. 또한 그들은 "성례는 오직 택하심을 얻은 자들 안에서만 성례가 상징하는 것을 달성한다"고 말할 것이고, "어떤 사람은 성례를 받기 위해 그리스도로 옷 입고, 어떤 사람은 성별을 위해서 그리스도로 옷 입는다. 전자의 경우는 선한 사람과 악한 사람 모두에게 해당하지만, 후자의 경우는 오직 선한 사람에게만 해당한다"고 말할 것이기 때문이다.[13] 의심의 여지 없이 그들은 아주 유치하게 속았다. 난처함과 혼란 속에서 그토록 분명하고 평범한 것을 보지 못할 때 그들은 마치 백주 대낮에 앞 못 보는 사람과 같았다.

오직 세례만이 명실상부한 회개의 성례다

나는 어쨌든 그들의 자만심을 꺾기 위해, 그들이 성례를 두는 곳이면 어디든 상관없이 고해가 성례로 간주되어야 한다는 주장에 반대한다. 첫째, 고해에는 성례의 유일한 근거인 하나님의 약속이 없기 때문이다. 우리가 앞에서 주장했듯이, 열쇠의 약속은 사죄 선언의 구체적 의식과는 전혀 관련이 없고, 많은 사람들에게든 한 사람에게든 구별 없이 전달되는 복음의 선포에만 관련된다. 즉, 우리 주님은 특별히 개개인에게 의도된 사죄 선언을 위해서가 아니라, 모든 죄인에게 공평하고 보편적으로 사죄를 선언하시기 위해 이 약속을 사용하신다. 둘째로, 고해는 결코 성찬이 될 수 없는데, 이런 방식으로 도입된 모든 예식은 순전히 인간이 고안해 낸 것이기 때문이다. 우리는 이미 성례의 예식은 오직 하나님만 제정하실 수 있다고 결의했다. 그러므로 인간이 지어내어 우리로 고해성사에 대해 믿게 하려는 모든 것은 다 거짓이고 속임수다.

그럼에도 그들은 이 거짓된 성례를 "난파 후의 두 번째 널빤지"라고 묘사하면서 그럴듯한 제목으로 꾸며 놓았다. 누구든지 세례 때 받은 순결의 옷을 죄로 더럽혔다면, 고해를 통해서 옷을 깨끗이 씻을 수 있기 때문이다. 이것은 그들이 말하는 대로 히에로니무스의 말이다.[14] 저자가 누구든간에, 이 말이 사악하다는 비난을 그들은 결코 피할 수 없다. 죄인들은 죄 사함을 간구할 때마다 세례를 마음에 떠올리고, 세례의 기억으로 힘을 얻어서 용기를 내며, 세례 중에 약속된 용서가 자기에게 주어질 것이라는 믿음을 확고히 하는데도, 저들은 마치 죄 때문에 세례가 취소되기라도 하는 듯이 처신하기 때문이다.

그러므로 세례를 가리켜 "고해 성례"라고 불러야 가장 잘 어울린다. 세례는 힘써 회개하는 자를 위로하기 위해 주어졌기 때문이다. 이 생각이 내 머릿속에서 생긴 몽상이라고 오해될 수 없는데, 이는 고대 교회에서는 합의된 보편적인 설명이었음이 분명하기 때문이다. 아우구스티누스의 저작으로 알려진 『믿음에 관하여』*Concerning Faith*에서 세례는 "믿음과 회개의 성례"라고 불린다.[15] 그러나 우리가 왜 굳이 불확실한 증거에 호소해야 하는가? "요한이 죄 사함을 위한 회개의 세례를 선포했다"라는 복음서 저자의 기록보다 더 분명한 무언가를 요구할 필요가 전혀 없지 않은가? 막 1:4, 눅 3:3

종부성사

세 번째 위조 성례는 임종 시에 오직 사제만 베풀 수 있는 종부성사다. 이때 사제는 주교가 성별한 기름으로 다음과 같은 형식의 말을 한다. "하나님께서 이 거룩한 기름 바름과 그분의 자비하심으로 말미암아 듣고 보고 냄새 맡고 만지고 맛보며 저지른 모든 죄를 용서하옵소서." 그들은 성례에 두 가지 권능, 곧 죄를 용서하는 권능과, 육신의 질병을 경감시켜 필요할 경우 영혼까지도 치료하는 권능이 있는 것처럼 행세한다. 그들은 다음의 말씀에 근거하여 야고보가 종부성사를 제정했다고 주장한다. "너희 가운데 병든 이가 있느냐? 그는 교회의 장로들을 불러 그에게 주님의 이름으로 기름을 바르고 그를 위하여 기도하게 하라. 그가 건강을 회복하리니, 만약 그가 죄를 지었으면 그 죄를 용서받으리라."약 5:14-15

기름 바름: 성경의 전례

이 기름 바름은 우리가 앞에서 안수와 관련하여 논의했던 내용과 본질상 다르지 않다. 이것은 한 편의 익살극이나 원숭이를 활용한 속임수와 같아서, 저들은 이를 통하여 쓸데없이 사도들을 흉내 내려 한다. 마가는 사도들이 그들의 첫 여행에서 주님께서 명하신 대로 죽은 자들을 살리고 마귀를 쫓아내고 나병환자를 정결하게 하며 병자들을 고쳐 주었다고 기록한다. 마가는 사도들이 "수많은 병자들에게 기름을 바르니 그들이 나음을 입었더라"고 기록함으로써,막 6:12-13 그들이 병자를 치료할 때 기름을 사용했다고 덧붙인다. 야고보는 신자들에게 장로들을 불러 병자에게 기름을 바르게 하라고 할 때 이 구절을 염두에 두었다.

그러나 우리 주님과 그의 사도들이 외적인 문제에 있어서 얼마나 자유롭게 행동했는지를 기억하는 사람이라면, 그런 예식에 어떤 심오한 신비도 감추어져 있지 않음을 쉽게 이해할 것이다. 우리 주님은 앞 못 보는 사람에게 시력을 되찾아 주려 하셨을 때, 침으로 흙을 반죽하셨다.요 9:6 어떤 사람은 그가 만져서 고쳐 주셨고, 또 어떤 사람은 말씀으로만 고쳐 주셨다. 그래서 사도들도 어떤 사람은 말씀으로 고쳤고, 어떤 사람은 만져서 고쳤으며, 또 어떤 사람은 기름을 발라서 고쳤다. 저들은 이 기름 바름은 다른 일과 마찬가지로 사도들이 경솔하게 택한 수단이 아니라고 말할 것이다. 나도 동의한다. 그러나 기름 바름은 치료의 수단으로 선택된 것이 아니라, 평범하고 무지한 사람들에게 치료하는 권능의 근원을 가르치는 이적을 보임으로써 그들이 사도들을 찬양하지 못하게 하려고 선택되었다. 성경에서 흔히 기름은 성령과 성령의 은사들을 나타내는 상징이다. 더욱이 주님께서 행하신 다른 이적들이 잠시 동안만 일어났던 것과 같이, 병자를 낫게 하는 은사도 더 이상 존재하지 않게 됨으로써 복음의 새로운 선포가 이적의 영원한 근원이 되었다. 그러므로 기름 바름은 당시 사도들의 손에서 주어진 권능의 성례였음을 인정한다 하더라도, 그 권능을 분배하는 직무를 우리가 담당하고 있지 않기 때문에 기름 바름은 더 이상 우리가 베풀어야 할 성례가 아니다.

그런데 저들이 성경에 언급된 다른 모든 징조나 상징에 근거하여 성례를 만들지 않고 기름 바름에 근거하여 성례를 만드는 데는 어떤 더 중요한 이유가 있을까? 특정 시간에 병자들이 목욕했을 실로암 연못을 그들이 성례로 지정하지 않는 이유가 무엇일까? 요 9:7 그들은 그것이 쓸모없다고 대답한다. 하지만 그것이 결코 기름 바름보다 더 쓸모없지는 않다. 바울은 죽은 아이 위에 엎드림으로써 그 아이를 소생시켰는데, 왜 그들은 죽은 사람 위에 엎드리지 않는가? 행 20:10 왜 그들은 흙과 침을 섞어 만든 반죽을 성례로 삼지 않는가? 그들은 말하기를, 다른 모든 사례는 특별한 것일 뿐이라면, 기름 바름은 야고보의 명령이기 때문이라고 한다. 그렇기는 하지만, 야고보가 그런 말을 했던 때는 우리가 설명한 특별한 복을 교회가 누리던 시대였다. 그들은 자기들의 기름 바름에도 그 시대의 것과 동일한 능력이 있음을 우리에게 믿게 하려고 한다. 그러나 우리의 경험은 그와 정반대임을 암시해 준다.

이제 그들의 눈에 보기에 혼란에 빠져 앞 못 보는 영혼들을 그들이 얼마나 대담하게 속였는지 알고서 아무도 놀라지 않도록 하라. 그들은 그 영혼들에게서 하나님의 말씀, 곧 그들의 생명과 빛을 빼앗았다. 뻔뻔하게도 그들은 살아 있으며 생사가 걸린 신체 감각까지도 속이려 든다. 따라서 그들은 자기들이 치유의 은사를 가졌다고 자랑할 때 조롱받아 마땅하다. 물론 우리 주님은 언제나 자기 백성을 도우시며, 필요할 때는 과거 못지않게 지금도 그들의 질병을 고쳐 주신다. 그러나 그분이 사도들의 손으로 행하신 분명한 권능이나 이적을 나타내시지는 않는다. 그래서 사도들은 그들에게 맡겨진 은사를 기름으로 상징함으로써, 그 치료가 자기들의 권능이 아니라 성령의 권능임을 보여준 것이다. 이와 대조적으로, 저들은 이 악취 나는 쓸모없는 기름이 성령의 권능이라고 주장할 때 성령에 대해 엄청난 잘못을 범한다. 그것은 마치 성경이 성령을 기름으로 부르므로 모든 기름은 성령의 권능이라고 하는 것과 같고, 혹은 비둘기는 성령이 나타나실 때 취한 모습이므로 모든 비둘기가 성령이라고 하는 것과 같다.

야고보서 5:14-15은 종부성사의 근거가 아니다

그들이 이런 것들로 골머리를 앓도록 내버려 두라. 지금 우리로서는, 그들의 기름 바름이야말로 가장 도드라지게 성례가 아니라는 사실을 아는 것만으로도 충분하다. 기름 바름은 하나님이 정하신 의식이 아니며, 그 속에 하나님이 주신 어떤 약속도 없다. 이 두 가지, 곧 하나님이 제정하신 의식이어야 한다는 것과 약속이 수반되어야 한다는 것을 성례에 요구할 때, 우리는 또한 그 의식이 우리를 위해 제정되었는지, 그 약속도 우리에게 주어진 약속인지를 철저하게 따진다. 비록 할례는 하나님이 제정하셨고 약속도 수반되기는 하지만, 우리는 할례를 준수하라는 명령을 받지 않았고 할례에 담긴 약속도 받지 못했다. 그러므로 오늘날 누구도 할례를 기독교회의 성례가 되어야 한다고 고집하지 않는 것이다. 그들이 그들의 기름 바름에 속한다고 주장하는 약속이 우리와 관련 없음을 우리가 이미 분명하게 가르쳤고, 실제로 그러함을 그들 자신이 증명한다. 그 의식은 오직 치유의 은사를 가진 자들에게 맡겨져야 마땅하며, 치유보다는 죽이고 살육하는 데 능숙한 이 도살자들에게 맡겨져서는 안 된다!

그들은 전혀 그럴 능력이 없겠으나, 혹시라도 그들이 야고보의 기름 바름에 관한 언급들이 오늘날에도 유효함을 어떻게든 증명하려 한다면,

그들이 지금까지도 우리 앞에서 횡설수설하면서 그들의 기름 바름 예식을 자랑하기가 곤란함을 느낄 것이다. 야고보는 모든 병든 이에게 기름을 바르라고 요구한다. 이 사람들이 기름으로 더럽히는 대상은 병자가 아니라, 병자의 영혼이 이제 막 떠나려 할 때, 혹은 그들이 말하듯이 임종에 이르렀을 때 거반 죽은 상태의 몸이다. 만약 그들이 현재 그들의 성례에서 질병의 혹독함을 경감시켜 줄 약이나 영혼에 약간의 안도감을 가져다줄 약을 가지고 있다면, 제때에 치료약을 주지 않는 처사야말로 가장 잔인한 짓일 것이다. 야고보는 교회의 장로들이 병자에게 기름을 바르라는 뜻으로 말했다. 이 사람들은 사제 이외에는 아무도 기름을 바르도록 허락하지 않는다. 그 이유는 그들이 야고보가 장로들로 가리킨 자들은 사제들이라고 설명하면서, 특히 여기 사용된 복수형은 그 대상의 품위를 강조하는 효과를 낸다고 주장하기 때문이다. 참 우스운 주장이다. 마치 초기교회에는 사제들이 엄청나게 많아서 저마다 자기의 기름병을 들고 길게 줄을 지어 올 수 있었기라도 한 것처럼 주장하니 말이다.

야고보가 병자에게 기름을 바르라는 단순한 명령을 할 때, 나는 그 기름이 아주 평범한 기름이라고 본다. 마가의 기록에도 다른 종류의 기름이 전혀 언급되어 있지 않다.[막 6:12-13] 그러나 이 사람들은 주교가 성별하지 않은 모든 기름, 곧 주교가 입김으로 데우고, 중얼거리는 주문을 걸어 놓으며, 무릎 꿇고 아홉 번 경의를 표하고, "경배받으소서. 거룩한 기름이여"라는 말을 세 번 하고, "경배받으소서. 성유여"라는 말을 또 세 번 한 기름 외에는 모든 기름을 멸시한다. 이것이 바로 그들이 엄숙하다고 하는 의식이다. 도대체 그들은 어디서 이런 주술을 배웠을까?

야고보는 일단 장로들이 병든 이에게 기름을 바르고 그를 위해 기도하고 나면, 그가 죄를 저질렀더라도 용서될 것이라고 선언한다. 여기에는 죄악이 기름으로 씻길 것이라는 어떤 암시도 없다. 다만, 신자들이 고난받는 형제를 기도로써 하나님께 의탁하는 일은 결코 헛되지 않으리라는 암시만 있을 뿐이다. 이 사람들은 그들의 신성한(곧 가증한) 기름 바름을 통해서 죄악이 용서될 수 있다는 듯이 사악한 위선을 부린다. 그러니 이 바보들이 야고보의 증언을 마음대로 왜곡하며 보여줄 것이라곤 오직 이 위선적인 기름 바름이 전부다.

성품성사

성품聖品성사는 성사 목록에서 네 번째로 등장하지만, 그 번식력이 대단해서 일곱 개의 작은 성사들을 낳는다. 그들이 일곱 성사를 확정해 놓고서 실제로는 총 열세 개의 성사까지 세는 모습은 참 우습다. 일곱 개의 성품성사가 모두 사제직을 지향하고 사제직으로 이끄는 단계들과 같다는 이유로 단 하나의 성례라고 말하는 것도 변명이 되지 않는다. 이는 일곱 개의 성품성사 각각에 명확하게 구분되는 의식들이 들어 있고, 게다가 그들이 각 성사에 구별되는 은사들이 있다고 주장하므로, 그들의 가르침에 따르면 일곱 성사가 각기 규정되어야 한다는 것을 아무도 의심할 수 없기 때문이다. 어쨌든 왜 우리가 이런 것들이 의심스럽다는 듯이 주장하겠는가? 그들 스스로 일곱 성사가 존재한다고 스스럼없이 인정하는 까닭이다.

그들은 일곱 성품 혹은 서열을 수문품,守門品 강경품,講經品 구마품,驅魔品 시종품,侍從品 차부제품,次副祭品 부제품,副祭品 사제품司祭品이라고 설명한다. 성품이 일곱 개인 이유는 성령의 은사가 일곱 가지이기 때문이며, 이 성품에 따라 진급되는 자들은 성령의 일곱 은사로 충만해져야 한다고 그들은 말한다. 각 성품으로 진급할 때마다 그 은사는 늘어나고 더욱 풍성하게 베풀어진다.[16]

성품의 개수와 추정적 기원

우선, 그들은 이사야서의 성령의 일곱 권능에 대해서 읽기 때문에, 성품의 개수는 성경에 대한 사악한 설명과 해석이 기만적으로 조작된 것이다.사 11:2 그러나 실상 선지자가 가리키는 성령의 은사는 여섯 가지 이하이며, 이 구절에서 모든 은사를 다 열거하려 하지도 않는다. 성경의 다른 곳에서 성령은 "생명의 영", "성별의 영", "하나님의 자녀로서 양자의 영"으로 불리신다.겔 1:20, 롬 1:4, 8:15 이미 인용된 이사야서 구절에서는 "지혜의 영, 총명의 영, 모략의 영, 권능의 영, 지식과 주님을 경외하게 하는 영"으로 불리신다. 그러나 그들이 말하는 승리하는 교회에 어울려야 한다며 일곱 성품이 아니라 아홉 성품을 만들어 내는 더 기발한 자들도 있다. 그러면서도 그들은 자기들끼리 싸운다. 어떤 이들은 성직자의 삭발을 첫째 성품으로 하고 주교직을 마지막 성품으로 삼으며, 또 어떤 이들은 성직자의 삭발을 제외하는 대신 대주교직을 성품 중에 포함시킨다. 이시도루스Isidorus는 시가품과 강경품을 구별하되, 시가품詩歌品을 찬양에 할당하고 강경품을 대중을 교육하기 위한 성경 낭독에 할당함으로써 그 둘을 구분하여 정의한다.[17] 이 구분은 교회법에서 준수된다.

성품이 이처럼 다양한데 우리는 무엇을 피해야 하고 무엇을 따라야 하는 것일까? 우리는 일곱 성품이 있다고 말해야 할 것인가? 『명제집』을 저술한 거장은 그렇게 가르친다.[18] 하지만 저명한 교사들은 다르게 결정한다. 다시 말해, 이 교사들은 자기들끼리도 의견이 엇갈린다. 게다가 거룩하다는 교회법은 우리를 다른 길로 데려간다. 하나님의 말씀 없이 인간이 하나님의 것들을 놓고 논쟁을 벌일 때, 인간 중에 무슨 조화가 있는지 찾아보라! 더구나 그들이 그들 성품의 기원을 논할 때, 아이들 앞에서조차 자기들을 얼마나 바보로 만들고 있는지! 그들의 주장에 따르면, 성직자라는 명칭은 자신의 제비가 하나님께 뽑혔거나, 하나님의 택하심을 입었거나, 하나님을 자기 분깃으로 가지기 때문에 '제비'라는 뜻의 단어에서 유래한다.[19] 하지만 그들이 교회 전체에 속한 이 특정한 명칭을 도용한 것은 신성모독이었다. 이 단어는 '유업'을 뜻하고, 교회는 아버지께서 그리스도에게 주신 그리스도의 유업이기 때문이다. 베드로는 "성직자"에 관해 말했을 때, 저들이 기만적으로 이 단어를 설명하듯이 일부 삭발한 개인들이 아니라 하나님의 백성 전체를 가리켜 말했다.벧전 2:9

성직자의 삭발 관습

다음으로, 그들의 항목에 따르면 성직자는 왕실의 우월성을 상징하는 정수리, 곧 머리 가장 윗부분을 삭발한다. 베드로가 "너희는 택하심을 받은 족속이요, 왕 같은 제사장이요, 거룩한 나라요, 그의 소유가 된 백성이라"고 기록하듯이, 벧전 2:9 성직자는 자신과 타인을 통치하는 왕이어야 한다는 이유에서다. 여기서 다시 나는 그들의 술책을 고발한다. 베드로는 온 교회에 말하고 있는데, 그들은 베드로가 일부 사제 무리에게만 "거룩하라"고 말하기라도 한 듯이 오직 그들에게만 베드로의 말을 적용한다. 마치 자기들만 그리스도의 피로 구속받은 것처럼, 혹은 성경이 말하듯이 모든 신자가 하나님께 왕이자 제사장이 된 것이 아니라, 자기들만 그렇게 된 것처럼 주장한다.

그들은 자기들의 정수리에 관한 다른 설명을 제시한다. 머리 가장 윗부분이 벗겨진 것은, 그들 마음이 방해받지 않고 하나님의 영광을 마주하여 사색하는 것을 나타내기 위함이거나, 혹은 눈과 머리의 죄악이 벗어져야만 함을 나타내기 위한 것이라고 한다. 그것이 아니면, 그 벗겨진 부분은 일시적인 재산을 버리고 포기하는 것을 의미하는 반면, 남아 있는 원형 머리털은 그들이 생명을 유지하기 위해 간직하는 나머지 재산을 상징한다고 한다. 이 모든 것은 상징인데, 성전의 장막이 아직까지도 찢어지지 않았기 때문이다! 따라서 그들은 자기 직무를 훌륭하게 수행했다고 자신하기에 정수리를 활용해서 이런 것들을 상징하게 하지만, 실제로는 아무것도 하지 않는다. 언제까지 저들은 그런 거짓말과 환상으로 우리를 우롱할 것인가? 성직자들은 한 움큼의 머리칼을 잘라 냄으로써 그들이 세상의 풍성한 재산을 포기했다는 증거를 내밀고, 그들이 모든 방해거리로부터 벗어나 눈과 귀의 욕망을 죽이고서 오직 하나님의 영광만 사색하고 있다는 증거를 내민다. 하지만 성직자들이야말로 인간 중에 탐욕과 무지와 방탕으로 가장 충만한 계급 아닌가! 그들은 저 거짓되고 기만적인 표징으로 단지 거룩함의 허울만 상징하려 하지 말고, 그들의 거룩함을 참되게 보여주어야 하지 않겠는가!

마지막으로, 그들의 삭발한 정수리의 기원과 목적이 나실인에서 유래한다고 말할 때,[20] 그들은 필연적으로 그들의 신비가 유대인의 의식에서, 아니 더 낫게 말해 순수한 유대성에서 유래한다고 암시하게 되는 것이다. 그들은 브리스길라와 아굴라와 바울이 정결케 되기 위해 맹세를 하고 머리를 밀었다고 덧붙이는데,행 18:18 이는 그들의 멍청함을 적나라하게 폭로한다. 여기서 삭발은 브리스길라에 관련해 언급되지 않고, 아굴라와 바울 중 한 사람에게만 관련하여 언급된다. 누구와 관련된 언급인지는 확실하지 않다. 삭발에 대한 누가의 언급은 바울과 아굴라에게 똑같이 해당할 수 있기 때문이다. 바울을 자기들의 본보기로 삼아야 한다는 저들의 주장도 용납하지 말자. 바울이 성별되기 위해 자기 머리를 삭발한 적은 결코 없으며, 다만 연약한 이웃에 대한 존중심에서 그렇게 했음을 무지한 자들은 주목해야 할 것이다.

통상적으로 나는 이런 종류의 맹세를 사랑의 맹세라고 부르며, 경건한 맹세라고 부르지는 않는다. 다시 말해, 바울의 맹세는 신앙이나 하나님을 예배하려는 이유로 하는 맹세가 아니라, 그가 언제 유대인에게 유대인처럼 되었는지를 말했듯이,고전 9:20 연약한 자의 무지함을 돕기 위한 맹세다. 바울은 이 일을 유대인에게 맞추기 위해 잠시 동안만 행했다. 그러나 이 사람들이 나실인의 정결 예식을 헛되이 베끼기 시작했을 때, 이들이 하는 것이라곤 오직 새로운 형식의 유대교를 도입하는 것뿐이었다.

동일하게 신중한 관심에서, 바울에 대한 존경의 의미로 성직자가 머리 기르는 것을 금지하고 원형으로 삭발하라는 교황의 교서가 작성되었다.[21] 마치 바울이 모든 남자에게 단정함을 가르칠 때,고전 11:4 성직자들의 둥그런 삭발에 대단한 관심을 기울이기라도 했다는 듯이 말이다. 여러분은 이 첫 성품들에 근거하여 나머지 다른 성품들은 어떠할지를 판단하기 바란다. 이것이 성품들을 차례대로 알아보는 방법이다.

이른바 그리스도의 일곱 직무

그들이 각 성품을 옹호하려고 스스로를 그리스도의 동역자로 내세울 때 광기의 정점에 도달한다. 우선, 그들은 그리스도가 사고파는 자들을 성전에서 내쫓으실 때 수문품守門品의 직분을 행사하셨으며, 또 그가 "나는 문이다"라고 선언하심으로써 자신이 수문품이심을 증명하셨다고 말한다.요 10:7 그들은 그리스도가 회중 한가운데서 이사야서를 읽으셨을 때눅 4:17 강경품講經品 역할을 맡으셨다고 말하기도 한다. 그 외에도 그리스도가 자신의 침을 사용해 귀먹고 말 못하는 자의 귀와 혀를 만지시며 그의 청각과 언어 능력을 회복시켜 주셨을 때막 7:32-35 구마품驅魔品으로서 행하셨고, "누구든지 나를 따르는 자는 어둠 속에서 걷지 아니하리라"고 말씀하심으로써 자신이 시종품侍從品임을 보여주셨으며,요 8:12 수건을 두르고 제자들의 발을 씻어 주셨을 때는 차부제품次副祭品으로서 봉사하셨다는 것이다.요 13:4-5 또 그리스도는 성찬에서 그의 몸과 피를 사도들에게 나누어 주심으로써 부제품副祭品 역할을 하셨고,마 26:26 십자가에서 자기 자신을 아버지께 제물로 바치셨을 때마 27:50 사제품司祭品의 직무를 수행하셨다.[22]

이런 것들을 웃지 않고 읽기란 너무나도 어려워서, 이것들이 농담으로 기록된 것이 아니라고 하거나 최소한 사람이 기록하지 않았다고 해야 내가 좀 놀라게 될 것 같다. 그들이 "시종품"이라는 말을 두고 머리를 쥐어짤 때 보여주는 기발함은 특히 주목할 만하다. 시종품은 '아콜루테'acolyte인데, 내가 보기에 그들은 이 말을 '마술사'를 뜻하는 단어에서 유래한 '케로퍼'cerofer로 해석한다. 그러나 이런 해석은 어떤 언어나 민족에게도 알려진 바가 없다. 그리스인에게 '아콜루테'는 단순히 뒤따르거나 동행하는 사람을 의미하지만, 그들은 '케로퍼'라는 말로 촛대 운반자를 가리킨다. 내가 이 모든 허튼소리를 중단시키고 반박하기로 한다면, 나조차도 조롱받는 처지에 빠지고 말 것이다. 그 정도로 그들의 어리석음과 허망함이 심각하다.

부차적 성품들에 대한 비판

그렇더라도 그들이 계속해서 여성들까지 속이지 못하도록 하려면, 내가 잠시 시간을 들여서 그들의 거짓말을 폭로해야겠다. 대단한 볼거리와 예식으로 그들은 직책별로 강경품과 시가품과 수문품과 시종품을 만들어 내고는, 이 직책들에 그들이 평신도라고 부르는 사람들과 어린이들을 택하여 고용한다. 누가 가장 자주 촛대에 불을 붙이거나 물과 포도주를 따르는가? 어린이나 혹은 그런 일을 하며 생계를 꾸리는 가난한 평신도가 아닌가? 바로 그들이 노래도 부르고, 교회의 문을 열고 닫지 않는가? 저들의 교회에서 누가 시종품이나 수문품이 자기 일을 하는 모습을 본 적이 있는가? 게다가 어릴 때 시종품으로 봉사했던 사람은 일단 그 직무에 서품되고 나면 자기의 본분을 그만둔다. 그런 현상은 너무도 뚜렷해서 그들이 서품을 받자마자 일부러 즉시 자기 직무를 사임하는 것처럼 보일 정도다. 그들이 성례를 통해 서품을 받고 성령을 받는 이유는 오로지 아무 일도 하지 않기 위해서가 아닌가! 현시대가 악하기 때문에 그 직무들이 경멸을 받고 이행되지 않는다고 그들이 주장한다면, 그들은 자기들이 놀라울 정도로 칭송하는 그 거룩한 성품들이 오늘날의 교회에서는 열매가 없고 아무 쓸모도 없음을 고백해야 할 것이다. 또한 그들의 교회 전체가 시종품으로 서품된 자들 외에는 아무도 만지면 안 되는 촛대와 포도주병을 평신도와 어린이가 다루도록 허락한 것 때문에, 찬양이 오직 성별된 입술에만 맡겨져야 할 때 어린이에게 찬양을 맡긴 것 때문에 저주받았음을 고백해야 할 것이다.

구마사에 관해서라면, 그들을 성별해야 할 목적이 무엇인가? 나는 유대인에게 구마사들이 있었음을 잘 알고 있지만, 나는 그들이 구마 행위를 한 이후로 그렇게 불렸음을 본다.[행 19:13] 하지만 누구라도 이 가짜 구마사들이 스스로 행한다고 주장하는 일이 성공했다는 말을 들어 본 적 있는가? 그들은 미치광이와 불신자와 귀신 들린 자에게 안수할 권능이 있는 척 흉내를 내지만, 마귀에게 자기가 그런 권능을 지녔음을 확신시킬 수가 없다. 그 이유는 단지 마귀가 그들의 명령에 굴복하지 않기 때문만 아니라, 마귀가 그들을 압도하는 권능을 발휘하기 때문이기도 하다! 열 명 중 겨우 한 명만이 악한 영에게 고통받지 않는 사람으로 확인될 수 있기에, 그들이 그들의 부차적 성품들에 관해 내뱉는 말마다—그것이 그중 다섯이든 여섯이든 관계없이—모두 거짓말과 무지함으로 점철되어 있다. 수없이 많은 열등한 성품들이 양산된 이후로 차부제품은 주요 성품으로 옮겨졌지만, 나는 이 성품들에 차부제품도 포함시킨다.

사제 성품

이 성품성사들 중 어느 것 하나도 분명하게 성례로 간주될 수 없다. 그들도 인정하듯이, 성품성사들은 초기교회에 알려지지 않았으며, 오랜 세월이 지나서야 비로소 만들어졌기 때문이다.[23] 성례는 하나님에게서 나온 약속이 있어야 하므로 천사나 인간은 제정할 수 없고, 오직 약속을 주실 권리를 지니신 하나님만 제정하실 수 있다. 나머지 두 직무에 관하여 그들은 하나님의 말씀에 그 근거를 두고 있는 것 같다. 그래서 그들은 이 두 직무를 가리켜 독특한 특권의 성품이라고 부른다. 그러나 우리는 이렇게 하는 과정에서 그들이 얼마나 성경을 악용하는지 주시해야 한다.

우리는 사제품으로 논의를 시작할 것이다. 여기서 나는 친숙한 프랑스어의 의미로, 곧 라틴어 '사케르도티움'*sacerdotium* 의 의미로 사제품이라는 용어를 사용한다. 그들은 그리스도의 몸과 피를 제단에서 제물로 바칠 권한을 부여받은 자를 사제라고 부른다. 그래서 그들은 사제품으로 승급하자마자 자신이 하나님께 화목제사를 드릴 수 있게 되었다는 징표로서 성배와 성체를 담은 접시를 받는다. 또 그들에게 거룩하게 하는 권능이 있음을 증명하기 위해 그들의 손에 기름이 부어진다.[24]

우선, 이전 장에서 논의된 사실, 곧 제사장을 자칭하며 화목제사를 드리는 모든 자는 그리스도를 모욕한다는 사실이 확고한 결론으로 수용되어야 한다. 성부께서 한계도 없고 후계자도 없는 멜기세덱의 반차를 좇아 제사장이 되도록 맹세로 위임하신 분은 오직 그리스도뿐이다. 그리스도는 단번에 영원한 정결함과 화목의 제사를 드리신 분이고, 하늘 성소에 들어가신 후 지금은 우리를 위해 기도하시는 분이다.히 5:6, 7:3, 25 그리스도 안에서 우리 모두가 참된 제사장이되 오직 찬미와 감사를 드리기 위한 제사장이다. 요약하면, 이는 곧 우리가 우리 자신과 우리의 모든 것을 하나님께 바치는 제사장임을 뜻한다. 하나님의 진노를 누그러뜨리고 제물로 죄를 씻는 일은 그리스도의 고유하고 탁월한 역할이다. 그러니 그들의 사제품이 저주받은 신성모독이라는 말 외에 무슨 말을 더 할 수 있는가?

사도적 계승에 대한 주장 반박

그러나 그들은 염치없게도 자기들이 사도들의 후계자라고 자랑한다. 그러니 그들이 얼마나 잘 사도직을 수행하는지를 우리가 따져 보아야 한다. 그들의 주장이 신뢰받기를 바란다면 그들 안에서 합의가 이루어져야 함에도, 현재 주교들과 탁발 수도승들과 사제들은 과연 누가 사도들의 후계자인지를 놓고서 목숨을 건 전투에 흠뻑 빠져 있다. 주교들은 자기들이 고귀한 특권으로 사도 계급에 선택된 열두 명을 계승하고, 따라서 다른 모든 사람보다 우월하며, 이에 비하여 일반 사제들은 나중에 우리 주님께서 임명하신 칠십 명의 제자들을 계승한다고 선언한다. 그러나 그들의 주장은 극히 부실하다. 그들의 교령집조차도 그 근거를 위태롭게 하므로 우리가 길게 반박할 필요가 없다. 교령집에는 이렇게 나온다. "어떤 사람은 '나는 게바에게 속하도다'라고 말하고, 어떤 사람은 '나는 아볼로에게 속하도다'라고 말하며 마귀의 분열이 교회에 벌어지기 전에는 주교와 사제 사이에 어떤 구별도 없었다."[25] 따라서 어떤 사람은 이 구별이 명예와 계급에 있어서 구분이 뚜렷한 여러 사제 계급이 있는 이방인에게서 유래했다고 믿는데, 이는 잘 판단한 것이다.

탁발 수도승들은 어떤 비슷한 모습 덕분에 사도들의 대리자로 행세하려 하지만, 따져 보면 그들의 모습은 사도들의 모습과 매우 다르다. 그들은 언제나 이동하면서 남의 재산으로 생계를 유지하기 때문이다. 그러나 사도들은 이 장돌뱅이들처럼 경솔하게 이곳저곳을 떠돌아다니지 않았다. 사도들은 복음의 열매를 맺도록 오직 하나님께서 부르시는 곳으로만 다녔다. 또한 사도들은 게으름을 피우며 자기 배를 남의 재산으로 채우지 않았고, 하나님께서 주신 자유에 따라 그들이 말씀을 가르친 사람들의 손 대접을 누렸을 뿐이다. 수도승들이 자기에게 부족한 것이 무엇인지 보여주려는 듯이 다른 사람의 깃털 장식을 빌릴 필요는 없었다. 바울이 그들의 됨됨이에 관해 다음과 같이 잘 묘사하기 때문이다. "우리가 너희 중 몇몇은 일하기를 거부하고 참견만 하면서 무질서한 생활을 하고 있다고 들었노라." 살후 3:11 다른 곳에서도 바울은 이렇게 말한다. "그들 중에는 집집마다 돌아다니며 죄에 눌린 여인들을 속박하는 이들이 있으니, 그들이 언제나 그녀들을 가르치지만 결코 진리를 알도록 인도하지는 않는다." 딤후 3:6-7 탁발 수도승들이 이런 일을 하는 데 필요하다며 자격증을 정당하게 요구할 수는 없다. 그들은 하늘과 떨어져 있는 만큼 사도의 직무로부터 멀리 떨어져 있다. 그러니 그들이 사도의 직무를 다른 사람들에게 맡기게 하자!

사도들과 그 후계자들

그렇다면 이제 사제품이 일반적으로 어느 정도나 사도직에 부합하는지를 살펴보자. 어떤 확정된 형식의 교회가 존재하기 전에 우리 주님은 사도들에게 명령하시기를, 모든 피조물에게 복음을 전파하고 모든 믿는 사람에게 죄 사함을 위한 세례를 베풀라고 하셨다. 막 16:15 더 일찍이 주님은 그가 행하신 것처럼 그의 몸과 피의 거룩한 성례를 사람들에게 나누어 주도록 명하셨다. 눅 22:19-20 주님의 명령 어디에도 제사에 대한 언급은 없다. 그래서 저들은 제사에는 사도들을 대신하는 모든 사람에게 주어진 거룩하고 영속적인 불가침의 규례가 있다며, 이 규례를 통해서 그들은 복음을 전파하고 성례를 시행하라는 명령을 받는다고 주장한다. 따라서 복음 전파와 성례 시행에 종사하지 않는 자들은 "사도"라는 이름을 사칭하는 자들이다. 이들과 비슷하게, 제사를 드리는 자들은 사도들과 동역하고 있다면서 거짓된 자랑을 일삼는다.

이제 교회를 지도하는 임무를 맡은 자와 사도 사이에 구별이 있어야만 한다. 첫째로, 명칭 문제가 있다. 단어의 의미와 유래의 견지에서 보면 둘 다 하나님께서 보내셨으므로 사도라 불릴 수는 있겠으나, 그렇더라도 우리 주님은 이 열둘만을 특별히 택하셔서 세상에 복음을 새롭게 전파하도록 하셨다. 주님은 그들이 특별히 사도라고 불리기를 원하셨는데, 이는 그들의 직무와 그 전파하는 내용이 새롭고 특별함을 확신하는 일이 중요했기 때문이다. 그렇기에 그들의 후계자들은 더 적절하게 사제와 주교라고 불린다.[26]

둘째, 이들은 기능 면에서 서로 다르다. 교회를 지도하는 임무를 맡은 자와 사도는 모두 말씀과 성례를 섬긴다는 점에서 공통적이기는 하지만, 열두 사도는 특정한 경계 없이 여러 곳에서 복음을 전파하도록 명령받았기 때문이다. 사도들의 후계자들에게는 배정된 각자의 교회가 있다. 다만, 한 교회를 이끌도록 임명된 사람이 교회 간 갈등 해결을 위해 다른 교회에 출석해야 하거나 혹은 출석하지 않고도 그의 서신으로 다른 교인들에게 봉사할 수 있을 경우, 우리는 그 사람이 다른 교회를 도울 수 있음을 부정하지 않는다. 우리는 교회의 평화를 지키기 위해서 이런 질서 정연한 배치가 필요하다고 말하고 있을 뿐이다. 모든 목사의 임무를 정함으로써, 각자 돌보아야 할 교회를 제멋대로 버려둔 채 한곳에만 모여 서로에게 방해가 되지 말아야 하고, 청빙도 없이 여기저기 어슬렁거리지도 말아야 할 것이다.

바울이 디도에게 "내가 너를 그레데에 남겨 둔 것은 네가 부족한 것을 채우고 성읍마다 목사들을 임명하게 하려 함이라"고 기록하면서 이 구별을 언급한다.[딛 1:5] 이 구별은 누가가 사도행전에서 바울이 에베소 교회의 장로들에게 했던 말을 기록한 대목에서도 명료하게 나타난다. "너희는 너희 자신과 온 양 떼를 위해 조심할지니라. 성령이 너희를 이 온 양 떼의 감독으로 삼으셔서 그리스도가 그의 피로 구속하신 하나님의 교회를 지도하게 하셨느니라."[행 20:28] 동일한 이유로 바울은 골로새의 감독 아킵보라는

인물을 언급하고, 다른 곳에서도 빌립보 주교들에 관하여 말한다.골 4:17, 빌 1:1

이런 것들을 세심하게 따져 보면, 사제의 임무를 결정하는 일, 곧 우리가 어떤 사람을 사제직을 부여받았다고 보아야 할지, 혹은 더 낫게 말해, 도대체 전체 사제품이 무엇을 초래하는지를 결정하기가 쉬워질 것이다. 사제의 임무는 복음을 선포하고 성례를 집행하는 것이다. 나는 사제가 삶에서 어떤 거룩함을 유지해야 하며, 그들이 각 개인에게 진 빚이 무엇인지에 관해서는 언급하지 않겠다. 우리의 목표는 선한 목사의 모든 은사를 조사하는 것이 아니다. 다만 우리는 자기를 사제라고 부르는 사람들이 공공연히 주장하는 내용을 알리고 싶을 뿐이다.

주교는 말씀과 성례의 직무로 부르심을 입고 그 직무를 충성스럽게 수행하는 자다. 나는 교회의 목사를 구별 없이 "사제"나 "주교"라고 부른다. 이 직무는 소명의 문제다.

목회자 지정: 로마의 그릇된 관례

이 시점에서 논의가 필요한 주제는, 소명에 따른 임명과 임직이다. 여기에는 두 가지가 관련되어 있다. 첫째는 누가 주교나 사제를 임직하느냐의 문제이며, 둘째는 그들이 어떤 의식으로 서품되어야 하느냐는 문제다. 이 두 가지를 모두 이해해야 한다.

첫 번째 문제를 다루기 위한 정확한 지침을 얻기 위해서 우리가 사도들의 제도를 살펴볼 수는 없다. 그들은 인간에게 소명을 받으려고 기다리지 않았으며, 오직 하나님께 임명을 받아 즉시 사역에 착수했기 때문이다. 조금 전에 인용한 구절에서 바울이 디도에게 그가 디도를 그레데에 남겨 둔 것은 성읍마다 주교(목사)를 임명하기 위함이라고 한 경우를 제외하면, 딛 1:5 다른 이들을 임명할 때 사도들이 따랐던 절차를 우리가 명확하게 알아낼 길이 없다. 다른 곳에서 바울은 디모데에게 누구에게든지 성급하게 안수하지 말라고 강권한다.딤전 5:22 사도행전에서 누가는 바울과 바나바가 루스드라와 이고니온과 안디옥의 각 교회에서 장로를 임명했다고 기록한다.행 14:21-23 이 구절들은 우리의 주교관을 쓴 고위 성직자들에 의해 종종 인용되는데, 그들은 자기들에게 이익이 된다고 생각하는 모든 것에 항상 신중하기 때문이다. 이 구절들에 근거하여 그들은 사제를 서품하고 성별하는 권한이 오직 자기들에게만 주어진다고 결론을 내린다. 사제를 성별하는 행위가 무지한 자들의 눈에 반드시 경건한 모습으로 보이게 하기 위해서, 그들은 그 행위를 허다한 예식들로 치장했다. 하지만 제아무리 그들이 바울의 규범에 맞추어 성별 행위를 하기 원한다 하더라도, 그들은 서품과 성별이 주교나 목사를 교회에 임명하는 것보다 더 큰 의미가 있다고 여긴다는 점에서 실수를 범하고 있다. 그들이 이 의식을 달리 시행하고 있다 하더라도, 그들 자신을 위해 이 구절들을 왜곡하는 행위는 터무니없는 짓이다. 그들이 의식을 행하는 방식은 참으로 다른데, 이는 그들이 성별된 이들을 주교로 서품하지 않고 사제로 서품하기 때문이다.

그들은 교회를 섬기도록 그들을 지명한다고 말한다. 그러나 그들은 교회를 섬기는 일이 말씀을 위해 복무하는 것이 아니면 도대체 무엇이라고 생각하는 것일까? 물론, 그들이 자기들의 사제 무리가 교회의 일꾼이라고 계속 읊어 댄다는 사실을 나도 잘 알고 있다. 그러나 건전한 지성을 가진 사람이라면 누구도 그들의 주장에 설득되지 못할 것이다. 그들 스스로가 성경의 진리에 따라 죄인으로 판명될 뿐이다. 성경은 하나님의 말씀을 지닌 사람과 교회를 지도하도록 소명을 받은 사람 외에는 다른 어떤 교회의 일꾼도 인정하지 않는다. 그들은 때로는 "주교"로, 때로는 "장로"로, 때로는 "목사"로 알려진 자들이다.행 14:23, 20:28, 벧전 5:1 반면에, 그들이 직함 없이 서품하는 것은 교령에 따라 금지된 일이라고 대답한다면, 나는 그것을 알고는 있더라도 그들이 유효하다고 주장하는 직함들을 수용하지 않겠다. 대다수의 직책들이 고위직, 종신직, 주임직, 참사원직, 성직록聖職祿직, 성당 전속신부직, 수도원장직, 여러 등급의 수사직이 아닌가? 그들은 이 직책들을 일부는 대성당에서, 또 일부는 참사회 교회에서, 또 일부는 수도원에서, 또 일부는 이제는 허물어져 폐허가 된 수녀원에서 얻어 낸다. 나는 이런 자리들을 기껏해야 마귀의 윤락촌으로 여긴다. 나는 그렇게 대담하게 말하겠다.

예수 그리스도를 제물로 삼아 바치는 일 외에 다른 어떤 일을 위해 이 사람들이 임명되었는가? 한마디로, 그들은 제사를 드리려는 목적이 아니면 단 한 사람도 임명하지 않는다. 이는 그 사람을 하나님께 성별해 드리는 것이 아니라, 마귀에게 바치는 짓이다. 그와 달리, 유일하게 진정한 임직은 삶과 가르침이 확실하게 증명된 사람을 교회의 지도자로 부르고 그 사람에게 직책을 허락하는 것이다. 이미 인용된 바울의 진술은 소명뿐만 아니라 소명에 뒤따르는 의식과도 관련이 있지만, 이것이 바로 우리가 바울의 진술을 해석하는 방식이다. 이 예식에 관해서는 적절한 곳에서 더 상세하게 논의할 것이다.[27]

목사 임직

이제 당면한 문제를 논의해 보자. 누가 교회의 목사를 임명해야 하는가, 곧 누가 교회의 목사를 취임시킬 수 있는가? 우리는 무엇이라 말할 것인가? 이 주교가 된 군주들이 지금 주장하는 성직임명권을 바울이 디모데와 디도에게 주었는가? 물론 바울은 그런 일을 전혀 하지 않았다! 바울은 디모데와 디도에게 지역마다 교회를 세우고 지도하는 임무를 맡겼기 때문에, 한 사람에게는 목사 없는 교회가 없게 하라고 당부하는 것이고, 다른 한 사람에게는 세심하게 살피지 않은 사람을 받아들이지 말라고 경고하는 것이다. 바울과 바나바가 지금 우리의 대감독들과 대주교들이 하듯이 교회에 재산을 부여했는가? 전혀 그렇게 하지 않았다! 더구나 나는, 바울과 바나바는 그들이 좋아하는 사람이라고 해서 교회에 미리 알리거나 교회의 바람을 듣지도 않고서 임의로 부임시키지 않았으리라고 믿는다. 나는 그들이 교회에 그들의 계획을 알리기도 하고 교회의 의견을 듣기도 하면서, 그들이 알기에 다른 모든 사람보다 삶에 있어서 거룩하고 교리에 있어서 건전한 사람을 교회에 배정했으리라고 믿는다. 우월한 권위를 지닌 자들이 교회가 온전하게 유지되도록 하고 싶다면, 반드시 이렇게 해야 했다.

따라서 목사 선출을 고심해야 했던 교회는 누구를 선택하기 전에 우선 이웃 지역에서 삶과 가르침에 있어서 진실함으로 특별히 평판이 좋은 한두 명의 주교들을 초청하여, 그들과 함께 이 직책에 가장 적합한 후보에 대해서 상의했을 것으로 짐작된다. 누가 가장 나을지, 주교를 뽑을 때 전체 기독교 회중이 선출할지, 아니면 책임을 맡은 특정 사람들이 결정할지에 대해서는 확실한 규칙을 정할 수는 없지만, 교회는 기회가 되는 대로 지배적인 관례와 그 밖의 상황이 허용하는 한 반드시 조언을 얻어야 한다. 키프리아누스Cyprianus는 모든 사람이 투표하지 않는 한 제대로 선택이 이루어질 수 없다고 가장 강력하게 주장한다.[28] 역사가 알려 주듯이, 당시 여러 지역에서 투표가 시행되었다. 그러나 많은 지도자들이 합의를 거쳐 가치 있는 결정을 내리기가 거의 불가능했다. "무리는 맹목적인 열정으로 즉시 분열된다"는 속담이 거의 언제나 옳다. 그렇기 때문에, 내가 앞에서 말했듯이 삶과 가르침이 확실하게 증명된 이웃 지역의 주교 한두 명을 초청하되 행정 책임자나 의회나 몇몇 장로들이 총괄하는 것이 가장 유익할 것이다. 다만, 이 절차는 경건의 열정을 지닌 통치자나 다른 권위자들에 의해서 상황의 요구에 따라 진행될 수 있다.

제대로 지각이 있는 자라면 누구라도 사람이 주교를 선택하는 것이 합법적인 소명에 있어서 타당함을 결코 부정하지 않을 것이다. 성경에는 이런 방식으로 이루어진 선택에 관한 증거가 풍성하기 때문이다. 바울이 사람에게서나 사람에 의해서 보냄을 받지 않았다고 확언할 때도 성경의 이 증거와 상충되지 않는다.갈 1:1 첫째 요점으로, 바울이 사람에게서 보냄을 받지 않았다는 사실은 바울과 모든 선한 말씀의 일꾼에게 공통적으로 확인된다. 우리는 이 점이 일반적인 관례가 되어야 한다고 주장한다. 하나님께 부르심을 입지 않는 한 그 누구도 이 직무를 합당하게 받을 수 없기 때문이다. 그러나 또 다른 요점은 바울에게 고유하고 독특한 것이었다. 바울은 자신이 사람에 의해 보냄을 받지 않았다고 자랑하면서, 모든 참된 목사가 주장할 수 있는 것보다 더욱 많이 주장하기 때문이다. 다시 말해, 바울은 여기서 그의 사도직의 증표를 제시하고 있다. 갈라디아 교인들 중에는 바울의 권위를 떨어뜨리려는 자들이 있었는데, 그들은 바울을 주요 사도들이 대리자로 선택한 평범한 제자의 한 사람으로 취급했다. 그래서 바울은 그들이 간계를 꾸며 공격하려 했던 설교자 지위를 유지하기 위해서, 자신이 다른 사도들보다 전혀 부족하지 않음을 분명히 해야 했다. 그렇기 때문에, 바울은 자신이 교회의 목사가 통상적으로 선출되는 방식으로 선출되지 않고, 주님의 입 곧 분명한 계시로 지명되었다고 단언한다.

주님께서 그분의 입술로 유일한 특권을 주어 바울을 선택하셨음에도, 바울은 교회의 소명에 있어서 통상적인 형식과 규율을 채택했다. 그래서 누가는 사도들이 금식하며 기도하는 동안 성령이 "바울과 바나바를 내가 그들에게 맡기려는 일을 위해 성별하라"고 말씀하셨다고 기록한다.행 13:2 성령의 택하심을 증언한 다음, 이처럼 사람을 성별하고 안수하는 목적은 오직 그 사람을 목사로 임명하여 교회의 규율을 유지하려는 것이 분명하지 않은가? 그래서 주님께서 이미 바울을 이방인의 사도로 임명하셨으면서도 바울이 교회에 의해 임무를 받게 하실 때, 바울의 경우를 가장 기억할 만한 사례로 삼아 이 절차를 확증하셨던 것이다. 동일한 절차를 맛디아의 선택에서 볼 수 있다.행 1:23-26 사도직은 매우 중요해서, 사도들은 그들 스스로의 합의로는 감히 누구도 사도로 세울 수가 없었다. 사도들은 자기들 앞에 그 두 사람을 세워 놓고서 둘 중 한 사람에게 제비가 떨어지게 함으로써 선택이 하늘에 의한 것임을 분명하게 증명하고, 동시에 교회의 질서 있는 일 처리도 소홀하지 않게 했던 것이다.

의심의 여지 없이, 우리의 뿔 달린 고위 성직자들은 그들의 임명권과 추천권, 대리권과 후원권, 지명권 및 기타 전횡적인 통제권으로 교회를 지배해야 할 선한 질서를 망쳐 버렸다.[29] 그러면서 그들은 시대의 악함 때문에 그럴 필요가 있었다고 주장한다. 주교를 선출할 때 군중은 선한 판단력을 의지하기보다는 편견이나 적개심에 의해 더 많이 휩쓸리기 때문에, 결과적으로 권력이 특정한 고위 성직자들에게 이전되었다는 것이다. 이것이 대단히 위험한 악에 대한 처방이었음을 우리도 인정한다. 그렇더라도 우리는 그 약이 질병보다 더 해롭다는 것을 알건만, 그들은 왜 이 새로운 악을 바로잡지 않는가? 그들은 교회법이 엄격히 금지하므로 주교들이 권력을 남용하여 교회에 피해를 입힐 수 없다고 대답한다. 그러나 진실을 말하면, 교회법은 합리적 규율을 보존하기 위해 건전하게 통치하기보다는 모두를 소멸시키려 타오르는 횃불에 더 가깝다. 하지만 나는 이 문제를 잠시 보류해 두겠다.

그런데 왜 그들은 나에게 교회법을 계속 인용하는가? 교회법은 그 제정자들조차도 필요에 따라 그것을 조롱하는데도 말이다. 옛 사람들이 주교 선출 규정이 하나님의 말씀으로 그들에게 위탁되어 있다는 것을 알 때, 그들은 자기들이 가장 거룩한 법에 의해 속박되어 있음을 충분히 이해한다는 사실을 우리가 의심하겠는가? 틀림없이, 옛 사람들에게 하나님의 말씀은 단 한 마디라 할지라도 교회법 일억 조항보다 응당 더 많은 것을 의미했을 것이다!

감독에게 이양된 백성의 투표권

그럼에도 그들은 자기들의 악한 성향으로 부패하여 이성과 법 모두에 귀가 먹어 버렸다. 그래서 오늘날에 훌륭한 성문법들이 존재하지만, 그 성문법들은 종이 위에만 남을 뿐 숨겨지고 매장되어 있다. 한편, 이발사나 요리사, 주류 담당 하인이나 노새 몰이꾼, 사생아나 그와 비슷한 부류의 사람들을 목회자로 임직하는 관습이 현재 통용되고 있다. 이것은 단지 반쪽짜리 진실이 아니다. 주교직과 주임신부직은 모두 매춘과 음행의 대가代價이기 때문이다. 주교직과 주임신부직이 사냥꾼과 새 사냥꾼들에게 넘겨질 때, 모든 일이 최고로 잘된다는 말을 우리가 들었기 때문이다!

그 역겨운 짓들을 교회법으로 금지한다는 것은 말이 안 된다. 내가 다시 말하건대, 옛 사람들에게는 훌륭한 교회법이 있어서, 주교는 나무랄 데

없어야 하고 가르침이 건전해야 하며, 다투려거나 탐욕스럽지 않아야 한다는 하나님의 말씀이 그들을 가르쳤다.딤전 3:1-7, 딛 1:7-9 그렇다면 왜 목회자를 선출하는 임무가 백성에게서 고위 성직자들에게 이양되었을까? 그들은 백성이 다투며 파당을 벌이는 상황에서 하나님의 말씀이 제대로 들리지 않았기 때문이라는 대답만 할 것이다. 그렇다면 왜 오늘날에는 온갖 법을 어길 뿐 아니라 탐욕과 야망과 과도한 식욕으로 염치없고 뻔뻔하게 하늘과 땅을 혼란에 빠뜨리는 이 주교들에게서 그 임무를 빼앗아서는 안 되는가? 양 떼 중 양은 단 한 마리도 돌본 적 없고, 마치 정복에 열중하듯이 무력과 폭력으로 교회를 장악했고 소송으로 교회를 획득했으며, 돈벌이를 위해 교회를 사들였고, 야비한 호의를 베풀어 교회를 얻었고, 젊어서 상속이나 세습 재산에 입주하듯이 교회로 들어온 자들을 교회의 목자로 부르는 소리를 들으며 어찌 참을 수 있는가? 아무리 타락하고 경솔하다 하더라도, 사람이 그렇게까지 뻔뻔스러웠던 적이 있는가? 오늘날의 교회를 바라보며 깊은 슬픔을 느끼지 못하는 사람은 잔인하고 비인간적인 자라고 하겠다. 그것을 고칠 수 있는 힘을 가지고 있지만 아무 관심도 보이지 않는 사람이야말로 가장 비인간적이다.

로마의 임직 예식

이제 목회자의 소명에 관한 두 번째 문제를 다루기로 하자. 목회자는 어떤 의식으로 임직되어야 할까?

우리 주님은 사도들을 보내어 복음을 전하게 하실 때 그들에게 숨을 불어넣으셨다.요 20:22 주님의 의도는, 이 표징이 그가 사도들 중에 두시는 성령의 권능을 나타내도록 하는 데 있었다. 이제 이 훌륭하다는 자들은 자기들이 서품하고 있는 사제들을 향해서 "성령을 받으라"고 중얼거리는 동안, 마치 자기들의 목구멍에서 성령을 내뿜기라도 하는 듯이 숨을 내쉬는 의식을 보존했다. 그러면서 그들은 하나도 빠짐없이 고의로 흉내 낸다. 내가 말하는 흉내는 자기 나름의 기술이나 형식을 가지고 있는 촌극 배우나 어릿광대의 모습이 아니다. 지극히 유치하고 역겨운 방식으로 모조리 베끼지 않으면 몸이 근질근질한 원숭이의 모습이다. 그들은 "우리가 주님의 모범을 따르고 있다"고 말한다. 그러나 주님은 우리가 주님을 따르게 하시려는 의도 없이 많은 일을 하셨다. 주님은 그의 제자들에게 "성령을 받으라"고 말씀하셨다. 이와 달리 나사로에게는 "나사로야, 나오라"고 말씀하시고, 중풍병자에게는 "일어나 걸어가라"고 말씀하셨다. 왜 저들은 모든 죽은 자와 중풍병자들에게 똑같이 말하지 않는가? 주님은 사도들에게 숨을 불어넣으시고 성령의 은사를 채워 주실 때 하나님의 권능으로 일하셨다. 이 사람들이 똑같이 하려 한다면, 하나님의 특권을 침해하고 어떤 식으로든 하나님과 전쟁을 벌이려는 셈이 된다. 그들은 결코 성공할 수 없으며, 원숭이 같은 그들의 어리석은 속임수로 그리스도를 조롱할 뿐이다.

그들은 너무도 뻔뻔해서 감히 자기들이 성령을 수여한다고 자랑할 정도다. 그러나 우리의 경험은 그것이 과연 얼마나 진실인지 보여준다. 성별된 모든 사제가 말에서 당나귀로, 바보에서 미치광이로 변하는 것을 우리의 경험이 분명하게 가르쳐 주기 때문이다! 그렇다 하더라도 나는 이를 놓고 그들과 다투지 않겠다. 다만 관례가 되지 말아야 했던 이 의식을 비난하고 싶을 따름이다. 그것은 단지 그리스도가 행한 기적에 동반되는 특별한 표징에서 따왔을 뿐이다. 그리스도의 선례를 따르고 있다는 변명은 그들에게 조금도 도움이 되지 않는다.

또한 누가 그들에게 기름을 발라 주었는가? 그들은 아론의 자손에게서 기름 바름을 얻었다면서, 성품의 시작은 아론에게로 거슬러 올라간다고 주장한다.[30] 그래서 그들은 그 경솔한 관행이 자기들의 발상임을 인정하기보다는 오히려 부적절한 사례를 들어 자기방어를 즐긴다. 그렇게 하느라고 그들은 아론 자손의 후예임을 주장할 때, 그리스도의 제사장직을 무시하고 있는 그들 자신을 보지 못한다. 이는 레위 계통의 제사장직이 미리 예표한 것이며, 따라서 그리스도의 제사장직이 온전히 성취함으로써 완료했다. 우리가 여러 번 말했고 히브리서도 군더더기 없이 명료하게 밝히듯이, 그리스도의 제사장직 안에서 레위 계통의 제사장직은 더 이상 존재하지 않는다. 그들이 모세의 의식을 그토록 좋아한다면, 왜 황소와 송아지와 양을 제물로 바치지 않는가? 그들은 성막과 유대교 전체에 계속 매달리지만 송아지와 황소로 드리는 제사는 생략한다.

기름 바르는 관습에 대한 집착은 할례보다 더 위험하고 해롭다. 특히 이 집착이 행위 자체의 가치에 대한 미신적이고 바리새적인 믿음과 결합할 때 더욱 위험하다는 사실을 도대체 왜 모르는가? 유대인은 자기 의를 위해 할례를 신뢰했는데, 이 사람들은 영적 은사를 위해 기름 바름을 신뢰한다. 그들은 이것이 거룩한 기름이어서 자기들에게 항구적 각인, 그들이 하는 말로 "지울 수 없는" 각인을 새겨 준다고 주장한다.[31] 그들은 마치 이 기름이 가루나 소금으로 지워지거나 제거되지 못할 것처럼, 혹은 이 기름이 깊이 배어들면 비누로도 지울 수 없는 것처럼 말한다. 그러면서 그들은 이 기름의 각인이 영적이라고 항변한다. 도대체 기름이 영혼과 무슨 상관이 있는가? 그들은 자기들이 인용하는 아우구스티누스의 말, 곧 "말씀이 물에서 분리되면 물만 남는다. 물은 오직 말씀을 통해서만 성례가 되기 때문이다"라는 말을 까맣게 잊었는가?[32] 그들은 그들의 기름칠을 옹호하려고 어떤 성경 구절을 들먹이는가? 아론의 아들들에게 기름을 바르도록 주님께서 모세에게 하신 명령인가?출 30:30 그러나 주님은 모세에게 아론이 입는 모든 제사장 예복과 그 밖의 장식물에 똑같이 하도록 명령하셨고, 아론의 아들들이 차려입어야 하는 의복에도 똑같이 하도록 명령하셨다. 주님은 또한 모세에게 송아지를 잡아 그 기름을 태우고 양을 각 떠서 불사르도록 명령하셨고, 아론과 그 아들들의 귀와 의복을 양들 중 하나의 피와 수많은 다른 의식들로 성결하게 하도록 명령하셨다.레 8:7-24

나는 그들이 이 모든 것을 간과하되 오직 기름 바름에만 집중한다는 데 크게 놀랐다. 그들이 뿌림을 받는 데 그토록 열중한다면, 왜 피보다 기름으로 뿌리는 것일까? 분명히, 그들은 기독교와 유대교와 이교도의 신앙을 조각조각 짜깁기하여 별도의 종교를 창안하는 데 더할 나위 없이 영리했다. 그러므로 그들의 기름 바름에는 소금이 부족해서 악취가 진동한다. 내가 말하는 소금은 하나님의 말씀이다.

임직과 안수

이제 안수 문제가 남아 있다. 사도들은 누군가를 교회의 직무에 임직할 때마다 안수 관행을 분명하게 지켰다. 그래서 바울은 디모데 역시 사제직의 안수 절차를 거쳐 주교가 되었다고 말한다.딤전 4:14 나는 비록 어떤 이들은 "제사장직"을 장로의 회중으로 간주함을 알고 있지만, 내 판단으로 "제사장직"은 단순히 직무를 뜻하는 것으로 받아들일 수 있으리라 본다. 다른 곳에서 바울이 더 많은 사람들을 언급하지 않고 오직 자신만 언급하기 때문이다. 바울은 "내가 네게 권하노니, 네가 나의 안수로 받은 은사를 최대한 활용하라"고 기록한다.딤후 1:6

내가 믿기에 이 의식은 히브리인의 관습에서 유래했다. 히브리인은 그들이 성별하고 축복하고 싶은 바를 하나님께 나타내기 위해 안수를 했다. 이런 방식으로 야곱이 에브라임과 므낫세를 축복하려고 그 머리에 안수했다.창 48:13-14 이에 근거하여 나는 율법의 명령에 따라 유대인이 그들의 희생제물 위에 안수했다고 본다. 그래서 사도들은 그들이 안수한 사람을 하나님께 드려 헌신하게 한다는 뜻을 나타내기 위해 안수를 했다.행 6:6 누군가는 "그렇다면, 그들은 율법의 그림자를 굳게 붙잡았다는 것인가?"라고 말할 것이다. 결코 그렇지 않다. 미신적 신념 없이 그들은 필요할 때 표징을 사용했다. 그들은 그들이 안수한 사람을 위해 성령께 하나님의 은사를 간구했고, 이 표징으로 성령을 받음으로써 성령이 자기들에게서 나온 것이 아니라 위에서 내려오셨음을 증명했던 것이다. 요약하면, 그들은 성령의 은사, 곧 한때 하나님께서 기꺼이 그들의 직무를 통해 분배하셨던 은사가 어떤 사람을 위해 주어지기를 간구했고, 그 사람을 하나님께 의탁할 때 안수라는 표징을 사용했다.

아무리 그렇다 해도, 안수가 성례가 되어야 한다는 결과가 당연히 뒤

따라야 하는가? 사도들은 기도할 때 무릎을 꿇었다. 그렇다면, 우리가 무릎 꿇을 때마다 우리의 행동은 반드시 성례라고 해야 하는가? 우리는 사도들이 기도하기 위해 동쪽으로 향했다고 들었다. 그렇다면, 우리가 동쪽을 바라볼 때 우리의 행동은 반드시 성례라고 해야 하는가? 바울은 사람들에게 어디서든지 하나님께 정결한 손을 들라고 명령했고, 성도들은 종종 그처럼 손을 올리고 기도했다고 한다.딤전 2:8, 시 63:4, 88:9, 141:2, 143:6 그러니 이 몸짓이 우리에게 성례가 되게 하라! 간단히 말해, 성도들의 모든 의식이 다 성례가 되게 하라!

임직에 대한 올바른 이해

모든 논쟁을 제쳐 두고, 우리는 임직 예식이 현재 존재하는 목적을 간단히 설명하려고 한다. 우리가 임직 예식을 채택한 목적이 사도들이 그랬던 것처럼 성령의 은사를 부여하기 위함이라면, 임직 예식은 조롱거리가 될 것이다. 하나님은 우리에게 그런 책임을 위임하시지 않았고, 그런 징표도 세우시지 않았기 때문이다. 그것이 바로 교황과 그의 백성이 끊임없이 하려는 일이다. 우리가 견진성사의 사례에서 더 길게 논의했듯이, 그들은 자기들이 성령의 은사를 수여하고 있음을 그런 징조를 통해 설득시키려고 한다. 그러나 신자의 회중 앞에 나와서 주교로 승인된 사람이 그의 직무에 관한 교육을 받는다면, 그를 위해 드려지는 기도와 그 머리에 장로들이 행하는 안수가 오직 단 하나의 신비, 곧 그가 그 직무로 하나님을 섬기도록 하나님께 드려지고 헌신되었음을 그 자신이 알아야 한다는 것만을 의미한다면, 그리고 교회가 권면을 받아 공농의 기도로 그를 하나님께 의탁한다면, 어떤 지각 있는 사람도 안수를 비난하지 않을 것이다.

부제품: 무시된 성경의 모범

비록 "부제품"이라는 명칭은 매우 다양한 뜻을 나타내지만, 성경은 특별히 교회가 가난한 이에게 재물과 공적인 혜택을 분배하고 나누어 주는 관리자 및 유통자로서 임명한 사람들을 부제품이라고 부른다. 사도행전 에서 누가는 부제품의 유래와 제도와 역할을 요약한다. 헬라파 유대인들 이 자기네 과부들이 가난한 이에 대한 구제 행위에서 제외된 것에 화가 나서 불평했다. 이 일을 알게 된 사도들은 말씀을 전파하고 가난한 이를 섬기는 두 직무를 그들이 다 감당할 수 없음을 강조하며 양해를 구했다. 그래서 사도들은 회중이 그들 중에서 그 일을 맡길 만한 사람 일곱 명을 택하게 했다.[행 6:1-5] 그것이 부제품 직무였는데, 이 직무를 맡은 사람들은 가난한 이를 보살피고 그들의 필요를 공급하는 일을 했다. 그래서 "종"과 동일한 뜻의 이 명칭이 생기게 된 것이다.

이어서 누가는 이 직무가 제정된 방식을 기록한다. "그들이 사도들 앞에 그들이 택한 사람들을 데려오자, 그들이 그들을 위해 기도하고 안수하였더라."[행 6:6] 나는 오늘날의 교회에도 똑같은 의식으로, 곧 내가 이미 충분히 논의한 안수에 의해 임명된 집사가 있기를 바란다. 바울도 집사를 언급한다. 바울은 집사가 정숙하고 일구이언하지 않고 술을 즐기지 않고, 부정한 이득을 추구하지 않으며, 믿음에 관하여 제대로 교육을 받고, 한 아내의 남편이어야 하며, 자기 가족과 자녀들을 잘 다스려야 한다고 요구한다.[딤전 3:8-9, 12] 이제 우리가 우리의 대적들이 꾸며 낸 부제품에서 과연 공통의 근거를 찾을 수 있을까? 우리가 그들의 가르침을 그들의 인간적 결점으로 판단하여 그들에게 해를 끼친다는 불평을 그들이 하지 못하도록, 나는 그들 개인에 대해서는 아무 말도 하지 않겠다. 하지만 나는 그들이 사도적 교회에 의해 서품된 사람들의 예를 들어 설명하면서 그들의 부제품 직무에 관한 증거를 끌어내는 것은 잘못되었다고 단언한다. 그들은 그들의 부제들이 사제장을 돕는 일을 비롯하여, 세례와 도유식, 포도주를 잔에 붓고 성반에 떡을 놓는 일, 제단을 정돈하는 일, 십자가를 나르는 일과 복음서와 서신서를 회중 앞에 낭독하는 일 등 성례에 요구되는 모든 일을 맡았다고 말한다.[33] 그러나 여기에 집사가 행해야 할 진정한 직무에 관한 말이 단 한 마디라도 있는가?

자, 그들이 그들의 부제를 어떻게 임직하는지 들어 보자. 주교는 그가 서품하고 있는 부제에게 혼자 안수한다. 주교는 자기 왼쪽 어깨에 영대領帶를 걸침으로써 그가 하나님의 가벼운 멍에를 졌고, 왼편에 해당하는 모든 것을 하나님을 두려워함에 굴복시키겠다는 뜻을 나타낸다. 하나님께서 주교에게 복음서의 한 본문을 주시기 때문에, 이제 주교가 자신이 그 본문을 선포하는 줄 알게 하신다는 것이다. 도대체 이 중에서 어떤 것이 부제와 관련되는가? 이는 마치 사도를 서품하려는 누군가가 부제에게 향을 피우고 성상을 장식하며, 촛대에 불을 붙이고 교회를 청소하며, 쥐를 잡고 개를 쫓아내라는 임무를 주는 것과 흡사하다! 그런 사람이 사도라고 불리는 꼴을 과연 누가 참고 볼 수 있겠는가? 그런 자가 그리스도의 사도와 비교되는 소리를 과연 누가 참고 들을 수 있겠는가? 그러니 이제부터 그들이 부제를 서품하는 목적이 단지 그들이 어릿광대짓을 하고 바보 흉내를 내기 위함인 척하는 행동을 그만두어야 할 것이다. 또한 그들은 부제의 기원을 레위 자손에게서 찾으면서 그들을 레위족이라 부른다.[34] 만약 그들이 진리, 곧 예수 그리스도를 부인함으로써 자기들이 레위기의 의식과 모세 율법의 그림자로 회귀하고 있음을 인정한다면, 그들이 부제를 레위족으로 부르는 데 동의하겠다.

이제 서품 성례를 우리가 어떻게 판단해야 할지를 요약해 보자. 앞서 논의된 내용을 반복하지 않고 결론을 내린다면, 그 결론은 이 책을 읽고 있는 모든 사람, 배움에 충실하고 지성이 건전한 모든 사람을 만족시킬 것이다. 어떤 성례에도 약속이 수반되지 않는 의식이 들어 있을 수 없다. 더 낫게 말해, 모든 성례는 그 의식에서 반드시 약속이 찬란하게 드러나기 마련이다. 서품 성례에서 우리는 특정한 약속의 말씀을 단 한 마디도 찾지 못한다. 그러므로 여기서 우리가 서품 성례에서 약속을 확증하는 의식을 찾는 것은 무의미하다. 다시 말하지만, 우리는 서품 성례에서 하나님이 제정하신 의식의 흔적을 전혀 보지 못한다. 따라서 어떤 성례도 있을 수 없다.

혼인성사

그들은 결혼을 마지막 성례로 여긴다. 비록 모두가 하나님께서 결혼을 제정하셨다고 고백하지만, 교황 그레고리우스 시대까지는 아무도 결혼을 성례로 인식하지 않았다.[35] 분별 있는 사람이라면 누가 그런 생각을 하겠는가? 물론 결혼은 하나님의 선하고 거룩한 규례다. 그런데 농부와 석공, 구두 수선공과 이발사 같은 직업들 역시 선하고 거룩하다. 그렇지만 그 직업들이 성례는 아니다. 성례는 하나님의 일이어야 할 뿐 아니라, 하나님께서 약속을 확정하기 위해 제정하신 외형적 의식이기도 해야 하기 때문이다. 결혼에 그런 면이 없다는 것은 아이들조차도 분명하게 알고 있다.

그러나 우리의 대적들은 결혼이 어떤 신성한 것의 표징, 곧 그리스도와 교회의 영적 연합의 표징이라고 선언한다. 그들이 "표징"이라는 말로 하나님께서 우리의 믿음을 지탱하시려고 우리에게 베푸신 표지나 증거를 나타내고자 한다면, 그들은 전혀 목표에 이르지 못한 것이다. 그들이 직유적인 의미로 표징을 사용한다면, 그들의 주장이 얼마나 기발한 것인지 내가 증명해 보겠다. 바울은 "하나의 별이 다른 별과 광채에 있어서 서로 다르듯이, 죽은 자의 부활도 그러할 것이다"라고 말했다.고전 15:41-42 여기에 하나의 성례가 있다. 그리스도는 "하늘나라는 겨자씨와 같도다"라고 말씀하셨다.마 13:31 여기에 다른 성례가 있다. 또 그리스도는 "하늘나라는 누룩과 같도다"라는 말씀도 하셨다.마 13:33 여기에 세 번째 성례가 있다. 이사야는 "여호와께서 목자와 같이 그의 양 떼를 인도하시리라"고 선포한다.사 40:11 여기에 네 번째 성례가 있다. 또한 이사야는 다른 곳에서 "주님께서 용사처럼 나서시리라"고 선포한다.사 42:13 여기에 다섯 번째 성례가 있다. 과연 성례에 끝이 있을까? 이런 근거들로 정하면 성례가 못될 것은 하나도 없다. 성경에는 직유와 비유의 개수만큼이나 많은 성례들이 있을 것이다. 심지어 도둑질도 성례가 될 것이다. "주님의 날은 도적같이 오리라"고 기록되었기 때문이다.살전 5:2

누가 이 궤변론자들의 터무니없는 잡담을 참을 수 있을까? 우리가 포도나무를 볼 때마다, 주님께서 "나는 포도나무요 너희는 가지요, 내 아버지는 농부이시니라"고 하신 말씀을 기억하는 것이 매우 유익하다는 데 나는 얼마든지 동의한다.요 15:1, 5 우리가 어떤 목자를 보고서, "나는 선한 목자라, 내 양은 내 음성을 듣느니라"는 그리스도의 말씀을 기억한다면 얼마나 좋겠는가?요 10:11, 27 그러나 누가 그런 은유들을 성례로 삼으려 한다면, 우리는 그 사람을 재빨리 의사에게 보내야 할 것이다.

잘못 해석된 바울 서신 구절들

그럼에도 그들은 결혼이 성례로 설명된다면서 바울의 다음 말을 인용한다. "자기 아내를 사랑하는 사람은 자신을 사랑하느니라. 아무도 자기의 육신을 미워하지 아니하되, 오직 그리스도가 교회에 하시듯이 그 육신을 양육하고 돌보느니라. 우리는 그의 몸, 곧 그의 살과 뼈의 지체임이니라. 그러므로 사람이 부모를 떠나 자기 아내와 연합하여 그 둘이 한 육신이 될지니라. 내가 말하건대, 이것은 위대한 성례이니, 그리스도와 그의 교회에서 모두 그러하도다."엡 5:28-32 그러나 성경을 이런 식으로 다루면 하늘과 땅을 혼란에 빠뜨린다. 바울의 목적은 남편들에게 각자의 아내에 대한 특별한 애정을 가르치는 것이다. 그래서 바울은 그리스도를 본보기로 제시한다. 그리스도가 자신이 연합된 교회에 그 모든 자비하심을 쏟으셨듯이, 모든 남편도 자기 아내에게 동일한 사랑을 주어야 하기 때문이다. 그런 다음 "그리스도가 교회를 사랑하셨듯이, 자기 아내를 사랑하는 자마다 자신을 사랑하느니라"는 말씀이 뒤따른다. 그리스도가 어떻게 교회를 자기처럼 사랑하셨는지 설명하기 위해서, 바울은 모세가 아담이 했다고 말한 선언을 그리스도께 적용한다. 우리 주님께서 하와를 아담 앞으로 데려오셨을 때 아담은 하와가 자신의 갈빗대로 만들어졌음을 알고 있었으며, "이는 내 뼈 중의 뼈요, 내 살 중의 살이라"고 선언했다.창 2:23

바울은 이 모든 것이 그리스도가 우리를 그의 몸, 곧 그의 살과 뼈의 지체로 부르실 때, 혹은 더 낫게 말해, 우리가 그리스도와 한 몸 되었을 때 그리스도 안에서와 우리 안에서 성취되었다고 증언한다. 바울은 "이는 대단한 신비로다"라고 외치며 끝을 맺는다.엡 5:32 혹시 모호함 때문에 속아 넘어갈 경우에 대비하여, 바울은 그가 남편과 아내의 성적인 관계를 말하는 것이 아니라 그리스도와 그 교회의 영적 결혼을 의미하는 것임을 절대적으로 분명히 한다. 그리스도가 우리가 창조될 수 있도록 그의 갈빗대가 떼어지는 고통을 감당하신 것, 곧 그가 강하시므로 아주 약해지셔서 그의 힘을 통해 우리가 힘을 얻게 하는 데 동의하셨다는 것은 참으로 위대한 비밀이요 신비다. 그러므로 우리만 사는 것이 아니라, 그리스도께서도 우리 안에 살고 계신다. 궤변론자들은 통상적인 번역본에 등장하는 "성례"라는 단어에 속아 넘어갔다. 하지만 그들의 무지함 때문에 교회 전체가 형벌을 당하는 것이 옳은가?

바울은 '비밀'을 의미하는 "신비"라는 단어를 사용했다. 번역자는 이 단어를 "비밀"로 옮길 수도 있었고, 아니면 이 단어가 라틴계 사람들 사이에서 꽤 익숙하기 때문에 본래 의미로 남겨 둘 수도 있었다. 하지만 번역자는 이 단어를 "성례"로 옮기기로 했는데, 바울이 '신비'를 의미하는 헬라어 단어로 의도한 것과 다른 의미는 아니었다. 이제 그들은 자기들의 언어 지식을 탓해야 할 것이다. 언어에 대한 무지 때문에 그들은 굉장히 쉽고 명백한 것에서조차 실수를 저질렀으니 말이다.[36] 어쨌든 왜 그들은 이 본문에서 "성례"라는 단어를 골똘히 사색하면서도, 자기들 입장에 필요하다 싶을 때는 오히려 그 단어에 아무 관심도 기울이지 않고 지나쳐 버리는가? 그 번역자는 디모데전서에서도 그렇고 여기 에베소서 여러 군데에서도 그렇고, 모든 경우에 "신비"와 완전히 동일한 의미로 "성례"라는 단어를 사용한다.딤전 3:9, 엡 1:9, 3:3

혹시 그들이 이 잘못을 용서받는다 하더라도, 거짓말을 할 때 최소한 자가당착에는 빠지지 않을 정도의 주의는 필요하다. 그들은 지금처럼 그렇게 결혼을 "성례"라는 제목으로 장식해 놓고 뒤돌아서서는 결혼을 부정과 부패와 육적인 더러움이라고 부른다.[37] 이 얼마나 변덕스럽고 경망스러운가? 사제에게 성례를 금지하는 것이 우습지 않은가? 설령 그들이 사제에게 금지하는 것은 성례가 아니라 육적인 쾌락이라며 이 사실을 부인하더라도, 그들은 여전히 도망칠 수 없다. 그들은 육적인 행위를 성례라 가르치고, 남편과 아내가 육적인 연합으로 한 몸이 된다는 면에서 본질상 유사하므로 그 행위 속에 우리가 그리스도와 이룬 연합의 상징이 있다고 가르치기 때문이다. 그렇더라도 그들 중 일부는 여기서 두 개의 성례를 발견한다. 하나는 하나님과 영혼의 성례인데, 정혼한 두 사람의 형상을 띠고 있다. 다른 하나는 그리스도와 교회의 성례인데, 남편과 아내의 형상을 띠고 있다. 어쨌든 그들의 말에 따르면, 기독교의 성례들은 매우 다양해서 공존할 수 없을 정도라고 말하지 않는 한, 그 육적인 행위는 모든 그리스도인이 합법적으로 참여해야 하는 성례다.

로마의 결혼법 남용

그들의 가르침은 또 다른 문제를 야기한다. 그들은 성례에서 성령의 은사가 선사된다고 주장하고 그 육적인 행위를 성례로 인정하되, 성령의 임재는 없는 성례라고 말한다.[38] 또한 그들은 한 가지로만 교회를 속이는 데는 성이 차지 않아서, 수많은 오류와 거짓말과 속임수와 사악함을 그 한 가지 오류에 추가했다. 그래서 그들은 결혼을 성례로 삼음으로써, 온갖 종류의 가증한 것을 위한 은신처를 찾았을 뿐이라고 말할 수 있을 정도다. 그들은 결혼을 성례로 확정한 다음, 혼인 소송은 일반 재판관이 관여해서는 안 되는 성스러운 영역이라고 주장하면서 이 소송을 자기들이 직접 떠맡았다. 또한 그들의 폭정을 강화하기 위한 법령들을 반포했는데, 일부는 하나님에 대하여 악한 법령이고, 다른 일부는 인간에게 부당한 법령이다.

그 법령들에는 이런 내용이 들어 있다. 미성년자가 부모의 동의도 없이 치르는 결혼이 확고하고 불변하며, (이들은 적법한 법해석에 근거하여 칠촌을 사촌으로 간주하는데) 칠촌까지는 사촌이라서 정혼이 불법이고, 따라서 기존에 이루어진 정혼은 취소되고 무효가 되어야 한다. 또한 그들은 모든 민족의 법령과 모세가 직접 제정한 규례에 대항하여 레 18:6-18 자기들의 필요에 맞추어 촌수를 창안한다. 그들은 자신의 간음한 아내와 결별한 남자는 다른 여인을 아내로 정당하게 맞을 수 없다고 하고, 영적인 사촌 지간에는 결혼할 수 없다고 하며,[39] 또 칠순절에서 부활절 이후 8일간의 절기 사이에는 어떤 결혼 예식도 치를 수 없으며, (지금 그들이 오순절 한 주와 그 앞 두 주에 해당한다고 보는) 성 요한 탄신제 전 3주 동안과 대강절에서 주현절까지의 기간에도 결혼 예식이 금지된다고 한다. 이와 비슷한 무수히 많은 다른 제한들이 있는데, 그것들을 다 설명하려면 너무 많은 시간을 할애해야 할 것이다.[40]

우리는 이제 원했던 것보다 우리를 더 오래 지체하게 한 그들의 수렁에서 빠져나오려 한다. 비록 시간은 지체되었지만, 나는 적어도 부분적으로는 이 당나귀들의 멍청함을 폭로하는 데 기여했다고 본다.

제14장

그리스도인의 자유

이제 우리는 그리스도인의 자유라는 주제를 다루어야 한다. 복음의 가르침을 요약한 소책자를 만드는 작업에 착수한 사람이라면 누구라도 이 주제를 소홀히 해서는 안 된다. 이것은 가장 필요한 주제 중 하나다. 그리스도인의 자유에 관해 제대로 알지 못하면, 양심은 아무것도 담대하게 시도하지 못하게 된다. 또한 근심에 사로잡혀 떨며 어떤 결정도 내리지 못한 채 주저하고 머뭇거리게 된다. 우리가 앞에서도 이 주제를 조금씩 다루기는 했지만,[1] 이 장에 오기까지는 철저한 검토를 미루어 두었다. 어떤 사람은 그리스도인의 자유를 거론하기가 무섭게 스스로 방종에 빠져들고, 또 어떤 사람은 조심하지 않으면 마구 흥분해서 끊임없이 문제를 일으키며 무엇이든 자기 앞에 놓인 최선의 것을 망쳐 버리는 불안정한 영혼이기 때문이다. 또 어떤 사람은 자유를 구실로 하나님께 드려야 할 복종을 모두 거부하고, 자기 육신을 제한 없는 탐욕에 방임하기 때문이다. 이와 반대 견해를 가진 또 다른 사람은 그런 자유에 관해서 듣는 것도 용납하지 않으며, 그런 자유는 모든 질서와 절제와 도덕적 구분을 훼손한다고 믿는다.

이러지도 저러지도 못하는 상황에 처한 우리는 어떻게 해야 하는가? 이 위험을 피하려면 그리스도인의 자유를 논하지 않는 것이 차라리 더 낫지 않을까? 그러나 이미 말했듯이, 우리가 자유에 관해 알지 못하면, 예수 그리스도나 복음의 진리를 모두 올바르게 이해할 수 없다. 오히려 우리는 이 핵심적 가르침이 절대 간과되거나 사장되지 않게 해야 하고, 그러면서 제기될 법한 터무니없는 반론들을 반박해 두어야 한다.

율법의 속박에서 벗어난 자유

내가 보기에 그리스도인의 자유는 세 부분으로 이루어져 있다. 우선 신자의 양심은 자신의 칭의를 확신하고자 할 때, 율법 위로 올라가서 율법의 의에 관한 것은 무엇이든지 다 잊어버린다. 앞에서 증명되었듯이,[2] 아무도 율법에 따라 의로워질 수 없다. 그러므로 우리는 의롭게 됨에 대한 희망을 포기하거나 우리의 행위를 무시하는 방식으로 율법에서 구출되어야 한다. 누구든 의로워지기 위해서 상당한 분량의 행위를 해야 한다고 생각하는 사람은, 자기가 얼마나 많은 행위를 해야 하는지를 알 수 없고, 오히려 율법 전체에 대해 스스로 채무자로 전락한다. 그러므로 칭의에 관해서라면, 우리는 율법과 우리의 행위에 관한 모든 생각을 포기해야 한다. 우리는 하나님의 자비하심만을 받아들이고서 우리의 눈을 우리 자신에게서 돌이켜 오직 예수 그리스도에게만 향해야 한다. 여기서는 우리가 의로운지 여부를 아는 것은 중요하지 않고, 오직 불의하고 합당하지 못한 우리가 어떻게 의롭다 하심을 얻는지가 중요하기 때문이다. 양심에 대해 어떤 확신이라도 품고 싶다면, 양심은 율법 전체를 배제해야만 한다.

그럼에도 우리는 그렇기 때문에 율법이 신자에게 불필요하다고 결론지어서는 안 된다. 비록 율법이 하나님의 심판 앞에서는 신자의 양심에서 있을 곳이 없다 하더라도, 율법은 신자를 쉼 없이 가르치고 권면하고 격려하여 선을 행하도록 이끈다. 이 둘은 매우 다르기 때문에, 우리는 이 둘을 조심스럽게 구별해야 한다. 모든 그리스도인의 삶은 경건함에 대한 묵상과 실천이어야 하는데, 이는 그들이 거룩함으로 부르심을 받기 때문이다.엡 1:4, 살전 4:3 신자에게 그 임무를 알려 주어 거룩함과 순결함에 대한 사랑을 고취하는 것이 바로 율법의 역할이다. 그러나 양심이 어떻게 하나님의 호의를 얻을 수 있을지, 하나님의 심판 보좌로 불려 나갈 때 무슨 말을 하고 어떻게 담대할 수 있을지 알고자 하여 근심할 때, 양심은 율법을 따지거나 율법의 요구를 헤아려서는 안 된다. 양심은 오직 예수 그리스도만을 의로움으로 주장해야 한다. 예수 그리스도는 율법의 모든 완전함을 능가하시기 때문이다.

이 하나의 사상이 갈라디아서 전체의 주제를 실제적으로 요약해 준다. 갈라디아 교인들은 사악한 해석자들이어서, 바울이 오직 의식으로부터의 자유만을 위해 다툰다고 주장했다. 그들이 얼마나 사악했는지는 바울이 제기한 주장의 요지를 통해 쉽게 증명될 수 있다. 바울은 "그리스도가 우리를 위하여 저주가 되심으로써, 우리를 율법의 저주에서 자유케 하셨다"고 말한다.갈 3:13 또한 "그리스도가 우리를 자유롭게 하신 자유를 굳게 붙들어서, 종의 멍에에 스스로 굴복하지 말자. 보라, 나 바울이 너희에게 말하노니 너희가 할례를 받으면 그리스도는 너희에게 아무 유익이 없느니라"고 말하고, "할례 받는 사람은 온 율법에 빚진 자이니, 그리스도가 그에게는 아무것도 아니니라"고 말하며, "율법으로 의롭게 된 너희 모두는 은혜에서 떨어졌느니라"고 말한다.갈 5:1-4 이렇게 말하면서 바울은 의식으로부터의 단순한 자유보다 더 숭고한 무언가를 분명하게 가리키고 있다.

제한 없이 순종할 자유

그리스도인의 자유의 두 번째 부분은 첫 번째 부분에 달려 있다. 두 번째 부분은 양심이 율법을 섬기도록 허락하되, 마치 법률적 필연에 의해 강요되어 섬기는 것처럼 하지 않고 율법의 멍에에서 구속되어 자유롭게 하나님의 뜻에 순종하는 자로서 섬기도록 해준다. 양심은 율법에 복종하는 한 두려움과 공포에 빠지기 때문에, 이 구속됨을 먼저 얻지 않으면 결코 기쁨과 열정으로 하나님의 뜻에 순종하고자 결심하지 않을 것이다.

한 사례를 통해 우리는 이 진술의 의미를 훨씬 더 분명하고 정확하게 이해할 수 있다. 율법은 우리의 마음을 다하고 목숨을 다하고 힘을 다하여 하나님을 사랑하도록 명령한다.신6:5 이 계명을 이루기 위해서 영혼은 우선 다른 모든 생각을 비워야 하고, 마음은 다른 모든 욕망을 제거해야 하며, 우리의 모든 힘을 합하여 이 목표에 쏟아야 한다. 그럼에도 누군가 하나님의 길을 따라 이 목표를 향해 가장 멀리 나아갔다 하더라도, 그 목표에 이르기까지는 아직도 너무 멀다. 비록 그들이 많은 애정과 정성으로 하나님을 사랑한다 하더라도, 그들의 마음과 영혼의 상당 부분은 여전히 육신의 야망으로 가득 차 있어서, 그들의 의무대로 하나님께 달려가지 못하게 하기 때문이다. 그들은 앞으로 나아가려고 열심히 노력하겠지만, 그들의 육신은 그들의 힘을 때로 점차 약화시키고, 때로 육신의 목적을 위해 착취한다. 그렇다면, 율법을 성취하는 것이 자기의 힘을 훨씬 능가하는 임무임을 그들이 알게 될 때 어떻게 해야 하는가? 그들은 소망하고 갈망하고 애쓰지만, 결코 그들이 마땅히 이루어야 할 만큼 완전하지 않다. 그들이 율법을 바라보면, 그들 스스로 결심한 것마다 저주를 받음을 알게 된다. 사람이 자기 행위가 불완전하더라도 전적으로 악하지는 않다고 생각하되, 그 이유를 하나님께서 조금이라도 선이 들어 있는 행위는 다 받으실 만한 행위로 여기시기 때문이라고 주장한다면, 그것은 실수다. 율법은 완전한 사랑을 요구하고, 따라서 모든 불완전함을 정죄하기 때문이다. 누구든지 자기의 행위를 고려하는 사람은 바로 이 관점에서 잘 생각해야 할 것이다. 그러면 그 사람은 자신이 그 행위에 있어서 선하게 여기는 것은 모조리 율법을 범한 죄악임을 깨닫게 될 것이다. 그렇기 때문에 우리의 모든 행위는 율법의 기준으로 평가하면 율법의 저주를 짊어지게 되는 것이다.

그렇다면, 비참한 영혼들이 무슨 행동을 하더라도 저주 말고는 다른 결과를 기대할 수 없을 때, 어떻게 그런 행동을 하려는 용기를 내겠는가? 반면에 율법의 엄한 명령에서 벗어나서, 곧 율법의 모든 엄격함에서 벗어나서 그 영혼들이 하나님께서 자기들을 온화하게 부르시는 줄 안다면, 그들은 아버지께서 그들을 어디로 이끄시더라도 열정과 자원하는 마음으로 따라갈 것이다. 요약하면, 율법에 사로잡혀 있는 사람은 마치 주인이 매일 일정한 분량의 일을 요구하는 노예와 같다. 노예는 자기가 아무것도 하지 않았다고 생각하거나, 주인이 요구하는 모든 일을 완벽하게 수행하지 않으면 감히 주인 앞에 나타나려 하지 않는다. 그러나 자기 아버지에게서 관대하고 온화한 대우를 받는 자녀는 자기가 한 일이 아무리 엉성하고 미숙하고 결함이 있다 해도 두려움 없이 그 일을 아버지에게 가져온다. 이때 자녀는 비록 자신에게 요청된 일을 완수하지 못했다 해도 자신의 순종과 선의가 아버지를 기쁘게 하리라고 확신한다. 그러므로 우리는 우리의 가장 부드럽고 자비로우신 아버지께서 아무리 불완전하고 흠결이 있더라도 우리의 섬김을 받아 주시리라는 사실을 의심하지 말고 자녀답게 되어야 한다. 아버지께서 선지자의 말씀을 통해 우리에게 확신을 주신다. "아버지가 그를 섬기는 자녀를 용서함과 같이, 내가 너희를 용서하리라."말 3:17 여기서 "용서하다"라는 말은 '너그럽게 받아 준다'는 뜻이다. 이 단어가 섬김의 문맥에서 쓰이기 때문이다.

은혜로 얻은 자유에 관한 바울의 가르침

우리에게는 이런 확신이 반드시 필요하다. 이 확신 없이는 우리의 모든 노력이 헛수고가 될 것이다. 하나님은 진정으로 하나님을 경외하기 위해 행하지 않는 한 우리의 행위를 하나님을 경외하는 행위로 여기지 않으시기 때문이다. 우리가 두려움과 주저함 가운데 하나님께서 우리의 행위로 인해 노여우신지 혹은 경외를 받으셨는지 확신하지 못한다면, 어떻게 하나님을 경외하기 위해 행동할 수 있겠는가? 그래서 히브리서 저자는 족장들의 모든 선한 행위를 믿음에 연관시키고 그 모든 행위의 가치를 믿음에 따라 평가한다.

자유에 관해 주목할 만한 본문은 로마서에 있다. 로마서에서 바울은 우리가 율법의 지배가 아닌 은혜의 지배를 받고 있기 때문에 죄가 우리를 지배해서는 안 된다고 결론짓는다.롬 6:12, 14 바울은 신자들에게 권면하기를 죄가 그들의 죽을 몸을 통치하게 하거나, 그들의 지체를 악의 도구로 죄에 굴복시키지 말라고 한다. 또 오직 죽은 자들 중에 살아난 이들로서 그들 자신을 하나님께 헌신하고 그들의 지체를 의의 도구로 하나님께 바치라고 촉구한다.롬 6:13 그러나 그들은 악한 욕망으로 가득 찬 육체를 여전히 지니고 있고 죄악이 아직도 그들 속에 살고 있다고 항변할 수 있었다. 그래서 바울은 율법에서 벗어난 자유에 근거하여 이 위로의 말씀을 덧붙인다. 사실상 바울이 하는 말은 이런 내용이다. "신자는 죄악이 자기 속에서 소멸되었다거나 혹은 그의 생활이 충분히 의롭다고 아직은 느끼지 못할 수 있다. 그렇더라도 마치 하나님께서 이 죄악의 흔적 때문에 아직도 자기에게 진노하시는 것처럼 낙심하거나 절망해서는 안 된다. 신자는 하나님의 은혜로 율법에서 해방되었으므로, 신자의 행위는 더 이상 율법의 규범에 따라 평가되지 않기 때문이다." 우리가 더 이상 율법의 지배를 받지 않으므로 죄를 범해도 전혀 문제없다고 추론하는 사람은, 이 자유가 결코 자기의 자유가 될 수 없음을 알아야 할 것이다. 이 자유의 목적은 우리를 일깨우고 설득하여 선을 행하게 하는 것이기 때문이다.

비본질적인 것에 관한 자유

그리스도인의 자유의 세 번째 부분은, 그 자체로는 어떻게 해도 좋은 외면적인 것들이 하나님 앞에서 양심상의 문제가 되지 않도록 해야 한다고 우리를 가르친다. 우리는 그런 외면적인 것들을 해도 되고 무시해도 된다. 어떻게 해도 전혀 차이가 없다. 여기서도 우리가 이 자유를 아는 지식이 대단히 중요하다. 우리에게 이 지식이 없으면 우리 양심은 결코 안식을 얻지 못할 것이고, 우리는 영원히 미신에 시달릴 것이기 때문이다.

오늘날 많은 사람들은 우리가 자유롭게 고기를 먹을 수 있는지, 자유롭게 특정한 날을 준수하거나 특정한 의상을 갖출 수 있는지에 대해 논의하는 것은 분별없는 행동이라 생각한다. 그 사람들은 이런 논의를 한낱 우매한 짓으로 여긴다. 그러나 이런 논의는 일반적으로 알고 있는 것보다 훨씬 중요하다. 일단 양심이 이리저리 얽히고 묶이게 되면, 양심은 빠져나오기 어려운 끝없는 미로와 깊은 나락으로 떨어져 버리기 때문이다. 어떤 사람이 자기가 삼베를 깔개용 천이나 셔츠, 손수건, 냅킨으로 사용하는 것이 맞는지 의심하기 시작하면, 그 사람은 계속해서 자기가 대마를 합법적으로 사용할 수 있는지 여부를 묻게 될 것이다. 급기야 삼베 조각조차 사용해도 되는지를 알 수 없게 되고 말 것이다. 그는 냅킨 없이 먹어서는 안 되는 건 아닌지, 손수건을 사용하지 않고 지낼지 여부를 스스로 묻게 될 것이기 때문이다. 어떤 사람이 다른 음식보다 조금이라도 더 고급스러운 음식은 허용되지 않는다고 믿는다면, 그 사람은 마침내 하나님 앞에서 분명한 양심을 갖고서 검은 빵이나 평범한 음식을 먹는 것은 엄두도 내지 못하게 될 것이다. 그 이유는, 그 사람은 자기가 더 비천한 음식으로도 생계를 유지할 수 있으리라는 의구심에 빠져들 것이기 때문이다. 그 사람이 질 좋은 포도주를 마셔서 가책을 받게 되면, 이후로는 시큼해진 포도주나 상한 포도주를 마시는 것조차 마음의 평화를 해칠까 봐 꺼리게 되고, 마침내 다른 물보다 좋은 물이나 깨끗한 물조차도 꺼리게 될 것이다. 요약하면, 그 사람은 걷다가 길에 떨어진 지푸라기를 밟는 것조차 죄라고 생각하는 지경에 이를 것이다.

이제 양심에 관해 매우 심각한 갈등이 시작된다. 과연 하나님께서 우리에게 이런 것들을 사용하게 하실지 우려한다. 하나님의 뜻은 우리가 행하거나 행하려는 모든 것보다 우선되어야 한다. 그러므로 어떤 사람은 낙담하고 혼란에 빠지기 마련이고, 어떤 사람은 달리 방도가 전혀 없기 때문에 하나님에 대한 모든 두려움을 떨쳐 버리고서 모든 장애물을 지나 저 멀리 가 버릴 것이다. 그런 의심에 사로잡힌 자의 양심은 어떤 결정을 내리든지 상관없이 언제나 궁지에 빠진다.

양심을 위한 자유

바울은 "무엇을 부정하다고 여기는 사람을 제외하고는 아무것도 부정하지 않으니, 그에게는 그것이 부정하니라"라고 말한다.롬 14:14 하나님 앞에서 우리의 자유를 확신하고 있다는 전제에서 바울은 이 말씀으로 모든 외적인 것을 우리의 자유에 종속시킨다. 그러나 어떤 미신적 믿음이 거리낌을 일으키면, 본질상 순수했던 것도 우리에게 부정해진다. 그래서 바울은 이렇게 덧붙인다. "자기가 인정하는 것에 대하여 전혀 자신을 책망할 것이 없는 사람은 복되도다. 그러나 가책을 느끼며 자신의 판단을 거스르는 사람은 정죄를 받나니, 이는 그가 믿음으로 행하지 않음이라. 무릇 믿음에서 나지 않은 것마다 죄니라."롬 14:22-23

그러므로 이 궁지에 빠진 사람들이 양심을 거슬러 모든 일을 행하면서 용감하고 담대한 자 행세를 할 때, 그들은 바로 그만큼 하나님에게서 떠나는 것이 아닌가? 반면, 하나님을 더욱 예민하게 두려워하는 자들이 자기 양심에 어긋나는 많은 일을 하도록 강요당하면 끔찍한 공포와 혼란에 빠지게 된다. 그러면 자기 양심을 거슬러 대담하게 행동한 사람이든, 공포와 혼란에 빠져 양심을 거슬러 행동한 사람이든 어느 누구도 하나님의 은사들 중 단 하나도 감사로 받지 않는다. 바울이 증언하듯이, 이 은사들은 오직 감사로만 거룩하게 쓰임을 받는데도 말이다.딤전 4:4-5 내가 뜻하는 감사는, 하나님의 은사들 속에 있는 그 선하심과 관대하심을 깨닫는 마음에서 우러나온다. 그중 많은 이들이 자기가 사용하는 것이 하나님이 주신 복임을 알고 있으며, 하나님이 행하신 일들에 관해 하나님을 칭송한다. 그러나 그들은 그런 복이 하나님이 주신 은사인 줄은 믿지 않는다. 그러니 어떻게 그들이 하나님을 자기에게 은혜를 베푸신 분으로 알고서 감사드릴 수 있겠는가?

요약하면, 우리가 자유를 얻은 목적은 두 가지다. 첫째, 하나님의 뜻대로 그분이 주신 은사들을 안정된 양심과 고요한 마음으로 사용하기 위함이요, 둘째, 우리 영혼이 우리에 대한 하나님의 자비하심을 확신하고서 하나님과 더불어 평화와 안식을 누리기 위함이다.

자유는 결코 자기만족을 위한 구실이 아니다

이제 우리는 그리스도인의 자유는 그 모든 부분에서 영적 자유라는 사실에 신중하게 주의를 기울여야 한다. 이 자유의 전적인 효력은, 소심한 양심으로 하나님과 더불어 평화를 누리게 하는 데 있다. 양심은 자기가 얻은 죄 사함에 관한 의심 때문에 괴로워한다. 또는 자기의 행위가 육신 때문에 불완전하고 더러워져서 하나님께 받아들여질 수 없을까 봐 두려워한다. 혹은 어떻게 쓰더라도 문제없는 것들을 어찌 사용해야 할지 확신을 갖지 못한다. 이와 달리, 어떤 사람은 이 자유를 착취한다. 그는 하나님의 은사를 악용하여 자기 육체의 탐욕을 변명하려 하거나, 하나님의 은사를 수단으로 하여 사람들 앞에서 자기를 과시하지 못하면 그 은사를 즐길 수 없다고 생각하기 때문에, 자유를 사용할 때 연약한 형제자매들을 전혀 배려하지 않는다.

오늘날 무수히 많은 잘못들은 이 중 첫 번째 부류의 사람들에 의해 자행된다. 부유하게 살 수 있는 수단을 획득했으나 화려한 의상과 연회와 호화로운 저택을 즐기지 않는 사람이 거의 없고, 다른 모든 사람 위에 주인 노릇 하기를 좋아하지 않는 사람이 거의 없으며, 자신의 풍요함을 경이로울 정도로 마음껏 즐기지 않는 사람도 거의 없기 때문이다. 그런데 이 모든 것이 그리스도인의 자유라는 이름으로 옹호되고 변명된다. 그들은 이런 것들이 어떻게 하더라도 괜찮은 것이라고 주장한다. 나는 그것들이 어떻게 하더라도 괜찮게 쓰인다는 데 동의한다. 그러나 그것들은 탐욕스러운 갈망의 대상이 되고, 사치스럽고 거만하게 사용되며 함부로 남용될 때 악덕으로 더러워진다. 바울은 무엇을 어떻게 하든 괜찮도록 만드는 요인을 다음과 같이 잘 진술한다. "정결한 사람에게는 만물이 정결하지만, 더럽혀진 사람과 불신자에게는 아무것도 정결하지 못하나니, 이는 그들의 생각과 양심이 더러워졌음이라." 딛 1:15 왜 지금 위로를 받는 부자, 지금 배부른 부자, 지금 웃는 부자, 지금 상아 침대 위에서 자는 부자, 지금 소유에 소유를 더하는 부자, 지금 자신의 연회를 수금과 비파와 소고와 포도주로 장식한 부자는 저주를 받은 것일까? 눅 6:24-25, 암 6:4, 사 5:8, 12

분명히, 상아와 금과 재산은 인간에게 허용된 피조물이고, 사실상 인간을 위해 만들어졌다고도 할 수 있는 피조물이다. 웃고 배부르게 먹고 소유를 축적하고 악기를 즐기거나 포도주를 마시는 것은 어디서도 금지되지 않는다. 이는 전적인 사실이다. 그러나 재물이 풍부한 사람이 쾌락으로 몸을 감싸고, 마음과 영혼을 덧없는 즐거움에 내맡기며, 계속해서 더 큰 기쁨을 추구할 때, 그 사람은 하나님의 은사를 거룩하고 합당하게 사용하는 데서 아주 멀리 벗어난다. 그러므로 그런 사람은 자신의 사악한 탐욕과 추악한 사치와 공허한 겉치레와 오만함을 그만두고, 하나님의 은사를 깨끗한 양심으로 사용해야 한다. 일단 그들이 자기 마음을 단정하게 하는 데 익숙해지면, 하나님의 은사를 올바르게 사용하는 법을 배우게 될 것이다. 그런 절제력이 결여되어 있는 곳에서는, 평범하고 사소한 종류의 즐거움을 누리는 것조차 도를 넘는 일이 된다. 거친 실이나 소박한 옷 속에는 흔히 자줏빛 마음이 숨어 있는 반면, 비단이나 벨벳 속에는 종종 누추한 마음이 숨어 있다는 속담에는 많은 진리가 담겨 있다.

그러므로 각 사람이 하나님께서 자기를 먹여 주심은 계속 생명을 이어 주시기 위함이지 쾌락을 쏟아 주시기 위함이 아님을 인정하는 한, 각자의 신분에 따라 가난하거나 적당히 검소하게 혹은 부유하게 생활하면 된다. 바울이 말했듯이, 그리스도인의 자유의 법칙이란 자신이 가지고 있는 바에 만족하는 방법을 배우는 것이요, 굴욕과 영광, 굶주림과 풍성함, 빈곤과 부요함을 감당하는 방법을 아는 것임을 각 사람은 이해해야 한다. 빌 4:11

연약한 지체를 위한 자유와 배려

우리가 언급한 두 번째 잘못은 많은 사람들 사이에 널리 퍼져 있다. 이 사람들은 마치 자신의 자유가 그 증인이 없는 한 온전하지 못하고 완전하지도 못한 것처럼 행동하며, 자유를 지혜와 분별력 없이 사용한다. 자유를 부주의하게 사용함으로써 그들은 흔히 연약한 형제자매들의 마음을 아프게 한다. 오늘날 우리는 자신이 금요일마다 고기를 먹음으로써만 자유를 주장할 수 있다는 자들을 보고 있다. 나는 그들을 고기를 먹는 일 때문에 질책하지 않는다. 하지만 자유는 무슨 행동을 할 때마다 과시되지 못하면 존재할 수 없다는 그릇된 사상은 배격해야 한다. 우리는 우리의 자유가 인간이 보기에는 아무 유익도 주지 못하지만, 오직 하나님 보시기에는 유익을 주는 것이라는 사실을 기억해야 한다. 또한 우리의 자유는 사용될 때만 아니라 절제될 때도 충분히 존재한다는 것을 기억해야 한다. 우리가 고기를 먹든 달걀을 먹든, 붉은 옷을 입든 검은 옷을 입든 하나님은 상관하지 않으신다는 사실을 알면 충분하다. 그런 자유의 열매를 누릴 자격이 있는 양심은 이미 자유롭다. 그래서 비록 어떤 사람이 평생토록 육식을 삼가거나 오직 한 색깔의 옷만 입는다 해도, 그 사람은 그것 때문에 자유롭지 못할 이유가 전혀 없다. 자유로운 양심으로 절제한다는 견지에서 그는 자유로울 것이다.

지금 우리가 언급하고 있는 사람들은 위험할 정도로 자기 형제자매의 약점을 무시하는 잘못을 저지른다. 우리는 우리의 경솔한 행동이 형제자매에게 모욕감을 주지 않도록 그들의 연약함을 존중해야 한다. 때때로 사람들에게 우리의 자유를 보여주는 것도 정당하다고 말할 수 있다. 그것 역시 나는 인정한다. 하지만 우리가 중도를 지킴으로써 우리 주님께서 특별히 우리에게 당부하신 연약한 자들에 대한 배려를 기피하지 않으려면 대단히 조심해야 한다.

그래서 나는 여기서 실족하게 하는 일에 관해서, 곧 실족하게 하는 상황을 어떻게 분별할지에 관해서, 어떤 상황을 우리가 경계해야 하는지, 그리고 어떤 상황을 우리가 무시해도 되는지에 관해서 다룰 것이다. 그럼으로써 우리 각자가 사람들 가운데 행사할 수 있는 자유의 종류를 결정하겠다.

우리가 실족하게 하는 경우도 있고, 실족함을 받게 되는 경우도 있다.

이 두 가지 경우에 있어서 통상적인 구별이 중요하다. 성경은 이 둘의 구별을 명확하게 증거하고, 각각의 의미를 충분히 알려 준다. 따라서 누가 과도한 경솔함이나 배려 없는 무모함 때문에, 혹은 시간과 장소에 대한 부주의함 때문에 연약하고 무지한 이들을 실족하게 한다면, 그 사람은 실족하게 했다고 말할 수 있다. 실족함이 생긴 것은 그 사람의 잘못이기 때문이다. 그러므로 어떤 행동의 주체에게 비난이 돌아갈 때 실족하게 하는 경우가 생긴다고 우리는 언제나 말할 수 있다. 무엇이 성급하거나 배려 없이 행해지지 않았는데도 다른 사람의 사악함과 악의로 인해서 넘어지게 하는 원인이 될 때, 실족함을 받게 된다고 말할 수 있다. 이것은 실족하게 하는 경우는 아니고, 악인이 이유 없이 실족함을 받게 되는 경우이기 때문이다.

첫 번째 유형의 실족함에서는 연약한 사람만 상처를 입는다. 두 번째 유형에서 실족함은 스스로의 비뚤어진 엄격함 때문에 언제나 비난하며 물고 늘어질 것을 찾는 사람에게 발생한다. 그러므로 우리는 첫 번째 유형을 "연약한 자의 실족함"이라 부르고, 두 번째 유형을 "바리새인의 실족함"이라 부를 것이다. 우리는 자유의 사용을 매우 신중하게 절제함으로써 우리의 자유를 연약한 형제자매의 무지함에 양보하고 순응시키겠지만, 바리새인의 엄격함에 대해서는 그렇게 하지 않을 것이다. 바울이 여러 곳에서 우리가 연약한 자를 얼마나 많이 참아야 하는지 매우 분명하게 가르치기 때문이다. 그는 다음과 같이 말한다. "믿음에 있어서 연약한 자들을 용납하라." 롬 14:1 "앞으로는 우리가 서로를 판단하지 말고, 우리 형제자매를 실족하게 하거나 떨어지게 하지 않도록 조심하자." 롬 14:13 이와 같은 취지의 다른 여러 진술이 있는데, 여기서 열거만 하는 것보다는 각 진술을 자세히 음미해 보는 편이 더 나을 것이다.

바울은 이렇게 요약한다. "우리 강한 자들은 연약한 자들의 연약함을 도와주어야 하며, 우리 자신을 기쁘게 하지 말아야 할 것이라. 오히려 우리 각자가 자기 이웃을 기쁘게 하되 선을 이루고 덕을 세워야 할 것이라." 롬 15:1-2 바울은 다른 곳에서 다음과 같이 기록한다. "너희의 자유가 연약한 이들에게 걸림돌이 되지 않도록 조심하라." 고전 8:9 "너희는 양심상의 이유 때문에 망설이지 말고 육류 시장에서 파는 것을 먹어라." 고전 10:25 "지금 나는 다른 사람의 양심이 아니라 너희의 양심에 관하여 말하고 있도다. 너희는 헬라인이나 유대인이나 하나님의 교회를 실족하게 하지 않도록 행동하라." 고전 10:29, 32 바울은 또 다른 곳에서도 비슷하게 기록한다. "내 형제들이여, 너희는 자유롭도록 부르심을 입었으니 육신에게 너희의 자유를 넘겨주어 방종에 빠지지 말고, 오직 사랑 안에서 서로를 섬기라." 갈 5:13 참으로 그러하다. 우리가 자유를 받은 목적은 우리의 연약한 이웃에게 피해를 입히기 위함이 아니다. 우리는 언제 어디서나 우리 이웃을 섬기도록 그들과 묶여 있다. 우리에게 자유가 주어진 목적은 우리의 양심으로 하나님과 평화를 누림과 동시에 사람들과도 평화를 누리는 데 있다.

바리새인의 실족함에 관해서는, 우리 주님께서 우리가 무엇에 관심을 기울여야 할지를 말씀해 주신다. 바리새인은 눈먼 자이고 눈먼 자의 인도자이기 때문에, 주님은 우리에게 그들을 전혀 주목하지 말고 무시하라고 말씀하신다. 바리새인이 주님의 가르침으로 실족했다는 제자들의 보고를 들으셨을 때, 주님은 우리가 그들을 피해야 하고 그들이 당하는 실족함이 무엇이든지 다 무시해야 한다고 대답하셨다. 마 15:12, 14

효과적인 사례: 바울의 할례 시행

그렇더라도 우리가 누구를 연약한 자로 간주하고 누구를 바리새인으로 간주해야 할지 확신할 수 없는 한, 이 문제는 여전히 의문으로 남는다. 이에 대해 명확한 구별이 없다면, 우리가 실족케 함에 관하여 어떻게 자유를 사용할 수 있을지 알 수 없다. 자유는 전혀 안전하지 못하게 행사될 것이기 때문이다. 그러나 나는 바울이 그의 가르침과 사례들을 통해, 우리가 우리의 자유를 얼마나 절제해야 하는지, 언제 우리의 자유를 실족케 함과 무관하게 행사할 수 있을지를 분명하게 보여준다고 믿는다.

바울은 디모데를 그의 동료로 받아들이며 할례를 주었지만, 디도에게 할례를 주는 것은 결코 허락하지 않았다.행 16:3, 갈 2:3 이 두 사건은 다르다. 그런데도 목적이나 뜻의 차이는 전혀 없었다. 디모데에게 할례를 줄 때, 비록 바울은 모든 일에서 자유로웠지만, 모두에게 종이 되었다. 바울은 유대인을 얻기 위해 유대인에게는 유대인이 되었다. 그는 율법 아래 있는 사람을 얻기 위해 율법 아래 있는 사람에게는 그들 중 하나처럼 되었다. 바울은 그가 직접 기록했듯이,고전 9:19-22 많은 사람들을 구원하기 위해서 모든 사람에게 모든 것이 되는 방식으로, 연약한 자들에게는 연약한 자들 중 하나로 지냈다. 따라서 우리는 우리의 자유를 자유롭게 절제함으로써 다른 이들에게 유익을 줄 수 있을 때 우리의 자유를 적절하게 조절한다. 반면에 바울은 디도에게 할례를 주지 않기로 단호히 거절할 때, 그의 목적이 무엇이었는지를 밝힌다. 바울은 다음과 같이 적고 있다. "디도가 나와 함께 있을 때 비록 그가 헬라인이었지만 강제로 할례 받지 않은 것은, 우리가 예수 그리스도 안에서 누리는 자유를 염탐하러 들어온 어떤 거짓된 형제들이 우리를 다시 노예의 처지로 되돌리고 싶어 했기 때문이다. 우리가 그들에게 단 한 순간도 굴복하지 않았음은 복음의 진리가 너희에게 그대로 남아 있게 하기 위함이라."갈 2:3-5 그렇다면, 여기서 우리는 우리의 자유를 방어할 필요를 깨닫게 된다. 연약한 양심을 가진 사람을 위한 우리의 자유가 거짓 사도들의 명령으로 훼손당할 위기에 처하는 경우에 그러하다.

우리는 어디서나 사랑의 목적을 따르고 우리 이웃을 세우는 데 관심을 가져야 한다. 바울은 또 다른 구절에서 이렇게 말한다. "모든 것이 나에게 허용되지만, 모든 것이 유익하지는 않다. 모든 것이 나에게 적법하지만, 모든 것이 덕을 세우지는 않는다. 아무도 자신의 이익을 구하지 말고, 오직 자기 이웃의 이익을 구할지니라."고전 10:23-24 이보다 확실하고 분명한 규칙은 없다. 우리의 자유가 우리 이웃을 세워 주는 데 필요하다면, 우리는 우리의 자유를 사용해야 한다. 그러나 우리의 자유가 이웃에게 도움이 되지 않는다면, 우리는 우리의 자유를 절제해야 한다. 지금 어떤 사람들은 섬기는 사랑을 하려는 동기가 없으면서도 바울의 경고를 그대로 따라 하며 자유를 절제한다. 그들은 자기들의 휴식과 평온이 지켜지도록 자유에 대한 모든 언급이 장사되는 사태를 보면 좋아할 테니 말이다. 하지만 때로는 우리 이웃의 유익을 위해 우리의 자유를 제한하는 것보다 오히려 행사하는 것이 우리 이웃을 세워 주는 데 바르고 필요하기도 하다.

자유 및 자유와 경쟁하는 사랑의 요구

내가 실족을 방지하기 위해 한 모든 발언은, 그 자체로는 선하지도 악하지도 않아서 오직 어떻게 처리하든 문제없는 주제들과 관련되어야 한다. 누구를 실족하게 할까 봐 걱정하면서 반드시 해야 할 일들을 소홀히 하면 안 되기 때문이다. 여기서도 우리는 사랑의 요구를 고려해야 하는 것이 맞지만, 우리 이웃을 사랑함에 있어서 하나님을 욕되게 하지 않는 방식으로 그 요구를 고려해야 한다. 나는 하는 일마다 소란을 일으키는 자들의 무절제함과, 조용히 물러서기보다는 격렬하게 공격하기를 더 좋아하는 자들의 무절제함을 용납할 수 없다. 그렇다 하더라도 나는 자기들의 본보기로 다른 이들을 이끌어 천 가지 신성모독을 저지르게 만들면서도, 자기들이 그런 방식으로 행동해야 이웃의 실족을 막을 수 있는 듯 가장하는 자들의 동기도 인정할 수 없다. 다른 어떤 이유보다 그들이 전혀 벗어날 희망 없는 똑같은 수렁에 언제나 빠져 있다는 이유 때문에, 그들은 자기 이웃의 양심을 악으로 세우고 있으면서도 마치 그렇지 않은 것처럼 여긴다.[3]

그것이 건전한 교훈이나 생활의 모범으로 그들의 이웃을 가르치는 데 관련된 문제라면, 그들은 이웃에게 우유를 먹여야 한다고 말한다. 이것을 하기 위해 그들은 이웃에게 사악하고 위험한 믿음을 불어넣는다. 바울도 물론 고린도 교인들을 젖으로 먹였음을 확증한다.고전 3:2 하지만 그 시대에 미사가 있었다면, 바울이 고린도 교인들에게 젖을 먹게 하는 방식으로 제사를 드렸겠는가? 아니, 드리지 않았을 것이다. 젖은 독이 아니니 말이다! 고혹적인 가면을 쓴 그들은 잔혹하게 사람들을 살해하지만, 겉으로는 그 사람들을 마치 양육하는 모습을 보인다. 만에 하나 우리가 그런 가식이 잠시나마 가치가 있다고 인정하더라도, 언제까지 그들은 그들의 자녀에게 똑같은 젖만 먹일 것인가? 그들이 이유식이라도 소화시킬 수 있을 정도로 자라지 못한다면, 그들이 신선한 젖으로 양육되지 못했음은 더할 나위 없이 확실하다.

신자의 양심은 예수 그리스도가 얻어 주신 자유의 특권을 누린다. 주님께서 중립적으로 삼으신 것들을 지켜야 할 의무에 신자의 양심은 더 이상 얽매이지 않는다. 그러므로 우리는 신자의 양심이 모든 사람의 위력에서 벗어나 자유롭다고 결론짓는다. 그 혜택을 베푸신 그리스도가 받으셔야 할 찬미가 가려지는 것은 합당하지 못하며, 양심이 그 혜택의 열매를 누리지 못하는 것도 합당하지 못하다. 우리는 금이나 은이 아니라 예수 그리스도의 피를 희생하여 사셨을 정도로 고귀한 것을 하찮은 것으로 여겨서도 안 된다.[벧전 1:18-19] 그렇기 때문에 바울은 주저하지 않고 기록하기를, 우리가 우리 자신을 다른 사람에게 노예로 넘겨준다면, 그리스도의 죽음은 우리에게 아무런 유익이 되지 않는다고 한다.[갈 5:1] 바울은 갈라디아 교인들에게 보낸 편지 중 몇몇 장에서 오직 단 하나의 사실만 논의한다. 그것은 우리 양심이 자기의 자유를 굳게 붙들지 않으면, 그리스도가 우리 때문에 매장되신 것이나 다름없고, 더 낫게 말하면, 완전히 소멸당하신 것과 마찬가지라는 사실이다. 그러므로 우리 양심이 인간적인 변덕 때문에 스스로 율법과 규례에 속박된다면, 의심할 여지 없이 소멸되고 말 것이다.

자유와 충성의 문제

그러나 이 문제는 철저하게 알아야 할 가치가 있는 사안인 만큼 더욱 명확하게 설명할 필요가 있다. 요즘에는 인간 규례의 철폐를 거론하기가 무섭게 격렬한 논쟁들이 선동되는데, 일부는 분쟁꾼들이 또 일부는 비방자들이 일으킨 것이다. 그들은 마치 인간의 모든 순종이 거부되고 버려진 것처럼 소란을 피운다.

이 어려움을 극복하기 위해서 우리는 인간이 두 가지 형식의 통치를 받고 있음에 주목해야 한다. 하나는 영적인 통치다. 이 통치를 통해 양심은 하나님과 경건에 관련된 것들을 배운다. 또 하나는 정치적 통치 혹은 세속적인 통치다. 이 통치를 통해 우리는 인간 사이에 지켜야 할 인간됨의 의무와 예절을 배운다. 일상어로는 흔히 "영적" 관할과 "현세적" 관할로 불린다. 이는 가장 적절한 명칭들이다. 첫 번째 종류의 통치는 영혼의 삶과 관련되고, 두 번째 종류의 통치는 현재의 삶과 관련된다. 이것은 음식이나 의복의 목적을 위해서가 아니라, 인간이 서로 명예롭고 공평하게 살 수 있는 특정 법률을 제정하기 위해 이루어진다. 첫 번째 통치는 내면의 영혼에 그 처소가 있지만, 두 번째 통치는 단순히 외면의 행동을 구성하고 지시하기 때문이다. 그러므로 독자들은 내가 한 관할을 영적인 나라로 부르고, 다른 한 관할을 시민적 나라 혹은 정치적 나라로 부르는 것을 용납해 주기 바란다. 하지만 우리는 이 두 나라를 구별했으므로, 각기 따로 고찰해야 하며 서로 혼동해서는 안 된다. 인간에게는 서로 다른 두 왕과 두 법률로 다스려지는 두 세계가 존재하기 때문이다.

제15장

교회의 권세

지금까지 그리스도인의 자유에 관하여 논한 모든 것은 영적인 영역과 관련되기 때문에, 우리의 논의 중 어느 것도 세속법의 권위를 어떤 식으로든 공격하지 않는다. 우리의 논의가 공격하는 대상은, 교회의 목자인 양 행세하지만 실상은 가장 무자비한 도살자인 자들이 찬탈한 권세다. 그들은 자기들이 만드는 법이 영혼과 관련되어 있어서 영적 법률이라 주장하고, 그 법률은 영원한 생명에 필수적이라고 강변하기 때문이다. 그 결과, 그리스도의 나라가 침략을 당해 공격받고, 그리스도가 신자의 양심에 주신 자유가 억압되고 파괴되고 만다.

교회의 율례가 양심을 노예로 전락시킨다

이 시점에서 나는 저들이 우리에게 지켜야 한다고 주장하는 법률의 불경스러운 근거에 대해서는 아무 말도 하지 않겠다. 그들은 우리가 그 법률을 통해 죄 사함과 의를 얻는다고 선언하며, 그 법률에 신앙의 총체를 담아 두기 때문이다. 지금은 내가 오직 이 한 가지 사실, 곧 예수 그리스도가 이미 자유롭게 하신 양심은 그런 법률 따위에 강요되어서는 안 되며, 이미 말한 바와 같이 이 자유 없이 양심은 하나님과 평화를 누릴 수 없다는 사실만 논의하고 싶다. 신자의 양심은 오직 자기의 구속자이신 그리스도만을 왕으로 인정해야 한다. 신자의 양심이 마침내 예수 그리스도 안에서 얻은 은혜를 온전히 간직하고자 한다면, 또 모든 속박에서 해방되어 어떤 것에도 매어 있지 않다면, 그들의 양심은 복음의 거룩한 말씀인 자유의 법칙에 의해서만 지배되어야 한다.

이 입법자들은 자기들의 율례가 자유의 법이요, 즐거운 멍에와 쉬운 짐인 것처럼 보이게 하려고 무던히 애쓴다. 그러나 이것이 뻔한 거짓임을 모르는 사람이 어디 있는가? 그들은 하나님에 대한 모든 경외심을 팽개쳐 버리고 하나님의 법을 조롱하는 만큼 자기들의 법도 조롱하면서, 자기들이 먼저 이 법이 주는 짐을 교묘하게 회피하고 있으니 말이다. 구원에 대한 우려에 마음이 움직이는 사람들은 이 입법자들이 쳐 놓은 올가미에 사로잡혀 있는 한 자신들이 결코 자유롭다고 느끼지 못한다. 우리는 바울이 신자의 양심에 감히 한 가지 의무라도 지우는 잘못을 범하지 않을까 조심하고, 절대 그 양심에 부담을 주지 않으려고 얼마나 신중했는지를 본다. 하나님께서 자유롭게 선택하도록 허락하신 문제들에 대해서 양심을 강제하면 양심에 치명적인 해를 끼치게 될 것을 바울은 잘 이해하고 있었다. 이와 대조적으로, 이 입법자들이 영원한 죽음으로 위협하면서 전부터 엄격히 규정해 왔고, 지금도 구원에 필요하다며 사람들에게 부과하고 있는 율례의 개수는 다 헤아리기도 어려울 지경이다. 그런 율례 중에는 지키기가 너무나 어려운 것들도 있고, 율례 하나하나를 다 합치면 셀 수 없이 많아서 준수 자체가 불가능하다.

그토록 힘든 짐을 졌다고 느끼는 사람들이 어떻게 엄청난 고뇌와 낭패를 당하지 않을 수 있겠는가? 따라서 앞서 우리가 주장했듯이, 하나님과 관련된 부분에서 우리의 양심은 결코 어떤 율례에도 강요당하거나 의무를 지지 않는다는 사실을 신속히 결론지어야 한다. 그들의 율례의 목적은, 마치 율례가 명령하는 것이 구원에 필수적인 듯한 인상을 풍김으로써 하나님 앞에 우리 영혼을 속박하여 우리에게 의무를 부과하려는 것이다.

오늘날 하나님을 진정으로 경외하고 섬기려면 필수적이라는 이른바 "교회법"은 그런 모든 부류의 율례다. 율례는 수적으로 셀 수 없이 많고, 영혼을 속박하는 굴레를 그만큼 수없이 만들어 낸다. 그렇다면 교회의 권세라 할 만한 것이 전혀 없다는 것인가? 우리가 가르치려는 많은 무지한 자들이야말로 이렇게 제기하는 이견에 깜짝 놀란다. 우리의 대답은, 교회의 권세를 우리가 인정하되 다만 바울이 묘사하는 종류의 권세, 곧 파괴하기 위한 권세가 아니라 세우기 위한 권세만을 인정한다는 것이다.고후 10:8

권세는 오직 하나님의 말씀으로만 주어진다

권세를 올바로 사용하는 사람은 자신을 단지 그리스도의 종이요, 하나님의 신비를 맡은 청지기로 여긴다.고전 4:1 권세란 하나님의 말씀을 맡은 청지기 직분이라고 적절하게 묘사될 수 있다. 예수 그리스도가 그의 사도들에게 모든 민족에게 가서 그 분부하신 것들을 가르치라고 명령하신 것은, 바로 그들이 예수 그리스도가 하나님의 말씀을 위해 세우신 경계였기 때문이다.마 28:19-20 하나님의 교회를 다스리는 모든 사람은 이 법이 자기를 위해 제정되어 있음을 알아야 한다. 그러면 참된 목회자의 지위가 온전히 보존될 것이고, 폭군이 되어 하나님의 백성을 부당하게 통치하는 자도 자신의 권세를 거짓되게 자랑하지 않을 것이다. 여기서 우리는 다른 곳에서 이미 했던 논의를 되짚어 보려고 한다.[1] 성경이 구약의 선지자와 제사장, 사도와 그들의 후예에게 부여한 존엄과 권세는 그들 개인에게 부여된 것이 아니다. 그들에게 맡겨진 사역과 기능에, 보다 분명하게 말하면, 하나님의 말씀과 그들이 부름받은 청지기 직분에 부여되었다. 우리가 그것들을 하나씩 고려한다면, 사도와 제자뿐만 아니라 선지자와 제사장도 오직 주님의 이름과 주님의 말씀을 통해서만 명령할 권세나 가르칠 권세를 받았음을 우리가 알게 될 것이다.

하나님의 뜻은 선지자들 중 첫째인 모세를 백성이 청종하는 것이었다.출 3:18, 4:8 모세가 주님께 받지 않은 무엇을 명령하거나 선포했던 적이 있는가? 모세는 주님께 받은 것이 아니면 어떤 것도 명령하거나 선포할 수 없었다. 예전에 하나님은 "뽑으시고, 허시고, 흩으시고, 파괴하시고, 세우시고, 심으시기 위하여" 나라와 민족들 위에 그분의 선지자들을 세우셨는데, 그 이유는 "그분이 그분의 말씀을 그들의 입에 두셨기" 때문이다.렘 1:9-10 선지자들 중 어느 누구도 먼저 하나님의 말씀을 받지 못하면 자기 입을 열지 않았다. 그래서 선지자들은 자주 "주님의 말씀이니라", "주님께서 맡기신 것이라", "주님의 입이 말씀하셨느니라", "주님께 받은 환상이니라", "만군의 주님께서 이를 선포하셨느니라"고 말한다. 당연하지만, 이사야는 자기 입술이 더럽혀졌다 고백했고, 예레미야는 자기가 아이라서 말할 줄 모른다고 슬퍼했다.사 6:5, 렘 1:6 이사야와 예레미야가 자기 말만 했다면, 우매하고 부정한 것들 외에 무엇이 그들의 입에서 나올 수 있었겠는가? 그러나 이사야와 예레미야의 입이 성령의 기관이 되기 시작한 다음부터 그들은 순결하고 거룩해졌다.

요약하면, 에스겔은 선지자의 직무 전체를 다음과 같이 탁월하게 설명해 준다. "주님께서 말씀하시기를, '인자야, 내가 너를 이스라엘 집 위에 지도자로 세웠느니라. 그러므로 너는 내 입의 말을 듣고 나를 대신해서 그들에게 경고하라.'"겔 3:17, 33:7 하나님께서 에스겔에게 그분의 입에서 나오는 말씀을 들으라고 명령하신다. 이는 곧 하나님께서 에스겔에게 그의 말은 한 마디도 만들어 내지 말도록 금지하심을 뜻한다. 주님에게서 무언가를 선포한다는 것은 어떤 의미인가? 선포된 말씀이 에스겔 자신의 것이 아니라 오직 주님의 말씀임을 알리며 담대히 자랑하라는 뜻 아니겠는가? 예레미야는 동일한 사상을 다른 말로 이렇게 표현한다. "꿈을 꾼 선지자는 그 꿈을 말할 것이요, 내 말을 받은 선지자는 내 참된 말만 전할지니라. 어찌 쭉정이가 알곡과 같겠느냐? 주님의 말씀이니라."렘 23:28 이와 비슷하게, 말라기를 통해 하나님께서 말씀하시기를 "율법의 말씀을 제사장들의 입에서 구하게 되어야 할 것이라"고 하신 다음, 그 이유는 "그들이 만군의 주님의 사자이기 때문이라"고 덧붙이신다.말 2:7

사도적 모범

이제 많은 훌륭한 칭호로 존경을 받는 사도들에게로 눈을 돌려 보자. 사도들은 "세상의 빛"이요 "땅의 소금"이다.마 5:13-14 그들의 말은 그리스도 자신의 말씀처럼 경청되어야 한다. 그들이 땅에서 묶거나 푼 것은 하늘에서도 묶이고 풀릴 것이기 때문이다.마 16:19 사도들이 가진 이름 자체가 사도적 직무의 권능이 얼마나 널리 영향을 미치는지를 보여준다. 그들은 사도, 곧 자기 마음대로 주절대지 않고 오직 자기를 보내신 분의 명령만을 충실하게 전달하는 사절이어야 한다. 그리스도는 그들에게 이렇게 말씀하셨다. "보라, 살아 계신 아버지께서 나를 보내셨듯이 내가 너희를 보내노라." 요 20:21 또 그가 어떻게 아버지에게서 보내심을 입었는지를 그 입술로 증거하신다. "나의 가르침은 내 것이 아니라, 나를 보내신 내 아버지의 것이니라."요 7:16

비록 복종하신 이유가 매우 다르기는 하더라도, 예수 그리스도가 친히 복종하신 이 법을 부정하는 처사는 사도들 및 그들을 따르는 이들에 대한 끔찍한 모독일 것이다. 언제나 아버지 품에 거하신 아버지의 영원하고 유일하신 모사, 그리스도는 아버지에게서 자신의 사명을 받으셨으므로, 모든 지식과 지혜의 보화가 그 안에 숨겨져 있다.사 9:6, 요 1:18, 골 2:3 바로 이 원천에서 모든 선지자도 그들이 가르치던 하늘에 속한 모든 것을 길어 올렸다. 바로 이 원천에서 아담과 노아와 아브라함과 이삭과 야곱, 그리고 하나님께서 자기를 계시하기로 선택하신 모든 이가 그들이 가진 모든 영적 이해를 길어 올렸다. 세례 요한은 이렇게 선언했다. "아무도 하나님을 보지 못했지만 아버지의 품속에 계시는 유일하신 아들이 그를 우리에게 알리셨도다."요 1:18 2 그리스도가 친히 이렇게 말씀하셨다. "아들과 아들이 아버지를 계시하기로 택한 자 외에는 아무도 아버지를 보지 못했느니라."마 11:27

이 말씀이 진실하다면(물론 가장 확실하다), 족장들이 홀로 아버지의 은밀한 것들 속으로 들어가는 아들의 가르침을 받지 않고도 과연 하나님의 신비를 이해하고 선포할 수 있었겠는가? 그러므로 이 거룩한 사람들이 알던 하나님은 오직 거울로 보듯이 아들 안에서 본 아버지뿐이었다. 이 거룩한 선지자들은 오로지 바로 그 아들의 영을 통해서만 하나님에 관해 말할 수 있었다. 달리 표현하는 것이 더 좋다면, 하나님은 오직 그분의 아들을 통해서만, 곧 하나님의 유일한 지혜와 빛과 진리를 통해서만 사람들에게 자기를 계시하셨다고 하겠다.

교회의 유일한 교사이신 그리스도

이 하나님의 지혜가 예전에 여러 가지 방식으로 알려졌음에도 아직 그 빛을 완전히 비춘 것은 아니었다. 그러나 이 지혜가 마침내 육신으로 나타났을 때, 이 지혜는 하나님에게서 사람의 정신으로 들어갈 수 있는 모든 것과 우리가 하나님에 관해 가져야 할 모든 사상을 남김없이 계시하셨다. 분명히, 다음과 같이 기록한 사도는 결코 평범한 사상을 말하고 있지 않다. "옛 조상들에게 선지자를 통해 여러 가지 방식과 수단으로 말씀하셨던 하나님께서 이 마지막 때에는 그분의 사랑하시는 아들을 통해 우리에게 말씀하시도다."히 1:1-2 이 말씀으로 사도가 증거한 사실은, 지금부터 하나님은 전에 이런저런 사람들을 통해 말씀하셨던 것처럼 다시는 말씀하시지 않을 것이요, 전처럼 예언에 예언을 더하거나 계시에 계시를 더하지도 않으실 것이며, 오직 그분의 아들을 통해 그 모든 가르침을 최종적으로 완성하셨다는 것이다. 그러므로 우리는 하나님의 아들이라는 증거야말로 우리가 하나님에 관해 얻을 수 있는 최종적이고 영원한 증거임을 알아야 한다. 그렇기 때문에 그리스도가 처음 출현하여 그 복음을 전파하신 날부터 심판의 날까지 해당되는 신약 시대 전체는, 이미 앞에서 논의한 대로 "마지막 때"나 "마지막 날들"이나 "나중에"로 묘사된다.요일 2:18, 딤전 4:1, 히 1:2 따라서 우리는 그리스도의 교훈의 완전함에 만족함으로써, 새로운 교훈을 만들지 않는 법과 사람이 지어낸 교훈을 수용하지 않는 법을 배워야 한다.

따라서 예외적 특권으로 우리에게 자기 아들을 보내신 아버지께서 그 아들을 우리의 교사이자 스승으로 임명하시면서 그 외에 누구의 말도 듣지 말라고 명령하시는 것은 당연했다. 하나님은 참으로 우리가 그 아들의 가르침을 받도록 "그의 말을 들으라"는 가장 간략한 말씀으로 권면하셨다.마 17:5 그러나 이 짧은 말씀에는 보이는 것보다 큰 위력과 의의가 있다. 이 말씀은, 우리를 불러내어 모든 인간적 교훈에서 떼어 놓으신 하나님께서 우리에게서 그분의 아들 외에는 아무도 남겨 놓지 않으셨음을 뜻하기 때문이다. 또한 구원에 관한 모든 진리를 그분의 아들에게서 받도록 우리에게 명령하셨음을 뜻하며, 오직 그 아들만 의지하고 붙들라고, 곧 이 말씀 자체가 암시하듯이 그에게만 순종하라고 명령하셨음을 뜻한다. 터놓고 말해서, 생명의 말씀이 친히 우리 가운데 거하시는데, 혹여 누군가 이 하나님의 지혜가 인간에게 압도되기를 바라지 않는 한 우리가 인간에게서 무슨 능력을 더 기대하고 바라겠는가? 오히려 모든 인간의 입은 막아 두어야 마땅하지 않은가? 아들 속에 지식과 지혜의 모든 보화를 기꺼이 감추어 두셨던 아버지께서 이제 아버지의 다함없는 지혜에도 합당하고, 동시에 만물을 계시하시는 그분의 메시아에게도 합당한 방식으로 말씀하셨기 때문이다. 내 말뜻은 그리스도가 말씀하심으로써 다른 모두에게는 할 말이 하나도 남지 않게 되었다는 것이다.

다시 말하지만 그리스도는 말씀하셔야 하고, 그리스도 외에는 누구도 말해서는 안 된다. 온 세상은 침묵해야 하며, 오직 그리스도만 순종을 받으시고 다른 모두는 무시되어야 한다. 권세는 그리스도의 것이기에, 그가 말씀하셔야 마땅하다. 게다가 그리스도는 그의 제자들에게 "너희는 선생이라 불리지 말지니, 오직 하나 곧 그리스도만이 너희의 교사임이라"고 말씀하실 때 이 사실을 가장 분명하게 밝히셨다. 그리스도는 이 말씀을 그 제자들의 마음속 깊이 심어 두시기 위해 같은 곳에서 두 번 반복하신다.마 23:8, 10 사도들과 그 후예에게 남겨진 유일한 일은 오직 그리스도가 그들의 사명으로 정하신 법을 세심하게 준수하는 것뿐이다. 그리스도는 그들 스스로 만들어 낸 것이 아니라, 그리스도가 그들에게 가르치신 모든 것을 모든 민족에게로 가서 가르칠 것을 명령하시며 이 법을 주셨다.마 28:19-20 베드로 역시 그 스승에게서 자기 임무에 관해 제대로 가르침을 받았기에, 자신이나 다른 사람을 위해서는 어떤 것도 확보해 두지 않았다. 그는 이렇게 기록한다. "말하는 자는 하나님의 말씀을 할지니라."벧전 4:11 이는 곧 어떤 머리에서 나왔든지 상관없이 인간 정신이 지어낸 것이면 무엇이든 다 배격함으로써, 오직 하나님의 순수한 말씀만이 신자의 교회에서 가르쳐지고 습득되게 하라는 뜻이 아니면 무엇이겠는가? 지위에 상관없이 인간의 모든 칙령을 폐지함으로써 오직 하나님의 규례만 준수되게 하라는 뜻이 아니면 무엇이겠는가? 그처럼 영적인 병기는 "견고한 성을 허물기 위한 하나님의 손에 들린 강력한" 병기요, 하나님의 충성된 군사들이 "하나님을 아는 지식에 반하는 인간의 모든 계획과 교만을 무너뜨리는" 병기다. 그 군사들은 이 병기로 "모든 생각을 사로잡아 그리스도께 복종시키며, 모든 불순종에 보응할 태세를 갖춘다!"고후 10:4-6

여기서 우리는 교회에서 무슨 호칭으로 불리든지 상관없이 모든 목사에게 부여된 교회의 권세에 관해 분명하게 설명하겠다. 다시 말해, 하나님의 말씀을 섬기는 청지기직을 받은 목사는 무엇이든 담대하게 하나님의 말씀으로 감행하여, 이 세상의 영광과 위엄과 권능을 이끌어 하나님의 위엄에 순종하고 굴복하도록 만들어야 할 것이다.이 동일한 말씀으로 목사는 모든 사람을 통솔하며, 그리스도의 집을 세우고 마귀의 나라를 전복해야 할 것이다. 그들은 양을 먹이고 늑대를 제거해야 하며, 배울 만한 사람을 교훈과 권고로 이끌어야 하며, 완고한 반역자를 억제하고 형벌해야 한다. 목사는 묶기도 하고 풀기도 하며 뇌성과 번개처럼 호령하되, 오직 하나님의 말씀으로 그 모든 일을 해야 한다.

로마의 잘못된 권위 주장

이 권세가 주교 행세를 하고 영혼의 지배자 행세를 하는 영적 폭군이 자랑하는 권세와 비교된다면, 이와 가장 견줄 만한 것은 그리스도와 벨리알의 비교라고 할 것이다.고후 6:15 먼저 그 폭군들은 우리의 신앙이 그들의 판단에 의존하도록 요구하고, 우리가 그들의 결정을 확실하고 의심의 여지 없는 결정으로 여겨야 한다고 주장한다. 그럼으로써, 그들이 승인한 바를 우리가 확신 있게 승인하고 그들이 정죄한 바를 우리가 정죄하도록 유도한다. 이 전제는 다음과 같은 결론들로 이어진다. 첫째, 교회는 믿음의 새로운 조항을 만들 권한을 가진다. 또한 교회의 권세는 성경의 권위와 유사하다. 긍정적이든 부정적이든 교회의 모든 법령에 명시적인 믿음으로든 혹은 암묵적인 믿음으로든 따르지 않는 자는 그리스도인이 아니다.[3] 그다음으로, 그들은 우리 양심이 그들의 통제에 따를 것을 요구함으로써, 그들이 부과하는 모든 법을 우리가 따를 수밖에 없도록 만든다. 그러는 동안 그들은 자기들 좋은 대로 하나님의 말씀을 경멸하고 교리를 조작함으로써, 우리가 강제로 그 법을 믿고 의무적으로 준수할 수밖에 없도록 법률을 제정한다.

첫째 결론에 관해서 말하면, 그들은 그들 자신을 위해 새로운 교리를 가르칠 자유와 새로운 신앙의 조항을 신설할 자유를 부당하게 주장하고 있다. 그런데 그 자유는 우리가 조금 전에 증명했듯이 사도들이 거부한 자유였다. 그들이 계속 동의하지 않는다면, 바울이 자신의 모범을 그들에게 제시하리라. 바울은 주님께서 자신을 고린도 교인들을 위한 사도로 임명하셨음에도 그 자신이 직접 그들의 믿음을 통제하려 하지 않았다.고후 1:24 주님께서 가르치는 일에 있어서 그런 자유를 승인하셨다면, 선지자 두세 명이 말할 때 나머지 사람들은 분별해야 한다는 규정과, 진리가 다른 사람에게 계시되면 먼저 말한 사람은 잠잠해야 한다는 규정을 바울이 정하지 않았을 것이다.고전 14:29-30 바울은 그렇게 함으로써 하나님 말씀의 결정에 복종함에 있어서는 누구의 권위도 예외로 허락하지 않았다. 더욱 분명하게, 다른 곳에서 바울은 "믿음은 들음에서 오고, 들음은 하나님의 말씀에서 온다"고 기록함으로써,롬 10:17 우리 믿음을 모든 인간의 전수된 제도와 새로 지어낸 것들로부터 해방시킨다. 그처럼 믿음이 오직 하나님의 말씀에 의존한다면, 믿음이 오직 그 말씀만 바라보고 의지한다면, 인간적인 말이 차지할 여지는 전혀 남지 못한다.

둘째 결론으로서, 법을 제정하는 권세에 관해 살펴보자. 이 권세는 사도들과 전혀 상관없고 종종 하나님의 말씀이 교회 목사에게 금지했으므로, 나는 그들이 감히 사도적 선례도 없고 매우 분명한 하나님의 금령까지 거스르면서 그들 자신을 위해 그런 권세를 주장한다는 사실이 경악스러울 따름이다. 야고보가 하는 말은 어떤 식으로 들더라도 자명하지 않은가? "자기 형제를 판단하는 사람마다 율법을 판단하는 것이요, 율법을 판단하는 사람마다 율법의 준수자가 아니라 재판장이니라. 구원하실 수도 있고 멸하실 수도 있는 입법자는 오직 한분만 계시느니라."약 4:11-12 일찍이 이사야도 이렇게 말했다. "주님은 우리의 왕이시요 입법자이시며 재판장이시니, 그가 우리를 구원하시리라."사 33:22 우리는 영혼을 다스리는 권세를 가지신 분은 생명과 죽음과 구원과 파멸을 담당하시는 주님이라는 야고보의 선언에 주목한다. 아무도 그런 우월성을 주장할 수 없기 때문에, 우리는 오직 하나님만이 우리 영혼의 왕이심을 인정해야 한다. 오직 하나님만이 구원하고 정죄하는 권세를 가지셨기 때문이다. 또한 이사야가 귓전을 울리는 소리로 선포하듯이, 오직 하나님 한분만이 왕과 재판장과 입법자와 구원자로 경외받으셔야 한다. 베드로 역시 목사들에게 그 직무에 관해 알려줄 때, 그들의 양 떼를 먹이되 유업으로 받은 것에 주인 행세를 하지 말도록 권면한다. 베드로가 유업이라 한 것은 하나님께서 그들에게 맡기신 신자들을 가리킨다.벧전 5:2-3

하나님의 말씀과 상관없이 통치권을 주장하는 자들을 생각해 보라. 그들이 자랑하는 모든 권세는 허물어지고 흩어지고 있다! 하나님께서 사도들에게 자기들의 나라를 세우고 자기들의 교훈을 가르치라고 주신 것은 아무것도 없기 때문이다. 사도들은 오직 하나님의 나라와 그 진리를 높이고 영화롭게 하기 위해서만 모든 것을 받았다.

교회와 공의회는 무오하지 않다

그들은 그들의 전통이 그들 자신의 전통이 아니라 하나님의 전통이라고 주장하며 변명한다는 사실을 나는 잘 알고 있다. 그들은 그들 스스로의 상상력으로 지어낸 사상을 가르치지 않고, 다만 그들이 하나님의 섭리에 따라 택함을 받아 다스리게 된 하나님의 백성에게 그들이 성령에게서 받은 것을 전달할 뿐이라고 주장한다. 그들은 그 주장을 뒷받침하기 위해 다른 여러 가지 주장을 개진한다. 예를 들어, 그들에 따르면 우리 주님은 그분의 교회에 위대하고 찬란한 직분을 베푸심으로써 그분의 교회를 흠이나 주름 없이 거룩하고 깨끗하다고 여기신다. 또한 교회에는 언제나 그의 성령이 임재할 것이라 맹세하신 예수 그리스도의 매우 분명한 약속들이 있다. 그래서 그들은 무릇 교회의 권위를 의심하는 사람은 교회에 해를 끼칠 뿐 아니라, 교회를 그 지도자를 통해 가장 분명하게 관할하고 계시는 성령을 모독한다고 주장한다. 그렇기 때문에 예수 그리스도는 교회의 권세를 따르지 않으려는 사람이면 누구나 세리와 이방인으로 취급하기를 바라셨다는 것이다.[마 18:17] 따라서 그들의 추론에 따르면, 구원에 필수적인 문제에 있어서 교회가 실수할 수 없다는 데 모두가 동의해야 한다.

또한 그들은 마치 교회에 관해 말한 모든 것이 자기들에게 해당되는 것처럼, 특히 그들이 실수하면 그들의 어깨 위에 지탱되고 있는 온 교회가 무너져 버릴 것처럼 주장한다. 그래서 그들은 우리가 교회를 신뢰하는 만큼 교회 공의회의 진실성도 신뢰해야 한다고 결론을 내린다. 공의회가 교회를 대표하므로 성령의 지배를 받고 있음이 틀림없기 때문이라는 것이다. 그러므로 공의회는 오류를 저지를 수 없다.[4] 비슷한 맥락에서, 이는 곧 그들의 전례는 성령의 계시요, 누구든 이 계시를 멸시하면 필연적으로 하나님을 멸시하게 된다는 것이다. 그들의 율례의 신빙성을 더욱 강화하고 그들의 권위를 향상하기 위해서, 그들은 죽은 자를 위한 기도나 의식 순서와 관련된 거의 모든 것을 비롯하여 그 율례 대부분이 사도들에게서 전해 내려온 것이라고 우리를 믿게 하려 한다. 그들은 우리 주님께서 사도들에게 "나는 너희에게 말할 것이 많으나 지금은 너희가 감당할 수 없고, 나중에는 그것들을 알게 되리라"고 하신 말씀에 근거하여,요 16:12 그리스도가 승천하신 이후에도 기록되지 않은 많은 것들이 사도들에게 계시되었다고 절대적으로 확신하기 때문이다.

그뿐만 아니라, 그들은 사도들이 아주 다양한 상황마다 함께 모여서 그 의회의 권위로 이방인에게 명하여 우상에게 제사한 음식과 피와 목 졸라 죽인 짐승의 고기를 삼가라고 함으로써 이 권세를 명료하게 나타냈다고 주장한다.행 15:28-29 그러나 나는 이런 주장들을 나와 함께 인내심을 가지고 체계적으로 조사하는 모든 사람에게 과연 그들이 얼마나 어리석고 경박한지를 전혀 어렵지 않게 보여줄 수 있다. 내가 그들을 가르침으로써 무언가 얻을 수 있다고 생각한다면, 나는 내 반대자들도 당연히 이 부분에 신중하게 관심을 기울여 주기를 청하고 싶다. 그러나 내 반대자들은 모든 가능한 수단으로 자기 목적을 이루기 위해 진리를 무시하려 들기 때문에, 나는 그들이 이 부분에 전혀 관심이 없다고 본다. 내가 할 일이란, 하나님을 두려워하고 진리에 대한 열정을 품은 사람들, 곧 내가 지금 가르치려는 이들에게 과연 어떻게 그들이 이 인간적인 기만에서 벗어날 수 있을지를 보여주는 것이다.

우선, 그들은 이 폭군들이 영원히 자랑하는 "교회"의 이름으로 내세우는 거짓 주장들에 쉽게 마음이 동하지 않는 법을 배워야 한다. 이 폭군들은 교회에 치명적인 역병이다. 그들은 고대 유대인이 하나님의 선지자들에게 눈멂과 불경건함과 우상숭배로 책망당할 때 했던 것과 똑같이 반응하기 때문이다. 유대인이 성전과 의식과 제사장직 및 그들이 교회의 구성요소로 여긴 것들에 호소하여 자기들을 방어하려 했듯이, 이 사람들도 교회와 아무 상관없는 번지레한 가면을 씌운 어떤 것을 교회라고 우리에게 제시한다. 교회는 그런 가면 없이도 얼마든지 존재할 수 있다. 그러므로 우리에게 필요한 것은, 오직 예레미야가 유대인의 허망한 확신을 공격할 때 사용한 다음의 말씀뿐이다. "그들이 '주님의 성전이로다. 주님의 성전이로다. 주님의 성전이로다' 하는 거짓말로 떠벌이지 못하게 할지어다!" 렘 7:4 주님께서 그분의 성전으로 여기시는 곳은 오직 주님의 말씀이 선포되어 경외함으로 준수되는 곳뿐이다. 주님께서 "진리에 속한 자마다 그의 음성을 듣느니라"고 선언하시며, 요 18:37 그의 사람들에게 새기신 영원한 표징이 바로 그것이다. 또한 주님은 "그는 자기 양들을 알고 그 양들도 그를 아는 선한 목자이니, 그 양들이 그의 음성을 듣고 따르도다"라고 말씀하셨다. 요 10:14 조금 앞에서는 "양들은 목자의 음성을 알고 그를 따르지만 낯선 이는 따르지 않고 도리어 도망하나니, 이는 그들이 낯선 이의 음성을 알지 못함이니라"고 말씀하셨다. 요 10:4-5

예수 그리스도는 교회를 구분하실 때, 그것이 나타나는 곳마다 교회임을 가리키는 확실한 표징을 새겨 주셨다. 그렇다면 어찌 우리가 그 교회를 구분하는 데 허탈하게 실패하겠는가? 반면, 그 표징이 없을 때는 참된 교회임을 나타낼 수 있는 것이 하나도 남지 않는다. 우리 주님은 "무릇 하나님께 속한 자는 하나님의 말씀을 듣느니라. 그러므로 너희는 하나님의 말씀을 듣지 아니하나니, 이는 너희가 하나님께 속하지 아니함이니라"고 하시며 두 무리의 차이를 친히 설명하셨다. 요 8:47 요컨대, 교회는 그리스도의 나라이고 그리스도는 오직 그의 말씀을 통해서 통치하신다. 그렇다면, 그리스도의 나라가 그의 홀, 곧 그의 거룩한 말씀 없이 존재한다는 주장은 명백한 거짓임을 이제 우리는 확실히 분별해야 한다.

우리는 모든 가식과 속임수를 내던지고, 오직 그리스도가 어떤 교회를 요구하시는지에 관하여 필요한 질문만을 고려함으로써 그리스도의 규칙을 따르기로 하자. 하나님의 말씀이 세운 한계를 벗어나 방황하며 새로운 법을 만들고 하나님을 섬기는 새로운 방법을 고안하길 즐기는 교회는 교회가 아니라는 사실은 명백해질 것이다. 한때 교회에 부과되었던 법은 영원한 진리가 아니다. 우리 주님께서 "아무것도 더하지도 말고 감하지도 말지니, 너희는 오직 내가 명령하는 대로 행하라"신 12:32 고 말씀하셨으며, 또한 "너희는 주님의 말씀에 무엇을 더하지도 말고 감하지도 말아서, 주님께서 너희를 책망하지 않고 너희가 거짓말쟁이로 드러나지 않게 하라"잠 30:6 고 말씀하셨기 때문이다. 아무도 이 말씀들이 교회를 향해 선포되었음을 부인할 수 없다. 그래서 우리는 이 금령에도 교회가 감히 하나님의 말씀에 무엇을 마음대로 덧붙일 때, 당연히 교회의 그 반역을 비난한다. 다만 우리는 교회에 큰 해를 끼치는 그들의 거짓말에는 귀를 기울이지 말자. 인간에게는 하나님의 말씀이 정한 한계를 무시하며 자기가 지어낸 것을 정당화하는 우매한 뻔뻔함이 있다. 우리는 인간이 교회라는 호칭을 거짓되게 악용하여 그 우매한 뻔뻔함을 위장한다는 사실을 기억하자. 온 세상 교회를 향해 하나님의 말씀에 무엇을 더하거나 감하지 말도록 금지한 명령은 이해하기가 어렵지 않고, 모호하거나 불확실하지도 않다.

하나님의 말씀을 들으라는 선지자들의 호소

우리의 반대자들은 이 금령이 율법일 뿐이며 예언은 나중에 왔다고 주장할 것이다. 그들이 예언의 목적은 율법에 무엇을 더하거나 감하는 것이 아니라 보강하는 것임을 인정하는 한, 나도 그들에게 동의한다. 주님은 모세의 사역이 그분의 종인 선지자들의 가르침과 마지막으로 그 사랑하시는 아들에 의해 명확해지기까지는 모호함으로 가득했다 하더라도, 어떤 것도 모세의 사역에 더해지거나 제거되는 일을 허락하시지 않는다. 그렇다면, 율법과 선지자와 시편과 복음에 무엇을 더하는 것은 더욱 엄격하게 금지되어 있음이 당연하지 않은가? 주님은 결코 그분의 뜻을 바꾸지 않으셨다. 주님은 인간이 자기가 만들어 낸 것으로 주님을 섬기려 하는 짓이야말로 가장 심각한 모독이라고 오래전에 선언하셨기 때문이다.

이에 관한 탁월한 증거는 선지자들에게서 발견된다. 우리는 이 증거를 언제나 우리 목전에 잘 간수해야 한다. 주님은 예레미야를 통해 말씀하셨다. "내가 너희 조상들을 이집트 땅에서 이끌어 내었을 때, 나는 그들에게 예물과 희생제물을 바치라고 명령하지 않았고, 다만 '너희는 내 말을 들으라. 나는 너희 하나님이 될 것이요 너희는 내 백성이 되리니 너희는 내가 너희에게 보일 길에서 행할 것이라'고 명령하였느니라."렘 7:22-23 또한 주님은 이렇게 말씀하셨다. "나는 여러 번 너희 조상들에게 '내 말을 들으라'고 경고하였느니라."렘 11:7 비슷한 다른 많은 구절들이 있지만, 가장 주목할 만한 구절들 중 다음과 같은 사무엘의 말이 있다. "주님께서 번제물과 제사를 요구하시느냐? 오히려 그분의 목소리를 따르기를 요구하시지 않느냐? 순종이 제사보다 낫고, 살진 제물을 바침보다 듣는 것이 나음이니라. 이는 하나님을 거역함은 점치는 죄와 같고, 하나님께 순복하지 않음은 우상을 섬기는 죄와 같음이라."삼상 15:22-23 교회의 권위가 주도한 혁신들 중 어떤 것은 불경건하다는 책망을 피할 수 없으므로, 교회가 그 모든 혁신을 다 행했다는 주장은 틀린 것임을 우리는 쉽사리 추론할 수 있다.

결과적으로 우리는 교회의 이름으로 승인되는 인간 전통의 폭정에 맞서서 담대하게 투쟁한다. 우리의 대적들이 우리를 가증스럽게 만들려고 우리의 처신을 부당하게 비난하지만, 우리는 교회를 경멸하지 않는다. 오히려 우리는 교회가 바랄 수 있는 가장 충만한 순종의 찬미를 교회에 돌린다. 하지만 그들이야말로 교회를 교회의 주님과 불화하게 만듦으로써 교회에 끔찍한 위해를 끼친다. 교회가 그들의 지휘를 받아 하나님의 계명을 위반했기 때문이다. 나는 오직 이 한 가지 사실, 곧 그들이 교회의 권세를 계속해서 운운하면서도 교회가 하나님께 받은 명령과 마땅히 그분께 드려야 할 순종을 무시하고 은닉하는 것은 엄청난 오만함과 사악함이라는 사실만 밝혀 둘 뿐이다. 그러나 우리가 교회와 좋은 관계를 유지하기를 바란다면, 하나님께서 우리와 온 교회에게 행하라 하신 명령을 숙고하고, 그럼으로써 우리가 한뜻으로 하나님께 순종해야 한다. 우리가 언제 어디서나 스스로 하나님께 복종한다면, 교회와 온전히 일치한다는 데는 전혀 의심할 여지가 없기 때문이다.

성령의 은사에 대한 질문

그러나 그들은 교회가 가장 관대한 약속을 받는다고 주장한다. 그래서 교회는 결코 자신의 신랑이신 그리스도에게서 버림받지 않고 그리스도의 성령의 인도하심을 받아 모든 진리 안으로 들어갈 것이라고 한다. 자, 무엇보다도 그들이 더욱 능숙하게 인용하는 모든 약속은, 많은 신자 무리에게 해당되는 만큼 동일하게 개별 신자에게도 해당된다. 사실, 우리 주님은 그의 열두 사도에게 이렇게 말씀하셨다. "내가 세상 끝 날까지 너희와 함께 있으리라."[마 28:20] 그리고 다시 이렇게 말씀하셨다. "내가 아버지께 구하리니, 그분이 너희에게 또 다른 위로자, 곧 세상이 능히 받지 못하는 진리의 영을 주셔서 너희와 영원히 거하게 하시리라. 이는 세상은 그를 보지도 못하고 알지도 못함이니라."[요 14:16-17] 그럼에도 주님은 이 약속을 열둘로 된 집단에게 하시지 않고, 그들 각 사람에게와 그가 이미 택하셨거나 이후에 택하시려는 제자들에게 하셨다. 특별한 위로로 충만한 이 약속들을 마치 그리스도인 개인에게는 전혀 해당되지 않고 오직 집합적으로 교회 전체에만 해당되는 듯 해석할 때, 그들은 모든 그리스도인 각자가 마땅히 받아야 할 위로를 차단하고 있지 않은가?

모든 사람에게 자비와 호의가 충만하신 주님께서 어떤 사람에게는 다른 사람보다 더 풍성하게 관대함을 베푸신다는 사실을 나는 부인하지 않는다. 교회의 교사로 임명된 사람은 다른 이들을 능가하는 특별한 은사를 가져야 하기 때문이다. 마찬가지로, 나는 하나님의 여러 은사들이 다양하게 분배됨을 부인하지 않는다.[고전 12:4, 11] 또한 다양한 은사들을 갖춘 신자들의 교제는 하늘의 지혜에 있어서는 단 한 사람의 지혜보다 전반적으로 그다지 부요하지 못하다는 사실도 부인하지 않는다. 다만 나는 이 사람들이 우리 주님의 말씀을 고의적으로 왜곡하여 그 말씀의 진의가 잘못 전달되게 하고 있다고 주장하고 싶다. 그러므로 우리는 주님께서 그분의 사람들을 영원히 도우시고 그분의 영으로 그들을 인도하신다는 분명한 사실을 인정한다. 또한 하나님의 영은 오류나 무지나 거짓이나 어둠의 영이 아니라 계시와 진리와 지혜와 빛의 영이시며, 하나님의 사람들은 하나님께서 자기에게 주신 것, 곧 그 부르심의 소망, 하나님의 유업의 풍성한 영광, 모든 믿는 자에 대한 그 능력의 경이로운 위대함 등을 오류의 위험 없이 배우리라는 사실을 우리는 인정한다.고전 2:12, 엡 1:18-19

또한 주님께서 그분의 교회에 다양한 은사들을 확정하심으로써, 언제든 어떤 개인이 교회의 건덕을 위해 그 은사들을 풍성하게 부여받게 하셨음을 나는 부정하지 않는다. 이는 주님께서 사도와 선지자와 교사와 목사를 교회에 주셔서 "우리 모두가 연합된 믿음 안에서, 하나님의 아들을 아는 지식 안에서, 그리고 그리스도의 온전하고 완전한 충만함 가운데 다 함께 모이게 되기까지" 그들이 한마음으로 다양한 역할을 하며 일하도록 하셨기 때문이다.엡 4:11-13 그뿐만 아니라, 신자들은 이 육체에 있는 동안 성령을 조금 맛보고 겨우 그 시작만 누리기 때문에, 다른 이들보다 하나님의 풍성한 은사로 더욱 충만한 신자들조차 혹시라도 자기 마음대로 지나치게 행하다가 옳은 길에서 떠나게 되지 않기 위하여, 오직 자기의 연약함을 인정하고 하나님 말씀의 한계 내에서 신중하게 머무는 것만 할 수 있을 뿐이다. 그들이 이 말씀에서 조금이라도 떠나면, 분명 많은 것들에서 실수를 저지르게 될 것이다. 오직 성령의 가르침을 통해서만 우리가 하나님의 신비를 이해하는데, 그들은 더 이상 이 성령이 함께 계시지 않는 처지가 되기 때문이다.

바울은 "그리스도가 물세례를 통해 생명의 말씀으로 그의 교회를 정결케 하셨으니, 이는 그가 교회를 티나 주름이 없는 영광스러운 신부가 되게 하시고, 거룩하고 흠 없게 되게 하려 하심이라"고 확언한다.엡 5:26-27 여기서 바울은 그리스도가 이미 다 행하신 일이 아니라, 그 택하신 자들 가운데 그리스도가 매일매일 행하고 계시는 일을 알려 준다. 그리스도가 매일매일 그가 택하신 자들을 성별하시고 정결하게 하시고 그들의 티를 씻어 제거하신다면, 그들에게는 아직 더러움이 남아 있고 주름이 있으며 그들의 성화가 완성되지 않았음이 분명하다. 그러므로 교회의 지체들이 아직 불결하고 부정할 때 교회를 이미 거룩하고 흠 없다고 간주하는 것은 터무니없지 않은가? 그리스도가 그의 교회를 물세례를 통해 생명의 말씀으로 씻으셨다는 것은 사실이다. 다시 말해, 그리스도는 죄 사함을 통해 그의 교회를 정결하게 하셨다. 이 정결함을 알리는 표징이 세례다. 그리고 그리스도가 그의 교회를 거룩하게 하시려고 정결케 하셨다. 다만, 여기서 우리는 교회의 성화의 시작만을 볼 뿐이다. 그들의 성화는 가장 거룩한 성자이신 그리스도가 그의 거룩하심으로 온전히 교회를 채우실 때 비로소 완성되고 충만해질 것이다.

성령, 교회, 말씀

그러므로 교회는 이 약속을 신뢰하면서 자기의 믿음을 지킬 수 있는 많은 것들을 가지고 있다. 교회는 자기에게 언제나 성령 안에서 바른길로 이끄는 매우 확실한 지도자와 안내자가 있음을 의심하지 않기 때문이다. 또한 교회의 믿음은 좌절되지 않는데, 주님께서 그분의 사람들을 결코 속이려 하시거나, 그들 속에 공허한 기대를 채우려 하시지 않기 때문이다. 또한 자기의 무지를 인정하는 교회는 신뢰할 만한 경고를 받음으로써, 분별 있는 아내와 학생답게 언제나 자기의 스승과 신랑 되신 분의 가르침에 귀를 기울인다. 그래서 교회는 스스로 지혜롭게 되지 않고 자기 마음대로 생각하지도 않으면서, 오직 그리스도가 말씀을 마치셔야 지혜를 얻을 수 있다는 사실에 대해 숙고한다. 그러므로 교회는 인간의 이성이 만들어 낸 것은 무엇이든 다 불신하고, 하나님의 말씀을 신뢰할 때는 결코 흔들리거나 주저하지 않으면서 커다란 확신과 견고함으로 그 말씀에 굳게 의지한다.

주님께서 우리가 교회에서 그의 성령으로부터 받게 하시려는 유익을 숙고하는 일은 참으로 선하다. 주님은 "내가 아버지에게서 너희에게로 보낼 성령이 너희를 모든 진리로 인도하시리라"고 선언하신다.[요 16:13] 그런데 어떻게 그 일이 이루어지는가? 주님은 계속해서 설명하신다. "내가 너희에게 가르친 모든 것을 그가 기억하게 하시리라."[요 16:13] 그리스도의 말씀에 따르면, 우리가 그의 성령에게서 기대할 수 있는 유일한 것은 오직 그 성령이 우리 마음을 조명하심으로써 우리로 그리스도의 가르침의 진리를 받아들이게 하시리라는 것뿐이다. 이 점에 있어서 크리소스토무스의 말에 주목할 가치가 있다. "많은 이들이 성령을 자랑하지만, 자신의 것을 더하는 자들은 잘못된 방식으로 성령을 내세우는 것이다. 마치 그리스도가 그 자신에 대해서 말씀하시지 않고 그의 가르침이 율법과 선지자에게서 왔음을 증거하셨듯이, 우리도 성령에게서 온 것처럼 보이지만 사실은 복음에 들어 있지 않은 것을 결코 신뢰하지 말아야 한다. 그리스도가 율법과 선지자의 성취이듯이, 성령도 복음의 성취이기 때문이다."[5] 그러므로 예수 그리스도가 그의 교회의 권위를 높이 인정하심으로써 우리로 교회를 반대하는 자들을 세리와 이방인으로 여기게 하심은 전혀 놀랄 일이 아니다. 또한 주님은 "두세 사람이 내 이름으로 모이는 곳에는 내가 그들 중에 있으리라"는 매우 특별한 약속을 더하신다.[마 18:17, 20] 그러나 저 뻔뻔스러운 사기꾼들이 감히 이 증거의 말씀을 자랑하는 행태야말로 얼마나 기가 막힐 노릇인가! 그들이 이 말씀에서 끌어낼 수 있는 결론이란, 하나님의 진리에 언제나 순응해야 마땅한 교회의 합의를 경멸하는 것은 불법이라는 주장이지 않은가? 그들은 "우리가 교회의 말을 들어야 한다"고 말한다. 교회가 하나님의 말씀에 없는 것을 전혀 말하지 않는다면, 과연 누가 반대하겠는가? 그들이 하나님의 말씀을 넘어서는 무엇을 요구한다면, 그들은 그리스도의 이 말씀이 그들과 분명히 대척하고 있음을 이해해야 할 것이다. 그 약속은 그리스도의 이름으로 모인 이들에게 주어진 약속이고 그들의 교제가 교회라 불리기 때문에, 우리는 그리스도의 이름으로 모인 교회 외에 다른 어떤 교회도 존재할 수 없다고 주장하기 때문이다. 그러나 하나님의 말씀에 아무것도 더하거나 빼지 말라는 하나님의 계명을 우롱하면서 무엇이든 자기들이 좋아하는 교훈을 지어내는 자들이 과연 그리스도의 이름으로 모인 것인가?

교회는 구원에 필수적인 요소들에 있어서 오류를 범할 수 없다는 그들의 결론은 우리의 가르침과 상반되지 않는다. 그러나 우리는 이 말의 의미로 알려진 바에 대해서는 가장 강력하게 반박한다. 우리는 교회가 자기의 지혜를 포기하고 하나님의 말씀을 통해 성령의 가르침을 받는 데 동의하는 한에서만 오류를 범할 수 없다고 믿는다. 그와 달리, 이 사람들은 교회가 하나님의 성령의 다스리심을 받기 때문에 말씀 없이도 안전하게 나아갈 수 있고, 그 처신과 상관없이 참된 것을 생각하고 말할 수 있다는 관점에 기울어져 있다.

교회의 거짓 지도자들

만약 우리가 그들이 교회에 관해 요구하는 모든 것을 양보한다 하더라도, 그들은 그들의 전례에 관해서는 우리에게서 아무것도 얻어 내지 못할 것이다. 그들은 교회가 자기의 목회자들 중에 거하지 않으면 진리가 교회에 머물 수 없고, 또 교회는 공의회에서 볼 수 있는 형태로 나타나지 않으면 존재할 수 없다고 주장한다.[6] 우리가 선지자들이 그들의 시대를 향해 내세웠던 증거를 신뢰하는 한, 그 주장의 진실성을 숙고해 보아야 한다. 이사야는 이렇게 선언한다. "그의 모든 파수꾼이 눈멀었으며 아무것도 알지 못하도다. 그들은 모두 벙어리 개들이라 짖지 못하도다. 그들은 다 잠들었으니 잠자기를 사랑하도다. 모든 목자에게 지식과 이해가 없으며, 각자 다 자기의 길로 향하여 갔느니라."사 56:10-11 예레미야도 이렇게 선언한다. "선지자에서 제사장까지 각자 다 자기의 거짓말을 섞는도다."렘 6:13 그는 다시 선언한다. "내가 선지자를 보내지도 않았고 도무지 명령하지 않았음에도 그들이 내 이름으로 거짓을 예언했느니라."렘 14:14

우리가 이런 말씀을 검토하는 데 지나치게 많은 시간을 쓰지 않으려면, 예레미야 23장과 40장에 기록된 내용을 살펴야 한다.[7] 에스겔도 그와 비슷하게 기록한다. "그 가운데 있는 선지자들의 음모는 마치 자기의 먹이를 덮치는 포효하는 사자와 같도다. 그들이 산 자를 삼키고 소중한 것을 빼앗아 많은 과부를 만들었도다. 제사장들은 내 법을 어기고 내 성소를 더럽혔으며, 불경한 것과 내게 성별된 것을 전혀 구별하지 않았도다. 선지자들은 빈약한 회반죽으로 집을 짓고 헛된 환상을 보며 거짓 복술을 행하며 주님께서 말씀하시지 않았는데 말씀하셨다고 확언하도다." 겔 22:25-26, 28 미가 역시 현실과 괴리된 이 직분자들이 얼마나 거짓된지에 관해 풍부한 경험을 갖고서 백성을 속이는 선지자들에게 하나님의 말씀을 적용한다. "너희가 밤을 만나리니 환상을 보지 못할 것이요, 어둠을 만나리니 점치지 못하리라. 이 선지자들 위에 해가 내려가서 낮이 캄캄할 것이라. 환상을 보는 자들은 놀라고 점치는 자들은 수치를 당하게 되리라. 그들은 자기의 얼굴을 숨기리니, 이는 그들에게 주님의 말씀이 없기 때문이다." 미 3:6-7 주님은 다시 스바냐를 통해 말씀하신다. "그의 모든 선지자는 변덕스럽고 거짓말하는 자들이요, 그 제사장들은 성소를 더럽히고 율법을 범하였도다." 습 3:4

어떤 사람은 이 일들이 유대인 중에서 발생했으며 우리 시대에는 해당되지 않는다고 말할 것이다. 그럴 수 있다면 좋겠다. 하지만 베드로는 그와 정반대라고 선언한다. "이스라엘에 거짓 선지자들이 있었듯이, 너희 중에도 멸망하게 할 이단을 끌어들일 거짓 교사들이 있으리라." 벧후 2:1 베드로가 경고하는 위험은 일반 대중 속에 있는 우매한 사람들이 아닌 교사나 목사의 호칭을 당당하게 내세우는 자들에게서 나올 것임을 여러분은 아는가? 게다가 그리스도와 사도들도 교회의 목회자들이 교회에 가져올 큰 위험을 자주 예고하지 않았던가? 이 주제를 다루며 너무 많은 지면을 소비하게 되지 않도록, 우리는 그 시대에만 아니라 모든 시대에 발견되는 사례들을 통해 경고를 받는다. 다시 말해, 진리가 언제나 목회자의 품에서만 양육되는 것이 아니며, 또 교회의 안전이 반드시 목회자의 선한 통치에만 달려 있지 않다는 것이다. 물론 목회자는 그들이 마땅히 보존해야 할 교회의 평화와 안전을 담당하는 선한 청지기일 것이라는 강한 기대를 받는다. 그러나 해야 할 일을 하는 것과 못하는 일을 해야 하는 것은 서로 완전히 다르다!

제사장, 목사, 선지자는 모두 하나님의 말씀을 섬겨야 한다

그럼에도 내 말의 의도는 사람들이 목회자의 권위를 가볍고 경솔하게 무시하게 하려는 데 있지 않다. 나는 다만 우리가 목회자를 식별하는 방식에 있어서 약간의 분별력을 사용함으로써, 누구든지 목회자라는 이름을 가졌다는 것만으로 그 사람을 즉시 목회자로 여기지 않게 되기를 바랄 뿐이다. 우리는 목회자의 모든 직무는 하나님의 말씀을 관리하는 데 국한되고, 목회자의 모든 지혜는 하나님의 말씀을 아는 지식에 국한되며, 목회자의 모든 구변은 하나님의 말씀 선포에 국한된다는 관점을 확고하게 견지해야 한다. 목회자가 이 제한을 이탈하면, 그가 선지자이든 감독이든 교사이든, 혹은 높은 직분의 누구이든 상관없이 그 이해력이 둔감해지고, 그 말은 어눌해지며, 그 모든 임무에 있어서 반역적이고 불충실해진다. 나는 지금 한두 사람에 대해서만 말하는 것이 아니다. 만약 모든 목회자 무리가 다 하나님의 말씀을 내버림으로써 저마다 자기가 적합하다 여기는 대로 행동하려고 한다면, 그들은 그야말로 미치광이들일 것이다.

그러나 이들은 단지 자기가 목회자라는 이유 하나로 하나님의 말씀을 제멋대로 바꾸거나 하나님의 말씀에서 떠나 버린다. 그럼으로써 그들은 우로나 좌로나 치우치지 말고 율법의 모든 규정을 지키라는 명령의 말씀을 들었던 여호수아를 전혀 목회자가 아닌 것처럼 간주하는 셈이다! 수 1:7 그들은 진리의 빛이 그들에게 실패할 수 없고, 성령이 그들 가운데 거하시며, 교회는 그들에게 달려 있어서 다른 방법으로는 존재할 수 없다고 우리로 하여금 믿게 하려 할 것이다. 그렇게 함으로써 그들은 선지자들이 당대인에게 선포했던 하나님의 심판, 곧 지금도 내려질 수 있는 하나님의 심판을 더 이상 효력이 없는 것처럼 취급한다! 선지자들은 이렇게 선포했다. "제사장들이 질겁하고 선지자들은 크게 충격을 받으리라." 렘 4:9 "율법이 제사장들에게서 없어지고 책략이 장로들에게서 없어지리라." 겔 7:26 비슷하게, 그들은 그리스도와 그의 사도들이 했던 선포가 거짓이라도 되는 양 취급한다. 그리스도는 "많은 거짓 선지자들이 내 이름으로 올 것이라"고 말씀하신다.마 24:5, 24 또한 바울은 에베소 감독들에게 이렇게 말한다. "내가 떠나고 나면 위험한 늑대들이 너희 중에 와서 양 떼를 아끼지 않을 줄을 내가 잘 아노라. 그리고 너희 중에 어떤 이들이 나타나서 악한 것을 말하며 제자들을 끌어내어 자기들을 따르게 하리라."행 20:29-30 베드로 역시 비슷하게 기록한다. "이스라엘에 거짓 선지자들이 있었듯이, 너희 중에도 멸망하게 할 이단을 끌어들일 거짓 교사들이 있으리라."벧후 2:1

이외에도 다른 비슷한 구절들이 많이 있다. 이 어리석은 자들은 자기들이 우리를 반박하는 주장을 할 때, 예전에 하나님의 말씀을 거슬러 싸우는 자들이 확신하며 불렀던 것과 동일한 노래를 동일한 확신으로 부르고 있음을 알지 못한다. 이것이 그들이 했던 말이다. "오라, 우리가 예레미야를 칠 사상을 생각해 보자. 이는 율법이 제사장에게서 끊어지지 않을 것이고, 책략이 지혜자들에게서 끊어지지 않을 것이며, 말씀이 선지자들에게서 끊어지지 않을 것임이니라."렘 18:18

성령은 공의회의 칙령에 매이지 않으신다

그러니 저들이 주교 공의회를 원하는 만큼 자주 인용하게 하라. 그러나 그것은 그다지 도움이 되지 않을 것이다. 그들이 그리스도의 이름으로 모인다는 사실을 증명하지 않는다면, 그들이 성령의 통치를 받는다는 주장을 우리가 믿지 못할 것이다. 사악한 주교들은 선한 주교들이 그리스도의 이름으로 모일 수 있는 것만큼이나 그리스도를 대적하려 모일 수 있다. 우리는 이에 대한 증거를 공의회들이 공표한 많은 칙령들 속에서 찾아낼 것이다. 내가 이 책의 성격에 따라 가능한 한 서술을 간략하게 하려 애쓰지 않아도 된다면, 공의회들의 불경건함을 명백한 증거로 쉽게 제시할 수 있을 것이다. 그러나 우리가 몇몇 사례들을 통해서 그 밖의 다른 것은 어떠할지를 판단하고자 한다면, 바울은 결혼과 음식물 섭취를 금지하는 것이 위선이며 마귀의 기만이라고 지적한다.딤전 4:1-3 그들은 그들 자신을 변명하기 위해 바울의 금령을 이단적 마니교인과 타티아누스 추종자와 관련시키는 짓을 그만두어야 한다.[8] 그들은 이 종파들이 결혼과 육류 섭취를 전적으로 정죄했다는 근거를 들며 그런 짓을 저지른다. 사실 그 종파들은 결혼을 일부에게만 금지했고 육류 섭취 역시 특정한 날짜에만 금지했다. 하지만 저들의 칙령은 결혼을 금지하며, 하나님께서 우리를 위해 창조하여 감사함으로 사용하게 하신 음식을 금지한다. 이제 공의회가 마귀의 이 규례를 장려했으므로, 우리 각 사람은 일단 그들이 마귀의 도구가 되기 시작한 다음부터 그들에게서 예상되는 것이 또 무엇이 있을지 숙고해 보자!

게다가 공의회들 간의 불일치에 대해 그들은 무슨 말을 할까? 그들은 말하기를, 그 차이는 행위를 다루는 사안에서만 발생하며, 다른 시대에 다른 규정을 수립하는 데는 아무런 장애가 없다고 한다.[9] 그러나 진실은 교리 문제에서도 공의회들 간에 갈등과 모순이 많다는 것이다. 예를 들어, 레오Leo 황제가 소집한 콘스탄티노플 공의회와 레오 황제의 모친 이레네Irene가 레오에 대항하여 소집한 니케아 공의회의 경우가 그러하다. 콘스탄티노플 공의회는 성상을 헐고 파괴해야 한다고 결론지었다. 그러나 니케아 공의회는 성상을 복구하라는 명령을 내렸다.[10] 일반적으로, 동방교회와 서방교회 사이에는 긴밀한 협의가 이루어진 적이 결코 없었다. 그래서 지금도 이 둘은 서로 떨어져 있다! 그들은 항상 그랬듯이, 성령이 그들의 공의회에 묶이고 붙들려 계심을 자랑하면 될 것이다!

초기교회 공의회들의 우월성

하지만 지금 나의 의도는 모든 공의회를 정죄하거나 거기서 나온 모든 진술과 가르침을 거부하는 것은 아니다. 일부 공의회들, 주로 초기 공의회들에서 나는 경건에 대한 참된 관심, 상당히 명료한 교훈과 지혜와 총명을 발견한다.[11] 또한 나는 다른 시대에도 훌륭한 감독이 있었음을 의심하지 않는다. 그러나 후기의 공의회들은 로마 원로원 의원들이 불평했던 것과 동일한 무질서에 시달렸다. 그래서 각 의견이 옳은지 그른지를 따지지 않고 수렴되기도 했으며, 다수결로 결정할 때 다수의 의견은 그보다 좋은 의견을 무시하기도 했다.

가장 순수했던 초기 공의회들에도 결점은 있었다. 당시 주교들이 현명하고 박식했음에도 당면한 문제에만 몰두하여 그 밖의 다른 문제는 관심을 덜 기울였기 때문이다. 혹은 그들이 일부 중요한 사안에만 몰두하고 덜 중요한 사안은 염려하지 않았기 때문이다. 혹은 그들이 무지하여 실수를 저질렀거나, 그들의 열정이 때때로 지나쳤기 때문이다. 이 마지막 설명은 가혹하게 보일지 모르지만, 다른 공의회들보다 더 존중할 가치가 있는 니케아 공의회가 그에 대한 기억할 만한 사례를 남겼다.[12] 당시 주교들은 우리 신앙의 가장 중요한 항목을 변호하기 위해서 왔었다. 그들은 아리우스가 그들 중에 논쟁을 벌이려는 모습을 보고, 그를 정죄하는 데 완전히 합의해야 함을 알고 있었다. 하지만 그들은 마치 아리우스를 기쁘게 하려고 왔다는 듯이, 교회에 미친 위험에 대해서는 주의를 기울이지 않은 채 서로 비난하고 중상모략하면서 온갖 개인사로 가득한 모독적인 소책자들을 유포하기 시작했다. 요약하면, 그들은 상대를 끝장내기 위해서 아리우스를 무시했다. 그들은 서로 격렬하게 충돌했기 때문에, 만약 콘스탄티누스 황제가 전혀 판결을 내리고 싶지 않다고 분노하며 그 논쟁을 중단시키지 않았다면, 그들은 논쟁을 영원히 계속하려 했을 것이다. 니케아 공의회가 그러했다면, 그 이후의 공의회들에서는 결함이 있을 가능성이 훨씬 더 크지 않겠는가?

우리의 대적들조차도 구원에 필요하지 않은 요소에 있어서는 공의회가 오류를 범할 수 있음을 인정하기 때문에, 일부 사람들은 내가 그런 오류를 언급하는 일이 바람직하지 않다고 여길 수 있을 것이다.[13] 하지만 내가 그렇게 하는 데는 충분한 이유가 있다. 비록 우리의 대적들이 마지못해 그 점을 인정한다 하더라도, 그들은 모든 사안에 대한 공의회의 결정을 예외 없이 성령의 계시로 받아들여야 한다고 주장하기 때문이다. 따라서 그들의 인정에는 그보다 큰 요구가 들어 있다. 그들의 분명한 의도는 다름 아니라 공의회가 결코 오류를 범할 수 없음을 우리로 믿게 만들려는 것 아닌가? 만약 공의회가 오류를 범한다면, 우리는 진리를 합법적으로 인정할 수 없고 단지 그들의 오류에 동의해야 할 뿐이라는 것이 그들의 요구 아닌가! 그러므로 우리가 성경에서 경계를 받은 대로,요일 4:1 때로는 올바르게 주장되지만 때로는 거짓되게 주장될 수 있는 호칭들, 곧 공의회나 목회자나 감독이나 교회는, 우리가 하나님 말씀의 규범에 근거하여 인간의 영이 하나님께 속해 있는지 시험하는 일을 금지해서는 안 된다.

기록되지 않은 사도적 전통이 존재하는가?

비록 그들은 그들의 전통의 근원이 사도들에게로 거슬러 올라간다고 주장하지만,[14] 이 주장은 순전히 사기일 뿐이다. 사도적 가르침의 전반적인 취지는, 양심이 새로운 전통에 짓눌려서는 안 되며, 기독교는 우리가 만들어 낸 것으로 더럽혀져서는 안 된다는 데 있기 때문이다. 고대 역사가 믿을 만한 것일진대, 그들이 사도들에게 귀착시키는 것은 정작 사도들은 전혀 모르는 것일 뿐 아니라 들어 본 적도 없는 것이라 하겠다. 사도적 규례의 많은 부분이 관습에 따라 도입되었고 결코 성문화된 적이 없었다는 그들의 주장은 얼토당토않은 소리일 뿐이다. 예를 들어, 사도들이 그리스도가 죽으시기 전에는 이해할 수 없었다가 그리스도가 승천하신 다음에야 성령의 계시를 통해 비로소 알게 된 것들이 규례가 되었다는 말이다.요 16:12-15 [15] 어떻게 이렇게까지 뻔뻔할 수가 있는가! 물론 주님께서 이 말씀을 하셨을 때는 제자들이 아직 제대로 배우지 못해서 무지했을 것임을 나도 인정한다. 하지만 제자들이 그들의 가르침을 문서 기록으로 남길 때도 그때와 똑같이 무지해서 그들의 글에 부족한 것을 보충해야 했다는 것인가? 하나님의 성령이 이미 제자들을 모든 진리로 인도하신 후에 그들의 가르침이 기록되었다면, 그들이 복음의 교리 전체를 글로 쓰고 서명하고 봉인하여 우리에게 남겨 두지 못하게 할 것이 도대체 무엇이었겠는가?

그뿐만 아니라, 저들은 오랫동안 사도들도 전혀 몰랐던 위대한 신비의 본질을 설명하려고 애쓰면서 스스로를 우스꽝스러운 존재로 만들어 버린다. 이 본질을 설명하기 위해 저들은 때로는 유대인과 이방인에게 오랫동안 친숙했던 신비에서 차용하거나 그 신비와 혼합한 의식에 호소하고, 때로는 말도 못하고 행동도 못하는 멍청이 사제들조차 마음으로 다 아는 시시한 원숭이 속임수와 어리석은 예식에 호소한다. 미치광이와 어린아이조차도 그런 예식에 대한 모든 필수적인 지식을 다 알고서 쉽게 흉내 낼 수 있을 정도다.

부적절한 선례: 예루살렘 공의회

자기들의 폭정을 강화하려고 사도들의 선례를 언급하는 행위는 완전히 부적절하다. 저들의 주장에 따르면, 사도들 및 초기교회 장로들은 그리스도의 명령과는 별개로 규정을 공표하여 이방인에게 우상의 제물과 목 졸라 죽인 짐승의 고기와 피를 멀리하도록 지시했다.[행 15:29] 그들이 그렇게 한 것이 정당했다면, 어째서 그들의 후예는 필요할 때마다 그들을 따르지 못하는가? 나는 그 후예가 이것에서만 아니라 다른 것에서도 그들을 따르기를 바란다. 나는 사도들이 새로운 무엇을 세우거나 제정했다는 데 반대한다. 이는 쉽게 증명될 수 있다. 사도행전의 같은 곳에서 베드로는 제자들에게 부담을 지우는 것은 하나님을 시험하는 일이라고 선언했으므로,[행 15:10] 이후에 베드로가 그와 상반되는 일을 허락한 것이라면 자신이 한 말에 대해 모순에 빠지게 되기 때문이다. 만약 사도들이 이방인에게 우상의 제물과 목 졸라 죽인 짐승의 고기와 피를 먹지 말도록 지시한 것이 사도적 권위에 근거한 결정이라면, 그 결정은 분명히 그들에게 짐을 지우는 것이었다.

그럼에도 한 가지 의문이 남는다. 사도들은 방금 언급된 그 일을 정말로 금지하는 것처럼 보인다는 것이다. 하지만 우리가 그들의 규정이 무엇을 뜻하는지 신중하게 생각해 보면 문제는 쉽게 해결된다. 그 규정의 첫 번째 주요 요점은, 이방인이 그대로 자유롭게 있음으로써 율법 준수로 말미암아 곤란이나 고통을 당하지 않게 해야 했다는 데 있다. 여기까지는 이 모든 것이 철저하게 우리에게 유리하다. 우상의 제물과 목 졸라 죽인 짐승의 고기와 피에 관하여 이어지는 예외 조항은, 사도들이 고안한 새로운 율법이 아니라 하나님께서 우리가 자비를 계속 베풀도록 하기 위하여 주신 영원한 명령이다. 이 명령은 결코 이방인의 자유를 감하지 않는다. 다만 그들에게 자유의 지혜로운 사용을 깨우침으로써 형제자매들에게 걸림이 되지 않게 그들 자신을 맞추는 방식을 알려 주고자 한다.

그러므로 우리는 이방인의 자유는 형제자매들에게 어떤 해악도 끼치지도 않는 것이요, 혹은 무엇에든 걸려 넘어지지 않게 하는 것이라는 두 번째 요점에 유념하자. 그러나 누군가 사도들은 실제로 특정한 명령을 내렸다고 계속 반대한다면, 나는 당시의 상황을 고려하여, 사도들은 어떻게 해야 이방인이 형제자매들에게 걸림이 되지 않을지를 경계함으로써 걸려 넘어지게 하는 일이 전혀 발생하지 않게 했을 뿐이라고 대답하겠다. 그렇더라도 사도들은 누군가를 걸려 넘어지게 하지 말라는 하나님의 영원한 법에 자기들의 새로운 무언가를 덧붙이지 않았다. 그것은 마치 오늘날 교회가 아직 잘 세워지지 않은 지역에서 충실한 목회자가 이미 잘 배운 사람들을 권면하여 아직 믿음이 약한 사람들이 건전한 교육을 통해 그 믿음이 강해질 때까지는 금요일에 고기를 먹지 말라고 하거나 축제일에 공개적으로는 일하지 않도록 지도하는 것과 비슷하다. 비록 미신을 제외하면 이런 것들은 그 자체로 어떻게 하든 상관없는 것이지만, 연약한 형제자매들을 넘어지게 한다면 죄가 없지 않다. 오늘날의 신자들은 연약한 형제자매들 앞에서 그들의 양심에 큰 아픔을 주지 않으면서 이런 식으로 행동할 수 있다. 이런 경우에 그 충실한 목회자는 하나님께서 분명하게 금지하신바 실족하게 하지 말라는 명령을 따르려는 것일 텐데, 그를 가리켜 새로운 법을 만들어 내고 있다고 주장함으로써 자칫 심각한 중상모략의 범죄에 빠지는 위험을 무시하는 자가 도대체 누구란 말인가?

사도들에 대해서도 동일하게 말할 수 있을 것이다. 사도들에게는 실족하게 하지 말라는 하나님의 법을 옹호하는 것이 유일한 목표였다. 그들은 마치 다음과 같이 말하는 듯하다. "하나님의 명령은 당신들이 연약한 형제자매들을 실족시키지 말라는 것입니다. 그래서 우리는 당신들이 우상에게 바쳐진 제물이나 목 졸라 죽인 짐승의 고기와 피를 먹음으로써 그 형제자매들을 실족시키지 말도록 하나님의 말씀으로 금지하는 것입니다." 이것이 사도들의 의도였다는 사실은 바울이 그들의 판결에 동의하면서 다음과 같이 기록할 때 증명된다. "우상의 제물에 관해서라면, 우리는 세상의 모든 우상이 아무것도 아님을 알도다. 그러나 어떤 사람들은 그 음식이 우상에게 바쳐진 것인 줄 알고 먹으므로 그들의 연약한 양심이 더럽혀지는도다. 너희의 자유가 연약한 이들에게 결코 걸림돌이 되지 않게 할지니라." 고전 8:4-9 이런 것들을 세심하게 살피는 사람이라면, 사도들이 이 법으로 교회의 자유를 제한하기 시작했다고 믿게 만들려는 이 사기꾼들에게 앞으로 결코 쉬운 먹잇감이 되지 않을 것이다.

로마의 권력 남용에 대한 비판

우리는 제기될 법한 모든 문제를 숙고하지는 않았고 간략한 논의를 진행했을 뿐이다. 그렇다 하더라도 우리 반대자들의 주장을 제대로 논파했기 때문에, 교황이나 그의 모든 영역이 자랑하는 영적 권세가 하나님의 말씀을 거스르는 모독적인 폭정이요 하나님의 교회에 자행하는 불의라는 데는 아무도 의심하지 않게 되었을 것이다. 여기서 내가 "영적 권세"라는 용어로 말하려는 바는, 그들이 새로운 교리를 공표하여 가련한 신자들이 하나님 말씀의 순결한 소박성을 떠나도록 만들 때 드러내는 뻔뻔함이요, 불행한 양심을 잔혹하게 괴롭힌 새로운 법률을 만드는 무도함이다. 요약하면, 이 용어는 그들이 교회의 사법권이라 부르는 것 전체를 뜻한다. 그들은 부주교와 부속관, 고해신부와 사법 대리인을 통해 이 사법권을 행사한다.[16] 일단 우리가 우리 가운데 그리스도의 통치하심을 받아들이게 되면, 그 모든 권세는 단번에 허물어져 소멸된다.

그 통치권의 다른 측면을 구성하는 교회의 소유물 및 상속물은 우리가 지금 진행하는 논의의 목표가 아니다. 그 통치권이 양심을 해치면서 시행되지는 않는 까닭이다. 하지만 이 문제에 있어서 역시 우리는 그들의 뚜렷한 본색, 곧 교회의 목자라고 불리기를 좋아하면서도 실제로는 교회의 목자다운 모습과는 완전히 동떨어진 실체를 관찰할 수 있다. 여기서 나는 어떤 사람들의 특정한 과실이 아니라, 그들 계급 전체에 만연한 역병을 가리켜 말하고 있다. 그들은 재물과 계급에 있어서 높은 수준에 올라야만 무엇이든 제대로 되어 있다고 느끼기 때문이다.

첫째, 주교들이 재판에 관련된 문제들, 도시와 지역의 행정, 그리고 자기들과 전혀 상관없는 다른 사안에 몰두하면서 도대체 한 일이 무엇인가? 주교의 직무에 딸린 책임은 매우 막중해서 다른 일을 전혀 하지 않아도 그 책임을 완수하기가 거의 불가능할 정도다. 주교의 생활은 검소함과 절제, 신중함과 겸비함의 본보기가 되어야 마땅하거늘, 하인들을 수행원으로 거느리고 화려한 의상과 식탁과 대저택으로 군주 흉내나 내는 것이 과연 옳을까? 하나님의 신성불가침한 명령이 온갖 욕심과 탐욕을 금지하거늘,딤전 3:3, 딛 1:7 도시와 마을과 성채뿐만 아니라 거대한 백작 영지와 공작 영지까지 차지하고서, 급기야 자기들의 발을 뻗어 왕국과 제국까지 차지하는 행태가 과연 목회자와 주교가 수행해야 할 직무의 일부일까? 그러나 그들은 아주 뻔뻔스러워서, 교회의 품위는 그처럼 호화로운 과시를 통해 유지되어야 마땅하다고 자랑스럽게 변명한다. 동시에 그런다고 해서 자기들이 부름받은 임무에 신경 쓸 수 없을 정도로 그 임무에서 마음을 놓는 것은 아니라고 떠벌인다.

첫 번째 요지와 관련해서 보면, 만약 그들이 자기들의 품위를 높이기 위해 세상에서 가장 강력한 통치자들에게 공포와 두려움을 줄 정도로 추켜올려짐이 마땅하다면, 그들이 그리스도가 자기들을 끔찍하게 모욕했다고 불평하는 것도 당연해질 것이다. 그들이 생각하기로는, 그리스도가 다음과 같이 하신 말씀이야말로 그들에게 하실 수 있는 가장 중차대한 잘못이 될 것이기 때문이다. "민족들의 왕들과 통치자들이 너희를 주관하지만,

너희는 그러지 않아야 하리라. 너희 중 가장 큰 사람은 가장 작은 사람이 되어야 하고, 주인인 사람은 종이 되어야 하리라." 마 20:25-26, 막 10:42-44, 눅 22:25-26 그리스도는 이렇게 말씀하심으로써 제자의 직분에서 세상의 모든 오만과 영광을 철저하게 제거해 버리신다.

그들의 두 번째 주장에 관해서 말하면, 그들이 터무니없이 떠벌이고 있는 만큼 그 증명도 쉽게 해줄 수 있기를 기대한다. 하나님의 말씀은 소홀히 하면서 구제하는 일에는 분주함이 사도들에게 걸맞지 않게 보였다면, 행 6:2 한 사람이 훌륭한 통치자 노릇과 훌륭한 감독 노릇을 동시에 할 수 없다는 사실을 그들은 반드시 수긍해야 한다. 사도들은 하나님에게서 받은 훌륭한 은사들 덕분에 이후의 어떤 사람보다도 번거로운 임무를 수행할 능력이 훨씬 뛰어났다. 그럼에도 그들은 말씀의 직무와 구제의 직무를 동시에 맡으면 그 무거운 짐에 눌려 쓰러질 수밖에 없다고 고백했다. 그렇다면, 사도들과 비교하면 아무것도 아닌 이 사람들이 어떻게 자기들이 가진 본래 힘의 백배 이상을 발휘할 수 있겠는가? 그런 일을 시도하는 것 자체가 무모함의 극치를 드러낸다. 하지만 실제로 그런 시도가 있었으며, 그 결과는 누구나 알 수 있다. 모험을 즐긴 자들에게는 자기 본연의 임무를 저버린 채 다른 사람이 해야 할 일을 했다는 결과밖에 없었다.

주교들에게 자기 재산을 관대하게 베풀어서 부요하게 해주었던 통치자들은 경건에 대한 열정이 있었다. 그러나 그 통치자들이 지나친 관대함을 통해 교회에 끼친 유익은 거의 없었다. 오히려 교회가 전에 가지고 있던 참된 순전함을 손상시키거나 완전히 망쳐 놓았다. 더욱이 주교들은 자기 이익을 위해 통치자들의 방종을 악용함으로써 그들이 전혀 참된 주교가 아님을 분명하게 드러냈다. 마지막으로, 짧게 결론을 지으면, 주교들은 그들의 두 가지 힘을 지키기 위해 용감하게 싸우기 때문에 그들이 바라는 바가 무엇인지 알기는 아주 쉽다. 그들이 영적 통치를 포기하고 예수 그리스도께 양보한다 하더라도, 하나님의 영광과 건전한 교리 혹은 교회의 복리에는 전혀 손해가 없을 것이다. 마찬가지로, 만약 그들이 자기들의 세속적 권세를 내려놓는다 하더라도, 교회의 공적인 이익은 전혀 줄어들지 않을 것이다. 그러나 선지자가 말한 대로, 그들은 그들의 권세로 행하는 가혹한 통치를 중단하면 상황이 악화될 수밖에 없다고 생각하기 때문에,[겔 34:4] 만족할 줄 모르는 지배 욕구에 휩쓸려 스스로 눈이 멀게 된다. 교회의 유산에 대한 언급은 이 정도의 간략한 언급으로도 충분할 것이다.

어떤 권세든지 다 시험해 보아야 한다

이제 나는 다시 관심을 영적 영역으로 돌리겠다. 엄밀히 말해서, 우리가 여기서 고려해야 할 것이 바로 이 영적 영역이다. 우리의 반대자들은 자기들이 이성으로부터 어떤 도움도 얻지 못하게 되었을 때 변명하는데, 바로 다음과 같은 마지막 비참한 핑계를 대는 것이다. 즉, 그들의 지성이 몽매하고 마음이 완고하더라도, 우리의 상급자들에게 복종하도록 명령하는 하나님의 말씀은 여전히 유효하다.[히 13:17] 그리고 그들이 우리에게 가혹하고 사악한 법을 강요한다 하더라도, 우리 주님은 서기관과 바리새인들이 말하는 모든 것을 행하라고 명령하신다. 심지어 그들이 본인들은 만지지도 않으려는 짐, 결코 감당할 수 없는 짐을 우리에게 지운다 하더라도 말이다.[마 23:3] 무슨 말인가? 우리가 모든 목자의 가르침을 무차별적으로 받아들여야 한다면, 왜 하나님의 말씀은 거짓 선지자와 거짓 목자의 교훈을 조심하라는 경고를 그토록 자주 열정적으로 하고 있는가? 주님께서 이렇게 경고하신다. "너희에게 예언하는 선지자들의 말을 듣지 말라. 그들은 너희에게 거짓말을 가르치고, 하나님의 입에서 나온 이상이 아닌 자기 마음의 이상을 선언함이니라."[렘 23:16] 또한 이렇게 말씀하신다. "양의 옷을 입고 너희에게 나아오지만 속에는 노략질하는 늑대인 거짓 선지자들을 조심하라."[마 7:15] 요한이 우리에게 "영들이 하나님께 속하였는지를 시험해 보라"고 한 경고는 당연했다.[요일 4:1] 낙원에 있는 천사들조차도 이 시험에 복종해야 하기에,[갈 1:8] 마귀의 속임수는 당연히 시험해 보아야 한다. 그뿐만 아니라 "맹인이 맹인을 따라가면 둘 다 구덩이에 빠진다"는 우리 주님의 경고는,[마 15:14]

우리가 어떤 목자의 말을 들어야 할지를 숙고할 필요를 가르치고, 마땅한 조심성 없이 모든 목자의 소리를 듣는 것이 지혜롭지 못하다고 가르치지 않는가?

그렇기 때문에, 그들이 권세를 주장하면서 우리를 공포로 압도하여 앞 못 보는 상태로 끌어들이려 시도하더라도, 그 시도는 실패할 수밖에 없다. 오히려 누가 어떤 권위를 가면 삼아 자기를 숨기려 하든지 상관없이 그 사람의 오류에 우리가 쉽사리 굴복하지 않게 하시려고 주님께서 얼마나 근심하며 애쓰시는지를 우리는 알고 있다. 그리스도의 말씀이 진실하다면, 주교나 대주교나 추기경으로 불리는 모든 맹인 안내자는 자기들만 아니라 자기들을 따르는 모든 사람에게도 똑같은 파멸만 가져다줄 뿐이다.

오직 하나님 자신만이 예배받는 방식을 결정하신다

교회법에 순종함에 있어서 또 하나의 요점이 남아 있다. 그들의 주장에 따르면, 교회법이 수백 배 더 부당하다 하더라도 우리는 그 법에 복종해야 한다. 그 이유는 복종의 의미가 오류에 찬성함에 있지 않고, 낮은 자인 우리가 우리의 윗사람들이 내린바 합법적으로 거부될 수 없는 엄격한 명령에 복종함에 있기 때문이라고 한다. 그러나 주님은 그 말씀의 진리로 그런 궤변에서 우리를 확실하게 보호하시고 속박에서 구원하심으로써, 그의 거룩한 보혈을 통해 성취하여 우리에게 주신 자유를 보존하신다. 그들이 사악하게 암시하듯이, 그것이 단지 우리가 몸으로 가혹한 고통을 견디는 문제에 불과하다는 것은 사실이 아니다. 그들의 목적은 우리 양심에게서 자유, 곧 그리스도의 피를 통해 얻은 열매를 빼앗음으로써 우리 양심을 가장 야비하고 비참한 방식으로 괴롭히는 것이다.

그렇더라도 우리는 이 점을 마치 중요하지 않은 문제처럼 지나갈 것이다. 그러나 하나님께서 다른 어떤 것보다 하나님 자신을 위해 지키시려는 그분의 나라를 우리가 그분에게서 빼앗는 짓을 대수롭지 않게 여겨야 할까? 하나님은 인간이 고안해 낸 법률에 따라 섬김을 받으실 때마다 그분의 나라를 빼앗기신다. 하나님은 그분의 명예와 예배에 관련되는 한 오직 그분 자신이 입법자가 되려 하시기 때문이다. 이것을 사소한 일로 여기는 자가 있다면, 우리 주님께서 그 일을 얼마나 중요하게 여기시는지를 다음과 같은 말씀을 통해 들어야 할 것이다. "이들은 사람의 계명과 교훈에 따라 예배했으니, 보라 내가 그들을 크고 기이한 이적으로 놀라게 하리라. 이는 지혜가 지혜자에게서 없어지고, 신중한 자의 총명이 허사가 될 것임이라."사 29:13-14 또 다른 말씀도 들어 보라. "그들은 사람의 명령을 교리로 가르치면서 나를 헛되이 경배하도다."마 15:9

많은 사람들이 우리 주님께서 인간의 교훈과 가르침에 따라 주님을 경배한 자들에게 이적으로 심판하시겠다며 어째서 그토록 엄중하게 위협하시는지를 기이하게 여긴다. 그들은 주님께서 그런 경배를 어째서 헛되다 하시는지를 이해하지 못한다. 그러나 그들이 신앙의 문제, 곧 하늘의 지혜 문제와 관련해서 하나님의 음성에만 의지하는 것이 무슨 의미일지 숙고한다면, 사람들이 자기의 어리석은 취향에 따라 하나님께 드린 무질서한 경배를 그분이 멸시하심이 당연하다는 사실을 그들도 알게 될 것이다. 주님을 경배하는 자들이 인간의 법에 복종함으로 주님을 존중하려 할 때 어느 정도 겸비함을 나타내기는 하지만, 그들은 주님 앞에 결코 겸손하지 않기 때문이다. 그들은 자기들이 지키는 법을 하나님께 부과한다. 그래서 바울은 우리에게 인간의 전통에 속지 말라고 매우 신중하게 당부하면서,골 2:22-23 하나님 말씀과 상관없이 인간의 의지가 스스로 만들어 낸 경배를 의미할 수 있는 가장 적절한 헬라어를 사용한다.[17] 모든 사람의 지혜와 우리 자신의 지혜가 어리석음이 됨으로써 하나님 외에는 아무도 지혜롭게 되시 않도록 해야 한다. 인간이 제멋대로 지어낸 규정으로 하나님을 기쁘게 할 수 있다는 망상에 빠진 자들은 이 길로부터 멀리 떨어져 있다. 이것은 과거에 오랫동안 지속되어 온 관행이었고, 아직도 우리의 기억에 생생하며, 피조물이 창조주보다 더욱 큰 영향력을 끼치는 곳마다 오늘날에도 여전히 지속된다. 그런 곳에는 이교도의 우상숭배에나 있었을 미신과 부조리보다 훨씬 심각한 미신과 부조리로 얼룩진 (종교라는 이름이 어울릴지 모르지만) 종교가 있기 마련이다. 인간의 정신이 지어내는 것이란 오직 육신의 무의미한 것들뿐이며, 참으로 이는 그 원천이 무엇인지를 제대로 드러낼 뿐이지 않은가?

인간의 말이 하나님의 말씀을 대신하는 경우

설상가상으로, 인간이 처음으로 종교를 공허한 전통의 문제로 전락시키게 된 후부터 이 재앙에 이어서 또 다른 형용할 수 없는 저주가 찾아왔다. 그리스도는 하나님의 계명이 모욕을 당하며 옆으로 밀쳐지고 그 대신 인간의 계명이 준수된다고 하시며, 이 저주스러운 짓을 자행하는 바리새인들을 호되게 꾸짖으셨다.[마 15:3] 나는 나 자신의 말로 우리 시대의 입법자들과 다투지 않고, 만약 그들이 그리스도의 꾸짖음이 그들에게 해당되지 않음을 정당하게 주장할 수 있다면 그들의 승리를 인정하겠다. 하지만 그들은 사람이 일 년 내내 사악하게 살았던 것보다 사제에게 연례 고해를 하지 않은 것이 더 끔찍하다고 여길 텐데, 어떻게 그들이 그런 주장을 할 수 있겠는가? 그들에게는 매일매일 몸의 모든 지체를 부도덕함으로 더럽힌 것보다 금요일에 혀끝이 고기에 닿은 것이 더 끔찍하고, 일주일 내내 자기 온몸이 사악한 행위를 저지르게 한 것보다 축제일 하루 동안 정직하게 일한 것이 더 끔찍하며, 신부가 천 명과 저지른 간음으로 더러워지는 것보다 합법적으로 결혼하는 것이 더욱더 끔찍하고, 모든 약속된 말씀을 범하는 것보다 순례의 서약을 지키지 못하는 것이 더 끔찍하고, 가난한 이를 처참한 고통 속에 내버려 두는 것보다 누군가의 재산을 그들 교회의 기괴한 화려함을 위해 봉헌하지 않는 것이 더 끔찍하며, 인류 전체를 경멸한 것보다 누군가 자기 모자를 벗지 않고 우상을 지나친 것이 더 끔찍하며, 단 한 번도 참된 감정으로 기도하지 않은 것보다 정해진 시간에 길고 의미 없는 말로 중얼거리지 않는 것이 더 끔찍하다고 여길 텐데, 과연 그들이 그런 주장을 할 수 있겠는가? 이것이야말로 인간이 자기의 전통을 위해서 하나님의 계명을 폐지하는 행태가 아니면 도대체 무엇인가? 하나님의 명령을 지키라는 충고는 냉담하고 형식적인 태도로 하면서도, 자기들의 명령에 대해서는 마치 그 명령에 모든 경건함이 통째로 들어 있기라도 하다는 듯이 동일한 근면함으로 충실하게 복종하라고 요구하는 짓이야말로 바로 그 행태가 아니겠는가? 하나님의 법을 위반하면 사소한 보속 행위를 부과하는 형벌을 내리면서도, 자기들의 교시를 조금이라도 거슬렀을 때는 반드시 옥에 가두고 불과 칼로 형벌하는 짓이야말로 바로 그 행태가 아니겠는가? 하나님을 경멸한 자는 손쉽게 사면하면서도, 자기들을 경멸한 자는 꺼지지 않는 증오심으로 죽을 때까지 추적하는 짓이야말로 바로 그 행태가 아니겠는가? 자기들이 사로잡은 자들을 무지로 세뇌시킴으로써 자기들이 교회의 명령이라 부르는 것의 단 하나의 조항이 뒤집어지는 것보다는 차라리 하나님의 법 전체가 다 뒤집어지는 것을 보겠다는 짓이야말로 바로 그 행태가 아니겠는가?

무엇보다도 사람이 사소하고 중립적인 행위 때문에 (만약 하나님의 심판을 생각한다면) 다른 사람을 경멸하고 비난하고 거부하는 일은 올바른 길에서 크게 벗어나는 것이다. 하지만 지금, 마치 그것이 전혀 나쁘지 않다는 듯이, 바울이 이 세상의 초등 학문이라 부르는 것들이 하나님의 천상적 칙령보다도 귀중한 평가를 받는다.[갈 4:9] 간통죄로 면죄받은 사람이 먹는 것 때문에 정죄를 받는다. 합법적인 아내가 금지된 사람에게 음행이 허락된다. 궤변으로 가득한 복종, 인간에게로 기울어지는 만큼 하나님을 떠나는 복종의 결과가 바로 그런 것들이다.

그들은 이렇게 물을 것이다. "그렇다면 어찌하여 그리스도는 서기관과 바리새인들이 부과하는 감당할 수 없는 짐을 우리가 지기를 원하셨는가?"[마 23:3] 그렇다면, 나는 그들에게 왜 그리스도가 다른 곳에서는 바리새인의 누룩—마태의 해석에 따르면, 하나님의 순수한 말씀과 뒤섞인 그들의 교훈—을 조심하라고 명령하시는지 묻겠다.[마 16:11-12] 우리가 그들의 모든 교훈을 버리고 거부하도록 명령받고 있는데 무엇이 또 필요한가? 그러므로 우리 주님께서 그 백성의 양심이 바리새인의 전통으로 부담을 지게 하지 않으실 것이라는 사실이 첫째 구절에서 매우 분명해진다. 트집 잡는 모든 궤변을 차치하면, 그들이 인용하는 말씀 자체에는 전혀 그런 뜻이 없다. 이 말씀으로 우리 주님은 바리새인의 사악한 삶을 드러내어 책망하시려 했고, 청중에게는 경고를 주시려 했을 뿐이다. 비록 그 청중은 바리새인의 행동에서 본받을 것이 하나도 없음을 알겠지만, 그들이 모세의 자리에 앉을 때, 곧 율법을 설명할 때는 그들의 말에 주의를 기울여야 한다는 것이 주님의 말씀에 담긴 뜻이다.

건전한 교회 규례의 필요성

그러나 어떤 무지한 자들은 신자의 양심이 인간의 전통에 얽매여서는 안 된다는 말과 하나님께서 그런 수단으로 헛되이 경배되고 있다는 말을 들을 때, 교회의 선한 질서를 위해 제정된 규례 역시 마찬가지라고 넘겨짚는다. 우리는 그들의 잘못을 바로잡아야 한다. 물론 이 두 가지 유형의 법이 즉시 분명하게 구분되지 않을 때 이런 실수가 쉽게 발생할 수 있다. 그러므로 우리는 앞으로 누구도 그 두 유형의 법의 유사성에 현혹되지 않도록 분명한 용어로 이 문제를 검토할 것이다.

자, 이것부터 생각해 보자. 우리가 어떤 인간 사회에서든 평화와 화합을 유지하기 위해 정부가 있어야 할 필요성을 안다면, 그리고 공공의 품위와 진정한 인간다움을 대중 가운데 보존하기 위해 일정한 질서가 요구된다면, 이런 것들은 교회 안에서 특별히 분명하게 나타나야 한다. 우선, 선한 질서는 교회를 유지하지만, 불일치는 교회를 완전히 갈라놓는다. 그러므로 우리는 교회를 잘 보존하기 위해서, 바울이 명령하듯이 모든 것이 품위 있고 질서 있게 이루어지도록 주의해야 한다.고전 14:40 그러나 전망과 판단에 있어서 많은 차이가 발생하므로, 어떤 조직도 확실한 법률에 따라 규정되지 않는 한 교회 안에 존재할 수 없고, 어떤 질서도 외형적 구조 없이는 보존될 수가 없다. 우리는 이 목적에 적합한 법률을 결코 비판하지 않는다. 오히려 그런 법률이 없으면 교회는 즉시 흩어져서 변형되어 버릴 것이라고 주장한다. 그렇지 않고 질서와 범절이 고정된 형태로 유지되지 않는다면, 바울이 명령하는 대로 모든 것이 품위 있고 질서 있게 이루어지는 일은 불가능할 것이다. 그렇더라도 우리는 이 규례가 구원에 필수적이라고 생각할 정도로 양심이 묶이지 않도록 조심해야 한다. 마치 참된 경건이 이 규례에 들어 있기라도 한 듯이, 하나님을 존중하고 경배하는 데 그것이 없어서는 안 된다고 생각하지 않도록 조심해야 한다.

우리가 말했듯이, 참된 종교를 가리고 양심을 파괴하는 저주받은 법률과 교회의 거룩한 규례는 이 한 가지 차이점으로 구별될 수 있다. 교회의 규례에는 항상 신자들의 교제에서 일정한 예절을 지키거나, 신자들 사이의 평화 화합을 유지하려는 목표가 있다. 일단 우리가 예절을 위해서 법률이 만들어졌음을 인식하게 되면, 하나님을 예배하는 데 인간의 고안물이 필수적이라고 주장하는 자들이 넘어지곤 하는 미신은 더 이상 발붙일 곳이 없게 된다. 게다가 우리는 그 법은 오직 인간이 함께 사용하기 위해 만들어질 뿐임을 알기 때문에, 전통이 구원에 필수적이라고 여겨질 때 양심을 몹시 괴롭히는 의무와 필연에 대한 그릇된 사상은 사라진다. 이 지식을 유지하기 위해서 우리는 서로 섬김으로써 우리 안의 사랑을 북돋우기만 하면 된다.

정절과 선한 질서를 확립하는 방법

여성은 공적으로 가르치지 말아야 하고 항상 자기 머리를 가리고 나타나야 한다는 바울의 요구 사항에서 우리는 첫 번째 종류의 사례들을 발견한다.고전 11:5, 14:34, 딤전 2:11-12 우리에게는 일상적인 사례들도 있다. 무릎 꿇고 머리를 드러낸 채 공개적으로 기도하거나, 죽은 자를 장사 지내기 전에 천으로 감싸거나, 우리 주님의 성찬을 불손하게 대하거나 품위 없이 대하지 않는 것이 그러하다. 무슨 말인가? 여성이 머리를 드러내고 거리에 뛰어들면 엄청난 범죄가 될 정도로 여성의 머리카락은 신비스러운 것인가?

여성에게 침묵이 요구된다는 것은 여성이 무슨 말만 하면 반드시 엄청난 폐해를 가져온다는 것인가? 무릎 꿇거나 시신을 감싸는 일이 아무 이유 없이는 생략될 수 없을 정도로 신앙의 핵심 요소인가? 결코 그렇지 않다! 만약 어떤 여성의 이웃이 도움이 시급한 처지에 빠져서 그녀가 머리를 단장할 시간이 없었다면, 그녀가 자기 머리를 드러낸 채 달려가 도와준다고 해서 결코 죄를 범하는 것이 아니다. 또한 여성이 아무 말도 하지 않는 것보다는 말하는 것이 더 좋을 때가 종종 있다. 몸이 아파서 무릎을 꿇지 못하기에 선 채로 기도하겠다는 사람을 막을 수 있는 것은 아무것도 없다. 마지막으로, 죽은 자를 감쌀 천이 없다면, 그들을 벗은 채로 매장하는 것이 매장하지 않고 그대로 두는 것보다는 낫다.

그렇더라도 우리가 그런 일에 제대로 처신하려면, 우리는 우리가 살고 있는 땅의 관습과 법률을 따라야 할 뿐만 아니라, 우리가 반드시 지켜야 할 것과 피해야 할 것이 무엇인지 보여줄 확고한 절제의 원칙도 따라야 한다. 혹시 누군가 이런 문제에 있어서 건망증이나 부주의함 때문에 잘못을 저지른다면, 그것은 전혀 죄가 아니다. 그러나 누가 이 관습과 법률과 원칙을 경멸하며 잘못을 저지른다면, 그 사람의 완고함은 책망받아 마땅하다. 만약 누군가 결심하고 반대하며 자기 분수보다 지나치게 더 지혜롭고자 한다면, 그는 자신이 하나님을 상대로 승소할 수 있을지를 고민해야 할 것이다. 우리로서는 다음과 같은 바울의 말에 만족하기로 하자. "우리는 논쟁에 빠지지 아니하며, 하나님의 교회도 그러하도다."고전 11:16 두 번째 종류의 사례로는, 공중 기도나 설교와 세례를 위해 정해진 시간, 이 목적을 위해 지정된 장소가 있고, 혹은 찬송가나 시편으로 찬양을 드리거나 주님의 만찬을 받기 위해 지정된 날이 있으며, 수찬 정지 방식이나 그 밖의 비슷한 것들이 있다. 어떤 날과 어떤 시간을 선택하는지, 어떤 교회 건물을 사용하는지, 어떤 시편을 어떤 날에 부르는지는 전혀 차이가 없다. 그러나 진실로 평화와 화합을 바란다면, 정해진 날과 정해진 시간이 있는 것이 좋으며, 모든 사람을 수용할 만한 장소이어야 적합하다. 공적인 질서에 영향을 끼치는 것들을 우리 중 누구든 마음대로 바꿀 수 있다면, 그로 말미암는 혼란은 오직 분쟁만 낳게 될 것이기 때문이다. 이런 일들이 분명하지 못하고 각자가 정하는 대로 맡겨진다면, 모든 사람을 기쁘게 하는 결정은 결코 내려질 수 없을 것이다.

따라서 이 절차의 순수성을 흐리거나 더럽히는 오류가 발생하지 않도록 주의를 기울여야 마땅하다. 이것은, 만약 시행 중인 모든 의식이 좋은 목적을 위해 분명하게 쓰인다면, 또 만약 소수만 수용할 뿐이지만, 특히 목사들이 모든 그릇된 신앙으로 빠져서는 안 된다는 것을 건전한 가르침으로 확신한다면 분명 성취될 것이다. 우리 각자가 이 지식을 얻게 되면 이 모든 것에서 완전한 자유를 성취할 것이다. 하지만 우리가 말한 예절이나 사랑에 근거하여 각자는 자신의 자유를 어느 정도 기꺼이 제한할 필요가 생길 것이다. 그뿐만 아니라, 이 지식의 도움으로 우리는 미신에 빠지지 않고서 이런 관례들을 따를 것이며, 다른 이들에게 그것들을 따르도록 엄격히 강요하지도 않을 것이다. 이 지식의 도움으로 우리는 의식이 더 많을수록 하나님의 예배도 더 가치 있게 된다는 식으로 예배를 판단하지 않을 것이며, 한 교회가 외형적 형식의 차이 때문에 다른 교회를 업신여기지도 않을 것이다. 결론적으로, 우리는 교회에 영구적인 법을 정하지 않기 때문에, 이 의식들의 총체적 목적과 효용을 오직 교회의 영적 건축을 위해서만 다룰 것이다.

교회의 영적 건축에 반드시 필요하다면, 우리는 어떤 관례를 바꾸는 데만 아니라 예전에 시행되던 모든 관례를 폐지하는 데도 동의할 준비를 갖추자. 우리가 지금까지의 경험을 통해 확실히 배우듯이, 기회가 되는 대로 그 자체로 가치가 없지도 않고 나쁘지도 않은 관례들을 폐기하는 것이 아주 좋을 것이기 때문이다. 과거에 교회는 맹목성과 무지가 만연하여 오로지 의식에 대해서만 골몰했다. 교회의 믿음이 심각하게 타락했고 그 열심도 너무나 완고했기에, 많은 의식들을 제거해야만 교회를 괴롭히던 끔찍한 미신들을 간신히 떨쳐 낼 수 있었다. 아마도 이 의식들은 일찍이 타당한 이유로 교회에 들어왔을 것이고, 그 자체에는 비난할 만한 점이 없다. 그 의식들이 금지되어야 한다고 강력히 주장하면, 사악하고 유해한 완고함을 드러내게 될 뿐이다. 우리가 이미 말했듯이, 그 의식들 자체로만 따지면 아무런 문제가 없기 때문이다. 하지만 우리가 그것들을 상황에 따라 숙고해 보면, 의식의 오용은 끊임없이 오류를 일으키는 것들을 제거해야만 비로소 고칠 수 있을 정도로 사람의 마음속 깊이 배어 있는 잘못임을 알게 될 것이다.

성령이 증언하시는 대로, 히스기야는 모세가 하나님의 명령을 받들어 세웠던 놋뱀을 부수어 내던져 버린 일로 칭찬을 받았다.[왕하 18:4] 하나님의 은혜를 기억하게 해주는 놋뱀을 보존하는 것은 전혀 나쁜 일이 아니었으나, 그 놋뱀이 백성의 우상숭배를 조장하기 시작했다. 이 선한 왕에게는 자기 백성이 놋뱀을 불경스럽게 오용하는 행태를 바로잡을 다른 방법이 없었다. 그에게는 모세가 놋뱀을 세워야 했던 이유에 못지않을 정도로 그것을 파괴할 이유가 있었다. 인간의 악한 판단을 치료하기 위해서 우리는 그 판단을 마치 병든 위장처럼 다루어야 하기 때문이다. 튼튼하고 건강한 위장에는 좋을 수 있더라도, 병든 위장에 소화되기 어려운 음식은 제거해 주어야 하는 것이다.

제16장

세속 정부

우리는 앞에서 인간이 두 가지 관할권의 지배를 받고 있음을 확실히 했다. 그중에서 인간 영혼이나 내면에 자리하여 영생과 관련이 있는 첫 번째 관할권에 대해서는 이미 충분히 다루었으므로,[1] 이제는 두 번째 관할권을 살펴볼 차례가 되었다. 이 관할권은 민사적인 정의를 확립하고 외면적 도덕을 개혁하는 데만 관련되어 있다.

이 문제로 더 들어가기 전에, 우선 앞에서 제시했던 구분을 상기해 보자. 많은 사람들이 서로 상당히 다른 이 두 가지 관할권을 성급하게 혼동하며 흔히 저지르는 실수를 우리가 피하기 위해서다. 그런 이들은 복음이 우리에게 약속하는 자유는 어떤 인간 왕이나 주인도 인정하지 않는 자유요 오직 그리스도에게만 매이는 자유라는 사실을 알게 되자마자, 그들 위에 존재하는 권세를 의식하는 한 그들의 자유에서는 아무것도 얻을 수 없다고 단정한다. 결국 그들은 현재의 세상이 어떤 판결이나 법률이나 위정자나 혹은 그들의 자유를 방해한다고 믿는 온갖 것과 전혀 상관없는 세상으로 변화되어야만 비로소 진보가 시작될 수 있다고 생각한다.[2] 하지만 육체와 영혼, 덧없는 현생과 영원한 내생을 구별할 줄 아는 사람이라면, 그리스도의 영적인 나라와 세속 사회가 전혀 다르다는 사실을 매우 분명하게 이해할 것이다.

세속 정부와 그리스도의 나라

그리스도의 나라를 오직 이 세상의 요소들 안에서만 찾고 그것들에 국한시키는 것은 유대인의 어리석음을 나타내는 증표다. 성경이 분명하게 가르치듯이, 우리는 유대인과 달리 그리스도의 은혜로 말미암아 받는 영적 열매가 그리스도의 나라임을 믿는다. 그러므로 우리는 그리스도 안에서 우리에게 약속되고 제시된 자유를 그 한계 안에서 보존하기 위해 애써야 한다. 성경 한 곳에서 사도는 우리에게 굳게 서서 종의 멍에를 메지 말라고 명령한다.갈 5:1 그런데 어째서 바로 그 사도가 성경 다른 곳에서는 종에게 그들의 처지를 염려하지 말라고 가르치는가?고전 7:20-21 그것은 오직 영적인 자유와 세속의 구속이 충분히 함께 존재할 수 있다는 이유 때문이 아니겠는가? 다음과 같은 사도의 여러 진술도 동일한 방식으로 해석되어야 한다. "하나님의 나라에서는 유대인이나 헬라인, 남자나 여자, 종이나 자유인이 없도다."갈 3:28 "유대인이나 헬라인, 할례자나 무할례자, 야만인이나 스구디아인은 없으며, 오직 그리스도께서 만유 안에 만유이시도다."골 3:11 이렇게 말하면서 바울은 인간 사회에서 우리가 가지는 신분이나 우리가 살아가는 국가의 법률은 중요하지 않다고 주장한다. 그리스도의 나라는 이런 것들 중 어디에도 존재하지 않기 때문이다.

그렇지만 이렇게 구별함으로써 우리가 정부를 부패한 것이나 그리스도인과 전혀 상관없는 것으로 여겨서는 안 된다. 요즘 일부 광신도들은 그런 식으로 말한다. 그들은 우리가 그리스도 안에서 이 세상에 대하여 죽었고 천상적 존재들 가운데 있는 하나님의 나라로 옮겨졌기 때문에,엡 2:6 그리스도인이 완전히 결별하여 분리되어 있어야 할 현재 세상의 부정하고 더러운 사안들에 신경 쓰는 것은 그리스도인의 탁월함에 걸맞지 않은 비천한 행태라고 주장한다. 그들은 가령 소송이나 재판이 없는데 법률에 무슨 효용이 있는지를 따진다. 도대체 그리스도인이 소송과 무슨 상관이 있으며, 살인이 불법이라면 굳이 법률이나 재판이 있어야 할 이유가 무엇인지 그들은 묻는다.

그러나 우리가 조금 전에 이런 종류의 정부는 그리스도의 영적이고 내면적인 통치와는 다르다고 진술했듯이, 이제는 이 정부가 그리스도의 통치와 결코 상충되지 않는다는 것도 알아야 한다. 우리가 여전히 이 세상에 있는 동안 그리스도의 영적인 통치는 우리가 하늘나라를 처음으로 맛보게 하고, 이 덧없는 죽을 생명이 죽지 않고 썩지 않는 복락을 얼마간 누리게 해준다. 다만, 세속 정부가 존재하는 데는 목적이 있다. 세속 정부는 우리가 인간 사회에 속해 있는 동안 그 사회에 적합하게 하고, 사람들 가운데 공평하게 행하며 서로 화목하게 하고, 공공의 평화와 안녕을 증진하고 보존한다.

지금 우리 안에 있는 하나님의 나라가 현재의 삶을 소멸한다면, 그 모든 것이 아무 필요 없을 것임을 나는 인정한다. 그러나 하나님께서 우리가 세상에서 계속 진정한 본향을 열망하며 살아가기를 바라신다면, 그리고 우리의 여정에 그런 도움이 필요하다면, 인간이 그 도움을 받지 못하게 하려는 자들은 인간의 본성 자체를 부정하는 것이나 마찬가지다. 그들은 하나님의 교회에는 어떤 법률보다도 탁월한 완벽함이 있어야 한다고 주장하면서, 어리석게도 어떤 인간 집단에서도 찾을 수 없을 완벽함을 상상하기 때문이다. 악인들의 뻔뻔함은 엄청나고, 그들의 악행도 법률의 엄격함으로 거의 억제될 수 없을 정도로 완강하다. 따라서 만약 악인들이 법률의 힘으로 그들의 악행을 저지할 수 없기 때문에 자기들은 마음껏 비행을 저지를 수 있다고 느낀다면, 과연 우리가 악인들에게서 무엇을 기대하겠는가?

세속 정부의 역할과 조직

나중에 보다 적절한 지점에서 정부의 유용함에 관해 우리가 논의할 기회가 있을 것이다. 다만 여기서는 정부를 거부하려는 욕망이 잔인한 야만성임을 강조해 두고 싶다. 사람에게 빵과 물과 햇빛과 공기가 필요한 만큼 정부도 필요하며, 정부의 가치는 훨씬 더 크기 때문이다. 비록 정부는 사람들이 함께 살아가도록 해줌으로써 먹고 마시는 일과 인간의 삶이 유지되는 방식에 포괄적으로 관련되어 있기는 하지만, 사실은 그 이상의 것들과도 관련이 있다. 정부가 이루고자 하는 목적은 우상숭배, 하나님의 이름과 그분의 진리에 대한 신성모독, 신앙에 대한 그 밖의 여러 모욕적 행위가 사람들 가운데 공공연히 조장되고 유포되지 않게 하는 것이다. 또 공공의 평화가 흐트러지지 않게 하고 각자 자기의 소유를 지키는 것이요, 사람들이 서로 속이거나 상처 주지 않고 함께 살아가게 하는 것이다. 요약하면, 그리스도인 가운데 신앙이 자유롭게 표현되고, 사회에서는 인간이 우선시되게 하는 것이 정부의 목적이다.

내가 앞에서는 신앙에 적절한 질서를 부여하는 일이 인간의 영역을 넘어가는 책임이라고 했다가, 지금은 그 책임을 공적 권위에 맡긴다고 해서 이상하게 여겨서는 안 된다.[3] 나는 하나님의 법에 나와 있는 대로, 참된 종교가 버젓이 침범당하지 않게 해주고 더럽혀지면 반드시 처벌을 내리는 세속의 규율을 인정하지만, 여기서는 사람들이 하나님의 예배 및 종교와 관련하여 자기들 기호대로 교묘한 법을 남발하는 것을 허용하지 않기 때문이다. 그러나 우리가 세속 정부의 각 부분을 별도로 탐구하는 방식을 취한다면, 독자들이 스스로 총체적인 판단에 도달하는 데 도움이 될 것이다.

정부에는 세 가지 분명한 요소가 있다. 첫째 요소는 법률을 수호하고 보존하는 위정자다. 둘째 요소는 위정자가 권력을 행사하는 데 근거가 되는 법률이다. 셋째 요소는 법률의 통제를 받고 위정자에게 복종해야 하는 백성이다.

위정자의 직분

먼저, 위정자의 직분에 관하여 숙고해 보자. 즉, 위정자의 직분이 하나님의 승인을 얻은 정당한 소명인지를 숙고하고, 위정자에게 맡겨진 임무와 그 권한의 한계에 관하여 알아보자. 그다음으로는 기독교 사회가 어떤 법으로 다스려져야 하는지를 고찰하고, 마지막으로, 백성은 법률에서 무슨 도움을 얻으며 윗사람들에게 무엇을 복종해야 할지 생각해 보자.

위정자의 직분에 관해서라면, 우리 주님은 그 직분을 자신이 받으실 수 있음을 확인해 주셨을 뿐 아니라, 그 직분을 명예로운 직함으로 장식하심으로써 우리에게 그 직분이 특별히 가치 있는 것이라고 칭찬하셨다.[4] 우리의 요지를 간략하게 증명해 보자. 현저히 높이 세워진 사람들은 모두 "신들"로 불리는데,[출 7:1, 시 82:1, 6] 이는 결코 사소한 호칭이 아니다. 이 호칭은 그 사람들이 하나님에게서 위임을 받았다는 것과, 그들이 하나님에게서 나온 권위를 지니고 모든 면에서 하나님의 대표자이며, 어떤 의미에서 하나님의 대리자임을 나타낸다. 이런 표현은 내 생각에서 나온 것이 아니라, 바로 그리스도가 친히 해주신 성경 해석에 들어 있다. 그리스도는 "성경이 하나님의 말씀을 받은 사람들을 신들이라 불렀느니라"고 말씀하신다.[요 10:35] 이것은 다름 아니라 그들의 직분으로 하나님을 섬기는 임무와 명령을 받았음을 의미한다. 모세와 여호사밧이 유다의 모든 성읍에 임명한 사사들에게 했던 말처럼,[신 1:16-17] 그들이 인간의 이름이 아니라 하나님의 이름으로 공의를 실현하는 임무와 명령을 받았음을 암시한다. 이것은 하나님의 지혜가 솔로몬의 입을 통해 했던 다음과 같은 선언의 취지이기도 하다. "왕들이 다스리고 조언자들이 공의를 행하고, 관원들이 통치를 유지하고 사사들이 땅에서 공평하게 판결하는 것은 오직 지혜로써만 되느니라."[잠 8:14-16] 이는 곧 왕들과 지도자들이 땅에서 권세를 얻는 것은 인간의 의지로 되는 일이 아니라, 오히려 인간의 운명을 이와 같은 방식으로 인도하기를 기뻐하시는 하나님의 섭리와 거룩한 규례를 통해 되는 일임을 의미한다. 바울은 지도자들을 하나님께서 주신 은사로 나열하며 이 사실을 분명하게 알려 준다. 이 은사들이 사람마다 다르게 나누어지더라도 오직 교회를 세우는 데 쓰여야만 한다는 것이다.[롬 12:8]

이 구절에서 바울은 초기교회에서 공적인 치리를 주관하도록 임명된 장로 집단에게 말하고 있음이 분명하다. 바울은 고린도 교인들에게 보내는 편지에서는 그들의 역할을 "다스림"이라고 부른다.고전 12:28 그렇더라도 우리는 세속 권세가 동일한 목적에 복무함을 알기 때문에 바울이 우리에게 온갖 종류의 합법적인 높은 권세를 천거하고 있음은 확실하다. 바울은 이 문제에 대한 구체적인 논의로 들어가면서 이 점을 더욱 강조한다. 거기서 바울은 그런 모든 권세는 하나님께서 정하신 것이며, 그분이 세우시지 않은 권력은 하나도 없다고 가르친다. 또한 통치자들은 하나님의 일꾼으로서, 선을 행하는 자를 칭찬하고 악을 행하는 자는 하나님의 진노로 보응한다고 바울은 말한다.롬 13:1, 4 우리는 다윗과 요시야와 히스기야처럼 나라를 받았거나, 요셉과 다니엘처럼 임금 밑에서 정부나 고위직을 맡았거나, 모세와 여호수아 및 사사들처럼 자유로운 백성의 지도권을 받았던 거룩한 인물들의 사례도 비슷하게 해석해야 한다. 우리는 이들의 직무가 하나님께서 친히 선언하셨듯이 하나님 자신이 받으실 수 있는 것이었음을 알고 있다. 그러므로 세속적 업무에 있어서 고위직 신분은 하나님 앞에서 거룩하고 정당한 소명일 뿐 아니라, 다른 모든 소명 중에서 가장 거룩하고 명예로운 소명임을 의심해서는 안 된다.

공의 실현은 하나님의 역사다

위정자는 지속적으로 이 소명 의식을 마음에 품고 있어야 한다. 이 생각은 유익한 자극이 되어 위정자가 그의 임무를 다하도록 동기를 부여할 수 있고, 그 직무에 수반되는 고난과 괴로움을 견뎌 낼 힘을 공급하여 그에게 경이로운 위로를 줄 수도 있기 때문이다. 위정자가 자신이 하나님의 공의를 다루는 일꾼으로 임명되었음을 깨닫는다면, 그는 높은 수준의 청렴과 지혜와 자비와 절제와 순결을 그 스스로에게 지켜야 하지 않겠는가? 위정자가 살아 계신 하나님의 보좌로 여기는 그의 재판석에 아주 약간의 불의라도 허용한다면, 그는 도대체 얼마나 염치없는 자이어야 하겠는가? 위정자가 자신이 하나님의 진리를 나타내는 수단이어야 함을 깨닫고도 자기 입술로 불의한 판결을 선고한다면, 그는 도대체 얼마나 뻔뻔해져야 하겠는가? 자기 손으로 하나님의 결정을 기록해야 한다고 알고 있는 위정자는 도대체 어떤 양심으로 사악한 법령에 서명하겠는가? 요약하면, 위정자는 자신이 하나님의 대리자임을 기억한다면, 그가 수행하는 모든 업무에 있어서 최대한의 노력과 주의를 기울여 오로지 하나님의 섭리와 보호와 선과 자비와 공의의 모습을 사람들에게 대변해야 한다.

또한 하나님의 일에 불성실한 사람은 모두 하나님의 보응하심에 따라 저주를 받는다면,렘 48:10 정당한 소명을 받고도 불충실하게 처신하는 자가 받을 저주는 더욱 확실하리라는 사실을 위정자는 항상 명심해야 할 것이다. 그래서 모세와 여호사밧도 재판관들에게 자기 임무를 다하도록 권면했을 때, 우리가 앞에서 한 말로써 그들의 마음을 일깨우는 것이 가장 효과적임을 알았던 것이다. "너희가 할 일을 생각하라. 이는 너희가 공의를 사람의 이름으로 실행하지 아니하고, 오직 너희의 재판에서 너희를 도우시는 하나님의 이름으로 실행함이라. 너희 위에 하나님을 경외함이 있게 하고 반드시 정직함을 행할지니, 이는 주 우리 하나님께는 불의함이 하나도 없음이니라."대하 19:6-7 또 성경 다른 곳에는 이렇게 기록되어 있다. "하나님께서 신들의 모임에 좌정하사 그들 가운데 판결을 공표하시도다."시 82:1 참으로 이 말씀은 우리 상급자들의 심금을 울려야 한다. 이 구절이 그들에게 가르치는 대로, 그들은 하나님의 부관과 같아서 그들이 행한 일을 놓고 상세히 보고 드릴 분이 바로 하나님이기 때문이다. 이 훈계의 말씀은 우리의 상급자들을 제대로 분발하게 해줄 것이다. 그들이 무엇을 잘못하면, 그들이 위해를 끼치는 대상에는 단지 그들이 부당하게 괴롭히는 이들뿐만 아니라 그들이 모독하는 거룩한 재판의 주재이신 하나님도 포함되기 때문이다.사 3:14-15 위정자의 소명이 부정하지 않고 하나님의 종과 무관하지도 않으며, 오히려 그가 하나님의 일을 직접 수행하는 것이므로 가장 거룩한 직무임을 생각한다면, 위정자는 반드시 풍성한 위로를 얻게 될 것이다.

위정자에게 복종하라

이와 달리, 성경의 많은 증거들에 만족하지 않고 계속해서 기독교 신앙과 경건에 반하며 이 거룩한 소명을 지속적으로 공격하는 자들은 하나님까지 조롱하는 짓을 저지르고 있음이 분명하다. 하나님의 종들에게 하는 모든 비난이 하나님께도 쏟아지기 때문이다. 분명히 이런 자들은 그들의 상급자가 그들을 다스리는 것 때문에 악담하는 것보다 훨씬 많이 하나님과의 관계를 부인한다. 이스라엘 자손이 사무엘의 지도권을 거부했을 때 주님께서 하신 말씀이 참되다면,삼상 8:7 오늘날 하나님께서 세우신 모든 고위 권세자에 대해 거리낌 없이 비방하는 자들에게도 당연히 똑같이 말해야 하지 않겠는가?

그러나 그들은 주님께서 제자들에게 "이방인의 임금들은 그들을 주관하지만, 너희 중에서는 그렇지 아니하니라. 첫째인 자는 가장 작은 자가 되어야만 하느니라"고 하신 말씀을 지적하면서,눅 22:25-26 우리 주님은 모든 그리스도인에게 국가나 권세자의 일에 관여하지 말도록 금지하신다며 이의를 제기한다. 오호라, 엄청난 주석가들이여! 사도들 사이에 누가 가장 높은지를 두고 말다툼이 일어났다. 우리 주님은 제자들이 허황된 야망을 떨쳐 버리게 하시려고, 그들의 직무는 한 사람이 나머지 모든 사람 위에 우두머리 노릇을 하는 통치권과 닮지 않았다고 설명해 주신다. 과연 어떤 면에서 주님이 하신 이 비교가 왕의 존엄성을 떨어뜨리는지 내게 알려 달라! 사실, 이 비교는 오직 왕의 직책이 사도의 사역이 아니라는 사실만 입증해 줄 뿐이다.

그뿐만 아니라 다양한 계급과 유형의 상급자들이 있다 하더라도, 우리가 그들 모두를 하나님께서 임명하신 일꾼으로 받아들여야 한다는 점에서는 한결같다. 바울이 하나님에게서 오지 않은 권세는 하나도 없다고 진술할 때 그 모든 유형을 포함하기 때문이다.롬 13:1 사람들에게 가장 호감이 적은 유형으로서 단 한 사람에 의한 지배와 통치가 다른 무엇보다도 특별히 칭송을 받는다. 단 한 사람의 통치는 복종시키는 이를 제외한 나머지 모두에 대한 집단적 예속 상태를 뜻하기 때문에, 위대하고 고귀한 영혼들은 이 통치를 호의적으로 받아들인 적이 결코 없었다.

이와 달리, 인간이 악한 의도로 판단하는 것을 방지하기 위해 성경이 분명하게 진술하는 바에 따르면, 왕들의 통치는 다름 아닌 하나님의 지혜 섭리를 통해 이루어지며 그 섭리는 우리에게 왕들을 공경하라고 특별히 명령한다.잠 24:21, 벧전 2:17 공적인 일을 결정할 권한이 전혀 없는 일반 백성이 최선의 정부 형태를 놓고 논쟁을 벌이는 일은 분명히 시간 낭비다. 게다가 만사가 상황에 따라 다르기 때문에 어떤 간단한 결정을 도출하는 것 역시 무모한 짓이다. 만약 우리가 다양한 형태의 정부들을 비교하면서 각 형태의 상황을 고려하지 않는다면, 어떤 형태가 가장 쓸모 있는지 알아내기는 어려울 것이다. 그 밖의 모든 정부 형태에는 거의 동일한 가치가 있기 때문이다.

사람들은 세 종류의 세속 정부가 있다고 본다. 왕이나 대공大公, 그 밖의 다른 호칭으로 불리는 단 한 사람에 의한 통치 체제인 군주제가 있고, 지도력 있고 가장 영향력이 강한 사람들에 의한 통치 제도인 귀족제가 있으며, 각 민족이 권력을 갖는 대중적 통치 체제인 민주제가 있다. 한 사람의 왕이나 유일한 통치권을 가진 다른 누군가가 폭군이 되기 쉽다는 것은 명징한 사실이다. 그러나 영향력 있는 자들이 정상에 있을 때 악한 정권을 세우려는 음모를 꾸미기도 그만큼 쉽다. 민중이 권세를 가진 곳에서는 반란을 일으키기가 더 쉽다. 더 나아가, 우리가 단 하나의 도시에만 시선을 고정하지 않고 보편적인 관점에서 온 세상에 대해 생각해 본다면, 또는 다른 여러 국가들을 유심히 살펴본다면, 하나님의 섭리 없이는 다양한 지역이 다양한 정부의 통치를 받을 수 없음을 분명히 알게 될 것이다. 원소들이 서로 다른 비율과 조합으로만 결합될 수 있듯이, 정부들 역시 오직 불균등을 통해서만 공존할 수 있다. 다만 이 모든 것에 대하여 하나님의 뜻이 충분한 명분이 되는 사람들에게 굳이 다 지적해 줄 필요는 없다. 하나님께서 국가와 기타 여러 종류의 권세들을 자유로운 백성 위에 세우려 하신다면, 우리가 사는 곳을 지배하는 어떤 권세에든지 복종하고 순응하는 것이 우리의 임무이기 때문이다.

위정자의 임무

이 시점에서 우리는 하나님의 말씀에 그 개요가 제시된 위정자의 직무와 그 직무에 따르는 결과를 간략하게 설명해야 한다. 예레미야는 왕들에게 "공의와 정의를 행하고, 비방자의 손에 난폭하게 억눌린 자를 구원하며, 이방인과 과부와 고아를 괴롭히지 말고, 잘못을 일절 저지르지 말고, 무죄한 피를 흘리지 말라"고 훈계한다.[렘 22:3] 또한 모세는 자기를 대신하여 임명된 지도자들에게 "그들의 형제들의" 소송을 "듣고서" 소송하는 사람이 형제에게 소송하든지 이방인에게 소송하든지 상관없이 그를 공평하게 다루되, 재판에 있어서 결코 편견에 빠지지 말고 큰 자에게든 작은 자에게든 공평해야 할 것이며, 재판은 하나님께 속한 것이므로 인간을 두려워하여 물러서지 말아야 한다고 명령한다.[신 1:16-17] 나는 다음과 같은 성경의 나머지 기록들은 다루지 않고 남겨 두겠다. 왕은 군마를 많이 두지 말고, 그의 마음이 탐욕에 빠지지 말게 하며, 스스로를 높이며 교만하지도 말고, 오직 평생토록 하나님의 율법을 묵상하기를 계속해야 한다고 성경은 명령한다.[신 17:16-20] 또한 "재판관들은 이쪽이나 저쪽으로 치우치지 말 것이요, 어떤 종류의 선물도 받지 말라"고 명령한다.[신 16:19] 그 밖에도 우리가 흔히 성경에서 만나는 비슷한 금령들이 있다. 이 구절들을 다루지 않는 이유는, 내가 여기서 위정자의 직무를 고찰하는 의도가 위정자들에게 그들의 임무를 가르치는 데 있기보다는, 위정자의 정체와 하나님께서 위정자를 임명하신 목적을 다른 이들에게 설명하는 데 있기 때문이다.

따라서 우리는 위정자가 공적 평화와 정직과 순결과 절제를 수호하고 보존하는 자로 임명되었음을 주목하고, 위정자가 모두의 안전과 평온을 유지할 수 있게 해야 한다. 그렇게 하려면 위정자가 반드시 해를 끼치는 악인의 행위에 맞서서 선한 자를 옹호하고 억압당하는 자를 힘을 다해 도와주어야 하므로, 위정자는 악으로 공공의 평화를 유린하는 자를 제압하고 철저히 응징할 권세로 무장해야 한다.롬 13:3-4 사실상 우리는 솔론Solon이 말한 것을 경험으로 알 수 있다. 솔론에 따르면, 모든 정부는 선인에 대한 보상과 악인에 대한 처벌이라는 두 가지에 관여하며, 이 둘을 빼앗으면 사회 조직 전체가 무너지고 파괴된다.[5] 많은 사람들은 미덕이 명예로 보상받는 것을 보지 못한다면 선행에 거의 관심을 쏟지 않는다. 반대로, 악인의 사악한 열정은 응징과 형벌이 악인 자신을 기다리고 있음을 깨닫지 못하는 한 제어될 수가 없다. 그러므로 선지자가 왕과 그 밖의 다른 통치자들에게 공의와 정의를 행하라고 명령할 때, 이 두 가지 측면이 다 포함된다.렘 22:3 정의란 무고한 자를 보호하고 지지하고 방어하며 유지하고 구조하는 것을 뜻하고, 공의란 악인의 무자비함에 저항하고 그들의 폭력을 억제하며 그들의 범죄를 형벌하는 것을 뜻한다.

형벌의 적절한 수위

그러나 여기서 중요하고도 어려운 의문이 생긴다. 그리스도인에게는 생명을 빼앗는 일이 금지되어 있지 않은가 하는 것이다. 하나님께서 그분의 율법으로 그것을 금지하신다면,출 20:13 그리고 선지자가 예언한 대로 하나님의 교회에서는 아무도 타인을 괴롭히거나 해를 끼치지 않을 것이라면,사 11:9, 65:25 어떻게 위정자가 인간의 피를 흘리면서도 경건을 범하지 않을 수 있는가? 반면에, 위정자가 형벌을 내릴 때 자기 권리로 행하는 것이 아니라 하나님의 판결을 실행할 뿐임을 이해한다면, 우리가 이런 양심의 가책 때문에 크게 걱정할 이유가 없을 것이다.

하나님의 율법이 살인을 금하는 것은 사실이다. 그렇더라도 살인자가 처벌을 피하지 못하도록 주님은 그 사역자들의 손에 칼을 쥐어 주셔서 범죄자를 치는 일에 사용하게 하신다. 고통을 주거나 해를 가하는 것은 신자의 책임이 아니다. 하지만 무죄한 사람의 고난에 대해서 하나님의 명령으로 내리는 보응은 고통을 주거나 해를 가하는 일이 아니다. 그러므로 이 경우에 위정자는 관습법에 종속되지 않는다고 쉽게 결론지을 수 있다. 주님은 이 관습법으로 사람의 손을 묶으시는 것이지 주님의 정의를 묶지는 않으시기 때문이다. 마치 통치자가 모든 신하에게 곤봉을 휴대하거나 사람을 다치게 하지 못하도록 금지하면서도, 그의 관리들이 그가 특별히 위탁한 임무로서 정의를 실행하는 것을 막지 않듯이, 주님은 그분의 정의를 위정자의 손으로 실행하신다.

이와 같은 문제에 있어서 어떤 것도 인간적 경솔함으로 해서는 안 되고 오직 그것을 실행하라고 명령하시는 하나님의 권위로만 해야 한다는 사실을 우리가 늘 염두에 두어야 한다. 하나님의 권위 아래 인도하심을 받는 사람이라면 누구도 올바른 길을 떠나지 않을 것이다. 이 점을 기억한다면, 범죄를 형벌하는 하나님의 정의를 막으려 하지 않는 한 공적인 보응을 내리는 조치에 있어서 우리가 비난할 만한 것이 아무것도 없다. 그러나 누구라도 하나님께 무슨 법을 부과하지 못한다면, 어째서 우리가 하나님의 정의를 위해 일하는 사람들을 비방한단 말인가? 바울은 다음과 같이 기록한다. “그들은 정당한 이유 없이 칼을 가진 것이 아니니라. 그들은 하나님의 일꾼으로서 악을 행하는 자에게 하나님의 진노를 나타내어 보응함이니라.”롬 13:4 그러므로 만약 통치자와 상급자가 그들의 순종이야말로 하나님께 최고로 받아들여질 만한 것임을 인정한다면, 그리고 통치자와 상급자가 경건함과 의로움과 성실함으로 하나님을 기쁘시게 하려 한다면, 그들은 악한 자를 꾸짖고 처벌하는 조치를 취해야 할 것이다.

모세가 주님의 백성을 구원하라는 명령을 받았다고 여기고 이집트인을 살해했을 때, 그리고 이후 백성의 우상숭배를 삼천 명의 살육으로 응징하게 되었을 때, 바로 이것이 모세의 행동의 동기가 되었음이 틀림없다.출 2:11-12, 32:27-28 다윗이 그 생의 마지막 무렵 그의 아들 솔로몬에게 요압과 시므이를 제거하도록 명령했는데, 이때의 다윗 역시 비슷한 열심으로 마음이 움직였다.왕상 2:5-6, 8-9 어떻게 모세의 온화하고 인자한 영혼이 그토록 잔혹하게 폭발하여 그 형제들의 피를 손에 묻힌 채 그들 중 삼천 명이 죽기까지 살육을 멈추지 않았을까? 역시 평생 아주 온화한 사람이었던 다윗이 그

숨이 멎으려는 순간에 어떻게 그토록 잔인한 유언으로 그의 아들에게 명령을 내려 요압과 시므이가 늙어서 무덤까지 평온히 가지 못하게 했을까? 그렇다 하더라도 모세와 다윗은 하나님께서 그들에게 위임하신 보응을 실행함으로써 (굳이 표현하자면) 이 잔혹함에 의해 그들의 손을 확실하게 성별했음이 분명하다. 그들이 용서를 베풀었다면, 그들은 자기 손을 더럽혔을 것이다.

솔로몬은 "왕이 악을 행하는 것은 가증한 일이니 이는 왕좌가 의로써 굳건함이니라"고 선언한다.잠 16:12 비슷하게, 솔로몬은 "재판석에 앉은 왕은 악을 행하는 모든 자를 주시한다",잠 20:8 곧 그들을 형벌하기 위해 주시한다고 했다. 또한 "지혜로운 왕은 악인을 흩어 버리고 바퀴를 그들 위에 굴리느니라"고 했으며,잠 20:26 "찌꺼기가 은에서 분리되게 하라. 그러면 대장장이는 그가 필요로 하는 그릇을 만들리라. 악한 자가 왕 앞에서 제거되게 하라. 그러면 그의 왕좌가 의로써 굳건해지리라"고 했다.잠 25:4-5 또한 "악행하는 자를 용서하는 자와 무죄한 자를 정죄하는 자는 모두 주님께 가증하니라"고 했고,잠 17:15 "반역하는 자는 자기에게 재앙을 가져오나니, 그에게 죽음의 사자가 보냄을 받으리라"고 했다.잠 17:11 "악인에게 '네가 의롭다' 하는 자는 백성에게 저주를 받고 민족에게 비난을 받을 것이라"고도 했다.잠 24:24

참된 의는 뽑은 칼로 악인을 추적하는 것이라면, 악인이 그의 칼을 뽑아 살인과 폭력을 자행하는데도 통치자들이 어떻게든 혹독해지지 않으려고 자기 손에 피를 묻히려 하지 않는다면, 그들은 정의롭거나 온화하다는 찬사를 받기는커녕 오히려 끔찍한 불의의 죄를 범하게 될 것이다. 그렇다고 해서 나는 통치자들이 지나치게 엄격하고 가혹한 형벌을 내려야 한다고 말하려는 것은 아니다. 재판관의 자리가 곧 준비된 교수대여야 한다고 말하려는 것도 아니다. 나는 통제되지 않은 잔혹함을 좋아하지 않는다. 또한 나는 건전하고 정의로운 판결이 관용 없이 내려질 수 있다고 말하지도 않는다. 관용은 왕의 의논 속에 항상 들어 있어야 한다. 솔로몬이 말한 대로 관용이야말로 왕위를 보존해 준다.잠 20:28 그렇기 때문에, 고대의 한 작가

가 관용을 가리켜 통치자의 최고 덕목이라고 말한 데도 정당한 이유가 있었다.[6]

그러므로 위정자는 다음 두 가지를 유념해야 한다. 위정자는 자기가 치료할 수 없을 정도의 무분별한 가혹함으로 상처를 입혀서는 안 된다. 또한 위정자는 모든 것을 허망하게 양보해 버리면서까지 어리석고 무비판적으로 관용을 내세우다가 모든 것을 쉽게 내주어 많은 이들이 엄청난 희생을 치르게 하는 잔인한 친절에 빠져서도 안 된다. "아무것도 허락하지 않는 통치자 밑에서 사는 것은 나쁘지만, 무엇이든 허용하는 통치자 밑에서 사는 것은 훨씬 더 나쁘다"라고 말했던 데는 이유가 있었다.[7]

전쟁 허용 조건

왕과 민족은 보응의 목적을 위해 종종 전쟁 수행이 필요하기 때문에, 우리는 그에 따라 이 목적을 고려하여 치러진 전쟁을 합법으로 간주할 수 있다. 왕이나 민족이 그들의 조국과 영토의 평화를 보존할 권력, 정부에 불만을 품은 자들과 평화를 대적하는 자들이 일으킨 소요를 제압할 권력, 폭력을 당하는 자들을 구제할 권력, 그리고 잘못을 처벌할 권력을 부여받았다면, 그들이 이 모든 권력을 가장 잘 사용할 수 있는 길은 각 개인의 안전과 모두의 평온을 뒤흔드는 자들의 노력, 폭동과 폭력과 억압과 기타 여러 악행을 선동하는 자들의 노력을 수포로 돌아가게 하고 무산시키는 것이지 않겠는가? 그 왕과 민족이 율법의 규제를 수호하고 옹호하는 자들이라면, 그들의 임무는 죄악으로 그 법의 기강을 훼손하려는 모든 시도를 무산시키는 것이다. 그들은 소수의 사람들에게만 해를 끼친 도둑도 정당하게 처벌하면서 온 나라가 도적질에 시달리는데도 내버려 둔 채 아무 조치도 취하지 말아야 하는가? 왕이든 평민이든 정당한 이유 없이 다른 이의 영토를 급습하여 약탈과 살육을 자행한다면, 그런 짓을 저지르는 자는 누구든 모두 도둑으로 간주되어 똑같이 처벌받아야 한다.

그러나 이때 위정자는 조금이라도 사사로운 욕망을 따르지 않도록 조심해야 한다. 위정자가 누구를 처벌해야 한다면, 분노나 증오, 지나친 혹독함은 삼가야 한다. 아우구스티누스의 말처럼 위정자는 그가 처벌하는 자를 보편적 인간애를 갖고서 동정해야 한다.[8] 위정자가 어떤 대적, 가령 무장한 강도들에 맞서서 무장을 갖추어야 한다면 사소한 이유로 그렇게 하려 해서는 안 된다. 기회가 생긴다 하더라도 위정자는 절박한 필요에 강요당하지 않는 한 전쟁은 피해야 한다. 한 이교도는 전쟁의 유일한 목적은 평화를 추구하는 것이라고 가르치는데, 우리가 그 이교도보다 잘 처신하려면 우리의 무기를 들기 전에 반드시 모든 대안을 강구해야 하기 때문이다.[9] 요약하면, 피를 흘리는 일에 관한 한 위정자는 개인적 감정에 휩쓸려서는 안 되며, 반드시 공익에 따라 움직여야 한다. 그렇지 않으면, 위정자는 자신의 사사로운 이익이 아니라 다른 이를 섬기기 위해 부여받은 권력을 악하게 오용하기 쉽다.

전쟁에 있어서 이와 같은 정당성은 곧 수비대와 동맹과 기타 세속적 방어 수단 역시 합법적임을 의미한다. 나는 국가 전체를 보호하기 위해 국경 지역 도시들에 배치된 군인을 "수비대"라고 부른다. "동맹"은 이웃하고 있는 통치자들이 그들의 영토에서 교란이 일어날 경우에 대비하여, 혹은 인류 공동의 적에 대해 연합하여 저항하기 위해 형성한 연맹이다. 또한 나는 전쟁 수행과 관련된 모든 준비를 "세속적 방어"라고 부른다.

세금 및 기타 징수금의 책임적인 사용

이 마지막 언급은 덧붙일 필요가 있다. 통치자가 부과하는 공물과 세금은 합법적 수입이지만, 주로 그의 직무와 관련된 비용을 충당하는 데 사용되어야 한다는 것이다. 또한 통치자는 그 직무의 위대함에 부합하는 품위로 그의 가정을 충분히 유지하는 데 그 수입을 사용할 수 있다. 우리가 아는 대로 다윗과 히스기야와 요시야와 여호사밧과 그 밖의 여러 경건한 왕들이 그러했다. 비슷하게 요셉과 다니엘 역시 그들에게 맡겨진 직급에 걸맞은 공적 비용으로 양심의 거리낌 없이 윤택하게 생활했다. 그뿐만 아니라, 우리가 에스겔서에서 읽는 대로 하나님의 명령에 따라 많은 재산이 왕들에게 넘겨졌다.겔 48:21 이 구절은 그리스도의 영적 왕국을 묘사하기는 해도, 참되고 합법적인 인간 왕국을 그 왕국의 모형으로 삼고 있다.

다른 한편으로, 바울이 직접 증언하듯이 통치자는 그가 소유한 영토가 사적인 수입이라기보다는 백성 전체의 복리를 위해 마련된 수입임을 기억해야 한다.롬 13:6 따라서 통치자가 자신의 수입을 낭비하고 오용하면 언제나 백성에게 해를 끼치게 된다. 더 낫게 말하면, 통치자는 자신의 수입을 백성의 피로 여겨야 하며, 그 피를 낭비하는 짓이야말로 가장 악독한 잔혹함일 것이다. 더 나아가, 통치자는 그가 정하는 부과금과 세금 및 그 밖의 여러 가지 조세를 본질적으로 백성의 필요를 위한 원조금으로 간주해야 한다. 그런 것들을 정당한 이유도 없이 가난한 이들에게 무겁게 부과하는 것은 폭정이요 약탈이다.

이런 점들을 제시하면, 통치자는 미친 듯이 사치스럽게 낭비할 마음을 버리게 될 것이다. (적절한 수준 이상으로 불타오르는 통치자의 욕망을 일부러 부추길 필요는 전혀 없다!) 그러나 통치자는 그의 양심이 하나님 앞에서 깨끗하지 않을 때는 반드시 아무것도 시도하지 말아야 하기 때문에, (그가 감히 분수에 넘치게 처신하여 하나님을 모독하지 않도록) 자기에게 무엇이 합법적인지를 이해하는 것이 중요하다. 또한 이 가르침은 평민에게도 무관하지 않다. 평민은 통치자의 소비가 일반적 규범과 관행을 아무리 많이 초과하더라도 그의 소비를 공격하고 비난하지 않는 법을 배우게 될 것이기 때문이다.

법률 총론

위정자 다음으로 법에 관한 논의를 이어 가도록 하자. 법은 모든 국가의 중요한 힘줄이요, 혹은 키케로가 규정한 대로 모든 국가의 영혼이다.[10] 법이 없다면 위정자는 존재하지 못할 것이다. 이는 마치 법이 위정자에 의해 보존되고 유지되는 이치와 같다. 그러므로 법을 침묵의 위정자로, 위정

자를 살아 있는 법으로 부르는 것이야말로 가장 적합한 설명이다.[11]

내가 지금 기독교 사회는 어떤 법으로 통치되어야 할지를 개관하기로 약속하지만, 그렇다고 해서 최선의 법이 무엇인지에 대한 장황한 논의를 시작할 생각은 전혀 없다. 그것은 끝이 없을 것이고, 우리의 현재 목적에 부합하지도 않을 것이다. 다만 나는 어떤 법에 의해 통치되어야 기독교 사회가 하나님 보시기에 올바르게 기능하고, 사람들 앞에서 공정하게 운영될지에 대해 간단히 개요만 제시하려고 한다.

내가 이 점에 있어서 위험하게 잘못 짚은 많은 사람들을 알지 못했다면, 나는 이 논의를 쉽게 생략할 수 있었을 것이다. 국가는 모세가 정한 유형에서 떠나 다른 민족들과 공통된 법률에 따라 통치되더라도 잘 통제된다는 사실을 어떤 사람들은 부정하기 때문이다. 나는 이 생각이 얼마나 위험하고 불온한 것인지를 판단하는 것은 다른 이들에게 맡기겠다. 지금 내게는 이 생각이 완전히 잘못되고 어리석다는 사실만 보여주는 것으로 충분하다.

우리는 먼저 하나님께서 모세를 통해 주신 율법을 도덕법과 의식법과 시민법이라는 세 부분으로 나누는 일반적인 구분 방식에 주목해야 한다. 우리는 이 각각의 법을 개별적으로 살펴서 무엇이 우리와 관련 있고 무엇이 관련 없는지를 알아야 한다. 그렇게 하는 동안 시민법과 의식법도 "도덕"의 범주에 포함된다는 사실 때문에 고민하지 말아야 할 것이다. 그 이유는, 이 구별을 정립한 초대 교부들은 시민법과 의식법이 도덕과 관련이 있음을 알고 있었지만, 이 두 가지 법 중 어느 것이든 건전한 도덕을 위협하거나 약화시키지 않고서 변화하거나 사라질 수 있기 때문에 이 두 가지 법을 도덕법이라 부르지 않았고, 다만 올바른 행동에 필수적인 부분에만 도덕법이라는 명칭을 사용했기 때문이다.

도덕법, 의식법, 시민법

그러므로 우리는 다음 두 가지 항목이 포함된 도덕법으로 논의를 시작하겠다. 첫째 항목은 우리에게 순수한 믿음과 경건함으로 하나님께 영광을 돌리라고 명령하고, 둘째 항목은 참된 사랑으로 우리의 이웃과 연합하도록 명령한다. 따라서 도덕법은 의의 참되고 영원한 규율이다. 사람이 하나님의 뜻에 따라 자기의 삶을 영위하고자 한다면, 각 사람이 사는 나라와 시간에 상관없이 모두가 도덕법에 종속된다. 우리 모두가 하나님을 경외하고 서로를 사랑하는 것이야말로 하나님의 불변하시는 뜻이기 때문이다.

의식법은 유대인을 교육하는 수단이었다. 구약 시대에 그림자와 같은 형식으로 제시된 것들을 드러내실 충만한 시간이 오기까지, 우리 주님께서 유대인에게 베푸셨던 교훈은 미숙한 자에게 유년기 교육을 받게 하시려는 것이었다.[갈 3:24, 4:4] 시민법은 유대인에게 정부의 형식을 제시했는데, 정의와 공정의 명확한 규율을 가르침으로써 그들이 서로 해를 끼치지 않고 평화롭게 더불어 살아가게 해주었다.

의식의 실천은 도덕법의 첫째 항목인 경건에 대한 교훈과 관련이 있었다. 그 실천은 하나님께 헌신하는 유대 교회를 양육했기 때문이다. 하지만 그것은 진정한 경건과는 별개였다. 마찬가지로 시민법의 유일한 목적은 하나님의 율법이 명령하는 사랑과 동일한 사랑을 보존하는 데 있다 하더라도, 시민법에는 사랑하라는 명령만으로 표현할 수 없는 나름의 구별된 성질이 있다. 그래서 의식의 폐지와 상관없이 참된 신앙과 경건은 그대로 남았듯이, 시민법 역시 사랑의 의무를 결코 침해하지 않은 채 취소되고 철회될 수 있다.

이것이 사실이라면(실제로 그러하듯이), 모든 민족은 영원한 사랑의 규율을 준수하면서 동일한 목적을 지향하되 형식만 다르게 하는 조건으로 각 민족에게 편리해 보이는 법을 자유롭게 제정할 수 있다. 우리는 도둑에게 어떤 대가를 주기 위해 쓰이거나 남녀의 무차별적인 성교를 허용하기 위해 쓰이는 야만적이고 미개한 법률, 더욱 저열하고 해롭고 가증한 법률을 법률로 인정해서는 안 된다. 그런 법률은 정의 자체만 아니라 인류 자체와도 어울리지 않기 때문이다.

모든 법률의 핵심 목표는 공정이다

우리가 모든 법률에 있어서 다음 두 가지를 명심한다면 내가 한 말들이 분명하게 이해될 것이다. 첫째는 법률이 규정하는 것이요, 둘째는 법률이 얼마나 공정한지인데, 법률의 규정은 공정성에 달려 있기 때문이다. 공정성은 법의 본래적 특성으로, 모든 사람에게 반드시 동일하다. 그러므로 세상의 모든 법률은 각 법률의 특별한 관심사가 무엇이든지 간에 공정성에 관한 것이어야 한다. 법률의 규정이나 훈령은 연관된 상황에 따라 결정되기 때문에, 그것이 모두 공정성을 목표로 하는 한 얼마든지 서로 다를 수 있다. 우리가 도덕법으로 부르는 하나님의 율법이 우리 주님께서 모든 사람의 마음에 각인시키신 자연법과 양심에 본질적으로 증거하듯이, 지금 우리가 말하는 공정성 역시 자연법에서 온전히 드러난다는 데는 의심할 여지가 없다. 그렇기 때문에 공정성만이 모든 법의 목적과 규율과 최종적 결과가 되어야 한다.

다시 말하지만, 이 척도로 평가되고 공정성을 목표로 삼으며 이런 한도 내에 머무는 모든 법률은, 아무리 모세 율법과 다르고 심지어 법률 상호 간에도 다르다 하더라도, 우리가 불쾌하게 여겨서는 안 된다. 하나님의 법은 절도를 금지하며, 출애굽기에서 보듯이 유대인의 사법권 아래 강도질에 엄중한 처벌이 내려졌음을 알 수 있다.출 22:1-3 다른 나라의 가장 오래된 법은 도둑을 형벌할 때, 그가 훔친 것의 두 배를 갚도록 했다. 나중에 제정된 법은 공개적인 절도죄와 은닉된 절도죄를 구별했다. 법에 따라 여기서 더 나아가, 도둑을 추방하거나 채찍질하기도 했고 심지어 사형까지도 언도했다. 하나님의 법은 거짓 증거를 금지한다. 유대인 중에서 거짓 증인은, 거짓으로 정죄받은 사람이 유죄로 확증되면 당할 것과 똑같은 형벌을 당해야 했다.신 19:18-19 어떤 나라에서는 모욕이 그에 대한 유일한 처벌이었고, 어떤 나라에서는 교수형이 처벌이었다. 하나님의 법은 살인을 금지한다. 세상의 모든 법률은 살인이 사형으로 처벌될 수 있다는 데 뜻을 같이 하지만, 다양한 형식의 사형을 시행한다. 이런 다양성에도 모든 법에는 동일한 목표가 있다. 하나님의 영원한 율법이 정죄하는 범죄, 곧 살인과 절도와 간음과 거짓 증거 같은 범죄에 모든 법이 함께 정죄를 선언하기 때문이다.

처벌의 강도에 대해서는 합의된 바가 없지만, 이 합의는 필요도 없고 가치도 없다. 아마 한 나라가 살인자에게 가혹한 처벌을 내리지 않는다면, 살인과 강도로 인해 즉시 고통에 빠질 수 있다. 그러므로 더욱 가혹한 처벌을 내려야 할 수도 있다. 어떤 나라는 다른 나라에 비해서 쉽게 빠지는 특정한 악덕 때문에 혹독하게 처벌할 필요가 생길 수 있다. 그런 다양성은 하나님의 법을 지탱하는 데 매우 합당한 역할을 한다. 따라서 이 다양성을 불쾌하게 여기는 사람은 가장 사악하고 공익을 대적하는 자로 평가되어야 하지 않겠는가? 우리가 모세를 통해 받은 하나님의 율법을 대신해서 다른 새 법을 제정하면 하나님의 율법을 위반하는 것이라고 어떤 사람들은 곧잘 반박한다. 하지만 그런 반박은 상당히 불합리하다. 각 지역의 지도자들이 가진 법은 모세 율법보다 처음부터 더 낫기 때문이 아니라 시간과 장소와 나라의 조건 및 상황에 보다 적합하기 때문에 선호될 뿐이다.

게다가 그런 일이 발생한다고 해도 모세 율법이 폐지되거나 취소되지도 않는다. 이방인으로서 우리는 결코 모세 율법의 명령을 받지 않기 때문이다. 우리 주님은 모세의 손을 통해 주신 율법이 모든 민족마다 법으로 제정되어 온 세상에 두루 시행되게 하시지 않았다. 주님은 그분의 특별한 보살핌과 보호와 지도와 통치로 유대 민족을 취하셔서, 그들의 특별한 입법자가 되려고 하셨기 때문이다. 주님은 선하고 현명한 입법자로서 그분의 모든 법률에 있어서 유대 민족에게 무엇이 유용할 것인지를 특별히 고려하셨다.

신자로서 소송인의 권리와 의무

이제 우리가 제기한 마지막 요점을 조사하는 일만 남아 있다. 이는 하나의 기독교 사회가 법률과 공의와 위정자에게서 얻을 수 있는 도움이 무엇이고, 일반 백성이 그들의 상급자에게 마땅히 갖추어야 할 공경심이 무것이며, 그들이 과연 어느 정도까지 복종해야 하는지에 관한 조사다.

많은 사람들이 그리스도인에게는 위정자의 직무가 쓸모없다고 여긴다. 그들은 모든 보응이나 강제나 소송이 자기들에게는 금지되어 있어서 위정자에게 정당하게 도움을 바랄 수 없다고 믿는다. 이와 달리 바울은, 위정자는 우리의 유익을 위해 우리를 섬기는 하나님의 일꾼임을 분명하게 증언한다.롬 13:4 이에 근거하여 우리는 하나님께서 그분의 권능과 도우심을 통해 우리가 악인의 사악함과 부당함으로부터 보호받고 위정자의 돌봄을 받아 평화롭게 살기를 원하신다는 사실을 이해한다. 우리가 매우 선하고 유익한 선물을 즐기는 것이 불법이라면, 하나님께서 우리를 보호하기 위해 위정자를 주신 일이 아무 의미 없을 것이다. 그러므로 우리가 위정자에게 도움을 요청해도 전혀 잘못이 되지 않는다.

그러나 나는 여기서 두 종류의 사람들을 다루어야 한다. 어떤 사람들은 거칠게 소송에 몰두해서 다른 사람들과 싸우지 않고는 절대로 쉬지 못한다. 또한 그들은 치명적인 증오심과, 위해를 가하여 보복하겠다는 걷잡을 수 없는 욕망 없이는 소송을 시작하지 않으며, 그들의 대적을 파멸시킬 때까지 집요한 완고함을 버리지 않는다. 반면, 그들은 자기들이 결코 부적절하게 처신하지 않는다는 인상을 주기 위해, 그들이 취하는 수단이 합법적임을 빙자하여 마구 무자비한 짓들을 저지른다. 그러나 누군가 법에 따라 자기 이웃에게 보상을 강제하도록 허락받는다 하더라도, 이웃을 합법적으로 증오할 수 있다거나, 위해를 가하거나 완고하고 무자비하게 괴롭혀도 되는 것은 아니다. 따라서 그런 자들은 법적 행위는 법을 바르게 이용하는 경우에 허락된다는 격언을 배워야 할 것이다.

법을 바르게 이용하는 방법은 다음과 같다. 첫째, 신체적으로든 물질적으로든 부당하게 공격받아 괴로움을 당하는 원고는 자신을 위정자의 권세에 의탁한 채 그에게 자신의 고충을 설명하며 정당하고 공평한 요청을 제출하되, 자신의 대적에게 위해를 가하거나 보복하려 하지 말고, 증오나 원한을 품지도 말고, 격정적인 토론에 몰두하지도 말고, 그 대신 오히려 기꺼이 자기 것을 포기하며 무엇이든 감수하려 해야 할 것이다. 둘째, 피고는 자신의 입장을 변호하도록 호출되었을 때 영장에 응답하여 그가 발휘할 수 있는 최선의 논리와 사유로 자신을 변론하되, 분노로 하지 말고 오직 자기 것을 정당하게 지키려는 순수한 기대를 가지고 해야 할 것이다.

반대로, 마음이 악의로 더럽혀지고 질투로 오염되며 분노로 타오르고 복수심에 사랑이 소멸하거나 약해지는 방식으로 심히 나빠진다면, 세상에서 가장 정당한 소송을 최선을 다해 실행하는 것조차 해롭고 사악할 수밖에 없다. 그리스도인이라면 누구나 확실히 이 점에 동의해야 하는데, 누구든 자기와 상대방 사이에 벌어진 문제가 마치 이미 다 처리되어 해결된 것과 같은 선의와 사랑을 스스로 느끼지 못한다면, 아무리 자신의 소송이 선하고 정당하다 하더라도 소송을 진행할 수 없기 때문이다.

어떤 사람들은 소송에서 그런 절제와 수양은 결코 찾아볼 수 없으며, 혹시 보게 된다면 기적으로 칭송받아야 한다고 항변할 것이다. 인간의 완악함을 고려하면 오늘날 우리가 정직한 소송의 사례를 거의 만날 수 없다는 데 나는 기꺼이 동의한다. 그렇더라도 소송 자체는 불행한 사례들 때문에 손상되지 않는다면 여전히 선하고 정결하며, 또한 선하고 정결해질 수 있다. 게다가 우리가 위정자의 도움은 하나님에게서 오는 거룩한 은사라는 말을 들을 때, 우리의 어떤 허물로 그 은사를 더럽히지 않도록 더욱 조심해야 한다. 그러나 모든 법적 분쟁을 태연하게 송두리째 거부하는 자들은, 자신이 하나님의 거룩한 규례를 거부하고 있고 순수한 자들에게 순수할 수 있는 자들의 은사도 거부하고 있음을 알아야 한다. 바울을 가리켜 비행을 저질렀다고 비난하고 싶지 않다면 말이다. 바울은 자기를 고소하는 자들의 거짓말과 날조된 욕설을 반박할 때, 또 그들의 술책과 사악함을 폭로할 때, 재판관 앞에서 그의 특권인 로마 시민권을 주장했다. 필요할 때는 가이사의 대리자가 내린 부당한 선고에 이의를 제기하며 곧장 제국의 보좌를 향해 항소하기도 했다.[행 25:10-11]

우리가 하는 주장은 모든 그리스도인에게 복수심을 품는 것이 금지된다는 사실에 어긋나지 않는다.신 32:35, 마 5:39, 롬 12:19 우리도 신자들 사이의 모든 소송에서 복수심이 제외되기를 바란다. 세속법에 있어서 소송을 제기하는 사람이 공공의 보호자인 재판관의 권세에 자기 사건을 사심 없는 순박함으로 맡기지 못한다면, 곧 악을 악으로 갚으려는 충동심을 완전히 버린 채 맡기지 못한다면, 그것은 그 사람의 잘못이다. 마찬가지로, 형사법상의 기소가 발생할 경우, 내가 칭찬할 유일한 고발인은 어떤 응징의 충동에도 흔들리지 않고서 법정에 나와 자신의 사사로운 손실 때문에 분개하지 않고, 다만 그가 고발한 사람의 악을 좌절시키려 하고 그 사람이 백성에게 끼치려는 해악을 막는 데만 열중하는 자다. 일단 응징 욕구가 제거되면, 그리스도인에게 복수를 금지하는 명령에 대한 위반도 없어진다.

어떤 사람은 내게 반론을 제기할지도 모른다. 그리스도인은 복수심을 품는 것이 금지되었을 뿐 아니라, 고통받고 억압당하는 자를 돕기로 약속하신 주님의 손을 기다리라는 명령도 받았으며,롬 12:19 따라서 위정자에게 자신이나 타인을 위해 도움을 호소하는 자는 하나님께서 친히 행하실 복수를 방해한다고 말이다. 나는 그렇지 않다고 대답하겠다. 위정자의 복수는 인간이 아니라 하나님에게서 오는 것이며, 바울이 말한 대로 인간의 사역을 통해 하나님께서 행하심을 우리가 기억해야 하기 때문이다.롬 13:4

악에 저항하지 말라는 그리스도의 명령

그리스도는 우리에게 악에 저항하지 말라고 명령하시며, 우리의 왼쪽 빰을 때린 자에게 오른쪽 빰도 돌려 대고, 우리의 속옷을 빼앗은 자에게 겉옷까지도 내주라고 말씀하신다.마 5:39-40 우리 역시 그리스도의 이 말씀에 전혀 이의가 없다. 이런 말씀을 하실 때 그리스도는 그의 종들이 복수하려는 열망을 마음에서 완전히 제거함으써, 상대의 잘못을 되돌려 줄 방법을 생각하기보다는 차라리 상대가 갑절로 저지르는 잘못을 견딜 것을 요구하심이 분명하다. 우리 역시 그리스도의 제자들에게 그런 인내를 포기하라고 하지 않는다. 그리스도인은 악랄한 자들의 사악함과 속임수와 조롱을 당할 때 마땅히 상처와 모욕을 견디도록 타고났고 또 그렇게 만들어진 백성이기 때문이다. 그뿐만 아니라 그리스도인은 이 모든 악을 인내로 감당해야 한다. 인내는 한 가지 고난을 견디고 나면 그다음 고난을 기꺼이 견뎌내겠다는 각오가 되어 있는 마음 자세다. 그리스도인은 평생토록 십자가만을 끊임없이 감당하리라고 예상해야 한다.

그러는 동안 그리스도인은 자신에게 잘못을 저지른 사람에게 선을 베풀고, 자신을 헐뜯는 사람을 위해 기도하며, 선으로 악을 이기려고 애써야 할 것이다. 이것이 그리스도인의 유일한 승리다.[마 5:44, 눅 6:27, 롬 12:21] 그리스도인이 그렇게 뜻을 정하면, 바리새인이 그 추종자들에게 복수하라고 가르쳤듯이, 눈에는 눈, 이에는 이를 요구하지 않을 것이다.[마 5:38] 오히려 그리스도인은 그리스도께서 그의 사람들에게 가르치셨듯이, 자신의 인격과 재산에 가해진 부당함을 견디기 위해 즉시 용서할 준비를 갖출 것이다. 그리스도인이 자기 대적과 친선 관계를 유지하는 동안 이처럼 온화함과 절제를 지켜야 한다고 해서, 그리스도인의 재산을 보호하려는 위정자의 도움과 지원을 거절할 필요는 없다. 공익을 추구하는 열정을 품은 그리스도인이 사악하고 위험한 자들을 처벌해 달라는 요구를 그만둘 필요도 없다. 그런 자들을 바로잡는 유일한 방법은 처벌이기 때문이다.

소송에 관한 바울의 교훈

마지막으로, 흔히 제기되는 반론은 바울이 무슨 소송이든 다 정죄한다는 것인데, 이는 상당히 잘못되었다.[고전 6:1-3] 바울의 말에서 쉽게 알 수 있는 대로, 고린도 교회는 소송에 대한 열의가 강렬하고 과도해서 불신자들이 복음과 기독교 전반에 관해 험담하는 일이 당연할 정도였다. 그것이 바로 바울이 그들을 가장 나무라는 첫 번째 이유였다. 고린도 교인들은 그들의 사나운 논쟁 때문에 불신자들 가운데 복음에 대한 모욕을 초래하고 있었다. 바울은 형제자매들이 그들 스스로 한뜻이 되지 못한 것에 대해서도 책망한다. 그들은 서로의 잘못을 용납해 주기는커녕 자기 지체의 물건을 탐냈고 서로 공격하며 상처를 입힐 정도였다. 그래서 바울이 책망한 것은 논쟁 자체가 아니라 바로 이 광적인 소송의 태도였다. 차라리 손해 보고 재산을 잃는 것이 낫지, 분쟁을 벌여서라도 재산을 지키려는 태도는 잘못임을 바울은 분명히 했던 것이다.

그리스도인은 소송 행위에 착수하기보다는 오히려 자기 권리를 포기하려고 노력해야 한다. 소송은 결국 형제에 대한 증오로 마음이 격앙되고 악화되게 하기 십상이기 때문이다. 그러나 어떤 사람이 어떤 식으로든 사랑을 위반하거나 손상시키지 않고도 자기 소유를 지킬 수 있다는 판단을 내리고 마침내 그와 같이 해낸다면, 특히 그것이 손실을 용납하기 어려운 매우 중대한 사건이라면, 그 사람의 행위는 바울의 명령을 전혀 거스르지 않는다. 요약하면, 우리가 처음에 말했듯이 사랑이 모두에게 건전한 조언을 해줄 것이다. 사랑은 모든 소송에서 반드시 필요하므로, 사랑을 위반하거나 침해하는 사람은 모두 저주받은 악한 자다.

권세에 대한 공경은 기독교적 의무다

백성이 자신의 위정자에 대해 지켜야 할 첫 번째 의무는, 위정자의 지위를 고귀하게 여기며 그것이 하나님께서 그들에게 위임하신 권한임을 인정하는 것이다. 그러므로 백성은 위정자를 하나님의 대표자와 대리자로 예우하고 공경해야 할 것이다. 어떤 사람들은 위정자에게 상당히 순종적이고, 자신이 복종해야 할 상급자가 존재함을 꺼리지 않는다는 것을 우리는 알고 있다. 그런 사람들은 그렇게 하는 것이 공익에 도움이 된다고 생각하기 때문이다. 그렇더라도 그들은 위정자를 인류의 필요악 정도로만 여길 뿐이다. 하지만 베드로는 우리에게 왕을 공경하라고 권면할 때 훨씬 많은 것을 요구한다.벧전 2:17 솔로몬 역시 하나님과 왕을 두려워하라고 명령할 때 훨씬 많은 것을 요구한다.잠 24:21 "공경하라"는 표현을 통해 베드로가 말하려는 것은, 우리가 왕에 대해 가져야 할 호의적 견해와 그에 대한 존중이다. 솔로몬은 왕을 하나님과 결부시킴으로써 왕을 매우 탁월하고 존경받아야 할 존재로 만든다. 바울도 위정자에게 아주 명예로운 칭호를 부여하면서, 우리가 위정자에게 복종해야 할 이유는 단지 진노 때문만 아니라 양심을 위해서이기도 하다고 가르친다.롬 13:5 여기서 바울이 말하려는 바는 다음과 같다. 사람이 그의 대적 앞에서 스스로 약하다고 느끼게 되면 더 이상의 저항은 응징만 불러오리라 여기며 대적의 힘에 굴복하듯이, 마찬가지로 백성은 그들의 통치자에게 처벌받을 수 있다는 두려움과 공포 때문에 마음을 돌이켜 통치자에게 복종해야 할 뿐 아니라, 더 나아가 통치자는 하나님에게서 그 권세를 받았으므로 마치 하나님을 섬기듯이 하나님을 경외함에서 우러나는 것과 같은 순종을 통치자에게 계속해야 한다는 것이다.

이에 근거하여 다음과 같은 백성의 두 번째 의무가 뒤따른다. 백성은 통치자에 대한 존중과 존경심을 유지해야 하므로, 통치자의 규율을 지키거나 세금을 내거나 공동 방위 문제에 있어서 공공의 의무를 받들거나 그의 명령에 순응함으로써 통치자에게 온전히 순종해야 한다. 바울은 "모든 영혼은 위에 있는 권세에 복종하라. 이는 권세를 거스르는 자마다 하나님께서 정하신 질서를 거스름이니라"고 말한다.롬 13:1-2 그는 디도에게 보낸 서신에서도 동일하게 말한다. "그들을 권면하여 통치자와 위정자에게 복종하고 순종하게 하며 모든 선한 일을 할 준비를 갖추게 하라."딛 3:1 베드로 역시 이렇게 말한다. "가장 높은 왕에게든지 혹은 왕이 악행하는 자를 징벌하고 선행하는 자를 포상하기 위해 파송한 총독들에게든지, 주님을 위하여 인간의 모든 질서에 복종하라."벧전 2:13-14 그 외에도 바울은 백성이 그들의 복종이 가식이 아니라 자유의지로 하는 것임을 증명할 수 있도록, 그들을 다스리는 자의 보전과 형통함을 위해 기도하라고 권면한다. 그래서 바울은 "내가 권하나니 모든 사람을 위하여, 왕들과 높은 지위에 있는 자들을 위하여 기도와 간구와 간청과 감사를 드리라. 이는 우리가 모든 거룩함과 성실함으로 고요하고 평화롭게 살아가기 위함이니라."딤전 2:1-2 아무도 여기서 속으면 안 된다. 우리는 위정자를 거역하면 반드시 하나님을 거역하게 되기 때문에—비록 우리가 나약하고 무력한 위정자를 경멸해도 아무 처벌을 받지 않는다고 확신할 수 있더라도—하나님은 강하고 능하셔서 그분의 질서에 대한 경멸을 보응하심을 기억해야 한다.

더욱이, 나는 이 "순종"이라는 용어에는 공적 업무에 있어서 모든 일반 백성이 준수해야 할 절제가 포함된다고 생각한다. 일반 백성은 공적 업무를 자기 마음대로 간섭하거나 위정자의 직권을 성급하게 침해해서는 안 되며, 공적인 성격의 어떤 일이든 떠맡지 말아야 한다. 만약 정부에 시정해야 할 문제가 있다면, 일반 백성이 소요를 일으키거나 정부를 바로잡으려는 등 자기 손으로 직접 해결하려고 하면 안 된다. 이런 경우에 그들의 손은 묶여 있어야 하며, 그들은 공적 업무를 처리할 자유로운 손을 유일하게 갖고 있는 위정자에게 문제를 위임해야 한다. 내 요점은, 일반 백성은 위정자가 그들에게 명령을 내려서 공권력을 부여하기 전까지는 아무것도 시도하지 말아야 한다는 것이다. 책사들은 흔히 통치자의 눈과 귀로 불린다. 통치자는 책사들이 깨어서 자기를 계속 지켜 주기를 바라기 때문이다.[12] 이와 같이 우리도 마땅히 해야 할 일을 수행하도록 통치자가 임명한 자들을 통치자의 손이라고 부를 수 있다.

불의한 통치자에 관한 문제

우리는 지금까지 위정자를 가리켜, 그가 가진 직책들에 잘 어울리도록 "그가 다스리는 나라의 아버지", "백성의 목자", "평화의 수호자", "정의의 옹호자", "결백의 보호자" 등으로 묘사했다. 이와 같은 통치를 경멸하는 자는 누구든 미치광이로 취급당해야 마땅하다.

불행하게도 대다수의 통치자들이 올바른 길을 저버리는 사태가 자주 벌어진다. 어떤 통치자들은 자기 임무에 무관심한 채 쾌락과 즐거움에 탐닉하고, 어떤 통치자들은 탐욕에 사로잡힌 채 모든 법률과 특권과 권리와 재판을 경매에 부친다. 또 어떤 통치자들은 자신의 방탕한 소비에 필요한 자금을 얻기 위해 가난한 백성의 소유를 훔치고, 어떤 통치자들은 민가를 약탈하여 노골적으로 도적질을 일삼으며 심지어 소녀와 유부녀를 겁탈하고 무고한 이를 살해하기도 한다. 그래서 많은 사람들이 그런 자들조차 자신이 최대한 복종해야 할 통치자로 인정해야 한다는 것을 쉽게 납득하지 못한다. 이 악덕은 위정자의 직무에서만 아니라 인류 자체의 차원에서도 너무나 흉측하고 이질적이어서, 사람들은 자신의 위정자들에게서 통치자를 통해 빛나야 할 하나님의 형상을 흔적조차 찾지 못하며, 선을 칭송하고 악을 형벌하도록 임명받은 하나님의 일꾼으로서의 면모도 전혀 발견하지 못한다. 그렇기 때문에 그런 자들을 성경이 위엄과 권위를 부여하도록 명령한 통치자로 인정할 수 없다.

사람들의 마음속 깊은 곳에는 항상 정의로운 왕을 흠모하고 공경하려는 경향만큼 폭군을 미워하고 저주하려는 경향이 또한 존재한다. 그러나 우리가 하나님의 말씀에 시선을 고정하면, 그 말씀은 우리를 더 멀리로 인도할 것이다. 하나님의 말씀은 우리로 하여금 자신의 직책에 성실히 임하고 자신의 임무를 충성스럽게 감당하는 통치자의 권세에 순종하게 할 뿐 아니라, 자신의 직책에 요구되는 임무를 아무리 멀리 한다 하더라도 어떤 형식으로든 우월한 지위를 지닌 모든 자에게 순종하게 할 것이기 때문이다. 우리 주님의 말씀에 따르면, 위정자란 사람들의 안전을 보장해 주시려고 주님께서 관대하게 베푸신 특별한 선물이며, 그분이 친히 위정자의 임무를 정하셨다. 그럼에도 주님은 이와 동일한 맥락에서, 위정자가 누구든 혹은 그가 어떻게 처신하든 상관없이, 그는 오직 주님 자신에게서 권세를 부여받아 통치한다고 선언하신다. 따라서 오직 공익을 위한 관심만으로 통치하는 자는, 실제로 그렇듯이 주님의 자비하심과 선하심의 참된 거울이요 모범이다. 이와 반대로, 불의하고 과격하게 처신하는 자는 백성의 악을 심판하시려고 주님께서 일으키신 진노의 도구다. 그러나 이 둘 모두 주님께서 합법적인 통치자에게 부여하신 품위와 위엄을 가지고 있다.

불의한 통치자에 관한 성경적 관점

나는 내가 이미 제시한 몇몇 증거 구절들을 다시 살펴봄으로써 내가 한 말의 더욱 분명한 증거를 제시하고자 한다. 악한 왕이 세상에 대한 주님의 진노임을 보여주는 데는 그다지 큰 수고가 필요하지 않다.사 10:5, 호 13:11 그에 대해서는 우리 모두가 완전히 동의하고 있다고 생각한다. 그래서 우리의 물건을 훔치는 도둑이나 우리의 결혼을 망치는 간통자나 우리를 죽이는 살인자에 대해서 무엇을 더 말할 필요가 없듯이, 악한 왕에 대해서도 더 이상 말하지 않겠다. 율법은 그런 재앙을 하나님의 저주 속에 두기 때문이다.

그러나 여기서 우리는 잠시 멈추어 인간의 마음이 좀처럼 쉽게 파악할 수 없는 사실을 증명하고자 한다. 즉, 어떤 명예도 바랄 자격이 없으나 우월한 권력을 얻은 악인에게 우리 주님께서 공의의 일꾼에게 말씀으로 주신 것과 똑같은 위엄과 권위가 있으며, 더 나아가 복종을 요구하는 그분의 주권에 있어서는, 그분의 백성은 선한 왕에게 가졌던 것과 똑같은 대단한 존경심을 악한 왕에게도 보여야 한다는 사실 말이다.

하나님께서 섭리하시고 특별히 역사하셔서 세상 나라들을 분배하신 다음 누구든지 그분이 원하시는 자를 왕으로 삼으신다는 사실을 나는 여러분이 우선적으로 신중하게 생각해 주기를 당부한다. 우리가 다음의 구절들에서 읽듯이, 성경은 이 점을 자주 언급한다. "주님은 때와 계절을 바뀌게 하시며, 왕들을 세우기도 하시고 폐하기도 하시도다."단 2:21 "산 자로 하여금 지극히 높으신 이가 인간의 나라들을 다스리시는 줄을 알게 하려고 그분은 그분이 원하시는 자들에게 그 나라들을 주시리라."단 4:17 이런 말씀은 성경에 자주 되풀이되지만, 특히 다니엘의 예언에서 더욱 두드러진다. 우리는 예루살렘을 점령했던 느부갓네살이 어떤 부류의 왕이었는지 잘 알고 있다. 느부갓네살은 명백한 침략자이자 약탈자였다. 그런데도 우리 주님은 선지자 에스겔을 통해 선포하시기를, 느부갓네살이 이집트 땅을 훑어 황폐하게 만듦으로써 주님을 섬겼으므로 그 대가로 이집트를 주셨다고 하신다.겔 29:19-20 다니엘은 느부갓네살에게 말했다. "왕이시여, 당신은 하늘의 하나님께서 강력한 나라를 내려 주신바 왕들 중 가장 강하고 영광스러운 왕이니이다. 내가 말씀드리오니, 하나님께서 당신에게 그 나라를 주시되, 인간이 사는 모든 땅과 들짐승과 공중의 새들을 다 함께 주셨나이다. 그가 그 모든 것을 당신의 손에 두셨고, 당신을 그것들의 통치자로 삼으셨나이다." 단 2:37-38 이 다니엘이 느부갓네살의 아들 벨사살에게도 다음과 같이 말했다. "지극히 높으신 하나님께서 당신의 부친 느부갓네살에게 나라와 위엄과 명예와 영광을 주셨고, 그분이 그에게 주신 위엄 때문에 모든 민족과 종족과 언어가 그의 앞에서 두려워 떨었나이다." 단 5:18-19

이제 우리는 하나님께서 느부갓네살을 왕으로 세우셨음을 들을 때, 그 왕을 두려워하고 예우하라는 하늘의 명령도 기억해야 한다. 우리는 사악한 군주에게도 주저 없이 예우를 표할 것이다. 우리 주님께서 그가 그런 예우를 받을 가치가 있게 하셨기 때문이다. 사무엘은 이스라엘 백성이 그들의 왕으로 말미암아 고통을 당할 것을 경고했다. "너희를 다스릴 왕의 권세가 이와 같으리라. 그가 너희의 아들들을 데려다가 그의 병거에 두어 호위병으로 삼을 것이요, 그의 밭을 갈고 그를 위하여 수확하고 그의 무기를 만들게 하리라. 그가 너희의 딸들을 데려다가 채색을 시키고 요리와 빵 굽는 일을 시키리라. 그가 또 너희의 밭과 포도원과 감람원에서 제일 좋은 것을 가져다가 그의 신하들에게 주리라. 그가 또 너희의 곡식과 포도원 소산의 십분의 일을 취하여 그의 관리들과 시중들에게 주리라. 그가 또 너희의 남종들과 여종들과 나귀들까지 끌어다가 자기 일을 시키리라. 그가 너희의 양 떼 가운데 십분의 일을 거두어 가리니, 마침내 너희가 그의 종이 되리라." 삼상 8:11-17 물론 왕이 이런 식으로 행동한다면 공정할 수가 없다. 왕은 율법에서 오직 절제와 근신만 행하도록 가르침을 받았기 때문이다. 신 17:16-17 그러나 사무엘은 이스라엘 백성을 다스릴 왕의 이와 같은 권세를 상기시켰고, 백성은 이에 복종해야 했으며 합법적으로 저항할 수 없었다. 사무엘은 마치 이렇게 말했다고 할 수 있다. "왕의 탐욕은 이 모든 극악무도한 짓을 그만두지 않겠지만, 그 탐욕을 막는 것은 너희의 일이 아니다. 너희가 할 수 있는 일은 오직 그의 명령을 잘 듣고 순종하는 것뿐이다."

예레미야서에 근거한 추가적 논증

그러나 예레미야서에는 다른 모든 진술보다 더 주목할 만한 진술이 있다. 그 진술의 분량이 많기는 하지만 문제 전체를 매우 분명하게 해결해 주기 때문에 여기에 기록하는 일이 유용할 것이다. "주님께서 말씀하시기를 내가 땅과 사람들과 땅에 흩어져 있는 짐승들을 지었노라. 내가 그것들을 내 큰 능력과 뻗은 팔로 지었고, 누구든지 내가 기뻐하는 자에게 그 땅을 주었노라. 그러므로 이제 내가 이 모든 땅을 내 종 느부갓네살의 손에 주노라. 모든 민족과 권세자들과 왕들이 각자 자기 땅의 기한이 이르기까지 그를 섬기리라. 그를 섬기지 아니하고 그 목을 그의 멍에 아래로 굽히지 않는 모든 백성과 나라들은 내가 칼과 기근과 전염병으로 벌하리라. 그러므로 너희는 바벨론 왕을 섬기라. 그리하면 살리라." 렘 27:5-8, 17

여기서 우리가 알 수 있는 것은, 이 사악하고 짐승 같은 폭군이 나라를 소유했다는 단 하나의 이유로 주님은 우리가 그에게 즉각적인 복종으로 예우하기를 원하신다는 사실이다. 그 사실만으로도 그가 하나님의 규례에 따라 왕좌에 앉혀졌음이 드러나고, 그가 하나님의 규례로 말미암아 왕의 위엄을 갖추었기에 그 위엄을 침범하는 일은 불법임이 드러난다. 만약 이 사상, 곧 모든 왕의 권위를 확립하는 하나님의 동일한 규례에 따라 악한 왕 역시 권세를 얻게 된다는 사상이 우리 마음속에 온전히 뿌리내리면, 왕은 그의 미덕에 따라 대우받아야 하고, 왕답게 처신하지 않는 자에게는 우리도 제대로 백성답게 처신할 수 없다는 어리석고 반역적인 믿음에 결코 희생되지 않을 것이다.

누군가 이것은 오직 이스라엘 백성에게만 주어진 특별한 명령이었다고 반박한다 해도 아무 소용이 없다. 우리는 어떤 근거에서 이 명령이 내려졌는지를 주목해야 하기 때문이다. 주님께서 말씀하신다. "내가 이 나라를 느부갓네살에게 주었으니 그에게 복종하라. 그리하면 너희가 살리라." 렘 27:17 그러므로 주권을 가진 자에게 복종해야 한다는 데는 의심의 여지가 없다. 주님께서 한 개인을 들어 최고 권력에 올리실 때마다 그 사람으로 하여금 통치하게 하시려 함은 분명하다. "나라는 죄가 있으면 통치자가 많아지느니라"는 잠언 28:2처럼, 성경 전반이 이것을 증거한다. 욥기에서도 "그가 왕들에게서 속박을 제거하고, 그들을 다시 권세로 높이시도다"라고 말씀한다.욥 12:18 이 점이 인정되면, 우리가 살고자 하는 한 우리의 할 일은 오직 왕을 섬기는 것뿐이다.

같은 선지서에서 우리는 하나님께서 주신 또 하나의 명령을 발견한다. 하나님은 자기 백성에게 그들이 포로로 잡혀가 있는 바빌론의 번영을 구하며 기도하도록 명령하신다. 바벨론의 평화가 하나님 백성의 평화가 될 것이기 때문이다.렘 29:7 여기서 이스라엘 자손은 그들을 정복하고 약탈하고 고향 땅에서 추방하여 비참한 노예 신세로 전락시킨 바벨론의 번영을 위해 기도하라는 명령을 받는다! 마치 우리가 우리를 핍박하는 자들을 위해 기도해야 하듯이, 이스라엘 자손은 그들의 대적을 위해 기도해야 했다. 게다가 바벨론이 그 자신을 위해 계속해서 번영하고 평온함으로써 이스라엘 자손이 바벨론의 통치를 받으며 평온하게 살 수 있도록 기도해야 했다. 이와 같은 이유로 다윗은 하나님의 명령에 따라 왕으로 택하심을 입어 거룩한 기름 부음을 받은 뒤 사울에 의해 부당하게 박해를 받았을 때, 주님께서 사울을 왕의 위엄으로 성별하셨다는 이유로 사울의 머리를 거룩하고 성별된 것으로 여겼다. 다윗은 "내가 내 주인, 곧 내 주님께서 기름 부으신 이에게 손을 대어 해치는 악을 행하지 못하게 하소서. 그는 주님의 기름 부음 받은 자임이라"고 부르짖었다.삼상 24:6 다윗은 계속해서 이렇게 말했다. "내가 왕을 아껴 말하기를, '내가 내 주인께 손을 대지 아니하리니 이는 그가 주님의 기름 부음 받은 자임이라' 하였나이다."삼상 24:10 그는 이렇게도 말했다. "누가 주님의 기름 부음 받은 자에게 손을 대고도 무죄하다 하겠는가? 여호와께서 살아 계시나니 여호와께서 그를 쳐서 쓰러뜨리시거나 혹은 그가 죽거나 전장에 나가서 망할 날이 이를 것이라. 나는 결코 주님의 기름 부음 받은 자에게 손을 대지 아니하리라."삼상 26:9-11

오직 하나님께서 통치자를 심판하신다

우리는 우리를 다스리는 위정자가 어떤 사람이든지 상관없이 다윗에게서 볼 수 있는 것과 동일한 경외심을 그에 대해 가져야 한다. 나는 바로 이 점을 여러 번 반복한다. 그 목적은 우리가 복종해야 할 자를 지나치게 비판적으로 보지 않는 법을 배우는 데 있지 않고, 주님께서 불가침의 위엄을 부여하신 직무를 그가 주님의 뜻에 따라 맡았다는 사실을 우리가 아는 것으로 만족하는 데 있다.

그렇더라도 누군가는 통치자는 그의 백성과 상호적인 의무 관계에 있다고 말할 것이다. 이 점은 나도 이미 인정했다. 그러나 정의로운 통치자에게만 복종할 의무가 있다고 추론한다면, 그것은 상당히 잘못되었다. 남편이자 아버지에게는 자신의 아내와 자녀에 대한 의무가 있다. 그러나 그가 그 의무에 태만하다면, 곧 아버지가 자녀를 거칠게 다루거나 학대함으로써 자녀를 노엽게 하지 말라는 명령을 거스른다면,엡 6:4 그리고 남편이 하나님의 명령에 따라 자기 아내를 연약한 그릇으로서 사랑하고 보호해 주기보다는 경멸하고 괴롭힌다면,벧전 3:7 자녀는 아버지에게, 아내는 남편에게 조금만 순종해도 되는 것일까? 비록 아버지와 남편이 자기에게 악하고 불의하더라도, 자녀와 아내는 하나님의 율법에 따라 그에게 복종한다.

그러므로 남에게 복종할 의무가 있는 우리는 그가 우리에게 얼마나 자신의 의무를 잘 수행하는지에 대해 의문을 품지 말아야 한다. 오히려 우리의 의무를 다하기 위해 무엇을 해야 하는지가 우리의 가장 중요한 관심사여야 한다. 따라서 우리가 포악한 통치자에게 잔인하게 괴롭힘을 당하거나, 탐욕스럽고 방탕한 통치자에게 빼앗기고 약탈당하거나, 백성을 전혀 돌보지 않는 통치자에게 무시받고 방치된다면, 또 우리가 하나님을 믿지 않는 불경스러운 통치자에 의해 하나님으로 말미암아 고난을 당한다면, 가장 먼저 해야 할 일은 우리가 하나님께 범한 죄악들, 그런 고통으로 확실히 징벌되고 있는 우리의 죄악들을 기억하는 것이다.단 9:11-14 우리가 두 번째로 해야 할 일은, 이 병폐를 바로잡는 것은 우리의 할 일이 아니며,

우리가 할 수 있는 최선은 왕의 마음과 국가의 흥망성쇠를 주장하시는 하나님께 도움을 구하는 것이라는 사실을 숙고하는 것이다.잠 21:1 그분은 신들 가운데 좌정하셔서 신들을 심판하시는 하나님이다.시 82:1 그분의 그리스도께 입을 맞추지 않은 세상의 모든 왕과 재판관, 곧 악한 법을 기록하여 재판에서 가난한 자를 억누르고 약자의 권리를 말살하며 과부를 등쳐 먹고 고아를 착취하는 모든 왕과 재판관은 그분의 눈길만 닿아도 넘어지고 혼란에 빠질 것이다.시 2:10-11, 사 10:1-2

인간 대리자를 통해 내려질 수 있는 하나님의 심판

여기 우리에게 하나님의 경이로운 선하심과 권능과 섭리에 대한 뚜렷한 증거가 있다. 때에 따라서 하나님은 불의한 통치자를 징벌하시고 심한 고난을 당하는 백성을 그 재앙에서 구원하시려고 몇몇 주님의 종들을 일으켜 그분의 명령으로 무장시키신다. 또 하나님은 분노한 자들이 그들 나름대로 의도를 갖고서 음모를 꾸밀 때 그 분노를 이용하여 그분의 목적을 이루시기도 한다. 첫 번째 수단으로 하나님은 모세를 통해 바로의 폭정에서 이스라엘 백성을 구원하셨고,출 12:51 그 후로는 옷니엘을 통해 수리아 왕 구산의 권세에서 그들을 건져 내셨다.삿 3:9 왕이나 사사 같은 여러 인물들을 통해 하나님은 이스라엘 백성을 다양한 형태의 억압과 노예 상태에서 해방시키셨다. 두 번째 수단으로는 앗수르를 통해 이집트의 오만함을, 이집트를 통해 두로의 교만함을, 갈대아를 통해 앗수르의 무례함을, 메대와 바사를 통해 바벨론의 주제넘음을, 앗수르와 바벨론을 통해 유다와 이스라엘 왕들의 배은망덕함을 깨뜨리셨다.

이 두 가지 부류의 사람들은 모두 하나님의 공의의 일꾼이자 대리자였다. 하지만 그 둘은 서로 매우 다르다. 첫 번째 부류의 사람들은 그 임무를 수행하도록 합법적으로 하나님께 부르심을 받았으되, 왕에게 대항하는 것으로 하나님께서 성별하신 왕의 위엄을 침해하지는 않았다. 다만 그들은 마치 왕이 그의 대리자나 관리들을 합법적으로 징벌하는 것과 같은 방식으로 큰 권세로 작은 권세를 징계했을 뿐이다. 두 번째 부류의 사람들은 하나님께서 기뻐하시는 대로 하나님의 손에 이끌려 무의식적으로 하나님의 일을 완수하기는 했으나, 오직 악을 행하는 데만 몰두했다. 첫 번째 부류는 자기들이 옳은 일을 했다고 확신했고, 두 번째 부류는 우리가 말했듯이 첫 번째 부류와는 다른 동기를 갖고서 그런 일을 했다. 비록 이 둘 각각의 행위는 서로 매우 달랐지만, 두 경우 모두에서 주님은 사악한 왕의 홀을 파괴하시고 그 끔찍한 통치를 끝내심으로써 그분의 일을 이루셨다.

통치자는 이런 것들을 이해하고 경외심을 품어야 한다! 반면에 우리는 높은 위엄을 나타내는 통치자의 권위를 경멸하거나 그 권위에 도전하지 않도록 조심해야 한다. 가장 무가치한 자들이 그들의 사악함으로 가장 철저하게 그 위엄을 모독할 때조차도 하나님의 수많은 증거들이 그 위엄을 성별하기 때문이다. 하나님은 포악한 통치자를 징벌하실 때 그의 죄악에 대해 보복하시지만, 그렇다 하더라도 그 보복은 우리에게 허용되거나 위임되지 않는다. 우리가 받은 유일한 명령은 순종하고 고난당하는 것뿐이다.

나는 계속해서 일반 백성에 관해 말하는 중이다. 마치 과거에 스파르타인에게는 민선장관으로 불리던 사람이 있었고 로마인에게는 호민관이 있었고 아테네인에게는 시장이 있었고 오늘날에도 각 나라에 삼부회가 있는 것처럼, 지금은 왕의 과도한 탐욕과 방종함을 억제하기 위해 백성의 보호자로 임명된 위정자들이 있다고 할 수 있다. 나는 이 직책을 맡은 자들이 그들의 임무로서 왕의 무도함과 잔인함에 맞서 저항하는 것을 금지하지 않는다. 오히려 내 생각에는, 그들이 왕이 가련한 백성을 부당하게 괴롭히는 것을 못 본 척한다면 그런 위선은 위증죄로 정죄되어야 한다. 이는 그들이 마땅히 알아야 하는바 하나님께서 그들에게 수호하도록 하신 백성의 자유를 사악하게 배반하는 짓이기 때문이다.

그리스도인의 순종의 한계: "오직 하나님 안에서"

우리가 상급자에게 마땅히 행해야 한다고 가르친 순종에는 언제나 하나의 예외, 혹은 보다 낫게 말해 다른 어떤 것보다도 우선되어야 할 규칙이 참작되어야 한다. 왕에 대한 순종을 핑계로 하나님에 대한 순종을 피할 수 없다는 규칙 말이다. 왕의 모든 갈망은 하나님의 뜻을 올바르게 따라야 하고, 왕의 모든 명령은 하나님의 규례에 복종해야 하며, 왕의 모든 교만함은 하나님의 위엄 앞에 낮아지고 겸비해져야 하기 때문이다. 사실, 하나님을 위해 인간에게 복종하는 우리가 인간을 만족시키기 위해 하나님의 분노를 초래한다면 그것이야말로 참으로 완고한 짓 아니겠는가? 주님은 왕들의 왕이시다. 그러므로 주님께서 그분의 거룩한 입을 여시는 즉시 어떤 인간의 말보다 그분의 말씀이 먼저 청종되어야 하고, 모든 인간을 위해 모든 인간 앞에서 청종되어야 한다.

다음으로 우리는 우리를 지배하는 인간에게 복종해야 하지만, 오직 하나님 안에서만 그렇게 해야 한다. 만약 그가 하나님을 거스르는 무엇을 명령한다면, 그의 명령은 그보다 우월한 권위가 전혀 고려되지 않은 쓸모없는 것으로 묵살되어야 한다. 그 권위가 하나님의 권세를 온전히 따를 때 우리는 결코 그 권위를 침해하지 않는다. 하나님의 권위야말로 다른 어떤 권위에도 비할 수 없는 유일하고 참된 권세이기 때문이다.

여기서 요구되는 충실함이 얼마나 위험한 것인지 나는 잘 알고 있다. 왕은 낮아지는 것을 참지 못하기 때문이다. 솔로몬의 말대로 왕의 분노는 죽음을 알리는 소식과 같다.잠 16:14 그러나 하늘의 전령, 베드로가 다음과 같은 칙령을 선포했다. "우리는 사람이 아니라 하나님께 순종해야 하느니라." 행 5:29 따라서 우리는 하나님의 거룩한 말씀에서 떠나느니 차라리 모든 것을 감내할 때 그분이 요구하시는 순종을 참되게 드릴 수 있다는 생각으로 우리 자신을 위로해야 한다. 더 나아가 바울은 우리가 낙심하지 않도록 하기 위해 또 하나의 막대기로 우리를 자극한다. 그리스도가 막대한 희생을 치르시고 우리를 구속하셨으므로, 우리는 인간의 악한 정욕의 노예가 되어서는 안 되고, 불경건함에는 더욱 노예가 되어서는 안 된다는 것이다.고전 7:23

제17장

그리스도인의 삶

나는 지금 내가 그리스도인의 삶의 요지를 다루고자 하면서 크고 다양한 주제로 들어가고 있다는 것을 알고 있다. 내가 그 요지를 상세하게 밝히려 한다면, 아주 커다란 책을 가득 채울 수 있을 것이다. 우리는 초대 교부들이 단 하나의 미덕을 논할 때도 얼마나 장황하게 권면했는지 알고 있다! 초대 교부들이 수다 떨기를 너무 좋아해서 그랬던 것이 아니다. 우리가 칭송하거나 권면하려는 미덕은 무엇이든 다 광대한 주제여서, 적은 말로 설명하는 것은 상당히 부적절해 보인다.

나는 그리스도인의 삶에 관한 내 가르침을 제시하면서 모든 미덕을 일일이 설명하거나 장황하게 충고하려고 하지 않을 것이다. 그런 설명이나 충고는 다른 책에서, 주로 초대 교부들이 회중에게 선포했던 설교에서 쉽게 얻을 수 있다. 나로서는 그리스도인이 질서 정연한 삶을 사는 데 필요한 본보기를 설명하는 것만으로도 충분할 것이다. 따라서 나는 사람이 자기 행동에 대해 참조할 만한 포괄적인 원칙을 간략히 설명하는 데 만족하려 한다. 우리는 교부들이 종종 그들의 설교에서 하듯이 논의할 기회를 얻을 수 있을 것이다. 하지만 이 책에서는 가능한 한 단순하고 직접적이고 간략해야 한다.

철학자들은 그들이 추구하는 여러 목표 중 고결함과 청렴함에서 구체적인 임무와 명백하게 덕망 있는 행위를 유추해 낸다. 그와 같이 성경에도 독자적인 방법이 있는데, 철학자들의 방법보다 훨씬 더 선하고 건전하다. 성경의 방법과 철학자들의 방법 사이에는 한 가지 차이점이 있다. 철학자들은 그들이 사용하는 이치와 논리에 사람들을 주목시켜서 그들의 명민함을 과시하려는 욕망으로 충만할 때마다 최선을 다해 세밀한 부분까지 설명한다. 이와 달리 성령은 평범하고 꾸밈없는 방식으로 가르치시지만, 그것을 항상 가장 단순한 이치와 가장 엄격한 계획에 따라 하시지는 않는다. 다만 성령께서도 종종 그런 이치와 계획을 취하시므로, 우리가 그 방법을 경멸하지 않도록 경계하신다. 우리가 설명하려는바 성경이 활용하는 방법은 두 가지다. 첫 번째 방법은 의로움에 대한 사랑을 우리의 마음에 새기는 것인데, 이 사랑은 우리의 본성과는 전혀 어울리지 않다. 두 번째 방법은, 우리가 우리의 삶을 운영하려고 할 때 길을 벗어나거나 길을 잃지 않도록 안전한 규칙을 제공해 주는 것이다.

하나님의 거룩하심과 그리스도의 구원이 우리 삶의 동기가 된다

첫 번째 방법에 관해 논의하면, 성경은 우리 마음이 선한 것을 사랑하도록 하기 위해 매우 확실한 여러 가지 근거를 제시한다. 우리는 이미 여러 대목에서 그 근거들에 주목했고, 여기서는 그 밖의 다른 근거들을 열거할 것이다. 우리 하나님께서 거룩하신 만큼 우리도 거룩해야 한다는 성경의 권면보다 좋은 첫 번째 기초가 무엇이겠는가?레 19:1-2, 벧전 1:16 성경은 우리가 그처럼 거룩해야 하는 이유를 설명해 준다. 즉, 우리가 이 세상 미로 속에서 양과 같이 길을 잃고 흩어졌을 때 하나님께서 우리를 불러 모아 하나님 자신에게로 이끄셨기 때문이라는 것이다. 하나님께서 우리와 연합해 계신다는 소식이 깨우쳐 주는 바는, 하나님과 우리를 묶는 끈이 바로 거룩함이라는 사실이다. 우리 자신의 거룩함으로 하나님과 교제할 수 있는 것은 아니다. 우리가 거룩해지기 위해서는 우선적으로 하나님을 붙좇음으로써 하나님께서 그분의 거룩하심을 우리에게 부어 주셔야 한다. 다만, 하나님의 영광은 불의와 부정과 아무 상관 없으므로 하나님의 소유 된 우리는 하나님처럼 되어야만 하는 것이다.

그러므로 성경은 거룩함이 우리가 받은 소명의 목적이라고 가르친다. 우리가 진정으로 하나님께 응답하고자 한다면, 끊임없이 거룩함을 응시해야 한다. 오물과 부패함 속에서 뒹굴고 싶다면, 우리가 한때 처했던 그 오물과 부패함에서 건짐을 받았어야 할 이유가 전혀 없기 때문이다. 더욱이 성경은 우리가 하나님의 백성 가운데 머물기 원한다면, 하나님의 거룩한 도성 예루살렘 안에 거하라고 권면한다.[시 24:3] 하나님께서 예루살렘을 하나님 자신의 영광을 위해 성별하여 두셨으므로, 예루살렘이 그 속에 있는 불결하고 불경건한 것 때문에 부패하고 더럽혀지는 것은 옳지 않다. 그래서 성경은 "흠 없이 행하며 공의를 실천하려 애쓰는 자가 주님의 장막에서 살 것이라"고 말씀한다.[시 15:1-2, 사 35:8] 성경은 더 많은 동기를 부여해 주기 위해 우리를 일깨운다. 즉, 마치 하나님께서 그분의 그리스도 안에서 우리와 화해하셨듯이, 그리스도가 우리가 따라야 할 모범과 본보기가 될 수 있도록 우리를 그리스도 안에 굳건하게 하셨다는 사실을 알려 준다.[롬 8:29]

철학자들 외에는 누구도 도덕성에 관한 올바르고 훌륭한 연구를 하지 못했다고 생각하는 자들은, 그들의 책에서 내가 방금 설명한 것보다 나은 형식의 주장이 있는지 찾아서 내게 제시해야 할 것이다. 철학자들이 최선을 다해 미덕을 권장할 때, 그들이 그렇게 하는 유일한 이유는 우리가 본성에 따라 살아야 한다는 그들의 주장에 있다![1] 그러나 성경은 우리를 훨씬 더 좋은 권면의 원천으로 이끈다. 성경은 우리의 전 생애에 대해 그 저자인 하나님께 여쭈어 보라고 권유한다. 그뿐만 아니라, 우리가 본래의 창조 상태에서 타락했으나 그리스도가 우리를 그의 아버지 하나님과 화해시키시려고 순결의 모범으로 오심으로써 그리스도의 형상이 우리 삶 속에 투영되게 되었다는 사실도 성경은 알려 준다. 과연 이보다 더 강력하게, 혹은 더 효과적으로 진술될 수 있는 것이 무엇이 있겠는가? 우리가 그 이상 더 요구할 수 있는 것이 무엇이 있겠는가? 하나님께서 우리의 삶이 그리스도의 형상을 투영해야 한다는 조건으로 우리를 그분의 자녀로 삼으셨으나 우리가 의로움과 거룩함을 따르려 하지 않는다면, 우리는 비열하고 태만하게 우리의 창조주를 저버릴 뿐 아니라 그분이 우리의 구원자이심까지도 거부하는 것이다.

그렇기 때문에, 성경은 우리가 하나님의 모든 유익과 구원의 많은 국면들을 기억하도록 다음과 같은 말씀들로 열심히 권면한다. "하나님께서 우리 아버지로서 자신을 우리에게 주셨으니, 우리가 그분의 자녀로 행하지 않으면 끔찍한 배은망덕의 죄를 범하게 되니라."말 1:6, 엡 5:1, 요일 3:1 "그리스도가 그 피의 씻음으로 우리를 깨끗하게 하시고 세례를 통하여 우리에게 그의 정결함을 주셨으므로, 우리가 다시 오물로 자신을 더럽히는 것은 잘못이라."엡 5:26, 히 10:10; 고전 6:11, 15; 벧전 1:15, 19 "그리스도가 우리를 자기와 연합하게 하시고 그 몸에 접목되게 하셨으므로, 우리는 그의 지체임을 알고 우리 자신을 더럽히지 않도록 경계해야 함이니라."고전 6:15, 요 15:3, 엡 5:23 "우리의 머리이신 그분이 하늘로 오르셨으므로, 우리는 땅에 있는 것들을 생각하지 말고 온 마음을 다하여 위에 있는 생명을 갈구해야 함이니라."골 3:1-2 "성령이 우리를 하나님의 성전으로 성별하셨으므로, 우리는 하나님께서 우리 안에서 영광스러워지시고 우리 자신이 부정해지지 않도록 힘써야 함이니라."고전 3:16, 6:19, 고후 6:16 "우리는 하나님의 영광의 썩지 않는 면류관을 얻어야 하므로, 주님의 날까지 우리의 영과 혼과 육신을 순결하고 흠 없이 보존하기를 힘써야 함이니라."살전 5:23

이 말씀들은 우리의 삶을 참되게 세워 줄 건전하고 올바른 기초다. 이와 같은 것들은 어떤 철학자에게서도 찾을 수 없다. 그들이 인간의 의무를 주제로 다룰 때마다 그들의 논지는 인간의 태생적 존엄함보다 더 높은 수준으로 나아가지 못한다.

시의적절한 깨우침: 인생은 닳고 닳은 말 그 이상이다

그리스도의 이름만 가졌을 뿐인데 그리스도인으로 알려지고 싶어 하는 사람들에게 이 시점에서 꼭 말해 둘 것이 있다. 그들은 복음을 통해 그리스도를 바르게 아는 자 외에는 아무도 그리스도와 교제를 나눌 수 없다는 사실을 알면서도, 뻔뻔하게 그리스도의 거룩한 이름을 자랑한다! 바울의 선언에 따르면, 그리스도를 아는 올바른 지식은 오직 무절제한 욕망에 사로잡힌 옛 사람을 벗고 그리스도를 입은 사람에게만 허락된다.엡 4:20-24 분명히, 그렇지 않은 자들이 그리스도를 안다고 주장하는 것은 거짓이다. 그들은 그리스도께 많은 잘못을 저지르는 중에도 그리스도에 관한 아주 그럴 듯한 말들을 계속 지껄인다. 복음은 말을 위한 가르침이 아니라 삶을 위한 가르침이다. 다른 학문 분야와 달리, 복음은 단지 마음이나 정신보다 더 많은 것들과 관련된다. 복음은 영혼을 완전히 소유하고 마음속 깊은 곳에 자기의 처소를 두어야 한다. 그렇지 않으면 복음이 참되게 받아들여지지 않는다. 그러므로 이 사람들은 꾸며 낸 자신을 자랑하며 하나님을 모독하는 짓을 그만두어야 한다. 그렇게 하지 않을 것이라면, 그들 자신이 그리스도의 제자임을 증명해야 할 것이다.

신앙의 문제에 있어서, 지금까지 우리는 가르침을 가장 중요하게 여겼다. 가르침이 우리 구원의 시작이기 때문이다. 다만, 열매를 맺고 유익을 주기 위해서는 가르침이 마음속에 자리를 잡고 우리 삶에서 힘을 발휘해야 한다. 더 나아가, 가르침은 우리를 변화시켜서 그 가르침의 본질이 우리의 본질이 되어야만 한다. 자기들의 학문을 "삶의 여주인"이라 부르며 그 학문을 실천해야 한다고 주장하면서도 장황한 궤변만 늘어놓는 자들이 있다. 만약 그 철학자들이 이들에게 분노하는 것이 정당하다면, 입으로 계속 복음을 말하면서 삶으로는 복음을 걷어차 버리는 자들을 우리가 혐오하는 것은 더욱 정당하다! 복음의 영향력은 복음에 비할 수 없이 미약한 모든 철학자의 훈계보다 십만 배는 더 강력하게 우리 마음속 가장 깊은 곳으로 파고들어서 우리의 영혼에 뿌리내려야 하기 때문이다.

나는 그리스도인의 행위가 정결함과 온전함에 관한 복음적 기준에 맞아야 한다고 요구하지는 않는다. 우리가 그 기준을 갈망하고 성취하려고 힘쓰기도 해야 하지만, 나는 복음에 따른 온전함을 이룬 사람만을 그리스도인으로 인정하겠다는 식으로 지나치게 엄격하게 주장하지는 않는다. 그런 기준으로 따진다면 이 세상의 모든 영혼이 모조리 교회에서 배제당할 것이다. 각 영혼이 이룬 진보가 어떠하든지 간에 그 온전함에는 형편없이 못 미치게 될 것이기 때문이다. 사실, 대다수의 사람들은 한 걸음의 진보조차 이루지 못한다. 그러나 그 때문에 그들이 교회에서 배제당해서는 안 된다.

그렇다면 어떻게 해야 하는가? 당연히 우리는 하나님께서 명령하시는 온전함을 향해 목표를 맞추어야 한다. 우리의 모든 행동은 그 목표를 향해야 한다. 다시 말해, 그 온전함이 우리의 변함없는 목표가 되어야 한다. 우리가 하나님 말씀의 명령 중 일부는 받아들이고 나머지는 모두 마음대로 제외함으로써, 하나님과 관련된 것들을 고르고 선택하는 행위는 큰 잘못이기 때문이다. 하나님은 언제나 순전함을 가장 중요한 덕목으로 여기시는데, 그분이 규정하시는 순전함이란 가식이나 이중성이 전혀 없는 마음의 절대적 순수함이다. 그러나 우리가 이 지상의 감옥에서 사는 한, 우리 중 누구도 우리에게 마땅한 민첩함으로 서둘러 활보할 수 있을 만큼 충분히 강하거나 열심일 수 없다. 오히려 우리 대다수는 아주 허약하고 부실해서 발을 질질 끌며 비틀비틀 조금씩 나아간다. 그러므로 우리 각자의 제한된 힘이 허락하는 대로 이미 시작한 길을 계속 걸어 나가자. 우리가 아무리 멈칫거리면서 여행을 할지라도, 매일매일 조금씩 더 나아가는 우리 자신을 보게 될 것이다. 그러므로 우리는 계속해서 주님의 길에서 부지런히 진보를 이루되, 혹시 우리에게 진보가 거의 일어나지 않더라도 용기를 잃지 말자. 우리의 성취가 바라는 것보다 적을지라도, 오늘이 어제보다 낫다면 희망이 없는 것은 아니다. 공허한 아첨으로 우리 자신을 속이거나 자신의 악행을 변명하지 말고, 오직 우리의 목표를 분명하고 똑바로 응시하면서 그 목표에 도달하기 위해 열심을 내자! 우리가 살아 있는 한 추구해야 할 최고선을 마침내 달성할 때까지, 우리 육신의 연약함에서 벗어나 그 최고선에 온전히 참여하게 될 때까지, 곧 하나님께서 우리를 받으셔서 하나님 자신과의 교제 속으로 들이실 때까지, 우리는 날이 갈수록 더 나아지기 위해 항상 힘써야 한다.

황금률: 우리는 우리 자신의 주인이 아니다

이제 우리의 두 번째 요점으로 넘어가자. 하나님의 법이 우리 삶을 질서 정연하게 하는 건전하고 체계적인 지침을 주기는 하지만, 하늘에 계신 우리의 선한 스승께서 훨씬 빼어난 교훈을 자기 백성에게 베푸셔서 그분이 율법으로 수여하신 규칙을 그들이 지키도록 훈련하는 것을 적합하게 여기셨다.

하나님께서 그분의 백성을 훈련하신 과정은 이러하다. 하나님은 우선 신자가 자기 몸을 그분이 기뻐하실 거룩한 산 제물로 바칠 것을 명령하신다. 그 이유는 그것이 우리가 하나님께 드려야 할 합당한 예배이기 때문이다.[롬 12:1] 그다음으로 신자는 현시대의 관습에 순응하지 말고 그 마음을 새롭게 함으로 변화를 받아 하나님의 뜻을 추구하여 알도록 권면을 받는다. 거룩한 자가 속된 자를 섬기는 일이 있어서는 안 되기 때문에, 우리가 하나님께 성별된 후로 우리의 모든 생각과 말과 계획, 행동이 다 하나님의 영광을 위해 행해져야 한다는 사실은 분명히 중요하다!

따라서 우리가 우리 자신의 것이 아니라 주님의 것이라면, 우리가 잘못된 길로 빠지지 않기 위해 행해야 할 것과 삶의 모든 영역에서 우리의 목표가 되어야 할 것은 분명하다. 우리는 우리 자신의 것이 아니다. 그러므로 우리의 이성과 의지가 우리의 계획이나 해야 할 일을 결정하지 말게 하자. 우리는 우리 자신의 것이 아니다. 그러므로 무엇이든 육신과 어울리는 것은 우리의 목표로 택하지 말자. 우리는 우리 자신의 것이 아니다. 그러므로 우리가 할 수 있는 한 우리 자신과 우리 주변의 모든 것을 잊어버리자. 다시 말하지만, 우리는 주님의 것이다. 그렇다면 주님을 위해 살고 주님을 위해 죽자. 우리는 주님의 것이다. 주님의 뜻과 지혜가 우리가 하는 모든 일을 다스리게 하자. 우리는 주님의 것이다. 우리 삶의 모든 부분이 그 유일한 목적으로서 주님을 추구하게 하자. 자기가 자기 것이 아님을 알고 자기 이성이 자기를 지배하거나 통치하지 못하게 하면서 자기를 오직 하나님께 넘겨드리는 사람은 대단한 진보를 이룬다! 자기만족보다 더 확실하게 멸망과 파괴로 이어지는 것이 없듯이, 스스로 지혜롭기를 그치고 자기를 위해 아무것도 바라지 않으면서 오직 주님을 따르는 것이야말로 가장 확실한 구원의 피난처다.

그러므로 우리의 첫 번째 움직임은 우리 자신에게서 한 걸음 물러섬으로써 우리의 모든 생각을 하나님을 섬기는 데 집중하는 것이 되게 하자. 내가 "섬김"이라는 말로 의도한 뜻에는 하나님의 말씀에 대한 세심한 순종뿐만 아니라, 자기 이해를 버리고 완전히 달라져서 오직 하나님의 성령께 복종하는 정신의 함양도 포함된다. 이 변화를 가리켜서 바울은 "심령의 새롭게 됨"이라고 한다.엡 4:23 이것이 생명으로 들어가는 첫 관문을 나타내지만, 철학자들에게는 전혀 알려지지 않았다. 철학자들은 인간이 오직 이성으로만 다스려지고 통제되므로, 우리가 오직 이성에만 주의를 기울이며 따라야 한다고 주장한다. 그들은 오직 이성의 손에 삶의 문제에 대한 지배권을 넘겨준다. 반면, 기독교의 철학은 이성이 성령께 굴복하여 물러남으로써 성령이 나아가실 길을 내어 드려야 한다고 주장한다. 또 이성이 성령의 인도에 복종함으로써 그리스도인이 더 이상 자신을 위해 살지 않고 오직 자기 안에 거하며 다스리시는 그리스도를 위해 살아야 한다고 주장한다.

하나님의 뜻과 영광에 대한 추구

우리가 이미 말했듯이, 이에 대한 자연스러운 결론은 우리가 우리 자신에게 맞는 것을 추구하지 말고 오히려 하나님을 기쁘시게 하며 하나님의 영광을 드높이는 일을 추구해야 한다는 것이다. 우리가 다소간 우리의 자아를 잊거나 우리 자신에 관해 덜 신경 쓰면서 하나님과 그분의 명령을 따르기를 충실하게 배우고 힘쓴다면, 그것은 훌륭한 미덕이다. 성경이 우리에게 자신에 관한 어떤 특별한 생각도 하지 말도록 금지할 때는 목적이 있기 때문이다. 성경은 우리 마음에서 탐욕과 권력욕과 대단한 명예나 동맹 따위에 대한 갈망을 제거할 뿐 아니라, 모든 야망과 명성에 대한 갈구와 그 밖의 숨겨진 역병들을 뿌리 뽑는다. 반드시 모든 그리스도인은 하나님이야말로 자신이 사는 동안에 마주해야 할 중요한 상대라는 진실을 늘 생각하는 훈련을 해야 한다. 모든 그리스도인은 이 진실을 알아야 자신의 모든 행위를 하나님께 설명드릴 준비가 될 것이고, 자신의 목표도 하나님의 뜻과 일치하여 그 뜻 안에 뿌리내리게 될 것이다. 누구든지 자신이 행하는 모든 일에서 하나님을 바라보는 자는 자기 마음에서 온갖 헛된 생각을 제거할 것이기 때문이다.

이것이 바로 그리스도께서 그의 제자들이 수련 기간을 시작할 무렵 그들 모두에게 자기를 부인하라고 엄중하게 명령하셨던 의미다.마 16:24 일단 자기 부인이 마음을 차지하게 되면, 오만과 자존심과 허영이 가장 먼저 없어진다. 그런 다음에는 탐욕과 무절제와 사치와 감각적 쾌락과 자기애가 낳는 기타 모든 악덕이 없어진다. 반대로, 자기 부정이 가장 우선되지 않을 때 인간은 온갖 악행에 부끄러움 없이 몸을 맡길 것이며, 미덕이 겨우 보존된다 하더라도 그것조차 영광에 대한 사악한 갈증으로 더럽혀지고 만다. 주님의 명령에 따라 먼저 자기를 부인하지 않고도 타인에게 무조건적인 자비를 베푸는 사람을 과연 누가 내게 보일 수 있는가? 덕을 추구하는데 있어서 그런 마음 자세를 최소한도 갖추지 못한 자야말로 사람들의 칭찬을 얻으려고 힘쓰기 때문이다. 심지어 미덕이 그 자체로 바람직하다는 것을 증명하려고 열심히 싸웠던 철학자들조차 허영과 오만에 빠져 오직 자기들의 자존심에 영합하려고 미덕을 추구했음이 분명하다. 이제 세속적 명성을 갈구하는 야심가들과 그들처럼 숨겨진 탐욕으로 가득 찬 다른 사람들은 하나님을 기쁘시게 하는 것과는 너무나 거리가 멀다. 하나님은 전자의 사람들에게는 이 세상에서 이미 그들의 상을 받았다고 하시고, 후자의 사람들에게는 세리나 창녀보다 하나님의 나라에서 멀리 떨어져 있다고 말씀하신다.마 6:2, 21:31

우리가 우선 자기를 부인하지 않는 한 수많은 장애물들이 우리를 막아 선을 행하지 못하게 한다는 사실을 나는 아직 설명하지 못했다. 악의 세계가 인간의 영혼 속에 숨겨져 있다는 고대 속담은 참되다. 우리 자신이 좋아하는 것을 전혀 생각하지 않고 오직 하나님이 우리에게 요구하시는 것만 염두에 두고서 그것이 하나님을 기쁘시게 한다는 이유 하나로 그것을 추구함, 이것이 자기 부인이다. 자기 부인 외에는 인간을 고칠 치료제가 전혀 없다.

타인을 위한 자기 부인: 겸손과 용서

우리는 자기 부인이 부분적으로는 인간과 관련되지만 주로 하나님과 관련된다는 사실에 주목해야 한다. 성경은 우리에게 대인 관계에 있어서 타인을 자기보다 낫게 여기면서 타인이 더 복되도록 신실하게 힘쓸 것을 명령한다.롬 12:10, 빌 2:3 이때 성경이 제시하는 요구는, 우리 마음이 본래의 성향에서 해방되어야만 비로소 감당할 수 있을 요구다. 우리는 자기애에 지나치게 몰입한 채 눈이 멀어 버렸다. 그래서 우리는 다른 모든 사람 위에 높이 올라가 그들을 경멸할 권리가 있다고 믿는다. 우리는 하나님에게서 어떤 귀한 은사라도 받게 되면, 즉시 그 은사를 구실로 희희낙락할 것이다. 우리는 자부심으로 부풀어 오를 뿐 아니라 거의 폭발할 지경까지 이를 것이다! 우리는 우리를 에워싼 온갖 악덕을 타인에게 확실하게 숨기면서, 그 악덕들을 사소하고 하찮은 것으로 취급해 버린다. 심지어는 그 악덕들을 종종 미덕이라며 칭송도 한다. 우리가 받은 은사들에 관해 말하면, 우리는 그 은사들을 항상 대단하게 평가하면서 끊임없이 감탄한다. 그러나 우리와 동일한 은사 혹은 더 좋은 은사가 다른 사람들에게서 눈에 띄면, 우리는 어떻게든 그들을 존중하지 않기 위해서 최대한 그 은사들을 감추거나 경시할 것이다. 반면에, 우리 이웃에게서 몇 가지 잘못을 발견하면, 우리는 단지 그 잘못들을 엄중하게 지켜보는 것으로는 만족하지 못한 채 그것들을 끔찍하게 과장한다.

그렇게 우리 모두는 우리가 평범한 인간의 무리로부터 구별된다는 오만한 가정을 한다. 우리는 다른 모든 사람에 대한 우리의 우위를 주장할 방법들을 찾아서 예외 없이 그들 모두를 우리의 아랫사람으로 경멸한다. 그러므로 빈민은 부자에게, 평민은 귀족에게, 종은 주인에게, 무지한 자는 교육받은 자에게 굴복한다. 그러나 마음 깊은 곳에서는 자기가 다른 모든 사람을 능가할 자격이 있다고 생각하지 않는 자가 하나도 없다. 그래서 각 사람은 자기만의 방식으로 자기 마음속 왕국 전체를 소중하게 관리한다. 사람은 자기가 좋다고 느끼는 특성들로 스스로를 꾸미면서도, 다른 사람의 마음과 품행을 검열한다. 그러다 갈등이라도 촉발되면, 곧바로 독을 뿜어낸다. 절대로 그 독을 감추지 못한다. 일이 뜻대로 되는 동안에는 온화하고 절제하는 모습을 유지하는 사람이 많은 것도 사실이다. 그러나 자극을 받아 짜증이 치민 다음에도 계속 온화함을 유지하고 절제까지 할 수 있는 사람은 극히 드물다!

자기 사랑과 자기 자랑이라는 치명적인 역병이 마음 깊은 곳에서 뿌리 뽑히기 전까지는 그럴 수밖에 없다. 이제 성경이 바로 그 일을 해준다. 우리가 성경의 가르침에 주의를 기울인다면, 하나님께서 베푸신 호의 중 어떤 것도 우리의 개인적인 소유물일 수 없고, 모든 것이 값없이 주신 하나님의 자비로운 은사라는 사실을 상기하게 된다. 그러므로 하나님께서 베푸신 호의들을 내세우며 교만을 부리는 자는 누구든지 여지없이 배은망덕해진다. 우리는 항상 우리의 잘못을 인정하고 겸비해질 줄 알아야 한다. 그렇게 하면 우리가 거만함에 빠질 위험이 완전히 사라지고, 오히려 뒤로 물러나 자기를 낮출 수 있는 충분한 이유를 얻게 될 것이다.

또한 하나님은 우리가 우리 이웃에게서 발견하는 하나님의 모든 은사를 예우하고 존중함으로써 그 은사들을 받은 이를 중히 여길 것을 명령하신다. 하나님께서 누군가에게 주신 명예를 강탈하려는 것이야말로 가장 비열한 짓이다. 그와 마찬가지로 하나님은 우리에게 타인의 결점에 주목하지 말고, 오히려 그 결점을 덮어 주라고 명령하신다. 그렇게 하는 목적은 우리가 아첨으로 그 결점을 조장하는 데 있지 않다. 우리가 잘못을 저지르는 이들도 사랑하고 존중해야 하기에 혹시라도 그들을 불쾌하게 만들지 않으려는 것이다. 그러므로 우리는 어떤 사람이든지 상대해야 할 때마다 분별력과 관용으로 대할 뿐만 아니라, 온유함과 우정의 마음으로도 대할 것이다. 우리는 기꺼이 자신을 낮추고 다른 이들을 존중하려는 마음을 갖지 않고서는 응대하는 태도에 있어서 진정한 온유함을 결코 이루지 못할 것이다.

우리 이웃에 대한 봉사: 사랑과 상호 협력

이웃에 대한 의무에 관해 말하면, 우리가 이웃의 유익을 위해 봉사하기란 결단코 쉽지 않다. 우리가 우리 자신에 대한 일체의 생각을 버리고 모든 이기적인 욕망을 제거하지 않는 한, 우리는 어떤 봉사도 해내지 못할 것이다. 이미 자신을 부인하고서 이제는 오직 자기 이웃에게 전적으로 헌신된 자가 아니라면, 그 누가 바울이 규정한 사랑의 임무를 완수할 수 있겠는가? 바울이 기록한대로, "사랑은 오래 참고 사랑은 온유하며, 사랑은 자랑하지 않으며 무례히 행하지 않는도다. 사랑은 시기하지 않으며 교만하지 않으며 자기의 유익을 구하지 않는도다."고전 13:4-5 자기 유익을 구하지 말라는 명령에 복종하는 것 하나만으로도 우리는 우리 자신의 본성에 엄청난 타격을 가할 수밖에 없다. 우리의 본성은 우리 속에 자신에 대한 사랑을 확산시킴으로써 이웃의 형통함을 우리 자신의 형통함보다 더 중요하게 여기지 못하게 만들고, 우리의 권리를 포기하고 이웃에게 그 권리를 넘기지 못하게 막는다.

이 진리를 가르치려는 성경의 주장에 따르면, 우리가 주님께 받은 모든 은사는 오직 우리가 그 모든 은사를 교회의 공익을 위해 사용한다는 전제로 우리에게 맡겨졌다. 그 은사들은 우리 이웃에게 값없이 사랑으로 나누어질 때 올바르게 사용된다. 하나님께서 그분의 은사들을 우리에게 맡기심은 그 은사들로 다른 이들을 유익하게 하시려 함이라는 성경의 선언이야말로,고전 12:4-11 우리의 은사를 이웃에게 반드시 나누어 주게 만드는 탁월하고 가장 확실한 규정이다. 더 나아가 성경은 우리 모두가 가진 은사들을 인간의 몸 각 지체의 성질과 비교한다. 어떤 지체도 오직 자기만 위하거나 자기의 유익을 위해서만 기능하지 않는다. 한 지체는 다른 지체들을 위해 일하며, 오직 온몸의 건강한 활동에서 얻는 유익 외에는 다른 어떤 유익도 얻지 않는다. 마찬가지로 신자는 자신의 모든 힘을 형제자매들을 위해 사용하되, 자신만 특별히 배려하지 말고 언제나 교회의 공익을 생각해야 할 것이다.

그러므로 우리가 선을 행하고 긍휼을 베풀려 할 때 지켜야 할 원칙은 다음과 같다. 우리는 우리 이웃을 도울 수 있도록 주님께서 우리에게 주신 모든 것의 청지기다. 언젠가 우리는 우리가 어떻게 그 임무를 수행했는지를 주님께 보고해야 할 것이다. 청지기직을 수행하는 가장 적합하고 좋은 방법은 사랑의 원칙에 따르는 것이다. 따라서 우리는 이웃의 유익에 대한 관심과 우리의 유익에 대한 관심을 결합해야 할 뿐 아니라, 이웃의 유익을 우리의 유익보다 우선시해야 할 것이다.

주님은 이것이야말로 그분이 베푸신 은사들을 올바르고 합당하게 사용하는 방식임을 보이시기 위해, 예로부터 이스라엘 자손에게 지극히 작은 복에 있어서도 그 원칙을 지키도록 명령하셨다. 그래서 주님은 이스라엘 자손에게 수확의 첫 열매를 주님께 바치도록 명령하심으로써,출 22:29-30, 23:19 그분께 성별하여 바치지 않은 것은 어떤 좋은 은사도 합법적으로 누릴 수 없음을 증거하게 하셨다. 하나님의 은사들을 우리 손으로 하나님께 성별하여 드릴 때에야 비로소 그 은사들이 우리에게 최종적으로 성별된다면, 성별하여 드리지 않는 잘못이야말로 가장 크게 정죄받을 범죄임이 분명하다. 반면에, 우리가 갖게 된 것이라면 무엇이든 하나님께 드림으로써

제 17 장

하나님을 풍요롭게 할 수 있다는 생각이야말로 정말 미친 생각일 것이다. 선지자가 말했듯이, 우리의 어떤 선한 행위도 그분이 계신 곳에 이르게 할 수 없으므로, 시 16:2-3 우리는 세상에 있는 하나님의 종들에게 그 선을 행해야 한다.

사랑할 수 없는 자들을 사랑하라

우리는 선을 행하다가 언제든지 지칠 수 있기 때문에, 그렇게 되지 않기 위해서 이어지는 바울의 말을 기억해야 한다. "사랑은 오래 참고 쉽게 성내지 않는도다." 고전 13:4-5 공로에 따라 판단하면 대다수의 사람들이 좋은 대우를 받을 만한 자격이 없으나, 주님은 우리에게 예외 없이 모든 사람에게 선을 행하도록 요구하신다. 성경은 우리에게 사람을 그 자체로만 바라보지 말고 그 사람 안에 들어 있는 하나님의 형상을 고려하도록 경고한다. 그럼으로써 그 하나님의 형상은 우리 모두의 존중과 애정을 받을 가치가 있음을 주지시킨다. 특히 우리는 믿음 안에 있는 하나님의 종들이 하나님의 형상을 지니고 있음을 인정해야 하는데, 갈 6:10 그들 속에 있는 하나님의 형상이 그리스도의 영에 의해 새롭게 되고 회복되기 때문이다.

그러므로 우리는 우리의 도움이 필요한 사람이 나타나면 그 사람을 거절할 이유가 전혀 없다. 그가 우리에게 낯선 사람이라는 생각이 들면 어떻게 해야 하는가? 그때 우리는 주님께서 우리에게 친숙한 표식으로 그 사람에게 인치셨음을 기억하게 된다. 우리가 그 사람이 정말 형편없어서 경멸할 가치도 없다고 하면 어떻게 되는가? 그때 주님은 그분의 형상을 그 사람 속에서 빛나게 하심으로써 그를 영광스럽게 하셨다고 대답하신다. 우리가 그 사람에게 아무 빚진 것 없다고 하면 어떻게 되는가? 그때 주님은 그분의 자리에 그 사람을 대신 두셨다고 대답하신다. 그래서 우리는 하나님께서 그 사람을 위해 우리에게 복 주셨음을 생각하게 된다.[2] 우리가 그 사람을 위해서 손가락 하나도 까딱할 필요가 없을 정도로 그 사람이 무가치하다고 여기면 어떻게 되는가? 그러면 우리가 그 사람 속에서 보았어야 할 하나님의 형상으로 말미암아 우리 스스로 우리의 생명과 유익을 위기에 빠뜨리게 된다. 그 사람이 우리에게서 어떤 것도 받을 자격이 없고, 심지어 우리를 끔찍하게 학대하고 우리에게 위해를 주었다 해도, 그것이 그 사람을 사랑하지 못하거나 그 사람에게 호의를 베풀지 못하게 하는 충분한 이유가 될 수 없다. 우리가 그 사람이 우리의 사랑과 호의를 받을 자격이 없다고 주장하면, 하나님은 하나님 자신이 우리에게서 응당히 받으셔야 할 바를 요구하실 것이기 때문이다. 더욱이, 주님은 우리에게 죄 지은 사람을 용서해 주라고 명령하실 때,[마 6:12] 그 사람의 죄를 자기의 책임으로 삼으시기 때문이다.

바로 이것이야말로 인간 본성에 있어서 어려울 뿐 아니라 철저히 혐오스럽기까지 한 일, 곧 우리를 미워하는 자를 사랑하고 악을 선으로 갚으며 우리를 박해하는 자를 위해 기도하는 일을 성취할 유일한 방법이다.[마 5:44, 눅 6:27-28] 다시 말하지만, 우리가 사람들이 자행하는 악에 관심을 두지 않고 오히려 그들이 지닌 하나님의 형상에 주목한다면, 그리고 그 하나님 형상의 가치와 존엄이 우리를 감동시켜 그들을 사랑하고 자칫 우리에게 혐오스러울 그들의 잘못을 덮게 할 수 있다면, 우리는 이 일을 이룰 수 있다.

참사랑은 마음에서 우러난다

자신에 대한 죽음은 오직 우리의 사랑이 완전할 때만 가능하다. 그런 죽음은 단지 사랑이 요구하는 모든 의무를 수행하는 것만으로 이루어지지 않는다. 그와 더불어 우정과 진정한 사랑의 정신이 뒤따라야 한다. 어떤 사람은 이웃에 대한 임무를 겉으로는 충분히 수행할 수 있겠지만, 이웃에 대한 자신의 합당한 의무를 이행하는 데는 동떨어져 있다. 예를 들어, 우리가 보듯이 많은 사람들은 자신의 관대함이 널리 알려지기를 열망하면서도, 거만한 태도와 잘난 체하는 말로 성내면서 기부를 한다. 요즘은 상황이 더욱 나빠서 대다수의 사람들이 상당히 모욕적인 방식으로 자선을 베푼다. 그런 류의 완고함은 이교도들 사이에서도 절대로 용납되지 못할 완고함이다.

우리가 하는 선행이 긍휼과 온유함으로 자상하게 이루어져야 한다면, 주님은 우리에게 기쁘고 명랑한 표정보다 더 많은 것을 요구하신다. 우선 그리스도인은 도움이 필요한 사람에 대해 부담을 느껴야 한다. 그리스도인은 그 사람의 불행을 마치 자신이 겪은 것처럼 괴로워하며 그를 불쌍히 여겨야 한다. 또한 자기 자신에 대하여 품는 동정심과 동일한 동정심에 마음이 움직여서 그 사람을 도와야 한다. 누구든지 이런 마음으로 행동하는 사람은 자기 형제들을 기쁘게 할 때 그가 행하는 선이 거만함이나 분노로 더럽혀지지 않을 것이고, 그가 돕는 이들을 그들의 궁핍함 때문에 경멸하지도 않을 것이다. 또한 그 사람은 그가 돕는 이들이 그의 빚을 지고 있다는 이유로 그들 위에 군림하려 들지도 않을 것이다. 그것은 우리 몸의 한 지체가 나머지 모든 지체의 수고로 지탱되고 있을 때, 우리가 그 하나의 지체를 업신여기지 않는 것과 비슷하다. 한 지체가 다른 모든 지체를 위해 수고하기보다는 오히려 한 지체 때문에 나머지 지체들이 더 힘들게 수고한다는 이유로 한 지체가 다른 모든 지체에게 특별한 신세를 진다고 생각하지 말자. 몸의 여러 지체들이 서로 관계하는 방식에 있어서 제멋대로인 것은 하나도 없다. 그것은 단지 자연법칙이 요구하는 지불이나 보상의 문제일 뿐이다.

이 논의에 근거하여 나는 동일하게 설득력 있는 논의로 나아가겠다. 흔히 생각하듯이, 우리가 일단 무슨 특정한 의무를 이행하고 나면 다른 의무에서는 풀려나 면제된다고 생각해서는 안 된다. 그렇게 되면 자기 재산의 일부를 나누어 준 부자는 마치 자신의 다른 모든 책임은 전혀 상관없다는 듯이 잊고 무시하게 될 것이다. 사실은 그와 정반대다. 각 사람은 자신이 갖고 있거나 할 수 있는 것 모두가 자기 이웃의 덕분임을 인정해야 한다. 각 사람은 자신의 능력이 미치는 한, 선을 행할 의무에 있어서 어떤 제한도 갖지 않는다. 각 사람의 능력이 얼마나 되든지 상관없이, 그 능력은 오직 사랑의 법칙에 따라 발휘되어야 한다.

하나님께 바친 삶: 하나님의 관대하심으로 충분하다

이제 하나님과 관계된 자기 부인의 또 다른 측면을 논의하자. 이미 몇 가지 요점들이 제시되었으므로, 지금까지 말한 모든 것을 반복할 필요는 없을 것이다. 우리가 인내와 온유함을 배우는 데 있어서 자기 부인이 얼마나 도움이 되는지를 설명하는 것으로 충분하다.

우선, 우리가 고요하고 평온하게 생활하는 방법을 알고자 한다면, 성경은 우리 자신과 우리의 모든 소유, 우리가 가장 소중히 여기는 것들을 하나님께 넘겨드림으로써 하나님께서 그것들을 길들이고 지배하셔야 한다고 주장한다. 우리에게는 인정과 명예에 대한 열망이 있다. 그뿐만 아니라, 권력과 재물과 명성과 위엄을 얻게 해줄 것 같아 보이는 것에 대한 제어할 수 없는 강렬한 욕망이 있다. 반면에, 우리에게는 가난과 무명과 모욕에 대한 엄청난 증오와 두려움이 있어서, 어떻게 해서든 그것들을 피하려고 애를 쓴다. 그래서 제 나름의 궁리대로 처신하는 자들은 끊임없는 불안감에 시달리게 된다. 그들이 어떤 노력을 하고 어떤 고통을 견뎌 내든 상관없이 그들의 목표는 야망과 탐욕이 이끄는 데로 어디든지 가서 궁핍함과 지위 상실은 피하는 것이다.

그러므로 신자가 이 함정에 빠지지 않으려면 반드시 따라야 하는 길이 있다. 첫째, 신자는 하나님의 복 주심과 상관없이 형통할 수 있으리라는 바람이나 희망이나 상상을 그만두어야 한다. 바로 그것이 신자가 안전하게 기대고 의지할 수 있는 단 하나의 길이다. 육신은 때때로 다른 도움 없이도 수단껏 자기의 목표를 이룬다. 그럴 때 육신은 자기의 힘으로 명예와 부를 달성하기도 하고, 어떤 수고도 아끼지 않는 노력을 기울이기도 하며, 타인의 호의에 의해 도움을 받기도 한다. 그렇더라도 이런 것들은 다 아무 소용 없다. 주님께서 형통하도록 허락하시지 않는 한 우리 자신의 지략이나 수고로는 아무것도 이룰 수 없다. 오히려 장애물이 많을 때 오직 하나님의 복 주심만이 헤쳐 나갈 길을 열어 주고, 우리가 하는 모든 일에서 좋은 결과를 보장해 줄 것이다. 게다가 매일같이 엄청난 부와 중요한 직책을 얻는 악인의 경우처럼, 우리가 하나님의 복 주심 없이 명성이나 부를 얻을 수 있다고 가정하더라도, 하나님의 저주를 받으면 우리 중 아무도 한 줌의 행복조차 얻지 못할 것이다. 하나님이 주시는 복이 우리 위에 머물지 않으면 우리가 얻은 것은 무엇이든지 다 우리에게 불행이 되고 말 것이다. 우리를 비참하게 할 수 있는 일을 바라는 것이야말로 엄청난 광기다.

그러나 형통함에 이르는 유일한 길은 오직 하나님의 복 주심에만 있음을 믿는다면, 그리고 하나님의 복 주심 없이 우리가 기대할 수 있는 것이라고는 오직 비참함과 재앙뿐임을 믿는다면, 우리에게는 자신의 간교함이나 수고, 인간이나 요행을 의지하면서 재물과 명예를 갈망하는 탐욕을 버려야 할 의무가 있다. 오히려 우리는 언제나 하나님을 바라봄으로써, 우리가 언제나 하나님의 인도하심을 받고 있듯이 인생의 어떤 상황이든 하나님께 선한 것임을 받아들일 수 있어야 한다. 그러므로 우리는 재물을 긁어모으려 하지 말아야 한다. 공정한 수단으로든 불공정한 수단으로든 혹은 폭력이나 간계나 다른 어떤 비열한 수단으로든 명예를 가로채려는 짓을 하지 말아야 한다. 우리가 추구해야 할 선한 것은 오직 우리가 순결한 생활을 하게 해주는 것뿐이리라. 그런 것이 사기나 절도나 다른 범죄들을 저지르는 것이라면, 하나님이 주시는 복이 그런 짓을 하도록 도울 것이라 생각할 자가 과연 누가 있겠는가? 하나님이 주시는 복은 생각과 행동이 정직한 사람만 돕기 때문에, 하나님의 복을 추구하는 자는 누구든지 죄와 악의가 없어야 한다. 더욱이 하나님이 주시는 복은 자칫 우리가 재물을 탐하거나 출세하고 싶어 안달하지 않도록 우리를 제어하고 막아 주는 고삐 역할을 할 것이다. 가장 뻔뻔스러운 자가 아니라면, 하나님의 말씀을 거역하며 우리의 욕망을 이루도록 하나님께서 도우실 것이라는 생각은 품지 않을 것이다. 하나님께서 친히 그분의 입술로 정죄하신 것을 그분의 은혜로운 복으로 아끼실 리 없다. 마지막으로, 우리의 소망과 꿈이 좌절될 때, 우리는 하나님이 주실 복을 묵상함으로써 조바심에 사로잡힌 채 우리가 받아들여야 할 인생을 증오하지 않을 수 있다. 하지만 우리가 그런 증오심에 빠지게 되면, 우리는 궁핍함과 부요함, 수치와 명예를 자기의 뜻대로 나누어 주시는 하나님을 비난하게 될 것이다.

요약하면, 누구든 하나님이 주실 복에 의지하는 사람이라면 남들이 광적으로 욕망하는 것을 얻으려고 비열하고 비뚤어진 수단을 사용하지 않을 것이다. 그 사람은 그런 방법이 결코 자기에게 유익하게 작용하지 않을 것을 알기 때문이다. 그가 상당한 성공을 누리고 있다면, 그는 그 성공이 자신의 근면함이나 노력 또는 행운 덕분이라고 여기지 않고, 오히려 그것은 오직 하나님에게서 오고 있음을 인정할 것이다. 반면에, 그는 다른 사람들이 빠르게 앞서가는 동안 거의 나아가지 못하고 있을 수도 있고, 심지어 뒤로 낙오될 수도 있다. 그렇다면, 이미 적당한 재물의 복을 받았지만 보다 많은 재물을 얻기 위해 불신자가 감수하는 인내보다 더 큰 인내로 그 사람은 그의 궁핍함을 견뎌 낼 것이다. 신자는 온 세상의 부를 다 모아 하나로 쌓아 놓은 것보다 더 큰 의미가 있는 지식으로 위안을 삼기 때문이다. 바로 하나님께서 모든 것을 오직 그의 구원에 유익하도록 결정하신다는 지식 말이다.

환난 때의 은혜

그러나 신자가 인내와 절제를 나타낼 부분은 이것만이 아니다. 신자는 현재의 삶에 영향을 미치는 모든 우연한 사건에서도 인내와 절제를 나타낼 것이다. 그러므로 자신을 하나님께 내어 드리고 평생토록 그분이 원하시는 대로 자신을 통치하시게 하는 사람만이 자신을 제대로 부인하는 것이다. 무릇 이런 식으로 느끼는 사람은 자신에게 무슨 일이 일어나든지 자신을 불행하다 여기지 않을 것이고, 인생에서 자신에게 주어진 처지를 불평함으로써 어떻게든 하나님을 비난하려 하지도 않을 것이다.

우리가 당할 수밖에 없는 많은 사고들을 생각해 보면, 이 태도가 얼마나 중요한지 분명해진다. 우리 주위에는 끊임없이 우리를 공격하는 천여 가지 질병이 있다. 때로는 전염병이, 때로는 전쟁이 우리를 괴롭힌다. 서리나 우박이 불황을 초래하기도 하는데, 그러면 우리는 빈곤의 위협을 당한다. 죽음은 우리에게서 아내나 자녀, 혹은 다른 혈육을 빼앗아 간다. 혹은 우리의 집이 화재로 사라져 버릴 수도 있다. 이런 사건들 때문에 사람들은 자신의 삶을 혐오하고 자기 생일을 저주하게 된다. 그들은 하늘과 빛 자체를 욕하고 하나님을 비난하면서 그가 잔인하고 불의하신 분이라고 모독한다. 이와 대조적으로, 신자는 이런 일들 가운데 하나님의 자비하심과 그분의 아버지다우신 선의를 의식해야 한다. 신자는 자신이 가장 아끼는 사람이 죽거나 자기 집이 버려지는 모습을 보는 고통을 당한다 하더라도 하나님께 드리는 찬송을 그치지 않을 것이다. 하나님의 은혜가 그의 집에 머물고 있기 때문에 결코 그 집을 황폐한 채로 남겨 두지 않으리라고 믿을 것이다. 그의 농작물과 포도나무가 서리나 우박이나 폭풍에 상하고 망가져 버린다 할지라도, 신자는 결코 용기를 잃지 않으며 하나님께 분노하지도 않을 것이다. 오히려 신자는 하나님을 계속 굳게 믿고서 "그러하더라도 우리는 하나님의 보호하심을 입고 있으니, 우리는 하나님의 초장의 양 떼로다"라고 마음속으로 고백할 것이다.[시 79:13] 아무리 땅이 황량하더라도 하나님은 우리의 생존에 필요한 먹을 것을 언제나 충분하게 공급하실 것이다. 신자는 혹시 질병을 견뎌야 하더라도 그 괴로움에 굴복하지 않고 조바심에 사로잡힌 채 하나님을 원망하지도 않을 것이다. 신자는 무슨 일을 당하더라도 만물이 주님의 손에서 난다는 사실을 알고서 그 일을 고요히 감사함으로 받아들임으로써, 그가 이미 영원히 자기를 의탁한 분의 명령을 거역하지 않을 것이다.

무엇보다도 그리스도인은 이방인이 귀중하게 여기는 불합리하고 누추한 위로, 곧 고난은 운명이므로 더욱 큰 인내로 감당해야 한다는 사상을 완전히 무시해야 한다. 철학자들의 논증에 따르면, 운명은 앞을 보지 못하고 성급해서 함부로 화살을 쏘아 대며 범죄자와 결백한 자를 구별하지 않은 채 해를 입히기 때문에, 운명을 탓하는 것은 어리석은 짓일 뿐이다. 이와 달리, 진정한 경건은 오직 하나님의 권세만이 선한 운명과 악한 운명 모두를 관장한다는 원리를 고수한다. 하나님의 권세는 성급하거나 무분별하지 않기 때문에 번영과 역경을 공정하고 질서 있게 분배한다.

그리스도의 십자가 아래서 살아가기

그러나 신자는 그리스도가 그의 모든 사람을 부르시는 곳으로, 우리 각자에게 그의 십자가를 짊어지라고 명령하시는 곳으로 그 마음을 더 높이 들어 올려야 한다.마 16:24 주님께서 그분의 자녀로 삼아서 받아 주신 모든 사람은, 헤아릴 수 없는 수고와 역경으로 가득한 힘겹고 어려운 삶을 준비해야 되기 때문이다. 하늘에 계신 우리 아버지는 이와 같은 방식으로 그분의 종들을 시험하고 훈련하기를 기뻐하신다.

이것은 아버지께서 그분의 맏아들 그리스도 안에서 시작하셨던 방식이고, 그분의 다른 모든 자녀에게도 지속하시는 방식이다. 그리스도는 아버지께서 항상 기뻐하시는 그분의 사랑하는 아들이었지만,마 3:17, 17:5 우리는 그리스도가 이 세상에서 관대하거나 후한 대우를 받지 않으셨음을 알고 있다. 사실, 그리스도는 끊임없이 고난당하셨을 뿐만 아니라 그의 전 생애가 일종의 영원한 십자가였다고도 말할 수 있다. 그렇다면 우리의 머리이신 그리스도가 우리를 위하여 복종하신 조건이고, 우리에게 인내의 모범을 보이시려고 복종하신 조건인데, 어찌 우리가 그 조건을 피하겠는가? 그렇기 때문에, 사도는 이것은 하나님께서 그분의 모든 자녀가 그분의 그리스도처럼 될 수 있도록 하기 위해 설정하신 목표라고 설명한다.롬 8:29

여기 우리에게 위로의 큰 원천이 있다. 우리가 역경이나 불행이라고 부르는 비참함을 겪으면서 그리스도의 십자가에 참여하게 되기 때문이다. 마치 그리스도가 하늘의 영광으로 들어가시기 위해 온갖 시련의 심연을 통과하셨듯이, 우리도 여러 환난을 통해 하늘의 영광으로 들어가야 한다.행 14:22 바울이 우리에게 주는 가르침에 따르면, 우리가 내적으로 그리스도의 고난에 참여할 때 그의 부활의 능력을 동시에 경험하고, 또 우리가 그리스도의 죽으심에 참여할 때 그의 영원한 영광을 얻을 준비를 하게 된다.빌 3:10-

[11] 이것이 우리가 십자가에서 맛볼 수 있는 어떤 쓴맛도 참으로 강력한 힘으로 달콤하게 만든다. 사실, 우리의 비참함과 고난을 더 많이 견딜수록, 우리가 그리스도와 나누는 교제는 더욱 강해지고 확실해진다. 우리가 그와 나누는 교제 덕분에 역경은 우리에게 복이 될 뿐만 아니라 우리의 구원을 더욱 진전시키는 데도 큰 도움이 된다.

십자가는 우리의 교만함을 낮추고 소망을 낳는다

다시 말하지만, 주 예수께서 십자가 고난을 받으신 것은 오직 그의 아버지 하나님에 대한 순종을 입증하고 증명할 필요가 있었기 때문이다. 그러나 우리가 이 세상을 살아가는 동안 끊임없이 고통을 감수해야 하는 데는 많은 이유가 있다.

첫째, 우리는 본성상 아주 쉽게 우리 자신을 높이고 모든 것에 충분하다고 주장하기 때문이다. 우리에게 약점이 보이지 않으면, 우리는 즉시 자신의 능력을 신뢰하며 자만에 빠진다. 우리는 모든 어려움을 다 극복할 수 있다는 상상에 쉽게 빠져 버린다. 그렇게 우리는 육신에 대한 공허하고 어리석은 자신감을 키우게 되고, 급기야 마치 하나님의 은혜 없이 우리 자신에게서 나오는 것만으로도 충분하다는 듯이 하나님을 향해 거만해진다. 하나님께서 그 오만함을 낮추시는 가장 좋은 방법은 고된 경험을 통해 우리가 참으로 무르고 약한 존재임을 보이시는 것이다. 그래서 하나님은 우리에게 수치심이나 가난이나 질병을 주신다. 또 가족 잃은 슬픔이나 여러 재앙을 주심으로써 우리가 아무리 견디려 애쓰더라도 단번에 우리를 압도하게 만드신다. 우리는 그런 것들을 견딜 만큼 강하지 못하기 때문이다. 그래서 겸비해진 우리는 하나님의 능력을 간구하는 법을 배운다. 오직 하나님의 능력만이 우리가 굳게 서서 그 짐의 무게를 견딜 수 있도록 해준다.

자신의 신실함은 자기 자신이 아니라 하나님의 은혜에 달려 있음을 아는 가장 거룩한 사람들조차, 주님께서 십자가를 통해 그들을 시험하여 자기 자신을 더 이해할 수 있게 해주시지 않는다면 여전히 자신의 힘과 활

기를 과신하게 될 것이다. 그러므로 그들은 모든 일이 평온할 때는 자신이 흔들림 없이 견고하다는 허황된 생각에 빠져 있다가도, 일단 문제가 터지면 그 생각은 모두 허위였음을 비로소 깨닫는다. 그런 식으로 신자는 자신의 연약함에 경각심을 갖게 됨으로써 겸비해져 육신에 대한 모든 죄악된 확신을 버리고 전적으로 하나님의 은혜에 복종하게 된다. 신자는 복종하는 가운데 하나님의 능력을 입으며, 그 능력에서 자신에게 필요한 충분한 보호를 누린다.

"환난은 인내를 낳고, 인내는 단련된 인격을 낳느니라"는 바울의 진술도 거의 동일한 주장을 한다.롬 5:3-4 신자는 주님의 손에 붙들린 채 인내하며 견디는 동안 시험당할 때 우리를 도우신다는 주님의 약속의 진리를 경험한다. 이것은 신자 자신의 힘으로는 결코 할 수 없는 일이다. 그러므로 하나님께서 성도에게 필요할 때마다 그분이 약속한 도움을 주시는 증거를 성도는 인내를 통해서 얻는다. 성도가 이미 하나님의 확고하심과 불변하심을 경험하고도 장래 하나님의 신실하심을 의심한다는 것은 끔찍한 배은망덕이 될 것이기 때문이다.

우리는 얼마나 많은 혜택이 마치 끊어지지 않는 물줄기처럼 십자가에서 우리에게로 흘러오는지를 이미 확인했다. 십자가는 우리가 자신의 힘에 대하여 본성적으로 갖고 있는 그릇된 생각을 뒤엎음으로써, 그리고 속임수로 우리를 매혹하고 아첨하는 위선을 벗겨 냄으로써, 우리에게 막대한 해를 끼친 우리 육신의 교만함을 꺾는다. 십자가는 우리를 겸비하게 한 후, 하나님 안에서 안식하는 법을 우리에게 가르친다. 하나님은 우리의 토대이시므로, 우리가 낙심하거나 용기를 잃도록 내버려 두지 않으신다. 그러면 승리가 소망을 향해 떠오르는데, 주님께서 그분의 약속을 이루심으로써 장래에도 그분이 언제나 신실하실 것을 확고히 하시기 때문이다. 이런 것들만 고려하더라도 십자가가 우리에게 주는 연단의 중요성이 분명하게 드러난다. 우리를 눈멀게 하는 자기애에서 벗어남으로써 우리의 연약함을 제대로 깨닫는 것, 우리의 연약함을 뼈저리게 느낌으로써 우리 자신

을 불신하는 법을 배우는 것, 우리 자신을 불신함으로써 우리의 신뢰를 하나님께로 향하는 것, 전심으로 신뢰하며 하나님을 의지함으로써 그분의 도우심으로 끝까지 승리를 지속하는 것, 하나님의 은혜 안에 굳게 섬으로써 하나님이 그분의 약속에 대하여 참되고 신실하심을 아는 것, 하나님의 약속의 확실성을 신뢰함으로써 우리의 소망이 견고하게 되는 것, 이 모든 것은 참으로 큰 유익이다.

십자가는 우리에게 복종을 가르친다

주님께서 그분의 종들에게 고난을 주시는 이유가 하나 더 있다. 주님은 그 종들의 인내를 시험하고 훈련하여 복종을 가르치시기 때문이다. 이것은 주님의 종들이 하나님께서 그들에게 이미 허락하신 순종 이외에 다른 순종을 행할 수 있다는 뜻은 아니다. 이것이 하나님께서 신자들에게 주신 은사들을 드러내고 확증하고자 택하신 방법이다. 그 결과, 어떤 은사도 신자들에게 헛되이 주어지거나 그들 속에 감추어지지 않게 된다. 그러므로 하나님께서 그분의 종들에게 베푸신 인내가 얼마나 위대한지 나타내실 때, 그 종들의 인내를 시험하신다고 말할 수 있다. 성경은 이 생각을 여러 방식으로 표현한다. 예를 들어, 성경은 하나님께서 아브라함을 시험하신 뒤 그의 헌신을 인정하셨는데, 그가 하나님을 기쁘시게 하려고 자기 아들을 제물로 바치기를 마다하지 않았다고 밝힌다.창 22:1, 12 베드로 역시 기록하기를, 우리의 믿음은 금이 풀무 속에서 연단되는 것과 똑같은 방식으로 환난으로 시험을 받는다고 한다.벧전 1:7

그러니 주님께서 그분의 종들에게 주신 그토록 탁월한 은사가 모든 사람이 볼 수 있도록 공개적으로 사용된다면, 누가 그것을 부적절하다고 생각하겠는가? 그렇지 않으면 그 은사는 그에 마땅한 인정을 결코 받지 못할 것이다. 주님께서 신자에게 부여하신 능력을 구체적으로 증거하시는 것이 옳다면, 그리고 신자를 일깨우셔서 쓰임받지 못한 채 숨겨지거나 버려지지 않도록 하시는 것이 옳다면, 우리는 주님께서 보내시는 고난에 반드시 목적이 있음을 알 수 있다. 고난이 없다면 신자의 인내도 무용지물이 될 것이기 때문이다. 나는 이것이야말로 하나님께서 그분의 종들에게 순종을 가르치시는 훈련이라고 믿는다. 신자는 자기가 선택한 대로 사는 것이 아니라 하나님을 기쁘게 하는 방식으로 사는 법을 배운다. 모든 일이 신자가 바라는 대로 이루어진다면, 신자는 하나님을 따르는 것이 무엇을 뜻하는지 결코 알지 못할 것이다. 이교도 철학자 세네카Seneca는 인내하며 불행을 감당하라고 권면하는 옛 격언을 기록한다. 사람들이 "우리는 신을 따라야 한다"는 말을 들었다는 것이다.[3] 이는 곧 우리가 주님의 징계를 받아들여서 자발적으로 우리의 손과 등을 그분의 막대기에 내어 드릴 때에야 비로소 주님의 멍에에 복종하게 된다는 뜻이다. 우리가 모든 일에서 하늘 아버지께 순종하는 것이 합당하다면, 우리는 모든 가능한 방법으로 우리에게 순종을 가르치실 주님의 권리를 부인해서는 안 된다.

그러나 우리 육신은 조금이라도 제멋대로 하도록 방치되면 그 즉시 격렬하게 주님의 멍에를 거부한다. 우리가 이 사실을 인정하지 않는다면, 순종의 필요성을 아직 제대로 모르고 있는 셈이다. 한동안 활동하지 않고 마구간에서 놀린 채 잘 먹이기만 한 말의 경우도 마찬가지다. 그 말은 나중에 길들여질 수 없으며, 전에 한때 기꺼이 복종했던 주인을 인정하지도 않는다. 간단히 말해, 하나님은 이스라엘이 당한 일을 슬퍼하셨는데, 그 일은 모든 사람에게 흔히 생기는 일이다. "그들은 최고의 진미를 먹고 살찐 후, 그들을 먹여 준 손을 뿌리치도다."신 32:15 의심의 여지 없이, 하나님께서 우리에게 관대하신 것은 우리가 그분의 선하심을 귀히 여기고 사랑하게 하는 데 목적이 있다. 그러나 우리는 권면을 받아 미덕을 추구하지 않고, 오히려 하나님의 관대한 대우를 받으며 버릇없는 아이가 되어 버린다. 그래서 우리가 지나치게 고집스러워지게 되면, 하나님은 단단하게 고삐를 조이며 우리에게 어떤 훈련을 부과하셔야 한다. 따라서 하나님은 좋은 것들이 지나치게 풍성해서 우리를 교만함이나 세속적 명예로 채우지 않게 하시고, 육체나 정신이 얻은 것들이 초래하는 오만함으로부터 우리를 지키시기 위해 상황을 정리해 주시며, 십자가라는 교정책을 통해 우리 육신의 어리석음을 길들이고 복종시키신다. 주님은 우리 각자에게 적합하고 유익한 것이 무엇인지 아시기 때문에 다양한 방식으로 행하신다. 우리 모두가 똑같이 아픈 것도 아니고, 똑같은 병을 앓는 것도 아니기 때문이다. 따라서 모든 경우에 치료가 동일할 필요가 없다. 하나님께서 사람에 따라 다른 종류의 십자가로 시험하시는 까닭이 여기 있다. 하나님께서 모든 사람의 건강을 돌보심에 있어서 어떤 사람에게는 약한 약을 처방하시고 어떤 사람에게는 강하고 센 약을 처방하시지만, 하나님은 한 사람도 예외 없이 다 아프다는 것을 알고 계시므로 아무도 돌봄 없이 방치되지 않는다.

십자가로 인해 우리는 하나님의 사랑 가운데 머문다

우리의 자상하신 아버지는 우리가 나약해서 저지르게 될 미래의 행동을 경계하실 뿐 아니라, 종종 과거에 저지른 잘못에 대해서도 우리를 꾸짖는 것이 유익하다고 여기심으로써 우리로 계속 하나님께 복종하게 하신다. 그렇기 때문에 우리는 고통을 경험할 때마다 우리의 과거를 돌아보아야 한다. 그렇게 한다면, 과거의 어떤 허물 때문에 우리가 지금 당하는 징벌이 정당함을 반드시 깨닫게 될 것이다. 그러나 우리가 과거의 죄를 인정해야 할 의무를 우리 인내의 가장 큰 이유로 생각하지 않도록 주의해야 한다. 성경은 주님께서 세상과 함께 우리를 정죄하지 않으시려고 역경을 통해 우리를 징계하신다고 말한다.고전 11:32 그럼으로써 성경은 우리가 인내해야 하는 훨씬 더 중요한 이유를 제시한다.

그러므로 우리가 가장 쓰라린 고통을 당하는 중에도 아버지의 자비하심과 호의를 인정해야 한다. 아버지는 이 고통을 수단으로 우리의 구원을 계속 나아가게 하시기 때문이다. 하나님께서 우리에게 고통을 주심은 우리를 망치거나 멸하시기 위한 것이 아니라, 세상이 받는 정죄로부터 우리를 구원하시기 위한 것이다. 이 생각은 성경의 또 다른 명령으로 이어진다. “내 아이야, 주님의 징계를 거절하지 말고, 주님께서 너를 꾸짖으실 때에 분노하지 말아라. 주님은 그가 사랑하시는 사람을 징계하시니, 마치 사랑하는 아들을 꾸짖는 아버지와 같으시니라."잠 3:11-12 따라서 하나님의 징계가 아버지의 손에 들린 회초리라는 말씀을 들을 때, 우리는 자기 죄 가운데 강퍅해져 갔던 무모한 자들의 전철을 밟으며 고집스럽게 버티기보다는 차라리 어린아이처럼 가르침을 받아들이는 사람이 되어야 마땅하지 않겠는가? 우리가 잘못을 범했을 때 주님께서 우리를 징계하여 그분께로 돌이키게 하시지 않는다면, 그분은 우리를 간단히 처리해 버리실 것이다. 사도가 말하듯이, "그가 우리를 징계하시지 않는다면 우리는 참 자녀가 아니라 사생아일 것이다."히 12:8

그러므로 우리가 주님께서 우리의 구원을 위한 그분의 선하신 뜻과 관심을 분명하게 나타내심을 알면서도 그분이 행하시는 징계를 견디지 못한다면, 우리는 극도로 부패한 것이다. 성경은 불신자와 신자의 차이를 분명히 한다. 불신자는 천성이 완고했던 고대 노예처럼 채찍을 맞으며 더욱 악해지고 강퍅해진다. 신자는 명문가에서 태어난 자녀처럼 자신의 삶을 회개하고 개선할 기회를 최대한 활용한다. 이제 우리가 되고 싶은 것을 선택해 보자! 이 주제는 이미 다른 곳에서 다루었기 때문에, 지금의 논의가 간단하더라도 충분할 것이다.[4]

십자가는 무죄한 고난의 상징이다

그러나 우리의 가장 큰 위안은 우리가 의를 위해 박해를 받을 때에 있다. 주님은 우리에게 그분의 군대 휘장을 수여하심으로써 명예를 주셨다. 우리가 의를 위해 박해당하는 때야말로 그 명예를 기억해야 할 때다. 의를 위한 박해는 복음뿐만 아니라 모든 정당한 대의를 옹호할 때 생기는 고난도 포함한다. 그러므로 우리가 마귀의 거짓말로부터 하나님의 진리를 지키다가, 혹은 악인에게서 무고한 사람을 보호하다가, 혹은 다른 누가 그 무고한 사람에게 손해를 끼치거나 다치게 하지 못하도록 보호하다가 세상의 미움과 분노를 산다면, 그래서 우리의 명예나 재산이나 생명이 위험에 빠지게 된다면, 우리는 결코 하나님을 위해 최선을 다한 것을 후회하지 말아야 하며, 하나님께 친히 우리를 복된 자라 부르실 때 우리 자신을 비참하다고 생각하지 말아야 한다.마 5:10 물론 가난은 그 자체로만 볼 때는 비참한 것이 사실이다. 추방이나 투옥, 경멸이나 모욕 역시 처참하다. 죽음은 극단적 재앙이다. 하지만 우리가 하나님 은혜의 숨결을 누리는 곳이라면 어디에서나 이 모든 것 중 어느 하나도 우리의 복과 형통함에 기여하지 않는 것은 없다.

그러므로 우리는 그리스도의 증거에 만족하고, 우리 육신의 그릇된 판단으로는 만족하지 말자. 그러면 우리는 사도들과 같이 하나님께서 우리를 주님의 이름을 위해 수치를 당하는 일에 합당한 자로 여기실 때마다 기뻐하게 될 것이다.행 5:41 우리가 아무 잘못 없고 양심이 깨끗한데도 불의한 자의 악행 때문에 우리의 모든 소유를 빼앗긴다면, 우리는 세상에서는 실로 가난해 보이더라도 하늘에 계신 하나님께 있는 우리의 참된 소유는 풍성할 것이다. 우리가 모국에서 쫓겨나 귀양살이를 하게 된다면, 우리는 주님의 가족 안으로 들어가 훨씬 큰 환영을 받을 것이다. 우리가 고난과 학대를 당하면, 그때 주님께로 향하여 도우심을 청했기 때문에 우리 주님 안에서 더욱 강해질 것이다. 우리가 치욕과 모욕을 견뎌 낸다면, 하나님의 나라에서 훨씬 더 높아질 것이다. 우리가 죽는다면, 복된 생명에 이르는 길이 열릴 것이다. 하나님께서 그토록 귀히 여기시는 것들이 우리에게 연기처럼 덧없이 사라질 세상의 쾌락보다 소중하지 않다면, 그것이야말로 참으로 부끄러운 일이지 않은가? 성경은 우리가 의를 지키다 재난과 치욕을 당할 때 우리를 위로해 주기 때문에, 우리가 그 재난과 치욕을 인내하며 기쁜 마음으로 감당하지 않는 것이야말로 가장 배은망덕한 짓일 것이다. 특히 베드로가 말하듯이 이런 종류의 십자가는 그 어떤 것보다 신자에게 마땅한 십자가이고, 그리스도가 그들 가운데 영광을 받고자 하실 때 필요한 십자가이기 때문이다.벧전 4:12-14

그렇더라도 하나님은 우리에게 고통과 슬픔이 전혀 없는 기쁨만 보이라고 요구하시지는 않는다. 신자가 다른 사람에게 해를 당할 때 근심에 시달리지 않고 아무런 고통도 겪지 못한다면, 결코 십자가 아래서 인내를 배울 수 없을 것이다. 마찬가지로 신자가 궁핍할 때 전혀 괴로움이나 슬픔을 느끼지 못한다면, 혹은 신자가 병들어 전혀 신음하지 않는다면, 신자가 죽음을 마주하여 전혀 두려워하지 않는다면, 이 모든 것을 업신여길 수 있는 힘이나 자제심은 어디에 있겠는가? 그런 모든 고통은 우리의 마음을 갉아먹듯 쓰라리게 만들기 마련이어서, 신자가 자기를 심하게 괴롭히는 고통을 느낄 때 그 고통에 저항하고 이를 극복한다면, 마침내 그의 힘을 증명하게 된다. 또 신자가 그런 감정에 자극을 받으면서도 마치 고삐에 죄이듯이 하나님을 경외함으로 억제되어 과도한 분노를 쏟아 내지 않으면, 그의 인내력 역시 드러나게 된다. 그러므로 신자는 고통과 슬픔에 짓눌리면서도 하나님의 영적 위로에서 안식을 찾을 때 기쁨과 즐거움을 나타낸다.

십자가는 금욕적인 무관심이 아니다

인내와 관용을 추구함에 있어서 신자는 고통이라는 선천적 감정에 맞서 투쟁한다. 바울은 신자의 이 투쟁을 다음과 같은 방식으로 적절하게 설명한다. "우리는 모든 일에서 고난을 받으나 괴로워하지 않으며, 궁핍함을 견디지만 비참하지 않도다. 우리는 핍박을 받으나 버려지지 않고, 거꾸러지지만 멸망하지 않는도다." 고후 4:8-9 그렇다면, 여기서 우리는 십자가를 인내하며 견디는 것은 아무 고통도 느끼지 않고 완전히 무감각해지는 것을 뜻하지 않음을 알게 된다. 고대의 어리석은 스토아주의자들은, 고결한 사람이란 자기의 인간성을 탈피한 다음부터는 번영과 성공, 기쁨이나 슬픔에 전혀 달리 반응하지 않는 자라고 하면서, 사실상 돌덩이처럼 전혀 감정을 갖지 않는 존재라고 주장했다. 자, 그 모든 고상한 지혜가 그들에게 무슨 도움이 되었을까? 그들이 행한 모든 것은 인간 중에서 도무지 찾아볼 수 없고 존재할 수도 없는 비현실적인 인내를 보여준다. 사실 스토아주의자들은 매우 드문 형식의 인내를 이루고자 시도하면서 사람이 그 인내를 연습할 기회조차 제거했다. 요즘 그리스도인 사이에서도 그와 비슷한 생각을 가진 자들이 있다. 그들은 신음하고 우는 것뿐만 아니라 우울해하고 불안해하는 것조차 잘못이라고 믿는다. 게으른 자들이나 그런 엉뚱한 생각을 지어내는데, 그들은 정직한 노동보다는 사변에 시간을 낭비하면서 오직 망상밖에는 할 줄 모른다.

우리에게는 엄중하고 혹독한 철학이 필요하지 않다. 우리 주 예수께서 그와 같은 철학을 가르침과 아울러 본보기를 보여주심으로써 정죄하셨다. 예수는 그 자신에 대한 슬픔뿐만 아니라 타인에 대한 연민으로 신음하고 우셨으며, 제자들에게도 똑같이 하라고 가르치셨다. "세상은 기뻐하겠지만 너희는 슬퍼하리라. 세상은 웃겠지만 너희는 울리라."요 16:20 또 예수는 아무도 그것을 잘못으로 여기지 못하게 하시려고 우는 사람에게 "복이 있다"고 선언하신다.마 5:4 이것은 전혀 놀랄 일이 아니다. 우리가 모든 모양의 눈물을 못마땅해한다면, 몸에서 핏방울을 떨어뜨리신 주 예수를 어떻게 이해해야 하는가?눅 22:44 우리가 모든 두려움을 불신으로 정죄한다면, 주 예수께 찾아온 예외적인 두려움에 관해서 뭐라 말해야 하는가?마 26:37 우리가 어떤 슬픔이든 다 받아들일 수 없는 것으로 여긴다면, 주 예수의 영혼이 죽을 지경까지 괴로워하셨다는 말씀을 어떻게 인정할 수 있겠는가?마 26:38

십자가는 우리가 하나님의 뜻을 따르게 해준다

지금 이 글에서 내가 목표로 삼는 바는, 모든 선한 영혼을 절망의 위험에서 보호함으로써 여전히 고통이라는 본성적 감정을 경험하면서도 인내를 계속 이루게 하는 것이다. 인내를 무감각과 동일하게 취급하고, 강하고 신실한 사람을 통나무와 같다고 상상하는 자는 인내를 목표로 삼으려 할 때 반드시 용기를 잃고 좌절할 수밖에 없다. 반면에 신자가 심한 고난을 당하면서도 정신을 잃거나 무너지지 않을 때, 성경은 신자를 칭찬한다. 그는 혹독한 연단을 받지만 영적인 기쁨을 누리며, 괴로움에 짓눌리더라도 자유롭게 숨 쉬면서 하나님의 위로를 즐거워한다.

그러나 그러는 동안 신자의 마음속에 서로 충돌하는 힘들이 작용한다. 우리의 타고난 본성은 자기에게 반대하는 것은 무엇이든 다 두려워하고 회피하려 한다. 반면에 경건에 대한 갈망은 신자가 그 모든 어려움 가운데 하나님의 뜻에 복종하도록 이끈다. 이와 같은 충돌은 예수 그리스도가 베드로에게 다음과 같이 말씀하실 때 암시되고 있다. "네가 젊어서는 스스로 띠를 띠고 어디든 원하는 곳으로 갔으나, 늙어서는 남이 네게 띠를 띠워 원하지 않는 곳으로 데려가리라." 요 21:18 물론 이것은 죽음으로 하나님께 영광을 돌릴 베드로가 자기 뜻과 상관없이 억지로 질질 끌려가야 했다는 뜻은 아니다. 그런 뜻이라면, 베드로의 순교는 칭찬받을 자격이 거의 없을 것이다. 베드로가 하나님의 결정에 자유롭고 기쁘게 복종했다 하더라도, 그는 자신의 인간성을 버리지 못했기 때문에 두 가지 상반된 마음을 품었을 것이다. 베드로는 그가 얼마나 잔혹한 죽음을 당해야 하는지 생각했을 때, 두려움에 사로잡혀 그것을 피할 수도 있었다. 그러나 베드로는 이것이 하나님께서 그를 부르신 목적임을 생각함으로써 모든 두려움을 뒤로 하고 기꺼이, 심지어 즐겁게 자신을 바쳤다.

그러므로 우리가 그리스도의 제자가 되기를 원한다면, 그분의 뜻에 반하는 모든 욕망을 길들이시고 다스리실 수 있는 하나님께 복종과 경외로 가득 찬 마음을 가지려고 힘써야 한다. 그러면 우리가 어떤 시험을 당하더라도, 설령 상상도 못할 정도의 끔찍한 괴로움을 당하더라도, 우리는 언제나 인내를 실천하는 데 실패하지 않을 것이다.

우리는 역경의 쏘고 깨무는 고통을 언제나 느끼기 마련이다. 그래서 우리는 병들면 신음하고 한탄하면서 낫기를 갈망할 것이다. 가난에 심하게 억눌리면 어떤 식으로든 당혹감과 근심에 빠지게 될 것이다. 마찬가지로, 수치심과 멸시와 다른 많은 재앙이 우리의 마음을 무겁게 짓누를 것이다. 우리 가족 중 한 사람이 죽으면, 우리는 자연스럽게 눈물을 쏟을 것이다. 그러나 우리는 언제나 이렇게 결론짓게 될 것이다. "하나님께서 그렇게 뜻하셨다. 하나님의 뜻을 따르자." 사방이 온통 슬픔과 눈물과 고통스러운 신음뿐일 때, 우리는 그렇게 생각해야 한다. 그렇게 하는 것만이 우리 마음을 훈련하여 슬픔에 빠지게 만드는 일들을 즐거이 감당하게 해줄 것이다.

인내는 하나님의 공의와 공평을 깨우친다

우리는 그동안 십자가를 감당하는 주요 동기가 하나님의 뜻에 대한 숙고에서 나온다고 주장했기 때문에, 이제 인내에 관한 기독교적 이해와 철학자들의 견해를 간단히 대조해 보아야 한다.

인간을 고난으로 연단하는 것은 하나님의 손이며, 다른 부분에서처럼 이 부분에 있어서도 우리는 하나님의 뜻에 순종해야 한다. 이 사실을 분명히 이해할 정도로 높이 올라간 철학자는 극히 소수에 불과하며, 그들조차도 그 정당성을 언급하는 정도의 설명밖에는 못한다. 그들은 우리가 하나님께 저항해도 아무 소용 없을 것이므로 복종해야 한다고 말했을 뿐이다. 우리가 의무감에 떠밀려 마지못해 순종한다면, 혹시라도 우리가 피할 수 있다고 생각할 때는 더 이상 하나님께 순종하려 하지 않을 것이다. 그렇기 때문에 성경은 다음과 같이 하나님 뜻의 두 가지 다른 측면을 숙고하도록 우리에게 요청한다. 첫째는 하나님의 공의와 공평이고, 둘째는 우리의 구원에 대한 하나님의 배려다.

그러므로 그리스도인은 다양한 권면의 말씀을 듣는다. 그 말씀에 따르면, 우리는 가난, 추방, 수감, 불명예, 질병, 혈육의 상실, 그 밖의 어떤 불행에 시달리더라도, 이 모든 것이 주님의 뜻과 섭리에 의해 생긴다는 사실을 헤아려야 한다. 다시 말하지만, 우리는 성경에서 하나님은 오직 질서 정연한 공평함으로 만사를 행하신다고 읽는다. 그렇다면 우리의 날마다 짓는 죄악에 있어서, 하나님께서 내리시는 징벌보다 십만 배 더 고통스럽고 가혹한 징벌을 우리가 받아야 마땅하지 않은가? 하나님께서 우리의 육신을 징계하여 멍에에 매듯이 길들이심으로써 육신이 방종에 빠지려는 본성을 억제하심이 옳지 않겠는가? 하나님의 공의와 진리에 부합하도록 우리는 그렇게 고난받아야 마땅하지 않은가? 하나님의 공의가 우리의 모든 고난에서 분명하게 드러나야 한다면, 우리가 그 고난을 반대하며 거역하는 것은 죄가 될 것이다. 이는 필연적이기 때문에 복종해야 한다는 철학자들의 냉담한 불평을 되풀이하려는 것이 결코 아니다. 오히려 이것은 생생하고 강력한 호소다. 우리가 고난에 저항하는 것이 잘못이므로 복종하라는 권면이요, 인내하지 못하는 것은 하나님의 공의를 업신여기는 일이므로 인내를 실천하라는 권면이다.

우리는 우리가 선하고 유익하게 여기는 것만 좋아하기 때문에, 자비의 아버지는 이 점에 있어서도 우리를 위로하신다. 아버지께서 십자가를 통해 우리에게 고난을 보내실 때, 그분은 우리의 구원을 위해 그렇게 하신다는 사실을 깨닫게 하시기 때문이다. 시련이 우리에게 유익하다면, 우리는 시련을 고요히 감사한 마음으로 받아들여야 마땅하지 않겠는가? 그러므로 우리가 시련을 인내하며 감수할 때, 우리는 필연에 굴복하는 것이 아니라 우리에게 선한 것을 받아들이는 것이다. 내가 믿기에 이 사상은, 우리 마음이 십자가 본연의 고통에 더욱 강하게 사로잡힐수록 영적인 기쁨도 더욱 충만하게 되는 이유를 제대로 설명해 준다. 그러면 당연히 감사도 따라온다. 감사는 기쁨 없이 존재할 수 없기 때문이다. 주님께 드리는 찬양과 감사가 오직 기쁘고 명랑한 마음에서 나올 수 있고 세상의 어떤 힘으로도 막을 수 없다면, 십자가의 고통이 영적 기쁨으로 완화되는 것은 참으로 중요하다.

이생의 허망함

그러나 우리가 어떤 환난을 겪든지 항상 염두에 두어야 할 점이 있다. 우리는 이생을 경멸하는 법을 배움으로써 내생의 삶을 묵상하는 힘을 얻어야 한다는 것이다. 주님은 우리가 맹목적이고 몽매하기까지 한 사랑으로 세상을 끌어안으리라는 것을 잘 아신다. 그래서 주님은 가장 좋은 수단을 활용해 우리를 세상에서 떼어 놓으시고 무기력함에서 깨어나게 하심으로써 그 우매한 집착에서 우리 마음을 자유롭게 하신다.

우리 모두는 살아가는 동안 천국의 불멸을 갈망하며 그 불멸을 이루려고 힘쓰는 사람으로 보이고 싶어 한다. 만약 우리에게 죽음 너머의 영원함에 대한 소망이 남지 않는다면, 굴욕적이게도 우리는 미개한 짐승만도 못하게 된다. 그 짐승의 운명도 결코 우리보다 나쁘지 않을 것이다. 그러나 우리 모두가 짜낸 묘안, 우리가 세운 계획, 우리가 지금 하고 있고 시작한 일을 골똘히 생각해 본다면, 그것들은 단지 먼지에 불과하다는 사실을 알게 될 것이다! 우리 마음은 재물과 명예와 권력의 거짓된 광채에 현혹되기 때문에 어리석음에 빠지기 쉽다. 재물과 명예와 권력은 겉보기에 매력적이지만 우리를 멀리 보지 못하게 만든다. 같은 맥락에서, 탐욕과 야망과 다른 사악한 갈망으로 가득 찬 우리 마음은 그런 것들에 아주 단단히 붙잡혀 있어서 천국을 바라볼 수 없다. 마지막으로, 우리의 온 영혼은 이곳 세상에서 행복을 추구하는데, 이는 영혼이 육신의 쾌락에 사로잡혀 얽매어 있기 때문이다.

결과적으로, 주님은 이 악을 고치시려고 그분의 종들을 가르쳐 이생의 허망함을 깨닫게 하시며, 여러 가지 불행으로 그 종들을 끊임없이 훈련하신다. 주님은 그분의 종들이 이생에서 평화와 평온을 기대하지 않도록, 전쟁과 혼란과 약탈과 다른 악행이 그들을 불안에 빠뜨리고 괴롭히도록 허락하신다. 또한 주님은 그분의 종들이 덧없는 재물을 갈망하거나 자기의 소유를 지나치게 신뢰하지 못하도록, 때로는 땅에 기근을 보내시거나 화재를 일으키시거나 그 밖의 다른 수단으로 그들을 가난에 굴러떨어지게 하시고, 때로는 그들을 겨우 먹고살 만한 정도의 수준에 처하게 하신다. 주님은 그분의 종들이 결혼 생활을 너무 기뻐하지 않도록 하시려고 그들을 괴롭히는 까다롭고 완고한 아내를 주시거나, 그들을 겸손하게 하시려고 고집스러운 자녀를 주시거나, 그렇지 않으면 배우자와 자녀를 잃는 고통을 당하게 하신다. 그러나 주님은 이 모든 일에서 그분의 종들을 자비롭게 대하실 때 그들이 자기 자랑으로 교만해지거나 지나친 자신감으로 안주하는 것을 막기 위하여, 질병이나 위해를 이용해 그들에게 경고하시고, 모든 좋은 것이 부패함에 복종하므로 허망하고 덧없다는 것을 입증하는 가시적인 증거를 주신다.

그러므로 이생은 그 자체로 염려와 어려움과 수많은 비참함으로 가득하다는 것을 우리가 이해할 때, 십자가의 훈련은 우리에게 엄청난 혜택을 준다. 이생에서는 언제든 결코 온전히 행복할 수가 없으며, 우리가 소중히 여기는 이생의 모든 복락은 일시적이고 불확실하며 하찮고 끝없는 불행으로 얼룩져 있다. 그렇다면 이생에서는 오직 분쟁만 예상된다는 것이 바로 우리가 끌어내는 결론이다. 우리의 면류관에 관해서라면, 그것은 우리가 바라보아야 할 하늘에 있다. 우리 마음은 먼저 이생에 대한 경멸감을 갖고 나서야 비로소 내생을 갈망하고 묵상하는 방법을 깨닫고 배우게 될 것이라고 우리는 확신한다.

세상을 사랑하지 않는 방법

다음 두 극단 사이에 중도는 없다. 우리가 세상을 멸시하거나, 아니면 세상이 우리를 열정적으로 세게 껴안거나 둘 중 하나다. 우리가 불멸에 관해 조금이라도 관심이 있다면, 우리는 이 악한 사슬에서 풀려나기 위해 힘써 노력해야 한다.

이생에는 우리를 매료시키는 풍성한 즐거움이 있다. 이생은 아름다움과 우아함과 달콤함을 과시하며 우리를 유혹한다. 그러므로 우리가 이 거짓된 매력에 속거나 현혹되지 않도록 매시간 뒤로 물러나 있어야 한다. 나는 여러분에게 묻는다. 불행이 우리를 계속 찌르고 괴롭히는데도 우리가 온전히 깨어서 그 불행을 파악하지 못한다는 사실을 감안할 때, 우리가 세상에서 영원한 복을 누린다면 무슨 일이 일어나겠는가? 인간의 삶이 그림자와 같고 한 줄기 연기와 같다는 것은 박식한 사람만 아는 사실이 아니다. 그 사실은 보통 사람에게도 익숙하다. 그것은 실로 알 만한 가치가 있는 진리로 여겨졌기 때문에, 많은 훌륭한 격언들에 칭송조로 기록되었다.[5] 그럼에도 이 사실은 세상에서 가장 쉽게 무시되고 가장 적게 기억된다. 우리가 착수하는 모든 일은 마치 세상에서 우리의 불멸을 확고히 하려는 것처럼 행해지기 때문이다. 우리가 시신을 매장하거나 무슨 일로 공동묘지의 무덤들 사이에 있게 된다면, 장담컨대 우리는 이생의 연약함에 관하여 훌륭한 철학적 사유를 하게 될 것이다. 그때는 죽음의 이미지가 바로 우리 눈앞에 있기 때문이다. 그러나 항상 그렇지는 않은데, 이런 것조차 우리에게 거의 영향을 미치지 못하는 경우도 있기 때문이다. 또한 그런 일이 실제로 일어날 때도 우리의 철학적 사유는 우리가 무덤에서 등을 돌리는 순간 즉시 끝나 버려 까맣게 잊혀져 버린다. 그때 우리는 마치 그런 생각을 전혀 해본 적도 없다는 듯이, 죽음뿐만 아니라 우리 자신의 죽을 운명도 망각한 채로 우리가 세상에서 불멸하리라는 어리석고 허황된 확신으로 빠져든다. 분명히, 누군가 "인간은 하루짜리 피조물"이라는 옛 격언을 인용한다면 우리는 기꺼이 동의할 것이다. 그러나 우리는 그럴 때조차도, 이생은 우리가 항상 머무를 곳이라는 우리의 확신은 전혀 흔들리지 않는다는 사실을 거의 깨닫지 못한다.

그렇다면 가능한 모든 증거를 바탕으로 우리 모두는 "세상에서 인간의 운명은 불행한 운명이다"라는 사실을 단지 경고로만 들을 것이 아니라 분명하게 확신해야 하지 않겠는가? 우리가 이 확신을 가진다 해도, 우리는 세상이 약속하는 복에 흠뻑 취한 채 세상에 대한 경탄을 그치지 못할 것이다. 주님께서 그토록 애쓰시며 우리를 가르치셔야 한다면, 그분이 우리를 무관심에서 일깨우려고 주시는 경고에 주의하는 것은 우리의 의무다. 그럼으로써 우리는 세상을 멸시하는 법을 배우고 장차 올 삶을 우리의 온 마음으로 묵상하기를 갈망해야 한다.

이생에 대한 경멸은 혐오가 아니다

그러나 신자가 이생을 지나치게 경멸하다가 급기야 이생을 혐오하거나, 하나님께 배은망덕하게 되지는 말아야 할 것이다. 말할 수 없는 불행으로 가득하더라도 이생은 하나님이 베푸신 복 중 하나로 보는 것이 마땅하며, 결코 이생을 혐오해서는 안 된다. 그러므로 우리가 이생을 하나님에게서 온 은혜로 인정하지 않는다면 엄청난 배은망덕의 죄를 범하게 된다. 특히 그리스도인은 이생을 주님의 선하신 뜻에 대한 증거로 보아야 한다. 이생은 우리의 구원을 진전시키기 위한 목적으로 주어지기 때문이다. 주님은 우리에게 우리의 영원한 영광의 유산을 충분히 보여주시기 전에, 우선 보다 작은 것들, 곧 우리가 그분의 손에서 매일 받고 있는 혜택을 통해서 주님 자신을 우리의 아버지로 알리고자 하신다. 이생 덕분에 우리가 하나님의 선하심에 관해서 무언가 이해하게 되는데, 과연 우리가 마치 이생은 전혀 선하지 못하다는 듯이 무시해서야 되겠는가? 오히려 우리가 하나님의 선하심을 이해하기 위해, 이생을 거부해서는 안 될 하나님의 자비로운 은사로 여기는 데 익숙해져야 한다. 심지어 성경의 증거가 전혀 없다 하더라도(물론 있지만!), 우리의 본성 자체가 우리에게 하나님께 감사할 것을 권면한다. 하나님께서 우리를 창조하여 이 세상에 두셨고, 우리를 보존하고 계시며, 우리가 존재하기 위해 필요한 모든 것을 우리에게 공급하시기 때문이다.

더욱이 하나님께서 우리를 그분 나라의 영광을 얻도록 준비하시는 곳이 바로 이생임을 헤아린다면, 우리가 이생을 혐오하지 말아야 할 훨씬 더 좋은 이유가 있다. 하나님의 영원하신 뜻은, 하늘의 면류관을 받을 모든 사람이 먼저 세상에서 전쟁을 치르는 데 있고, 전쟁의 고난이 지난 후에야 비로소 승리를 얻을 수 있게 하는 데 있기 때문이다. 이생에 대해 숙고할 가치가 있는 이유가 하나 더 있다. 그것은 바로 우리가 하나님께서 베푸시는 복 중에서 그분의 선하심이 얼마나 감미로운지 맛보기 시작하는 곳이 이생이고, 하늘에서 하나님의 복이 이루어지리라는 희망과 갈망이 차오르는 곳이 이생이라는 것이다. 일단 세상에서의 우리 삶이 하나님의 자비에서 나오는 넉넉한 선물이요 우리가 하나님께 진 빚이며, 우리가 감사해야 할 것임을 확신하게 되면, 우리의 관심을 아래로 향하여 우리의 불행한 운명을 숙고함으로써—이미 말했듯이—우리가 본성적으로 끌리게 되는 이생에 대한 열정을 스스로 벗을 때가 오는 것이다.

내생을 갈망하기

우리가 품은 이생에 대한 모든 잘못된 애착은 하늘에서의 삶에 대한 우리의 열망으로 옮겨져야 한다. 우리의 최고선은 아예 태어나지 않는 것이고, 그다음으로 탁월한 선은 아주 어린 나이에 죽는 것이라고 믿는 자들이 있다. 나는 그들이 인간적 기준에 따라 잘 판단했다고 인정한다.[6] 그들은 하나님의 빛과 참된 신앙이 없는 이교도였기 때문이다. 그들이 이 세상에 사는 동안 경험할 수 있는 것은 오직 결핍과 공포뿐이지 않겠는가? 그래서 스키타이 사람들은 자녀가 태어날 때 매번 울면서도, 혈육 중 누가 죽었을 때는 기쁘게 엄숙한 잔치를 열었다. 하지만 이로써 그들은 그다지 큰 유익을 얻지 못했다. 그들에게는 믿음에서 오는 진정한 가르침이 없었기 때문에, 그 자체로는 기쁘거나 즐겁게 해주지 않는 것이 어떻게 신자의 구원을 위해 일하는지 이해할 수가 없었다. 그래서 그들의 신념은 절망으로 빠져들 수밖에 없었다.

그러므로 하나님의 종들은 이 죽을 인생을 평가할 때 다음과 같은 목표를 이루어야 한다. 즉, 신자는 이생의 많은 불행을 볼 때마다, 영원한 내생을 더 자유롭고 더 즐거이 묵상해야 한다. 일단 신자가 이생과 내생을 비교하고 나면, 이생을 가벼운 마음으로 지나갈 수 있을 뿐 아니라 내생과 비교해 이생을 중시하지 않고 경멸할 수도 있게 될 것이다. 하늘이 우리의 본향이라면, 땅은 추방과 유배의 장소가 아니고 무엇이겠는가? 이 세상을 떠나는 것이 생명으로 들어감을 뜻한다면, 이 세상은 무덤이 아니고 무엇이겠는가? 이 세상에 남아 있는 것은 죽음 가운데 쇠약해지는 것과 같지 않겠는가? 만약 자유가 이 육신을 벗는 것을 뜻한다면, 육신은 감옥이 아니고 무엇이겠는가? 우리의 궁극적 행복이 하나님의 임재를 즐길 수 있게 되는 것이라면, 하나님의 임재를 즐기지 않는 것이야말로 불행 아니겠는가? 우리가 이 세상 밖으로 나갈 때까지 우리는 어떤 의미에서 하나님에게서

떠나 있는 것이다.고후 5:6

그러므로 우리가 땅에서의 삶과 천국에서의 삶을 비교한다면, 우리는 의심할 여지 없이 이생을 경멸할 수 있고 쓰레기 따위로 간주할 수도 있다. 하지만 우리는 이생이 우리를 죄의 포로로 사로잡은 경우가 아니라면, 이생을 결코 증오해서는 안 된다. 엄밀히 말해서, 그런 경우에도 문제는 이생에 있지 않다.

어떤 경우든 우리는 이생이 끝나기를 바라는 동안 이생이 너무나 지키게 하고 절망스럽게 느껴질 수밖에 없을 것이다. 그렇더라도 우리는 하나님께서 정하신 기한 동안에는 기꺼이 이 세상에 머무름으로써 이생에서 우리의 고난이 불평과 조급함을 일으키지 않도록 해야 한다. 이생은 마치 우리가 배치된 주둔지와 같아서, 주님께서 우리를 호출하실 때까지 반드시 머물러 있어야 하는 곳이다. 예를 들어, 바울은 그의 운명을 크게 한탄했는데, 그는 자신이 마치 원하는 것보다 오래도록 자기 육신에 묶여 있는 죄수와 같다고 하면서 구속을 열정적으로 갈망하며 탄식한다.롬 7:24 그러나 바울은 자신이 하나님의 뜻에 순종하기 위해 사는 것이든 죽는 것이든 다 받아들일 각오가 되어 있다고 선언한다. 바울은 그의 삶과 죽음이 오직 하나님의 이름에 영광을 돌리기 위한 것임을 알고 있었기 때문이다.빌 1:23-24 주님은 그분의 영광에 가장 합당한 결정을 하신다. 그러므로 우리가 주님을 위해 살고 죽어야 하는 것이 옳다면, 주님께서 우리를 위해 삶과 죽음을 정하시도록 맡겨 드리자. 우리는 언제나 죽음을 바라며 끊임없이 죽음을 묵상하되, 내생의 죽지 않을 생명과 비교하며 이생의 죽을 생명을 경멸하고, 이생이 우리를 죄의 노예로 붙들어 두는 이유로 주님께서 우리 생명을 취하기로 결정하실 때는 언제든 기꺼이 그것을 포기하자.

죽음 이후의 부활

많은 사람들이 죽음을 갈망하지 않으면서 그리스도인임을 자랑스러워한다. 그들은 죽음을 너무나 두려워해서, 마치 자기가 당할 수 있는 최악의 불행이 죽음이라도 되는 듯이 죽음에 관한 말이 나오기만 해도 크게 흔들린다. 이것은 참으로 생각만 해도 끔찍한 사실이다. 우리의 육체가 영혼과 분리되어야 한다는 말을 들을 때 우리가 불안해하고 혼란스러워하는 것은 당연하다. 그러나 그리스도인의 마음속에 빛이 없기 때문에, 그들이 더욱 숭고한 위로의 근원을 향함으로써 그 두려움을 극복해 내지 못한다는 것은 생각할 수도 없는 일이다. 이처럼 약하고 불완전하고 부패하고 덧없으며 썩어짐에 종노릇하는 육신의 장막이, 온전하고 굳건하고 부패하지 않는 천상의 영광으로 회복되기 위해 어떻게든 와해되어 사라져 버린다는 사실을 우리가 숙고한다면, 믿음으로 우리는 본성이 회피하고 혐오하는 것을 열정적으로 갈망하게 되지 않겠는가? 우리가 죽음을 통해 이 비참한 유배 상태에서 우리의 진정한 본향, 곧 하늘의 고향으로 오라는 부르심을 입는다는 사실을 기억할 때, 어찌 우리가 소중한 위안을 얻지 못하겠는가?

아마도 누군가는 만물의 목적이란 역경 속에서 자기의 존재를 지속하는 것이라고 반박할 것이다. 나는 이에 동의한다. 그렇기 때문에 나는 우리가 미래의 불멸을 갈망해야 한다고 주장한다. 바로 그 미래의 불멸에서 우리의 상태는 이생에서 결코 얻을 수 없는 안전을 누릴 것이다. 들짐승, 나무나 돌처럼 감각이 없는 피조물들까지도 자기의 덧없음과 부패함을 알고서 심판의 날에 있을 구속을 기다리고 있다.[롬 8:19] 이에 비하여 우리는 처음에 어떤 자연의 빛을 받았고 이후에는 하나님의 영의 조명해 주심을 입었다. 그런 우리가 우리 존재의 본질에 관해 생각할 때마다 우리 눈을 썩어 없어질 세상 저 너머로 들지 못하는 것이 과연 옳은가?

여기서 나의 목적은 그런 의도적인 범죄를 논하는 것이 아니다. 사실, 처음부터 나는 모든 주제를 개인적 호소의 형식으로는 다루지 않을 것이라고 밝혔다. 어떤 소심한 영혼에게 권면이 필요하다면, 나는 키프리아누스의 책, 『죽음에 관하여』*On Mortality*를 읽어 보라고 조언하고 싶다. 사실 그들은 죽음을 경멸하는 철학자들의 말을 다시 들으면서 부끄러움을 느껴 볼 필요가 있겠지만 말이다.[7]

어쨌든 다음과 같은 격언은 관심을 가질 가치가 있다. "죽음과 최후 부활을 즐겁고 기쁘게 기다리지 않는 사람은 그리스도의 학교에서 어떤 참된 혜택도 얻지 못했다." 바울이 모든 신자를 구별했던 표지가 이것이다.딛 2:13 성경 역시 우리가 기뻐해야 할 이유를 제시할 때 자주 이것을 상기시킨다. 예를 들어, 주님은 "기뻐하며 위를 보라. 너희의 구속이 가까움이니라"고 말씀하신다.눅 21:28 내게 말해 보라. 예수께서 기뻐할 이유로 설명하신 것이 어떻게 우리 속에서 슬픔과 두려움만 만들어 낼 수 있겠는가? 만약 그렇게 느낀다면, 우리가 어찌 여전히 예수의 제자임을 자랑할 수 있겠는가? 그러니 정신 차리자! 우리의 탐욕스럽고 맹목적이고 어리석은 육체가 아무리 거칠게 저항하더라도, 우리는 주님의 오심을 참으로 복된 사건으로, 단지 우리가 갈망만 하는 것이 아니라 신음하며 탄식하기도 하는 사건으로 한결같이 바라보자. 주님께서 우리의 구속주로 오실 것이요, 우리를 이 모든 고통과 비참함의 나락에서 구원하신 그가 장차 우리를 그의 영광스러운 유업으로 이끄실 것이기 때문이다.

그리스도의 재림: 심판과 승리

모든 신자는 이 세상에 사는 동안 도살당할 양과 같이 여김을 받는 일을 피할 수 없을 것이며, 그럼으로써 그들의 머리이신 예수 그리스도와 같이 될 것이다.롬 8:36 그러므로 그들이 이 세상 만물보다 더 마음을 높여서 현재를 넘어 저 먼 곳을 바라보지 않는다면, 그들은 처절하리만큼 불행할 것이다. 그러나 일단 신자가 이 세상 너머에 놓인 것에 골몰하게 되면, 재물과 명성을 차지한 악인이 달콤한 평안을 누리고 마음껏 사치와 쾌락을 즐기며 살아가는 데 반해, 자신은 그 악인에게서 잔혹하게 학대와 수모를 당하고 소유를 빼앗기고 온갖 고통을 겪는다 하더라도, 그 재앙 한가운데서 신자는 쉽게 용기를 얻을 것이다. 이는 신자의 눈앞에 마지막 날에 대한 전망이 펼쳐져 있기 때문이다. 신자는 그날이 오면 주님께서 그분의 충성된 백성을 모아 그 나라의 평화 속으로 들어가게 하셔서, 그들의 눈에서 눈물을 씻어 주시고 영광으로 관 씌우시며 기쁨의 옷을 입히시고 그 영원한 은혜의 달콤함으로 흠뻑 적시신 다음, 그분이 계신 높은 곳으로 그들을 들어 올리실 것을 알고 있다. 간단히 말해, 주님께서 신자를 그분의 복락에 참여하도록 하실 것이다.사 25:8, 계 7:17 이와 반대로, 주님은 세상에서 자기를 높인 악인에게는 극도의 수치를 안기실 것이다. 주님은 악인의 희열을 끔찍한 고통으로 바꾸시고, 악인의 웃음과 즐거움을 눈물과 이를 갊으로 바꾸실 것이다. 또한 그의 평온함을 혹독한 양심의 가책으로 뒤흔들어 놓으실 것이다. 간단히 말해, 주님은 악인을 영원한 불 속에 던지시고, 그가 그토록 잔혹하게 학대했던 신자에게 복종하도록 만드실 것이다.

확실히 우리의 고유한 위로가 거기에 있다. 우리가 이 위로를 빼앗긴다면 낙심할 수밖에 없을 것이다. 또 우리는 헛된 망상에 빠져서 유혹하고 아첨하지만 끝내는 우리를 파멸로 몰고 갈 거짓된 위안을 찾게 될 것이다. 선지자도 악인이 현재 누리는 복에 대해 오래도록 생각했을 때 비틀거리며 그의 발이 거의 미끄러질 뻔했다고 인정할 정도다. 선지자는 마음을 돌이켜 하나님의 성소를 묵상했을 때, 곧 무죄한 자와 죄인의 최후를 숙고했을 때 비로소 굳건히 서게 되었다.시 73:2-3, 16-20

요약하면, 내 결론은 이렇다. 신자가 그리스도의 부활의 권능을 바라본다면, 그리스도의 십자가는 신자의 마음속에서 마침내 마귀와 육신과 죄와 죽음과 모든 악으로부터 승리를 거둘 것이다.

이생의 복에 있어서 피해야 할 두 가지 잘못

성경은 세상의 재화를 적절하게 사용하는 방법에 관해서도 비슷한 교훈을 준다. 이것이 질서 정연한 삶에 관련된 물음일 때는 우리가 간과해서는 안 되는 주제다. 우리가 살아가려면 생활에 필요한 도움을 이용해야 하기 때문이다. 또한 반드시 필수적인 것은 아닌, 우리의 필요보다 우리의 즐거움을 위해 있는 것처럼 보이는 것들도 떠나서 살 수가 없다. 그렇다면, 우리는 우리의 필요를 위해서든 우리의 즐거움을 위해서든 무엇이든 다

깨끗하고 건전한 양심으로 이용하기 위해 균형 감각을 유지해야 한다.

하나님은 그분의 종들에게 그들의 이생이 마치 천국을 향해 인도되는 순례와 같다고 가르치실 때 이 균형의 필요성을 깨우치신다. 이 세상이 단지 지나가야 하는 것뿐이라면, 우리는 이생의 복을 이용하여 우리의 진보가 보다 빨라지게 해야 한다는 데 의심의 여지가 없을 것이다. 그러나 이것은 우리가 이런저런 극단으로 빠질 위험이 있는 다소 곤란한 문제다. 그러므로 우리는 모든 사람의 마음을 편안하게 해줄 만한 확실한 몇 가지 지침을 제시해 보도록 하겠다.

과거에 몇몇 선하고 거룩한 인물들이 있었다. 그들은 사람이 단단히 억제되지 않으면 선을 넘어 버리게 된다는 사실을 알았다. 그래서 절대적인 필수품 외에는 재화의 사용을 금지함으로써 그런 큰 악을 교정하려 했다. 그들이 그렇게 했던 이유는 다른 교정책을 찾지 못했기 때문이다. 그들의 충고에는 분명히 좋은 의도가 있었지만, 그들은 굉장히 엄격한 방식으로 문제에 접근했다. 그들의 방법은 매우 위험했다. 그들은 인간의 양심을 하나님의 말씀이 하는 것보다 더 엄격하게 구속했기 때문이다. 반면에, 오늘날 많은 사람들은 외적인 것을 완전히 무절제하게 사용하며 (언제든 신속히 방탕해질 수 있는) 육신의 고삐를 풀어 주는 것을 정당화하는 구실을 찾고 있다. 그러면서 그들은 내가 결코 용납할 수 없는 것을 당연시한다. 바로 그들이 인간의 자유가 어떤 제약도 받아서는 안 되며, 개인의 양심은 무엇이 허락될 수 있는지를 각기 스스로 결정하게 해주어야 한다고 주장하는 것이다. 물론, 그런 문제에 있어서 엄밀한 공식과 규범을 수단으로 양심을 구속해서도 안 되고 구속할 수도 없다는 데 나는 동의한다. 하지만 성경은 재화의 적절한 사용을 위한 일반적 규칙을 알려 주기 때문에, 우리 양심이 그 사용을 정의하고 제한하는 것은 당연하다.

하나님의 목적이 우리를 인도하며, 하나님의 창조가 우리의 기쁨이다

우리가 동의해야 할 첫 번째 요점은 다음과 같다. 하나님께서 베푸신 선물에는 그분이 의도하신 목적이 있다. 우리가 하나님의 선물을 그 목적을 존중하며 사용한다면, 우리의 사용은 결코 도를 넘지 않는다. 하나님은 우리에게 해가 되지 않고 유익을 주도록 그 선물을 마련하셨기 때문이다. 그러므로 하나님의 선물을 사용하는 데 있어서 목적의 문제를 제대로 신경 쓰는 사람이야말로 가장 정직한 길을 걸어갈 수 있다.

우리가 음식을 창조하신 하나님의 목적을 헤아려 본다면, 하나님께서 음식을 통해 우리의 필요뿐만 아니라 우리의 즐거움과 활기까지 제공하시려 했음을 알게 될 것이다. 그래서 의복의 경우 하나님은 우리의 필요에 덧붙여서 적합성과 품위도 고려하셨다. 풀과 나무와 과일 등의 경우도, 하나님은 우리가 그것들을 다양한 방식으로 즐기도록 허락하셨을 뿐 아니라, 그것들에 담긴 아름다움으로 우리 눈을 즐겁게 하시고 그것들의 향기로 우리를 기분 좋게 하시려 했다. 그렇지 않았다면, 선지자는 하나님께서 베푸신 복 중에서 사람의 마음을 기쁘게 하는 포도주와 얼굴을 빛나게 하는 기름을 열거하지 않았을 것이다.[시 104:15] 그렇지 않았다면, 성경 역시 이 모든 좋은 선물을 사람에게 베푸시는 하나님의 인자하심을 여러 번 칭송하지 않았을 것이다. 사실, 자연계의 모든 사물 속에 내재된 훌륭한 속성들은 우리가 그것들을 어떻게 즐기고 어떤 목적으로 어느 정도나 즐길 수 있는지를 가르쳐 준다.

우리가 꽃을 보며 즐거움을 느끼는 것이 잘못이라면, 과연 주님께서 우리 눈이 보도록 꽃에게 그런 아름다움을 주셨겠는가? 하나님께서 우리가 꽃향기를 즐기도록 하시려는 의도가 없었다면, 과연 하나님께서 그토록 사랑스러운 향기를 꽃에게 주셨겠는가? 게다가 하나님은 어떤 꽃의 경우 다른 꽃들보다 훨씬 매력적으로 보이도록 독특한 색채를 창조하시지 않았는가? 하나님은 금과 은과 상아와 대리석에 우아한 매력을 부여하심으로써, 그것들이 다른 돌과 금속보다 더 화려하고 가치 있게 하시지 않았는가? 이처럼 우리에게 반드시 필요하지 않은 것이라 하더라도, 하나님은 우리가 마땅히 소중히 여겨야 할 많은 것들로 우리에게 복 주시지 않았는가?

그렇다면, 필수적인 경우를 제외하고 하나님의 피조물을 사용하는 것을 금지함으로써 우리에게서 하나님의 후하심에서 나는 합법적인 열매를 제멋대로 박탈하는 영혼 없는 철학에는 관심하지 말자. 설상가상으로 그 철학은 인간에게서 모든 감정을 빼앗아 가고 인간을 나무토막과 다름없이 만들어 버리기 때문에 아무런 구실도 못한다. 다른 한편으로, 우리는 저지되지 않으면 통제가 불가능한 우리 육체의 갈망을 피하는 데 있어서도 똑같이 조심해야 한다. 내가 앞에서 이미 말했듯이, 자유라는 미명으로 육체가 무슨 일이든 하도록 허락해 주는 자들도 있다.

그러므로 육체는 먼저 다음과 같은 규칙으로 속박되어야 한다. 우리에게 있는 모든 선한 것은, 우리가 그것들의 창시자를 인정하고 그분의 자비하심을 감사로 찬미하게 하려는 목적으로 창조되었다는 것이다.[8] 여러분이 식탐 때문에 음식과 포도주에 도취해서 분별력을 잃은 나머지, 하나님을 섬기는 데 쓸모없게 되어 여러분의 소명을 다하지 못한다면, 과연 어떻게 하나님께 감사할 수 있겠는가? 지극히 악한 욕망에 자극받은 육신이 그 오물로 마음을 감염시켜 옳고 그름을 분별도 못할 만큼 어둡게 만든다면, 과연 어떻게 하나님께 감사할 수 있겠는가? 우리가 입은 옷이 너무 화려한 나머지 교만해져서 타인을 경멸하게 된다면, 우리의 의복을 주신 하나님께 어떻게 감사할 수 있겠는가? 우리의 의복이 지나치게 화려해서 우리의 난잡함을 부추긴다면, 그럴 때는 과연 어떻겠는가? 그런 아름다운 복장에만 우리의 시선이 사로잡혀 있다면, 과연 우리가 어떻게 우리의 하나님을 인정할 수 있겠는가? 다른 모든 복에 있어서도 마찬가지다. 분명히 이런 경우들을 고려하는 것만으로도 우리가 하나님의 선물을 오용할 수 있는 방종은 이미 어느 정도 줄어들게 된다.

무관심은 방종을 다루는 최고의 해결책이다

그러나 우리의 탐욕을 억제하는 가장 확실하고 신속한 방법은 우리가 이생을 경멸하고 하늘에 있는 불멸에 대해 묵상할 때 생긴다. 이로부터 두 번째 규칙이 나온다. 이 규칙에는 두 가지가 요구된다. 첫째, 이 세상의 것들을 사용할 때, 마치 그것들을 전혀 사용하지 않는 것처럼 아껴 쓰는 것이다. 예를 들어, 결혼한 사람은 마치 결혼하지 않은 것처럼, 물건을 사는 사람은 마치 아무것도 소유하지 않은 것처럼 살도록 요구한다는 것이다. 이것이 바로 바울이 주는 명령이다.고전 7:29-31 둘째, 풍요의 열매를 누릴 때와 동일하게 인내와 평온함으로 궁핍함을 견뎌 내는 법을 배우는 것이다.

우리에게 이 세상을 사용하되 마치 사용하지 않은 것처럼 하라고 명령하시는 분은 음료와 음식, 쾌락, 거대한 야망, 교만, 보다 나은 집과 의복과 생활 방식에 대한 끊임없는 추구 등을 엄격히 제한하신다. 또한 그분은 우리가 천상의 삶을 묵상하며 우리 영혼을 그것의 참된 아름다움으로 장식하지 못하도록 방해하거나 막는 모든 염려와 감정을 고쳐 주신다. 이와 관련하여 예전에 카토Cato가 "매력에 대한 지나치게 많은 관심은 미덕에 대한 지나치게 적은 관심을 뜻한다"라고 했던 말은 참으로 사실이다.[9] 또한 "자기 몸을 애지중지하며 가꾸는 사람은 자기 영혼을 거의 존중하지 않는다"는 옛 속담도 이 점과 관련된다. 신자가 외적인 것에 있어서 누리는 자유가 결코 몇 가지 공식으로 축소되어서는 안 되지만, 그렇더라도 신자의 자유는 다음과 같은 원칙에 따라야 한다. 즉, 신자는 자신에게 가능한 한 적은 것을 허용해야 한다는 것이다. 참으로 신자는 부의 모든 과잉과 공허한 치장을 세심하게 억제해야 한다. 방종은 신자의 마음에 자리할 곳이 없어야 한다. 신자는 도움이 될 수 있는 것이 장애가 되지 않도록 항상 조심해야 한다.

이 규칙의 두 번째 부분은 궁핍함에 시달리는 모든 사람에게 인내를 배우게 함으로써 지나친 걱정으로 괴로워하지 않게 해준다. 이처럼 절제를 어떻게든 유지하는 사람은 주님의 학교에서 적지 않은 진보를 이룬다. 반면에, 이 교훈을 배우지 못한 사람은 자신이 그리스도의 제자임을 증명하기가 매우 어렵다. 세상 것들에 대한 욕심은 다른 많은 악덕의 근원일 뿐만 아니라, 손해를 인내로 감당할 수 없는 자들은 거의 항상 형통할 때 오히려 실패를 드러내기 때문이다. 달리 말해, 자기의 허름한 옷을 부끄러워하는 사람은 비싼 옷을 입으면 교만해지기 마련이고, 먹을 것이 거의 없을 때 훌륭한 식사를 갈망하며 불평을 늘어놓는 사람은 나중에 풍요한 상태가 되더라도 결코 만족하지 못한다. 사회의 겸허하고 평범한 일원이 되기가 싫어서 안달하며 애태우는 사람은 한두 가지 명예만 얻어도 곧장 교만해지고 거만해져 버린다.

그렇다면, 하나님을 모든 면에서 섬기려는 이들이 사도적 모범을 따라 형통함과 궁핍함을 모두 감당하려고 애써야 하는 이유가 여기 있다.[빌 4:12] 즉, 그들은 형통할 때 근신하며 사는 법과, 궁핍할 때 인내하며 사는 법을 배워야 한다.

성경에는 우리가 세상 것들을 절제하여 사용하는 데 도움이 되는 세 번째 규칙이 있다. 이 규칙은 우리가 사랑의 의무에 대해 논의할 때 간단히 언급되었다.[10] 이 규칙의 가르침에 따르면, 모든 것은 하나님의 인자하심 덕분에 우리에게 오며, 우리가 활용하도록 베풀어졌는데, 다만 그 모든 것은 우리가 언젠가 그것들을 어떻게 사용했는지 결산해야 할 일종의 위탁물이라는 것이다. 그러므로 우리는 하나님의 선물을 다룰 때마다, 주님께서 우리에게 맡기신 것은 무엇이든지 우리가 책임져야 한다는 원칙을 항상 기억해야 한다. 더욱이, 우리가 장차 결산해야 할 분이 다름 아닌 하나님이심을 유념해야 한다. 하나님은 우리에게 절제와 근신, 자제와 중용을 강하게 촉구하시는 만큼, 모든 방종과 교만, 겉치레와 허영심을 혐오하신다. 하나님 보시기에는 오직 사랑의 기준에 부합하는 청지기적 봉사만이 가치가 있다. 또한 하나님은 인간의 마음을 정절과 순결에서 돌이키거나 그 마음을 어지럽히는 이 세상의 모든 쾌락을 친히 정죄하셨다.

우리의 소명에 합당한 임무

우리가 세심하게 유의해야 할 점이 하나 더 있다. 하나님은 우리 각자가 삶의 모든 행위에서 그분의 부르심을 깊이 생각하라고 명령하신다. 우리 마음이 얼마나 쉽게 걱정에 불붙는지, 얼마나 갈팡질팡하는지, 얼마나 거대한 탐욕과 야망에 사로잡혀 한꺼번에 다른 많은 것들을 붙잡으려 하는지 하나님은 잘 알고 계시기 때문이다. 그러므로 하나님은 우리가 어리석고 성급하게 모든 것을 망치지 못하게 하기 위해 우리의 여러 상황과 삶의 방식을 구별하시면서 우리 각자가 수행할 임무를 부여하신다. 아무도 자기의 한계를 경솔하게 넘어서는 일이 없도록 하기 위해 하나님은 그런 삶의 방식을 "소명"이라 부르셨다. 그러므로 우리 모두는 사는 동안 목적도 없이 이리저리 방황하며 떠돌지 않도록 우리의 특별한 상황을 하나님께서 우리에게 맡기신 초소로 여겨야 한다.

이와 같은 분별력은 매우 중요하다. 하나님께서 이 분별력을 사용하여 우리가 하는 모든 것을 평가하시기 때문이고, 종종 인간적 이성이나 철학적 이성의 기준과는 다르게 평가하시기 때문이다. 예를 들어, 평범한 사람들뿐만 아니라 철학자들도 인정하듯이, 누구나 할 수 있는 가장 고귀하고 탁월한 행동이 자기의 나라를 폭정에서 해방시키는 것이다. 이와 대조적으로, 하나님의 음성은 누구든 독재자에게 손을 대는 일반 백성을 거침없이 정죄한다. 나는 여기서 인용할 만한 모든 사례를 자세히 설명하지는 않겠다. 다만, 하나님의 소명은 우리를 인도하는 원칙이자 우리의 모든 행위의 건전한 기준으로 작용한다는 사실, 누구든 그 인도하심을 거부하는 사람은 자기 임무를 제대로 수행하기 위해 올바른 길을 결코 지키지 못할 것이라는 사실을 아는 것만으로 충분하다. 그런 사람은 외견상 칭찬받을 만한 행동을 가끔씩은 할 수 있을 테지만, 아무리 많은 사람들이 그를 칭송하더라도 하나님의 보좌 앞에서는 영접받지 못할 것이다.

그뿐만 아니라, 하나님께서 주신 소명이 우리가 항상 따라야 할 규칙이 되지 않으면, 우리 삶의 여러 영역을 함께 지탱하거나 엮어 줄 확실한 것이 아무것도 없을 것이다. 그러므로 하나님께서 주신 소명을 자기 목표로 삼고 사는 모든 사람은 진정으로 질서 정연한 생활을 할 것이다. 이 모든 것이 우리에게 명백한 위로의 원천이 된다. 아무리 다른 사람들에게는 비천하고 경멸할 만한 행동이라 하더라도, 우리가 소명을 따라 행하는 한 반드시 하나님 보시기에 빛나는, 가장 귀한 행동이 될 것이기 때문이다.

부록

『기독교 강요』 1541년판과 1560년판 비교표

1541년판 『기독교 강요』의 본문 대부분은 여러 판본을 거치며 보존되기는 했지만, 그 본문이 항상 온전히 전수되거나 동일한 저술 형식을 취하지는 않았다. 다음 비교표는 1541년판에 담긴 중요한 주제들과 그 주제들이 1560년판 『기독교 강요』에서 나타나는 위치를 정리한 것이다. 좌측에 표기된 숫자는 이 책의 페이지를 가리킨다. 1560년판 『기독교 강요』의 해당 내용은 권, 장, 항 순서로 표기했다.

페이지	주제 요약	1560년판 『기독교 강요』 권, 장, 항
	제1장 하나님을 아는 지식	
46-49	하나님과 우리 자신을 아는 지식으로 정의된 지혜	I.1.1-3
49-51	하나님을 아는 지식은 내재하며 보편적이지만, 온전하지 못함	I.2.2-I.3.3
52-57	거짓 신앙과 참 신앙	I.4.1,3-4
57-70	하나님이 알려지시는 방식:	
	창조와 섭리	I.5.1-2,6-11,13-14
	성경	I.6.1-4, I.7.1-2
70	성령의 내적 증거	I.7.4-5
70-74	성경의 권위에 대한 부차적 증거	I.8.1,11-12
74-78	성경과 일치하는 성령의 증거	I.9.1-3
78-81	우리가 경험할 수 있는 하나님의 선하심과 권능	I.10.1,3
	제2장 인간을 아는 지식과 자유의지	
84-87	자기를 아는 지식의 필수성	II.1.1-3
87-93	하나님의 형상으로 된 인간 창조, 원죄의 영향	I.15.1,4, II.1.5-8
93-95	인간만이 죄인 된 자기 처지에 책임을 짐	II.1.10-11
95-97	자유의지 문제: 다양한 정의	II.2.1
97-112	영혼과 그 능력: 이성과 감각	I.15.6-7, II.2.2-11
112-130	인간의 지성과 의지의 발휘	II.2.12-16,18-20
130-137	인간 본성의 전적인 부패: 인간의 범죄는 강제 아닌 필연	II.3.1-5
137-149	오직 하나님의 은혜가 인간의 의지를 변혁함	II.3.6-14
153-155	하나님의 역사와 마귀의 역사	II.4.1-2
156-158	하나님의 뜻, 예지, 허용	II.4.3-5
159-161	인간의 자유와 하나님의 섭리	II.4.6-8
162-187	자유롭지 못한 의지에 대한 반론에 응답	II.5.1-19

제3장 율법

190-196	성문화된 율법의 필요성과 목적	II.8.1-5
196-201	율법의 요구: 지성과 마음의 온전한 순종	II.8.6-10
201-204	십계명과 그 구조:	II.8.11-12
204-235	첫째 돌판 및 우상숭배에 대한 특별 조항	II.8.13-34, I.11.2-4,6-10
236-263	둘째 돌판: 사랑의 법	II.8.35-42,44-57
263-266	죽을죄와 용서받을 수 있는 죄의 구별은 무의미함	II.8.58-59
266-268	율법의 준엄함: 인간의 순종은 불가능함	II.7.3-5
268-276	율법의 삼중 역할	II.7.6-10,12-13
277-281	그리스도께서 율법의 저주를 제거하심으로써 의식법이 폐지됨	II.7.14-15,17

제4장 믿음 및 사도신경 해설

284-301	믿음, 하나님의 뜻을 아는 확실한 지식	III.2.1,6-7,9-10,14-23,26-28
301-307	믿음의 목표와 토대: 그리스도 안에 있는 생명의 약속	III.2.29,32-34,36
307-310	확실한 믿음 개념에 대한 반론들	III.2.38-40
310-314	"성숙한" 믿음, "미숙한" 믿음, "절대적" 믿음에 대한 그릇된 관념	III.2.2-3,8-9,41
	사도신경 해설:	
314-343	구조와 삼위일체 유형	I.13.1,3-5,7-9,11-21, II.16.18
343-347	성부 하나님	I.16.1;3,5, I.17.2
347-378	성자 예수 그리스도	II.12.1-3, II.13.1-2, II.14.1-4,6-7, II.15.4-6, II.16.5-11, 13-19
378-380	성령	III.1.3
380-402	유형 교회와 무형 교회	IV.1.2-3,8-17, IV.2.1-2,7, 10-12, IV.12.4-5,9-10
402-414	죄 사함	III.3.21-24, IV.1.20-21, 23-29
414-422	부활과 영생	III.2.42-43, III.25.3,5, 8-10,12

제5장 회개

424-427	믿음의 결과로서 회개	III.3.1-4
427-431	회개의 정의	III.3.5-9
431-435	회개의 열매	III.3.17,19-20
	스콜라 신학의 회개 교리 논박:	

653-660	예정에 대한 도덕적 반론	III.23.7-12
660-677	택함받은 자들에 대한 하나님의 부르심과 유기된 자들의 결박	III.24.1-14
677-679	논란이 많은 몇몇 성경 구절 연구	III.24.15-16
680-682	종종 오해되는 하나님의 섭리	I.16.4,6,8
682-688	섭리, 우연, 인간의 책임	I.16.9, I.17.3-5
688-697	신자가 하나님의 섭리를 경험하는 방식	I.17.6-11
697-700	하나님의 "후회"에 담긴 성경적 의미	I.17.12-14

제9장 기도 및 주기도문 해설

702-707	기도의 가치와 필요성	III.20.1-5
707-710	기도의 특징으로서 자기 비하	III.20.8,10
710-714	기도에 있어서 열정과 믿음	III.20.6-7,11-14
715-717	그리스도의 이름으로 드리는 기도	III.20.17,19-20
717-724	영화된 성도의 중재 논박	III.20.21-26
724-731	기도의 범주와 유형: 간구와 감사, 공적 기도와 개인 기도, 일상어로 드리는 기도	III.20.28-31,33
731-733	모범으로서 주님의 기도 및 그 구성	III.20.34-35
	주님의 기도의 내용:	
733-742	부름과 처음 세 가지 간구	III.20.36-43
743-751	마지막 세 가지 간구와 송영	III.20.44-47
751-756	주님의 기도의 포괄성	III.20.48-52

제10장 성례

758-760	상징 및 하나님의 선의의 봉인으로서 성례	IV.14.1,3,5-6
760-764	믿음에 대한 자극과 도움으로서 성례	IV.14.7-8
765-767	성령과 동떨어진 무효한 성례	IV.14.9-12
767-771	성례 자체로는 어떤 은혜도 수여하지 못함	IV.14.13-14,17
771-773	성례의 유형: 자연적 성례와 초자연적 성례	IV.14.18-19
773-775	그리스도 안에서 성취된 구약의 성례	IV.14.20-21
775-776	신약의 성례: 세례와 성찬	IV.14.22
776-777	율법 아래 있는 성례 및 동일한 가치를 지닌 복음	IV.14.23,26

제11장 세례

780-784	세례의 의미	IV.15.1-3,5-6
784-787	요한의 세례와 동일한 사도들의 세례	IV.15.7-9
787-789	세례는 신자를 죄에서 해방하지 못함	IV.15.10-11
789-791	세례는 믿음의 고백과 확증	IV.15.13-15

791-793	세례의 가치는 인간이 아닌 하나님에게서 나옴	IV.15.16-17
793-797	재세례파 교리 반박	IV.15.18, IV.16.1
797-801	세례와 할례의 핵심으로서 하나님의 약속	IV.16.2-6
801-805	유아 세례에 대한 성경적 변증	IV.16.7-9
805-816	구약의 유효한 성례로서 할례	IV.16.10-17
816-830	유아 세례는 미래의 중생을 예고함	IV.16.18-30
830-831	유아 세례는 하나님의 풍성한 자비의 증거	IV.16.32

제12장 주님의 성찬

834-836	성찬의 목적: 그리스도와의 연합	IV.17.1-2
836-838	빵과 포도주의 상징적 가치	IV.17.3-5
838-843	그리스도의 임재: 화체설 논박	IV.17.14-15,21-22,33
843-849	그리스도의 신비, 내재하시는 말씀	IV.17.5-9
849-851	성령을 통해 실현되는 그리스도와의 교제	IV.17.10,12
851-854	그리스도의 몸의 편재에 관한 거짓 믿음	IV.17.17,29-30
854-857	그리스도께서 성찬에 임재하심의 의미	IV.17.24,32
857-859	성체성사용 기구 숭배 비판	IV.17.35-36
859-866	성찬 참여: 자기 점검	IV.17.37-38,40-42
866-867	성찬식을 자주 거행하자는 요청	IV.17.44,46
867-884	로마가톨릭의 미사 신학과 실천에 대한 정죄	IV.17.47-48,50, IV.18.1-7,9,11,13-14,16-18
884-889	성례 관련 부가물의 문제점 세례와 성찬의 합당한 거행 방식	IV.18.19-20, IV.15.19, IV.17.43.

제13장 성례로 오해받는 다섯 가지 예식

892-893	합당한 성례는 오직 하나님께서 제정하심	IV.19.1-2
893-903	견진성사는 성경적 근거가 전혀 없음	IV.19.5-13
903-906	고해에 잘못 부과된 성례의 지위	IV.19.14-17
906-911	종부성사는 성경적 근거가 빈약함	IV.19.18-21
	성품성사:	
911-918	성품의 개수와 추정적 기원, 사제의 삭발 및 부차적 성품들	IV.19.22-26
918-921	사제직 대(對) 목회직 및 사도직	IV.3.6-7, IV.19.28
921-931	목회자 선발 및 임직	IV.3.13-16, IV.5.2, IV.19.29-31
931-933	부제품	IV.3.9, IV.19.32-33
934-938	결혼은 성사에 속하지 않음, 로마가톨릭의 결혼법 남용	IV.19.34-37

제14장 그리스도인의 자유

940-941	양심을 위한 자유의 중요성	III.19.1
	그리스도인의 자유를 구성하는 세 가지 요소:	
941-942	율법을 준수할 자유	III.19.2-3
942-945	하나님의 뜻에 복종할 자유	III.19.4-6
945-948	비본질적인 것에 관한 자유	III.19.7-8
948-952	자유의 남용: 탐욕, 연약한 지체에 대한 경멸, 받기도 하고 주기도 하는 상처	III.19.9-11
952-954	바울의 할례 시행	III.19.12
954-955	사랑의 요구와 자유의 행사	III.19.13-14
955-956	영적 직무와 현세적 직무에 관한 자유	III.19.15

제15장 교회의 권세

958-960	자유에 해로운 교회의 규범들	IV.10.1-2
960-965	오직 하나님의 말씀이 부여하는 권능	IV.8.2-5,7-8
966-972	근거 없는 권위에 대한 로마가톨릭의 요구, 그 권위와 관련된 인간의 전통	IV.2.4, IV.8.8-9, IV.10.6-7,17-18
973-977	개인과 교회 모두를 위한 성령의 은사들	IV.8.11-13,15
977-980	눈먼 자들이 이끄는 교회가 당할 재앙	IV.9.2-5
980-986	비일관성 및 교리적 오류로 죄악을 범하는 교회 공의회	IV.9.8-11, IV.10.18,21-22, IV.12.23
986-990	로마가톨릭의 권력 남용 비판	IV.11.8-9
990-994	하나님의 말씀, 믿음과 실천의 유일한 기준	IV.9.12, IV.10.10,23-24,26
994-998	교회의 질서와 품위를 위해 필요한 규정	IV.10.27-29,31-32

제16장 세속 정부

1000-1002	인간은 영적 왕국과 현세적 왕국에 동시에 소속됨	IV.20.1-2
1002-1007	세속 정부의 역할, 하나님의 대리자로서 위정자	IV.20.3-4,6-7
1008-1009	하나님의 섭리는 정부의 다양성을 허용함	IV.20.8
1009-1013	위정자의 직분	IV.20.9-10
1013-1015	전쟁과 세금의 합법성	IV.20.11-13
1015-1019	율법의 유형: 도덕법, 의식법, 시민법, 모든 법률의 핵심 목표로서 공정	IV.20.14-16
1019-1024	그리스도인과 소송의 필요성	IV.20.17-21
1024-1026	그리스도인의 의무로서 권세에 대한 공경	IV.20.22-23
1026-1034	불의한 통치자에 대한 저항: 성경의 사례들, 하급 위정자의 역할	IV.20.24-31
1034-1035	그리스도인의 복종의 한계: "오직 하나님 안에서"	IV.20.32

주

서문

1 Calvin, *Institutes of the Christian Religion*, 2 vols.(Philadelphia: Westminster Press, 1960).

2 Calvin, *Opera selecta*, ed. P. Barth and W. Niesel, 5 vols.(Munich: Kaiser, 1926-1952), 1:21.

3 참조. François Wendel, *Calvin, the Origins and Development of his Religious Thought*, trans. Philip Mairet(London: Collins, 1963), p.112. 제6장과 마지막 장은 그리스도인의 자유와 세상에서 그리스도인의 삶이라는 문제를 포괄적으로 다룬다. (『칼빈: 그의 신학사상의 근원과 발전』 CH북스, 1999)

4 *Calvini opera quae supersunt omnia*, ed. G. Baum, E. Cunitz, E. Reuss, 59 vols.(Brunswick and Berlin, 1863-1900), 3:xxiii의 "본서의 개요"를 보라(이후로는 *CO*로 약칭).

5 상세한 서지 정보는 Rodolphe Peter and Jean-François Gilmont, *Bibliotheca calviniana*, 3 vols.(Geneva: Droz, 1991-2000)를 참고하라. 또한 Gilmont, *Jean Calvin et le livre imprime*(Geneva: Droz, 1997), pp.63-70을 보라.

6 Calvin, *Institutes of the Christian Religion: 1536 Edition*, trans. and ed. F. L. Battles(Grand Rapids, MI: H. H. Meeter Centre for Calvin Studies/Willaim B. Eerdmans, 1986).

7 "독자에게 드리는 글", *CO* 3:7-8.

8 Wendel, *Calvin*, p.146. (『칼빈의 신학서론』 기독교문화사, 1986)

9 "독자에게 드리는 글", *CO* 3:7-8. 참조. T. H. L. Parker, *Calvin's New Testament Commentaries*(Louisville, KY: Westminster/John Knox Press, 2nd ed., 1993), pp.87-90.

10 Karl Barth, *The Theology of John Calvin*, trans. Geoffrey W. Bromily(Grand Rapids, MI: William B. Eerdmans, 1995), p.160.

11 칼뱅이 수정한 내용에 대해서는 장-다니엘 브느와가 다섯 권으로 편집한 1560년판 프랑스어 『기독교 강요』(*Institution de la religion chréstienne*, Paris: J. Vrin, 1957-1963)를 보라.

12 *Institution de la religion chréstienne*, ed. Abel Lefranc, 2 vols.(Paris: Honoré Champion, 1911); *Institution de la religion chréstienne*, ed. J. Pannier, 4 vols.(Paris: Les Belles Lettres, 1936-1939; 2nd ed., 1961); *Institution de la religion chréstienne*(1541), ed. O. Millet, 2 vols.(Geneva: Droz, 2008).

13 J. Allen, 'Translator's Preface', *Institutes of the Christian Religion*, 2 vols.(repr. Philadelphia/London: Westminster Press/James Clarke&Co., 1935), p.10.

14 이와 같은 견지에서 엘시 맥키가 1541년판 『기독교 강요』를 2009년에 영역·출간한 것을 참고하라(Grand Rapids, MI: William B. Eerdmans). 더 관심 있는 독자는 그녀의 번역에 대한 내 논평

을 참고해도 좋다(*The Banner of Truth*, No.565 [October 2010]), pp.26-27.

15 J-D. Benoit (ed.), *Institution de la religion chréstienne*(1560), 5:17-43.

16 *CO* 3: xxiii.

프랑수아 1세께 드리는 헌정 서한

1 소르본의 극단적인 정통신학자들과 파리 의회 안에 있는 그들의 협력자들을 가리키는 분명한 암시. 이 서한에서 그들은 줄곧 왕의 판단력을 흐리게 만드는 완고한 대적들로 규정된다.

2 Augustinus, *John's Gospel*, 13. 17.

3 원본 주에는 이 대목에서 히에로니무스의 저서가 소개된다. 하지만 예레미야가 베풀었다고 전해지는 이적들은 세빌의 이시도레가 저술한 7세기 작품에 기록되어 있다(*De ortu et obitu patrum*, XXXIII.74).

4 Gratianus, *Decretum*, II.24.3.33.

5 이 문단과 다음 문단들에서 칼뱅은 라틴 교부 키프리아누스, 암브로시우스, 아우구스티누스를 비롯한 총 열한 명의 고대 권위자의 진술을 인용한다. 암브로시우스와 아우구스티누스는 각각 두 번씩 인용된다. 칼뱅은 카시오도루스의 16세기 저작 *Historia ecclesiastica tripartita*를 주요 자료로·사용했는데, 이 작품은 5세기 교부들인 소크라테스, 소조멘, 테오도레 등이 기술한 교회 역사를 편찬한 것이다.

6 주후 2세기에 몬타누스는 뚜렷하게 금욕적 특징을 가진 묵시적 분파를 설립했다. 여기서 칼뱅은 에우세비우스의 *Ecclesiastical History*, V.18을 인용한다. (『유세비우스의 교회사』 은성, 1990)

7 Hilarius, *Against the Arians*, XII.

8 1431년 2월 교황 마르티누스 5세가 소집하고 그의 후계자 에우게니우스 4세가 인준한 바젤 공의회는 1439년 에우게니우스를 폐위시키고, 펠릭스 5세의 이름으로 통치하던 사보이의 백작 아마데우스 8세를 등극시킴으로써 중세 교회 안에 분립을 야기했다. 두 교황은 합법적이라고 주장했으나, 에우게니우스가 사망하고 니콜라스 5세가 등극하기까지 논란은 종결되지 않았다. 1449년 프랑스 국왕의 중재가 있은 후 아마데우스는 자신의 직책을 내려놓고 성 사비나의 추기경직과 사보이의 교황 특사가 되기로 수락한다.

9 사르다나팔루스는 그리스 전설 속에 등장하는 앗수르 제국의 왕이며 사치스럽고 방탕한 생활로 유명하다. 그는 자주 앗수르의 마지막 왕 아슈르바니팔(주전 669-627년)과 동일인으로 알려지곤 했는데, 그의 이야기는 그리스 역사가 디오도루스 시쿨루스에 의해 소개되었다.

10 자기 선배 격인 부처나 츠빙글리처럼 칼뱅도 다양한 방식으로 나쁘게 불리던 재세례파를 지칭하기 위해 "세례 반대자"(Catabaptist)라는 용어를 사용했다. 이 용어는 급진적인 영성주의 분파에서 성경을 신봉하는 스위스 및 남부 독일 형제단까지 폭넓은 대상을 가리킨다. 후자의 무리는 유아 세례를 거부했을 뿐 아니라 교회의 순결에 대한 요구, 엄격한 수찬 금지 규율, 세속 정부와 단절해야 한다는 강경한 주장 등에 있어서 개혁주의 중심 세력과는 차별된다. 복음주의자들에 맞서 발발한 분규에 대한 비난에 칼뱅이 그토록 민감하게 반응했던 부분적 이유도 그들이 내세운 세속 정부와의 단절 요구나, 뮌스터에 세워진 재세례파 공동체(1534-1535년)의 지나친 면면들 때문이었다.

제1장 하나님을 아는 지식

1 출처는 키케로의 저서다(*The Nature of the Gods*, I.16.43). (『신들의 본성에 관하여』 그린비, 2019)

2 여기서도 칼뱅은 키케로를 인용하는 것 같다(*The Nature of the Gods*, I.42.118). 하지만 이 관념은 플라톤이나 섹스투스 엠피리쿠스 같은 저자들에게서도 나타난다(Platon, *Laws*, X.889E; Sextus Empiricus, *Against the Professors*, IX.54). (『플라톤의 법률』 서광사, 2009)

3 수에토니우스의 기록대로(*Lives of the Caesars*, IV.51) 로마 황제 칼리굴라(37-41년)의 부패와 심각한 불경은 오직 그의 미신적 공포로 인한 발작과 관련이 있다. (『열두 명의 카이사르』 다른세상, 2009)

4 주후 4세기에 활동했던 기독교 변증가 락탄티우스는 자신의 저서(*Divine Institutes*)에서 이교도의 신념과 철학을 힘 있게 비판했다. 아마도 칼뱅은 그의 책을 염두에 둔 것 같다(*Divine Institutes*, I.6.25; IV.2.5; IV.4.3.6-7).

5 1539년 칼뱅의 라틴어판 본문에서 이 이교도 시인은 스타티우스로 되어 있다(*Thebaid*, III.661).

6 하나님 닮음이 현자의 궁극적 목표로 제시된다(Platon, *Phaedo*, 107C; *Theaetetus*, 176B). (『파이돈』 범우, 2009; 『테아이테토스』 이제이북스, 2013)

7 정확한 인용은 아니며 오디세우스와 그릴루스의 대화에서 추론한 것이다. 참조. Plutarch, *Moralia*, XII.992E.

8 주후 2세기 그리스의 의사 갈레노스는 해부학과 생리학에 관한 많은 저서들을 남겼는데, 여기서 칼뱅이 그의 저서(*De usu partium*)를 인용하고 있다. 갈레노스는 중세 시대를 거쳐 16세기까지 줄곧 의학의 권위자로 인정받았다.

9 Platon, *Timaeus*, 33B. (『플라톤의 티마이오스』 서광사, 2000)

10 교회가 성경의 최종 해석자요 재판관이라는 개념은 동시대 교황청 신학자들에 의해 철저하게 옹호되었으며, 칼뱅은 그들의 저서를 잘 알고 있었다. 그들 중에는 요하네스 코크라이우스(*De authoritate ecclesiae et scripturae*, 1524)와 요한 에크(*Enchiridion locorum communium*, 1525, 1532)가 있었다.

11 성령의 특별 계시를 받았다고 주장하던 이 사람들에게 칼뱅이 자주 붙인 호칭은 "난봉꾼들"(또는 리베르탱[Libertines])이다. 이 호칭은 영적 조명을 받았다는 사람들, 열광주의자들, 신비주의자들, 때로는 재세례파에게도 다 사용되었지만, 그들은 모두 기록된 말씀과 확정된 신조를 준수하는 신앙에 대해서는 한결같이 견딜 수 없어 하는 특징이 있었다. 이후 출간된 칼뱅의 저서(*Against the Sect of the Libertines Called Spiritual*, 1545)를 보라.

12 1539년판 『기독교 강요』에서는 "여호와"(Jehovah)로 쓰여 있다.

13 "세 번째 호칭"은 엘로힘(Elohim)인데, 1539년판 『기독교 강요』에서는 히브리어 음역으로 나타난다.

14 제4장 "믿음 및 사도신경 해설"을 보라.

제2장 인간을 아는 지식과 자유의지

1 펠라기우스(약 350-420년)는 인간의 전적인 타락과 비참한 상태에 관한 아우구스티누스의 교리를 반박했고, 하나님의 은혜에 대하여 매우 약화된 교리를 가르쳤다. 교회 공의회를 통해 412

년과 418년에 정죄된 이후에도 펠라기우스 사상은 지속되었는데, 특히 브리타니아와 갈리아에서 그러했다.

2 참조. Augustinus, *On the Soul and its Origins*, II.14.20, 15.21.

3 Augustinus, *On the Merits and Remission of Sins*, III.8.15.

4 여기서 칼뱅은 주로 Anselmus, *On the Virginal Conception and Original Sin*, 6; Duns Scotus, *On the Sentences*, II.30.2; *Augustinus, Against Julian*, I.72; Lombardus, *Sentences*, II.30.7; Aquinas, *Summa theologiae*, II,1.82.1 등에 나타난 견해들을 암시한다. (『신학대전 1-20』 바오로딸, 1993-2020)

5 예정에 대한 상세한 논의는 제8장에서 따로 다루어진다.

6 Augustinus, *On Genesis in the Literal Sense*, I.1.3; *Against Julian*, V.30,40.

7 주후 3세기 이분법적 신앙을 추구했던 마니교는 기독교와 영지주의 및 미트라교의 요소들을 혼합했는데, 인간의 육체를 비롯한 물질세계가 악의 근원이며 이 악에 맞서 선이 투쟁한다고 주장했다.

8 Augustinus, *Letters* 215,7.8; *John's Gospel*, LIII.3.8; *On the Spirit and the Letter*, XXXIII.57.

9 Platon, *Theaetetus*, 184D.

10 Aristoteles, *Nicomachean Ethics*, I.13; VI.2. (『니코마코스 윤리학』 동서문화사, 2016)

11 Cicero, *De finibus*, V.6.17, 13.36. (『키케로의 최고선악론』 서광사, 1999)

12 Aristoteles, *Nicomachean Ethics*, VI.2. 칼뱅은 이해와 의지에 관한 문제를 조금 뒤에 다룬다 (114-122, 127-132쪽).

13 Platon, *Laws*, I.644E; Cicero, *Tusculan Disputations*, III.1.2. (『투스쿨룸 대화』 아카넷, 2014)

14 Chrysostomus, *Homilies on the Treason of the Jews*, Hom. 1. 나머지 인용구의 출처는 다음과 같다. *Homilies on Genesis*, Hom. 19.1; 53.2; 25.7.

15 Hieronymus, *Dialogue against the Pelagians*, III.1.

16 칼뱅은 1539년 라틴어판에서 '자력'(自力)을 뜻하는 단어 *autexousion*을 사용한다. 알렉산드리아의 클레멘트, 오리게네스, 크리소스토무스 등의 그리스 교부들이 이 단어를 사용했다.

17 Origenes, *On First Principles*, III.1.3. 칼뱅이 이 장에서 인용하는 다른 권위자들은 다음과 같다. Bernard of Clairvaux, *Concerning Grace and Free Will*, II.4; Anselmus, *On the Freedom of the Will*, 3; Lombardus, *Sentences*, II.24.5; Aquinas, *Summa theologiae*, I,83.3. 아우구스티누스의 정의는 Lombardus, *Sentences*, II.24.5에만 나타난다.

18 Pseudo-Ambrosius, *The Calling of the Gentiles*, I.2.

19 Lombardus, *Sentences*, II.25.9. 이어지는 내용의 출처는 다음과 같다. Bernard of Clairvaux, *Concerning Grace and Free Will*, III.7, XIV.46; Lombardus, *Sentences*, II.26.I; Pseudo-Ambrosius, *The Calling of the Gentiles*, II.4.

20 칼뱅은 항상 비판적인 방식으로 자신과 스콜라 신학자들 사이의 거리를 유지하려 하면서도, 롬바르두스나 아퀴나스 같은 초기 스콜라학자들을 그들의 후예, 특히 파리 (소르본) 신학부 교수가 된 자들과 세심하게 구별했다. 칼뱅이 보기에 그 교수들은 하나님의 진리를 일련의 추상적 정의와 공허한 말장난으로 축소시키는 오류를 범한 장본인들이었다. "궤변가"라는 호칭은 인문주의자들이나 개혁자들이 후기 스콜라주의의 독단성과 과대한 사변성을 조롱할 때 자주 사용되었다.

21 Lombardus, *Sentences*, II.25.8.

22 Augustinus, *Against Julian*, II.8.23. 자유의지에 대한 새로운 논의는 Erasmus, *On the*

Freedom of the Will(1524)과 이듬해 발간된 루터의 응답, *On the Bondage of the Will*(1525)을 통해 촉진되었다. 자유의지론에 대한 칼뱅의 날선 비판은 대체로 루터의 입장을 환기시키는데, 이때 에라스뮈스의 주장뿐만 아니라 Johannes Cochlaeus, *On the Freedom of the Will*(1524); Johann Eck, *Enchiridion*(1525, 1532); Alfonsus de Castro, *Against all Heresies*(1534) 등의 주장들도 대상으로 삼는다. 칼뱅은 ("누가 말하기를……", "저들은 주장하기를……" 등과 같은 표현을 쓰면서) 그의 논적들을 구체적으로 거명하지 않으며, 다만 자신의 논지를 펼치는 동안 그들을 자주 거론하기만 한다.

23 Augustinus, *John's Gospel*, LIII.3.8. 아우구스티누스의 다른 출처는 다음과 같다. *Letters* 145.2; *On Man's Perfection in Righteousness*, IV.9; *Enchiridion*, IX.30; *Against Two Letters of the Pelagians*, III.8.24; *On Rebuke and Grace*, XIII.42.

24 아우구스티누스는 자신의 저서 *On the Predestination of the Saints*, III.7, IV.8에서 Cyprianus, *Testimonies against the Jews to Quirinus*, III.4를 인용한다. 참조. Eucherius, *Commentaries on Genesis*, I(Gen. 2:9).

25 이것이 크리소스토무스의 진술인지는 의심스럽다.

26 Chrysostomus, *Homily on Evangelical Perfection*, 2.

27 Augustinus, *Letters* 118.3.22. 아우구스티누스의 다른 출처는 *John's Gospel*, XLIX.8; *On Nature and Grace*, LIII.62 등이다.

28 Platon, *Meno*, 82C; *Phaedrus*, 249C. (『파이드로스 메논』 숲, 2013)

29 Lombardus, *Sentences*, II.25.8.

30 Platon, *Protagoras*, 357D-E. (『프로타고라스』 범우사, 2016)

31 Themistius, *Paraphrase of Aristoteles 'On the Soul'*, VI.6.

32 Ovidius, *Metamorphoses*, VII.20-21. (『변신 이야기』 민음사, 1998)

33 Aristoteles, *Nicomachean Ethics*, VII.3.

34 Augustinus, *On the Merits and Remission of Sins*, II.5.5.

35 참조. Aquinas, *Summa theologiae*, I, 83.3.

36 Origenes, *On First Principles*, III.I.20.

37 Augustinus, *Against Two Letters of the Pelagians*, I.10.22; *Retractations*, I.23.1, II.1.1.

38 로마 전설에서 카밀루스는 공화정적 미덕의 한 모범을 보여주었다. 키케로가 자신의 저서 *Catiline Orations*에서 묘사한 카틸리나는 가장 비열한 악당이며 방탕하고 탐욕 넘치는 배신자다. 참조. Augustinus, *Against Julian*, IV.3.25.

39 Bernard of Clairvaux, *Concerning Grace and Free Will*, VI.16.

40 Augustinus, *On Man's Perfection in Righteousness*, IV.9. 켈레스티우스는 펠라기우스의 긴밀한 협력자였으며 잘 알려진 자유의지 옹호자였다.

41 Augustinus, *Letters* 186.3.10.

42 Chrysostomus, *Homilies on Matthew*, Hom. LXXXIV.4.

43 Augustinus, *Enchiridion*, IX.32.

44 Chrysostomus, *Homilies on Matthew*, Hom. XXII.5; *Homilies on John*, Hom. X.1.

45 Augustinus, *On the Predestination of the Saints*, VIII.13.

46 참조. Lombardus, *Sentences*, II.26.8-9, 27.5.

47 Augustinus, *On Rebuke and Grace*, XI.31. 같은 저서에서 칼뱅은 XII.33,38; XIV.45의 아우구스티누스의 진술을 인용한다.

48 Augustinus, *On Grace and Free Will*, XX.41. 칼뱅이 아우구스티누스를 인용한 추가 자료는 다음과 같다. *On the Spirit and the Letter*, XXX.52; *Letters* 217, 5.16; *Letters* 186, 4.11-12; *On Rebuke and Grace*, VIII.17; *Letters* 214.7.

49 Augustinus, *Psalms*, Psa. 148:2.

50 Pseudo-Augustinus, *On Predestination and Grace*, V.5.

51 Augustinus, *On the Predestination of the Saints*, XVI.33.

52 Augustinus, *On Grace and Free Will*, XX.41.

53 참조. Erasmus, *On the Freedom of the Will*(Collected Works, Toronto: Toronto University Press, 1974ff., 76:39-45).

54 Aristoteles, *Nicomachean Ethics*, III.5; Chrysostomus, *Homily on*……*Jer. 10:23*; Hieronymus, *Letters* 133,5; Hieronymus, *Dialogue against the Pelagians*, I.6.

55 Augustinus, *Letters* 194,5.19; *On Grace and Free Will*, VI.15.

56 Pseudo-Ambrosius, *The Calling of the Gentiles*, II.4.

57 Augustinus, *On Rebuke and Grace*, III.5.

58 Augustinus, *On Grace and Free Will*, XVI.32. 그 외에 인용된 작품은 다음과 같다. *Letters* 167,4.15; *Enchiridion*, XXXI.117; *John's Gospel*, XXIX.6; *Confessions*, X.29.40, 31.45. (『고백록』 대한기독교서회, 2013)

59 참조. Erasmus, *On the Freedom of the Will*(Collected Works, 76:37-38); Eck, *Enchiridion*, XXX.

60 여기서 칼뱅은 Augustinus, *On Grace and Free Will*, XX.41을 직접 인용하지 않고 그 의미를 풀어서 다시 쓴 것 같다.

61 Origenes, *Commentary on Romans*, VII.16; Hieronymus, *Dialogue against the Pelagians*, I.5.

62 참조. Augustinus, *On Nature and Grace*, III.3, XIX.21, XX.22.

제3장 율법

1 참조. Aquinas, *Summa theologiae*, II,1.91.5.

2 Origenes, *Homilies on Exodus*, Hom. VIII.3; Augustinus, *Against Two Letters of the Pelagians*, III.4.10. 그 외의 아우구스티누스 관련 참고 문헌은 다음과 같다. Augustinus, *Questions on the Heptateuch*, II.71; *Letters* 55,11; Pseudo-Chrysostomus, *Unfinished Commentaries on Matthew*, Hom. XLIX; Josephus, *Jewish Antiquities*, III.5.8.

3 신인동형론파는 주후 4세기 메소포타미아의 아우디우스가 창설한 종파다. 아우디우스는 창세기 1:26에 근거하여 인간이 하나님의 형상이므로 하나님도 육체적 형태를 지닌다고 가르쳤다.

4 Lactantius, *Divine Institutes*, I.8, 15; Eusebius, *Preparation for the Gospel*, II.4, III.2. 이후의 내용은 아우구스티누스의 저서 *Faith and the Creed*, VII.14를 참고한 것이다.

5 "변덕스러운 영혼들"이라는 표현은 잘못 정의되고 있다. 다만 이 표현은 일부 영적인 난봉꾼들(Spiritual Libertines)의 견해를 비롯한 여러 반율법적 견해들을 포괄적으로 가리킨다.

6 제17장 "그리스도인의 삶"을 보라.

7 칼뱅은 1539년 라틴어판에서 간음이라는 명확한 용어를 사용했지만, 여기서는 온갖 성적

으로 부도덕한 행위를 암시하는 프랑스어 paillarder를 선호한다. 그는 자신의 주석에서도 출애굽기 20:14을 이와 비슷한 폭넓은 의미로 해석한다.

8 니케아 공의회(325년)는 이집트 테베 상부 지역의 주교 파프누티우스의 요청에 따라 임직 전 이미 기혼 상태인 사제들에게 장차 자신의 결혼 관계를 어떻게 할 것인지 스스로 결정하도록 허락했다.

9 1531년 크리소스토무스의 작품집이 에라스뮈스에 의해 출간되었으나, 여기서 칼뱅이 인용한 본문은 에라스뮈스의 정확한 진술은 아닌 것 같다.

10 Aulus Gellius, *Attic Nights*, III.5.2.

11 Augustinus, *On the Spirit and the Letter*, XXXVI.64-66.

12 칼뱅은 제17장에서 이웃 사랑의 주제를 다시 다룬다.

13 이 점에 대해서, 그리고 이후 논의되는 사항들에 대해서는 Aquinas, *Summa theologiae*, II,1.108.4; II,2.184,186을 보라.

14 Chrysostomus, *De compunctione cordis*, I.4; *Apology for the Monastic Life*, III.14.

15 Gregory the Great, *Homilies on the Gospels*, II, Hom. 27.1.

16 Augustinus, *Confessions*, X.29.40, 31.45. 칼뱅은 아우구스티누스의 이 표현을 제2장(170-171쪽)에서 자유의지를 반박하는 성경의 증거를 제시할 때도 인용한다.

17 제6장 "이신칭의와 행위공로"를 보라.

18 Hieronymus, *Dialogue against the Pelagians*, I.10, III.3.

19 Augustinus, *On the Spirit and the Letter*, XXXVI.66; *On Man's Perfection in Righteousness*, VIII.18. 펠라기우스는 하나님께서 율법에 순종하라고 명령하셨으므로 인간은 그 명령을 따를 수 있어야만 하고 따라서 의를 획득할 수도 있어야만 한다고 주장했다. 아우구스티누스는 펠라기우스의 이 주장을 성경에 입각하여 반박했는데, 타락한 인간은 순종할 수 없고 그의 유일한 소망은 하나님의 의롭게 하시는 은혜에 있을 뿐이라고 주장했다.

20 참조. Augustinus, *On the Sprit and the Letter*, XXXVI.64.

21 이 책 194-195쪽을 보라.

22 Augustinus, *On Rebuke and Grace*, I.2.

23 Augustinus, *Letters* 157.2.9. 이후에 나오는 인용문의 출처는 다음과 같다. Augustinus, *Letters* 196.2.6; *Letters* 177.5; *On Grace and Free Will*, XVI.32.

24 여기서 칼뱅이 가리키는 자들은 영적인 난봉꾼들일 것이다.

25 그래서 멜란히톤은 그의 1521년 저서 『신학총론』(*Loci communes*)에서 율법 폐지에 관하여 진술할 때, 신약성경은 제사나 사법에 대한 율법 조항뿐만 아니라 십계명이나 도덕법까지도 폐지했다고 주장했다. 그러나 멜란히톤의 견해는 성령의 중생하게 하시는 사역에 부여된 중요성에 의해 승인되었다. 성령의 중생하게 하시는 사역으로 말미암아 신자는 율법 없이도 자발적으로 율법이 명령하는 바를 따른다. (『신학총론』 CH북스, 2000)

26 바울이나 복음서 이야기들에서 끌어낼 수 있는 교훈이 무엇이든 간에, 칼뱅은 율법이 전적으로 폐지되었다는 주장을 잘못된 성경 해석으로 규정한다. 그가 강력히 주장하듯이, 폐지된 것은 제사법뿐이다. 하나님의 의의 기준인 도덕법은 여전히 신자에 대해 권위를 유지한다. 그리스도께서 율법의 저주를 받으셨으므로 오직 율법의 저주만 제거되었다.

27 첫 번째 견해는 아마도 멜란히톤의 입장이며(*Exegetical Writing*, on *Col*. 2:14), 두 번째 견해는 동일한 본문에 대한 부처의 주석(*Commentary on the Epistle of St Paul*, 1536)을 반영하고 있다.

28 Augustinus, *On the Merits and Remission of Sins*, I.27.54.

제4장 믿음 및 사도신경 해설

1 "궤변론자"라는 용어에 대해서는 제2장 주20을 보라. "성숙한"과 "미성숙한"이라는 표현은 이 장에서 이후에 설명될 것이다.

2 이어지는 내용에서 칼뱅은 경솔하게 믿는 사람의 "믿음"과 위선자의 "믿음"을 설명한다.

3 말씀과 성례 사역에 관한 칼뱅의 논의는 이 책 388-391쪽을 보라.

4 이 책 149-151쪽을 보라.

5 참조. Aquinas, *Summa theologiae*, II,1.112.5.

6 제6장 "이신칭의와 행위공로"를 보라.

7 참조. Aquinas, *Summa theologiae*, II,1.112.5.

8 참조. Lombardus, *Sentences*, III.23.4; Aquinas, *Summa theologiae*, II,2.4.3.

9 제6장 566-570쪽을 보라.

10 참조. Aquinas, *Summa theologiae*, II,2.2.5-8.

11 참조. Lombardus, *Sentences*, III.23.9; III.25.5.

12 제6장 584-586쪽을 보라.

13 Hilarius, *On the Trinity*, I.18.

14 Chrysostomus, *Homilies on the Incomprehensible Nature of God*, Hom. V.7. 아노모이오스파는 성부와 성자의 동질성을 부정했다.

15 마니교도와 신인동형론파에 관해서 제2장 주7과 제3장 주3을 보라.

16 이어지는 내용에서 칼뱅은 그의 반대자들의 이름을 구체적으로 밝히지 않는다. 아마도 세르베투스가 그의 1531년 저서(*Concerning the Errors of the Trinity*)에서 제기한 주장들을 가리켜 말하고 있는 것 같다.

17 그리스도의 하나님의 아들 되심에 관한 교리를 반박한 중세 유대 주석가들을 가리킨다.

18 아리우스파는 그리스도의 본질적 신성을 부정한 3세기 분리주의자들이다. 그들의 이단적 교훈은 325년 니케아 공의회에서 정죄당했다.

19 마케도니우스파는 성령의 신성을 부정한 4세기 콘스탄티노플 주교 마케도니우스를 추종했다.

20 Gregory of Nazianzus, *On Holy Baptism*, Oratio XL.41.

21 3세기의 영향력 있는 분파였던 사벨리우스파는 삼위를 한 하나님의 세 가지 양태나 현현으로 설명함으로써, 그리스도의 신성과 하나님의 연합성을 적절히 짜 맞추려고 했다.

22 반(反)삼위일체파를 가리킨다고 보아도 틀림없을 것이다. "완전히 악하지만은 않은 자들"이라는 표현은 개혁파 중 삼위일체 교리의 고전적 규범들에 동참을 꺼렸던 사람들을 가리킬 수도 있다.

23 이 짤막한 한 마디 말은 '동일 본질'이라는 뜻의 '호모우시오스'를 가리킨다. 니케아 공의회는 이 말을 교회의 신조에 넣기로 결정했다.

24 Hilarius, *On the Councils*, XII, XXXI; Augustinus, *On the Trinity*, VII.6.11. (『삼위일체론』 분도출판사, 2015)

25 Hilarius, *On the Councils*, XXVII.67-71.

26 Hilarius, *On the Trinity*, II.2.

27 Hilarius, *On the Councils*, XXVII.63.

28 제8장 "하나님의 예정과 섭리"를 보라.

29 여기서도 이름이 특정되지 않은 채 반(反)삼위일체파가 언급된다. 이후 출간된 『기독교 강요』는 세르베투스를 구체적으로 가리킨다.

30 주후 2세기 마르키온과 그의 추종자들은 근본적으로 그리스도의 가현설을 가르쳤고, 무엇보다 그리스도의 본질적 육체성을 부인했다. 제12장 851-852쪽을 보라.

31 콘스탄티노플 대주교 네스토리우스는 성육신하신 그리스도 안에 한 인간과 한 신이라는 별개의 두 인격이 존재한다고 주장한 것 때문에 정죄되었다. 그는 431년 에베소 공의회의 칙령에 의해 면직당했다.

32 참조. Aquinas, *Summa theologiae*, III,52.5; III,69.4-7.

33 참조. Cyrillus, *De recta fide*, Oratio II.18.

34 참조. Hilarius, *On the Trinity*, IV.42. 다음 두 문장도 각각 II.24와 III.15에서 인용된다.

35 참조. Augustinus, *Faith and the Creed*, VII.14. 에라스뮈스도 그의 저서(*Explanation of the Apostles' Creed*, 1533)에서 좌정하신 그리스도를 통치자이자 심판자로 묘사하면서, 변호자로 서 계신 그리스도와 대조한다.

36 Augustinus, *Faith and the Creed*, VIII.15.

37 제15장 "교회의 권세"를 보라.

38 칼뱅의 출처는 정확하지 않다. "교회를 신앙한다"는 표현은 『칼케돈 공의회 행전』(*Acts of the Council of Chalcedon*, A.D. 451)에 나타난다.

39 Pseudo-Cyprianus, *On the Exposition of the Apostles' Creed*, 36; Augustinus, *Faith and the Creed*, X.21.

40 참조. Cyprianus, *Letters* 4,4; 73,21.

41 이 책 391-394쪽을 보라.

42 칼뱅은 "카타리파"라는 용어로 3세기의 노바시아노파를 가리키는 것으로 보인다. 이들은 가장 엄격한 도덕적 기준을 고수하며 회개하는 자에 대한 사죄를 거부했다. 도나투스파(4세기와 5세기)는 회개하는 자를 다시 회중 안으로 받아들였지만, 그럼에도 교회와 목회자들의 완전한 거룩함을 요구하고, 규율을 덜 강제하는 신자 공동체로부터 멀리 떨어져 있었다.

43 Chrysostomus, *Commentary on 1 Cor. 5:5*, Hom. XV.2.

44 제6장 "이신칭의와 행위공로"를 보라.

45 이 재세례파의 정체는 알려져 있지 않다. 거룩한 생활과 구별되는 죄 없는 온전함은 재세례파 교리의 특징이 아니었다.

46 이것은 아마도 실수나 범죄를 저지른 신자들을 파문하는 재세례파의 관습을 가리키는 것 같다. 1527년 슐라이트하임 신앙고백(the Schleitheim Confession) 제2항을 보라.

47 참조. Augustinus, *Against Two Letters of the Pelagians*, I,13.27; I,14.28; Tertullianus, *On Repentance*, VII, IX.

48 칼뱅은 초대 교부들 중 히브리서가 뒤늦게 정경에 들어온 것을 근거로 그 사도적 권위를 거부했던 자들을 염두에 두고 있다. 에라스뮈스의 선례를 따라 루터와 멜란히톤은 이 편지를 정경으로는 받아들였으나, 바울의 저작임은 부정했다.

49 Augustinus, *Unfinished Exposition of the Epistle to the Romans*, XXII; *Letters* 185,II.49. 추가적으로, 아우구스티누스는 이웃에 대한 시기심을 용서받지 못할 죄로 규정한다(*Sermon on the Mount*, I.22.73).

50 "천년왕국파"는 고대에 천년왕국설을 주장하던 다양한 종파들을 가리킨다. 그들은 요한계시록 20:4에 근거하여, 그리스도의 재림은 천 년간 그의 지상 통치와 그 통치를 통해 성도가 얻을 복의 시작을 알리는 것이라고 가르쳤다.

51 Lombardus, *Sentences*, III.26.I.

제5장 회개

1 칼뱅이 가진 정보의 출처는 알려져 있지 않다. 재세례파 교회에서 세례를 받으려면 회개와 더불어 삶의 변화와 믿음의 고백이 뒤따라야 했다.

2 멜란히톤은 그의 저서 『신학총론』에서 이와 같은 용어들로 회개를 묘사한다.

3 부처는 그의 저서(*Commentary on the Four Gospels*, 1530)에서 "율법적" 회개와 "복음적" 회개를 구분했는데, 여기서 한 걸음 더 나아가 유다의 통회를 니느웨 백성의 회개(욘 3:5)와 베드로의 설교를 듣던 유대 청중의 회개와 대조한다(행 2:37).

4 Platon, *Phaedo*, 64A-B, 67A-E, 81A; *Apology of Socrates*, 29A-B, 41C-D. (『소크라테스의 변명』 문예출판사, 1999)

5 이 사례를 비롯하여 이후의 모든 사례는 다음과 같은 옛 신학자들의 작품에서 볼 수 있다. Gregory the Great, *Homilies on the Gospels*, II.14.15; Pseudo-Ambrosius, *Sermons*, XXV.1; Lombardus, *Sentences*, IV.14.1; Pseudo-Augustinus, *Concerning True and False Penitence*, VIII.22.

6 Chrysostomus, *Homilies on Repentance*, Hom. VII.I.

7 Lombardus, *Sentences*, IV.16.1; Aquinas, *Summa theologiae*, III.90.2.

8 예를 들어, Eck, *Enchiridion*, VIII을 보라.

9 Chrysostomus, *Homilies on the Canaanite Woman*, Hom. IX.

10 교황 인노켄티우스 3세는 1198-1216년까지 재임했다.

11 Sozomen, *Ecclesiastical History*, VII.16. 참조. Cassiodorus, *Tripartite History*, IX.35.

12 Pseudo-Chrysostomus, *Homilies on Psalm 50*, Hom. II.5. 상세한 내용은 다음을 참고하라. Pseudo-Chrysostomus, *Sermon on Penitence and Confession*; Chrysostomus, *Homiles on the Incomprehensible Nature of God*, Hom. V.7; *Discourses on Lazarus*, IV.4.

13 참조. Lombardus, *Sentences*, IV.17.2,4; IV.18.1.

14 여기서 논의된 다양한 해석들에 관해서는 Lombardus, *Sentences*, IV.18.2,4,6-8; IV.19.1; Aquinas, *Summa theologiae*, III.17.3을 보라.

15 제5장 459-462쪽을 보라.

16 Lombardus, *Sentences*, IV.17.4-5.

17 제15장 "교회의 권세"를 보라.

18 Lombardus, *Sentences*, IV.19.5.

19 사법 대리는 교구 법정에 제출된 사건을 심리하고 결정하도록 임명된 관리로서 교회법에

능통한 고위 사제였다. 장세원장이나 서기는 로마 교황청의 행정직 사제였으며, 법률 기안 담당자는 주로 면벌부를 팔았던 탁발 수도사들을 가리킨다.

20 양피지는 교황 명의로 기록된 교서와 면벌부를 암시하며, 납은 그 교서와 면벌부에 납으로 찍힌 공식 날인을 암시한다.

21 참조. Lombardus, *Sentences*, IV.16.3-4,6.

22 Lombardus, *Sentences*, III.19.4; IV.14.1; IV.16.4.

23 제3장 263-266쪽을 보라.

24 Lombardus, *Sentences*, IV.16.1,4.

25 이 모순된 구별은 종종 제논이 시도하던 구별로 알려져 있으며, Cicero, *Pro Murena*, XXIX.61에서 인용된다.

26 참조. Aquinas, *Summa theologiae*, III,86.4.

27 Pseudo-Chrysostomus, *On Faith and the Law of Nature* III.

28 Pseudo-Chrysostomus, *Sermon on Penitence and Confession*.

29 Augustinus, *On the Merits and Remission of Sins*, II.33.53-34.56.

30 Chrysostomus, *Homilies on Providence, to Stagirius*, III.14.

31 Ambrosius, *Exposition of the Gospel of Luke*, X.88.

32 이 책 474-475쪽을 보라.

33 Pseudo-Chrysostomus, *Homilies on Psalm 50*, Hom. II.2.

34 Pseudo-Augustinus, *The Dogmas of the Church*, XXIV.

35 Chrysostomus, *Homilies on Genesis*, Hom. X.2.

36 Augustinus, *Enchiridion*, XIX.72.

37 Augustinus, *Against Two Letters of the Pelagians*, III.6.16.

38 연옥 문제에 대해 침묵했던 아우크스부르크 신앙고백서(1530년)의 주요 저자 멜란히톤을 가리키는 것 같다. 루터는 결국 연옥을 비성경적인 것으로 거부했으나, 멜란히톤은 그가 부차적 문제라고 여기는 것에는 관심이 없었다.

39 에크가 자신의 연옥 교리를 변호하기 위해 인용했던 마카베오하 12장에 따르면(*Enchiridion*, XXV), 많은 유대인들이 전쟁에서 쓰러진 후 유다 마카베오가 그 시신 한 무더기를 예루살렘으로 보내어 "부활할 수 있다는 희망을 가지고" 자기들을 위한 대속제물로 삼았다.

40 Chrysostomus, *Homilies on Repentance*, Hom. VI.3; Augustinus, *Enchiridion*, VIII.68; *City of God*, XXI.26.1-2를 보라. (『하나님의 도성』 CH북스, 2016)

제6장 이신칭의와 행위공로

1 제3장과 제4장을 보라.

2 이 책 137-139쪽과 429-431쪽을 보라.

3 참조. Lombardus, *Sentences*, III.19.1.

4 여기 언급된 출처는 오리게네스가 아닌 다음 두 사람의 저서다. Hieronymus, *Commentary on Romans*, III; Pseudo-Ambrosius, *Commentary on Romans*, III.

5 참조. Lombardus, *Sentences*, II.27.6.

6 Ambrosius, *On Jacob and the Happy Life*, II.2.9.

7 Augustinus, *Sermons*, CLXXIV.2.

8 칼뱅의 이 주장은 아우구스티누스에게서 차용한 것이다. Augustinus, *Against Julian*, IV.3.16-18, 21, 25-26.

9 Augustinus, *Psalms*, Psa. 31, II.4.

10 참조. Pseudo-Augustinus, *On True and False Penitence*, XV.30; Gregory the Great, *Letters* IX.122.

11 공덕 행위는 하나님의 교훈이 엄격히 요구하는 것 이상의 덕행으로서 금식이나 기도, 자발적 가난 등이 이에 속한다(참조. Aquinas, *Summa theologiae*, II,1.108.4). "회개의 성례에 관하여"라는 제하의 1551년 트렌트 공의회 칙령은 그리스도인의 온전함을 증진하는 데 있어서 공덕 행위의 가치를 다시 확인했다.

12 제5장 466-486쪽을 보라.

13 Chrysostomus, *Homilies on Philemon*, Hom.II.4.

14 중세 신학자들에게 중요한 영향을 끼친 아리스토텔레스의 신학은 네 가지 원인으로 "질료인"과 "형상인"과 "작용인"과 "목적인"을 제시한다(*Physics*, II.3.7). 칼뱅이 "도구인"이라 부르는 원인은 스콜라 신학자들에게서 차용한 것이다.

15 이 책 571-574쪽을 보라.

16 Augustinus, *On the Predestination of the Saints*, XV.31.

17 Chrysostomus, *Homilies on Genesis*, Hom. XXXIV.6.

18 참조. Duns Scotus, *On the Sentences*, III.19.

19 "성숙한 믿음"에 관하여 제4장 310-311쪽을 보라.

20 Augustinus, *Psalms*, Psa. 144:11; *Letters* 194.4.16-19. 여기 언급된 초기 진술은 제2장(138-140, 146-149, 163-164쪽)을 참고하라.

21 여기서 칼뱅은 에라스뮈스나 에크 같은 그의 반대자들의 주장을 염두에 두고 있다. Erasmus, *On the Freedom of the Will*(*Collected Works*, 76:12-13, 72-76), Eck, *Enchiridion*, V.

22 이 책 574-581쪽을 보라.

23 제5장 433-434, 466-474쪽을 보라.

24 제3장 263-266쪽을 보라.

25 참조. Aquinas, *Summa theologiae*, II,1.109.6; Eck, *Enchiridion*, V.

26 참조. Aquinas, *Summa theologiae*, II, 2.4.4; De Castro, *Against Heresies*, X.

27 Pseudo-Ambrosius, *Commentary on the Letter to the Romans*, 2:13.

28 이 장의 "성도의 행위에 담긴 증거적 가치"(534-536쪽)를 보라.

29 여기서 칼뱅은 "수용하는 은혜" 교리를 가리켜 말하고 있다. 이 교리는 오컴의 윌리엄을 비롯한 유명론자들 사이에서 유행했다. 이 교리는 토마스주의자들의 "습관적인 은혜" 개념을 반박하며, 칭의를 하나님이 받으시는 특별한 행위라고 주장함으로써 하나님의 절대적인 자유 개념을 유지하려고 애썼다.

30 켈레스티우스에 관하여 제2장 주40을 보라.

31 Augustinus, *On Man's Perfection in Righteousness*, IX.20.

32 Pseudo-Ambrosius, *The Calling of the Gentiles*, I.5.

33 Augustinus, *On Grace and Free Will*, VI.14.

34 Augustinus, *Psalms*, Psa. 32, II.1.9; Psa. 83:16, 109:1; *Sermons*, CXI.5, CLVIII.2.

35 제4장 "성경은 '미성숙한' 믿음이나 '절대적' 믿음을 알지 못한다"(311-313쪽)를 보라.

36 예를 들어, 루터는 마가복음 8:1-9과 16:14-20에 관한 두 편의 설교에서 이 견해를 피력했다(*Luthers Werke*[*WA*], 10/3:141-142; 12:637).

제7장 구약과 신약의 유사성과 상이성

1 제3장 "율법의 첫째 기능: 죄를 확신시킴"(268-272쪽), "그리스도인은 율법 준수에 얽매이는가?"(275-276쪽)를 보라.

2 여기서 칼뱅은 세르베투스가 1532년 그의 저서 *Dialogues on the Trinity* 제1장에서 취한 태도를 가리켜 말하고 있다.

3 이 점은 일찍이 테르툴리아누스의 저작에서 라틴어 *testamentum*이 '언약'이라는 특수한 의미로 쓰일 때부터 나타난다. 그래서 칼뱅은 이 개념을 프랑스어 '테스타몽'(testament, 유언)이나 '알리앙스'(alliance, 연합)로 번역한다. '유언'이 동의어 '연합'보다 나은데, 그 이유는 '유언'이 관대한 수여자(유언자)와 받는 자(수혜자 혹은 상속자)의 동일하지 않은 관계를 암시하기 때문이다.

4 여기서 칼뱅은 다시 세르베투스의 저작을 가리켜 말하는데(*Dialogues on the Trinity*, I), 그와 동시에 항상 이단적이지는 않았어도 구약을 영적인 의미로 읽는 것을 선호하는 사람들을 가리키는 것 같다.

5 1539년 라틴어판 『기독교 강요』에서는 마니교도가 이 신념을 지닌 자들로 등장한다. 세르베투스는 그런 신념을 지니지 않았다.

6 칼뱅이 말하려는 바는 율법을 그 자체로만 고려할 때는 은혜가 아니라는 것, 곧 자비의 약속은 율법이 아니라 은혜에서 유래한다는 것이다.

7 Augustinus, *Against Two Letters of the Pelagians*, III.4.6-12.

제8장 하나님의 예정과 섭리

1 츠빙글리를 가리키는 것 같다. 칼뱅은 츠빙글리의 저서 『섭리에 관하여』(*On Providence*, 1530)를 비판했는데, 주로 그 저서가 불필요하게 복잡하고 사색적 경향이 있다는 이유 때문이었다.

2 여기서 칼뱅은 멜란히톤의 『신학총론』을 염두에 두고 있는 것 같다. 멜란히톤은 그의 저서 1535년판에서 예정에 관한 과도한 추론을 경고한다. 스위스 베른의 권위자들도 비슷한 염려를 피력했다.

3 Augustinus, *The Gift of Perseverance*, XIV.34-35; XX.52

4 Augustinus, *On Genesis in the Literal Sense*, V.3,6.

5 Aquinas, *Summa theologiae*, I,23.5.

6 Pseudo-Ambrosius, *Commentary on Romans*, 8:29; Origenes, *Commentary on Romans*, VII.8; Pseudo-Hieronymus, *Commentary on Romans*, 8:29.

7 Augustinus, *Retractations*, I.23.2-4; Augustinus, *The Predestination of the Saints*, III.7.

8 Augustinus, *Letters* 194,8.35.

9 Augustinus, *Letters* 186,5,15.

10 Aquinas, *Summa theologiae*, I,23,5.

11 이 인용문은 『이방인의 부르심』(*The Calling of the Gentiles*)의 저자로 알려진 암브로시우스의 것으로 오해되고 있다. 이 인용문의 정확한 출처는 알 수 없다.

12 어둠과 빛이라는 서로 대결하는 두 나라에 대한 이분법적 교리를 가르치는 마니교는, 선택받은 각 사람의 영혼이 구원을 획득해야 한다는 책임을 강조하면서 기독교의 섭리 교리를 한 치도 용납하지 않는다. 5세기 켈레스티우스를 추종하던 무리도 마찬가지였는데, 켈레스티우스가 강조한 인간의 자유의지는 하나님을 인간의 삶에 대한 관망자 수준으로 전락시킨다(마니교와 켈레스티우스 추종자에 관해서 제2장 주7과 주40을 보라).

13 Augustinus, *Letters* 186,7,23.

14 참조. Lombardus, *Sentences*, I,40,4.

15 15세기 초기 저명한 이탈리아 인문학자 발라는 1444년에 쓰여지고 1518년 처음 발간된 그의 저서 『자유의지에 관한 대화』(*Dialogue on Free Will*)에서 하나님의 초월적 의지에 대해 간략하게 진술했는데, 발라의 이 논의는 루터와 칼뱅의 찬사를 받을 만큼 바울의 가르침에 충분히 가까웠다.

16 예를 들어, 이 주장은 에라스뮈스의 저서 『의지의 자유에 관하여』(*On the Freedom of the Will*)에서 개진된다(*Collected Works*, 76:46-53).

17 Augustinus, *On Genesis in the Literal Sense*, VI,15,26.

18 마니교와 켈레스티우스 추종자에 관해서 제2장 주1과 주7을 보라. 여기서 재세례파가 누구를 가리키는지는 분명하지 않다. 성령파 리베르탱일 가능성이 있는데, 칼뱅은 이들의 결정론적 관점에 대해서 곧 언급할 것이다. "향락주의자들"은 계시된 종교에 대해서 회의적이고 경멸적인 태도가 특징이었던 지식인 계층을 가리킨다.

19 Augustinus, *Letters* 186,6,18.

20 Pseudo-Augustinus, *On Predestination and Grace*, III,3.

21 Augustinus, *On the Gift of Perseverance*, XII,28.

22 칼뱅은 다른 곳에서 이 반론이 성령파 리베르탱, 특히 크윈틴을 추종하는 자들의 견해라고 밝히는데, 이들은 세상 만물을 단일한 신적 영혼의 행위로 간주했던 만신론적 결정론을 주장했다. 이에 관하여, 1545년 칼뱅의 다음 논증을 참고하라. *Against the Sect of the Libertines Called Spiritual*, XIII-XIV.

23 이 주장 역시 에라스뮈스의 저서 『의지의 자유에 관하여』에서 개진된다(*Collected Works*, 76:48).

24 Augustinus, *Enchiridion*, IX,32.

25 로마가톨릭의 공로 교리는 은혜의 역사에 있어서 불가피하게 인간을 하나님의 조력자로 삼는다. 하나님의 부르심을 선택의 증거로 보는 견해는 멜란히톤의 저서(*Loci communes*,1535)의 예정 관련 장에 소개되어 있다.

26 제4장 "믿음은 시험을 당할 때도 실패하지 않는다", "믿음의 진보", "두려움은 결코 믿음의 장애물이 아니다", "경건한 두려움의 두 가지 원천"(291-299쪽)을 보라.

27 Gregory the Great, *Homilies on the Gospel*, II, Hom. XXXVIII,14.

28 선택받은 사람에게는 경건의 씨앗이 있다는 이 견해는 부처가 주장했다. Bucer, *Commentary on the Four Gospels*(1530), comm. *Matt*. 4:18.

29 포르피리우스는 아우구스티누스가 그의 작품에서 이름을 밝히지 않고 논박하는 상대로 등장하기도 한다(*Letters* 102.4.22).

30 Augustinus, *On Genesis in the Literal Sense*, XI.10.13.

31 Chrysostomus, *Homilies on Changes of Name*, Hom.III.6.

32 참조. Pseudo-Aristoteles, *De mundo*, 6.398A.

33 이 진술이 출애굽기 21:13을 가리킨다는 생각은 잘못이다. 칼뱅의 이 진술은 1560년 프랑스어판에서 "그가 그런 사람을 죽음에 넘기신다고 선언하시며"라고 했던 것보다 부족하다.

34 Augustinus, *Against Two Letters of the Pelagians*, II.5.10-6.12.

35 Basil the Great, *Homilies on the Psalms*, Psa. 32:4.

36 여기서도 칼뱅이 가리켜 말하는 자들은 성령파 리베르탱인 것 같다. 칼뱅은 그의 저서 *Against the Sect of the Libertines Called Spiritual*, XIV-XVI에서 이와 비슷한 여러 비판을 가한다.

제9장 기도 및 주기도문 해설

1 여기서 '뜻을 돌이키다'는 뜻의 히브리어 단어는 앞의 다른 두 성경 구절에서 '후회하다'는 뜻의 단어와 동일하다—옮긴이.

2 로마가톨릭의 변증가들이 이 견해를 옹호했다. Eck, *Enchiridion*, XIV; Josse Clichtove, *The Veneration of the Saints*, I.10.

3 Ambrosius, *On Isaac or the Soul*, VIII.75.

4 참조. Eck, *Enchiridion*, XV. 이 부분과 이후에 칼뱅이 열정적으로 반박하는 여러 주장들은 에크의 저작에서 찾아볼 수 있다.

5 참조. Aquinas, *Summa theologiae*, II.2.83.11; Eck, *Enchiridion*, XV.

6 이 장 말미의 "기도에는 인내와 견인이 필요하다"(754-756쪽)를 보라.

7 "성전"이라는 용어는 통상적으로 프랑스 개혁교회의 예배처들을 가리키는 데 쓰였다.

8 Platon, *Alcibiades* II, 142E-143A. 이 고대 시인은 유명한 아테네인 솔론이다. 솔론의 진술은 다음 저작에도 기록되어 있다. Cicero, *On Old Age*, VIII.26, Plutarch, *Lives: Solon*, XXXI.3. (『키케로의 노년에 대하여』 소울메이트, 2015)

9 Pseudo-Chrysostomus, *Unfinished Commentaries on Matthew*, Hom. XIV.

10 칼뱅은 마태복음 6:11의 "일용할 양식"에 대한 불가타역 *panem supersubstantialem*을 가리키는데, 이것은 성찬식과 관련된 의미를 지니도록 하려 했던 의도적인 번역으로 보인다.

11 다른 역본들처럼 불가타역에는 마태복음 6:13 하반절의 송영 부분, 곧 "나라와 권세와 영광이 아버지께 영원히 있사옵나이다"가 빠져 있다.

12 Tertullianus, *On Fight in Persecution*, II.5.

제10장 성례

1 인장 유비와 로마서 4:11에 대한 언급은 멜란히톤의 저작에 나타난다(*Loci communes*, 1521).

2 Augustinus, *John's Gospel*, LXXX.3; *Against Faustus*, XIX.16.

3 Augustinus, *John's Gospel*, LXXX.3.

4 따라서 츠빙글리는 그의 저서 *Commentary on True and False Religion*(1525)에서 이렇게 주장한다. "만약 당신의 믿음이 온전하지 못하여 그 믿음을 확인할 예식적 표지가 필요하다면, 그것은 믿음이 아니다. 믿음이란 우리가 하나님의 자비하심을 확고하고 굳건하게 의존하는 데 필요한 수단이기 때문이다"(*Sämtliche Werke*, Zurich: Theologischer Verlag, 1982, 3:761).

5 이 점은 부처가 그의 저서 *Commentary on the Four Gospels*(1530)에서도 주장했다. 이어지는 논증에서 칼뱅은 성례가 부차적이라 하더라도 믿음에 필수적이고 유용하다고 주장하면서 부처의 견해를 반대한다.

6 아테네의 정치인이자 시인 솔론을 암시한다. 제9장 주7을 보라.

7 이 언급은 다시 부처의 *Commenatary on the Four Gospels*에 관한 것이다.

8 츠빙글리가 그의 저서 *Commentary on True and False Religion*에서 한 진술이다. 그는 성례를 입문 예식(initiatio), 맹세 행위(oppignatio), 인침(consignatio) 등으로 이해한다. "성례는 사람이 그가 그리스도의 군인임을 혹은 군인이 되고자 함을 교회에 보여주는 징표요, 온 교회에 그의 믿음을 알리는 징표다"(*Sämtliche Werke*, 3:759, 761).

9 이와 같은 생각은 이미 아우구스티누스에게서 발견되지만(*Letters* 98, 10), 1547년 트렌트 공의회에 의해 승인된 성사 규정으로 완전히 공식화되어야 했다. 이 규정에 따라 성사는 *ex opere operato*, 곧 "성사 행위 자체를 통해" 효력을 지니는데, 이는 성사 자체가 그것이 상징하는 은혜를 담고 있으며, "장애물을 두지 않는 이들"에게 그 은혜를 수여하기 때문이다.

10 Augustinus, *Questions on the Heptateuch*, III.84.

11 Chrysostomus, *Homily to New Converts*. 저자가 불확실한 작품이며, 크리소스토무스 저작의 현대판 목록에는 제외되어 있다.

12 제11장 797-801쪽을 보라.

13 Augustinus, *John's Gospel*, CXX.2.

14 참조. Lombardus, *Sentences*, IV,1.6; Aquinas, *Summa theologiae*, II,1.101.2; III,62.6.

15 Augustinus, *Psalms*, Psa. 73:2.

16 Augustinus, *Letters* 138,1.8.

17 Augustinus, *John's Gospel*, XXVI.12.

제11장 세례

1 여기서 칼뱅은 츠빙글리를 암시한다. 츠빙글리는 성례를 충성 서약으로 이해했다. 이에 관하여 제10장 주8을 보라.

2 테르툴리아누스와 오리게네스와 키프리아누스가 이 교리를 가르쳤고, 1547년 개최된 트렌트 공의회의 세례 규정이 그 교리를 다시 확인했다. 이 규정은 "세례 받은 것과 세례 당시의 믿음을 기억하는 것만으로도 세례 이후 범한 모든 죄가 용서되거나 사소해진다"는 믿음을 금지했다.

3 Chrysostomus, *Homilies on Matthew*, Hom. X.1. 중세 신학자들은 교부의 견해를 추종했다. 그래서 롬바르드는 요한의 세례가 "회개의 세례"라면서도 그것을 예수의 "죄 사함을 위한 세례"와 대조한다(Lombardus, *Sentences*, IV.2.3-4). 트렌트 공의회의 세례 규정 제1항에서도 이 두 가지 세례가 비슷하게 구분된다.

4 이 장의 "바울은 재세례 옹호자가 아니다"(793-794쪽)를 보라.

5 제2장 "원죄 정의"(91-93쪽)를 보라.

6 슐라이트하임 신앙고백 제1항은 유아 세례를 "교황의 가장 크고 주된 가증함"으로 설명한다. 개혁주의자들과 달리, 재세례파는 로마교회에는 초대교회의 흔적이 전혀 없다고 주장한다. 그들은 로마교회를 완전한 배교로 간주했다.

7 츠빙글리는 그의 주석 *Commentary on True and False Religion*에서 사도행전 19:4-5을 이런 식으로 해석하면서 '세례를 주다'는 표현을 '교육하다'는 뜻으로 이해한다. 츠빙글리가 제시한 해석에 따르면, 제자들은 요한의 세례에 대해 충분한 설명을 들은 다음 "세례를 받았다. 즉, 바울에 의해 그리스도께로 인도함을 받았다"는 뜻이 된다(*Sämtliche Werke*, 3:771).

8 여기서 칼뱅은 재세례파의 유아 세례 거부를 직접 다룬다. 이 문제 및 구약의 할례 예식에 관련된 칼뱅의 모든 논평은 이 맥락에서 이해되어야 한다.

9 참조. 창세기 17:12 "너희 중 난 지 팔 일 된 자는 할례를 받을지니라."

10 참조. Augustinus, *Letters* 157, 14; *Against Faustus*, XVI.29.

11 다음으로 이어지는 "유아 세례와 성인 세례에서 반드시 필요한 구별"(820-822쪽)을 보라.

12 이 장의 주7을 보라.

제12장 주님의 성찬

1 누구를 가리키는지 불확실하다. 재세례파와 츠빙글리를 따르는 무리들 모두를 가리키거나, 둘 중 하나만 가리킬 수도 있다.

2 제10장 "성례는 하나님의 말씀을 보충한다", "하나님의 선의를 나타내는 징표로서의 성례"(758-762쪽)를 보라.

3 따라서 칼뱅은 그리스도께서 자신을 "생명의 빵"으로 부르심은 단지 성체성사를 뜻하는 것이 아니라(요 6:48-58), 그리스도의 구속하는 생명과 사역 전체를 가리킨다고 이해한다.

4 성찬식에서 그리스도의 임재 방식에 관한 성체성사 교리는 로마가톨릭과 루터파 모두에게 핵심이었다. 그들과 달리 칼뱅의 관심은 신자에게 있어서 성찬의 의미 및 영적인 유익에 있었다.

5 화체설은 1215년 개최된 제4차 라테란 공의회에서 승인되었고, 그 고전적인 형태는 아퀴나스의 작품 *Summa theologiae*, III.75.4에 나타난다.

6 "이것은 나의 몸이다"라는 말씀에 대하여 루터가 주장한 문자적 독법을 가리킨다. 루터는 화체설을 부정하면서도, 성찬식을 제정하신 그리스도의 말씀에 대한 문자적 해석에 근거하여 그리스도께서 빵과 포도주에 실제로 임재하신다고 강조했다.

7 칼뱅이 관심을 기울이는 비유적 언어는 환유인데, 환유는 어떤 두 단어가 공유하는 연관성에 근거하여 한 단어에서 다른 단어로 의미가 전이되는 현상을 뜻한다. 성찬식의 경우에는 빵과 몸, 포도주와 피에서 환유가 발생한다. 길게 이어지는 이 추가 논의의 핵심은 그리스도께서 성찬식을 제정하시며 하신 말씀을 문자적 의미로 이해할 수 없음을 증명하는 데 있다.

8 츠빙글리의 성찬식 개념이 첫 번째 오류를 대표한다. 츠빙글리는 성찬식의 본질을 기념 식사로, 그리스도의 몸에 참여하는 행위를 그리스도의 대속적 죽음에 대한 믿음의 확인으로 각각 규정한다. 루터의 공재설은 두 번째 오류를 대표한다.

9 Augustinus, *John's Gospel*, XXVI.1.

10 누구를 가리키는지는 분명하지 않지만, 성령파 저자들을 가리키는 것 같다.

11 표징은 상징된 실체에 대한 어느 정도 임의적인 근사치라는 반론은 츠빙글리와 관련된다.

12 로마가톨릭의 화체설처럼 루터의 공재설도 그리스도께서 지상의 수많은 성찬 예식에 편재하신다고 전제했다.

13 마르키온에 관하여 제4장 주30을 보라.

14 Augustinus, *Faith and the Creed*, VI.13.

15 이어지는 내용에서 칼뱅은 일종의 법정 상황을 묘사한다. 그럼으로써 성찬 숭배 옹호자들은 그 오류 때문에 정죄되었으며, 회개하기에는 너무 늦었다고 강조한다. 이 구절은 『기독교 강요』의 다른 모든 판본에도 나타난다.

16 이 장 처음의 "성찬식은 우리가 그리스도와 연합됨을 뜻한다"(834-836쪽)를 참조하라.

17 Augustinus, *John's Gospel*, XXVI.13.

18 중세 스콜라학파가 다양한 형식으로 가르친 교리. 루터와 그의 후계자들은 이 교리를 강하게 비판했다.

19 제5장 "회개에 대한 스콜라 신학자들의 엉성한 이해"(435-437쪽), "쓸데없이 잔혹한 의무적인 고해", "음성으로 하는 고해는 용인될 수 없다"(450-455쪽)를 보라.

20 철저하게 순결한 교회를 고집하는 재세례파를 가리킨다.

21 간헐적인 성찬 시행은 6세기 이후의 문헌에서 자주 나타난다. 제4차 라테란 공의회(1215년)는 신자들이 매년 성찬에 참여하여 교회와 건강한 관계를 지속하도록 명한다.

22 교황 제피리누스는 198-217년까지 재임했다. 칼뱅이 이 칙령의 작성자로 그를 언급한 것은 오류다.

23 사제의 삭발 관습 및 기름 붓는 임직 예식을 비꼬는 표현이다. 제13장 "성직자의 삭발 관습"(913-914쪽), "로마의 임직 예식"(927-930쪽)을 보라.

24 참조. Aquinas, *Summa theologiae*, III, 76.1-2; III, 80.12.

25 하나님과 일치한다는 표현은 전혀 그렇지 않다는 뜻의 역설이다—옮긴이.

26 제12장 "로마가톨릭의 미사: 전염병 같은 오류", "미사는 그리스도의 희생의 완전함을 부정한다"(870-874쪽)를 보라.

27 참조. Eck, *Enchiridion*, XVI.

28 참조. Eck, *Enchiridion*, XVI.

29 스파르타 왕 메넬라우스의 부인 헬렌을 암시한다. 전설적인 미모의 헬렌을 파리스가 납치하여 그리스와 트로이 사이에 재앙적 전쟁을 초래한다.

30 헬라어 '프레스뷔테로스'(*presbyteros*, 참조. 행 14:23, 벧전 5:1).

31 모든 신자가 성찬에 참여하고 싶어 했던 부활절 미사는 매년 공개적으로 무리 지어 거행했기 때문에 혐오감이 덜했다. 그러나 이를 뒷받침하는 신학은 달라지지 않았다.

32 교황 알렉산데르 1세는 107년-116년까지 재임했다.

제13장 성례로 오해받는 다섯 가지 예식

1 제12장 "교회는 두 가지 성례로만 만족해야 한다"(884-887쪽)를 보라.

2 성유는 세례나 견진성사, 사제 서품 등의 예식에서 쓰기 위해 주교가 따로 구별한 기름이다.

그래서 칼뱅은 기름 바르는 자들을 가리켜 "도유자들"로 부르기도 하고, 보다 자주 "기름 치는 자들"로 부르기도 한다.

3 Augustinus, *John's Gospel*, LXXX.3.

4 Lombardus, *Sentences*, IV.7.2.

5 Gregory I, *Letters*, IV.26.

6 제12장 "성례의 합당한 거행 방식"(887-889쪽)을 보라.

7 Augustinus, *On Baptism*, III.16.21.

8 제5장 "회개의 보다 정확한 정의"(427-428쪽), "회개에 대한 스콜라학자들의 엉성한 이해", "스콜라학자들의 통회 교리"(435-439쪽)를 보라.

9 참조. Lombardus, *Sentences*, IV.22.3.

10 Augustinus, *On Diverse Questions*, XLIII.

11 Augustinus, *Sermons*, 272.

12 제10장 "성례 자체는 은혜를 정당화하지도 않고 수여하지도 않는다"(769-771쪽)를 보라.

13 Augustinus, *Questions on the Heptateuch*, III.84; *On Baptism*, V.24.34; *On the Merits and Remission of Sins*, I.21.30.

14 Lombardus, *Sentences*, IV.14.1. 참조. Hieronymus, *Letters* 84,6.

15 이 작품의 저자는 아우구스티누스가 아니라 풀겐티우스다. Fulgentius, *On Faith, to Peter*, XXX.73.

16 Lombardus, *Sentences*, IV.24.3-12.

17 Isidore of Seville, *Etymologies*, VII.12.

18 Lombardus, *Sentences*, IV.24.1-2.

19 헬라어 '끌레로스'(*kleros*)는 '제비'나 '분깃' 혹은 '몫'을 뜻한다.

20 Lombardus, *Sentences*, IV.24.2.

21 이 교서를 2세기 교황 아니케투스가 내린 것으로 보는 것은 오해다. 그는 성직자의 장발만 금지했다고 한다. 성직자의 삭발을 폭넓게 적용한 시기는 6세기로 내려가며, 이후 633년 제4차 톨레도 공의회의 칙령으로 비로소 의무화된다.

22 그리스도의 여러 직무에 관하여 Lombardus, *Sentences*, IV.24.3-9를 참고하라.

23 Lombardus, *Sentences*, IV.24.9, 12.

24 Lombardus, *Sentences*, IV.24.9.

25 Hieronymus, *Letters* 144.1.

26 칼뱅은 "사제"라는 단어를 사용하여 로마가톨릭 성직자와 개신파 성직자 둘 다를 가리킨다. 다른 곳에서처럼 여기서도 "사제"는 제사를 드리는 자라는 의미 없이 "주교"(*episkopos*)와 동의어로 쓰인다. "주교"는 "목사", "목회자", "장로" 등과 동의어다.

27 이 장의 "임직에 대한 올바른 이해"(931쪽)를 보라.

28 Cyprianus, *Letters* 67,3-4.

29 "뿔 달린 고위 성직자들"은 주교들이 쓰는 뾰족한 모자나 관의 모양에 빗댄 경멸적 표현이다. 주교의 관 옆면은 두 개의 뿔을 연상시켰다.

30 Lombardus, *Sentences*, IV.24.9.

31 Lombardus, *Sentences*, IV.24.9.

32 Augustinus, *John's Gospel*, LXXX.3.

33 로마가톨릭의 일곱 성품 중 하나인 '부제품'(deacon)은 개혁교회에서 '집사'로 불린다—옮긴이.

34 Lombardus, *Sentences*, IV.24.10.

35 Lombardus, *Sentences*, IV.24.8.

36 비록 그레고리 7세(1073-1085년)는 개혁적인 교황이었지만, 결혼 관련 교리에 아무 영향도 끼치지 못했다. 결혼이 은혜를 부여하는 성례라는 믿음은 점차 확장되어 13세기가 끝날 무렵 확증되었다. 이 성례의 확장성 때문에 아퀴나스는 그것을 성례 중 가장 마지막에 위치시켰으며, 그 속에 "어떤 영적인 요소"가 들어 있음을 인정했다(*Summa theologiae*, III.65.2).

37 소르본 신학자들은 인문주의자들의 독립적 연구를 오랫동안 반대했는데, 그들의 독립적인 히브리어 및 헬라어 연구가 소르본 신학자들의 전문성의 토대를 심각하게 흔들었기 때문이다.

38 참조. Lombardus, *Sentences*, IV.31.6.

39 Lombardus, *Sentences*, IV.26.6.

40 영적 사촌 관계는 한 남자와 한 여자의 자녀들이 사촌 관계임을 선언했을 경우, 혹은 세례나 견진성사에서 대부 및 대모를 맺은 이들의 자녀들 사이에 생긴다. 영적 사촌 관계는 교회법의 지배를 받으면서 결혼에 장애가 되었다.

41 참조. Lombardus, *Sentences*, IV.41.1-2.

제14장 그리스도인의 자유

1 제3장 "그리스도께서 폐지하신 것은 율법 자체가 아니라 율법의 저주다", "도덕법 대 예식법"(277-281쪽), 제6장 "행위의 부담에서 풀려난 양심"(514-516쪽)을 보라.

2 제6장 "칭의의 뜻", "소르본 신학자들은 믿음과 행위를 거짓되게 결합한다"(493-498쪽)를 보라.

3 지금 칼뱅은 복음에 대해 설득시키며 타협을 꾀하는 자들을 염두에 두고 있다. 그들은 이웃이나 공공기관의 책임자들에게 모욕감을 끼치지 않겠다는 명분으로, 특히 미사 같은 전통적 예배 형식이나 그 밖의 다른 경건 행위를 따랐다. 칼뱅은 이 반복되는 문제를 다루고자 여러 반론을 저술했는데, 그중 대표작은 다음과 같다. *Two Epistles*(1537); *A Short Treatise Showing What a Believer Should Do*(1543); *Excuse to the Nicodemites*(1544); *Four Sermons Concerning Things Most Useful for the Present Time*(1552); 참조. Calvin, *Faith Unfeigned*(Edinburgh: The Banner of Truth Trust, 2010).

제15장 교회의 권세

1 제1장 "성경의 권위는 교회에 의해 결정되지 않는다"(68-70쪽), 제4장 "요약"(398-399쪽)을 보라.

2 칼뱅은 이 부분과 그의 요한복음 주석에서 요한복음 1:15-18 전체를 그리스도에 대한 세례 요한의 요약적 증언으로 다룬다. 에라스뮈스도 이 구절을 비슷하게 주석한다. Erasmus, *Paraphrase on the Gospel of John*(1523).

3 관련 사례는 로마 변증가들의 다음 저작을 참고하라. Cochlaeus, *On the Authority of the Church*(1524), I.5-6; Eck, *Enchiridion*, I, XII; Josse Clichtove, *Antilutherus*(1525), I.15.

4 참조. Eck, *Enchiridion*, II

5 Pseudo-Chrysostomus, *Sermon on the Holy Spirit*, X.

6 참조. Eck, *Enchiridion*, II.

7 여기서 가리키는 본문은 예레미야 23:1-4, 9-16, 30-40이다. 예레미야 40장에 대한 언급은 정확하지 않다. 예레미야 50:6을 말한 것일 수 있다.

8 타티아누스파는 물질이 죄로 부정해졌다며 극단적인 금욕주의를 옹호했던 2세기 기독교 변증가 타티아누스의 주장을 따랐다.

9 참조. Eck, *Enchiridion*, XIII.

10 콘스탄티노플 공의회는 레오 3세가 아닌 그의 아들이 소집했으며 754년에 개최되었다. 787년 이레네 여제의 후원으로 개최된 (제2차) 니케아 공의회는 성상을 금지하는 이전 결정을 뒤집었다.

11 1543년 발간된 『기독교 강요』 제3판에서 칼뱅은 4세기와 5세기에 개최된 특별히 존중할 가치를 지닌 공의회들을 열거한다. 예를 들어, 칼뱅은 니케아 공의회, 콘스탄티노플 공의회, 제1차 에베소 공의회, 칼케돈 공의회 등에서 내린 칙령들은 "성경에 대한 순수하고 자연스러운 해석을 포함한다"고 평가했다(*Inst.* IV.9.8).

12 325년 콘스탄티누스 1세가 소집한 니케아 공의회는 아리우스 이단을 퇴출했다. 여기 이후로 칼뱅이 소개하는 내용에 관해 다음을 참고하라. Theodoret, *Ecclesiastical History*, I.11.

13 따라서 에크는 지역 공의회들이 범한 오류는 교회의 보편 공의회가 교정하면 된다는 아우구스티누스의 견해를 인용한다(*Enchiridion*, II).

14 참조. Clichtove, *Antilutherus*, I.4.

15 참조. Clichtove, *Antilutherus*, I.4,6,10.

16 이 직책들은 모두 교구 행정과 관련된다. 고해신부는 주교가 임명하는 주임 사제였는데, 로마에 보고할 필요 없는 책망 사항들을 조사하고 해소하는 일을 수행했다. 사법대리(*officialis*)는 교구 법정에 제출된 사건을 심리하고 결정하도록 임명된 관리로서 교회법에 능통한 고위 사제였다.

17 라틴어 본문은 이 헬라어 *ethelothreskeia*를 "의지에 따른 경배"로 옮긴다.

제16장 세속 정부

1 제14장 "율법의 속박에서 벗어난 자유", "제한 없이 순종할 자유", "은혜로 얻은 자유에 관한 바울의 가르침"(941-945쪽), "자유와 충성의 문제"(955-956쪽)를 보라.

2 재세례파를 가리켜 하는 말일 것이다. 재세례파는 세속 질서가 부패했다고 여기면서, 공적 업무에 관여하는 것을 금지했다. 슐라이트하임 신앙고백에 따르면, 공적인 직책을 맡거나 위정자의 사법 행위나 징벌권에 의존하는 행위는 그리스도의 온전함을 대적하는 육신적 질서에 속한다. 이 책의 "프랑수아 1세께 드리는 헌정 서한"을 보라.

3 제15장 "교회의 율례가 양심을 노예로 전락시킨다"(958-960쪽), "로마의 잘못된 권위 주장"(966-968쪽)을 보라.

4 이 장 내내 칼뱅은 "위정자"라는 용어로 판사나 사법 관료뿐만 아니라 국가에서 중요한 행정

권 및 사법권을 행사하는 자를 가리킨다. 이 용어는 군주나 (왕이나 대군 등) 기타 통치자의 개인적 권위는 물론이고, ("윗사람들"로 불리는) 고위 관료가 행사하는 약간 더 포괄적 의미의 지도력도 내포한다. 이 장은 권력 남용을 규제하는 하급 위정자의 역할에 대한 인정으로 마무리된다.

5 Pseudo-Cicero, *Letters to Brutus*, I.15.5.

6 Seneca, *On Mercy*, I.3.3. 칼뱅이 1532년 발간한 첫 번째 본격적인 저작이 바로 이 작품에 대한 주석이었다. (『관용론』 부크크, 2020; 『세네카의 관용론 주석』 총신대학교출판부, 1998)

7 Dio Cassius, *Roman History*, LXVIII.1.

8 Augustinus, *Letters* 153.3.8. "세상의 사사들"(시 2:10)에 대한 경고에서 아우구스티누스는, "만약 그대가 물리치려거든, 두려움을 물리치되 모두를 똑같이 사랑하라. 그대가 경멸하려거든, 죄를 경멸하되 사람을 경멸하지는 말라"고 권면한다(*Sermons* XIII.8).

9 Cicero, *On Duties*, I.11.35; 23.79. (『키케로의 의무론』 서광사, 2006)

10 Cicero, *Laws*, II.4-5.

11 Cicero, *Laws*, III.2.

12 Xenophon, *Cyropaedia*, VIII.2.10. (『키로파에디아』 주영사, 2012)

제17장 그리스도인의 삶

1 본성에 따라 살아야 한다는 명령은 키케로와 세네카의 작품에 기록되어 있다. Cicero, *On Duties*, III.3.13; *De finibus*, II.11.34, III.7.26, IV.15.41; Seneca, *On the Happy Life*, 8.2. (『세네카의 행복론』 메이트북스, 2019)

2 여기서 칼뱅의 요지는 하나님께서 모든 인간 안에 두신 하나님의 형상이 인간을 영적인 존재, 곧 하나님의 대리자가 되게 한다는 것이다.

3 이 격언은 Cicero, *De finibus*, III.22.73; Seneca, *On the Happy Life*, 15.5에 등장하는데, 세네카의 경우 이 사상을 불변의 덕목에 덧붙여져야 할 이상으로 제시한다.

4 제5장 "하나님의 형벌은 결코 죄를 속하는 데 쓰이지 않는다", "보응과 교정에 담긴 하나님의 섭리", "하나님의 값없는 용서는 보상의 의무를 부정한다"(474-482쪽), 제8장 "하나님의 섭리는 형통할 때 감사를, 환난 중에 인내를 북돋운다"(690-693쪽)를 보라.

5 칼뱅은 이와 관련된 적합한 격언을 고전 자료뿐만 아니라 성경 자료에서도 취합해 제시한다. 그가 계속 인용하는 격언, "인간은 하루짜리 피조물이다"는 에라스뮈스가 플라톤에게 헌정한 격언집(*Adages*, II.3.8)에 실려 있다. (『격언집』 부북스, 2014)

6 이런 표현은 여러 저자들에게 발견되는데 그중에는 키케로도 있다(*Tusculan Disputations*, I.48.114). 스키타이 민족의 관습에 대한 칼뱅의 설명 역시 키케로의 저서에 나온다.

7 카르타고 감독 키프리아누스가 주후 252년 저술한 논문 "죽음에 관하여"는 파괴적인 재난의 시대에 그리스도인들에게 위안을 주었다.

8 이것은 칼뱅이 우리의 탐욕을 제어하는 데 필요하다고 제안한 세 가지 규칙 중 첫 번째다. 그 세 가지 규칙이란 첫째, 모든 선한 것의 창시자 하나님께 드리는 감사, 둘째, 이생의 것에 대한 초연함 및 번영이나 역경 중의 절제, 셋째, 우리는 하나님께서 베푸신 선물을 관리하는 청지기일 뿐이라는 의식 등이다.

9 장로 카토는 로마의 정치인으로서 악덕을 쉼 없이 비판했다. 여기 칼뱅이 소개한 카토의 진

술은 암미나누스 마르켈리누스의 저서 *Book of Deeds*에서는 약간 다르게 소개된다(XVI.5.2).

10 제17장 "우리 이웃에 대한 봉사: 사랑과 상호 협력", "사랑할 수 없는 자들을 사랑하라", "참 사랑은 마음에서 우러난다"(1049-1053쪽)를 보라.

성구 색인

창세기

출애굽기

레위기

민수기

신명기

여호수아

사사기

룻기

사무엘상

사무엘하

열왕기상

열왕기하

역대하

느헤미야

욥기

시편

잠언

전도서

아가

이사야

예레미야

예레미야애가

에스겔

다니엘

호세아

마가복음

누가복음

요한복음

사도행전

로마서

고린도전서

고린도후서

갈라디아서

에베소서

빌립보서

골로새서

데살로니가전서

데살로니가후서

디모데전서

디모데후서

디도서

빌레몬서

히브리서

야고보서

베드로전서

베드로후서

요한1서

요한계시록

인명 색인

ㅇ

ㅈ

ㅊ

ㅋ

ㅌ

ㅍ

ㅎ

주제 색인

ㄱ

ㅇ

ㅈ

ㅊ

ㅌ

옮긴이의 글

장 칼뱅의 『기독교 강요』 번역의 시작은 2016년 여름으로 거슬러 올라간다. 그때는 내가 혹독한 순례길 같은 십수 년 유학 생활과 귀국 후 아득한 시간을 지나 신대원 교직의 길에 겨우 들어섰을 무렵이었는데, 복 있는 사람 출판사에서 『기독교 강요』 프랑스어 초판의 번역을 맡아 달라는 제안이 왔다.

나는 망설였다. 『기독교 강요』 초판과 최종판의 한글 역본들이 이미 여럿 호평을 받았거니와, 누구든 이 작품의 새로운 번역을 시도하려면 라틴어 및 프랑스어 초판과 이후의 여러 개정증보판의 모든 내용은 물론 칼뱅 사상 전반에 정통한 전문가여야 하리라는 판단이 들었기 때문이다. 그러나 이 책이 그런 번역자를 만나지 못하는 안타까운 상황에서 내게 왔을 때, 이상하게도 어떤 기대감과 도전 의식이 가슴속에 차올랐다. 이 작업은 내가 개혁자 칼뱅의 가르침을 한동안 가까이 경청하게 함으로써, 강단에서 목회자 후보생들을 마주할 때 내게 필요한 마음가짐에 도움을 주리라는 기대감을 일으켰다. 동시에 칼뱅이 프랑스 청중을 위해서 학문적 언어

라틴어 대신 모국어를 사용하여 이 책을 저술했다는 사실은, 나도 조국의 신자와 일반 독자를 위해 이 책을 친근한 느낌의 우리말로 옮기고 싶다는 도전 의식을 품게 했다.

무엇보다, 나는 이 작업을 통해 칼뱅을 더욱 정확히 알고 싶었다. 생각해 보면 이런 바람은 내가 오랜 세월 동안 서서히 점점 더 분명하게 갖게 된 것이었다. 내가 칼뱅의 생애와 사상을 처음 접한 것은 1994년 박건택 교수의 수업에서였다. 대학에서 홀로 성경을 읽으며 고뇌하다 신학교에 입학한 내게, 교회 개혁의 복잡한 역사적 정황과 칼뱅이라는 인물이 그 속에 뛰어들어 성경을 기치로 내세우며 살아 낸 모든 역정이 참으로 놀랍기만 했다. 학기 말에는 칼뱅이 로마서 13장 주석으로 권세에 대한 신자의 자세를 논의한 것을 연구하여 제출했다. 칼뱅은 본문의 모든 세부를 빠짐없이 신중하게 탐색했고, 나는 그런 논의 방식이 주는 특유의 감동을 경험하며 처음으로 그를 마음으로 따르게 되었다.

이후로 나는 성경을 묵상하거나 설교 원고를 마련하다 어려운 대목에 부딪힐 때면 여러 참고 자료를 섭렵한 뒤 가장 마지막에는 칼뱅의 주석서를 펼쳐 보곤 했다. 비록 칼뱅은 모든 저자 가운데 가장 이른 시대 사람이지만, 그의 설명은 오히려 후대에 나온 다양한 연구의 실질적 핵심들을 포괄하는 것으로 보일 때가 빈번했기 때문이다. 더욱이, 현대 학자들이 본문 바깥에서 타인의 진부한 견해를 앵무새처럼 되풀이하고 있을 때, 칼뱅은 유연한 움직임으로 본문의 섬세한 결을 타고 깊숙이 들어가 자기가 직접 보고 듣는 대로 알려 주는 경우도 많았다. 내게 그런 칼뱅은 자신의 모든 것을 동원하여 하나님의 말씀을 최대한 알고 난 다음, 엄청난 수고로 얻은 진실을 충직하게 증언해 주는 고마운 선생이었다.

번역을 앞두고 내가 품었던 기대는 헛되지 않았다. 나는 칼뱅의 가르침을 경청하면서 현대 신학 교육의 사중 신학의 틀에 갇히지 않는 하나의 통전적 개혁신학을 지향하겠다는 마음가짐을 확고히 할 수 있었다. 하나의 신학을 성경과 교의와 역사와 실천이라는 네 분야로 구분하여 교육하는 우리 시대 제도는 자칫 신학생들을 취향에 따라 일부만 습득해도 무방하다는 착각에 빠뜨리거나, 네 분야를 철저히 분리하여 익힐 수 있다는 허상에 젖게 한다. 어떤 교수도 그렇게 말하지는 않지만, 자기 과목을 다른 분야와 떼어 놓고 가르치기 마련이다. 신학생들이 균등하게 배분된 필수 과목을 빠짐없이 공부하고 졸업하더라도, 이수한 네 분야의 과목들을 유기적으로 결합하여 사고하는 방법을 습득하기란 어렵다. 그들은 사중 신학을 통합해야만 비로소 살아 작동하는 신학을 자기 것으로 삼지 못한 채 교회 지도자가 되어, 사중 신학 중 자기에게 더 친숙한 분야를 목회에 적극적으로 활용하겠다는 목표를 세우기도 한다.

칼뱅은 이 책에서 목회자 및 그리스도인들이 갖추어야 할 신학 지식의 범위와 활용 방식의 모범을 보여준다. 칼뱅은 문법적이고 역사적인 맥락에서 면밀하게 성경을 해석한 다음, 그 해석에 기반하여 목회자가 신자에게 가르쳐야 할 교훈(교리)을 확정한다. 때때로 칼뱅은 성경을 오해하거나 남용하는 개인 또는 집단을 반박하기 위해 자신의 주석적 결론을 보강할 만한 교회사의 사건이나 인물의 발언을 능숙하게 끌어들인다. 칼뱅은 성경 해석과 교리를 다듬어 반드시 구체적인 실천 지침으로 신자에게 제시한다. 칼뱅이 주장하고 반박하고 증명하는 신학적 사유에는 오늘날 사중 신학의 일부에만 사로잡힌 불안한 자세가 없다. '통전적 목사 신학자' 칼뱅을 우리는 성경신학자나 조직신학자나 교회사학자나 실천신학자 같은 하나의 이름으로는 제대로 부를 수 없다. 우리가 기독교 신앙을 건전하게 유지하려면 언제나 개혁을 추구하는 정신이 필요한데, 칼뱅의 모범을 따라 시급하게 회복할 덕목은 개혁신학의 통전성이다.

『기독교 강요』를 명료한 우리말로 번역하겠다는 나의 거창한 도전이 얼마나 이루어졌는지는 자신 있게 말할 수 없다. 『기독교 강요』 프랑스어 초판의 영어 번역자 로버트 화이트 Robert White 도 나와 비슷한 목적을 설정했었다. 화이트는 칼뱅이 자연스러운 프랑스어로 말했듯이, 자기도 자연스러운 영어로 말하려고 애썼다고 한다. 그는 자신의 번역이 어색하지도 않고 과격하지도 않게 되는 데 주안점을 두었다. 그러나 화이트의 영문판 『기독교 강요』에 대한 일반적인 호평은 어디까지나 영어권 독자들에게서 얻은 것이었다. 당연한 말이겠지만, 영어를 모국어로 쓰지 않는 나로서는 칼뱅의 작품 이해에 있어서 화이트의 문체가 언제나 참신하게 다가온 것은 아니었다. 화이트의 번역에서 종종 끝도 모르게 이어지는 칼뱅의 문장들을 자연스러운 우리말로 옮기기는 거의 불가능했다. 나는 편집자들과 함께 복잡한 만연체의 영문으로 옮겨진 칼뱅의 문장들을 그 핵심 의도를 벗어나지 않는 범위에서 간결한 여러 문장으로 나누어 우리말로 만들어야 했다. 때로는 자연스러움을 위해 문장 순서를 바꾸기도 했고, 맥락에 방해될 때는 접속사를 생략하기도 했다.

가끔은 칼뱅의 논의 흐름에 혼선을 일으키지 않기 위해서 나는 맥키 Elsie Anne Mckee 의 영문판 *Institutes of the Christian Religion: 1541 French edition* Eerdmans, 2009 이나, 박건택 교수의 한글판 『기독교 강요』 프랑스어 초판 크리스천 르네상스, 2015 을 참조하여 문제를 해결했다. 그렇다 해도 화이트의 번역의 전반적인 신뢰성을 의심하지는 않아도 될 것이다. 그는 노턴과 앨런과 베버리지와 배틀즈의 기존 영역본들은 모두 최종판에 집중되었고, 일반 신자에게 유익한 프랑스어판의 영역본들 역시 지나치게 오래되었다고 평가한다. 화이트는 1541년 프랑스어 『기독교 강요』 초판을 번역 대본으로 삼고, 몇몇 오탈자들까지 직접 찾아내어 칼뱅이 이후 출간한 개정판들과 후대의 편집본들을 참고하여 신중하게 교정한 뒤 옮겼다고 한다.

『기독교 강요』의 내용과 구성을 내가 여기서 상세하게 소개할 필요는 없을 것이다. 혹시 이 책의 역사적 취지와 목적이 궁금한 독자가 있다면, 조금 길더라도 우선 칼뱅이 서문으로 프랑수아 1세에게 쓴 서한을 읽어 보라고 권하고 싶다. 이 책의 번역자로서 내가 독자에게 더 자세히 알려 주고 싶은 것은 칼뱅의 특징적인 성경 사용 방식이다. 칼뱅은 성경을 성경으로 설명한다. 거의 항상 칼뱅은 성경 한 부분의 해석을 그와 관련된 정경의 맥락 속에서 이끌어 낸다. 예를 들어, 칼뱅은 하나님의 예정에 관해 논증할 때 바울이 에베소서에서 가르친 교훈을 디모데후서에서 가르친 교훈과 정교하게 연결한다.엡 1:4-5, 딤후 1:9 화이트는 프랑스어판 『기독교 강요』에서 인용된 프랑스어 성경이 현대 영어 성경과 장절 구분에서 차이가 있는 데다, 칼뱅은 성경을 "인용하거나 풀어서 사용"했다고 한다. 실제로 독자는 우리말로 옮긴 칼뱅의 성경 인용이 개역개정 성경과 차이가 있음을 보게 될 것이다. 그 차이는 단어 수준인 경우도 있지만 문장 단위인 경우도 있다.

칼뱅이 인용한 성경과 우리말 성경의 차이점은, 칼뱅이 그의 시대 프랑스어 성경을 사용했을 것이라는 짐작만으로 충분히 설명할 수 없다. 칼뱅이 성경 해석을 위해 필요할 때마다 히브리어나 헬라어 원문을 설명했다는 사실을 고려하면, 그가 성경 본문을 프랑스어로 제시할 때는 그가 직접 원문을 읽고 얻은 이해를 효과적으로 반영하는 방식으로 그렇게 했을 것이라 짐작할 수 있다. 예를 들어, 칼뱅은 제4장에서 믿음을 논의할 때 시편 110:3을 설명한다. 이때 그는 이 구절의 히브리어 원문과 라틴어 불가타역을 비교하면서 후자가 원문을 제대로 옮기지 못했음을 지적하고 보다 정확한 번역을 제시한다. 제5장에서 회개를 논의할 때도 칼뱅은 '돌이킴'과 '변화'를 뜻하는 히브리어와 헬라어를 설명한다. 제10장에서 성례를 다룰 때는 바울이 로마서 4:11에서 사용한 헬라어 '스프라기다'(인장)를, 또 제13장에서 성례로 오해받는 다섯 가지 예식을 다룰 때는 바울이 디모데전서 3:9과 에베소서 1:9, 3:3에서 사용한 헬라어 '뮈스테리온'(신비)을 각각 직접 설명한다. 따라서 칼뱅은 그가 예의 그러하듯이 성경 원문에 천착하여 그가 얻은 이해로 주석과 논증을 전개하되, 기록된 계시의 뜻을 모든 신자에게 전달하려는 목적을 이루기 위해 동시대 프랑스어 성경을 적극적으로 활용했다고 말할 수 있다.

완전히 확증할 수는 없지만, 칼뱅이 1541년 프랑스어 『기독교 강요』 초판에서 사용한 성경 역본은 그의 사촌 올리베탕Pierre Robert Olivétan이 1535년 출간한 프랑스어 성경이었을 것으로 추정된다.[1] 올리베탕은 그의 스승

르페브르Jacques Lefèvre d'Etaples가 불가타역에 근거해서 번역한 프랑스어 성경과 달리, 원문을 직접 번역한 최초의 개혁파 성경을 뇌샤텔에서 출간했고[2] 그 성경은 이후 제네바와 리옹에서 출간될 칼뱅파 성경들의 토대가 되었다.[3] 칼뱅이 올리베탕에게 프랑스어 성경 번역을 맡겨 지도했으며[4] 그의 요청에 따라 세 편의 서문을 기고했다는 사실을 감안할 때, 칼뱅은 프랑스어판 『기독교 강요』에서 올리베탕의 번역을 사용했을 가능성이 크다. 칼뱅의 작품에서 성경 사용은 그 자체로 흥미롭고 중요한 연구 주제이므로, 이 책에서 칼뱅이 인용하는 성경 본문의 특징이 최대한 우리말로 드러나도록 의도했다. 다만 우리말 개역개정 성경의 고어체 느낌은 유지되도록 배려했다.

이 책을 번역하는 동안 어려움이 많았다. 번역 작업에 착수하기 전 나를 숙연케 하던 강단은 학내 사태로 황폐해진 채 한동안 비어 있었고, 학사 회복 과정에 '코로나19'의 발생이 불러온 비대면 수업 환경 역시 학교와 교회에 도전을 주었다. 나이가 들면서 체력도 떨어졌다. 여러 이유로 번역이 더디게 진행되었으나, 모두 마칠 수 있도록 도와주신 분들께 깊이 감사드린다. 먼저, 한국 교회를 위해 『기독교 강요』를 새롭게 출간하기로 결정하고 번역 작업을 후원하고 오랫동안 기다려 준 복 있는 사람 출판사에 감사드린다. 첫 편집자 고성대 목사는 우리말 표현 향상과 맞춤법 점검에 유용한 프로그램을 내게 소개해 주었다. 그는 나의 번역 초고를 올리비에 미에Olivier Millet가 2008년 두 권으로 출간한 프랑스어 초판과 비교하며 검토하기도 했다. 김요섭 교수는 내가 앞서 말한 점 이외에도 칼뱅이 사용한 용어의 적절한 우리말 선정에 고심할 때도 도움을 주었다.

이 책의 출간은 무엇보다 박종현 대표님을 비롯해 이경훈, 정정욱, 정현애, 이정혜 편집자의 성실하고 꼼꼼하며 전문적인 편집력이 없었다면 불가능했다. 그만큼 이 책의 수준 높은 완성도는 이들 편집자들과의 협업이 결정적이었다. 다시 한번 고마움을 전한다. 혹시 나타날 오역이나 미숙함은 모두 옮긴이의 잘못이다. 독자 여러분의 편달과 양해를 겸허히 부탁

드린다.

칼뱅과 함께 오직 그리스도만 경외하고 열망하는 이들이 이 『기독교 강요』를 통해 힘을 얻게 된다면, 그것이야말로 마지막까지 함께 고생한 이들과 내 수고의 열매일 것이다. 성도에게 성경을 전파하는 아내의 사명길에도, 우리 두 딸이 걸어갈 믿음의 순례길에도, 이 책이 빛을 내기를 바란다. 모든 감사와 영광을 오직 하나님께 바친다.

2021년 8월 양지 연구실에서

김대웅

1 이 점은 내가 총신대학교 신학대학원 종교개혁사 담당 김요섭 교수에게 문의하여 알게 되었다. 감사하게도 그는 내게 올리베탕의 프랑스어 성경과 『기독교 강요』에 관한 많은 통찰을 제공했고, 관련된 최근 연구서들과 올리베탕의 1535년판 프랑스어 성경을 볼 수 있는 웹사이트도 소개해 주었다.

2 Mack P. Holt, "Reading the Bible in Sixteenth-century France," in *Emancipating Calvin*, eds. Karen E. Spierling et al.(Leiden: Brill, 2018), p.190.

3 Mack P. Holt, "Reading the Bible in Sixteenth-century France," p.187.

4 Mack P. Holt, "Reading the Bible in Sixteenth-century France," p.190.